Weihmann • Schuch
Kriminalistik

Kriminalistik

Für Studium, Praxis, Führung

von

Ltd. Kriminaldirektor a.D.
Robert Weihmann

und

Kriminaloberrat
Claus Peter Schuch

VERLAG DEUTSCHE POLIZEILITERATUR GMBH
Buchvertrieb

Bibliografische Information der Deutschen Nationalbibliothek

Die Deutsche Nationalbibliothek verzeichnet diese Publikation in der Deutschen Nationalbibliografie; detaillierte bibliografische Daten sind im Internet über http://dnb.d-nb.de abrufbar.

www.vdpolizei.de

12. überarbeitete Auflage 2011

Satz: VDP GMBH Buchvertrieb, Hilden
Druck und Bindung: Bonner Universitäts Buchdruckerei, Bonn
Printed in Germany
ISBN 978-3-8011-0662-1

Vorwort zur 12. Auflage

Der Inhalt ist dem neuesten Stand der Gesetze, der Rechtsprechung sowie den neuesten Erkenntnissen der Kriminalistik und Kriminaltechnik angepasst. Die Literaturhinweise sind ebenso ergänzt worden. In den laufenden Text wurden weitere Fundstellen eingearbeitet.

Besonders bearbeitet wurden (Reihenfolge der Kapitel):

- Persönlichkeiten der Kriminalistik und Kriminologie, 1.2.1
- Meilensteine für die Kriminalistik, 1.2.7.2
- Polizeiwissenschaft, 1.2.9.1
- Gründung der Kriminalpolizei, 1.4.3.1
- DDR-Dissertation, 1.4.3.5 c
- IuK-Kriminalitat, 2.3.3 e) und 4.18.1
- Sicherheitsgewerbe, 2.10
- „Richterliche Kriminalistik", 3.2
- Grenzen des Sachbeweises, 4.1.1.1
- Isotopenanalytik, 4.6.6
- Tragseile, 4.6.14
- Vorratsspeicherung von Telekommunikationsdaten, 4.18.1
- Chemische Fangmittel, 4.19.4
- Sicherstellung von Geräten der IuK-Technik, 4.18
- Opferschutz und Unschuldsvermutung, 6.10
- Fahndung im Wandel der Zeit, 9.4
- Verdeckte und heimliche Ermittlungen, 10.2 und 14.2
- Kriminalistische List, 11.14.2
- V-Personen, Begriff, 14.3
- Geldautomat, 21.6.4
- Gefährderansprache, 21.6.5
- Sicherungsverwahrung, 21.6.5
- Falllösung, 24.2
- Polizei, 25.2
- Wächterfunktion der Berufsbeamten, 25.6.2
- Wissensfülle, 25.6.6
- Fremdwörter, 26.4.2

Auf der Internetseite, www.weihmann-schuch.de, sind u.a. als Ergänzung zu den Lehrbüchern die ständig aktualisierten Dozentenhandbücher „Kriminalistik" und „Kriminaltechnik" (für Tageslichtprojektor oder Power-Point) sowie die jüngsten Literaturhinweise eingestellt. Alles kann kostenlos heruntergeladen und mit Quellenangabe in der Lehre verwendet werden.

Für das Selbststudium sowie für die Aus- und Fortbildung sind in dem Lehrbuch *Weihmann / Schuch*, „Prüfungswissen, Kriminalistik und Kriminaltechnik“, Hilden 2011, Fallbeispiele aus der tägliche Praxis mit Lösungshinweise behandelt.

Die Verfasser — Im Mai 2011

Hinweis

Der Inhalt von kriminalistischen Büchern wird stark von der Aktualität der Gesetzgebung und Rechtsprechung geprägt, weil Verfahrensfehler im Strafverfahren zu Beweisverwertungsverboten führen können. Bitte prüfen Sie, ob dieses Buch die aktuelle Auflage ist. (www.weihmann–schuch.de, Lehrbücher)

Inhaltsübersicht

Inhalt

Abkürzungsverzeichnis

AFIS	Automatisiertes Fingerabdruckidentifizierungssystem
AG Kripo	Arbeitsgemeinschaft Leiter des BKA und der LKÄ
AK II	Arbeitskreis II der IMK (Öffentliche Sicherheit)
ArchKrim	Archiv für Kriminologie
BBergG	Bundesberggesetz
BeamtStG	Beamtenstatusgesetz
BGB	Bürgerliches Gesetzbuch
BGBl.	Bundesgesetzblatt
BGH	Bundesgerichtshof
BGHSt	Bundesgerichtshof; Entscheidungssammlung in Strafsachen
BGHZ	Bundesgerichtshof; Entscheidungssammlung in Zivilsachen
BKA	Bundeskriminalamt
BKA-INPOL	Bundeskriminalamt, Informationssystem der Polizei
BKA-FR	Bundeskriminalamt, Forschungsreihe
BKA-PF	Bundeskriminalamt, Polizei + Forschung
BKA-TO	Bundeskriminalamt, Informationen zur Tatortarbeit
BKBl	Bundeskriminalblatt
BKAG	Gesetz über die Einrichtung eines Bundeskriminalpolizeiamtes (Bundeskriminalamtes)
BMI	Bundesminister des Innern
BMJ	Bundesminister der Justiz
BRAO	Bundesrechtsanwaltsordnung
BVerfG	Bundesverfassungsgericht
BVerfGE	Entscheidungen des Bundesverfassungsgerichts
BVerwG	Bundesverwaltungsgericht
BVerwGE	Entscheidungen des Bundesverwaltungsgerichts
CEPOL	Collège européen de Police (Europäische Polizeiakademie)
DDR	Deutsche Demokratische Republik
DHPol	Deutsche Hochschule der Polizei (Münster-Hiltrup)
Diss.	Dissertation
DJZ	Deutsche Juristenzeitung
DNA	deoxyribonucleic acid

DNS	Desoxyribonukleinsäure
ED	Erkennungsdienst
EDV	Elektronische Datenverarbeitung
FASZ	Frankfurter Allgemeine Sonntagszeitung
FAZ	Frankfurter Allgemeine Zeitung
FEK	Führung, Einsatz, Kriminalitätsbekämpfung
FGG	Gesetz über die Angelegenheiten der freiwilligen Gerichtsbarkeit
Fischer	Kurzkommentar zum Strafgesetzbuch
GewO	Gewerbeordnung
Gestapo	Geheime Staatspolizei (in Nazi-Deutschland)
GG	Grundgesetz
GSSt	Großer Senat für Strafsachen
GVBl.	Gesetz- und Verordnungsblatt
GVG	Gerichtsverfassungsgesetz
IDKO	Identifizierungskommission des BKA
IfSG	Infektionsschutzgesetz
IKPO	Internationale Kriminalpolizeiliche Organisation
IM	Inoffizieller Mitarbeiter (Stasi-Spitzel der DDR)
IMK	Konferenz der Innenminister und -senatoren
INTERPOL	The International Criminal Police Organization Telegrammadresse der IKPO
INPOL	Informationssystem der Polizei
IRG	Gesetz über die internationale Rechtshilfe in Strafsachen
JGG	Jugendgerichtsgesetz
JuS	Juristische Schulung
JVEG	Justizvergütungs- und -entschädigungsgesetz
KAN	Kriminalaktennachweis
KBA	Kraftfahrtbundesamt
KFA	Kriminalistische Fallanalyse
KG	Kammergericht
KHSt	Kriminalhauptstelle
KJHG	Kinder- und Jugendhilfegesetz
KDA	Kriminalistische Deliktsanalyse

KoRil	Konzernrichtlinie der Bahn AG
KP	Kriminalpolizeilicher Vordruck (nummeriert)
KPB	Kreispolizeibehörde
KPMD	Kriminalpolizeilicher Meldedienst
KPMD-PMK	Kriminalpolizeilicher Meldedienst in Fällen „Politisch motivierter Kriminalität“
KpS	Kriminalpolizeiliche personenbezogene Sammlungen
KPVP	Kriminalpolizeiliches Vorbeugungsprogramm
KTU	Kriminaltechnische Untersuchungsstelle
KUG	Kunsturhebergesetz
KVK	Kommission der AG Kripo zur Vorbeugenden Kriminalitätsbekämpfung
LF	Polizeilicher Leitfaden
LG	Landgericht
LKA	Landeskriminalamt
LVK	Lichtbildvorzeigekartei
Maunz / Dürig	Kurzkommentar zum Grundgesetz
MDR	Monatsschrift für Deutsches Recht
MEK	Mobiles Einsatzkommando
Meyer-Goßner	Kurzkommentar zur Strafprozessordnung
MfS	Ministerium für Staatssicherheit der DDR
MK	Mordkommission
NJW	Neue Juristische Wochenschrift
NSDAP	Nationalsozialistische Deutsche Arbeiterpartei
NStZ	Neue Zeitschrift für Strafrecht
NVwZ	Neue Zeitschrift für Verwaltungsrecht
NVZ	Neue Zeitschrift für Verkehrsrecht
NZB	Nationales Zentralbüro der IKPO
NZZ	Neue Zürcher Zeitung
OFA	Operative Fallanalyse
OibE	Offizier im besonderen Einsatz (Stasi-Spitzel der DDR)
OK	Organisierte Kriminalität
OLG	Oberlandesgericht
OVG	Oberverwaltungsgericht

OWiG	Gesetz über Ordnungswidrigkeiten
Palandt	Kurzkommentar zum Bürgerlichen Gesetzbuch
PDV	Polizeidienstvorschrift
PFA	Polizeiführungsakademie (Vorgängerin der DHPol)
PKS	Polizeiliche Kriminalstatistik
RiStBV	Richtlinien für das Strafverfahren und das Bußgeldverfahren
RiVASt	Richtlinien für den Verkehr mit dem Ausland in strafrechtlichen Angelegenheiten
SAR	Luftrettungsdienst (search and rescue)
SED	Sozialistische Einheitspartei Deutschland (DDR)
SEK	Spezialeinsatzkommando der Polizei
SIS	Schengener Informationssystem (der Polizei)
StA	Staatsanwalt
StAR	Ständige Arbeitsgruppe von Kriminalpraktikern zur Bekämpfung der internationalen Rauschgiftkriminalität
Stasi	Staatssicherheitsdienst der DDR
StGB	Strafgesetzbuch
StPO	Strafprozessordnung
StV	Strafverteidiger, Juristische Fachzeitschrift
StVG	Straßenverkehrsgesetz
SZ	Süddeutsche Zeitung
TREVI	Internationale Konferenz der Politiker zur Bekämpfung von Terrorismus, Rassismus, Extremismus und Gewalt (Violence)
UCA	Undercoveragent
VE	Verdeckter Ermittler
VoPo	Volkspolizei (DDR)
VP	V-Person (Vigilant)
VG	Verwaltungsgericht
ZEVIS	Zentrales Verkehrsinformationssystem
ZJD	Zentrale Jugendschutzdatei
ZPO	Zivilprozessordnung
ZSHG	Zeugenschutzharmonisierungsgesetz
ZStV	Zentrales Staatsanwaltliches Verfahrensregister
ZUB	Zentrale Unterstützungsgruppe des Bundes für gravierende Fälle der nuklearspezifischen Gefahrenabwehr [beim BKA]

1 Einführung in die Kriminalistik

1.1 Literatur

Alexander, Carl Severing, Sozialdemokrat aus Westfalen mit preußischen Tugenden, Bielefeld 1992, Dissertation. (Preußischer und Deutscher Innenminister, reformierte die Polizei. Er prägte die Begriffe: „Deeskalation" und „Polizei – Dein Freund und Helfer".)

Amelung, Soll der Chef der Kriminalpolizei Volljurist sein?, in: Kriminalistische Monatshefte 1931, S. 219

Amelung, [Nicole] Die Entführung, Neuss 1997. [Die Entführung von Richard Oetker durch Dieter Zlof am 14.12.1976.]

Améry, Jenseits von Schuld und Sühne [Autor beschreibt als Opfer die Folter], Stuttgart 1966

Arendt, [Hannah] Über das Böse. Eine Vorlesung zu Fragen der Ethik, München 2003

Augstein, Hg., Das Spiel ist aus – Arthur Nebe, (Glanz und Elend der Deutschen Kriminalpolizei), Serie in: Der Spiegel vom 29.9.1949 bis 20.4.1950

Aust, Mauss, Ein deutscher Agent, München 1988. [Ein V-Mann des Bundeskriminalamtes.]

Avé-Lallemant, [Polizeipräsident in Lübeck] Das Deutsche Gaunertum, 1858

Bachhiesl, Notizen zur Wiedereröffnung des Hans-Groß-Kriminalmuseums der Karl-Franzens-Universität Graz, in: Historisches Jahrbuch der Stadt Graz 2003, S. 191

Behrendt, [Vormals Landeskriminaldirektor in NRW], Interview, Arbeitsqualität bedingt in komplexen Organisationen auch Spezialisierung, in: Streife / NRW, 7–8 / 2005, S. 4

Behrendt, [Vormals Landeskriminaldirektor in NRW], Qualitätsoffensive in der Kriminalitätsbekämpfung. Steuern der Kriminalitätsbekämpfung über „Handwerk", in: Kriminalistik 2006, S. 452 [Berichtigung auf S. 497]

Behrens, [Vormals Innenminister in NRW] Qualitätssicherung in der polizeilichen Kriminalitätsbearbeitung ist Chefsache, in: Streife / NRW, 10 / 2001, S. 16

Bering, Kampf um Namen, Polizeivizepräsident Bernhard Weiß aus Berlin gegen Josef Goebbels, Stuttgart 1991

Berthel, Lehr- und Studienbriefe Kriminalistik und Kriminologie, Hilden 2005, Band 1, S. 13, und in: Kriminalistik 2005, S. 621

Bielstein, Wider das Vergessen, Zentrale Ermittlungsstelle Regierungs- und Vereinigungskriminalität in Berlin [ZERV], in: Streife / NRW, 3 / 1995, S. 16

Bielstein, Gerechtigkeit gewollt – Rechtsstaat bekommen, Zentrale Ermittlungsstelle Regierungs- und Vereinigungskriminalität in Berlin [ZERV], in: Streife / NRW 4 / 1995, S. 18

Bieri, Das Handwerk der Freiheit, Frankfurt / M 2006

Black, Kripo-Chef Arthur Nebe, in: Smelser / Syring, Hg., Die SS. Elite unter dem Totenkopf, 2. Auflage, Paderborn 2003, S. 364

Bleek / Mertens, DDR-Dissertationen, Promotionspraxis und Geheimhaltung von Doktorarbeiten im SED-Staat, Opladen 1994

BKA, Hg., Festschrift für Horst Herold zum 75. Geburtstag, Wiesbaden 1998

BKA, Hg., Das Bundeskriminalamt stellt sich seiner [NS-] Geschichte, Sonderband der Reihe Polizei + Forschung, Köln 2008

Böpple / Knüfer, Generation XTC, Berlin 1996. [Die Geschichte von Techno und Ekstase.]

Bogisch Die LDPD und das Ende der DDR, Berlin 2009 [Liberaldemokratische Partei Deutschlands. Blockpartei der DDR zur Unterstützung der SED]

Borries / Fischer, Sozialistische Cowboys. Der Wilde Westen Ostdeutschlands, [Versionsbildung als Mittel zur Feststellung der Wahrheit im strafrechtlichen Ermittlungsverfahren der DDR] Frankfurt / M 2008

Brenner, Stieber, Frankfurt 1997. [Roman über den Kriminalisten Wilhelm Stieber 1818–1882.]

Bresler, INTERPOL, München 1993. [Geschichte der Internationalen kriminalpolizeilichen Organisation / IKPO.]

Brunner, Das Rechtsverständnis der SED (1961–1989), in: Deutscher Bundestag, Hg., Materialien der Enquete-Kommission „Aufarbeitung von Geschichte und Folgen der SED-Diktatur in Deutschland“, Band IV, Recht, Justiz und Polizei im SED-Staat, Baden-Baden 1995, S. 293 bis 337.

Buhlan / Schubert / Volmer, Indizienbeweis für NS-Verbrechen aus Kölner Erkennungsdienst-Kartei, (Verstrickung der Kriminalpolizei in die Verbrechen des Nationalsozialismus), in: Kriminalistik 2003, S. 533

Burghard, Die aktenmäßige Bearbeitung kriminalpolizeilicher Ermittlungsvorgänge, Wiesbaden 1986, BKA-Schriftenreihe, Band 35

Canaris / Schmidt, Hohe Kultur. Schlechte Juristen erkennt man an ihrer mangelnden Fähigkeit zur überzeugenden Lösung von Fällen, FAZ vom 7.4.2011, S. 8

Dalos, Der Vorhang geht auf. Das Ende der Diktaturen in Osteuropa, München 2009

Dams, Kontinuität und Brüche (Die höheren preußischen Kriminalbeamten im Übergang von der Weimarer Republik zum Nationalsozialismus), in: Kriminalistik 2004, S. 478

Dahnke, Kriminalroman und Wirklichkeit, Hamburg 1958

Dickel, Hg., [Chef der DDR-Volkspolizei] Geschichte der Deutschen Volkspolizei, 1945–1961, [Ost-] Berlin 1979, und Band 2, 1961–1985, [Ost-] Berlin 1987

Dittmann, [Professor für Rechtsmedizin] Wann ist ein Gutachten wissenschaftlich begründet? in: BKA, Hg., Polizei + Forschung, Band 38, Köln 2009, S. 115

Dölling, Strafvollzug [in der DDR] zwischen Wende und Wiedervereinigung, Berlin 2009

Dorn, Iwan Putilin, 1830–1893, Das Genie der russischen Kriminalistik, in: Kriminalistik 2004, S. 53

Deschner, Kriminalgeschichte des Christentums, Band 1, Hamburg 1986, und Band 2, Hamburg 1988

Dürrenmatt, Der Richter und sein Henker, 1952. Der Verdacht, 1952. Die Panne, 1956. Das Versprechen, 1958.

Doyle, Studie in Scharlachrot, 1887. Ein Skandal in Böhmen, 1891. Der Hund von Baskerville, 1893.

Elten, Deutschland deine Kripo, Serie in: Stern, 12.2. bis 8.4.1967

Emcke, Stumme Gewalt. Nachdenken über die RAF, Frankfurt / M 2008

Engelmann, Justiz im Dienste der Parteiherrschaft [der DDR], Berlin 2000

Eppelmann Bericht der Enquete-Kommission „Aufarbeitung von Geschichte und Folgen der SED-Diktatur in Deutschland", S. 96 bis 103 und 219 bis 228, in: BT-Drucksache 12 / 7820 vom 31.5.1994

Fehérváry / Kasecker „Common Curricula" der CEPOL, in: Kriminalistik 2007, S. 476

Fischer, Die andere Bildung – Was man von den Naturwissenschaften wissen sollte, Berlin 2005

Frevel, Polizeiwissenschaft, was, wie, wohin?, in: Diskus FHöV-NRW, 2 / 2003, S. 29

Funk / Hauff / Holzner / Kasecker / Mönnighoff, „Das mag in der Theorie richtig sein, taugt aber nicht für die Praxis" – Die Zukunft der polizeipraktischen Fächer [Einsatzlehre, Kriminalistik, Führungslehre und Verkehrslehre] an der Deutschen Hochschule der Polizei, in: Die Polizei 2006, S. 217

Funke, Mein Leben als Dagobert, Berlin 1998. [Erpressungen zum Nachteil von Kaufhäusern durch Arno Funke, 1992–1994.]

Gauck, Winter im Sommer, Frühling im Herbst, München 2009

Gieseke, Die hauptamtlichen Mitarbeiter der Staatssicherheit [in der DDR]. Personalstruktur und Lebenswelt, Berlin 2000

Gräf, 1. Behinderung anwaltlicher Tätigkeiten. 2. Rekrutierung und Ausbildung der Juristen in der SBZ / DDR, in: Deutscher Bundestag, Hg., Materialien der Enquete-Kommission „Aufarbeitung von Geschichte und Folgen der SED-Diktatur in Deutschland", Band IV, Recht, Justiz und Polizei im SED-Staat, Baden-Baden 1995, 1. S. 152–156 und 2. S. 399–450

Greiner, Die Polizei – Dein Freund und Helfer, in: Kriminalistik 2002, S. 369

Groß / Geerds, Handbuch der Kriminalistik, Band I und II, Berlin 1978 und 1979

Grube, „Genies des Verbrechens" – Professor Maiarty, Fantômas, Doktor Mabuse, in: NJW 2011, S. 708

Güttler, Vier Augen in der Nacht, Bielefeld 1994. [Erzählungen eines Hundeführers der Polizei.]

Hagemann, Was wird aus der deutschen Kriminalpolizei? Drei Schicksalsfragen: 1. Kriminalistisches Studium; 2. Stellung der Kriminalpolizei; 3. Kriminalistische Sachverständige. Hamburg 1948

Hahn, Die Vernehmung von Beschuldigten, Methodischer Leitfaden Nr. 36 / 1, Berlin 1983, Nr. 36 / 2, Berlin 1984 und Nr. 36 / 3, Berlin 1984, DDR-Ministerium des Innern

Harder, Jeden Morgen nackt antreten auf dem Flur. In DDR-Heimen hatte der Missbrauch System. Kinder wurden isoliert, geschlagen und vergewaltigt – um sie umzuerziehen, in: FASZ vom 28.3.2010, S. 4

Haselow, Der Wandel der Volkspolizei (DDR) zu einer rechtsstaatlich-demokratischen Polizei, Magisterarbeit an der Philosophischen Fakultät der Rheinischen Friedrich-Wilhelm-Universität in Bonn, 1996

Hassemer, In: *Emcke, Carolin,* Stumme Gewalt. Nachdenken über die RAF, Frankfurt / M 2008, S. 151 ff., Wohin mit der RAF?

Hassemer, Warum Strafe sein muss. Berlin 2009

Hassemer / Maussek, Das Opfer als Verfolger. Ermittlungen des Verletzten im Strafrecht. [S. 29 ff.: Das amerikanische Parteienverfahren im Strafprozess] Frankfurt/M 1996

Heckmann, Polizeiwissenschaft an der Deutschen Hochschule der Polizei – Einheit von Theorie und Praxis, in: Die Polizei 2007, S. 97. [Heckmann ist federführend im Fachausschuss für die Akkreditierungsagentur ACQUIN tätig, die die DHPol i.G. begleitet, er ist Lehrstuhlinhaber für Öffentliches Recht pp. an der Universität in Passau und Mitglied des Bayerischen Verfassungsgerichtshofes]

van Helsing, Des Wahnsinns fette Beute [Authentische Fälle der dümmsten Verbrecher der Welt], Frankfurt / M 2004

Herren, Hans Groß. Der Mann, der wirklich Sherlock Holmes war, in: Kriminalistik 1972, S. 321

Herrmann, Beweisführung im Ermittlungsverfahren [der DDR], Berlin 1980

Hilbig, Zur Bekämpfung der Kriminalität von Jungtätern durch sozialtherapeutische Anstaltsbehandlungen, Dissertation, Münster 1974

Hinckeldey, Hg., Justiz in alter Zeit, Band VI c; Rothenburg o.d.T. 1989. Bilder aus dem Kriminalmuseum, Band VII 1984, und Band VII b 1989

Hoberg, Ringvereine – einst und jetzt, BKA-Vortragsreihe, Band 9, S. 143, Wiesbaden 1958

Jürgs, Wie geht's Deutschland? Populisten. Profiteure. Patrioten. Eine Bilanz der [Deutschen] Einheit, München 2008

Jürgs, BKA – Europol – Scotland Yard. Die Jäger des Bösen, München 2011 [Gespräch mit Horst Herold, Seite 57–80]

Jusefowitsch, Im Namen des Zaren, Iwan Putilin ermittelt [Der russische Sherlock Holmes], München 2003.

Kant, Über den Gemeingebrauch von Theorie und Praxis

Kaib, Rechtssprichwörter und sprichwörtliche Redensarten mit rechtlichem Inhalt, Rothenburg o.d.T. 1992

Kern, Geldwäsche und organisierte Kriminalität, Dissertation, Regensburg 1993

Kerner, Theoretische Grundlagen der Kriminalistik, in: BKA-Forschungsreihe, Band 16 / 2, Wiesbaden 1984, S. 9

Klemperer, LTI [Lingua Tertii Imperii] = Die Sprache des Dritten Reiches. Notizbuch eines Philosophen. Berlin 1996

Knabe, Gefangen in Hohenschönhausen. Stasi-Häftlinge berichten. Berlin 2007

Knape, Funktionale, insbesondere rechtliche und ethische Reflexionen der Einsatzlehre [PDV 100], in: Die Polizei 2008, S. 315

Koch, DENUNCIATIO, Entstehung und Ausgestaltung eines strafprozessualen Rechtsinstituts [Habilitationsschrift], Frankfurt / M 2006

Kowalczuk, Endspiel. Die Revolution von 1989 in der DDR, München 2009

Krüger / Wagner, Konspiration als Beruf, Berlin 2003

Kube, Wissenschaftliche Kriminalistik – Ziel und Aufgaben, in: BKA-Forschungsreihe, Band 16 / 2, Wiesbaden 1984, S. 413

Kube, Beweisverfahren und Kriminalistik in Deutschland, Geschichte des Beweisverfahrens, Kriminologische Schriftenreihe, Band 13, Hamburg 1964

Küng, Der Anfang aller Dinge [Ethische Werte, Maßstäbe und Normen], München 2005

Ky, Aus der Traum, München 1983. [Soziologische Betrachtung über das Studium der Polizei an der Fachhochschule.]

Landau, [Professor und Richter am BVerfG], Die Pflicht des Staates zum Erhalt einer funktionstüchtigen Strafrechtspflege (Antrittsvorlesung an der Universität Marburg), in: NJW 2007, S. 121

Landesregierung NRW, Begründung zum Gesetz über die Deutsche Hochschule der Polizei, NRW-Landtagsdrucksache 13 / 6258, S. 23 ff.,

Lange, Einbindung und Behinderung der Rechtsanwälte, in: Deutscher Bundestag, Hg., Materialien der Enquete-Kommission „Aufarbeitung von Geschichte und Folgen der SED-Diktatur in Deutschland", Band IV, Recht, Justiz und Polizei im SED-Staat, Baden-Baden 1995, S. 605

Lange / Sohr, Überführt! So ermitteln pfiffige Spürnasen, Luzern 2000. (Jugendbuch über Kriminalistik.)

Langmann, [Hurrelmann] Amok im Kopf. Warum Schüler töten, Weinheim und Basel 2009

Läpple, Verrat verjährt nicht. [Opfer und Täter erzählen Lebensgeschichten aus der DDR], Hamburg 2008

Leide, NS-Verbrecher und Staatssicherheit. Die geheime Vergangenheitspolitik der DDR, Göttingen 2005

Leufgen, Wer lacht mit uns? [Authentische Geschichten aus dem polizeilichen Alltag], Norderstedt 2005

Ley / Müller-Tucholski, Bemerkungen zur Kundensemantik. Oder zum Verständnis von Polizei zum Bürger oder Kunden?, in: Kriminalistik 2007, S. 691

Liang, Die Berliner Polizei in der Weimarer Republik, Berlin, New York 1977

Lichtenstein, Himmlers grüne Helfer – Die Schutzpolizei und der Nationalsozialismus, Köln 1990

Lindlau, Der Mob, Hamburg 1987, [Recherchen zum organisierten Verbrechen. Anlass der Bundesregierung, den Begriff „Organisierte Kriminalität" zu akzeptieren]

Liebl, Die neue Polizeiforschung im letzten Jahrzehnt in der Bundesrepublik Deutschland – Ein Überblick, in: Kriminalistik 2008, S. 147

Liessmann, Theorie der Unbildung. Die Irrtümer der Wissensgesellschaft, Wien 2006

Lindenberger, Volkspolizei. Herrschaftspraxis und öffentliche Ordnung im SED-Staat, 1952–1968, Habilitationsschrift, Köln 2003

Linssen, [Ruth, Soziologin] Toto und Harry: Gesellschaftliche Vorstellungen von Polizei im Fernsehen?, in: Kriminalistik 2009, S. 259

Lochte, Sie werden dich nicht finden, München 2004. [Entführung und Ermordung des elfjährigen Bankierssohn Jacob von Metzler durch den 28-jährigen Jurastudenten Magnus Gäfgen im September 2003 in Frankfurt / M.]

Lüddecke, Von der Legitimationsmedaille zur Kriminaldienstmarke, in: Die Polizei 1983, S. 251

Lugmeier, Der Mann, der aus dem Fenster sprang, München 2005. [Der Autor schildert seinen Geldtransportraub von zwei Mill. DM zum Nachteil der Dresdner Bank in Frankfurt / M am 30.10.1975, seine Flucht- und Versrecktechniken und seine Festnahme.]

Mallmann / Angrick, Hg., Die Gestapo nach 1945. Karrieren, Konflikte, Konstruktionen, Darmstadt 2009

Markovits, Gerechtigkeit in Lüritz – Eine ostdeutsche Rechtsgeschichte, München 2006

Marquardt, Menschenrechtsverletzungen durch die Deutsche Volkspolizei, in: Deutscher Bundestag, Hg., Materialien der Enquete-Kommission „Aufarbeitung von Geschichte und Folgen der SED-Diktatur in Deutschland",

Band IV, Recht, Justiz und Polizei im SED-Staat, Baden-Baden 1995, S. 655

Maunz / Dürig, Kommentar zum Grundgesetz der BRD, München 2011

Mertens, [Lothar, Privatdozent Dr. Dr., Ruhruniversität Bochum] Die geheime Kriminalstatistik der DDR. Oder: Wie die Realität unter der Decke gehalten wurde, in: Kriminalistik 1998, S. 103

Mertens, [Lothar, Privatdozent Dr. Dr., Ruhruniversität Bochum] Doktor Stasi? Dissertationen der Juristischen Hochschule des DDR-Ministeriums für Staatssicherheit [auch Polizei und Armee], in: Kriminalistik 1994, S. 420

Michelfelder, Der Amoklauf von Winnenden und die polizeiliche Lagebewältigung, in: Kriminalistik 2010, S. 139

Mittmann, Fahndung, Große Fälle der Volkspolizei [DDR], Berlin 1995.

Möllers, [Martin, H. W., Professor der Politikwissenschaften und Jurist], Wissenschaftliche Abschlussarbeiten für Bachelor, Master oder Diplom an Hochschulen der Polizei. Frankfurt / M 2007.

Moor, Das Selbstporträt des Jürgen Bartsch, Frankfurt / M 1972. [Geschichte eines Kindermörders, 1965.]

Mostar / Stemmle, (Hg.), Der neue Pitaval, Der Wolfsmensch, Zehn Kriminalgeschichten, München 1963

Müller / Hartmann, Vorwärts und vergessen! Kader, Spitzel und Komplizen: Das gefährliche Erbe der SED-Diktatur, Berlin 2009

Müller-Enbergs, Inoffizielle Mitarbeiter des Ministeriums für Staatssicherheit der DDR, Band 1, Berlin 1996, Band 2, Berlin 1998; Band 3, Berlin 2008

Müller-Enbergs / Wielgohs, Hg., Wer war wer in der DDR, Berlin 2010

Neidhardt, Lehr- und Studienbriefe Kriminalistik und Kriminologie, Hilden 2005, Band 1

Neubert, Unsere Revolution [in der DDR], München 2008

Neven du Mont / Schütz, Kleinstadtmörder, Hamburg 1971. [Die Ermordung von Soldaten der Bundeswehr in Lebach als Vorbereitungstat zu geplanten Erpressungen im Jahr 1969. Erster Fall in der BRD, bei dem die Ermittlungen in einer „BAO“ unter der Leitung des Bundeskriminalamtes erfolgten.]

Niggl / Winz, Tod in Berlin, Berlin 1995. [Kriminalfälle aus der Metropole von 1945 bis 1995.]

Nitschke, Hg., Die Deutsche Polizei und ihre Geschichte, Hilden 1996

O'Brien, Der dritte Polizist, Frankfurt / M 1975

Oesterle, Stammheim [RAF-Terroristen in Untersuchungshaft], Tübingen 2003

Otto, [Frank] Die Kriminalistik in der BRD. Beitrag zur Beurteilung der kriminalistischen Wissenschaft im heutigen Imperialismus, [DDR-] Dissertation, Berlin 1986

Otto, [Wilfriede], Erich Mielke, Biografie, Berlin 2000

Peters, [Karl], Fehlerquellen im Strafprozess, eine Untersuchung der Wiederaufnahmeverfahren in der Bundesrepublik Deutschland, Band 1, Karlsruhe 1970, Band 2, Karlsruhe 1972

Peters, [Butz], RAF [Rote Armee Fraktion], Stuttgart 1991 [Terrorismus in Deutschland, 1972–1977]

Pick, Polizeiforschung zwischen Wissenschaft und Scharlatanerie, Randbemerkungen eines Kriminalisten zum Silberjubiläum der „empirisch fundierten Polizeisoziologie" in Deutschland, in: Kriminalistik 1995, S. 697

Platzeck, [Matthias, Ministerpräsident in Brandenburg] Zukunft braucht Herkunft. Hamburg 2009

Plogstedt, Knastmauke. Das Schicksal von politischen Häftlingen der DDR nach der deutschen Wiedervereinigung, Gießen 2010

PP Berlin, Aufklärung der Regierungs-, Funktionärs- und Vereinigungskriminalität in der DDR, Sachstandsbericht der ZERV vom 1.11.1994

Poe, Die Morde in der Rue Morgue, 1841. Der Goldkäfer, 1843. Der stibitzte Brief, 1845.

Pötzl, Der Fall Barschel, Hamburg 1988. [Das Ehrenwort und der Tod des Ministerpräsidenten von Schleswig-Holstein.]

Prokop, [Erster Gerichtsmediziner in der DDR] Ich habe mich aus der ganzen Politik heraus gehalten, in: Stein, Die Charité 1945–1992, Berlin 1992, S. 60

Puls, Schattenkinder hinter Torgauer Mauern, Rostock 2009 [Missbrauch und Vergewaltigung in DDR-Kinderheimen]

Quambusch, Ausbildungsmodernisierung durch Akkreditierung?, in: Kriminalistik 2007, S. 634

Raab, Die Lenkung der Staatsanwaltschaft und die Funktion der Staatsanwaltschaft bei der Lenkung der Justiz, in: Deutscher Bundestag, Hg., Materialien der Enquete-Kommission „Aufarbeitung von Geschichte und Folgen der SED-Diktatur in Deutschland", Band IV, Recht, Justiz und Polizei im SED-Staat, Baden-Baden 1995, S. 138

Radecke, Geschichte des Polizei-Tschakos, Hilden 1981

Ratinow,	(siehe Stelzer / Stelzer)
Rathert,	Verbrechen und Verschwörung: Arthur Nebe – Der Kripo-Chef des Dritten Reiches, Münster 2001
Reemtsma,	Im Keller, Hamburg 1997. [Die Entführung des Zigaretten-Millionärs Jan Philipp Reemtsma durch Thomas Drach am 25.3.1996.]
Reichertz,	Aufklärungsarbeit [Kriminalpolizisten und Feldforscher bei der Arbeit], Stuttgart 1991
Rennison,	Sherlock Holmes. Die unautorisierte Biografie, Düsseldorf 2007
von Richthofen,	Notwendigkeit und Möglichkeiten der Vermittlung eines Berufsverständnisses der Polizei, in: Die Polizei 1994, S. 90
von Richthofen,	Finden Sie Erfüllung und Sagen Sie „Ja" zu diesem (Polizei-) Beruf, in: Diskus FHöV / NRW 2002, Heft 3, S. 7
Ritter,	Wir sind das Volk! Wir sind ein Volk! Geschichte der deutschen Einigung, München 2009
Roth,	Schmutzige Hände, München 2000, [Wie die westlichen Staaten mit der Drogenmafia kooperieren.]
Rott,	Wehrhafter Demokrat und deutsch-jüdischer Patriot – Zur Erinnerung an Bernhard Weiß, in: Die Polizei 2011, S. 89
Rückert,	Tote haben keine Lobby, Hamburg 2000
Rüther,	Jetzt muss die Welt sich selber retten. Nach zehn Büchern verabschiedet sich Henning Mankell mit der „Feind im Schatten" von Kurt Wallander, FASZ vom 25.4.2010, S. 29
Roggemann,	Das Recht als Instrument im Kampf um die Machterhaltung – Die letzten Jahre der DDR, in: Deutscher Bundestag, Materialien der Enquete-Kommission „Aufarbeitung von Geschichte und Folgen der SED-Diktatur in Deutschland", Band IV, Recht, Justiz und Polizei im SED-Staat, Baden-Baden 1995, S. 761
Satjukow,	Besatzer. Göttingen, 2008. [In Kapitel 3.2.3: Kriminalität in der DDR mit Bezug zur Armee der UdSSR]
Saupe,	Der Historiker als Detektiv. Der Detektiv als Historiker. Bielefeld 2009
Schäfer / Knubben	... in meinen Armen sterben, Hilden 1996. (Vom Umgang der Polizei mit Trauer und Tod.)
Schaap,	Dienst- und Fachaufsicht in der Kripo. Einige unvollständige Anmerkungen eines Kommissariatsleiters, in: Kriminalistik 2005, S. 717

Schenk, Der Chef – Horst Herold [Präsident des BKA zur RAF-Zeit] und das BKA, Hamburg 1998

Schenk, Die Reise nach Beirut, Hamburg 1990. [Die Geschichte des Bundeskriminalamtes.]

von Schirach, [Ferdinand, Anwalt und Strafverteidiger] Verbrechen, München 2009

Schlüchter, Hg., Kriminalistik und Strafrecht (Festschrift für Friedrich Geerds), Lübeck 1995

Schmelz, Sozialistische Kriminalistik und Kriminologie in der DDR, Frankfurt/M 2010

Schmidt, Gangster, Opfer, Detektive, Eine Typengeschichte des Kriminalromans, Frankfurt / M 1989

von Schmidt, Vorgeführt erscheint, Erlebte Kriminalistik, Stuttgart 1955

Schmidt-Eenboom, Der BND [Bundesnachrichtendienst], Düsseldorf 1993

Schneider, Kriminologische Ursachentheorien, in: Kriminalistik 1997, S. 306

Schneider, Polizeiforschung, in: Lehr- und Studienbriefe Kriminologie Nr. 15, Hilden 2002

Schneider, Kriminologie in Europa, in: Kriminalistik 2005, S. 267

Schneider, Kriminologie in Europa und in der Welt, in: Kriminalistik 2009, S. 639 und 700

Schneider, Internationales Handbuch der Kriminologie, Berlin 2009

Schneikert, Die Kriminalpolizei, Kriminaltaktik und Kriminaltechnik, Lübeck 1927

Schönberger, Hg., Va Banque (Bankraub, Theorie, Praxis, Geschichte), Berlin 2001

Schreiber, Die Stasi lebt. Berichte aus einem unterwanderten Land, München 2009

Schröder, [Richard], Und es existiert doch. Das Gewissen, in: FASZ vom 27.9.2009, S. 11

Schümer, Die Kinderfänger, Ein Belgisches Drama von europäischer Dimension. Berlin 1997, [Der Kindermörder Marc Dutroux, 1996]

Schüßeler, Aufgaben der Staatsorgane [der DDR], Berlin 1987

Schulz, Normiertes Misstrauen – Der Verdacht im Strafverfahren, [Herrschaft und Wahrheit], Frankfurt / M. 2001, (Habilitationsschrift)

Schurich, Mein Name ist Hase, Berlin 1997. [Kuriositätenlexikon der Kriminalgeschichte.]

Schwanitz, Bildung – Alles was man wissen muss, München 2002

Schwind, Kriminologie. Eine praxisorientierte Einführung mit Beispielen, 21. Auflage, Heidelberg 2011

Schwinghammer, BKA – Präsident Horst Herold [Zur RAF-Zeit], in: Kriminologisches Journal 1980, S. 241

Seeger, Gestapo-Chef Heinrich Müller, in: Smelser / Syring, Hg., Die SS. Elite unter dem Totenkopf, 2. Auflage, Paderborn 2003, S. 346

von Senger, Die Kunst der List, München 2001

Sielaff, Bruchstellen im polizeilichen Berufsethos, in: Kriminalistik 1992, S. 351

Simenon, Nachtzug, 1929. Maigret und Pietr, der Lette, 1929.

Sofsky, Die Ordnung des Terrors: Das Konzentrationslager, [Habilitationsschrift], Frankfurt / M 1993

Soiné, Kriminalistische Erfahrung als Rechtserkenntnisquelle. Erfahrungssätze als erkenntnistheoretische Grundlagen der juristischen Entscheidungen, in: Kriminalistik 2010, S. 275

Soiné, Meilensteine der Kriminalistik. Zur Verbrechensbekämpfung im Wandel der Zeit, in: Kriminalistik 1993, S. 575

Staadt, [Jochen, Projektleiter im Forschungsverbund SED-Staat der FU Berlin] Eine deutsche Waffenbrüderschaft. Die Rote-Armee-Fraktion (RAF) und der Staatssicherheitsdienst in der DDR. In: FAZ vom 3.10.2007, S. 12

Steinacher, Nazis auf der Flucht. Wie Kriegsverbrecher über Italien nach Übersee kamen. [Als Fluchthelfer dienten das Internationale Rote Kreuz und kirchliche Kreise]. Habilitationsschrift, Innsbruck 2008

Stelzer, Für eine grundlegende Wende in der kriminalistischen Wissenschaft [der DDR], in: Kriminalistische Beiträge, Schriftenreihe der Deutschen Volkspolizei, Berlin 1959

Stelzer, Hg., Kriminalistik (3) und forensische Wissenschaften, [Ost-] Berlin 1970

Stelzer, Hg., Sozialistische Kriminalistik, Band 1, [Ost-]Berlin 1977; Band 2, [Ost-]Berlin 1979; Band 3 / 1, [Ost-]Berlin 1986; und Band 3 / 2, [Ost-]Berlin 1984 [Standardwerk in der DDR]

Stelzer / Stelzer, Forensische Psychologie für Untersuchungsführer [in der DDR], [Ost-]Berlin 1970, [Übersetzung aus dem Russischen und Bearbeitung des Lehrbuches von Ratinow durch das Ehepaar Eva Maria und Ehrenfried Stelzer. Es ist nicht erkennbar, was übersetzt und was bearbeitet wurde.]

Stieber, Practisches Lehrbuch der Criminalpolizei, Berlin 1860, Reprint Leipzig 1983.

Stille, Die Richter, München 1997. [Der Tod, die Mafia und die italienische Republik.]

Stock, Selbstverständnis, Inhalte und Methoden einer Polizeiwissenschaft, in: PFA-Schriftenreihe 1+2/2000, S. 101–122

Störzer, Kriminologisch-kriminalstische Ausbildung an Universitäten. Eine phänomenologische Bestandsaufnahme, in: BKA-Forschungsreihe, Band 16 / 2, Wiesbaden 1984, S. 325

Stolleis, „Sozialistische Gesetzlichkeit". Staats- und Verwaltungsrechtswissenschaft in der DDR. München 2009

Strauß / Ackermann, Die kriminalistische Untersuchungsplanung [in der DDR] - Untersuchungsmethodik -, Ost-Berlin 1986

Stürickow, Der Kommissar vom Alexanderplatz, Berlin 2000. [Ernst Gennat, Chef aller Berliner Mordkommissionen. Genannt: „Buddha der Kriminalisten".]

Thiess, Mordkommission. Wenn das Grauen zum Alltag wird. Der Leiter einer Mordkommission berichtet über wahre Fälle. München 2010

Thorwald, Das Jahrhundert der Detektive, Zürich 1965

Thorwald, Die Stunde der Detektive, Zürich 1966

von Uthmann, Kleine Kulturgeschichte des Mordes, München 2006

Voigt / Gries, Karriereangebote, Karrieremuster und Eliterekrutierung [in der DDR], in: Deutscher Bundestag, Materialien der Enquete-Kommission „Aufarbeitung von Geschichte und Folgen der SED-Diktatur in Deutschland", Band III – 3, Ideologie, Integration und Disziplinierung, Baden-Baden 1995, S. 1901

de Vries Neuer Studiengang Forensik, Kriminalistik 2009, S. 550

de Vries, Historik und Kriminalistik [Kriminalistik als Wissenschaft], in: Kriminalistik 2010, S. 301

Wagner, Hitlers Kriminalisten – Die Deutsche Kriminalpolizei und der Nationalsozialismus, München 2002

Walter, Strategie – Die Konjunktur des Ungefähren. Anmerkungen zu einem strapazierten Begriff, Die Polizei 2008, S. 258

Wehner, Ernst Gennat, Chef der Mordkommissionen in Berlin bis 1939, in: Kriminalistik 1972, S. 271

Wehner, Die Geschichte der Zeitschrift Kriminalistik, in: Kriminalistik 1987, S. 59

Wehner, Friederike Wieking, Kämpferin für den sozialen Gedanken in der Polizei [Aufbau der weiblichen Kriminalpolizei – WKP], in: Kriminalistik 1973, S. 212

Weihmann, Die Zusammenarbeit zwischen Kriminal- und Schutzpolizei, in: Der Kriminalist 1990, S. 209

Weihmann, Kriminalistik als Lehrfach, in: Kriminalistik 1996, S. 626, und in „Festschrift zum 20-jährigen Bestehen der Fachhochschule für öffentliche Verwaltung NRW", Erfurt 1996, S. 183

Weihmann, Kriminalistik – Stand und Perspektiven, in: Kriminalistik 2003a, 286

Weihmann, Rauschmittelkriminalität. Eine kritische Bestandsaufnahme, in: Kriminalistik 2003b, S. 266

Weihmann, Deutsche Hochschule der Polizei und die Polizeiwissenschaft, in: Kriminalistik 2005a, S. 371

Weihmann, Kriminalistik-Curriculum, Hintergrund und Anforderungsprofil, in: Kriminalistik 2005b, S. 628

Weihmann, Polizeidienstvorschrift Nr. 100 im Licht der Kriminalistik, in: Kriminalistik 2005c, S. 764

Weihmann, Das Daschner-Urteil. Die Rechtsunsicherheit und die Folgen. [Ist die Androhung von Zwang zur Befreiung des entführten Kindes Jacob von Metzler Folter?], in: Kriminalistik 2005d, S. 342

Weihmann, Versionsbildung als Unterdrückungsinstrument der DDR-Diktatur, in: Kriminalistik 2008, S. 28, und www.weihmann-schuch.de – Veröffentlichungen

Weihmann, Frauen und Männer – Auch in der Polizei. Zehn Jahre „Gender Mainstreaming", in: FHöV / NRW-Aktuell, Februar 2009, S. 19 und www.weihmann-schuch.de – Veröffentlichungen

Weihmann, 200 Jahre Kriminalpolizei in Deutschland, in: Kriminalistik 2011, S. 211

Weiß, Schupo und Kripo – leibliche Brüder oder nur Vettern?, in: Kriminalistik 1994, S. 631

Wellershoff, Einladung an alle, Köln 1972, Reprint Köln 1993. [Fahndung nach Bruno Fabeier (eigentlich Bruno Findeisen) im Jahr 1966. Anlass für das Länder-Abkommen über die erweiterte Zuständigkeit bei der Strafverfolgung durch die Polizei]

Welskopp, [Historiker], Die im Dunkeln sieht man nicht. Systematische Überlegungen zu Netzwerken der Organisierten Kriminalität am Beispiel der amerikanischen Alkoholsyndikate der Prohibitionszeit, in: Berghoff / Sydow, Unternehmerische Netzwerke, Stuttgart 2007

Welzer, Täter – Wie durch „Partikulare Rationalität" aus ganz normalen Menschen Massenmörder werden, Frankfurt / M. 2005

Werkentin, Politische Strafjustiz in der Ära Ulbricht [der DDR]. Der Richter als Zeremonienmeister, Berlin 1995

Wieking, Die Entwicklung der weiblichen [Kriminal-]Polizei in Deutschland, in: Kleine Polizeibücherei, Band 23 / 24

Willemsen, An der Grenze, Köln 1994, [Gespräche mit Attentätern, Mördern, Gewaltopfern, pp.]

Wisniewski, Marxismus als Voraussetzung des politischen Systems der DDR, in: Deutscher Bundestag, Hg., Materialien der Enquete-Kommission „Aufarbeitung von Geschichte und Folgen der SED-Diktatur in Deutschland", Band III – 3, Ideologie, Integration und Disziplinierung, Baden-Baden 1995, S. 2063–2095

Wolle, Die heile Welt der Diktatur. Herrschaft und Alltag in der DDR, 1971–1989, Berlin 2009

Zaika, Polizeigeschichte, Theorie und Praxis der preußischen Schutzpolizei, Dissertation, Lübeck 1979

Zimmermann / Schütt, Hg., ohnMacht, DDR-Funktionäre sagen aus, Berlin 1992

Zimmermann / Schütt, Hg., Noch Fragen, Genossen! [Zehn Interviews mit SED-Parteisekretären der DDR], Berlin 1994

Ziercke, [Präsident des BKA] Das Bundeskriminalamt stellt sich seiner [NS-] Geschichte, Sonderband der Reihe Polizei + Forschung, Köln 2008

Ziercke, [Präsident des BKA] Das Bundeskriminalamt diskutiert seine Geschichte, in: Kriminalistik 2009, S. 531

Zinke, Theorie des Kriminalromans, Reclam 9512

1.2 Geschichte der Kriminalistik

1.2.1 Kriminalistik und Strafrecht

Die Kriminalistik ist eng mit dem Strafrecht oder Kriminalrecht verbunden. Deshalb ist sie eine juristische Wissenschaft, auch weil jede taktische Entscheidung gleichzeitig eine (strafprozess-) rechtliche ist. Das gilt insbesondere für die Beweisführung (Kapitel 3), die Vernehmung (Kapitel 11) und auch für die Kriminaltechnik (Kapitel 4). Zunächst nur als juristisches Problem angesehen, wurde „Kriminalistik" in Deutschland an den Universitäten als Teilgebiet der Jurisprudenz behandelt. Bekanntester Vertreter dieser Wissenschaftsrichtung dürfte *Paul Johann Anselm* ***Ritter von Feuerbach*** (1775–1833) gewesen sein. Als Rechtsphilosoph, Präsident des Appellationsgerichts in Ansbach und Kriminalwissenschaftler hat er die moderne deutsche Strafrechtslehre geprägt. Er formulierte den Satz: „nulla poena sine lege". Er benutzte die Kriminalistik als Mittel der Rechtsanwendung. Doch blieb es ein reines „Handwerk" für die positivistischen Beweisregeln, die in den **Inquisitionsprozessen** angewendet wurden. Der Richter, zugleich Ankläger und Rechtsprecher, hatte das Vorliegen der Schuld nach formalen Beweisregeln festzustellen. Dabei kam es nicht auf seine Überzeugung an. So musste z. B. ein Angeklagter verurteilt werden, wenn er ein **Geständnis** abgelegt hatte. Ob das Geständnis durch die **Folter** erpresst worden war, spielte dabei keine Rolle. Doch die allgemeine Aufklärungsbewegung des 18. und 19. Jahrhunderts machte auch vor der Rechtsprechung nicht Halt (*Hinckeldey und Kaib*, a.a.O.).

Natürlich gab es schon lange vor dieser Zeit kriminalistisches Denken, auch, wenn der Begriff nicht benutzt wurde. So steht in der Bibel das Beispiel von „Susanne im Bade", wie zwei Lügner in der Vernehmung überführt werden (Kapitel 1.6.1). Ferner gibt es eine umfangreiche Literaturgeschichte der deutschsprachigen Kriminalistik. Besonders intensiv hat *Friedrich Avé-Lallemant* (a.a.O.) auf diesem Gebiet geforscht und Literatur vom 16. Jahrhundert an aufgelistet.

Darüber hinaus finden sich umfangreiche Hinweise zur deutschen kriminalistischen Literatur in der Serie **Profile**, die **Persönlichkeiten der Kriminalistik und Kriminologie** vorstellt, in: Kriminalistik, **1972**: *Erich Wulffen*, S. 177; *Cesare Beccaria*, S. 225; *Ernst Gennat*, S. 271; *Hans Groß*, S. 321; *Cesare Lombroso*, S. 367; *Friedrich Johannes Palitzsch*, S. 417; *Johannes Schober*, S. 475; *Robert Heindl*, S. 570; **1973**: *Edmund Mezger*, S. 24; *Gustav Aschaffenburg*, S. 72; *Albert Hellwig*, S. 111; *Sigmund Freud*, S. 156; *Friederike Wieking*, S. 212; *Friedrich Avé Lallemant*, S. 241; *Christian Thomasius*, S. 302; *Georg Paul Hönn*, S. 350; *Hans Schneikert*, S. 392; *Friedrich Eberhardt*, S. 442; **1974**: *Clarence Darrow*, S. 21; *Wilhelm Stieber*, S. 56; *Karl Mittermaier*, S. 157; *Sydney Smith*, S. 212; *William Penn*, S. 258; *Harry Söderman*, S. 357; *Johann Hinrich Wichern*,

S. 408; **1976**: *Hans von Hentig*, S. 129; *Walter Zirpinz*, S. 272; *Rudolf Klaiber*, S. 369; *Franz Meinert*, S. 500.

Die höchstrichterlichen Entscheidungen über die Zulässigkeit kriminalistischer Maßnahmen sind in **Meilensteine für die Kriminalistik** zusammengefasst (Kapitel 1.2.7.2).

1.2.2 Freie Beweiswürdigung

Die Einflüsse aus Frankreich und England brachten nach und nach die Einführung der freien Beweiswürdigung. Zwischen 1838 und 1879 wurden die Folter sowie die Lügen- und Ungehorsamsstrafen zur Erreichung von Geständnissen abgeschafft. Der Richter urteilte jetzt aufgrund seiner freien Überzeugung nach der Beweisaufnahme, ohne an starre Regeln für die Anerkennung von Beweisen gebunden zu sein. Jetzt kam es auf eine geistige Auseinandersetzung mit dem Verbrecher an. Es galt, dem Täter seine Tat und seine Schuld zu beweisen. Diese neue Methode zeigte der großherzoglich-badische Amtmann zu Heidelberg *Franz von **Jagemann*** in seinem 1838 veröffentlichten „Handbuch der gerichtlichen Untersuchungskunde". Es gilt als Anfang der Entwicklung der Kriminalistik als selbstständige Disziplin.

Um die geistige Auseinandersetzung mit dem Verbrecher zu führen, reichte die Jurisprudenz nicht aus. Es musste ein komplexes wissenschaftliches System entwickelt werden, das der **Wahrheitserforschung** diente.

1.2.3 Kriminalistisches Seminar

Der Kriminalpolitiker und Strafrechtslehrer *Franz **von Liszt*** (1851–1919) gründete im Jahre 1882 an der **Universität Marburg** das Kriminalistische Seminar. Primärer Grund war, dass er eine umfassende kriminalistische Ausbildung für die angehenden Juristen für unumgänglich hielt. *Franz von Liszt* fasste, dem Grundsatz der Interdisziplinarität folgend, neben dem Straf- und Strafprozessrecht die Kriminalsoziologie, die Kriminalbiologie, die Untersuchungskunde, die Lehre von der Strafvollstreckung und die **Kriminalpolitik** in einem Fächerkanon zusammen. Die nicht juristischen Einzelgebiete fanden sich hierbei unter dem Begriff „Strafrechtliche Hilfswissenschaften" wieder. Ebenso forderte *von Liszt* die Einrichtung einer **kriminalistischen Sammlung**, eine Art **Kriminalmuseum,** damit sich die Studenten anhand von Anschauungsmaterial mit den Methoden der Verbrechensbekämpfung vertraut machen konnten. Er ging noch einen Schritt weiter. Wie die praktische Ausbildung für Juristen, so forderte er eine akademische Ausbildung für Kriminalpraktiker.

1.2.4 Hans Groß

Doch als Begründer der wissenschaftlichen Kriminalistik und Kriminologie im deutschsprachigen Raum gilt *Hans **Groß*** (1847–1915). In Graz geboren, wurde er nach dem Studium der Rechtswissenschaft Untersuchungsrichter, Hauptverhandlungsrichter und Staatsanwalt. Die zu seiner Zeit vorherrschende Übergewichtung des Zeugenbeweises ermöglichte den **Lügenden** den Strafprozess unredlich zu beeinflussen. In spektakulären Prozessen überführte *Groß* die Lügenden mithilfe der Erkenntnisse der **Naturwissenschaften**. So machte *Groß* diese Disziplinen für die Verbrechensbekämpfung nutzbar.

Das konnte nur gelingen, weil *Groß* eine besondere Begabung hatte, wie der Universitätsdozent *Rüdiger Herren* feststellt: „Bei *Groß* äußerte sich eine **sehr seltene Doppelbegabung**: er ist ein hervorragender Strafrechtler und ein naturwissenschaftlich brillant denkender Kopf. Sei ganzes Wesen durchzieht ein genial zu nennender Zug zum Kriminalistischen“ (*Herren*, a.a.O.).

Es muss aber bedacht werden, dass der Sachbeweis zwar ein hervorragendes und unverzichtbares Fahndungshilfsmittel mit einem hohen Identifizierungswert ist und sehr oft den Weg zur Aufklärung von Tatserien zeigt, der **Personalbeweis** jedoch nach wie vor das wichtigere Beweismittel für die Urteilsfindung darstellt (Kapitel 3.5).

Da zu dieser Zeit die **Untersuchungsrichter** die Hauptaufgaben der Verbrechensbekämpfung zu bewältigen hatten, sah *Groß* die Verbesserung der Straftatenbekämpfung in der Ausbildung dieser Personen. Deshalb schrieb er 1893 das „Handbuch für Untersuchungsrichter“, das ab der sechsten Auflage (1913) in „Handbuch der Kriminalistik“ umbenannt wurde und zuletzt 1976 in der zehnten Auflage erschienen ist. Es wurde in alle Kultursprachen übersetzt und gilt als Standardwerk. Ferner veröffentlichte *Groß* Publikationen zur „Criminalpsychologie“ und die Zeitschrift „Archiv für Kriminalanthropologie und Kriminalistik“, die ab 1916 als „Archiv für Kriminologie“ weiter geführt wurde. Aber auch ganz praktische Neuerungen entwickelte er, z. B. den heute noch benutzten „Tatortkoffer“, den er „Commissionstasche“ nannte (*Bachhiesl,* a.a.O.).

Um sich ganz der Erforschung von Verbrechen und Verbrechern zuwenden zu können, folgte *Groß* 1898 dem Ruf an die **Universität von Czernowitz**, wirkte an der **Universität in Prag** und wurde 1905 Professor für Strafrecht an der **Karl-Franzens-Universität in Graz**. Dort gelang es ihm 1912, innerhalb der Rechtswissenschaftlichen Fakultät, ein Institut für Kriminologie zu gründen.

Groß bezeichnete die gesamte Verbrechensbekämpfung als „Kriminalpolitik“ und unterteilte diese in „juristische“ und „nichtjuristische“ Kriminalwissenschaften. Die **Kriminologie** war für ihn die Lehre von den Erscheinungsformen und Ursachen des Verbrechens und eine „nichtjuristische“ Kriminalwissenschaft. Die **Kriminalistik** war für „Rechtsanwendung und -entwicklung“ zuständig. Gleichwohl ordnete er sie den „nichtjuristischen Wissenschaften“ zu (Groß / Geerds, a.a.O., Band I, S. 15 ff; Kapitel 1.2.11). Doch das ist heute ganz anders. Die Strafprozessordnung und die vielen höchstrichterlichen Entscheidungen haben die gesamte Kriminalistik geprägt und sind für die Verwaltungen verbindlich (Art. 20 III GG).

Im Institut für Kriminologie richtete *Groß* ein **Kriminalmuseum** ein. Eine Sammlung von Gegenständen und Schriftstücken, die in Strafverfahren von Bedeutung waren. Es sollte den Studenten der Rechtswissenschaft die Erscheinungsformen und die Methoden der Aufklärung von Verbrechen näher bringen. Darüber hinaus wurden in diesem Institut auch **Gutachten** gefertigt, zuletzt auf dem Gebiet der Grafologie. Mit der Auflösung des Kriminologischen Institutes im Jahr 1977 verlor das Kriminalmuseum an Bedeutung.

Unter der Führung des „Institutes für Österreichische Rechtsgeschichte und Europäische Rechtsentwicklung" hat auf Initiative des Dekans der Karl-Franzens-Universität in Graz, Professor *Dr. Gernot* ***Kocher***, das Kriminalmuseum zum Gedenken an *Hans* ***Groß*** neu belebt. Es wurde am 23.2.2003 wieder eröffnet. Einmal wöchentlich ist es auch der Öffentlichkeit zugänglich (*Bachhiesl*, a.a.O.). Der Umfang des Museums und die Unterbringung sind ein Anfang, um der Leistung von *Hans Groß* für die wissenschaftliche Kriminalistik ein angemessenes Andenken zu geben. Er darf sicher als „Vater der Kriminalistik" bezeichnet werden.

1.2.5 Kriminalistik in Preußen

Die tatsächliche Aufnahme der kriminalistischen Lehre an einer deutschen Universität (Berlin) erfolgte aber erst 1920. Der Preußische Minister für Wissenschaft, Kunst und Volksbildung erteilte *Hans* ***Schneikert*** (1876–1944) den Auftrag: *„Die kriminalistischen Hilfswissenschaften, insbesondere die Kriminalpsychologie und den polizeilichen Erkennungsdienst, in Vorlesungen und, soweit erforderlich, in Übungen zu vertreten". Schneikert*, mit *Hans Groß* befreundet, war zu dieser Zeit Leiter des Erkennungsdienstes beim Berliner Polizeipräsidium.

Im Jahre 1930 erhielt ein weiterer Praktiker, der Leiter der Berliner Kriminalpolizei, *Max* ***Hagemann*** (1883–1968), vom Preußischen Minister einen Lehrauftrag für Kriminalistik und strafrechtliche Hilfswissenschaften an der Universität in Berlin. Diese Lehrtätigkeit übte er bis zum Wintersemester 1944 / 45 aus. Danach trat *Hagemann* von 1951 bis 1952 als erster Präsident des neu geschaffenen Bundeskriminalamtes wieder in die Öffentlichkeit.

1.2.6 Kriminalistik in der Deutschen Demokratischen Republik (DDR)

Die wissenschaftliche Tradition der Kriminalistik wurde in Deutschland nur in der DDR an der Humboldt-Universität in Ost-Berlin fortgesetzt. Neben Mitarbeitern der Zollverwaltung und des Ministeriums für Staatssicherheit konnten ausgewählte Kriminalisten den akademischen Abschluss „Diplomkriminalist" erwerben und auch promovieren. Dieses Studium und ein vorgeschalteter Abschluss in **Marxismus-Leninismus** waren Voraussetzung für eine Verwendung im höheren Dienst.

Leider wurde die Kriminalistik in der DDR nicht als ernst zu nehmende Wissenschaft betrieben, denn: „Wahrheit und Erkenntnisse waren zu heiligen Formeln einer unantastbaren Ideologiewelt geworden. Wissenschaft als Karikatur ihrer selbst. Perfekte Organisation, ein minutiös geplanter Ablauf, eine überbordende und nicht einmal mehr für Eingeweihte verständliche Wissenschaftssprache – aber keine Inhalte, nirgends" (*Kowalczuk*, a.a.O., S. 63). Die Wissenschaftlichkeit in den Büchern „Sozialistische Kriminalistik" sollte durch den Aufdruck aufgewertet werden: „Als Lehrbuch für die Aus- und Weiterbildung an Universitäten und Hochschulen anerkannt". Eine systematische Auswertung der Kriminalität fand jedoch nicht statt, weil die Kriminalstatistik geheim gehalten wurde (Kapitel 1.4.3.5); *Mertens,* 1998, a.a.O.).

Nach der Wiedervereinigung Deutschlands am 3.10.1990 wäre eine gute Gelegenheit gewesen, die Tradition der wissenschaftlichen Kriminalistik im Sinne von *Hans Groß* aufzunehmen, auf allgemeines Hochschulniveau zu heben und unter rechtsstaatlichen und demokratischen Bedingungen fortzuentwickeln. Doch der Senat von Berlin beschloss bereits am 18.12.1990, den Fachbereich Kriminalistik an der Humboldt-Universität „mangels Bedarfs" nicht fortzuführen. Die Studiengänge sind 1994 ausgelaufen. Diese Entscheidung des Berliner Senats ist in besonderer Weise bedeutsam für die Kriminalitätsbekämpfung und mit Blick auf die Anforderungen an die Verzahnungsnotwendigkeit von Wissenschaft und Praxis ein deutlicher Rückschritt. Mit dem Verzicht auf die, insbesondere durch Hochschulen, wesentlich geprägte wissenschaftliche Auseinandersetzung in Forschung und Lehre, vergibt die Gesellschaft weitgehend die Chance für notwendige Hochschulinnovationen (*Weihmann*, a.a.O., 2003, S. 286; 2005 a, S. 371 und 2005 b, S. 628).

1.2.7 Kriminalistik in der Bundesrepublik Deutschland (BRD) / Meilensteine

1.2.7.1 Kriminalistik in der BRD

Die Kriminalistik, als universitäres Studienziel mit direktem Berufszugang zum höheren Dienst der Kriminalpolizei, kann jedoch nur entwickelt werden, wenn es zur Besinnung auf die geistigen und ethischen Werte kommt und der Wille zu einer ernsthaften wissenschaftlichen Vertiefung geweckt werden kann. Das handwerksmäßige Beherrschen der Kriminalistik allein begründet allerdings noch **keine Wissenschaft**.

Denn, zwischen **Wissenschaft** und **Ausbildung** besteht ein wesentlicher Unterschied. *Hagemann* (a.a.O.) erinnert hier zu Recht an die heute noch gültige

Antrittsrede von *Friedrich* ***Schiller*** an **der Universität Jena** im Jahre 1789, der darin die ethischen Unterschiede des Erwerbens von Kenntnissen durch Ausbildung und durch Studium darlegt. „Nicht das mühsame Erlernen der Teilgebiete einer Disziplin, das möglichst wortgetreue Reproduzieren des Erlernten und die penible Abgrenzung der Teilgebiete zueinander führen zur Erkenntnis. Vielmehr ist nach dem Vordringen bis zum Kern des Problems über das Thema zu reflektieren und alle Erkenntnisse zu einem harmonischen Ganzen zusammenzufügen."

Nur ein solches Studium lässt den Gesamtzusammenhang erkennen, überschauen und beherrschen, um ihn auf der Grundlage ethischer Normen im Kontext unserer freiheitlichen Gesellschaft anzuwenden. Voraussetzung ist allerdings, dass der Kriminalist die Geschichte der Kriminalistik kennt, und zwar nicht nur den natur- und geisteswissenschaftlichen Teil, sondern auch den ethischen und politischen. Durch das Studium sollen die Zusammenhänge erkannt und verstanden werden, was zu einer **eigenen und sicheren Urteilskraft** führt (*Kant*, a.a.O.).

In den westlichen Bundesländern wurde nach 1945 das **Studienfach Kriminalistik** in polizeiinternen Ausbildungsveranstaltungen von Kriminalpraktikern unterrichtet. Dabei war die Landeskriminalschule in Neuss als selbstständige Einrichtung zur Aus- und Fortbildung von Kriminalisten einzigartig.

Erst ab 1976 ist **Kriminalistik Lehrfach** an den Fachhochschulen des Bundes und der Länder und wird im Staatsexamen geprüft. Dabei führt die Fachhochschule des Landes Baden-Württemberg den Zusatz „Hochschule für Polizei". In Bremen heißt sie „Hochschule für öffentliche Verwaltung, Fachbereich für Polizei".

Der einzige **ernst zu nehmende Versuch**, in der alten Bundesrepublik die Kriminalistik als eigenständiges Hochschulstudium einzuführen, wurde 1978 an der **Universität Ulm** unternommen. In einem achtsemestrigen Studiengang „Kriminalwissenschaften" sollten neben Kriminalistik die Kriminologie, Rechtswissenschaften, Naturwissenschaften, Führungswissenschaften, Medizin, Psychologie und Wirtschaftswissenschaften gelehrt werden und mit einem Diplom abschließen. Eine Promotion zum „Dr. rer. crim." war vorgesehen. Der Genehmigungsantrag an das Ministerium für Wissenschaft und Kunst des Landes Baden-Württemberg wurde jedoch mit dem Hinweis auf die angespannte Haushaltslage abgelehnt (*Störzer*, a.a.O., S. 350).

Dabei hat es insgesamt nicht an Versuchen gefehlt, die **Kriminalistik an Hochschulen** zu lehren. Während der Weimarer Zeit und unmittelbar nach dem Zweiten Weltkrieg hat es innerhalb des deutschsprachigen Raumes in Deutschland, Österreich und der Schweiz, viele Neugründungen von **Kriminalistischen Instituten** an den Universitäten gegeben. Ihr Bestand ist jedoch nie über eine Einführungsphase hinausgegangen, obwohl die Wissenschaftlichkeit dieser Disziplin nicht infrage steht. Denn es geht auch hier um rational begründetes, methodisch und systematisch überprüfbares Wissen, das durch Forschung, Lehre und aus überlieferter Literatur gebildet wird. Als Ursache für den mangelnden Bestand darf hier *Störzer* (a.a.O.) gefolgt werden, der die Erklärung ganz pragmatisch sieht. Als ordentliche Professoren standen für diese Disziplin Juristen und Mediziner zur Verfügung. Dabei zeigte sich sehr schnell, dass den Juristen die erforderliche naturwissenschaftliche und den Medizinern die notwendige juristische Ausbildung fehlt (*Fischer, Liessmann* und *Schwanitz* a.a.O.). Betrachtet man den Lehrplan der Universität Ulm, so wird deutlich, dass das Anforderungsprofil für das Fach Kriminalistik noch komplexer ist. Es geht um die gerichtsfeste Beweisfindung, Beweissicherung und Beweisführung, um Organisations- und Führungsfähigkeiten. Dieser Kanon ist innerhalb einer Fachrichtung an Universitäten kaum abzudecken.

Anders ist es mit der **Kriminologie** verlaufen (Kapitel 1.2.11.4). Hier haben sich aus ihrem Hauptfach **Juristen** und **Soziologen** etabliert. Als Mindermeinung wird hin und wieder dargestellt, die Kriminologie sei für die Kriminalistik richtungweisend oder gar deren wissenschaftlicher Überbau. Tatsächlich hat die Kriminologie aber über Jahrzehnte gezeigt, dass sie das nicht leisten kann (*Schneider* a.a.O., 2005 und 2009). Das ist auch deshalb nicht möglich, weil die Menge der zu beherrschenden empirischen Daten in der Kriminalistik mindestens zehnmal größer ist als in der Kriminologie. Darüber hinaus sind es sowohl geisteswissenschaftliche wie auch naturwissenschaftliche Inhalte.

Das **Fehlen** eines **Lehrstuhls für Kriminalistik an Universitäten** hat zur Folge, dass Gesetzgebung und Rechtsprechung weiterhin auf unabhängige akademische Innovation verzichten müssen. Die fähigen Kriminalisten in der Polizei stehen dazu nicht zur Verfügung. Sie sind richtigerweise zur Loyalität gegenüber ihren Vorgesetzten aus Verwaltung und Politik verpflichtet und somit nicht frei in ihrem Forschen, Handeln, Denken und insbesondere nicht frei in ihren öffentlichen Äußerungen. Das gilt ebenso für Angehörige polizeieigener wissenschaftlicher Institute. Diese Einschränkung besteht auch für Stellungnahmen anlässlich aktueller Kriminalfälle, die in der Öffentlichkeit diskutiert werden. Den Mangel nutzen dann fragwürdige „Experten“ und drängen sich in die Medien. Dabei muss man leider feststellen, dass jene häufig nicht einmal Kriminalistik und Kriminologie unterscheiden können, geschweige denn, sachkundig zu informieren (*Rückert*, a.a.O.; *Weihmann*, 2003a, a.a.O.).

Durch das Fehlen der universitären Kriminalistik gibt es keine systematische theoretische Darstellung und auch keine allgemein anerkannten Standardwerke als Lehrbücher.

Als selbstständige Wissenschaft (NRW-Landtagsdrucksache, a.a.O., S. 29) bedient sich die Kriminalistik der **Adaption von Wissen** aus allen anderen Wissenschaften, der Gesetzgebung und Rechtsprechung, und kommt so zu vielen theoretischen Erkenntnissen und zu überzeugenden Ergebnissen. Ein Lehrstuhl für Kriminalistik an einer Universität würde diese Entwicklung beschleunigen und die Orientierung erleichtern. Es ist zu hoffen, dass die **Deutsche Hochschule der Polizei** (Kapitel 1.2.8) diese Aufgabe übernimmt. Selbst die Akkreditierungsagentur fordert, dass dort „zum Fächerkanon vor allem auch Kriminalistik und Kriminologie gehören" (*Heckmann* a.a.O., S. 100).

Weil die **Fachhochschulen** des Bundes und der Bundesländer sowie die Institute beim Bundeskriminalamt auf ihre wissenschaftliche Freiheit der Lehre bestehen, entwickeln sich nebeneinander unterschiedliche Systeme und unterschiedliche Terminologien, wie es seit längerer Zeit nicht nur im Bereich der Fallanalyse zu beklagen ist. So ist z. B. die „Operative Fallanalyse" nur auf rund ein Prozent der Straftaten anwendbar und zeigt große Probleme in der Beweisführung (Kapitel 16.8). Eine „Kriminalistische Fallanalyse" (Kapitel 5.3) wird bei mehr als 80 % der Delikte angewendet, sie gibt es aber nur regional und in sehr unterschiedlichen Formen. Einen ausführlichen Diskurs mit dem Ziel der Vereinheitlichung ist bei der derzeitigen Situation nicht in Sicht. Dieser missliche Zustand wird bedauerlicherweise wohl noch längere Zeit anhalten.

Das **kriminalistische Studium** hat sich in den letzten Jahren grundlegend verändert. Die Bundesländer und der Bund haben inzwischen Hochschulen und Fachhochschulen für die Polizei eingerichtet und stellten ab 2007 den bisherigen Diplomstudiengang auf den **Bachelor-Studiengang** und die Deutsche Hochschule der Polizei (Kapitel 1.2.8) auf den **Master-Studiengang** um. Die Universität Bochum bietet im Master-Studiengang „Polizeiwissenschaft und Kriminologie" ebenfalls Kriminalistik an. Die Inhalte der Kriminalistik haben sich dadurch aber nicht verändert.

Die **Bundesländer** und der Bund verfolgen in der polizeilichen Ausbildung mit der Kriminalistik im Bachelor-Studiengang **verschiedene Studienziele**. Die Bandbreite erstreckt sich vom polizeilichen Generalisten im Streifendienst über den traditionellen Kriminalisten bis zum privatwirtschaftlichen Studiengang für **Sicherheits-Management**, so seit 2007 in Hamburg und Schleswig-Holstein.

Studierende werden unmittelbar nach dem Abitur und / oder als Aufstiegsbeamte aus dem mittleren Dienst zugelassen. Deren Studienzeit dauert drei Jahre. Darüber hinaus wird an Polizei-Schulen bzw. Polizei-Instituten oder Polizeiakademien für den mittleren und für den gehobenen Dienst Kriminalistik gelehrt.

Die **Lehrkräfte** werden mit verschiedener Lehrdauer eingesetzt. Einige gehen während ihres gesamten Berufslebens dieser Aufgabe nach, andere verlassen in einem Rotationssystem bereits nach fünf bis sieben Jahren die Lehre und gehen wieder in den Exekutivdienst zurück. Darüber hinaus werden nebenamtliche (Honorar-) Lehrkräfte von Semester (Modul) zu Semester (Modul) verpflichtet.

Die **Studieninhalte** werden nicht mehr fachbezogen vermittelt, sondern anlassbezogen in Modulen unterrichtet. Da jedes Bundesland und der Bund verschieden **Anforderungsprofile** haben, sind auch die Module verschieden. Es bleibt abzuwarten, wie in solchen Systemen die theoretischen Grundlagen für jedes kriminalistische Einzelthema (in diesem Buch die Kapitel) vermittelt werden können. Unter diesen Umständen ist es kaum möglich, für jeden Bedarfsträger die kriminalistischen Inhalte nach deren Studienverlauf zu ordnen. Doch das ist auch nicht zwingend, denn die kriminalistischen Inhalte haben sich nicht verändert, so bleibt beispielsweise das Thema „Vernehmung" weiterhin unverändert, gleichgültig welche Studienziele verfolgt werden, welcher Student zuhört, welcher Dozent es vermittelt und in welchem Modul es angeboten wird. Die gilt auch für Curricula, in denen kriminalistische Themen und Inhalte an sogenannten Leitthemen orientiert unterrichtet werden.

Bedauerlicherweise ist ein Trend zu erkennen, der zunehmend auf die korrekte kriminalistische Terminologie und die damit verbundenen richtigen Inhalte, Begriffe und Methoden aus allen Wissenschaften verzichtet. Als Ersatz dafür werden **modische Schlagwörter** aus dem Ausland oder aus Kriminalfilmen (Kapitel 1.6) verwendet und sensationshaschende Schreibstile gewählt. Die unkritische und häufig auch ungeprüfte Übernahme solcher Begriffe ist wegen der Herkunft aus einem anderen Rechtsraum problematisch und stellt sich bei sorgfältiger Prüfung als irreführend, ungeeignet oder gar als rechtswidrig heraus. Ferner gelten solche Begriffe und Inhalte als Gesetze des Denkens und der Erfahrung (BGHSt 6, 70 [72]). Hier gilt der wissenschaftliche Grundsatz: Wer einen seit Jahrzehnten bestehenden kriminalistischen Begriff ändern will, muss öffentlich darlegen und begründen, warum das erforderlich ist.

Ohne die tradierten und eindeutigen Begriffe der Kriminalistik ist eine fehlerfreie und rechtlich korrekte Kommunikation innerhalb der Polizei nicht möglich. Das gilt ganz besonders in **BAO-Lagen**, in Ergänzung zu der Terminologie der Einsatzlehre und der Verkehrslehre. Gerade in Stresssituationen ist es unbedingt erforderlich, dass inhaltlich eindeutige und zweifelsfrei definierte Begriffe verwendet werden.

Völlig unerlässlich ist die **richtige Terminologie** in der Anwendung der Strafprozessordnung mit der dazu ergangenen Rechtsprechung und in der Zusammenarbeit mit der Staatsanwaltschaft, den Gerichten und den übrigen Strafverfolgungsbehörden (§ 152 GVG). Wie sollen sonst die Eingriffsbefugnisse und die Beweisverwertungsverbote erkannt werden und wie sollen wir sonst Ersuchen oder Weisungen korrekt erledigen oder beachten (Art. 20 III GG)?

Bei der Einführung neuer kriminalistischer Begriffe in Literatur oder polizeilicher Praxis ist darauf zu achten, dass diese wirklich rechtsstaatlich und eindeutig sind. Das gilt ganz besonders im gegenseitigen Umgang der Polizeien im europäischen Rechtsraum. Da ist es wenig hilfreich, wenn in Regelwerken der Polizei, Begriffe aus Diktaturen kritiklos übernommen werden, so zum Beispiel in der **PDV 100, Ausgabe 1999**, die als kriminalistischer Begriff dargestellte **Version** (Ziffer 2.2.1 und 2.2.5). Dieser Begriff und seine praktische Anwendung in der Kriminalitätsbekämpfung, diente der DDR-Diktatur als **Willkürmethode**. Das war Unrecht und ist nach unserem Rechtsverständnis abzulehnen. Auch finden unzulässige Gleichsetzungen statt, indem die Version mit der Hypothese und der Fahndung gleichgestellt wird (*Weihmann*, a.a.O., 2005c und 2008; Kapitel 1.4.3.5 c; ausführlich, mit vielen Quellen, www.weihmann-schuch.de, Aufsätze – Version).

Insgesamt wird vermehrt missverständliche Terminologie benutzt (Reihenfolge der Kapitel): Version (Kapitel 1.4.3.5 c), Kriminalitätskontrolle (Kapitel 2.2), Gegenstandsspur (Kapitel 4.2.3), Gruppenbeweis (Kapitel 4.2.4.1), Synthetische DNA (Kapitel 4.19.4), Strukturierte Anzeige (Kapitel 6.2), Erster Angriff (Kapitel 7.4), Tat-Befundbericht (Kapitel 7.4.3), Informatorische Befragung (Kapitel 11.2.2), Strukturierte Vernehmung (Kapitel 11.3), Verantwortliche Vernehmung (Kapitel 11.3), Operative Fallanalyse (Kapitel 16.8), Kunde (Kapitel 25.6.1), Management (Kapitel 25.6.1), Produkt (Kapitel 25.6.1), Qualitätsmanagement (Kapitel 25.6.10), Controlling (Kapitel 25.6.10) oder Fremdwörter allgemein (Kapitel 26.4.2). In den angegebenen Kapiteln wird näher darauf eingegangen.

Dieses Buch versucht, einen Beitrag zur kritischen Würdigung kriminalistischer Themenstellungen zu leisten und den fachlichen und gerne auch kontroversen **Diskurs zu fördern**, um die Kultur des wertvollen **Streitgespräches** (BGHZ 27, 284 [287]) zu stärken. In dem Zusammenhang ist es ein besonderes Anliegen der Autoren, nur solche Begriffe der Kriminalistik in den einzelnen Kapiteln zu verwenden, deren Terminologie im Einklang mit der Gesetzgebung und höchstrichterlichen Rechtsprechung steht. Zum besseren Verständnis werden die Begriffe erläutert, unterschiedliche Auslegungen diskutiert und Entscheidungsspielräume (BGHSt 21, 334 [363]) dargelegt.

Verfolgt man die Veränderungen der Regeln in der Kriminalistik, so gibt es immer mehr rechtliche Begrenzungen, die die Bürger vor Willkür und menschenunwürdiger Behandlung schützen sollen. Das Strafverfahren soll fair durchgeführt werden. Die Polizei ist nach Art. 20 III GG an diese neuen Regeln gebunden. Darüber hinaus sind diese Schutzbereiche in vielen Fällen mit Beweisverwertungsverboten verbunden (Kapitel 3.3).

1.2.7.2 Meilensteine für die Kriminalistik

Um die Regeln im Zusammenhang zu verstehen, sind sie in chronologischer Reihenfolge als „**Meilensteine für die Kriminalistik**“ aufgeführt. Jedes Einzelthema kann als Leistungsnachweis im Selbststudium, für Hausarbeiten, Klausuren, Fachgespräche, Projekte, Seminare, Abschlussarbeiten, Kolloquien oder mündliche Schwerpunktprüfungen im Diplom-, Bachelor- oder Masterstudiengang bearbeitet werden (Kapitel 26.3).

Bei der nachfolgenden Darstellung geht es nicht um aufsehenerregende Kriminalfälle, wie im „Pitaval" von *Francois Gayot de Pitaval* (1673–1743), der noch heute unter „Der neue Pitaval" aufgelegt wird, oder um die „Fehlerquellen im Strafprozess" von *Karl Peters* (a.a.O.), auch nicht um „Das Jahrhundert der Detektive" und „Die Stunde der Detektive" von *Jürgen Thorwald* (a.a.O.). Es geht um Gesetzgebung und Rechtsprechung, die die Befugnisse der Strafverfolgungsbehörden beschränken, damit ein faires Strafverfahren gesichert ist und die Würde des Menschen in den Mittelpunkt unseres Handelns steht (Art. 1 GG; Kapitel 3.3). Die Erfahrungen mit dem Nationalsozialismus und mit der DDR sind hierfür abschreckende Beispiele (Kapitel 1.4.3.3 und 1.4.3.5). Sie zeigen die Notwendigkeit und Wichtigkeit der Meilensteine in der Alltagsarbeit. Der Mensch darf nicht zum Objekt der Strafverfolgung herabgewürdigt werden.

Meilensteine für die Kriminalistik		
1740	Friedrich der Große	Abschaffung der Folter
1811	Kriminalabteilung* 1.4.1811 „Geburtsstunde der Kriminalpolizei" in Deutschland	Polizeipräsidium Berlin Kabinettsorder vom 1.2.1811 von *Friedrich Wilhelm III*
1838	Sachsen, Gesetz vom 30.3.1838, § 10	„Freie Beweiswürdigung"
1840	René Pöltl, Frankfurt/M 1999, Seite 268	Sachverständige
1841	Ludwig Hugo Franz von Jagemann	Handbuch der gerichtlichen Untersuchungskunde
1877	Gerichtsverfassungsgesetz*	Gründung der Staatsanwaltschaft
1852	Revierkriminalpolizei*	Berlin
1853	Ludwig Teichmann	Blutnachweis möglich
1876	Hans Groß	Wissenschaftliche Kriminalistik Systematische Tatortarbeit Kreuzprojektion
1877	Francis Galton	Daktyloskopie
1881	Alphonse Bertillon	Körpermessverfahren
1889	Alexandre Lacassagne	Systematische Gerichtsmedizin
1892	Francis Galton	„Fingerprints" (Einmaligkeit und Unveränderbarkeit)
1900	Karl Landsteiner	Blutkörperchenmerkmale / Blutgruppen

Meilensteine für die Kriminalistik		
1900	Edward Henry	Klassifizierung von Fingerabdrücken
1901	Paul Uhlenhuth	Mensch- und Tierblut unterscheiden
1903	Ernst von Beling	„Rücksichten" (Beweisverbote)
1911	Schmidt-Stralsund	Geruchsspurenvergleich
1923	IKPO – INTERPOL, Wien*	Bekämpfung des internationalen Verbrechertums
1924	§ 261 StPO	Freie Beweiswürdigung
1924	§§ 52, 53, 53a, 81c III, 54, 96, 97 und 252 StPO	Beweismittelverbote
1925	Landeskriminalamt in Preußen*	Standardisierung der Methoden der Kriminalpolizei
1930	§ 136a StPO	Verbotene Vernehmungsmethoden / Beweisverwertungsverbot
1949	Art. 73 Grundgesetz* „Polizeibrief" Maunz / Dürig, Rn 157	Kriminalitätsbekämpfung durch die Kriminalpolizei (Terminologie und Zuständigkeit)
1950	§ 185 GVG BGHSt 1, 4 [7]; 43, 62 [65]	Ausländer-Vernehmung
1951	Bundeskriminalamt* und Landeskriminalämter* BKA-Gesetz	Zentralstelle. Zusammenarbeit in kriminalpolizeilichen Angelegenheiten. Internationale Zusammenarbeit. Strafverfolgung. Abwehr von Gefahren des internationalen Terrorismus
1952	BGH, 3 StR 229/52	Beweiskraft des Fingerabdrucks
1952	BGHSt 3, 52 [53] §§ 78, 155, 261, 264 StPO	Die Feststellung der Glaubwürdigkeit und des Wahrheitsgehaltes von Zeugenaussagen ist allein Aufgabe des Richters
1952	BGHSt 2, 99 § 252 StPO	Verwertungsverbot von Aussagen gilt nicht für richterliche Vernehmungen
1953	§ 10 StGB; §§ 3 und 67 JGG BGH, NStZ 2001, 102	Jugendlichen-Vernehmung
1953	§ 105 JGG BGH, NStZ 2001, 102	Heranwachsenden-Vernehmung
1954	BGHSt 6, 70 [72]	Die allgemein anerkannten Erfahrungssätze der Wissenschaft sind Gesetze im Sinne von § 337 StPO
1954	BGHSt 5, 332 und 44, 308	Lügendetektor ist für die Wahrheitsfindung ungeeignet

Meilensteine für die Kriminalistik		
1954	BGHSt 6, 209 [210]; 13, 1 [4]; 17, 382 [385]; 33, 178 [182];	Zeugen vom Hörensagen (Vernehmungsbeamte; VP-Führer); (Privatpersonen: NStZ 1988, 144)
1957	BGHSt 10, 208 [209] BGHZ 53, 245 [256], Anastasia	Die subjektive Überzeugung [des Richters] muss mit objektiven Tatsachen belegt werden
1960	BGHSt 14, 358 [365]; 17, 337 [348]; 31, 304 [308]	Die Wahrheit nicht um jeden Preis erforschen
1964	BGHSt 17, 28 [33]	Der Mensch darf nicht zum Objekt der Strafverfolgung herabgewürdigt werden
1964	§ 163a IV StPO	Beschuldigten-Vernehmung und Belehrung
1964	§ 163a V StPO	Zeugen-Vernehmung ab 2009: § 163 III StPO
1966	BGHSt 21, 62 §§ 78, 155, 261, 264 StPO	Sachverständige haben dem Richter nur Sachkunde zu vermitteln. Über Glaubwürdigkeit und Wahrheitsgehalt des Inhaltes entscheidet allein der Richter
1967	BGHSt 21, 334 [363]	Ermessen beim Verdachtschöpfen
1968	§ 100a StPO	Überwachung des Fernmeldeverkehrs
1970	BGHZ 53, 245 [260] Anastasia; *René Pöltl*, Frankfurt/M 1999	Indizienbeweis
1972	Fa. Calspan Corporation, USA*	„Fingerprints", Klassifizierung von Fingerabdrücken durch Winkelfunktion (1992 als AFIS in Deutschland eingeführt)
1973	Internationaler Pakt über bürgerliche und politische Rechte vom 19.12.1966, Artikel 14 III g, BGBl. 1973, S. 1533 [1540]	Selbstbelastungs-Freiheit für Beschuldigte BGHSt 5, 332 [334]; 34, 39 [46]
1974	§ 137 StPO	Beschuldigte haben jederzeit das Recht auf Beistand eines Verteidigers
1975	BVerfGE 38, 105 BGHSt 32, 127	Wichtigkeit des Zeugenbeweises für das Strafverfahren
1978	§ 111 StPO	Kontrollstellen
1978	BVerfGE 49, 280 [284]	Allgemeine Zeugenpflicht ab 2009 auch § 48 StPO
1980	BGHSt 29, 230 [232],	„Informatorische Befragung" ist Vernehmung
1980	BGH, NStZ 1980, 446;	Beweisverwertungsverbot: Unterlassene Belehrung von Beschuldigten

Meilensteine für die Kriminalistik		
1981	§ 96 StPO BVerfGE 57, 250 [282] BGHSt 41, 36	Sperrerklärung bei V-Personen
1984	BVerfG in NJW 1984, 1451	Kriminalistische Erfahrung bestimmt den Verdachtsgrad
1985	Alec Jeffreys	Entdeckung der DNA / DNS
1986	Waldemar Burghard BKA-Schriftenreihe, 35, 18	„Intellektuelle Redlichkeit"
1986	BGHSt 34, 138 [140]	Voraussetzung der Beschuldigteneigenschaft
1989	§ 100a StPO	Verdeckte Ermittler
1990	BGHSt 37, 48	Übergang vom Zeugen zum Verdächtigen und zum Beschuldigten (Schwacher / starker Verdacht)
1991	BGH, NStZ 1991, 554	DNS ist ein geeignetes Beweismittel
1992	BGHSt 38, 372; 45, 15; 47, 233	Beweisverwertungsverbot: Verweigerte Konsultation mit dem Anwalt
1992	§ 98a StPO	Rasterfahndung
1992	§ 100c StPO	Technische Mittel
1992	AFIS	Siehe: 1972 „Fingerprints"
1994	BGHSt 39, 349	Beweisverwertungsverbot: Belehrung intellektuell nicht verstanden
1994	EUROPOL, den Haag*	Bekämpfung des internationalen Verbrechertums
1995	BGH, NStZ 1995, 462; 1996, 290	Beweisverwertungsverbot: Keine qualifizierte Belehrung
1996	BVerfG in NJW 1996, 1587	Kein Verdachtsindiz bei Weigerung, strafprozessuale Eingriffe freiwillig zu dulden
1998	§ 24a StVG BGH, NZV 2001, 267	Atem-Alkohol
1999	§ 19 StGB BGHSt 45, 164 [173+174]	Kinder-Vernehmung (Anhörung)
2000	§ 131a StPO	Öffentlichkeitsfahndung, Aufenthalt
2003	BGH in NStZ 2003, 319	Beweisverwertungsverbot: „Gefahr im Verzug" nicht begründet
2004	§ 131 StPO	Öffentlichkeitsfahndung, Festnahme
2005	NRW-Landtagsdrucksache 13/6258, 29 (DHPol-Gesetz)	Kriminalistik ist eine selbstständige Wissenschaft
2006	Collin, JuS 2006, 494, m.w.H.	Videoüberwachung im öffentlichen Raum

Meilensteine für die Kriminalistik		
2007	BGH, NJW 2007, 2706	Verdächtigen-Vernehmung
2009	§§ 114a bis 114c StPO	Belehrungsform und -inhalt bei Festgenommenen
2009	§ 68b StPO	Anwaltlicher Beistand für Zeugen
2009	LG Berlin, NStZ 2010, 415, m.w.H.	Die „Eilentscheidungskompetenz" [Gefahr im Verzug] der Staatsanwaltschaft und der Polizei besteht fort, auch, wenn ein „unwilliger" Ermittlungsrichter auf telefonisches Ersuchen die Entscheidung verweigert
2010	BGH, NJW 2010, 1533	Videoüberwachung im Privatbereich

* Das sind keine kriminalistischen Regeln, sondern notwendige Spezialisierungen der Polizei. Vergleichbar mit denen der Staatsanwaltschaften und der Gerichte.

Eine weitere Gruppe kriminalistischer Regeln ist auch den Meilensteinen zuzurechnen. Es handelt sich hierbei überwiegend um die **Untersuchungsmethoden in der Kriminaltechnik**. Der Richter ist an diese Methoden dann gebunden, wenn sie allgemein wissenschaftlich anerkannt sind BGHSt 6, 70 [72]. Siehe auch *Michael Soiné*, 1993, a.a.O.

1.2.8 Deutsche Hochschule der Polizei (DHPol) und CEPOL

a) Deutsche Hochschule der Polizei

Mit Gesetz vom 15.2.2005 hat der Landtag in Nordrhein-Westfalen die **Deutsche Hochschule der Polizei, DHPol** (GVBl. NRW 2005, S. 88) bestimmt und in der Begründung zum Gesetz nicht nur seinen Willen präzisiert, sondern auch die Kriminalistik als selbstständige Wissenschaft bestätigt und die Inhalte der Polizeiwissenschaft erläutert (NRW-Landtagsdrucksache 13 / 6258, S. 23–43). Nachfolgend sind Zitate aus der Landtagsdrucksache in *Kursivschrift* gefasst.

Mit dem Gesetz wird die Polizei-Führungsakademie in **Münster-Hiltrup** zur Gemeinsamen Hochschule von Bund und Ländern. Doch das Gesetz tritt erst in Kraft, wenn das **Bund-Länder-Abkommen** über die einheitliche Ausbildung für den höheren Polizeivollzugsdienst (GVBl. / NRW 1995, S. 164) verabschiedet ist. Dieser Akt muss im Gesetz- und Verordnungsblatt Nordrhein-Westfalen veröffentlicht werden, das ist zum **1.3.2006** geschehen (GVBl. NRW 2006, S. 117).

Zur Begründung der Einrichtung der Hochschule stellt der Gesetzgeber fest, *dass sich die Polizei mit internationalen Organisationsstrukturen und weltweiten Betätigungsfeldern unter Nutzbarmachung hoch professionellen Wissens bei der systematischen Entwicklung von Tatgelegenheitsstrukturen, der Planung, Vorbereitung und Durchführung von Aktionen mit grenzüberschreitenden Logistik unter Ausnutzung modernster Technik auseinander setzen muss. Ferner, dass angesichts des wachsenden Bedrohungspotenzials und der Sozialschädlichkeit moderner Kriminalitätsphänomene der Prävention ein zunehmender Stellenwert im Rahmen polizeilicher Aufgabenwahrnehmung zukommt. Dazu gehört auch das immer stärker akzentuierte Begehren der Bürger nach einem effektiven Opferschutz. Die Bewältigung der Aufgaben ist nur noch mit den Prinzipien der Logik und Rationalität, also wissenschaftlich zu erreichen.*

Dies unterstreicht, dass die **Kriminalistik Schwerpunkt** der polizeilichen Ausbildung sein soll. Deshalb „müssen zum Fächerkanon vor allem auch Kriminalistik und Kriminologie gehören", fordert auch die Akkreditierungsagentur (*Heckmann* a.a.O., S. 100).

Der Gesetzgeber hat sich zu einer „Internen Hochschule" entschlossen, weil *in bestimmten Bereichen **Geheimhaltung** erforderlich ist und das Erfordernis einer effektiven und praxisbezogenen Berufsqualifikation im Vordergrund steht.*

Ob die Geheimhaltung erforderlich ist und der Praxisbezug nicht anders erreicht werden kann, muss bezweifelt werden (Weihmann, a.a.O., 2005a, S. 317 ff.).

*Als Einrichtung des Landes Nordrhein-Westfalen unterliegt die Hochschule der **Dienst- und Fachaufsicht** und in Fragen der Lehre und Forschung der **Rechtsaufsicht**. Die Fachaufsicht und die Rechtsaufsicht werden vom **Kuratorium** ausgeübt,* deren Mitglieder als Aufsichtsorgan vom Bund und von den Ländern entsandt werden.

Das Studium baut auf das sechs Semester umfassende Fachhochschulstudium auf und wird nach einem zweijährigen Masterstudiengang abgeschlossen. Zunächst ist nur in einer Fachrichtung der Hochschulgrad Public Administration – Police Management vorgesehen. Seit dem 22.3.2010 verfügt die Hochschule über das **Promotionsrecht** in den Bereichen „Rechtswissenschaft", „Sozialwissenschaft", „Staats- und Wirtschaftswissenschaft" und „Verwaltungswissenschaft". Es wäre begrüßenswert, dies auch für **Kriminalistik** einzuführen. Nur so kann man den Anforderungen an einer wissenschaftlich gestützten Kriminalitätsbekämpfung gerecht werden (Weihmann, a.a.O. 2005b, S. 628).

*Als **Lehrkräfte** werden Professoren, nebenberufliche Professoren, Honorarprofessoren, Lehrkräfte für besondere Aufgaben und Lehrbeauftragte berufen bzw. angestellt.*

Die **DHPol** legt bei den Lehrkräften großen Wert auf die Gleichstellung von Professoren und Lehrkräften für besondere Aufgaben (*Heckmann,* a.a.O., S. 104). Damit werden mehr praxisnahe Anforderungen an die Zusammensetzung des Lehrkörpers gestellt, als das bei den klassischen Hochschulen üblich ist. Deshalb nimmt die DHPol hinsichtlich ihrer Struktur und Aufgabenbeschreibung eine Sonderstellung ein.

Um den **Praxisbezug** sicherzustellen, haben der Bund und die Länder für einen Zeitraum von höchstens sechs Jahren besonders kenntnisreiche und erfahrene Mitarbeiter des höheren Dienstes zur Wahrnehmung von Lehr- und Forschungsaufgaben abzuordnen. Sie tragen dann die Amtsbezeichnung „Kriminaldirektor oder Polizeidirektor im Hochschuldienst". Im Bund-Länder-Abkommen vom 1.3.2006 (GVBl.NW 2006, S. 117) zur Zustimmung des DHPol-Gesetzes wird hierzu festgelegt, dass der Anteil des höheren Polizeivollzugsdienstes am gesamten Lehrpersonal 40 % nicht unterschreiten darf. Ob das Ziel so erreicht werden kann, bleibt abzuwarten (Weihmann, a.a.O., 2003, S. 286).

Als **Gesamtaufgabe** ist der Hochschule übertragen worden: die einheitliche Ausbildung der Polizeibeamten des höheren Dienstes von Bund und Ländern, die Weiterbildung der Führungskräfte der Polizei, die internationale Zusammenarbeit, die Forschung auf polizeilichen Tätigkeitsfeldern sowie die Pflege und Entwicklung der Polizeiwissenschaft durch Forschung, Lehre, Studium und Weiterbildung.

Der Schritt zur Wissenschaftlichkeit der Polizeiausbildung ist längst überfällig. Doch zunächst müssen sich die Fachhochschulen als „Keimzellen der Polizeiwissenschaft" entwickeln und so die Deutsche Hochschule der Polizei inspirieren.

Die Entscheidung für eine interne Hochschule, der Einsatz von Lehrkräften für besondere Aufgaben, die Betonung der Berufsfertigkeit, der bisher vorgesehene Hochschulgrad und das eingeschränkte Promotionsrecht könnten ein Hinweis dafür sein, dass nur eine **kleine Lösung** gewollt ist. Das würde der Praxis und vor allem dem vom Gesetzgeber beschriebenen Anforderungsprofil einer wissenschaftlichen Berufs- und Diskursfähigkeit der Polizei kaum gerecht.

(Ausführlich mit vielen Quellen: www.weihmann-schuch.de – Aufsätze)

b) **CEPOL**

Zur besseren Zusammenarbeit aller europäischen Polizeischulen und Akademien hat die Europäische Union seit dem 1.1.2000 die „Europäische Polizeiakademie" eingerichtet. Dabei wurde auch die französische Bezeichnung „Collège européen de Police (Cepol)" festgelegt. Cepol ist als Netz der bereits bestehenden nationalen Ausbildungsstätten konstruiert und stellt keine selbstständige Akademie dar. Sie ist nicht übergeordnet und kann deshalb nur Empfehlungen aussprechen. Geschäftssitz ist Bramshill in Großbritannien. Anliegen aus deutscher Sicht werden durch die **Deutsche Hochschule der Polizei** wahrgenommen.

Ziel der Einrichtung ist die gemeinsame Ausbildung von hochrangigen Polizeibediensteten (Senior-Police-Officers) in den Bereichen

- grenzüberschreitende organisierte Kriminalität,
- nichtmilitärisches Krisenmanagement,
- Harmonisierung gemeinsamer Standards und
- Einrichtung eines gemeinsamen elektronischen Netzes zur Unterstützung der Ausbildung.

Eine Zusammenarbeit mit bereits bestehenden Zusammenschlüssen von Akademien wird angestrebt, so mit der „Mitteleuropäischen Polizeiakademie", der „Nordisch-Baltischen Polizeiakademie" und der „Vereinigung der Europäischen Akademien".

Doch die Erwartungen an Cepol dürfen nicht zu hoch sein. Die Grundprinzipien der polizeilichen Zusammenarbeit in Europa machen es schwer, akzeptable Lehrpläne für alle Mitgliedstaaten zu entwickeln. Und noch viel schwieriger ist es, diese in die nationalen Ausbildungen zu überführen (*Fehérváry / Kasecker*, a.a.O., S. 478; *Kölbach / Thielmann*, in: Kriminalistik 2008, S. 514).

Darüber hinaus führt auch **Europol** (Kapitel 2.3.4) in den Mitgliedstaaten Fortbildungsmaßnahmen durch, die überwiegend in Zusammenarbeit mit Cepol erfolgen, aber auch unabhängig davon (Kapitel 2, *Ratzel*, a.a.O., S. 429 ff.).

1.2.9 Polizeiwissenschaft

Der Gesetzgeber hat der **Deutschen Hochschule der Polizei** *„die Pflege und Entwicklung der Polizeiwissenschaft durch Forschung, Lehre, Studium und Weiterbildung"* aufgegeben (Kapitel 1.2.8). Es stellt sich die Frage, warum soll Polizeiwissenschaft gelehrt werden und was ist der Inhalt? Denn hier wird Neuland betreten, wie das Workshop-Seminar im Februar 2003 an der Polizei-Führungsakademie zeigte (*Frevel*, a.a.O). Erfreulicherweise hat der Gesetzgeber die Inhalte der Polizeiwissenschaft ausführlich beschrieben und erläutert, sodass es keine Interpretationsschwierigkeiten gibt und hieraus nachfolgend in ***Kursivschrift*** zitiert werden kann (NRW-Landtagsdrucksache 13 / 6258, S. 23–43).

Im Vergleich mit den Niederlanden, Großbritannien, Kanada, Japan, Australien, einigen mittelosteuropäischen Staaten und den USA liegt ***Deutschland*** *in der Anwendung dieser Wissenschaft weit zurück, sodass es gilt, international den Anschluss zu finden.*

Inhalt der ***Polizeiwissenschaft ist****, Wissen über die Polizei zu erheben und zu systematisieren. Durch Forschung sollen die Tätigkeiten der Polizei über Methoden, Mittel und Verfahren zur Strafverfolgung und Gefahrenabwehr untersucht werden. Unter systematischen Gesichtspunkten unterteilt sich die Polizeiwissenschaft in zwei Bereiche, in die „im weiteren Sinne" und in die „im engeren Sinne".*

1.2.9.1 Polizeiwissenschaft im weiteren Sinne

Polizeiwissenschaft „im weiteren Sinne" ist die Verwendung von Wissenschaftsgebieten für polizeiliche Zwecke, z. B. Kriminalistik, Kriminologie und Rechtsmedizin (auch Rechts- und Sozialwissenschaften). Diese Zusammenfassung erfüllt jedoch nicht die Kriterien eines neuen Wissenschaftsbereichs, sondern die in ihm vereinten Wissenschaften bleiben selbstständig, wie der Gesetzgeber ausdrücklich betont. Damit wird gesetzlich die **Wissenschaftlichkeit** der Kriminalistik festgestellt und deren **Selbstständigkeit** bestätigt.

Ganz anders sieht das *Jürgen Stock* (a.a.O). Er definiert Polizeiwissenschaft als **Gesellschaftswissenschaft** (S. 113), und zwar sowohl im **engeren Sinne**: „Wissenschaft von der Polizei im institutionellen Sinne und ihrem Handeln" (S. 108), als auch im **weiteren Sinne**: „Wissenschaft von der Polizei im institutionellen Sinne, polizeilichem Handeln und der Polizei in ihren gesellschaftlichen, rechtlichen und institutionellen Bezügen" (S. 110). Darüber hinaus ordnet er unverständlicherweise die Kriminalistik der **nicht juristischen Wissenschaft** zu (S. 116, Schaubild 2), die er dann als unselbstständige Wissenschaft in die Polizeiwissenschaft aufgehen lässt (S. 116, Schaubild 1). Da er für die Kriminalistik keine eigene Wissenschaftsmethode nennt – sie zur Begründung einer eigenständigen Wissenschaft auch nicht unbedingt für erforderlich hält – ist es nur konsequent, dass er dafür als Methode im „Wesentlichen die empirische Sozialforschung" sieht (S. 118). Die gleiche Auffassung vertreten *Ralf Berthel* (a.a.O), der die Kriminalistik zusätzlich der **Kriminologie** zuordnet, sowie *Klaus Neidhardt* (a.a.O, S. 15, in Verbindung mit S. 13). Diese **Mindermeinung** der Autoren hat der Gesetzgeber gesehen, aber nicht berücksichtigt (NRW-Landtagsdrucksache 13/6258, Seite 23 ff.).

Die Autoren verkennen, dass Kriminalistik eigene wissenschaftliche Methoden hat (Kapitel 5 und 24) und dass **jede** kriminalistische Entscheidung gleichzeitig eine rechtliche ist (Kapitel 1.2.9 und 1.2.11). Die Zugehörigkeit zur **Rechtswissenschaft** ergibt sich auch aus ihrer Aufgabenstellung, der **Falllösung** (*Canaris / Schmidt*, Hohe Kultur. Schlechte Juristen erkennt man an ihrer mangelnden Fähigkeit zur überzeugenden Lösung von Fällen. FAZ vom 7.4.2011, S. 8).

Jetzt ist die Gelegenheit, im Sinne von *Hans Groß* (Kapitel 1.2.4) die Wissenschaftstheorie und Methodik für Kriminalistik weiter zu entwickeln und die traditionelle Terminologie zu festigen. Daran könnten sich die Fachhochschulen orientieren. Hierbei sollte die DHPol ein Leuchtfeuer sein, das Orientierung gibt.

1.2.9.2 Polizeiwissenschaft im engeren Sinne

Polizeiwissenschaft „im engeren Sinne“ bezieht sich auf die Polizei als Institution und auf die Polizei-Arbeit (Policing).

Zur ***Institution*** *werden gerechnet: die Organisation, Aufgabe und Rolle innerhalb der Sozialstruktur, ihre Beziehungen und Einstellungen zur sie umgebenden Gesellschaft und der Gesellschaft zu ihr, ihre Beziehungen und Einstellungen zu sozialen Gruppen (z. B. Minderheiten) und der sozialen Gruppen zu ihr, Ihre Verantwortlichkeit, ihr Bild in den Massenmedien, Reorganisations- und Privatisierungsansätze, ihr Personal, seine Zusammensetzung, sein Selbst- und Weltbild (Polizeikultur), seine Auswahl, Aus- und Fortbildung, sein Schutz vor berufstypischen Schädigungen, z. B. vor Erkrankung und Verletzungen.*

Die ***Polizeiarbeit als Sozialkontrolle*** *umfasst: ihre Legalität, Legitimität, Effektivität und Effizienz, Arbeitsstile der Polizei, die Ausübung des Ermessens, Interaktionen zwischen Polizei und Bürgern, Lösung von Krisen- und Konfliktsituationen sowie die Ausübung von Gewalt durch und gegen die Polizei.*

Ungewöhnlicherweise definiert der Gesetzgeber die Polizeiwissenschaft sogar: *Sie ist das Wissenschaftsgebiet, das die Polizei als Institution und ihr Verhalten sowie ihre Tätigkeit – wie sie ist, wie sie sein kann und soll und wie sie nicht sein darf – mit wissenschaftlichen Methoden theoretisch, empirisch und systematisch mit dem Ziel erforscht, die Polizeiorganisation sowie die Gesetzmäßigkeit und die Wirksamkeit polizeilicher Strategien dem gesellschaftlichen Wandel anzupassen.* Es ist eine Orientierung an der Arbeit von Schneider (a.a.O., 2002). Es bleibt abzuwarten, welche Inhalte die Curricula und die Module für den Masterstudiengang haben werden. Das gilt insbesondere für die Kriminalistik. Das aktuelle Curriculum mit Literaturhinweisen kann unter www.weihmann-schuch.de eingesehen werden.

1.2.10 Inhalt der Kriminalistik

Bei der Festlegung der Inhalte für die Kriminalistik kann man sich aus ganz pragmatischen Gründen an den bestehenden Gesetzen und der höchstrichterlichen Rechtsprechung orientieren. Diese haben eine Vielzahl von Vorschriften erlassen bzw. Entscheidungen getroffen, die ihrem Inhalt nach kriminalistischer Natur sind und einige sogar diesen Terminus verwenden. Solche Regelungen sind für die Kriminalistik verbindlich (Art. 20 III GG). Da dieses Lehrbuch dem Gesetzes- und Rechtsprechungs-Konzept folgt (Kapitel 3.3) und ausführlich darstellt, sollen an dieser Stelle exemplarisch nur wenige Beispiele genannt werden, z. B.: „Der Verdachtsgrad hängt von der **kriminalistischen Erfahrung** des Beurteilenden ab“ (BVerwG, NJW 1984, S. 1451; *Soiné* a.a.O.). Oder „Kriminalistische List ist erlaubt“, BGHSt 35, S. 328. Oder

„Die Dominanz des Personalbeweises gegenüber dem Sachbeweis", BVerfG, NJW 1975, S. 104 und BGHSt 32, S. 127. Oder „Die informatorische Befragung ist bereits Vernehmung", BGHSt 29, S. 230, (233).

Darüber hinaus ist neben den gesetzlichen Beweisverboten und Verwertungsverboten seit den 1990er Jahren eine Vielzahl neuer **Verbote durch höchstrichterliche Entscheidungen** bestimmt worden, deren Nichtbeachtung die aufwendigste kriminalistische Arbeit zunichte macht, so z. B. „Bei fehlender oder unverständlicher Belehrung vor der Vernehmung von Beschuldigten", BGH NJW 1992, S. 1463, NStZ 1994, S. 95, NStZ 1995, S. 462. Oder „Die nicht begründete und nicht protokollierte Gefahr im Verzug bei der Durchsuchung", BVerfG, NStZ 2003, S. 319. Oder „Die Pflicht der Hinzuziehung eines Sachverständigen bei der Vernehmung eines Kindes, das Opfer einer schwerwiegenden Straftat wurde", BGHSt 45, S. 164. U.v.a.m.

Damit wird deutlich, dass die Kriminalistik auf keinen Fall nur eine Methode der operativen Tätigkeit von Kriminalisten ist, sondern sich stets **auf rechtsstaatlichem Boden** befinden muss. Jeder dem Recht zuwiderlaufende Verstoß kann in der Konsequenz zu Beweisverwertungsverboten führen, sodass der sicher geglaubte Nachweis einer mit Strafe bedrohten Handlung vom Gericht nicht anerkannt werden darf. Die Qualität polizeilicher Arbeit misst sich auch und insbesondere an der Beachtung geltenden Rechts. Ist ein Beweismittel nicht rechtlich zulässig erlangt, darf es vom Richter in seiner Urteilsfindung ausdrücklich nicht berücksichtigt werden. Es ist daher auch und gerade in der polizeilichen Ausbildung sicherzustellen, dass die Kriminalistik als Wissenschaft stets im Kontext zum geltenden Recht gesehen und gelehrt wird.

Viele kriminalistische Maßnahmen sind ausdrücklich in die Strafprozessordnung aufgenommen worden, z. B. Öffentlichkeits- und Rasterfahndung (§§ 131 ff., 98a f.), Einsatz technischer Mittel (§ 100c), Einrichtung von Kontrollstellen (§ 111), die Belehrung bei vorläufiger Festnahme (§ 114a bis c), Verfahrensabsprachen (§§ 160b, 257c und 273) u.v.a.m.

Das Gleiche gilt ebenso für die **Kriminaltechnik**. Sie hat inzwischen in der Strafprozessordnung ihren Platz gefunden, so z. B. die DNA-Analyse, § 81e ff., oder die Spurensicherung an Zeugen, § 81c III, oder bei der Identifizierung von Leichen, § 88. Bei Nichtbeachtung der darin festgelegten Regeln führt das ebenso zum Beweisverwertungsverbot.

Selbst die traditionelle **Fahndung** erfährt ihre Ausprägung inzwischen in den §§ 98a–c und 131–131c dieses Gesetzes. Auch die **Prävention** ist neuerdings durch bundeseinheitliche Verwaltungsanweisungen und privatrechtliche Stiftungs-Verträge detailliert geregelt, z. B. das „Deutsche Forum für Kriminalprävention" (Kapitel 21).

Insofern sind **Kriminalistik** und **Kriminaltechnik** in erster Linie das Suchen, Sichern und Auswerten von **gesetzlich und rechtlich** zugelassenen Beweismitteln.

Insgesamt ist das Anspruchsniveau in der Kriminalistik erheblich gestiegen. Treten hier Mängel auf, so sehen die **Verteidiger** (Kapitel 11.8) darin richtigerweise die Möglichkeit, Fehler aufzudecken und die Rechte des Beschuldigten bzw. Angeklagten zu wahren. Hier hilft kein Jammern, sondern nur korrekte Arbeit. Die Grundlage dafür bietet eine solide wissenschaftliche und fachpraktische Berufsausbildung.

Es sollte schon Anlass zum Nachdenken geben, wenn von den Erwachsenen, die die Polizei als Tatverdächtige ermittelt, weniger als die Hälfte von der Justiz verurteilt wird (Kapitel 3.7 und 15.5.2d). Natürlich ist die Anzahl der Verurteilten im Rechtsstaat immer niedriger, aber eine solche Differenz muss hinterfragt werden. Ein Teil der Ursachen dürfte bei der Polizei oder besser noch in der fehlenden Qualität polizeilichen Handelns liegen. Es ist wichtig, zu definieren, was gute polizeiliche Arbeit ist. Teil einer qualitativen Aus- und Fortbildung ist das Erlernen kriminalistischer Arbeit. Eine gute Hilfe bietet die Methode der „Kriminalistischen Fallanalyse“ (Kapitel 5).

1.2.11 Kriminalistik im wissenschaftlichen System

Kriminalistik ist die Wissenschaft von der Verhütung, Aufdeckung und Aufklärung der Kriminalität (*Maunz / Dürig*, a.a.O., Art. 87, Rn. 139). Das wird nicht nur umgangssprachlich **Kriminalitätsbekämpfung** oder „Verbrechensbekämpfung“ genannt, sondern ist auch so im Grundgesetz und in den dazu gehörenden Materialien verankert (Art. 73 I 10. c; *Maunz / Dürig,* a.a.O., Art. 73, Rn. 13; Kapitel 2.2).

Die Kriminalistik hat das Ziel, Straftaten zu verhüten, begangene Straftaten aufzudecken, sowie die Beweisfindung, Beweissicherung und Beweisführung zu systematisieren. In diesem Sinne umfasst sie auch die Gefahrenabwehr. Schwerpunkte sind die Rechtsgebiete Strafrecht, strafrechtliche Nebengesetze, Ordnungswidrigkeitenrecht, Strafverfahrensrecht und Gefahrenabwehrrecht.

In der Anwendung hat die Kriminalistik stets gleichzeitig eine (strafprozess-) rechtliche und eine taktische Seite. Um Einzelfälle aufzuklären, wird mit der Methode der „Kriminalistischen Fallanalyse“ gearbeitet (Kapitel 5). Um Deliktsbereiche in ihren Erscheinungsformen, im Entstehungsprozess und in den Bekämpfungsmöglichkeiten systematisch zu untersuchen, wird die „Kriminalistische Deliktsanalyse“ angewendet (Kapitel 24).

Die Kriminalistik ist eine selbstständige juristische Wissenschaft mit eigenständiger und tradierter **Terminologie und Methodik** (NRW-Landtagsdrucksache 13 / 6258, S. 23–43). Sie hat ihren Ursprung in der Jurisprudenz, die der Gesetzgebung sowie Rechtsprechung unterliegt, auch mit den Folgen von Beweisverboten (Art. 20 III GG).

Die Zugehörigkeit zur Rechtswissenschaft ergibt sich auch aus ihrer Aufgabenstellung, der **Falllösung**, „die zum Zentrum der Ausbildung und Prüfung gemacht wurde" (*Canaris / Schmidt*, a.a.O.).

Viele höchstrichterliche Definitionen und Begriffe sind Bestandteil der Kriminalistik. Das gilt auch für die Teildisziplinen, insbesondere für die Kriminaltechnik. Gerade deshalb verlangt die Kriminalistik **juristische Genauigkeit** in Wort, Schrift, Terminologie und Methoden, weil alles als Beweismittel in einem **Strafverfahren** verwendet werden soll und durch die spätere Eidesleistung des Kriminalisten an Bedeutung zunimmt. Die Philologen nennen das **Idiomatische Prägnanz** (Kapitel 25.8). Schon Fahrlässigkeiten können straf- und beamtenrechtliche Folgen nach sich ziehen (§ 154 ff. StGB; § 24 BeamtStG; Kapitel 3.7 und 3.8).

Darüber hinaus muss auch die Polizei eine **verständliche Sprache** verwenden, damit jedermann den Inhalt nachvollziehen und überprüfen kann. Das schließt den allgemeinen Gebrauch von Fremd- oder Fachwörtern aus (BGHSt 45, 164 [178 ff.]; § 184 GVG und § 259 StPO; Kapitel 26.4.2). Trotzdem bleibt genügend Spielraum für die „Kriminalistische List", die mit Kreativität angewendet werden darf, aber nur im Rahmen der rechtsstaatlichen Grenzen. Wer diese kennt, der weiß, was er darf (BGHSt 35, S. 328, und NStZ 1997, S. 251; Kapitel 11.14).

Bei der Anwendung des Strafprozessrechts können auch Kleinigkeiten entscheidend sein. Die **Strafverteidiger** haben sich inzwischen darauf eingestellt. Sie suchen nach Fehlern (Kapitel 11.8). Das ist ihre Aufgabe. Wenn sie welche nachweisen können, dann ist schlecht gearbeitet worden. Welches Verhalten würde denn ein Kriminalist von „seinem Anwalt" erwarten, wenn er selbst, aus seiner Sicht zu Unrecht, einer Straftat verdächtigt würde? Eine sorgfältige kriminalistische Arbeit gebietet auch die „Intellektuelle Redlichkeit" (Kapitel 1.3.7) und muss von den Vorgesetzten durch Kontrolle sichergestellt werden (Kapitel 25.6.10).

Gleichwohl ist es gar nicht schwer, die strengen gesetzlichen und rechtlichen Grenzen durch überzeugende Begründungen einzuhalten. Weil gerade im Anfangsstadium der Strafverfolgung die Beweislage noch instabil ist, gelten die Voraussetzungen, die nach pflichtgemäßem Ermessen subjektiv erkannt wurden (BGHSt 21, 334 [363], Text in Kapitel 25.2).

Die Kriminalistik bedient sich auch der „Adaption von fremdem Wissen". Das ist in der Wissenschaft üblich und für die Polizei im Gesetz über die Einrichtung der „Deutschen Hochschule der Polizei" genannt (NRW-Landtagsdrucksache 13 /

6258, S. 23 [24]). Soll dabei eine fremde Methode in die Kriminalistik übernommen werden, so entscheidet über die **strafprozessrechtliche Geeignetheit** der Methode nicht die fremde Wissenschaft, z. B. Psychologie oder Soziologie, sondern allein die Kriminalistik und die Rechtsprechung (BGHSt 3, 27 [28],7, 238 [239]; 39, 291 [297]; 45, 164 [182]). Wird ein Gutachten ohne richterliche Leitung der Tätigkeiten des **Gutachters** erstellt (Kapitel 4.1.4.1), so kann es zu schweren Fehlern kommen, wie es 1995 der öffentlichkeitswirksame Strafprozess „Montessori" gezeigt hat. Die Elternschaft („Zartbitter") von Kindergartenkindern vermutete, dass ein Erzieher sexuelle Handlungen an ihren Kindern vorgenommen hatte. Mit Geschlechtspuppen und Zeichnungen wurden die Kleinkinder zu Aussagen gebracht, die der elterlichen Vorstellung entsprachen. Erst der BGH stellte endgültig die Ungeeignetheit der Vernehmungsmethode fest und dass der Erzieher zu Unrecht des sexuellen Missbrauchs von Kleinkindern beschuldigt wurde. Der Gutachter hatte die Aussagen für wahr gehalten. Der Erzieher saß sechs Monate in Untersuchungshaft (Focus 21 / 1995).

Die Boulevardmedien berichten oft von sogenannten „Gutachterprozessen", bei denen der Laie glauben könnte, dass die Sachverständigen die Rechtsprechung übernommen hätten. Der BGH hat das deutlich richtiggestellt: „Die Untersuchungsergebnisse von Sachverständigen können nur dann Anerkennung finden, wenn die **Methoden**, mit denen sie gewonnen sind, **nachprüfbar** sind. [...] Der Tatrichter entscheidet nach seinem pflichtgemäßen Ermessen [auch] darüber, ob die Sachkunde eines Gutachters zweifelhaft ist" (BGH, StV 1989, 141). Darüber hinaus leitet der Tatrichter erforderlichenfalls die Tätigkeit des Gutachters (§ 78 StPO).

1.2.11.1 Ziele

Die Kriminalistik hat das Ziel, für das Strafverfahren die **Beweisfindung, Beweissicherung und Beweisführung** zu systematisieren und umfasst in diesem Sinne auch die Gefahrenabwehr und die Straftatenverhütung (*Maunz / Dürig*, a.a.O., Art. 87, Rn. 139; Kapitel 3). Die Studierenden sollen die Funktionen des Strafrechts und die kriminalistischen Methoden der Straftatenermittlung im demokratischen Rechtsstaat als Voraussetzung für ein friedliches Zusammenleben aller Bürger richtig einschätzen. Sie sollen erkennen, dass dabei das Streben nach Gerechtigkeit das wichtigste Ziel ist. Dazu gehören auch die Sorge um das Opfer und der Schutz seiner Würde (BVerfGE 115, 118, Absatz 120). Um diese Ziele zu verwirklichen, sind dem Staat Befugnisse eingeräumt, mit denen er in die Rechte der Bürger eingreifen darf. Der Staat wendet diese Befugnisse über seine Organe an. Eines dieser Organe ist die Polizei (Kapitel 2). Sie hat nach pflichtgemäßem Ermessen (BGHSt 21, S. 334 [363]) zu prüfen, ob die Voraussetzungen gegeben sind, damit in die Rechte der Bürger eingegriffen werden darf.

Zur Objektivierung des Strafverfahrens sind zwei unabhängige Institutionen eingerichtet, die **Ermittlungsbehörden** und die **Gerichte**. Die Ermittlungsbehörden (Kapitel 2 und 19) müssen den Verdächtigen / Beschuldigten nach den Regeln der Gesetzgebung und Rechtsprechung die begangenen Straftaten, die Rechtswidrigkeit und die **Schuldhaftigkeit** des Handelns nachweisen und bei ihren Amtshandlungen nicht nur die belastenden, sondern auch die entlastenden Umstände ermitteln (§ 160 II StPO und 43 JGG).

Bei dem geänderten Selbstverständnis der Polizei als „Ermittlungspersonen der Staatsanwaltschaft" (Kapitel 19.3) muss auch mehr Eigeninitiative erkennbar und nicht jede kriminalistische Selbstverständlichkeit erst durch einen konkreten Auftrag, z. B. durch die zuständige Staatsanwaltschaft, erledigt werden. **Kriminalistische Standards** (Kapitel 5.4) gelten für alle Ermittlungen. Die Einhaltung dieser Standards nimmt an Bedeutung zu, wenn es um Ermittlungen gegen Intensivtäter oder die Bearbeitung von Haftsachen geht. In dem einen Fall ist das Interesse der Öffentlichkeit an Bestrafung entsprechend hoch und in dem anderen Fall handelt es sich um einen schwerwiegenden Eingriff in die Freiheitsrechte von Menschen. Der Rechtsstaat ist nur so gut, wie die Qualität seiner Amtswalter dies möglich macht. Durch gute polizeiliche Arbeit, die in erster Linie von den ermittelnden Beamten bestimmt wird, können nicht nur die Aufklärungsquote erhöht, sondern auch der Schutz der Gesellschaft vor Verbrechen durch gerechte Bestrafung verbessert werden.

Die **Gerichte** entscheiden im Rahmen der **freien Beweiswürdigung** (§ 261 StPO), ob das Handeln der Menschen zu bestrafen ist, damit sie wieder ein rechtstreues Leben führen. Dabei kommt es allein auf die Überzeugung der Gerichte an. Die Strafverfolgung dient somit auch der **Prävention**, indem potenzielle Täter abgeschreckt werden sollen (*Hassemer*, 2009, a.a.O.). Doch das geschieht weniger durch die tatsächliche Bestrafung, als vielmehr durch die Wahrscheinlichkeit, als Täter ermittelt zu werden. Insofern ist eine schnelle Aufklärung des Falles von besonderer Bedeutung.

Die **Strafverfolgung** ist jedoch kein absolutes Staatsziel und erfolgt nicht um jeden Preis (BGHSt 14, 358 [365]; 17, 337 [348]; 31, 304 [308]). Deshalb schützen Beweisverbote (Kapitel 3.3) die Menschen in ihrer Privatsphäre, damit sie nicht zum Objekt der Staatsgewalt herabgewürdigt werden.

Ein Ziel der polizeilichen Ausbildung sollte daher sein, dass die **Studierenden** die zulässigen kriminalistischen Methoden der Beweisfindung, Beweissicherung und Beweisführung sowie der Straftatenverhütung und der damit verbundenen Gefahrenabwehr beherrschen.

1.2.11.2 Kriminalpolitik

Die Politik hat das Privileg, die gesetzlichen Rahmenbedingungen für die Strafrechtspflege zu setzen. Die Wissenschaft entwickelt dazu die Terminologie und die Methoden. Besonders deutlich wird das in der Rechtswissenschaft und in der Kriminalistik. Die Verwaltung setzt die gesetzlichen Vorgaben um, bedient sich der wissenschaftlichen Terminologie und Methoden und beachtet dabei die Rechtsprechung (Art. 20 III GG). Wo es erforderlich ist, erläutert die Verwaltung Gesetzgebung und Rechtsprechung, z. B. mit der RistBV und den Polizeidienstvorschriften. Auf dieser Grundlage kann sich die Kriminalistik mit allen anderen Wissenschaften auseinandersetzen und nach fremder Terminologie und Methodik suchen, die sie adaptieren will (NRW-Landtagsdrucksache 13 / 6258, 23).

Welche Bedeutung die Politik der Kriminalitätsbekämpfung beimisst, ist an den organisatorischen Vorgaben und die Bereitstellung der Ressourcen zu erkennen, z. B. welche Behörden eingerichtet werden, wie viel Personal und Technik sie für erforderlich hält.

Welche Straftatbestände die Politik als besonders verwerflich ansieht, ist an der Höhe der Strafandrohung, an den Bedingungen der Strafbarkeit und an den angedrohten Nebenfolgen erkennbar (Kapitel 5.2 zu 1.2).

An der Schnittstelle zwischen Politik und Exekutive befindet sich die Ministerialbürokratie. Diese hat die Aufgabe, beim Gesetzgebungsverfahren und bei der parlamentarischen Kontrolle der Verwaltung den Informationsaustausch auf „kurzem Wege“ zu koordienieren. Dabei bedient sich die parlamentarische Kontrolle der Systeme des Strafrechts, der Kriminalistik und der Kriminologie.

Die Ministerialbürokratie lenkt die Exekutive mit dem Erlasswesen und organisiert die strategische Kriminalitätsbekämpfung. Die Exekutive führt die taktischen Maßnahmen durch.

Damit die Recht- und Gesetzmäßigkeit auch in der Exekutive beachtet wird, ist jeder Einzelne für sein Handeln und Unterlassen persönlich verantwortlich (§ 36 BeamtStG). Damit jeder einzelne Amtsträger den Willen des Gesetzgebers kennt, hat dieser das in den Erläuterungen zu den Gesetzen ausführlich erklärt.

Diese **Umsetzung des Willens des Gesetzgebers** wird in der Polizei im Wesentlichen von den Führungskräften wahrgenommen. Das Bundesverfassungsgericht hat 2008 nochmals die persönliche Verantwortung des Berufsbeamtentums in der Demokratie und deren Unabhängigkeit von der Politik unterstrichen. Das bedeutet, die **Führungskräfte in der Polizei** haben eine besondere Stellung und Verantwortung. Ihre Aufgabe ist es, Verfassung und Gesetz im Interesse des Bürgers und des Gemeinwohls zu behaupten und damit eine stabile und gesetzestreue Verwaltung zu garantieren. Deshalb sind sie auch **auf Lebenszeit** angestellt und behalten auf Lebenszeit ihren Ernennungsstatus (Dienstgrad). Das führt zur „Unabhängigkeit gegenüber der politischen Führung" (§ 30 BeamtStG). Somit ist das „Berufsbeamtentum ein Element des Rechtsstaates" (BVerfG in: NVwZ 2008, S. 873, Absatz 70 und 71).

1.2.11.3 Strafrecht / Strafprozessrecht

Das Strafrecht nennt die Tatbestände, qualifiziert Schuld und Rechtswidrigkeit, legt das Prozessverfahren fest und regelt den Strafvollzug.

1.2.11.4 Kriminologie

„Unter **Kriminologie** ist der interdisziplinäre Forschungsbereich zu verstehe, der sich auf alle die empirischen Wissenschaften bezieht, die zum Ziel haben, den Umfang der Kriminalität zu ermitteln und Erfahrungen über die Erscheinungsformen und Ursachen der Kriminalität, über Täter und Opfer sowie über die Kontrolle der sozialen Auffälligkeiten einschließlich der Behandlungsmöglichkeiten für den Straftäter und der Wirkung der Strafe (bzw. Maßregel) zu sammeln" (*Schwind*, a.a.O, S. 8, Rn. 16).

Die Kriminologie wird nicht von gesetzlichen und rechtlichen Vorgaben gesteuert. Sie hat auch keinen Einfluss auf die kriminalistische Verdachtsschöpfung und auch nicht auf die Beweisführung. Mit kriminologische Methoden lässt sich auch **kein Fall lösen**, sondern nur allgemein beschreiben und mit einer „gewissen Richtigkeit" erklären. Der Kriminologe *Hans Joachim* ***Schneider*** definiert das so: „Sie ist aus der Kriminalbiologie, der Kriminalsoziologie und aus der Kriminalpsychologie entwickelt und ist eine Erfahrungswissenschaft mit psychologischen und soziologischen Prognosen. In ihrer Entwicklung ist sie zu einer eigenständigen pragmatischen **psychosozialen Wissenschaftsdisziplin** geworden. Sie ist vom Strafrecht und von der Psychiatrie unabhängig. Sie beschäftigt sich mit Dunkelfeldforschung, Kriminalitätsvergleichen, Ursachentheorien, kriminellen Persönlichkeiten, Jugenddelinquenz, Punitivitätsforschung (Einfluss der Strafen), Legitimitätsforschung (Akzeptanz der Strafvorschriften), Kriminalpolitik, Verbrechensvorbeugung und mit der Behandlung des Rechtsbrechers" (*Schneider*, a.a.O., 1997, 2005 und 2009).

Vereinfacht dargestellt, beschreibt die Kriminologie **Erscheinungsformen der Straftaten,** bietet Erklärungsansätze für deren **Ursachen** an und untersucht die **Wirkung des Strafvollzuges**. Insofern stellt sie ihr Wissen der Politik und den Gesetzgebungsorganen zur Verfügung. Die Kriminalitätsvorbeugung (Kapitel 21) wird in primäre, sekundäre und tertiäre Prävention unterteilt. Dabei sind die primäre und die tertiäre Prävention der Kriminologie zuzuordnen.

Akute **Präventionsmaßnahmen** der Polizei erfolgen **nicht** aus den Erkenntnissen der **Kriminologie**, weil diese keinen Bezug zur aktuellen Kriminalität haben.

Die **Sekundärprävention** will durch Strafnormen abschrecken. Darüber hinaus sollen durch „Polizeiliche Kriminalprävention" Tatgelegenheiten gemindert, Opfer beraten und technische Sicherungen empfohlen werden. Hierzu nutzt die Polizei die Erkenntnisse aus ihrer eigenen Strafverfolgung, insbesondere solche, die bei der Tatortbefundaufnahme (Kapitel 7.4) und bei Vernehmungen (Kapitel 11) offenkundig werden. Die hierbei festgestellten tatbegünstigenden Umstände und Verhaltensweisen sollen verändert werden.

Bei der **Ursachenforschung** bleiben die Aussagen der Kriminologie jedoch allgemein und unsicher. Selbst beim Phänomen „Amok an Schulen", das umfassend untersucht wurde, beschreibt die Kriminologie zwar die allgemeinen Ursachen, doch warum es im Einzelfall zu der Tat gekommen ist, bleibt verborgen. Auf die Frage, warum Schulamokläufe stattfinden, müssen die Wissenschaftler eingestehen: „So sehr wir uns eine einfache Antwort wünschen, es gibt sie nicht. Die [zehn] Anschläge, die wir in [unserem] Buch behandelt haben, erscheinen als Folge einer komplexen Mischung aus umweltlichen, familiären und individuellen Faktoren, die sich für jeden Täter anders darstellen". Trotz vieler Gemeinsamkeiten bei den Tätern bleibt bei der Beurteilung der Einzelpersonen jedoch die Frage offen: „Warum gerade dieser Junge und nicht sein Bruder?" (*Langmann,* a.a.O., S. 248, 225 ff. und 21). So konnten auch die Ermittlungen der Kriminalpolizei nach dem Amoklauf in Winnenden kein Motiv feststellen (*Michelfelder,* a.a.O., S. 143, 3. Spalte). Ebenso ergebnislos mussten die Kriminologen der Freien Universität Berlin die Ursachenerforschung der „Gewalttätigen Rituale in Berlin-Kreuzberg zum 1. Mai" beenden. Sie wiesen mehrfach auf die „Grenzen der Forschung" hin (FAZ vom 26.3.2010, S. 10).

Hin und wieder wird von **Verzahnung** zwischen Kriminalistik und Kriminologie gesprochen. Insbesondere im Zusammenhang mit der **Verdachtschöpfung** (Kapitel 3.6). Davon muss dringend abgeraten werden, denn die Erkenntnisse der Kriminologie geben keinerlei Rechtfertigung für Grundrechtseingriffe aus den Vorschriften der Strafprozessordnung. Sie können höchstens eine untergeordnete Rolle bei der Hypothesenbildung spielen.

Kriminologische Erkenntnisse können bei der **Gefahrenabwehr** hilfreich sein, um die Wahrscheinlichkeit des Eintritts eines Schadens abzuschätzen (BVerwGE 39, 190 [193]). Die Rechtsprechung bezeichnet das nicht als kriminologische Erkenntnisse, sondern als **Berufs- und Lebenserfahrung** (BVerfG, NJW 1984, 1451).

Für die Kriminalistik und die alltägliche polizeiliche Verbrechensbekämpfung hat die Kriminologie in den letzten fünfzehn Jahren an Bedeutung verloren. Dieser Trend wird sich fortsetzen (*de Vries,* in: Kriminalistik 2008, S. 550).

1.2.11.5 Kriminalistik / Teildisziplinen / Terminologie

Viele gesetzliche und höchstrichterliche Definitionen und Begriffe sind Bestandteil der Kriminalistik (Kapitel 1.2.10). Diese sind auch für die **Polizei** insgesamt und insbesondere für die **Kriminalistik verbindlich** (Art. 20 III GG). Neben der nachfolgend aufgeführten Terminologie der wissenschaftlichen Kriminalistik sind in diesem Buch weitere Begriffe genannt, die ebenso durch Gesetz oder Rechtsprechung definiert sind. Es gehört zum **Berufsbild des Kriminalisten** (Kapitel 1.3.1 und 25.2), dass diese Begriffe stetig und korrekt gebraucht werden (Kapitel 1.2.7). Das gilt ganz besonders im Umgang mit:

- Staatsanwaltschaft und Gericht (Kapitel 19)
- Sachverständige (4.1.4.1)
- Steuerfahndung, Zoll, Bundesamt für Güterverkehr (Kapitel 2.7 bis 2.9)
- Jugendamt, Gesundheitsamt (Kapitel 11.16.3 und 11.16.4)
- Private Großveranstalter und Privatdetektive (Kapitel 2.7 bis 2.10)
- Kaufhäuser und Verkehrsbetriebe als Geschädigte von Massenkriminalität (Kapitel 6.2)
- Bürger als Opfer, Geschädigte, Zeugen, Verdächtige und Beschuldigte (Kapitel 11.7)
- Polizeibehörden im angrenzenden Ausland (Kapitel 2.3.4)
- INTERPOL und EUROPOL (Kapitel 2.3.4)
- Politiker (Kapitel 1.2.11.3)
- Medien (Kapitel 20).

Aber auch bei der Vornahme von **Grundrechtseingriffen** sind die Begriffe der Strafprozessordnung und der Rechtsprechung verbindlich, z. B. Fahndung, Vernehmung, Tatort, Durchsuchung, Beschlagnahme und Sicherstellung, Zeuge, Verdächtiger, Beschuldigter, Angeschuldigter, Angeklagter, Sachverständiger und vieles anderer mehr. An den entsprechenden Stellen dieses Buches wird ausführlich darauf eingegangen. Weil das Strafprozessrecht für zulässige Maßnahme unterschiedliche Voraussetzungen verlangt, sind die dort verwendeten Begriffe sprachlich und inhaltlich richtig zu gebrauchen.

Gerade die Kriminalistik verlangt **juristische Genauigkeit** in Wort, Schrift, Begriffen und Methoden, weil alles als Beweismittel in einem Strafverfahren verwendet werden soll und durch die spätere Eidesleistung des Kriminalisten an Bedeutung zunimmt (Kapitel 3.8). Die Philologen nennen das „Idiomatische Prägnanz“. (Kapitel 25.8). Schon Fahrlässigkeiten können straf- und beamtenrechtliche Folgen nach sich ziehen (§ 154 ff. StGB; § 24 BeamtStG; Kapitel 3.7).

Die Kriminalistik nennt die Methoden der **Verbrechensbekämpfung** (Art. 73 I 10. c GG), das sind die **Verhütung** und die **Verfolgung** von Straftaten mit Beweisfindung, Beweissicherung und Beweisführung. Sie bedient sich der

Geistes- und Naturwissenschaften. Um sie im Detail zu verstehen, ist eine weitere Unterteilung in **Teildisziplinen** notwendig.

Diese sind:

a) Kriminalstrategie

Die Kriminalstrategie beschreibt das Gesamtkonzept kriminalpolizeilicher **Verbrechensbekämpfung** (Verhütung und Verfolgung) und findet ihre praktische Anwendung auf der Ebene der **Aufsichtsbehörden**. Hier werden zum Beispiel Präventionsprogramme erarbeitet und die dafür erforderlichen Geldmittel zur Verfügung gestellt oder die Einrichtung von Spezialdienststellen zur Bekämpfung der Wirtschaftskriminalität oder der Organisierten Kriminalität beschlossen.

Die **PDV 100**, Anlage 20, führt hierzu aus:

„Kriminalstrategien sind vorausschauend geplante polizeiliche Verhaltensweisen und organisatorische Absichten, die sich an der gesellschaftlichen Entwicklung orientieren und darauf gerichtet sind, durch das Zusammenwirken aller polizeilicher Kräfte die Politik der ‚Inneren Sicherheit' zu verwirklichen und gegebenenfalls Änderungen zu bewirken."

Es sind also typische Maßnahmen, die kosten- und personalintensiv sind, öffentlichkeitswirksam diskutiert werden und personalrechtlichen Regelungen unterliegen, sodass sie von der Politik gesteuert werden.

Erlasse und Vorschriften mit kriminalistischen Arbeitsanweisungen sind der **Kriminaldienstkunde** (Kapitel 1.2.11.6 f) zuzuordnen.

Bei der teilweise **inflationären Verwendung** (*Walter*, a.a.O.) des Begriffs **Strategie** wird übersehen, dass kriminalistisches Handeln zu über 90 % in der **Alltagskriminalität** erforderlich ist und solide Arbeit bedeutet, die als **Taktik** bezeichnet werden sollte.

b) Kriminaltaktik

Die Kriminaltaktik ist das planmäßige und fallorientierte Vorgehen des Kriminalisten bei Einzelfällen in der **Alltagsarbeit**, die über 90 % der Gesamttätigkeit ausmacht, das schließt auch Serienstraftaten ein (Kapitel 5.5). Der Kommissariatsleiter legt dabei fest, wie viele Kriminalisten zur Bekämpfung dieser Delikte eingesetzt werden (*Schaap*, a.a.O. und Kapitel 25). Aber auch der einzelne Sachbearbeiter überlegt seine taktische Vorgehensweise für den Einzelfall, z. B. die Reihenfolge der Vernehmung von Zeugen, die Festnahme von Gesuchten oder die Durchsuchung bei Verdächtigen.

c) **Kriminaltechnik**

Die Kriminaltechnik ist die Anwendung der naturwissenschaftlichen Kriminalistik, auch Spurenkunde genannt. Sie wendet sich dem Sachbeweis zu (Kapitel 4).

d) **Kriminalmedizin**

Die Kriminalmedizin ist die fachspezifische Untersuchung und Begutachtung des **menschlichen Körpers** wobei es um denen äußeren, inneren und geistigen Zustand des Körpers geht. Es werden Verletzungen beschrieben und begutachtet, Blut auf Fremdstoffe, wie Alkohol, Rauschgift o. a. m., untersucht; oder die Haftfähigkeit eines Täters festgestellt. Aber auch der tote Mensch wird in diese Untersuchungen einbezogen (Kapitel 22.12.1).

e) **Kriminalpsychologie**

Die Kriminalpsychologie versucht, Erklärungsansätze bei Problemsituationen mit Human- und Sozialbezügen zu finden. Sie befasst sich mit der Schuldfähigkeit, der Motivforschung und der Vernehmung (Kapitel 11). Dabei ist die Vernehmung sehr stark rechtlich definiert, sodass viele Methoden zur Erforschung der „Wahrheit“ (Kapitel 3.6.2) im Strafverfahren ungeeignet oder unzulässig sind, z. B. die Verwendung des Lügendetektors (Kapitel 3.5.1). Kriminalpsychologen sind für die Kriminalistik **Gutachter** und unterliegen den dazu bestehenden Regeln (Kapitel 4.1.4.1). Sie sind keine Ermittlungspersonen (Kapitel 19.3).

f) **Kriminaldienstkunde**

Die Kriminaldienstkunde erklärt die Ablauf- und Aufbauorganisation bei der Verbrechensbekämpfung. Hier wird festgelegt, wer welche Aufgabe wahrnimmt, auf welchen Formularen welche Arbeitsabläufe zu beschreiben sind, welche Auswertungen vorzunehmen sind und wie Informationen gesteuert werden. Dazu gehören auch Erlasse und Polizeidienstvorschriften. Es wird ebenso festgelegt, wie Berichte, Vermerke und WE-Meldungen zu gliedern sind.

Da die polizeilichen **Verfahrensweisen** und die **Vordrucke** in allen Bundesländern und im Bund verschieden sind, wird in diesem Buch nicht näher darauf eingegangen. Die Überprüfung, ob die aktuellen Probleme in der öffentlichen Sicherheit mit der vorhandenen Aufbau- und Ablauforganisation bewältigt werden können, ist ständige Aufgabe aller Vorgesetzten (Kapitel 25).

1.3 Der Kriminalist

Der Kriminalist ist kein „Spurenleser“. Seine Handlungen sind auch keine „Objektive Hermeneutik“. Der Kriminalist leistet vor allem **Gedankenarbeit**. Er erstellt Hypothesen und sucht nach der Wahrheit (Kapitel 3.6.4 und 3.6.5). Als Ergebnis muss er einen zusammenhängenden Lebenssachverhalt darstellen können und andere damit überzeugen. Insofern ist seine Arbeit der Geisteswissenschaft zuzuordnen. „Eine Tat, die nicht erzählt werden kann, kann auch nicht festgestellt [bewiesen] werden" (*de Vries,* a.a.O., 2010, S. 306 und 307). Damit ist jedoch nicht ein literarischer oder journalistischer Stil gemeint, sondern kriminalistische Sachlichkeit und Intellektuelle Redlichkeit (BGH in: NStZ RR 2009, S. 103; Kapitel 1.3.7; 3.6.4).

1.3.1 Anforderungsprofil

a) Grundsätzliches

Die Polizei hat eine Vielzahl von Aufgaben zur **Gefahrenabwehr** und **Kriminalitätsbekämpfung** zu bewältigen. Zur wirkungsvollen Wahrnehmung dieser Aufgaben sind **spezielle Dienststellen** eingerichtet. Das sind insbesondere die **Schutzpolizei** mit Streifendienst, Einsatzhundertschaft und Reiterstaffel, Spezialeinheiten für Technik, für Verhandlungen mit Gewaltverbrechern, zur Observation und zur Befreien von Geiseln oder zur Festnahme von Gewalttätern. Es sind die Hubschrauberstaffel, die Verkehrspolizei, die Autobahnpolizei sowie die Wasserschutzpolizei und schließlich, in Deutschland seit 1811, die **Kriminalpolizei** (Kapitel 1.4).

Der Begriff „Kriminalpolizei" wird im **Grundgesetz** (Art. 73 und 87) genannt. Anlass der grundgesetzlichen Regelung war die Pflicht der Bundesrepublik Deutschland, nach dem Nazi-Regime die Polizei unter anderem zu dezentralisieren (Kapitel 1.4.3.3 und 1.4.3.4). Dadurch wurde aber die notwendige polizeiliche Zusammenarbeit von Bund und Ländern bei der Kriminalitätsbekämpfung unmöglich. Der Parlamentarische Rat hat dafür eine Lösung gefunden und diese in das Grundgesetz eingearbeitet. Danach darf sich die „Zusammenarbeit [der Polizeien] nicht auf das gesamte Polizeiwesen erstrecken, sondern nur auf die Kriminalpolizei" (*Maunz / Dürig,* a.a.O., Art. 73, Rn. 157. Dies ist eine Spezialisierungsvorschrift zur Verhinderung von zentraler Macht. Weil der personelle Anteil der Kriminalpolizei an der Gesamtpolizei bei rund 10 % liegt, kann sich eine „Zentralpolizei", wie im Nazi-Regime oder in der DDR, nicht mehr bilden (Kapitel 1.4.3.3 und 1.4.3.5).

Neben dem Begriff Kriminalpolizei hat der Parlamentarische Rat auch deren **Aufgabe** bestimmt, nämlich: **Verhütung, Aufdeckung und Verfolgung wichtiger Straftaten** (*Maunz / Dürig,* a.a.O., Art. 87, Rn. 139), das traditionell „Kriminalitätsbekämpfung" genannt wird. Ebenso tradiert ist der Begriff „Kriminalist", dieser wirkt hauptberuflich an der Bekämpfung von Straftaten mit (*Groß / Geerds,* 1. Auflage, Einleitung, 1893; *Liang,* a.a.O.).

Für die gesamte Polizei in Deutschland ist das Anforderungsprofil zuletzt 2005 in der Begründung zum Gesetz für die „Deutsche Hochschule der Polizei" (Kapitel 1.2.8) dargelegt worden. Danach sind dies insbesondere die „immer neuen Kriminalitätsstrukturen", die es zu erkennen und zu bekämpfen gilt (NRW-Landtagsdrucksache 13 / 6258, S. 23).

Bei den **persönlichen Anforderungen** an Kriminalisten stehen die geistigen Fertigkeiten im Vordergrund. Daneben verlangt dieser Beruf aber weitere Fähigkeiten und körperliche Belastbarkeit. Wie nur in wenigen Berufen, sind hier viele Entscheidungen gefordert, die ohne Beratungsmöglichkeit sofort zu treffen sind und nicht mehr rückgängig gemacht werden können, z. B. Festnahmen, körperliche Eingriffe und schlimmstenfalls der Schusswaffengebrauch gegen Menschen (*Weihmann*, in: Kriminalistik 1995, 667, und 1996, S. 352).

Hier geht es um die **persönliche Verantwortung** des Kriminalisten (§ 36 BeamtStG; Kapitel 1.3.7; 25.5.2), aber auch um Entschlusskraft und Handlungsfähigkeit (Kapitel 25.6.2.2). Dies ist eine ganz besondere Art der Berufsausübung. In Sekundenschnelle müssen über Handlungsbedarf, Anordnung, rechtliche Prüfung und praktische Ausführung entschieden werden. Dabei liegt diese Verantwortung in einer Hand, besser in einem Kopf (BGHSt 21, 334 [363]). Gleichzeitig wird zu Recht erwartet, dass diese Handlungen sorgfältig abwogen sind und trotzdem entschlossen vorgegangen wird; denn nicht zu handeln, kann auch falsch sein und sanktioniert werden (z. B. §§ 32 Nothilfe; 258a Strafvereitelung; 323c Unterlassene Hilfeleistung, StGB).

Da alle Handlungen nur mit **rechtsstaatlichen Mitteln** erfolgen dürfen, müssen neben kriminalistischem und taktischem Geschick auch die Verfahrensvorschriften und Eingriffsbefugnisse bekannt sein und beachtet werden.

Darüber hinaus kann kein **anspruchsvoller Beruf** ohne gründliche Theoriekenntnisse ausgeübt werden (*Schwanitz*, a.a.O., S. 554). Nur so erlangen Berufsanfänger eine **eingeständige und sichere Urteilskraft** (*Kant*, a.a.O.), die auf richtige Begriffe beruht und Anwendungsgeschick vermittelt. So wachsen die Studenten zu rechtsstaatlich und eigenverantwortlich Handelnden heran. Die **Einheit von Theorie und Praxis** (*Heckmann*, a.a.O.), die bei der Polizeiausbildung praktiziert werden soll, bedeutet, dass beide Bereiche zwar getrennt vermittelt werden, jedoch nicht ohne Bezug auf das jeweilige andere Gebiet. Die Theorie wird an Hochschulen gelehrt. Die Anwendung der Theorie in der Praxis erfolgt bei den Polizeibehörden.

b) **Studium** (Kapitel 26)

Beim wissenschaftlichen Studium geht es um die Vermittlung von historischem Wissen aus überlieferter Literatur, um Hintergrundwissen, um aktuelles Wissen und um die Kenntnis von Ursachen.

Es sollen Zusammenhänge erkannt und verstanden werden, damit eine **eigene und sichere Urteilskraft** entsteht (*Kant*, a.a.O.). Hier liegt der Unterschied zwischen **Studium** und **Ausbildung**, den *Friedrich Schiller* schon 1789 in seiner Antrittsvorlesung an der Universität Jena ausführlich dargelegt hat (Kapitel 1.2.7). Ferner sollen Fähigkeiten zum analytischen, systematischen Denken und zur professionellen Problemlösung entwickelt werden (NRW-Landtagsdrucksache 13 / 6258, S. 23 bis 43).

Es ist die **Berufsfähigkeit** zu vermitteln, die eine breite Berufsverwendung ermöglicht und die Studierenden befähigt, lebenslang methodisch richtig und selbstständig zu lernen.

Studieninhalte:

1. Wissen über Ursachen und Erscheinungsformen (Kapitel 15.5) der Kriminalität.
2. Wissen über die Geschichte der Kriminalistik und Kriminologie, deren Methodik bei der Fallanalyse (Kapitel 5) und der Deliktsanalyse (Kapitel 24) an ausgewählten Delikten.
3. Beherrschen der tradierten kriminalistischen und kriminologischen Terminologie und anwenden der Grundsätze der „Intellektuellen Redlichkeit" (Kapitel 1.3.7).
4. Wissen über die Geschichte des Strafverfahrens (Kapitel 19) und dessen gesellschaftlicher Funktion.
5. Wissen über die Geschichte der Kriminalpolizei (Kapitel 1.4), deren grundgesetzliche Verankerung (*Maunz / Dürig*, a.a.O., Art. 73, Rn. 157; Art. 87, Rn. 139; Kapitel 1.4.3.4)., Wissen über die Organisation der polizeilichen Verbrechensbekämpfung (Kapitel 2) und über die praktizierte europäische Zusammenarbeit der Polizei und der Justiz.
6. Wissen über die Geschichte des Beweisverfahrens (Kapitel 3), der verdeckten Beweisführung (Kapitel 14), der Beweisverbote (Kapitel 3.3), der Funktion des Polizeibeamten als Zeuge vor Gericht (Kapitel 3.8) und der Zielsetzung des Beweisverfahrens im demokratischen Rechtsstaat.
7. Wissen über die kriminalistischen Methoden der Suche, der Sicherung und der Auswertung beim Personal- und Sachbeweis, insbesondere der Vernehmung (Kapitel 14) und der Tatortarbeit (Kapitel 7).
8. Wissen über die Geschichte der Präventionsmaßnahmen und deren Netzwerke (Kapitel 21).
9. Wissen über den Opferschutz (Kapitel 21.6.3 und BVerfG NJW 2006, S. 751, Absatz 120) als Aufgabe aller staatlichen Organe.

Ein solches Anforderungsprofil führt zu qualitativ anspruchsvoller Arbeit. Deshalb hat der Bundes-Gesetzgeber zu Recht die gute Arbeit der Polizei im Zusammenspiel mit der Staatsanwaltschaft bei der Strafverfolgung durch Änderung der Bezeichnung und Einführung des Begriffs „Ermittlungsperson" (§ 152 GVG) honoriert und festgestellt, ... „dass die Polizei aus einer lediglich untergeordneten Hilfsfunktion herausgewachsen ist" (Bundestagsdrucksache 15 / 3482, S. 25, und Kapitel 19.3).

c) **Aus- und Fortbildung**

Leitlinien sind die Anforderungsprofile für kriminalpolizeiliche Funktionen (*Behrens* [vormals NRW-Innenminister] in: Streife / NRW, 10 / 2001, S. 16 [18]). Vermittlung von aktuellem Wissen und aktuellen Handlungsmustern zur praktischen Ausübung kriminalistischer Arbeit. Die **Berufsfertigkeit** steht dabei im Vordergrund.

Ausbildungsinhalte:

Das sind überwiegend praktische Fertigkeiten, wie die Handhabung von technischen Hilfsmitteln bei der Spurensuche. Ferner die Handhabung von Abformmitteln, Kontrastmitteln, Reaktionsmitteln, Bildaufzeichnungsgeräten und anderer technischer Hilfsmittel bei der Spurensicherung, die Organisation und Handhabung des Spurenschutzes und der Notsicherung. Aber auch das Zehn-Finger-Blind-Schreiben sowie der sichere Umgang mit Schusswaffen und mit Kraftfahrzeugen.

Es geht um Arbeitsabläufe, die Benutzung von Formularen, um Melde- und Informationswege sowie um das Einüben der Zusammenarbeit mit anderen Einrichtungen (Kapitel 25.4).

1.3.2 Im Streifendienst

Kriminalist ist nicht allein der Kriminalbeamte, obwohl dieser in der Regel eine fundierte kriminalistische Ausbildung und eine entsprechende Berufserfahrung hat, sondern jeder, der von Amts wegen im Strafverfahren an der Beweisfindung, Beweissicherung und Beweisführung mitwirkt. Eine ganz besonders wichtige Rolle haben hierbei die Beamten des Streifendienstes der Polizei, weil sie oft als Erste an einen Tatort kommen und jetzt entscheidende Fakten für das weitere Verfahren setzen. Fehler, die hier gemacht werden, führen oft zu **Beweisverlusten** oder **Beweisverboten** und sind fast nie auszugleichen. Zum Beispiel bei einer Kindesmisshandlung (§ 81c III, Satz 3, StPO), die zufällig anlässlich von Familienstreitigkeiten offenkundig wird, oder ein **Raub** bzw. eine räuberische Erpressung bei einer „Rauferei" unter Jugendlichen, ein **Betrug** zum Nachteil der Versicherung beim Verkehrsunfall (§§ 55 und 163a IV StPO; BGH in NStZ 1995, S. 462, und 1996, S. 290), beim Fund einer Leiche und der dazu gehörigen Nachlasssicherung (§ 159 StPO in Abgrenzung zu § 163 StPO; § 1942 ff. BGB und Kapitel 22.8) und ganz besonders für die Beweisführung bei

Widerstand gegen die Staatsgewalt (§§ 111–121 StGB). Insofern ist deren kriminalistische Ausbildung von ganz entscheidender Bedeutung.

Dabei darf man diese Beamten aber nicht überfordern. Sie sind im Spektrum der polizeilichen Aufgabenwahrnehmung (Kapitel 2 und 25.2) diejenigen, die das breiteste Wissen haben müssen, weil sie das umfangreichste Aufgabenfeld zu bewältigen haben. Demzufolge darf man nicht das gleiche, in die Tiefe gehende Spezialwissen erwarten, das besonders Ausgebildete haben. Es gilt, möglichst schnell solche Beamte an einen Sachverhalt heranzuführen, die dafür das nötige Wissen und die erforderliche Erfahrung besitzen. Bis dahin sind die Regeln der Sofortmaßnahmen (Kapitel 7.4) zu beachten. Die verschiedenen Aufgabenbereiche des Streifendienstes verlangen verschiedene Eingriffsbefugnisse. Werden hierbei Fehler gemacht, so hat das Konsequenzen.

Die überwiegende Anzahl der Spurensicherungen wird vom Streifendienst bei der **Verkehrsunfallaufnahme** (Kapitel 7.5.8) durchgeführt. Hierbei darf nicht vergessen werden, dass ein Verkehrsunfallort auch kriminalistischer **Tatort** ist (Kapitel 7.5.8). Doch gibt es hier Besonderheiten, die sich nachteilig auswirken können: Der Polizei werden nur die Hälfte aller Verkehrsunfälle bekannt (NRW-Landtagsdrucksache 12 / 3650, S. 7) und bei drei Viertel der bekannt gewordenen Verkehrsunfälle liegt nur Sachschaden in leichter Form vor, der polizeiliches Tätigwerden eigentlich nicht erfordert und kaum Ansprüche an die Spurensicherung stellt. Darüber hinaus handelt es sich beim Verkehrsunfall um ein Massendelikt von geringer kriminalpolitischer und strafrechtlicher Bedeutung und dient nach herrschender Meinung allein der Sicherung von Zivilansprüchen (BGHSt 8, 263; 12, 253; 24, 382; BVerfGE 16, 191; BVerfGE 125, 260 [329]). Deshalb sind hier die Anforderungen an das exakte Einhalten der strafprozessualen Regeln nicht so groß. Ferner fühlt sich die Mehrzahl der Unfallverursacher nicht als Kriminelle und sind eher bereit, das „Unglück, das jedem passieren kann“, einzugestehen. Deshalb fallen Verstöße gegen Verfahrensvorschriften, z. B. unterlassene Belehrungen (Kapitel 11.7), nicht ins Gewicht.

Wenn diese Beamten aber im Bereich der mittleren oder gar schweren Kriminalität bei den Sofortmaßnahmen tätig werden, muss ihnen die **Wichtigkeit von Verfahrensvorschriften** bewusst sein. Hier geht es nicht mehr um Hilfe, sondern um **Strafe**. Deshalb kommt es in diesem Bereich der Kriminalität meist zu einer rechtlichen Auseinandersetzung zwischen den Tatverdächtigen bzw. Beschuldigten und den Strafverfolgungsbehörden. Jede Gelegenheit wird dann genutzt, **Beweisverwertungsverbote** einzufordern, um so der Strafe zu entgehen (Kapitel 3.3 und 11.8).

Die pro Jahr rund 4000 **Verkehrsunfälle mit Todesfolge**, bei der umfangreiche Tatortarbeit durchgeführt wird, sind im Verhältnis zur Gesamtzahl der Polizeibeamten im Streifendienst so selten, dass eine routinierte Arbeit nur sporadisch eintreten kann. Das ist ähnlich bei den rund 90000 nichtnatürlichen Todesfällen pro Jahr, die von der Kriminalpolizei bearbeitet werden. Deshalb gibt es dafür spezielle **Leichensachbearbeiter** (Kapitel 22.14).

1.3.3 Kriminalistisches Denken

Zunächst stellt sich die Frage, **was ist das** und wie funktioniert es? Ganz vereinfacht kann man es mit Denkprozessen vergleichen, die jedermann z. B. beim Kauf eines Gebrauchtwagens anstellt. Vor dem Verkaufsgespräch stellen sich eine Reihe von Fragen: Was will ich mit dem Kauf erreichen? Will ich mein Transportproblem lösen oder mein Selbstwertgefühl steigern? Wer ist der Verkäufer? Warum verkauft er den Wagen? In welchem Zustand befindet sich das Fahrzeug? Habe ich selbst genügend Allgemeinwissen über Gebrauchtwagen und über die Praktiken beim Verkauf? Kenne ich die „Schwacke-Liste" und die Garantiebestimmungen? Kenne ich die illegalen Tricks, mit denen Fahrzeuge „verjüngt" werden, u.a.m. Wenn man sich auf diesen Gebieten gut auskennt, ist die Gefahr, übervorteilt zu werden, gering. So ungefähr ist es auch beim kriminalistischen Denken, beim Erkennen von Straftaten und beim Suchen von Beweisen.

Mit umfassender **Allgemeinbildung**, gründlichem **Fachwissen**, insbesondere über **Kriminalistik** und über die **Erscheinungsformen** der Straftaten, und **genügend Berufserfahrung** (*Soiné*, a.a.O.) kann sich der Erfolg einstellen, das heißt, das Erkennen von „Merkwürdigkeiten", die schließlich zum Verdacht (Kapitel 3.6) führen und Ermittlungen erforderlich machen. Methodisch arbeitet der Kriminalist mit den Mitteln der Analyse, der Deduktion und der Kombination. Um es mit *Sherlock Holmes* zu sagen: *„Kenne ich 1000 Fälle, dann fällt die Aufklärung des 1001 Falles nicht mehr schwer"* (Kapitel 1.6.3).

Mit Hilfe der **Kriminalistischen Fallanalyse** (Kapitel 5.3) wird der Sachverhalt in seine Einzelteile oder Einzelprobleme zerlegt. So werden der Gesamtkomplex überschaubarer und die Teilbereiche erkennbarer und erst jetzt die Einzelprobleme systematisch untersucht. Hierzu zählen Spuren, Aussagen und eigene Wahrnehmungen. Die Teilergebnisse lassen sich anschließend zusammengefügt und als Ganzes bewerten.

Die **Deduktion** macht sich die allgemeinen Erkenntnisse der Wissenschaften zunutze. Diese allgemeinen Erkenntnisse werden sodann auf den Einzelfall übertragen und geprüft, ob sie auch dort anwendbar sind. Zu fragen ist, liegen hier solche Ergebnisse vor, wie erwartet werden kann? Gibt es hierzu anerkannte Regeln, die ein anderes Ergebnis erbringen müssten, als bisher bekannt ist? Solche Fragen stellen sich z. B. bei der **Alibi-Überprüfung** (Kapitel 13.7).

Aber auch die **Erfahrungen des täglichen Lebens** können als allgemeine Regeln herangezogen werden (*de Vries*, a.a.O., 2010). Zum Beispiel befällt Menschen im Allgemeinen tiefe Trauer, wenn ein naher Angehöriger plötzlich verstirbt. Dies müsste im Einzelfall auch so sein. Weicht ein Mensch von dieser erwarteten Reaktion ab, so muss der Kriminalist diesem Phänomen nachgehen.

Bei der **Deduktion** ist aber zu beachten, dass die allgemeinen Regeln nicht absolut angewendet werden können. Es bleiben immer Ungewissheiten, die eine dem Kriminalisten (noch) unbekannte Ursache haben können. So kann z. B. der verstorbene Angehörige ein „Peiniger" gewesen sein, was das zunächst merkwürdige Verhalten erklärt.

Mit der **Kombination** werden alle Erkenntnisse eines Falles in Beziehung gesetzt und geistig verknüpft. Es kommt zu Schlussfolgerungen, Vermutungen und zum Verdacht (Kapitel 3.6.1). Damit sollen alle Begehungsarten einer Tat, alle Verhaltens- und Benehmens-Muster und die Motivfelder gedanklich durchgespielt werden. Die Kombination muss auch das für unmöglich Gehaltene mit in die Überlegungen einbeziehen. Die hierbei angestellten Überlegungen führen zu einer ersten **Hypothese** (Kapitel 3.6.4), zu einer noch unbewiesenen Vorstellung vom Tatablauf, vom Täter, vom Opfer und von der Tatbeteiligung. Dabei ist es besonders wichtig, dass der Kriminalist in seiner Grundhaltung an dieser Hypothese zweifelt und sie stets hinterfragt, um nicht einer falschen Vorstellung verhaftet zu bleiben. Die notwendigen Prüfungen der Lebenssachverhalte und die damit verbundene gerichtsfeste Beweisführung sind aber nur möglich, wenn der Kriminalist über solide Kenntnisse verfügt. Hinzukommen müssen ständige Übung und eine gehörige Berufserfahrung (BVerfG NJW 1984, S. 1451); (*Soiné*, a.a.O.).

Logisches Denken, unverbildeter Verstand und natürlicher Instinkt sind lediglich eine Voraussetzung für die solide Umsetzung der Erkenntnisse aus einem gründlichen Studium. Sind diese Fähigkeiten nur allein vorhanden, so führen sie zu kriminalistischem Dilettantismus und reduzieren die Verbrechensaufklärung auf Zufallserfolge. Das gilt auch bei der Anwendung der Gesetze der Logik, die nur solange hilfreich sind, wie der Täter sie ebenso beachtet hat. Sie führen sogar in die Irre, wenn z. B. „Trugspuren" (Kapitel 4.3) logisch zu erklären sind. Kriminalistisches Denken ist eben mehr, als sich auf den ersten Blick zeigt.

1.3.4 Funktionen im Strafverfahren

Der Kriminalist hat während des gesamten Strafverfahrens, im Gegensatz zu allen anderen Beteiligten, keine durchgängig gleichbleibende Funktion.

Im **Ermittlungsverfahren** bei Massendelikten (Kapitel 19.4.3) ist er Ermittler, führt das Verfahren, wertet die Beweise, zieht Schlussfolgerungen und ergreift die Initiative. Er bestimmt den Gang und den Umfang der Ermittlungen. Beweise, die er nicht erhoben hat, sind in der Regel weder durch staatsanwaltlich angeordnete Nachermittlungen noch durch Anträge in der Hauptverhandlung zu erbringen. Insofern bildet das polizeiliche Ermittlungsverfahren die wesentliche Grundlage für das Strafverfahren (BGH in: NStZ 2003, S. 671).

Im **Hauptverfahren** wird der Kriminalist zum Zeugen, zum Berichterstatter, er hat über seine Handlungen Rechenschaft abzulegen. Außerdem muss er sich gefallen lassen, dass seine **Glaubwürdigkeit** und **Zuverlässigkeit** geprüft werden (Kapitel 3.8). Das Gericht prüft die Rechtsfragen, die mit den Ermittlungshandlungen des Kriminalisten verbunden sind, insbesondere, ob Beweisverwertungsverbote vorliegen. Dieser Bereich ist auch für die Verteidigung (Kapitel 11.8) ein Ansatzpunkt, um Fehlverhalten bei den Ermittlungen nachzuweisen; denn nur rechtlich zulässige Beweise darf das Gericht für seine Entscheidung nutzen (Kapitel 3.3).

Berufsanfänger haben mit dieser Situation oft Schwierigkeiten. Sie fühlen sich in ihrer Berufsehre verletzt, als Strafverfolger allein gelassen und manchmal in ihrer Würde herabgesetzt. Doch dieses Prüfverfahren ist unter rechtsstaatlichen Gesichtspunkten zwingend geboten. Die **Kontrolle** der Tätigkeit des Kriminalisten soll verhindern, dass es bei der Beweisfindung zu groben Verstößen gekommen ist, die dem Angeklagten gesetzlich nicht vorgesehene Nachteile bringen.

Fühlt sich der Kriminalist von Prozessbeteiligten unangemessen bedrängt, so kann er den Vorsitzenden bitten, nur noch von ihm die Fragen gestellt zu bekommen. Dadurch werden viele Spannungen aus der Befragung herausgenommen (Kapitel 3.8).

1.3.5 **Verhältnis zur Staatsanwaltschaft** (Kapitel 19)

Ebenso gewöhnungsbedürftig ist das Verhältnis zur Staatsanwaltschaft. Obwohl die Staatsanwaltschaft die Herrin des Strafverfahrens ist, bestimmen die Kriminalisten jedoch im täglichen Dienst weitgehend selbst die Richtung und die Intensität der Ermittlungen. Das hat sich auch im Jahr 2004 nicht geändert, indem die Rolle der Polizei von „Hilfsbeamte der Staatsanwaltschaft" zur „Ermittlungsperson" umbenannt wurde (Kapitel 19.3). Die wenigen, allerdings bedeutsamen Fälle, in denen der Staatsanwalt selbstregelnd eingreift, machen nicht deutlich, dass er der Herr des Ermittlungsverfahrens ist und ihm allein die Kompetenz der Ermittlungen, der Anklageerhebung und der Einstellung des Verfahrens zusteht. Daher sind Berufsanfänger oft irritiert, wenn ihre umfassenden Bemühungen in einem Ermittlungsverfahren durch eine staatsanwaltschaftliche Entscheidung jäh unterbrochen oder eingeengt werden, sei es aus rechtlichen und ökonomischen Erwägungen oder aus Gründen der Verhältnismäßigkeit.

1.3.6 Verhältnis zu Vorgesetzten (Kapitel 25)

Insgesamt fühlt sich der Kriminalist seinen eigenen Vorgesetzten näher und lebt von deren Urteil, ihrem Lob, dem Tadel und auch mit der hin und wieder gezeigten Gleichgültigkeit. In seinen persönlichen Leistungen ist dieser Kriminalist aber auch fremden Beurteilungskriterien ausgesetzt. Die Öffentlichkeit (Kapitel 20) beurteilt einen Fall nur im Ergebnis. Sie vergibt Lorbeeren auch für die trivialste Lösung, wenn der Fall nur „ordentlich die Gemüter erregt hat". Genauso radikal wird die Leistung zerrissen, wenn der Fall nach ihren Vorstellungen nicht „aufgeklärt" wird, wobei häufig das Urteil von Pseudofachleuten zum Maßstab wird. Besonders schlimm ist es, wenn sich Vorgesetzte solchen Bewertungskriterien anschließen und die kriminalistische Arbeit erfolgsorientiert und erfolgsschönend bewerten. Zum Glück sind dies seltene Einzelfälle.

Fachlich kompetente Vorgesetzte haben andere Bewertungskriterien. Sie geben gute Beispiele, leben nach dem Grundsatz „Vorgesetzte sind Vorbilder" und üben die ihnen eingeräumte Verantwortung gegenüber ihren Mitarbeitern, aber auch gegenüber ihren Vorgesetzten aus. Zunächst weisen sie dem Kriminalisten **nur so viele Ermittlungsvorgänge** zu, wie dieser tatsächlich bewältigen kann. Damit ist sichergestellt, dass die Qualität der Ermittlungen nicht durch eine zu große Fülle von Aufgaben und damit unter Zeitdruck leidet. Ferner gibt der Vorgesetzte **klar umrissene Aufträge** und äußert seine Ermittlungserwartungen. An diesem Auftrag ist das Ergebnis der Arbeit zu messen. Kriminalistische Professionalität ist nicht daran zu erkennen, ob der Fall aufgeklärt worden ist oder nicht. Die Leistung des Kriminalisten ist nur nach gründlicher Analyse des kriminalistischen Handelns und Einhaltung der darin vorgegebenen Regeln feststellbar. Nur so kann man verständlich machen, warum ein nicht aufgeklärter Fall trotzdem eine solide kriminalistische Arbeit gewesen ist. Bei einer solchen Methode hat dann „Kommissar Zufall" auch den richtigen Stellenwert.

1.3.7 Intellektuelle Redlichkeit

An welche Wertvorstellungen sollte sich nun ein Kriminalist halten? Die Antwort ist von niemandem treffender gegeben worden als von *Waldemar* ***Burghard*** (1923-2002, a.a.O., 1986, S. 18), dem ehemaligen Leiter des Landeskriminalamtes Niedersachsen und langjährigem Chefredakteur der Zeitschrift Kriminalistik: *„Der Kriminalist hat sich bei seinem Bemühen, die [vermutete] Wahrheit zu ermitteln, an die Prinzipien Exaktheit, Gründlichkeit, Verantwortungsbewus-*

stsein und Gewissenhaftigkeit zu halten.“ Burghard nennt dies die „*Intellektuelle Redlichkeit*“. Was ist darunter zu verstehen?

Intellekt beschreibt die Fähigkeit, unter Einsatz des Denkens Gegenstände oder Ereignisse nach ihrem Wesen zu erkennen. Es ist der Verstand.

Redlichkeit ist Ehrlichkeit, Wahrheit und Anständigkeit.

Was bedeuten die **Attribute**?

– Exaktheit

Dies ist die Prüfung, ob alles sorgfältig untersucht wurde und ob das Vorgehen den Regeln der rechtsstaatlichen Kriminalistik entspricht. Es ist nochmals zu prüfen, ob alle Verfahrensvorschriften beachtet worden sind. Es stellt sich die Frage: werden alle Beweise der gerichtlichen Prüfung standhalten (Kapitel 3.2. und 3.3)?

– Gründlichkeit

Nach dem Grund der Erkenntnis suchen. Bis auf den Grund gehen. Die letzte Wahrheit suchend. Können alle Tatbestandsmerkmale mit einer logischen Methode dem Handeln des Verdächtigen zugewiesen werden? Sind alle wichtigen Handlungen dokumentiert? Kann das Gericht alle Ermittlungsschritte nachvollziehen? Wurden nicht nur belastende, sondern auch entlastende Umstände ermittelt (§ 160 II StPO)?

– Verantwortungsbewusstsein

Der Kriminalist ist für das, was er ermittelt hat und auch für das, was fehlt, **die Antwort schuldig**. Für sein Tun und für sein Unterlassen muss er einstehen. Er trägt die persönliche Verantwortung für sein Handeln (§ 36 BeamtStG; Kapitel 25.5.2) und muss Rechenschaft über seine Arbeit ablegen. Seine Glaubwürdigkeit und Zuverlässigkeit werden geprüft (Kapitel 1.3.4).

– Gewissenhaftigkeit

Obwohl die griechische Philosophie keine Theorie des Gewissens ausgebildet hat, kommt die Umgangssprache dem Phänomen nahe. *Syneidoos* ist der Mitwisser in mir. Der innere Gerichtshof (*Schröder*, a.a.O.). Es ist das innere Bewusstsein, dass es für jedes schlechte, falsche und unehrliche Verhalten einen Mitwisser gibt, nämlich das eigene Gewissen. Man kann sich selbst nicht betrügen. Mit den Worten von *Martin* ***Luther***: „Die letzte Instanz ist das Gewissen“. Die „Intellektuelle Redlichkeit“ ist das Fundament der rechtsstaatlichen Kriminalistik.

Korrekte kriminalistische Arbeit lässt sich nicht überwiegend mit umfassenden Vorschriften oder gar mit Checklisten erreichen, auch nicht mit der **Polizei-**

dienstvorschrift Nr. 100 „Führung und Einsatz der Polizei" (*Weihmann*, a.a.O., 2005c, S. 764), sondern mit Wissen und Können, mit Vorbildern und Selbstdisziplin. Jede **Ausuferung von Vorschriften** hat ihre Ursache im Misstrauen zum Können der Mitarbeiter oder im Fehlen von Experten. Die DDR war dafür ein exemplarisches und zugleich abschreckendes Beispiel (Kapitel 1.4.3.5).

Bereits *Hans* ***Groß*** (a.a.O.) hat vor mehr als einhundert Jahren in seinem „Handbuch für Untersuchungsführer" die **Fähigkeiten des Kriminalisten**, den er „Untersuchungsführer" nannte, beschrieben. Dabei war ihm eine Fähigkeit besonders wichtig. Er nannte sie Schneidigkeit, worunter wir heute Durchsetzungs- und Beharrungsvermögen verstehen. Wenn die Sprache auch vor dem Hintergrund der damaligen Zeit gesehen werden muss, so ist dem inhaltlich zuzustimmen. *Groß* sagte: *„Es gibt nichts Traurigeres und Unbrauchbareres als einen langweiligen und schläfrigen Untersuchungsführer; (...) und wer keine Schneidigkeit in sich fühlt, der wende sich ja gewiß zu einem anderen Zweige der juristischen Tätigkeit, ein guter Untersuchungsführer wird er nie und nimmer. Schneidig muss der Untersuchungsführer aber nicht nur im einzelnen Falle sein, wenn er z. B. einem aufbrausenden, widerspenstigen oder gar aggressiven Beschuldigten gegenübersteht, zumal wenn er, entfernt vom Amtssitze, ohne Assistenz und ohne Klingel eine Vernehmung oder Verhaftung durchzuführen hat – das ist das Wichtigste; hauptsächlich muss er schneidig auftreten können, wenn es sich darum handelt, einen schwierigen, verworrenen und unklaren Fall anzupacken; am schneidigsten muss er aber sein, wenn er glaubt, dass jemand unschuldig verdächtigt wird, und wenn diesem nur durch energisches Eingreifen geholfen werden kann. Es ist gerade widrig anzusehen, wenn ein ganzer (Ermittlungs-)Akt nichts anderes zeigt, als dass der Untersuchungsführer den Fall zaghaft, unsicher, ängstlich und mit fein zugespitzten Fingern angefasst hat; wie herzerfrischend ist es aber, wenn man tatkräftiges, fröhliches und festes Anpacken und Festhalten der Situation wahrnehmen kann. So gilt namentlich für den Kriminalisten Goethes unvergleichliches Wort: Schlag nicht leichthin in ein Wespennest, doch wenn du schlägst, so schlage fest."*

Bei dieser grundsätzlich richtigen Einstellung muss aber deutlich angemerkt werden, dass *Groß* hier keine Husarenschneidigkeit gemeint hat, die nur im Vorwärtsstürmen und in öffentlich dargestellten Scheinerfolgen ihren Sinn sieht und nicht danach fragt, wie das Ziel einer gerichtsfesten Beweisführung erreicht werden kann.

Hagemann (a.a.O.) fährt hier fort und verlangt nach dem Desaster des Nationalsozialismus in seinem 1948 veröffentlichten Aufsatz „Was wird aus der deutschen Kriminalpolizei?", dass das „Gefühl für Verantwortung und Sühne des Schuldigen und für die Unantastbarkeit des Unschuldigen wieder zu stärken ist. Dabei soll der Kriminalist **furchtlos** sein, weil er die Folgen seines Eingreifens überdacht hat [...] und **weil** er bereit ist, diese Folgen vor sich und anderen zu **verantworten**."

Auch dem ist aus heutiger Sicht zuzustimmen. Die gesetzlichen Vorschriften sollen den **Unschuldigen schützen** und für den **Tatverdächtigen ein faires Strafverfahren** sichern; sie sollen aber nicht den Täter vor Strafe bewahren.

Zusammenfassend ist festzustellen, dass der höchste Intelligenzquotient und die perfekteste Anwendung der Gesetze der Logik noch keinen guten Kriminalisten ergeben. Erst wenn diese Fähigkeiten mit einer umfassenden Allgemeinbildung, der Kenntnis der Kriminalgeschichte und einer starken Persönlichkeit vereint sind, darf man erwarten, dass professionelle Ergebnisse zustande kommen.

1.4 Geschichte der Kriminalpolizei

Die Einrichtung selbstständiger Kriminalpolizeien ist in allen Staaten der Welt die Reaktion auf die ständig **wachsende Gewaltkriminalität.** Die starke Zunahme von Verbrechen, eine geringe Aufklärung der Straftaten und damit verbunden die große Beeinträchtigung des Sicherheitsgefühls der Bürger sowie raffiniertere Methoden der Verbrechensbegehung und größere Tätermobilität machten die Schaffung einer entsprechend professionell arbeitenden Polizei erforderlich.

1.4.1 Frankreich

Als Folge der Napoleonischen Kriege herrschte Chaos und Verbrechen. Niemand war sich seiner sicher. Um dem Herr zu werden, richtete Polizeiminister *Joseph **Fouché*** 1818 die **Sûreté** (Sicherheit) in Paris ein. Als Chef verpflichtete er *Eugène François **Vidocq,*** der viele Jahre als Galeerensträfling zugebracht hatte. *Vidocq* erkannte, dass dem Verbrechertum nicht uniformiert und mit dem Säbel rasselnd beizukommen war. Vielmehr waren Unauffälligkeit, Klugheit, List, Beobachtungsgabe und Kombinationsfähigkeit gefragt. Er bildete spezielle Kriminalisten heran, die das Milieu kannten, und ließ sie in Zivil ihren Dienst versehen, damit sie sich unauffällig bewegen konnten. Als Ausweis trugen sie eine **Legitimationsmedaille** unter dem Rockaufschlag (Kapitel 1.4.3.7). Wie recht *Vidocq* mit der neuen Strategie hatte, zeigten schon bald die sich einstellenden Erfolge.

1.4.2 England

Hier herrschten ähnlich chaotische Verhältnisse wie in Frankreich. Literarisch ist dies u. a. durch die Erzählungen über „Jack the Ripper" bekannt geworden. Der Grund für die Anarchie war jedoch ein anderer als in Frankreich. Aus Angst, seine bürgerlichen Freiheiten zu verlieren, lehnte das Volk die Einrichtung einer Polizei ab. Erst als die Bürger ihre Freiheiten durch das Verbrechen stärker bedroht sahen als durch die Polizei, gründete 1829 Innenminister *Sir Robert **Peel*** die

Metropolitan Police in London. Da diese in einem Gebäudeteil untergebracht wurde, der seit dem Jahr 1000 dem Schottischen König als Quartier diente, wenn er in London weilte, nannte der Volksmund die Polizei „Scotland Yard“. Bei der Einrichtung der Polizei erließ *Peel* als Erstes eine ausführliche **Vorschrift über höfliches Verhalten** der Polizeibeamten gegenüber den Bürgern. Der noch heute als freundlich geltende Polizist, liebevoll **Bobby** (Kosename des Vornamens von *Robert Peel*) genannt, hat seinen guten Ruf bereits aus diesen ersten Anfängen.

Die heutige Kriminalpolizei, das „Criminal-Investigation-Department“, kurz **CID**, wurde erst 1878 gegründet. Ihr fehlt allerdings auch eine landesweit zentrale Zuständigkeit und Weisungsbefugnis, wodurch die Effektivität ihrer Arbeit negativ beeinflusst wird. Erst am 1.4.1992 wurde in London der „National Criminal Intelligence Service“ (**NCIS**) eingerichtet. In der Geschichte Englands ist damit erstmals eine Dienststelle geschaffen worden, die Informationen über Straftaten von landesweiter Bedeutung zusammenfasst, auswertet und Hinweise zum koordinierten Vorgehen der Polizei gegen Schwerkriminelle gibt. Dies ist ein erster Schritt zur zentralen Bekämpfung von organisierter Kriminalität. Im Jahr 2005 wurden hierfür die Dienststelle **Soca**, „Serious Organised Crime Agency“ eingerichtet und die Befugnisse der Strafverfolgungsorgane erweitert.

1.4.3 Deutschland

1.4.3.1 Erste Ansätze

Die Gründung der Deutschen Kriminalpolizei ist kein einzelner Hoheitsakt gewesen, sondern eine Entwicklung (*Groß / Geerds,* a.a.O., Band II, Seite 526 ff.). So gab es schon 1799 die dem Staatsoberhaupt unmittelbar unterstellte „Immediat-Kriminalkommission“. Oder das „Berliner Polizeireglement“ vom 5.1.1810, dass Kriminalbeamten erlaubte, in Zivil tätig zu werden.

Trotzdem ist es sinnvoll, den **1.4.1811** als „Geburtsstunde der Deutschen Kriminalpolizei“ zu bezeichnen. An diesem Tag wurde durch die „Kabinettsordre von Friedrich Wilhelm III vom 12.2.1811“ die bereits bestehende „Criminal-Deputation“ beim Berliner Stadtgericht der Polizei in Berlin zugeordnet, „wohin sie eigentlich gehört“. Hinzu kam, dass der Leiter des Stadtgerichts *Paul Schlechtendahl* gleichzeitig zum Polizeipräsidenten ernannt wurde.

Gleichwohl gab es weitere Organisationsänderungen, die die **Notwendigkeit der Kriminalpolizei** und deren Aufgabenfeld näher beschreiben, so die „Kabinettsordre“ vom 16.5.1830, das Preußische Polizeigesetz vom 11.3.1850, die Trennung der Kriminalpolizei von der übrigen Sicherheitspolizei vom 27.12.1854 und die haushaltsrechtliche Ausgliederung der Kriminalpolizei von 1879.

Rein formal sollte die Kriminalpolizei für die Gerichte „vorarbeiten“. Wichtiger ist jedoch die Frage: Welche Gründe gab es dafür? Es waren die Ausuferung der Straftaten und die fehlende Ermittlung der Täter. Das sind die gleichen Gründe, die die übrigen europäischen Staaten (Kapitel 1.4.1, 1.4.2 und 1.4.3) veranlassten, ebenso Kriminalpolizeien einzurichten.

In historischen Büchern über Kriminalistik wird diese Thematik ausführlich behandelt und stets auf die **Notwendigkeit** hingewiesen, dass gute kriminalistische Arbeit **Kenntnisse** und **Erfahrung** über das „Gaunertum“, dessen Strukturen, Arbeitsweisen und Verhalten unverzichtbar sind. Aber auch die rechtlich und gesetzlich zulässigen Verfolgungsmethoden sowie die Entwicklung der kriminaltechnischen Methoden und der kriminalpolizeiliche Meldedienst werden abgehandelt. Z. B.:

Sebastian Brant, Das Narrenschiff, Basel 1494

Sebastian Brant [Matthias Hütlin ?], Liber Vagatorum, Pforzheim 1510

Martin Luther, Von falschen Bettlern und Büberei, 1528

Franz von Jagemann, Handbuch der gerichtlichen Untersuchungskunde, 1838

Friedrich Avé-Lallemant, Das deutsche Gaunertum, Leipzig 1858

Hans Groß, Handbuch für Untersuchungsrichter im System der Kriminalistik, 1. Auflage 1893; ab 6. Auflage „Handbuch der Kriminalistik“

Friedrich Palitzsch, Die Neuorganisation und volle Verstaatlichung der Kriminalpolizei in Sachsen 1922, Archiv für Kriminologie, Band 76, Seite 133

Die in der Literatur geschilderten Grundsätze haben heute die gleiche Gültigkeit, auch wenn sich Sprache und Begriffe verändert haben. So nennt unser **Grundgesetz** ausdrücklich die „Kriminalpolizei“ und beschreibt auch deren Arbeit: „Verhütung, Aufdeckung und Verfolgung wichtiger Straftaten“ (Art. 73 I 10. a) und 87 I GG; Kapitel 1.4.3.4).

Das ist eine notwendige Spezialisierung, wie auch auf anderen Gebieten der Polizei, z. B. Verkehr, Autobahn, Schifffahrt, Pferde u.v.a.m.

1.4.3.2 Weimarer Republik

Der **Erste Weltkrieg** (1914–1918) brachte die Bemühungen zur Ausweitung der Kriminalpolizei zum Erliegen. Völlig chaotisch zeigte sich die daran anschließende Zeit, auch über die Verabschiedung der Weimarer Verfassung am 11.8.1919 hinaus. Viele Opfer waren bei politisch motivierten Gewalttaten zu beklagen. Selbst ernannte Räteregierungen lösten teilweise die Polizeien auf. Milizen, Bürgerwehren und Freikorps übernahmen polizeiliche Aufgaben und ordneten das Zusammenleben der Menschen nach ihren Vorstellungen. „Köpenickiaden“ waren an der Tagesordnung (*Carl Zuckmayer*, 1931; *Liang*, a.a.O.).

Es galt jetzt, die Polizei von militärischen Grundzügen zu befreien. ***Carl Severing*** (1875–1952), mit einer Unterbrechung von zwei Jahren von 1920 bis 1932 preußischer und Reichs-Innenminister, gab die wesentlichen Impulse zur Umgestaltung der Polizei (*Alexander*, a.a.O.). In konsequenter Abgrenzung zum Militär war es sein Ziel, eine bürgernahe Polizei zu schaffen: „Polizeidienst ist Dienst am Volke". Die neue Linie zeigte sich bereits erfolgreich bei den Auseinandersetzungen mit Streikenden. Hier forderte *Severing* die Taktik der „Deeskalation". Mit gleichem Ziel „erfand" er den Slogan „Die Polizei – Dein Freund und Helfer", der durch die Nationalsozialisten kräftig missbraucht wurde.

Die Kriminalität der Nachkriegsjahre stieg schlagartig in nie gekannte Höhen. Typische Verbrechen waren Raubüberfälle auf Schwarzhändler und auf illegale Spielclubs, Einbrüche durch Fassadenkletterer, Diebstahl von Rohstoffen, wie Messingklinken, Bronzedenkmäler, Zinkdachrinnen oder Kupferfreilandleitungen, Devisenverstöße durch Schmuggel, Diebstahl von Lebensmittelkarten und Falschmünzerei (allein eine Bande unterhielt elf Fälscherwerkstätten in Düsseldorf und Köln). In krassem Missverhältnis dazu stand eine sehr **schlechte Aufklärungsquote**, was zu massiver öffentlicher Kritik führte. Darüber hinaus zeigten sich als herausragende Kriminalfälle, die die Öffentlichkeit sehr beunruhigte, 20 Kassenbotenüberfälle mit vier Toten im Ruhrgebiet, 30 Morde der Täter ***Haarmann*** und ***Grans*** in Hannover, die die Opfer zerlegten und das Fleisch als Nahrungsmittel verkauften, sowie neun Morde und sieben Mordversuche durch *Kürten* in Düsseldorf. Die Täter hatten lange ihr Unwesen treiben können und wurden allesamt nur durch Zufall ermittelt.

Wie größtenteils unbeholfen man mit Straftätern umging, zeigen beispielhaft die auch herausragenden Fälle der „Brüder Sass" aus Berlin und „Opitz" aus Braunschweig. Die Brüder *Max, Franz* und *Erich* ***Sass***, damals 22 bis 25 Jahre alt, galten als hervorragende „Tresorknacker" durch heiße Arbeit und zeigten sich als Genies bei der Orientierung im Tunnelbau. Bis dahin weltweit nicht vorgekommen, unternahmen sie 1927 und 1928 in Berlin fünf Versuche, in die Tresorräume von großen Banken einzubrechen und diese auszuräumen. In allen Fällen gruben sie sich von Nachbargrundstücken oder -häusern unter die Bankgebäude und erreichten durch den Fußboden stets den richtigen Tresorraum. Aufgrund nicht vorhersehbarer Umstände mussten sie die Vorhaben kurz vor Vollendung aufgeben. Am 30.1.1929 gelang ihnen der große Coup. Sie drangen in den Tresorraum der Diskonto-Gesellschaft, konnten eine große Menge Bargeld und den Inhalt von 179 Kundenschließfächern erbeuten. Die genaue Schadenssumme ist nie bekannt geworden. Trotz frühzeitiger guter kriminalistischer Verdachtsmomente und hinreichender Indizien für die Täterschaft der Sass- Brüder konnten die Taten nicht verhindert werden. Auch wurden die Brüder nicht in Haft genommen, so dass sich *Franz* und *Erich* nach Dänemark absetzen konnten. Dort wurden sie 1934 des Tresoreinbruchs in die Sparkasse Kopenhagen überführt. Entscheidendes Beweismittel war ein Lageplan der Sparkasse, den man in der Zahnpastatube (!) der Brüder fand. Nach Verbüßung der Strafe erfolgte 1938 die Auslieferung nach Deutschland. Auslieferungsgrund waren nicht die Tresoreinbrüche, sondern Devisenvergehen bei ihrer Ausreise nach Dänemark. Nach Überstellung an die Gestapo wurden die Brüder 1940 „auf der Flucht erschossen". *Max* hatte sich bereits 1935 in einem Gestapo-Gefängnis erhängt.

Fritz ***Opitz*** hatte von 1928 bis 1931 im Raum Braunschweig unbehelligt 64 Eisenbahnattentate, 57 Raubüberfälle und acht Raubmorde begehen können. Das waren 124 schwerste Straftaten in vier Jahren. Alle polizeilichen Maßnahmen hatten das nicht verhindern können. Der in Braunschweig lebende, damals 35 Jahre alte Versicherungsangestellte, kann als Intelligenzverbrecher bezeichnet werden. Seine Eisenbahnattentate begann er damit, Hindernisse auf die Schienen zu legen. Er steigerte sich und löste Gleislaschen, beschädigte Signale und Weichen und beschoss den Zug. Dabei gab es drei Schwerverletzte. Da er keine Forderungen stellte, blieb das Motiv im Dunkeln. Als die Serie von Anschlägen abrupt endete, begannen Raubüberfälle auf Liebespärchen, auf nächtliche Heimkehrer und auf Handlungsreisende, denen er auf Landstraßen und Feldwegen auflauerte. Opitz führte die Taten so aus, als seien mehrere Täter beteiligt. Bei den stets zur Dunkelheit begangenen Taten leuchtete er die Opfer mit zwei starken Stablampen an, die er an der Schusshand und an der Lederkopfhaube befestigt hatte. Die dadurch suggerierte Vorstellung, es seien zwei Täter, verstärkte er durch das Verstellen seiner Stimme. Bei den ersten Taten ließ sich Opitz von den Opfern das Geld aushändigen. Von Fall zu Fall wurde er brutaler und durchsuchte die Opfer schließlich selbst nach Wertsachen. Die Gewalt steigerte er vom Schlagen mit einem Totschläger bis zum vorsätzlichen Erschießen von acht Menschen. Durch seine Leidenschaft, Motorrad zu fahren, hatte er ausgezeichnete Ortskenntnisse, so dass er bei den Straftaten „aus dem Nichts" erschien und verschwand. Um möglichst wenige Spuren zu hinterlassen, hielt er sich durch das ständige Studium von kriminalistischer Fachliteratur auf dem Laufenden. So entwickelte und benutzte er eine Auffangvorrichtung für Geschosshülsen. Zwei Jahre nach der letzten Straftat wurde er bei einem Diebstahl aus den Kabinen des römisch-irischen Dampfbades in Braunschweig überrascht. Durch die „Kommissare Zufall und Glück" gelang es schließlich, ihn anhand von Indizien wegen zweier Morde und 20 Überfällen anzuklagen. Er wurde zum Tode verurteilt und 1937 hingerichtet. In seinem kurz vor der Hinrichtung abgelegten umfassenden Geständnis räumte er alle Attentate und Überfälle ein und nannte solche Einzelheiten, die nur dem Täter bekannt sein konnten. Pikanterweise waren 1934 zwei Bahnbeamte wegen der Eisenbahnattentate verurteilt worden – ein klassischer Justizirrtum.

In allen Kriminalfällen hatten die Täter aus ihrer Sicht deshalb so erfolgreich sein können, weil es **am Tatort keine Kriminalpolizei** gab oder die Erkenntnisse aus den Einzelfällen wegen der nur örtlichen Zuständigkeit und **fehlender zentraler Meldewege** nicht ausgewertet wurden. Ferner zeigten die Kriminalfälle, dass zum Erkennen der Tat, des Motivs und der Tatzusammenhänge sowie der gerichtsfesten Beweisführung die herkömmliche Ausbildung, Fortbildung und Berufserfahrung der Polizeibeamten nicht ausreichte. Um **Polizeioffizier** zu werden, musste man damals eine mindestens siebenjährige **Militärdienstzeit** nachweisen. Mit den dort gelernten Techniken war dem Verbrecher in der Weimarer Republik jedoch nicht beizukommen.

Die chaotischen Zustände insgesamt und die Ermordung des Reichsaußenministers *Walther* ***Rathenau*** am 24.6.1922 führten zur Verabschiedung des **Reichskriminalpolizeigesetzes** am 21.7.1922. Da es formell nie in Kraft trat, dauerte die Neuorganisation der Kriminalpolizei im gesamten Deutschen Reich noch bis 1925 / 26 und blieb auch dann noch sehr unvollkommen.

Die zunächst bei der Kriminalpolizei als Kommissare und Chefs eingesetzten Juristen konnten die Probleme auch nicht lösen. Von Bedeutung war hier weniger die letzte juristische Feinheit in der Prozessführung, auch nicht die Entscheidungen in Instanzen, als vielmehr die Anwendung detektivischer Mittel zur Verdachtschöpfung und Beweisfindung. Da diese Tätigkeit vernachlässigt wurde, kam es bis 1923 in der Kriminalpolizei zum Stillstand der Ermittlungstätigkeit. Deshalb verfügte der Preußische Innenminister, dass ab sofort der Chef der Kriminalpolizei auch ein Kriminalist sein könne (*Hagemann*, a.a.O.).

Aus dieser Zeit stammt eine **Animosität**, die sich unterschwellig bis in die heutigen Tage erhalten hat. Die kaiserlichen Offiziere trugen ihren militärischen Ehrenkodex in die Reihen der Schutzpolizei. Hier bildete sich das Schlagwort von den Kameraden der Schutzpolizei. Dem standen die republikanischen Juristen der Kripo gegenüber. Da diese überwiegend adeliger Herkunft waren und im Namen das Wort „von“ trugen, nannte man sie **Herren von K** (*Hagemann*, a.a.O.).

Am 20.5.1925 ordnete die Preußische Regierung die **Neuorganisation der Kriminalpolizei** an. Dem Landeskriminalamt mit Sitz in Berlin nachgeordnet, gab es hierarchisch gegliedert Kriminalämter, Kriminalabteilungen und Kriminalposten. Jetzt konnten Spezialisten zentral eingesetzt, Straftaten zentral erfasst und ausgewertet sowie Weisungen erteilt werden. Durch diese neue Auswertung wurden sogar Straftaten von europäischem Ausmaß erkannt.

Bekanntester und auch von den europäischen Polizeien geschätzter Kriminalist war der Chef aller Berliner Mordkommissionen, *Ernst* ***Gennat*** (1880–1939), der von seinen Kollegen liebevoll „Buddha der Kriminalisten" genannt wurde (*Liang*, a.a.O., S. 7). Sein Gewicht von mindestens drei Zentnern und sein analytischer Verstand machten ihn zu einer Legende. Körperlich an den Schreibtisch gebunden, las und katalogisierte er alles, was mit Verbrechen zu tun hatte. So konnte er schnell Zusammenhänge erkennen, die ansonsten verborgen geblieben wären. Seine körperliche Unbeweglichkeit führte auch zur peniblen Kontrolle der Ermittlungsakten, was die Kommissare zu genauer Arbeit zwang und somit ihren guten Ruf begründete. Am 20.8.1939 verstarb Gennat 59-jährig. Ihm blieb der Höhepunkt des Desasters in der Hitler-Diktatur erspart.

1.4.3.3 Nationalsozialismus

Einen Vorgeschmack auf die Methoden der Nationalsozialisten, Recht mit Füßen zu treten und sich ihrer politischen Gegner zu entledigen, bekam die Polizei in der Zeit von 1927 bis 1933 durch die Kampagnen des späteren Reichspropagandaministers *Josef Goebbels* gegen den Polizeivizepräsidenten von Berlin, *Bernhard* ***Weiß*** (1880–1951), zu spüren (*Rott*, a.a.O.).

Da *Weiß* sehr korrekt war und konsequent gegen die organisierten Gewalttätigkeiten und Straßenschlachten der SA (Sturmabteilung der NSDAP) vorging, wurden er und die Polizei durch Diffamierungen zur Handlungsunfähigkeit genötigt, ohne dass sich der Rechtsstaat wirksam dagegen wehrte.

Weiß, 1880 in Berlin als Sohn eines vermögenden Getreidehändlers geboren, studierte Jura, gehörte der einflussreichen Studentenverbindung „Freie Wissenschaftliche Vereinigung" an, promovierte, war kurze Zeit Amtsrichter und brachte es beim Militär zum Leutnant. Danach trat er 1918 in Berlin in die Kriminalpolizei ein. Hier war er zunächst in der Abteilung für politisch motivierte Straftaten tätig und wurde 1925 Chef der Kriminalpolizei. Aus dieser Zeit stammen von ihm viele beachtliche Aufsätze zur Aufgabe der Polizei im Allgemeinen und der der Kriminalpolizei im Besonderen. Er war auch Mitherausgeber der Zeitschrift „Kriminalistische Monatshefte", dem Vorläufer der „Kriminalistik" (Kapitel 1.5).

Wegen seines vorbildlichen Charakters, des besonderen fachlichen Könnens und seiner Konfliktfähigkeit gegenüber politisch rechten und linken Gewalttätern wurde er 1927 vom Kripo-Chef zum **Polizeivizepräsidenten** ernannt. Er war von Innenminister ***Grzesinski*** ausdrücklich als durchsetzungsfähiger Garant der öffentlichen Sicherheit ausgewählt worden. Obwohl in monarchistischer Zeit aufgewachsen und erzogen, sah *Weiß* in der Polizei nicht das volksfeindliche Instrument der drohenden und strafenden Obrigkeit, sondern ein Organ des Volkes. Sein Ziel war es, im Sinne von *Carl Severing* (Kapitel 1.4.3.2) die Polizei vom Instrument des Staates zum Diener des Volkes zu machen.

Weiß war aus damaliger Sicht ein „Musterpreuße". Zudem trug er den althochdeutschen Vornamen *Bernhard*. Insofern war er ideologisch für die Nationalsozialisten unangreifbar. Um ihn dennoch erfolgreich bekämpfen zu können, bedienten sie sich der Diffamierung. Da *Weiß* jüdischen Glaubens war, setzte *Josef Goebbels* hier an. Zu der Zeit war er noch Gauleiter der NSDAP in Berlin und arbeitete an dem Ausbau der Macht. Er gebrauchte in öffentlichen Auseinandersetzungen keine Fakten oder Argumente, sondern nannte *Weiß* in seinen Reden und Zeitungsartikeln in hämischer und verspottender Weise „Isidor", ein jüdischer Vorname, der durch die damals verbreiteten antisemitischen Kampagnen lächerlich gemacht worden war (*Bering*, a.a.O.). Dieser Name wurde durch Goebbels' Hetze auch als Synonym für *„den Geist der Polizeiherrschaft in dieser Gummiknüppeldemokratie"* gebraucht.

Die Polizeibeamten bezeichnete er unter Anspielung auf den tatsächlichen Vornamen von *Weiß* mit „Bernhardiner" als dessen willfährige Vasallen. Durch systematische Propaganda wurden so die Polizei und ihr Vizepräsident diffamiert. Da sich die Regierung und die Rechtsprechung in der Weimarer Republik nicht gegen solche Angriffe wehrten und die öffentliche Diffamierung nicht verboten, zog sich die Polizei nach und nach aus den Auseinandersetzungen zurück, sodass *Weiß* im März 1933 nach England fliehen musste, um nicht von den gesetzlosen Horden der SA festgesetzt zu werden. Damit konnten sich die Nationalsozialisten in Berlin und von dort über das ganze Land ausbreiten. Das Unheil nahm seinen Lauf, worin sich auch die Polizei verstrickte.

Die Weimarer Republik hatte nicht nur im Umgang mit den Nationalsozialisten versagt, sondern war ebenso inkonsequent mit den gemeinen Verbrechern umgegangen. Schwerkriminelle schlossen sich in **Ringvereinen** zusammen, unterstützten die Familien von Inhaftierten, trafen sich ungeniert in ihren Vereinslokalen, ehrten zu Tode gekommene Ganoven mit einem pompösen „Staatsbegräbnis" und steckten ihr „Revier" gegenüber Konkurrenten mit Bandenkriegen ab (*Hoberg*, a.a.O.; *Liang*, a.a.O., S. 163). Sie benutzten sogar eine eigene **Gaunersprache** oder **Rotwelsch**, um sich ungeniert über Kriminelles unterhalten zu können (*Groß / Geerds*, a.a.O., Band 1, S. 84). Längst notwendige Gesetzesänderungen, die diesem Unwesen Einhalt gebieten sollten, waren überfällig. Die diesbezügliche Stimmung in der breiten Bevölkerung beschreibt ***Schneikert*** (a.a.O., S. 290): *„Wir warten aber sehnsüchtig auf die Verwirklichung solcher Maßnahmen, die nicht dadurch besser und schmackhafter werden, dass sie jahrzehntelang im Stadium gesetzlicher Vorschläge und Ratschläge sich befinden."* Dieser Nachholbedarf wurde ab 1933 „radikal" befriedigt.

Als die **Nationalsozialisten** die Macht übernahmen, wurden deren kriminalpolitischen Maßnahmen von den Kriminalisten zunächst einhellig begrüßt, insbesondere, weil die Verbrechensbekämpfung konsequent zentralisiert wurde. Die **Vorbeugung** war jetzt neben der Verfolgung von Straftaten ein gleichwertiges Instrument. Die allseits bekannten Berufs- und Gewohnheitsverbrecher, die sich in Ringvereinen zusammengeschlossen hatten, konnten überwacht werden. Hartnäckige Wiederholungstäter mussten in Arbeitslagern ihr Brot verdienen und zu Straftaten neigende Jugendliche wurden in Jugendlagern untergebracht und dort in ausgewählten Bürgerfamilien unter der Aufsicht der Kriminalpolizei resozialisiert. Doch schnell zeigte sich das menschenverachtende Gedankengut, das hinter diesen Methoden stand. Im Rahmen der Verbrechensbekämpfung ging die Kriminalpolizei rigoros und „mit allen Mitteln“ vor. Fadenscheinige und dilettantische Gutachten über die erbliche Veranlagung zur Kriminalität wurden benutzt, um „gründlich aufzuräumen“ und somit nicht nur die Kriminellen, sondern auch ihre Angehörigen einzusperren, was **Sippenhaft** genannt wurde. Mithilfe der Vorbeugehaft wurden sodann Berufs- und Gewohnheitsverbrechern, Asoziale und deren Angehörige in eigener Machtvollkommenheit von der Kriminalpolizei in Konzentrationslagern eingewiesen. Dort sollten sie jedoch nicht nur „umerzogen“ werden, sondern sie wurden auch systematisch ermordet. Lediglich der polizeiliche Vermerk auf der Einweisungsakte, „Rückkehr nicht erwünscht“, bedeutete das sichere Todesurteil, das in den Konzentrationslagern vollstreckt wurde. Nach kurzer Zeit erhielten die „Schreibtischtäter“ der Kriminalpolizei dann die offizielle schriftliche Mitteilung, der Betroffene sei „verstorben“ oder „auf der Flucht erschossen“ worden.

Die neuere Forschung (z. B. *Wagner* oder *Buhlan / Schubert / Volmer* oder *Dams*, a.a.O.) zeigt, dass die Kriminalpolizei dafür die Verantwortung trug. Einige Beamte ergötzten sich offenbar an ihrer Schreibtischarbeit, denn auf den Personalkarten der Verstorbenen wurde nicht nur der Tod vermerkt, sondern in einigen Fällen auch Bilder gemalt und abfällige Reime geschrieben (*Buhlan / Schubert / Volmer*, a.a.O.). Die neue Forschung zeigt auch, dass den Verweigerern unter den Kriminalisten keine nachteiligen Folgen drohten.

Am 30.1.1934 wurde das Gesetz über den Neuaufbau des Deutschen Reiches verabschiedet. Dem folgte am 1.1.1935 das Gesetz zur Errichtung des **Reichskriminalpolizeiamtes** (RKPA). Diese Aufgabe wurde vom Preußischen Landeskriminalpolizeiamt in Berlin wahrgenommen. Es war damit die kriminalpolizeiliche Zentralstelle in Deutschland. Während für die Einrichtung des Amtes noch eine gesetzliche Grundlage geschaffen wurde, verzichteten die Machthaber darauf, dies auch für die Aufgabenwahrnehmung zu machen. Es galt der Grundsatz, „Die Befugnisse der Polizei werden nicht aus den Einzelgesetzen abgeleitet, sondern aus der Wirklichkeit des nationalsozialistischen Führerstaates“. Damit waren alle Gräueltaten gerechtfertigt.

Chef des RKPA war *Arthur* ***Nebe*** (1894–1945), der 1920 als Kriminalkommissaranwärter in Berlin angefangen hatte, 1933 Leiter des „Schutzkommandos

Hermann Göring" wurde, im Geheimen Staatspolizeiamt tätig war und sich 1941 für die Leitung der Einsatzgruppe „B" in Russland zur „Sicherung und Befriedung der gewonnenen Gebiete" meldete. In dieser Funktion ließ *Nebe* mehr als 45000 Menschen **ermorden**, weil sie Juden, Funktionäre, Parteimitglieder oder sonst missliebig waren. Nicht nur die **Forschungsarbeiten** von ***Black*** und ***Rathert***, a.a.O., sondern auch die der angesehenen Historiker ***Aly, Hilberg*** und ***Saupe*** (a.a.O.) sowie der Sozialpsychologe ***Welzer*** (a.a.O.) zeigen deutlich, dass die Gräueltaten nicht nur von untergeordneten Dienstgraden, sondern insbesondere von der intellektuellen Führungsschicht in voller Kenntnis begangen und angeordnet wurden. Den immer wieder behaupteten **Befehlsnotstand gab es nicht**, denn bis heute ist dafür kein entsprechender Befehl von Hitler gefunden worden. Auch hier dürfte der so gefährliche „vorauseilende Gehorsam" die wahre Ursache sein.

Bei dem Überfall auf den **Radiosender in Gleiwitz**, der als äußerer Anlass für den zweiten Weltkrieg inszeniert wurde, lieferte *Nebe* die gefälschten Beweise, sodass die Welt glauben sollte, die Täter seien polnische Soldaten gewesen. Auf seine Weisung wurden im Kriminaltechnischen Institut Zyankali-Ampullen hergestellt, die die Parteibonzen im Falle ihrer Verhaftung zur Selbsttötung bei sich trugen. *Nebe* veranlasste dasselbe Institut, Versuche zur „humanen" Tötung von psychischen Kranken mit Kohlenmonoxid durchzuführen. Dazu transportierte man die Menschen in geschlossenen Lastwagen, in deren Innenraum die Motorabgase eingeleitet wurden, sodass sie am Zielort tot waren.

Nebes Verhalten zeigte, dass er mit den verbrecherischen Zielen des NS-Staates einig war und persönliche Verantwortung trug. Als er erkannte, dass der Krieg nicht mehr zu gewinnen war, suchte er, um so seine Haut zu retten, lose Kontakte zu der Gruppe um den Widerstandskämpfer Claus Graf von ***Stauffenberg***, die am 20. Juli 1944 das Attentat auf Hitler beging. Obwohl nach dem Scheitern des Attentates kein unmittelbarer Verdacht auf ihn fiel, verlor er die Nerven, flüchtete und tauchte in dem Dorf Motzen (40 km südlich von Berlin) unter. Durch Verrat von seiner ehemaligen Freundin wurde er gefasst und hingerichtet. Vor seinem Tod hat er alle Mitwisser verraten.

In den Provinzen des Deutschen Reiches wurden die **Landeskriminalpolizeiämter** in Kriminalpolizeileitstellen umgewandelt. In der Rheinprovinz war der Sitz in Essen, im Zentrum des Ruhrgebietes. Dieser Standort wurde jedoch wegen persönlicher Eitelkeiten aufgegeben. Der Polizeipräsident in Essen war SS-Brigadeführer, sein „Kollege" in **Düsseldorf** jedoch ein ranghöherer SS-Gruppenführer. Damit musste die Dienststelle nach Düsseldorf, an die Peripherie des Ruhrgebietes, verlegt werden. Dies ist auch die Ursache für den heutigen Standort des Landeskriminalamtes in Nordrhein-Westfalen.

Nach einer Machtprobe zwischen ***Göring*** und ***Himmler*** wurde Letzterer Reichsführer SS und Chef der deutschen Polizei. Ohne eine „Überbehörde" schaffen zu können, waren aber in der Person Himmlers die entscheidenden Partei- und Staatsorgane zusammengefasst. Ihm unterstanden die **SS** (Schutzstaffel; Sicherheitsorgan der NSDAP), der **Sicherheitsdienst** und die **Ordnungspolizei.**

Dem **SS-Hauptamt** waren das SS-Führungsamt, das Wirtschaftsamt mit der Verwaltung der Konzentrationslager, die Polizeigerichte und das Amt für Rasse- und Siedlungspolitik nachgeordnet.

Das **Reichssicherheitshauptamt**, unter der Führung von ***Heydrich*** (nach dem Attentat auf ihn wurde ***Kaltenbrunner*** zum Chef ernannt), vereinigte den Sicherheitsdienst für das Inland und den für das Ausland sowie die Geheime Staatspolizei und das Reichskriminalpolizeiamt.

Im **Hauptamt Ordnungspolizei**, unter der Führung von ***Daluege***, waren die Gendarmerie, die Gemeindepolizei, die Schutzpolizei, die Feuerschutzpolizei, die Freiwillige Feuerwehr und die Technische Nothilfe zusammengefasst.

Mit dieser Machtfülle konnte das gesamte Volk überwacht und gesteuert werden. Dass dies zum Missbrauch führen musste, liegt auf der Hand.

Die Nazi-Diktatur entwickelte auch eine abwertende und menschenverachtende Sprache, mit der die Gräueltaten gerechtfertigt wurden, z. B. unwertes Leben, Untermensch, entartete Kunst u.v.a.m. (*Klemperer*, 1996, a.a.O., S. 17). Ist ein Mensch erst herabgewürdigt, so kann man ihn leichter unmenschlich behandeln. Das half den Ausführenden der Taten, denn, **vor der Gewalt kommt das Wort**. So konnten auch sorgende und kinderliebe Familienväter und Mütter ihre mörderische Arbeit in den Konzentrationslagern, aber auch im täglichen Dienst, ausführen oder bedeutende Kunstwerke vernichten, ohne dabei Gewissensbisse zu haben (*Sofsky*, a.a.O.; *Arendt*, a.a.O.). Andere Menschen wurden gezwungen, neue Namen anzunehmen, damit man sie darüber stigmatisieren, brandmarken und verunglimpfen konnte, z. B. „Isidor" (*Bering*, a.a.O.), oder sie mussten peinliche oder lächerlich machende Familiennamen annehmen (*Klemperer*, 1996, a.a.O., S. 103 ff.).

Die Tagebücher von *Victor* ***Klemperer*** (1999, a.a.O.) zeigen in erschreckender Weise, dass die Gräueltaten nicht im Verborgenen geschahen, sondern die Bevölkerung bewusst weggesehen hat. Dabei war „die **Polizei** während des **Nationalsozialismus** eine **entscheidende Stütze des Regimes**. Sie hat schwere Schuld auf sich geladen" (*Ziercke,* a.a.O., Vorwort; Kapitel 1.4.3.4).

1.4.3.4 Bundesrepublik Deutschland (BRD)

Auf den Konferenzen von Jalta (4.–11.2.1945) und Potsdam (17.7.–2.8.1945) beschlossen die Siegermächte nach der bedingungslosen Kapitulation Deutschlands, die polizeilichen Einrichtungen aufzulösen. Das deutsche Polizeiwesen sollte **entnazifiziert, entmilitarisiert, demokratisiert und dezentralisiert** werden.

Durch die Dezentralisierung wurde aber die notwendige **polizeiliche Zusammenarbeit** von Bund und Ländern bei der Kriminalitätsbekämpfung **unmöglich**. Deshalb hat der Parlamentarische Rat, im Einverständnis mit den Siegermächten, dafür eine Lösung gefunden und diese in das Grundgesetz eingearbeitet. Danach darf sich die „Zusammenarbeit [der Polizeien] nicht auf das gesamte Polizeiwesen erstrecken, sondern nur auf die **Kriminalpolizei**" (*Maunz / Dürig*, a.a.O., Art. 73, Rn. 157. Das ist eine Spezialisierungsvorschrift zur Verhinderung von zentraler Macht. Weil der personelle Anteil der Kriminalpolizei an der Gesamtpolizei bei rund 10 % liegt, kann sich eine „Zentralpolizei", wie im Nazi-Regime oder in der DDR, nicht mehr bilden (Kapitel 1.4.3.3 und 1.4.3.5).

Während die Entmilitarisierung und Demokratisierung zügig umgesetzt wurden, gab es erhebliche **Verzögerungen** bei der **Entnazifizierung** (Kapitel 1.4.3.3). Beispielhaft soll hier das Bundeskriminalamt genannt werden. Eine **konsequente Forschung** über die Verstrickungen in der NS-Diktatur **wurde verhindert**. So auch durch den vierten Präsidenten des BKA (1965–1971), *Paul* ***Dickopf***, der selbst SS-Untersturmführer war. Erst 2007 hat der neunte BKA-Präsident *Jörg* ***Ziercke***, (seit 2004 im Amt) Kolloquien mit dem Thema, „Die Historie des BKA: Verbindungslinien zum NS-Regime", durchgeführt und einen Forschungsauftrag zu dem Thema vergeben (*Ziercke* in: BKA, Hg., 2008, a.a.O.).

Die Forschungsergebnisse wurden im April 2011 vorgestellt. Obwohl das Bundeskriminalamt erst 1951 gegründet wurde, schafften es viele mit einer SS-Vergangenheit, dort Unterschlupf zu finden. So waren 1958 von den 47 leitenden Beamten 33 SS-Angehörige gewesen. Ebenso ein Viertel aller Mitarbeiter (*Wagner* in: Der Spiegel, 11.4.2011, S. 42). Mit diesen Personen konnten **rassistische** Erklärungsmodelle und offen zur Schau getragener **Antisemitismus** überdauern. *Ziercke* mahnt: „Wir müssen die Unsäglichkeiten, die Rechtsperversion, das scheußliche Inventar an Leidenszufügung immer wieder zur Sprache bringen, weil es unsere Verantwortung vor den Opfern und, in deren Gedenken, verpflichtend für die Gestaltung unserer Zukunft ist" (FAZ vom 12.4.2011, S. 5).

Wie **Gestapo-Angehörige** nach 1945 sowohl in der BRD als auch in der DDR wieder in die Polizei übernommen wurden, zeigen *Mallmann / Angrick* (a.a.O.) an vielen namentlich genannten Einzelfällen.

Unter dem Titel, „SS-Seilschaften prägten das BKA bis weit in die sechziger Jahre hinein", sind die ersten Arbeiten veröffentlicht. Sie zeigen, wie durch „Doppelfunktion" oder sogar Mehrfachfunktion von Personen, die Verbindungen zwischen Kriminalpolizei, SS, Gestapo, Einsatzkommandos in Polen und die Seilschaften der Absolventen der „Führerschule der Sicherheitspolizei“ in Berlin-Charlottenburg geschaffen wurden (FASZ vom 30.9.2007, Kapitel 1.4.3.3).

Auch bei der **Flucht der Nazis** nach Übersee gab es **Seilschaften**. Jahrzehnte lang wurde verbreitet, dies sei durch die geheimnisvolle „Odessa“ (Organisation der ehemaligen SS-Angehörigen) geschehen, die es tatsächlich gar nicht gab. Dieser Mythos wurde gepflegt, um die wahren Hintergründe zu verschleiern. Denn tatsächlich funktionierte das so: „Die katholische **Kirche** gewährte Unterkunft und Schutz, das **Rote Kreuz** stellte die [falschen] Dokumente aus und das argentinische Generalkonsulat in Genua erteilte in Abstimmung mit der Einwanderungsbehörde in **Buenos Aires** die Visa und sorgte darüber hinaus in vielen Fällen für die Schiffspassage.“ So konnten sich sogar die schlimmsten **NS-Verbrecher**, wie *Martin* ***Bormann*** und *Adolf* ***Eichmann*** der Verantwortung entziehen. Nicht nur Argentinien lockte die NS-Elite, um Ihr Wissen und Können zu nutzen, sondern ebenso Syrien, Ägypten, Kanada und die USA (*Steinacher*, a.a.O., S. 235 und 256).

Es gab aber auch Lichtblicke. In den 1960er Jahren hatte ein bekannter Kripo-Chef ein Lehrbuch geschrieben, das große Verbreitung fand. Als sich herausstellte, dass der Autor stärker im Nationalsozialismus verankert war, als er zugegeben hatte, nahm der Verlag das Buch vom Markt, damit die NS-Zeit nicht weiter beschönigt und der polizeiliche Nachwuchs nicht weiter getäuscht werden konnte.

Die **Dezentralisierung der Polizei** bedeutete, dass die **Polizeigewalt auf die Bundesländer** überging. Das hatte für die Kriminalpolizei die Konsequenzen, wieder Weimarer Verhältnisse zu haben und bedeutete, den reisenden und überörtlichen Täter nicht wirkungsvoll bekämpfen zu können. Dieser Nachteil musste bei der Schaffung des Grundgesetzes behoben werden. Der Parlamentarische Rat tat dies in den Artikeln 73 und 87 GG. Darin ist festgelegt, dass sich die „Zusammenarbeit von Bund und Ländern nicht auf das gesamte Polizeiwesen erstrecken darf, sondern nur auf die Kriminalpolizei bezogen ist“ (*Maunz / Dürig*, a.a.O., Art. 73, Rn. 157).

Neben dem Begriff Kriminalpolizei, hat der Parlamentarische Rat auch deren **Aufgabe** zugewiesen, nämlich: **Verhütung, Aufdeckung und Verfolgung wichtiger Straftaten** (*Maunz / Dürig*, a.a.O., Art. 87, Rn. 139).

Der organisatorische Mangel durch die Dezentralisierung wurde in der britischen Zone schnell erkannt, so dass dort bereits am 1.1.1946 das Kriminalpolizeiamt in Hamburg eingerichtet wurde, um eine Nachrichtenzentrale für den Austausch von Informationen über reisende Täter zu haben. Aus denselben Gründen gestatteten 1949 die Franzosen, Amerikaner und Briten, mit dem sogenannten „Polizeibrief" (*Maunz / Dürig*, a.a.O., Art. 87, Rn. 29), in den drei Westzonen die Gründung eines gemeinsamen **Bundeskriminalamtes** (Art. 73 GG). Es wurde 1951 von Hamburg in eine Jugendherberge nach Wiesbaden verlegt. Sein bekanntester Chef war von 1971 bis 1981 *Horst* ***Herold***, der sich um die Einführung der Datenverarbeitung und um neue Methoden bei der Fahndung nach RAF-Terroristen verdient gemacht hat.

Im **BKA-Gesetz** wurden die Länder verpflichtet, „zur Sicherung der Zusammenarbeit des Bundes und der Länder, für ihren Bereich zentrale Dienststellen der Kriminalpolizei (Landeskriminalämter) zu unterhalten". So sind in allen Bundesländern Landeskriminalämter eingerichtet worden, die auf Teilgebieten auch Weisungsrechte bis in die Kreispolizeibehörden haben. Dies gilt insbesondere für den Kriminalpolizeilichen Meldedienst (Kapitel 16). Darüber hinaus unterstützen sie die örtlichen Behörden bei der Verbrechensbekämpfung. Damit ist unter Beweis gestellt, dass auch unter föderalistischen Verhältnissen eine zentrale Verbrechensbekämpfung möglich ist.

Von der Möglichkeit, für mehrere Länder ein gemeinsames Landeskriminalamt zu unterhalten, ist erst nach Auflösung der DDR Gebrauch gemacht worden. Für eine kurze Zeit hat es ein **Gemeinsames Landeskriminalamt** für die neuen Bundesländer in Berlin gegeben. Doch auch hier sind inzwischen selbstständige Landeskriminalämter eingerichtet worden.

1.4.3.5 Deutsche Demokratische Republik (DDR)

a) Organisation

Obwohl Stalin auf den Konferenzen von Jalta und Potsdam der Dezentralisierung und Entmilitarisierung der Polizei zugestimmt hatte, wurde in der sowjetisch besetzten Zone, der späteren **DDR**, die Polizei zentral und weitgehend nach dem Vorbild des Dritten Reiches organisiert. Innenminister und **Chef der Volkspolizei** war von 1963 bis 1989 Armeegeneral *Friedrich* ***Dickel***. Ihm unterstanden die Kriminalpolizei, die Schutzpolizei mit Wasserschutzpolizei und dem Erlaubniswesen für Waffen, Versammlungen und Vereine, die Verkehrspolizei mit Technischer Prüfstelle, Kfz-Zulassung und Führerscheinabnahme, das Pass- und Meldewesen mit Ab- und Anmeldungen, Personalausweisen und Reisepässen sowie der Führungszeugnisse, die Transportpolizei (Bahnpolizei), die Feuerwehr und der Strafvollzug. Darüber hinaus wurden polizeiliche Betriebsschutzämter in Großbetrieben und an den Flughäfen sowie das Gebietskommando der Volkspolizei für den Uranbergbau der Wismut AG, in Schneeberg / Schwarzenberg, südlich von Chemnitz (damals Karl-Marx-Stadt), unterhalten. Landesweit gab es 14 Bezirkspolizeibehörden und das Präsidium Berlin. Denen waren 219 Kreisämter und acht Inspektionen in

Berlin nachgeordnet. Diese gliederten sich in Reviere und Gruppenposten. Bis in die Reviere wurden Kriminalbeamte eingesetzt.

Auch die dritte Forderung auf der Potsdamer Konferenz, die Entnazifizierung, wurde nicht erfüllt. Bereits 1949 konnten sich NSDAP-Mitglieder durch aktive Unterstützung beim Aufbau des Sozialismus verdient machen. Sie wurden sogar von *Walter* ***Ulbricht*** gelobt (*Werkentin* a.a.O., S. 175). Um aber vor der Bevölkerung das „harte Vorgehen" gegen NS-Verbrecher zu demonstrieren, wurden 1950–1952 zehn **Schauprozesse**, die sogenannten „Waldheim-Prozesse" (Ort nördlich von Chemnitz) abgehalten, in denen drakonische Strafen, einschließlich Todesurteilen, verhängt wurden. Diese Prozesse zeigten schon die Rechtswillkür der DDR. Doch die tatsächliche Verweigerung, konsequent gegen Nazis vorzugehen, war der Bevölkerung so offenkundig, dass es der Volksmund in der DDR auf die präzise Formel brachte: „Die SED – der große Freund der kleinen Nazis" (*Leide*, a.a.O., S. 37). Neben den „kleinen" Nazis wurden aber auch **NS-Funktionäre** geschont, z. B. der Rektor der Akademie für Staats- und Rechtswissenschaften „Walter Ulbricht" *Ernst* ***Melsheimer*** (*Werkentin*, a.a.O., S. 19). Wie **Gestapo-Angehörige** nach 1945 sowohl in der BRD als auch in der DDR wieder in die Polizei übernommen wurden, zeigen *Mallmann / Angrick* (a.a.O.) an vielen namentlich genannten Einzelfällen.

b) **Rechtsgrundlagen zur Kriminalitätsbekämpfung**

Zum Verständnis des DDR-Systems ist grundsätzlich anzumerken, dass es sich um eine **Diktatur** und um einen **Unrechtsstaat** handelte. Sie nannte sich selbst „Diktatur des Proletariats". Damit wurden Bürgerliche und Intellektuelle zu Gegnern des Systems, die es zu bekämpfen galt. **Polizei**, **Staatssicherheit** und **Armee** spielten eine besondere Rolle für die Machterhaltung und für die Unterdrückung der eigenen Bevölkerung. Um diese perfekt zu machen, waren die „Sachleitungskompetenz" des Staatssicherheitsdienstes und die Zusammenarbeit mit der Volks- und insbesondere mit der Kriminalpolizei so eng, dass die Historiker von „Sicherheitspartnerschaft" sprechen und die Polizei als tatsächliches Hilfsorgan der Staatssicherheit bezeichnen (*Borries / Fischer*, a.a.O., S. 129 und 136; *Marquardt*, a.a.O., S. 656, 661 und 693, m.w.N.). So war z. B. die **Kriminalpolizei** verpflichtet, im alltäglichen Dienst **vor jeder Beschuldigtenvernehmung** das Ministerium für Staatssicherheit (**MfS** oder **Stasi**) zu informieren und sich mit diesem abzustimmen (*Hahn / Brunkal / Krause*, a.a.O., Nr. 36 / 1, S. 35). Darüber hinaus trat die Staatssicherheit auch verdeckt als Kriminalpolizei auf und benutzte deren Kriminaldienstmarke (*Kowalczuk*, a.a.O., S. 491).

Die DDR hatte auf der „Babelsberger Konferenz" (2. und 3.4.1958) den Rechtsstaat endgültig abgeschafft und das Recht „umgewandelt". Es entstand die marxistisch-leninistische Staats- und Rechtstheorie mit der neuen „Sozialistischen Gesetzlichkeit" (*Stolleis,* a.a.O.). Rechtsverbindlich waren jetzt die Parteibeschlüsse der SED. Das nannte man „Parteilichkeit" (*Roggemann,* a.a.O., S. 767 ff; *Eppelmann,* a.a.O., S. 27 und 92; *Strauß / Ackermann* in: *Stelzer,* Hg., a.a.O., Band 3 / 2, S. 12 ff; *Sarge,* Vorwort in Materialien der 3. wissenschaftlichen Konferenz des Straf- und Militärkollegiums des Obersten Gerichts, Ost-Berlin 1987, S. 3; *Dölling,* a.a.O., S. 47 ff).

Die Diktatur richtete sich gegen **Andersdenkende**, gegen politisch motivierte **Straftäter** und gegen allgemeine **Kriminelle**. Sie alle wurden mithilfe des Strafrechts diszipliniert. Da das Strafrecht der DDR keine „politischen Straftaten" nannte, gehörten dazu alle Straftaten, die im „Widerspruch zur sozialistischen Gesellschaftsordnung" standen (*Gräf,* a.a.O., S. 462; *Dölling,* a.a.O., S. 42, 52, 84). Damit konnte jede Straftat den Täter zum politischen **Klassenfeind** machen. In dieses System waren auch die **Richter** eingebunden. Schon 1950 wurden sie mit einer Rundverfügung des DDR-Ministeriums für Justiz ermahnt, sich dem Strafantrag der Staatsanwaltschaft anzuschließen (*Werkentin,* a.a.O., S. 313). Umgangssprachlich wurde das „UnA-Verfahren" genannt: „Urteil nach Antrag". Außerdem gab es den Grundsatz, dass die Richter die Entscheidungen der Partei als „oberstes Gesetz" zu akzeptieren hatten. Da es keine Verwaltungsgerichte und kein Verfassungsgericht gab, war die Partei das oberste Organ und die „Letzte Instanz".

Neben den Juristen gab es auch **Volksrichter** und **Staatsanwälte**, die in Kurzlehrgängen (mindestens sechs Monate) ausgebildet worden waren. Die dabei abgehaltene Prüfung wurde mit der 2. juristischen Staatsprüfung gleichgestellt (*Markovits,* a.a.O., S. 20; *Eppelmann,* a.a.O., S. 93 und 95; *Werkentin,* a.a.O., S. 20; *Gräf,* a.a.O., S. 449 und 416).

Die Machthaber der DDR pflegten den „Leninschen Führungsstil", das heißt, innere und äußere Feinde waren zu erkennen und zu liquidieren (*Stelzer,* a.a.O., 1977, S. 30; *Satjukow,* a.a.O., S. 125). Deshalb gab es in der DDR auch die **Todesstrafe**. Sie wurde erst am 17.6.1987 abgeschafft. Insgesamt sind **211 Menschen** hingerichtet worden, als letzter *Werner* ***Teske*** am 26.6.1981, wegen Fluchtvorbereitung in den Westen. Sein Richter und der anklagende Staatsanwalt wurden dafür 1998 zu je vier Jahren Haft verurteilt. Die Tötung erfolgte bis 1968 durch die Guillotine, die in DDR-Deutsch: „Fallschwertmaschine" hieß, danach durch „Überraschenden Genickschuss" (*Läpple,* a.a.O., S. 295, 325 und 332; *Jürgs,* a.a.O., S. 237 und 244).

c) Kriminalpolizei

Die historische Forschung über die Kriminalpolizei in der DDR hat sich zunächst als schwierig erwiesen. Die Archive der Polizei konnten zwischen „Mauerfall" und Wiedervereinigung unbemerkt von belastendem Material gesäubert werden, weil die besondere Aufmerksamkeit der Bürger auf die Staatssicherheit gerichtet war (*Eppelmann*, a.a.O., S. 99, und *Marquardt*, a.a.O., S. 656). Ebenso wurden die Akten der Justiz gesäubert (*Neubert*, a.a.O., S. 418). Doch die heutige Forschung ist soweit fortgeschritten und die kriminalistische Literatur der DDR so eindeutig, dass über die Strafverfolgung, insbesondere durch die Kriminalpolizei und den Staatssicherheitsdienst, umfassende Kenntnisse vorliegen. Mit Befehl Nr. 201 vom 16.8.1947 hatte die Sowjetische Militärverwaltung die **Kriminalpolizei** zum strafprozessrechtlichen **Untersuchungsorgan** der DDR gemacht und ihr staatsanwaltliche Befugnisse eingeräumt. Danach konnte sie u. a. **Haftbefehle** ausstellen und die **Anklageschrift** fertigen (*Marquardt*, a.a.O., S. 671).

Die Kriminalisten führten militärische Dienstgrade z. B. „Hauptmann der Kriminalpolizei". Strenge Dienstaufsicht wurde mit militärischem Drill unterstrichen. Autorität wurde allein durch das Amt begründet (Kapitel 25.7). Die Arbeitsgebiete wurden nach außen und untereinander hermetisch abgeschottet. Im gesamten Staatsapparat galt der Grundsatz: „Ihr müsst nicht unbedingt mehr wissen, als ihr für eure Arbeit braucht!" (*Raab*, a.a.O., S. 141).

Das **Selbstbildnis** der Kriminalisten und Untersuchungsführer wird von *Stelzer* (a.a.O., Band 1, S. 92) so beschrieben: „Der Kriminalist ist Staatsfunktionär, er ist politischer Arbeiter [...]. Hieraus ergeben sich die besonderen Anforderungen an die Auswahl und Ausbildung der Kader, an ihre politische und fachliche Erziehung [...]. Jeder Schritt des Kriminalisten bedeutet die Realisierung der in den **Parteibeschlüssen** ausgedrückten Interessen der Arbeiterklasse, und seine Tätigkeit im Ganzen ist ein wesentlicher Beitrag zur Sache des **Sozialismus und Kommunismus**, der kommunistischen Erziehung, zur Sache des Kampfes gegen die bürgerliche Ideologie, ihre Überreste und ihre aktuellen Erscheinungsformen."

Strenge Dienstaufsicht sicherte das Einhalten von Dienstanweisungen. Auch Kleinkriminalität wurde intensiv verfolgt, denn alles konnte den Bestand der Diktatur gefährden. Das durchzieht auch die gesamte Literatur für die Volks- und insbesondere für die Kriminalpolizei. Beispielhaft soll hier aus der vom Innenministerium herausgegebenen Buchreihe „Fachwissen für Volkspolizisten", zitiert werden: „Die Aspekte der marxistisch-leninistischen Staatslehre sollen den Klassenstandpunkt der Angehörigen der Deutschen Volkspolizei und deren anderen Organe des Ministeriums des Innern [Stasi] in ihrer verantwortungsvollen Tätigkeit für den Schutz der Arbeiter-und-Bauern-Macht festigen helfen und befähigen, die Positionen zur Machtfrage offensiv zu vertreten" (*Schüssler*, a.a.O., S. 7).

Die ausführlichen Ermittlungen in Strafverfahren, auch bei **Kleinkriminalität**, waren insbesondere deshalb möglich, weil die Polizeistärke in der DDR, mit rund **80000 Mitarbeitern**, im Verhältnis zur Bevölkerung, doppelt so groß war, wie in der BRD. Darunter befanden sich auch die Abschnittsbevollmächtigten (ABV), die die Bevölkerung polizeilich und politisch überwachten. Dazu benutzten sie Vertrauenspersonen, um „feindliche und kriminelle Elemente konspirativ zu überwachen" (*Marquardt*, a.a.O., S. 661 ff.) Hinzu kamen rund **170000** „Freiwillige Helfer" der Volkspolizei, die sich ehrenamtlich am Klassenkampf des sozialistischen Aufbaus beteiligten (*Lindenberger*, a.a.O.). Bei der Zusammenarbeit mit den freiwilligen Helfern stand „die komplexe Vorbeugung und Bekämpfung von Straftaten, Verfehlungen und Ordnungswidrigkeiten, die Beseitigung von Ursachen und Bedingungen sowie die Abwehr und Beseitigung anderer Gefahren und Störungen im Vordergrund" (*Dickel*, a.a.O., 1987, S. 151). Darüber hinaus muss unter dem Gesichtspunkt der Personalstärke auch der hauptamtliche Staatssicherheitsdienst mit 90000 Mitarbeitern hinzugerechnet werden (Kapitel 1.4.3.5 d).

Aber auch während und nach der Strafverbüßung waren die **Strafgefangenen** weiterhin der Volkspolizei ausgesetzt. Denn nach russischem Vorbild war für den **Strafvollzug** die Volkspolizei zuständig. Weil aber alle Straftaten auch ideologisch als „politische" interpretiert werden konnten, war die Staatssicherheit immer gleichzeitig zuständig. Darüber hinaus bestand die Möglichkeit, Personen nach der Strafverbüßung weitere fünf Jahre den „staatlichen Kontrollmaßnahmen durch die Volkspolizei" zu unterziehen, z. B. Meldepflichten, verbotene Kontakte, verbotene Literatur, jederzeitige Hausdurchsuchungen u. a.m. (*Eppelmann*, a.a.O., S. 98, und *Gräf*, a.a.O., S. 476). So konnten bereits im Ermittlungsverfahren für den späteren Strafvollzug und die daran anschließenden Kontrollmaßnahmen **Vergünstigungen oder Schikanen** angekündigt werden. Das kriminalpolitische Ziel war: „Der Strafgefangene sollte **nicht resozialisiert**, sondern mit Hilfe von Repressalien **zermürbt** und von der Hoffnungslosigkeit seines Handelns überzeugt werden" (*Eppelmann*, a.a.O., S. 99, und *Gräf*, a.a.O., S. 451 ff.).

Der **Strafvollzug** selbst war geprägt von unvorstellbar schlechten baulichen Zuständen, schlechter Verpflegung sowie der „Normalität der Misshandlungen", sogar bei den Gefangenen der „Montagsdemonstrationen". Das galt auch für die Frauengefängnisse. Um den Druck auf die „politischen Gefangenen" zu erhöhen, wurden sie gemeinsam mit den „normalen Straftätern" gefangen gehalten. Dabei erhielten die „Normalen" Weisungsbefugnisse gegenüber den „Politischen" (*Dölling*, a.a.O., S. 42, 52, 84, 102, 105, 159; *Kuwalczuk*, a.a.O., S. 333; *Hardinghaus*, Der Spiegel vom 16.11.2009, S. 60). Die politischen Gefangenen wurden „zu **Geld** gemacht", um den maroden Staat zu retten. Von

1960 bis November 1989 kaufte die BRD knapp 34000 Menschen von der DDR frei. Insgesamt wurden dafür 3,5 Milliarden DM/West gezahlt (*Dölling,* a.a.O., S. 63).

Für verhaltensauffällige **Kinder und Jugendliche** unterhielt die DDR siebzig **Spezialkinderheime** und **Jugendwerkhöfe** zur „wirksamen Umerziehung zu neuen Menschen". Auch hier waren Misshandlungen an der Tagesordnung, aber auch sexuelle Übergriffe und Vergewaltigungen gehörten dazu (*Puls,* a.a.O.). In dem berüchtigten Jugendwerkhof an der Elbe, 04860 **Torgau**, Fischerdörfchen 15, ist seit 2009 eine **Gedenkstätte** eingerichtet (*Harder,* a.a.O.).

Auf der Babelsberger Konferenz wurde auch die Kriminalistik in die Sozialistische Gesetzlichkeit eingegliedert und an die Parteilichkeit gebunden. Sie erhielt den Namen **Sozialistische Kriminalistik** (*Stelzer,* a.a.O.; *Stolleis,* a.a.O.).

Prägende Person der Sozialistischen Kriminalistik war Professor Dr. *Ehrenfried* ***Stelzer***. Er war von Anfang an bis zur Auflösung der DDR Mitglied des „Wissenschaftlichen Rates für Kriminalistik" und gleichzeitig Angehöriger des Ministeriums für **Staatssicherheit** (*Schmelz,* a.a.O., S. 47, Fn. 34). Als Direktor der „Sektion Kriminalistik" an der Humboldt-Universität in Ost-Berlin wurde er als „Erster Kriminalist" der DDR angesehen.

Das „Akademische Personal" in der Polizei, der Staatssicherheit und der Armee sollte seine angebliche wissenschaftliche Befähigung mit einem Doktortitel oder Professorentitel nach außen herausstellen. Damit alle einen Doktortitel erreichen oder Professor werden konnten, wurden das **Promotionsrecht und die Habilitation missbraucht** und die Anforderungen erheblich herabgesetzt. So konnten die Kandidaten sogar im Kollektiv oder in Gruppen bis zu zehn Personen gemeinsam an einer Dissertation oder Habilitation schreiben.

Die Arbeiten selbst wurden als „geheim" eingestuft und unter Verschluss gehalten. Auf Nachfrage muss man heute feststellen, dass die meisten Doktor- und Habilitationsarbeiten angeblich „verschollen" sind. (*Voigt / Gries*, a.a.O., S. 1951 und 1958; *Bleek / Mertens* und *Mertens*, 1994, a.a.O.; *Eppelmann*, a.a.O., S. 72).

Die **Bücher** der „Sozialistischen Kriminalistik" waren Standardwerke für das kriminalistische Studium (*Stelzer* a.a.O.). Der erste Band wurde von *Stelzer* selbst geschrieben, die übrigen drei von einem namentlich aufgeführten Autorenkollektiv unter der Leitung von *Stelzer* (Kapitel 1.2.6).

Alle Bücher wurden von der Publikationsabteilung des DDR-Ministeriums des Innern, unter ständiger Aufsicht der Staatssicherheit, erstellt und trugen den Aufdruck „Nur für den Dienstgebrauch". Somit waren sie nicht öffentlich zugänglich, auch nicht für die Wissenschaft. Die vermeintliche Wissenschaftlichkeit der Bücher wurde durch den Aufdruck suggeriert: „Als Lehrbuch für die Aus- und Weiterbildung an Universitäten und Hochschulen der DDR anerkannt".

Für die **Beweisführung im Strafverfahren** wurde die kriminalistische Hypothese durch die **Kriminalistische Version** ersetzt. Diese „Version" wurde nur in der DDR und in kommunistischen Staaten angewendet. Die theoretischen Grundlagen erarbeiteten sowjetische Autoren während der **Stalin- Diktatur** (*Stelzer,* a.a.O., 1977, S. 10 und 154). Der in der UdSSR ausgebildete Stalinist *Walter* ***Ulbricht,*** der später Staatsratsvorsitzender der DDR („Staatsoberhaupt") wurde, brachte dieses System 1945 in die damalige „Sowjetisch besetzte Zone" (SBZ), die spätere DDR. Dort wurde sie von *Ehrenfried Stelzer* aufgenommen und als „scharfe Waffe gegen die Feinde" eingesetzt (*Stelzer,* a.a.O., 1959, S. 31).

Die „Sozialistische Kriminalistik" behauptete, dass sie mit der **Version** die **absolute Wahrheit** erreiche (*Stelzer,* a.a.O., Band 1, S. 154; ausführlich dazu *Ackermann*, in: *Stelzer,* Hg., a.a.O., Band 3 / 2, S. 28 [31]). Oder die **objektive Wahrheit**, die jedoch in „streng festgelegten Fristen der Untersuchung bewiesen werden" (*Strauß / Ackermann*, a.a.O., S. 58). Damit konnte sie als Begründung und Rechtfertigung für alle Eingriffe in die Rechte der Bürger benutzt werden. Das galt bereits für das kriminalpolizeiliche Ermittlungsverfahren, sodass durch den Wahrheitsanspruch auch die Unabhängigkeit der Gerichte sowie eine wirkungsvolle Strafverteidigung unterlaufen wurden, denn mehr als die absolute Wahrheit war nicht zu erreichen (*Lange*, a.a.O., S. 643). Zur Feststellung der absoluten Wahrheit erhielt die Version 1986 eine weitere Bedeutung. Sie wurde dann auch in der Kriminaltaktik angewendet, als **Fahndungs-Version** (ausführlich dazu *Strauß / Ackermann*, a.a.O., 1986, S. 56 ff.).

Gerhard Schmelz (a.a.O.) hat sich 2010 des Themas angenommen. Zunächst untersucht er den ideologischen Hintergrund von Marxismus-Leninismus, ohne den ein Verstehen von „Wahrheiten" zur Ursache der Kriminalität und zur Beweisführung in der DDR nur schwer nachvollzogen werden kann. Bei der „Versionsbildung" in Abgrenzung zur Hypothese kommt er zum Ergebniss: „Damit hat die vom Untersuchungsführer [Kriminalbeamten] vertretene Version letztlich den Anspruch, die Wirklichkeit richtig wiederzugeben, d.h. sie wird (zumindest im ideologischen Kontext) als wahr angesehen" (a.a.O., S. 90). Insofern entschied der Ermittler über die Wahrheit und nicht der Richter, wie es im Rechtsstaat üblich ist (BGHSt 3, 52 [53]). Deshalb kann die Version „zweifelfrei nicht in das Rechtssystem der Bundesrepublik überführt werden" (a.a.O., S. 106). „Im Ergebnis bleibt festzustellen, dass sowohl die **Sozialistische Kriminologie** als auch die **Sozialistische Kriminalistik** fester Bestandteil der DDR-Diktatur waren und beide in der DDR als eigenständige Wissenschaften betrachtet wurden, die aus dem **Marxismus-Leninismus** hervorgingen bzw. ihm zu dienen hatten" (a.a.O., S. 105).

Dieser staatliche Anspruch auf absolute Wahrheit hat seinen Ursprung in den **Ketzerprozessen** der kirchlichen und weltlichen Inquisition: „Der Angeklagte hatte keine Akteneinsicht, kannte die Anklage nicht im Ganzen, wusste oft nicht, wer ihn angezeigt hatte, wer die Zeugen waren und was es sonst an Beweisen gab. Also ein Prozess, der vollkommener **Ausdruck der absoluten Macht** des Fürsten über seine Untertanen gewesen ist. Die Fürsten hatten auch das absolute Recht, im Strafverfahren die **Wahrheit** festzustellen" (*Schulz*, a.a.O., S. 165). So war es auch in der DDR, nur dass die Fürsten jetzt die Stasi und die Kriminalpolizei waren.

Was für die Kriminalistik der DDR mit **Wahrheit** gemeint war, erläutert der Stasi-Spitzel *Johannes* ***Diba***: „Man kämpft nicht, um die Wahrheit zu erkennen, sondern um sie zu besitzen" (*Läpple*, a.a.O., S. 28). *Jürgs* bringt es auf den Punkt: „Die Wahrheit wurde solange zurechtgelogen, bis sie in das eigene Raster passte" (a.a.O., S. 256).

Mit der **Version** konnten Polizei und Staatssicherheit auch die **Operative Personenkontrolle** (OPK = systematische Überwachung und Bespitzelung) und beliebige andere Sanktionen gegen die Bürger verhängen (*Borries / Fischer* a.a.O., Seiten 127, 129, 133). Das waren nicht nur Strafverfahren, sondern auch beliebige andere Willkürmaßnahmen, die tiefe Einschnitte in das Privatleben hinterließen, wie Schulverbote, Studienverbote, Berufsverbote, Organisationsverbote oder Ausschluss aus diesen, Urlaubsverbote, Reiseverbote in die sozialistischen Bruderstaaten u.v.a.m. Diese OPK wurde von der Kriminalpolizei auch dazu genutzt, um vor jeder Beschuldigtenvernehmung „detaillierte und intime Einzelinformationen zur Person" zu erhalten. Das nannte man „Strategie der allseitigen Informiertheit" (*Hahn / Brunkal / Krause*, a.a.O., Nr. 36 / 1, S. 54; Nr. 36 / 3, S. 68).

Mit der **Version** wurden auch solche Willkürmaßnahmen gerechtfertigt, die die DDR **Zersetzung** (*Gauck*, a.a.O., S. 280) nannte. Es war die heimliche oder offene **psychische Zerstörung** der Menschen und ihrer Familien. Eingesetzt wurden dabei: Inszenierungen beruflicher Misserfolge durch Bildungs- und Berufsverweigerung, Einschränkung der Bewegungsfreiheit, Entzug des Führerscheins. Verbreitung von Gerüchten und falschen Informationen, insbesondere auf Ehebruch, pornografisches Interesse, Verführung Minderjähriger, Geldgier, Alkoholmissbrauch, Vernachlässigung elterlicher Pflichten, Verrat von politischen Mitstreitern, Freunden und Verwandten. Ferner die Zerstörung des Privatlebens durch demonstrative Dauer-Beobachtung, ständige Telefonanrufe, Annoncenkampagnen, heimliche Hauseinbrüche mit dem Verstellen von Gegenständen, Beschädigung des Privateigentums, verdeckt organisierte

Entfremdung der Kinder von den Eltern. Die schlimmste Art der Denunzierung war die Behauptung, die Person sei **Stasi-Spitzel** (*Kowalczuk*, a.a.O., S. 51).

Borries / Fischer (a.a.O.) zeigen auf S. 133 mit der Kopie aus einer Originalakte, wie einfach es war, in ein und demselben Fall drei verschiedene **Versionen** aufzustellen und damit die heimliche Überwachung von Personen zu begründen und in deren Rechte einzugreifen. Weil die Version auch bei „normalen" Straftätern angewendet wurde, gab es natürlich auch Einzelfälle, in denen das Ergebnis mit Blick auf den Nachweis von Tat und Täterschaft richtig war.

Um die Disziplinierung der Bürger zu erhöhen, wurde vom Staat selbst ganz gezielt die **Dämonisierung** der Staatssicherheit betrieben. Damit sollten **Angst** und eine „permanent gefühlte Omnipräsenz" verbreitet werden (*Kowalczuk*, a.a.O., S. 51). Dadurch entstand in der DDR nach und nach eine **Misstrauensgesellschaft**. Für Außenstehende wurde das deutlich am Verhalten der Menschen in Warteschlangen, die es zuhauf gab. Die Menschen darin sprachen nicht miteinander, weil man sicher sein konnte, dass mindestens ein Stasi-Spitzel darunter war.

Mit dieser Machtfülle sollte die Kriminalpolizei alle Straftaten aufklären, sodass kein einziges Verbrechen unaufgedeckt bleibt, wie die DDR-Autoren es selbst mit der gesperrten Schreibweise unterstreichen (*Stelzer*, a.a.O., 1959 a, S. 13; 1977, S. 21; *Strauß / Ackermann*, a.a.O., 1986, S. 12).

Die **Strafverfolgungsbesessenheit** der DDR ist auch an der Anzahl der inhaftierten Strafgefangenen zu erkennen. Obwohl die Kriminalitäts-Häufigkeitszahl (Kapitel 15.5.2 d) nur ein Drittel der in der BRD ausmachte, gab es in der DDR mehr als doppelt so viele Strafgefangene als in der BRD. Auch nach jeder der acht großen Amnestien zwischen 1949 und 1989 wurde schnell wieder die hohe Anzahl der Strafgefangenen erreicht (*Dölling*, a.a.O., S. 57 und 59). Viele wurden mit Westgeld in die BRD freigekauft.

In kriminalistischen Publikationen der DDR, insbesondere in Besprechungsprotokollen mit dem Innenministerium, wird immer wieder darauf hingewiesen, dass Unschuldige nicht verfolgt werden dürfen. Darauf wird heute gern hingewiesen, wenn die DDR-Diktatur verharmlost oder beschönigt werden soll. Doch diese Hinweise waren plakative **Scheinbekenntnisse**, um sich im Ausland besser darstellen zu können. So, wie die in der Verfassung garantierten Grundrechte auf Meinungsfreiheit, Versammlungsfreiheit und das Post- und Fernmeldegeheimnis täglich **mit Füßen getreten** wurden, und sich der Staat nicht an die Wahrung der Menschenrechte und Grundfreiheiten, insbesondere die freie Ausreise, hielt, obwohl die DDR 1975 das mit ihrer Unterschrift unter die KSZE-Schlussakte von Helsinki versprochen hatte. Genau so wurden auch innerdienstliche Ermahnungen zur Einhaltung der Menschenrechte missachtet

(*Müller / Hartmann*, a.a.O., S. 24; *Kowalczuk*, a.a.O., S. 85). In der Wirklichkeit des Alltags war alles, was die Macht stärkte, erlaubt und wurde angewendet.

Gleichwohl war die SED mit der **Arbeit der Kriminalpolizei nicht zufrieden**. Die Kriminalpolizei wird zu besserer kriminalistischer Arbeit aufgefordert. Das Innenministerium stellt fest: „[...] die Kriminalitätsvorbeugung und -bekämpfung [ist] weiter zu beschleunigen. Spürbare **Verbesserungen** der kriminalpolizeilichen Tätigkeit sowie dauerhafte und stabile Arbeitsergebnisse sind im Wesentlichen über die Intensivierung und Effektivierung, vor allem über eine **qualitativ verbesserte wissenschaftliche** Durchdringung der gesamten kriminalpolizeilichen Tätigkeit erreichbar.“ (Sammlung von Beiträgen zur Vervollkommnung der Taktik und Methodik der Vernehmung, Heft 2 / 1982, S. 6). Ähnliche Hinweise gibt es auch auf den Seiten 9, 13, 17 und 18 sowie in anderen Quellen. Welch **grausame Methoden** dann angewendet wurden, um Personen gesprächig zu machen, schildern die vielen Opfer sehr anschaulich (beispielhaft siehe: *Jürgs, Knabe, Kusserow, Läpple, Plogstedt*, a.a.O.; und nachfolgend „d) Staatssicherheitsdienst“).

Bundestagsvizepräsident Wolfgang Thierse fordert zu Recht: „Wer einmal Macht über Menschen missbraucht hat, soll nie wieder Macht über Menschen bekommen“ (Das Parlament, 1.2.2010, S. 5). Ausführlich zu diesem Thema mit vielen Quellen: www.weihmann-schuch.de – drei Aufsätze zur Version.

Der in der DDR aufgewachsene und promovierte Historiker, Mitarbeiter der „Akademie der Wissenschaften der DDR“ und Referent bei der „Stiftung zur Aufarbeitung der SED-Diktatur“ *Stefan* ***Wolle*** (a.a.O.) beschreibt sehr anschaulich die angeblich „Heile Welt der Diktatur“: „Die DDR ist so gründlich gescheitert, wie man nur scheitern kann: ökonomisch, politisch und moralisch (S. 14). [...] Es geht darum zu zeigen, dass Diktatur und Alltagsleben zwei Seiten einer Medaille waren – also ganz im Sinne von *Karl Marx* eine dialektische Einheit der Gegensätze. Die alltägliche Diktatur und der diktatorische Alltag sind nicht voneinander zu trennen. Geborgenheit und Unfreiheit gehörten zusammen. Die Wärme der Gemeinschaft und die kollektivistische Totalkontrolle bildeten eine untrennbare Einheit. Die Sicherheit des Arbeitsplatzes und die Staatssicherheit hingen nicht nur semantisch zusammen. Die von vielen geschätzte Ruhe und Ordnung und die Friedhofsruhe der Diktatur waren unlösbar miteinander verbunden“ (a.a.O., S. 18).

d) Staatssicherheitsdienst

Zum besseren Verständnis der DDR-Diktatur muss auch hier bedacht werden, dass Staatssicherheitsdienst und **Kriminalpolizei** im täglichen Dienst, auch bei jeder Beschuldigtenvernehmung und beim Strafvollzug (siehe oben), so eng zusammenarbeiteten, dass die Historiker von „Sicherheitspartnerschaft“ sprechen und die Polizei als tatsächliches Hilfsorgan der Staatssicherheit bezeichnen (*Borries / Fischer*, a.a.O., S. 129 und 136; *Marquardt*, a.a.O., S. 656, 661 und 693, m.w.N.)

Um das Überwachungs- und Machterhaltungssystem vollständig zu machen, richtete die DDR, nach Zustimmung der russische Militärregierung, am 8.2.1950 das Ministerium für Staatssicherheit (MfS oder Stasi) ein (*Gieseke*, a.a.O., *Otto, Wilfriede*, a.a.O.; *Leide*, a.a.O.; S. 35 ff.; *Eppelmann*, a.a.O., S. 219). Es war aus der **Kriminalpolizei 5**, Abkürzung: **K 5**, entstanden und hieß zunächst „Hauptverwaltung zum Schutz der Volkswirtschaft". Es war dem **Ministerium des Innern** angegliedert. Die Nummer 5 war aus der Einteilung der sieben Straftatenklassen entlehnt, die von verschiedenen Organisationsteilen der Kriminalpolizei bearbeitet wurden. Zur „Straftatenklasse V" gehörten die „Verfolgung von NS-Verbrechen und die sogenannten politischen Straftaten. Diese Straftaten hat der damalige Leiter der Abteilung Kriminalpolizei so beschrieben: „Straftaten, die den Neuaufbau der jungen Demokratie gefährden" (*Gieseke*, a.a.O., S. 55). Im Strafgesetzbuch waren keine „politischen Straftaten" ausgewiesen, sondern dazu gehörten alle Straftaten, die im „Widerspruch zur sozialistischen Gesellschaftsordnung" standen (*Gräf*, a.a.O., S. 462). Damit konnte jedes Delikt in deren Zuständigkeit fallen und jeder Verdächtige zum **Klassenfeind** werden.

Das Gesetz zur Einrichtung des MfS vom 8.2.1950 enthält nur einen Satz: „Die bisher dem Ministerium des Innern unterstellte Hauptverwaltung zum Schutze der Volkswirtschaft wird zu einem selbstständigen Ministerium für Staatssicherheit umgebildet" (*Otto, Wilfriede*, a.a.O., S. 540, Kopie des Gesetzblattes). Regelungen über Aufgaben und Befugnisse fehlen, sodass eine Allzuständigkeit mit allen Befugnissen gegeben war. Da es in der DDR kein Verfassungsgericht und keine Verwaltungsgerichte gab, konnte die Staatssicherheit willkürlich herrschen.

Erster Stasi-Chef war *Wilhelm **Zaisser***, gefolgt von *Ernst **Wollweber***. Am 1.11.1957 wurde *Erich **Mielke*** Minister und übernahm die Dienststelle bis 31.3.1990, das waren gut 32 Jahre (*Gieseke*, a.a.O., S. 59 ff.; 223 ff. und 577).

Mielke hatte aus russischer Sicht einen undurchsichtigen Lebenslauf. (*Otto, Wilfriede*, a.a.O., S. 29 ff.) Deshalb konnte er zunächst nicht Minister dieser Dienststelle werden, sondern nur Stellvertreter, im Rang eines Generalleutnants. Mielke hatte den Spitznamen „*Tschekist*". Das weist auf seine Ausbildung beim Geheimdienst in Moskau hin, der hieß *Tscheka*. Der Gründer dieses Geheimdienstes, *Felix **Dserschinski*** (1877–1926), hat die Menschen in der UdSSR mit der Parole eingeschüchtert: „Dass Sie noch frei sind, ist nicht Ihr Verdienst, sondern unser Versäumnis!" Das zeigt die prinzipielle Schuldvermutung in einer Misstrauensgesellschaft, die sich durch Angst an der Macht hält. In der UdSSR wurde dieser Ausspruch zum geflügelten Wort (Holm, FAZ vom 25.7.2009, S. Z 1). Wie sehr sich die Stasi damit identifizierte, zeigt die Namengebung von Stasi-Einheiten (*Wolle*, a.a.O., S. 79).

Mielkes Ernennung zum Minister hatte der Staatsratsvorsitzende der DDR („Staatsoberhaupt“) Walter Ulbricht gegenüber der UdSSR durchgesetzt. Das dankte Mielke ihm als ein fleißiger und absoluter Vollstrecker der Parteilinie und Sicherer der Macht. Dafür wurde Mielke 1975 der Titel „Held der Deutschen Demokratischen Republik“ verliehen und 1980 zum Armeegeneral ernannt (*Otto, Wilfriede*, a.a.O., S. 376 und 408).

Bei der Auflösung der DDR bestand der Staatssicherheitsdienst aus rund 90000 Mitarbeitern, davon 15 % Frauen. Ab 1986 beschäftige er auch rund 2000 „Hauptamtliche inoffizielle Mitarbeiter“, die -verglichen mit westlichen Polizeien- eine Art „Verdeckte Ermittler“ waren. (*Gieseke*, a.a.O., S. 556). Allerdings ist dieser Vergleich schon alleine dadurch abzulehnen, weil das Institut eines Verdeckten Ermittlers in einem demokratischen Rechtsstaat natürlich nicht nur gesetzlich normiert, sondern der demokratisch legitimierten und durch den Rechtsstaat abgesicherten Kontrolle unterliegt.

Darüber hinaus waren für den Staatssicherheitsdienst „Inoffizielle Mitarbeiter“ (IM) tätig, die aus der Bevölkerung gewonnen wurden und ihr Privatleben und ihren Hauptberuf beibehielten. Ihre Aufgabe war es, alle Menschen in ihrer Umgebung zu bespitzeln und die so gewonnenen Informationen zu melden. 1980 waren es gut 100000 Personen. Sie wurden von 12.000 IM-Führern streng angeleitet und überwacht (*Müller-Enbergs*, a.a.O.). Viele IM wurden zu dem Verrat gezwungen; es gab aber auch Überzeugungsdenunzianten, sogar Ehepartner. Selbst von den Ärzten haben rund 5 % nicht nur ihre Patienten bespitzelt, sondern überwiegend die eigenen Kollegen (*Weil*, a.a.O.). Beim Anwerben von IM arbeitete der Staatssicherheitsdienst mit der Kriminalpolizei und der Volkspolizei eng zusammen (*Borries / Fischer*, a.a.O., S. 129 und 136).

Der Staatssicherheitsdienst war „zuverlässiger Schild und scharfes Schwert der Partei“ und hatte **keine genau geregelte Zuständigkeit**, sondern war für die **Machterhaltung** der SED für alles zuständig. Das machte ihn unkontrollierbar und deshalb sehr gefährlich (*Eppelmann*, a.a.O., S. 28 und 219). Doch das war so gewollt und entsprach den gleichen Methoden und Zielsetzungen, wie bei der Einrichtung des Reichskriminalpolizeiamtes in der NS-Diktatur (Kapitel 1.4.3.3).

In den Führungsspitzen unterstanden viele Personen zugleich den Ministerien für Staatssicherheit und des Inneren. Darüber hinaus gab es viele Mitarbeiter des Staatssicherheitsdienstes, die aus der Kriminalpolizei (K 5) hervorgegangen waren, was die Zusammenarbeit erleichterte, z. B. *Erich Jamin*, der aus der Kriminalpolizei kam und zuletzt Leiter des Hauptamtes VII im MfS war. Er war zuständig für die „Überwachung und Zusammenarbeit mit der Volkspolizei“

(*Gieseke*, a.a.O., S. 56). Solche „Doppelfunktioner" (Kripo / Stasi) gab es auch in allen operativen und örtlichen Organisationseinheiten der Kriminalpolizei. Dort hießen sie „Offiziere im besonderen Einsatz" (OibE, *Marquardt*, a.a.O., S. 693). Das war allen Kriminalisten bekannt, weil diese jegliches Abweichen von der Parteilinie „nach oben" meldeten, was sofort zu persönlichen Konsequenzen führte. Wer die OibE waren, wussten nicht alle, doch das wirkte sehr disziplinierend, weil es jeder sein konnte. Die Vermischung wurde auch nach außen wirksam, denn selbst die Kriminaldienstmarke wurde vom Staatssicherheitsdienst getragen (Kapitel 1.4.3.7). Auch hier gibt es starke Parallelen zum NS-Regime (Kapitel 1.4.3.3).

Darüber hinaus erhielt der Staatssicherheitsdienst offiziell oder inoffiziell, auf dem Dienstweg oder unmittelbar, **Meldungen** über das Verhalten der Bürger. In dieses „Meldesystem" waren einbezogen: die Deutsche Volkspolizei mit Kriminalpolizei, der Abschnittsbevollmächtigte (eine Art Bezirksbeamter der Polizei), die Freiwilligen Helfer der Deutschen Volkspolizei, die Grenztruppen, Vertrauensmänner, Wohnbezirksausschüsse, Wohnparteiorganisationen, Hausobleute und Postboten. Damit war die Überwachung der Bürger perfektioniert.

Neben dem Einsatz nachrichtendienstlicher Mittel (Kapitel 2.4) hatte der Stasi durch die Strafprozessordnung und das Polizeiaufgabengesetz auch alle Befugnisse zur Gefahrenabwehr und zur Strafverfolgung. Er konnte Verhaftungen durchführen und unterhielt eigene Gefängnisse. Dass auch diese Machtfülle zum Missbrauch führen musste, liegt ebenfalls auf der Hand. Im Übrigen wurde mit Befehlen und Weisungen gearbeitet.

Mit welchen entwürdigenden Methoden Menschen seelisch und körperlich gequält wurden, kann in einem Originalgefängnis der Stasi, der **Gedenkstätte** in 13055 **Berlin-Hohenschönhausen**, Genslerstraße 66, besichtigt werden (*Knabe*, a.a.O.). Hier sind zu sehen: Die als „U-Boot" bezeichneten Gefängniszellen, die zur besonderen Strafe geflutet werden konnten, die Holzböcke, auf denen Gefangene in schmerzhafter Körperhaltung festgeschnallt wurden, die „Tigerkäfige", winzige, hoch ummauerte Freigänge mit Maschendraht zum Himmel, eine Gummizelle aus dem Szenario der Irrenanstalten des 19. Jahrhunderts. Ähnlich ist es in der **Gedenkstätte** in 02625 **Bautzen**, Weigangstraße 8 a. Und in der **Gedenkstätte** im ehemaligen **Jugendwerkhof** an der Elbe, 04860 **Torgau**, Fischerdörfchen 15, (siehe oben).

Die Gummizelle war rund und etwa vier Meter im Durchmesser groß. Wände, Fußboden und Decke bestanden vollständig aus gepolstertem schwarzen Gummi, wie es als Transportbänder im Braunkohlenbergbau verwendet wird. Geständnisunwillige wurden dort allein, völlig nackt, bei absoluter Dunkelheit und Stille eingesperrt. Es war dann nur eine Frage der Zeit, wann die Gefangenen alles sagten, was man von ihm hören wollte.

Körperlich gefoltert wurde in der „Tropfzelle". Aus großer Höhe ließ man fortlaufend Wasser auf den fixierten Kopf der Gefangenen tropfen (*Lengsfeld* in: *Knabe*, 2007, a.a.O., S. 321). Eine andere Methode, die aus DDR-Sicht als ganz normal angesehen wurde, führte auch zum Ziel: So war *Kerstin Starke* neun Monate in Untersuchungshaft in einer Einzelzelle und wurde täglich (außer sonntags) zweimal vernommen, bis sie ein Geständnis ablegte (*Läpple,* a.a.O., S. 230). Diese Willkürmaßnahmen hält auch der in der DDR ausgebildete und praktizierende Rechtsanwalt *Friedrich* ***Wolf*** für normal, selbst eine Untersuchungshaft von vier Jahren. Besonders gut findet er die **Vernehmungsprotokolle**, die von der Stasi erstellt wurden, weil sie „so schön eindeutig waren" (*Wolf,* Verlorene Prozesse, Berlin 2009).

Dies waren alles Methoden, die sehr wirksam waren, aber keine äußerlichen Spuren hinterließen. Vor der Entlassung mussten die Gefangenen unterschreiben, dass sie stets menschwürdig behandelt worden waren. Diese Erklärungen werden heute von den Beschönigern der DDR zum „Beweis" für die „Rechtsstaatlichkeit" vorgelegt.

Die DDR unterstützte auch die **Rote-Armee-Fraktion** (RAF) (*Peters*, a.a.O.; Der Spiegel vom 8.9.2008, S. 52; *Staadt,* in FAZ vom 3.10.2007, S. 12). Zunächst ermöglichte sie den Haupttätern *Baader, Mahler, Enslin* und *Meinhof,* über den DDR-Flughafen Berlin-Schönefeld nach Beirut und zurück zufliegen, um an Schieß- und Sprengübungen der **Al Fatah** (Palästinensische Kampforganisation) in Jordanien teilzunehmen.

Auf Anordnung der SED übernahm der Staatssicherheitsdienst schließlich selbst die Ausbildung der RAF. Mit dieser Aufgabe wurde das Spezialkommando des MfS „Arbeitsgruppe des Ministers / Sonderaufgaben" betraut, das für die „Spezialkampfführung" ausgebildet war (individueller Terror, Gefangennahme von Personen, pp.).

Als sich in der BRD Fahndungserfolge mit Festnahmen von RAF-Mitgliedern einstellten, wurden RAF-Angehörige in der DDR unter **neuer Identität** angesiedelt. Nach der Wiedervereinigung konnten die Täter dort festgenommen werden.

Die Bürger der DDR machten dieser Diktatur ein Ende, so wie es die Bürger in allen anderen Diktaturen in Osteuropa taten (*Dalos*, a.a.O.).

1.4.3.6 Wiedervereintes Deutschland

Nach der Wiedervereinigung wurden Polizeibeamte in die „Neuen Bundesländer" entsandt, um dort eine rechtsstaatliche Polizei aufzubauen. Von dem vorhandenen Personal der Kriminal- und Volkspolizei wurden alle über 50-Jährigen entlassen. Gleiches geschah mit den Jüngeren, wenn sie Angehörige des Staatssicherheitsdienstes waren, wenn sie während ihrer Dienstzeit Straftaten begangen hatten, die nach den Strafgesetzen der BRD zu verfolgen waren, oder wenn sie bei ihrer Überprüfung falsche Angaben machten. Von dieser Regelung gab es Ausnahmen (siehe unten). Die übrigen Polizeibeamten wurden umfassend rechtsstaatlich ausgebildet. Die Führungskräfte haben an der Polizeiführungsakademie (heute: Deutsche Hochschule der Polizei) in Münster-Hiltrup studiert.

Die **Aufarbeitung der DDR-Diktatur** ist wesentlicher Garant unserer freiheitlich demokratischen Grundordnung. Die sorgfältige und gewissenhafte Aufbereitung des Geschehenen darf unter keinen Umständen mit „Verabredetem Schweigen", „Organisiertem Vergessen" und einem „Kartell des Schweigens" unterlassen werden. So wird die DDR verklärt und die Diktatur beschönigt (Der Spiegel vom 7.12.2009, S. 28, vom 4.1.2010, S. 40, und vom 25.1.2010, S. 36).

Eine öffentlichkeitswirksame Beschönigung der DDR-Diktatur wurde im Jahr 2009 in **Mecklenburg-Vorpommern** durch den westdeutschen Verwaltungsjuristen und Ministerpräsidenten *Erwin* ***Sellering*** (SPD) betrieben: Er behauptet, dass die DDR zwar „kein Rechtsstaat, aber auch kein Unrechtsstaat" gewesen sei (FASZ vom 22.3.2009, S. 6). Erst auf Nachfrage räumte *Sellering* ein: „Allerdings stimmt, der Staat machte vielfach, was er wollte. Es gab keine Kontrolle durch unabhängige Gerichte. Insofern hat zur DDR immer auch ein Schuss Willkür und Abhängigkeit gehört." Auch nach ersten Kritiken verteidigt *Sellering* seine Auffassung (FAZ vom 24.3.2009, S. 4). Damit löste er bundesweit eine Welle der öffentlichen Empörung aus, auch durch seine Parteifreunde in Ostdeutschland. So auch der ehemalige Innenminister von Mecklenburg-Vorpommern *Gottfried Timm* (SPD): „Wenn die DDR kein Unrechtsstaat gewesen wäre, hätten wir 1989 nicht auf die Straße gehen müssen" (FAZ vom 25.3.2009, S. 4; FAZ vom 28.3.2009; FASZ vom 29.3.2009; SZ vom 6.4.2009; FAZ vom 9.5.2009; FAZ vom 26.4.2009; FAZ vom 10.5.2009; FAZ vom 7.7.2009; Der Spiegel vom 18.5.2009; FASZ vom 15.6.2009, u.v.a.m.). Insbesondere die Opferverbände fühlen sich stark betroffen. Doch bei einem Treffen mit diesen, hat sich *Sellering* dort nicht entschuldigt (FAZ vom 7.8.2009, S. 4). Dazu die Leiterin der Stasi-Unterlagen-Behörde *Marianne* ***Birtler***: „Dass ein Ministerpräsident die fundamentalen Unterschiede zwischen einer Diktatur und einer Demokratie zu ignorieren scheint, finde ich besorgniserregend" (FASZ vom 17.5.2009, S. 4). Das Verhalten von *Sellering* zeigt, wie wichtig es ist, dass **Berufsbeamte** von der Politik unabhängig sind (Kapitel 25.6.2)

Das Beschönigen der DDR stärkt die ewig Gestrigen, schützt die, die mit Willkürmaßnahmen Macht ausübten, und schürt die Unzufriedenheit vieler Ostdeutscher. Noch im Jahr 2009 wird von der Mehrheit der Ostdeutschen behauptet, die Westdeutschen hätten ihnen keinerlei Spielraum für eine eigenständige Neuorganisation ihres Landes gelassen und das Westdeutsche System übergestülpt bekommen (*Schroeder*, FAZ vom 6.1.2010, S. 6). Das entspricht nicht den Tatsachen. *Christa Wolf* hat zwar am 26.11.1989 in ihrem Aufruf befürchtet, dass die **DDR** von der BRD „vereinnahmt" werde. Tatsächlich hat aber die demokratisch gewählte Volkskammer der DDR am 20.9.1989 beschlossen, der BRD nach Art. 23 GG beizutreten (*Kowalczuk*, a.a.O., S. 483 ff.; *Neubert*, a.a.O., S. 414). Erst danach erfolgten die Verhandlungen über die **Art und Weise des Beitritts**. Es gab auch viele in der DDR, denen ging es nicht schnell genug. Sie forderten, dass notfalls einzelne DDR- Regionen von sich aus der BRD beitreten sollten oder stimmten mit den Füßen ab, indem sie in den Westen abwanderten (*Bogisch*, a.a.O., S. 128 und 141).

Auch die Gründung der **Treuhand-Gesellschaft** zur Privatisierung der DDR-Staatsbetriebe wurde von der DDR am 17.6.1990 selbst beschlossen, weil die Staatsbetriebe total abgewirtschaftet waren (*Neubert*, a.a.O., S. 392). Die Idee hatte der „Runde Tisch" bereits im Dezember 1989. Im März 1990 wurde die Treuhand vom Ministerrat der DDR formell gegründet (FAZ vom 17.2.2011, S. 7).

Ebenso wurde der **Staatssicherheitsdienst** von der DDR am 17.11.1989 zunächst in **Amt für nationale Sicherheit** (AfNS) umbenannt doch dann wurden am 31.3.1990 alle Mitarbeiter von der DDR selbst entlassen. Ebenso verabschiedete die DDR auch das **Stasi-Unterlagen-Gesetz** am 24.8.1990 und richtete selbst die Behörde ein. Am 3.10.1990 bestimmte auch die Volkskammer der DDR, dass der ostdeutsche *Joachim* ***Gauck*** a.a.O. zum Sonderbeauftragten für die Stasi-Unterlagen wird. Nach ihm erhielt die Behörde in der Umgangssprache den Namen „Gauck-Behörde". Erst am 14.11.1991 bestätigte der Deutsche Bundestag das Gesetz (*Läpple*, a.a.O., S. 338–341). Dieses Gesetz erlaubt auch die Bekanntgabe des Klarnamens von IM (*Gauck*, a.a.O., S. 270).

Mit der Wiedervereinigung Deutschlands am 3.10.1990 ging der staatliche Strafanspruch von der DDR auf die BRD über. In der DDR waren bis dahin viele Straftaten begangen worden, die gegen die Menschenrechte oder das internationale Recht verstießen, z. B. Verschleppung, Auftragstötung, Folter, Kinderdoping, Rechtsbeugung u.v.a.m. Aber auch im Zuge der Wiedervereinigung und der Einführung der D-Mark wurden Straftaten in großem Stil begangen, z. B. Betrug mit Transferrubel, Umstellungsbetrug, Embargohandel, Treuhand-Delikte, Betrug mit Vermögen von Partei- und Massenorganisationen. Um diese Delikte zu verfolgen, richteten die westlichen Bundesländer die „Zentrale Ermittlungsstelle Regierungs- und Vereinigungskriminalität" (**ZERV**) mit Sitz in Berlin ein. Die gut 300 Mitarbeiter, darunter Richter, Staatsanwälte und Kriminalbeamte, wurden in dem nicht mehr genutzten Teil des Flughafengebäudes Tempelhof untergebracht. Sie bewältigten mehrere Tausend Strafverfahren und stellten eine Schadenssumme von rund **fünfzehn Milliarden Euro** fest. Trotz aller Bemühungen konnten viele Taten nicht gesühnt werden.

Die ostdeutsche Bürgerrechtlerin *Bärbel **Bohley*** schrieb dazu: „Wir haben Gerechtigkeit gewollt und den Rechtsstaat bekommen.“ Die mutige Frau und Gründerin des „Neuen Forums“, das als größte und ungewöhnlichste Bürgerbewegung gegen die DDR-Diktatur galt, verstarb 2010 im Alter von 65 Jahren.

1.4.3.7 Kriminaldienstmarke

Das Requisit aller Kriminalpolizeien ist die **Kriminaldienstmarke**. Sie wird im deutschen Sprachraum erstmals 1810 im Preußischen Polizeireglement beschrieben und nach französischem Vorbild erstellt. Demzufolge war sie rund, im Durchmesser 4,1 cm groß und trug die Aufschrift „Koenigl. Preuss. Policei Beamter“. Unter den Nationalsozialisten wurde 1936 die ovale Dienstmarke für die Kripo und Gestapo eingeführt. Diese Form ist 1954 in Nordrhein-Westfalen und danach von allen anderen Bundesländern und vom Bund übernommen worden.

Die Kriminaldienstmarke wurde 1810 vom preußischen Innenminister als „Wahrzeichen“ der Polizei bezeichnet. 1927 fügte der Innenminister diesem das zweite Wahrzeichen hinzu, den zwölfstrahligen **Polizeistern**. Es ist eine künstlerische Umgestaltung des Helmziers, den Eliteformationen trugen (*Radecke,* a.a.O.).

Die DDR führte bereits 1948 die Kriminaldienstmarke ein, die auch vom **Staatssicherheitsdienst** getragen wurde. Mitte der 1970er-Jahre wurde die Kriminaldienstmarke ohne Angabe von Gründen eingezogen.

Seit 1992 werden die Kriminalisten in den neuen Bundesländern wieder mit bundeseinheitlichen Kriminaldienstmarken ausgestattet. Inzwischen gibt es für andere Ermittlungspersonen, z. B. Zoll oder Finanzermittler (Kapitel 19.3) Dienstmarken, die in Form und Größe den Kriminaldienstmarken gleichen. Sie tragen die Aufschrift „Ermittlungsperson der Staatsanwaltschaft“.

1.5 Fachzeitschrift

Das dringende Bedürfnis, Wissenschaftler mit praktischen und Praktiker mit wissenschaftlichen Problemen vertraut zu machen, war stets vorhanden. So wurden kriminalistische Arbeiten in verschiedenen Büchern und Zeitschriften veröffentlicht. Das traditionsreichste und eines der qualifiziertesten Organe finden wir in der Zeitschrift Kriminalistik.

Am 1.1.1927 erschien diese Zeitschrift unter dem Namen **Kriminalistische Monatshefte**, mit dem Untertitel: „Für die gesamte kriminalistische Wissenschaft und Praxis“. In dem Geleitwort heißt es: *„Als die deutsche Landesgruppe der ‚Internationalen Kriminalistischen Vereinigung‘ im Jahre 1925 zu Innsbruck tagte, stellte sie – angeregt durch Referate der bekanntesten Strafrechtslehrer und Kriminalpraktiker – fest, dass es ein dringendes Erfordernis der Stunde sei, die **Kriminalistik als hochschulfähige Wissenschaft auszubauen** und den*

Juristen eine praktische kriminalistische Information zu bieten. Fast zur gleichen Zeit kam aus den Kreisen der Kriminalpolizei der Ruf nach einer Zeitschrift, die sich vorwiegend der praktischen Kriminalistik und Kriminalpsychologie widmen sollte."

Bereits 1928 übernahm der als entschiedener Gegner des Nationalsozialismus bekannt gewordene Berliner Polizei-Vizepräsident *Bernhard* ***Weiß*** (Kapitel 1.5.3) die Herausgabe dieser Zeitschrift. Von den Nationalsozialisten missbraucht, hieß die Zeitschrift ab 1938 Kriminalistik und diente dem Chef der Sicherheitspolizei *Reinhard* ***Heydrich*** und dem Chef der Kriminalpolizei im Deutschen Reich, *Arthur* ***Nebe,*** als Sprachrohr, bis das Erscheinen wegen der Kriegswirren 1944 eingestellt wurde.

Am 21.4.1947 gab der Leiter des Landesfahndungsamtes Württemberg-Baden, ***Mehl,*** die **Kriminalistische Rundschau**, eine Fachschriftenreihe für die Württembergisch-Badische Polizei, heraus und setzte damit die Tradition fort. Wegen der nationalsozialistischen Vergangenheit vermied man zunächst den Namen Kriminalistik.

Unter der Schriftleitung des Leiters des Polizeiinstitutes Hiltrup *Herbert* ***Kalicinski*** erhielt die Zeitschrift 1949 ihren Namen zurück, den sie auch heute trägt: „Kriminalistik". Dies ist eine Zeitschrift, die in der Ausbildung und im täglichen Dienst der Kriminalpolizei nicht wegzudenken ist.

1.6 Kriminalliteratur

1.6.1 Verbrechensdichtung

Die Kriminalpolizei ist ohne Kriminalliteratur und ohne Kriminalfilm nicht denkbar. Sie umgibt diesen Beruf mit geheimnisvollen Fähigkeiten und bestimmt weitgehend das positive Ansehen in der Öffentlichkeit. Diese Ansehensaufwertung strebt die Schutzpolizei mit der seit 2001 wöchentlich ausgestrahlten Fernsehsendung „*Toto und Harry*" an. Die Sendung zeigt den bürgernahen „Schutzmann", der korrekt, freundlich und aufmerksam ist. Hierbei treten tatsächliche Streifenpolizisten vom Polizeipräsidium Bochum auf und lösen Alltagsprobleme, die der Realität nicht unbedingt entsprechen (*Linssen*, a.a.O.).

Bei der Qualität der Kriminalliteratur, der sogenannten „Schwarzen Dichtung", ist es ähnlich. Bei näherer Betrachtung stellt man große Unterschiede fest (*Dahnke*, a.a.O.; *Schmidt*, a.a.O.; *Grube*, a.a.O.).

Sucht man in der Literatur nach den Anfängen dieser Themen und der geistigen Auseinandersetzung mit dem Verbrecher, so wird man bereits bei ***Sophokles*** fündig. In seinem Drama „Ödipus" ermordet der Sohn den Vater und heiratet später seine Mutter; in Unkenntnis der Blutsverwandtschaft, weil er als Kleinkind ausgesetzt wurde und seine Abstammung nicht kannte. Erst auf dem Höhepunkt seiner Karriere, als König von Theben, kommt er durch den blinden Seher ***Teiresias*** durch **Anwendung der Denkgesetze** auf den Grund der Wahrheit.

Aber auch die **Bibel** berichtet von einem König, der detektivische Mittel einsetzt. Im 13. Buch Daniel, Zeile 46, wird die Geschichte von „Susanne im Bade“ erzählt. König Daniel beanstandet, dass in Babylon eine junge Frau „ohne Verhör und ohne Prüfung der Beweise“ verurteilt wurde. Der König selbst führt dann das Verhör mit den beiden Zeugen, zwei pflichtvergessenen Richtern, und überführt sie der **Lüge**. In Abwesenheit des jeweils anderen befragt er sie nach dem Baum, unter dem das Verbrechen geschehen sein sollte. Durch ihre unterschiedlichen Antworten, Zeder und Eiche, entlarven sich die Lügner selbst.

In dieser Reihe könnte man mit *Friedrich* ***Schiller****, Heinrich* ***von Kleist****, E.T.A.* ***Hoffmann*** fortfahren und vielen anderen. Auch sie haben Geschichten über das Verbrechen und über Verbrecher geschrieben.

1.6.2 Arten der Kriminalliteratur

In der Kriminalliteratur unterscheidet man zwischen **Detektivroman, Kriminalroman** und **Thriller** (*Schmidt*, a.a.O.).

Die drei **Romangattungen** entwickelten sich ab der Mitte des 19. Jahrhunderts, beginnend mit dem Detektivroman, über den Kriminalroman zum Thriller. Der gesellschaftliche **Hintergrund** waren die geänderten Rahmenbedingungen in der Strafrechtspflege. Zwischen 1838 und 1879 wurden die gerichtlichen Beweisregeln an der Würde des Menschen ausgerichtet. Von der starren positivistischen Beweistheorie wandte man sich den Regeln der **freien Beweiswürdigung** zu (Kapitel 3.2). Die Gerichte mussten jetzt mithilfe der Denkgesetze und der Erfahrungssätze von dem strafbaren Verhalten überzeugt sein. Logik, allgemeine Bildung, Beobachtungen und Erfahrungen des täglichen Lebens sowie Sach- und Fachkunde aller Wissensgebiete waren gefragt. Verkürzt dargestellt, es erfolgte eine Abwendung von der körperlichen Gewalt (Anwendung von Folter, von Lügen- und Ungehorsamsstrafen) und eine Hinwendung zur geistigen, intelligenten **Auseinandersetzung** mit dem Verbrecher (*Saupe,* a.a.O.).

a) **Detektivroman**

Im Detektivroman wird ein bereits geschehenes, geheimnisvolles Verbrechen mit den Mitteln des Geistes aufgeklärt. Das Konzept besteht in einem dreigliedrigen Aufbau.

Als erstes Element tritt ein **Detektiv** auf. Er ist Privatmann, reich, versnobt, intelligent und der Polizei stets ein Stück voraus. Mit diesen Eigenschaften ist eine bewusste Abgrenzung zu den staatlichen Detektiven, den Kommissaren, vorgenommen worden. Da die ersten Detektivromane fast ausschließlich für die gesellschaftliche Oberschicht geschrieben wurden, musste der Held auch deren Attribute aufweisen. Der Detektiv arbeitet methodisch mit den Mitteln der Analyse (systematische Untersuchung), der Deduktion (Rückschlüsse vom Allgemeinen zum Einzelfall) und der Kombination (geistige Verknüpfung, Schlussfolgerung, Vermutung und Verdacht). Diese Fähigkeiten muss auch heute ein guter Kriminalist beherrschen (Kapitel 1.3.3).

Als zweites Element steht dem Detektiv ein **Assistent** zur Seite. Dieser verkörpert den aus dem mittelalterlichen Theater entlehnten „Stooge", den „Dummen August" oder den Frager aus dem Publikum. Er hat im Wesentlichen die Aufgabe, beim Leser der Romane den Eindruck zu erwecken, nicht allein im Dunkeln zu stehen und nicht als Einziger keine Tatzusammenhänge zu erkennen.

Als drittes Element tritt ein **Erzähler** auf. Dieser hat die Geschichte voranzubringen und den Leser mit den notwendigen Informationen zu versorgen. Die Funktion des Erzählers kann auch vom Detektiven selbst oder seinem Assistenten wahrgenommen werden. Exemplarisch für dieses Genre ist der Roman „Eine Studie in Scharlachrot" von *Sir Arthur Conan* ***Doyle***. Der Detektiv Mr. *Sherlock* ***Holmes*** und sein Assistent Doktor *John H.* ***Watson*** sind weltberühmt geworden. Die Methoden der detektivischen Mittel werden in diesem Roman ausführlich beschrieben.

b) Kriminalroman

Im Kriminalroman wird der **Alltag der staatlichen Verbrechensbekämpfung** dargestellt. Ein Täter wird einer Tat überführt. Die Aufklärungsarbeit ist von Pannen und Zufällen begleitet. Ein Detektiv ist häufig nicht vorhanden. Tritt er auf, so als ein Durchschnittsmensch. In der Regel ist er ein Kriminalkommissar, der keine detektivischen Mittel anwendet, sondern Fakten sammelt. Dieses Genre wird am besten von dem schwedischen Schriftstellerehepaar *Per Wahlöö* und seiner Frau *Maj Sjöwall* in dem Roman „Hövdingen" dargestellt. Ähnliche Typen erscheinen uns in Fernsehinszenierungen als „Derrick", „Der Alte" oder „Schimanski" oder bei *Donna* ***Leone*** mit Commissario *Guido* ***Brunetti*** oder *Henning* ***Mankell*** mit Kommissar *Kurt* ***Wallander***. In dieses Genre gehören auch die Bibliografien zu authentischen Kriminalfällen (Kapitel 1.1.2). Kriminalromane und **Kriminalfilme** sind eine angenehme Art der Unterhaltung und Entspannung. Sie zeigen Aktionen und spannende Handlungen, jedoch kein kriminalistisch Denken (Kapitel 1.3.3), das kann man nicht sehen, obwohl das in der Realität das wirklich spannende ist.

c) Thriller

Der Thriller ist ein **Schauerroman**, ein Reißer, in dem Brutalität, Gewalt und Heimtücke vorherrschen. Das Verbrechen wird erst im Laufe der Erzählung entwickelt. Das Gute muss nicht siegen. Die Logik tritt hinter Aktionismus zurück. *Edgar* ***Wallace*** hat dieses Genre perfektioniert. Aber auch *Agatha Christie* hat hier wesentliche Beiträge geleistet.

1.6.3 Autoren, Erstwerke und Serienhelden

Edgar Allan Poe

Als Urvater der Detektivgeschichten gilt der Amerikaner *Edgar Allan* ***Poe*** (1809–1849). Im April 1841 veröffentlichte er in einem Magazin die Detektiv-Story „Die Morde in der Rue Morgue“. Sein Detektiv C. *Auguste* ***Dupin*** klärt das schreckliche Verbrechen mit den Methoden der Rückschlüsse und Deduktion auf. Auch hierin ist er der als hilflos dargestellten Polizei überlegen. Als „Täter“ wird ein Menschenaffe ermittelt, der einem Matrosen, der ihn aus Borneo mitgebracht hatte, entwischt war. Als weitere lesenswerte Geschichten schrieb Poe „Der Goldkäfer“ und „Der entwendete Brief“.

Emile Gaboriau

Bereits zu Lebzeiten von *Poe* erschien 1846 in französischen Zeitungen eine Übersetzung von „Die Morde in der Rue Morgue“ unter dem Namen des französischen Autors *Emile* ***Gaboriau*** (1835–1873). Dies war eindeutig ein Plagiat. Doch mit der Zeit entwickelte *Gaboriau* einen eigenen Stil und erfand die Detektivfigur **Lecoq**. Zunächst als Randfigur, wurde dieser zum Serienheld. Lesenswert sind die Romane „Die Affäre Lerouge“ und „Das Verbrechen von Orcival“.

Sir Arthur Conan Doyle

Der berühmteste Autor von Detektivgeschichten ist der schottische Arzt *Arthur* ***Conan Doyle*** (1859–1930). Als Arzt nicht erfolgreich, verdiente er mit Kurzgeschichten, die er für eine Zeitung schrieb, den Unterhalt für sich und seine Frau. Nach anfänglichen Fehlschlägen war sein erster Roman, „Eine Studie in Scharlachrot“, ein Erfolg. Hier wird bereits die legendäre Figur des Detektivs *Mr. Sherlock* ***Holmes*** in allen Einzelheiten beschrieben. Als Assistent steht ihm der junge Militärarzt *Dr. John H.* ***Watson*** zur Seite, der in Afghanistan gedient hat. In dieser Figur dürfte sich *Doyle* selbst dargestellt haben. Für seine Verdienste um den Detektivroman wurde er vom englischen Königshaus geadelt.

Martin Walser

Der am Bodensee lebende *Martin* ***Walser***, geb. 1927, schreibt eine besondere Art von schwarzer Dichtung. Er bleibt beim privaten Detektiv. Dieser ist jedoch auch nur ein Durchschnittsmensch, der sich mit allerlei Tricks durchs Leben „wurschtelt“. Mit seinem Detektiv *Tassilo S.* ***Grübel*** übt er Kritik an der Gesellschaft. Seine zunächst als Hörspiel geschriebene Detektivgeschichte „Säntis“ zeigt dies deutlich. Der zweite Name seines Detektiven, mit dem *S.* abgekürzt, soll ***Sokrates*** heißen. An den geistigen Fähigkeiten von *Tassilo S.* gemessen, ist das völlig überzogen und soll das Satirische unterstreichen.

Georges Simenon

Der Belgier *Georges* ***Simenon*** (1903–1989) schuf den bekanntesten Detektiv, der zugleich Polizist war: Kommissar *Jules* ***Maigret***. Damit war der Übergang zum Kriminalroman vollzogen. *Maigret* war ein humaner Typ, der die Täter im sozialen Umfeld der Opfer suchte. In dem Roman „Maigret und Pietr, der Lette“ kommt Simenons sozialkritischer Ansatz zur Verbrechenserklärung besonders zum Ausdruck: „Es gibt keine kriminellen Menschen, nur kriminelle Handlungen.“

Nicolas Freeling

Der Engländer *Nicolas* ***Freeling*** (1929–2003) entwickelte den Kriminalroman fort. Sein Romanheld ist Inspektor bei der Amsterdamer Kriminalpolizei, *Simon Piet* ***Van der Valk***. Ein Beamter, der mit seinen Vorgesetzten wegen seines Nonkonformismus auf Kriegsfuß steht, aber wegen der Erfolge akzeptiert wird. Bereits sein erster Roman „Liebe in Amsterdam“ macht dies deutlich. In dem Roman „Van der Valk muss schweigen“ schildert der Autor seine persönlichen Schwierigkeiten mit der Polizei.

Friedrich Dürrenmatt

Der Schweizer *Friedrich* ***Dürrenmatt*** (1921–1990) befasste sich nur nebenher mit der Verbrechensdichtung. Gleichwohl sind seine Romane „Der Richter und sein Henker“, „Der Verdacht“ und „Das Versprechen“ höchst spannend und von besonderer kriminalistischer Bedeutung.

Als Detektive setzt *Dürrenmatt* Kriminalbeamte ein, die Kommissare *Bärlach* und *Matthäi*. In seinem vierten Roman, „Die Panne“, verzichtet er ganz auf ein tatsächliches Verbrechen und auf einen Detektiv. Gleichwohl fehlt diesem Roman nichts, was einen guten Detektivroman ausmacht.

„Das Versprechen“ war eine Auftragsarbeit für den Filmproduzenten *Lazar Wechsler*. Dieser suchte einen Stoff zum Thema: „Sexualverbrechen an Kindern“. Der Film erschien unter dem Titel „Es geschah am helllichten Tag“ und war mit den Hauptdarstellern *Heinz Rühmann*, als Kommissar Matthäi, und *Gerd Fröbe*, als Sexualmörder, ein filmischer Höhepunkt und großer Erfolg für die Kriminalliteratur.

Der Roman „Der Richter und sein Henker“ wird inhaltlich durch Kommissar Bärlachs Ausspruch umrissen: *„Es ist mir nicht gelungen, dich der Verbrechen* *zu überführen, die du begangen hast, nun werde ich dich eben dessen überführen, das du nicht begangen hast.*" Nebenbei wird hier auch deutlich, wozu überzogener kriminalistischer Ehrgeiz führen kann.

„Der Verdacht" ist eine Erinnerung an die Nazizeit und an die Gräuel in den Konzentrationslagern. Deshalb wählt *Dürrenmatt* hier wohl mythologische Figuren. Dem Kommissar *Bärlach* macht er jedoch klar, dass die Zeiten für intellektuelle Einzelkämpfer vorbei sind. Bedeutende Straftaten können nur im Team aufgeklärt werden.

Fjodor M. Dostojewski

Als Schriftsteller von Weltliteratur fand der Russe ***Dostojewski*** (1821–1881) eine neuartige Romanform mit kriminalistischer Handlungsführung. Besonders interessant ist der Roman „Schuld und Sühne", der eigentlich „Verbrechen und Strafe" heißt und in der ersten Übersetzung unter dem Titel „Raskolnikow" (mit verschiedenen Schreibweisen) erschienen ist. Hierin zeigt *Dostojewski* ausführlich seine sozialwissenschaftlichen Ansichten zur Ursache von Verbrechen. Sozialwissenschaftlich und psychologisch sehr interessant sind die ausführlichen Vernehmungen des Täters ***Raskolnikoff*** durch den Richter ***Petrowitsch.***

Der Philosoph ***Bieri*** (a.a.O.) nimmt dieses Thema auf und führt dazu in seinem Buch, Kapitel 9, dazu einen fiktiven Dialog zwischen dem Täter *Raskolnikow* und dem jetzt namenlosen Richter über die persönliche Verantwortung (Kapitel 25.5.2) für die Tat. *Raskolnikow* wirft dem Richter vor, „das ist nicht fair, mir die Tat anzulasten, weil ich durch Erziehung und Umwelt nicht anders konnte". Eine Diskussion, die seit Jahren auch in Deutschland geführt wird. *Bieri* (a.a.O.) zeigt aber in erfreulicher Klarheit die persönliche Verantwortung der Menschen für ihr Handeln auf.

Henning Mankell

Der schwedische Theaterregisseur und Schriftsteller *Henning* ***Mankell*** (geb. 1948) schafft den Kommissar *Kurt* ***Wallander***. Dieser ist kein Held, sondern ein gewissenhafter und introvertierter Mensch mit großen eigenen Problemen. Er durfte auch nie einen Mord aufklären, sondern übte stets Gesellschaftskritik im Namen seines Autors. Die Detailschilderung der schwedischen Heimat von *Wallander* ist authentisch und ähnlich anspruchsvoll, wie bei *Johannes Mario* ***Simmel*** (1924–2009).

Von „Mörder ohne Gesicht" (1991) bis zu „Der Feind im Schatten" (2009) hat *Mankell* zehn beachtenswerte Kriminalromane geschrieben. Das sei der letzte gewesen, sagt er (*Rüther*, a.a.O.).

Leonid Jusefowitsch

Wegen des „Kalten Krieges" und des undurchdringlichen „Eisernen Vorhangs" zwischen Ost und West hat es auch im Bereich der Kriminalistik kaum Informationen über die Methoden und Ereignisse in Russland gegeben. Das änderte sich erst mit **Perestroika** und **Glasnost** (Umgestaltung und Transparenz), der Freizügigkeit und Öffnung der Grenzen nach 1990. Was schließlich zum Ende der Diktaturen in Osteuropa führte (*Dalos,* a.a.O.).

Der Russe ***Jusefowitsch*** (geb. 1946) beschreibt in „Im Namen des Zaren, Ivan Putilin ermittelt" einen legendären Kriminalisten, der ein „Genie der russischen Kriminalistik" gewesen sein soll, **Iwan Putilin** (1830–1893). Dieser war zur Zarenzeit 35 Jahre lang Chef der Kriminalpolizei in St. Petersburg und ist für seine spektakulären Erfolge mehrfach ausgezeichnet worden. Den Beschreibungen zufolge, muss es sich bei *Putilin* um einen ähnlich bedeutenden Kriminalisten gehandelt haben, wie *Ernst Gennat* (Kapitel 1.4.3.2).

Agatha Christie

Der Übergang vom Kriminalroman zum Thriller wird von der Engländerin *Agatha* ***Christie*** (1890–1976) vollzogen. Sie „benutzt" noch einen Kommissar, *Mr.* ***Hastings***, der von dem Detektiv *Hercule* ***Poirot*** stets auf die richtige Spur gebracht werden muss. In der Methodik der Fallaufklärung verlassen aber beide die Gesetze der Logik. Vielmehr wird der Leser mit Überraschungen verblüfft.

Obwohl *Agatha Christie* in 80 Titeln mit diesem Helden erfolgreich ist, verwendet sie in weiteren zwölf Romanen als Hauptfigur eine Frau, *Miss Jane* ***Marple***, die den ersten Helden in der Popularität sogar übertrifft.

Edgar Wallace

Endgültig zum Thriller führt der Engländer *Edgar* ***Wallace*** (1875–1932). Er verwendet keinen Serienhelden, sondern stellt nur noch kriminelle Profis dar. Hauptziel ist es, Verbrechen in seiner Scheußlichkeit darzustellen.

Wallace arbeitete gleichzeitig an mehreren Geschichten und benutzte, zur damaligen Zeit bemerkenswert, ein Diktiergerät. Durch seine manische Art zu arbeiten – mehrere Schreiber mussten seine Gedanken in geordneter Form niederschreiben – brachte er es auf 1 000 Erzählungen, 173 Romane und 17 Theaterstücke.

Ian Fleming

Der Brite *Ian* ***Fleming*** (1908–1964), ehemaliger Geheimdienstler, setzte dieses Genre fort. Die allseits bekannte Heldenfigur reduziert sich auf eine Nummer mit Tötungserlaubnis: 007, *James* ***Bond***.

2 Organisation der polizeilichen Verbrechensbekämpfung

2.1 Literatur

Arndt / Seydel, Zusammenarbeit zwischen Polizei und Privatermittlern, Kriminalistik 2011, S. 91

Bach, Auch die Polizei braucht Freunde und Helfer [Dissertation 2008]. Die Polizei 2009, S. 296

Behrendt, [vormals Landeskriminaldirektor in NRW], Interview, Arbeitsqualität bedingt in komplexen Organisationen auch Spezialisierung, Streife / NRW, 7–8 / 2005, S. 4

Behrendt, [vormals Landeskriminaldirektor in NRW], Qualitätsoffensive in der Kriminalitätsbekämpfung. Steuern der Kriminalitätsbekämpfung über „Handwerk“, in: Kriminalistik 2006, S. 452 (Berichtigung der Amtsbezeichnung auf S. 497)

Bielstein, Zentrale Ermittlungsstelle Regierungs- und Vereinigungskriminalität in Berlin, ZERV, in: Streife / NRW 3 / 1995, S. 16 und 4 / 1995, S. 18

BKA, Hg., 60 Jahre BKA – Eine Zeitreise, in: Flurfunk, Zeitschrift für Mitarbeiter des BKA, Sonderausgabe vom 8.3.2011

Brandt, Die AG-Kripo. Ein schon fast legendäres Gremium, in: Kriminalistik 1992, S. 137

Braun, Zur „Privatisierung der Polizei“, in: Die Polizei 2008, S. 350

Büchler / Lohmeyer, Soko-Leitfaden, BKA-Forschungsreihe, Wiesbaden 1997

Burghard, 50 Jahre Bundeskriminalamt, in: Kriminalistik 2001, S. 226

Burgmer, Polizei im Umbruch. Eine Bilanz zum Status der (Kriminal)-Polizei., in: Kriminalistik 1994, S. 226, 303 und 370

Fehn, Die Informationspartner der Zollfahndung, in: Kriminalistik 2003, S. 751

Fehn, Das Zollfahndungsdienstgesetz, in: Kriminalistik 2004, S. 110

Fehn, Gesetzliche, nicht gefühlte Ermittlungskompetenz der Finanzkontrolle Schwarzarbeit, in: Kriminalistik 2008, S. 444

Feltes, Zur Effektivität polizeilichen Handelns, in: Die Polizei 1990, S. 301

Follert,	Objektive und subjektive Sicherheit, in: Deutsches Polizeiblatt, 3 / 1999, S. 7
Freyer,	EUROPOL, Bedeutung für die Justizpraxis, in: Kriminalistik 2003, S. 80
Goßmann,	Polizeilicher Staatsschutz, in: Kriminalistik 2000, S. 812
Hassemer,	Warum Strafe sein muss". Berlin 2009
Hassemer / Matussek,	Das Opfer als Verfolger. Ermittlungen im Strafverfahren. [Seite 29 ff.: Das amerikanische Parteienverfahren im Strafprozess] Frankfurt/M 1996
Heemann / Meyer,	Historisches vom Strom – Die deutschen Wasserschutzpolizeien, Gelsenkirchen 2000
Hoffmann,	Bildungspolitisches Gesamtkonzept für Polizei und Strafverfolgung in der Schweiz, in: Kriminalistik 2005, S. 375 [378]
Hofmeyer,	BKA-Leitlinien. Ein Stück Polizeikultur, in: Kriminalistik 1991, S. 689
Holste,	60 Jahre Landeskriminalamt in Düsseldorf, in: Streife / NRW 9/, 2006, S. 4
Kerner / Stierle / Tiedken	Kriminalitätsbekämpfung durch Behörden des Bundes, in: Kriminalistik 2006, S. 292
Kittlitz / Staun,	Cyberwar – was ist das?, FASZ vom 26.6.2011, S. 33
Koch,	Kriminalitätswahrnehmung, in: NJW 2005, S. 943, (m.w.H.)
Kubica,	Neuorganisation im Bundeskriminalamt bei der internationalen Zusammenarbeit, in: Kriminalistik 2006, S. 167
Maunz / Dürig,	Kommentar zum Grundgesetz der BRD, München 2008
Kury / Lichtblau / Neumaier	Was messen wir, wenn wir Kriminalitätsfurcht messen?, in: Kriminalistik 2004, S. 457
Maier,	Verbrechensaufklärung durch Privatdetektive, in: Kriminalistik 2001, S. 670
Müller,	Unfallrisiko Einsatzfahrt, in: Kriminalistik 2001, S. 281
Niemeier / Walter	Neue Rechtsgrundlage für Europol, in: Kriminalistiik 2010, S. 17
Ohder / Brenneisen,	Security Management (M.A.) – Plädoyer für ein hochschulüberhreifnedes Zukunftsprojekt, in: Die Polizei 2007, S. 264
Ratzel,	Internationale Verbrechensbekämpfung. Europol – das Europäische Polizeiamt, in: Kriminalistik 2007, S. 284, Fortsetzung mit weiteren Autoren auf S. 363 und auf S. 428

Roggan, Das neue BKA-Gesetz – Zur weiteren Zentralisierung der deutschen Sicherheitsarchitektur, in: NJW 2009, S. 257

Rüther, Zum Einfluss des Internets auf die Kriminalitätsstruktur und die Kriminalitätskontrolle, in: Kriminalistik 2004, S. 698

Schaap, Dienst- und Fachaufsicht in der Kripo. Einige unvollständige [aber realitätsnahe, überzeugende und selbstkritische] Anmerkungen eines Kommissariatsleiters, in: Kriminalistik 2005, S. 717

Schneider, Kriminologie in Europa und in der Welt, in: Kriminalistik 2009, S. 639

Schütte / Schulz, Die Steuerfahndung: Kriminalpolizei der Länderfinanzverwaltung, in: Kriminalistik 2004, S. 451

Stiebler, Internationale Kriminalpolizeiliche Organisation INTERPOL, Dissertation, Bochum 1980

Stock, Die Internationale Kriminalpolizeiliche Organisation (IKPO – Interpol), in: Die Polizei 2011, S. 129

Stock / Herz, Die Internationale Kriminalpolizeiliche Organisation (IKPO – Interpol), in: Die Polizei 2011, S. 129

Thiele, Neue polizeiliche Aufgaben für den Zollfahndungsdienst, in: Kriminalistik 2004, S. 178

de Vries, Privatisierung der Ermittlungen – Ermittlungen durch Private, Kriminalistik 2011, S. 83

Wagner, Von der „Repolizeilitarisierung“ zum Reformreigen – 60 Jahre Bundespolizei [Reise in die Vergangenheit und zurück in die Gegenwart], in: Die Polizei 2011, S. 97

Wainwright Die Zukunft des Europäischen Polizeiamtes EUROPOL in der Sicherheitsarchitektur der Europäischen Union, in: Die Polizei 2001, S. 206

Walter, Die Reform der Reformen – Anmerkungen zur Entwicklung des Bundesgrenzschutzes zur Bundespolizei und deren Neuorganisation, in: Die Polizei 2009, S. 337

Wego, Die Geschichte des LKA NRW, Hilden 1994

Weihmann, Bundes-Kriminal-Polizei-Amt. Zusammenlegung von Bundeskriminalamt und Bundespolizei? [Die Praxis der zweifelhaften Begründungen für Neuorganisationen], in: Kriminalistik 2011, S. 32

Weiß / Plate, Privatisierung von polizeilichen Aufgaben, Wiesbaden 1996, BKA-Forschungsreihe, Band 41

Whitehead, Die FBI-Story, Das US-Bundeskriminalamt öffnet die Akten, Berlin 1961

Vorschriften und Rechtsprechung

Grundgesetz, Art. 73, Ziffer 10, a), und 87 I, Begriff und Aufgaben der Kriminalpolizei

Polizeiorganisationsgesetze der Bundesländer

Bundeskriminalamtsgesetz (BKAG)

Bundespolizeigesetz (BPolG)

Vertrag über eine Verfassung für Europa vom 29.10.2004, Artikel 275 ff.

Übereinkommen über die Errichtung eines Europäischen Polizeiamtes (Europol) Statuten der Internationalen Kriminalpolizeilichen Organisation (IKPO – Interpol)

Schengener Durchführungsübereinkommen (SDÜ)

Zollfahndungsdienstgesetz (ZFDG)

Abgabenordnung (Steuerfahndung)

Bundesverfassungsschutzgesetz (BVerfSchG)

Gesetz über die internationale Rechtshilfe in Strafsachen (IRG)

Richtlinien für den Verkehr mit dem Ausland in strafrechtlichen Angelegenheiten (RiVASt)

2.2 Innere Sicherheit

Die „Innere Sicherheit" wird durch **Straftaten-Verhütung** und **Straftaten-Verfolgung** gewährleistet (Kapitel 21.4). Das wird nicht nur umgangssprachlich „Kriminalitätsbekämpfung" oder „Verbrechensbekämpfung" genannt, sondern ist auch so im Grundgesetz und in den dazu gehörenden Materialien verankert (Art. 73 I 10. c; *Maunz / Dürig,* a.a.O., Art. 73, Rn. 13). Die Straftaten-**Verhütung** soll verhindern, dass die gesetzlich normierten Straftatbestände verletzt werden. Das macht die Polizei durch Präsenz und Beratung und die Justiz durch Abschreckung mit Strafe (*Hassemer,* a.a.O.). Bei der Straftaten-**Verfolgung** geht es um die Klärung, ob überhaupt ein Straftatbestand erfüllt ist (§ 152 StPO) und darüber hinaus, wer dafür als Täter in Betracht kommt.

Die **Kriminalitätsbekämpfung** wird durch die gesamte „Gerichtsbarkeit" wahrgenommen. Darin sind die Länder zur gemeinsamen Ausübung der **Strafrechtspflege** verbunden und sämtliche im Bundesgebiet befindlichen **Gerichte, Staatsanwaltschaften** und **Polizeibehörden** werden als Organe ein und derselben Strafgewalt angesehen. Hat ein Gericht eine Sache angenommen, so sind alle anderen von der Gerichtsbarkeit ausgeschlossen (§ 12 StPO). Das Bundesland, bei dessen Gericht die Sache rechtshängig ist, vollzieht auch den Strafanspruch (BGHSt 3, 134 [137]; Kapitel 19.2).

Die Polizeien des Bundes und der Länder gewährleisten die öffentliche Sicherheit durch **Kriminalitätsbekämpfung**. Darüber hinaus wird angestrebt, den Bürgern das Gefühl zu vermitteln, sicher zu leben und nicht befürchten zu müssen, Opfer von Straftaten zu werden. Das wird als **Sicherheitsgefühl** bezeichnet (Kapitel 15.5.3). Die Bürger wollen vor Angriffen von anderen Menschen sicher sein und sich frei bewegen können. Gleichzeitig soll die Polizei aber nicht überall präsent sein und nicht das Leben der Bürger bis in alle Einzelheiten reglementieren, da dies als **Überwachungsstaat** empfunden wird (Kapitel 1.4.3.5 c). Die Polizei muss somit eine Verhaltensweise finden, die einerseits die Bürger genügend schützt und andererseits diesen die nötige persönliche Freiheit gewährt. Im demokratischen Rechtsstaat ist das nicht ganz einfach, zumal es für die Erreichung und Ausprägung der Ziele der Polizei **keine objektiven Messkriterien** gibt. Darüber hinaus hängt die Häufigkeit der wahrgenommenen Kriminalität nur unwesentlich von den Tätigkeiten der Polizei ab, sondern vom Verhalten der Bürger selbst. Denn nicht die Polizei, sondern das **Anzeigeverhalten der Bevölkerung** stellt die entscheidende Selektionsinstanz für die Kriminalitätswahrnehmung dar (*Koch, a.a.O.)*. Das Spannungsfeld zwischen der objektiven und der subjektiven Sicherheit wird somit vorrangig vom Bürger selbst bestimmt (*Kury / Lichtblau / Neumaier*, a.a.O.). Die Polizei nimmt durch tatsächliche Kontrollen nur im Bereich Umwelt, Wirtschaft, Staatsschutz und verbotene Rauschmittel Einfluss auf das Bekanntwerden von Straftaten, die umgangssprachlich „Kontrolldelikte" genannt werden. Das sind aber **nur 5 %** der Gesamtstraftaten.

Der teilweise gebrauchte Begriff „Kriminalitätskontrolle" oder „Verbrechens**kontrolle**" wird der tatsächlichen Tätigkeit, insbesondere der Prävention innerhalb der Kriminalistik sowie der Aufdeckung und der Verfolgung von Straftaten nicht gerecht und ist irreführend. Umgangssprachlich wird mit „Kontrolle" eine allgemeine Kontrolltätigkeit bezeichnet, z. B. „Allgemeine Verkehrskontrolle" oder im Privatbereich „Werkskontrolle". Es sind Überprüfungen, die ohne konkreten Verdacht einer Straftat gegen eine Person durchgeführt werden. Das ist nach der Strafprozessordnung nur unter ausdrücklich genannten Voraussetzungen und Zielsetzungen zulässig und keine Generalermächtigung. Im deutschen Rechtssystem gibt es z. B. Kontrollmaßnahmen bei Zuhörern von Gerichtsverhandlungen nach §§ 169 und 176 GVG, das der Gefahrenabwehr dient. Darüber hinaus weist der Begriff auf ein Mittel der Fahndung mit „Kontrollstellen" hin (§ 111 StPO). Der Bundesgerichtshof gebraucht den Begriff „Kontrolle" im Zusammenhang mit Überprüfung, Herrschaft und Aufsicht (BGHSt 1, 388; 11, 210; 13, 259); insbesondere mit der polizeilichen Überprüfung im Straßenverkehr (BGHSt 9, 68 und 33, 105). Die Polizei in der Schweiz bewertet „Kontrolle" in ihren Ausbildungsrichtlinien ausdrücklich als eine untergeordnete Tätigkeit (Kontrolleur), die mit einer geringeren Qualifikation durchgeführt werden kann (*Hoffmann*, a.a.O.). Die Kriminologie sieht die „Kontrolle des Verbrechens" als Teil der

„Kriminalpolitik" an (*Schneider*, a.a.O., S. 642, 1. Spalte). Der Kriminologe *Rüther* (a.a.O.) versteht darunter: „Technische Kontrolle des Einzelhandels", „private Kontrolle" und „Kontrollsektor des privaten Anzeigenerstatters".

2.3 Verbrechensbekämpfung auf politischer und taktischer Ebene

Die Verhütung, Aufdeckung und Verfolgung **wichtiger Straftaten** (Verbrechensbekämpfung, Art. 73 I 10 c GG) ist **Aufgabe der Kriminalpolizei**, wie es der Parlamentarische Rat im Grundgesetz festgelegt hat (*Maunz / Dürig*, a.a.O., Art. 73, Rn. 157; Art. 87, Rn. 139); Kapitel 1.4.3.4 und 25.2). **Anlass der grundgesetzlichen Regelung** war die Pflicht der BRD, nach dem Nazi-Regime u. a. die Polizei zu dezentralisieren (Kapitel 1.4.3.3 und 1.4.3.4). Dadurch wäre aber die notwendige polizeiliche Zusammenarbeit von Bund und Ländern bei der Strafverfolgung unmöglich gewesen. Der Parlamentarischen Rat hat deshalb eine verfassungsrechtliche Lösung gefunden und diese in das Grundgesetz eingearbeitet (Art. 73). Danach darf sich die „Zusammenarbeit [der Polizei] nicht auf das gesamte Polizeiwesen erstrecken, sondern ist nur auf die **Kriminalpolizei**" (*Maunz / Dürig*, a.a.O., Art. 73, Rn. 157).

Damit hat das Grundgesetz eine **Spezialisierung der Polizei** für die Verbrechensbekämpfung bestimmt. Die in einigen Bundesländern durchgeführte **fachübergreifende Rotation** von Kriminalbeamten und Schutzpolizeibeamten dürfte mit dem Gebot der „Dezentralisierung der Polizei" nicht übereinstimmen.

2.3.1 Politische nationale Ebene

Die Verbrechensbekämpfung auf politischer Ebene wird in den nationalen Gremien der **Innenministerkonferenz** (IMK), dem **Arbeitskreis II** (AK II), dem die zivilen Spitzenbeamten der Ministerien angehören, und dem Unterausschuss **Führung, Einsatz und Kriminalitätsbekämpfung** (FEK), den Landeskriminaldirektoren und den Inspekteuren der Schutzpolizei, wahrgenommen. Hier werden die kriminalpolitischen Grundentscheidungen getroffen. Durch Gesetzesvorlagen sollen die Länderparlamente und der Bundestag den rechtlichen Rahmen bestimmen. Durch Verwaltungsanweisungen wird ein möglichst gleichartiges Handeln in allen Bundesländern und im Bund angestrebt. Dies erfolgt mit Verordnungen oder Erlassen.

2.3.2 Politische internationale Ebene

Auf internationaler politischer Ebene finden Ministertreffen der Mitgliedstaaten der Europäischen Union statt, und es tagt der Ausschuss der hohen zivilen Beamten. Die Bekämpfungsbereiche sind im **TREVI-Abkommen** festgelegt, benannt nach dem Tagungsort „Fontana di Trevi" (bei Rom). TREVI ist aber auch die **Abkürzung** für Terrorismus, Rassismus, Extremismus und Violence (Gewalt). Hier werden übernationale Abkommen angestrebt, die eine effektive Verbrechensbekämpfung über die eigenen Grenzen hinaus ermöglichen. Ähnliche Bemühungen finden auf dem Gebiet der internationalen **Rauschgiftbekämpfung** statt.

Das Bemühen um ein vereintes Europa stellt neue Herausforderungen an die Sicherheitspolitik. Nicht nur Personen, Waren und Dienstleistungen können die nationalen Grenzen frei überschreiten, sondern auch das Verbrechertum. Somit sind zur Bekämpfung des Verbrechens neue Formen der internationalen polizeilichen Zusammenarbeit geboten.

Für den Wegfall der Kontrollen an den nationalen Grenzen sind Ausgleichsmaßnahmen beschlossen worden, die zu einer effektiven Verbrechensbekämpfung führen sollen. So haben das „Schengener Durchführungsabkommen", die „Beschlüsse von Maastricht" und die „Bilateralen Verträge mit den Staaten Osteuropas" eine Verbesserung der Bekämpfung des Terrorismus, der schwerwiegenden Kriminalität, des illegalen Drogenhandels und der organisierten Kriminalität zum Ziel. Demnach werden für polizeiliche Fahndungsmaßnahmen das **Schengener Informationssystem** (SIS), mit Zentralrechner in Straßburg, und **EUROPOL** (Kapitel 2.3.4), als übernationale Polizeibehörde eingerichtet, die jedoch zunächst nur als Informationszentrale tätig wird (SIS-II-Gesetz vom 6.6.2009, BGBl. 2009, 1226). Darüber hinaus soll die grenzüberschreitende Nacheile durch Polizeibeamte ermöglicht und die Zusammenarbeit an der Grenze verbessert werden.

2.3.3 Taktische nationale Ebene

In den nachfolgenden Ausführungen wird der traditionelle und im Grundgesetz festgelegte Begriff **Kriminalpolizei** verwendet (Kapitel 2.3). Hierbei handelt es sich um eine der Spezialisierungen in der Polizei, (Kapitel 25.2).

Die Verbrechensbekämpfung auf taktischer Ebene erfolgt national durch die **Kreispolizeibehörden** (KPB), die **Kriminalhauptstellen** (KHST), die **Landeskriminalämter** (LKÄ) und durch das **Bundeskriminalamt** (BKA). Darüber hinaus gibt es spezielle Einrichtungen, die in einzelnen Behörden oder allgemein eingerichtet sind (siehe e).

Die **Leiter der LKÄ und des BKA** sind außerdem in der Arbeitsgemeinschaft der Kriminalpolizei (**AG Kripo**) zusammengeschlossen.

Je schwerwiegender die Tat, je größer die Beeinträchtigung des Sicherheitsgefühls der Bürger und je komplizierter die Aufklärung sich gestaltet, desto **zentraler wird die Verbrechensbekämpfung** vorgenommen. So ist gewährleistet, dass qualifiziertes und spezialisiertes Personal und eine aufwendige Technik effektiv eingesetzt werden können.

a) Die **Kreispolizeibehörden** (KPB) (Kapitel 25) bekämpfen die Massenkriminalität und sind für die Gefahrenabwehr zuständig. Sie bilden die unterste Stufe aller Einrichtungen, die für die Verbrechensbekämpfung zuständig sind. Sie setzen Vorbeugungsprogramme um, betreiben Öffentlichkeitsarbeit, beraten die Bürger und Opfer vor Ort und entwickeln Taktiken für die Strafverfolgung. Sie sind die Polizei des Bürgers, die als Ansprechpartner erreichbar ist. In Nordrhein-Westfalen gibt es 47 Kreispolizeibehörden. Davon sind 18 Polizeipräsidien und 29 Landräte.

b) Die **Kriminalhauptstellen** (KHSt) verfügen bereits über umfangreichere Ressourcen, um auch die schwere Kriminalität bekämpfen zu können. Sie sind personell stärker und qualifizierter ausgestattet und verfügen über umfangreiches kriminaltechnisches Gerät. Dies wird besonders deutlich durch das Vorhandensein des Kriminalpolizeilichen Erkennungsdienstes (Kapitel 4.1.4.2). Die KHSt sind örtlich für mehrere KPB und sachlich für bestimmte schwerwiegende Katalogstraftaten zuständig. Sie können aber auch den Fall der KPB zur Bearbeitung überlassen, wenn die Umstände des Einzelfalles den Einsatz der KHSt nicht erfordern. In Nordrhein-Westfalen haben von den 47 Kreispolizeibehörden 16 den Status „Kriminalhauptstelle". Von den 16 sind sechs Kriminalhauptstellen für die Erforschung und Verfolgung von Straftaten des erpresserischen Menschenraubes (§ 239a StGB) und der Geiselnahme (§ 239b StGB) zuständig, aber nur dann, wenn sich die Opfer noch in der Gewalt der Täter befinden. Sind die Opfer bereits befreit, so sind die örtlichen KHSt zuständig.

c) Die **Landeskriminalämter** (LKÄ) sind die zentralen Dienststellen der Kriminalpolizei, die die Zusammenarbeit der Länder mit dem BKA sicherstellen (§ 1 II BKAG). Sie unterhalten Einrichtungen für kriminaltechnische und erkennungsdienstliche Untersuchungen; sie haben alle für die polizeiliche Verhütung und Verfolgung von Straftaten bedeutsamen Unterlagen zu sammeln und auszuwerten. Sie erstellen die Polizeiliche Kriminalstatistik (Kapitel 15.5), unterrichten die KPB über den Stand der Kriminalität und über geeignete Maßnahmen zu deren Verhütung und Verfolgung. Sie unterstützen die KPB bei der Wahrnehmung der eigenen Aufgaben, insbesondere durch die Entsendung der Beratergruppe, der Befund- oder Datenverarbeitungsgruppe. Die Strafverfolgung nehmen sie selbst wahr, wenn der Innenminister sie im Einzelfall beauftragt oder die Übernahme durch Gesetz oder Rechtsverordnung geregelt ist, ferner wenn der Generalbundesanwalt, ein Gericht oder die Staatsanwaltschaft sie im Rahmen gemeinsamer Richtlinien darum ersuchen.

d) Das **Bundeskriminalamt** (BKA) bekämpft schwerwiegende Straftaten mit Straftätern, die sich international oder über die Grenzen eines Bundeslandes hinweg betätigen. Die Strafverfolgung nimmt es selbst wahr bei besonderen Straftaten, die internationale Auswirkungen haben oder gegen Mitglieder oder Gäste der Verfassungsorgane gerichtet sind. Ferner dann, wenn eine zuständige Landesbehörde darum ersucht, der Bundesinnenminister dies anordnet oder der Generalbundesanwalt darum ersucht oder einen Auftrag erteilt.

Wie die LKÄ, unterhält das BKA Sammlungen über Straftaten, die jedoch über den Bereich eines Bundeslandes hinaus Bedeutung haben. Über die Auswertung werden die LKÄ und die KPB unterrichtet, um so Zusammenhänge zu erkennen. Darüber hinaus ist das BKA **für den persönlichen Schutz der Verfassungsorgane** sowie für den inneren Schutz von Dienst- und Wohnsitz des Bundespräsidenten, der Bundesregierung und deren Gästen zuständig.

Im Übrigen unterhält das BKA Einrichtungen für kriminaltechnische und erkennungsdienstliche Untersuchungen und erstellt Gutachten. Die internationale Verbindung zur IKPO unterhält es durch sein **Nationales Zentralbüro** (NZB).

Seit Juli 2005 hat das BKA die Stabsdienststelle „Internationale Koordinierung" eingerichtet (*Kubica,* a.a.O.). Hier werden die vielfältigen internationalen Aufgaben des BKA zusammengefasst. Dabei geht es um Strategie, Früherkennung, internationale Unterstützung und Politikberatung.

Seit Dezember 2006 unterhält das BKA eine gemeinsame und standardisierte zentrale **Antiterrordatei** (Kapitel 16.9)

Nach dem Geldwäschegesetz (GwG) vom 13.8.2008 (BGBl. 2008, S. 1690) ist das Bundeskriminalamt **Zentralstelle für Verdachtsanzeigen**. Zweck des Gesetzes ist insbesondere die Aufdeckung von **Terrorismusfinanzierung**. Das BKA hat die Verdachtsanzeigen zu sammeln, auszuwerten und die Strafverfolgungsbehörden des Bundes und der Länder zu informieren. Das gilt auch für die zentrale nationale Stelle für den Informationsaustausch nach dem Schengener Durchführungsabkommen (BKAG § 3 Ia).

Mit Änderung des BKA-Gesetzes vom 25.12.2008 (BGBl. 2008, S. 3083) ist das BKA auch für die „Abwehr von Gefahren des internationalen Terrorismus" zuständig und hat dazu neue Befugnisse zu Grundrechtseingriffen erhalten (§§ 22a–22x).

e) **Spezielle Einrichtungen**

– **Erkennungsdienst** (Kapitel 4.1.4.2)

Die Behörden der taktischen Ebene unterhalten den Kriminalpolizeilichen Erkennungsdienst, kurz ED genannt (Kapitel 4.1.4.2). Er gehört zu den ältesten Einrichtungen der Kriminalpolizei und ist eng mit der Kriminaltechnik und dem Sachbeweis verbunden. Die Bezeichnung, die Aufgaben und die organisatorische Zuordnung dieser Einrichtung sind jedoch nicht einheitlich.

– Rauschmittelbekämpfung

Zur Bekämpfung der schweren Rauschgiftkriminalität haben sich die Polizei und der Zoll zu gemeinsamen Ermittlungsgruppen (GER) zusammengeschlossen. Diese sind insbesondere zuständig, wenn durch ein Rauschgiftdelikt gleichzeitig ein Bannbruchtatbestand (§ 372 AO) erfüllt ist. Auf dauernde Zusammenarbeit angelegt, arbeiten GER in gemeinsamen Diensträumen. Hierbei werden die Vorteile der eigenen Zuständigkeit und der eigenen Erkenntnisse genutzt. Die Leitung einer GER obliegt in der Regel der Polizei. Derzeit gibt es 26 Ermittlungsgruppen in der Bundesrepublik.

– Geldwäschebekämpfung

Zur Bekämpfung der Geldwäsche haben Zoll und Polizei Gemeinsame Finanzermittlungsgruppen (GFG) eingerichtet. Sie führen verfahrensunabhängige Finanzermittlungen auf nationaler und internationaler Ebene durch. Der Zusammenschluss soll Doppelermittlungen vermeiden und die Zusammenarbeit effektiver gestalten.

– Kriminalität auf Autobahnen

Für den Bereich der Bundesautobahnen (BAB) unterhalten die Länder unterschiedliche Organisationsformen. Sie wird allgemein Autobahnpolizei genannt. Diese offizielle Namengebung erfolgte bewusst zur Klarstellung in der Öffentlichkeit. Die Autobahnpolizei ist allerdings in der Vorgangsbearbeitung nur für Verkehrsstraftaten zuständig. Bei allen anderen Sachverhalten werden nur Sicherungsmaßnahmen durchgeführt und die weitere Bearbeitung an die Kreispolizeibehörde weitergegeben.

– Kriminalität auf Wasserstraßen

Zur Strafverfolgung und Gefahrenabwehr auf schiffbaren Wasserstraßen ist die Wasserschutzpolizei zuständig. Ihr obliegt die schifffahrtsbezogene Kriminalitätsvorbeugung und sie verfolgt Straftaten und Ordnungswidrigkeiten, die im Zusammenhang mit dem Betrieb von Schiffen stehen.

– Prävention (Kapitel 21)

Die Verhütung von Straftaten erfolgt durch die „Polizeiliche Kriminalprävention" (PK) (Kapitel 21). Sie wird durch die Projektleitung (PL PK) strategisch und durch die „Kommission Polizeiliche Kriminalprävention" (KPK) im taktischen Bereich organisiert.

– Sicherheit in der Informationstechnik (Kapitel 9.8.8)

Die Informationstechnik ist in einer modernen Gesellschaft nicht mehr wegzudenken. Ihre komplexe Nutzungsmöglichkeit setzt sie jedoch auch kriminellen

Angriffen aus, sodass Computerversagen, -missbrauch oder -sabotage drohen. Um die Sicherheit der Informationstechnik zu gewähren, hat die Bundesregierung 1991 (BGBl. 1990, S. 2834) das **Bundesamt für Sicherheit in der Informationstechnik** (BSI) mit Sitz in Bonn eingerichtet. Es hat die Aufgabe, Sicherheitsrisiken zu untersuchen sowie Sicherheitsvorkehrungen zu entwickeln und so die Bedrohung zu mindern. Es trägt damit zur inneren Sicherheit bei. Das Amt wendet sich an die Nutzer und Hersteller der Informationstechnik. Unter anderem warnt es vor Viren und gibt zu allen Fragen der Informationstechnik Auskunft (www.bsi.de).

Um Schutz- und Abwehrmaßnahmen gegen IT-Sicherheitsvorfälle besser koordinieren zu können, hat die Bundesregierung am 1.4.2011 das **Cyber-Abwehrzentrum** beim BSI am eingerichtet. Dort koordinieren zehn Personen die Maßnahmen der zuständigen Behörden (BSI, Bundesamt für Verfassungsschutz sowie Bundesamt für Bevölkerungsschutz und Katastrophenhilfe; ab 16.6.2011 auch Bundeskriminalamt, Bundespolizei, Zollkriminalamt, Bundesnachrichtendienst und Bundeswehr.

2.3.4 Taktische internationale Ebene

a) Die taktische internationale Verbrechensbekämpfung nimmt das BKA mit seinem **Nationalen Zentralbüro** (NZB) und als Mitglied der Internationalen Kriminalpolizeilichen Organisation (IKPO) wahr (§ 3 BKAG). Damit wird der internationale Straftäter bekämpft und der Dienstverkehr mit ausländischen Polizei- und Justizdienststellen aufrechterhalten.

b) Zur weltweiten Bekämpfung der Rauschgiftkriminalität hat sich die **Ständige Arbeitsgruppe Rauschgift** (STAR) etabliert, der auch das BKA angehört. Neben einem umfassenden Informationsaustausch werden auch Verbindungsbeamte in Rauschgiftherstellerländer entsandt, um so die Verteilerringe und -routen besser kennenzulernen.

c) INTERPOL (IKPO)

Die **Internationale Kriminalpolizeiliche Organisation** (IKPO) ist der Zusammenschluss von derzeit 178 Staaten zur Bekämpfung des internationalen Verbrechertums. Weil sich die Vollversammlung der IKPO 1923 in Wien als Telegrammadresse die Abkürzung **INTERPOL** gab, hat sich dieser Name umgangssprachlich durchgesetzt. Die IKPO ist ein Zusammenschluss von souveränen Staaten, die über **keine Exekutivbeamte** verfügt. Ihre Aufgabe ist die Förderung der Kommunikationstechnik und der elektronischen Datenverarbeitung, die Klärung von Grundsatzangelegenheiten, die internationale Fahndung durch Information, die Unterstützung von Ermittlungen durch Auskünfte und die Verbreitung von Präventionsprogrammen.

Das Generalsekretariat der IKPO sitzt in Lyon / Frankreich. Die Unterbüros für Asien in Bangkok / Thailand und für Südamerika in Buenos Aires / Argentinien. Die Arbeitssprachen sind Englisch, Französisch, Spanisch und Arabisch.

Die IKPO hat keine Zuständigkeit in politischen, militärischen, religiösen oder rassischen Angelegenheiten. Damit sind Landesverrat, Spionage, Verbotene Vereinigungen, Straftaten von Politikern, Kriegswaffenhandel u.v.a.m. tabu. Als **problematisch** stellt sich somit die Bekämpfung des **Terrorismus** dar, da dies von einigen Mitgliedsstaaten als politische Straftat und von anderen als allgemeine Gewaltkriminalität angesehen wird (*Stock / Herz*, a.a.O.).

d) EUROPOL

Am 16.2.1994 wurde in der niederländischen Stadt Den Haag EUROPOL eingerichtet. Die Behörde hat zunächst nur eine Zuständigkeit für den Nachrichtenaustausch zur Rauschgiftbekämpfung (**Europaen Drugs Unit**) und für die damit verbundene Geldwäsche.

Am 1.10.1998 trat die **EUROPOL-Konvention** in Kraft. Damit ist diese Polizeibehörde rechts- und geschäftsfähig. In ihr arbeiten nicht nur Polizeibehörden, sondern auch der Zoll und alle anderen speziellen Behörden, die Straftaten verfolgen. Aufgabe ist es, innerhalb der Mitgliedsstaaten der Europäischen Union in schwerwiegenden Fällen von grenzüberschreitender organisierter Kriminalität, diese zu bekämpfen. Das sind im Einzelnen: Seit 1999: Rauschgift, Terrorismus, Schleuserkriminalität und Menschenhandel, Finanzkriminalität und Geldwäsche, Kfz-Kriminalität und Handel mit nuklearen oder radioaktiven Substanzen. Seit 2002: Umweltkriminalität, Wirtschaftskriminalität, Betrug, Entführungen, Mord, Waffenhandel und Geldfälschung. Die Tätigkeit beschränkt sich allerdings auf die Übermittlung von Informationen.

Neben den Mitgliedsstaaten hat **Europol** „Kooperationspartner", deren Zusammenarbeit durch spezielle Abkommen geregelt ist (*Ratzel,* a.a.O., S. 289). Operative Abkommen gibt es mit Australien, Island, Kanada, Kroatien, Norwegen, Schweiz, USA, Interpol und Eurojust. Strategische Abkommen mit EU-Agenturen, EU-Kommissionen, Vereinte Nationen, Welt-Zollorganisation, Albanien Bosnien-Herzegowina, FYROM (Former Yugoslavian Republic of Macedonia), Kolumbien, Moldawien, Russische Federation und Türkei. Schließlich Abkommen im Verhandlungsstatus mit CEPOL, FRONTEX, Serbien und Ukraine.

Erster Koordinator (Chef) dieser Behörde war der deutsche BKA-Abteilungspräsident *Jürgen Storbeck*. Im März 2005 folgte ihm *Max-Peter Ratzel*, der ebenfalls vom BKA kommt.

Die Mitgliedsländer unterhalten zur Zusammenarbeit **Nationale Stellen für Europol**. Für Deutschland nimmt diese Aufgabe das **Bundeskriminalamt** wahr. Zur Unterstützung der nationalen Koordinierung sind Ansprechstellen eingerichtet. Diese sind bei den Landeskriminalämtern, der Bundespolizei, dem Zollkriminalamt und er Finanzkontrolle Schwarzarbeit eingerichtet.

In dem **Vertrag über eine Verfassung für Europa** vom 29.10.2004 ist im Artikel 276 die Aufgabe für EUROPOL festgelegt worden. Danach hat EUROPOL die Polizeien und andere Strafverfolgungsbehörden bei der Verhütung und Bekämpfung der schweren Kriminalität, des Terrorismus und der Kriminalitätsformen, zu unterstützen und deren Zusammenarbeit zu verstärken. Dabei darf EUROPOL operative Maßnahmen nur in Verbindung und in Absprache mit den Behörden der Mitgliedsstaaten ergreifen, deren Hoheitsgebiet betroffen ist. Die Anwendung von Zwangsmaßnahmen bleibt ausschließlich den örtlichen Behörden vorbehalten. Eine europäische **Polizei mit Exekutivmaßnahmen** soll es nach Beschluss der EU-Innen- und Justizminister **nicht geben** (FAZ vom 7.7.2008).

Da der **EU-Verfassungsentwurf 2005** in den Volksabstimmungen von Frankreich und den Niederlanden abgelehnt wurde und andere Staaten sich auch so verhalten wollten, haben sich die Regierungschefs auf dem EU-Gipfel am 22.6.2007 in Brüssel darauf geeinigt, an seiner Stelle einen **Grundlagenvertrag** zu verabschieden. Das geschah am 19.10.2007 in Lissabon und wurde der **Vertrag von Lissabon** genannt. Weil die geplanten Regelungen für die Polizei grundsätzlich nicht strittig sind, ist davon auszugehen, dass die diesbezüglichen Inhalte aus dem Verfassungsentwurf übernommen werden. Die Ratifizierung muss noch durch die Parlamente der Mitgliedsstaaten erfolgen. Das soll bis Ende 2008 geschehen. Der**Deutsche Bundestag** hat dem Vertrag von Lissabon am 24.4.2008 zugestimmt. Nachdem alle Mitgliedsstaaten den Vertrag unterzeichnet haben, tritt er am 1.12.2009 in Kraft (*Niemeier / Walter*, a.a.O.). Seit Januar 2010 ist EUROPOL eine EU-Behörde mit neuer Rechtsform (*Wainwright, a.a.O.*).

2.4 Staatsschutz und Verfassungsschutz

Im Bereich des Staatsschutzes und des Verfassungsschutzes gibt es eine organisatorische Trennung der Aufgabenwahrnehmung. Der **Staatsschutz** ist für die **Bekämpfung der Straftaten** nach §§ 80 bis 109k StGB, §§ 129a, 234a, 241a StGB und aller übrigen politisch motivierten Straftaten zuständig und wird von der Kriminalpolizei in den KHSt, den LKÄ und dem BKA wahrgenommen. Damit ist der Staatsschutz Teil der allgemeinen Verbrechensbekämpfung.

Der **Verfassungsschutz** dient dem **Schutz der freiheitlichen demokratischen Grundordnung**. Diese Aufgabe wird von den Landesämtern und vom Bundesamt für Verfassungsschutz wahrgenommen. Diese Behörden sind keine Polizeien und haben keine polizeilichen Befugnisse. Zur Erfüllung ihrer Aufgaben dürfen sie nachrichtendienstliche Mittel anwenden. Ihre Aufgaben bestehen darin, Nachrichten über Bestrebungen zu sammeln, die gegen die freiheitliche demokratische Grundordnung, den Bestand und die Sicherheit des Bundes oder der Länder gerichtet sind oder Verfassungsorgane zu gesetzwidrigem Verhalten verleiten wollen. Ferner wirken sie mit bei der **Überprüfung von Personen**, denen staatliche Geheimnisse anvertraut werden sollen oder die an sicherheitsempfindlichen Stellen von lebens- und verteidigungswichtigen Einrichtungen beschäftigt sind.

2.5 Sonderkommissionen / Gemeinsame Ermittlungsgruppen (Kapitel 22.15 und 25.10)

Die Polizei bewältigt ihre Aufgaben grundsätzlich mit der auf Dauer angelegten Aufbauorganisation. Ist dies nicht oder nur wenig effektiv möglich, so erfolgt die Aufgabenwahrnehmung mit **Besonderen Aufbauorganisationen** (**BAO**), die nur auf Zeit angelegt werden. Dies wird heutzutage notwendiger, weil die Vielgestaltigkeit der Aufgabenstellung größer geworden ist, sodass eine größere Spezialisierung und Arbeitsteilung notwendig wird, was zur Vermehrung von Schnittstellen führt.

Eine traditionell besondere Aufbauorganisation in der Polizei ist die **Sonderkommission,** kurz „Soko" genannt. Sie wird gebildet, wenn ein Problem zeitlich begrenzt, neuerer Art oder deliktsübergreifend gelöst werden sollte. Klassisches Beispiel ist die **Mordkommission** (**MK**) (Kapitel 22.15), die die Effektivität stets neu unter Beweis stellt. Die Sonderkommission hat mindestens zwei Hierarchiestufen und steht unter eigener Führung.

In der Polizei gibt es daneben weitere Zusammenarbeitsformen:

Das **Team** ist die personelle und materielle Schwerpunktbildung in einer bereits bestehenden Organisation **ohne eigene Führung**. So können z. B. zwei oder drei Kriminalisten in einem Kommissariat für die Bearbeitung von Diebstählen aus Kfz zuständig sein.

Die **Ermittlungsgruppe** ist die kleinste Organisationsform mit eigener Ressourcenausstattung und eigener Führung. Typisch für die Bildung solcher Gruppen sind Serienstraftaten, die in der Bevölkerung besondere Unruhe hervorrufen, z. B. Raubüberfälle oder Diebstahl aus Wohnungen.

Die **Besondere Aufbauorganisation** (**BAO**) geht in der Größe über die Soko hinaus, wobei die eigentliche Soko dort unter dem Namen „Ermittlungen" einen eigenen Abschnitt darstellt. Bei Geiselnahme und / oder Erpresserischem Menschenraub wird diese Organisationsform gewählt, weil hier gleichzeitig eine schwer wiegende Straftat vorliegt und die Gefahrenabwehr, weil Leben und Gesundheit der Opfer, den gleichen Stellenwert haben (PDV 100, Ziffer 1.4.2.2).

Die **Informationsverarbeitung** erfolgt mithilfe der Kriminalistischen Fallanalyse (Kapitel 5.3).

Werden „Gemeinsame Ermittlungsgruppen" aufgrund von völkerrechtlichen Vereinbarungen eingerichtet, so können **ausländischen Mitgliedern** unter der Leitung eines deutschen Mitglieds die Durchführung von Ermittlungsmaßnahmen übertragen werden (§ 61b IRG).

2.6 Bundespolizei

Die Bundespolizei untersteht dem Bundesinnenminister. Sie wurde 1951 als Bundesgrenzschutz (BGS) eingerichtet. Mit Gesetz vom 21.6.2005 (BGBl. Nr. 39, S. 1818) wurde der **Name in Bundespolizei geändert**. Die Notwendigkeit der Namensänderung wird mit dem geänderten und nun vielseitigen Aufgabenbereich begründet (Bundestagsdrucksache Nr. 15 / 5217, S. 26). Damit ist aber keine Konkurrenz zu den Länderpolizeien entstanden. Die Bundesregierung stellt dazu fest, dass sich durch die Umbenennung das „Gepräge des Bundesgrenzschutzes als **Sonderpolizei** zur Sicherung der Grenzen des Bundes und zur Abwehr bestimmter, das Gebiet oder die Kräfte eines Landes überschreitender Gefahrenlagen nicht verändert" (Bundestagsdrucksache Nr. 15 / 5217, S. 35). Seit dem 1.3.2008 ist die Bundespolizei **neu organisiert**. Dem Bundespolizei-Präsidium in Potsdam sind, über Deutschland verteilt, neun Direktionen und die Bundesbereitschaftspolizei nachgeordnet (*Walter*, a.a.O., sehr ausführlich).

Die Bundespolizei hat eine **Personalstärke** von rund 40000 Personen, davon sind drei Viertel Polizeibeamte, die auch Ermittlungspersonen der Staatsanwaltschaft sind (Kapitel 19.3). Sie nehmen Aufgaben der **Gefahrenabwehr**, der **Strafverfolgung** sowie die Verfolgung und Ahndung von **Ordnungswidrigkeiten** wahr (§§ 12 und 13 BPolG).

Die **Strafverfolgung** umfasst **Vergehen** in den Bereichen: Sicherheit der Grenze, Paßgesetz, Aufenthaltsgesetz, Asylverfahrensgesetz, Straftaten, die auf dem Gebiet der Bahnanlagen der Eisenbahnen des Bundes begangen wurden, sowie Straftaten auf See außerhalb des deutsche Küstenmeeres.

Die **Zuständigkeit** der Bundespolizei erstreckt sich auf folgende Bereiche:

2.6.1 Grenzschutz

Als Grenzpolizei (§ 2 BPolG) wird die Grenze der Bundesrepublik zu Land, zu Wasser und in der Luft gegen unberechtigte Grenzüberschreitungen geschützt. Damit verbunden ist auch die Kontrolle der Grenzübertrittspapiere. In diesem Zusammenhang werden insbesondere Straftaten verfolgt, die im Zusammenhang mit Schleusertätigkeit, Kfz-Verschiebung, Rauschmitteln oder Urkundenfälschung stehen.

2.6.2 Bahnpolizei

Als Bahnpolizei (§ 3 BPolG; Kapitel 7.5.2) gewährleistet die Bundespolizei die öffentliche Sicherheit und Ordnung im Bereich der Bahn AG. In diesem Bereich werden auch Straftaten verfolgt, die mit dem Betrieb der Bahn in Zusammenhang stehen. Gleichzeitig sind hier die Länderpolizeien für die Verfolgung von schwerwiegenden Straftaten und für die Untersuchung von nichtnatürlichen Todesfällen sowie beim Auffinden von unbekannten Toten (§ 159 StPO) zuständig.

2.6.3 Luftsicherheit

Auf den 15 Großflughäfen (§§ 4 und 4a BPolG; Kapitel 7.5.7) in der Bundesrepublik gewährleistet die Bundespolizei die Luftsicherheit durch Kontrollen, Überwachung und Schutzmaßnahmen. An den übrigen 21 Flughäfen werden diese Aufgaben durch die Länder wahrgenommen (Kapitel 7.5.7).

Darüber hinaus kann die Bundespolizei auch an Bord von Luftfahrzeugen eingesetzt werden.

2.6.4 Schutz der Bundesorgane

Schutz der Grundstücke der Bundesorgane (§ 5 BPolG).

2.6.5 Aufgaben auf See

Außerhalb des deutschen Küstenmeeres kann die Bundespolizei Maßnahmen treffen, die nach dem Völkerrecht erlaubt sind (§ 6 BPolG).

2.6.6 Notstands- und Verteidigungsfall

Abwehr von Gefahren für den Bestand oder die freiheitliche Grundordnung des Bundes oder eines Landes (§ 7 BPolG).

2.6.7 Verwendung im Ausland

Einsatz bei polizeilichen und nichtmilitärischen Aufgaben (§ 8 BPolG).

2.6.8 Unterstützung

Die Bundespolizei kann andere Bundesbehörden, den Verfassungsschutz bei der Funktechnik und die Bundesländer unterstützen (§ 11 BPolG).

2.7 Steuerfahndung

Die Länderfinanzverwaltungen unterhalten eigene Kriminalpolizeien zur Erforschung von Straftaten und Ordnungswidrigkeiten in Steuersachen sowie zur Aufdeckung und Ermittlung von noch unbekannten Steuerfällen. Diese Einrichtungen gibt es seit 1934 und haben als Rechtsgrundlage das Finanzverwaltungsgesetz und die Abgabenordnung. Bundesweit sind etwa 2000 Mitarbeiter eingesetzt. Sie sind Ermittlungspersonen der Staatsanwaltschaft und haben sowohl strafprozessuale als auch fiskalische Befugnisse.

Zur Koordinierung der Aufgabenwahrnehmung stehen das Bundesamt für Finanzen, die **Informations-Zentrale** beim Finanzamt in Wiesbaden und die Koordinierungsstelle zur Bekämpfung des Umsatzsteuerbetruges zur Verfügung.

Für einfach gelagerte Verstöße gibt es „Strafsachen- und Bußgeldstellen", die im „Schnellverfahren" selbstständig ermitteln und ahnden können.

2.8 Zoll

Der Bundesfinanzminister unterhält den Zoll. Er hat die Aufgabe, den Außenwirtschaftsverkehr und den grenzüberschreitenden Warenverkehr zu überwachen. Dabei geht es im Wesentlichen um Zoll-Abgaben und um die Einhaltung von Ein- und Ausfuhrverboten, z. B. bei Kriegswaffen.

Zentralstelle ist das **Zollkriminalamt** mit Sitz in Köln-Dellbrück, das auch über eine umfassende kriminaltechnische Ausstattung verfügt. Ihm nachgeordnet sind die Zollfahndungsämter. Deren Aufgaben werden in verschiedenen Unterorganisationen wahrgenommen.

Der **Zollfahndungsdienst** ist die Kriminalpolizei der Zollverwaltung. Die Mitarbeiter sind Ermittlungsbeamte der Staatsanwaltschaft. Sie verfolgen die sogenannte Zollkriminalität, insbesondere den Schmuggel, und nehmen Aufgaben zur Verbesserung der Bekämpfung der Organisierten Kriminalität wahr. Mit den Länderpolizeien bekämpfen sie die Rauschmittelkriminalität in den **Gemeinsamen Ermittlungsgruppen Rauschgift** (GER, Kapitel 2.3) und die Geldwäsche in den **Gemeinsamen Finanzermittlungsgruppen** (GFG, Kapitel 2.3). Ferner sind sie neben dem Bundeskriminalamt an der **Grundstoffüberwachungsstelle** (GÜS) beteiligt, die feststellen soll, ob verbotene Grundstoffe zur illegalen Herstellung von Rauschmitteln exportiert werden.

Da die **Zollüberwachung** an die Außengrenzen der EU verlegt wurde, werden im Inland Zollkontrollen durch **Mobile Kontrollgruppen** (MKG) vorgenommen.

Der **Grenzaufsichtsdienst** (GAD) soll den Schmuggel an den Grenzen der Nicht-EU-Länder sowie an den Küsten der Nord- und Ostsee verhindern.

Der **Wasserzolldienst** (WZD) nimmt die Aufgaben an den Küstenmeeren, der Oder, der Elbe und am Bodensee wahr.

Schließlich ist dem Zoll die Bekämpfung der **Schwarzarbeit** übertragen worden. Hierzu werden insbesondere Großbaustellen kontrolliert (*Fehn*, a.a.O. 2008).

2.9 Bundesamt für Güterverkehr

Das Bundesamt für Güterverkehr (BAG) ist 1994 aus der am 1.3.1953 gegründeten „Bundesanstalt für Güterfernverkehr" hervorgegangen. Es hat seinen Sitz in

Köln und elf Außenstellen über die Bundesrepublik verteilt. Es ist eine selbstständige Bundesbehörde, die dem Bundesminister für Verkehr, pp., unterstellt ist.

Die 1400 Mitarbeiter nehmen insbesondere folgende Aufgaben wahr:

- **Kontrolldienst auf den Straßen** zur Überwachung der Lenk- und Ruhezeiten der Fahrer, der Sicherheit der Fahrzeuge und der Erlaubnisse zum Transport bestimmter Ladungen, z. B. Lebensmittel, gefährliche Güter oder Kriegswaffen.
- **Marktbeobachtung des Güterverkehrs** auf Straßen, Schienen und Wasserstraßen nach § 14 Güterkraftverkehrsgesetz. Ziel ist es vor allem, Fehlentwicklungen auf dem Verkehrs-(Transport)-markt frühzeitig zu erkennen. Ähnliche Aufgaben werden im Bereich des Luftverkehrs wahrgenommen.
- **Überwachung der Autobahnbenutzungsgebühr** (Eurovignette) und der streckenbezogenen Lkw-Maut.

Im Rahmen der Tätigkeiten kann das BAG Bußgelder und Verwarnungen verhängen, Sicherheitsleistungen einfordern, die Weiterfahrt unterbinden und ausländische Fahrzeuge in das Heimatland zurückweisen. Straftatbestände werden der Staatsanwaltschaft übersandt.

2.10 Strafverfolgung durch Privatdetektive

Die Aufklärung von Straftaten ist Aufgabe der Polizei und der Staatsanwaltschaft. Sie ist aber kein Monopol des Staates. Unter dem Sammelbegriff „Sicherheitsgewerbe" hat sich eine Industrie entwickelt, die in vielen Bereichen der Gesellschaft private Sicherheit gewährleistet (BKA-Forschungsreihe, Bd. 41, 50 und 51).

Dabei wird unterschieden zwischen „Organisationsprivatisierung", bei der der Staat noch Einfluss hat und „Aufgabenorganisation", bei der der Staat keinen Einfluss mehr hat (*Maurer*, Allgemeines Verwaltungsrecht, § 23, Rn 14).

Ein besonderer Bereich für die privaten Ermittlungen ist die **Wirtschaftskriminalität**, die besonders bekannt geworden ist durch die Angebote von CDs mit Steuersündern (ausführlich dazu *de Vries*, a.a.O.). Die großen Wirtschaftsprüfungsgesellschaften haben eigene Untersuchungsabteilungen eingerichtet, die die Firmen schützen sollen. Strafverteidiger haben durch die Firmenverteidigung einen eigenen und lukrativen Erwerbszweig. Aber auch der **Werkschutz** bei großen Firmen führt eigene Ermittlungen durch. Die Frage ist, ob es bei den privaten Ermittlungen gerecht zugeht und wie es mit der Selbstbelastungsfreiheit steht. Insgesamt droht durch die privaten Ermittlungen bei Straftaten eine große Gefahr für unsere Rechtskultur.

De Vries schildert auch die privaten Ermittlungen bei Missbrauchsfällen gegen Kindern, so in Coesfeld und in Worms. Dort hatten sich angeblich „professionelle" Missbrauchsforscherinnen von einem Medizin-Professor in „multiprofessioneller Aufdeckungsarbeit" ausbilden lassen und so althergebrachte kriminalistische Grundsätze über Bord geworfen. Für Kriminalisten ist das eine Warnung: nur weil sich jemand für sachkundig hält ist er noch kein professioneller Ermittler. Die **Freisprüche** der zu Unrecht angeklagten Tatverdächtigen hat den Staat (umgerechnet) drei Millionen Euro gekostet.

Die Privatdetektive sehen das ganz anders (*Arndt / Seydel*, a.a.O.). Sie glauben, dass die Polizei und die Staatsanwaltschaft aus Personalmangel oft an ihre Grenzen stoßen und dann nicht konsequent ermitteln. Dies gilt nach deren Meinung ganz besonders auf den Gebieten Produktpiraterie, Subventionsbetrug, Betrug zum Nachteil der Versicherungen, Kreditkarten- und Internetkriminalität.

Doch *Hassemer / Matussek* (a.a.O., Seite 51) warnen überzeugend vor privaten Ermittlungen, weil sie einseitig interessenbestimmt und deshalb strafverfahrensrechtlich **unbrauchbar** sind.

Der Beruf des Privatdetektivs ist weit verbreitet. Die Bezeichnung ist gesetzlich nicht geschützt. Eine Berufsausbildung mit staatlicher Prüfung gibt es bisher nicht. Erste Ansätze für eine Professionalisierung dieses Dienstleistungsbereich gibt es aus der Sicht der Fachhochschulen der Polizei der Länder Niedersachsen und Berlin (*Ohder / Brenneisen*, a.a.O.), die für den gewerblichen, betrieblichen und kommunalen Sicherheitsbereich Studiengänge anbieten. In Hamburg ist dieser Studiengang inzwischen ebenso eingerichtet. Wie sich die Interessenvertretung der Detektive entscheidet, bleibt abzuwarten. Die Tätigkeit eines Privatdetektivs muss vom Auftraggeber bezahlt werden. Seriöse Detektive vereinbaren eine Zahlung für den Auftrag und nicht für den Erfolg.

Der **Bundesverband Deutscher Detektive**, mit Sitz in Bonn veröffentlichte im November 2005, dass es in Deutschland 1400 Detekteien und 2800 Detektive gibt.

Privatdetektive haben bei der Ausübung ihres Berufes keine besonderen Rechte, sondern nur die sogenannten „Jedermann-Rechte", wie Nothilfe, § 32 StGB und § 227 BGB, Festnahme auf frischer Tat, § 127 I StPO, sowie die Selbsthilfe nach § 229 BGB. Sie unterliegen aber auch nicht den besonderen gesetzlichen und rechtlichen Beschränkungen oder Pflichten, wie bei den staatlichen Ermittlern. So gibt es keine örtliche oder sachliche Zuständigkeit. Sie sind nicht auf bestimmte Sachverhalte beschränkt. Sie können sich frei im In- und Ausland bewegen. Während der Ermittlungen können sie sich jeder Legende bedienen und z. B. sich wahrheitswidrig als Bruder eines Opfers ausgeben. Verdeckte Ermittlungen, Observation, Datensammlung sowie Foto-, Ton- und Videoaufnahmen unterliegen keinen Vorbehalten bestimmter schwerwiegender Straftaten. Sie dürften ihrer Klientel Versprechungen machen oder sie über wahre Tatsachen täuschen. Bei Befragungen / Vernehmungen unterliegen sie keiner Belehrungspflicht.

Die häufigsten Tätigkeitsfelder bei der Strafverfolgung ergeben sich für Privatdetektive in den folgenden Bereichen: Bei der Massenkriminalität in Kaufhäusern, Supermärkten, Großbetrieben und bei Versicherungsansprüchen.

Ein weiteres Feld sind die Vorfeldermittlungen bei bedeutenden Rechtsgütern. Es soll festgestellt werden, ob ein Verhalten die Gefahr begründen könnte, das zwar vor dem strafrechtlichen Versuch liegt, aber dennoch Schaden anrichten kann. Anlass ist lediglich ein „ungutes Gefühl".

Der größte Bereich der Ermittlungen in Strafsachen wird vom Opfer an den Privatdetektiv herangetragen, um einen Sachverhalt zu klären, ohne die Strafermittlungsbehörden einzuschalten. Die überwiegenden Motive sind:

- Es werden keine strafrechtlichen Ermittlungen gewünscht, weil der Täter in der Familie, im Freundeskreis oder bei Geschäftspartnern vermutet wird.
- Das Opfer ist mit dem Ergebnis der staatlichen Ermittlungen unzufrieden, z. B. bei Todesermittlungen. Die Angehörigen glauben nicht an die Selbsttötung und wollen auch Hintergründe erfahren, die außerhalb der Ermittlungen nach § 159 StPO liegen.
- Das Opfer gerät durch die staatlichen Ermittlungen in die Schlagzeilen der Öffentlichkeit. Das kann bei Personen des öffentlichen Lebens nachteilig sein.
- Das Opfer befürchtet, die staatlichen Ermittlungen könnten auch eigenes Fehlverhalten aufdecken. Es ist denkbar, das der Täter von strafrechtlichen oder anderen illegalen Handlungen des Opfers weiß, die bei staatlichen Ermittlungen auch dort bekannt würden.
- Das Opfer strebt nur zivil- oder arbeitsrechtliche Konsequenzen an. Diese Zielsetzung ist im Geschäftsleben weit verbreitet. Dem diebischen Abteilungsleiter wird lediglich gekündigt und mit ihm eine Schadensregelung vereinbart. Als Vorbestrafter dürfte er es schwer haben, neue Arbeit und einen Kredit für den Schadensausgleich zu bekommen. Der Täter behält somit seinen guten Ruf und die Firma bekommt den Schaden ersetzt.

Ein anderer Bereich, der zunehmend von der Privatwirtschaft übernommen wird, ist der **Schutz privater Rechte**, insbesondere die **Eigensicherung** und beim **Veranstaltungsschutz** (*Bach*, a.a.O.). Hier stellt sich die Frage, ob das staatliche Gewaltmonopol aufgeweicht wird und wo die Grenzen sind. *Braun*, (a.a.O.) stellt fest, dass die faktische **Privatisierung der Polizei** durch drei Aspekte begünstigt wird.

Das sind:

1. Die zunehmende Etablierung von Partnerschaften zwischen Polizei und Privateinrichtungen, sogenannte Police-Private-Partnerships.
2. Die Kommerzialisierung und Privatisierung öffentlicher Räume, Volksfeste, Sportveranstaltungen oder öffentliche Veranstaltungen, sogenannte Events.
3. Die staatliche Inpflichtnahme zur Eigensicherung.

Für jedermann erkennbar sind privat organisierte Geld- und Werttransporte, Sicherung von kleinen und ländlich gelegenen Zweigstellen der Geldinstitute durch „Türposten" oder Eingangskontrollen bei Fußballspielen.

Unter kriminalpolitischen Gesichtspunkten gibt es einen weiteren Bereich der Privatisierung von bisherigen staatlichen Hoheitsaufgaben: den **Strafvollzug**. Erstmals in Deutschland wird seit Mai 2009 in Burg bei Magdeburg eine Strafvollzugsanstalt für Langzeitverurteilte und Sicherungsverwahrte betrieben. Die Einrichtung gilt als zentrale Sammelstelle für die Bundesländer Sachsen, Sachsen-Anhalt und Thüringen. Ersteller war der Baukonzern Bilfinger+Berger aus Mannheim. Betrieben wird die Haftanstalt vom Wachschutz Kötter aus Köln (FAZ vom 6.10.2009, S. 16).

3 Beweislehre

3.1 Literatur

Artkämper,	Qualitätsstandards des strafrechtlichen Ermittlungsverfahrens, in: Kriminalistik 2002, S. 146
Artkämper,	Polizeibeamte als Zeugen vor Gericht, Lehr- und Studienbriefe Kriminalistik / Kriminologie, Band 7, Hilden 2007
Beling, von	Die Beweisverbote als Grenzen der Wahrheitserforschung im Strafprozess, Tübingen 1903
Bender / Nack / Treuer,	Tatsachenfeststellung vor Gericht, Bd. I, Glaubwürdigkeits- und Beweislehre, München 2007
Franzheim,	Der Polizeibeamte als Zeuge vor Gericht, in: Der Kriminalist 1984, S. 265
Dittmann,	Wann ist ein Gutachten wissenschaftlich begründet?, in: BKA, Hg., Die Operative Fallanalyse in der Hauptverhandlung, Polizei + Forschung, Band 38, Köln 2009
Groß / Geerds,	Handbuch der Kriminalistik, Band II, Berlin 1978
Harbort,	Polizeibeamte im Visier des Strafverteidigers,in: Kriminalistik 1996, S. 805
Hassemer,	Stufen des Verdachts kaum formalisierbar, StV 1984, S. 41
Hassemer,	Warum Strafe sein muss, Berlin 2009
Hirsch,	[Präsident des BGH] In strafrechtlichen Ermittlungsverfahren gehört es zu den Aufgaben der Ermittlungsbehörden, „Zweifelsfragen offensiv anzugehen und einer gerichtlichen Klärung zuzuführen. Dass der BGH später eine andere Ansicht vertrete, ist juristischer Alltag", in: FAZ vom 24.1.2008
Jansen,	Zeugen und Aussagepsychologie, Heidelberg 2004
Kube,	Beweisverfahren und Kriminalistik in Deutschland, Geschichte des Beweisverfahrens, Kriminologische Schriftenreihe, Band 13, Hamburg 1964
Lilie,	Bei dem wenig konturierten Verdachtsbegriff haben die Gerichte bekanntlich faktisch kapituliert, in: ZStW 1999, S. 815
Mai / Köpcke,	Polizeibeamte als Zeugen, in: Kriminalistik 1995, S. 263
Maunz / Dürig,	Kommentar zum Grundgesetz der BRD, München 2008
Metz,	Der Anscheinsbeweis im Straßenverkehrsrecht, in: NJW 2008, S. 2806 [Der „Beweis im ersten Anschein". Nur im Zivilverfahren bei gleichartigen Geschehensabläufen, BGHSt 23, 156 (158)].
Meyer-Goßner,	Strafprozessordnung, München 2011

Meyer-Goßner, [Richter am BGH] Hinweise zur Abfassung des Strafurteils aus revisionsrechtlicher Sicht, in: NStZ 1988, S. 529

Miescher, Die List in der Strafverfolgung [Dissertation], Bern 2008

Mitsch, Strafprozessuale Beweisverbote im Spannungsfeld zwischen Jurisprudenz und realer Gefahr, in: NJW 2008, S. 2295

Nack, Beweisrecht [Sachbeweis], in: Kriminalistik 1999, S. 32

Peters, [Karl], Fehlerquellen im Strafprozess, eine Untersuchung der Wiederaufnahmeverfahren in der Bundesrepublik Deutschland, Band 1, Karlsruhe 1970, Band 2, Karlsruhe 1972

Reichertz, Aufklärungsarbeit. Kriminalpolizisten und Feldforscher bei der Arbeit, [Habilitationsschrift], Stuttgart 1991

Rogall, Hypothetische Ermittlungsabläufe im Strafprozess. Beweiserhebungs- und Beweisverwertungsverbote, in: NStZ 1988, S. 385

Schäfer, Hypothese und Logik bei der kriminalistischen Aufklärungsarbeit, in: Die Polizei 1954, S. 229

Schroth, Beweisverwertungsverbote im Strafverfahren – Überblick, Strukturen und Thesen, in: JuS 1998, S. 969

Schulz, Normiertes Misstrauen – Der Verdacht im Strafverfahren, Frankfurt / M. 2001, (Habilitationsschrift)

Schwaben, Die Rechtsprechung des BGH zwischen Aufklärungsrüge und Verwertungsverbot, in: NStZ 2002, S. 288

Soiné, Kriminalistische Erfahrung als Rechtserkenntnisquelle. Erfahrungssätze als erkenntnistheoretische Grundlagen der juristischen Entscheidungen, in: Kriminalistik 2010a, S. 275

Soiné, Kriminalistische List im Ermittlungsverfahren, in: NStZ 2010b, S. 596

Timm, Qualitätsdefizite in der Kriminalitätsbearbeitung?, in: Kriminalistik 2004, S. 434

de Vries, Historik und Kriminalistik, in: Kriminalistik 2010, S. 301

de Vries, Kriminalistik-Skript, Bonn 2010

Walder, Kriminalistisches Denken, S. 99, Hamburg 1975, und Heidelberg 1996

Warnecke, Die polizeiliche Überprüfung, in: Kriminalistik 1995, S. 657

Weihmann / Schuch, Prüfungswissen – Kriminalistik und Kriminaltechnik, Hilden 2011

Vorschriften und Rechtsprechung

BGHSt 29, 244 (251), Ziel kriminalistischer Ermittlungen: Beweismittel suchen, sichern, würdigen

BGHSt 34, 140, und 37, 48, Ein schwacher Tatverdacht begründet den Verdächtigenstatus; in Bezug auf die Vernehmung ist die Person Zeuge. Ein starker Verdacht begründet den Beschuldigtenstatus

BGH in NStZ-RR 2002, S. 67, Nicht jeder Tatverdacht begründet bereits die Beschuldigteneigenschaft

BGH in NStZ 2004, S. 392 und BVerfG in NJW 1996, S. 3071, Verdachtsbegründung bei der Weigerung zur Teilnahme an Massenuntersuchungen

BGHZ 53, 245 Anastasia (260) Direkter und indirekter (Indizien-)Beweis

BGH, Urteil vom 29.4.1987, NStZ 1987, S. 474, Überzeugungsbild des Tatrichters

BGHSt 6, 70 [72], Bindung des Richters an die Gesetze des Denkens und der Erfahrung. Diese Gesetze sind Normen des ungeschriebenen Rechts im Sinne von § 337 StPO

BGH, Urteil vom 23.6.1987, NJW 1987, S. 3205, Beurteilung der Glaubwürdigkeit des Zeugen

BVerwG, Urteil vom 6.2.1985, NJW 1986, S. 2268, Abgrenzung zwischen dem „Sachverständigen Zeugen“ und dem „Sachverständigen“

BGHSt 3, 27 [28]; 7, 238 [239]; 39, 291 [297], Der Gutachter ist Gehilfe des Richters

BGH, Beschluss vom 11.11.1987, NStZ 1988, S. 144, Beweiswert des Zeugen vom Hörensagen

BVerfG, Beschluss vom 8.10.1974, NJW 1975, S. 104 a), Die Sachaufklärung beruht im Wesentlichen auf dem Zeugenbeweis

BGHSt 32.127, Beschluss des GSS vom 17.10.1983, Der Zeugenbeweis ist eines der wichtigsten Beweismittel

BVerfG, NJW 1984, S. 1451, Das Ermittlungsverfahren dient der Klärung eines Verdachts. Der Verdachtsgrad hängt von der kriminalistischen Erfahrung des Beurteilenden ab

BGH, Beschluss vom 3.4.2001, NZV 2001, S. 267, Atemalkoholanalyse ist beweissicher

BVerfG, Kein Verdachtsindiz ist die Verweigerung, Eingriffsbefugnissen zu erdulden, in: NJW 1996, S. 446

BGHSt 1, 5, Pflicht des Polizeibeamten, sich vor der Gerichtsverhandlung der von ihm gefertigten Vernehmungen pp. als Gedächtnisstütze zu bedienen

BGHSt 35, 328, und Urteil vom 7.1.1997, NStZ 1997, S. 251, Kriminalistische List ist erlaubt

BGHSt 18, 238 [241], Der Beweiswert einer Aussage hängt nicht maßgeblich vom strafprozessrechtlichen Status der Person ab

Beweisverbote

§§ 52, 53, 53a StPO, Zeugnisverweigerungsrechte

§ 54 StPO, Verschwiegenheitspflicht

§ 81c III StPO, Zeugnisverweigerungsrecht bei Untersuchungen

§ 81e StPO, DNA-Analyse

§ 97 StPO, Beschlagnahmefreie Gegenstände

§ 136a III StPO, Verbotene Vernehmungsmethoden

§ 252 StPO, Verbot der Verlesung von Aussagen bei nachträglicher Wahrnehmung des Zeugnisverweigerungsrechtes

Art. 38 I GG, Geheimnis der Wahl

Art. 47 I GG, Zeugnisverweigerungsrecht für Abgeordnete

BGHSt 31, 304 (308) Keine Wahrheitserforschung um jeden Preis

BGHSt 14, 358 (365) und 17, 337 (348), Das staatliche Interesse an Straftatenaufklärung ist nicht immer vorrangig.

BGHSt 27, 355, und 29, 244, Fernwirkung von Beweisverwertungsverboten

BGH, Beschluss vom 27.2.1992, NJW 1992, S. 1463, Unterbliebene Belehrung des Beschuldigten führt zum Beweisverwertungsverbot (Geänderte Rechtsprechung)

BGH, Urteil vom 29.10.1992, NStZ 1993, S. 142, Verweigerte Konsultation mit dem Verteidiger führt zum Verwertungsverbot der Aussagen, und NStZ 1996, S. 291

BGH, Urteil vom 12.10.1993, NStZ 1994, S. 95, Intellektuell nicht verstandene Belehrung führt zum Beweisverwertungsverbot

BGH, Beschluss vom 9.3.1995, NStZ 1995, S. 462, Vernehmung nach Verwertungsverbot nur verwertbar, wenn „qualifiziert" belehrt, und NStZ 1996, 290

BGH, Beschluss vom 7.6.1995, NStZ 1995, 601, Verwertung von Daten in Strafverfahren, die zur Gefahrenabwehr erhoben wurden, (Umstritten, siehe Anmerkung von Welp)

BVerfG in NStZ 2003, 319, und 2004, S. 449, Beweisverwertungsverbot bei Durchsuchungen ohne Richteranordnung, wenn die Gefahr im Verzug nicht begründet war

LG Berlin in NStZ 2010, S. 415, Gefahr im Verzug bei „unwilligem“ Ermittlungsrichter

BVerfG in NJW 2007, S. 499, Belehrung von festgenommenen ausländischen Beschuldigten über ihr Recht auf konsularische Unterstützung

3.2 Beweisverfahren in der geschichtlichen Entwicklung

Das gesamte Ermittlungsverfahren dient der Klärung eines Verdachtes und besteht aus dem **Suchen** von Beweisen, **Erheben** von Beweisen, **Würdigen** von Beweisen und Ziehen von Konsequenzen aus den Beweisergebnissen (BGHSt 29, 244 [251]). Die Polizei betätigt sich dabei vorrangig auf den Gebieten Suche und Erhebung. Bei dieser Arbeit ist es ganz wichtig, dass die Polizei alle strafprozessualen Vorschriften beachtet und richtig anwendet. Sonst können Beweisverwertungsverbote entstehen (Kapitel 3.3). Irrt sich der Polizeibeamte dagegen in der Person des Täters und über die strafbare Handlung, so ist das unerheblich, solange der Beamte nicht willkürlich handelt (BGHSt 21, 334 [363]).

Im Gerichtsverfahren ist das ganz anders, ein Irrtum bei der Rechtsauslegung ist weniger bedenklich, als die falsche Person zu verurteilen. *Hinrich de Vries* (a.a.O. S. 2), Vorsitzender Richter am Landgericht, stellt dazu fest: „Für die **Akzeptanz eines Strafurteils** hat die Feststellung des wahren Sachverhalts eine überragende Bedeutung. Die Verfahrensbeteiligten nehmen eine fehlerhafte rechtliche Beurteilung eher hin als eine falsche Tatsachenfeststellung. Rechtsfehler sind selten völlig unvertretbar, da das Rechtsgefühl als Korrektiv wirkt. Dagegen ist die Schuldfeststellung [X. ist der Täter] einmalig; bei ihr gibt es keinen Zwischenraum zwischen richtig und falsch. Die Öffentlichkeit ist empört, wenn ein Gericht sich geirrt und einen Unschuldigen verurteilt hat. Der Vorwurf eines **Justizirrtums** wird bei der falschen Sachverhaltsfeststellung erhoben und nicht bei der fehlerhaften Rechtsauslegung.“

Nach heutiger Auffassung hat die Strafverfolgung, als Teil der Kriminalpolitik, das Ziel, den Täter zu ermitteln und dessen Bestrafung herbeizuführen – als Mahnung für ihn selbst und als Abschreckung für alle potenziellen Gesetzesübertreter. Die Bevölkerung soll dadurch vor Verbrechen und Verbrechern geschützt werden (*Hassemer*, 2009, a.a.O.). In dem Strafverfahren muss der Staat dem Einzelnen sein Fehlverhalten beweisen. Dies bedeutet, die Beweismittel in das Hauptverfahren einzubringen und **das Gericht** von der Person, der Tatbestandsmäßigkeit des Handelns, der Rechtswidrigkeit dieses Tuns und der Schuldhaftigkeit der Person **zu überzeugen**. Im Rechtsstaat geschieht dies nach vorher feststehenden Beweisregeln unter Achtung der Würde des Menschen. Dabei hat die Strafprozessordnung die Aufgabe, das Verfahren zu ordnen, den Verdächtigen vor Willkür zu schützen und ihm einen **fairen Prozess**

(Art. 20 III GG; BGHSt 19, 325, und 31, 304 [308]; Kapitel 3.3) zu ermöglichen; sie ist allerdings nicht dazu da, den Täter vor Strafe zu bewahren. Dies haben das Bundesverfassungsgericht und der Bundesgerichtshof in vielen Entscheidungen unterstrichen. Beispielhaft sollen die Entscheidungen in Bezug auf die vorläufige Festnahme und die damit verbundene Freiheitsentziehung genannt werden (BVerfG in NJW 1982, S. 29, und NJW 1990, S. 1188).

Die **Beweisregeln** haben sich im Laufe der Geschichte gewandelt. Im germanischen, fränkischen und mittelalterlichen Recht, wodurch unsere Rechtsordnung mitbestimmt wurde, gab es formalistische Beweisregeln. So z. B. das Gottesurteil, den Zweikampf oder das Geständnis und vieles andere mehr. Die Überzeugung des Richters und seine Wertung der Beweise spielten dabei keine Rolle. Hatte z. B. ein Tatverdächtiger unter der Folter ein Geständnis abgelegt, so galt er als überführt, ebenso, wenn das Gottesurteil gegen ihn war. Diese **positivistischen Beweisregeln** führten zu ungerechten Strafen, zu Denunzierungen, gipfelten in den Hexenprozessen und dämmten dennoch das Verbrechen nicht ein. Mit der **Peinlichen Gerichtsordnung Karls V.** von 1532 wurde der Versuch unternommen, wieder Ordnung in das völlig undurchschaubare Prozessverfahren zu bringen. Es sollte wieder Gerechtigkeit herrschen. So wurden die starren Beweisregeln gelockert und die Folter nur noch unter bestimmten Voraussetzungen zugelassen.

Doch erst die Aufklärung im 18. Jahrhundert brachte nach und nach entscheidende Fortschritte. ***Friedrich der Große*** (1712–1786) schaffte 1740 die Folter ab. Unterlaufen wurde dieses Verbot jedoch durch Lügen- und Ungehorsamsstrafen und durch psychischen Zwang.

Doch den wirklichen Durchbruch gab es erst **1838** durch die Einführung der **Freien Beweiswürdigung** (§ 261 StPO; Kapitel 3.6.5) durch den Richter. Entscheidend in diesem neuen Beweisverfahren ist die **subjektive Überzeugung des Richters**. Dieser hat sich zwar auch an feste Beweisregeln zu halten, aber jetzt kommt es auf seine Wertung der Beweise und auf seine Überzeugung und Gewissheit an. Diese Wertung muss er nach den **Gesetzen des Denkens und der Erfahrungen** vorzunehmen und mit objektiven Tatsachen zu beweisen. Zu diesen Gesetzen gehören auch die in der Wissenschaft allgemein anerkannten Regeln für Untersuchungsmethoden, die dadurch besondere Bedeutung erlangen. Diese Bedeutung ergibt sich aus der Entscheidung BGHSt 6, 70 [72] von 1954: „Er [der Richter] ist unter die Gesetze des Denkens und der Erfahrung gestellt und hat diese Gesetze bei der Feststellung von Tatsachen zu beachten. Diese Gesetze sind Normen des ungeschriebenen Rechts. Ihre Nichtbeachtung ist Verletzung des Gesetzes im Sinne des § 337 StPO und kann die Revision begründen.“

Der Richter hat nun Wahrnehmungen, Vorstellungen und Sinneseindrücke zu prüfen, zu kombinieren und schließlich zu würdigen. Das heißt, der Richter muss subjektiv überzeugt und gewiss sein (BGHSt 10, 208 [209]). Damit finden die Beobachtungen und Erfahrungen des täglichen Lebens, die allgemeine Bildung sowie Sach- und Fachkunde aller Wissensgebiete Eingang in das Beweisverfahren für den Strafprozess. Doch das reicht nicht aus, es muss darüber hinaus auch eine **objektiv tragfähige Tatsachengrundlage** vorhanden sein (BGHZ 53, S. 245 [256]), das heißt, der Richter muss nachvollziehbar die Beweise benennen und würdigen, die sein Ergebnis begründen (*Bender / Nack / Treuer*, a.a.O., Rn. 363 und 448).

Beides, die subjektive Überzeugung und die objektiv tragfähige Tatsachengrundlage, führen zur **Gewissheit** (BGHSt 10, 208 [209]) und werden schriftlich in den Urteilsgründen niederlegt. Polizei und Staatsanwaltschaft müssen diese Tatsachengrundlagen im Ermittlungsverfahren mit rechtsstaatlichen Mitteln feststellen. Im Sinne der Kriminalistik sind diese Tatsachengrundlagen die **Beweismittel**.

Da die Polizei sowohl strafbare Handlungen zu verfolgen als auch konkrete Gefahren abzuwehren hat, soll hier kurz auf den Unterschied der Voraussetzungen für die Befugnisnormen eingegangen werden.

Die **Gefahrenabwehr** hat den Zweck, den Bürger und sein Eigentum zu schützen. Da dies eine positive staatliche Handlung gegenüber dem Bürger ist, werden an die Voraussetzungen für die Eingriffsbefugnisse keine hohen Anforderungen gestellt. Es ist sogar so, je hochwertiger das gefährdete Gut ist, desto geringer sind die Anforderungen an das Vorliegen der Befugnisse (BVerwGE 39, 190 [193]). Selbst Irrtümer seitens der Polizei machen die Handlungen nicht rechtswidrig. Hier sind Gesetzgebung und Rechtsprechung sehr großzügig. Das ist auch sinnvoll, denn der Bürger soll geschützt werden, was schließlich in seinem Interesse liegt.

Mit der **Strafverfolgung** soll das Verhalten des **Bürgers bestraft werden**, damit er in Zukunft ein straffreies Leben führt. Deshalb kann er zum Tatverdächtigen, zum Beschuldigten, zum Angeklagten und schließlich zum Verurteilten, und damit zum Täter werden. Da dies ein erheblicher Eingriff in seine Rechte und nachteilig für ihn ist, muss der Staat hier sehr korrekt handeln und die Verfahrensvorschriften genau einhalten. So darf der **staatliche Strafanspruch** nicht rücksichtslos durchgesetzt werden (BGHSt 17, S. 337 [348]). Ebenso ist es **kein** Staatsziel, die **Wahrheit** um jeden Preis zu erfahren (BGHSt 14, S. 358 [365]). Insbesondere darf der Staat den Tatverdächtigen **nicht zum Objekt** des Strafverfahrens herabwürdigen (BGHSt 17, S. 28 [33]), sondern hat immer seine Würde und seine Grundrechte zu wahren. Daraus ergibt sich die Folge, dass nicht alles was möglich ist, gegen den Bürger verwendet werden darf, sondern nur was ausdrücklich erlaubt ist. Aus dieser **Strafrechtsethik** heraus ergeben sich **geschützte Bereiche**, die auch für Straftäter gelten und bei deren Nichtbeachtung zu Beweisverboten führen. Gesetzgebung und Rechtsprechung haben das genau festgelegt (Kapitel 3.3).

Ein besonderes Verbot von Handlungen, und damit ein weiterer Fortschritt, kam 1930 mit der Einführung von § 136a StPO, die **Verbotenen Vernehmungsmethoden**. Damit ist aber nicht gemeint, die Ermittlungen vor lauter Rücksichten zögerlich oder nicht gründlich durchzuführen. Das Gegenteil ist der Fall, der Kriminalist muss offensiv vorgehen. Gerade in Zweifelsfragen sind die erforderlichen Maßnahmen zu einer gerichtsfesten Beweisführung zu treffen. Bestehen Zweifel, so können diese einer späteren gerichtlichen Überprüfung geklärt werden, empfiehlt der Präsident des Bundesgerichtshofes (*Hirsch*, a.a.O.). Die heutigen rechtsstaatlichen **Prinzipien der Beweisführung** haben das Ziel, ein Gericht mit zulässigen Beweismitteln und zulässigen Methoden davon zu überzeugen, dass eine

- Person,
- tatbestandsmäßig,
- rechtswidrig und
- schuldhaft

Strafgesetze oder strafrechtliche Nebengesetze verletzt hat.

3.3 Beweisverbote

Im Zeitalter der Aufklärung war der Mensch in den Mittelpunkt der Philosophie gerückt und wurde als Krone der Schöpfung betrachtet. Staatsziel war es nunmehr, die Existenz der Menschen zu gewährleisten. Um diese Menschen im Strafverfahren nicht in ihrer Würde zu verletzen oder Angehörige nicht zu zwingen, als Belastungszeugen auftreten zu müssen, wurden Beweisverbote erlassen und Regeln entwickelt, die deren Einhaltung sicherstellen.

Der Begriff Beweisverbote geht auf den Strafrechtslehrer und Rektor der Universität Tübingen *Ernst* ***von Beling*** (1866–1932) zurück, der dieses Problem in seiner Antrittsvorlesung thematisierte. Er unterschied sechs verschiedene **Rücksichten**, wie er es nannte, die als Schranken anzusehen sind und vom Staat bei der Straftatenerforschung nicht überschritten werden dürfen. An erster Stelle die Rücksicht auf das Staatswohl, an zweiter die Rücksicht auf die Herrschaftshäuser, an dritter die Rücksicht auf die Privatsphäre, an vierter die Rücksicht auf verwandtschaftliche Beziehungen, an fünfter die Rücksicht auf die Wahrung von Geheimnissen und an sechster die Rücksicht auf das Privateigentum (Beling, a.a.O., S. 2). Daraus hat sich unser heutiges Recht entwickelt.

Es bleibt zwar **Staatsziel,** Straftaten aufzuklären und Täter zu bestrafen, aber nicht um jeden Preis (BGHSt 14, 358 [365]). Der persönliche Lebens- und Geheimnisbereich ist durch die **Menschenwürde** und die **Entfaltung der Persönlichkeit** geschützt und steht demzufolge nicht für ein Strafverfahren zur Verfügung (BGHSt 19, 325 und 31, 304 [308]). So darf z. B. der Inhalt eines Tagebuches nicht verwendet werden, sofern es als Ausfluss der Persönlichkeit erstellt wurde. Anders sind jedoch Aufzeichnungen zu sehen, die von Straftätern über potenzielle Opfer oder über die Beute gemacht wurden.

Die Vorschriften über das **Zeugnis-**, **Auskunftsverweigerungsrecht** und die **Aussageerlaubnis** (§§ 52 bis 55 StPO) zeigen auch, dass dem staatlichen Interesse an Aufklärung von Straftaten kein absoluter Vorrang eingeräumt wird, BGHSt 14, 358 (365) und 17, 337 (348). Der **staatliche Strafanspruch** (besser: das Strafverfolgungsinteresse) wird dann bewusst **zurückgestellt**, wenn durch die Aussage von Zeugen aus familiären oder besonderen beruflichen Verhältnissen zum Beschuldigten Konflikte entstehen. z. B. sollen Eltern nicht gezwungen werden, gegen ihre Kinder aussagen zu müssen oder Ärzte nicht gegen ihre Patienten. Gleiches gilt, wenn die Zeugenaussagen aus staatlichem Interesse nicht veröffentlicht werden sollen, z. B. das Bekanntgeben eines besonderen polizeilichen Einsatzmittels für die Befreiung von Geiseln oder der Name einer V-Person (§§ 54 und 96 StPO und Kapitel 14). Ganz besonders ist die **Würde des Menschen** im Strafverfahren durch die verbotenen Vernehmungsmethoden (§ 136a StPO) geschützt. Das zeigt sich allgemein schon durch die Unterscheidung von verbotener **Täuschung** und von erlaubter und verbotener **kriminalistischer List** (*Miescher*, a.a.O.; *Soiné*, a.a.O., 2010b, und ausführlich in Kapitel 11.14.2).

Die Beweisverbote und Verwertungsverbote sind zum Teil ausdrücklich im Gesetz genannt, z. B. §§ 136a III und 252 StPO oder haben sich aus der Rechtsprechung in Anlehnung an die Menschenrechte entwickelt.

Die Verfahrens- und Erhebungsverbote beschreiben die einzelnen Bereiche.

- Das **Themaverbot** untersagt, dass bestimmte Themen behandelt werden, z. B. gelöschte Vorstrafen.
- Das **Mittelverbot** stellt bestimmte Personen oder Verfahren von der Beweispflicht frei. Hier sind zu nennen: die Selbstbeschuldigung, die Aussage bzw. die Untersuchung von Angehörigen oder die Bekanntgabe von bestimmten Berufsgeheimnissen (§§ 52–55, 81c III, 96 StPO).
- Das **Methodenverbot** verbietet unerlaubte Mittel zur Erlangung von Beweisen, wie sie im § 136a StPO genannt sind.
- Schließlich verpflichtet das **relative Beweisverbot** zur Einhaltung bestimmter Formvorschriften, so wird z. B. bei der Blutentnahme die Qualifikation eines Arztes verlangt oder der Richtervorbehalt.

Die Absicherung der Verfahrens- und Erhebungsverbote wird durch das Verwertungsverbot erreicht. Für den Gesetzesübertreter sollen seine verbotenen Handlungen dadurch fruchtlos bleiben. Die so erlangten Beweise dürfen nicht in der Hauptverhandlung verwertet werden.

Das gilt insbesondere bei der Anwendung von verbotenen Vernehmungsmethoden. Die mit solchen Methoden erlangten Aussagen dürfen auch dann nicht verwertet werden, wenn der Betroffene dem zustimmt. Insofern ist § 136a III StPO richtigerweise konsequent.

Bei der Prüfung ob ein Verwertungsverbot vorliegt muss zunächst davon ausgegangen werden, dass dies keine allgemeine Folge ist, weil sonst der Grundsatz der Erforschung der Wahrheit eingeschränkt würde. Nach gefestigter Rechtsprechung ist vielmehr jeder Einzelfall zu prüfen und eine Abwägung nach dem Gewicht des Verfahrensverstoßes vorzunehmen. Ein Verbot gilt insbesondere bei groben Verstößen gegen den **Richtervorbehalt**, bei **Willkür** oder Verstoß gegen den Grundsatz des **fairen Verfahrens** (BGH in NStZ 2007, S. 601).

Das Verwertungsverbot besteht nach geänderter Rechtsprechung des BGH (NJW 1992, S. 1463) jetzt auch für **Aussagen eines Beschuldigten**, wenn dieser nicht über sein Schweigerecht belehrt oder ihm der Kontakt mit einem Verteidiger verwehrt wurde. Dabei spielt die Willensrichtung des Kriminalisten keine Rolle. Allein die Tatsache, dass nicht belehrt oder der Kontakt verweigert wurde, begründet das Verwertungsverbot. Ebenso sieht der BGH (a.a.O.) ein Verwertungsverbot, wenn der Belehrte die Bedeutung intellektuell nicht verstanden hat, z. B. bei einem Rauschgiftabhängigen.

In neuster Rechtsprechung (NJW 2007, S. 2706) hat der BGH das Beweisverwertungsverbot bekräftigt. Eine Belehrung nach **§ 55 StPO**, sich selbst oder einen Angehörigen nicht belasten zu müssen, **reicht** als Belehrung für den Beschuldigten **nicht aus**. Ganz besonders wichtig ist der Hinweis auf die Konsultation mit dem Anwalt.

Das Verwertungsverbot gilt dann auch für alle nachfolgenden Vernehmungen, einschließlich einer richterlichen, auch wenn dabei korrekt belehrt wird. Das **Verbot kann nur** durch eine **qualifizierte Belehrung** aufgehoben werden, das heißt, neben den Inhalten aus §§ 163a IV und 136 StPO muss erklärt werden, dass die bisherigen Aussagen dem Verwertungsverbot unterliegen und nicht existent sind (BGH, a.a.O., und Kapitel 11.7.3). Insofern ist es sehr wichtig, die späteren Vernehmungsbeamten oder den Vernehmungsrichter von einer vorausgegangenen Vernehmung ohne Belehrung zu unterrichten.

Ein „Austricksen" der Belehrung nach dem Motto, zunächst frage ich alle Einzelheiten aus der Person heraus, möglichst in einem Geständnis, dann belehre ich qualifiziert, würde gegen den Grundsatz des Rechtsstaatsprinzips und des

„fairen Strafverfahrens“ (Art. 20 III GG) verstoßen und eine Täuschung im Sinne von § 136a StPO bedeuten. Hier würde das Verwertungsverbot bestehen bleiben (Kapitel 11.7.3). Außerdem stellt der Kriminalist damit seine Glaubwürdigkeit und Zuverlässigkeit infrage (Kapitel 1.3).

Weitere **Verwertungsverbote** hat das Bundesverfassungsgericht, (NStZ 2003, S. 319), bei der Nichtbeachtung des Richtervorbehaltes hinsichtlich der Anordnung der **Durchsuchung** festgestellt (so auch BGH in NStZ 2007, 601). Es führt dazu aus, dass der anordnende Polizeibeamte die Gefahr im Verzug nur rechtens in Anspruch nehmen kann, wenn er im Ermittlungsvorgang den drohenden Beweisverlust und die Tatsachen, warum er einen Richter nicht erreichen konnte, **zweifelsfrei begründet und dokumentiert**. Fehlt dies, so fallen die sichergestellten Beweise unter das Verwertungsverbot. Wird bei einem Eilfall ein „unwilliger“ Ermittlungsrichter angetroffen, der nicht auf telefonischen Antrag entscheiden will, so fällt die Entscheidungskompetenz bei „Gefahr im Verzug“ wieder auf den Polizeibeamten oder den Staatsanwalt zurück (NStZ 2010, 415; BVerfGE 103, 142 [154]).

Das **absolute Verwertungsverbot** bei nicht begründeter und nicht protokollierter Gefahr im Verzug bei Durchsuchungen hat der BGH (NStZ 2004, S. 449) ein wenig „gelockert“. Das Verwertungsverbot soll nicht greifen, wenn ein Staatsanwalt die Anordnung getroffen hat und die Maßnahme nicht willkürlich war, das heißt, ein Richter hätte vermutlich ebenfalls die Durchsuchung angeordnet.

Ein viel häufiger vorkommender Lebenssachverhalt ist der Verdacht der **Trunkenheitsfahrt** und die damit verbundene **Blutprobe**, die ebenso dem **Richtervorbehalt** unterliegt (§ 81a II StPO). Ordnet der Polizeibeamte wegen Gefährdung des Untersuchungserfolges die Blutprobe mit „Gefahr im Verzug“ an, so ist dies zu begründen. Dabei kommt es zu einer Abwägung zwischen der Schwere des Eingriffs in die Rechte des Betroffenen, der Schwere des Rechtsverstoßes und der zeitlichen Dringlichkeit.

Das OLG Stuttgart (NStZ 2008, 238, Absatz 6 und 7) stellt dazu fest: „Diese Abwägung ergibt hier, dass -auch wenn es sich nur um eine Ordnungswidrigkeit im Straßenverkehr handelt- dem relativ geringfügigen Eingriff in die körperliche Unversehrtheit durch die vom Arzt vorgenommene Blutentnahme, schwerwiegende staatliche Interessen an der Ahndung einer Ordnungswidrigkeit nach § 24a II StVG gegenüberstanden, weil der Rechtsverstoß die Verkehrssicherheit, insbesondere auch Leib und Leben Dritter, erheblich gefährden konnte; letzterer Gesichtspunkt überwog daher.“

Ein **Beweisverwertungsverbot** wegen einer **Fehlinterpretation** des Begriffs „Gefahr im Verzug“ ist insbesondere dann anzunehmen, wenn die Durchführung der Maßnahme auf einer **bewusst fehlerhaften** bzw. **objektiv willkürlichen** Annahme der Eingriffsbefugnis durch den Polizeibeamten beruht hätte (OLG Dresden, NJW 2009, 2149; OLG Bamberg, NStZ 2009, S. 408; OLG Köln, NStZ 2009, S. 406). Nicht dagegen, wenn eine irrtümliche Fehleinschätzung über den weniger raschen Abbau des Blutalkohols vorliegt, sodass auch mit Zeitverzögerung eine richterliche Entscheidung eingeholt werden könnte.

Ein weiteres Verwertungsverbot könnte durch die neue Belehrungspflicht bei festgenommenen Ausländern entstehen. Das BVerfG (NJW 2007, S. 499) stellt fest, dass Art. 36 WÜK (Wiener Konsularrechtsübereinkommen) in der deutschen Rechtsordnung mit dem Rang eines Bundesgesetzes gilt. Diese Pflicht wurde 2009 in § 114b II StPO aufgenommen (Kapitel 18.3.1.2). Der BGH hat inzwischen in dieser Sache (NStZ 2008, 55) und in einem zweiten Fall (NJW 2008, 307) entschieden, dass die Polizei nach der Festnahme gemäß Art. 36 WÜK belehren muss, doch das Unterlassen führt **nicht** zu einem Beweisverwertungsverbot.

Darüber hinaus ist 2009 die Pflicht zur sofortigen und schriftlichen Belehrung eingeführt worden, wenn Personen vorläufig festgenommen (§§ 127, 112, 114a–114c StPO) oder zur **Identitätsfeststellung** festgehalten werden (§ 163c StPO; Kapitel 18.3.1.2). Ob hier bei Unterlassung der Belehrung ein Verwertungsverbot entsteht, ist noch nicht entschieden.

Fraglich ist, ob **Beweismittel,** die durch ein **Beweisverbot** erlangt wurden, als neues Beweismittel verwendet werden darf. Ein Tatverdächtiger gibt z. B. das Versteck der Beute preis, weil ihm wahrheitswidrig vorgehalten wurde, ein Zeuge habe ihn bei der Straftat beobachtet. Findet jetzt die Polizei bei der Durchsuchung die Beute, so ergibt sich folgende Rechtssituation: Die Aussage des Tatverdächtigen darf nicht verwendet werden, weil dieser getäuscht wurde. Die Tatsache, dass die Beute gefunden wurde, ist Wahrheit und unterliegt nicht dem Verwertungsverbot. Ob die Beute aber dem Tatverdächtigen zugeordnet werden darf, hängt von neuen Beweisen ab, z. B. ob seine Fingerabdrücke daran gefunden werden. Die Fernwirkung von Verwertungsverboten entfällt somit, wenn ein selbstständiger Erkenntnisvorgang entsteht (BGHSt 27, 355).

Eine weitere **Absicherung** der Beweisverbote ist die strafrechtliche Androhung bei Fehlverhalten. **Rechtsbeugung** (§ 339 StGB), **Aussageerpressung** (§ 343 StGB) und die **Verfolgung Unschuldiger** (§ 344 StGB) sind im Strafmaß mit mindestens einem Jahr Freiheitsentzug bedroht und damit Verbrechen. Dies führt zwangsläufig zu beamtenrechtlichen Konsequenzen. Nach § 24 BeamtStG und vergleichbaren Vorschriften in allen Landesbeamtengesetzen, erlischt bei einem Strafmaß von einem Jahr Freiheitsentzug und mehr mit der Rechtskraft des Strafrechtsurteils das Beamtenverhältnis. Insgesamt wird somit unterstrichen, dass die Beweisverbote eine hohe gesellschafts- und rechtspolitische Bedeutung haben.

3.4 Beweisformen

Beweisen heißt, ein zulässiges **Beweismittel** in das Verfahren einbringen, um damit das Gericht von einem Beweisergebnis zu überzeugen. Hierbei sind als **Beweisformen** der direkte und der indirekte Beweis zulässig. Letzteren bezeichnet man auch als Indizienbeweis. Der **direkte Beweis** deutet unmittelbar auf die zu beweisende Tatsache hin. z. B. ein Zeuge gibt an, der A habe mit einem Beil auf B eingeschlagen; oder: Der C habe die Unterschrift auf dem Scheck gefälscht; oder: Der D habe das Auto gefahren, als der Unfall geschah. Zwischen Aussage und strafbarem Verhalten besteht ein unmittelbarer Zusammenhang. Das Tatbestandsmerkmal wird als gegeben angesehen.

Der **indirekte Beweis** (BGHZ 53, 245 [Anastasia]) ist nur ein Anzeichen für das tatbestandsmäßige Verhalten. Damit handelt es sich hierbei weniger um eine Beweisform als vielmehr um eine Methode der Beweisführung, bei der vorrangig Erfahrungssätze angewendet werden. So kann beispielsweise die Lageskizze einer Sparkasse, die nach dem Überfall bei einem Tatverdächtigen gefunden wird, ein Indiz oder ein Anzeichen für seine Täterschaft sein. Der Beweis der Täterschaft ist damit jedoch nicht erbracht. Werden darüber hinaus an diesem Tatort Fingerabdrücke der Person gefunden, so beweist dies, dass sie Spurenleger ist, jedoch noch nicht, ob sie auch der Täter ist. Die Wahrscheinlichkeit der Täterschaft wird jedoch größer. Gibt es noch weitere Indizien, z. B. größerer Geldbesitz am Tag nach dem Überfall, so kommt man der Gewissheit über die Täterschaft immer näher. Je mehr Indizien auf den Tatverdächtigen deuten, je wahrscheinlicher ist die Täterschaft. Das Aneinanderreihen der einzelnen Anzeichen nennt man **Indizienkette**.

Der Indizienbeweis ist nicht zu verwechseln mit dem **Beweis des ersten Anscheins** oder „**Anscheinsbeweis**" der oft im Zusammenhang mit Verkehrsstraftaten genannt wird. Diesen Anscheinsbeweis gibt es aber **nur im Zivilrecht** (BGHSt 23, 156 [158]). Er wird beim Auftreten von gleichartigen Geschehensabläufen angewendet. So beruht z. B. ein Auffahrunfall in der Regel auf zu geringem Sicherheitsabstand (*Metz*, NJW 2008, S. 2806). Deshalb spricht der erste Anschein dafür, dass der Auffahrende der Verursacher ist.

Neuere Lehrmeinungen vertreten die Auffassung, dass alle gesetzlichen Tatbestandsmerkmale, die der Richter nicht persönlich feststellen kann, lediglich Indizien sind, also mittelbare Beweise. So z. B. auch die Zeugenaussage und das Geständnis, weil die darin genannten Tatbestandsmerkmale durch Dritte (Zeugen oder Beschuldigte) übermittelt werden. Der Richter darf diese Aussagen nicht ungeprüft übernehmen, sondern muss sich demzufolge von der Richtigkeit der Aussagen überzeugen. Dabei ist das Hauptstück des Indizienbeweises nicht die eigentliche Indizientatsache, sondern der daran **anknüpfende**

Denkprozess, der auf das Vorhandensein der eigentlichen rechtserheblichen Tatsache deutet. Soll z. B. als Hauptsache festgestellt werden, ob der Beschuldigte betrunken war, so ist eine Zeugenaussage, „er sei getorkelt", eine Indizientatsache dafür. Bekundet ein weiterer Zeuge, der Beschuldigte habe eine „Alkoholfahne" gehabt, so ist dies eine weitere Indizientatsache. Je mehr Indizien auf die Hauptsache deuten, je wahrscheinlicher ist das Vorliegen dieser Haupttatsache. Die Summe der Indizien wird hierbei **Indizienring** genannt.

3.5 Beweismittel / Beweiswert / Beweiskraft

Die heutigen rechtsstaatlichen Prinzipien der Beweisführung haben das Ziel, ein Gericht mit zulässigen Beweismitteln und zulässigen Methoden davon zu überzeugen, dass eine

- Person,
- tatbestandsmäßig,
- rechtswidrig und
- schuldhaft

Strafgesetze oder strafrechtliche Nebengesetze verletzt hat.

Dazu stehen als Beweismittel zur Verfügung: der **Personal-** und **Sachbeweis** sowie der **Urkundenbeweis**. Zum Urkundenbeweis zählen Urkunden und andere als Beweismittel dienende Schriftstücke. Sie sind begrifflich nicht verschieden, beide erbringen Beweise durch ihren Gedankeninhalt (§ 249 StPO; BGH in NStZ 2005, S. 526).

Der **Beweiswert** von Beweismitteln ergibt sich aus der Beurteilung durch die Person der Strafverfolgung. Sie prüfen zunächst die **Verwendbarkeit im Strafverfahren** (Kapitel 3.6). Handelt es sich um ein **zulässiges** Beweismittel?

Darüber hinaus muss festgestellt werden, welche behauptete **Beweistatsache** (Tatbestandsmäßigkeit, Rechtswidrigkeit und Schuld) kann damit bewiesen werden und mit welcher Intensität ist das möglich? Ist es ein **Indiz** (Anzeichen; Kapitel 3.4) oder ein strafprozessrechtlicher Beweis (Überzeugung von der Wahrheit; Kapitel 3.6.5). Dabei gibt es im Ermittlungsverfahren und im Haupt- oder Gerichtsverfahren (Kapitel 1.3.4) unterschiedliche Anforderungen an die Intensität.

So reicht im Ermittlungsverfahren ein „schwacher Verdacht" um den Verdächtigenstatus zu begründen und ein „starker Verdacht", für den Beschuldigtenstatus (Kapitel 3.6.1). Im Haupt- oder Gerichtsverfahren muss der Richter „gewiss" sein, um eine Verurteilung zu rechtfertigen und dadurch die Person zum Täter zu machen (Kapitel 3.6.5).

Darüber hinaus kann z. B. ein und derselbe Sachbeweis verschiedene Intensitäten haben. Ein Fingerabdruck kann der absolute Beweis für die Identität einer

Person sein; der gleiche Fingerabdruck an einem Tatort aber nur ein Indiz dafür sein, dass die Person zur Tatzeit dort anwesend war. Es hängt somit immer davon ab, **was bewiesen werden soll**.

Die **Beweiskraft** liegt in der Substanz des Beweismittels. Mit welcher Überzeugung es auf die Personen der Strafverfolgung einwirkt, z. B. notarielle Urkunde oder gerichtliches Protokoll oder die Identitätsbestimmung durch den Fingerabdruck.

Seit einigen Jahren gibt es über die Bedeutung von Personal- und Sachbeweis unterschiedliche Auffassungen. So wird gemutmaßt, die Fortschritte, die die Naturwissenschaften gemacht haben, könnten das Geständnis oder die Zeugenaussage ersetzen. Dies sei auch besonders günstig, weil der Sachbeweis keinen Täuschungen und Empfindungen unterliege und damit objektiv sei. Doch das Bundesverfassungsgericht (NJW 1975, S. 104) und der Bundesgerichtshof (BGHSt 32, S. 127) haben dem widersprochen und eindeutig erklärt, dass die Möglichkeiten justizförmiger Sachaufklärung im Wesentlichen auf dem Zeugenbeweis beruhen. An einem einfachen **Beispiel** des kriminalistischen Alltags soll dies verdeutlicht werden: Eine Leiche mit Stichverletzungen wird gefunden, daneben ein Stilett mit dem Blut des Getöteten und Fingerabdrücken eines Tatverdächtigen sowie Mikrospuren des Opfers an der Kleidung des Tatverdächtigen. Diese Spuren beweisen nur den Kontakt von Tatverdächtigem, Tatwaffe und Opfer; sie beweisen aber nicht, ob es sich um den Täter oder um einen Hilfeleistenden handelt.

Hier ist die weitere **Tätigkeit des Kriminalisten** gefragt, der eine solche Person zunächst wertneutral als „Spurenleger" bezeichnet und zu beweisen hat, ob die Spuren durch die Tat oder legal entstanden sind. Selbst wenn es sich um den Tatverdächtigen handelt, geben diese Spuren keine Auskunft über den genauen Straftatbestand (Mord, Totschlag, Köperverletzung mit Todesfolge, pp.), auch nicht über die Schuld des Täters und die Rechtswidrigkeit der Tat. Im Regelfall ist der Sachbeweis ein hervorragendes und unverzichtbares Fahndungshilfsmittel (Kapitel 9.5). Das gilt insbesondere für die Methoden der Daktyloskopie und der DNA-Analyse (Kapitel 4.16.1 und 4.16.2), für die Urteilsfindung ist es aber nachrangig.

Ein anderes Beispiel aus der täglichen polizeilichen Praxis verdeutlicht ebenfalls den höheren Wert des Personalbeweises gegenüber dem Urkundenbeweis (§ 249 StPO): Die technische Aufzeichnung der Geschwindigkeit mit einem Fahrtschreiber (§ 57a StVZO). Die dokumentierte Geschwindigkeit auf dem Schaublatt allein stellt noch keinen Beweis für einen Verstoß dar, der geahndet werden muss. Die korrekte Aufzeichnung kann zwar als Urkundenbeweis verwendet werden, doch sie sagt nichts darüber aus, ob tatsächlich der dort notierte Fahrer das Fahrzeug gelenkt hat, ob an der Stelle die aufgezeichnete Geschwindigkeit zulässig war oder ob vielleicht Rechtfertigungsgründe (z. B. Notfallfahrt ins Krankenhaus) für die Überschreitung der Geschwindigkeit vorlagen. Erst der Personalbeweis in Form der Feststellungen durch den Polizeibeamten kommt dem Beweis für oder gegen einen Verkehrsverstoß näher.

Ganz besonders deutlich wird der Wert des Personalbeweises beim Geständnis (Kapitel 11.10.2. j). **Nur der Täter** und gegebenenfalls das Opfer wissen ganz genau, wie die Straftat ausgeführt und welche Motive vorgelegen haben.

3.5.1 Personalbeweis

Zum Personalbeweis, oder auch persönliche Beweismittel, gehören Zeugen (§ 48 ff. StPO), Sachverständige (§ 72 ff. StPO) und der Augenschein (§ 86 StPO), ferner die Aussagen des Beschuldigten (§ 243 StPO) und der Mitbeschuldigten.

Zu prüfen ist, ob diese Personen die Realität eines Sachverhaltes schildern oder die von ihnen wahrgenommene Wirklichkeit oder ob sie sogar lügen. Um dieses festzustellen, wurde vielfach die Forderung gestellt, Personen einer polygrafischen Untersuchung, dem sogenannten **Lügendetektor**, zu unterziehen. Doch der Bundesgerichtshof (BGHSt 44, 308) hat ausführlich dargelegt, dass es sich hierbei um ein „völlig ungeeignetes Beweismittel" handelt. Das gilt auch für den Fall der bewussten Lüge. Sogar auf Antrag des Beschuldigten darf es im Strafverfahren nicht eingesetzt werden. Hier hilft nur die Methode der Aussageanalyse, die der Wahrheit dadurch näher kommen will, indem sie die Qualität in der Aussage nach festgelegten Regeln prüft (Kapitel 11.13.7).

Zeuge ist jeder, gegen den sich das Verfahren nicht richtet. Dabei kommt es nicht auf das Alter, nicht auf die Verstandesreife, nicht auf geistige oder körperliche Einschränkungen an; es ist lediglich zu prüfen, ob die Person den in Frage stehenden Sachverhalt ausreichend wahrgenommen hat und ihn verständlich wiedergeben kann. Dieser Zeuge soll Aussagen über Tatsachen, Erfahrungssätze, allgemeine Eindrücke und Mutmaßungen machen sowie Schlussfolgerungen ziehen. Es steht ihm jedoch nicht zu, Werturteile abzugeben oder zu Rechtsfragen Stellung zu nehmen (§ 48 ff. StPO).

Anders sieht es aus, wenn der Zeuge **äußere Tatsachen** beobachtet hat, die Schlüsse auf **innere Einstellungen** zulassen. So z. B., ob er ein beobachtbares Verhalten gesehen hat, aus dem er schließen konnte, dass das „Opfer" einvernehmlich mit dem „Täter" Zärtlichkeiten austauschte. Daraus könnte geschlossen werden, ob eine später behauptete Vergewaltigung, die von niemandem gesehen wurde, tatsächlich gegen den Willen des Opfers erfolgte (BGH in NStZ 2008, S. 707).

Zeuge vom Hörensagen ist der Kriminalist über Angelegenheiten, die ihm ein Zeuge mitgeteilt hat, und der wegen Zusicherung der Vertraulichkeit nicht vor Gericht erscheint (Kapitel 14.10).

Darüber hinaus kann **jede andere Person** als „Zeuge vom Hörensagen" vor Gericht auftreten, die zur Tat sachdienliche Hinweise geben kann. Insbesondere solche Informationen, die sie vom Tatverdächtigen oder vom Opfer erhalten haben. Da es sich aber um Personen handelt, die für die Wiedergabe von Informationen nicht geschult sind, müssen besondere Anforderungen an deren Glaubwürdigkeit gestellt werden (BGH in NJW 1988, S. 144). Es ist nicht selten, dass Angaben von solchen Personen entstellt oder unvollständig sind. Zu prüfen ist, ob die Schilderungen von Einzelheiten, Begleitumständen, gefühlsmäßige Beteiligung des Opfers, Einstellung zum Tatverdächtigen u. a.m. überzeugend dargestellt werden. Trotzdem haben diese Aussagen immer einen geringeren Beweiswert als solche vom unmittelbaren Tatzeugen (BGHSt 1, 373 [376]; 17, 382 [383 f.]; 22, 268 [270]; BVerfGE 57, 250 [292]).

Der Geschädigte oder Verletzte ist zwar auch Zeuge, nimmt jedoch wegen seiner persönlichen Betroffenheit eine gewisse Sonderstellung ein. Das Erlebte führt zu einer stärkeren subjektiven Wiedergabe und muss demnach besonders auf Fehlerquellen geprüft werden (Kapitel 11.13.7).

Der **sachverständige Zeuge** ist Zeuge vergangenen Geschehens. Darüber hinaus besitzt er zur Wahrnehmung von bestimmten Tatsachen eine besondere Sachkunde. So zum Beispiel ein Büchsenmacher, der nicht nur den Schuss bei der Tatausführung hört, sondern am Knall auch die Waffenart erkennt oder der Kfz-Ingenieur, der nicht nur das zur Flucht benutzte Auto wegfahren hört, sondern am Motorgeräusch auch das Fabrikat erkennt (§ 85 StPO).

Der **Sachverständige,** auch **Gutachter** genannt, hat den Tatbestand weder gehört noch gesehen. Er ist nicht Zeuge, sondern der **Gehilfe des Richters**, der auf bestimmten Gebieten über die Sachkunde verfügt, die dem Richter fehlt (BGHSt 3, 27 [28]; 7, 238 [239]; 39, 291 [297]). Diese Sachkunde kann der Richter auch durch Vernehmung eines Sachverständigen erwerben, selbst dann, wenn er dem Gutachter inhaltlich nicht folgen will und ihm widerspricht (BGH in NStZ 2010, S. 586). Im Ermittlungsverfahren gilt das auch für den Staatsanwalt und den Kriminalisten. Deshalb werden bei wichtigen Beweisthemen bereits im Ermittlungsverfahren Sachverständige zu Rate gezogen. Diese bestellt die Staatsanwaltschaft (§§ 161 und 161a StPO, BGHSt 44, 26 [31], Nr. 70 RistBV und Kapitel 19). Deshalb muss der Kriminalist hierfür das Einverständnis der Staatsanwaltschaft einholen und in der Akte schriftlich dokumentieren. Sollten im späteren Gerichtsverfahren der Richter oder auf Antrag des Angeklagten weitere Sachverständige für erforderlich halten, so entscheidet der Richter (§ 73 StPO).

Aufgrund der in den Akten vorhandenen **Anknüpfungstatsachen** kommt der Sachverständige zu einem Ergebnis, den **Befundtatsachen** Stellt er darüber hinaus weitere Tatsachen fest, so heißen diese **Zusatztatsachen**. Die Erkenntnisse teilt er dem Kriminalisten, dem Staatsanwalt oder dem Gericht mit. Eine besondere Qualifikation durch Studium oder Ausbildung ist in der Regel vorhanden, aber nicht zwingend erforderlich. Sachverständige, die gewerbsmäßig tätig sein wollen, können öffentlich bestellt werden (§ 36 GewO). Sie werden darauf vereidigt, dass sie ihre Aufgaben gewissenhaft erfüllen und die von ihnen angeforderten Gutachten gewissenhaft und unparteiisch erstatten (§ 72 ff. StPO).

Der **Sachkundige** ist tatsächlich ein **Sachverständiger**. Er ist Kriminalist und auf den Gebieten der Reifen- und Schuheindrücke sowie der Sichtbarmachung entfernter Prägezeichen tätig. Der Kriminalist, der als Daktyloskop tätig ist, wird jedoch als Sachverständiger angesehen. Beide erhalten aber als Angehörige einer Behörde keine Sachverständigenvergütung, weil sie Behördengutachten erstellen (§ 1 II JVEG).

Auch der **Beschuldigte** kann als Personalbeweis auftreten. So können seine Aussagen, die in einem richterlichen Protokoll enthalten sind, als Geständnis in der Hauptverhandlung – auch gegen seinen Willen – verlesen und als Beweis gewertet werden (§ 254 StPO) (Kapitel 11.5 und 11.17). Des Weiteren kann ein Verfahren zu seinem Ungunsten wieder aufgenommen werden, wenn er ein glaubwürdiges Geständnis ablegt (§ 362, 4 StPO).

Die Problematik eines **glaubwürdigen Geständnisses** zeigt *Karl* ***Peters*** (a.a.O.) in einer umfassenden Untersuchung auf. Die Aktualität dieses Problems verdeutlicht das Strafverfahren gegen den Schauspieler *Günther* ***Kaufmann*** (FAZ vom 27.1.2005). Im Sommer 2003 gestand *Kaufmann* die Tötung seines Steuerberaters und wurde vom Landgericht München zu 15 Jahren Haft verurteilt. Tatsächlich war der Steuerberater aber von Auftragsmördern getötet worden, die von der Ehefrau Kaufmanns angeheuert worden waren. Eine ehemalige Freundin der Täter erstattet Anzeige, sodass die Täter inzwischen rechtskräftig zu hohen Freiheitsstrafen verurteilt werden konnten. Das Landgericht Augsburg sprach *Kaufmann* im Januar 2005, nach eineinhalb Jahren Strafverbüßung, vom Tatvorwurf frei. Zu dem **Motiv des falschen Geständnisses** bleiben viele Fragen offen. Sie reichen von „Schutz seiner Frau“ über die Vorspiegelung des „idealen Ehepaares“ bis zu einer „heilen Welt“.

Nicht nur hier stellt sich das Problem der Bewertung von Aussagen. Deren tatsächlichen **Beweiswert** bestimmt jedoch nicht die verfahrensrechtliche Stellung der Auskunftspersonen (Zeuge, Verdächtiger, Beschuldigter oder Angeklagter), sondern deren persönlicher Gesamteindruck, die Art und Weise ihrer Bekundung, die innere Wahrscheinlichkeit ihrer Schilderung und zahlreiche andere Umstände (BGHSt 18, 238 [241]). Es muss immer der Einzelfall geprüft werden (Kapitel 11.13.).

3.5.2 Sachbeweis

Zum Sachbeweis, oder den sachlichen Beweismitteln, zählen Gegenstände und die wahrnehmbaren Sachgegebenheiten und Vorgänge, sowie der Urkundenbeweis. Der Sachbeweis ist aber kein eigenständiges Beweismittel, weil er immer durch Personen dem Gericht vorgelegt oder erläutert werden muss. Dadurch wird er aber nicht zum Personalbeweis, weil diese Personen nicht selbst Tatzeuge gewesen sind.

Der Sachbeweis hat immer zwei Richtungen: erstens die **naturwissenschaftliche** und zweitens die **kriminalistische.** Der naturwissenschaftliche Sachbeweis soll zeigen, ob Gegenstände, Abdrücke oder ob die chemische / biologische Zusammensetzung identisch sind, z. B. Bruchstücke, Fingerspuren oder Blut. Der **kriminalistische Sachbeweis** soll zeigen, ob damit ein Tatbestandsmerkmal, die Rechtswidrigkeit oder die Schuld bewiesen werden kann (Kapitel 4.1.3).

Die Strafprozessordnung (StPO) benutzt den Begriff Sachbeweis gar nicht, sondern verwendet hierfür verschiedene Bezeichnungen, wie: Gegenstände in § 94, Spuren einer Straftat in § 103, Beweisstücke in § 147 I, Spuren oder Merkmale in § 86 sowie Urkunden und Schriftstücke in § 249, Spur oder Folge einer Straftat in § 81c und Tatsachen in § 81a. Seit 1998 ist bei Ordnungswidrigkeiten die Atemalkoholkonzentration nach § 24a StVG ein weiterer Sachbeweis, den der BGH, in NZV 2001, S. 267, als rechtmäßig bestätigt hat. Dies macht deutlich, dass der sogenannte Sachbeweis immer der Interpretation durch den Menschen bedarf und nur durch ihn in das Verfahren eingebracht werden kann.

Dem Sachbeweis wird in der Bevölkerung oft ein höherer Stellenwert eingeräumt als dem Personalbeweis. Dies entspricht jedoch nicht den tatsächlichen Gegebenheiten. Obwohl der Sachbeweis objektive Feststellungen trifft, hat er nur scheinbare Vorteile. Das gilt auch unter dem Gesichtspunkt der heute deutlich verbesserten und erweiterten Untersuchungsmethoden und Untersuchungsmöglichkeiten, denn das Beweisthema kann nur über den Sachverständigen in das Gerichtsverfahren eingebracht werden und unterliegt somit ebenso den Mängeln von menschlichen Unzulänglichkeiten (*Peters* a.a.O.).

Es darf auch nicht übersehen werden, dass der **Sachbeweis** fast ausschließlich **naturwissenschaftliche Feststellungen** treffen und nur selten juristischen oder gar philosophischen Fragen beantworten kann (Kapitel 4.1.3). Das schon in historischen Lehrbüchern dargestellte **Beispiel von der Leiche** und dem daneben knienden Mann, an dessen Kleidung das Blut der Leiche haftet und dessen Fingerabdrücke auf dem Tatmesser gefunden werden, zeigt, dass trotzdem die Täterfrage nur über den Personalbeweis beantwortet werden kann. Die Spuren geben nämlich keine Auskunft darüber, ob der Kniende der Täter oder ein Helfender ist. Hier ist die weitere Tätigkeit des Kriminalisten gefragt, der eine solche Person zunächst wertneutral als „Spurenleger" bezeichnet. Allein in diesem Sinne haben die Kriminaltechnik und der Sachbeweis ihre Bedeutung. Anders ist das, wenn die naturwissenschaftliche Identität allein schon einen Straftatbestand erfüllt, z. B. Blutalkohol beim Führen von Fahrzeugen oder illegale Rauschmittel.

Probleme entstehen selbst dann, wenn aufgrund der Lage und der Individualität der Spuren keine Zweifel an der Täterschaft bestehen. So ist damit noch nicht geklärt, **welches Motiv** der Täter hatte, handelt es sich bei ein und derselben Tatfolge z. B. um einen Mord, einen Totschlag oder um eine Körperverletzung mit Todesfolge. Die Spuren allein können auch nicht die Frage beantworten, ob Rechtfertigungsgründe oder Schuldausschließungsgründe vorliegen. Es müssen weitere Tatsachen hinzukommen.

Insofern muss der Kriminalist den **Sachbeweis** mit dem **Personalbeweis** koppeln. Zunächst ist im Personalbeweis eine Aussage zweifelsfrei zu dokumentieren, die eine Anwesenheit, eine Beziehung oder einen Besitz leugnet, z. B. „Ich bin niemals in der Gaststätte gewesen", „Ich habe keinerlei Beziehungen zu Frau X unterhalten" oder „Ich habe die Pistole niemals im Besitz gehabt." Damit verneint der Befragte die legale Entstehung von Spuren an tatrelevanten Orten, Personen oder Sachen. Danach wird die Tatsache offenbart, dass sich die Fingerabdrücke des Befragten an der Theke, seine Spermaspuren an der Wäsche der Getöteten oder Hautabriebe mit seinem DNA-Code an der Waffe befinden. Diese Tatsachen beweisen auch jetzt noch nicht die Täterschaft, aber die Unwahrheit der Aussagen und sind damit eine wichtiges Indiz in Richtung Täterschaft. Ein solches Verhalten des Kriminalisten ist erlaubte kriminalistische List (BGHSt 35, 328 [329]).

Deshalb haben das Bundesverfassungsgericht (NJW 1975, S. 104) und der Bundesgerichtshof (BGHSt 32, S. 127) klargestellt, dass die **Aufklärung eines Straftatbestandes** im **Wesentlichen auf dem Personalbeweis** beruht. Der Sachbeweis muss somit immer im Zusammenhang mit den Gesamtumständen der Tat gesehen werden. Ebenso müssen alle Indizien einer Gesamtwürdigung unterzogen werden (BGH in: NJW 2008, S. 2792, Absatz 17).

3.6 Verdacht / Beweisfindung / Hypothesenbildung

Eine wichtige Aufgabe des Kriminalisten (Kapitel 1.3.1) ist das **Finden von Beweisen**.

Da es sich hier um die Aufdeckung und Verfolgung von Straftaten handelt, sind die gesetzlichen und rechtlichen Verfahrensvorschriften zu beachten. Es geht somit nicht nur um das detektivische Geschick, sondern zu allererst um das **rechtlich korrekte Vorgehen**. Denn alle Ermittlungen nutzen nichts, wenn Beweisverbote (Kapitel 3.3) greifen und deshalb der tatsächliche Täter nicht verurteilt werden kann.

3.6.1 Verdacht

Damit die rechtlichen Eingriffsbefugnisse, z. B. Durchsuchung, Beschlagnahme, körperlichen Eingriffe, DNA-Analyse, erkennungsdienstlichen Behandlung, Festnahme u. a.m. korrekt angewendet werden, muss der Kriminalist einen **strafprozessrechtlichen Verdacht** begründen. Dabei sind die grundgesetzlichen Regeln des Verdachtschöpfens von allen kriminalistisch tätigen Polizeibeamten anzuwenden, das heißt, Gesetz und Rechtsprechung sind verbindlich (Art. 20 III GG).

a) **Begründung des Verdachts**

Das Problem stellt sich in der **Begründung** des Verdachtes und in der **inhaltlichen Beschreibung** der einzelnen Verdachtsgrade. Es stellt sich die Frage, wer hier den Maßstab anlegen soll und wer diesen überprüfen kann?

Das Bundesverfassungsgericht (NJW 1984, S. 1451) stellt hierzu fest, dass „der Verdachtsgrad von der **kriminalistischen Erfahrung** des Beurteilenden abhängt". Siehe auch *Soiné* (a.a.O., 2010a). An einem einfachen Beispiel kann das deutlich gemacht werden: Auf einem Spielplatz werden Kleinkinder von ihren Müttern und von einem Polizisten beobachtet. Ein fremder älterer Herr tritt herbei und verteilt an die Kinder Schokolade. Ohne näherer Begründung darf unterstellt werden, die Kinder, die Mütter und der Polizist beurteilen den Sachverhalt völlig unterschiedlich. So unterschiedlich beurteilen auch Personen, die mit der Strafverfolgung beauftragt sind. Abhängig von ihrer Berufserfahrung können sie bei ein und demselben Sachverhalt zu unterschiedlichen Ergebnissen kommen. Persönlich erlebbar ist das, wenn Polizeistudenten im Praktikum gemeinsam mit erfahrenen Beamten „Streife fahren".

Es ist kaum erkennbar, wann z. B. ein einfacher Verdacht in den dringenden Verdacht übergeht. Der BGH gibt hierzu sehr eindeutige Hinweise, wie wichtig die Berufserfahrung ist: „Wenn die **Vornahme einer Amtshandlung** von dem Vorhandensein bestimmter sachlicher Voraussetzungen abhängt [Verf.: z. B. der Verdacht], weist das Gesetz dem Beamten auch die Prüfung zu, ob diese Voraussetzungen im Einzelfall gegeben sind, und stellt damit die Vornahme der Amtshandlung letztlich in sein **Ermessen**" (BGHSt 21, 334 [363]). Dieses Ermessen hat der Beamte pflichtgemäß anzuwenden. Er legt fest, welchen Verdachtsgrad er annimmt. Solange er **frei von Willkür** handelt, spricht alles dafür, dass seine Einschätzungen richtig sind (*Schulz*, *Hassemer* und *Lilie*, a.a.O.). Für seine konkrete Entscheidung ist es unerheblich, wenn er zu einem späteren Zeitpunkt – mit weiteren Erkenntnissen – zu einem anderen Ergebnis kommt.

Ein weiteres Problem im Strafprozessrecht ist die Frage nach dem **Status** der Beteiligten. Lediglich der Begriff des Zeugen ist unmissverständlich: Das sind alle Personen, gegen die sich das Strafverfahren nicht richtet.

Doch wann ist jemand **Verdächtiger** und wann **Beschuldigter**? (Ausführlich in Kapitel 11.4 und 11.7) Die Definition in § 157 StPO hilft hier nicht weiter, weil sie lediglich den Begriff des Beschuldigten unterstellt und den des Verdächtigen nicht erwähnt. Deshalb der Bundesgerichtshof (BGHSt 34, 140 und 37, 48) sehr klare Definitionen gegeben, die für den Gebrauch im konkreten Alltagshandeln sehr geeignet sind: „Ein **schwacher Verdacht** begründet den Verdächtigenstatus und ein **starker Verdacht** den Beschuldigtenstatus". Allerdings lässt der BGH ebenso die Frage offen, wie die Verdachtsgrade inhaltlich beschrieben werden. Demzufolge gilt auch hier die Feststellung, dass der Verdachtsgrad von der kriminalistischen Erfahrung des Beurteilenden abhängt (siehe oben). Zu bedenken ist hierbei eine Abweichung in Bezug auf die Vernehmung, danach hat der Verdächtige noch den Zeugenstatus (Kapitel 11.4 und 11.7).

Für den Kriminalisten, der vor Ort seine Ermittlungen durchführt, kann somit festgehalten werden:

- Der **Verdachtsgrad** hängt von der kriminalistischen Erfahrung des Beurteilenden ab. Nur Willkürhandlungen führen zur Unrechtmäßigkeit. (BVerfG in NJW 1984, S. 1451)
- Ein **Anfangsverdacht** nach § 152 StPO muss vorliegen, wenn zu prüfen ist, ob überhaupt eine Straftat gegeben sein könnte. Überlegungen in Richtung „Personen als Tatverdächtige" erfolgen zu diesem Zeitpunkt noch nicht. z. B., nach einem Schusswaffengebrauch durch Polizeibeamte ist zunächst durch die Staatsanwaltschaft **nur zu prüfen**, ob das grundsätzlich richtige Handeln in diesem Einzelfall durch das Dienstrecht nicht gerechtfertigt sein könnte (ausführlich dazu: *Weihmann / Schuch*, Prüfungswissen – Kriminalistik und Kriminaltechnik, Hilden 2011, Kapitel 7). Der Schütze als Person steht hiebei **nicht** in der Prüfung.

Soll der Verdacht **gegen eine Person** geprüft werden, so sind andere Begriffe, Inhalte und Grade maßgebend (BGHSt 34, 140 und 37, 48).

- Beim **schwachen Verdacht** ist die betroffene Person **Verdächtiger.**
- Beim **starken Verdacht** ist die betroffene Person **Beschuldigter**.
- Der **einfache Verdacht** muss einen Minimalgehalt an begründenden Umständen haben.
- Der **hinreichende Verdacht** bedeutet die Wahrscheinlichkeit der späteren Verurteilung. Hinsichtlich der Wahrscheinlichkeit ist er nicht so hoch anzusetzen wie der dringende Tatverdacht.
- Der **dringende Verdacht** gründet sich auf bestimmte Tatsachen.

Kein Verdachts-Indiz ist die Weigerung, strafprozessrechtliche Eingriffe freiwillig zu dulden (BVerfG in: NJW 1996, 1587), z. B.: „Darf ich einmal in Ihre Einkaufstasche schauen?" Die Ablehnung begründet keinen Tatverdacht.

Anders sehen das der Bundesgerichtshof und das Bundesverfassungsgericht bei schwerwiegenden Straftaten, z. B. Raub, Mord, Geiselnahme, pp. Wird nach solch einer Straftat ein Teil der Bevölkerung aufgefordert, Fingerabdrücke oder Speichelproben zur DNA-Analyse freiwillig zur Verfügung zu stellen, um durch diese Massenuntersuchung den Tatverdächtigen zu ermitteln, so machen sich Verweigerer grundsätzlich dadurch nicht verdächtig.

Bleibt jedoch nur ein kleiner Personenkreis als Verweigerer übrig, so können die Strafverfolgungsbehörden jeden Einzelfall nach dem Grund der Verweigerung prüfen. Da die Speichelprobe nur einen sehr geringen Eingriff in die körperliche Integrität bedeutet, reicht bei einem schwerwiegenden Delikt ein „nicht besonders starker Verdacht“ aus, um den **Status des Beschuldigten** zu begründen (BVerfG in NJW 1996, S. 3071, und BGH in NStZ 2004, S. 392).

b) **Verdachtschöpfen**

Die Beweisfindung erfolgt mit der Methode des Verdachtschöpfens. ***Walder*** (a.a.O., S. 54 ff.) sagt, *„Verdacht hegen heißt, mehr oder anderes vermuten, als sich zeigt“.* Dieses mehr oder anders vermuten, hängt von der Person des Betrachters ab, von seiner Bildung, seiner Persönlichkeit sowie von seinen sozialen, geografischen und kulturellen Hintergründen. Insofern kann es beim Betrachten desselben Sachverhaltes durch verschiedene Personen zu unterschiedlichen Erkenntnissen kommen.

Die Formulierung **mehr oder anderes vermuten** hört sich ganz einfach an und verleitet Neulinge zu unkritischem denken. Ganz besonders fehleranfällig sind Personen mit dem sogenannten Halbwissen. Nach dem Motto: „Frisch behauptet ist halb begründet“. Doch die Voraussetzung für richtige Arbeit sind eine solide Allgemeinbildung, umfangreiche kriminalistische Erfahrung und kriminalistisches Denken (Kapitel 3.6.2). Denn vergleichen kann man nur mit dem, was man weiß. Und wer viel weiß, kann auch viel vergleichen und Abweichungen vom „Normalen“ erkennen.

Eine andere Überlegung Verdacht zu schöpfen, ist die Frage nach dem **Nutzen der Straftat**. Wer hat einen Vorteil daraus? Schon der römische Philosoph ***Cicero*** gab den Hinweis: „Cui bono“ [Wem zum Vorteil]? Dieser Denkansatz ist bei **Massendelikten weniger Erfolg** versprechend. Bei **Kapitaldelikten** (Kapitel 22.2) oder schwerwiegenden Straftaten gibt es jedoch häufiger einen Zusammenhang zwischen Tat und Nutzen. Ganz schwierig ist die Frage bei sogenannten „Selbstmord-Attentätern“ zu beantworten, weil hier ideologische und / oder religiöse Gründe vorliegen und so die „Vorteile“ kaum nachvollzogen werden können.

Der Verdacht zeigt sich aber nicht als fertiges Ergebnis, sondern entwickelt sich in Stufen. Bei der Entwicklung des Verdachts ist die Erkenntnis ein langwieriger

Prozess, der lange vor der fertigen Formulierbarkeit im Unterbewussten vorhanden ist und durch Denkprozesse hervorgebracht wird; es ist eine typische wissenschaftliche Forschungstätigkeit (*Wolfgang Pauli,* 1900–1958). Es ist und bleibt eine **subjektive Überzeugung** (Kapitel 3.2). Beim Betrachten eines Lebenssachverhaltes oder beim Lesen einer Akte befällt den Kriminalisten zunächst das **vage Gefühl**, es könnte etwas nicht in Ordnung sein, er nimmt erste Indizien einer Straftat wahr, es regt sich **Misstrauen**. Jetzt überprüft er den Fall kritischer und hinterfragt die Situation. Er sucht nach objektiven Tatsachen, die sein Gefühl bestärken können. Erkennt er, nach Anwendung kriminalistischer Regeln und Erfahrung (Kapitel 5), dadurch erste Anzeichen eines strafrechtlichen Tatbestandes oder Hinweise auf einen Täter, so verstärkt sich dieses Misstrauen zur **Vermutung**. Hat der Kriminalist so viele **Tatsachen gesammelt**, dass schließlich mehr für als gegen eine Straftat spricht, dann liegt ein **Verdacht** vor. Gleiches gilt bei der Suche nach dem Täter.

Die Methode des Verdachtschöpfens hängt weniger von der Menge der Daten ab, die ausgewertet werden können, hängt weniger vom System ab, mit dessen Hilfe die Daten analysiert werden, sondern wird überwiegend von der kriminalistischen Erfahrung des Anwenders (BVerfG, NJW 1984, 1451) und von seiner intellektuellen Redlichkeit (Kapitel 1.3.7) gesteuert.

Der **Verdacht**

- begründet sich durch den direkten oder indirekten Personal- oder Sachbeweis, z. B. durch das Erstatten einer Anzeige, durch eine Zeugenaussage oder durch die Übereinstimmung des Fingerabdrucks oder der DNA, aber auch durch die Ähnlichkeit mit der Personenbeschreibung des Täters. Ferner durch abweichendes Verhalten bei allgemeinen Fahndungsmaßnahmen bzw. Kontrollen, so z. B. durch Flüchten beim Annähern eines Polizeibeamten oder eines Streifenwagens bzw. vor einer Kontrollstelle. Auch die zeitliche und örtliche Nähe zur Tat kann den Verdacht gegen eine Person begründen.
- Er wird geäußert durch die subjektive Überzeugung des Kriminalisten, der diese Überzeugung mit objektiven Tatsachen belegen muss (Kapitel 3.6.5; BGHSt 10, 208; 53, 245 [256]).

c) **Verdachtsanwendung**

Der Verdacht ist die Grundlage für **strafprozessuale Handlungen**. Das Wort „Verdacht" ist aus dem mittelhochdeutschen Sprachgebrauch hervorgegangen. Es bedeutet so viel wie Argwohn oder Übles von jemandem denken.

Bei kriminalistischen Tätigkeiten sind verschieden **Verdachtsarten** und **Verdachtsgrade** von Bedeutung. Die Verdachtsarten beziehen sich auf die Aufgabenfelder der Polizei, der Gefahrenabwehr und der Strafverfolgung. Die Verdachtsgrade geben eine Gewichtung an.

Zur **Gefahrenabwehr** haben Gesetzgebung und Rechtsprechung die Anforderungen an das tatsächliche Vorliegen eines Verdachtes erheblich geringer angesetzt, als im Strafprozessrecht. Bei der Gefahrenabwehr ist eine, die „Maßnahme rechtfertigende Gefahr" bereits gegeben, wenn lediglich die Wahrscheinlichkeit einer Schädigung vorliegt (BVerwGE 39, 190 [193]). Dies ist auch sinnvoll, weil es um die Abwehr von solchen Gefahren geht, die dem Bürger drohen. Es sollen Schadensereignisse, die kurz bevorstehen, durch polizeiliche Maßnahmen möglichst abgewendet werden. Die Tätigkeit der Polizei dient hier dem Schutz des Bürgers.

Im **Strafprozessrecht** werden die **Anforderungen** an das Vorliegen eines Verdachtes strenger. Hier geht es um Straftaten, die bereits geschehen sind und die „nur" noch vom Staat geahndet werden sollen. Mithilfe des Verdachts soll es möglich sein, den Bürger mit Maßnahmen zu überziehen, die der Aufklärung der Straftat dienen. Der Bürger soll erdulden, dass z. B. bei ihm durchsucht wird, Gegenstände beschlagnahmt werden, sein Körper untersucht oder sogar seine Freiheit beschränkt wird. Dieser Bereich des Verdachtes steht in der Kriminalistik im Vordergrund und wird nachfolgend behandelt.

In der Strafprozessordnung wird der Verdacht als Voraussetzung für verschiedene Eingriffmaßnahmen genannt und ist auch mit verschiedenen **Stärkestufen** verbunden. So als **einfacher Verdacht**, (z. B. §§ 102, 152, 160, 163b StPO), als **dringender Verdacht** (z. B. §§ 81 II, 103 I, 112 I, 114 II StPO) oder als **hinreichender Verdacht** (z. B. §§ 138a, 170, 203 StPO). Eine Definition gibt die StPO jedoch nicht. In Lehre und Rechtsprechung haben sich bestimmte Inhalte entwickelt. So müssen beim einfachen Verdacht „zureichende tatsächliche Anhaltspunkte" vorliegen. Beim dringenden Verdacht muss dieser „aus glaubhaften Gründen" (BGHSt 27, 81 [85]) entstehen. Der hinreichende Verdacht beinhaltet die „vorläufige Tatbewertung" (BGHSt 23, 304 [306]). Insgesamt ist es ein schwieriges Unterfangen (*Hassemer*, a.a.O., 1984), was trotzdem den Vorteil hat, dass der Beurteiler sich nach seinem **pflichtgemäßen Ermessen** ausrichten kann (BGHSt 21, 334 [363]). Die Maßnahme bleibt bei dieser Methode solange rechtmäßig, bis willkürlich gehandelt wird.

Die StPO hat zu bestimmten Eingriffsmaßnahmen neben den verschiedenen Verdachtsgraden auch verschiedene **Funktionsträger** benannt, die befugt sind, bei Vorliegen des Verdachts die Maßnahmen anzuordnen.

So ist es ausschließlich einem **Richter / Gericht** vorbehalten, den Verdacht, den dringenden Verdacht oder die dringenden Gründe beim Vereidigungsverbot (§ 60 Ziffer 2 StPO), bei der Unterbringung zur Beobachtung (§ 81 II StPO), zur einstweiligen Unterbringung (§ 126a StPO), zur Ausschließung eines Verteidigers (§ 138a I 1) sowie den hinreichenden Verdacht zur Eröffnung des Hauptverfahrens (§ 203 StPO) zu begründen.

Die **Staatsanwaltschaft** und deren Ermittlungspersonen, insbesondere die **Polizei**, sind befugt, andere Eingriffe anzuordnen oder durchzuführen, wenn ein **einfacher Verdacht** bei der Durchsuchung (§ 102 StPO), für das Vorliegen einer Straftat (§§ 160 und 163 StPO) oder zur Identitätsfeststellung (§ 163b StPO) vorliegt. Bei einem **dringenden Verdacht** sind diese zur vorläufigen Festnahme (§§ 127 II, 112 und 112a StPO) befugt.

Darüber hinaus gibt es eine Vielzahl von Paragrafen in der StPO, z. B. § 163b oder § 81a, die den Begriff „Verdächtiger" oder „Beschuldigter" enthalten. Hier ist der Verdachtsgrad mit der Verdächtigeneigenschaft (schwacher Verdacht, siehe bei a) oder der Beschuldigteneigenschaft (starker Verdacht, siehe bei 3.6.1, a) zu prüfen.

Für die Durchsuchung beim **Unverdächtigen** nach § 103 StPO müssen **Tatsachen** vorliegen, dass sich die Spur oder die gesuchte Person in dessen Räumen aufhält. Das heißt, dass konkrete Hinweise auf deren Vorhandensein vorliegen, z. B. Zeugenaussagen, Schuhabdrücke oder verloren gegangene Gegenstände.

Darüber hinaus gibt es für jeden **Bürger** die Möglichkeit zur vorläufigen Festnahme, wenn eine Person **auf frischer Tat** betroffen wurde und sie der Flucht verdächtig ist (§ 127 I StPO).

3.6.2 Beweisfindung

Beweise können nur gefunden werden, wenn der Suchende Verdacht schöpft und erkennt, dass dies für die spätere richterliche Überzeugung wichtig ist. Der BGH stellt dazu fest: Das gesamte Ermittlungsverfahren dient der **Klärung eines Verdachtes** und besteht aus dem Suchen von Beweisen, dem Erheben von Beweisen, dem Würdigen von Beweisen und dem Ziehen von Konsequenzen aus den Beweisergebnissen (BGHSt 29, 244 [251]).

Die Beweisfindung, auch **Heuristik** (heureka: ich hab's gefunden) genannt, erfolgt mit systematischen und mit intuitiven Methoden, dem **kriminalistischen Denken** (Kapitel 1.3.3) Wesentlich für eine erfolgreiche Beweisfindung sind eine gründliche Ausbildung in Tatsachenwissenschaften und Logik, aber auch Lebenserfahrung, **Berufserfahrung** und Fantasie gehören dazu.

Anfängern sei empfohlen, die fehlende Berufserfahrung durch intensives Studium von alten Kriminalfällen aufzuholen. Um es mit Sherlock Holmes zu sagen: *„Kenne ich 1000 Fälle, dann fällt die Aufklärung des 1001 Falles nicht mehr schwer"* (Kapitel 1.6.3).

Doch zunächst erscheint es angebracht, die Regeln der **Logik** anzuwenden. Das ist die Lehre vom schlüssigen und folgerichtigen Denken und Argumentieren; insofern auch ein Teil des kriminalistischen Denkens (Kapitel 1.3.3). Die Methode des logischen Denkens ist dadurch gekennzeichnet, dass immer dann eine wahre Aussage (Konklusion) vorliegt, wenn zwei Voraussetzungen (Prämissen) auch wahr sind. Das klassische Beispiel lautet „Alle Menschen müssen sterben. Sokrates ist ein Mensch. Daraus ergibt sich die logische Schlussfolgerung **(Syllogistik)**: Sokrates ist sterblich." Dieses Beispiel ist überzeugend und zeigt zugleich die Problematik für den Kriminalisten, nämlich, dass die Voraussetzungen wahr sein müssen. Doch das steht im strafrechtlichen Ermittlungsverfahren nicht fest, sondern muss erst durch den Kriminalisten herausgefunden werden (BGHSt 29, 244 [251]). Er hat zu prüfen, ob die Aussagen oder Spuren im Sinne der Tatbestandsmäßigkeit auch „wahr" sind. Da es sich bei der kriminellen Tat um Lebensabläufe handelt, die mit den Mitteln der menschlichen Erkenntnis nachvollzogen werden sollen, kann niemand zu einem absolut sicheren Wissen über die Existenz eines Tatbestandes kommen. Abstrakte Möglichkeiten über die Nichtexistenz sind immer möglich. Insofern gibt es in der Kriminalistik keine Wahrheit im philosophischen Sinne, sondern nur den „hohen Grad von Wahrscheinlichkeit" oder die „Überzeugung von der Wahrheit" (RGZ 15, 339; Kapitel 3.6.5).

Ein herausragendes Beispiel aus der Rechtsprechung des Bundesverfassungsgerichts (BVerfGE 114, 121) verdeutlicht das. Es ist das vom Deutschen Bundestag ausgesprochene Misstrauen gegen Bundeskanzler *Gerhard* ***Schröder*** und der damit verbundenen Frage zur Auflösung des Parlamentes. Das Gericht hat in einer Fernseh-Direktübertragung am 25.8.2005 die dazu ergangene Entscheidung verkündet und die vorgezogene Neuwahl für zulässig erklärt. Hierbei trat das Phänomen auf, dass sowohl die Begründung des Urteils durch den Senatsvorsitzenden ***Hassemer*** als auch die in der abweichenden Meinung des Richters ***Jentsch***, in sich schlüssig vorgetragen wurden. Trotzdem kamen beide zu entgegengesetzten Ergebnissen.

Die **Widersprüchlichkeit** solcher Aussagen hat der Mathematiker und Logiker *Kurt* ***Gödel*** (1906–1978) in seinem berühmten „Zweiten Unvollständigkeitssatz" bereits erklärt: „Die Widerspruchsfreiheit eines Systems kann nicht mit Mitteln bewiesen werden, die im System selbst enthalten sind". Der Philosoph und Wissenschaftstheoretiker *Karl Raimund* ***Popper*** (1902–1994) stellt die Problematik der Wahrheit und Richtigkeit von Aussagen ebenso in Frage und erklärt dazu, dass „selbst Naturgesetze nicht nachprüfbar (verifizierbar) sind, sondern solange als richtig gelten, bis sie widerlegt (falsifiziert) wurden". Daraus schließt sich: „Jede Erkenntnis ist eine Vorläufige, sie kann, sie muss sich aber nicht bewähren". Das gilt uneingeschränkt auch für die Kriminalistik. So sollen die

Gesetze der Logik zwar angewendet werden, aber der Kriminalist muss immer prüfen, ob die Prämissen wahr sind.

In Anlehnung an *Popper* (a.a.O.) ist der **Kriminalist nie im Besitz der Wahrheit**, sondern stets auf der **Suche** danach. Insofern ist er den Wissenschaftlern sehr ähnlich. Im Rechtsstaat entscheidet nur der Richter über die Wahrheit (BGHSt 3, 52 [53]).

3.6.3 Anwendung von Verdacht und Beweisfindung

Verdacht und Beweisfindung sind auf die Bereiche **Tatbestandmäßigkeit, Rechtswidrigkeit, Schuld** und **Täter** anzuwenden (BGHSt 29, 244 [251]).

Beweise für eine konkrete gesetzliche **Tatbestandsmäßigkeit**, mit den naheliegenden Alternativen, können nur gefunden werden, wenn der Kriminalist umfassende Kenntnisse über das allgemeine und besondere Strafrecht, die strafrechtlichen Nebengesetze und das Ordnungswidrigkeitenrecht beherrscht (BGH in: NStZ 1994, S. 555).

Rechtswidrigkeit und Schuld gelten als gegeben, solange es keine Hinweise auf Abweichungen gibt. Bei den **Rechtfertigungsgründen** gibt in der Regel der Beschuldigte den Hinweis auf die dafür vorliegenden Beweise, z. B. „es handelt sich um meine Uhr, die ich dem A. abgenommen habe“, oder „der andere hat mich überfallen und dagegen habe ich mich gewehrt“, u.a.m.

Bei der **Schuld** ist das anders. Ist kein Schuldausschließungsgrund offenkundig, so ist nach Abschluss der Ermittlungen kein „gutachterliches“ **Urteil** über die Schuldfähigkeit abzugeben. Formulierungen wie: „Es liegen keine Erkenntnisse vor, die auf eine Schuldunfähigkeit hindeuten“, sind entbehrlich.

Liegt eine **obligatorische Schuldausschließung** vor, wie bei Kindern (§ 19 StGB), so ist das korrekte Alter zum Zeitpunkt der Tat als Beweis festzustellen.

Werden Anzeichen offenbar, die auf eine **Schuldunfähigkeit** (§§ 20 und 21 StGB) hindeuten oder werden sie vom Beschuldigten behauptet, so müssen die dafür sprechenden Beweise durch **Gutachter** festgestellt werden. Kriminalistische Sofortmaßnahmen sind nur erforderlich, wenn die Schuldunfähigkeit lediglich vorübergehend besteht, z. B. Erinnerungslücken durch einen Schlag auf den Kopf oder durch den Einfluss von Alkohol, Tabletten oder Drogen. In diesen Fällen ist sofort die körperliche Untersuchung durchzuführen. Die Anordnung obliegt grundsätzlich dem Richter, bei Gefahr im Verzug der Staatsanwaltschaft und deren Ermittlungspersonen (§ 81a StPO).

Bei einem **schwerwiegenden Delikt** ist eine sofortige Untersuchung auch dann erforderlich, wenn nur ganz leichter Alkoholgenuss oder eine andere Beeinträchtigung vorliegen. Das gilt auch, wenn Alkoholgenuss ausgeschlossen werden soll. Denn der Beweis der Blutanalyse hat nicht nur das Ziel, die Schuld**un**fähigkeit, sondern ebenso die Schuld**fähigkeit** nachzuweisen. Bei solch schwerwiegenden Delikten ist es auch verhältnismäßig, durch die Blutprobe in das Grundrecht der körperlichen Unversehrtheit einzugreifen (BVerfGE 7, 209; 12, 125; BGHSt 17, 38).

Beweise für die Ermittlung der Schuld sind auch dann erforderlich, wenn die Tat **vorsätzlich** oder **fahrlässig** (§ 15 StGB) begangen werden kann, aber auch beim **Tatirrtum** (§ 16 StGB) oder **Verbotsirrtum** (§ 17 StGB; BGHSt 2, 194). Gleiches gilt, wenn die Einschränkung der Schuld bei der **Überschreitung der Notwehr** möglich ist, durch Verwirrung, Furcht oder Schrecken (§ 33 StGB).

Auch im Hinblick auf die **Bemessung der Strafe** (§ 46 StGB) müssen Beweise ermittelt werden, ob die Tat z. B. „gedankenlos", „rücksichtslos" oder „raffiniert" ausgeführt wurde.

Ganz besonders wichtig sind die Beweise für die Schuldermittlung in Strafverfahren gegen **Jugendliche** und **Heranwachsende** (Kapitel 11.16.4). Hier geht es um die Frage, ob diese das Unrecht der Tat einsehen konnten und nach diese Einsicht zu handeln (§ 10 StGB; § 3 JGG) Bei deren Vernehmung (Kapitel 11.16.4) ist deshalb auch die seelische, geistige und charakterliche Entwicklung im Detail zu erfragen (BGH in NStZ 2001, 102). Hinweise auf die Schuld(un)fähigkeit sind in einem **Eindrucksvermerk** (Kapitel 11.13.7) niederzulegen, damit ein Gutachter mit der Untersuchung beauftragt wird.

3.6.4 Hypothesenbildung

Die Hypothese (griech.: darunter stellen) ist in der Wissenschaftstheorie ein Satz, dessen Wahrheit noch nicht feststeht. Zur weiteren Erforschung soll dieser Satz bestätigt oder widerlegt werden. In sich selbst darf die Hypothese jedoch nicht widersprüchlich sein und muss darüber hinaus Erkenntnisse der Erfahrung enthalten. Die Hypothese wird in allen Wissenschaftsgebieten angewendet und ist somit neutral. Sie ist sozusagen das Werkzeug, um einen Sachverhalt zu überprüfen. Insofern gibt es z. B. **keine** „medizinische, juristische oder sozialwissenschaftliche Hypothese, **sondern** eine Hypothese, die in der Medizin, in der Rechtswissenschaft oder in der Sozialwissenschaft angewendet wird. So ist es auch mit der Hypothese in der Kriminalistik. Um sie anzuwenden, müssen deshalb Kenntnisse und Erfahrungen in der Kriminalistik vorhanden sein, insbesondere die Methoden der „Kriminalistischen Fallanalyse" und der „Deliktsanalyse" (Kapitel 24).

Die Qualität der Hypothesenbildung hängt somit nicht vom System der Methode ab, sondern von der Beobachtungsgabe, der Intelligenz, dem Wissen, dem Können, der Erfahrung und von der Interpretationsgabe des Kriminalisten. Das heißt, derselbe Tatort, dieselbe Spur, dieselbe Vernehmung u.a.m. können von verschiedenen Kriminalisten verschieden interpretiert werden. Deshalb müssen die Kriminalisten dem beruflichen Anforderungsprofil (Kapitel 1.3.1) entsprechen. Das Bundesverfassungsgericht unterstreicht das, indem es feststellt: „Der Verdachtsgrad hängt von der **kriminalistischen Erfahrung des Beurteilenden** ab (BVerfG in NJW 1984, S. 1451). So auch *Schäfer* (a.a.O), der eine umfangreiche kriminalistische Berufserfahrung schon vor mehr als 50 Jahren als die wichtigste Voraussetzung für eine gute Hypothese ansah.

Es kommt aber noch ein weiteres Problem hinzu. Wie bei der Logik (Kapitel 3.6.2) gibt es auch bei der Hypothesenbildung die Frage, ob die Voraussetzungen, die **Prämissen,** richtig sind. Da die Hypothesenbildung erst nach dem Abschluss der Sicherungsmaßnahmen (Kapitel 7.4.1), der Auswertungsmaßnahmen (Kapitel 7.4.2) und des Tatortbefundberichtes mit Spurensicherungsbericht (Kapitel 7.4.3 und 4.20.1) und nach den Vernehmungen erfolgt, stellt sich die Frage: Sind die darin festgestellten „Tatsachen" auch wirklich solche? Haben die Kriminalisten darin alles nach den Regeln der „Intellektuellen Redlichkeit" (Kapitel 1.3.7) niedergelegt? Haben sie, auch bei gutem Willen, alles richtig erkannt und bewertet? Waren sie für diesen Fall richtig ausgebildet und verfügten über umfangreiche Erfahrung?

An dieser Stelle kann es vorkommen, dass ein logischer Ablauf tatsächlich jedoch vom **Zufall** gesteuert wurde; das sind Ereignisse, die sich zufällig kreuzen. Das ist nur festzustellen, wenn nach den Gründen für ein mögliches Kreuzen geforscht wird. Diese Frage stellt sich oft in der Fallanalyse beim Tatort und bei der Tatzeit. Hat der Täter diese bewusst ausgesucht? Dann kannte er das Verhalten des Opfers und muss in dessen Umgebung gesucht werden. Oder war es purer Zufall? Zum Beispiel ein Handlungsreisender, der eine Pause einlegt und so zufällig auf das Opfer trifft. Daran ist leicht zu erkennen, dass jede Hypothese, mag sie auch noch so logisch erscheinen, **stets in Frage gestellt** werden muss. Insofern können bei den Ermittlungen gleichzeitig mehrere und verschiedenen Hypothesen gebildet werden, denn sie sind tatsächlich nur ein Überprüfungsschema für das bisherige Ermittlungsergebnis. Innerhalb dieser Hypothesenbildung sind dann logisches Denken in aller Konsequenz, aber auch Fantasie und vor allem Analogien anzuwenden.

Im Ergebnis kann man die Hypothese auch als Überprüfungsschema des logischen Denkens bezeichnen. Ganz besonders erfolgreich im Aufdecken von Fehlern ist die **Unwahr-Hypothese** (BGHSt 45, 164). Entgegen seiner Überzeugung geht der Kriminalist davon aus, dass seine Vorstellungen von der Tat, vom Opfer und vom Täter falsch sind, und sucht zu dieser Annahme alle Beweise in den Akten. Erst, wenn er keine findet, ist die Wahrscheinlichkeit groß, dass er auf dem richtigen Weg ist. Die methodischen Prinzipien der Hypothese gelten für die Polizei, die Staatsanwaltschaft und die Gerichte (BGHSt 46, 99 [102]). Sie gehören zu deren Alltagsarbeit.

Der Vorsitzende Richter am Landgericht Bonn, *Hinrich de Vries* (a.a.O., S. 307), erläutert seine subjektive **Gewissheit** so: „Eine Geschichte [Straftat] hat einen Anfang, einen Höhepunkt und ein Ende. Überzeugt bin ich, wenn ich die Tatvorgeschichte (wie ist es zur Tat gekommen?) und die Tatgeschichte (was ist passiert?) und die Tatnachgeschichte (wie wurde die Tat aufgeklärt?) **erzählen** kann. [...] Die aneinandergereihten Ereignisse ergeben erst dann eine zusammenhängende Geschichte, wenn sie nicht nur chronologisch aufeinanderfolgen, sondern sich auch nach den **Regeln der Lebenserfahrung** zusammenfügen."

3.6.5 Die Überzeugung von der Wahrheit

Zuletzt stellt sich die Frage, ob kriminalistische Ermittlungen überhaupt zur Wahrheit kommen können. Davor kann nur eindringlich gewarnt werden. In der DDR-Diktatur wurde das behauptet (Kapitel 1.4.3.5 c). Bereits das **Reichsgericht** (RGZ 15, 339) hat vor vielen Jahren festgestellt: „*Vermöge der Beschränkung der Mittel menschlichen Erkennens kann niemand (selbst im Falle eigener unmittelbarer Anschauung eines Vorganges) zu einem absolut sicheren Wissen von der Existenz eines Tatbestandes gelangen. Abstrakte Möglichkeiten der Nichtexistenz sind immer denkbar. Wer die Schranken des menschlichen Erkennens erfasst hat, wird nie annehmen, dass er in dem Sinne „zweifellos" von der Existenz eines Vorganges überzeugt sein dürfe, dass ein Irrtum absolut ausgeschlossen wäre. Deswegen gilt im praktischen Leben der hohe Grad von Wahrscheinlichkeit, welcher bei möglichst erschöpfender und gewissenhafter Anwendung der vorhandenen Mittel der Erkenntnis entsteht, und das Bewusstsein des Erkennens von dem Vorliegen einer so ermittelten hohen Wahrscheinlichkeit als die Überzeugung von der Wahrheit.*"

Die Überzeugung von der Wahrheit nimmt der Richter in der freien Beweiswürdigung vor (§ 261 StPO), die der Bundesgerichtshof inhaltlich beschrieben hat (BGHSt 10, 208 [209]): „Freie Beweiswürdigung bedeutet, dass es für die Beantwortung der Schuldfrage allein darauf ankommt, ob der Tatrichter die **Überzeugung** von einem bestimmten Sachverhalt erlangt hat oder nicht; diese persönliche Gewissheit ist für die Verurteilung notwendig, aber auch genügend. Der Begriff der Überzeugung schließt die Möglichkeit eines anderen, auch gegenteiligen Sachverhaltes nicht aus; vielmehr gehört es gerade zu ihrem Wesen, dass sie sehr häufig dem objektiv möglichen Zweifel ausgesetzt bleibt. Denn im Bereich der vom Tatrichter zu würdigenden Tatsachen ist der menschlichen Erkenntnis bei ihrer Unvollkommenheit ein absolut sicheres Wissen über den Tathergang, demgegenüber andere Möglichkeiten seines Ablaufs unter allen Umständen ausscheiden müssten, verschlossen. Es ist also die für die Schuldfrage entscheidende, ihm allein übertragene Aufgabe des Tatrichters, ohne Bindung an gesetzliche Beweisregeln und nur seinem Gewissen verantwortlich zu prüfen, ob er die an sich möglichen Zweifel überwinden und sich von einem bestimmten Sachverhalt überzeugen kann oder nicht.“ Der **Bundesgerichtshof** setzt diese Linie in seiner richtungweisenden „Anastasia-Entscheidung“ (BGHZ 53, 245 [256]) mit dem Kernsatz fort: „Der Richter darf und muss sich aber in tatsächlich zweifelhaften Fällen mit einem für das praktische Leben brauchbaren **Grad von Gewissheit** begnügen, der den Zweifeln Schweigen gebietet, ohne sie völlig auszuschließen.“ Deshalb ist seine subjektive Überzeugung maßgebend, die er mit einer „objektiven Tatsachengrundlage“ belegen muss (BGHSt 3, 52 [53]; *Bender / Nack / Treuer*, a.a.O., Bd. I, S. 198 und 255; *Jansen*, a.a.O.).

Wahrscheinlichkeit und Gewissheit lassen sich jedoch **nicht mathematisch** errechnen. Selbst das „Theorem von Bayes“ (*Bender / Nack / Treuer*, a.a.O., Rn. 379 und 400) dient nur dazu, den Denkprozess beim Indizienbeweis zu beschreiben und damit rationaler argumentieren zu können. Es ist aber **keine** mathematische Beweisformel. Dieser Tatsache sollte sich jeder Kriminalist ständig bewusst sein. Selbst wissenschaftliche Erkenntnisse sind nicht die absolute Wahrheit. Hier gibt es nur provisorische Begriffe von der Realität. Jede neue Theorie und Erkenntnis ersetzen die vorherigen. „Die Wissenschaft von heute ist der Irrtum von morgen“ (*Dittmann*, a.a.O., S. 118).

3.6.6 Gerichtsförmige Beweisfindung

Da der Kriminalist stets den Gerichten zuarbeitet, sollte er sich der gerichtsförmigen Beweisfindung bewusst sein und die dort verwendete Terminologie (Kapitel 1.2.7) benutzen und sich nach dem dort praktizierten Verfahren richten. Insofern muss er sich bereits zu Beginn seiner Ermittlungshandlungen für jeden einzelnen Ermittlungsschritt folgende Fragen stellen und beantworten:

- welche Beweisthemen sollen behandelt werden,
- welche Beweismittel sollen hierzu herangezogen werden und
- welche Ermittlungshandlungen sind dazu notwendig?

Beim **Beweisthema** ist festzustellen, was bewiesen werden soll. Hier geht es um die **Tatbestandsmäßigkeit** und **Rechtswidrigkeit** des Handelns sowie um die **Schuld** und das Sozialverhalten des Beschuldigten. Dabei muss der Kriminalist Vorstellungen von den Ursachen und Erscheinungsformen der strafbaren Handlungen haben, Rechtfertigungs- und Schuldausschließungsgründe kennen sowie das Verhalten des Beschuldigten vor, während und nach der Tat darstellen. Das Gericht soll damit in die Lage versetzt werden, sachgerechte Entscheidungen über das Vorliegen einer Straftat, die **Angemessenheit der Strafe** (§ 46 StGB), Maßregeln der **Besserung und Sicherung** (§ 61 StGB) sowie über **Verfall und Einziehung** (§ 73 StGB) zu treffen. Es geht aber auch um **Indizien** (Kapitel 3.4), die zum eigentlichen Beweisthema führen sollen, z. B.: ob der Beschuldigte sich zu einem bestimmten Zeitpunkt am Tatort aufgehalten hat oder ob das am Tatort gefundene Blut von ihm stammt. Bei diesen Ermittlungen darf sich der Kriminalist nicht von der Gewissheit (ver-)leiten lassen, der Täter sei überführt, sondern er muss **stets Zweifel hegen**, ob das Gericht anhand der Beweislage überzeugt werden kann.

Als **Beweismittel** kommen Personal- und Sachbeweise in Frage. Soll hier z. B. eine Zeugenvernehmung erfolgen oder ist ein Gutachten erforderlich oder reicht ein Kaufvertrag, der die Eigentumsverhältnisse klärt? (Kapitel 3.5)

Die **Ermittlungshandlungen** stellen die Tätigkeiten des Kriminalisten in Bezug auf die Beweisführung dar, z. B. Spurensuche, Vernehmung, Befragung, Durchsuchung, Beschlagnahme, pp. Sie beinhalten auch die Frage, mit welcher Aufbauorganisation der Fall bewältigt werden soll. Reicht der Einzelermittler, soll ein Team eingesetzt werden oder bedarf es hier einer Kommission?

Die **Überlegungen** zum Beweisthema, Beweismittel und zu den Ermittlungshandlungen stehen am Anfang der Aufgabenbewältigung. Sie müssen sich am beabsichtigten Ziel ausrichten und sorgfältig geplant werden (Kapitel 11.13.1). Dabei können sehr unterschiedliche Interessen vorliegen. Soll z. B. ein Serientäter überführt werden oder müssen bei einem auf frischer Tat Festgenommenen Argumente für die richterlich anzuordnende Untersuchungshaft erbracht werden? Im ersten Fall können die Ermittlungen sehr umfangreich, zeitaufwendig und langwierig sein. Im zweiten stehen sie unter dem Zeitdruck der Verfahrensvorschrift, die richterliche Entscheidung bis zum Ablauf des nächsten Tages herbeizuführen (Art. 104 III GG). Gleichwohl ist es unabdingbar notwendig, sich in jedem Fall alle Ermittlungsschritte vorher genau zu überlegen und in ihrer Wirkung zu prüfen. Dabei ist es hilfreich, sich vorzustellen, wie der Verteidiger (Kapitel 11.8) des Beschuldigten die Beweismittel bewerten wird. Nur so kann der Kriminalist auch unter Zeitdruck effektiv arbeiten.

Bei seiner Arbeit muss sich der Kriminalist immer vorstellen, welche Anforderungen hat der Richter zu erfüllen, um eine Verurteilung zu rechtfertigen. Hierzu erläutert der BGH: „Die Feststellung der für erwiesen erachteten Tatsachen erfordert eine in sich geschlossene Sachverhaltsdarstellung, das heißt eine Darstellung [der Tathandlung] aus einem Guss. [...] Der Richter soll den Sachverhalt so schildern [können], als wäre er dabei gewesen und hätte ihn als Augenzeuge miterlebt. Aber nicht nur das: Er muss sich [auch] in die Stellung des Angeklagten versetzen und mitteilen, was der Angeklagte dachte und wollte! [Dabei] ist das, was zur Erfüllung des Tatbestandes wichtig ist, sehr genau zu schildern, hingegen kann die Vor- und Nachgeschichte der Tat kürzer dargestellt werden“ (*Meyer-Goßner*, 1988, a.a.O., S. 531, mit weiteren Quellen).

Die **Analyse** (Kapitel 5.3) des kriminalistischen Konzeptes zu den Beweisthemen, Beweismitteln und zu den Ermittlungshandlungen führt auch zu einer genaueren Vorstellung von Arbeitsaufwand und von der Arbeitszeit, sodass hiermit auch die Anzahl der Ermittler festgestellt und die voraussichtliche Dauer der Ermittlungen prognostiziert werden können. Die Suche nach bekannten oder unbekannten Personen sowie nach Gegenständen ist „Fahndung“ (Kapitel 9.6) und wird nicht als „Ermittlungen“ bezeichnet.

3.7 Beweisführung

Die Beweisführung erfolgt durch das Einbringen der Beweise in die Hauptverhandlung (§ 244 StPO). Dies ist in erster Linie die Aufgabe des **Staatsanwaltes** (Kapitel 19.2; §§ 170 und 374 ff. StPO). Jedoch muss der **Kriminalist** in der Hauptverhandlung auch Rechenschaft ablegen über seine Tätigkeit beim **Suchen nach Beweisen, Erkennen oder Entdecken der Beweise** als auch über die Art, wie diese Beweise geschützt und gesichert wurden (BVerfG, NJW 1984, S. 1451). Er hat darzulegen, wie er die Beweise weiterleitete und wie sie ausgewertet wurden (Kapitel 4.3.14). Er muss das Gericht davon überzeugen, dass die Beweise rechtens erlangt, richtig behandelt und nicht verwechselt wurden. Hier geht es um seine **persönliche Zuverlässigkeit** (Kapitel 1.3.4 und 3.8). Das gilt ganz besonders für die Gegenüberstellung (Kapitel 12), weil diese im Hauptverfahren nicht wiederholt werden kann. Somit handelt es sich „um einen vorweggenommenen Teil der [gerichtlichen] Beweisaufnahme“ (OLG Karlsruhe, NStZ 1983, 377) sodass diese Regeln auch vom Kriminalisten einzuhalten sind. Fehler, die hier gemacht werden, sind nicht wieder zu beheben.

Doch vor der Beweisführung vor Gericht wird der Vorgang von der **Staatsanwaltschaft geprüft** (BGH in: NJW 2009, S. 2612, Abs. 13 und 15). Wie steht es da mit der Qualität der polizeilichen Ermittlungsarbeit? Einen Hinweis können die Zahlen aus der Polizeilichen Kriminalstatistik (PKS) und aus der Verurteiltenstatistik geben. Hier müssen die aufgeklärten Fälle der Polizei mit denen verglichen werden, die bei der Justiz angeklagt, abgeurteilt und verurteilt werden. Dabei ist zu bedenken, dass bei jugendlichen Tätern das Strafrecht nicht auf Bestrafung, sondern auf Erziehung abzielt, sodass in den Vergleich nur Personen über 18 Jahre einbezogen werden dürfen (Kapitel 15.5).

Beim Vergleich der **Polizeilichen Kriminalstatistik** und der **Verurteiltenstatistik** ist eine Differenz zwischen den polizeilich ermittelten Tatverdächtigen und den weniger Verurteilten eine normale rechtsstaatliche Erscheinung. Fraglich ist, wie groß diese Differenz sein darf, ohne Qualitätsmängel in der polizeilichen Sachbearbeitung als ursächlich ansehen zu müssen oder eine zu großzügige Aufklärungsquote zu unterstellen.

Hält die Polizei eine Straftat für aufgeklärt, so erfasst sie das **Delikt** und den / die Tatverdächtigen in der Polizeilichen Kriminalstatistik (Kapitel 15.5.2 d) und übersendet den Vorgang der Staatsanwaltschaft. Diese stellt das Verfahren nach § 170 II StPO ein, weil keine Straftat vorliegt oder keine bewiesen werden kann, stellt nach § 153 ff. StPO ein oder klagt an. Die Gerichte sprechen sodann den Angeklagten frei oder verurteilen ihn. Die statistischen Zahlen desselben Falles über die Aufklärung der Tat, die Einstellung des Verfahrens, die Aburteilung oder die Verurteilung entstehen somit zeitlich weit auseinander und werden selten in ein und demselben Jahr erfasst. Unterstellt man eine Verschiebung desselben Falles von zwei bis drei Jahren zwischen der statistischen Erfassung durch die Polizei und die Justiz, so erhöht sich die Verurteilungsquote um rund 3 % gegenüber dem Vergleich der Zahlen desselben Jahres.

Da die Differenz zwischen den Zahlen beider Statistiken seit Jahren gleich bleibend langsam steigt, können diese als aussagekräftig angesehen werden.

Das **Ergebnis des Vergleichs** der Statistiken in Nordrhein-Westfalen sieht so aus: Von den polizeilich aufgeklärten Fällen stellt die Staatsanwaltschaft 55 % ein, und zwar überwiegend nach § 170 II StPO, weil „kein genügender Anlass zur Erhebung der öffentlichen Klage besteht“. Damit wird **der polizeilichen Auffassung** vom aufgeklärten Fall von der **Staatsanwaltschaft nicht gefolgt**. Straftat und / oder Täterschaft sind somit **nicht hinreichend bewiesen**.

Von den übrigen polizeilich aufgeklärten Fällen werden 10 % abgeurteilt, das heißt, sie werden freigesprochen oder ein sonstiges Verfahrenshindernis wird festgestellt.

Im **Gesamtergebnis** werden somit weniger als 40 % der von der Polizei als Tatverdächtige erfassten Personen über 18 Jahre verurteilt.

3.8 Polizeibeamte als Zeugen vor Gericht

Das Ermittlungsverfahren hat den Zweck, entweder das Verfahren einstellen zu können oder den Beschuldigten bei Gericht anzuklagen (§ 170 StPO). Bei der Anklageerhebung sind alle Beweise vorzulegen und die rechtmäßige Erlangung dieser Beweise nachzuweisen. Für den Kriminalisten (Kapitel 1.3 und *Artkämper*, a.a.O.) bedeutet dies, dass er von seiner bisherigen aktiven Ermittlerrolle in die passive Berichterstatterrolle wechselt, er wird Zeuge für die Beweiserhebung. Jetzt muss er **Rechenschaft** über seine Handlungen ablegen und sich gefallen lassen, dass seine **Glaubwürdigkeit** und seine **Zuverlässigkeit** überprüft werden. So wie der Angeklagte einen Anspruch auf einen fairen Prozess hat, so hat der Kriminalist als Zeuge auch Anspruch auf korrekte Behandlung.

Dabei sollte der Kriminalist einerseits bedenken, dass er durch Kleidung, Erscheinung, Umgangsformen und Auftreten deutlich macht, welche Achtung er dem Gericht entgegenbringt. Da der Kriminalist aufgrund seiner Ausbildung um die Wirkung dieser Signale weiß, muss er sich beim Abweichen von allgemein üblichen Regeln auch eine kritische Wertung gefallen lassen.

Andererseits ist er nicht Zeuge wie eine Privatperson, sondern er tritt hier als Beamter in seiner dienstlichen Tätigkeit auf und unterliegt somit den besonderen Vorschriften des **Beamtenrechts** (§ 54 StPO), d. h., er darf nur das aussagen, was ihm sein Dienstvorgesetzter erlaubt.

In der Vergangenheit, insbesondere in Terroristenprozessen, sind nicht immer alle Regeln des fairen Prozesses beachtet worden, Rechte und Pflichten von Polizeibeamten als Zeugen vor Gericht waren nicht immer deutlich erkennbar. Darum hat die AG Kripo (Kapitel 2) eine Empfehlung für das Verhalten vor Gericht erarbeitet, die allen Polizeibeamten als Merkblatt zugegangen ist. Diese Empfehlung ist geeignet, den Anforderungen aller Prozessbeteiligten gerecht zu werden. Daraus sind für den Kriminalisten abzuleiten:

3.8.1 Vorbereitung auf die Hauptverhandlung

3.8.1.1 Information über die Pflichten und Rechte des Zeugen. Hier sind die Vorschriften §§ 48–71 StPO i. V. m. Nr. 64–68 RiStBV (Zeugen), § 239 StPO (Kreuzverhör), § 240 StPO (Fragerecht), § 241 StPO (Zurückweisung von Fragen) § 242 StPO (Zweifel an der Zulässigkeit der Fragen) und § 243 StPO (Gang der Hauptverhandlung) durchzuarbeiten.

3.8.1.2 Pflicht zur **Einsichtnahme in die Ermittlungsakte** (BGHSt 1, 4 [8]), um sich hierdurch an Einzelheiten zu erinnern. Da der Kriminalist eine Vielzahl von Ermittlungsverfahren bearbeitet, kann von ihm nicht erwartet werden, dass er sich an jeden Fall erinnert, insbesondere wenn dieser lange Zeit zurückliegt. Deshalb ist es zur Vorbereitung auf die Hauptverhandlung dringend geboten, sich intensiv mit der Durchschriftenakte zu beschäftigen. Beim Lesen entwickelt sich dann die Erinnerung. In Einzelfällen kann es auch hilfreich sein, den Tatort noch einmal aufzusuchen. Bei seiner gerichtlichen Vernehmung soll der Kriminalist aber deutlich sagen, ob er sich durch das Aktenstudium wieder an die Begebenheiten erinnert oder ob er lediglich den Aktentext zitiert. Damit kann er seine Zuverlässigkeit und Glaubwürdigkeit unterstreichen.

3.8.1.3 Information über den Umfang der **Aussagegenehmigung**. Nur was ausdrücklich durch den Dienstvorgesetzten erlaubt ist, darf der Kriminalist aussagen (§ 54 StPO). Bestehen Zweifel darüber, so ist eine Aussage nicht erlaubt. Nicht der Kriminalist, sondern das Gericht muss dann beim Dienstvorgesetzten die Aussageerlaubnis zu einem bestimmten Themenkomplex einholen (RiStBV Nr. 66 I). Jede eigenmächtige Überschreitung der Aussagegenehmigung ist zumindest ein Dienstvergehen.

Gibt der Kriminalist dem Gericht auf eine konkrete Frage den Hinweis, dass sich darauf seine Aussagegenehmigung nicht erstreckt, so muss er darauf hinweisen, dass er dazu **nichts sagen darf**, und nicht, dass er dazu nichts sagen kann. Wird er nun gefragt, ob er denn dazu etwas sagen könne, wenn er dürfe, ist nicht zu antworten, weil daraus Schlüsse zu ziehen sind. Hier muss der Kriminalist standhaft bleiben und sich nicht zu dienstlich unerlaubten Handlungen verführen lassen.

3.8.1.4 Bestehen Anhaltspunkte, dass der Kriminalist oder seine Angehörigen im Zusammenhang mit seinem Auftritt vor Gericht in Gefahr geraten könnten, so hat er dies seinem Vorgesetzten sofort darzulegen, damit Schutzmaßnahmen eingeleitet werden können (Kapitel 18.2).

3.8.2 Rechtsbeistand

Jeder Zeuge kann für die Vernehmung in der Hauptverhandlung einen Rechtsbeistand für sich in Anspruch nehmen (BVerfGE 38, 105; § 68b StPO). Dies gilt auch für den Kriminalisten. Soll der Dienstvorgesetzte die Kosten hierfür übernehmen, so ist das vor der Verhandlung zu beantragen.

3.8.3 Verhalten vor der Vernehmung im Gericht

Vor der Vernehmung und in den Vernehmungspausen sollen alle Gespräche mit weiteren Prozessbeteiligten und Außenstehenden, insbesondere Journalisten (Kapitel 20), unterbleiben.

3.8.4 Verhalten während der Vernehmung

- Der Kriminalist ist Zeuge und hat in seinem Auftreten den Anforderungen einer Gerichtsverhandlung zu entsprechen. Er hat die Wahrheit zu sagen und unterliegt den Strafvorschriften der §§ 153 ff. StGB, Falsche Aussage.
- Zunächst erstattet der Kriminalist einen zusammenhängenden Bericht. Hierbei hat er klare Aussagen zu machen, sachliche Zurückhaltung zu üben, Wertungen zu unterlassen und Floskeln zu vermeiden. Es darf niemals der Eindruck entstehen, als sei seine Aussage interessengesteuert.
- Ansprechpartner für den Kriminalisten ist allein das Gericht, der Vorsitzende Richter! Dies entscheidet, ob Fragen zulässig sind und die Antwort ausreichend ist. Hält der Kriminalist Fragen der Prozessbeteiligten für unverständlich, anmaßend oder gar provozierend, so bittet er das Gericht, den Fragegegenstand zu erläutern. Diskussionen mit Prozessbeteiligten sind unangebracht.
- Gedächtnislücken sind nicht durch schlussfolgernde Aussagen zu schließen. Vielmehr muss der Kriminalist deutlich sagen, dass er sich nicht erinnert. Von ihm wird nicht erwartet, dass er den „perfekten" Zeugen abgibt, der sich an alles erinnern kann, zumal wenn der Sachverhalt bereits längere Zeit zurückliegt. Er kann wohl darauf hinweisen, dass sein in der Akte befind-

licher Bericht oder das von ihm gefertigte Vernehmungsprotokoll den Sachverhalt richtig wiedergibt.

- Möchte der Kriminalist aus seiner Handakte zitieren, z. B. eine Aufstellung von Zahlen, so hat er das Gericht um Erlaubnis zu bitten. Wird diese Erlaubnis erteilt, so ist damit sicherlich die Aufforderung verbunden, allen Prozessbeteiligten Einsicht in diesen Teil der Akte zu gewähren.

3.8.5 Befragungstechniken durch Verteidiger (Kapitel 11.8)

In spektakulären Strafprozessen zeigt sich oft, dass es zwischen der Verteidigung und polizeilichen Zeugen zu erheblichen Spannungen kommen kann. Dabei liegt die Ursache in der **Unkenntnis über die Aufgaben auf beiden Seiten**. Der Strafverteidiger ist „Unabhängiges Organ der Rechtspflege", §§ 1 und 3 BRAO. Er soll die Rechtsförmigkeit des Verfahrens und einen fairen Prozess sicherstellen. Er darf für seinen Mandanten Partei ergreifen und mit rechtsstaatlichen Mitteln die Wahrheit verhindern z. B. ein Zeugnisverweigerungsrecht anregen.

Der Kriminalist wechselt in der Hauptverhandlung vom Ermittler zum Berichterstatter (Kapitel 1.3) und hat Rechenschaft über seine Arbeit abzulegen. Darüber hinaus ist er zur Unparteilichkeit verpflichtet, § 160 II StPO.

Die Ursachen für die Spannungen liegen größtenteils in persönlichen Erfahrungen, die in Einzelfällen gemacht wurden. Dabei haben sich die Positionen teilweise verhärtet. Grob zusammengefasst können diese Positionen folgendermaßen umrissen werden:

Position der Polizei:

- Sie hat eine falsche Vorstellung von der Erwartungshaltung der Prozessbeteiligten.
- Sie glaubt, ein „perfekter Zeuge" sein zu müssen.
- Sie hat Angst, Fehler in der Ermittlungsarbeit eingestehen zu müssen.
- Sie fühlt sich nicht mehr als Hilfsmittel des Gerichts, um die Wahrheit zu ergründen, sondern als Gegner der Verteidigung, als Zielscheibe von Vorwürfen.
- Sie glaubt, Verteidiger sind Verhinderer der Gerechtigkeit.

Position der Verteidiger:

- Sie vermuten, dass Polizisten geschulte Berufszeugen sind, die sich keine Blöße geben.
- Sie glauben, Polizisten wollen sich „ihr Ermittlungsergebnis" vom Richter bestätigen lassen.

Die Befragung vor Gericht ist in der Strafprozessordnung festgelegt. Jede Einschränkung wird zu Recht als Revisionsgrund angesehen, sodass die Gerichte hier lieber etwas großzügiger sind. Es ergeben sich drei Möglichkeiten:

a) Vernehmung durch den Vorsitzenden Richter, § 238 I StPO,

b) Kreuzverhör durch Verteidiger und Staatsanwalt, § 239 StPO,

c) Befragung durch den Verteidiger, § 240 II StPO.

In der **Mehrzahl der Fälle** sieht sich die Verteidigung dem fairen Gerichtsverfahren auch gegenüber Polizeibeamten verpflichtet, sodass es kaum zu Schwierigkeiten kommt. In spektakulären Fällen ist es leider zu Auswüchsen gekommen. Um das Verhältnis zu entspannen, sollen hier die häufigsten Befragungstechniken dargestellt werden:

3.8.5.1 Suggestivfragen

Zweck: In einem komplexen Sachverhalt soll eine einfache Ja / Nein-Antwort erreicht werden, die eine günstige Tendenz beinhaltet. „Sie sind doch auch der Meinung, dass ..."

Gegenmaßnahme: „So einfach kann man das nicht sehen, ich will es erläutern."

3.8.5.2 Fangfragen

Zweck: Nicht das Erfragte ist wichtig, sondern die entferntere Voraussetzung oder Folge.

„Sie sind doch ein erfahrener Beamter!?"

Ja = Viele gleichartige Tätigkeiten, darum schlechte Erinnerung an Details.

Nein = Keine Ahnung.

Gegenmaßnahme: „Wie soll ich das verstehen?"

3.8.5.3 Detailfragen

Zweck: Das Erinnerungsvermögen soll in Frage gestellt, bestrittenes Aktenstudium bewiesen werden.

Gegenmaßnahme: „Das müsste in meinem Bericht genau beschrieben sein. An das genaue Maß der Bremsspur kann ich mich zwar nicht mehr erinnern, aber die im Bericht niedergelegten Messwerte entsprechen meiner Feststellung vor Ort."

Bitte an den Vorsitzenden, die in Frage kommenden Stellen aus dem Bericht vorlesen zu lassen.

3.8.5.4 Wiederholungsfragen

Zweck: Zweifel an der Glaubwürdigkeit sollen geweckt werden. Stress soll erzeugt werden, um unüberlegte Reaktionen zu provozieren.

	Die Aussagen des Zeugen werden vom Verteidiger stenografiert und zu einem späteren Zeitpunkt die dazu gestellten Fragen wiederholt. Bereits geringe Abweichungen werden als Indiz für eine unrichtige Aussage gewertet.
Gegenmaßnahme:	„Die Frage habe ich schon beantwortet.“
	Bitte an den Vorsitzenden, die Antwort aus dem Protokoll vorlesen zu lassen.

3.8.5.5 Schätzfragen

Zweck:	Glaubwürdigkeit soll in Frage gestellt werden. „Mit welcher Geschwindigkeit fuhr der Angeklagte?“
Gegenmaßnahmen:	Niemals ohne tatsächliche Anhaltspunkte Feststellungen treffen.
	Sonst sich außerstande erklären, die Frage zu beantworten.

3.8.5.6 Mehrfachfragen

Zweck:	Durch Verwirren soll die Glaubwürdigkeit in Frage gestellt werden.
Gegenmaßnahme:	„Ich möchte die Fragen im Einzelnen beantworten. Bitte wiederholen Sie nur die erste Frage.“

3.8.5.7 Überraschungsfragen

Zweck:	Durch Erklärungsnotstand und Zeitnot soll Stress erzeugt werden.
Gegenmaßnahme:	„Die Frage überrascht mich. Ich kann den Zusammenhang noch nicht erkennen. Darüber muss ich erst nachdenken.“

3.8.5.8 Beschuldigungen

Zweck:	Durch massive Kritik an der Ermittlungsarbeit soll Stress erzeugt werden.
Gegenmaßnahme:	Rechtsgrundlage für die Ermittlungshandlung nennen oder allgemeinen Hinweis auf die Rechtmäßigkeit aller Diensthandlungen.
	Frage an den Vorsitzenden, ob die Vorschriften falsch angewendet wurden.
	Das Gerichtsverfahren stellt nur die Zulässigkeit und den Beweiswert von Beweismitteln fest, nicht die Qualität der polizeilichen Arbeit.

3.8.5.9 Intimfragen

Zweck:	An männliche Zeugen werden Fragen zum Geschlechtsverkehr gestellt, um sie zu verunsichern, einzuschüch-

	tern und Stress zu erzeugen. „Wann hatten Sie den letzten Geschlechtsverkehr?“ (Diese Frage wurde im Gerichtsverfahren gegen die „Geiselnehmer von Gladbeck“ an einen Kriminalisten gestellt (Kapitel 4.3.14).
Gegenmaßnahme:	Den Vorsitzenden fragen, ob die Beantwortung der Frage für das Beweisthema notwendig ist (§ 68a StPO). Wenn ja: Antrag an den Vorsitzenden, zur Wahrung der eigenen schutzwürdigen Interessen die Öffentlichkeit auszuschließen, § 171b GVG.

3.8.5.10 Kombinationsfragen

Alle Fragentypen lassen sich miteinander kombinieren.

3.8.5.11 Schweigen

Sollte wider Erwarten der Vorsitzende bei unangebrachten Attacken des Verteidigers nicht eingreifen, so kann ein sehr zweckmäßiges Mittel totales Schweigen sein, bei gleichzeitigem Anschauen des Vorsitzenden. Da dieser die Verantwortung für den ungestörten Ablauf der Verhandlung hat, muss er beim Stocken des Ablaufs eingreifen. Jetzt antwortet der Kriminalist nur noch auf Fragen des Vorsitzenden.

3.8.6 Auskunftsverweigerungsrecht

Auch für den Kriminalisten gilt das Auskunftsverweigerungsrecht nach § 55 StPO. Es soll ihn davor schützen, sich selbst oder einen Angehörigen beschuldigen zu müssen. Ein solches Recht besteht schon dann, wenn **lediglich die Gefahr droht**, dass er in dem zur Rede stehenden Sachverhalt selbst strafrechtlich oder wegen einer Ordnungswidrigkeit verfolgt wird (z. B. Verletzung der Amtsverschwiegenheit). Dies ist auch dann gegeben, wenn der Kriminalist Befugnisse zum Eingriff in Grundrechte offenkundig missbraucht hat (z. B. Körperverletzung, Hausfriedensbruch, Freiheitsberaubung).

Eine solche Gefahr kann aber auch schon dann vorliegen, wenn der Kriminalist während des polizeilichen Ermittlungsverfahrens Entscheidungen getroffen hat, bei denen der Beschuldigte einen Dritten verletzt oder gar getötet hat und bei denen der Kriminalist einen Entscheidungsspielraum hatte (z. B. Anordnungen als **Polizeiführer** über die Befreiung eines Entführten). In solchen Fällen wird von der Verteidigung nicht selten versucht, die Schuld des Angeklagten dadurch zu mindern, dass sie behauptet, er sei durch die polizeilichen Entscheidungen zur eigentlichen Tat „gezwungen“ worden. Insofern besteht die Vermutung, dass die Vernehmung des Kriminalisten als Zeugen diese Behauptung untermauern soll. Da der Vorsitzende Fragen an einen erschienenen und aussagepflichtigen Zeugen kaum verhindern kann, wird der Kriminalist Opfer der Verteidigungsinteressen. Im letzteren Fall befindet sich der **Kriminalist in einer Zwickmühle**.

Einerseits will er dem Gericht bei der Wahrheitsfindung helfen, andererseits sieht er sich der Strategie der Verteidigung ausgesetzt. In **Absprache mit der Staatsanwaltschaft** (Kapitel 19) kann folgende Verfahrensweise hilfreich sein: Der Kriminalist erklärt dem Gericht, dass er aufgrund von § 55 StPO vom Auskunftsverweigerungsrecht Gebrauch macht. Damit besteht für die Prozessbeteiligten kein Fragerecht mehr. Danach bittet der Staatsanwalt das Gericht um Abgabe einer Erklärung (§ 257 II StPO). In Absprache mit dem Zeugen und dessen Dienstvorgesetzten kann der Staatsanwalt darstellen, warum der Beamte von seinem Auskunftsverweigerungsrecht Gebrauch macht, um so den Laienrichtern dessen Verhalten verständlich zu machen.

Ist dem Gericht die Erklärung nicht ausreichend, um das Beweisthema abzuschließen, so kann es den Beamten erneut über seinen Dienstvorgesetzten laden und dabei das Beweisthema genau beschreiben. Die ergänzende Erklärung kann wie in dem oben beschriebenen Verfahren in die Verhandlung eingebracht werden.

4 Kriminaltechnik

4.0 Literatur

Andes,	Streckmittel bei Heroin, in: Kriminalistik 2001, S. 260
Bach,	Das kriminalistische Potenzial neuer Technologien, in: Kriminalistik 1999, S. 657
Bär,	Genetische Fingerabdrücke [Die ersten Beweise mit Hilfe der DNA-Analyse], in: Kriminalistik 1989, S. 313
Baldauf / Stein,	Die Bullen sollen nicht auf blöde Gedanken kommen. [Phraseologismen in Erpresserbriefen], in: Kriminalistik 2000, S. 666
Bender / Nack / Treuer,	Tatsachenfeststellung vor Gericht, Band I, Glaubwürdigkeits- und Beweislehre, München 2007
Berty,	Schreibdruckuntersuchung anhand von Kerb-Rillen [Ein neues Verfahren], in: Kriminalistik 2010, S. 591
Beyser, Pitz / Horn / Hölzl / Rauch,	Isotopen-Analytik – Hilfsmittel zur Herkunftsbestimmung unbekannter Toter, in: Kriminalistik 2003, S. 443
Biermann / Grieve,	Die Zukunft der forensischen Faseranalyse, in: Kriminalistik 2001, S. 337
BKA, Hg.,	Aktuelle Methoden der Kriminaltechnik und Kriminalistik, BKA-Forschungsreihe, Band 32, Wiesbaden 1995
BKA, Hg.,	Gefährdung durch Drogen [Straßenverkehr und Kriminalität], BKA-Forschungsreihe, Band 37, Wiesbaden 1996
BKA, Hg.,	Beweiswert der verschiedenen Methoden der DNA-Analyse, in: Der Kriminalist 1992, S. 535
BKA, Hg.,	Automatisiertes Fingerabdruckidentifizierungssystem AFIS, INPOL-Nachrichten Nr. 1 / 93
BKA, Hg.,	Kriminalistische Spurenkunde II, BKA – Schriftenreihe, Wiesbaden 1958 / 2
BKA, Hg.,	Kriminaltechnischer Leitfaden, Schriftenreihe des BKA, Wiesbaden 1965 / 1–3
BKA, Hg.,	Kriminaltechnik, BKA-Schriftenreihe, Band 50, Wiesbaden 1980
Brinkmann / Wiegand,	DNA-Analysen, Neue Entwicklungen und Trends, in: Kriminalistik 1993, S. 191
Brinkmann / Pfeiffer,	Die Auswertung von Haarspuren mittels DNA-Analyse, in: Kriminalistik 2000, S. 258
Bruder,	Eineiige Zwillinge nicht genetisch identisch, FAZ vom 20.2.2008
Brünig / Milbradt,	Die lagegenaue Sicherung von Schmauchspuren, in: Kriminalistik 2001, S. 195

Buchholz / Bretsch, Metallbeschichtung in der Daktyloskopie, in: Kriminalistik 2000, S. 651

Bürgin, Verräterische Täter-Ohren, in: Kriminalistik 1997, S. 369

Clas, Identifizierung durch Ohrabdruckspuren, in: Kriminalistik 2011, S. 176

Decke, Nochmals: Das Leitspurenkonzept (Faserspuren). Spuren gibt es überall – Entscheidend ist allein ihre Tatrelevanz, in: Kriminalistik 2000, S. 467

Dern, Die Zukunft der forensischen Wissenschaften [Kriminaltechnik im Vergleich], in: Kriminalistik 2009, S. 292

Dittmann, Wann ist ein Gutachten wissenschaftlich begründet?, in: BKA, Hg., Die Operative Fallanalyse in der Hauptverhandlung, Polizei + Forschung, Band 38, Köln 2009, S. 115

Eberhardt / Knochenhauer, Spuren im Profilschließzylinder, in: Kriminalistik 1996, S. 415

Esch, Der binäre Mensch. Zum Stand biometrischer Verfahren, in: Kriminalistik 2008, S. 225

Feist / Knöfel / Stanke „Schlagtechnik“ (Methode zum zerstörungsfreien Überwinden von Sicherheitsschlössern), in: Kriminalistik 2003, S. 691

Förster, Der polizeiliche Sachverständige IT-Forensik [für Informationstechnologie], in: Kriminalistik 2007, S. 621

Frenzel / Howorka, Zur Untersuchung von Maschinenschriften, in: Kriminalistik 2000, S. 251

Groß / Geerds, Handbuch der Kriminalistik, Band I [Teil III, Kriminaltechnik / Spurenkunde], Berlin 1977

Groß / Seelig, Handbuch der Kriminalistik, Band II, 1951 Berlin und München

Hellmann / Herold / Demmelmeyer / Schmitten, Die (DNA-)Untersuchung ausgefallener (telogener) Haare, in: Kriminalistik 2000, S. 255

Hellmann / Morzfeld / Schleenbecker, Der genetische Fingerabdruck von Tieren und Pflanzen, in: Kriminalistik 2007, S. 109

Herrmann, Wiedersichtbarmachung von entfernten Markierungen und sonstigen Materialveränderungen, in: Kriminalistik 2008, S. 609

Hobom, Ein Erbgut voller Kopien, FAZ vom 29.11.2006

Hollmann [geb. Rescheleit], Zur Frage der Differenzierung von Ein- und Ausschuss bei auf fester Unterlage anliegenden bekleideten Opfern. Dissertation, FU Berlin 1999

Jochem, Rekonstruktion der Insassen-Sitzverteilung in Unfallfahrzeugen, in: Kriminalistik 2001, S. 341

Katterwe u. a., Harmonisierte Befundbewertungsskala für kriminaltechnische Untersuchungen, in: Kriminalistik 2007, S. 745

Katterwe / Pohl / Ströbele, Individualisierende Merkmale von Laufflächen bei Schuhsohlen, in: Kriminalistik 2007, S. 319

Knecht, Die Tätowierung, in: Kriminalistik 1997, S. 371

Kohlhof, Hosen für den Staatsanwalt (Individualisierung von Jeans zur Überführung von Tätern, die am Tatort von Überwachungskameras erfasst werden.), in: Die Zeit, 8.4.1999, S. 65, zum selben Thema in: Kriminalistik 1997, S. 421, und 1999, S. 541

Kube / Schmitter, DNA-Analysedatei, in: Kriminalistik 1998, S. 415

Küster, Automatisiertes Fingerabdruckidentifizierungssystem AFIS, in: Kriminalistik 1994, S. 154

Lorra / Jaeger, Laserscanner können Tatortarbeit revolutionieren, in: Der Kriminalist 2004, S. 479

Marciejewski, Auswertung olfaktorischer Spuren (Geruchsspurenvergleichsverfahren), in: NStZ 1995, S. 482

Marciejewski, Brandermittler auf vier Beinen (Brandmittelspürhund), in: Streife / NRW 7–8 / 1997, S. 10

Merkel, Zuordnung von Schusswaffen mittels DNA-Analyse, in: Kriminalistik 1997, S. 799

Nack, Beweisrecht (Sachbeweis), in: Kriminalistik 1999, S. 32

Neubert-Kirfel, Das Leitspurkonzept (Faserspuren). Der Dialog mit den stummen Zeugen der Tat, in: Kriminalistik 2000, S. 398

Nix, Der Richter und seine Gehilfen, in: Kriminalistik 1994, S. 463

NN., Rationelle Dokumentation von Unfällen (Monobildverfahren) in: Streife / NRW 11 / 1997, S. 4

Opdensteinen, Fotogrammetrisches Messverfahren, in: Streife / NRW, 10 / 1994, S. 14

Peppersack / Baumann, Die Kriminaltechnik, in: Kriminalistik 1998, S. 665

Pfeiffer, Ein Haar – alles klar? Möglichkeiten der genetischen Identifikation von Tierhaaren, in: Kriminalistik 2005, S. 180

Pfister / Kneubuehl, Die Munitionswahl beim bewaffneten Dienst der Polizei, in: Kriminalistik 2001, S. 359

Pfister, Personenidentifikation anhand der Stimme, in: Kriminalistik 2001, S. 287

Pflug, u. a., Forensische Serologie beim LKA in Düsseldorf, [DNA-Analyse], in: Streife / NRW 5 / 2000, S. 4

Rahm, Schusswaffenerkennungsdienst, in: Kriminalistik 1998, S. 586

Reill, Ch., FotoFinder xpert und FotoFinder Xtrascale, in: Kriminalistik 2006, S. 195

Rölle / Flade, Theorien und Modelle zur Erklärung von Unsicherheitsgefühlen im öffentlichen Raum, in: Kriminalistik 2004, S. 774

Rötzscher / Grundmann, Forensische Altersschätzung bei Jugendlichen und jungen Erwachsenen im Strafverfahren, in: Kriminalistik 2004, S. 337

Ryngevic, Kriminalistische Untersuchung der Textsprache [Neue Unterhaltungsformen: Chat, E-Mail und SMS = Aufgeschriebenes Sprechen], in: Kriminalistik 2007, S. 755

Schmelz, Tätowierungen und Kriminalität, in: Polizeiwissenschaftliche Analysen, Band 11, Frankfurt am Main, 2009

Schmidt-Stralsund, Polizeihund – Erfolge, Geruchsspurenvergleich, Augsburg 1911

Schneider, Der genetische Fingerabdruck, in: Kriminalistik 2005, S. 303

Schneider, P. / Schneider, H. / Fimmers / Brinkmann Allgemeine Empfehlungen zur statistischen Bewertung von DNA-Datenbank-Treffern, NStZ 2010, 433

Schöneberg u. a., DNA-Analyse von Hautabriebspuren, in: Kriminalistik 2003, S. 497

Schoon, Die Leistung von Hunden im Identifizieren von Menschen durch den Körpergeruch. Dissertation, Universität Leiden / NL, Deutsche Übersetzung: Dessau 1998

Schorsch, Sachverständige und ihre Gutachten, in: Kriminalistik 2000, S. 174

Schyma / Huckenbeck, Die Sicherung von Schmauchspuren an der Schusshand, in: Kriminalistik 1998, S. 581

Schönborn / Lenertz, Sicherung daktyloskopischer Spuren auf menschlicher Haut, in: UNI Düsseldorf, Sero News, IV / 2002, S. 105

Schwarz, Das ideale daktyloskopische Spurensicherungslabor, in: Kriminalistik 2007, S. 751

Schwarz, Daktyloskopische Sicherungsmethoden [Kriminaltechnisches Institut des BKA stellt sich vor], in: Kriminalistik 2007, S. 554

Seibt, Forensische Handschriftensammlung, in: Kriminalistik 2005, S. 303

Simmross, Kriminaltechnik, Quo vadis?, in: Kriminalistik 1998, S. 799

Simmross, Der Sachbeweis im europäischen Vergleich, in: Kriminalistik 2000, S. 737

Stang, Der Täter war weiß, rothaarig und schwanger. [DNA-Erkenntnisse?] FASZ vom 24.8.208, S. 63

Stanke, Rechnergestützte Bearbeitung von Schuhspuren, in: Kriminalistik 1997, S. 659

Steinke, Spurensicherung mit Staubsauger, in: Kriminalistik 1989, S. 251

Tietze / Heer, Verpackung von transportablen Spurenträgern, Hinweise zur sachgerechten Verpackung, in: Kriminalistik 2008, S. 242

Timm, Mit gebremstem Schwung – Gedanken über die Grenzen von Kriminalistik und Kriminaltechnik –, [Personalausweis in der Jackentasche bei einem exhumierten „unbekannten" Toten] in: Kriminalistik 1995, S. 111

Thiel, Identifizierung von Personen, Lehr- und Studienbriefe Kriminalistik / Kriminologie, Band 4, Hilden 2006

Ungerer, Brandermittlungen – Feuerwehr versus Polizei?, in: Kriminalistik 2001, S. 659

Vec, Die Spur des Täters. Methoden der Identifikation in der Kriminalistik (1879–1933), Juristische Zeitgeschichte, Baden-Baden 2002

Völker / von Welck, Rausch und Realität. Drogen im Kulturvergleich, Band 1, 2 und 3, Hamburg 1982

Voss-de Haan, Physik auf der Spur – Kriminaltechnik heute, Weinheim 2005

Weihmann, Rauschgiftkriminalität. Eine kritische Bestandsaufnahme, in: Kriminalistik 2003, S. 266

Winko, Graffiti – nur eine Sachbeschädigung?, in: Der Kriminalist 1997, S. 483

Ziercke, [Präsident des BKA] Polizei in der digitalen Welt, in: Kriminalistik 2008, S. 76

Zink, Das Röntgenbild der Hand als eine Grundlage der Altersschätzung bei Jugendlichen, in: Archiv für Kriminologie, 1986, S. 15

4.1 Grundlagen

Die Kriminaltechnik ist Teil der Kriminalistik. Sie wurde im Wesentlichen durch *Hans* ***Groß*** begründet (Kapitel 1.2.4), der nicht nur die wissenschaftlichen Grundlagen schuf, sondern auch ganz praktische Neuerungen entwickelte, z. B. den heute noch benutzten „Tatortkoffer", den er „Commissionstasche" nannte (*Bachhiesl*, a.a.O.)

Die Kriminaltechnik befasst sich mit der materiellen Veränderung der Umwelt und mit der Übertragung von Materie, die im Zusammenhang mit Straftaten entstehen, einschließlich der Veränderungen am oder im menschlichen Körper sowie der Stimme. Sie wird auch die **Lehre vom Sachbeweis**, naturwissenschaftliche Kriminalistik oder kriminalistische Spurenkunde genannt. Sie unterteilt sich in die Schwerpunkte Spurenarten und Spurenerschließung. Die Spurenerschließung umfasst die Spurensuche, die Spurensicherung und die Spurenauswertung. Siehe Übersicht in den Kapiteln 4.20.4 und 4.20.5.

Das Curriculum für das Fachhochschulstudium kann und will keine Ausbildung zum Kriminaltechniker ersetzen. Vielmehr muss auf allen Ebenen der Strafverfolgung der Einblick und damit die Einsicht vermittelt werden, wie die Kriminaltechnik die Kriminalistik unterstützen kann. Das geschieht insbesondere am Tatort. Er ist und bleibt der Schlüssel zur Ermittlung des Täters. Bei den heutigen technischen Möglichkeiten bietet er eine Fülle von auswertbaren Spuren. Diese gilt es zu erkennen und zu sichern.

Gleichzeitig muss aber auch verinnerlicht werden, dass der **Sachbeweis** zwar ein hervorragendes und unverzichtbares Fahndungshilfsmittel mit einem hohen Identifizierungswert ist und sehr oft den Weg zur Aufklärung von Tatserien zeigt. Doch der **Personalbeweis** ist nach wie vor das wichtigere Beweismittel für die Urteilsfindung (BVerfG, in: NJW 1975, S. 104, und BGHSt 32, 115 [127]). Die herausragende Bedeutung des Personalbeweises zeigt sich darin, dass nur dadurch umfassend die Tatbestandsmäßigkeit, Rechtswidrigkeit und Schuld bewiesen werden kann. Beide Zielsetzungen sind zu beachten. Darüber hinaus muss der Kriminalist beweisen, ob das Spurenbild durch die Tat oder legal entstanden ist.

Mit dem Studium der Kriminaltechnik an Fachhochschulen sollen **theoretische Fähigkeiten** gefördert werden, die zur Beantwortung folgender Fragen führen:

- Welche Bedeutung hat die Spur für dieses Beweisverfahren?
- Begründet die Identifizierung einer Person zugleich deren Beschuldigtenstatus oder ist sie Verdächtiger (BGHSt 34, 140 und 37, 48)?
- Welches Tatbestandsmerkmal wird durch die Spur bewiesen oder stellt die Spur ein Indiz oder nur eine Vermutung das?

- Welchen Beweiswert hat die Spur (BGHZ 53, 245 [260], Anastasia)?
- Welche physikalischen und chemischen Besonderheiten sind bei der Sicherung zu berücksichtigen?

Darüber hinaus sollen **praktische Fertigkeiten** gefördert werden,

- die zur selbstständigen Sicherung der Spur in einfach gelagerten Fällen führen,
- den Spurenschutz bis zur Übernahme durch Kriminaltechniker / Spezialisten gewährleisten und
- die Notsicherung der Spur bei drohendem Verlust ermöglichen.

4.1.1 Beweismittel

Beweismittel sollen das Gericht von einer bestimmten Tatsache überzeugen. Sie müssen rechtlich zulässig sein und in das Hauptverfahren (§ 244 StPO) eingebracht werden. Sie unterliegen der **freien Beweiswürdigung** (§ 261 StPO) durch das Gericht. Insofern ist es weniger wichtig, ob der Kriminalist das Beweismittel als überzeugend ansieht, sondern es kommt allein auf die Beurteilung durch das Gericht an.

4.1.1.1 Abgrenzung von Sachbeweis und Personalbeweis

Dem Sachbeweis wird häufig ein höherer Stellenwert eingeräumt als dem Personalbeweis. Dies entspricht jedoch nicht den tatsächlichen Gegebenheiten. Obwohl der Sachbeweis objektive Feststellungen trifft, hat er nur scheinbare Vorteile. Das gilt auch unter dem Gesichtspunkt der heute deutlich verbesserten und erweiterten Untersuchungsmethoden und Untersuchungsmöglichkeiten, denn das Beweisthema kann nur über den Sachverständigen in das Gerichtsverfahren eingebracht werden und unterliegt somit ebenso menschlichen Unzulänglichkeiten (*Peters*, a.a.O.), die sich in Fehlbeurteilungen zeigen können.

Es darf auch nicht vergessen werden, dass der Sachbeweis selbst fehlerhaft sein kann. Das **Phantom von Heilbronn** war sicher nur die Spitze des Eisberges (Der Spiegel vom 8.3.2010, S. 16; FAZ vom 28.3.2009, S. 7). Im April 2007 wurde in Heilbronn bei der Suche nach dem Mörder einer Polizeibeamtin am Tatort eine DNA sichergestellt, die nicht zum Umfeld der Getöteten gehörte und einer Frau zuzuschreiben war. Bei nachfolgenden Gewaltstraftaten konnte an den Tatorten die gleiche DNA festgestellt werden, sodass nach einer Serientäterin gesucht wurde. Im März 2009 stellte sich heraus, dass die an 40 Tatorten festgestellte gleiche DNA von einer Frau stammte, die an der Herstellung der Wattestäbchen beteiligt war, mit denen die Spuren gesichert wurden.

Im Februar 1997 musste das Bundeskriminalamt die Kriminaltechniker darüber aufklären, dass **trügerische daktyloskopische Spuren** nicht durch die Schutzhandschuhe entstehen, die bei der Spurensicherung angezogen werden, sondern durch den unsachgemäßen Umgang (BKA-Informationen zur Tatortarbeit,

Februar 1997, S. 10). Beide Fälle zeigen, dass auch naturwissenschaftliche Feststellungen ihre Fehlerquellen haben können.

Es darf auch nicht übersehen werden, dass der Sachbeweis nur **naturwissenschaftliche Feststellungen** treffen und keine juristischen oder gar philosophischen Fragen beantworten kann. Das schon in historischen Lehrbüchern dargestellte Beispiel von der Leiche und dem daneben knienden Mann, an dessen Kleidung das Blut der Leiche haftet und dessen Fingerabdrücke auf dem Tatmesser gefunden werden zeigt, dass trotzdem die Täterfrage nur über den Personalbeweis beantwortet werden kann. Die Spuren geben nämlich keine Auskunft darüber, ob der Knieende der Täter oder ein Helfender ist. Hier ist die weitere Tätigkeit des Kriminalisten gefragt, der eine solche Person zunächst wertneutral als **Spurenleger** bezeichnet. Allein in diesem Sinne haben die Kriminaltechnik und der Sachbeweis ihre Bedeutung.

Selbst wenn aufgrund der Lage und der Individualität der Spuren kein Zweifel an der Täterschaft besteht, ist damit noch nicht geklärt, welches **Motiv der Täter** hatte. Handelt es sich bei ein und derselben Tatfolge z. B. um einem Mord, einen Totschlag oder um eine Körperverletzung mit Todesfolge. Die Spuren allein können auch nicht die Frage beantworten, ob Rechtfertigungsgründe oder Schuldausschließungsgründe vorliegen. Es müssen somit weitere Tatsachen hinzukommen.

Darüber hinaus darf nicht vergessen werden, dass der **Sachbeweis kein eigenständiges Beweismittel ist**, weil er immer durch Personen dem Gericht vorgelegt oder erläutert werden muss. Dadurch wird er aber **nicht zum Personalbeweis**, weil diese Personen **keine Tatzeugen** gewesen sind. Der die Spuren sichernde Beamte und der Gutachter haben dem Gericht darzulegen, wo der Beweis gefunden und gesichert wurde. Wie wurde er zum Gutachter transportiert? Welche Veränderungen hat es gegeben und handelt es sich tatsächlich um den Gegenstand, der dem Gutachter vorlag (siehe Kapitel 4.3.14, „Geiselnahme Gladbeck", Auszug aus der Urteilsbegründung).

Deshalb haben das Bundesverfassungsgericht (NJW 1975, S. 104) und der Bundesgerichtshof (BGHSt 32, 127) klargestellt, dass die Aufklärung eines Straftatbestandes **im Wesentlichen auf dem Personalbeweis** beruht. Der Sachbeweis muss deshalb immer im Zusammenhang mit den Gesamtumständen der Tat und den übrigen Beweisen gesehen werden.

Scheinbar gibt es davon eine Ausnahme, nämlich die Feststellung des Blutalkoholgehaltes beim Führen von Fahrzeugen im öffentlichen Straßenverkehr. Hier liegt bereits bei einem bestimmten Alkoholgehalt des Blutes oder des Atems ein Gesetzesverstoß vor, weil das übermäßige Alkoholtrinken im Zusammenhang mit dem Führen eines Fahrzeugs im Straßenverkehr für andere gefährlich ist und deshalb unter Strafe gestellt wird. Die Untersuchung des Blutes oder des Atems als Sachbeweis reicht deshalb zur Begründung des Tatverdachts im Sinne von § 316 StGB dabei aus. Die Feststellung des Bundesgerichtshofes (BGHSt 5, 168, [170 ff.]), dass bei gleichem Alkoholgehalt die Trinkgewohnheiten und / oder die Verträglichkeit von Alkohol zu unterschiedlicher Beeinträchtigung der Personen führen kann, kommt hier nicht zur Anwendung. Die individuelle Schuld spielt eine untergeordnete Rolle und wird deshalb auch nicht mehr geprüft. Grund dieser Regelung ist jedoch, dass der Gesetzgeber eine andere Zielsetzung in den Vordergrund stellt. Nämlich die Prävention und Gefahrenabwehr. Leben, Gesundheit und Eigentum der Allgemeinheit sollen geschützt werden. Insofern ist diese Regelung doch **keine Ausnahme**. Bei allen anderen Straftaten gibt es keinen Grenzwert für die Alkoholkonzentration, der die Schuldfähigkeit obligatorisch ausschließen würde (BGHSt 37, 231 [235], und 43, 66).

4.1.2 Der Sachbeweis in der Strafprozessordnung

Die Strafprozessordnung (StPO) kennt den Oberbegriff „Sachbeweis“ nicht. Sie bedient sich vielmehr verschiedener Bezeichnungen, wie „Gegenstände“ bei der Beschlagnahme in § 94 StPO, „Spuren einer Straftat“ bei der Durchsuchung in § 103 StPO, „Beweisstücke“ bei der Akteneinsicht durch den Verteidiger in § 147 I StPO, „Spuren oder Merkmale“ beim richterlichen Augenschein in § 86 StPO, „Spur oder Folge einer Straftat“ in § 81c StPO, „Tatsachen“ in § 81a StPO sowie „Urkunden und Schriftstücke“ beim Urkundsbeweis in § 249. Seit 1998 ist bei Ordnungswidrigkeiten im Straßenverkehr die „Atemalkoholkonzentration“ ein weiterer Sachbeweis, den der BGH (NZV 2001, S. 267) als rechtmäßig bestätigt hat.

4.1.3 Beweiswert / Beweiskraft

Der Beweiswert von Beweismitteln ergibt sich aus der Beurteilung durch die Personen der Strafverfolgung. Sie prüfen zunächst die **Verwendbarkeit im Strafverfahren** (Kapitel 3.6). Handelt es sich um ein zulässiges Beweismittel? Ist die Untersuchungsmethode allgemein wissenschaftlich anerkannt? (Kapitel 3.2).

Darüber hinaus muss festgestellt werden, welche **behauptete Beweistatsache** (Tatbestandsmäßigkeit, Rechtswidrigkeit und Schuld) kann damit bewiesen werden und mit welcher **Intensität** ist das möglich? Ist es ein **Indiz** (Anzeichen; Kapitel 3.4) oder ein strafprozessrechtlicher **Beweis** (Überzeugung von der Wahrheit; Kapitel 3.6.5). Dabei gibt es im Ermittlungsverfahren und im Haupt- oder Gerichtsverfahren (Kapitel 1.3.4) unterschiedliche Anforderungen an die **Intensität**. So reicht im **Ermittlungsverfahren** ein „schwacher Verdacht“, um den Verdächtigenstatus zu begründen und ein „starker Verdacht“, für den Beschuldigtenstatus (Kapitel 3.6.1). Im **Haupt- oder Gerichtsverfahren** muss der

Richter „gewiss" sein, um eine Verurteilung zu rechtfertigen und dadurch die Person zum Täter zu machen (Kapitel 3.6.5).

Darüber hinaus kann z. B. ein und derselbe Sachbeweis verschiedene Intensitäten haben. Ein Fingerabdruck kann der absolute Beweis für die Identität einer Person sein; der gleiche Fingerabdruck an einem Tatort aber nur ein Indiz dafür sein, dass die Person zur Tatzeit dort anwesend war. Es hängt somit immer davon ab, was bewiesen werden soll.

Die **Beweiskraft** liegt in der Substanz des Beweismittels. Mit welcher Überzeugung es auf die Personen der Strafverfolgung einwirkt, z. B. notarielle Urkunde oder gerichtliches Protokoll oder die Identitätsbestimmung durch den Fingerabdruck. Die **rechtsstaatlichen Prinzipien der Beweisführung** haben das Ziel, ein Gericht mit zulässigen Beweismitteln und zulässigen Methoden davon zu überzeugen, dass eine

- bestimmte Person,
- tatbestandsmäßig,
- rechtswidrig und
- schuldhaft

Strafgesetze oder strafrechtliche Nebengesetze verletzt hat. Dazu stehen der Personalbeweis (Kapitel 3.5 und 3.5.1), der Urkundenbeweis (Kapitel 3.5) und der Sachbeweis zur Verfügung.

Zum **Personalbeweis** gehören Zeugen (Kapitel 11.7.1), Sachverständige (Kapitel 4.1.4.1) und der Beschuldigte / Täter (§§ 163 a, IV und 362, 4. StPO) sowie der Augenschein (§ 72 ff StPO).

Beim **Urkundenbeweis** werden Urkunden und andere als Beweismittel dienende Schriftstücke [z. B. Kaufverträge] in der Hauptverhandlung verlesen (§ 249I StPO). Darüber hinaus können auch Protokolle als Urkundenbeweis dienen (§§ 251 und 273 StPO).

Der **Sachbeweis** stellt sich als Indizienbeweis dar, weil er nicht unmittelbar und direkt auf das Vorhandensein eines gesetzlichen Tatbestandsmerkmals hinweist (BGHZ 53, 245, [260], Anastasia). Er bezieht sich auf andere, tatbestandsfremde Tatsachen, sogenannte Hilfstatsachen, z. B. der Fingerabdruck am Tatort beweist lediglich die Anwesenheit einer bestimmten Person. Dies allein erfüllt noch keinen Straftatbestand. Die Hilfstatsache „Fingerabdruck" deutet aber auf die Haupttatsache, den Tatbestand des Einbruchsdiebstahls in § 243 StGB, hin.

Der **Indizienbeweis** ist dann überzeugungskräftig, wenn andere Schlüsse aus den Indizientatsachen ernstlich nicht in Betracht kommen. Vom Indizienbeweis muss also eine Überzeugungskraft ausgehen, die Schlüsse auf die Tatbestandsmäßigkeit zulassen. Somit ist der **Indizienbeweis der Anknüpfungs-**

punkt für weitere Denkprozesse, die das Gericht zu einer bestimmten Überzeugung führen (*Nack,* a.a.O., S. 32).

Dabei ist zu unterscheiden, dass der Sachbeweis naturwissenschaftliche und kriminalistische Bedeutung hat.

Naturwissenschaftlich gibt er die Antwort auf die Frage nach der Identität. Handelt es sich bei dem Blut an Tatort um das des Tatverdächtigen? Ist der Fingerabdruck am Tatort mit dem des Tatverdächtigen identisch? Sind die Materialspuren eindeutig Passstücke? Sind die Hebelspuren an der Kasse von dem Schraubendreher entstanden, der beim Tatverdächtigen gefunden wurde? Ist der Schuhabdruck am Tatort von den Schuhen entstanden, die der Tatverdächtige getragen hat? Ist die Spur individuell oder ist sie einer Gruppe von Materialien zugehörig (Kapitel 4.2.4.1)?

Kriminalistisch ist zu fragen, ob mit der Spur Merkmale eines strafbaren Tatbestandes bewiesen werden können? Das ist immer dann der Fall, wenn die naturwissenschaftliche Identität den Tatbestand eines Strafgesetzes erfüllt, z. B. der Blutalkoholgehalt beim Führen von Fahrzeugen oder illegale Rauschmittel oder die Urkunde mit Fälschungen oder strafbarem Inhalt.

Bei der **übrigen Kriminalität** sieht das jedoch anders aus. z. B. ist das Vorhandensein von zweifelsfrei identifiziertem Blut oder von Fingerabdrücken noch kein **Beweis für die Täterschaft**, sondern damit wird lediglich die **Spurenlegerschaft** begründet. Der Rückschluss für die Anwesenheit während der Tatausführung ist nur dann zulässig, wenn die Art der Lage der Spur zusätzliche Hinweise gibt, dass die Spur nur während der Tat entstanden ist und nicht während eines legalen Aufenthaltes, z. B. an der Innenseite einer aufgebrochenen Kassen-Schublade. Für den Beweis der Täterschaft oder gar für den der Schuld und der Rechtswidrigkeit müssen also noch weitere Tatsachen hinzukommen.

Als **Fahndungshinweis** ist der Sachbeweis hingegen hervorragend geeignet, weil er ein Indiz für die Täterschaft ist und damit die Person zumindest zum Verdächtigen macht.

Der Sachbeweis kann allerdings den **Lügenden überführen**. Hierbei muss der Kriminalist den Sachbeweis mit dem Personalbeweis koppeln. Zunächst ist im Personalbeweis eine Aussage zweifelsfrei zu dokumentieren, die eine Anwesenheit, eine Beziehung oder einen Besitz leugnet, z. B. „Ich bin niemals in der Gaststätte gewesen“, „Ich habe keinerlei Beziehungen zu Frau X. unterhalten“, oder „Ich habe die Pistole niemals im Besitz gehabt“. Damit verneint der Befragte die legale Entstehung von Spuren an tatrelevanten Orten, Personen oder Sachen. Danach wird die Tatsache offenbart, dass sich die Fingerabdrücke des Befragten an der Theke, seine Spermaspuren an der Wäsche der Getöteten oder Hautabriebe mit seinem DNA-Code an der Waffe befinden. Diese Tatsachen beweisen auch jetzt nicht die Täterschaft, aber die **Unwahrheit der Aussagen** und sind damit ein wichtiges Indiz in Richtung Täterschaft. Eine solche Taktik des Kriminalisten ist **erlaubte kriminalistische List** (BGHSt 35, 328).

4.1.4 Personen und Einrichtungen zur Untersuchung

4.1.4.1 Sachverständige / Gutachter / Sachkundige

Die Wahrnehmung und Bewertung der Beweise ist Aufgabe des Richters (BGHSt 10, 208; NStZ 2010, 51 [52]); siehe auch Kapitel 3.5.1. Hierzu muss er sich den ungeschriebenen Rechtsnormen, der Denkgesetze und der Erfahrungssätze bedienen (BGHSt 6, 72). Verfügt der Richter nicht über die erforderliche Sachkunde, um einen speziellen Sachverhalt richtig bewerten zu können, so bedient er sich des Sachverständigen oder Sachkundigen. Dieser ist dann der **Gehilfe des Richters** (BGHSt 3, 27 [28]; 7, 238 [239]; 39, 291 [297]; *Nix*, a.a.O., S. 463). Erforderlichenfalls leitet der Richter die Tätigkeit des Sachverständigen (§ 78 StPO).

Im **Ermittlungsverfahren** wählt der Staatsanwalt den Gutachter aus und bestellt ihn (§ 161a I StPO). Die im Strafprozess angewendeten Methoden müssen geeignet sein. Das entscheidet jedoch nicht die Wissenschaft, z. B. die Psychologie oder die Soziologie, sondern allein die Rechtsprechung (BGHSt 3, 27 [28], 7, 238 [239]; 39, 291 [297]; 45, 164 [182]). Das gilt insbesonders, wenn die **Geeignetheit einer Methode** nicht öffentlich diskutiert wurde und noch nicht gerichtlich anerkannt ist. Der BGH stellt dazu fest: „Die Untersuchungsergebnisse von Sachverständigen können nur dann Anerkennung finden, wenn die Methoden, mit denen sie gewonnen sind, nachprüfbar sind. [...] Der Tatrichter entscheidet [auch] nach seinem pflichtgemäßen Ermessen darüber, ob die Sachkunde eines Gutachters zweifelhaft ist“ (StV 1989, S. 141). In der Kriminologie werden solche Anforderungen nicht gestellt.

Die wichtigste Aufgabe des Sachverständigen ist die Erstattung des Gutachtens, § 75 StPO (*Schorsch*, a.a.O., Kapitel 4.20.3). Die Aufgabe besteht darin, sein Erfahrungswissen anzuwenden und dem Gericht zu vermitteln. Die Tatsachen, die er dem Gutachten zugrunde legt, werden **Anknüpfungstatsachen** genannt, jene, die er mit seiner Sachkunde ermittelt, heißen **Befundtatsachen**. Stellt er darüber hinaus weitere Tatsachen fest, so heißen diese **Zusatztatsachen**. Bei der Erstattung des Gutachtens muss der Sachverständige die Anknüpfungstatsachen und die angewendeten **Erfahrungssätze** mitteilen und die Schlussfolgerungen darlegen, die ihn zu einem bestimmten Ergebnis geführt haben. Darüber hinaus muss dass Gutachten in einer verständlichen Sprache abgefasst sein, damit **jedermann** den Inhalt **nachvollziehen** und **überprüfen** kann (BGHSt 45, 164 [178 ff.]; § 184 GVG und § 259 StPO).

Zur Vorbereitung des Gutachtens kann dem Gutachter gestattet werden, an Vernehmungen von Zeugen und Beschuldigten teilzunehmen, § 80 StPO.

Sachverständige haben in der Regel durch Studium oder Ausbildung eine besondere Qualifikation. Dies ist aber nicht zwingende Voraussetzung. Sie können auch Sachkunde durch Erfahrung erlangen. Wollen sie gewerbsmäßig tätig sein, so können sie öffentlich bestellt werden (§ 73 II StPO, § 36 GewO).

Sachverständige können freiberuflich oder von Amts wegen tätig sein. Amtliche Sachverständige können Beamte oder Angestellte der Kriminalpolizei oder bei anderen Behörden sein (*Schorsch*, a.a.O., S. 174).

Der **Sachkundige** ist tatsächlich ein Sachverständiger. Der Begriff „Sachkundiger“ wird nur in polizeilichen Vorschriften verwendet. Er ist Kriminalist und auf den Gebieten der Reifen- und Schuheindrücke oder -abdrücke sowie der Sichtbarmachung von entfernten Prägezeichen tätig und erstellt darüber Gutachten. Ebenso wie der Sachverständige für Daktyloskopie erhalten beide jedoch keine Sachverständigenvergütung für ihre Tätigkeiten, da sie ihre Gutachten im Namen der Behörde erstellen (§ 1 II JVEG). Damit sind Sachverständige und Sachkundige, neben dem Zeugen, das zweite persönliche Beweismittel in der Strafprozessordnung.

Seit einigen Jahren gibt es eine „neue“ Art von Beweismitteln, die „elektronischen“. Es sind Daten und Informationen, die bei der **Informationstechnologie** entstehen und für die Strafbarkeit des Handelns ausschlaggebend sein können. Dabei geht es nicht nur um die klassischen Straftaten des Computerbetruges (§ 263a StGB), der Computersabotage (§ 303b StGB) oder der Fälschung von Geld und Wertzeichen mit Hilfe der Elektronik (§ 149 StGB), sondern um jegliche Art von elektronischen Geräten, die bei der Ausführung von strafbaren Handlungen benutzt werden. Das sind Computer, Netzwerke, Internet, Mobilfunk, Elektronische Notizbücher, Heim-Elektronik wie Festnetztelefone oder Video- / DVD-Recorder, sowie Chip-Karten und Magnet-Karten. Unter der herkömmlichen Einteilung von Beweismitteln gehören diese auch zum Sachbeweis.

Zum Zwecke der Beweisfindung und Beweisführung entsteht das Problem, dass die Privatwirtschaft über ein großes Insider-Wissen verfügt, diese Firmen aber nicht zu den Strafverfolgungsbehörden gehören. Ist erst ein Verdacht begründet, so können auch private Sachverständige ihr Wissen als Gehilfe dem Richter zur Verfügung stellen. Das Problem ist jedoch die **Beweisfindung**. Hier geht es um das Erkennen von möglichen Beweismitteln (Kapitel 3.6) und um die sachgerechte Asservierung von elektronischen Geräten. Darüber hinaus ist es zweckmäßiger, dass die bereits im Besitz der Polizei befindlichen Beweismittel auch dort begutachtet werden können (Kapitel 4.1.4.3).

Die Landeskriminalämter und das Bundeskriminalamt bemühen sich derzeit intensiv, polizeiliche Sachverständige für die Informationstechnologie auszubilden und Labore einzurichten, die der gerichtlichen Beweisführung gerecht werden (*Förster*, a.a.O.). Die Ansätze sehen vielversprechend aus. BKA-Präsident *Ziercke* fordert eine „Kriminalistik der digitalen Welt" (*Ziercke*, a.a.O., S. 81).

Bei diesem Bemühen muss aber ebenso bedacht werden, dass die Geräte, die Informationstechnologie enthalten, am **Tatort richtig behandelt und asserviert** werden, damit keine Daten verloren gehen oder verfälscht werden. So ist es zu **unterlassen**, sichergestellt Mobiltelefone (Handy) auszuschalten oder den Akku zu entnehmen (Kapitel 4.18.1).

4.1.4.2 Erkennungsdienst / Erkennungsdienstliche Behandlung

Geschichte

Der Kriminalpolizeiliche Erkennungsdienst, kurz **ED** genannt, gehört zu den ältesten Spezialeinrichtungen der Kriminalpolizei und wurde 1901 vom Chef der Metropolitan Police in London, Sir *Edward* ***Henry*** (1850–1931), eingerichtet (*Groß / Geerds*, a.a.O., Band II, S. 530). Dabei ist dies lediglich als Endpunkt einer Entwicklung anzusehen. Denn schon aus früherer Zeit sind Bemühungen nachgewiesen, Verbrecher zu beschreiben und wieder zu erkennen. So gab es bereits 1822 in Fulda ein Verbrecheralbum. Aber auch dieses hatte den Nachteil, dass die Personen lediglich beschrieben werden konnten, was zwangsläufig zu Ungenauigkeiten und damit zu Fehldeutungen führte. Es fehlte ein Lichtbild.

Die bis dahin verwendeten Kupfer- oder Holzstiche, mit denen Personen abgebildet werden konnten, waren für die Identifizierung von Straftätern zu aufwendig, sodass sie auch nur in bedeutenden Fällen verwendet wurden. Ihre Anwendung im Mittelalter überliefert uns *William* ***Shakespeare*** (1564–1616) in König Lear, 2. Akt, 1. Szene; hier lässt Graf von Gloster nach seinem Sohn Edgar mit „Bildnis" fahnden, weil er ihm angeblich nach dem Leben trachtet.

Mit der **Erfindung der Fotografie** im Jahr 1837 durch den Franzosen *Louis* ***Daguerre*** (1787–1851) wurde eine individuelle Gesichtsdarstellung möglich. Der Engländer *William* ***Talbot*** (1800–1877) verbessert die Methode mit der Foto-Trockenplatte erheblich, sodass ab 1843 die Täterfotografie, zunächst bei der Polizei in Belgien und nach und nach auf der ganzen Welt, eingeführt wurde, sodass massenhaft Lichtbilder gefertigt werden konnten. So entstand 1876 das „Berliner Verbrecheralbum", das die Straftäter, nach Deliktsart unterteilt, mit Lichtbild und Personenbeschreibung darstellte. In der Dienstanweisung für Fotografie war verfügt, dass die Täter in Ganzaufnahme und das Porträt von drei Seiten zu fertigen sei, wie es heute noch gemacht wird. Damit das Porträt immer aus derselben Perspektive angefertigt wird, sitzt der Delinquent auf einem **Bertillon-Stuhl**, der drehbar ist und an drei Stellen einrastet. Das Verfahren ist auf den Franzosen *Alphonse* ***Bertillon*** (1853–1914) zurückzuführen, der es in Paris einführte. Dass dieses Hilfsmittel dennoch seine Tücken hat, zeigt uns das veränderte Aussehen von Personen durch Altern, aber ganz besonders durch die Veränderung von Haar- und Barttracht.

Die zuverlässigste Identifizierung war schließlich das **Fingerabdruckverfahren**, dessen wissenschaftliche Prinzipien 1892 von dem Engländer *Francis* ***Galton*** (1822–1911) beschrieben und das ab 1920 in Deutschland eingeführt und mit großem Erfolg praktiziert wurde (Kapitel 4.4.1.1). Damit hatte sich der Erkennungsdienst als feste Institution etabliert. Dem Fingerabdruckverfahren gleichzusetzen ist die **DNA-Analyse**, die der Engländer *Alec* ***Jeffreys*** (geb. 1950) 1984 entdeckte (Kapitel 4.6.1.3).

Begriff

Der Begriff Erkennungsdienst wird sowohl **funktional** als auch **institutionell** gebraucht. Er beschreibt die Tätigkeiten und die organisatorische Einrichtung. In Deutschland ist der Erkennungsdienst bei den Kreispolizeibehörden, den Landeskriminalämtern und dem Bundeskriminalamt eingerichtet. Sein Hauptzweck besteht im Anwenden der Kriminaltechnik und im Unterhalten von Sammlungen und Dateien. Sein Ziel ist die Identifizierung des Tatverdächtigen mit Hilfe des Sachbeweises. Hierzu werden Spuren gesichert sowie kriminaltechnische Untersuchungen durchgeführt. Darüber hinaus ist dem Erkennungsdienst ggf. das „Kriminalmuseum" angegliedert, welches in erster Linie Anschauungsmaterial aus bedeutenden Kriminalfällen zeigt.

Aufgaben

Im Kernbereich lassen sich dem Erkennungsdienst folgende Aufgaben zuordnen:

- Personenidentifizierung,
- Spurenerschließung,
- Kriminaltechnische Untersuchung,
- Gutachten erstellen sowie
- Sammlungen und Dateien unterhalten.

Personenidentifizierung / Erkennungsdienstliche Behandlung

Die Personenidentifizierung erfolgt insbesondere durch

- Personenbeschreibung,
- Fotografie (Kapitel 4.3.5.1.4),
- Körpermessverfahren (Kapitel 4.4.1.1),

- Datyloskopie (Kapitel 4.4.1.1; 4.15.2.1),
- Gangbild (Kapitel 4.15.2.5),
- Verhaltensmuster (Kapitel 4.15.2.7),
- DNA-Analyse (Kapitel 4.6.1.3),
- Ohr-Abdrücke (Kapitel 4.15.2.4),
- Sprachaufzeichnung (Kapitel 4.15.2.6),
- Handschriften (Kapitel 4.11.1),
- Biometrik (Kapitel 4.15) und
- Isotopen-Analytik (Kapitel 4.6.6).

BKBl. Nr. 97/2010, Richtlinien vom 15.6.2010

Spurenerschließung

Die Spurenerschließung (Suche und Sicherung) erfolgt durch speziell ausgebildete Sachbearbeiter unmittelbar am Tatort (Kapitel 20.4).

Kriminaltechnische Untersuchungen

werden arbeitsteilig vorgenommen. Häufige und einfache Untersuchungen erfolgen lokal oder regional, bei den Kreispolizeibehörden oder den Landeskriminalämtern, aber auch bei polizeifremden Untersuchungsstellen, z. B. bei der Blutalkoholbestimmung. Seltene und / oder aufwendige Untersuchungen werden zentral beim Bundeskriminalamt durchgeführt. Darüber hinaus gewährleistet der Erkennungsdienst, dass zum Tatort qualifizierte Sachverständige oder Sachkundige und das erforderliche Untersuchungsgerät entsendet werden zu können.

Gutachten

Die durch den Erkennungsdienst erstellten Gutachten (Kapitel 20.3) gelten als **Behördengutachten**, sodass dafür keine Sachverständigenvergütung erfolgt (§ 1 II JVEG).

Dateien und Sammlungen

werden nach dem Grundsatz geführt, dass solche, die für ganz Deutschland oder / und darüber hinaus Bedeutung haben, zentral beim Bundeskriminalamt eingerichtet sind, z. B. Fingerabdrücke, DNA-Datei, Festnahmen, Munition, Falschgeld, pp. Haben sie dagegen nur regionale oder lokale Bedeutung, so werden sie auf der Ebene der Landeskriminalämter oder der Kreispolizeibehörden unterhalten.

4.1.4.3 Polizeieigene kriminaltechnische Untersuchungsstellen (KTU)

Kriminaltechnische Untersuchungsstellen gibt es innerhalb der Polizei, bei anderen Behörden (z. B. Zoll) und im Privatbereich. Die Untersuchungen haben neben strafrechtlichen oder Gefahren abwehrenden Zielen oft auch privat- oder zivilrechtlichen Charakter. Dies kann an der Blutuntersuchung besonders deutlich gemacht werden. Ziele dieser Untersuchung können sein: im Strafverfahren den Tatverdächtigen zu identifizieren, zur Gefahrenabwehr bei einer Krankenschwester festzustellen, ob sie HIV-infiziert ist, die Verträglichkeit einer Transfusion zu bestätigen oder im Privatbereich die Abstammung zum Zwecke des Unterhalts oder des Erbfalles zu ermitteln. Obwohl sich die Untersuchungsziele sehr unterschiedlich darstellen, sind die Labormethoden im staatlichen und privaten Bereich gleich.

Seitens der **Polizei** ist den eigenen Laboren oder KTU der Vorzug zu geben, und zwar aus verschiedenen Gründen. Die hierarchische Struktur ermöglicht es, Prioritäten zu setzen, sodass eine sachorientierte Reihenfolge der einzelnen Untersuchungen vorgenommen wird und damit unnötige Wartezeiten entfallen. Ferner bleiben die Untersuchungsgegenstände stets in amtlichem Gewahrsam und schließlich werden durch die fiskalische Unterhaltung der Labore die Kosten niedrig gehalten. Der wichtigste Grund ist jedoch, dass durch ständige Übung in den eigenen Laboren Innovationen unter dem Gesichtspunkt der Strafverfolgung aus der Sicht der Polizei zu erhalten sind und so die Methoden verfeinert und weiter entwickelt werden. Darüber hinaus können in den eigenen Laboren durch Forschung die allgemeinen privat entwickelten Methoden daraufhin überprüft werden, ob sie polizeilich zu nutzen sind. Insofern werden kriminaltechnische Untersuchungen zur Beweisführung in Strafverfahren in der Regel von polizeieigenen Laboren durchgeführt. Ausnahmen hiervon gibt es wegen extrem großer Untersuchungshäufigkeit, z. B. bei der Bestimmung des Blutalkohols (Kapitel 4.1.4.4). Ferner, weil die Methode wegen der seltenen Anwendung im Strafverfahren zu große Kosten verursachen würde, z. B. für physikalisch-technische Untersuchungen bei Kraftfahrzeugen, oder weil eine andere Behörde die originäre Zuständigkeit bei der Strafverfolgung hat, z. B. bei Flugunfällen oder Zollverstößen.

Polizeieigene KTU werden bei den **Kriminalhauptstellen** (KHSt) den **Landeskriminalämtern** (LKA) und beim **Bundeskriminalamt** (BKA) unterhalten. Diese Aufteilung erfolgt unter dem Gesichtspunkt, häufige und einfache Untersuchungen möglichst flächendeckend zu ermöglichen und seltenere und / oder komplizierte und methodisch aufwendige Untersuchungen zentral durchzuführen.

Als flächendeckende Einrichtung nehmen die KHSt mit ihren KTU eine **Doppelfunktion** wahr. Einerseits sind sie Labor und führen Untersuchungen durch, andererseits sind sie Prüfstelle für Untersuchungsmaterial, welches dem LKA oder BKA zur Begutachtung übersandt werden soll.

Als **Labor** untersuchen und begutachten die KHSt die Sichtbarmachung von entfernten Prägezeichen, Fuß- und Fahrzeugabdruckspuren sowie Handflächen- und Fingerspuren. In diesem Bereich machen sie z. B. entfernte Rahmennummern sichtbar, gießen Reifenabdrücke mit Gips aus oder vergleichen Fingerabdrücke, die am Tatort gesichert wurden, mit der Sammlung bereits in Erscheinung getretener Einbrecher.

Als **Prüfstelle** begutachten die KHSt das Untersuchungsmaterial, ob es für eine weitere Untersuchung beim LKA oder BKA oder durch eine private Einrichtung geeignet ist.

Im Bereich von **Straftaten mit Schusswaffen** sind die KHSt mit ihren KTU nur zuständig und führen den Vergleichsbeschuss durch, wenn aus der inkriminierten Waffe bei der Tat nicht geschossen wurde. Die Vergleichsgeschosse werden beim BKA mit der Tatortmunitionssammlung verglichen. Ist mit einer Waffe bei der Tat geschossen worden, so übersenden die KHSt diese in dem vorgefundenen Zustand, allerdings entladen, dem LKA zur weiteren Untersuchung. Dort wird vor dem Vergleichsbeschuss festgestellt, ob noch andere Spuren an der Waffe sind, z. B. Fingerabdrücke, Haut- oder Gewebepartikel für die DNA-Analyse oder Materialspuren.

Schließlich werden bei den KHSt durch chemische Verfahren **latente Fingerspuren** sichtbar gemacht und begutachtet, z. B. solche auf Schriftstücken.

Die Landeskriminalämter nehmen eine Funktion zwischen den KHSt und dem BKA wahr. In der Arbeitsgemeinschaft der Leiter der LKA und des BKA (AG Kripo) wird festgelegt, welche Untersuchungen die LKA durchführen. Da sich dies mit dem Ausstattungsumfang und der Qualifikation der Wissenschaftler ändert, gibt es hierfür kein starres Konzept. Die KHSt sind über die Möglichkeiten der einzelnen LKA und die des BKA unterrichtet, sodass für den Kriminalisten keine Unklarheiten entstehen.

Eine fest zugewiesene Aufgabe haben die LKÄ im Bereich der Schusswaffen. Erhalten sie von der KHSt eine Schusswaffe, mit der **am Tatort geschossen wurde**, so untersuchen sie zunächst die Spuren in und an der Waffe, bevor sie die Vergleichsbeschüsse durchführen, damit die Geschosse beim BKA verglichen werden können.

Das Bundeskriminalamt betreibt ständige Forschung und führt komplizierte kriminaltechnische Untersuchungen im Rahmen von Strafverfahren durch. Zur Identifizierung von Tätern und zum Erkennen von Tatzusammenhängen unterhält es eine Vielzahl von Sammlungen und Dateien, so z. B. über Fingerabdrücke, DNA-Analysen, Gebissbefunde, Haar-, Blut- und Speicheluntersuchungsergebnisse, Waffen, Munition und Sprengstoff, u.v.a.m.

4.1.4.4 Polizeifremde Untersuchungsstellen

Die **Chemischen Untersuchungsämter** der Gemeinden können die Blutalkoholkonzentration und Nahrungsmittelverunreinigungen feststellen.

In den **Röntgenabteilungen** der Krankenhäuser kann anhand der Lücken zwischen den Mittelhandknochen das Alter von Personen bestimmt werden. Dies hat besondere Bedeutung bei der Behauptung, der Tatverdächtige sei noch im Kindesalter (*Zink*, a.a.O., S. 15 und *Rötzscher / Grundmann*, a.a.O.).

Die **rechtsmedizinischen Abteilungen** in Universitätskliniken können pathologische Untersuchungen und die DNA-Analyse durchführen.

Die Umweltämter sind in der Lage, Wasser- und Bodenanalysen bei Umweltstraftaten vorzunehmen.

Da bei der Inanspruchnahme dieser Untersuchungsstellen Kosten anfallen, ist stets das **Einverständnis der Staatsanwaltschaft** einzuholen.

4.1.5 Qualität der Spurensuche und Spurensicherung

Der Beweiswert des Sachbeweises wird nicht nur durch seinen Indiziencharakter bestimmt, sondern ganz wesentlich durch die **Personen**, die das Beweismittel suchen, sichern und schließlich in die Hauptverhandlung einbringen.

Es kann davon ausgegangen werden, dass bei Kapitaldelikten alle Anforderungen an eine gerichtsfeste Beweisführung erfüllt werden, weil die Angehörigen der Ermittlungskommissionen entsprechend qualifiziert sind. Das gilt für eine intensive und mit aller vorhandenen Technik durchgeführte Spurensuche, für eine fachlich qualifizierte Spurensicherung, Verpackung und Übersendung an den Gutachter. Diese Delikte machen jedoch nur knapp 10 % der Gesamtstraftaten aus.

Anders ist dies bei den übrigen 90 % der Delikte, die zu großen Teilen der Massenkriminalität zuzuordnen sind. Hier stehen die Spezialisten des Erkennungsdienstes in aller Regel nicht zur Verfügung, sodass jeder Kriminalist gefordert ist. Er muss verinnerlichen, dass die Aufklärung einer Straftat mit seiner peinlich genauen **Tatortbefundaufnahme**, **Spurensuche** und **Spurensicherung** beginnt. Damit kann er seine Sachkunde und seine Zuverlässigkeit unter Beweis stellen und braucht eine Überprüfung in der Gerichtsverhandlung (Kapitel 3.14) nicht zu fürchten. Um den Anforderungen gerecht zu werden, muss der Kriminalist über umfangreiches Fachwissen, aber auch über die erforderlichen Hilfsmittel und die Kompetenz zur sachgerechten Handhabung verfügen.

Die aufwendigsten technischen Untersuchungsmöglichkeiten in den Laboren müssen jedoch wirkungslos bleiben, wenn das entsprechende Untersuchungsmaterial fehlt, es unzureichend gesichert, nicht zweifelsfrei beschriftet wurde oder wegen dilettantischer Lagerung verdirbt (*Timm*, a.a.O., S. 111). Gleiches gilt, wenn Beweisverwertungsverbote greifen. Hier ist insbesondere die Entscheidung des Bundesverfassungsgerichts zur Durchsuchung zu beachten. Liegen die Voraussetzungen für die Anordnung bei „Gefahr im Verzug", § 105 StPO, nicht vor, so dürfen die Funde nicht verwertet werden (BVerfG in NStZ 2003, S. 319 und BGH in NStZ 2004, S. 449).

Darüber hinaus gibt es Kriminalfälle, in denen auch das **Fehlen von Spuren** von Bedeutung ist. Eine überzeugende Aussage darüber kann aber nur der Kriminalist machen, der gewissenhaft nach Spuren gesucht und trotzdem nichts gefunden hat.

Auch unter dem Gesichtspunkt der **Unparteilichkeit**, § 160 II StPO, hat der Kriminalist nicht nur belastende, sondern auch entlastende Beweise zu erheben.

4.1.6 Aufwand und Erfolg

Im Bereich der Spurensuche und Spurensicherung muss ebenfalls der **Grundsatz der Verhältnismäßigkeit** gewahrt bleiben. Dieser Grundsatz fordert im Strafverfahren vor allem, dass die Maßnahme unerlässlich ist, dass sie in angemessener Relation zur Schwere der Tat steht und dass die Stärke des bestehenden Tatverdachts sie rechtfertigt (BVerfGE 7, 209; NJW 1982, S. 29 und BGHSt 17, 117; 19, 325 [332]). Beim Sachbeweis bedeutet die Verhältnismäßigkeit, dass der Aufwand und die Kosten für den Sachbeweis nicht in krassem Missverhältnis zur Schwere der Tat stehen. Doch die Schwere der Straftat (daran ist die kriminalpolitische Bedeutung zu erkennen) darf nicht an der später tatsächlich verhängten Strafe gemessen werden, die beispielsweise ein Ersttäter bei geringer Schuld zu erwarten hat, sondern an der im gesetzlichen Tatbestand dazu angedrohten Höchststrafe. Dies ist deshalb zwingend, weil bei der Tatortbefundaufnahme nicht bekannt ist, welche Straftat tatsächlich Bestand hat und welche Milderungs- oder Verschärfungsgründe das Gericht berücksichtigen wird.

Unter diesem Gesichtspunkt erlangt der **Einbruchsdiebstahl** mit seiner Strafandrohung bis zu zehn Jahren Freiheitsstrafe besondere Bedeutung. Er macht immerhin ein Drittel aller Straftaten aus und wird nur zu rund 12 % aufgeklärt. Darüber hinaus greift dieses Delikt oft in die Intimsphäre der Bürger ein und beeinträchtigt dadurch das Sicherheitsgefühl in besonderer Weise. Die Opfer sind nicht selten traumatisiert. Deshalb ist hier besonders sorgfältig zu arbeiten.

Die vorhandenen Spurenaufbereitungsmöglichkeiten und die mit Hilfe der elektronischen Datenverarbeitung möglichen Identifizierungen könnten durch ein **größeres Spurenaufkommen** erheblich an Effektivität gewinnen und mehr Verdächtige identifizieren. Doch jede fehlende Spur schließt eine Identifizierung aus und mindert die Täterermittlung. Hier ist die **Bereitschaft des Kriminalis-**

ten gefordert, möglicherweise unter ungünstigen Bedingungen, mit auswertbaren Spuren vom Tatort zurückzukommen. Auch damit kann er auf Dauer seine Zuverlässigkeit unter Beweis stellen.

Der Grundsatz der Verhältnismäßigkeit darf jedoch nicht dann **nicht** herangezogen werden, wenn beispielsweise ein Geständnis vorliegt und ansonsten der Fall aufgeklärt scheint. Ein **Geständnis** darf den Kriminalisten nicht **sorglos** machen und ihm ein gerichtsfestes Beweisverfahren suggerieren. Auch hier zählt nur die Bedeutung der Straftat, sodass es dringend notwendig erscheinen kann, weitere Beweise zu suchen und zu sichern. Ein widerrufenes Geständnis kann das gesamte Verfahren ins Wanken bringen, auch wenn es durch eine richterliche Vernehmung (§ 254 StPO) abgesichert ist.

Suche, Sicherung und Bewertung von Spuren sollen dem Kriminalisten zur Entwicklung von Hypothesen und Verdachtsstrategien helfen. Sie sollen den Täter identifizieren und ihn mit überzeugenden und rechtlich zulässigen Beweismitteln dem Gericht überstellen. Das Gericht allein befindet über den Beweiswert der präsentierten Spuren und bewertet so die Arbeit des Kriminalisten.

4.1.7 Spuren und Methoden, die der dienstlichen Verschwiegenheit unterliegen

Die Strafprozesse gegen Terroristen in den 1980er Jahren sowie die Einsatzmaßnahmen und die Gerichtsverhandlung anlässlich der „Geiselnahme Gladbeck" (Kapitel 4.3.14), in den Jahren 1988 und 1991, haben die Offenlegung von kriminaltaktischen Maßnahmen verlangt und sind wegen des großen öffentlichen Interesses vielen Menschen bekannt geworden. Die für die Beweisfindung des Gerichtes zum Teil notwendige Bekanntgabe von Ermittlungsmethoden ist auch von potenziellen Straftätern zur Kenntnis genommen worden. Dies hat die Strategien der Polizei beeinträchtigt aber nicht wirkungslos gemacht.

Ferner werden fortlaufend in öffentlichen Gerichtsverhandlungen durch das Verlesen von Gutachten die Ermittlungs- und Untersuchungsmethoden der Polizei bekannt. Darüber hinaus sind die meisten Analysemethoden in naturwissenschaftlichen und / oder kriminalistischen Zeitschriften veröffentlicht.

Außerdem werden viele Methoden der Täterüberführung ebenso im **Zivil- oder Wirtschaftsleben** angewendet, wie zum Beispiel bei Untersuchungen zur Abstammung, beim Eigentumsnachweis oder Echtheitsnachweis.

Schließlich gibt es **Opfer von Kapitaldelikten**, die nicht nur die Verletzung ihrer Intimssphäre durch Veröffentlichung überwinden wollen, sondern dabei auch Methoden kriminalpolizeilicher Ermittlungsarbeit darlegen, so z. B. die Entführung von *Jan Philipp* ***Reemtsma*** am 25.3.1996, der 33 Tage in einem Keller gefangen gehalten wurde. Er hat sich nicht nur dieses Trauma „von der Seele geschrieben“, sondern dabei zwangsläufig polizeiliche Taktiken veröffentlicht (*Reemtsma*, a.a.O., S. 21, 46, 112, 122 und 148).

Insofern sind die meisten kriminalistischen Methoden und die Namen der Untersuchungsmittel allgemein bekannt und damit offenkundig.

Da dieses Buch privatrechtlich erstellt wird, geht sein Leserkreis über den innerdienstlichen der Polizei hinaus. Trotz der zuvor beschriebenen häufigen Offenkundigkeit werden hier solche Kenntnisse und Methoden **nicht behandelt**, die zur Bekämpfung der schweren Kriminalität eingesetzt werden. An den entsprechenden Stellen erfolgt ein Hinweis, sodass der Leser auf dienstliche Literatur zurückgreifen oder sich mit kriminaltechnischen Fachleuten beraten kann.

4.2 Begriffe / Definitionen

4.2.1 Spur

Das Wort „Spur“ entstammt dem Altgermanischen und bedeutet „Tritt“ oder „Fußabdruck“. Es war ursprünglich ein Begriff aus der **Jägersprache** und bezeichnete das Ansetzen des Hundes auf die Fährte. In der übertragenen Bedeutung meint es das „Hinterlassene Zeichen“.

In der Kriminalistik wird der **Spurenbegriff** mit dem **Sachbeweis** und der Begehung von Straftaten verknüpft. Hierbei entsteht jedoch das Problem, dass Straftaten sowohl durch Handeln als auch durch Unterlassen begangen werden können und Spuren somit nicht ohne weiteres die Folge sind. Darüber hinaus gibt es Straftaten, die ohne eigentliches Handeln begangen werden können, z. B. Beleidigung oder Meineid, sodass Spuren von vornherein nicht erwartet werden. Ferner können die Veränderungen bei der Straftat materieller oder auch psychischer (seelischer) Art sein, z. B. die Betroffenheit eines Opfers. Insofern ergeben sich Schwierigkeiten, den Spurenbegriff in der Kriminalistik zu formulieren.

Im Nachfolgenden wird deshalb der **kriminalistische Spurenbegriff** auf die materiellen Veränderungen der Umwelt, die im Zusammenhang mit der Begehung einer Straftat entstanden sind, reduziert. Dabei soll aber die Betrachtung nicht darauf begrenzt sein, ob die Spuren von vornherein für die Aufklärung der Straftat von Bedeutung sind. Vielmehr ist hier eine großzügige Sicht sinnvoll.

4.2.1.1 Tatspuren

Sie entstehen im Zusammenhang mit der Begehung von Straftaten.

4.2.1.2 Trugspuren

Dies sind materielle Veränderungen, die nicht im Zusammenhang mit der Begehung von Straftaten entstanden sind, z. B. durch Tiere, Rettungsmaßnahmen oder Handlungen vor der Tat. Sie sind aber vorhanden und werden fälschlicherweise als Tatspuren vom Kriminalisten gedeutet. Sie können daher den Ermittlungsverlauf erheblich beeinflussen.

4.2.1.3 Fingierte Spuren

Diese sind bei der Begehung von Straftaten entstanden. Sie wurden vom **Täter** oder vom **Opfer** bewusst gelegt, um die Ermittlungen in eine falsche Richtung zu leiten. So könnte z. B. ein zurückgelassener Gegenstand auf eine bestimmte Person hinweisen oder die Beschädigung am Türschloss einen Einbruchsdiebstahl suggerieren, weil nur dann die Versicherung den Schaden ersetzt. Auch solche Spuren sind nur schwer zu deuten und können den Ermittlungsverlauf erheblich beeinflussen.

4.2.2 Entstehen von Spuren

Spuren entstehen durch die Veränderung oder durch die Übertragung von Materie. Dies geschieht am Tatort, am Opfer, am Täter und am Tatwerkzeug. Die Intensität der Täterhandlung bestimmt die Menge des Spurenaufkommens. Je intensiver der Täter bei der Tatbegehung auf die Materie eingewirkt hat, je mehr Spuren können erwartet werden. Hier muss sich der Kriminalist anhand einer **Hypothese** im Klaren werden, wie die Tathandlung vollzogen wurde. Dabei ist auch zu prüfen, welche Veränderungen der Täter zwangsläufig begehen musste, um ein bestimmtes Tatergebnis zu erzielen.

Ebenso wichtig sind aber die Spuren, die vom Täter unbeabsichtigt verursacht werden. Sie kommen in der Regel in ganz geringen Mengen vor und sind nur mit technischen Hilfsmitteln festzustellen. Dies gilt insbesondere für Mikrospuren (Kapitel 2.3.1.1) von seiner Kleidung.

4.2.3 Einteilung der Spuren

Bei der Einteilung der Spuren entstehen ebenso Probleme wie bei der Definition. So kann zum Beispiel eine Fensterscheibe (Kapitel 6.9) **gleichzeitig** Materialspur, Formspur, Situationsspur und Mikrospur sein. Die unterschiedliche Bezeichnung resultiert aus der unterschiedlichen Bedeutung.

Als **Materialspur** ist das Glas in seiner Substanz anzusehen. Es kann in seine chemischen Bestandteile zerlegt und so einem bestimmten Herstellungsprozess zugeordnet werden, ob es z. B. isolierendes, getöntes oder bruchfestes Glas ist.

Als **Formspur** wird die Beschädigung der Scheibe angesehen. Die Formung der Glassplitter lässt den Schluss auf die Ursache der Beschädigung zu; wurde z. B. geschossen oder mit einem stumpfen Gegenstand geschlagen?

Als **Situationsspur** ist die Lage der Scherben zu deuten, insbesondere, ob die Scherben innerhalb oder außerhalb des Gebäudes liegen, was darauf hindeutet, ob die Zerstörung von außen oder von innen erfolgte.

Als **Mikrospur** ist das Glas anzusehen, wenn es sich in mit dem bloßen Auge nicht mehr feststellbare Partikel aufgelöst hat und beispielsweise an der Kleidung oder in den Schuhsohlen eines Tatverdächtigen festgestellt wird.

Da diese Einteilung bei anderen Spuren auch so unterschiedlich sein kann, werden die Spuren nach ihrer **Hauptbedeutung** eingeteilt, um eine plausible Systematik zu erreichen.

Hin und wieder wird der Begriff **Gegenstandsspur** gebraucht. Er passt nicht plausibel in das System der Kriminalistik. Im 19. Jh. wurde er sinngleich für „Situationsspur" gebraucht (*Groß-Geerds*, a.a.O., 1977, S. 480). Die Verwendung des Begriffs verdeckt auch die wichtige kriminalistische Frage: „Warum liegt gerade dieser Gegenstand an diesem Ort, warum steht das Fenster auf Krippe oder warum steht der Sicherungsschalter auf Aus? Der Begriff Gegenstandsspur wird auch nicht von der Definition „Spur" umfasst. Als materieller Gegenstand ist es eine Situationsspur, die die Ursache für das Vorfinden an einem bestimmten Ort deutet. Um es einer Person individuell zuzuordnen, ist es ein Spurenträger, z. B. von Materialien, DNA oder Fingerabdrücken. In seltenen Fällen gibt der Gegenstand auch Auskunft über eine Person in Form eines Schriftstückes oder einer Urkunde.

4.2.3.1 Spurenmenge

Diese Einteilung erfolgt unter dem Gesichtspunkt der physikalischen Menge.

4.2.3.1.1 Mikrospur

Das Wort „mikros" stammt aus dem Griechischen und bedeutet soviel wie „kurz", „klein" oder „gering". Im übertragenen Sinne verstehen wir darunter solche Spuren, die mit dem bloßen Auge nicht gesehen werden können. Dies hat zugleich Vorteile und Nachteile.

Der **Vorteil** besteht darin, dass der Täter auf das Hinterlassen oder auf das Aufnehmen dieser Spuren keinen Einfluss hat und diese Spuren auch nicht beseitigen kann. Sie entstehen durch das Berühren von verschiedenen Materialien. Der Effekt ist allgemein bekannt, z. B. indem Kleidung verschleißt oder Gegenstände verstauben oder verschmutzen. Im Mikrobereich wird dieser Vorgang zwar erst in einer bestimmten Ausprägung sichtbar, vollzieht sich aber stetig. Diese kleinen Verschleiß- oder Staub- oder, allgemeiner gesagt, Umweltpartikel, bleiben am Tatort zurück und können durch den Sachverständigen dem Ursprungsort zugeordnet werden. Ebenso werden kleinste Partikel vom Tatort aufgenommen und können an der Kleidung oder am Körper des Tatverdächtigen nachgewiesen werden. Je individueller diese Partikel sind, um so überzeugender wirken sie als Indizienbeweis.

So könnten beispielsweise an einer Leiche, die im Freien gefunden wird, Mikrospuren der Kleidung des Täters vorhanden sein. In umgekehrter Richtung sind Vegetationsspuren (Kapitel 4.6.7) des Tatortes an der Kleidung und am Körper des Täters zu finden. Hier muss der Kriminalist in einer Hypothese festlegen, wie die Tat ausgeführt wurde und welche Spuren er erwarten darf.

Der **Nachteil** der Mikrospuren besteht in dem großen Aufwand, solche Spuren zu finden und zu sichern. Zunächst ist mit sehr starkem, aber sehr schräg einfallendem, fast parallel zum Spurenträger verlaufendem Licht (Kapitel 4.3.5.1.2) zu suchen. Bei bestimmten Spuren können auch fluoreszierendes Licht und die Benutzung der Lupe behilflich sein. Die so gefundenen Mikrospuren werden dann mit Klebefolie (Kapitel 4.3.5.5) oder elektrostatischer Folie aufgenommen.

Wird bei der Suche mit Lupe und / oder Licht jedoch nichts gefunden, so ist die Hypothese aufzustellen, an welchen Stellen Mikrospuren erwartet werden dürfen. Das könnten z. B. die Sitze in einem Auto sein. In solch einem Fall werden alle Sitzflächen und Rückenlehnen mit Klebefolie (Kapitel 4.3.5.5) abgeklebt.

Besonders ermittlungsaufwendig ist auch die Feststellung der **Individualität** von Mikrospuren. Es stellen sich Fragen, wie: „Sind die gefundenen Spuren nur an diesem Tatort vorhanden?“ oder: „Sind sie auch durch andere als durch den Täter dorthin übertragen worden?“ Erst so wird die Einmaligkeit des Spurenaufkommens bewiesen. Zum Schluss muss der Spurenverursacher gefunden werden, um in einem Vergleich die Übereinstimmung feststellen zu können.

Ebenso **aufwendig** sind die **Sicherung** und der **Transport** des Untersuchungsmaterials. Da sich die Spuren nicht nur während der Tatausführung, sondern ebenso bei der weiteren Behandlung der Spurenträger übertragen, ist hier besondere Sorgfalt erforderlich. Auf keinen Fall dürfen Spurenträger vom Opfer und vom Tatverdächtigen miteinander in Berührung kommen. Die Übertragung darf auch nicht über die Person des Kriminalisten erfolgen, wenn zwar die Spurenträger getrennt gehalten werden, sie jedoch von ein und demselben Beamten berührt werden. Die Beweisgegenstände müssen vielmehr von verschiedenen Personen gesichert und asserviert werden. Die Sicherung muss ausführlich beschrieben und in der Ermittlungsakte dokumentiert werden. Das Tragen spezieller Schutzbekleidung und die Sicherstellung der Unberührtheit des Tatortes sind dabei unverzichtbare Standards.

4.2.3.1.2 Makrospur

Das Wort „makros“ stammt aus dem Griechischen und bedeutet soviel wie „lang“ oder „groß“. Im übertragenen Sinne verstehen wir darunter Spuren, die mit dem bloßen Auge zu sehen sind.

4.2.3.2 Spurenarten

Hier wird folgende Unterscheidung gewählt und erläutert:
- Materialspur,
- Formspur / Ab- und Eindruckspur / Passstücke sowie
- Situationsspur.

4.2.3.2.1 Materialspur

Sie erscheint in den Aggregatzuständen „fest“, „flüssig“ oder „gasförmig“. Von Bedeutung ist ihre chemische Zusammensetzung und damit die Möglichkeit, den Nachweis der Herkunft und gegebenenfalls die Individualität festzustellen.

Nach ihrer chemischen Zusammensetzung unterscheidet man organische und anorganische Stoffe. Organisch sind die Kohlenwasserstoffverbindungen. Sie sind bekannt als menschliche, tierische oder pflanzliche Stoffe. Unter kriminalistischen Gesichtspunkten werden Wasser, Boden und Luft ebenso wie körperzellenhaltige Spuren dazu gerechnet, weil sich darin organische Stoffe befinden. Gifte stellen sich bei dieser Einteilung sowohl als organische als auch als anorganische Stoffe dar.

Anorganische Stoffe sind die Nichtkohlenwasserstoffverbindungen, wie z. B. Steine, Sand, Glas, Metall, Kunststoff oder Asche.

4.2.3.2.2 Formspur / Ab- und Eindruckspur / Passstücke

In diesem Bereich haben die Materialien nicht mehr ihre Bedeutung durch die chemische Zusammensetzung, sondern wegen ihrer Form, die sie während der kriminellen Tat erlangt haben. Sie können individuell (Kapitel 4.2.4.2) sein oder auch nur Gruppencharakter (Kapitel 4.2.4.1) haben.

Individuelle Merkmale entstehen durch organische Struktur oder durch Gebrauch, so ist z. B. die Form des Fingerabdrucks genetisch festgelegt und nicht veränderbar. Eine Schuhsohle dagegen zählt zunächst zu einer Gruppe desselben Herstellungsprozesses. Durch Gebrauch bilden sich dann individuelle Merkmale, so durch das Ablaufen oder durch das Eintreten von kleinen Gegenständen. Individuell sind auch die Formen von geteilten Gegenständen, die ohne Materialverlust getrennt werden, so z. B. durch Reißen, Schneiden und Brechen. Die getrennten Hälften bezeichnet man als **Passstücke** (Kapitel 27, Abb. 2), weil sie in Material, Struktur, Farbe und Trennlinie identisch sind. Besonders typisch hierfür sind z. B. Briefmarken aus Blocksätzen, Blätter aus Schreibblöcken, abgerissene Eintrittskarten, durchgekniffene Drähte pp.

Gruppencharakter haben Gegenstände, wenn sie zu einer bestimmten Herstellungs- oder Materialgruppe gehören, z. B. fabrikneue Reifen oder Schuhsohlen. In ungebrauchtem Zustand kann lediglich gesagt werden, aus welchem Produktionsprozess diese Gegenstände stammen. Je nach Größe der Produktion haben dann Hunderte oder Tausende Schuhe die gleiche Sohle.

In der Literatur werden für **Formspuren** sehr unterschiedliche Begriffe verwendet. Diese sind zum Teil mehrdeutig. Nach ihrer Bedeutung und sprachlichen Herkunft können **acht Gruppen** unterschieden werden:

Abdruck

Hierbei wird zusätzliches Material auf einen Spurenträger aufgetragen, z. B. Schmutz von einer Schuhsohle auf den Bodenbelag oder der Schweiß der Fingerbeere auf die Fensterscheibe.

Auch **Tropfen oder Spritzer** von Flüssigkeiten zählen dazu, aus denen die Fallhöhe, die Schleudergeschwindigkeit und Schleuderrichtung ermittelt werden können.

Eine besondere Art von Abdruckspuren entsteht im Innenraum eines Kraftfahrzeuges, wenn es mit hoher Geschwindigkeit zu einen Zusammenstoß kommt. Diese werden **Abriebe oder Einschmelzungen** (Kapitel 4.15.1.2 f) genannt. Sie können großflächig sein oder so klein, dass sie nur mit optischen Hilfsmitteln erkannt werden können.

Eindruck

Durch senkrechten Druck auf den Spurenträger wird dieser verformt, z. B. durch einen Reifen oder Schuhe in weichem Erdreich oder mit der Schreibmaschine auf Papier.

Scheren / Schnitt / Kneifen (Kapitel 27, Abb. 1):

Dabei wird das Material von zwei Seiten gleichzeitig und gegenläufig gepresst und so durchtrennt. Das Pressen, oder auch Zwicken genannt, kann mit einem Werkzeug erfolgen, das zweiseitig oder einseitig scharfkantig ist, so z. B. beim Schneiden mit Messer, Schere, Astschere, Seitenschneider oder Bolzenschneider. Ein Materialverlust tritt nicht ein. Die getrennten Stücke heißen Passstücke.

Riss (Kapitel 27, Abb. 2):

Durch Ziehkräfte wird das Material geteilt, z. B. Papier oder Textilien werden zerrissen. Ein Materialverlust tritt nicht ein. Die getrennten Stücke heißen Passstücke.

Bruch (Kapitel 27, Abb. 3):

Durch Querkräfte wird das Material geteilt, z. B. beim Einschlagen einer Fensterscheibe oder beim Durchbrechen eines Stockes. Ein Materialverlust tritt nicht ein. Die getrennten Stücke heißen Passstücke.

Riefen (Kapitel 27, Abb. 4):

Dies sind Längsrinnen, die durch Druck und Bewegung als Eindruckspuren auf dem Spurenträger entstehen. Hierfür werden auch die Bezeichnungen Gleit-, Kratz-, Schürfoder Ziehspur verwendet. Das Material wird im Spurenbereich verdichtet, z. B. beim Aufhebeln von Türen oder Kassetten sowie an der Karosserie bei Verkehrsunfallspuren (Kapitel 7.5.8).

Die Riefen können auch ohne Druck und lediglich durch Gleitbewegung entstehen, wie beim **Hobeln**. In diesem Fall wird das Material abgehoben und heißt Hobelspäne.

Bohren (Kapitel 27, Abb. 5):

Das Werkzeug wird drehend auf das Material gesetzt und erzeugt so kreisförmige **Riefen.** Das Material wird herausgehobelt und als Bohrspäne bezeichnet.

Sägen / Trennen (Kapitel 27, Abb. 6):

Sägeblatt oder Sägescheibe (Kreissäge) wirken hobelartig auf das Material und erzeugen Riefen. In dem Sägeschnitt wird das Material entfernt. Es heißt Sägemehl.Ähnliche Spuren treten beim Arbeiten mit Trennscheiben („flexen") auf. Das entfernte Material heißt Schleifmehl.

4.2.3.2.3 Situationsspur

Bei der Situationsspur geht es um die **Anwesenheit** oder die **besondere Lage** von **Materialien** oder **Gegenständen**.

Hierunter verstehen wir z. B. den **Zustand eines Tatortes**, z. B. ob er chaotisch verwüstet wurde oder nicht; den Zustand von Fenstern, Türen oder Schlössern; waren sie verschlossen oder nicht. Ebenso die **Stellung von Schaltern oder Ventilen**, aber auch die **Lage** von bestimmten Gegenständen, die für die Tat von Bedeutung sind, z. B. ein Hammer, eine Pistole oder ein Messer.

Ferner ist hier die **Handschrift** (Kapitel 4.11.1) einzuordnen, weil sie über die Merkmale des Schriftmaterials hinaus auch Auskunft über die psychische oder seelische Situation des Schreibers gibt. So müsste aus der Schrift eines Abschiedsbriefes auch die Erregung hinsichtlich der bevorstehenden Selbsttötung zu erkennen sein.

4.2.4 Spurenuntersuchungssystematik

Bei der Untersuchung von Spurenmaterial wird nach den anerkannten Grundsätzen der Wissenschaft vorgegangen. Im Rahmen der Forschung entdecken die Wissenschaftler aber auch neue Methoden und neue Interpretationsmöglichkeiten, sodass sie auch neue Begriffe prägen, so z. B. „Leitspur". Diese wissenschaftliche Einteilung soll hier nicht dargestellt, sondern lediglich die Aussagemöglichkeiten skizziert werden.

4.2.4.1 Gruppenzugehörigkeit

Hierbei geht es um die Zuordnung von Gegenständen oder Spuren zu bestimmten Gruppen eines Materials oder eines Herstellungsprozesses. Es kann z. B. ausgesagt werden, ob eine Blutspur einer Blutgruppe oder das Material eines Lacksplitters, das bei einem bestimmten Autotyp verwendet wird oder die Formspur einem Werkzeug von bestimmter Breite oder Härte zugeordnet werden kann oder welchem Schuhtyp oder Hersteller der Sohlenabdruck ähnelt. Ferner ist es möglich festzustellen, wer der Hersteller von bestimmten Gegenständen ist oder wozu diese hauptsächlich verwendet werden.

Für die Kriminalistik hat diese Zuordnung besondere Bedeutung. Da es sich um eine Gruppenzugehörigkeit handelt, hat der **Beweiswert ausscheidenden Charakter**. Das heißt, wer **nicht identisch** ist, scheidet mit Sicherheit aus, wer identisch ist, gehört zu einer Gruppe mit gleichen Merkmalen, sodass sich der Spurenleger darunter befinden kann.

Der hin und wieder verwendete Begriff **Gruppenbeweis** führt in die Irre. Beweise sind im Strafrecht personenbezogen auf den Täter oder den Unschuldigen gerichtet. Dass ein Gegenstand einer Gruppe zugehört, rechtfertigt keine Eingriffsbefugnisse, sondern ist ein **Indiz** (Kapitel 3.4) und kann zur Hypothesenbildung benutzt werden (Kapitel 3.6.4)

4.2.4.2 Individualität

Aufgrund der chemischen Zusammensetzung, des physikalischen Aufbaus, der Zusammensetzung oder der Formung entsteht ein Gegenstand, bei dem mit Bestimmtheit gesagt werden kann, dass es ihn nur einmal gibt. Bei der **Übereinstimmung** zwischen der Tatortspur und dem Vergleichsmaterial liegt dann Individualität vor.

4.2.4.3 Altersbestimmung

Alle Materialspuren unterliegen der Veränderung durch das Altern. Feuchtigkeit, Trockenheit, Temperatur und Licht nehmen Einfluss auf die molekulare Struktur und verändern sie.

Darüber hinaus verändert sich der Herstellungsprozess für Materialien im Zuge des Fortschritts. So hat sich z. B. die Beschaffenheit von Tinte oder Papier im Laufe der Jahrhunderte geändert und ist dadurch zeitlich eingrenzbar. Deshalb kann nachgewiesen werden, ob das Datum einer Urkunde mit dem Herstellungsprozess der Materialien übereinstimmt.

Mit der Altersbestimmung können verschiedene Feststellungen getroffen werden. Zu- nächst soll geklärt werden, ob ein angegebener Entstehungszeitpunkt zutrifft, z. B. bei einem Bild oder einer Urkunde. Darüber hinaus kann durch die Alterung festgestellt werden, in welcher zurückliegenden Zeit der Gegenstand entstanden ist. Sind gleichzeitig verschiedene Spuren vorhanden, so kann auch die Reihenfolge ihrer Entstehung bestimmt werden.

4.2.5 Vergleichsmaterial

Vergleichsmaterial besteht aus den Spuren der Verursacher und aus dem Spurensicherungsmaterial. Es wird zu verschiedenen Zwecken benötigt.

Der klassische Fall ist der Vergleich mit dem **Spurenverursacher**. So wird z. B. die am Tatort vorgefundene Hebelspur an der Tür mit dem später gefundenen mutmaßlichen Tatwerkzeug oder die an der Scheibe haftenden Fingerabdrücke mit denen des Tatverdächtigen verglichen. Ziel ist es, die Übereinstimmung zwischen Tatortspur und Spurenverursacher herzustellen und damit die Spurenlegerschaft zu beweisen.

Vergleichsmaterial kann aber auch **von befugten Spurenverursachern** erforderlich sein und soll damit unnötige Recherchen verhindern, so z. B. die Fingerabdrücke der Kassiererin, um festzustellen, ob die an der Kasse gesicherten Spuren von dieser oder von dem Dieb stammen.

Letztlich ist stets Vergleichsmaterial von dem **Spurensicherungsmaterial** beizufügen, wenn eine chemische oder optische Analyse erfolgen soll. Wurde z. B. eine Mikrospur mit Hilfe von Klebefolie gesichert, so ist ein Stück unbenutzte Folie beizufügen, damit der Wissenschaftler feststellen kann, welche Substanzen bei der Herstellung der Folie verwendet wurden, die dann aus dem Spurenbild ausgeschieden werden. Gleiches gilt für saugfähiges Papier, mit dem Flüssigkeiten gesichert werden. Vor dem Aufsaugen ist das Papier zu teilen und ein unbenutztes Stück zur Untersuchung beizufügen.

Beim Einsatz von **Staubsaugern** (Kapitel 4.3.5.6) ist stets ein ungebrauchter Staubbeutel beizufügen.

Die Methoden zur Beschaffung von Vergleichsmaterial werden bei den einzelnen Spurenarten dargestellt.

4.3 Spurensuche und Spurensicherung

4.3.1 Ziel

Die Spurensuche und Spurensicherung dienen der Sammlung der belastenden und entlastenden Indizien zur Feststellung eines Tatverdächtigen, § 160 II StPO (Kapitel 4.1.5). Sie sollen den Spurenleger ermitteln, seine Anwesenheit am Tatort beweisen, den **Modus Operandi** feststellen und Aussagen über die Tatintensität treffen. Die gefundenen Spuren werden dem Gericht als **Augenscheinsbeweis**, § 86 StPO (Kapitel 4.1.3) vorgelegt.

Eine intensive Spurensuche kann auch den Nachweis erbringen, dass bestimmte Spuren am Tatort nicht vorhanden sind (Kapitel 4.1.5).

Jede Spurensuche, auch die erfolglose, ist aktenkundig zu machen, §§ 168b I, 163, 158 StPO. Dabei kann es in einfach gelagerten Fällen ausreichen, dies durch Ankreuzen von entsprechenden Rubriken zu dokumentieren. Hilfreich sind auch Checklisten, anhand derer die Spurenkomplexe systematisch abgesucht werden. Sie sind jedoch kein Ersatz für den Spurensicherungsbericht (Kapitel 4.20.1).

4.3.2 Methoden

4.3.2.1 Allgemeine Grundsätze

Vor Beginn der eigentlichen Spurensuche ist die gesamte Tatortsituation zu **dokumentieren**. Dies geschieht am wirkungsvollsten durch **Fotografie** (Kapitel 4.3.5.1.4).

Die Spurenträger sollen möglichst nicht angefasst werden, weil insbesondere daktyloskopische Spuren dadurch verwischt werden können. Ist ein Anfassen unvermeidlich, so sollte dies nur an den Stellen erfolgen, an denen keine Spuren erwartet werden. Damit dabei keine eigenen Fingerabdrücke gesetzt werden, sind glatte **Schutzhandschuhe** zu tragen. Trotz dieser Vorsichtsmaßnahme können **trügerische daktyloskopische Spuren** entstehen. An den Handschuhen lagern sich möglicherweise Substanzen, z. B. Schweiß von der Stirn, Beschichtungen oder Verunreinigungen ab, die sich auf den Spurenträger übertragen. Werden besonders dünne und enge Handschuhe getragen, so können sie sich derart an die eigenen Papillarlinien anlehnen, dass das Bild durch den Handschuh wie ein Stempel wirkt und durch die Anhaftungen übertragen wird (BKA, Informationen zur Tatortarbeit, Februar 1997, Ausgabe 6, S. 10). Insofern sollte der Daktyloskop die gesicherten Fingerspuren stets mit den Fingerabdrücken des Spurensicherers vergleichen.

Ähnlich **trügerische DNA** sind dadurch entstanden, dass die zur Spurensicherung verwendeten Wattestäbchen beim Herstellungsprozess von einer Person angefasst wurden und so eine Tatserie vermutet wurde. Darüber hinaus kommt es häufiger (!) vor, dass Asservate von Kriminaltechnikern oder anderen Mitarbeitern der Polizei angefasst und so deren DNA festgestellt wird (BKA in: Der Spiegel vom 8.3.2010, S. 16).

Bei Tatorten im Freien oder bei größeren Räumen ist die **Fotogrammetrie** (Kapitel 4.3.5.1.4) besonders hilfreich. Mit einer besonderen Kamera wird der Tatort aus verschiedenen Perspektiven aufgenommen. Danach wird das Bild mit einem Computerprogramm analysiert und in eine maßstabsgetreue Zeichnung umgesetzt, die mit einem **Plotter** gezeichnet werden kann.

Seit Mitte 2004 wird beim LKA / NRW die Tatortvermessung bei Kapitaldelikten mit einem **3 D-Laserscanner** erprobt. Dieser soll die aufwendige Fotogrammetrie ergänzen und schließlich ersetzen (*Lorra / Jaeger,* a.a.O., Kapitel 4.3.6.4).

Als Nächstes muss sich der Kriminalist im Klaren werden, mit welchem **Aufwand** (Kapitel 4.1.6) er die Spurensuche und Spurensicherung betreiben will. Diese Entscheidung wird im Wesentlichen von der kriminalpolitischen Bedeutung des in Frage kommenden Deliktes bestimmt.

Unabhängig davon ist stets festzulegen, ob die **Spurensuche systematisch** oder **heuristisch** erfolgen soll. Dieses ist sorgfältig zu bedenken und in der Ermittlungsakte zu begründen.

4.3.2.2 Systematische Suche

Sie hat den Vorteil, dass nichts übersehen werden kann und ebenso beweiswirksam festgestellt wird, dass bestimmte Spuren nicht vorhanden sind. Der Nachteil ist der damit verbundene hohe Zeitaufwand.

In geschlossenen Räumen hat sich das Suchen nach der Laufrichtung des **Uhrzeigers** als zweckmäßig erwiesen. Von der Tür aus wird zunächst auf dem Boden gesucht, dann in Richtung Uhrzeiger an den Wänden, danach an der Decke.

Im Freien bietet es sich an, **Sektoren** oder **Planquadrate** abzustecken, um so eine größere Übersichtlichkeit zu erreichen. Die einzelnen Sektoren oder Planquadrate werden mit Nummern gekennzeichnet. Befinden sich im Suchbereich Bäume und Sträucher, so sind die Stämme und Kronen einzubeziehen.

4.3.2.3 Heuristische Suche

Hierbei stellt der Kriminalist eine **Hypothese** über den Tätereinstieg oder Täterausstieg, über das Tätigkeitsfeld des Täters und über den Tatverlauf auf. An diesen Stellen führt er die Spurensuche durch.

Dieses Verfahren ist weniger zeitaufwendig, weil nur selektiv gesucht wird. Der Nachteil besteht aber darin, dass Spuren übersehen werden können und dass eine tatsächliche Feststellung über das Nichtvorhandensein von Spuren nicht möglich ist.

4.3.3 Suchbereiche

4.3.3.1 Tatort im juristischen Sinne

Der juristische Tatort (§ 9 StGB) begründet den Gerichtsstand (§ 7 StPO) im ersten Rechtszug und die örtliche Zuständigkeit einer Polizeibehörde. Für die Spurensuche und -sicherung ist er unbedeutend.

4.3.3.2 Tatort im kriminalistischen Sinne

Dazu zählen alle Orte, an denen der Täter vor, während und nach der Tat gehandelt hat. Hierzu zählen insbesondere:

- Vorbereitungsort der Tat,
- Annäherungsweg zum Tatort,
- Weitere und engere Umgebung des Tatortes,
- Handlungsort während der Tat,
- Fundort des Opfers,
- Fluchtweg,
- Fluchtfahrzeug,
- Aufbewahrungsort der Beute und der Tatwerkzeuge,
- Wohnung des Tatverdächtigen,
- Arbeitsplatz des Tatverdächtigen.

An diesen Orten können Spuren vorhanden sein oder Gegenstände gefunden werden, die im Zusammenhang mit der Tat stehen.

4.3.3.2.1 Tatort im Freien

Der Tatort im Freien bringt stets größere Probleme mit sich, weil er oft nicht konkret eingegrenzt werden kann. Es geht aber auch um die Beeinträchtigung der Spuren und der Ermittlungshandlungen durch Unbefugte, durch Tiere, durch die Witterung oder durch unzureichende Beleuchtung. Alle Beeinträchtigungen und insbesondere Veränderungen müssen sofort und umfassend dokumentiert werden. Darüber hinaus sind Vorkehrungen zu treffen, die weitere Veränderungen verhindern.

Handelt es sich um ein größeres Gelände, so sollte der Kriminalist den von ihm begangenen **Weg markieren** („Trampelpfad"), sodass keine Trugspuren (Kapitel 4.2.1.1) entstehen und weitere Personen, die den Tatort betreten müssen, den gleichen Weg nehmen, z. B. Rettungskräfte.

4.3.3.2.2 Tatort in Gebäuden

Auch in Gebäuden sind **Wege zu markieren**, da sich auf den meisten Bodenbelägen sehr gut Schuhabdrücke (Kapitel 4.5.1) nachweisen lassen, die durch unkontrolliertes Gehen verändert oder vernichtet würden.

In Gebäuden sind stets, unabhängig vom Tatverlauf, alle Räume systematisch zu durchsuchen, um auch festzustellen, welche nicht vom Täter betreten wurden. Es empfiehlt sich, beim Dachboden anzufangen. Darüber hinaus ist festzustellen, welche Räume außerhalb des Gebäudes zur Verfügung stehen, z. B. Garagen, Gartenlauben oder gar Schrebergärten.

Besonderes Augenmerk ist auf verkleidete Hohlräume in Einbauküchen, auf Toilettenspülkästen und Revisionsschächte zu legen. Bei besonders schwerwiegenden Straftaten unterstützt das Landeskriminalamt bei der Durchsuchung.

4.3.3.3 Opfer

Beim Opfer werden Verletzungen und Übertragungsspuren vom Täter gesucht. Dabei kann die erforderliche Erste Hilfe (Kapitel 4.3.8) zur Beeinträchtigung der Spurensicherung führen. Dennoch hat die Hilfeleistung Vorrang. Die notwendigen Veränderungen sind eindeutig zu dokumentieren.

Besonders rücksichtsvoll ist mit **Opfern sexueller Gewaltdelikte** umzugehen. Sie haben Anspruch, während der polizeilichen Ermittlungen eine **Vertrauensperson** hinzuzuziehen. Es ist stets darauf zu achten, dass durch die Spurensuche und Spurensicherung das **Schamgefühl** der Betroffenen nicht verletzt wird. Insofern sollen die Maßnahmen von Gleichgeschlechtlichen oder von Ärzten vorgenommen und die Bedeutung der Maßnahmen für die Beweisführung im Strafverfahren deutlich gemacht werden.

Auch beim Opfer ist für die Spurensuche eine Hypothese über den Tatverlauf zu erstellen und festzulegen, ob nur die Kleidung, die von der Kleidung unbedeckten Körperteile oder der gesamte Körper als Spurenträger in Frage kommen.

In die Spurensuche sind die **Fingernägel**, die Nagelbetten, **Haare** und **Hautfalten** einzubeziehen. Hier können Schmutzreste, Mikrospuren oder organische Spuren vom Täter vorhanden sein.

Müssen **Körperöffnungen** untersucht werden, so ist dies von einem **Arzt** vorzunehmen. Gleiches gilt für körperliche Eingriffe.

4.3.3.4 Tatwerkzeug

Am Tatwerkzeug können Fingerspuren (Kapitel 4.4.1.1), Hautzellen (Kapitel 4.6.1.3) und Mikrospuren (Kapitel 4.2.3.1.1) vom Täter und Materialspuren (Kapitel 4.6) vom Tatort vorhanden sein. Ferner kann das Tatwerkzeug Ein- oder Abdruckspuren (Kapitel 4.5) am Tatort verursachen oder bei dessen Beschädigung als Materialspur zurückbleiben.

4.3.3.5 Tatverdächtiger

Beim Tatverdächtigen werden Übertragungsspuren vom Opfer, vom Tatort und Tatwerkzeug gesucht. Im Übrigen gilt das Gleiche wie bei Opfern (Kapitel 4.3.3.3).

4.3.3.6 Zeuge / Helfer

Diese Personen können Spuren übertragen oder verändern. Darüber hinaus gilt auch hier das Gleiche wie bei Opfern (Kapitel 4.3.3.3).

4.3.4 Persönliche Qualifikation

Die perfekteren Methoden der Spurenauswertung haben zur Folge, dass vermehrt die persönliche Qualifikation bei der Spurensuche und Spurensicherung in den Vordergrund der gerichtlichen Beweisaufnahme gerät. Hierbei geht es um die **Zuverlässigkeit** des Kriminalisten und die **Rechtmäßigkeit** der Maßnahmen.

Durch den Nachweis einer unkorrekten Sicherung oder Behandlung der Spuren versucht die Verteidigung, Zweifel an der Zuverlässigkeit des Kriminalisten zu begründen, um so das gesamte Beweismittel in Frage zu stellen. Hier geraten in erster Linie die Beamten in eine Überprüfung, die im Rahmen der Sicherungs- und Auswertungsmaßnahmen die Spuren gesucht, geschützt und gesichert haben. Ferner kann die Spur unter das Beweisverwertungsverbot fallen, wenn die Vorschriften über die Durchsuchung nicht beachtet wurden (Kapitel 4.1.5).

Analysekenntnisse werden dagegen nur von dem als Sachverständigen oder Sachkundigen (Kapitel 4.1.4.1) tätigen Kriminalisten erwartet. Hierbei gibt es Auseinandersetzungen mit der Verteidigung in der Hauptverhandlung, wenn „vor Ort" sogenannte Analysetests durchgeführt wurden, z. B. im Umweltbereich oder beim Nachweis von Materialspuren im Mikrobereich. Da geht es beispielsweise um den ph-Gehalt (potentia Hydrogenii = Stärke des Wasserstoffs) eines Gewässers (Kapitel 4.6.5) oder um den Nachweis von mikroskopisch kleinen Blutspritzern (Kapitel 4.6.1). Ist der Kriminalist auf diesem Gebiet nicht „sattelfest" so wird dies zum Zentralpunkt der Hauptverhandlung. In der Auseinandersetzung mit dem Gegengutachter, den die Verteidigung bestellt hat, wird der Kriminalist unterliegen, wenn er nicht die wissenschaftlichen Grundlagen sowie die dabei verwendete Terminologie beherrscht oder wenn er nur über wenig Erfahrung in der Anwendung der Methode verfügt. Insofern sollte jeder nur das machen, was er sicher beherrscht. Ausnahmen davon gibt es nur bei der Notsicherung (Kapitel 4.3.7.3).

Darüber hinaus haben die obersten Gerichte die Beweisverwertungsverbote (Kapitel 4.1.5 und Literaturhinweise) und deren Fernwirkung ausführlich dargelegt, sodass der zunächst überzeugende Beweis unter Umständen nicht anerkannt werden kann. Hier helfen nur gute Gesetzes- und Rechtsprechungskenntnisse.

Um eine Hypothese über den Ablauf der Tat von der Entstehung von Spuren aufstellen zu können, bedarf es umfassender kriminalistischer, kriminologischer und naturwissenschaftlicher Kenntnisse. Nur wer eine Vorstellung vom Tatablauf hat und die Gesetzmäßigkeiten der Natur kennt, weiß, wo und was er suchen soll. Nur wer die kriminalistische Bedeutung der vorgefundenen Spuren kennt, weiß, was damit bewiesen werden kann.

Damit die Spuren nicht physisch verloren gehen, ist außerdem ein Mindestmaß an **handwerklichem Geschick** erforderlich. Befürchtet der Kriminalist, seine Geschicklichkeit reiche in einem konkreten Fall nicht aus, so verständigt er die Spezialisten des Erkennungsdienstes. Im Übrigen gilt auch hier die Erkenntnis: „Können kommt von üben".

4.3.5 Technische Hilfsmittel

Technische Hilfsmittel sind in den letzten Jahrzehnten oft durch die Industrie entwickelt und hergestellt worden. Die Hersteller geben dann dem Produkt nicht den Funktionsnamen (z. B. Kontrastmittel), sondern den **Firmennamen**. Das erste sehr erfolgreiche war das Magnetpulver mit dem Namen „Magna Brush" (Kapitel 4.3.5.2.3). Solche Firmenbezeichnungen gibt es auf immer mehr Gebieten. In der Umgangssprache der Fachleute sind diese Firmennamen sehr gebräuchlich und auch sinnvoll, weil diese sofort für jede besondere Situation das richtige Mittel benutzen. Im Studium ist es nicht zweckmäßig, diese Firmennamen zu gebrauchen, weil die Zielpersonen diese technischen Hilfsmittel nur ganz selten gebrauchen. Deshalb werden nachfolgend die **Funktionsnamen** gebraucht.

Kriminalistische Spuren sind oft nur **schwer aufzufinden**, so z. B. Fingerabdrücke oder Sekrete. Um sie zu erkennen, zu sichern und auszuwerten, müssen sie sichtbar gemacht werden. Dies kann mit unterschiedlichen Methoden erfolgen und hängt von der Beschaffenheit der Spur und von der des Spurenträgers ab.

Erkannte Spuren können aber **immobil** sein, z. B. der Fingerabdruck am Türpfosten, und so nicht im Original der Untersuchung zugeführt werden. In solchen Fällen müssen originalgetreue Abdrücke hergestellt werden.

Um der gerichtsfesten Beweisfindung, Beweissicherung und Beweisführung gerecht zu werden, bedient sich der Kriminalist (technischer) Hilfsmittel, die in nachfolgenden Gruppen dargestellt werden: Optische Hilfen, Kontrastmittel, Reaktionsmittel, Abformmittel, Folien, Staubsauger, Metallsuchgeräte und Hunde (Kapitel 4.3.5.1. bis 4.3.5.8).

Um bei der Tatortbefundaufnahme bei schwerwiegenden Delikten, z. B. Tötung, Sexualdelikten, Raub oder Entführung keine Spuren zu übertragen, trägt der Sicherungsbeamte einen **Schutzanzug** (Kapitel 27, Abb. 7).

Um das gesamte Spurensicherungsgerät zur Hand zu haben, wird dieses in besonderen Dienst-Kfz ständig eingelagert (Kapitel 27, Abb. 8). Damit der Sicherungsbeamte keine Spuren von sich überträgt, trägt er Schutzkleidung (Kapitel 27, Abb. 7).

Im Bereich der Spurensuche und Spurensicherung gibt es **ständige Weiterentwicklungen**, sodass es zweckmäßig ist, in regelmäßigen Abständen den Rat der Spezialisten des Erkennungsdienstes einzuholen. Darüber hinaus gibt es weitere Hilfsmittel, die hier nicht dargestellt werden sollen (Kapitel 4.1.7).

In den Polizeibehörden sind sogenannte **Spurensicherungskoffer**, **Umweltkoffer** und **Staubspurenkoffer** vorhanden (Kapitel 27, Abb.9).

Ferner gibt es weitere Geräte, die in Koffern verpackt sind, z. B. **Fotokoffer, Gipskoffer** u. a. Darin werden die Gerätschaften für die Suche und Sicherung von Spuren aufbewahrt. Es sind die Hilfsmittel enthalten, die bei den häufigsten Fällen des kriminalistischen Alltags benötigt werden (Kapitel 4.1.5). Von ausschlaggebender Bedeutung ist, dass diese Koffer stets auf **Vollständigkeit und Sauberkeit** überprüft werden. Nur einwandfreies Handwerkszeug garantiert einwandfreie Beweissicherung.

Als Standardausrüstung sollten für die einzelnen Spurenbereiche enthalten sein:

Spurensicherungskoffer (Kapitel 27, Abb.9):

- Für daktyloskopische Spuren: Marabufederpinsel, Rußpulver, Klebefolie, Spurenkarten, Schere und Bleistift.
- Für Vergleichsfingerabdrücke: Porelonkissen (Stempelkissen mit Fingerabdruckfarbe), Gummirolle zum Einfärben von Handflächen, Leichenlöffel, perforierte Klebestreifen, Karten für Finger- und Handflächenabdrücke.
- Für Blut- und Sekretspuren: Pipettenfläschchen mit destilliertem Wasser, Fließpapier, Pinzette, Reinigungstücher, Bakteriette (Wattestäbchen in steriler Verpackung für Abstriche), Pergamin-Tüten, Plastikbehälter mit Schließkappe, Gefäße für DNA-Untersuchungen.
- Für Werkzeugspuren: Silicon-Abformmasse mit Spachtel, Spülmittel, Pinsel.
- Für Schmauchspuren: Klebeplättchen, sogenannte Leit-Tabs.
- Sonstiges: Bandmaß, Papiertüten, Pergamin-Tüten, Briefumschläge, Notizpapier, selbstklebende Etiketten, wetterbeständige Faserschreiber, Büroklammern, Siegelband, Lupe, Taschenlampe, Glasschneider, selbstklebendes Bandmaß, Kunststoffbehälter, Teppichmesser mit Ersatzklingen, Mundschutz, Einweghandschuhe.

Umweltkoffer

- Braunflaschen zur Wasserprobe,
- Kunststoffbehälter zur Erdprobe,
- Kleiner Spaten,
- Kleiner Eimer,

- Ampullen zur Gasaufnahme (Gasmäuse). Der Einsatz ist nicht unproblematisch, weil für den Spurensicherungsbeamten keine Schutz- und Atemausrüstung zur Verfügung stehen. Insofern sollte die Feuerwehr ersucht werden, Gasproben zu entnehmen, da sie über das erforderliche Schutzgerät verfügt,
- Messgerät zur Feststellung von Wassertemperatur, ph-Wert, Sauerstoffgehalt, Salzgehalt.

Alle Geräte müssen in regelmäßigen Abständen geeicht werden und bedürfen der fachkundigen Bedienung.

Das Analysegerät ist oft der Kritik der Verteidigung ausgesetzt, die nicht ohne weiteres widerlegt werden kann, da eine professionelle Aufbewahrung und Handhabung nicht immer gewährleistet ist.

Staubspurenkoffer

Der Koffer wird unter dem Industrienamen **DLK-Koffer** (Dust Lifting Kit = Staub-Aufnahme-Gerät) im Fachhandel angeboten. Das Prinzip liegt in der Elektrostatik, den ruhenden elektrischen Ladungen. Gleiche Ladungen stoßen sich ab, ungleiche ziehen sich an.

Über das Spurenbild von Staubpartikeln, z. B. bei glattem Fußboden, wird eine Folie gelegt, die auf der Rückseite aluminiumbeschichtet ist. In etwa einem Zentimeter Abstand wird daneben eine Blechplatte gelegt. Über einen Hochspannungsgenerator erhalten die Folie und die Blechplatte eine elektrische Ladung, sodass sich die Folie und die Staubpartikel anziehen und dies auf der Folie sichtbar wird. Da die elektrische Ladung in der Folie nach längerer Zeit nachlässt, muss das Spurenbild eingeschweißt oder überklebt werden.

Für diese Spurensicherung sind in dem Koffer enthalten:

- Hochspannungsgenerator, batteriebetrieben,
- Anodenkabel,
- Schwarzfolie, einseitig aluminiumbeschichtet,
- Blechplatte mit Kabel und Klemmschelle.

4.3.5.1 Optische Hilfsmittel

Gerätschaften, mit deren Hilfe Spuren sichtbar gemacht werden können:

4.3.5.1.1 Lupen und Mikroskope

Diese vergrößern die Materie. Dies geschieht ganz besonders durch **Rastertunnelmikroskope**. Letztere können Mikrospuren durch punktweises Abtasten der Spurenoberfläche die Strukturen im atomaren Bereich auflösen, was häufig zu einer Individualisierung führt.

Stereo-Mikroskope

ermöglichen eine räumliche Sicht und erhöhen den Kontrast. Sie lassen darüber hinaus gleichzeitiges Betrachten von zwei verschiedenen Gegenständen zu. Dies ermöglicht z. B. den Vergleich von Geschossen (Kapitel 4.10.3.3)

Endoskope

sind schlauchförmige, flexible Seh- und Lichtleiter, die in der Medizin bei der Betrachtung des Magens, des Darms und der Bauchhöhle eingesetzt werden. Kriminalistisch können sie besonders wirkungsvoll an schwer zugänglichen oder schlecht einsehbaren Stellen eingesetzt werden.

4.3.5.1.2 Licht

Licht ist nicht nur die Voraussetzung zum Sehen, sondern es kann auch in verschiedenen Spektralbereichen eingesetzt werden, sodass seine Wirkung in Bezug auf bestimmte Spuren erhöht wird.

Streulicht

leuchtet einen Suchbereich sehr gleichmäßig aus und verhindert Reflexionen.

Reflektierendes Licht

soll auf bestimmten Gegenständen reflektieren, damit sie gefunden werden, z. B. feine Metall- oder Glassplitter.

Fluoreszenzlicht

Schmalbandiges Licht zur optischen Untersuchung von verborgenen daktyloskopischen Spuren, welches das Spurenmaterial zum „Leuchten" anregt (*Steuer*, a.a.O., S. 20).

Schräglicht / Streiflicht (Kapitel 27, Abb.10b und 10c):

bringt Unebenheiten deutlicher hervor. Dies gilt auch für Staubspuren, z. B. bei Schuhabdrücken (Kapitel 5.1) auf glatten Fußböden. Dabei muss die Lichtquelle jedoch fast parallel zum Spurenträger angebracht sein.

Durchlicht

erhöht die vorhandene Transparenz und zeigt dabei stärkere Kontraste.

UV-Licht

(ultraviolett) ist kurzwellige Strahlung, die zwischen dem sichtbaren violetten Bereich und der Röntgenstrahlung liegt. Es bringt bestimmte Substanzen zum Selbstleuchten, z. B. Körpersekrete (Kapitel 4.6.3). Es ist auch bei der Suche nach Fingerabdrücken (Kapitel 4.4.1.1), Fasern (Kapitel 4.6.14), Lack (Kapitel 4.6.10) und Fett geeignet.

IR-Licht

(infrarot oder ultrarot) ist langwellige Strahlung, die zwischen dem sichtbaren roten Bereich und den Mikrowellen liegt. Es äußert sich hauptsächlich als Wärmestrahlung und kann auch sehr geringe Mengen kohlenstoffhaltiger Substanzen sichtbar machen, z. B. Ruß oder Graphit.

Laser

Light amplification by stimulated emission of radiation = Lichtverstärkung durch induzierte Strahlungsemission, wird vor allem im ultravioletten und infraroten Bereich eingesetzt. Es findet in der Mikroskopie und Spektralanalyse Anwendung und unterdrückt störende Untergründe, z. B. bei ähnlichfarbigen Spuren und Spurenträgern.

4.3.5.1.3 Röntgenstrahlen

Es sind die kurzwelligen Strahlen außerhalb des sichtbaren Lichtes. Sie können Materie tiefer durchdringen als Licht. Die verschiedenen chemischen Stoffe lassen unterschiedliche Durchdringungstiefen zu, sodass es zur Kontrastbildung kommt, die man als Röntgenbild (nach seinem Entdecker *Wilhelm Conrad* ***Röntgen***, 1845–1923) bezeichnet. Röntgenstrahlung wird im Bereich der Medizin und bei der Untersuchung von Metallen und Kristallen eingesetzt.

Sollen Röntgenaufnahmen zum Auffinden von Gegenständen im menschlichem Körper eingesetzt werden, z. B. bei **Rauschmittel-Containern** im Darm (Kapitel 4.7.4), so erfolgt dies in Krankenhäusern unter der Leitung eines Arztes.

Sehr geeignet ist die Röntgenmethode zur **Altersbestimmung** von jungen Menschen. Insbesondere bei der Behauptung, der Tatverdächtige sei noch im **Kindesalter**, § 19 StGB. Es gibt einen direkten Zusammenhang zwischen der Entwicklung des Handskeletts und dem Lebensalter. Anhand einer solchen Röntgenaufnahme ist eine ziemlich genaue Aussage über das Alter möglich. Diese Untersuchung und Begutachtung kann in jedem Krankenhaus durch den vorhandenen Röntgenarzt vorgenommen werden (*Zink / Reinhardt*, a.a.O., S. 15 und *Rötzscher / Grundmann*, a.a.O.).

Bei der Identifizierung von **unbekannten Toten** (Kapitel 22.11) wird die Röntgentechnik eingesetzt, um alte Knochenbrüche oder Gelenkersatz festzustellen, die die Identifizierung erleichtern können.

4.3.5.1.4 Fotoapparat

Die Benutzung von Fotoapparaten ist mit der jüngsten Technik der automatischen Belichtung und der automatischen Einstellung der Entfernung erheblich einfacher geworden. Gleichwohl bestehen in der Praxis nach wie vor erhebliche Schwierigkeiten, sodass es sich empfiehlt, hierzu einen Spezialisten des Erkennungsdienstes heranzuziehen.

Für Sofortmaßnahmen eignen sich Digitalkameras, da sie sofort das fertige Bild liefern. So kann vor Ort überprüft werden, ob die Aufnahme gelungen ist. Mit Hilfe von Computerprogrammen können die Bilder in jeder Weise verändert werden, sodass der wesentliche Teil deutlich hervorkommt. Behauptete Manipulationen sind dadurch ausgeschlossen, weil der Bearbeiter die entsprechende Veränderung erläutern und vor Gericht beeiden muss.

Mit speziellen Fotoapparaten, Computerprogrammen und Plottern können **fotogrammmetrische** Tatortzeichnungen oder **3 D-Bilder** angefertigt werden (Kapitel 4.3.6.4).

4.3.5.1.5 Video

Aufnahmen von besonders hoher Bildqualität sind mit digitalen Videokameras möglich. Sie haben ein gutes Auflösungsvermögen und sind sehr lichtempfindlich.

Ein weiterer Vorteil liegt in der Möglichkeit, diese Geräte mit handelsüblichen Computern zu verbinden und über entsprechende Software die **Spurenbilder aufzubereiten**. Das gilt für Schuhspuren, Werkzeugspuren und insbesondere für Fingerspuren. Die Auswertbarkeit kann erheblich gegenüber herkömmlichen visuellen Systemen gesteigert werden. Ferner können solche Aufnahmen per Internet an andere Strafverfolgungsbehörden übermittelt werden.

4.3.5.1.6 Thermografie

Die Thermografie ist ein Verfahren, das mit Hilfe der langwelligen Strahlung Temperaturverteilungen sichtbar macht. Es wird in der Medizin, bei der Werkstoffprüfung und Wärmedämmung eingesetzt. Dabei können die Geräte einen Temperaturunterschied von 0,08° C feststellen.

Diese Erkenntnisse können bei der **Suche nach Personen** genutzt werden, die **im Freien** vermisst sind oder sich verborgen halten. Dabei ist aber zu bedenken, dass wegen der Luftbewegung im Freien zwischen der Umwelt und der Person ein größerer Temperaturunterschied bestehen muss als im Labor. Dies wird durch das Tragen von Kleidung noch mehr beeinträchtigt.

Prinzipiell ist diese Technik auch beim Auffinden von Toten anwendbar, da beim Auflösungsprozess des Körpers im Freien durch Insektenbefall (Kapitel 22.4.5.7) Wärme entsteht.

Die Geräte können auch aus Flugzeugen / Hubschraubern eingesetzt werden.

4.3.5.1.7 Montagebild / Phantombild (Kapitel 27, Abb.11)

Das „Interaktive System zur Identifizierung von Straftätern“ (**ISIS**), wird inzwischen allgemein als Herstellung von Phantombildern bezeichnet (BKA-Forschungsreihe, Band 32, S. 225). Hier wird im Wesentlichen mit einem Bildschirm gearbeitet, auf dem mit Hilfe von Computerprogrammen Gesichter von Menschen dargestellt werden.

Aufgrund von Personenbeschreibungen werden diese Gesichter zusammengestellt und erscheinen als Lichtbild. Das Verfahren erfordert einen außerordentlich hohen **Kooperationsgrad** zwischen dem Zeugen und dem Bediener des Gerätes. Darüber hinaus kann es nur die vom Zeugen angegebene Erscheinung darstellen, sodass es auf dessen **Darstellungsfähigkeit** ankommt.

Phantombilder, oder auch Montagebilder genannt, haben den Vorteil, dass sie besser einprägsam sind als Beschreibungen. Es muss aber auch bedacht werden, dass nur die vom Zeugen genannte Beschreibung wiedergegeben werden kann, sodass eine absolute Übereinstimmung mit dem tatsächlichen Aussehen nur schwer erreicht wird.

Sollen vorhandene Lichtbildern (dienstliche oder private) von Personen dem **aktuellen Aussehen angepasst** werden, weil z. B. eine andere Frisur, ein Bart oder eine Brille getragen wird, so ist das mit handelsüblichen PC-Programmen möglich. Das über einen Scanner eingelesene Lichtbild kann in den erforderlichen Bereichen verändert werden.

Dieses Verfahren ist sehr geeignet, wenn kurzfristig **Fahndungsbilder** erstellt werden müssen und die vorhandenen Lichtbilder nicht dem aktuellen Aussehen entsprechen.

4.3.5.2 Kontrastmittel

Kontrastmitteln dienen der größeren Farb- und Helligkeitsunterscheidung und sollen die Spuren zunächst sichtbar und später auswertbar machen. Dies erfolgt durch **Adhäsion**. Damit wird die Anhangskraft der Moleküle von verschiedenen Stoffen bezeichnet. Die Adhäsionskräfte wirken zwischen festen, zwischen festen und flüssigen sowie zwischen festen und gasförmigen Körpern. Letzteres nennt man **Adsorption**. Die Moleküle des Kontrastmittels haften an den Molekülen der Spur und machen diese damit sichtbar. Das Zusammenbringen der verschiedenen Moleküle kann auf mechanischem Wege, z. B. mit einem **Einstaubpinsel**, oder auf chemischem Weg, z. B. durch **Bedampfen**, erfolgen. Das Verfahren wird überwiegend zur Sicherung von **Fingerabdrücken und Ohrabdrücken** eingesetzt.

Das **Adhäsionsverfahren** ist jedoch nur erfolgreich, wenn die Anhangskraft der Spur größer ist als die des Spurenträgers (z. B. der Fingerabdruck auf der Klebeseite einer Folie), weil sich sonst das Kontrastmittel mit dem Spurenträger verbindet und die Spur nicht sichtbar wird. In solchen Fällen ist ein Reaktionsmittel (Kapitel 4.3.5.3) zu verwenden.

Hat das Kontrastmittel bei der Suche und Sicherung der Spur nur einen geringen Einfärbeeffekt, so können bereits gesicherte Spuren mit Hilfe von handelsüblichen Personalcomputern in Verbindung mit Bildverarbeitungsprogrammen im Kontrast verstärkt werden und eignen sich dann oft für eine Weiterverarbeitung.

Die Auswahl des Kontrastmittels hängt von der Beschaffenheit der Spur und des Spurenträgers ab. Dabei ist nicht nur die Färbung dieser beiden von Bedeutung, sondern auch die chemische Beschaffenheit. Das Aufbringen des Kontrastmittels auf die Spur muss sofort eingestellt werden, wenn die Spur gut sichtbar wird. Überflüssige Mengen werden durch vorsichtiges Pusten, Abschütteln oder Abklopfen entfernt.

Der Einsatz von Kontrastmitteln erfolgt vorwiegend im Bereich der Suche und Sicherung von **Fingerspuren** (Kapitel 4.4.1.1) und **Ohrabdrücken** (Kapitel 4.4.1.4).

4.3.5.2.1 Ruß

Dieser wird in pulverisierter Form aus Kohlenstoff hergestellt und besteht aus kleinsten kugelförmigen Teilchen, die zu kettenförmigen Aggregaten zusammengewachsen sind. Er wird bei der Gummiherstellung verwendet und Druckfarben, Tuschen und Lacken beigefügt. Wegen der geringen Oberfläche von 10^{-1000} qmm ist er besonders für sehr feine Spuren geeignet, z. B. **Fingerabdrücke**.

Die feine Struktur hat allerdings zur Folge, dass sich der Rußstaub extrem verteilt und so zur ungewollten Verschmutzung von Kleidung oder anderen Gegenständen führt. Deshalb ist beim Einsatz dieses Mittels jede Luftbewegung und hektisches Hantieren zu vermeiden.

Das Rußpulver wird mit einem feinen **Einstaubpinsel** (Kapitel 27, Abb.12) ohne Druck aufgetragen und verbindet sich mit dem Spurenverursacher, z. B. mit dem Schweiß der Haut beim Finger- oder Ohrabdruck. Da diese Schweißabsonderungen nur durch die Drüsenöffnungen auf den Spurenträger übertragen werden, entsteht so ein charakteristisches Spurenbild, das durch das Rußpulver sichtbar wird.

Ruß-Eisenoxyd

Dem Ruß wird etwa 16 % pulverisiertes Eisenoxyd beigegeben. Dadurch erhält es eine rötlich-braune Farbe und ein höheres spezifisches Gewicht. Die Färbung kann bei entsprechendem Untergrund von Vorteil sein. Das höhere Gewicht führt zu einer besseren Haftung an der Spur, ohne mit dem Einstaubpinsel fester drücken zu müssen.

Ruß-Reisstärke

Reisstärke wird aus Reisabfällen gewonnen und in der Lebensmittel-, Textil- und Kosmetikindustrie verwendet. Sie hat u. a. die Eigenschaft, Feuchtigkeit zu binden. Der Reisstärke werden ein Viertel bis ein Drittel Ruß beigegeben. Dadurch entsteht eine dunkelgraue Färbung.

Die Mischung wird eingesetzt, wenn der Feuchtigkeitsgehalt auf dem Spurenträger und der Spur größer ist. Die Stärke bindet die Feuchtigkeit, sodass das Rußpulver den nötigen Kontrast hervorbringt.

Flammenruß

Spurenträger, die keine Einstaubmittel annehmen, wie z. B. verchromte oder verzinkte Oberflächen und einige Kunststoffe, werden mit Ruß, der bei offenen Flammen entsteht, eingefärbt. Besonders rußend sind Verbrennungsvorgänge mit Petroleum oder Kerosin.

Bei diesem Verfahren besteht die **Gefahr der Überhitzung** des Spurenträgers und der Beeinträchtigung der Spur. Als Ersatz werden alternative Präparate angeboten, so z. B. das nachfolgend beschriebene Mangan-Dioxid-Pulver.

4.3.5.2.2 Mangan-Dioxid-Pulver

Mangan ist ein metallisches chemisches Element, das in der Natur fast ausschließlich in Verbindungen vorkommt. Die Verbindung mit Sauerstoff ist mehrstufig und hat die Oxidationszahlen von –3 bis +7. Die +4-Verbindung kommt in der Natur als Braunstein oder Pyrolusit vor und findet bei der Herstellung von Trockenbatterien, der Glasmacher- seife und beim Einfärben von grünem Glas Verwendung.

Es handelt sich um ein graugrünes (dunkelgraues) Pulver, das besonders Erfolg versprechend bei metallischen Spurenträgern eingesetzt werden kann.

Als weitere Mangan-Verbindung wurde beim LKA Sachsen Mangan-Zink-Ferritpulver mit gutem Erfolg erprobt, (*Waitz*, a.a.O, S. 643).

4.3.5.2.3 Magnetpulver

Es wird unter dem Industrienamen „**Magna-Brush**" (Magnet-Pinsel, Kapitel 27, Abb.13) hergestellt. Es besteht vorwiegend aus magnetisierten Stoffen, insbesondere Eisen, und wird in verschiedenen Farben produziert. In seiner Struktur ist es grobkörniger und deshalb gut bei **rauen oder porösen** Oberflächen geeignet.

Nicht geeignet ist es bei magnetischen Flächen, insbesondere bei Bild-, Ton- oder Datenträgern (z. B. Scheckkarten). Wegen der grobkörnigen Struktur besteht außerdem die Gefahr, dass die Spur beeinträchtigt wird.

4.3.5.2.4 Argentorat

Der Industriename Argentorat ist von dem Lateinischen Argentum = Silber, oder Argentit = Silberglanz = bleigraues Silbererz, abgeleitet. Das Fabrikat besteht im

Wesentlichen aus feinpulverigem **Aluminium**. Zur Erhöhung des Kontrastes und zur Verbesserung der Haftfähigkeit gibt es auch Mischungen mit Kupfer und / oder Eisen.

Es eignet sich besonders bei **älteren Spuren** und bei geringer Spurensubstanz.

4.3.5.2.5 Lycopodium

Es ist die lateinische Bezeichnung für den **Bärlapp**, ein unter Naturschutz stehendes Gewächs mit nadel- und schuppenförmig beblätterten Sprossen. Die Sporen werden mit Bärlapp-Samen oder **Hexenmehl** bezeichnet. Das Kontrastmittel besteht aus mehrfach gemahlenem Samen und ist **pastellgelb**.

Es eignet sich besonders bei Spuren auf **brünierten Waffen** und bei älterem Spurenmaterial.

4.3.5.2.6 Argentorat-Lycopodium

Die Mischung von Argentorat und Lycopodium (Kapitel 4.3.5.2.4 und 4.3.5.2.5) mit den Anteilen 1:1 bis 1:25 erhöht die positiven Eigenschaften beider Kontrastmittel.

4.3.5.2.7 Trockenkopier-Toner

Toner besteht aus Ruß und leicht schmelzbarem **Kunststoff**. Durch Wärmeeinwirkung werden die Ruß- und Kunststoffmoleküle verschmolzen und mit dem Papier verbunden. Für kriminaltechnische Zwecke hat er die gleichen Eigenschaften wie Ruß (Kapitel 4.3.5.2.1).

4.3.5.2.8 Fluoreszierende Pulver

Zur Sichtbarmachung von Spuren auf störendem Spurenträger, z. B. auf **Geldscheinen, Scheckformularen, Reisepässen**, haben sich fluoreszierende Pulver bewährt. Sie werden unter dem Industrienamen LUMILUX (leuchtendes Licht) angeboten. Die Anwendung bedingt **besonderen Atemschutz** und ist sehr aufwendig. Deshalb sollte sie nur unter Laborbedingungen von Fachkräften vorgenommen werden.

4.3.5.2.9 Jod

Das Wort entstammt dem Griechischen „iodes" und bedeutet „veilchenfarbig". Es handelt sich um grauschwarze Kristalle, die bereits bei Zimmertemperatur merklich flüchtig werden, was in einem veilchenfarbenen Dampf sichtbar wird. Der Dampf riecht charakteristisch, ist **giftig** und stark schleimhautreizend. Andererseits ist Jod unentbehrlicher Bestandteil des menschlichen und tierischen Organismus. Jod wird aus Chilesalpeter gewonnen, dient zu 70 % medizinischen Zwecken und zu 20 % dem Tierfutterzusatz. Da Jod-Dampf **gesundheitsgefährdend** ist, darf die Anwendung nur unter Laborbedingungen und nur von Spezialisten erfolgen.

Jod-Pulver

eignet sich besonders gut bei Spurenträgern aus Papier, insbesondere bei verborgenen Spuren. Das Pulver wird auf die Spur gestreut und die Reaktion abgewartet. Die Spur bleibt nur kurze Zeit sichtbar und verflüchtigt sich wieder. Die Sicherung erfolgt durch Fotografie.

Jod-Dampf

macht einen mechanischen Kontakt zwischen dem Reaktionsmittel einerseits sowie der Spur und dem Spurenträger andererseits entbehrlich. Dies vermeidet die Beschädigung von sehr empfindlichem Spurenmaterial.

Jod-Kartoffelstärke

ist die Mischung von Jod und Kartoffelstärke im Verhältnis von 1:5 bis 1:10. Es bringt den Vorteil, dass die Spur für etwa eine Woche sichtbar bleibt.

Jod-Reisstärke

ist die Mischung von Jod und Reisstärke im Verhältnis von 1:5 bis 1:10 und führt zu einer Schwarzfärbung der Spur. Außerdem erhöht es die Sichtbarkeit der Spur auf eine Woche.

Jod-Eisenoxyd

ist eine Mischung von Jod und Eisentrioxid im Verhältnis von 1:5 und führt zu einer Rotfärbung der Spur. Außerdem wird die Spur dadurch dauerhaft sichtbar.

Jod-Silber

Die Verfahren befinden sich im Laborversuch (Kapitel 4.1.7).

4.3.5.2.10 Essigsäure

Essigsäure gehört zu den Monocarbonsäuren, den organischen Säuren oder Fettsäuren. Wasserfreie Essigsäure riecht stechend und ist ätzend. Die Verdünnung auf 80 % heißt Essigessenz. Essig ist ein sauerschmeckendes Würz- und Konservierungsmittel, das aus alkoholhaltiger Flüssigkeit durch Essiggärung gewonnen wird.

Die Spurensuche erfolgt durch Verdampfen der Essigsäure und ist damit sehr schonend. Essigsäure-Dampf ist besonders Erfolg versprechend bei Spurenträgern aus Metall-Legierungen, z. B. Kupfer, Aluminium, Messing. Da der Dampf **gesundheitsgefährdend** ist, darf die Anwendung nur unter Laborbedingungen erfolgen.

4.3.5.2.11 Cyanacrylat

Cyanacrylat ist ein Industriename für Klebstoffe, die im Volksmund **Sekundenkleber** genannt werden. Es handelt sich um organische Verbindungen von Kohlenstoff und Stickstoff sowie von Acrylsäure, die **sehr giftig** ist.

Die Spurensuche erfolgt durch Verdampfen und ist damit sehr schonend. Besonders Erfolg versprechend ist das Verfahren bei Spurenträgern aus Kunststoff, Metall, lackierten oder versiegelten Flächen, Glanzpapier und feinem Leder. Da der Dampf stark gesundheitsgefährdend ist, darf die Anwendung nur **unter Laborbedingungen** erfolgen.

Seit 1997 wird in Kanada erfolgreich mit der VCA-Bedampfung (Vakuum-Cyan-Acrylat) gearbeitet (*Amerkamp*, a.a.O., S. 580). Dabei wird der Sekundenkleber in kaltem Zustand mit dem Spurenträger 15 Minuten in ein Vakuum (ca. 50 mbar) gegeben. Mit dieser Methode werden auch Spuren innerhalb einer verschlossenen Plastiktüte sichtbar.

4.3.5.2.12 Manoxol-Molybdändisulfid

Es handelt sich hierbei um eine **Schwefel-Metall-Verbindung**, die als Schwermetall bezeichnet wird. Molybdän ist ein bleihaltiges Metall, das hart und sehr beständig ist. Es wird in der Luft- und Raumfahrt und zur Herstellung von Glühdrähten verwendet.

Die Spurensuche erfolgt im Tauchbad und ist daher sehr schonend. Die chemische Verbindung wird in destilliertem Wasser aufgelöst. Die Moleküle lagern sich auf der Spur ab und werden hier in grauer Farbe sichtbar. Besonders positiv ist die Sichtbarmachung von daktyloskopischen Spuren und Ohrabdrücken. Die Versuchsanordnung ist sehr aufwendig, sodass diese im Labor erfolgen sollte.

4.3.5.2.13 Hochvakuum-Metall-Bedampfung

In einer Hochvakuumkammer werden Metalle verdampft, die sich auf der Spur niederschlagen. Es kommen insbesondere Kupfer, Aluminium, Zink, Zinn, Gold, Silber und Cadmium in Betracht.

Besonders gut geeignet ist ds Verfahren bei Spurenträgern aus Kunststoff, Metall, Leder und feinem Textilgewebe.

4.3.5.3 Reaktionsmittel

Das Reaktionsmittel und die Spur stellen zwei verschiedene chemische Elemente oder Ausgangsstoffe dar. Durch die Reaktion bildet sich ein neuer Stoff. Dies ist für die Beweisführung unerheblich, da hier nicht die chemische Zusammensetzung im Vordergrund steht, sondern die physikalischen Eigenheiten der Formgebung, z. B. das Linienmuster eines Fingerabdrucks.

Der Einsatz von Reaktionsmitteln und Kontrastmitteln erfolgt vorwiegend im Bereich der Suche und Sicherung von Fingerspuren (Kapitel 4.4.1.1). Alle nachfolgenden Verfahren sind gesundheitsgefährdend und teilweise explosiv, sodass nur eine Anwendung in Laboren durch Fachleute in Betracht kommt.

4.3.5.3.1 Ninhydrin

Dies ist ein Indantrionhydrat aus der Reihe der Kohlenwasserstoffe und wird als Reagenz für Aminosäuren und Eiweißstoffe gebraucht.

Da die Fingerabdrücke des Menschen durch die Schweißabsonderungen (Kapitel 4.4.1.1) entstehen, ist dort auch Aminosäure vorhanden. Um mit dieser eine Reaktion zu erreichen, sind nur winzige Anteile Ninhydrin notwendig. Deshalb wird bei der Suche nach sehr schwer zu findenden Fingerabdrücken dieses Mittel eingesetzt. Für verschiedene Materialien und Spurenträger gibt es unterschiedliche Mixturen (*Bartko*, a.a.O., S. 193).

Ninhydrin, F.N.

(non flammable = nicht feuergefährlich) eignet sich gut bei Schreibpapier, Zeitungen und Pappe. Ungeeignet ist es bei Kunstdruckpapier, Hochglanzpapier und Fotopapier.

Ninhydrin, P.B.

(Petroleum-Benzin) hat den gleichen Anwendungsbereich wie Ninhydrin, F.N. Das bei der Methode entstehende Dampfgemisch ist jedoch explosionsgefährlich.

Ninhydrin, Tetra P.B.

(Tetrachlorkohlenstoff-Petroleum-Benzin) Diese Zusammensetzung ist gut geeignet für Fingerspuren, die durch Blut oder Blutwasser entstanden sind.

Ninhydrin-Aceton

hat die gleichen Eigenschaften wie Ninhydrin F.N.

Onprint (Spray)

ist ein Warenname für ein Industrieerzeugnis, das die gleichen Eigenschaften wie Ninhydrin F.N. besitzt und als Spray vertrieben wird.

4.3.5.3.2 Gentinaviolett (Kristallviolet)

ist ein violetter Triphenylmethan-Farbstoff, der industriell zum Einfärben von Stempelkissen verwendet wird. Es eignet sich besonders für Klebeflächen (BKA-Informationen zur Tatortarbeit, Informationsblatt des Bundes und der Länder, August 1995, Ausgabe 4, S. 8, und Juli 1996, Ausgabe 5, S. 5).

4.3.5.3.3 Silbernitrat

ist das Salz der Salpetersäure, es sind die wasserlöslichen Nitrate. Sie färben Eiweißstoffe (Kapitel 4.4.1.1) gelb ein. Da Schweiß Einweißstoffe enthält, wird eine Reaktion mit Fingerabdrücken erzielt. Es ist gut geeignet für Gebrauchspapier. Nicht geeignet für Kunstdruckpapier, Hochglanzpapier und Fotopapier.

4.3.5.3.4 Jod (7, 8) Benzo-Flavon

ist eine Verbindung aus Jod (Kapitel 4.3.5.2.9), Benzoesäure und Flavone, einer Grundsubstanz des gelben Blütenfarbstoffs. Es ist besonders gut geeignet bei glattem, unbehandeltem Holz.

4.3.5.3.5 Malachitgrün

ist ein blaugrüner Triphenylmethan-Farbstoff, der industriell zum Einfärben von Tinten, Wachsen und Farbbändern verwendet wird. Es eignet sich besonders bei Fingerspuren, die durch Blut oder Blutwasser entstanden sind.

4.3.5.4 Abformmittel

Der Nachweis von Veränderungen am Spurenträger und der Vergleich mit dem Spurenverursacher erfolgt am einfachsten mit den Originalen. Dies lässt sich oft aus tatsächlichen oder aus praktischen Gründen nicht durchführen. So kann z. B. ein Feldweg, in dem sich eine Reifenspur befindet, tatsächlich dinglich nicht transportiert werden. Aber auch andere Gründe können gegen die Mitnahme des Spurenträgers sprechen. So wäre es nicht verhältnismäßig, wenn z. B. bei einer Hebelspur an einem Türrahmen dieser insgesamt ausgebaut und beschlagnahmt würde.

Um trotzdem eine effektive Beweissicherung durchzuführen, lassen sich solche Spuren abformen, sodass ein naturgetreues, dreidimensionales, allerdings spiegelverkehrtes, Abbild entsteht. Dieses Abbild hat den gleichen Beweiswert wie die Originalspur. Die Auswahl des Abformmaterials hängt von der Art der Spur und vom Spurenträger ab.

4.3.5.4.1 Gips

Gips ist ein monoklines (kristallförmiges) Mineral, dem durch Erhitzen Kristallwasser entzogen wurde. Es kann dieses Wasser beim Anrühren wieder aufnehmen und härtet sich dabei aus. Der besonders feinkörnige Gips wird nach dem Fundort, der ägyptischen Stadt Alabastron, **Alabaster-Gips** genannt.

Bei der Sicherung von Spuren im Erdreich, in Eis und Schnee, sowie bei Eindrücken in frischen Teerflächen oder frischen Betonflächen eignet sich besonders dieser Alabastergips. Dabei ist zu bedenken, dass Gips beim Abbinden **Wärme erzeugt**, die den Spurenträger verändern kann. Wird der Gips zu flüssig oder zu dick angerührt, so kann dadurch ebenfalls der Spurenträger verändert werden.

Ferner ist zu beachten, dass der Spurenträger für das Ausgießen vorbereitet werden muss, damit er nicht durch den Fließvorgang des Gipsbreies beeinträchtigt wird. Außerdem muss der eingegebene Gips mit Drähten stabilisiert werden, damit er nicht bei der Entnahme oder Reinigung bricht.

Dentalgips

Obwohl in der Zahnmedizin andere Abdruckmittel verwendet werden, hat sich der Begriff erhalten. Dieser „Dentalgips“ ist in der Anwendung flexibler, entwickeln weniger Wärme bei der Aushärtung und ist stabiler im Aufbau. Er wird unter verschiedenen Industrienamen hergestellt. Diesem Material ist immer der Vorzug zu geben.

Grundsätze der Spurensicherung mit Gips: (Kapitel 27, Abb. 10a und 14a-h)

- Spur mit Nummerntafel und Messband versehen und fotografisch sichern.
- Spur von Fremdkörpern reinigen. Gegebenenfalls mit Hilfe einer Pinzette. Hier kommen nur lose einliegende Materialien in Betracht. Die Reinigung ist zu dokumentieren.
- Spur mechanisch eingrenzen. Diese Einrahmung soll das später eingeführte Abformmittel begrenzen.
- Spur erneut fotografisch sichern.
- Spurenuntergrund stabilisieren. Das kann erforderlich sein, weil z. B. loser Sand oder Schnee vorhanden sind. Hier empfiehlt es sich, Haarspray, Flüssigwachsspray, Siliconspray oder Klarlackspray zu verwenden. Dabei ist darauf zu achten, dass die Spraydose genügend Abstand zur Spur hat, um das Spurenbild nicht durch den Sprühstrahl zu verändern.

  Bei losem Sand kann auch Gipspulver mit einem Sieb vorsichtig eingestreut und anschließend mit einer Blumenspritze leicht mit Wasser besprüht werden.

  Bei Schnee muss der Gips mit sehr kaltem Wasser angerührt werden, damit die Reaktionstemperatur möglichst niedrig bleibt. Ferner sollte zunächst nur eine dünne Gipsschicht ausgehärtet werden, die die Wärme besser an die Umgebung abgeben kann. Zuvor kann die Spur auch mit so genanntem „Schnee-Wachs“ besprüht werden.
- Spurenuntergrund gleitfähig machen. Ist ein Eindruck in einem aushärtenden Material vorhanden, z. B. Beton, Mörtel oder Teer, so muss der Spurenträger mit Trennmitteln bestrichen werden, damit er sich nicht mit dem Gips verbindet. Dies kann mit Flüssigwachsspray oder Siliconspray erfolgen.
- Gips anrühren. Dazu wird der Gips sehr langsam in eine Gummischale mit Wasser geschüttet, bis sich ein kleiner Kegel über der Wasseroberfläche bildet. Zunächst muss das Wasser selbstständig in das Gipspulver vordringen. Erst danach mit dem Rührvorgang beginnen. Der Gipsbrei soll eine weiche Konsistenz erreichen. Ein Hinweis dafür ist die sich sofort hinter dem Rührgerät schließende Furche.

- Gips in die Spur geben. Es ist darauf zu achten, dass durch das Einfließen des Gipsbreis keine Veränderungen im Spurenbild erfolgen. Hilfreich ist das möglichst tiefe Eingeben oder das Einlöffeln. Erst wenn eine dünne geschlossene Schicht den Boden bedeckt, kann mit weiterem Gips aufgefüllt werden. Anschließend Versteifungsmittel (Bei Dentalgips entbehrlich), z. B. Draht, beigeben, Identifizierungszeichen einritzen und den Gips aushärten lassen.
- Ausformung reinigen. Die völlig ausgehärtete Gipsausformung wird unter leicht fließendem Wasser mit der Hand gereinigt. Alle Hilfsmittel, insbesondere Bürsten, verändern die Feinstrukturen und sind deshalb ungeeignet.

4.3.5.4.2 Schwefelblüte

Schwefelblüte ist ein blassgelber pulveriger Schwefel. Er wird aus Naturvorkommen abgebaut oder industriell hergestellt und bei der Herstellung von Bleichmitteln, Kunststoffen oder Schießpulver verwendet sowie beim Vulkanisieren eingesetzt. Der untere Schmelzpunkt von Schwefel liegt bei +119° C. Beim Abkühlen kristallisiert die Masse und härtet aus.

Zunächst muss die Spur vorbereitet werden. Der Schwefel muss bis zur Flüssigkeit erhitzt und anschließend bis zum Erkennen der nadelförmigen Kristallbildung abgekühlt sein. Danach wird die Spur, an der tiefsten Stelle beginnend, vorsichtig ausgegossen.

4.3.5.4.3 Silicon

Das Silicon ist eine Silicium-Sauerstoff-Kette, die wärmebeständig und wasserabweisend ist. Es wird als Öl, Fett, Paste oder Harz hergestellt und als Schmiermittel, Hydraulikflüssigkeit, bei der Imprägnierung von Textilien, der Herstellung von Lacken und Klebstoffen und als Formmasse verwendet.

Kriminalistisch sind Paste und Harz von Bedeutung, weil diese als Formmasse eingesetzt werden können. Dabei härtet der Harz fest aus, während die Paste elastisch bleibt. Industriell wird Silicon unter verschiedenen Namen hergestellt und vertrieben. Bei waagerecht liegenden Spuren ist es zweckmäßig, sehr fließfähige Produkte zu verwenden, damit sie selbstständig in die Spur einlaufen.

Pastenförmige Produkte lassen sich an schräg liegenden Spurenträgern und auch „über Kopf" verarbeiten. Sie müssen aber mit einem Spachtel in die Spur eingedrückt werden. Dabei empfiehlt es sich, den Spachtel mit einem handelsüblichen Geschirr-Spülmittel zu benetzen, damit die Siliconmasse nicht daran haftet.

Die Verwendung von Silicon setzt einen festen Spurenträger voraus. Ansonsten stellt die Anwendung keine besonderen Anforderungen an die Fertigkeiten. Die Spur ist vorzubereiten. Danach wird das Silikon blasenfrei in die Spur gegeben. Nach der Aushärtung kann die Siliconmasse aus dem Spurenträger entfernt werden. Silicon ist auch gut zu verwenden, wenn sich das Spurenbett nach unten erweitert, sodass feste Abformmittel nicht mehr herausgenommen werden könnten.

4.3.5.4.4 Blei

Blei wird aus Bleisulfid gewonnen. Die noch enthaltenen Verunreinigungen werden in Raffinationsverfahren entfernt, sodass schließlich Weichblei entsteht. Es wird zur Herstellung von Farben, zur Absorption von Röntgen- und Gammastrahlen und als Legierungsmaterial benutzt.

Kriminaltechnisch wird es kaum noch eingesetzt, da andere geeignete Abformmittel vorhanden sind. Es setzt einen sehr harten Spurenträger voraus, z. B. Eisen. Bei der Spurenabnahme wird ein etwa zwei Millimeter starkes Bleiblech auf die Spur gelegt und mit einem einzigen Hammerschlag in die Form getrieben.

4.3.5.5 Folien / Spurenkarte

Mit Klebefolie können Spuren nur **zweidimensional** gesichert werden. Bei deren Verwendung ist zu bedenken, dass diese verschiedene Klebekraft, verschiedene Elastizität und verschiedene Farben haben können. Die vorhandenen Eigenschaften werden aber auch durch Feuchtigkeit und Temperatur verändert. Grundsätzlich sollten Klebefolien nur auf trockenen Spurenträgern und möglichst bei Zimmertemperatur eingesetzt werden.

Die **Klebekraft** wirkt sich auf die Spur und den Spurenträger aus. Eine zu starke Intensität kann den Spurenträger beschädigen, eine zu leichte, die Spur nicht vollständig aufnehmen.

Die **Elastizität** hat Vor- und Nachteile. Der Vorteil besteht in der Reißfestigkeit der Folie und in dem Anpassen an einen unebenen Spurenträger. Das ist sehr günstig, wenn die Spur lediglich als Materialspur aufgenommen werden soll, wie z. B. bei Fasern. Der Nachteil liegt in der Verformung. Soll z. B. ein Schuhabdruck als Formspur aufgenommen werden, so ergeben sich hierbei Verzerrungen. Die Auswahl der Folie richtet sich somit nach dem Verwendungszweck.

Soll eine Formspur auf unebenem Spurenträger gesichert werden, z. B. ein Fingerabdruck auf geriffelter Platte, so empfiehlt sich die Verwendung von Gel-Klebefolie. Diese bleibt in ihrer Formung stabil, kann aber durch den Gel-Aufbau in die Unebenheiten eingedrückt werden, sodass sich das Formbild nicht verzerrt.

Die Farbe beeinträchtigt die Durchsicht. Soll z. B. ein gesicherter Fingerabdruck später durch die Klebefolie betrachtet werden, so muss diese durchsichtig sein. Bei der Aufnahme von Fasern ist dies entbehrlich. Andererseits eignet sich Schwarzfolie hervorragend für die Sicherung von Schuhabdrücken (Kapitel 4.5.1) in Staub, weil der Kontrast größer ist.

Handhabung der Klebefolie

Bevor die Klebefolie vom Wachspapier abgezogen wird, ist sie auf Länge zu schneiden und **an beiden Enden** etwa einen Zentimeter **einzufalzen** (Klebeseiten aufeinander klappen). Diese **Falze** dienen als **Griffleiste**.

Nun ist zu unterscheiden, ob die Folie zur Sicherung von Materialspuren im Mikrobereich oder zur Sicherung von Formspuren eingesetzt werden soll. Beide Verfahren erfordern eine unterschiedliche Handhabung.

Klebefolie bei Materialspuren (Kapitel 27, Abb.15a–c):

Der Anwender muss Schutzkleidung und Schutzhandschuhe tragen, um das Spurenbild nicht zu verändern. Danach ist die Folie breit gespannt auf den Spurenträger (z. B. Fußboden, Autositz, Leiche oder Kleidungsstück) zu legen und mit der Hand anzudrücken. Dies erfolgt mit allen weiteren Folien. Anschließend werden alle Folien nummeriert und fotografisch gesichert. Danach werden die Folien einzeln abgezogen und auf durchsichtige Folien geklebt.

Klebefolie bei Formspuren

Sollen Formspuren, z. B. Fingerabdrücke oder Schuhabdrücke, gesichert werden, so kommt es im Wesentlichen darauf an, dass die Folie falten- und luftblasenfrei auf den Spurenträger aufgelegt und so auch auf die Spurenkarte übertragen wird. Dies gelingt prinzipiell nur, wenn der Folienabschnitt nicht zu groß ist, sodass er zwischen beiden Händen stabilisiert werden kann. Dabei sollte aber bedacht werden, dass mehrere nebeneinander liegende Fingerabdrücke gemeinsam aufgenommen werden, um so die Lage der einzelnen Abdrücke als **Griffspur** zu sichern.

Nach dem Ablösen der Folie vom Wachspapier ist die **Klebefolie** so zu halten, dass sie in der Mitte deutlich durchhängt (Kapitel 27, Abb.15a). Diese Mitte wird auf die Spurenmitte gelegt und die Seiten der Folie nach außen führend losgelassen. Danach mit den Fingern die Folie von der Mitte nach außen andrücken, sodass eine feste Haftung mit der Spur erfolgt.

Jetzt wird die bereits beschriftete Spurenkarte in eine bequeme Arbeitsposition gebracht. Die Folie wird an beiden **Falz-Griffen** gleichzeitig hochgezogen, wobei dies einseitig stärker sein kann. Erneut ist sie so zu halten, dass die Mitte durchhängt (Kapitel 27, Abb.15b). Diese Mitte wird **auf die Mitte der Spurenkarte** gelegt und die Seiten nach außen führend losgelassen. Danach kann die Folie von der Mitte nach außen leicht angedrückt werden. Wird eine Folie versehentlich mit Falten oder Luftblasen aufgelegt, so ist dies nicht zu ändern. Jeder **Reparaturversuch** würde die Spur sehr nachteilig beeinflussen oder sogar zerstören.

Spurenkarte

Damit die Formspur an einer Klebefolie ausgewertet werden kann, muss die Folie auf eine Spurenkarte geklebt werden. Dies ist ein weißer Karton in den Größen DIN A 4, 5 oder 6 (Kapitel 27, Abb.16).

Die Vorderseite der Spurenkarte ist als **Formular** bedruckt und muss **vor** der eigentlichen Spurensicherung mit allen Angaben zu der Straftat ausgefüllt werden. Als **Schreibmittel sind weiche Bleistifte** zu verwenden. Kugelschreiber drücken durch, Faserstifte und Füllhalter färben durch. Die Rückseite ist unbedruckt und wird mit der Folie beklebt.

Klebefolie und Bruchstücke

Sollen Formspuren oder Passstücke, z. B. eine gesprungene Fensterscheibe, gesichert werden, so kann dies ebenso mit Klebefolie erfolgen. Hier empfiehlt sich eine großflächige Folie, die über die gesamte Scheibe geklebt wird, sodass die einzelnen Stücke auch nach dem Ausbau arretiert sind.

Elektrostatische Folie

Zur Aufnahme von Staubspuren eignen sich elektrostatische Folien. Sie sind schwarz eingefärbt und besonders flexibel. Die Folie wird eingesetzt, wenn der Spurenträger für Klebefolie ungeeignet ist oder zerstört würde.

Die Folie wird auf die Spur aufgelegt und zwischen dem Spurenträger und der Folie ein Induktionsstrom angelegt. Die Elektromagnetisierung der Folie zieht die Staubpartikel an und fixiert sie. Da der Magnetismus nachlässt, muss die Folie nachträglich eingeschweißt werden (Staubspuren-Koffer, Kapitel 4.3.5).

4.3.5.6 Staubsauger

Der Einsatz von Staubsaugern ist **nicht unproblematisch**. Er kommt nur bei Materialspuren in Betracht und zwar dort, wo die Spurenform und die Verteilung der Spuren ohne Bedeutung sind. Darüber hinaus muss das Spurenmaterial vom Spurenträger deutlich unterscheidbar sein. Der Staubsauger wird verwendet, wenn Teppiche, Möbel oder Fußböden nach Spuren abgesucht werden sollen.

Beim Sichern von **Faserspuren** wird der Einsatz von Staubsaugern als sehr problematisch angesehen, weil diese nicht, wie bei der Klebefolie, nebeneinander arretiert sind, sondern sich klumpenförmig sammeln. Dies macht eine Aussonderung für Untersuchungszwecke besonders schwierig.

In der gerichtlichen Beweisaufnahme wird der Einsatz des Staubsaugers als Spurensuchmittel oft in Frage gestellt, weil befürchtet wird, dass die Spuren nicht vom Tatort stammen, sondern sich bereits aus anderem Anlass in dem Gerät befanden. Deshalb ist bei der Sicherung von Materialspuren (z. B. Glas-, Metall-

oder Kunststoffsplitter, Sand, Kalk, Getreide, o.a.) mit Hilfe des Staubsaugers, die nachfolgend aufgeführte Verfahrensweise strikt einzuhalten:

- Zunächst ist ein Papierstaubbeutel **unbenutzt** als Vergleichsmaterial zu sichern. Der Gutachter kann feststellen, aus welchen Materialien dieser hergestellt ist und ob sich darin bereits Spuren befinden, die denen vom Tatort gleichen.
- Danach ist mit einem neuen Staubbeutel etwa fünf Minuten lang **Umweltluft aufzusaugen**, um die bereits im Saugsystem (Düse, Rohr und Schlauch) vorhandenen Partikel zu sammeln und dem Sachverständigen zur Verfügung zu stellen, damit er diese in seiner Untersuchung ausscheiden kann. Dies soll beweisen, dass sich nicht gleichartige Spuren vor der Spurensicherung im Saugsystem befunden haben.
- Erst jetzt wird mit einem neuen Staubbeutel mit dem Aufsaugen der tatrelevanten Spuren begonnen. Dabei kann dies in Teilflächen oder insgesamt erfolgen. Jeder Papierbeutel ist vor Gebrauch zu kennzeichnen und das Verfahren genau zu beschreiben. Die Beutel sind einzeln in Kunststoffbeutel einzuschweißen (*Steinke,* a.a.O., S. 251).

4.3.5.7 Metallsuchgeräte

Detektoren

sind Geräte zum Nachweis von elektromagnetischer, korpuskularer (Elementarteilchen) oder atomarer Strahlung. In der Kriminalistik sind insbesondere die Geräte von Bedeutung, die Metalle nachweisen. Sie können z. B. beim Auffinden von vergrabenen Waffen, Munition oder Tatwerkzeugen eingesetzt werden. Da die Bedienung der Geräte Übung und Erfahrung verlangt, ist es zweckmäßig, die Geräte mit Bedienungspersonal anzufordern. Besonders erfahren ist der staatliche Kampfmittelräumdienst.

Magnete

Der Ferromagnetismus ist eine an den kristallinen Zustand von Materie gebundener Magnetismus. Dieser tritt bei **Eisen, Nickel und Kobalt** sowie bei deren Legierungen auf.

Sollen magnetische Metalle in Flüssigkeiten, z. B. Silos oder Wasserläufen, gesucht werden, so kann dies mit Hilfe von **Unterwasserelektromagneten** erfolgen. Solche Magneten werden bei der Wasserschutzpolizei vorgehalten. Dabei ist zu bedenken, dass in offenen Wasserläufen stets weggeworfene eisenhaltige Teile gefunden werden, sodass vor dem Einsatz des Magneten die Entsorgung der übrigen Fundstücke geregelt sein muss.

4.3.5.8 Suchhunde / Geruchsspurenvergleich

Der Hund gilt als das älteste Haustier des Menschen. Er wird als **Wach-, Schutz- und Gebrauchshund** verwendet. Als Gebrauchshund wird unter anderem seine besondere Fähigkeit genutzt, Gerüche zu erkennen und zu unterscheiden. Dabei sind diese Fähigkeiten bei den verschiedenen Rassen unterschiedlich ausgeprägt und unterschiedlich trainierbar.

In der Kriminalistik sind Hunde für **Fährten, Leichen, Drogen, Brandbeschleuniger, Sprengstoffe und zur Geruchsidentifizierung** von Bedeutung (*Marciejewski,* a.a.O. 1997, S. 16. *Schmidt-Stralsund* a.a.O., *Schoon,* a.a.O.).

Fährtenhund

Der Fährtenhund kann Spuren nach dem Alter und nach dem Geruch unterscheiden. So kann ein Weg verfolgt werden, bei dem die Vegetation und Mikroorganismen im Boden durch den Schuheindruck beeinträchtigt werden, ohne dass der Geruch des Menschen durch das Schuhwerk auf den Boden gelangt.

Darüber hinaus kann der Hund dem Geruch des Spurenverursacher folgen, wenn er den Vergleichsgeruch kennt, z. B. das Taschentuch. Dies setzt aber voraus, dass das Schuhwerk den Eigengeruch des Menschen auf den Boden überträgt.

Suchhunde für Leichen, Drogen, Brandbeschleuniger oder Sprengstoffe

Bestimmten Hunden kann das Auffinden der spezifischen Gerüche von Leichen, Drogen, Brandbeschleunigern oder Sprengstoffen antrainiert werden (*Marciejewski,* a.a.O. S. 10).

Geruchsspurenvergleich

Hierbei geht es um den individuellen, genetisch bedingten Geruch des Menschen, den der Hund wahrnehmen kann. Ausführlich dazu Kapitel 4.16.

4.3.6 Spurensicherung

Bei der Spurensicherung kommt es darauf an, nichts zu verändern und schon gar nicht leichtfertig Spuren zu erzeugen. Darum gilt der Grundsatz: **nichts anfassen**, Überblick verschaffen, erst überlegen – dann handeln, Tatort absperren! Fehler, die hier begangen werden, sind nicht reparabel.

Vor der eigentlichen Spurensicherung sind zumindest Schutzhandschuhe (Einmal-Silicon-Handschuhe) anzuziehen. Die Gefahr, dass durch diese Handschuhe die eigenen Fingerabdrücke auf Gegenstände übertragen werden könnten, ist nicht zu befürchten (Kapitel 4.3.2.1).

4.3.6.1 Dokumentation der Lage

Neben der Individualität der Spuren kommt es für das gerichtsfeste Beweisverfahren auch auf die **Auffindesituation** an (Situationsspur, Kapitel 4.2.3.2.3). Insofern hat die genaue Dokumentation denselben Stellenwert in der Beweisführung wie die Spur selbst. Steht z. B. nicht fest, ob ein Fingerabdruck an der Innen- oder an der Außenseite einer Fensterscheibe gesichert wurde, so ergeben sich hieraus sehr unterschiedliche Bewertungen.

4.3.6.2 Kennzeichnung

Sobald die Spur als tatrelevant erkannt ist, wird sie gekennzeichnet. Dies erfolgt zweckmäßigerweise numerisch und geschieht mit Hilfe eines Permanentschreibers, mit Nummerntafeln oder mit Spurenkarten, die fest an den Gegenständen befestigt werden. Die einmal vergebene Nummer ist beizubehalten.

Soll eine **Spur in Teile zerlegt** werden, so erfolgt die Nummerierung nach dem Dezimalsystem, z. B. Spur Nr. 5 und Teilspuren Nr. 5.1 und 5.2. Erforderlichenfalls kann hier auch noch weiter differenziert werden, z. B. Teilspur Nr. 5.1, Aufteilung in 5.1.1 und 5.1.2. Damit wird bereits aus der Spurennummer deutlich, zu welcher Hauptgruppe der Gegenstand gehört (Kapitel 4.20.1).

Beispiel: Die am Tatort gefundene Pistole hat die Spurennummer 5. Bei der späteren Untersuchung erhalten der Verschluss die Spuren-Nr. 5.1, der Lauf die Nr. 5.2, das Griffstück die Nr. 5.3. und das Magazin die Nr. 5.4. Die Patrone im Patronenlager des Laufes erhält die Nr. 5.2.1. Der Sicherungshebel am Griffstück die Nr. 5.3.1. Die Patronen im Magazin in der Reihenfolge die Nr. 5.4.1, 5.4.2, pp.

4.3.6.3 Sichtbar und haltbar machen

Mit den Mitteln und Methoden in Kapitel 4.3.5 sind die Spuren sichtbar und haltbar zu machen.

4.3.6.4 Fotografie / Fotogrammetrie / 3 D-Scanner

Die überzeugendste Dokumentation ist die Tatortfotografie mit Hilfe von Fotoapparaten (Kapitel 4.3.5.1.4), Fotogrammetrie, 3 D-Scanner und Video (Kapitel 4.3.5.1.4). Sie stellt aber besondere Anforderungen an den Kriminalisten.

Bei der **Fotogrammetrie** wird mit einer Spezialkamera der Tatort fotografiert. Über ein Computerprogramm werden beim Landeskriminalamt daraus maßstabsgetreue Zeichnungen gefertigt. Das Programm gleicht die schräge Perspektive aus und vermittelt ein planmäßige Zeichnung mit senkrechtem Aufblick (*Opdensteinen,* a.a.O., S. 14).

Noch genauer und plastischer arbeitet der 3 D-Scanner (*Lorra / Jaeger,* a.a.O.). Über die Möglichkeiten aller anderen bildlichen Darstellungen hinaus, hat der **Scanner folgende Vorteile**:

- Es ist keine Lichtquelle erforderlich, so dass auch im Dunkeln vermessen werden kann.
- Material- und Gegenstandsvermessung an unzugänglichen oder gefährlichen Stellen sind möglich, weil auf Distanz vermessen wird.
- Nachträglich können Maße entnommen werden, die bisher unbedeutend waren oder vergessen wurden.
- Nachträglich kann eine Blickwinkelfeststellung aus der Sicht der am Tatort anwesend gewesenen Personen vorgenommen werden, z. B.: Konnte der Zeuge eine bestimmte Tatsache von seinem Standort sehen?
- Volumenbestimmung (Massebestimmung) von unregelmäßigen Gegenständen, z. B. Lagerung von Umweltmüll.
- Erstellen einer dreidimensional Tatortskizze.
- Erstellen der traditionellen Kreuzprojektion, ohne perspektivische Verzerrungen.

Darin lassen sich nachträglich einfache Messungen mit dem Lineal vornehmen.

Neben jede Spur ist ein **Vergleichsmaßstab** zu legen, um erforderlichenfalls im Labor eine 1:1 Vergrößerung herstellen zu können. Hierzu eignen sich besonders Maßstöcke aber auch genormte Gegenstände, z. B. Münzgeld.

Sofern die Aufnahmegeräte nicht über eine automatische **Datums- und Zeiteingabe** verfügen, sind diese Daten zu notieren. Zunächst sind **Übersichtsaufnahmen** zu fertigen, damit der Gesamteindruck vom Tatort festgehalten wird. Dies kann auch von erhöhter Stelle oder aus dem Hubschrauber heraus erfolgen.

Beim **Hubschraubereinsatz** ist zu bedenken, dass der Rotor in Bodennähe erhebliche Veränderungen am Spurenmaterial verursachen kann. Darüber hinaus muss aus dem Fluggerät mit sehr hohen Verschlussgeschwindigkeiten gearbeitet werden, weil sich die Vibration des Hubschraubers auf die Kamera überträgt. Werden Videoaufnahmen gefertigt, so ist wegen des erheblichen Lärms das Mikrofon abzuschalten. Danach erfolgen **Nahaufnahmen** von jeder Einzelspur. Dabei ist es wichtig, stets die Spurennummer mit zu fotografieren.

4.3.6.5 Zeichnungen / Skizzen

Werden Zeichnungen erforderlich, so sind diese maßstabsgerecht zu fertigen.

Dazu ist es erforderlich, z. B. bei größeren Tatorten im Freien, zunächst topographische Karten im Maßstab 1:25000, sogenannte **Messtischblätter**, zu beschaffen, die bei den Katasterämtern vorhanden sind. Dort sind auch Fachkräfte und technisches Gerät für die Geländevermessung vorhanden, die behilflich sein können. Messtischblätter zeigen die Höhenunterschiede und alle baulichen und landschaftlichen Details. Sollen Zeichnungen vom Gelände der **Bahn-AG**

gemacht werden, so ist zu bedenken, dass deren Karten in Höhe und Breite je einen anderen Maßstab haben.
Bei Tatorten in geschlossenen Räumen wird eine **Kreuzprojektion** (Kapitel 27, Abb.17) gefertigt. Vereinfacht dargestellt muss man sich den Raum als Karton vorstellen, der nach allen Seiten auseinandergefaltet wird und nun die Form eines Kreuzes hat. In diese Kreuzprojektion können alle Gegenstände und die Maße in der Draufsicht und in der Seitenansicht eingetragen werden. Diese Kreuzprojektion wurde von *Kennyeres* entwickelt und bereits 1922 im „Archiv für Kriminologie", Band 22, S. 168, veröffentlicht (*Groß / Seelig*, a.a.O., 1951, S. 304).
Auch bei der Verwendung von **Laser-Scannern** oder anderen elektronischen Hilfsmitteln bei der Aufnahme oder Dokumentation des Tatortes, **bleibt das Prinzip der „Kreuzprojektion" bestehen**, weil alle Spuren nach naturwissenschaftlichen Gesichtspunkten zueinander vermessen werden müssen.
Darüber hinaus können Baupläne oder Konstruktionspläne hilfreich sein. Sehr hilfreich sind auch Computerprogramme, z. B. „Wohnungsplaner", die maßstabsgerechte Möbelsymbole, einschließlich Zimmerpflanzen und Terrassenbestuhlung enthalten.

Hand-Skizzen

Kommt es in einfach gelagerten Fällen lediglich auf die Lage der einzelnen Spuren an, so genügen auch Hand-Skizzen, die nicht maßstabsgerecht sind. Sie müssen aber eindeutige und korrekte Messwerte enthalten, damit davon erforderlichenfalls Zeichnungen erstellt werden können.

4.3.6.6 Beschreibung

Jede Spurensicherung ist ergänzend zu beschreiben. Dadurch werden eine doppelte Sicherung erreicht und die Informationen gegeben, die anders nicht dokumentiert werden können, z. B. den Aggregatzustand von Materialien, reflektierende Wirkungen oder Gerüche.

4.3.7 Spurenschutz

Sobald der Kriminalist eine Spur entdeckt hat, muss er sie in dem Zustand erhalten und in das Beweisverfahren einführen. Zwischen dem Entdecken und Sichern muss er alles tun, um die Veränderung oder gar Vernichtung der Spur zu verhindern.

4.3.7.1 Absperren

Die häufigsten Gefahren für Spuren gehen vom Menschen aus. Das gilt für Unbeteiligte wie für die übrigen Ermittlungsbeamten. Dabei liegt meist kein absichtliches Verhalten zugrunde, sondern Unkenntnis oder Unbedarftheit. Hier sind Außenstehende, Rettungspersonal, Kollegen und Vorgesetzte über die Tatsache der Spuren eindeutig zu informieren und fernzuhalten.

4.3.7.2 Abdecken

Drohen Umwelteinflüsse, insbesondere Sonne, Wind, Regen oder Schnee, so ist das Spurenfeld abzudecken. Das kann mit einfachen Hilfsmitteln bis hin zum Aufstellen von Zelten geschehen und hängt im Wesentlichen von der Bedeutung der Straftat ab.

Beim Aufstellen von Zelten sind das Technische Hilfswerk und die Feuerwehr behilflich. Während des Aufstellens muss stets ein Kriminalist anwesend bleiben, um die Beeinträchtigung von Spuren zu verhindern.

4.3.7.3 Notsicherung

Droht die Gefahr, dass insbesondere Umwelteinflüsse, z. B. Oberflächenwasser, die Spur vernichten würden, so muss als **Ultima ratio** eine Notsicherung erfolgen. Dies kann z. B. beim Spurenbild einer Blutlache, von Schuh- oder Reifenab(ein)drücken sowie bei Gegenständen der Fall sein.

Die Möglichkeit der Notsicherung hängt im Wesentlichen von der aktuellen Situation ab und welche Hilfsmittel (Kapitel 4.3.5) zur Verfügung stehen.

Flüssigkeiten können mit saugenden Materialien gesichert werden, z. B. mit Papiertaschentüchern. Dabei ist es wichtig, das Saugmaterial zunächst zu teilen, um ein ungebrauchtes Stück für Vergleichszwecke zur Verfügung zu haben. Mit dem zweiten Stück wird die Flüssigkeit aufgesaugt, an der Luft getrocknet und in einer Papiertüte aufbewahrt.

Ab- bzw. Eindrücke sollten möglichst fotografiert oder mit einer Skizze beschrieben werden. **Gegenstände** müssen aufgenommen und z. B. im Dienstkraftfahrzeug niedergelegt werden. Dabei muss genau beschrieben werden, an welcher Stelle der Gegenstand angefasst wurde, damit dies in der daktyloskopischen Untersuchung berücksichtigt werden kann.

Waffen sind ein besonderes Problem, weil sie Spurenträger und gleichzeitig gefährlich sind. Der Ladezustand der Waffe und die Funktion der Sicherung sind in der Regel nicht genau zu beurteilen. Deshalb ist zunächst dafür zu sorgen, das niemand „vor dem Lauf' steht. Ferner ist darauf zu achten, dass die Waffe beim Transport nicht versehentlich aus der Hand rutscht. Sind Handschuhe nicht vorhanden, so wird mit einem Papiertaschentuch in der Hand die Waffe am Griffstück fest angefasst und dann z. B. in den Fußraum eines PKW gelegt. Die Laufmündung zeigt nun in Richtung Motor. Die Waffe wird niemals so transportiert, dass ein Gegenstand, z. B. Kugelschreiber, in den Lauf gesteckt wird.

Werden **Handschuhe, Plastiktüten oder Papiertaschentücher** beim Transport benutzt, so sind diese beizufügen, damit die daran enthaltenen Spuren bekannt werden.

4.3.8 Veränderungen

Bestehen neben der Spurensicherung die **Pflichten zur Hilfeleistung** und / oder **Gefahrenabwehr**, so haben diese **Vorrang**. Die zwingend notwendigen Veränderungen sind ausführlich zu dokumentieren.

Werden **Verletzte ins Krankenhaus** transportiert, so sind sie **zu begleiten**. Sie sind zu befragen und Spuren an ihrer Kleidung und am Körper sind zu sichern. Die Kleidung ist sicherzustellen. Als Behältnisse für die Kleidungsstücke bieten sich frisch gewaschene Kopfkissenbezüge an, die im Krankenhaus reichlich vorhanden sind. Gegebenenfalls ist die Entnahme von Blut- und / oder Urinproben anzuordnen (Kapitel 7.4.1, Sicherungsmaßnahmen, Ziffer 5).

4.3.9 Konkurrierende Spurensicherung

Bietet eine Spur verschiedene Möglichkeiten der Beweisführung, so ist zu prüfen, ob die Sicherung die Auswertung aller Möglichkeiten zulässt. Ist dies nicht der Fall, so hat die Entscheidung für den **höheren Beweiswert** zu erfolgen.

Dies kann z. B. eintreten, wenn ein blutiger Fingerabdruck vorhanden ist. Hier könnte einerseits das Material des Blutes durch Abkratzen gesichert, andererseits die Formung der Papillarlinien mit einem Kontrastmittel oder Reaktionsmittel sichtbar gemacht werden. Das Problem entsteht, weil die beiden Sicherungsmethoden die jeweils andere Art der Spur zerstört. Das Abkratzen des Blutes ermöglicht dessen chemische Analyse, zerstört aber die Form des Fingerabdrucks. Das Sichtbarmachen des Fingerabdrucks beeinträchtigt die chemische Zusammensetzung des Blutes und macht es für eine Analyse unbrauchbar.

In einem solchen Fall ist zunächst die Gesamtsituation zu analysieren und mit den Spezialisten des Erkennungsdienstes vor Ort zu prüfen, welche Spur besser gesichert werden kann und welche den größeren Beweiswert hat.

4.3.10 Sachverständige am Tatort

In besonders herausragenden Fällen kann es zweckmäßig sein, den Sachverständigen zum Tatort zu bitten. Dadurch **bleibt die Verantwortung** für die Tatortarbeit **beim Kriminalisten** (Kapitel 25.5.2).

Der Sachverständige soll sich vom Tatablauf ein Bild machen und den Sachbearbeiter beraten. Das gilt auch bei der konkurrierenden Spurensicherung (Kapitel 4.3.9).

Darüber hinaus kann es im Einzelfall notwendig werden, dass die **Spurensuche und Spurensicherung von einem Sachverständigen** vorgenommen wird, z. B. bei Brand (Kapitel 4.12), Explosion (Kapitel 4.13), Kfz-Identifizierung (Kapitel 4.14) oder bei Leichensachen (Kapitel 22), weil hierzu seine besondere Sachkunde erforderlich ist. Eine Übertragung dieser Aufgaben ist **mit der**

Staatsanwaltschaft abzusprechen und mit dem Sachverständigen ausdrücklich zu vereinbaren. Die Vereinbarung ist schriftlich zu dokumentieren. Ist die Bestellung eines Sachverständigen mit Kosten verbunden, so muss die Staatsanwaltschaft dem Einsatz zustimmen.

4.3.11 Verpackung und Transport / Asservierung

Grundsätzlich sind Spuren mit dem Spurenträger zu asservieren. Hiervon darf nur aus tatsächlichen Gründen abgesehen werden, weil der Gegenstand nicht transportabel ist oder nicht transportabel gemacht werden kann, oder aus Gründen der Verhältnismäßigkeit. Die Asservierung muss die Spur vor **Verlust,** vor **Zerstörung** und vor **Spurenübertragung schützen.**

Das **Verpackungsmaterial** muss so beschaffen sein, dass die Spur nicht chemisch und nicht mechanisch verändert wird.

Chemische Veränderungen können auch durch Feuchtigkeit eintreten. Insofern ist zu prüfen, ob die Spur oder der Spurenträger feucht sind. Luftfeuchtigkeit kann sich auch nachträglich niederschlagen, wenn die Temperatur der Spur erheblich niedriger ist als die der Umwelt. Der Effekt ist in der Winterzeit beim Beschlagen von Brillengläsern bekannt. Feuchte Gegenstände sind bei Zimmertemperatur zu trocknen. Dies ist zu dokumentieren. Die Verpackung muss aus luftdurchlässigem Material bestehen. Das gilt besonders für getragene Kleidung, die stets durch den Körperschweiß feucht ist. Auf keinen Fall darf der Trockenvorgang dadurch beschleunigt werden, dass der Gegenstand auf die Heizung gelegt wird.

Mechanische Veränderungen oder die Zerstörung können vermieden werden, wenn die Spurenträger in großzügig geschnittenen Kartons mit lockerem und feinkörnigem Füllmaterial verpackt werden. Ferner ist der Karton entsprechend der Zerbrechlichkeit des Inhaltes zu beschriften.

Gefährliche Stoffe, z. B. Sprengstoffe, Säuren, Laugen, Kernbrennstoffe, o.a., müssen besonders gelagert, verpackt, beschriftet und transportiert werden. Hier kann die Kenntnis der Feuerwehr genutzt werden, die sie im Rahmen des Katastrophenschutzes hat.

4.3.12 Untersuchungsantrag (Beispiel in Kapitel 4.20.2)

Sollen tatrelevante Spuren untersucht werden, so ist diesen grundsätzlich ein Untersuchungsantrag beizufügen. Der Umfang und die Formvorschriften richten sich nach der Bedeutung des Falles. So kann es ausreichen, die Fingerspur bei einem Einbruchsdiebstahl lediglich auf der Rückseite der Spurenkarte zu beschriften.

Ansonsten hängt die Qualität des gesamten Beweisverfahrens auch vom Untersuchungsantrag ab, weil dies die Schnittstelle der Kommunikation zwischen dem Tatort und dem Untersuchungsort ist. Es gilt auch hier der Grundsatz „gründlich oder gar nicht“. Dabei sind folgende Grundsätze zu beachten:

- Werden Vordrucke verlangt, so sind diese zu benutzen. Sie vereinfachen den Verwaltungsaufwand und vermeiden unnötige Nachfragen.
- Die Untersuchungsobjekte sind vollständig und übersichtlich aufzuführen.
- Angaben zur Tatausführung, zur Spurensuche und Spurensicherung sind erforderlich.

  In besonderen Fällen können der Tatortbefundbericht (Kapitel 7.4.3 und 7.4.4), der Spurensicherungsbericht und die Lichtbildmappe beigefügt werden.
- Haben Aussagen von Tatverdächtigen oder Zeugen eine Beziehung zu dem Untersuchungsmaterial, so sind diese Protokolle beizufügen.
- Genaue Beschreibung über das Untersuchungsziel und über die kriminalistische Bedeutung der Untersuchung. Sind dies z. B. die einzigen Beweise? Was soll damit bewiesen werden? Welchen Stellenwert hat das Indiz?
- Angaben, ob die Untersuchungsobjekte beschädigt werden dürfen und über deren Verbleib nach der Untersuchung.
- Name, Dienststelle und Telefonnummer des Sachbearbeiters für eventuelle Rückfragen.

4.3.13 Gutachten (Beispiel in Kapitel 20.3)

Im Vorverfahren wird der Sachverständige (Kapitel 4.1.4) durch die Staatsanwaltschaft oder durch die Polizei bestellt (§ 161a I, Satz 2, StPO, RiStBV Nr. 70) in Verbindung mit § 73 StPO. Dabei ist den öffentlich bestellten der Vorzug zu geben. Sind damit Kosten verbunden, so muss die Staatsanwaltschaft zustimmen.

Der **Untersuchungsauftrag** ist mit dem Sachverständigen abzusprechen, § 78 StPO. Sind Details aus dem Gutachten für weitere Ermittlungen von Bedeutung, so können diese auch vor dem endgültigen Ergebnis beim Gutachter erfragt werden.

Behördliches Gutachten

Werden Gutachten von Behörden erstellt, so kann auf die persönliche Vernehmung des Gutachters verzichtet und das Gutachten lediglich verlesen werden, § 256 StPO. Als Behördenangehörige erhalten die Gutachter keine Sachverständigenentschädigung, § 1 II JVEG.

Wissenschaftlichkeit des Gutachtens

Auch wenn es Gutachter gibt, die im eigentlichen Sinne keine Wissenschaftler sind, gilt für ihre Gutachten das Prinzip der wissenschaftlichen Begründung (*Dittmann*, a.a.O, S. 117). Dazu gehört zumindest: Eindeutige Prozedur, systematische Beobachtung und Beschreibung, Entwicklung einer Hypothese, Reproduktionsmöglichkeit der Ergebnisse durch Unabhängige, widerspruchsfreies und mit anderen gesicherten Erkenntnissen kompatibles System, abgeleitete Vorhersagen sind überprüfbar und treffen tatsächlich ein sowie ein allgemeiner Konsens über den derzeitigen Wissensstand. Der BGH hat das nochmals am Beispiel von Werkzeugspuren besonders hervorgehoben (NStZ 2011, 171). Darüber hinaus haben Gutachter laufend Präzisions- und Richtigkeitskontrollen durchzuführen, um eine gleichbleibende Zuverlässigkeit ihrer Ergebnisse zu gewährleisten (BGHSt 28, 235 [237]).

4.3.14 Gerichtliche Überprüfung

Das gesamte Beweisverfahren unterliegt der freien Beweiswürdigung durch das Gericht, § 261 StPO. Das heißt, das Gericht muss von der Rechtmäßigkeit und Zulässigkeit des Beweismittels überzeugt sein. Im Ergebnis geht es um die „subjektive Überzeugung des Richters, die auf einer objektiv tragfähigen Tatsachengrundlage" beruhen muss, BGHZ 53, 245 [256]. Dies gilt für die Beweisfindung, Beweissicherung und Beweisführung. Jede diesbezügliche Tätigkeit wird vor Gericht verhandelt.

In bedeutenden Verfahren setzt hier die **Verteidigungsstrategie** an. Die Verteidigung prüft, ob das Verfahren fair und justizförmig durchgeführt wurde. Als Organ der Rechtspflege ist dies auch die Aufgabe der Verteidigung. Dazu wird sie unter anderem den Kriminalisten ausführlich befragen, § 240 II StPO. Gelingt es ihr, Zweifel an der Rechtmäßigkeit seiner Maßnahmen oder an seiner Zuverlässigkeit zu begründen, so kann es zum Freispruch kommen, obwohl der Fall doch „so klar" erschien. So können vermeintliche Nebensächlichkeiten, wie z. B. fehlende Durchsuchungsprotokolle, fehlende Beschriftung der Spur, fehlender Nachweis über den Transport einer Spur oder fehlende Schutzkleidung bei der Spurensicherung, zum Mittelpunkt des Verfahrens werden. Hier hilft kein Jammern, sondern nur fehlerfreies Arbeiten.

Aus dem Beweisverfahren im Prozess nach der **Geiselnahme Gladbeck**, die sich vom 16. bis 18.8.1988 ereignete und bei der das Landgericht Essen am 22.3.1991 das Urteil gesprochen hat (Az. 22a (26 / 88), soll hier beispielhaft ein Auszug dargestellt werden. Bei der spektakulären Geiselnahme, die mehrere Tage dauerte und sich von Nordrhein-Westfalen über Niedersachsen, Bremen, den Niederlanden und wieder zurück nach Nordrhein-Westfalen erstreckte, wurden zwei Geiseln getötet und unterschiedlich viele Personen zeitweise in die Gewalt der Täter genommen. Bei der Befreiungsaktion und Festnahme der Täter durch die Polizei auf der Autobahn A 3, in Höhe der Ausfahrt Siebengebirge, wurde die Geisel Silke B. durch einen Schuss getötet.

In der Hauptverhandlung stellte sich unter anderem die Frage: „Ist das vom BKA untersuchte Projektil identisch mit dem, das dem Leichnam von Silke B. entnommen wurde?“ Das war deshalb von besonderer Bedeutung, weil bei der Aktion sowohl die Polizei als auch die Täter mehrmals geschossen hatten. Die Untersuchung des Geschosses sollte somit belegen, aus welcher Waffe der tödliche Schuss abgegeben wurde.

Um das zweifelsfrei festzustellen, musste der Weg des Geschosses von der Obduktion der Leiche bis zur waffentechnischen Untersuchung im BKA lückenlos dokumentiert werden. Diese Dokumentation findet sich in der schriftlichen **Urteilsbegründung** ab S. 135 wieder. (Verf.: Die Namen der Zeugen sind nachträglich abgekürzt worden.)

Auszug aus dem Urteil:

„Das Schwurgericht hat sich auch davon überzeugt, dass die Gutachter vom BKA wirklich das Projektil, das im Körper von Silke B. gefunden wurde, untersucht haben. Der Obduzent, Prof. Dr. W., hat angegeben, er habe das Projektil bei der Obduktion aus dem Körper Silke B. genommen und dem anwesenden Beamten vom Erkennungsdienst, dem Zeugen KHK P., übergeben. Dieser Zeuge hat die Übergabe bestätigt und ausgeführt, er habe das Projektil entgegengenommen, festgestellt, dass es sich um ein 9 mm Parabellumgeschoss mit sechs Feldern und Linksdrall handele, und es dann in eine Tüte gepackt, die sein Kollege Kriminalkommissar N. aufgehalten habe. Dieser habe auch die weiteren Metallteilchen, die der Obduzent im Schusskanal vorgefunden habe, entgegengenommen. Dieser Sachverhalt ist von dem Zeugen N. und dem ebenfalls bei der Obduktion anwesenden Zeugen Kriminalhauptkommissar O. vom Erkennungsdienst Bonn bestätigt worden. Alle drei Beamten haben zudem bekundet, das Geschoss sei an der Spitze deformiert gewesen. Die Zeugen P. und N. verschlossen das Projektil sodann im Büro des N. im Polizeipräsidium Bonn, wo es über Nacht blieb.

Am Tag darauf sah sich N. das Projektil nochmals an, dann übergaben er und Kriminalhauptkommissar P. es dem Sachverständigen Rechtsmediziner Prof. Dr. S., der es sich ebenfalls ansah und ihnen wieder mitgab. Dies hat Prof. Dr. S. bestätigt. Danach wurde das Projektil samt Asservaten gegen 13.00 Uhr dem Kurier der Kriminalpolizei Köln, dem Zeugen K. übergeben. K. hat bestätigt, die Asservate in Bonn abgeholt und nach Wiesbaden zum BKA gebracht zu haben.

Dort hat der Zeuge H. vom BKA das Projektil samt den anderen Asservaten entgegengenommen und ein Asservatenverzeichnis angelegt. Dabei hat er auch das Geschoss, das Silke B. tötete, asserviert. Das hat der Zeuge St. vom BKA, der bei der Sichtung der Asservate zugegen war, bestätigt. Es gibt keinen Zweifel an der Richtigkeit der Aussagen dieser Zeugen und keine Anhaltspunkte für unwahre bzw. im Nachhinein aufeinander abgestimmte Aussagen.

Damit ist bewiesen, dass das aus dem Körper von Silke B. entfernte Geschoss nach Wiesbaden zum BKA gebracht worden ist und es sich somit bei dem von den Sachverständigen des BKA untersuchten Projektil um eben dieses Geschoss handelt."

Der **tödliche Schuss** stammte aus der **Waffe der Täter**.

4.4 Menschliche Ab- und Eindruckspuren / Daktyloskopie

4.4.1 Haut

Die Haut ist mit einer **Fläche** bis zu zwei Quadratmetern und einem Gewicht bis zu zehn Kilogramm das größte Organ des menschlichen Körpers. Es schützt den Körper vor schädlichen Umwelteinflüssen, nimmt die Sinneseindrücke aus der Außenwelt auf, reguliert den Wasserhaushalt und die Körpertemperatur.

Grob unterteilt besteht die Haut aus drei Schichten: **Oberhaut, Lederhaut** und **Unterhaut**. Die Oberhaut ist die äußerste Schicht. Sie ist gefäßlos und besteht aus einem mehrschichtigen verhornten Plattenepithel (Zellschicht), das die nötige Festigkeit verleiht und wasserabweisend ist.

An den Hand- und Fußflächen ist die **Lederhaut** gut zwei Millimeter dick. Darüber hinaus befindet sich hier eine zusätzliche Hautschicht (Stratum lucidum), die die mechanische Belastung mindern soll.

Im oberen Abschnitt der Lederhaut liegt die **Papillarschicht**, die sich durch kleine zapfenartige Auswölbungen charakterisiert. In Verbindung mit dem besonderen Hauttyp an Händen und Füßen sorgt diese Schicht für die Ausbildung der Papillarlinien (Kapitel 4.4.1.1 und 27, Abb. 18). Einige Papillen, besonders verstärkt im Bereich der Fingerbeeren, enthalten **Tastkörperehen**.

Als **Hauttyp** unterscheidet man Leistenhaut und Felderhaut. Als **Leistenhaut** werden die Innenseite der Hände, die Fußsohlen und die Zehen mit dem ausgeprägten Linienbild bezeichnet. Alle anderen Körperregionen sind mit **Felderhaut** bedeckt. Diese hat auch eine individuelle Musterung und Faltenbildung, sie ist aber nicht so deutlich zu erkennen. Nur die Felderhaut enthält zusätzlich **Haare und Talgdrüsen**. Als **Hautanhangsgebilde** werden Haare, Hautdrüsen und Fingernägel bezeichnet.

Haare (Kapitel 4.6.2) sind zusammengeflochtene, verhornte Zellen und bestehen aus Haarschaft und Haarwurzel. Sie befinden sich an fast allen Stellen der Felderhaut. Sie schützen vor Sonneneinstrahlung, verhindern, dass Fremdkörper in Augen, Ohren und Nase gelangen und haben Tastfunktion. Die Haarfarbe wird vom Melaningehalt bestimmt. Verminderte Melaninproduktion und gleichzeitige Lufteinschlüsse im Haarschaft führen zu grauweißem Haarton bei alternden Menschen.

Die **Hautdrüsen** unterscheiden sich in Talgdrüsen, Duftdrüsen und Schweißdrüsen. Die **Talgdrüsen** liegen im Bereich der Haarwurzeln und produzieren eine Mischung aus Fett, Cholesterin, Eiweiß und Elektrolyten. Der Talg hält die Haare geschmeidig. **Duftdrüsen** befinden sich in den Achselhöhlen, im Schambereich und an den Brustwarzen. **Schweißdrüsen** verteilen sich über den ganzen Körper und sind am dichtesten an den Innenseiten der Hände und an den Fußsohlen ausgeprägt. Der Schweiß ist eine Mischung aus Wasser, Salz, Harnstoff, Harnsäure, Aminosäure, Ammoniak, Zucker, Milchsäure und Ascorbinsäure (Vitamin C). Der Schweiß reguliert die Körpertemperatur, insbesondere durch seine Verdampfungskälte, und sorgt für die Ausscheidung von Stoffwechselprodukten.

Fingernägel

Die kriminalistische Bedeutung liegt überwiegend in dem Vorhandensein von **Schmutz,** der sich zwischen dem Fingerendglied und der Nagelplatte befindet. Hier können Materialspuren vom Tatort, vom Täter und / oder vom Opfer gefunden werden.

Dabei gibt es zwei Sicherungsmöglichkeiten, die Erfolg versprechend sind. Zum einen können mit einem **Nagelreiniger** die Fingernägel einzeln abgekratzt und der Schmutz in getrennten Briefumschlägen gesichert werden. Dabei ist darauf zu achten, dass keine scharfkantigen Reiniger verwendet werden, weil damit größere Mengen der Nagelplatte abgekratzt werden, die die Untersuchung erschweren. Sind die Nägel lang genug, so können sie zum anderen auch **abgeschnitten** und gesichert werden. Es ist darauf zu achten, dass vor der Sicherung für jeden Finger ein Briefumschlag genau beschriftet wird.

Die Haut hat als **Formspur** und als **Materialspur** kriminalistische Bedeutung.

Formspur

Als Formspur ist sie durch drei Eigenschaften kriminalistisch besonders wertvoll:

Erstens handelt es sich um eine organische Substanz, somit hat sie eine individuell verschiedene Struktur. Das gilt nicht nur für die Fußsohlen und Handflächen, sondern für die gesamte Haut. Demzufolge gibt es naturgesetzlich in der Musterung keine gleichen Finger- oder Hautbilder. Das gilt auch für **eineiige Zwillinge**. Neueste Forschungsergebnisse zeigen, dass diese auch nicht genetisch gleich sind. Während der Zellteilung kommt es zu Varianten von Genkopien, sodass sie verschieden sind (*Bruder,* a.a.O.; *Hobom*, a.a.O.). Laienhaft kann dies daran nachvollzogen werden, weil solche Zwillingen nicht die gleichen genetisch bedingten Krankheiten haben.

Zweitens bleiben die Hautbilder von der Geburt bis zum Tod gleich. Abgeschlissene Hautbilder wachsen gleichförmig nach. Narben können zwar nicht ausgeglichen werden, sie sind aber als solche zu erkennen und verändern nicht die individuellen Merkmale.

Drittens wirken die Ausscheidungen der Haut, insbesondere der Schweiß, wie ein Stempelkissen, sodass die individuelle Struktur der Hautbilder auf andere Gegenstände übertragen wird.

Diese Eigenschaften sind die Voraussetzungen, Hautabdrücke zur Identifizierung von Personen und von Spurenlegern zugrunde legen zu können.

Für die **kriminalistische Beweisführung** und / oder Identifizierung von Personen werden aus pragmatischen Gründen die Fingerbeeren und die Handflächen ausgewählt. Die Fußsohlen (Kapitel 4.4.1.3) sind im hiesigen Kulturkreis für diese Zwecke von geringer Bedeutung. Die übrige Haut hat im Bereich der Lippen (Kapitel 4.4.1.5) und Ohren (Kapitel 4.4.1.4) Bedeutung.

Darüber hinaus wird die Haut durch dauerhafte Veränderungen als Körperschmuck dargestellt. Das hat verschiedene Motive, z. B. Förderung der Schönheit, Merkmale der Zugehörigkeit zu einer bestimmten Gruppe, als rituelle Handlung beim Übergang von einem Lebensabschnitt zu einem anderen, insbesondere vom Kind zum Erwachsenen, und anderes mehr. In Betracht kommen Schönheitsoperationen, **Tätowierungen** (*Schmelz,* a.a.O.), Piercing und vieles andere mehr. *Kasten* (a.a.O.) fasst das unter dem Begriff **Body-Modification** zusammen.

Im Forschungsprojekt der Verwaltungsfachhochschule Hessen wurde der Zusammenhang von **Tätowierungen und Kriminalität** untersucht (*Schmelz,* a.a.O.). Neben der Erkenntnis, dass Tätowierungen ausschließlich eine Modeerscheinung ist und keinerlei Bezug zur Kriminalität hat, stellte sich heraus, dass dies bei organisierten Banden anders ist. Dort können Tätowierungen Hinweise auf die kriminelle Organisation selbst, auf die Zugehörigkeit, den Rang und die Stellung innerhalb der Organisation und die Bevorzugung bestimmter Delikte geben (*Schmelz,* a.a.O., S. 89).

Sind diese „Körper-Veränderungen" dauerhaft angelegt, z. B. Tätowierungen, so eignen sie sich auch zur Identifizierung der Person. Voraussetzung ist, dass die Merkmale aufgezeichnet sind. Das kann in kriminalpolizeilichen Unterlagen sein, aber auch auf Lichtbildern, die privat hergestellt wurden. In den Staaten der ehemaligen UdSSR und in Süd-Afrika werden **Tätowierungen** auch als Zugehörigzeichen oder sogar als „Rangabzeichen" bei kriminellen Vereinigungen benutzt (*Schmelz,* a.a.O.).

Materialspur

Als Materialspur kann die Haut in ihrer Substanz nachgewiesen und über die Zellstrukturen mit Hilfe der DNA-Analyse (Kapitel 4.6.1.3) individualisiert werden.

4.4.1.1 Finger / Daktyloskopie (Kapitel 4.15.2.1)

An den Fingerbeeren sind die Hautleisten, die **Papillarlinien**, besonders deutlich ausgestaltet. Die Individualität entsteht hier nicht nur durch die Kurvenform der Linien, sondern ebenso durch deren Unterbrechung und durch Inselbildung, die insgesamt **Minuzien** (Kapitel 27, Abb.19) genannt werden und **anatomische Merkmale** (Kapitel 27, Abb.20) sind. An jeder Fingerbeere können gut 100 anatomische Merkmale vorhanden sein.

Historie

Die Tatsache der individuellen Fingermuster ist schon aus prähistorischer Zeit bekannt. Alle Kulturvölker haben sich damit beschäftigt und nach Systemen gesucht, wie diese Muster klassifiziert werden können. Diese Wissenschaft heißt **Daktyloskopie** – oder auch **Fingerschau** genannt.

Schon auf Steinzeitzeichnungen in Nordamerika sind menschliche Hände mit Papillarleisten und verschiedenförmigen Fingerbeeren dargestellt worden. Funde aus dem 7. Jh. n. Chr. zeigen, dass in China und Japan der Fingerabdruck als „Siegel" auf Rechtsurkunden bekannt war. Im germanischen Raum wurde im Mittelalter der Fingerabdruck zur feierlichen Bekräftigung von Urkunden durch sogenannte „Handfeste" gebraucht. Insofern war man sich der besonderen Bedeutung und der Individualität des Fingerabdrucks bewusst, ohne dies wissenschaftlich erklären zu können.

Aus kriminalistischer Sicht bestand die Notwendigkeit, Straftäter zweifelsfrei zu identifizieren. Dies war insbesondere für den Nachweis von Wiederholungstätern wichtig, denn ihnen drohte im Regelfall die Todesstrafe. Aber auch der Ersttäter sollte von jedermann erkannt werden können. Deshalb war es im Mittelalter üblich, Straftäter durch die Tortur zu kennzeichnen. Das begann mit der harmlosen Methode des Haareabschneidens und reichte bis zum grausamen Abschneiden von Nase, Ohren, Händen und einzelner Finger oder dem Ausstechen der Augen. Ferner war das Brandmarken üblich. Dabei wurden dem Täter mit glühenden Eisen an offenen oder durch die Kleidung verdeckten Stellen Zeichen in die Haut eingebrannt. Als am Anfang des 19. Jahrhunderts die Kennzeichnung von Straftätern aufgegeben wurde, musste ein anderes Identifizierungsmittel dafür eingesetzt werden. Der Fingerabdruck wäre hierfür geeignet gewesen.

Doch zunächst sollte die Geschichte einen anderen Verlauf nehmen. Die im 19. Jahrhundert zu Ruhm gekommene **Französische Kriminalpolizei** unter ihrem

Leiter *François* ***Vidocq*** (1775–1857) war jahrelang sehr erfolgreich gewesen, weil sie ihre Mitarbeiter aus dem Milieu rekrutierte, die die Verbrecher persönlich kannten. So war es möglich, Wiederholungstäter zu identifizieren oder nach bestimmten Personen zu fahnden. Ferner konnte man aufgrund des Modus Operandi, der individuellen „Handschrift" des Täters, Tatzusammenhänge erkennen.

Doch im Laufe der Jahre gingen diese Erkenntnisse verloren, da die nachwachsende Verbrechergeneration den Kriminalisten unbekannt war. Es galt, ein System zu entwickeln, mit dem die Verbrecher zweifelsfrei identifiziert werden konnten. Der bekannte **Hofgang**, bei dem die Sträflinge im Kreis um die Kriminalisten gehen mussten, war auch kein zuverlässiges Mittel. Das veränderte Aussehen eines Straftäters und die Schwierigkeiten der Kriminalisten, sich auch richtig zu erinnern, brachten große Probleme. Obwohl das Prinzip der Daktyloskopie bereits bekannt war, entschied man sich 1879 für ein **Körpermessverfahren**, das nach seinem Erfinder *Alphonse* ***Bertillon*** (1853–1914), einem Schreiber bei der Sûreté, **Bertillonage** genannt wurde. Der Grund hierfür lag nicht in der Frage begründet, welches Identifizierungssystem geeigneter war, sondern es ging um die Möglichkeit, die individuellen Merkmale eines Menschen nach bestimmten Kriterien in Karteien abzulegen und wiederzufinden, wie eine Namenskartei. Dies war mit den Fingerabdrücken derzeit nicht möglich.

Da der Vater von *Bertillon* Arzt war, wurde er früh mit medizinischen Kenntnissen vertraut gemacht. Auf der Basis dieses Grundwissens erkannte er, dass es keine „identischen" Menschen gibt. Sie unterscheiden sich nicht nur im Aussehen, sondern auch in den meisten **Körpermaßen**. Da man das Aussehen nur unzureichend beschreiben kann, galt es, die Körpermaße genau zu ermitteln und karteimäßig zu erfassen. Bei elf Körpermaßen, so errechnete er, sei die Wahrscheinlichkeit, dass zwei Menschen in allen Maßen gleich sind, 1 : 2,8 Mill. So maß er Körpergröße, Kopfumfang, Armlänge, Fingerlänge und andere Körperteile und trug dies in Karteikarten ein. Während die Karten nach den Messdaten geordnet und somit auch unter großen Mengen wiedergefunden werden konnten, trat ein anderes Problem auf, das die Methode schließlich als Identifizierungssystem ungeeignet machte. Das System funktionierte nur eingeschränkt bei **Erwachsenen** und wenn die Körpermaße ganz **exakt** gemessen wurden. Dies **scheiterte** am Verhalten der Menschen, die vermessen werden sollten, und schließlich an dem Vermesser, der größte Sorgfalt walten lassen musste. Man stelle sich vor, wie schwierig das exakte Vermessen eines Ohres ist. Bei geringen Abweichungen war bereits eine Übereinstimmung nicht mehr gegeben.

Darüber hinaus erkannte *Bertillon* nicht (oder wollte es nicht erkennen), dass sich die Bandscheiben in der Wirbelsäule des Menschen durch Ruhephasen verändern, weil sie sich wieder „mit Flüssigkeit aufladen". Vor der Ruhe ist der Mensch kleiner als nachher. Ebenso ließ er unbeachtet, dass die Zu- oder Abnahme des Körpergewichtes auch die Maße von Kopfumfang, Ohren oder Ellen verändert. Trotzdem wurde das Körpermessverfahren in Frankreich aus politischen Gründen wider besseres Wissen aufrecht erhalten, um ein vermeintlich besseres System zu haben, als die im damals politisch verhassten England praktizierte Daktyloskopie.

Bei der **Daktyloskopie** (Kapitel 4.15.2.1) hingegen hatte man ein relativ **einfaches Verfahren**, den Fingerabdruck sichtbar abzubilden und somit zu sichern. Die Fingerbeeren wurden mit Druckerschwärze bestrichen und auf Papier oder Karton abgerollt. Es fehlte hier jedoch an einer Methode, bei großen Mengen diese Fingerabdrücke nach einem bestimmten **System** abzulegen und, was ebenso wichtig war, wiederzufinden. Dieser Aufgabe nahmen sich auf der Welt verschiedene Personen gleichzeitig an, die sich durch ihre Veröffentlichungen gegenseitig anregten, sodass es **mehrere „Väter"** für die Lösung des Problems gibt.

Der Engländer *Francis* ***Galton*** (1822–1911) erkannte die Einmaligkeit (Kapitel 27, Abb.19 und 20) und Unveränderbarkeit der Fingerabdrücke und beschrieb 1892 in seinem Buch „Fingerprints" als Erster diese beiden wissenschaftlichen Grundprinzipien für die Datyloskopie. Ferner beschrieb er hierin Ansätze zur **Klassifizierung** der Fingerspuren.

Das **Prinzip der Klassifizierung** bestand in der **Kombination** eines Gesamtbildes der Fingerbeeren mit der Lage von individuellen Merkmalen. So konnte eine Fingerbeere z. B. das Grundmuster (Kapitel 27, Abb.21) „Schleife links" mit drei beginnenden Linien haben. Dieses Prinzip wurde im Laufe der Jahre verfeinert, aber stets beibehalten.

Doch erst der Chef der Metropolitan Police in London, *Edward* ***Henry*** (1850–1931), entwickelte 1900 ein brauchbares Klassifizierungssystem und richtete bereits 1901 hierfür den **Erkennungsdienst** ein. Damit verlagerte sich der kriminalistische Ruhm nach und nach von Paris nach London.

In **Argentinien** entwickelte 1896 der gebürtige Kroate *Juan* ***Vucetich*** (1858–1925) ein **daktyloskopisches Identifizierungssystem**. Hierbei war er von den Arbeiten *Galton*s angeregt worden. Besonders erwähnenswert ist, dass die **argentinischen Gerichte** als erste der Welt die Daktyloskopie anerkannten.

Damit waren die **wissenschaftlichen und praktischen Grundlagen** gefunden, die Daktyloskopie zur Identifizierung von Personen und zur Überführung von Spurenlegern in großem Stil zu betreiben.

Die immer wieder aufgeworfene Frage nach der **Einmaligkeit der Fingerabdrücke** von **eineiigen Zwillingen** ist inzwischen wissenschaftlich hinreichend erklärt (*Hobom*, a.a.O.). Forscher aus Großbritannien haben 2006 festgestellt, dass für die Unterschiedlichkeit von Menschen im Wesentlichen die Häufigkeit der Wiederholungen von DNA-Abschnitten verantwortlich sind. Damit erklärt sich, dass Zwillinge zwar dieselbe DNA aufweisen, jedoch deren Abschnitte **verschieden** häufig vorhanden sind.

Die Hautleistenbilder, warzenartige Verformungen der Haut, finden wir an den Händen und Füßen des Menschen (Kapitel 27, Abb.18). Sie heißen in der Fachsprache Papillen oder Papillarleisten. Sie sind die Verschleißschicht der Haut und wachsen ständig nach. Alle Hautleistenbilder sind individuell verschieden und können Vergleichspersonen zugeordnet werden. Zur Klassifizierung eignen sich jedoch nur die Finger- und Zehbeeren. Da die Fußabdrücke in unserem Kulturkreis kriminalistisch keine Rolle spielen, wendet man die Methode nur bei den Fingerbeeren an.

Darüber hinaus hat die gesamte Haut eine individuelle Struktur, die auch als solche nachgewiesen werden kann. Kriminalistisch sind hier nur Lippen- und Ohrabdrücke (Kapitel 4.15.2.4) bedeutsam. Erstere findet man an Trinkgefäßen, Letztere an Telefonhörern. Da bei diesen Spuren eine Klassifizierung nicht stattfindet, ist ein Vergleich nur mit einem bekannten Spurenleger möglich.

Wegen der vielen Entdecker gab es auch viele verschiedene **Klassifizierungssysteme**. Dies war prinzipiell unschädlich, solange die Vergleichsspur in der Sammlung gesucht wurde, die nach dem gleichen System klassifiziert worden war. Wollte man jedoch eine Spur mit einer fremden Sammlung vergleichen, so musste diese erst nach deren System klassifiziert werden.

Die **Vielfalt der Systeme** hatte zur Folge, dass allein in der alten Bundesrepublik bis 1977 vier verschiedene Systeme gleichzeitig benutzt wurden. *Horst* ***Herold***, dem damaligen Leiter des BKA, ist es zu verdanken, dass ab dann nur noch ein System benutzt wurde, das **Bund-Länder-System**.

Danach nahm die Entwicklung einen rasanten Verlauf. Ab 1982 wurden die Daten der Fingerabdrücke **elektronisch verarbeitet** und konnten mit Hilfe der EDV recherchiert werden. Die mühevolle Vergleichsarbeit von Tatortspur und Tatverdächtigem sowie die Suche nach Vergleichsfingern zur Identifizierung von Personen konnte jetzt durch Computer geleistet werden.

Seit Ende 1992 arbeitet das BKA mit dem Automatisierten-Fingerabdruck-Identifizierungs-System (AFIS). Dabei handelt es sich um ein System, welches bereits 1972 von der Firma Calspan Corporation aus Rockwell / USA unter dem Namen FINDER (Fingerprint-Reader) auf den Markt gebracht, aber von Deutschland als „nicht praktikabel“ (BKA-SchR, Band 51, S. 117, Wiesbaden 1982) bezeichnet wurde. Die Firma Morpho aus Frankreich erwarb das Patent und verkauft es unter dem Namen AFIS. Bei dem System werden Fingerabdrücke **digital in das Computersystem** eingelesen, automatisch klassifiziert und im Datenbestand recherchiert. Das Prinzip besteht darin, dass jedes Merkmal des Abdrucks lokalisiert und der Winkel (Kapitel 27, Abb.22) zur dazugehörigen Papillarlinie festgestellt wird, wobei der **Winkel stets konstant bleibt**, gleichgültig, ob der Abdruck durch festen oder leichten Druck zustande gekommen ist. Das neue Verfahren verkürzt die Eingabezeit von bisher 90 Minuten pro Person auf drei Minuten und erhöht die **Trefferwahrscheinlichkeit** auf 99 %. Somit können zeitschnell Fingerabdrücke von Tatverdächtigen vollautomatisch mit dem Datenbestand des BKA verglichen werden, um Personen zu identifizieren.

Da auch **Tatortspuren** eingegeben werden, kann festgestellt werden, ob eine bekannte Personen als Spurenleger in Frage kommt. Hierbei beträgt die Trefferwahrscheinlichkeit 60 %. Darüber hinaus ist es auch möglich, Tatortspuren untereinander zu vergleichen, um so Tatserien festzustellen, ohne den Modus Operandi (Kapitel 16) zugrunde legen zu müssen und ohne den Täter zu kennen. Die Tatortfingerspuren zeigen dann, ob sie von ein und demselben Spurenleger stammen.

Die Abnahme von Fingerabdrücken bei Personen geschieht mit verschiedenen Methoden. Sie erfolgt in der erkennungsdienstlichen Behandlung durch **Einschwärzen mit Druckerfarbe** und Abrollen der Finger auf Papier oder Karton. Hier werden alle zehn Finger auf einem Bogen, die zehn Finger auf Einzelkarten oder die Handflächen fixiert. Der Umfang der Fingerabdruckbögen wird durch die kriminellen Aktivitäten des Tatverdächtigen bestimmt.

Seit 2005 findet eine **Umstellung** der erkennungsdienstlichen Behandlung mit Hilfe der **elektronischen Datenverarbeitung (DigiEd-Net)** statt. Dabei werden Finger- und Handflächenabdrücke auch mit optoelektrischen Geräten, sogenannten **Life-Scan**, unmittelbar von der Haut digital eingelesen und mit PC-Druckern auf Papier gedruckt.

Tatortfingerspuren können mit Kontrastmitteln (Kapitel 4.3.5.2) und Folienabzug, nach chemischer Reaktion (Kapitel 4.3.5.3) oder mittels Schräglicht (Kapitel 4.3.5.1.2) durch Fotografie (Kapitel 4.3.6.4) gesichert werden. Die Haltbarkeit dieser Spuren ist sehr groß. Selbst Nässe oder Frost beeinträchtigen die Spuren kaum. Zur Sicherung müssen sie jedoch erst auf Raumtemperatur gebracht und getrocknet werden.

Identifizierung

Wegen der deutlichen **Ausprägung und Unterscheidungsmöglichkeit** von Hautbildern an den Fingern ist es auch gelungen, die verschiedenen Muster (Kapitel 27, Abb.21) so zu klassifizieren, dass sie in Karteien abgelegt und wiedergefunden werden können.

Eine Übereinstimmung zwischen der Tatortspur und dem Spurenleger wird dann angenommen, wenn zwölf anatomische Merkmale übereinstimmen. Gleiches gilt, wenn das Grundmuster und acht anatomische Merkmale übereinstimmen (BGH, 3 StR 229 / 52).

Darüber hinaus können die Fingerabdrücke mit Hilfe des Computerprogramms **AFIS** (Automatisiertes Fingerabdruckidentifizierungssystem, Kapitel 27, Abb. 22) vollautomatisch eingelesen, klassifiziert und verglichen werden (Küster, a.a.O., S. 154). Da derselbe Fingerabdruck durch starkes oder leichtes Drücken unterschiedlich groß ist und damit seine individuellen Merkmale an verschiedenen Stellen liegen können, musste für das vollautomatische Einlesen der Merkmale ein neues System gefunden werden. Das gelang mit den **Winkelfunktionen**. Dabei kommt nicht mehr auf die lokale Lage an, sondern auch die Winkel der X und Y-Achse.

Durch die vermehrte Ansammlung von **Tastkörperchen** im Bereich der Fingerbeeren und die Anordnung der **Fingernägel**, die das Greifen insbesondere im Bereich der **Feinmotorik** erleichtern, neigt der Mensch dazu, Gegenstände mit **nackten Händen** anzufassen. Da an diesen Stellen gleichzeitig vermehrt Schweißdrüsen platziert sind, wird das Leistenbild der Fingerbeeren auf Gegenstände übertragen. Weil der Schweiß wässrig ist, sind diese Abdrücke nicht ohne weiteres erkennbar. Insofern ist an Tatorten häufiger mit Fingerspuren zu rechnen, als angenommen wird.

Das **Entstehen von Fingerspuren** ist grundsätzlich an jedem festen Körper möglich. Beeinträchtigungen sind gegeben, wenn bei der Entstehung solcher Abdrücke große Wärme, Kälte oder Feuchtigkeit herrscht. Ist die Fingerspur erst einmal aufgebracht, so ist die Beeinträchtigung durch Umwelteinflüsse nur gering und die Haltbarkeit kann sich über Jahre erstrecken. Lediglich zur Sicherung der Spur muss diese getrocknet und auf Zimmertemperatur gebracht werden.

Im Rahmen der **Beweisführung** kommt es darauf an, die Fingerabdrücke an solchen Stellen zu finden, die nur der Täter während der Tatausführung berührt haben kann. Insofern kommt es nicht nur auf das Finden von Fingerabdrücken an, sondern es ist auch der individuelle Beweiswert zu prüfen. Hatte ein Tatverdächtiger z. B. legalen Zugang zum Tatort, so haben die dort gefundenen Fingerabdrücke nur geringen oder gar keinen Beweiswert für die eigentliche Tat.

Bei der **Tatortbefundaufnahme** ist zunächst eine Hypothese über den Tatablauf zu erstellen und dann an den Stellen zu suchen, die Fingerabdrücke versprechen.

Bei der **Spurensicherung** kommt es auf den Spurenträger an, welches Kontrastmittel (Kapitel 4.3.5.2) und ob Klebefolie (Kapitel 4.3.5.5) oder ob ein Reaktionsmittel (Kapitel 4.3.5.3) dazu eingesetzt wird (*Buchholz / Bretsch*, a.a.O.,

S. 651. *Schönborn / Lenertz*, a.a.O., S. 105). Welche **Ausrüstung** für die daktyloskopische Spurensicherung optimal ist, stellt *Schwarz* (a.a.O.) ausführlich dar.

4.4.1.2 Handflächen

In der Kriminalistik haben Handflächen auch Bedeutung, weil es Straftäter gibt, die Handschuhe tragen und so ihre Fingerbeeren schützten, um keine Spuren am Tatort zurückzulassen. In vielen Fällen verrutschen die Handschuhe jedoch, sodass die Handfläche, zumindest teilweise, abgebildet wird.

Darüber hinaus verwischen Fingerspuren oft, wenn schwere Gegenstände transportiert werden oder wenn große körperliche Kraft aufgewendet werden muss. In solchen Fällen bleiben die Handflächenabdrücke oft auswertbar. Diese Spuren werden ebenso wie Fingerabdrücke mit dem Computerprogramm **AFIS** (Kapitel 4.4.1.1) vollautomatisch recherchiert.

4.4.1.3 Fußsohlen

Die Haut an den Zehenbeeren und Fußflächen hat die gleiche daktyloskopische Struktur wie an den Händen. Die Spuren sind jedoch im hiesigen Kulturkreis unbedeutend, weil die Menschen selten barfuß laufen. Anders ist dies jedoch im Bereich von Schwimmbädern oder Saunen.

Die Sicherung erfolgt wie bei Fingerabdrücken (Kapitel 4.4.1.1).

4.4.1.4 Ohren

Ohren bilden ihre besondere Struktur vor der Geburt und halten sie das ganze Leben bei, sodass es keine Veränderungen durch Alter oder Mimik gibt. Sie sind bei jedem Menschen verschieden und ebenso individuell wie Fingerabdrücke. Deshalb eignen sie sich auch zur **Identitätsfeststellung** (ausführlich dazu: *Clas*, a.a.O.). Kriminalistisch haben Ohrabdrücke Bedeutung beim Telefonieren, beim Wohnungseinbruch und beim Tatortbild.

Beim **Telefonieren** tragen Täter häufig Handschuhe oder schützen sich anders vor der Übertragung ihrer Fingerabdrücke. Drücken sie jedoch den Hörer fest ans Ohr, so hinterlassen sie dort den Abdruck.

Vor **Wohnungseinbrüchen** lauschen die Täter regelmäßig an der Tür, um festzustellen, ob die Wohnung bewohnt ist. Dabei müssen sie das Ohr fest an die Tür anpressen, sodass dabei Ohrabdrücke entstehen.

Darüber hinaus geben die Ohrabdrücke Informationen über die **Körpergröße des Täters**. Um das Ohr an eine Tür anlegen zu können, muss sich der Täter leicht seitlich vorbeugen. Die Erfahrung zeigt, dass die Körpergröße etwa 16 bis 20 cm größer ist, als die Lage des Abdrucks des Gehörganges. So lassen sich zumindest allgemeine Hinweise ableiten, z. B. besonders klein oder groß. Ferner neigen Menschen beim Horchen dazu, die jeweils zum Ohr entgegengesetzte Hand etwa 60 cm tiefer, leicht schräg versetzt, an die Tür als Stütze anzulegen. Hier können **Fingerabdrücke** gefunden werden.

Ist auf einem **Tatortbild**, z. B. Banküberfall mit Gesichtsmaske oder Geldautomat, das Ohr des Täters sichtbar, so kann es im Vergleich mit Verdächtigen zur Identifizierung führen. In der Schweiz hat das Appellationsgericht im November 1994 die individuelle Unterscheidbarkeit von Ohrabdrücken zur Identifizierung von Tätern anerkannt (*Bürgin*, a.a.O., S. 369).

In den **Niederlanden** wird derzeit eine Datenbank über Ohrabdrücke aufgebaut. In Deutschland ist das BKA (Personenidentifizierungszentrale) in der Lage, Ohrabdrücke auszuwerten. Die Sicherung erfolgt wie bei Fingerabdrücken (Kapitel 4.4.1.1).

Dabei ist jedoch darauf zu achten, dass die Spur großflächig über den eigentlichen Ohrabdruck hinaus gesichert wird, um auch den Ohransatz erkennen zu können. Vergleichsabdrücke werden zweckmäßigerweise in der gleichen Situation genommen, wie bei der Tatausführung. Dabei sollten mindestens drei Abdrücke mit unterschiedlichem Anpressdruck genommen werden.

4.4.1.5 Lippen

Lippenabdrücke sind individuell und bleiben an Trinkgefäßen zurück. Dies ist nicht nur der Fall, wenn Lippenstift benutzt wird, sondern geschieht grundsätzlich. Eine Auswertung ist jedoch nur möglich, wenn der Spurenleger bekannt ist.

Die Sicherung erfolgt wie bei Fingerabdrücken (Kapitel 4.4.1.1).

4.5 Formung / Ab- und Eindrücke

4.5.1 Schuhe, Gangbild

Schuhe haben als Abdruckspur, als Eindruckspur (Kapitel 27, Abb. 23a und 23b), als Situationsspur und als Gangbild Bedeutung. Über das Sohlenmuster kann der Nachweis der Individualität oder der Gruppenzugehörigkeit erbracht werden. Darüber hinaus lassen die Ab- / Eindrücke Rückschlüsse auf die Anzahl der Täter, auf die Tatausführung und eventuell auf das Gewicht der Personen zu.

Da Schuhe Massenwaren sind, werden die Sohlen automatisiert hergestellt und sind somit untereinander gleichförmig. Dabei verwenden die Hersteller bei den verschiedenen Gruppen von Schuhen auch verschiedene Sohlentypen. Einige Hersteller prägen den Firmennamen als Relief oder das Firmenzeichen in den Absatz oder in die Sohle. Die Gruppenzugehörigkeit, das Relief und das Logo geben den Hinweis auf eine bestimmte Schuhmarke oder auf einen bestimmten Verwendungszweck, z. B. Turnschuhe.

Die Individualität wird erst erreicht, wenn die Sohle durch längeres Tragen Beschädigungen hat, wenn sich Splitter oder kleine Steinchen in die Sohle eingetreten haben oder Reparaturarbeiten vorgenommen wurden. Dabei dauert diese Individualität nur geringe Zeit, da durch weiteres Tragen das Sohlenbild wieder verändert wird. Zur Vermessung der Schuhsohlen sind **Messlinien** und deren Bezeichnung festgelegt (Kapitel 27, Abb. 23).

Abdruck

Zeichnet sich das Sohlenmuster auf hartem Untergrund ab, so spricht man von Abdruck. Dies kann dadurch erfolgen, dass Partikel von der Sohle auf den Untergrund übertragen oder solche vom Untergrund durch die Sohle aufgenommen werden. In beiden Fällen wird die Sohle mit allen individuellen Merkmalen originalgetreu abgebildet. Solche Spuren werden oft beim Einbruchsdiebstahl auf glatten Böden gefunden, aber auch auf Glasscherben, die auf dem Boden liegen, oder auf Schriftstücken, wenn der Täter den Tatort durchwühlt und diese auf den Boden geworfen hat.

Die Spurensuche ist sehr erfolgreich mit starkem Schräglicht (Kapitel 4.3.5.1.2). Die Sicherung erfolgt mit Klebefolie, insbesondere Schwarzfolie (Kapitel 4.3.5.5), oder mit elektrostatischer Folie (Kapitel 4.3.5.5). Die Auswertung kann mit vorhandenen Karteien oder in einem Vergleich mit den Schuhen des Tatverdächtigen erfolgen. Bei einigen Behörden werden auch Computerprogramme verwendet (*Feist / Knöfel / Stanke*, a.a.O., S. 659).

Eindruck

In weichem Erdreich, auf weichen Teer- oder Betonflächen kann der Schuh eingedrückt werden. Auch hier hinterlässt die Sohle das originale Muster. Die Tiefe des Eindrucks lässt auch Rückschlüsse auf das Gewicht der Person zu. Die Sicherung erfolgt mittels Abformmittel (Kapitel 4.3.5.4).

Das **Gangbild** (Kapitel 27, Abb.24) setzt sich zusammen aus:

- Gangart, es zeigt die Geh- bzw. Laufgeschwindigkeit,
- Schrittlänge, sie deutet auf die Körpergröße hin, und
- Fußstellung, sie zeigt den seitlichen Winkel zur Gehrichtung.

Ist das Gangbild nicht gleichförmig, so kann das auf Verletzungen oder Behinderungen hinweisen. Die Sicherung des Gangbildes erfolgt fotografisch (Kapitel 4.3.6.4) oder durch Abzeichnen (Kapitel 4.3.6.5) auf zusammenhängender Pergamentrolle. Das Gesamtbild sollte mindestens fünf aufeinander folgende Schuhabdrücke umfassen.

4.5.2 Handschuhe

Die **Feinmotorik** der Finger (Kapitel 4.4.1.1) wird durch das Tragen von Handschuhen erheblich beeinträchtigt. Darum haben Täter eine gewisse Abneigung gegen das Tragen von Handschuhen. Das gilt insbesondere bei Straftaten, die ein bestimmtes „Fingerspitzengefühl" erfordern. Insofern werden an Tatorten häufiger Fingerabdrücke gefunden, als vermutet wird.

Werden trotzdem Handschuhe getragen, so ergeben sich daraus auch Spurenbilder, die individuell (Kapitel 4.2.4.2) oder einer Gruppe (Kapitel 4.2.4.1) zuzuordnen sind. Sind die **Handschuhe aus Leder**, so haben sie als organische Stoffe ein individuelles Muster. Dieses prägt sich auf dem Spurenträger aus. Die Sicherung kann durch Schräglicht (Kapitel 4.3.5.1.2) und Fotografie (Kapitel 4.3.6.4), durch Klebefolie (Kapitel 4.3.5.5) oder durch elektrostatische Folie (Kapitel 4.3.5.5) erfolgen.

Handschuhe aus anderen Materialien können Abdruckspuren oder Eindruckspuren hinterlassen. Je nach Gebrauch können sie individuelle Merkmale enthalten. Die Sicherung erfolgt durch Klebefolie (Kapitel 4.3.5.5), elektrostatische Folie (Kapitel 4.3.5.5) oder durch Abformmittel (Kapitel 4.3.5.4). Haben Handschuhe an den Handflächen Schlitze (Kapitel 27, Abb.25), können dadurch Teile der Handfläche als Formspur hinterlassen werden. Die Sicherung erfolgt mit Kontrastmitteln (Kapitel 4.3.5.2) und Klebefolie (Kapitel 4.3.5.5) oder mit Reaktionsmitteln (Kapitel 4.3.5.3).

4.5.3 Reifen / Spurweite

Unter dem Begriff Reifen werden die **Laufflächen** von Rädern zusammengefasst. Diese Laufflächen können aus Eisen, Holz, Kunststoff oder Gummi sein. Vom Materialaufbau können es massive Räder sein oder pneumatische (luftgefüllte). Sie können in der Lauffläche glatt oder profiliert sein.

Kriminalistisch bedeutend sind sie z. B. als Bereifung bei Fahrrädern, Transportkarren oder bei Kraftfahrzeugen. Reifen verursachen die gleichen **Ab- und Eindruckspuren** wie Schuhe (Kapitel 4.5.1) und sind ebenso zu sichern.

Kraftfahrzeugreifen haben ein besonders ausgeprägtes Muster der Lauffläche, das Profil genannt wird. Es soll für die notwendige Haftung aber auch für komfortable Laufruhe sorgen. Aus dieser Musterung kann bereits auf eine Gruppenzugehörigkeit geschlossen werden, wie z. B. Winterreifen, Regenreifen, pp.

Die **Individualität** erhält der Reifen durch Ablaufen, durch Beschädigungen und durch Gegenstände, die sich ins Profil eindrücken (Kapitel 27, Abb.26). Neben dem Profil können Reifenspuren durch die Eindrucktiefe auch Rückschlüsse auf das transportierte Gewicht geben.

Bei Kraftfahrzeugen gibt die **Reifenspur** zusätzliche Hinweise auf heftige Lenkbewegungen, auf die Beschleunigung und auf den Bremsvorgang. Entsprechende Abdrücke, Eindrücke oder Riefen entstehen auf dem Spurenträger. Diese Spuren werden bei der Verkehrsunfallaufnahme (Kapitel 7.5.8) auch als Schleuderspur, Beschleunigungsspur und Bremsspur bezeichnet.

Handelt es sich um die **Erstbereifung** eines Kraftfahrzeuges, so können daraus der Fahrzeughersteller und das Baujahr abgeleitet werden.

Die **Spurweite**, gemessen an einer Achse von Felgenmitte zu Felgenmitte (DIN 70000), gibt Hinweise auf das Fahrzeugfabrikat. Dabei ist darauf zu achten, dass die meisten Hersteller an ein und demselben Fahrzeug unterschiedliche Spurweiten an der Vorderachse und der Hinterachse haben. Die Reifen der Vorderachse und die der Hinterachse können deshalb bei leichter Kurvenfahrt gut auseinander gehalten werden.

Da beim **Messen der Spurweite** die Felgenmitte aus der Reifenspur nur schwer zu ermitteln ist, sollte die Messung zwischen der Profilinnenseite des einen Rades und der Profilaußenseite des anderen Rades erfolgen.

4.5.4 Werkzeuge

Werkzeuge sind alle Hilfsmittel, die menschliche Arbeit unterstützen. Hierbei werden Handwerkzeuge und Maschinenwerkzeuge unterschieden. Unter diesem Gesichtspunkt kommen z. B. Besen, Schaufel, Hammer, Zange, Messer, Bohrmaschine, Hobel, und vieles andere mehr, in Betracht. Kriminalistisch wird der Begriff auf **Hebelwerkzeuge** eingegrenzt, z. B. Brechstange, Kuhfuß oder Schraubendreher.

Hebelwerkzeuge erzeugen Eindruckspuren, Abdruckspuren oder Riefen (Kapitel 27, Abb.4). Das **Spurenmuster** kann einer Gruppe zugeordnet werden oder durch Gebrauch oder Beschädigung des Werkzeuges individuell sein.

Die Spurensuche erfolgt mit Schräglicht (Kapitel 4.3.5.1.2) und Lupe (Kapitel 4.3.5.11). Die Spurensicherung sollte mit dem Spurenträger im Original durchgeführt werden. Ist das nicht möglich, so kommen Abformmittel (Kapitel 4.3.5.4) in Betracht.

4.5.5 Schloss / Schlüssel

Schlösser dienen der mechanischen Verriegelung von Gegenständen, Behältnissen und Türen (Kapitel 27, Abb.27). Nach der Möglichkeit der unbefugten Überwindung werden sie in einfache Schlösser und in Sicherheitsschlösser unterteilt.

Schlüssel bestehen aus dem Profil, das der Form des Schlüssel-Kanals (-Loches) entspricht, und dem Schlüsselbart, dem glatten oder gezackten Teil, der die Sicherung mechanisch überwindet und den Schließmechanismus betätigt (Kapitel 27, Abb.28). Die Originalschlüssel verursachen in den Schlössern typische Spuren. Alle nachgemachten Schlüssel oder Werkzeuge verursachen andere Spuren, die eindeutig festgestellt und unterschieden werden können.

Beim **Zahlenschloss** befindet sich bildlich gesprochen der „Schlüssel“ bereits im Schloss und verbleibt auch dort. Tatsächlich bedarf es keines Schlüssels im herkömmlichen Sinne. Diese Funktion wird von mehreren kleinen Rädchen übernommen, die fest mit dem Schloss verbunden sind. Außen tragen die Rädchen Zahlen und im Innern Ausnehmungen an jeweils nur einer Stelle. Liegen die Ausnehmungen aller Rädchen in einer Reihe, so kann das Schloss geöffnet werden. Da der innere Teil von außen nicht einsehbar ist, kann die richtige Einstellung nur über die entsprechende Zahlenkombination erfolgen. Bei aufwendigen Schlössern kann der Öffnungscode verändert werden. Der Vorteil eines solchen Systems besteht darin, dass verschiedene Benutzer, ohne den Schlüssel mitführen müssen, das Schloss öffnen können.

Vorhängeschlösser, auch Bügelschlösser genannt, sind mobile Schlösser.

Kastenschlösser werden auf den sichernden Teil aufgeschraubt und sind in geschlossenem Zustand für Unbefugte nicht zugänglich. Sie werden überwiegend in Keller- und Schranktüren und in Schubladen eingebaut.

Einsteckschlösser sind in den sichernden Teil montiert, z. B. in das Türblatt. Sie werden vorwiegend in Wohnungstüren, Schranktüren und Schubladen eingebaut. Nach der Sicherheit sind sie als Buntbartschlösser oder Chubb-Schlösser hergestellt.

Buntbartschlösser (Kapitel 27, Abb.29) werden mit einem geformten Schlüssel-Profil geschlossen, dessen Silhouette dem des Schlüssel-Kanals (-Loches) entspricht. Der Schüssel wirkt unmittelbar auf das Verriegelungssystem. Diese Schlösser lassen sich mit einfachsten Schließwerkzeugen, z. B. Büroklammern, öffnen.

Chubb-Schlösser (Erfinder: *Jeremiach* ***Chubb***, – 1918, Kapitel 27, Abb.30) werden durch mehrere Zuhalterungen gesichert. Schlitze im Schlüsselbart entriegeln diese. Der Schlüssel wirkt sowohl auf das Sperrsystem als auch auf das Verriegelungssystem. Dadurch wird eine größere Sicherheit als bei Buntbartschlössern erreicht. Aufwendige Chubb-Schlösser werden an Möbeltresoren verwendet, da der große Schlüssel besser auf das schwere Verriegelungssystem wirken kann.

Sicherheitsschlösser (Kapitel 27, Abb. 31) werden heutzutage als Profilzylinder oder als Rundzylinder hergestellt, wobei diese eigentlich Doppelzylinder heißen, da sie von innen und außen einen separaten Schließzylinder haben. Die Technik ist sehr ausgeklügelt. Der Schlüssel wirkt auf das Sperrsystem und der Schließzylinder auf das Verriegelungssystem. Die Überwindung verlangt Insiderwissen und erhebliche Übung.

Profilzylinder werden nach dem äußeren Aussehen bezeichnet und sind nach dem System Sicherheitsschlösser. Sie bestehen aus einem Stator (Zylindergehäuse) und einem Rotor (Zylinderkern). Der Stator ist mit dem Gegenstand, z. B. Tür oder Klappe, und dem eigentlichen Schloss fest verbunden. Der Rotor nimmt den Schlüssel auf, lässt sich drehen und wirkt auf die Verriegelung. Zwischen Rotor und Stator stecken federngelagerte Stifte (Kern- und Gehäusestifte), die das Drehen des Rotors verhindern. Erst wenn der passende Schlüssel in das Schloss gesteckt wird, verschiebt der Schlüsselbart die Stifte so, dass die Trennlinie zwischen Rotor und Stator frei wird und das Schloss sich drehen lässt. Bei Profilzylindern liegen die Stifte im unteren Teil des Schlosses, sodass der Schlüsselbart nach unten gehalten werden muss.

Rundzylinder sehen kreisförmig aus. Sie funktionieren wie Profilzylinder. Die Stifte liegen jedoch im oberen Teil des Schlosses, sodass der Schlüsselbart nach oben gehalten werden muss.

Doppelbartschlösser, siehe Kfz-Schlösser (Kapitel 4.5.5.3 und 4.21, Abb. 32).

Elektrische / elektronische Schlösser zählen zu den Sicherheitsschlössern, wobei der Schlüssel durch Magnete, magnetische Datenträger (Scheckkarte), Mikrochip (Telefon-SIM-Karte im Handy) oder elektronische Zahlenschlösser ersetzt wird. Vereinzelt gibt es auch noch Lochkarten, die nach dem Hollerith-Verfahren (nach dem Erfinder *Hermann* ***Hollerith***, 1860-1929) funktionieren. Diese Schließsysteme werden vorwiegend in Hotels verwendet, weil die Benutzungsdauer individuell gespeichert werden kann, sodass bei Verlust oder Diebstahl eines „Schlüssels" eine unbefugte Nutzung ausgeschlossen ist. Aufwendige elektronische Schlösser befinden sich auch an Möbeltresoren.

4.5.5.1 Überwindungsmöglichkeiten

Kriminalistisch haben Sicherheitsschlösser vorrangige Bedeutung, weil damit Haustüren, besondere Räume sowie Kraftfahrzeuge gesichert werden. Insofern wird auch nur dieser Bereich nachfolgend behandelt.

Sicherheitsschlösser können durch **Nachschließen, Abformen, Picking, Raking, -Schlagtechnik, Durchbrechen** und durch **Aufbohren** überwunden werden.

Das **Nachschließen** erfolgt mit Nachschlüsseln. Das Anfertigen von Nachschlüsseln oder das Fertigen einer Kopie kann durch Abformen, durch Abtasten oder mit der Code- Sicherheitsnummer erfolgen. Kriminalistisch bedeutsam ist, dass Originalschlüssel und nachgemachte Schlüssel verschiedene Spurenbilder erzeugen, die nachgewiesen werden können.

Das **Abformen** geschieht mit plastischer Masse, die nach dem Abdruck aushärtet. Reste dieser Masse bleiben im Mikrobereich (Kapitel 4.2.3.1.1) an dem Originalschlüssel zurück und können dort nachgewiesen werden. Der neue Schlüssel weicht in Kleinigkeiten vom Original ab, was am Spurenbild im Schloss festgestellt werden kann.

Beim Herstellen durch **Abtasten** wird das Schleifgerät für den neuen Schlüssel vom Abtastgerät, das über den Originalschlüssel geführt wird, gesteuert. Erfolgt das Abtasten mechanisch, bilden sich am Originalschlüssel typische Spuren, die nachgewiesen werden können. Erfolgt das Abtasten durch Lasertechnik, fehlen die Abtastspuren.

Besonders gesicherte Bereiche werden mit Sicherheitsschlössern ausgestattet, die mit einer **Sicherheitsnummer** versehen sind. Diese lassen sich auch mit einem Schließsystem verbinden, sodass der Hierarchie entsprechend, verschiedene Personen mit einem Schlüssel verschiedene und gleiche Schlösser öffnen können, z. B. der Abteilungsleiter die Türen seiner Abteilung und die Außentür, der Prokurist aber alle Türen des Unternehmens. Damit diese Schlüssel nicht ohne weiteres nachgemacht werden können, verpflichten sich die Hersteller, die Rohlinge der Schlüssel nicht an den Handel weiterzugeben und Nachbestellungen nur unter Vorlage eines Sicherheitsscheines zu erstellen. Um einen Nachschlüssel zu erhalten, muss sich der Täter den **Sicherheitsschein** beschaffen. Bei der Tatortbefundaufnahme sollte sich der Kriminalist diesen Schein vorlegen lassen und dessen sichere Aufbewahrung prüfen.

Picking

ist die englische allgemeine Bezeichnung für „Schloss mit einem Dietrich öffnen". Hier begrenzt sich der Begriff jedoch auf eine bestimmte Methode. Angriffsziel sind die Kern- und Gehäusestifte. Das Prinzip besteht in der Perkussion oder dem Prellschuss-Effekt. Dazu benötigt man einen **Elektro-Pick**, einen **Tensionshaken** und einen **Flipper**.

Der **Elektro-Pick** hat eine Stahlfederspitze (Stahlnadel), die von einem Elektromotor in Schwingungen versetzt wird. Die Frequenz beträgt rund 450 Takte pro Minute. Die Stahlnadel wird in den Schlüsselkanal eingeführt und damit die Sicherheits-Stifte in schwingende Auf- und Abbewegung versetzt.

Da die schwingenden Stifte immer wieder in ihre Sperrstellung zurückrutschen, muss mit einem **Tensionshaken** der Rotor des Schlosses durch eine leichte Drehung unter Spannung gehalten werden. Der Tensionshaken besteht aus einem schmalen Federstahl und sieht einem an der Spitze umgebogenen Uhrmacherschraubendreher ähnlich. Die Spitze wird in den oberen Teil des Schlüsselkanals gesteckt und der Rotor leicht gegen den Widerstand gedreht. Dies verlangt sehr viel Fingerspitzengefühl und hat zur Folge, dass die schwingenden Stifte an der Trennlinie zum Stator (Kapitel 27, Abb.31) hängen bleiben, sodass der Rotor gedreht werden kann. An dem Schlüsselkanal entstehen dadurch typische Spuren.

Wenn das Schloss mehrmals umgeschlossen oder getourt ist, springen die Stifte bei jeder Drehung in die Sperrstellung zurück, wenn die Nullstellung des Schlosses erreicht wird, sodass der Picking-Vorgang wiederholt werden muss. Diese Prozedur kann eingespart werden, wenn ein **Flipper** hinzugenommen wird. Sind die Stifte das erste Mal in die richtige Stellung gebracht, so wird das Schloss nur zur Hälfte gedreht. Damit bleiben die Stifte in der geöffneten Stellung. Jetzt wird der Flipper eingesetzt, das ist eine aufgezogene Springfeder, die den Rotor mit so hoher Geschwindigkeit dreht, sodass die Stifte beim Passieren der Nullstellung nicht einrasten können. Der Flipper wird mit zwei Stiften, die am Ende der Springfeder angebracht sind, in den Schlosskanal geschoben. Auch dabei entstehen typische Spuren.

Raking

(Harken) wird mit einem wellenförmigen Stahldraht durchgeführt. Wenn die Stifte nicht allzu sehr in ihrer Stellung voneinander abweichen, kann der Draht durch schnelles Hin- und Herführen im Schlüsselkanal den gleichen Effekt erzielen wie das Picking.

Schlagtechnik

ist eine Untervariante von Picking und Raking. Erforderlich ist ein Schlüssel, der profilpassend ist und dessen Bart in der Länge präpariert wurden (Kapitel 4.1.7). Durch Schlagen auf den eingesteckten Schlüssel und gleichzeitigem Drehen lässt sich mit viel Fingerspitzengefühl das Schloss überwinden. Am Schloss entstehen typische Spuren, die diese Öffnungsart beweisen können.

Durchbrechen

Die einfachste Methode, ein Sicherheitsschloss zu überwinden, besteht darin, es mit einem Hebelwerkzeug durchzubrechen. Der Außen- und der Innenzylinder sind in der Schlossmitte durch einen sehr schwachen Steg verbunden. Mit Hilfe einer längeren Zange oder einer Schlossschablone mit Hebel kann der Doppelzylinder dort durchgebrochen und herausgenommen werden. Dadurch wird der Verriegelungsmechanismus frei und kann

mit einem einfachen Haken betätigt werden. Diese Methode setzt jedoch voraus, dass der Gehäusezylinder so weit aus dem Rahmen herausragt, dass er mit dem Hebelwerkzeug angefasst werden kann. Bleiben die Schlossteile zurück, so kann an diesen das Werkzeug nachgewiesen werden. Zusätzlich entstehen an der Tür oder dem Schlossblech Abdruckspuren (Kapitel 4.2.3.2.2) oder Riefen (Kapitel 4.2.3.2.2), die individuellen (Kapitel 4.2.4.2) Charakter haben.

Ähnlich können Sicherheitsschlösser mit **Ziehwerkzeugen** überwunden werden (Kapitel 4.1.7).

Beim **Aufbohren** von Schlössern werden die Schlossstifte an der Trennlinie zwischen Rotor und Stator durchbohrt, sodass der Rotor gedreht werden kann. Die Methode wird erschwert, wenn die Stifte aus gehärtetem Stahl bestehen.

4.5.5.2 Untersuchungsmöglichkeiten
(Beispiel in Kapitel 4.20.2)

Die Möglichkeiten beim Überwinden von Sicherheitsschlössern erstrecken sich über die in den Kapiteln 4.5 und 4.6 beschriebenen Ab-, Eindruck- und Materialspuren hinaus auf folgende Bereiche:

- Ist das Schloss mit einem „fremden Schlüssel" geschlossen worden? Dazu müssen alle „legalen Schlüssel" vorgelegt werden.
- Wenn ein „verdächtiger Schlüssel" vorhanden ist, wurde mit diesem geschlossen?
- Wurde mit „Schlagtechnik" gearbeitet?
- Wurde mit einem Elektro-Pick gearbeitet?
- Wurde ein Tensionshaken benutzt?
- Wurde ein Flipper aufgesetzt?
- Wurde die Raking-Methode angewendet?
- Wurden andere Methoden angewendet?

Die Sicherung der Spuren erfolgt im Original. Bevor das Schloss ausgebaut wird, sind Innen- und Außenseite eindeutig zu kennzeichnen. Da zum Ausbau des Schlossgehäuses der Rotor in eine Schrägstellung gebracht werden muss, darf dies nur über den **inneren Teil** erfolgen. Der dazu benutzte Schlüssel sollte im Schloss stecken bleiben.

Wurde das Schloss entwendet, so können die Verriegelungsteile ausgebaut werden, um dieses Spurenbild zu untersuchen (*Eberhardt / Knochenhauer*, a.a.O. 1996, S. 415 und 2003, S. 691).

4.5.5.3 Kfz-Schloss / Schlüssel

Kraftfahrzeuge (Kraftwagen und Kraftzweiräder) stellen einen hohen **Wertgegenstand** und Gebrauchswert dar und sind dementsprechend gesichert. Gleichwohl werden in Deutschland jährlich rund 50 000 Kraftwagen und rund 39 000 Kraftzweiräder gestohlen.

Darüber hinaus werden in Deutschland jährlich rund 450 000 Kraftfahrzeuge **aufgebrochen** und wertvolle Gegenstände daraus gestohlen. Hierbei werden etwa zur Hälfte die Schlösser der Fahrzeuge überwunden.

Kraftfahrzeuge sind an Türen, Kofferraum und Zündung gegen unbefugtes Öffnen und unbefugte Benutzung durch besondere Schließmechanismen gesichert (Kapitel 27, Abb.32). Dabei werden Schlösser mit Zuhalteplättchen und so genanntem Wendeschlüssel (Doppelbartschlüssel) verwendet, die dem Prinzip nach wie Sicherheitsschlösser (Kapitel 4.5.5) funktionieren.

Bei einem Kfz-Bestand von mehreren Millionen kann die Verschiedenheit der Schlösser nicht so groß sein, dass jedes individuell ist. Der Gesetzgeber verlangt eine **Schließverschiedenheit** von 1 000. Dies wird von den Herstellern durch den sogenannten Vierbahnenschlüssel auf 6 000 erhöht. Um darüber hinaus ein zufälliges Schließen zu verringern, liefern die Kfz-Hersteller die Neuwagen mit gleichen Schlössern in verschiedene Regionen. Obwohl es sehr viele Kfz gibt, die das gleiche Schließsystem haben, ist das zufällige Schließen von fremden Kfz die Ausnahme. Anders ist es bei funk- oder lasergesteuerten Schließsystemen (so genannte **Fernbedienung**), die inzwischen überwiegend verwendet werden. Da das Öffnen oder Verschließen über eine Entfernung hinaus vom Kfz erfolgen kann, werden somit auch alle gleichen Systeme geschlossen, die zufällig in der Nähe abgestellt sind. Diese Lücke wird von professionellen Dieben intensiv genutzt. Wird das Öffnen von fremden Kfz nicht bemerkt, so verschließen sich diese wieder automatisch, wenn nicht in kurzer Zeit die Fahrzeugtür geöffnet wird.

Seit 1995 werden Kraftfahrzeuge nach und nach mit einer elektronischen Wegfahrsperre ausgerüstet. Durch Abziehen des Zündschlüssels wird das **elektronische Motormanagement** blockiert, was sich nur durch einen elektrischen Impuls aus einem Chip im Originalfahrzeugschlüssel (Siehe Transponder, Kapitel 27, Abb.33) lösen lässt. Der codierte Impuls wird bei jedem Schließvorgang willkürlich verändert und ist so kaum auszuspähen. (LKA-Blatt Niedersachsen, Sonderausgabe 4 / 2000. Die Analyse der Diebstahlsumstände der trotz dieser Sperre gestohlenen Fahrzeuge zeigt, dass die Fahrzeugbesitzer den Originalschlüssel leichtfertigt oder vorsätzlich den Dieben zugänglich machten oder dass Insider der Fahrzeugherstellung ihr Wissen unbefugt weitergaben. Bei der Anzeigenaufnahme sollte stets nachgefragt werden, ob weitere Schlüssel beim Hersteller nachbestellt wurden.

Werden Kraftfahrzeuge mit Abschleppwagen oder Kraftzweiräder in Anhängern gestohlen und in einer „Werkstatt" fachkundig geöffnet und fahrbereit gemacht, so sind Diebstahlsmerkmale nur schwer zu erkennen. Hier ist eine besondere Identifizierung erforderlich (Kapitel 4.14).

Das Überwinden des Schließmechanismus an einem Kfz vor Ort ist nur mit Insiderkenntnissen möglich und bedarf in der Regel auch bestimmter Werkzeuge und handwerkliches Geschick. Dabei werden verschiedene Methoden angewendet:

Tür und Kofferraum

a) Der erforderliche Schlüssel wird nachgemacht. Hierbei werden die gleichen Methoden angewendet und es entstehen die gleichen Spuren wie unter Kapitel 4.5.5.1.

Ist der **Tankdeckel** mit einem Schloss ausgestattet und nicht verschlossen, so wird dieses ausgebaut und dazu ein Schlüssel gefertigt. Ob das Schließsystem im Tankdekkel fehlt, lässt sich dadurch feststellen, dass es mit jedem beliebigen Schlüssel gedreht werden kann. Mit einem so nachgemachten Schlüssel kann jedoch nur das Türschloss, nicht das Zündschloss betätigt werden, da es in der Zuhalterung geringfügig abweicht. Es kann aber auch ein sogenannter **Mittelschlüssel** (Kapitel 4.1.7) verwendet werden, der etwa die Hälfte der verwendeten Sicherungsmerkmale enthält. Durch Rüttelbewegungen und gleichzeitigem Drehen können die Zuhalteplättchen an der Trennlinie zwischen Stator und Rotor hängen bleiben, sodass der Rotor gedreht werden kann. Bei älteren Fahrzeugen tritt ein erheblicher Verschleiß der Zuhalteplättchen und eine starke Verschmutzung ein, sodass keine ordnungsgemäße Verriegelung mehr besteht. Dadurch lässt sich das Schloss ohne Probleme mit einem ähnlichen oder falschen Schlüssel schließen.

Werden nach einem Fahrzeugdiebstahl vom **Halter nicht alle mitgelieferten Fahrzeugschlüssel** vorgelegt, so ist dies allein zwar ein Indiz für dessen Beteiligung aber noch **kein Beweis** (BGH in NJW 1995, S. 2169). Vielmehr muss der Einzelfall genau geprüft werden. Die Spuren bei unbefugtem Öffnen entsprechen denen bei Sicherheitsschlössern in Kapitel 4.5.5. Die Untersuchungsmöglichkeiten entsprechen denen in Kapitel 4.5.5.2.

b) Mit einem schweren Schraubendreher wird in den Schlosskanal gestoßen und das Schloss mit dem Türblech so verdreht, dass sich das Verriegelungssystem öffnet. Dabei wird der Schraubendreher oft mit einem Hebelwerkzeug gedreht.

c) Bei verstärktem Türblech wird der schwere Schraubendreher mit einem Hebelwerkzeug gedreht, sodass sich die Zuhalteplättchen verbiegen und das Schloss den Verriegelungsmechanismus betätigt.

Diese Methode ist nicht anwendbar bei Schlössern mit Freilauf, da sie sich frei und funktionslos drehen lassen, ohne den Sperrmechanismus zu lösen. Erst mit dem Schlüssel wird in den Sperr- und Verriegelungsmechanismus eingegriffen.

d) Mit einer großen Rohrzange wird das Schloss aus der Tür herausgebrochen und das Verriegelungssystem betätigt.

e) Mit einer Schusterahle (Stahlnadel mit Handgriff) oder einem anderen spitzen Gegenstand wird das Türblech an der Stelle durchstoßen, an der sich das Verriegelungssystem befindet und dieses so betätigt. Die Methode wird als „Schlossstechen“ bezeichnet. Bei einigen Fahrzeugen kann zwischen die Gummieinfassung des Türgriffs gestochen werden, sodass nur geringe Spuren entstehen, die schlecht zu erkennen sind.

f) Bei verstärkten Blechen e) wird dieses mit einem Akku-Bohrer durchbohrt.

g) Auch Kfz-Schlösser können mit einem Ziehwerkzeug entfernt werden (Kapitel 4.1.7).

h) Zwischen der Türscheibe und dem Wasserabstreifgummi wird mit einem flachen Gegenstand (z. B. Sägeblatt) in das Innere der Tür vorgedrungen und der Verriegelungsmechanismus betätigt.

Handelt es sich um eine **elektrische Zentralverriegelung**, so wird der Kabelstrang herausgeangelt und durch Kurzschluss der Mechanismus betätigt.

Bei **pneumatischer Zentralverriegelung** wird der Schlauch herausgeangelt und mit dem entsprechende Über- oder Unterdruck der Mechanismus betätigt. Dieser Druck kann mit einer umgebauten Fahrradpumpe für Rennreifen erzeugt werden.

i) Die Verriegelungsknöpfe können mit einem Draht oder Paketband hochgezogen werden, sodass die Tür entriegelt ist. Um den Knopf besser zu erreichen, wird die Tür mit einem Hebeleisen leicht aufgedrückt.

Diese Methode funktioniert nicht bei Fahrzeugen, die mit einem Blockiersystem ausgestattet sind. Die Verriegelungsknöpfe werden hierbei mit dem inneren Türgriff hochgedrückt.

Am Schloss, am Verriegelungssystem, am Türblech und am Wasserabstreifgummi sind charakteristische Spuren (Materialspuren, Kapitel 4.2.3.2.1, und Formspuren, Kapitel 4.2.3.2.2) erkennbar und auszuwerten.

Zündschloss

Bei Kraftwagen und Kraftzweirädern wird über das Zündschloss der Sperrbolzen der Lenkung entriegelt, der Zündstrom für die Zündkerzen (bei Dieselmotoren für die Glühkerzen) geschaltet und der Anlasser betätigt.

Die Überwindung erfolgt:

a) Mit den Methoden a) und g) für Tür und Kofferraum (siehe oben).
b) Durch gewaltsames Überdrehen des Sperrbolzens und durch Kurzschluss von Zündstrom und Anlasser.

Das Überdrehen ist nur bei Kraftzweirädern und älteren Kraftwagen möglich. Es bedeutet aber auch eine eingeschränkte Beweglichkeit der Lenkung und die Gefahr, dass das Fahrzeug plötzlich nicht mehr lenkbar ist.

Bei neueren Fahrzeugen wird der Sperrvorgang in der Lenknabe vorgenommen und ist nur sehr schwer zu überwinden.

Bei der Spurensuche und Spurensicherung ist darauf zu achten, ob die Kurzschlusskabel die charakteristischen Schmelzpunkte (Kapitel 4.12.3.2) aufweisen.

4.5.6 Prägezeichen

Prägen ist eine Einwirkung durch **Druck** auf einen festen Körper. Im kalten Zustand soll eine neue Form gegeben werden. Diese Form kann ein neuer

Gegenstand werden oder einen vorhandenen Gegenstand kennzeichnen oder beschriften. Bei diesem Vorgang kann es lediglich zur Verformung kommen , z. B. beim Biegen, oder zur Materialverdichtung, z. B. bei der Münzherstellung oder beim Einschlagen von Zeichen.

Kriminalistisch bedeutsam sind Verformungen, bei denen das Material verdichtet wird, z. B. beim **Einschlagen von Nummern und Buchstaben** in Fahrgestelle, Motoren, Waffen, Geräte, u. a. (Kapitel 27, Abb.34) Werden diese Prägezeichen verändert oder entfernt, so können sie mit kriminaltechnischen Mitteln wieder sichtbar gemacht werden.

Wird in ein Metall ein Prägezeichen eingeschlagen oder gepresst, so erkennt man das Zeichen als **Vertiefung**. Diese Vertiefung ist aber auf der Rückseite des Metalls nicht zu erkennen. In der Vertiefung ist das Material nicht verloren gegangen, sondern zusammengestaucht oder **verdichtet**. Dieser Vorgang ist beim Schmieden bekannt, wodurch eine bessere Eisenqualität erreicht wird, die man Stahl nennt.

Prägezeichen sind durch **großflächiges Abschleifen** der Oberfläche nicht mehr sichtbar. An den Stellen der Prägezeichen ist das Material aber dichter als an den übrigen. Diese Materialstruktur ermöglicht, die Prägezeichen wieder sichtbar zu machen, wenn die Oberfläche mit Ätzlösung behandelt wird, z. B. mit Salzsäure unter Zugabe von Kupferammoniumchlorid. Das Verfahren kann durch Elektrokorrosion beschleunigt werden. Die verdichteten Stellen reagieren langsamer als die übrigen, sodass die Prägezeichen als erhabene Stellen wieder sichtbar werden. Schräglicht (Kapitel 4.3.5.1.2) begünstigt die Identifizierung. Das Verfahren bedarf Erfahrung und Übung und sollte nur durch Sachkundige des Erkennungsdienstes durchgeführt werden.

Sind die Prägezeichen **überschlagen** worden, sko muss vor der Behandlung mit Ätzlösung die Oberfläche glattgeschliffen werden. Durch die Reaktion sind die alten und neuen Prägezeichen voneinander zu unterscheiden.

Neben weiteren elektrolytischen, elektromagnetischen oder thermischen Methoden wird zur Sichtbarmachung von entfernten Prägezeichen in Metall die **Magnetische Visualisierungsmethode** angewendet (*Herrmann*, a.a.O., S. 609). Eine Methode, die bei der industriellen Werkstoffprüfung eingesetzt wird. Dabei wird auf beiden Seiten der veränderten Stelle je ein starker Spezialmagnet mit hoher Haftkraft aufgesetzt. Auf die veränderte Stelle selbst wird ein Plastikbeutel mit Flüssigkeit gelegt. Die Flüssigkeit ist dünnviskos und enthält freischwebende Metallteilchen, die nur 0,2 µm groß sind. Das zwischen den Magneten erzeugte Feld wird im Werkstoff gebündelt und verstärkt. Doch die Prägestellen sind für das magnetische Feld Störstellen, sodass die Feldlinien an die Oberfläche durch den Plastikbeutel geleitet werden. Dabei ordnen sich die darin befindlichen Metallpartikel so, wie die Prägung ursprünglich war, und machen sie wieder lesbar. Das gesamte Verfahren dauert weniger als eine Minute. Ein weiterer Vorteil liegt darin, dass die zu untersuchende Stelle nicht vorbehandelt werden muss.

Entfernte oder veränderte Prägezeichen oder thermische Formungen in **Kunststoff,** z. B. Kreditkarten, oder Gummi lassen sich ebenso nachweisen. Bei der Prägung dieser Materialien werden die Polymere (das sind Makromoleküle) verformt. Wird die Oberschicht des Kunststoffs entfernt, so kann durch gezielte Wärmeeinwirkung der Prägevorgang umgekehrt werden, die tiefer liegenden Polymere treten dann als Wölbung hervor (*Voss-de Haan*, a.a.O., S. 97).

Prägungen in **Holz** kommen nur selten vor. Deren Entfernung oder Veränderung lassen sich durch Aufbringen von Wasser im Quellverfahren nachweisen.

4.5.7 Bissspuren

Die Gesamtheit der Zähne des Ober- und Unterkiefers wird **Gebiss** genannt. Beim Zusammenbiss übergreifen im Normalfall die Schneidezähne des Oberkiefers (oberer Zahnbogen) die des Unterkiefers (unterer Zahnbogen) und wirken somit wie eine Schere.

Das Gebiss eines **Erwachsenen** besteht aus 32 Zähnen und ist symmetrisch angeordnet. In jeder Hälfte der Zahnbögen sind zwei Schneidezähne (Incisivi), ein Eckzahn (Caninus), zwei Backenzähne (Prämolaren) und drei Mahlzähnen (Molaren) vorhanden. Die vier hinteren Mahlzähne werden Weisheitszähne genannt.

Im sogenannten **Milchgebiss** (Kindergebiss) fehlen die Mahlzähne, sodass nur 20 Zähne vorhanden sind.

Das Gebiss ist **organisch gewachsen**. Es bildet eine individuelle Form und ist somit als Identifizierungsmittel geeignet. Hierbei sind von Bedeutung:

- Anzahl der Zähne,
- Krümmung der Zahnbögen,
- Form, Größe und Stellung der Zähne,
- Zahnreparaturen,
- Zahnersatz und
- Zahnstellungskorrektur (Zahnspange).

Diese Merkmale lassen auch menschliches und tierisches Gebiss unterscheiden.

Kriminalistische Bedeutung haben Zahnspuren als Bissspuren in Nahrungsmitteln und / oder menschlichen Körpern. Dies erfolgt durch Einbiss, Durchbiss oder Riefenspuren.

Der **Einbiss** erfolgt, wenn auf der Oberfläche des Materials lediglich der Abdruck der Zähne zurückbleibt.

Der **Durchbiss** trennt die Materie, sodass die Zahnbögen aufeinander drücken. An den Materialkanten beim Einbiss und beim Durchbiss schaben die Schneidezähne **Riefenspuren** (Kapitel 4.2.3.2.2; 4.21, Abb. 35).

Die Sicherung der Bissspuren in Nahrungsmitteln kann in der Regel nicht im Original erfolgen, da sie sich zersetzen. Hier ist mit Abformmitteln (Kapitel 4.3.5.4) ein Abbild herzustellen. Ersatzweise kann die Sicherung auch fotografisch (Kapitel 4.3.5.1.4) erfolgen.

Die Sicherung auf menschlicher Haut ist besonders problematisch. Hier kommt in erster Linie die Fotografie (Kapitel 4.3.5.1.4) in Betracht.

Vergleichsabdrücke werden vom Zahnarzt vorgenommen.

4.6 Materialspuren

4.6.1 Blut

4.6.1.1 Eigenschaften

Etwa **8 %** des menschlichen Körpers bestehen aus Blut, das bedeutet bei Erwachsenen durchschnittlich **fünf Liter**.

Das Blut nimmt eine Reihe von **Funktionen** wahr. Es transportiert Sauerstoff, Nährstoffe und Hormone. Gleichzeitig entsorgt es Kohlendioxid und Stoffwechselabfallprodukte. Ein Teil der Blutkörperchen sind Abwehrzellen, die Krankheitserreger und körperfremde Zellen bekämpfen. Durch die Blutzirkulation wird die Körpertemperatur auf 36,5° C gehalten. Verletzungen der Gefäße und des Gewebes werden durch das Blut abgedichtet. Letztlich werden durch das Blut die Schwankungen des PH-Wertes (potentia Hydrogenii = Stärke des Wasserstoffs) ausgeglichen.

Das Blut besteht zu 45 % aus festen **Bestandteilen**, den Blutkörperchen, und zu 55 % aus dem flüssigen Teil, dem Blutplasma. Das Blutplasma besteht aus dem Serum und den Faktoren. Das Blut ändert sich in der Zusammensetzung mit jeder **Krankheit**. Insofern lässt sich diese durch Blutanalysen erkennen.

Die **Blutkörperchen** werden in verschiedene Gruppen eingeteilt. Die roten Blutkörperchen (Erythrozyten) machen 90 % des Volumens aus. Sie transportieren Sauerstoff und Kohlendioxid. Die weißen Blutkörperchen (Leukozyten) übernehmen die Abwehr von Krankheitserregern und von körperfremden Stoffen. Sie sind in drei Untergruppen unterteilt. Die Blutplättchen (Thrombozyten) sind an der Blutgerinnung beteiligt.

Der Austausch von Sauerstoff und Kohlendioxid erfolgt durch **Diffusion**, d. h. durch Übergang von der Lunge in den Kreislauf und umgekehrt. Dabei ist die unterschiedliche Dichte und Konzentration der Elemente der „Antriebsmotor". Von den Lungenbläschen dringen die Sauerstoffmoleküle der Luft durch die Zellwände in die Kapillaren (kleinste Blutgefäße) und legen sich an das Eisen der roten Blutkörperchen. Das Kohlendioxid nimmt den umgekehrten Weg.

4.6.1.2 Blutspuren

Blutspuren müssen zuerst gefunden werden. Danach erfolgen Untersuchungen zur Menge, zum Alter und zur Zugehörigkeit.

Die **Suche nach Blutspuren** kann bei größeren Mengen mit optischen Hilfsmitteln (Kapitel 4.3.5.1) geschehen. Sie sind aber auch in mikroskopisch geringen Mengen von kriminalistischer Bedeutung. Da sie nicht fotolumineszierend (kaltleuchtend) sind, können sie nicht ohne weiteres mit optischen Hilfsmitteln gefunden werden. Kommen chemische Reaktionsmittel zum Einsatz, ist das damit gefundene Blut für weitere Untersuchungen unbrauchbar. Insofern muss zuerst die Frage beantwortet werden, ob weitere Untersuchungen erforderlich sind. Ist das der Fall, so müssen vor einem Reaktionsversuch die vermutete Spurenfläche geteilt und der Versuch mit nur einem Teil vorgenommen werden. Ist das nicht möglich, sollte der verdächtige Spurenträger vorsorglich sichergestellt und dem Untersuchungslabor überbracht werden.

Als **Reaktionsmittel** stehen verschiedene Chemikalien zur Verfügung, z. B. Luminol. Die Porphyrin-Probe weist geringste Mengen von Blut nach. Dabei wird die Umwandlung des Hämoglobin in Hämatoporphyrin nach Zugabe von Schwefelsäure erreicht.

Die Suche nach Blut schließt auch die Frage nach **Tier- oder Menschenblut** ein. Die verschiedenen Untersuchungsmethoden beruhen auf der Antigen-Antikörper-Reaktion und auf dem Nachweis von Proteinen oder Enzymen. Die Methoden können nur unter Laborbedingungen angewendet werden.

Es sind aber noch **weitere Unterscheidungen** möglich, wie: Geschlechtszugehörigkeit, Geburts- / Abortblut, Neugeborenenblut oder Menstruationsblut.

Ebenso ist die **Menge des Blutes** von Bedeutung. Daraus sollen auch Schlüsse auf die Verletzung oder das Überleben des noch unbekannten Opfers oder Täters gezogen werden. Dabei gilt die Grundregel, dass der Mensch in liegender Position mit einem Drittel seines Blutes überleben kann, weil der Körper auf eine sogenannte Notversorgung (vita minima) umschaltet. Da die Blutmenge jedoch vom Köpergewicht abhängt, lässt sich allein von der am Tatort gefundenen Blutmenge nicht schließen, ob der Verlust lebensbedrohend ist.

Lässt sich Blut abkratzen oder aufsaugen, so kann die Menge im Labor durch **Gewicht oder Volumen** festgestellt werden. Das ist auch möglich, wenn sich Blut in saugenden Materialien befindet. Hierbei werden die Gewichte von blutgetränktem Material und von gleichartigem aber sauberem verglichen.

Befindet sich eine **Blutlache** auf glattem und waagerechtem Untergrund, so kann die Menge grob errechnet werden. Dabei gilt die Formel: **Volumen = Fläche mal Schichtdicke**. Diese Formel ist jedoch nur bei kleinen und mittleren Blutflecken anwendbar, weil die Schichtdicke mit zunehmender Fläche relativ dünner wird. Die Schichtdicke einer Blutlache bis zu einem Durchmesser von 20 cm steigt linear auf 4 mm an. Danach wird der Anstieg langsamer. Aufgrund von Versuchen kommen *Brettel* und *Lattke* (Archiv für Kriminologie, Band 199, S. 12 ff.) zu einer einfachen Formel. Die Blutmenge (ml) lässt sich durch Kubieren des Durchmessers (in cm) und dem Multiplizieren mit dem Faktor 0,0157 errechnen:

Blut-Volumen in ml = Durchmesser in cm^3 x 0,0157.

Eine Blutlache von 10 cm Durchmesser enthält somit ca. 16 ml Blut, eine von 20 cm ca. 125 ml. Größere Blutlachen lassen sich mit dieser Formel nicht berechnen.

Eine weitere Bedeutung hat Blut in seiner Form, (Kapitel 27, Abb.36) wie es als Flüssigkeit auf dem Spurenträger ausgeprägt ist. Hier kann es als **Tropfen, als Schleuder- oder Wischspur** vorhanden sein.

Aus der Tropfenform kann die **Fallhöhe** geschlossen werden. Damit ist eine Aussage überprüfbar, ob der angebliche Abwehrschlag auf den Kopf des Opfers erfolgt, als dieses aufrecht stand oder bereits auf dem Boden lag. Je mehr Blutspritzer und je feiner sie um den Tropfen herum vorgefunden werden, desto größer ist die Fallhöhe.

Aus der Schleuderspur kann der **Standort** ermittelt werden, und aus der Wischspur die **Richtung** des Wischens.

Von weiterem Interesse ist das **Alter des Blutes**, da es Aufschluss über den Zeitpunkt der Verletzung gibt. Äußeres Zeichen der Alterung ist die Veränderung der Farbe von Rot nach Braun. Dies geschieht durch die Umwandlung des Blutfarbstoffs (Hämoglobin) in Hämatin und Methämoglobin. Diese Farbänderung lässt sich mit der Spektralanalyse genau ermitteln. Da der Alterungsprozess jedoch durch die Umwelteinflüsse beeinflusst wird, besteht bei kurzen Zeitabständen eine entsprechende Ungenauigkeit.

Mit zunehmendem Alter werden Blutspuren schlechter löslich. Dies wird in Versuchsreihen festgestellt. Als Lösungsmittel kommen ein Gemisch aus Wasser, Stickstoff / Kohlenstoff / Wasserstoff -Verbindungen (NH 3 oder HCN) sowie Borax in Betracht. Auch diese Methoden können das Alter des Blutes nur ungenau ermitteln.

Schließlich kann das im Blut enthaltene Kohlendioxid mit der Halbzeitwertmethode, auch Radiocarbonat- oder C-14-Methode genannt, untersucht und der gesetzmäßige Zerfall festgestellt werden. Das Verfahren ist sehr aufwendig und stellt hohe Ansprüche an die Gutachter und die Geräte. Es ist besonders bei sehr alten Spuren (mehrjährig) Erfolg versprechend.

Die Untersuchung zur **Zugehörigkeit von Blut** kann für Gruppen oder für Individuen festgestellt werden.

Die Gruppenunterscheidung umfasst 300 Blutgruppensysteme. Die bedeutendsten sind das A-B-Null-System und das Rhesus-System.

Nach dem **A-B-Null-System** haben alle Menschen eine der vier Blutgruppen, die eigentlich Blutkörperchenmerkmale heißen, nämlich A, B, AB und Null. Damit werden die immunologischen Eigenschaften (Antigenmuster) der roten Blutkörperchen bezeichnet.

Das **Rhesussystem** umfasst mehrere Blutgruppenantigene, wovon das Antigen „D" das wichtigste ist. Dieses Antigen D befindet sich bei 86 % der Menschen auf den roten Blutkörperchen. Es wird als Rhesus-positiv (Rh+) bezeichnet. Die übrigen sind Rhesus-negativ (Rh-).

Aus der Kombination von A-B-Null-System und Rhesussystem wird das menschliche Blut in acht Gruppen eingeteilt. Dabei hat auch die **Häufigkeitsverteilung in der Bevölkerung** klinische und kriminalistische Bedeutung.

Nach Feststellung des Blutspendedienstes des **Deutschen Roten Kreuzes** gibt es im hiesigen Kulturkreis folgende Verteilung:

Blutgruppen		Anteil
A +	=	37 %,
0 +	=	35 %,
B +	=	9 %,
A -	=	6 %,
0 -	=	6 %,
AB +	=	4 %,
B -	=	2 %,
AB -	=	1 %.

Für die Kriminalistik hat dabei die Häufigkeitsverteilung besondere Bedeutung. Da es sich um eine Gruppenzugehörigkeit handelt, hat der Beweiswert ausscheidenden Charakter. Das heißt, wer nicht identisch ist, scheidet mit Sicherheit aus, wer identisch ist, gehört zu einer Gruppe mit gleichen Merkmalen, sodass sich der Spurenleger darunter befinden kann. Es ist somit ein Indizienbeweis. Mit zunehmender Seltenheit der Blutgruppe oder der Formel steigt der Beweiswert.

4.6.1.3 DNA-Analyse

Eine noch feinere Unterscheidung der Gruppenzugehörigkeit lassen die verschiedenen Methoden der molekularbiologischen Untersuchung mit Hilfe der DNA-Analyse zu, die bis zur **Individualisierung** reichen kann. Dabei muss unterschieden werden zwischen **Kern-DNA** und **Mitochondrialer DNA**.

Die mitochondriale DNA (**mtDNA**) ist ein zirkuläres, doppelsträngiges DNA-Molekül im Inneren der Mitochondrien (kugelförmiges Gebilde in den Zellen). Die mitochondriale DNA ist **nicht einzigartig**, weil Sequenzen dieser DNA von Müttern an die Töchter weitergegeben werden (BGH, NJW 2009, S. 2834 [2835]).

Die individuelle Zuordnung von Körperzellen (Blut, Haut, Haare, pp.) gelang dem Engländer *Alec* ***Jeffreys*** 1984 mit Hilfe der DNA-Analyse. (DNA = Desoxyribonukleinacid = in Zellkernen vorhandene genetische Information), (LG Heilbronn, NJW 1990, 784, und BGH, NJW 1990, 2328 und 2344, sowie NStZ 1994, 554). Bei der Untersuchung stehen den Wissenschaftlern verschiedene Methoden zur Verfügung.

Zunächst brachte nur die anspruchsvolle **RFLP-Analyse** (Restriktions-Fragment-Längen-Polymorphismen) im Ergebnis die Qualität des „Genetischen; Fingerabdrucks" und individualisierte den Spurenleger. Inzwischen gibt es verschiedene Methoden, die so verfeinert wurden, dass letztlich eine einzige Körperzelle ausreicht, um einen genetischen Vergleich durchzuführen. Dies gelingt selbst dann, wenn sich Körperzellen von verschiedenen Personen mischen, z. B. Blut an der Kleidung oder Hautzellen an einer Waffe (*Bär,* a.a.O., S. 313; *Brinkmann / Wiegand,* a.a.O.; *Kube / Schmitter,* a.a.O.; *Schöneberg* u. a., a.a.O., S. 497). Die Individualität der DNA gilt auch für **eineiige Zwillinge**. Neueste Forschungsergebnisse zeigen, dass auch diese **genetisch nicht gleich** sind. Während der Zellteilung kommt es zu Varianten von Genkopien, sodass sie sich verschieden entwickeln (*Hobom,* a.a.O., und FAZ vom 20.2.2008). Für Laien kann dies daran nachvollzogen werden, dass solche Zwillingen nicht die gleichen genetisch bedingten Krankheiten haben.

Immer wieder wird in den Medien behauptet, die DNA-Analyse sei unsicher, weil es Personen geben, die gleichzeitig über **zwei verschiedene DNA-Muster** verfügen. Das Problem ist seit Jahren bekannt. Nach **Transplantationen,** insbesondere nach Knochenmarkspende, tritt dieses Phänomen tatsächlich auf. Da DNA-Analysen aber immer von mindestens fünf, im Regelfall aber von mehr Zellen gemacht werden, kann eine korrekte Identifizierung durch die DNA-Analyse durchgeführt werden.

Da Analysemethoden auch **erbbiologische Untersuchungen** möglich machen, hat der Gesetzgeber im März 1997 durch Einführung der §§ 81a III, 81e und 81f StPO, sowie § 46 IV OWiG, diese Möglichkeit ausgeschlossen, einen absoluten und schriftlichen Richtervorbehalt für die Anordnung der Untersuchung (nicht für Entnahme der Blutprobe) eingeführt und geregelt, dass dem Sachverständigen die Personalien der untersuchten Person nicht bekannt werden. Mit Gesetz vom 12.8.2005 (BGBl. 2360) ist die Anordnungsbefugnis gelockert worden, sodass bei Gefahr im Verzug auch die Staatsanwaltschaft und die Ermittlungspersonen ermächtigt sind.

In den **Niederlanden** geht man einen Schritt weiter. Seit 2003 ist es erlaubt, äußere Merkmale von Menschen aus der DNA herauszufiltern. Dort heißt der Grundsatz: „Alles, was äußerlich sichtbar ist, ist nicht privat". Deshalb wird am Medical Center der Erasmus-Universität in Rotterdam mit dem Ziel geforscht, möglichst viele **Körpermerkmale** in der DNA zu entschlüsseln, z. B. Größe, Hautfarbe, Haarfarbe, Augenfarbe und Geschlecht (*Stang*, a.a.O.). Mit solchen Informationen könnte die Fahndung nach unbekannten Tätern erleichtert werden.

Zur Aufklärung von schwerwiegenden Straftaten hat das Bundeskriminalamt eine **DNA-Datei** eingerichtet. Darin werden die Analysen von Tatortspuren und Täterspuren verglichen (*Kube / Schmitter*, a.a.O., S. 415; NStZ 2010, 433).

4.6.1.4 Sicherung

Die **Sicherstellung** von Blut, das am Tatort festgestellt wird, kommt in erster Linie bei Kapitaldelikten in Betracht. Insofern ist größte Sorgfalt geboten. Bereits in diesem Stadium sollten nur Fachkundige tätig werden.

Die **Aufbewahrung** von Blut birgt die Gefahr des Verderbens in sich, weil Feuchtigkeit und Wärme zu einer raschen Vermehrung von Bakterien und Pilzen führen, die die Blutmerkmale zerstören. Es empfiehlt sich, das Blut an der Luft zu trocknen und für die Verpackung luftdurchlässige Behältnisse zu wählen. Darüber hinaus sind weitere Grundregeln zu beachten.

Grundregeln

a) Blutspuren nummerieren, genau beschreiben (Kapitel 4.3.6.6) und erforderlichenfalls skizzieren (Kapitel 4.3.6.5).
b) Blutspuren fotografieren (Kapitel 4.3.6.4). Dabei kommt es insbesondere auf deren Form und Lage an. Bei Spritzern ist die Schleuderrichtung anzugeben (Kompass oder fester Bezugspunkt).
c) Blutspuren möglichst mit dem Spurenträger sichern. Das gilt insbesondere für Holzflächen, weil Teile des Blutes eingesickert sein können. Der Spurenträger ist in weißes Papier einzupacken. Anderenfalls sind getrocknete Spuren mit dem Skalpell abzulösen und in weißen Papierbriefumschlägen zu sichern. Befinden sich Blutspuren auf menschlicher Haut, so werden sie mit Filterpapier, das mit destilliertem Wasser angefeuchtet ist, aufgenom-

men und an der Luft getrocknet. Das Papier wird in einem Papierbriefumschlag gesichert. Flüssigblut kann in Reagenzgläsern aufbewahrt werden. Es muss aber unbedingt kühl gelagert und schnellstens dem Untersuchungslabor überbracht werden.

d) Blutspuren im Erdreich sind tief auszugraben und in Eimern zu sichern, die mit Papier abgedeckt werden. Sie sind kühl aufzubewahren und schnellstens dem Untersuchungslabor zu überbringen.
e) Flüssigblut auf glatten Flächen kann mit Filterpapier aufgesaugt und an der Luft getrocknet werden. Danach in weiße Papierbriefumschläge verpacken. Das Filterpapier ist zunächst zu teilen und in einer Hälfte als Vergleichsmaterial (Kapitel 4.2.5) beizufügen.
f) Kleidungsstücke sind durch den Körperschweiß stets feucht. Sie sind bei Zimmertemperatur an der Luft zu trocknen und einzeln in Papiertüten zu verpacken. Zur Vermeidung von Übertragungen ist vor dem Zusammenlegen weißes Papier zwischen die Lagen zu legen.

Vergleichsspuren können Blut oder Speichel (mit Schleimhautzellen) sein. Aus beiden ist die DNA-Analyse möglich.

4.6.2 Haare

Nach den Bestandteilen und dem Aufbau sind Haare organische Hautanhangsgebilde (Kapitel 4.4.1) und damit **Materialspuren**. Es können **Menschen- und Tierhaare** sowie **Tierarten** unterschieden werden (*Pfeiffer*, a.a.O., S. 180). In der natürlichen oder künstlichen **Färbung** sind sie ebenfalls Materialspuren. Auch hier können sie analysiert und verglichen werden. Echthaare sind von Perücken durch die besondere Behandlung in der Herstellung zu unterscheiden. Das gilt auch für **Formbehandlungen**, z. B. Dauerwellen.

Kriminalistisch können sie als abgeschnittene, ausgefallene (**telogene**) oder ausgerissene Haare von Bedeutung sein und stellen somit auch eine **Formspur** dar. Sie werden an Kopfbedeckungen, Kleidung, Kämmen, Bürsten oder Kopfmasken gefunden.

Bei der **Spurensuche** ist zu vermeiden, dass Haare vom Sicherungspersonal als Trugspur (Kapitel 4.2.1.2) aufgenommen werden. Deshalb ist während der Spurensuche eine Kopfbedeckung zu tragen. Als Hilfsmittel kommen Lupe und besonders starke Lichtquellen (Kapitel 4.3.5.1.2) in Betracht. Beim Ausleuchten sollte der Winkel zum Spurenträger gewechselt werden.

Die **Sicherung** der Haare umfasst die genaue Beschreibung (Kapitel 4.3.6.6) der Lage und des Fundortes. Danach sind die Haare mit einer weichen Pinzette (Siliconschlauch überziehen) oder mit weichen Latexhandschuhen aufzunehmen und in weißen Papierbriefumschlägen zu sichern.

Haften die Haare an einem **Spurenträger**, z. B. Klebestreifen oder Lack, so werden sie mit dem Spurenträger gesichert. Ist das nicht möglich, so sollte die Haftstelle möglichst großflächig mit einem Spachtel oder Skalpell abgehoben werden. Neutrale Proben vom Spurenträger sind beizufügen.

Befinden sich Haare in Flüssigkeit, z. B. im Waschbeckensiphon, so können sie herausgeangelt oder herausgefiltert werden.

Vergleichshaare werden ausgekämmt und ausgezogen. Dabei kommt es wesentlich darauf an, von welchem Körperteil die Tatorthaare sind. Jede Probe sollte 10 bis 20 Haare umfassen, die in vorher beschrifteten weißen Papierbriefumschlägen aufbewahrt werden.

Bei **Kopfhaaren** sind getrennte Proben von der Stirn, der linken und rechten Schläfe, dem Hinterkopf, den Augenbrauen und gegebenenfalls dem Bart zu nehmen. Die Rechtsgrundlage ergibt sich aus § 81a StPO. Es ist jedoch kein körperlicher Eingriff, daher ist ein Arzt nicht erforderlich, (BVerfGE 47, 239 [246 + 248]). An Haaren, auch an ausgefallenen (telogenen) können DNA-Analysen durchgeführt und **Ablagerungen** von Stoffwechselprodukten sowie Giften festgestellt werden (*Brinkmann / Pfeiffer*, a.a.O., S. 258; *Hellmann u. a., 2000*, a.a.O., S. 255).

4.6.3 Sekrete

Sekrete sind die von den **Drüsen abgesonderten Produkte**. Für die Kriminalistik sind Sperma, Vaginalsekret, Speichel, Schweiß und Nasenschleim von besonderer Bedeutung.

Während Sekrete eine DNA-Analyse (Kapitel 4.6.1.3) zulassen, enthalten sie jedoch bei nur 80 % der europäischen Bevölkerung Untersuchungsmerkmale für die Blutgruppenbestimmung. Diese Personen werden Ausscheider oder **Sekretoren** genannt.

4.6.3.1 Sperma

Das Sperma ist die Samenflüssigkeit, die beim Samenerguss (**Ejakulation**) abgegeben wird. Es ist eine schleimige, alkalisch reagierende Flüssigkeit mit Sekret aus den Nebenhoden, der Prostata und der Bläschendrüse. Es enthält die Spermien, die männlichen Samenzellen. Bei Sterilisation fehlen die Spermien. Spermaspuren können mit Hilfe der DNA-Analyse individualisiert werden. Eine DNA- Analyse ist **auch** bei einem **Vaginalabstrich** möglich, da die DNA-Fraktionen getrennt typisiert werden können. Darüber hinaus sind eine Vielzahl von Untersuchungsmöglichkeiten gegeben, z. B. Blutgruppenbestimmung, Nachweis von Spermien, Protein, Zink oder Cholin.

Die **Spurensuche** ist unproblematisch. Spermaspuren zeigen sich bei Tageslicht grau-gelblich. Auf Textilien versteifen sich die Flecken. Bei Bestrahlung mit

UV-Licht (Kapitel 4.3.5.1.2) fluoresziert es gelblich. Diese Reaktion zeigt es auch beim Vorhandensein auf der menschlichen Haut.

Die **Spurensicherung** sollte möglichst mit dem Spurenträger erfolgen. Die an der Luft getrocknete Spur wird in Papierbriefumschlägen gesichert. Ist der Spurenträger unbeweglich oder befindet sich die Spur auf der menschlichen Haut, so kann diese mit einem angefeuchteten Vlies aufgenommen werden. Vaginalabstriche werden vom Arzt genommen, der auch für die sachgerechte Aufbewahrung sorgt.

Vergleichsspuren können Blut oder Speichel (mit Schleimhautzellen) sein.

4.6.3.2 Vaginalsekret

Die Scheidenflüssigkeit bietet die gleichen Untersuchungsmöglichkeiten wie Sperma.

Die **Spurensuche** ist schwierig, da die Flüssigkeit farblich neutral ist und nicht fluoresziert. Sie ist nur dort Erfolg versprechend, wo aufgrund des Tatablaufes mit dem Sekret zu rechnen ist, z. B. am Penis oder an Fingern.

Die **Sicherung** von Spuren erfolgt wie beim Sperma. Kommen Fingernägel als Spurenträger in Betracht, so sind sie durch Abschneiden zu asservieren.

Vergleichsspuren können Blut oder Speichel (mit Schleimhautzellen) sein.

4.6.3.3 Speichel

Der Speichel wird von drei Drüsen gebildet und in den Rachenraum abgegeben. Er besteht zu **99 % aus Wasser** und enthält bakterizid (keimtötend) wirkende Leukozyten, Schleimstoffe, Enzyme und Salze. Er hat die Aufgabe, die Nahrung flüssig zu machen, um das Schlucken zu vereinfachen. Er hält die Mundhöhle durch ständige Spülungen sauber und leitet den Verdauungsvorgang ein. Die tägliche **Speichelmenge** beträgt bis zu zwei Liter. Die Produktion kann nervlich beschleunigt oder gehemmt werden.

Besondere Bedeutung hat der Speichel, weil er die abgestorbenen **Schleimhautzellen** aufnimmt. Über diese Zellen lässt sich mithilfe der DNA-Analyse die Individualität feststellen.

Kriminalistisch haben Speichelspuren an vielen Gegenständen Bedeutung, z. B. an Briefumschlägen, Briefmarken, Trinkgefäßen, Servietten, Bestecken, Taschentüchern, Zigaretten, Pfeifen, Gesichtsmasken, pp.

Sie können auch in Verbindung mit Bissspuren, „Knutschflecken“ oder Kusskontakt vorkommen.

Die **Spurensuche** ist sehr schwierig, da die Flüssigkeit farblich neutral ist und nicht fluoresziert. Mit starken Lichtquellen (Kapitel 4.3.5.1.2) kann eine Veränderung des Spurenträgers festgestellt werden. Ansonsten muss nach Tatverlauf an entsprechenden Stellen vorsorglich gesichert werden.

Die **Spurensicherung** erfolgt mit dem Spurenträger. Ist das nicht möglich, dann mit Fließpapier, das mit destilliertem Wasser getränkt wurde. Das Papier wird an der Luft getrocknet und in Papierbriefumschlägen aufbewahrt.

Als **Vergleichsspur** wird eine Speichelprobe entnommen. Die Person nimmt dazu ein Stück Vlies oder Filterpapier in den Mund und durchtränkt es. Danach wird die Vergleichsspur an der Luft getrocknet und in Papierbriefumschlägen verpackt. Vor der Speichelprobe wird der Spurenträger geteilt und ein Stück unbenutzt beigefügt. Geignet sind auch sogenannte „Bakterietten" (Wattestäbchen in sterilen Röhrchen).

4.6.3.4 Schweiß

Schweißdrüsen verteilen sich über den ganzen Körper und sind am dichtesten an den **Innenseiten der Hände** und an den **Fußsohlen**. Schweiß ist eine Mischung aus Wasser, Salz, Harnstoff, Harnsäure, Aminosäure, Ammoniak, Zucker, Milchsäure und Ascorbinsäure (Vitamin C). Schweiß reguliert die Körpertemperatur, insbesondere durch seine Verdampfungskälte, und sorgt für die Ausscheidung von Stoffwechselprodukten.

Über die **Hände** wird Schweiß auf die Umwelt übertragen und kann dort nachgewiesen werden. Seine größte Bedeutung hat Schweiß als „Stempelfarbe" für Fingerabdrücke (Kapitel 4.4.1.1).

Als **Materialspur** findet man Schweiß an Tatwerkzeugen, am Tatobjekt, am Opfer, auch an Leichen. Die Untersuchung kann zur Feststellung der Blutgruppen kommen. Da häufig Hautzellen mit dem Schweiß abgesondert werden, ist auch eine DNA-Analyse möglich.

Die **Spurensuche** ist sehr schwierig, da die Flüssigkeit farblich neutral ist und nicht fluoresziert. Erfolg versprechend ist die Suche aufgrund von Tathypothesen.

Als **Sicherungsmaterial** kommt Fließpapier in Betracht, das mit destilliertem Wasser angefeuchtet ist.

Vergleichsspuren können Blut, Speichel oder Schweiß sein.

4.6.3.5 Nasenschleim

Die Nase dient der Geruchsfeststellung, dem Ausfiltern von Staub und dem Vorwärmen der Atemluft. Die Nasenhöhle ist bis auf die Riechzellen mit **Schleimhaut** ausgekleidet.

Die kriminalistische Bedeutung, die Suche und Sicherung von Spuren entsprechen dem bei **Speichel** beschriebenen Eigenschaften. Besonders spurenintensiv sind Taschentücher. Darüber hinaus können anhand der im Nasenschleim ausgefilterten Staubpartikel Aussagen über den Aufenthaltsort des

Spurenträgers gemacht werden. Da sich im Nasenschleim Hautzellen befinden, ist eine DNA-Analyse möglich.

Vergleichsspuren können Blut oder Speichel (mit Schleimhautzellen) sein.

4.6.4 Exkrete

Exkrete sind die Ausscheidungen von **Abfallprodukten** aus dem Stoffwechsel. Als Exkremente sind Erbrochenes, Kot und Urin für die Kriminalistik von Bedeutung.

4.6.4.1 Erbrochenes

Erbrechen ist die **ruckweise Entleerung des Magens** durch den Schlund und Mund. Die Ursache kann Überfüllung oder Reizung sein. Letzteres ist mechanisch am Rachengrund oder chemisch durch Vergiftung auszulösen. Es kann aber auch durch fieberhafte Erkrankung, durch Schwangerschaft oder durch die Störung des Gleichgewichtssinns (z. B. Seekrankheit) hervorgerufen werden.

Erbrochenes lässt folgende **Rückschlüsse** zu:

- Auf die Tatsache des Erbrechens.
- Auf den Verdauungszustand und damit auf den Zeitpunkt der Speisenaufnahme.
- Auf die Zusammensetzung der Speisen und Getränke.
- Auf Gift, Drogen und / oder Medikamenteneinnahme.

Erbrochenes wird in Kunststoffbehältern aufgenommen, kühl gelagert und **schnellstens dem Untersuchungslabor** überbracht.

4.6.4.2 Kot (Faeces)

Kot sind durch den Darm ausgeschiedene **Verdauungsprodukte**. Er besteht aus Wasser, Darmbakterien, Sekreten der Verdauungsdrüsen, Nahrungsschlacke, Gärungs- und Fäulnisprodukten, die den typischen **Kotgeruch** ausmachen. Die braune Färbung wird durch die Abbauprodukte der Gallenfarbstoffe hervorgerufen.

Kotuntersuchungen lassen folgende **Rückschlüsse** zu:

- Die Tatsache des Absatzes. Dies kann auf Vandalismus oder Hypernervosität hindeuten.
- Speisenreste.
- Darmcontainer zum Rauschgifttransport.
- Rauschgiftkonsum.

Kot wird in Kunststoffbehältern aufgenommen, kühl gelagert und schnellstens dem Untersuchungslabor überbracht. Die Menge sollte zwischen 50 und 200 Gramm liegen.

4.6.4.3 Harn (Urin)

Harnstoff ist das Ausscheidungsprodukt der Nieren. Er enthält die stickstoffhaltigen Endprodukte aus dem Eiweiß- und Nukleinsäurestoffwechsel, ferner nicht verwertbare, giftige oder im Übermaß vorhandene Nahrungsbestandteile sowie Blut- und Gewebesubstanzen, die für den Körper Schlacken- und Schadstoffe sind. Die Harnbildung erfolgt in den Nieren, wobei die Ausscheidungsstoffe aus dem Blut gepresst und konzentriert werden.

Die **Harnmenge** beträgt pro Tag bis zu zwei Liter. Das nur im Harnstoff enthaltene Urochrom gibt ihm die gelbe Farbe. Der Harnstoff wird in der Harnblase gesammelt (200 bis 500 ml) und über eine Rückenmarksteuerung entleert (Miktion). Der willkürliche Schließmuskel kann den Harnfluss nur vorübergehend unterbinden.

Urinuntersuchungen lassen folgende **Rückschlüsse** zu:

- Sicherer Nachweis, dass es sich um Urin handelt. Dabei darf die Spur bis zu 40 Tagen alt sein.
- DNA-Analyse.
- Blutgruppenbestimmung.
- Gift- und Medikamentennachweis.
- Rauschmittelnachweis.
- Alkoholnachweis.

Die **Spurensuche** nach flüssigem Urin ist aufgrund der Färbung und des Geruchs möglich. Problematisch ist die Suche nach eingetrocknetem Urin. Aufgrund der Tathypothese sollten verdächtige Stellen mit feuchtem Fließpapier abgerieben werden.

Urinsicherstellung durch Blasenentleerung erfolgt unter Leitung eines Arztes. Die Urinmenge sollte mindestens 50 ml sein.

Die **Spurensicherung** erfolgt in Glasgefäßen.

Vergleichsspuren können Blut oder Speichel (mit Schleimhautzellen) sein.

4.6.5 Wasser

Wasser ist die chemische Verbindung von **Wasserstoff und Sauerstoff**. Durch den unsymmetrischen Aufbau (zwei Teile Wasserstoff und ein Teil Sauerstoff) besitzt Wasser ein sehr großes elektrisches Dipolmoment und ist damit ein hervorragendes **Lösungsmittel** für viele andere Substanzen. Seine größte **Dichte** liegt bei + 4° C. Deshalb schwimmt Eis. Beim **Gefrieren** nimmt das Volumen um **9 % zu**, was das Platzen von mit Wasser gefüllten Gefäßen zur Folge hat. Beim **Verdampfen** vergrößert sich das **Volumen 1 200mal**.

Kriminalistisch ist Wasser Träger von gefährlichen oder giftigen Substanzen oder als Dampf die Ursache von Verbrennungen und / oder **Explosionen**, z. B. beim Löschen des brennenden Fettes in einem Fondue-Topf (Kapitel 22.10.9).

Wasser wird unterschieden in Niederschlag, (Regen, Hagel, Schnee) Oberflächenwasser, (Fluss, Bach, See, Teich, Talsperre, Speicherbecken, Kanal, Schleuse, Wehr, Schiffshebewerk, Wasserstraße nach § 1 Bundeswasserstraßengesetz) Grundwasser, Leitungswasser und Abwasser.

Untersuchungen geben Rückschlüsse auf die chemische Zusammensetzung.

Zur **Beweissicherung** werden bei Niederschlag Glasgefäße aufgestellt, in denen sich das Wasser sammelt. Die Untersuchungsmenge sollte mindestens 50 ml betragen. Oberflächen- und Grundwasser wird mit Glasbehältern geschöpft, Leitungswasser in Glasbehälter entnommen. Die Proben sind kühl aufzubewahren und schnellstens dem Untersuchungslabor zu überbringen.

4.6.6 Boden / Isotopenanalytik (Kapitel 17.4.3.1)

Boden ist die obere, belebte **Verwitterungsschicht** der Erde. Der Grad der Verwitterung hängt von physikalischen, chemischen und biologischen Faktoren ab.

Die **oberste Schicht** ist der Humusboden, auch Schwarzerde genannt, der aus Verrottungsprodukten organischer Stoffe besteht. Darunter folgt die Braunerde.

Der Boden nimmt Samen, Nährstoffe und Feuchtigkeit auf und ermöglicht so die Produktion von Pflanzen.

Entscheidend für die Konsistenz des Bodens ist seine **Körnung**. Eine feine Körnung gibt „schwere" Böden, wie Lehm oder Ton. Grobe Körnung ergibt „leichte" Böden, wie Sand. Die Sand- und Steinanteile des Bodens werden als Bodenskelett bezeichnet.

Die **kriminalistische Bedeutung** des Bodens liegt in seiner Zusammensetzung, insbesondere der Humusschicht, und als Träger von fremden Spuren. Er kann aber auch selbst Spur am Täter, Tatwerkzeug und Opfer sein.

Die **Zusammensetzung** des Bodens kann einfacher Struktur aber auch so vielfältig sein, dass eine Individualisierung möglich ist. Welches Ergebnis erreicht werden kann, ist erst während der Analyse feststellbar.

Die **Sicherung** von Bodenspuren sollte als Bodenprofil mit dem Spaten erfolgen und in Eimer gefüllt werden. Die Proben sind kühl aufzubewahren und schnellstens dem Untersuchungslabor zu überbringen.

Spuren an Tatverdächtigen, Tatwerkzeugen und Opfern sind bei Zimmertemperatur zu trocknen und in weißen Papierbriefumschlägen zu sichern.

Isotopen-Analytik

Zur Bestimmung von **Aufenthalts- / Lebensräumen von Menschen** wird die Isotopen-Analytik angewendet. Bei zunehmender Freizügigkeit des weltweiten Reiseverkehrs treten häufiger Fälle von **unbekannten Toten** (Kapitel 22.11) auf, die nicht identifiziert werden können, weil die klassischen Methoden nicht greifen. Hier gibt es die Möglichkeit, ein in anderen Wissenschaftsbereichen bereits erfolgreich praktiziertes Verfahren anzuwenden, um die Herkunft der Person einer geografischen oder klimatischen Zone zuzuordnen und damit die Nationalität einzugrenzen. Dabei handelt es sich um die Isotopen-Analytik (*Beyser* u. a., a.a.O., S. 443). Mit dieser Methode werden seit langem die Lebensräume von prähistorischen Menschen als auch von anderen organischen Stoffen bestimmt, so die Herkunft von Lebensmitteln, ob z. B. der Wein tatsächlich aus Italien oder das Rindfleisch aus Argentinien stammt.

Isotope sind Nuklide (Atom-Arten), die die gleiche Kernladungszahl besitzen und daher zum gleichen Element gehören, z. B. Wasserstoff, Kohlenstoff, Sauerstoff, Schwefel, pp. Das Vorkommen der verschiedenen Isotope ist auf der Welt an jedem Ort anders und bewirkt somit in der Zusammensetzung die individuelle Verschiedenheit der Bodenarten. Pflanzen nehmen diese individuellen Isotopen-Häufigkeits-Verhältnisse auf und übertragen sie als Nahrung auf den Menschen. Dieser speichert sie auf Dauer im gesamten Körper.

Die unterschiedlichen **Häufigkeitsverhältnisse der Isotopen** auf der gesamten Welt sind den Wissenschaftlern bekannt. Deshalb können sie im Vergleich mit dem Vorkommen beim Menschen oder in anderen organischen Stoffen eine geografische oder klimatische Zuordnung vornehmen.

Bei der Untersuchung von Leichen werden neben Gewebeproben auch Haare, Zehennägel, Knochen und Zähne entnommen. An den langsam wachsenden und wenig regenerierenden Körperteilen, insbesondere an den Zähnen, kann nicht nur die Isotopen-Häufigkeits-Verteilung festgestellt werden, sondern auch der Zeitpunkt der Aufnahme in bestimmten Lebensabschnitten. Damit wird eine grobe Einschätzung über die geografischen Aufenthaltsorte im Leben des Toten möglich.

Die Notwendigkeit solcher Untersuchungen hat sich bei der **Tsunami-Katastrophe in Asien** am 26.12.2004 mit über 200 000 Toten gezeigt. Viele Leichen konnten nicht identifiziert werden, weil sie durch das tropische Klima schnell verwesten und von ihren Angehörigen nicht als vermisst gemeldet wurden, sodass kein Vergleichsmaterial vorlag. Die Isotopenanalytik konnte aber klären, ob die Leichen Einheimische oder Urlauber aus anderen Kontinenten waren (FAZ vom 11.5.2005).

Mit Hilfe der Isotopenanalyse können auch Aufenthaltsorte und Ortswechsel von **lebenden Personen** nachvollzogen werden. Hierzu werden die Haare analysiert (Jahrestagung der Kriminalistik-Dozenten von Bund und Ländern, 3.–6.5.2011, BKA Wiesbaden, TOP 2, *Sabine Schneiders*, KT 12)

4.6.7 Vegetation

Mit Vegetation werden die **Pflanzendecke** (Vegetabilien) in ihrer Gesamtheit als auch die **Pflanzenwelt** einer bestimmten Region bezeichnet. Die Pflanzen sind autotroph, das heißt, sie bauen mit Hilfe des Sonnenlichtes aus anorganischen Stoffen ihre organische Struktur auf. Damit wird die Existenzvoraussetzung für Tiere und Menschen geschaffen. Es werden 360 000 Pflanzenarten unterschieden.

Die **kriminalistische Bedeutung** der Vegetation liegt in der individuellen Struktur der Pflanzen und als Träger von fremden Spuren. Sie kann auch Spur am Täter, Tatwerkzeug und Opfer sein.

Die **Sicherung** erfolgt in weißen Papierbriefumschlägen. Werden solche Spuren an Schuhen oder Kleidung vermutet, so sind diese mit dem Spurenträger in luftdurchlässigen Tüten zu sichern.

4.6.8 Luft / Gas

Luft ist das Gasgemisch, das die **Erdatmosphäre** bildet. Es besteht aus 78 % Stickstoff, 21 % Sauerstoff, 0,9 % Argon und Spuren von weiteren Gasen, wie Kohlendioxid, Schwefel, Wasserdampf, Staub sowie aus pflanzlichen und tierischen Mikroorganismen.

Luft bewegt sich durch den Austausch von unterschiedlichen Druckbereichen mit verschiedener **Geschwindigkeit**. Die horizontale Ausbreitung wird in Europa als **Wind oder Sturm** (mit Schäden oder Zerstörungen) bezeichnet und in Kilometer pro Stunde (km / h) oder Meter pro Sekunde (m / s) angegeben.

Die geläufigste **Geschwindigkeitsmessung** erfolgt mit einem Schalenkreuzanemometer. Die Windrichtung wird mit einer Windfahne festgestellt und mit der Kompassrose angegeben. Der Windsack ermöglicht, zugleich die Richtung und die Stärke zu erkennen.

Luft kann kriminalistisch als **Transportmittel** für Schwebstoffe, für Wärme und Kälte von Bedeutung sein.

Gas ist ein **Aggregatzustand**, bei dem die Kräfte zwischen den Molekülen so klein sind, dass weder eine bestimmte Form noch ein bestimmtes Volumen eingenommen wird. Form und Volumen sind durch begrenzende Materie bestimmt. Man unterscheidet ideale Gase, reale Gase und technische Gase.

Darüber hinaus können sich Gase mit der Erdatmosphäre vermischen und durch diese transportiert werden.

Kriminalistisch sind schädliche, giftige und explosive Gase von Bedeutung. Die Beurteilung dieser Eigenschaften ist sehr schwierig, weil die Schädlichkeit von der Definition des Gesetzgebers, die Giftigkeit von der Menge und der Konzentration und die Explosivität (Kapitel 4.13) von der richtigen Sättigung mit Sauerstoff abhängt.

Die **Spurensuche** ist sehr schwierig, da Gase grundsätzlich nicht wahrnehmbar sind. Erst Beimengungen, wie z. B. Ruß oder Geruchsstoffe, geben Hinweise.

Die **Spurensicherung** ist sehr problematisch. Da die zu sichernde Gaswolke auch den Sicherungsbeamten umgibt, ist er den schädlichen Eigenschaften ausgesetzt. Insofern ist eine Gassicherung zuerst von sicherem Atemschutz abhängig. Solche Geräte sind in der Polizei nur vereinzelt (z. B. Taucher) vorhanden.

Darüber hinaus muss erst festgestellt werden, wo sich die zu untersuchende Gaswolke befindet. Dies erfordert geeignete **Gasanalysegeräte**, die nur selten vorhanden sind.

Eine praktikable Lösung bietet sich in der **Zusammenarbeit mit der Feuerwehr** an. Ein strafrechtlich relevanter Gasaustritt greift als Gefahrenzustand auch in den Aufgabenbereich der Feuerwehr ein. Da diese über geeignete Atemschutzgeräte und Analysegeräte verfügen, ist es sinnvoll, auch durch sie die Gasproben zu entnehmen.

4.6.9 Glas

Glas wird durch **Verschmelzen der Rohstoffe** Quarzsand, Soda, Natriumsulfat, Kalkstein, Dolomit, Feldspat, Pottasche, Borax, Salpeter, alkalihaltige Gesteine, Mennige, Baryt, Zinkoxid, Arsenik und Natriumchlorid hergestellt. Durch besondere Weiterverarbeitungsverfahren entstehen Gebrauchsgläser mit bestimmten Eigenschaften, z. B. Pressglas, Flachglas, Röhrenglas, Sicherheitsglas, Verbundglas, Panzerglas, wärmedämmendes Glas, Kristallglas, Quarzglas oder Goldglas.

Kriminalistisch ist Glas als Materialspur und als Formspur von Bedeutung.

Als Materialspur kann es als Scherben, Splitter oder Staub auftreten. Die Untersuchung kann eine Gruppenzugehörigkeit (Kapitel 4.2.4.1) feststellen.

Als Formspur kann auf die Art der Beschädigung geschlossen und eventuell als Passstück (Kapitel 4.2.3.2.2) identifiziert werden. Darüber hinaus ist an geschnittenem Glas feststellbar, ob ein Glasschneider mit Rolle oder mit Diamant verwendet wurde.

Ferner kann anhand der **Bruchkanten** die Richtung der Gewalteinwirkung festgestellt werden. So sind Rückschlüsse möglich, ob z. B. eine Fensterscheibe von innen oder außen eingeschlagen wurde, ohne dass die Lage der Scherben berücksichtigt wird.

Die Spurensuche erfolgt mit starker Lichtquelle (Kapitel 4.3.5.1.2) und Lupe.

Die Spurensicherung sollte mit geschützten Fingern, Pinzette, Staubsauger (Kapitel 4.3.5.6) oder Klebefolie (Kapitel 4.3.5.5) vorgenommen werden

4.6.10 Lack

Lacke ist die **Sammelbezeichnung für Anstrichstoffe** mit besonderen Eigenschaften, wie Schutz gegen Witterungseinflüsse sowie gegen mechanische oder chemische Beschädigung. Darüber hinaus soll damit ein dekoratives Aussehen erreicht werden. Lacke bestehen aus Bindemitteln und Lösungsmitteln. Die Bindemittel sind Filmbildner, Weichmacher, Trockenstoffe, Hilfsstoffe und Farben.

Die **uneinheitliche Bezeichnung** der Lacke erfolgt nach den Inhaltsstoffen, der Trocknungsart, der Art der Anwendung oder nach dem Lackierobjekt: z. B. Alkydharz-, Bitumen-, Nitro-, Öl-, Deck-, Brenn-, Tauch-, Draht- oder Bootslack.

Die **Trocknung** (Filmbildung) kann durch Verdampfen des Lösungsmittels oder durch Abkühlung erfolgen.

Allein für **Kraftfahrzeuge** werden weltweit jährlich 500 neue Lacke hergestellt. Beim Bundeskriminalamt sind Lackproben und Schichtenaufbau der meisten Kfz vorhanden und können so mit Lackspuren verglichen werden (Kapitel 4.1.6).

Die **kriminalistische Bedeutung** liegt im Anstrich, in Lacksplittern, im Abrieb oder in mikroskopischen Resten (z. B. Sprühnebel), aber auch bei der Identifizierung von Graffiti (Kapitel 4.11.2). Die Untersuchungsmöglichkeiten beziehen sich auf die chemische Zusammensetzung, die Farbe und der Schichtenaufbau.

Die **Spurensuche** wird mit intensiven Lichtquellen (Kapitel 4.3.5.1.2) und mit der Lupe durchgeführt.

Die **Spurensicherung** sollte mit dem Spurenträger erfolgen. Ist dies nicht möglich, so wird der Lack abgehobelt, mit der Pinzette aufgenommen und in Papierbriefumschlägen aufbewahrt.

4.6.11 Metall

Metalle sind feste oder flüssige (z. B. Quecksilber) Elemente. Von den 93 in der Natur vorkommenden Elementen sind **67 Metalle**. Sie sind formbar und legierungsfähig, das heißt, sie können miteinander vermischt werden. Legierungen haben die technisch größere Bedeutung, weil die Vorteile von verschiedenen Metallen miteinander verbunden werden.

Die **Einteilung der Metalle** erfolgt nach verschiedenen Gesichtspunkten:

a) Nach der **Affinität zu Sauerstoff** und der damit verbundenen Neigung zur Oxydation (Rostbildung):
   - als unedle Metalle, z. B. Eisen,
   - als Halbedelmetalle, z. B. Kupfer, Nickel oder Zinn, und
   - als Edelmetallen, z. B. Gold, Silber, oder Platin.

b) Nach der **Dichte** von mehr oder weniger als 4,5 g / cm^3 :
   - als Leichtmetalle, z. B. Aluminium oder Titan, und
   - als Schwermetalle, z. B. Blei oder Quecksilber.

c) Nach der **Farbe**:
   - als Schwarzmetalle alle Legierungen mit Eisen und
   - als Buntmetalle, z. B. Kupfer, Messing oder Blei.

d) Nach dem **Magnetismus**:
   - als ferromagnetische Werkstoffe und Legierungen mit Eisen, Nickel und Kobalt, und als alle übrigen,
   - nichtmagnetischen Metalle.

Die **kriminalistische Bedeutung** liegt in der Verwendung, in Splittern, Spänen, Schweißperlen, Schmelzperlen, Staub oder Abrieb sowie als Passstück (Kapitel 4.2.3.2.2), z. B. beim Durchkneifen eines Drahtes. Die Untersuchungsmöglichkeit besteht in der Feststellung der Zusammensetzung (Legierung) und der mechanischen Bearbeitung (z. B. Schmieden, Bohren, Sägen, Scheren).

Die **Spurensuche** erfolgt mit starken Lichtquellen (Kapitel 4.3.5.1.2), Metallsuchgeräten (Kapitel 4.3.5.7), Röntgengeräten (Kapitel 4.3.5.1.3), Staubsaugern (Kapitel 4.3.5.6) oder Klebefolie (Kapitel 4.3.5.5).

Die **Spurensicherung** sollte im Original erfolgen. Wegen der festen Molekülstruktur ist ein Abkratzen nicht möglich, da dabei auch Spuren vom Sicherungswerkzeug abgerieben werden.

4.6.12 Kunststoff

Kunststoffe werden auch **Plaste** oder **Polymer-Werkstoffe** genannt. Sie werden synthetisch aus vorwiegend anorganischen Stoffen hergestellt und sind ein Zusammenschluss von großen Mengen gleicher oder gleichartiger Moleküle.

Die **Klassifizierung** der Kunststoffe erfolgt aufgrund des **Wärmeverhaltens**:

a) Thermoplaste: werden durch starkes Erwärmen formbar, lassen sich schweißen und in bestimmten Mitteln lösen, z. B. Polyäthylen. Ansonsten sind sie formfest und steif. Die häufigste Verwendung ist der Spritzguss, z. B. Scheckkarten, Dübel, Spielzeug, Werkzeuge u.v.a.m.

b) Elastomere (Elaste): sind formfest aber stark elastisch, nicht lösbar und nicht schmelzbar.

c) Thermodure (Duroplaste): sind nicht schmelzbar, nicht formbar und nicht löslich, z. B. Phenolharze, Aminoplaste, Epoxidharze und Polyurethane.

Kunststoffe sind aufgrund der hauptsächlichen **Rohstoffe** (Erdöl und Kohle) sowie durch den Herstellungsprozess erheblich billiger als alle anderen Werkstoffe. Darüber hinaus haben sie diesen gegenüber viele Vorzüge, z. B. witterungsbeständig, wasserfest, rostfrei, leichter, reißfest.

Kriminalistisch sind sie als Werkstoff, Splitter, Schmelzpartikel, Abrieb, Klebstoffe und Pulver von Bedeutung. Entfernte Prägungen, z. B. Namen oder Nummern in Scheckkarten, können wieder sichtbar gemacht werden (Kapitel 4.1.7).

Die **Spurensuche** erfolgt mit starken Lichtquellen (Kapitel 4.3.5.1.2), Lupen (Kapitel 4.3.5.11) und Staubsaugern (Kapitel 4.3.5.6).

Die **Spurensicherung** sollte im Original und in Papierbriefumschlägen erfolgen.

4.6.13 Holz

Holz ist die umgangssprachliche **Bezeichnung** für Stämme, Äste und Wurzeln von Holzgewächsen (Bäume und Sträucher).

Ein **Holzstamm** besteht von innen nach außen aus dem Mark, dem Holzkörper mit Jahresringen, dem Kambium, das durch Ligniumeinlagerungen zur Festigkeit beiträgt, dem Splint- oder Weichholz, dem Bast und der Borke.

Die **Holzdichte** beträgt zwischen 0,1 g / cm^3 bei Balsaholz und 1,2 g / cm^3 bei Pockholz (Guajakbaum, tropisch-amerikanisch).

Unterscheidungen werden vorgenommen nach Laubbaum, Nadelbaum, ausländische, wohlriechende und färbende Holzgewächse.

Holz wird als Sägeholz, Furnierholz, Sperrholz, Holzfaser, Holzspanplatten, Holzwolle und Holzkohle verarbeitet. Bei der **Verarbeitung** entstehen Hobel- und Sägespäne. Es dient als Industrieholz in der Zellstoff- und Papierverarbeitung, als Bauholz, als Möbelholz sowie zur Herstellung von Kunstgegenständen und Musikinstrumenten.

Da es sich um einen **organischen Stoff** handelt, ist seine Struktur **individuell** (Kapitel 4.2.4.2).

Kriminalistisch bedeutsam ist Holz als Materialspur, insbesondere als Mikrospur (Kapitel 4.2.3.1.1) an Tatverdächtigen und deren Kleidung, aber auch als Formspur mit seiner Maserung, und bei Bruch als Passstück (Kapitel 4.2.3.2.2).

Die Spurensuche kann mit Hilfe von starken Lichtquellen (Kapitel 4.3.5.1.2) mit Klebefolie (Kapitel 4.3.5.5) oder mit Staubsauger (Kapitel 4.3.5.6) durchgeführt werden.

Die **Spurensicherung** erfolgt zweckmäßigerweise im Original. Ist das nicht möglich, so können Abformmittel (Kapitel 4.3.5.4) oder Klebefolie (Kapitel 4.3.5.5) verwendet werden. Holz ist kühl und trocken aufzubewahren. Nasses Holz soll bei Zimmertemperatur trocknen. Sonneneinstrahlung ist zu vermeiden. Die Spur wird in luftdurchlässige Tüten verpackt.

4.6.14 Textilien / Bekleidung / Fasern / Seile / Knoten

a) Textilien sind gewebte, gestrickte oder gewirkte Waren aus Faserstoffen. Es ist der Sammelbegriff für Bekleidung, Wäsche, Raumausstattung und technische Ausstattungen.

b) Bekleidung ist sehr geeignet zur Individualisierung. Das gilt auch für Massenware, insbesondere für Jeans (*Kohlhof,* a.a.O.). So können Kleidungsstücke, die bei der Tatausführung getragen und von Überwachungskameras festgehalten wurden, zweifelsfrei identifiziert werden. Die Individualmerkmale entstehen bereits bei der Produktion durch Webverfahren, Zuschnitt aus Mustern, Nähtechnik mit Nahtfehlern, Kräuselung, Faltung, Weitenzugabe oder Zerstörung als Modegeck – Stone Washed. Aber auch durch Gebrauch, z. B. Faltenbildung. Dabei treten die Falten, auch nach dem Bügeln, immer an denselben Stellen auf. Die in der Produktion verursachten individuellen Merkmale verändern sich nicht, auch nicht durch längeres Tragen.

Bekleidung und Gebrauchsgegenstände aus Textilien (z. B. Taschen, Seile, Sitzpolster, Vorhänge, Handtücher) verschleißen. Dieses erfolgt sehr langsam aber unaufhaltsam. Bei jeder Berührung mit einem anderen Gegenstand werden feinste Teilchen, die Fasern, herausgelöst und auf andere Gegenstände übertragen.

c) Handelt es sich bei den **„verlorenen" Fasern** um sehr seltene Stoffe, so können diese mit einem hohen Wahrscheinlichkeitsgrad dem Ursprungsstoff zugeordnet werden. Das kann ein Indiz für die Anwesenheit an einem bestimmten Ort sein (*Biermann / Grieve,* a.a.O).

In der kriminalistischen Praxis sind Faserspuren insbesondere bei folgenden **Delikten zu erwarten**: in Bekleidungstaschen von Gegenständen, die darin aufbewahrt wurden, z. B. Diebesgut, Masken; an Waffen, die in oder unter der Kleidung getragen wurden; in Kraftfahrzeugen, um die Sitzposition bei der Fahrerermittlung festzustellen; bei Einbruchsdiebstählen, an den Ein- und Ausstiegen; bei Sexualdelikten oder an Leichnamen (*Biermann / Grieve,* a.a.O.).

Faserspuren haben in der Kriminalistik eine große Konkurrenz durch die sehr beweiskräftige DNA-Analyse (Kapitel 4.6.1.3) erhalten, wobei das Spurenmaterial mit DNA im Regelfall viel leichter zu sichern ist. Das sollte die Faserspur aber nicht völlig verdrängen.

Besonders Erfolg versprechend sind Faserspuren nach einem **Verkehrsunfall** an ausgelösten Airbags, wenn sich die Frage nach dem tatsächlichen Fahrer stellt (Kapitel 7.5.8.2.2).

Der **Spurenträger** kann als Ganzes sichergestellt und im Labor untersucht werden oder er wird mit Klebeband abgeklebt (Kapitel 4.3.5.5), sodass die Fasern daran hängen bleiben. Dabei sind die Klebestreifen über das gesamte Kleidungsstück zu kleben, durchgängig zu nummerieren und anschließend auf durchsichtige Folie zu kleben. Das Labor untersucht dann nur noch die Klebestreifen.

d) Kriminalistisch zählen auch **Seile** zu dieser Gruppe, die aus **Faserstoffen** gezwirnt, verseilt oder verflochten werden. Hier stehen nicht nur die Materialzusammensetzung im Vordergrund, sondern auch die **Verwendung** und insbesondere die **Ausgestaltung von Knoten** (Kapitel 27, Abb.37), die bei Fesselungen oder beim Erhängen vorgefunden werden und sich damit auch als Situationsspur (Kapitel 4.2.3) darstellt.

Das Problem der **Knoten** besteht in dem Kompromiss, einerseits eine feste Verbindung zu erhalten, andererseits diese aber auch ohne große Mühe wieder lösen zu können. So haben sich für bestimmte **Tätigkeiten** oder **Berufe** besondere Knoten als sinnvoll herausgestellt, die -einmal gelernt- immer beibehalten werden, z. B. Segler, Angler, Weber u. a. Wird solch ein Knoten bei einer Straftat verwendet, so lässt er Rückschlüsse über den Ausführenden zu.

Seile können auch als **Tragseile** kriminalistisch von Bedeutung sein, insbesondere, wenn Menschen dabei verletzt oder gar getötet wurden (Kapitel 22). Allgemein bekannt sind Seile bei Schiffen, Bergbahnen oder Bergsteigern. Sie werden auch in der Industrie bei Hebekränen und Hochspannungsleitungen verwendet. In diesen speziellen Fällen werden die Untersuchungen von besonderen Behörden durchgeführt. (Kapitel 7.5).

Es können aber auch Unfälle im „Heimwerkerbereich" sein, z.B. bei Reparaturen an Kraftwagen, am Haus oder beim Brunnenbau. Ist dabei ein **Seil gerissen**, dann stellt sich die Frage, ob hier vermeidbare Fehler gemacht wurden, ob das Seil für die durchgeführte Arbeit haltbar genug war. Die Frage ist nur schwer zu beantworten und eine sogenannte „Haltbarkeitsformel" gibt es nicht. Das „Institut für Fördertechnik und Logistik (IFT) der Universität Stuttgart" (70174 Stuttgart, Holzgartenstraße 15b) forscht zu diesem Thema und kann als Gutachter helfen (Kapitel 4.1.4.1).

4.7 Rauschmittel

Der Genuss von Rauschmitteln wird in unserer Gesellschaft unterschiedlich strafrechtlich sanktioniert und damit in **illegalen** (Kapitel 4.7.1) und **legalen** (Kapitel 4.7.3) **Rauschmittelkonsum** unterteilt. Die Einteilung erfolgt willkürlich. Die Diskussion wird überwiegend emotional geführt. Es gibt weder gesellschaftspolitische noch gesundheitspolitische Gründe für die Unterscheidung. Die Anzahl der von legalen Drogen Abhängigen ist mindestens um das 100-fache größer, als die von illegalen. Der als legal bezeichnete Drogenkonsum verursacht gegenüber dem illegalen ein Vielfaches an Todesfällen, an Gesundheitsschäden und an Kosten für die Krankenkassen. Verbote und Strafen schrecken auch nicht von illegalem Rauschmittelkonsum ab.

Die Vermutung, Drogenhersteller und Drogenhändler wollen durch **heimliches Beimischen** von Heroin zu sogenannten „weichen" Drogen neue Konsumenten abhängig machen, hat sich nicht bestätigt und ist auch nicht logisch. Es würde den Gewinn erheblich schmälern und im Extremfall könnte der Konsument wegen der Überdosis sterben und so nicht mehr als Abnehmer zur Verfügung stehen. Darüber hinaus spricht sich so etwas in der Szene herum, sodass ein anderer Lieferant den Vorzug bekäme (Ausführlich dazu: *Gundlach*, a.a.O. S. 490 und *Weihmann*, 2003, a.a.O., S. 266).

4.7.1 Illegale Rauschmittel (1 500 Todesfälle pro Jahr)

Das **Strafrecht / Betäubungsmittelgesetz** setzt bei der Verfolgung vier Schwerpunkte:

- Verbote für Konsumenten: Die Strafandrohung reicht hier von der Ordnungswidrigkeit bis zur Freiheitsstrafe bis zu fünf Jahre. Ferner werden mehrere Möglichkeiten der Straflosigkeit eingeräumt und insbesondere die Suchttherapie gefördert. Heilen statt strafen ist der Leitgedanke.
- Verbote für Händler und Banden: Hier werden empfindliche Freiheitsstrafen bis zu nicht unter fünf Jahren angedroht.
- Verbot der Weitergabe von legalen Chemikalien, die bei der illegalen Rauschmittelherstellung benötigt werden: Die Strafandrohung reicht von der Ordnungswidrigkeit bis zur Freiheitsstrafe nicht unter einem Jahr.
- Verbote für die Herstellung von Arzneimitteln ohne Erlaubnis: Dies dient als Auffangtatbestand für die Herstellung wirkungsloser Synthetischer Drogen.

Darüber hinaus wird besonders bestraft, wer mit größeren Mengen angetroffen wird, die der Gesetzgeber **nicht geringe Menge** nennt. Diese hat der BGH für jeden einzelnen illegalen Wirkstoff festgelegt. Nachfolgend sind diese bei dem genannten Wirkstoff angegeben.

Werden verschiedene Stoffe gemixt oder gleichzeitig gehandelt oder transportiert, so ist zunächst festzustellen, wie viel Prozent der **nicht geringen Menge** bei jedem einzelnen Stoff vorhanden sind. Die Addition der Prozentsätze zeigt, ob diese Menge insgesamt überschritten ist (BGH in NStZ 2003, 434).

Trotz der völlig unübersichtlichen und sich ständig ändernden Drogen-Lage soll unter **idealistischen Gesichtspunkten** eine Einteilung der Rauschmittel erfolgen.

4.7.1.1 Opiate / Morphin / Heroin

Opium (griechisch: Pflanzensaft) wird durch Anritzen der noch unreifen Frucht des Schlafmohns (Kapitel 27, Abb.38) gewonnen. Der dadurch austretende Milchsaft wird an der Luft getrocknet. Dieses Rohopium enthält 20–25 % Wirkstoff. Nach weiterer Aufbereitung kann das Opium geraucht, gegessen oder als „O-Tinke“ getrunken werden.

Der **Hauptwirkstoff** des Opiums ist das **Morphin** (griechisch: Morpheus, Gott der Träume), das herausgelöst werden kann und in der Medizin als Mittel gegen sehr starke Schmerzen eingesetzt wird.

Durch **Weiterverarbeitung** wird aus Morphin **Heroin** (griechisch: Heros, Held). Es variiert in der Körnung von grob bis zum feinen Pulver und in den Farben von weiß über hellgrau, beige, braun bis gelb. In Szenekreisen werden die verschiedenen Herstellungsformen mit Heroin Nr. 2, Nr. 3 usw. bezeichnet. Heroin wird in Wasser gelöst und in einer **Konsumeinheit** (KE) von 10 mg intravenös genommen. Die Wirkung dauert drei bis sechs Stunden. Der häufigste Reinheitsgehalt liegt bei 30 %.

Die **nicht geringe Menge** beginnt ab 1,5 g Heroinhydrochlorid (BGHSt 32,162).

Symptome der Überdosierung

Lähmende Wirkung auf das Atemzentrum, je nach Dosierung bis zum Tod. Lungenschädigungen.

Methadon ist ein Morphinderivat. Es wird im Rahmen der Resozialisierung von Drogenabhängigen ärztlich verordnet. Das Mittel wird in einer Menge von 5 mg intravenös verabreicht. Die Wirkung dauert 12 bis 24 Stunden.

Als **Opiumersatz** wird auch Dolantin und Dicodid genommen.

4.7.1.2 Kokain

Kokain (indianisch / spanisch: Coca, Bedeutung unbekannt) ist der Hauptwirkstoff des Kokastrauches. Es kann durch Kauen der Blätter aufgenommen werden.

Durch Weiterverarbeitung entsteht **Kokapaste**. Daraus wird Kokain-Hydrochlorid hergestellt. Letzteres ist pulverförmig und wird wegen der weißen Farbe und der Konsistenz als „Schnee" bezeichnet. Kokain kann nasal (geschnupft) oder intravenös genommen werden. Die nasale Konsumeinheit beträgt 30 mg, die intravenöse 10 mg. Die Wirkung dauert zwei Stunden. Der häufigste Reinheitsgehalt liegt bei 40 %.

Die nicht geringe Menge beginnt ab 5 g Kokainhydrochlorid (BGHSt 33, 133).

Durch Hinzugabe von anorganischen Substanzen, z. B. Backpulver, Ammoniak, Salmiak, wird aus Kokain **Crack**. Es ermöglicht das Rauchen von Kokain. Wegen der dabei entstehenden knackenden Geräusche hat es seinen Namen erhalten (Kapitel 27, Abb.39).

Durch die Hinzugabe von organischen Lösungsmitteln, z. B. Äther oder Chloroform, entsteht **Free Base**, das inhaliert werden kann.

Symptome der Überdosierung

Störung des Blutdrucks, Krampfanfälle, Atemstörung bis Atemlähmung mit Tod.

Lidocain ist ein Alkaloid des Kokain. Es wird in der Lokalanästhesie eingesetzt.

4.7.1.3 Cannabis

Cannabis ist die griechisch-lateinische Bezeichnung für **Hanf** (Kapitel 27, Abb.40), einer Kulturpflanze, die seit Jahrhunderten zur Herstellung von Textilien und Seilen angebaut wird. Neben den Fasern enthält Hanf ein Harz mit dem Wirkstoff Tetrahydrocannabinol (THC). Dieser Wirkstoff hat berauschende Wirkung. Das gilt insbesondere für das Delta-8- und Delta-9-Tetrahydrocannabinol. Letzteres ist auch synthetisch herzustellen.

Die getrockneten Blüten und Pflanzenteile heißen **Marihuana** (mexikanisch / spanisch: Mari und Juana = weibliche Vornamen). Die weitere Verarbeitung mit organischen Lösungsmitteln und Konzentrierung des Wirkstoffes heißt **Haschisch** (arabisch: Heu oder Gras, Kapitel 27, Abb.41) und in der nächsten Verarbeitungsstufe **Haschisch-Öl**.

Marihuana und Haschisch können gegessen oder geraucht werden. Die Konsumeinheit beträgt 15 mg THC und wirkt zwei bis vier Stunden. Der häufigste Reinheitsgehalt von Marihuana liegt bei 0,5 bis 4 % THC, der von Haschisch bei 10 % THC.

Die nicht geringe Menge beginnt ab 7,5 g THC (BGHSt 33, 8, und in NStZ 1996, S. 139).

Symptome der Überdosierung

Störungen der Herztätigkeit und des Magen-Darm-Bereichs. Reizung der Bronchialschleimhaut. Keine Lebensgefährdung bekannt.

In getrockneter Form ist Hanf leicht mit **Henna** zu verwechseln. Es handelt sich um einen ligusterähnlichen Strauch, aus dessen Blätter und Stängel rotgelber Farbstoff hergestellt werden kann.

4.7.1.4 Stimulanzien / Halluzinogene

Diese Drogen lassen sich **schlecht einordnen**. Von der Dosierung hängt es weitgehend ab, ob die Wirkung anregend, antriebssteigernd, stimmungsaufhellend, bewusstseinserweiternd oder als sogenannter „Horrortrip“ zur Halluzination, Unruhe, Hypertonie oder zu stereotypen Verhaltensmustern führt.

Als Begleiterscheinung treten Gefühle von verstärkter Energie, Appetitlosigkeit und herabgesetztes Schlafbedürfnis auf. Gleichzeitig verliert der Körper große Mengen Flüssigkeit, ohne dies mit Warnsignalen anzuzeigen, was zu Herz- und Kreislaufversagen führen kann.

Zu dieser Gruppe wird **LSD** (Lysergsäurediäthylamid) gerechnet, das ursprünglich aus dem als Pilzbefall bei Getreide bekannten Mutterkorn hergestellt wurde. LSD wurde 1938 von dem schweizer Chemiker *Albert* ***Hofmann*** entwickelt und erfolgreich gegen psychische Krankheiten eingesetzt. Wegen der undifferenzierten „Verteufelung von Drogen" in den 1960er Jahre wurde LSD als Arzneimittel bis in die 1990er Jahre vom Markt genommen (*Weihmann,* 2003, a.a.O., S. 266).

Die Konsumeinheit beträgt 20 bis 100 mg und wird als Trip in Papier- oder Tablettenform oral genommen. Die Wirkungsdauer ist sehr unterschiedlich.

Die nicht geringe Menge beginnt bei 6 mg LSD-Wirkstoffgehalt. 300 Trips erfüllen ebenso das Merkmal (BGHSt 35, 43).

Ähnliche Wirkungen haben Mescalin und Psilocybin / Psilkocin sowie Atropin enthaltende Stoffe.

Ferner gehören zu dieser Gruppe die **Amphetamine** und die Ampethamin-Derivate (chemische Abkömmlinge). Es sind vollsynthetische Betäubungsmittel, die der chemischen Grundsubstanz nach den Neurotransmittern Adrenalin und Dopamin ähnlich sind und auch als **Weckamine** bezeichnet werden.

In der Szene werden diese Drogen als Sammelbegriff „ECSTASY" oder „XTC" (englische Buchstabierweise) bezeichnet, weil sie die Konsumenten in „verzückte Stimmung" versetzen (Kapitel 27, Abb.42).

Sie sind auch unter dem Begriff **Designer-Drogen** (ersinnen, planen, entwerfen in Bezug auf das Herstellen neuer Drogen) bekannt. Ihre Herstellung ist verhältnismäßig leicht und bedarf keines großen Aufwandes.

Die **illegale Herstellung** von Ecstasy erfolgt unter den verschiedensten Namen. Die häufigste Art der Herstellungsform sind Tabletten, wobei der Wirkstoff dem Füllstoff und Bindemittel beigemischt wird. Als Füllstoffe werden oft Stärke und Traubenzucker verwendet. Die Tabletten habe unterschiedliche Farben, Maße und Gewichte und sind mit phantasievollen Aufdrucken und Bezeichnungen versehen. Gleichwohl lassen diese Zeichen keine Rückschlüsse auf bestimmte Inhaltsstoffe oder Konzentrationen zu. Das gilt selbst für gleich aussehende Tabletten (Kapitel 27, Abb.42).

Die verbreitesten Wirkstoffe sind zur Zeit:

- **MDA** = Methylendioxyamphetamin.

  Es steht dem Amphetamin, LSD und Mescalin sehr nahe. Es wirkt antriebssteigernd.

- **MDMA** = Methylendioxy-N-methamphetamin.

  Es ist ein Abkömmling des Methamphetamin und steigert das Wahrnehmungsvermögen.

- **MDE** = Methylendioxy-N-ethylamphetamin.

  Es erzeugt ein ähnliches Wirkungsspektrum wie MDMA, jedoch in abgeschwächter Form.

- **MBDB** = N-Methyl-benzodioxol-butanamin.
  Es erzeugt ein ähnliches Wirkungsspektrum wie MDMA.
- **DOB** = Dimethoxy-bromamphetamin.
  Es wirkt 100fach stärker als MDA und zeigt Ähnlichkeiten mit LSD und Mescalin.
- **DOM** = Dimenthoxylamphetamin.
  Es erzeugt eine ähnliche Wirkung wie DOB.

Ecstasy wird **oral eingenommen** und wirkt zwei bis vier Stunden. Der häufigste Reinheitsgehalt liegt bei 50 %.

Die **nicht geringe Menge** beginnt ab 10 g Amphetaminbase (BGHSt 33, 169). Bei MDE, MDA und MDMA (Ecstasy) ab 30 g Base oder 35 g Hydrochlorid (BGH in NStZ 1997, S. 132).

Symptome der Überdosierung

Erhöhter Blutdruck und höhere Atemfrequenz. Erhöhte Körpertemperatur. Krampfanfälle bis zum Tod.

4.7.2 Grundstoffe / Streckmittel / Illegale Laboratorien

Die Herstellung von illegalen Rauschmitteln ist nur durch den Einsatz chemischer **Grundstoffe** möglich. Sie bilden die Ausgangs- und Hilfs-Chemikalien.

Die **Weitergabe dieser Grundstoffe** in großen Mengen ist nach den Vorschriften des Grundstoffüberwachungsgesetzes erlaubnispflichtig (BGBl. I Nr. 69 vom 13.10.1994, S. 2835).

Die **Überwachung** wird durch die beauftragten Behörden (Zollbehörden sowie Bundesinstitut für Arzneimittel und Medizinprodukte) wahrgenommen. In das Überwachungsverfahren ist auch das Bundeskriminalamt als „Gemeinsame Stelle“ einbezogen.

Welche Chemikalien als Grundstoffe angesehen werden, ist im Anhang der „Verordnung (EWG) Nr. 3677 / 90 des Rates vom 13.12.1990 über Maßnahmen gegen die Abzweigung bestimmter Stoffe zur unerlaubten Herstellung von Suchtstoffen und psychotropen Substanzen“, Amtsblatt der Europäischen Gemeinschaft, Nr. L 357 / 1 vom 20.12.1990, niedergelegt. Hierbei handelt es sich um: Epehdrin, Ergometrin, Ergotamin, Lysergsäure, 1—Phenyl-2-Propanone, Pseudoephedrin, Essigsäureanhydrid, Aceton, Anthranilsäure, Ethylether, Phenylessigsäure und Piperidin.

Bei Verdacht auf unerlaubtes Abzweigen der Stoffe ist sofort das Bundeskriminalamt zu informieren.

Darüber hinaus gibt es eine **Vielzahl anderer Chemikalien**, die zur Herstellung von Drogen geeignet sind, insbesondere zur Herstellung von Amphetaminen,

z. B. Benzylmethylketon, Ameisensäure, Ammoniak, Jod, Phosphor, Natriumamid, Lösungsmittel, Laugen und Säuren, pp.

Ferner werden oft große Mengen von **Streckstoffen / Verschnittstoffen** gefunden, die im freien Handel erhältlich sind, z. B. Zucker, Stärke, Gips, Backpulver, Kokusnussschale, Calciumverbindungen (*Andes*, a.a.O.).

Werden **illegale Laboratorien** entdeckt, so ist sofort ein Fachmann / Chemiker des Landeskriminalamtes hinzuzuziehen oder telefonisch um Rat zu bitten. Das gilt insbesondere, wenn die Gerätschaften und Apparaturen noch in Betrieb sind. Ein laufender Produktionsprozess darf niemals unterbrochen werden. Im **Notfall** ist nur die Heizenergie abzuschalten; nicht dagegen Kühlwasser, Pumpen, Rührwerke pp. Der vorgefundene Zustand ist fotografisch (Kapitel 4.3.6.4) zu dokumentieren.

4.7.3 Legale Rauschmittel

Neben den illegalen Rauschmitteln können kriminalistisch auch legale Rauschmittel von Bedeutung sein. Sie haben jedoch den Vorteil, dass sie unter staatlicher Kontrolle hergestellt und vertrieben werden, so dass eine Reinheits- und Konzentrationsgarantie gegeben ist. Am bedeutendsten sind:

4.7.3.1 **Alkohol** (140 000 Todesfälle pro Jahr)

Alkohole sind chemische Verbindungen mit Mydroxyl, die Äthanol bezeichnet werden. Als **Grundsubstanz** werden Zuckerrübenmelasse (Mutterlauge), Früchte oder Getreide vergoren, danach destilliert und gereinigt. Das so erreichte Destillat wird durch Beimischen von Wasser, Geschmacksstoffen oder anderen Mitteln als alkoholische Getränke, Desinfektionsmittel, Lösungsmittel und Konservierungsstoffe verwendet (*Völker / von Welck*, a.a.O., S. 134 ff).

Zur Überwachung der **Reinheit** und zur Abgabe von Steuern ist das Alkoholmonopol oder Branntweinmonopol eingerichtet worden. Es besteht in Deutschland seit 1919 und wird von der Bundesmonopolverwaltung für Branntwein, mit Sitz in Offenbach, wahrgenommen. Je nach **Genussmenge und Konzentration** wirkt Alkohol anregend, berauschend oder vergiftend.

Bei der **illegalen Herstellung** von trinkbarem Alkohol besteht die Gefahr der Verunreinigung oder falschen Destillation, so dass Methyalkohol entsteht. Dieser ist giftig und führt zur Erblindung.

Alkohol führt zur Beeinträchtigung bei der Teilnahme am öffentlichen Straßenverkehr und mindert die Schuldfähigkeit. Alkoholabhängigkeit führt zum unnatürlichen Tod.

Symptome der Überdosierung

Störungen von Kreislauf, Herztätigkeit, Gleichgewicht und Sehvermögen. Dauerschäden der Leber. Tod durch Atemlähmung.

4.7.3.2 Tabak (70000 Todesfälle pro Jahr)

Tabakgenuss ist unter religiösen, therapeutischen, medizinischen, soziologische, psychologischen und wirtschaftlichen Aspekten zu sehen (*Völker / von Welck*, a.a.O., S. 374 ff). Die gesundheitlichen Probleme sind in allen Kulturvölkern gleich. In Deutschland leben 405 landwirtschaftliche Betriebe vom Tabakanbau, deren Einkommen zu zwei Drittel subventioniert wird. Die EU hat bis 2012 jährliche Subventionen in Höhe von 338 Mill. € beschlossen (Der Spiegel vom 26.5.2008, S. 16). Von den mindestens 70000 Todesfällen sind 3000 Passivraucher. Bei Diskussionen über ein Tabakverbot weist die Politik auf den Steuerausfall hin und lehnt ein Verbot ab (FAZ vom 28.5.2003). Die Höhe der Steuerausfälle von 100 Millionen Euro hätten zudem den Verlust von 30000 Arbeitsplätzen zur Folge.

4.7.3.3 Tabletten (40000 Todesfälle pro Jahr)

Tabletten ist die **Sammelbezeichnung** für Arzneimittel, die in einer flachen Zylinderform gepresst sind. Sie bestehen aus Wirkstoff, Füll-, Gleit- und Bindemittel.

Als **Rauschmittel** eignen sich die Psychopharmaka, die unmittelbar die Aktivitäten des Zentralnervensystems beeinflussen. Diese werden in fünf Gruppen unterschieden:

- **Neuroleptika** unterdrücken Halluzinationen, Wahnvorstellungen, formale Denkstörungen und Ich-Störungen.
- **Antidepressiva** hellen die Stimmung auf, vermindern Ängste und steigern den Antrieb.
- **Antikonvulsiva** verhindern wiederkehrende depressive Phasen.
- **Tranquilizer** (engl. tranquill = ruhig, friedlich, sorgenfrei) sind die Verbindungen mit Carbinol-Derivaten, z. B. Meprobamat, sowie Diphenylmethanderitave und Benzodiazepine, z. B. Valium und Librium. Sie mindern Angstzustände, Unruhe, Spannungszustände, Gereiztheit und Schlafstörungen. Sie machen abhängig.
- **Schlafmittel und Beruhigungsmittel** sind die Babiturate und Benzodiazipine, z. B. Valium. Sie fördern das Ein- und Durchschlafen.

Symptome der Überdosierung

Atemlähmung bis zum Tod.

Tabletteneinnahme führt zur Beeinträchtigung bei der Teilnahme am öffentlichen Straßenverkehr und mindert die Schuldfähigkeit.

4.7.4 Spurensuche und Spurensicherung

Der Verdacht des Rauschmittelkonsums wird meist über das **Verhalten**, die Reaktionen oder das Aussehen der Person begründet. Bei intravenösem Konsum sind typische **Einstichspuren** der Injektionsnadel erkennbar. Dabei ist darauf zu achten, dass die Vene nicht nur in der Armbeuge, sondern auch am Fuß, am Hals oder an andern Stellen eingestochen wird. Deshalb muss der gesamte Körper nach Einstichstellen abgesucht werden.

Der Rauschgiftgenuss und die Konzentration lassen sich **im Blut und im Urin nachweisen**. Die Entnahme von Blut oder Urin erfolgt durch einen Arzt, § 81a StPO.

Die **Spurensuche** nach illegalem Rauschgift wird erheblich erschwert, weil die Substanzen keine typischen Erscheinungsformen haben. Dies gilt für Form, Konsistenz, Farbe und Geruch. Insofern sind Verdachtsstrategien im Hinblick auf typische Utensilien, Reagenzien, Streckstoffe und Verhaltensweisen von Rauschgiftkonsumenten anzuwenden. Drogenspürhunde (Kapitel 4.3.5.8) sind sehr hilfreich.

Verdächtige Stoffe können vor Ort mit einem sogenannten **Schnelltestverfahren oder Vortest** überprüft werden. Die gebräuchlichsten Testsätze werden von den Firmen Merck (Rauschgifttest) und DRG Instruments GmbH (NIK-Test = Narcotics Identifications Kit) vertrieben. Sie **eignen sich nicht für alle Drogen** und müssen streng nach der Gebrauchsanweisung durchgeführt werden. Die farblichen Reaktionen können auch ausbleiben, obwohl eine Drogensubstanz vorhanden ist. Der Vortest macht deshalb die **Laboruntersuchung nicht überflüssig**.

Die Spurensuche mit Hilfe von **Röntgentechnik** ist möglich, aber nicht sicher in der Aussage.

Die **Spurensicherung** erfolgt im Original. Dabei muss bedacht werden, dass auf dem Verpackungsmaterial Fingerabdrücke (Kapitel 4.4.1.1) gefunden werden können. Darüber hinaus sind Rauschgifte und das Transportbehältnis in Plastikbehältern oder Folie luftdicht zu verpacken. (Ausführlich zu allen Rauschmitteln, mit vielen Quellen: www.weihmann-schuch.de - Aufsätze)

4.8 Mineralöle

Mineralöle bestehen aus Kohlenwasserstoff. Dies ist die Sammelbezeichnung für alle **natürlichen und technischen Öle**, sowie für die daraus gewonnenen Produkte. Grundsubstanzen sind Erdöl, Ölschiefer und die Hydrierung (Anlagerung von Wasserstoff) von Kohle.

Bei der Herstellung von Mineralölprodukten werden **Additive** (Zusätze) benutzt. Sie dienen in erster Linie der Qualitätsverbesserung, sind aber von Hersteller zu

Hersteller sehr verschieden. Dies ermöglicht bei Produkten mit gleichem Verwendungszweck zumindest eine Feststellung der Gruppenzugehörigkeit (Kapitel 4.2.4.1).

Kriminalistisch haben Mineralölprodukte ihre Bedeutung in der verbotenen **Entsorgung** und den damit verbundenen **Umweltdelikten**. Sie können ins Erdreich eingesickert, in das Oberflächen- oder Grundwasser eingeflossen sein oder als Verbrennungsrückstände auftreten.

Darüber hinaus können **Steuerdelikte** vorliegen, wenn steuerbegünstigte Brennstoffe unzulässig gebraucht werden, z. B. Heizöl als Dieselkraftstoff. Mineralöle können als Mikrospuren (Kapitel 4.2.3.1.1) am Täter ein Indiz für die Anwesenheit am Tatort sein. Das gilt ganz besonders bei **Branddelikten** (Kapitel 4.12).

Die **Spurensuche** kann mit starkem Licht, UV-Licht (Kapitel 4.3.5.1.2) oder mit Gasspürgeräten vorgenommen werden. Dabei ist zu bedenken, dass bestimmte Produkte leicht entzündbar und / oder explosiv sind. Besonders hilfreich sind Suchhunde für Brandbeschleuniger (Kapitel 4.3.5.8).

Die Spurensicherung erfolgt in lichtgeschützten (Braunglas) und gasdichten Glasflaschen. Sind Mineralölprodukte ins Erdreich eingedrungen, so ist die Sicherung nach Kapitel 4.6.6 vorzunehmen.

4.9 **Gift** (Kapitel 22.10.14)

Gifte sind in der Natur vorkommende oder künstlich hergestellte **organische oder anorganische Stoffe**, die nach Eindringen in den menschlichen oder tierischen Organismus zu einer Erkrankung, zu bleibenden Gesundheitsstörungen oder zum Tod führen.

Paracelsus (1493-1541) fand heraus, dass darüber hinaus alle Stoffe giftig sein können, wenn sie eine bestimmte **Konzentration oder Menge** überschreiten. Landläufig ist dies beim Genuss von Alkohol bekannt. Aber auch Medikamente, die eigentlich die Gesundheit fördern sollen, wie zum Beispiel Schlaftabletten oder Insulin, wirken ab einer bestimmten Überdosis tödlich. Ferner gibt es Stoffe, die gar nicht giftig sind, aber durch das eigene Vorhandensein die notwendige Sauerstoffaufnahme verdrängen, z. B. Kohlendioxid, und dadurch als „giftig“ erscheinen.

Eine vollständige **Aufzählung** oder allgemein verbindliche Gruppeneinteilung von Giften gibt es nicht.

Am häufigsten werden die Gifte unterschieden in:

- Pflanzliche Gifte, z. B. Atropin.
- Tierische Gifte, z. B. Bufotenin, Melittin.
- Bakterielle Gifte, z. B. Botulinustoxin.

- Umweltgifte, z. B. Quecksilber.
- Gewerbliche Gifte, z. B. Benzol, Müll.
- Genussgifte, z. B. Alkohol, Nikotin.

Unter kriminalistischen Gesichtspunkten werden die **Gifte nach der Wirkung** eingeteilt und gliedern sich demzufolge in vier Gruppen:

- Der lebensnotwendige Sauerstoff wird verdrängt, z. B. durch Kohlendioxid.
- Der lebensnotwendige Sauerstoff wird blockiert, z. B. durch Kohlenmonoxid.
- Die biochemischen Vorgänge in den Körperzellen werden blockiert, z. B. durch Nikotin oder Blausäure.
- Zerstörung der Organe und / oder Nerven, z. B. durch Alkohol, Arsen oder Quecksilber.

Die **kriminalistische Bedeutung** von Giften liegt in der Tötung (auch Selbsttötung) oder in der Beeinträchtigung der Gesundheit von Menschen und Tieren und in der illegalen Herstellung.

Das **größte Problem** liegt in dem Erkennen von Giften und im Erkennen der Wirkung von Giften auf den menschlichen und tierischen Körper. Die industrielle Forschung bringt täglich neue Chemikalien hervor, sodass es auch **keine abschließende Liste von Giften** gibt. Durch die Vielfalt der Chemikalien und der Medikamente sind diese weder an der Konsistenz, der Farbe noch am Geruch zu erkennen. Die klassischen Anzeichen oder Reaktionen für das Vorhandensein von Giften oder für deren Fehlen können heutzutage nicht mehr erwartet werden, weil nicht nur die klassischen Gifte verwendet werden. Darüber hinaus reagiert der menschliche Körper auf die Einnahme von Chemikalien nicht mehr „klassisch", weil er seine Gewohnheiten über Ernährung, Stärkungsmittel, Drogen und Medikamenteneinnahme stark verändert hat.

Typische Symptome erscheinen deshalb nicht oder werden vorgetäuscht. Darüber hinaus gibt es viele giftige Substanzen, die keine auffälligen Spuren hinterlassen. Klarheit bringt nur eine chemische Untersuchung der Substanz, des Gewebes oder des Blutes.

Die **Spurensuche und Spurensicherung** richtet sich nach der Art des Giftes und des Spurenträgers.

4.10 Schusswaffen

Schusswaffen sind kriminalistisch als **Spurenverursacher** und als **Spurenträger** von Bedeutung. Sie kommen als Präzisionsgeräte bei der Ausführung von schwerwiegenden Straftaten und bei Selbsttötungen zur Anwendung. Ferner können sie bei Unglücksfällen eine Rolle spielen. Hierbei ist auch die große Reichweite der Waffen von Bedeutung, die auch Schaden außerhalb der Sehweite des Schützen anrichten können (Kapitel 27, Abb.43a). Darüber hinaus kann allein deren Existenz eine waffenrechtliche Straftat darstellen.

Es wird zwischen **Langwaffen** und **Kurzwaffen** unterschieden. Diese Unterscheidung erfolgt anhand der Lauflänge von mehr oder weniger als 30 cm und einer Gesamtlänge von mehr oder weniger als 60 cm.

4.10.1 Langwaffen

Die Langwaffen (seit dem 14. Jh.), auch **Handfeuerwaffen** oder **Gewehre** genannt (weil sie tragbar sind), werden als einschüssige Büchsen oder Flinten, Repetiergewehre, Selbstladegewehre oder Automatische (Maschinen-) Gewehre hergestellt.

Einschüssige Waffen müssen nach jedem Schuss entladen, neu geladen und gespannt werden.

Repetierwaffen verfügen über ein Munitionsmagazin. Nach dem Schuss wird durch das manuelle Ent- und Verriegeln des Schlosses die leere Hülse entfernt und eine neue Patrone eingeführt.

Bei **Selbstladewaffen** wird dieser Ladevorgang beim Abfeuern des Schusses mit Hilfe der Explosionsenergie durch die Waffe selbst vorgenommen.

Automatische Waffen laden nicht nur selbst nach, sondern feuern auch den nächsten Schuss selbsttätig ab. Dieser Vorgang wiederholt sich so lange, bis entweder der Abzughahn losgelassen wird oder die Munition verbraucht ist.

Büchsen (mit gezogenem Lauf, Kapitel 4.10.3.2) oder **Flinten** (mit glattem Lauf) sind **Jagdwaffen**. Sie dürfen Magazine mit maximal zwei Patronen haben oder sind einschüssig. Um aus den einschüssigen Waffen schneller mehrere Schüsse abgeben zu können, sind mehrere Läufe an einer Waffe zusammengefasst. Um Munition für verschiedene Tierarten sofort zur Verfügung zu haben, können glatte und gezogene **Läufe kombiniert** sein, die über- oder nebeneinander liegen. Die insgesamt zwölf verschiedenen Kombinationen sind durch eine **Fachsprache** gekennzeichnet (Kapitel 27, Abb.43b).

4.10.2 Kurzwaffen

Kurzwaffen, auch **Faustfeuerwaffen** genannt, werden als **Pistolen** (seit dem 15. Jh., Kapitel 27, Abb.44) und als **Revolver** (seit dem 19. Jh., Kapitel 27, Abb.45) hergestellt. Der Begriff „Pistol" kommt aus dem Tschechischen und bedeutet Pfeife. Revolver leitet sich aus dem Englischen „to revolve", sich drehen, ab. Das Patronenlager, die Trommel, dreht sich hierbei.

Pistolen haben den Vorteil, über ein Magazin nach jedem Schuss neue Munition nachzuladen. Ist jedoch eine Patrone defekt, so muss mit der Hand nachgeladen werden.

Revolver haben den Vorteil, dass bei fehlerhafter Munition diese über die erneuter Betätigung des Abzughahns übersprungen und die nächste Patrone benutzt werden kann. Der Nachteil sind die begrenzte Anzahl von sechs oder acht Patronen und der aufwendige Nachladevorgang per Hand.

Die in den 1930er Jahren gebaute **Dardik** war ein Versuch, beide Vorteile in einer Waffe zusammenzuführen. Von einem Magazin wurde die seitlich geschlitzte Trommel gefüllt und die Hülsen seitlich ausgeworfen.

Pistolen werden als einschüssige Pistole, Repetierpistole, Selbstladepistole oder Automatische (Maschinen-) Pistole hergestellt. Die **Funktionen** entsprechen denen der Langwaffen (Kapitel 4.10.1).

4.10.3 Spurenbilder

4.10.3.1 Waffe

An der Waffe können sich **daktyloskopische Spuren** befinden. Dies gilt auch für innenliegende Teile, die beim Zerlegen der Waffe angefasst wurden. Diese Spuren belegen sehr deutlich, dass der Spurenleger die Waffen nicht nur zufällig in der Hand hatte, sondern deren Besitzer war.

Ebenso können sich **DNA-Spuren** an der Waffe befinden. Hierbei handelt es sich häufig um Hautpartikel, die ganz besonders an den scharfkantigen Schlitzen der Schrauben oder im Innern gefunden werden können.

Schmauchspuren im Innern der Waffe oder Anhaftungen deuten auf den Gebrauch hin.

Pflegemittel lassen sich nach der Herkunft bestimmen.

Verschleißstellen ermöglichen den Schluss auf die Häufigkeit sowie auf die Art und Weise des Tragens der Waffe.

Beschädigungen individualisieren die Waffe.

Veränderungen deuten auf die kriminelle Energie des Benutzers hin.

Ladezustand und Fundort zeigen die Beziehung und Gebrauchsbereitschaft des Besitzers. War die Waffe gebrauchsfertig und griffbereit gelagert oder gut versteckt?

4.10.3.2 Lauf

Der Lauf der Waffe ist das **Kernstück**. Er nimmt die Patrone auf und gibt dem Geschoss die Richtung.

Damit das Geschoss während des Fluges in seiner Lage stabil bleibt und so an Reichweite und Treffgenauigkeit gewinnt, ist der **Lauf gezogen**, d. h. an der Innenseite befinden sich korkenzieherähnliche Riefen. Dadurch erhält das Geschoss eine drehende Bewegung, den Drall. Die eingekerbten Teile des Laufes werden **Züge**, die stehen gebliebenen **Felder** genannt (Kapitel 27, Abb. 46).

Der Durchmesser des Laufes heißt **Kaliber**. Bei Läufen mit Zügen und Feldern wird das Kaliber zwischen den Feldern **oder** zwischen den Zügen gemessen. Die Messung zwischen den Feldern wird auch Bohrungskaliber genannt (BKA, a.a.O., 1958 / 2, S. 36). Bei ungerader Anzahl von Zügen und Feldern beträgt das Kaliber das doppelte Maß vom Laufmittelpunkt zu einem Zug oder zu einem Feld. Das Maß wird herkömmlicherweise in Millimeter angegeben. Amerikanische Hersteller geben dieses Maß in Inch = 2,54 cm an. So hat die Pistole „P-38“ ein Kaliber von 38 / 100 Inch = 9,65 mm; der „45er-Colt“ ein Kaliber von 11,43 mm.

4.10.3.3 Geschoss

Geschossart und Verwendungszweck lassen Rückschlüsse auf das Motiv des Schützen zu. So gibt es spezielle Munition zum Töten von Vögeln, Kleintieren oder großen Tieren sowie zum Sportschießen. Aber auch Spezialgeschosse zum Anhalten von Rechtsbrechern, die Deformationsgeschosse (Kapitel 27, Abb.47).

Darüber hinaus kann das Geschoss in seiner Wirkung verändert werden, wenn die Spitze abgefeilt oder sogar ausgehöhlt wird.

Kaliber, Feld- und Zugbreite sowie deren Winkel geben Auskunft über den **Waffentyp**, aus dem geschossen wurde, weil alle Waffenhersteller bemüht sind, ihre Waffen möglichst individuell herzustellen.

Anhaftungen deuten auf die Materie hin, die das Geschoss durchdrungen hat.

Die Lage des Geschosses kann auf den **Standort des Schützen** hinweisen.

Die **Entfernung** zwischen der Einschlagstelle des Geschosses und dem Schützen lässt sich aus der verwendeten Munition, der Art der Waffe und der kinetischen Energie des Geschosses an der Einschlagstelle ermitteln. Unter günstigsten Bedingungen, bei einem Abschusswinkel von 30°, kann ein Jagdgeschoss 5000 m, ein Pistolengeschoss 1 500 m, ein KK-Gehschoß 1 300 m und Schrot zwischen 200 und 400 m weit fliegen (Kapitel 27, Abb.43a).

Damit das Geschoss beim Abfeuern durch die Felder im Lauf genügend Drall erhält, ist der Lauf um den Bruchteil eines Millimeters kleiner als das Geschoss. Somit wird das Geschoss durch den Lauf gepresst. Dies verursacht an dem Geschoss **individuelle Spuren des Laufes**, die bei der kriminaltechnischen Untersuchung nachgewiesen werden können. Der Beweiswert ist dem des Fingerabdrucks gleichzusetzen (Kapitel 27, Abb.48a und 48b).

4.10.3.4 Patronenhülse

Waffentechnisch hat die Hülse folgende Bedeutung: Damit das Pulver, mit dem das Geschoss beschleunigt wird, nicht lose in die Waffe gegeben werden muss, befindet es sich in einer Hülse, die auch das Zündplättchen enthält. Dadurch ist ein schnelles und störungsfreies Laden der Waffe möglich.

Modernste Kriegswaffen können auf diese Hülse jedoch verzichten, weil das Pulver in derart fester Form hergestellt werden kann, dass es die Hülse ersetzt.

Ist eine Hülse vorhanden, so entstehen daran ebenso individuelle Spuren wie am Geschoss. Besondere Merkmale sind hierbei der Eindruck des Schlagbolzens, der Abdruck des Hülsenbodens auf das Patronenlager sowie Auszieher-, Auswerfer- und Magazinspuren (Kapitel 27, Abb.49).

Aber auch **Anhaftungen und Fingerspuren** können gefunden werden. Diese sind auch noch vorhanden, wenn das Geschoss abgefeuert wurde.

Die **Patronenhülse** wird bei Selbstladewaffen und automatischen Waffen am Schiessort aus der Waffe geschleudert und kann dort vorgefunden werden. Bei Revolvern bleibt die Hülse in der Trommel.

Eine Besonderheit stellt die **Schrotpatrone** dar (Kapitel 27, Abb.50). Da die Schrotkugeln erheblich kleiner als das Kaliber sind, werden Schrotpatronen aus **glatten Läufen** verschossen (Kapitel 4.10.3.2). Damit die Schrotkugeln nicht aus dem Lauf herausfallen, sind die Patronen nach vorn mit einem **Abschlussdeckel** -aus Karton oder Kunststoff- verschlossen. Dies kann auch dadurch verhindert werden, dass die Patronenhülse an der Spitze eingefalzt wird. Um innerhalb der Patrone eine Vermischung der Kugeln mit dem Pulver zu verhindern, trennt beide ein **Filzpfropfen** (neuerdings auch ein Kunststoffpilz).

Der **Abschlussdeckel und der Filzpfropfen** werden beim Schuss mit den Kugeln hinausgeschleudert. Da diese beiden aber ein erheblich geringeres spezifisches Gewicht als die Kugeln haben, wird ihr Flug durch den Luftwiderstand stärker gebremst und schon nach wenigen Metern beendet, sodass sie in der Nähe des Schützen auf den Boden fallen. Beide Teile lassen somit Rückschlüsse auf den **Standort des Schützen** zu. Kann sein Standort genau bestimmt werden, so geben die Lage von Abschlussdeckel und Filztropfen auch die **Schussrichtung** an.

Ferner ist beim Schrotschuss zu bedenken, dass die Schrotgarbe einer starken Streuung unterliegt. Das Trefferfeld ist auf 100 m Entfernung immerhin 18 m breit (Kapitel 27, Abb.51).

4.10.3.5 Schütze

An der Schusshand befinden sich **Schmauchspuren**. Diese lassen den Schluss zu, Kontakt zu eine Waffe oder Munition gehabt zu haben (Kapitel 27, Abb.52). Der Beweis, ob tatsächlich geschossen oder die Waffe nur angefasst wurde, lässt sich jedoch nur mit der Feststellung der genauen Schmauchspurenverteilung auf der Hand nachweisen. Dazu müssen beide Hände mit einer speziellen Methode behandelt werden, die nur Mitarbeiter des Erkennungsdienstes beherrschen. Die Hände werden handschuhförmig mit Mull bedeckt und anschließend mit Lösungsmittel bestrichen, sodass sich die Schmauchpartikel in dem Mull festsetzen. Nach dem Austrocknen kann die genaue Lage jedes einzelnen Schmauchpartikels bestimmt werden (*Brünig / Milbradt,* a.a.O. S. 195; *Schyma / Huckenbeck*, a.a.O. S. 581).

Tatverdächtige, die einer solchen Untersuchung unterzogen werden sollen, dürfen sich vorher **auf keinen Fall die Hände waschen**.

Stehen keine Kräfte zur Verfügung, um die Schmauchspurenverteilung zu sichern, so muss eine **Notsicherung** erfolgen (Kapitel 4.3.7.3). Mit Klebeplättchen (Leit-Tabs) werden einzeln und nacheinander alle Finger, die Handrücken und Handflächen abgeklebt, nummeriert und gesichert. Sind solche auch nicht vorhanden, so werden mit angefeuchteten Papiertaschentüchern alle Finger einzeln, die Handflächen und die Handrücken abgerieben und in Papierbriefumschlägen getrocknet und aufbewahrt. Da die Schmauchspuren nach dem Trocknen vom Spurenträger abfallen können, sind diese in noch feuchtem Zu- stand in die Papierumschläge zu legen. Jeder Umschlag ist vor der Spurenaufnahme zu beschriften.

An der **Vorderkante des Ärmels der Schusshand** schlägt sich ebenfalls Schmauch nieder. Hier können die Spuren auch noch nachgewiesen werden, wenn sich der Schütze die Hände gewaschen oder Handschuhe getragen hat. Zum Spurenschutz sind die Ärmel in Papiertüten zu stecken.

Rückschlagspuren lassen sich medizinisch an der Schusshand oder an der Schulter nachweisen. Selbstladewaffen verursachen bei unsachgemäßer Handhabung typische Verletzungen (Kapitel 27, Abb.52).

Allein durch das Anfassen der Waffe werden **Hautpartikel auf die** Waffe, insbesondere an den Schrauben der Griffstücke, übertragen, die mit Hilfe der DNA-Analyse (Kapitel 4.6.1.3) identifiziert werden können (*Merket,* a.a.O. S. 799).

Öl- und Pflegemittel für Waffen sind sehr charakteristisch und lassen den Nachweis zu, dass eine Waffe angefasst wurde.

Ständiges Tragen von Kurzwaffen führt zu **typischen Tragespuren** an der Kleidung und diese lassen Rückschlüsse auf die kriminelle Energie zu.

Die **Spurensicherung** muss sehr schnell erfolgen, da sich die Spuren übertragen oder abwaschen lassen. Dabei kommt es ganz wesentlich auf die Hände an.

4.10.3.6 Trefferfeld / Opfer (Kapitel 22.10.13)

Fehlt beim Opfer der Ausschuss, so muss sich das **Geschoss noch im Körper** befinden. Bei der operativen Entfernung ist der Arzt darauf hinzuweisen, das Geschoss nicht wegzuwerfen und möglichst nicht mit einer Zange festzuhalten. Ist

Letzteres aus operationstechnischen Gründen erforderlich, so muss die Zange als neuer Spurenverursacher zu Vergleichszwecken sichergestellt werden.

Schmauchspuren entstehen beim Abfeuern der Munition. Sie bestehen aus verbranntem Pulver, aus Resten von unverbranntem Pulver und aus Schmutzteilchen. Diese Spuren schlagen sich auf der Schusshand, auf dem Ärmel der Schusshand und auf dem Trefferfeld nieder. Letzteres wird **Niederschlagshof** (Kapitel 27, Abb.53) genannt. Dabei wird der Niederschlagshof um so größer, je weiter das Trefferfeld vom Schützen entfernt ist. Aus der Größe des Niederschlagshofes kann die **Schussentfernung** bestimmt werden.

Die **Spurensicherung** erfolgt im Original. Dabei wird die Kleidung einzeln in luftdurchlässigen Tüten verpackt. Eine **Stanzmarke** (Quetschung oder **Kontusionsring)** deutet auf einen aufgesetzten Schuss hin. Diese Marke entsteht bei Kopfschüssen. Sie zeigt sich als **bräunlicher Ring am Einschuss**. Der beim Schuss austretende Pulverschmauch tritt zwischen Schädelknochen und Haut und presst diese gegen die Laufmündung (Kapitel 27, Abb.54).

Durch die Abgabe des Schusses entsteht im Lauf der Waffe ein **Unterdruck**. Bei einer **aufgesetzten Waffen** wird dieser Unterdruck durch das **Ansaugen von Blut und andere Spuren** ausgeglichen, sodass sich diese im Lauf der Waffe befinden. Diese Spuren können dann mit denen des Opfers verglichen werden.

Beim **aufgesetzten Schuss** (Kontaktschuss) stellt sich die kriminalistische Frage nach Selbsttötung oder Fremdtötung. Insofern ist eine sorgfältige Spurensuche an der Schusshand, dem Ärmel und an der Waffe notwendig.

Die **Spurensicherung** der Verletzungen erfolgt durch Beschreibung (Kapitel 4.3.6.6) und durch Fotografie (Kapitel 4.3.6.4).

Ist bei einer fäulnisveränderten Leiche die Frage **Ein- oder Ausschuss** von Wichtigkeit, so können Textilspuren darüber eventuell Auskunft geben (*Hollmann*, a.a.O., S. 69).

4.10.4 Spurensicherung

Bei kriminell benutzten Waffen muss davon ausgegangen werden, dass an den Waffen manipuliert wurde. Jede Manipulation erhöht das Risiko der Schussabgabe oder der Explosion von Waffenteilen. Insofern ist besondere Vorsicht geboten.

Bei der Spurensicherung kommt es im Wesentlichen darauf an, ob die Waffe als Beweismittel für eine inkriminierte Schussabgabe benötigt wird oder nicht.

Ist die **akute Schussabgabe** auch Ziel der Beweisführung, so darf die Waffe lediglich entladen und gesichert werden. Alle weiteren Untersuchungen werden durch das Landeskriminalamt vorgenommen.

Dient die Waffe nicht als Beweis für eine akute Schussabgabe, so wird sie in Nordrhein-Westfalen bei den Kriminalhauptstellen untersucht und beschossen. In den übrigen Bundesländern geschieht dies bei den Landeskriminalämtern.

Der Beschuss erfolgt bei jeder sichergestellten Waffe, um die hierbei erhaltene Munition, mit den individuellen Merkmalen am Geschoss und an der Hülse, mit der Tatortmunitionssammlung beim Bundeskriminalamt zu vergleichen.

Waffen- und Munitionsfunde unterliegen mit dem Vordruck „KP 27" dem kriminalpolizeilichen Meldedienst (KPMD) (*Rahm*, a.a.O. S. 586).

Die obligatorische **Untersuchung von Schusswaffen** wurde 1999 geändert, um unsinnige Untersuchungsanträge zu verhindern. Jetzt werden nur noch sogenannte Verdachtswaffen in den Sammlungsvergleich aufgenommen. „Verdachtswaffen sind alle in behördlichen Gewahrsam gelangten Schusswaffen oder Teile von Schusswaffen, wenn aufgrund vorliegender Tatsachen und / oder des Tat- / Täterumfeldes begründete Anhaltspunkte dafür bestehen, dass mit ihnen bei einer Straftat geschossen worden sein könnte. Die Verdachtswaffeneigenschaft wird in der Regel durch die ermittlungsführende Dienststelle festgestellt" (BKBl. 66 / 2005, Anlage 3). Seit Änderung der Vorschrift hat sich das Aufkommen an untersuchten Waffen um mehr als die Hälfte reduziert.

4.11 Schriften / Urkunden / Ausweise

Schreiben ist ein **System grafischer Zeichen** zum Zwecke der **Kommunikation**. Es ist die Umsetzung von Gedanken in Zeichen. Diese können auf einen festen Träger gemalt, geritzt, gekerbt oder gedruckt werden. Inzwischen ist die Technik soweit entwickelt, dass Schrift auch auf elektronische Datenträger (Fax und PC) aufgebracht werden kann, sogar in Handschrift.

Die **Schrift** hat sich in den Kulturvölkern verschieden entwickelt. So unterscheidet man heute viele Schriftarten, z. B. Arabisch, Chinesisch, Griechisch, Hebräisch, Japanisch, Koptisch, Kyrillisch oder Lateinisch.

Mit dem Öffnen der Grenzen zwischen den Staaten haben auch **fremde Schriften** Bedeutung erlangt (z. B. durch den Reisepass, die Fahrerlaubnis, den Kraftfahrzeugschein, das Gesundheitszeugnis etc.). Andererseits zwingt die Globalisierung der Wirtschaft, Wissenschaft und Kunst zur Nutzung einer einheitlichen Sprache und Schrift, z. B. durch das Internet, die Börse oder den Flugverkehr. Gleichwohl wird es immer kulturell unterschiedliche Sprachen und Schriften geben, wie dies heutzutage sogar innerhalb von Staaten der Fall ist, z. B. in Belgien, Kanada oder der Schweiz.

Urkunden sind verkörperte (auf Schriftträger festgehaltene) oder elektronische allgemein oder für Eingeweihte verständliche, menschliche Gedankenerklärungen, die geeignet und bestimmt sind, im Rechtsverkehr Beweis zu erbringen und ihren Aussteller erkennen lassen (BGHSt 3, 85) und die unter strafrechtlichem Schutz stehen (§ 267 StGB). Man unterscheidet private und öffentliche Urkunden. Letztere sind durch öffentliche Behörden oder eine mit öffentlichem Glauben versehene Person erstellt, z. B. Notar, Standesbeamter, Amtsarzt.

Ausweise sind öffentliche oder private Urkunden, die eine Person oder Mitgliedschaft beglaubigen (Legitimation), z. B. Personalausweis, Pass, Bankausweis (Scheckkarte), Clubausweis.

Um Ausweise möglichst **fälschungssicher** zu machen, werden sie mit Lichtbildern, Fingerabdrücken, biometrischen Angaben und / oder elektromagnetischen Kodierungen versehen. Darüber hinaus können sie einen Schutzüberzug erhalten, der sich bei Manipulationen zerstört.

4.11.1 Handschrift / Unterschrift

Als Handschrift bezeichnet man den **sichtbaren Ausdruck der individuellen Schreibbewegung**. Die Handschrift ist von der körperlichen und seelischen Verfassung und vom Lebensalter abhängig, wobei Letzteres im Allgemeinen mit Übung zusammenhängt. In den feinen Einzelheiten kann die Handschrift nicht nachgeahmt werden und ist daher als Unterschrift (BGH in NStZ 1997, S. 3380 [3381]; *Seibt,* a.a.O. S. 175) rechtsverbindlich.

Gepflogenheiten aus den historischen Handschriften auf Papier (ab 13. Jh.) werden bis heute praktiziert. So wurden dort bereits wichtige Stellen mit roten Buchstaben hervorgehoben (rubriziert) und die Anfangsbuchstaben von größeren Kapiteln kunstvoll ausgemalt (Initialen).

Handschriften auf **Wänden oder an Bäumen** lassen einen Schluss auf die Körpergröße des Schreibers zu, da die Schreibhand im Regelfall in Höhe der Augen geführt wird.

Kriminalistische Bedeutung hat die Handschrift insbesondere bei Unterschriften, aber auch bei Abschiedsbriefen, Testamenten, Beleidigungsschreiben, selten bei Erpresserschreiben.

Die **Unterschrift** wird am häufigsten gefälscht. Dies kann durch Freihandfälschung, mit Durchdrücken, Durchpausen oder mittels Scanner erfolgen. Fälschungen können auch mit Unterschriftsautomaten (**Faksimile**) vorgenommen werden. Eine solche Fälschung ist leicht festzustellen, da die Berechtigten ihre Unterschrift mit verschiedenen Merkmalen für unterschiedliche Zwecke drucken lassen, z. B. für Werbung, für Standardantwortbriefe oder für Geldbeträge bis zu einer bestimmten Höhe. Die Besonderheiten sind nur dem Berechtigten bekannt.

Mit einem **Scanner** aufgenommene und mit Personalcomputer bearbeitete Unterschriften können mit einem Tintenstrahldrucker beliebig oft wiederholt werden. Die Erkennungsmerkmale liegen beim fehlenden Druck des Schreibgerätes auf dem Schriftträger, an der senkrechten Führung der Tintenpatrone, die nicht dem Strichzug folgt, und in der immer gleichen Zusammensetzung der Tinte.

Die **Freihandfälschung** kann vom Gutachter erkannt werden, da die Handschrift in den feinen Einzelheiten und in den Druckverhältnissen auf die Unterlage nicht nachgeahmt werden kann (*Berty*, a.a.O.). Insofern kann in einem Vergleich die Fälschung festgestellt werden. Da der Freihandfälscher auch seine individuellen Merkmale in der Fälschung hinterlassen hat, kann er bei einem Vergleich als Schreiber identifiziert werden. Dazu bedarf es der Vergleichsschriftprobe vom Tatverdächtigen.

Beim **Durchdrücken und Durchpausen** fehlt die zügige Strichführung, weil der Fälscher dem Original langsam und mit entsprechendem Druck folgen muss. Das führt zu einem „wackeligen" Strich. Eine solche Strichführung kann allerdings auch altersbedingt sein.

Liegen **ganze Schriftstücke** vor, so ist das aus der Sicht der Beweisführung vorteilhaft, da mehr Schriftgut zur Verfügung steht. Dies erlaubt auch, psychische Veränderungen des Schreibers zu erkennen. So muss z. B. die Erregung vor der Selbsttötung in einem Abschiedsbrief erkennbar sein oder das Schriftbild in einem Testament mit der altersbedingten Schrift des Verstorbenen übereinstimmen.

Handgeschriebene Schriftstücke mit strafbarem Inhalt werden hauptsächlich noch im Milieu gefertigt und haben beleidigenden Charakter. Ansonsten bedienen sich Straftäter anderer Schreib- oder Druckmethoden, insbesondere bei Erpresserbriefen oder denunzierenden Schreiben.

Die **Spurensuche** muss mit Hilfe der kriminalistischen Fallanalyse (Kapitel 5) dort durchgeführt werden, wo die Fälschung vermutet wird.

Die **Spurensicherung** erfolgt im Original.

Entscheidend für die Beweisführung im Bereich der Handschriftenfälschung ist das **Vergleichsmaterial**. Hier sollte möglichst auf älteres Originalschriftgut beim Verdächtigen oder bei amtlichen Stellen zurückgegriffen werden.

Ist das nicht möglich, so muss Vergleichsmaterial durch eine **Handschriftenprobe** erstellt werden. Das setzt aber die Kooperationsbereitschaft des Tatverdächtigen voraus. Entscheidend ist, dass dem Verdächtigen niemals die Originalschrift gezeigt wird. Die Probe wird durch ein Diktat erstellt. Das hat den Vorteil, dass auch die persönliche Art der Rechtschreibung niedergelegt wird. Der Text sollte eine Seite (DIN-A-4) umfassen und die Wörter enthalten, die im Originalschreiben vorhanden sind.

Sollen nur **einzelne Wörter** geschrieben werden, so sind sie jeweils zwanzigmal zu schreiben. Diese Wörter sind auf nummerierte Zettel zu schreiben, die nach jeder Probe einzusammeln sind, damit der Schreiber das bisher Geschriebene nicht mehr sieht.

Über das Erstellen des Vergleichsmaterials ist ein ausführliches Protokoll zu fertigen und dem Untersuchungsantrag (Kapitel 4.20.1) beizufügen.

4.11.2 Graffiti

Eine besondere Art der **Handschrift** ist das Graffiti. Es ist dem Italienischen entlehnt und bedeutet das Einritzen oder Kratzen von Texten oder Bildern auf Wänden, was schon aus der Antike bekannt ist. Seit den 1970er Jahren erscheint Graffiti als aufgesprühte Farbmittel auf Bauwerken und auf Verkehrsmitteln, wie Busse, U-Bahnen, Eisenbahnen oder anderen Gegenständen und versteht sich selbst als Kunstrichtung. Über diesen Bereich hinaus soll es eine Ausdrucksmöglichkeit der politischen Diskussion sein.

Durch Graffiti werden **erhebliche Sachschäden** an Bauwerken und Fahrzeugen angerichtet. Allein in Berlin entsteht pro Jahr ein Schaden in Höhe von 50 Millionen Euro (FAZ vom 8.4.2005, Titelseite). Ebenso wird das Sicherheitsgefühl der Bürger negativ beeinflusst, wenn Graffiti nicht konsequent bekämpft wird (*Rölle / Flade*, a.a.O. S. 774). Darüber hinaus **gefährden sich die Sprayer** oft an Leib und Leben, wenn sie an gefährlichen Stellen, meist bei Dunkelheit, ihre Bilder und Schriften sprühen, sodass Graffiti kriminalistische Bedeutung hat.

Da es sich um eine Handschrift handelt, ist sie dem Schreiber individuell zuzuordnen. Dies kann über die Schrift, das Bild und über die **Farbzusammensetzung** (Kapitel 4.6.10) erfolgen. Die Körpergröße ist anhand des Schriftbildes nicht abzuleiten, da die Abbildungen selbst oft körpergroß sind und somit die „Augenhöhe" fehlt.

Die **Spurensicherung** erfolgt fotografisch (Kapitel 4.3.6.4). Dabei sollten möglichst digitale Fotoapparate oder Videogeräte eingesetzt werden, damit die Bilder mit Computerprogrammen verglichen werden können (*Winko*, a.a.O. S. 483). Ganz besonders erfolgreich in der Bekämpfung illegaler Graffiti ist die Stadt **Koblenz**, Ordnungsamt, Projektgruppe „Saubere / sichere Stadt", Maßnahmen gegen Farbschmierereien und illegale Graffiti, „kriminalprävention@stadt.koblenz.de".

Das **Erfolgskonzept** besteht im Wesentlichen darin, die Graffiti sofort, möglichst noch im Morgengrauen, zu entfernen, damit den Sprayern das Erfolgserlebnis fehlt. Die zweite wichtige Maßnahme ist, erkannte Sprayer rigoros zum Schadensersatz zu bringen.

4.11.3 Klebebuchstaben / Zeitungsausschnitte

Um die Identifizierung des Schreibers auszuschließen, werden Klebebuchstaben oder ausgeschnittene Buchstaben oder Wörter aus Zeitungen verwendet. Da die Buchstaben zusammenhängend aufgeklebt werden müssen, besteht über den verwendeten Klebstoff und den Schriftträger eine Identifizierungsmöglichkeit. Besonders günstig ist dies, wenn der Klebstoff angefeuchtet werden muss. Ist dafür Speichel (Kapitel 4.6.3.3) verwendet worden, so ist eine DNA-Analyse (Kapitel 4.6.1.3) möglich.

Buchstaben oder Wörter aus Zeitungen müssen herausgetrennt werden und ergeben somit Passstücke (Kapitel 4.2.3.2.2).

Bei der Spurensuche ist besonderer Augenmerk auf Reste der Klebebuchstaben, auf Klebstoffe und auf Zeitungsreste zu legen. Papierkörbe und (Alt-) Zeitungsablagen sind auch zu durchsuchen.

Die **Spurensicherung** erfolgt im Original.

4.11.4 Schreibschablonen

Schablonen sind ausgeschnittene oder **ausgestanzte Buchstabenformen**, mit denen Werbe- oder Normschrift hergestellt werden kann. Sie ermöglichen das Fertigen von gleich aussehenden Schriften, ohne die individuellen Merkmale der eigenen Handschrift zu übertragen.

Schablonenschrift ist der **Übergang** von der Handschrift zur Maschinenschrift. Gleichwohl lassen sich besondere Merkmale erkennen, z. B. der Winkel der Haltung des Schreibgerätes oder der Druck auf den Schriftträger. Die Art der Schreibschablone kann als Gruppenzugehörigkeit (Kapitel 4.2.4.1) festgestellt werden.

4.11.5 Schreibmittel

Im Bereich der Handschrift steht das Schreibmittel als Materialspur zur Verfügung. Es kann in seiner chemischen Zusammensetzung festgestellt und zugeordnet werden. In der Gruppenidentifizierung (Kapitel 4.2.4.1) lässt es Rückschlüsse auf den Hersteller oder den Verwendungszweck zu. Durch persönliche Zugaben oder Mischungen lässt sich eine individuelle Identifizierung (Kapitel 4.2.4.2) erreichen.

Die **Spurensicherung** erfolgt im Original.

4.11.6 Geräte und Maschinen

Die zunehmende Technisierung hat auch die Geräte und Maschinen zur Herstellung von Schrift wesentlich verändert. Es sind heute nicht nur Schreibmaschinen, Druckmaschinen oder Stempel, sondern als Massenprodukte im

Wesentlichen elektronische und elektromechanische Gerätschaften, insbesondere Computer-Drucker oder Plotter, die zum Einsatz kommen.

4.11.6.1 Schreibmaschinen

Unter Schreibmaschinen im engeren Sinne versteht man maschinelle Schreibgeräte, die durch Tastenanschlag Typen von Buchstaben, Ziffern, Satzzeichen oder Sonderzeichen mit Hilfe eines Farbbandes auf Papierbogen „stempeln". Wenn auch in den Industrieländern die Schreibmaschinen überwiegend von den PC-Druckern abgelöst worden sind, so haben sie wegen der Globalisierung nach wie vor Bedeutung, z. B. bei der Herstellung von Dokumenten aus sogenannten Entwicklungsländern. Aber auch bei der **Fälschung von historischen Schreiben**, z. B. Zeugnissen, Bescheinigungen, Urkunden, akademischen Abschlüssen u.v.a.m.

Man unterscheidet mechanische, elektromechanische und Speicherschreibmaschinen.

Bei **mechanischen Maschinen** wird der individuelle Anschlagdruck des Menschen über die Typenhebel unmittelbar auf das Papier übertragen. Dadurch erzeugen die Buchstaben verschieden tiefe Eindrücke in dem Papier. Bei ungeübten Schreibern entstehen so reliefartige Verformungen oder perforierte Schriftträger. Das Schriftbild lässt auch Aussagen zu, ob mit Zehnfinger-System oder anders geschrieben wurde.

Bei **elektromechanischen Maschinen** wird durch den Schreiber mit den Tasten ein elektrischer Kontakt geschlossen, wodurch über einen Elektromotor die Typen auf das Papier geschlagen werden. Dadurch wird ein gleichmäßiger Anschlag erreicht. Der individuelle Tastendruck wird nicht mehr übertragen.

Speicherschreibmaschinen bestehen aus einem elektromechanischen Schreibwerk und einem Diskettenlaufwerk, in dem der Schreibvorgang bearbeitet und abgespeichert werden kann. Der Schreibbefehl erfolgt hier nicht für jedes einzelne Zeichen, sondern für das gesamte Schreibgut. Auch hier wird der individuelle Tastendruck nicht mehr übertragen.

Die **Schreibwerke** der Maschinen unterscheiden sich nach Typenhebel, Schreibkopf sowie Typenrad und bedingen eine schnellere Schreibgeschwindigkeit und / oder größere Robustheit. Schreibkopf und Typenrad lassen sich mit einfachen Handgriffen austauschen, sodass verschiedene Schriftarten möglich sind. Verschleiß, Veränderungen oder Beschädigungen an den Schreibwerken werden auf die Schrift übertragen und können so erkannt und mit einer verdächtigen Schreibmaschine verglichen werden.

Zum **Schreibvorgang** werden Typen, Papier und ein Farbband benötigt. Darüber hinaus sind komfortable Maschinen mit einem Korrekturband ausgerüstet, um während des Schreibvorgangs Tippfehler auszugleichen.

Farbbänder werden verschiedenartig hergestellt:

- **Carbonbänder** sind aus Kunststofffilm, auf dem die Schriftfarbe in fester Form aufgeschichtet ist. Sie können nur einmal verwendet werden. Durch den Schreibvorgang schlagen die Typen die Zeichenform aus dem Farbband heraus und „kleben" es auf das Papier. Die herausgeschlagenen Stellen können umgekehrt (invers) auf dem Farbband gelesen werden.
- **Korrekturbänder** sind mit Klebstoff beschichtet und können Zeichen von Carbonbändern wieder vom Papier entfernen. Die Buchstaben kleben sodann an dem Korrekturband und können dort gelesen werden.
- **Textilfarbbänder** sind für die mehrmalige Nutzung hergestellt, wobei die Maschine den Vor- und Zurücklauf des Farbbandes automatisch regelt. Textilfarbbänder werden einfarbig oder zweifarbig hergestellt. Das Lesen der Schrift ist auf dem Farbband nur möglich, wenn es erst einmal im Durchlauf benutzt wurde. Bei zweifarbigen Farbbändern sind Buchstaben unmittelbar nach dem Umschalten auf die andere Farbe lesbar, weil an den Typen noch Reste der ersten Farbe haften.

Die **Spurensuche** erfolgt nach der Schreibmaschine, nach verschiedenen Schreibköpfen oder Typenrädern, nach dem Farbband und nach dem Korrekturband. Bei der Verwendung von Carbonbändern ist auch nach der **Entsorgungskiste** zu suchen, um die bereits benutzten Bänder zu finden.

Die **Spurensicherung** erfolgt im Original.

Über das **Anfertigen von Vergleichsschreiben** sind mit dem Gutachter Absprachen zu treffen. Dabei geht es insbesondere um die Verwendung von Farbbändern und um das Feststellen von Ablagerungen in einzelnen Typen (*Frensel / Howorka*, a.a.O. S. 251).

4.11.6.2 Druckmaschinen

Das Drucken ist seit alters her bekannt und besteht aus dem **Aufdrücken einer eingefärbten Platte** auf feste Materialien. Zunächst nur als Bilderdruck mit Stempeln praktiziert, entwickelte es sich weiter über den Schriftdruck mit Letternplatten. Johannes Gutenberg erfand 1434 die wieder verwendbaren, beweglichen, metallischen Lettern, was die Buchdruckerkunst erheblich vereinfachte.

Die **Technisierung** ist auch hier in den letzten Jahren erheblich fortgeschritten, sodass man heute den Industriedruck und den Privatdruck unterscheidet. Für die Herstellung von qualitativ guten Drucken und großen Stückzahlen sind hohe Investitionskosten erforderlich. Deshalb wurden verschiedene Arbeitsprinzipien entwickelt.

4.11.6.2.1 Arbeitsprinzipien

Die Arbeitsprinzipien regeln die Abläufe von Druckwerk, Druckfarbe sowie den Zu- und Ablauf des Trägermaterials.

a) Beim Tiegeldruck wird Fläche gegen Fläche gearbeitet. Das Trägermaterial wird seitenweise vorgelegt und entnommen. Dazwischen wird das Druckwerk mit einer Farbwalze neu beschichtet.

b) Beim Flachformzylinderdruck bleibt das Trägermaterial flächenförmig, das Druckwerk rollt sich jedoch als Zylinder darüber.

c) Beim Rotationsdruck besteht das Druckwerk aus rotierenden Zylindern, die Farbe wird über gegenlaufende Rollen aufgebracht und das Trägermaterial läuft als Endlosband an dem Druckzylinder vorbei. Diese Technik wird vor allem im Zeitungsdruck verwendet. Sie ermöglicht die Herstellung von großen Mengen in kurzer Zeit.

d) Mit der Verbreitung von Personalcomputern und den dazugehörigen Druckern ist ein wahrer Druckboom eingetreten. Nach relativ geringen Anschaffungskosten können mit ebenso geringen Kosten auch qualitativ anspruchsvolle und im Layout ansprechende Druck-Erzeugnisse erstellt werden. Nach dem Druckerprinzip unterscheidet man:

   – **Nadeldrucker**, die wie eine Schreibmaschine arbeiten, jedoch nur eine Type besitzen, die aus 24, einzeln beweglichen Nadeln besteht. Diese Nadeln werden elektromagnetisch so gesteuert, dass damit jedes Zeichen gedruckt werden kann. Mit solchen Druckern können gleichzeitig mehrere Durchschläge erstellt werden, z. B. Formulare. Da sich Druckerkopf und Schriftträger berühren, können Verschleiß, Veränderungen oder Beschädigungen auftreten, die sich auf das Schriftgut übertragen und im Vergleich nachzuweisen sind.

   – **Tintenstrahldrucker** spritzen die Tinte durch ein Sieb (Druckerkopf) mit 56 mikroskopisch kleinen Löchern. Da jedes Loch einzeln angesteuert werden kann, sind alle Typen und alle Schriftgrößen damit druckbar. Das Schreibgerät berührt das Trägermaterial nicht mehr, sondern schwebt darüber. Es tritt somit kein Benutzungsverschleiß ein.

     Der **Druckerkopf bewegt sich stets quer** zum Papiervorschub, sodass die Schrift nicht dem Linienverlauf folgt, vielmehr wird die Tinte jeweils an den eingefärbten Stellen aufgespritzt. Je nach Schriftgröße werden bei einer Seitenbewegung Teile von Buchstaben oder mehrere Zeilen gleichzeitig „gedruckt“. Bei Querformaten erfolgt der Druck „chinesisch“ (von oben nach unten).

     Solche Drucker arbeiten mit **zwei verschiedenen Tintensystemen**. Eine Art hat einen festen Druckerkopf, in den nur die Tinte nachgefüllt werden muss. Die andere integriert die Tintenpatrone in den Druckerkopf, sodass dieser bei jeder Tintennachfüllung auch gewechselt wird.

Bei der Ermittlung des Erstellungsdatums von Schriftstücken kann neben der herkömmlichen Altersbestimmung (Kapitel 4.11.8) bei Tintenstrahldruckern auch eine **Vergleichsuntersuchung** anhand der veränderten Merkmale des Druckerkopfes vorgenommen werden. Da die Tinte durch mikroskopisch kleine Löcher auf das Papier gespritzt wird, können diese teilweise verstopfen, was zu einem, mit dem bloßen Auge nicht erkennbaren, veränderten Schriftbild führt. Diese Veränderung schreitet unaufhaltsam fort, bis die Schrift unansehnlich erscheint und der Druckerkopf ausgetauscht oder gereinigt wird. Wird jetzt behauptet, ein Schriftstück sei zu einem bestimmten Zeitpunkt erstellt worden, so kann ein Vergleich mit anderen Schriftstücken vorgenommen werden, die auf demselben Drucker erstellt worden sind und deren Datierung zweifelsfrei ist. Stimmt die Behauptung, so müssen beide Schriftstücke dieselben Abweichungen im Schriftbild zeigen. Diese Untersuchung kann auch vorgenommen werden, wenn mit der Tintenpatrone der Druckerkopf ausgewechselt wird, weil hierbei nicht das inkriminierte Schriftstück mit dem vorhandenen Druckerkopf, sondern mit einem Schriftstück, das auf demselben Drucker zu der selben Zeit entstanden ist, verglichen wird.

- **Laserdrucker** benutzen Kopierer-Toner und eine Halbleitertrommel als Druckwerk. Durch den Laser werden einzelne Zeichen auf die Trommel und von dort auf das Trägermaterial übertragen. Dabei wird der Toner erhitzt. Das System ermöglicht einen sehr schnellen Druck, wobei gleichzeitig eine hohe Druckqualität erreicht wird.
- **Plotter** sind Schreib- und Zeichengeräte, bei denen das Zeichengerät eingespannt und zweidimensional über das Trägermaterial geführt wird. Das Gerät kann tatsächliche Kurven, Parabeln und Diagonalen zeichnen, weil das Zeichengerät dem Linienverlauf folgt.

Mit Tintenstrahldruckern, Laserdruckern und Plottern lassen sich Handschriften nachahmen. Dabei folgt der Plotter dem tatsächlichen Linienverlauf der Schrift.

e) Kopierer funktionieren wie Laserdrucker (siehe oben), nur dass der Text insgesamt auf die Halbleitertrommel übertragen wird. In der Qualität sind sie sehr unterschiedlich. Das zeigt sich insbesondere unter dem Mikroskop. Besonders gute Kopierer können sogar den Irisdruck (stufenloser Übergang verschiedener Farben) vornehmen und damit Geldscheine farbecht und linientreu wiedergeben.

Bei einfachen Geräten werden kleinste Teile der Druckvorlage nicht weitergegeben. Diese Eigenschaft ist für die Anonymisierung von Schriften von Vorteil. So kann die Herkunft eines Schriftstückes nicht mehr festgestellt werden, wenn es kopiert und die Kopie wieder als neue Vorlage genommen und dieser Vorgang mehrmals wiederholt wird (Kopie von der Kopie). Die Veränderung ist so groß, dass eine Übereinstimmung mit Vergleichsmaterial nicht mehr möglich ist.

f) Stempel können als Aufdruck oder Relief eingesetzt werden.

   Aufdruckstempel werden mit Stempelfarbe angefeuchtet und auf das Dokument gedrückt. Dabei ist die Lage des Stempelmusters stets unterschiedlich, weil der Stempel mit der Hand geführt wird.

   Sogenannte **Siegelstempel** enthalten eine Individualnummer. Aus der Nummer kann geschlossen werden, ob das Siegel von dem zuständigen Sachgebiet aufgedruckt wurde.

   Prägestempel (Prägesiegel) geben einen dreidimensionalen Abdruck (Relief) und lassen damit auch Höhenunterschiede erkennen. Der Stempel besteht aus Ober- und Unterplatte, die sich ergänzen.

Die **Spurensicherung** erfolgt im Original.

4.11.6.2.2 Industriedruck

Im Industriedruck werden verschiedene Verfahren angewendet, die im Wesentlichen die **Qualität** beeinflussen und / oder **größere Stückzahlen** ermöglichen.

Beim **Hochdruck** stehen die druckenden Stellen hervor, werden eingefärbt und geben diese an das Trägermaterial weiter.

Beim **Flachdruck** liegen die druckenden und nicht druckenden Teile auf einer Ebene. Die Druckform ist aber chemisch so behandelt, dass nur die druckenden Flächen Farbe annehmen und weitergeben.

Beim **Tiefdruck** liegen die druckenden Stellen vertieft. In sie wird dünnflüssige Farbe gegeben und die hoch liegenden Stellen werden gereinigt. Mit dem Verfahren können mehrere Trägermaterialien bedruckt werden, ohne jedes Mal Farbe aufzutragen.

Beim **Durchdruck** wird die Farbe durch eine Schablone oder ein Sieb auf das Trägermaterial gebracht.

4.11.7 Trägermaterial / Schriftträger

Der Schriftträger selbst ist **Materialspur** (Kapitel 4.2.3.2.1 und 4.6) und kann sowohl in seiner chemischen Zusammensetzung als auch in den physikalischen Strukturen untersucht werden. Die physikalische Struktur zeigt z. B. das Wasserzeichen, den Kleberand bei Blockabriss oder die Perforation. Dies sind

Gruppenmerkmale (Kapitel 4.2.4.1) oder **Passstücke** (Kapitel 4.2.3.2.2). Darüber hinaus erfolgt eine physikalische Veränderung durch den Druck des Schreibgerätes.

Besondere Probleme entstehen bei **chlorgebleichtem Papier**, das sich im Laufe der Jahre selbst zerstört und brüchig wird.

Ist die **Schrift unleserlich**, so kann das verschiedene Gründe haben:

- Die Schrift ist mit einem Tintenstrahldrucker oder Laserdrucker in der Schriftgröße „Eins" oder kleiner gefertigt worden und wirkt bei oberflächlicher Betrachtung wie ein Strich.
- Die Schrift wurde mechanisch oder chemisch entfernt.
- Es handelt sich um ein Folgeblatt eines Schreibblocks, sodass nur Durchdruckspuren vorhanden sind.
- Die Schrift ist durch „Überklecksen" mit dem gleichen Schreibmittel unleserlich geworden.
- Die Schrift ist durch Lichteinwirkung oder durch Abschleißen (ständiges Anfassen) unleserlich geworden.
- Das Schreibmittel unterscheidet sich in der Farbe kaum von Schriftträger.
- Der Schriftträger ist feucht, aufgeweicht oder vermodert.
- Der Schriftträger ist verkohlt.

Die **Spurensuche** kann mit Hilfe von UV-Licht (Kapitel 4.3.5.1.2) erfolgen.

Die **Spurensicherung** ist sehr unterschiedlich:

Im **ersten Fall** ist eine Lupe oder ein Mikroskop hilfreich. In den übrigen Fallgruppen sind die Originalspuren in Papierbriefumschlägen zu sichern. Im Untersuchungslabor bestehen viele Möglichkeiten, die Schrift wieder leserlich zu machen.

Werden **feuchte oder aufgeweichte** Schriftträger als Einzelblätter gesichert, so können diese an der Luft bei Zimmertemperatur getrocknet und anschließend in Papierbriefumschlägen gesichert werden.

Werden **Papierbündel feucht**, aufgeweicht oder vermodert aufgefunden, so besteht die Gefahr, dass sie durch Trocknung brüchig werden und sich unter Umständen pulverisieren. Darüber hinaus können sich Papierschichten untrennbar verfilzen, sodass die Schrift nicht mehr erkennbar ist. In solchen Fällen ist der Spurenträger in verschlossenen Plastikbehältern sofort dem Untersuchungslabor zu überbringen. Es empfiehlt sich, vor der Sicherung mit dem Sachverständigen telefonischen Kontakt aufzunehmen und ihn unter Umständen zum Fundort zu bitten (Kapitel 4.3.10). Ist ein sofortiger Kontakt mit Fachleuten nicht möglich, so kann das Papierbündel bei mindestens -18° C eingefroren werden.

Durch **Wärme und Feuer** erreichen Schriftträger einen unterschiedlichen Grad der Zerstörung. Das hängt im Wesentlichen von der Höhe der Temperatur ab. Bei Wärmeeinwirkung trocknet Papier zunächst aus. Danach wird die Oberfläche gelb, braun, schwarz und schließlich weiß. Bei einer braunen bis schwarzen Oberfläche spricht man von Verkohlen, bei weißer von Verbrennen. Die beim Verbrennen zurückgebliebene Weißasche ist so pulverisiert, dass sie bei der kleinsten mechanische Berührung oder beim kleinsten Luftzug in sich zusammenfällt. Verkohltes Papier hat dagegen noch eine gewisse Festigkeit.

Die **Spurensuche** sollte zunächst mit UV-Licht (Kapitel 4.3.5.1.2) erfolgen, um so eine eventuell vorhandene Schrift zu lesen (z. B. Zigarettenmarke).

Die **Spurensicherung** kann mittels Fotografie (Kapitel 4.3.6.4) erfolgen. Ist jedoch die Sicherung des Originals beabsichtigt, so sollte auch hier zunächst mit dem Sachverständigen telefonisch Kontakt aufgenommen und sein Rat eingeholt werden.

Es gibt **keine allgemein gültige Methode**, solche Spuren zu sichern. Besonders wichtig ist, ob der Spurenträger in seiner chemischen Zusammensetzung untersucht werden soll oder nicht. Ist dies der Fall, so dürfen keine Stabilisierungsmittel eingesetzt werden. Ist das nicht beabsichtigt, so kann der Spurenträger vorsichtig mit Haarspray eingesprüht werden. Danach wird ein leichter Karton unter den Spurenträger geschoben, dieser wird damit aufgenommen und in ein Glasgefäß gelegt. Auch diese Spur ist dem Untersuchungslabor sofort zu überbringen.

4.11.8 Alter

Schreibmittel und Schriftträger sind dem **Alterungsprozess** unterworfen, sodass eine Altersbestimmung (Kapitel 4.2.4.3) auch ohne Datumsangabe möglich ist.

Darüber hinaus gibt es sich ständig weiter entwickelnde **Fertigungsprozesse**, sodass die chemische Zusammensetzung oder die physikalische Bearbeitung dem Zeitpunkt der Herstellung entsprechen muss.

Ferner unterliegen Schreibformen und Rechtschreibung dem **Wandel** der Zeit und müssen deshalb mit dem Erstellungszeitraum identisch sein.

4.11.9 Fingerabdrücke

Auf allen Schriften können **Fingerabdrücke** (Kapitel 4.4.1.1) festgestellt werden. Vorrangig werden hierzu Reaktionsmittel (Kapitel 4.3.5.3) verwendet. Dabei ist zu bedenken, ob diese Sicherung in Konkurrenz zu einer anderen Spurensicherung steht (Kapitel 4.3.9).

Die **Spurensicherung** ist auch möglich, wenn die Fingerspuren nachträglich mit Klebefolie oder Kunststoff überzogen sind (Kapitel 4.1.7).

4.11.10 Anhaftungen

Anhaftungen an Schriftstücken lassen sich als Materialspuren (Kapitel 4.6) nachweisen und geben Hinweise auf den Aufbewahrungsort.

4.11.11 Texturheberschaft

Neben der chemischen und physikalischen Untersuchung von Schriften können der Inhalt und die verwendete Sprache untersucht werden. Dieses Phänomen ist aus der Literatur bekannt, so sind auch für Laien z. B. Texte von *Johann Wolfgang von* ***Goethe*** und von *Heinrich* ***Böll****, Elfriede* ***Jelinek*** *oder Günter* ***Grass*** leicht nach der Sprache, der Wortwahl und dem Satzbau zu unterscheiden.

Kriminalistisch gibt es hierbei zwei Fragen: **Erstens,** haben verschiedene anonyme Schreiben denselben Autor? **Zweitens**, kann der Tattext mit einem Vergleichstext eines Verdächtigen untersucht werden, um eine Übereinstimmung festzustellen?

Voraussetzung ist, dass der inkriminierte Text **mindestens 100 Wörter** enthält. Mit zunehmender Länge wird die Identitätsaussage kräftiger. In der Untersuchung werden vier Bereiche geprüft:

- Das Ähnlichkeitsmaß anhand der Anzahl und dem Wiederholungsabstand von Funktionswörtern, wie: doch, etwa, auch.
- Die Normabweichung vom DUDEN.
- Die Satzlängenverteilung, gemessen in Wörtern.
- Die Relation zwischen der Anzahl der verwendeten Wörter und solchen Wörtern, die nur einmal vorkommen.

Ist der **Täter noch unbekannt**, so können die Texturheberschaft oder die Autorenerkennung mit Hilfe der Textanalyse, des Textvergleiches und mit der Sammlungsrecherche ermittelt werden.

Die **Textanalyse** erfolgt mit Schreiben unbekannter Hersteller. Dabei werden die Muttersprache, der Bildungsgrad, die Ausbildung und berufliche Tätigkeit, die Erfahrung mit der Textproduktion, die Altergruppe, die regionale Zugehörigkeit, die dialektale Prägung und die Gruppenzugehörigkeit festgestellt.

Der **Textvergleich** erfolgt mit Schreiben von bekannten Schreibern und mit anonymem Text. Hierbei soll festgestellt werden, wer der Urheber ist.

Die **Sammlungsrecherche** erfolgt mit der Datenbank KISTE (Kriminalistisches Informations-System TExte) des Bundeskriminalamtes. Bei einem Treffer muss das Schreiben jedoch individuell analysiert werden (Beilage zum BKBl. Nr. 186 vom 26.9.2001. *Baldauf / Stein,* a.a.O. S. 666).

Seit einigen Jahren gibt es neue Erscheinungsformen bei der Texterstellung, die **Aufgeschriebenes Sprechen** genannt werden. Damit sind Unterhaltungsformen gemeint, die bei der elektronischen Datenübertragung im **Chat,** als **E-Mail** oder als **SMS** verwendet werden (*Ryngevic*, a.a.O.). Hierbei wird eine besondere Sprache verwendet, die insbesondere unter Jugendlichen verbreitet ist. Dadurch werden besondere Anforderungen an die Gutachter gestellt.

4.12 Brand

Branddelikte machen **0,4 % der Gesamtkriminalität** aus. Das ist von der Häufigkeit aus gesehen erfreulich. Das seltene Vorkommen dieser Delikte bedeutet aber auch einen **seltenen Umgang der Polizei** mit diesem Ereignis, sodass konsequenterweise wenig Erfahrung mit den Sicherung- und Auswertungsmaßnahmen besteht. Hinzu kommt, dass in vielen Fällen neben der Polizei die **Feuerwehr** am Tatort ist, um den Brand zu löschen und um Gefahren für benachbarte Güter abzuwehren. Das bedeutet notwendigerweise die **Beeinträchtigung des Tatortes** und **Vernichtung von Beweismitteln**.

Liegt ein strafrechtlich herausragender Fall vor, so ist zur kriminalistischen Bearbeitung Fach- und Ingenieurswissen sowie eine hohe Spezialisierung erforderlich, über die die Mehrzahl der Polizeibeamten nicht verfügen kann.

Aus diesem Grund und wegen des (glücklicherweise) seltenen Auftretens solcher Delikte gibt es in den meisten Bundesländern für die Brandermittlung ganz wenige Kriminalbeamte als spezialisierte Brandsachbearbeiter, die nur in den großen Behörden oder bei den Landeskriminalämtern angesiedelt sind.

Da diese Sachbearbeiter im Regelfall keine Ingenieure sind, werden sie von Anfang an durch externe **Sachverständige** (Kapitel 4.1.4.1) unterstützt. Denn gerade bei Bränden sind fundierte Kenntnisse über biologische, chemische und physikalische Zusammenhänge und Abläufe erforderlich. Diese Sachverständigen treten dann auch in der Gerichtsverhandlung auf und verantworten dort die „technischen Inhalte“ in einem Gutachten.

Da bei Bränden häufiger, auch schon bei mittleren Schäden, der Geschädigte, der Tatverdächtige und / oder die Versicherung selbst Sachverständige beauftragen und deren Gutachten in das Gerichtsverfahren einbringen, ist der Einsatz von Ingenieuren bereits im polizeilichen Ermittlungsverfahren notwendig. Die Entscheidung über den Einsatz der Sachverständigen und über deren Wissenschaftsrichtung trifft im Ermittlungsverfahren jedoch die **Staatsanwaltschaft** (Kapitel 19; RiStBV Nr. 70).

Deshalb sollten die **Beamten des Streifendienstes** große Aufmerksamkeit auf die Sicherung von offenkundigen Beweismitteln legen. Dazu zählt die Feststellung aller Personen, die sich am Löschen beteiligen oder Zuschauer sind. Das **Fotografieren** der Personen und der Brandstelle, insbesondere die **Farbe des Feuers,** das Rückschlüsse auf Brandbeschleuniger zulässt und auf den Ort der Brand-Entstehnung.

Unter Brand versteht man ein sich **selbstständig ausbreitendes Feuer**, das dabei Schäden an Personen oder Sachen verursacht. **Voraussetzung** für einen Brand sind Zündtemperatur, Luftsauerstoff und brennbares Material.

Die Form des Brandes wird vom **Sauerstoffanteil** bestimmt. Mit zunehmendem Anteil spricht man von Glimmbrand, Schwelbrand und offener Flamme.

Gase und Dämpfe verbrennen nur mit Flamme. Flüssige Stoffe erst nach Übergang in Dampfform und dann mit Flamme. Feste Stoffe brennen mit Glut und / oder Flamme.

Die konkreten, abstrakten oder potenziellen Gefährdungsdelikte der Brandstiftung, § 306 ff. StGB, stellen Verbrechenstatbestände dar. Der Anteil an der Gesamtkriminalität liegt bei 0,4 %. Eine Brandstiftung liegt jedoch erst vor, wenn die in den Strafvorschriften genannten Gegenstände (z. B. Gebäude, Kraftfahrzeuge, Schiffe, Wälder, landwirtschaftliche Fläche, pp.) in wesentlichen Teilen **selbstständig brennen**. Das heißt, auch nach Wegnahme von Zündmitteln müssen diese Teile selbstständig brennen. Die zweite Alternative ist die **gänzliche oder teilweise Zerstörung** des geschützten Gegenstandes, ohne dass die Gegenstände selbstständig weiterbrennen.

Wegen der besonderen Gefährlichkeit von Branddelikten hat der Gesetzgeber die **Tätige Reue**, § 306e StGB, eingeräumt, was den Täter straflos stellen kann.

Sowohl das Inbrandsetzen als **Versuchshandlung** als auch die **Tätige Reue** werden in der späteren **Gerichtsverhandlung** oft zum Mittelpunkt der Beweiserhebung, sodass auch diese Tatsachen für die Spurensuche und Spurensicherung von besonderer Bedeutung sind.

Darüber hinaus stellt die Branduntersuchung erhebliche **Anforderungen an** das technische und naturwissenschaftliche Wissen des **Ermittler**s.

Beim Verdacht der Brandstiftung ist es dringend geboten, sofort mit dem **Sachverständigen** Kontakt aufzunehmen und ihn zum Tatort zu bitten (Kapitel 4.3.10). Dies ist wegen der kriminalpolitischen Bedeutung solcher Delikte und des oft eintretenden hohen Schadens auch geboten.

Da Brandstiftung ein Kapitaldelikt darstellt, ist auch die **Staatsanwaltschaft**, § 160 StPO, sofort zu benachrichtigen, sodass die erforderlichen Maßnahmen abgestimmt werden können.

4.12.1 Feuerschaden / Löscharbeiten

Die notwendige Bekämpfung von Bränden ruft **zwangsläufig weitere Schäden** durch die Löschmittel hervor (*Ungerer*, a.a.O. S. 659). Dies hat auch kriminalistische Konsequenzen, da durch die Löschmittel und durch die Räumarbeiten der Feuerwehr Beweismittel beeinträchtigt und auch verloren gehen können (Kapitel 4.3.8).

Da die akute Brandbekämpfung Vorrang vor der Beweissicherung hat, sollten schon während der Löscharbeiten **Lichtbilder oder Videoaufzeichnungen** gemacht werden, um so den Brand- und Löschverlauf sowie die Rauchentwicklung und Rauchfarbe zu dokumentieren.

Darüber hinaus ist sofort mit dem **Leiter des Feuerwehreinsatzes** Kontakt aufzunehmen; insbesondere ist er zu bitten, die Löscharbeiten auf das Notwendige zu beschränken, um möglichst viele Spuren zu erhalten.

Darüber hinaus sind die Feuerwehrleute Zeugen für den Brandverlauf und für die Löschmaßnahmen.

Von den verwendeten **Löschmitteln sind Proben** sicherzustellen, um sie als Vergleichsmaterial (Kapitel 4.2.5) bei chemischen Analysen des Brandschutts vorrätig zu haben.

Durch den Brand können **giftige Gase** entstehen, die zu sichern sind. Aber sie bedeuten auch eine Gefahr für den Ermittler (Kapitel 4.6.8). Die **Feuerwehr** verfügt über entsprechende Analysegeräte.

Vor dem Betreten der Brandstelle hat sich der Ermittler vom Leiter des Feuerwehreinsatzes die **Ungefährlichkeit** bestätigen zu lassen.

4.12.2 Entstehungsort

Die **Spurensuche** beginnt in den Brandrückständen. Sie bestehen aus den Resten der verbrannten Gegenstände, der Asche, den Löschmitteln und eventuell aus Brandbeschleunigern (Kapitel 4.12.3). Hieraus kann zunächst der Entstehungsort des Brandes ermittelt werden. Das muss nicht unbedingt die Stelle mit der größten Brandzehrung sein. Ebenso kann der Brand sich zunächst als Glimm- oder Schwelbrand weiter verbreitet haben und erst an anderer Stelle in eine offene Flamme übergegangen sein.

Als mögliche **Ursache** kommen auch Reparaturarbeiten mit offener Flamme in Betracht, z. B. Schweißarbeiten oder der Einsatz von Trennscheiben bei Metall. Das gilt auch, wenn solche Arbeiten nicht unmittelbar am Brandort, sondern in relativer Entfernung durchgeführt wurden.

4.12.3 Zündmittel

Das Zündmittel muss die brennbare Materie auf die **Zündtemperatur** bringen, damit sie selbstständig weiter brennt. Es können defekte elektrische Einrichtungen oder Geräte, heißlaufende Motoren oder unbeaufsichtigte offene Flammen sein.

Bei Verdacht der **Brandstiftung** ist das Zündmittel der entscheidende Ansatzpunkt. Selbstkonstruierte oder industriell gefertigte Zünder können benutzt worden sein. Will der Täter zwischen dem Brandzeitpunkt und seiner Anwesenheit am Tatort einen größeren Zeitabstand legen, so verwendet er Zeitzünder. Diese funktionieren elektrisch, chemisch oder mechanisch und lassen sich im Brandschutt nachweisen. Die Zeitverzögerung kann auch durch das Aufstellen einer Kerze erreicht werden. (Kapitel 4.1.7; BKA-Tatmittelmeldedienst für Spreng- und Brandvorrichtungen / USBV-Report).

Darüber hinaus werden **Brandbeschleuniger** (z. B. Benzin, Spiritus, Holzwolle, Papier, Stroh, pp.) eingesetzt, um möglichst schnell eine offene Flamme und eine große Ausbreitung des Feuers zu erreichen. Das Benutzen von Brandbeschleunigern kann auch aus der Zündtemperatur der verbrannten Gegenstände geschlossen werden. Zu fragen ist, ob mit dem vermuteten Zündmittel überhaupt eine Entzündung möglich ist. Chemische Brandbeschleuniger lassen sich im Brandschutt nachweisen.

Bei der **Spurensuche** ist am Brandentstehungsort nach Teilen zu suchen, die als Zündmittel in Frage kommen. Darüber hinaus ist der Brandschutt an dieser Stelle in größerer Menge zu sichern, um in einer Analyse den Verdacht von chemischen Zündern und / oder Brandbeschleunigern zu erhärten oder zu entkräften. Zum Nachweis von Brandbeschleunigern sollten zuerst Suchhunde (Kapitel 4.3.5.8) eingesetzt werden.

Ist ein **Tatverdächtiger** vorhanden, so ist seine **Kleidung** sofort zu sichern, damit daran nach Zündmitteln und / oder Brandbeschleunigern gesucht werden kann. Darüber hinaus ist an seinem Körper, insbesondere an seinen Händen, nach solchen Spuren zu suchen. Die Spurensicherung erfolgt im Original. Der Brandschutt ist in Kunststoffbehältern zu sichern. Gefährliche Stoffe sind durch die Feuerwehr in Verwahrung zu nehmen.

Für offene Flammen und eine schnelle Ausbreitung des Feuers sind große Mengen von **Luftsauerstoff** erforderlich. Zeugen sind deshalb über den Zustand von Türen und Fenstern sehr eingehend zu befragen.

4.12.3.1 Selbstentzündung

Darunter versteht man die Entzündung eines brennbaren Stoffes **ohne Wärmezufuhr** von außen. Durch spontane chemische Reaktion oder durch physikalische Vorgänge, wie z. B. Reibung, oder elektrostatische Aufladung, wird die erforderliche Wärmeenergie zur Zündtemperatur erzeugt.

Selbstentzündliche Stoffe sind feuchtes Heu, weißer Phosphor, Gemische aus brennbaren Stoffen, Kunststofffolien und starke Oxydationsmittel wie Perchlorat. Aber auch sogenannte „Naturfarben" zählen dazu, wenn sie z. B. mit Naturharzöl versetzt sind (*Budjarek*, a.a.O. S. 679).

4.12.3.2 Elektrizität / Strom (Kapitel 22.10.11)

Strom ist die **gerichtete Bewegung** elektrischer Ladungsträger. Die Stromrichtung verläuft (willkürlich) vom Pluspol zum Minuspol und somit entgegengesetzt zum Elektronenstrom. Die Ladungsbewegung wird durch elektrische Felder verursacht, sodass man von Leitungsstrom spricht.

Der **Umgang mit elektrischem Strom** ist durch den VDE (Verband Deutscher Elektrotechniker e.V.), festgelegt und gilt rechtsverbindlich als DIN (Deutsches Institut für Normierung e.V.). Danach ist für Unfälle mit elektrischen Anlagen stets der verantwortlich, der zuletzt an einer solchen Anlage gearbeitet oder sie repariert hat. Für den **Kriminalisten** ist die VDE 0100 bedeutsam. Sie ist die Vorschrift für Starkstromanlagen bis 1 000 Volt, somit für alle Haushalte und landwirtschaftliche Betriebe.

Im Strombereich gibt es genormte **Begriffe und Bezeichnungen**, die unbedingt im Tatortbefundbericht (Kapitel 7.4.4) verwendet werden sollten:

– Strom**stärke**	=	Ampere (Formelzeichen I = Isospin).
– Strom**spannung**	=	Volt (Formelzeichen U).
– Strom**leistung**	=	Watt (Formelzeichen P = Parität).
– Widerstand	=	Ohm (Formelzeichen W).
– Isolationsfehler	=	Fehlerhafter Zustand der Isolierung.
– Körperschluss	=	Fehlerhafte Verbindung zwischen dem elektrischen Betriebsmittel und dem Gehäuse.
– Kurzschluss	=	Fehlerhafte Verbindung zwischen unter Spannung stehenden Betriebsmitteln. An den Berührungspunkten bilden sich charakteristische Schmelzpunkte.
– Leiterschluss	=	Fehlerhafte Verbindung von unter Spannung stehenden Leitungen. An den Berührungspunkten bilden sich charakteristische Schmelzpunkte.
– Erdschluss	=	Fehlerhafte Verbindung zwischen Spannung führenden Teilen oder Leitern mit der Erde. An den Berührungspunkten bilden sich charakteristische Schmelzpunkte.
– Fehlerspannung	=	Fehlerhafte Spannung zwischen dem elektrischen Betriebsmittel und der Bezugserde.
– Berührungsspannung	=	Ist der Teil der Fehlerspannung, der vom Menschen überbrückt werden kann, ohne Schaden zu nehmen.
– Fehlerstrom	=	Ist der Strom, der durch einen Isolationsfehler zustande kommt.
– Ableitstrom	=	Ist der Strom, der betriebsmäßig von aktiven Teilen der Betriebsmittel über die Isolierung zu Körpern und fremden leitfähigen Teilen fließt.

Elektrische Betriebsmittel sind alle Gegenstände, die als Ganzes oder in einzelnen Teilen dem Anwenden elektrischer Energie dienen (VDE 0100, Teil 200). Sie werden in **drei Schutzklassen** eingeteilt:

Schutzklasse I Das Gerätegehäuse ist mit einem Schutzleiter (Erde) ausgestattet.

Schutzklasse II Das Gerätegehäuse ist aus isolierendem Material, z. B. Haushaltsgeräte. Die Geräte sind mit zwei ineinander liegenden Quadraten gekennzeichnet.

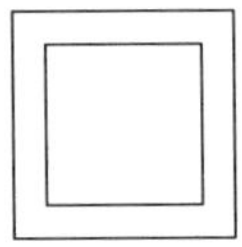

Schutzklasse III Die Stromspannung ist so gering, dass kein Schaden auftreten kann, z. B. Handleuchten.

Schutzmaßnahmen

Sicherungen sollen die elektrischen Geräte und die Leitungen vor Beschädigung schützen. Tritt eine Differenz zwischen der Arbeitsleistung des Gerätes und der erforderlichen Stromabnahme auf, so wird die elektrische Leitung abgeschaltet. Damit werden die Leitungen und die Geräte vor Überhitzung geschützt.

Erst **Manipulationen** an den Sicherungen, Leitungen und Geräten sind die Ursache von solcher Wärmeentwicklung, die die Zündtemperatur der Umgebungsstoffe erreicht und zum Brand führt. Solche Brandursachen entstehen auch bei nachträglich verlegten Leitungen, die nicht den erforderlichen Querschnitt haben. Im Rahmen der **Spurensuche** sind sofort der Sicherungskasten und die entsprechenden Leitungen zu prüfen.

Zur **Spurensicherung** sind Lichtbilder zu fertigen sowie die Sicherungen und Leitungen genau zu beschreiben. Sind Leitungen verschmort, sind diese Teile im Original zu sichern.

Kommen elektrische Geräte als Brandursache in Betracht, sind sie im Original zu sichern.

4.12.3.3 Blitz (Kapitel 22.10.12)

Der Blitz ist die natürliche **Funkenentladung** zwischen verschieden geladenen Wolken oder zwischen einer Wolke und der Erde. Die Wissenschaft unterscheidet Linienblitz, Flächenblitz, Perlschnurblitz und Kugelblitz. Die Stromstärke wird auf 100 000 Ampere und die Spannung auf viele Millionen Volt geschätzt.

Blitzschläge können Menschen und Tiere betäuben und töten, brennbare Gegenstände entzünden, Metalle schmelzen sowie Gebäude und Bäume beschädigen. Der Umfang der Folgen und des Schadens hängt im Wesentlichen von der Nähe zum Einschlagort ab.

Die enorme **Energie** des direkten Blitzschlages lässt sich sofort an der Zerstörung von Umwelt und Gebäuden erkennen, sodass dessen Ursache für einen Brand zweifelsfrei erkannt wird.

Der Blitzschlag kann auch über die elektrischen **Zuleitungen**, Strom oder Telefon, in Gebäude übertragen werden und dort Geräte zerstören, die wiederum den Brand auslösen.

Die **Spurensicherung** erfolgt mittels Fotografie. Darüber hinaus lässt sich der Zeitpunkt des Blitzschlages beim Wetteramt nachfragen.

4.12.3.4 Heizungs- und Feuerungsanlagen

Heizungs- und Feuerungsanlagen ist der **Sammelbegriff** für Öfen, Kamine, Etagenheizungen und Zentralheizungen. Sie werden mit festen, flüssigen oder gasförmigen Brennstoffen betrieben und unterliegen der Abnahme und ständigen Überwachung durch den **Schornsteinfeger**.

Elektrische Heizöfen und Nachtspeichergeräte zählen zu den Elektrogeräten.

Manipulationen an der Energie- und / oder Sauerstoffzufuhr sowie am Rauchabzug führen zu Schäden und sind die Ursache für Brände.

Darüber hinaus sind **leicht brennbare Gegenstände**, die unbeaufsichtigt zu nahe an die Brennstelle gebracht werden, die Brandursache, z. B. Kleidung, Tischdecken, Babywäsche, Servietten, u. a.m.

Bei **Kaminen** kann es durch nicht geeignetes Holz, z. B. harzreiches Nadelholz, zu Funkenflug kommen, der u. a. Teppiche entzünden.

Bei der **Spurensuche und Spurensicherung** ist unbedingt der zuständige Schornsteinfeger hinzuzuziehen (Kapitel 4.3.10). Darüber hinaus ist der Gesamtzustand sofort zu fotografieren.

4.12.4 Kraftfahrzeuge

Bei ausgebrannten Kraftfahrzeugen ist der Nachweis der Brandstiftung über Zündmittel und Brandbeschleuniger **sehr schwierig**, da beides fahrzeugtypisch vorhanden ist und den Brand auch unbeabsichtigt auslösen kann.

Insofern sind hierüber **Verdachtsstrategien** nur möglich, wenn artfremde Zündmittel und Brandbeschleuniger verwendet wurden oder wenn sich solche z. B. an den Sitzen befinden. (Kapitel 4.1.7; BKA-Tatmittelmeldedienst für Spreng- und Brandvorrichtungen / USBV-Report).

Darüber hinaus ist der **Schließmechanismus** von Tür, Kofferraum und Zündung auf unbefugte Überwindung zu untersuchen, ob z. B. der Brand nach einem Diebstahl gelegt wurde.

4.13 Explosion

Explosion ist der Sammelbegriff für sehr schnelles Abbrennen von Gemischen aus brennbaren Gasen, Dämpfen, Stoffen oder Stäuben mit Luft oder Sauerstoff. Je nach Ausbreitungsgeschwindigkeit unterscheidet man **Deflagration**, **Explosion** und **Detonation**.

Die **Ausbreitungsgeschwindigkeit** richtet sich nicht nur nach dem Energiegehalt des Stoffes, sondern auch nach der zur Verfügung stehenden Sauerstoffmenge. Deshalb wird Sauerstoff in gebundener Form als Oxydator den Sprengstoffen und Raketenmotoren beigefügt. Dies macht den Verbrennungsvorgang vom Luftsauerstoff unabhängig.

Die **Deflagration,** auch **Verpuffung** genannt, ist die erste Geschwindigkeitsstufe. Der Brennvorgang ist sehr rasch, erfolgt aber ohne Druck- oder Stoßwelle und somit auch ohne Knall.

Explosion ist das schlagartige Verbrennen der Stoffe. Die dabei entstehenden Verbrennungsgase und die Temperatursteigerung führen zu einer erheblichen Volumenvergrößerung, die sich als Druck- oder Stoßwelle ausbreitet, was mit einem lauten Knall verbunden ist.

Bei der **Detonation** pflanzt sich die Volumenvergrößerung unter sehr lautem Knall mit Überschallgeschwindigkeit fort. Das gilt nicht nur für brennbare Stoffe, sondern auch für nukleare Reaktionen mit Kernspaltstoffen. Die dabei erzeugte Druck- oder Stoßwelle hat erhebliche zerstörerische Wirkung.

Das **Herbeiführen** von Explosionen gilt als besonders gefährlich und wird strafrechtlich als Verbrechen geahndet, § 307 ff. StGB. Das gilt bereits für Vorbereitungshandlungen, § 310 StGB.

Um die schweren Folgen zu mindern, hat der Gesetzgeber die **Tätige Reue**, § 314a StGB, eingeräumt, sodass der Täter milder bestraft oder straffrei werden kann.

Das **Explosionsdelikt** als Versuchshandlung und die Tätige Reue werden in der späteren Gerichtsverhandlung oft zum Mittelpunkt der Beweiserhebung, sodass auch diese Tatsachen für die Spurensuche und Spurensicherung (Kapitel 4.3.2.2) von besonderer Bedeutung sind. Darüber hinaus stellt die **Explosionsuntersuchung** erhebliche Anforderungen an das technische und naturwissenschaftliche Wissen des Ermittlers (Kapitel 4.3.4).

Beim Verdacht der strafbaren Explosion ist es dringend geboten, sofort mit dem **Sachverständigen** Kontakt aufzunehmen und ihn zum Tatort zu bitten (Kapitel 3.10). Dies ist wegen der kriminalpolitischen Bedeutung solcher Delikte und wegen des regelmäßig eintretenden hohen Schadens auch geboten.

Da die Explosion ein Kapitaldelikt darstellt, ist die **Staatsanwaltschaft**, § 160 StPO, sofort zu benachrichtigen, damit die erforderlichen Maßnahmen abgestimmt werden können.

4.13.1 Explosivstoffe (Kapitel 8.6)

Diese werden zu **gewerblichen**, z. B. Bergbau, Straßenbau und Steinbruch, oder **militärischen** Zwecken hergestellt. Sie können fest, flüssig oder gelatinös (plastisch) sein und sind zum Sprengen, Treiben (Munition), Zünden oder für pyrotechnische Zwecke (Feuerwerk) bestimmt. Die geläufigsten Sprengstoffe sind Nitroglyzerin, Ammon-Gelite, Hexogen, Nitropenta (PETN) und Trinitrotoluol (TNT). Auch **selbst gefertigte Stoffe** fallen darunter und werden „Unkonventionelle Spreng- und Brandvorrichtungen" (**USBV**) genannt. (Kapitel 4.1.7; BKA-Tatmittelmeldedienst für Spreng- und Brandvorrichtungen / USBV-Report).

Bei begründetem Verdacht auf ABC-Kampfstoffe und / oder Gefahrstoffe siehe Handlungsempfehlungen in BKBl. Nr. 78 / 2008.

4.13.2 Explosionsfähige Stoffe

Diese entstehen, wenn sich **brennbare Stoffe als Gas oder staubförmig** mit Luftsauerstoff verbinden. Dabei ist das Mischungsverhältnis von besonderer Bedeutung. Besonders gefährlich sind Mischungen mit Gas, Benzin, Spiritus, Kohlenstaub und Getreidestaub, z. B. Mehl. Aber auch freikäufliche Düngemittel haben in einem bestimmten Mischungsverhältnis sprengende Wirkung (Kapitel 4.1.7).

Die **Zündung** von Sprengstoffen kann ungewollt durch heiß laufende Maschinenteile, durch Funkenflug, offene Flamme sowie durch elektrische oder elektrostatische Funken erfolgen.

Solche Explosionen sind in der Regel auf einen **Fehler im Produktionsablauf** zurückzuführen. Insofern ist sofort das Gewerbeaufsichtsamt oder das Bergamt zu benachrichtigen.

Explosive Gemische können aber auch bei unsachgemäßer Handhabung im sogenannten **Heimwerkerbereich** entstehen, z. B. Reinigung von Motorteilen mit Waschbenzin in einer geschlossenen Garage oder im Keller, pp.

Besonders gefährlich ist die Lagerung von **Butan-Gas im Keller**. Das allgemein als Campinggas bezeichnete Kohlenwasserstoffgas ist schwerer als Luft. Aus undichten Ventilen kann das Gas entweichen und sich mit dem Luftsauerstoff am Kellerboden ansammeln. Als Zündmittel reicht der Intervallschalter einer Gefriertruhe.

4.13.3 Geräteexplosionen

Sie ereignen sich durch **Überdruck** in Behältern oder Rohren, bis der Berstdruck erreicht ist. Die Ursache liegt meist in fehlerhaften oder manipulierten Überdruckventilen. Auch hier ist sofort die Gewerbeaufsicht zu verständigen.

Besonders brisant sind Explosionen von **Wasserdampfkesseln**. Durch hohen Druck wird der Siedepunkt von Wasser auf deutlich über 100° C heraufgesetzt. Da beim Bersten eines Kessels der Druck schlagartig auf Normal absinkt, verwandelt sich das Wasser ebenso schlagartig in Wasserdampf und vergrößert somit sein Volumen um das 1200-fache. Die Wirkung ist mit gewerblichen Sprengmitteln zu vergleichen und führt zu großen Schäden.

4.13.4 Explosionsschaden / Löscharbeiten

Explosionen haben in der Regel **erhebliche Brände** zur Folge. Die notwendige Bekämpfung von solchen Bränden ruft zwangsläufig weitere Schäden durch Löschmittel hervor. Dies hat auch kriminalistische Konsequenzen, da durch die Löschmittel und durch die Räumarbeiten der **Feuerwehr** Beweismittel beeinträchtigt und auch verloren gehen können.

Da die akute Brandbekämpfung Vorrang hat, sollten schon **während der Löscharbeiten** Lichtbilder oder Videoaufzeichnungen gemacht werden, um so den Brand- und Löschverlauf sowie die Rauchentwicklung und Rauchfarbe zu dokumentieren (*Ungerer*, a.a.O. S. 659). Darüber hinaus ist sofort mit dem **Leiter des Feuerwehreinsatzes** Kontakt aufzunehmen; ferner ist er zu bitten, die Löscharbeiten auf das Notwendige zu beschränken, um möglichst viele Spuren zu erhalten. Die **Feuerwehrleute** sind **Zeugen** für den Brandverlauf und für die Löschmaßnahmen. Sie sind anschließend zu vernehmen.

Von den verwendeten **Löschmitteln** sind Proben sicherzustellen, um sie als Vergleichsmaterial (Kapitel 4.2.5) bei chemischen Analysen des Brandschutts vorrätig zu haben.

Durch den Brand können **giftige Gase** entstehen, die zu sichern sind. Hier sollte die Feuerwehr gebeten werden, dies zu tun (Kapitel 4.3.5 / Umweltkoffer). Die Gase bedeuten zugleich eine Gefahr für den Ermittler. Deshalb muss er sich vor dem Betreten der Brandstelle vom Leiter des Feuerwehreinsatzes die **Ungefährlichkeit** bestätigen zu lassen.

4.13.5 Explosionszentrum

Das Explosionszentrum ist anhand des **Explosionskraters** oder aufgrund der Druck-, Hitze- und / oder Splitterwirkung zu ermitteln. Hier ist auch nach Resten der Explosionsstoffe und des Zündmittels zu suchen.

4.13.6 Zündmittel

Explosivstoffe können durch Wärme, elektrische / elektrostatische Funken, Druck / Schlag oder chemische Reaktion gezündet werden.

Ist die Explosion absichtlich herbeigeführt worden, so werden elektrische / elektronische Zünder und / oder Uhrwerke eingesetzt. (Kapitel 4.1.7; BKA-Tatmittelmeldedienst für Spreng- und Brandvorrichtungen / USBV-Report).

4.13.7 Spurensuche und Spurensicherung

Hierzu sind **Sachverständige**, eventuell auch die Gewerbeaufsicht, hinzuzuziehen. Besonders hilfreich sind Suchhunde für Sprengstoffe (Kapitel 4.3.5.8).

Sichergestellte Sprengstoffe werden beim **Kampfmittelräumdienst**, bei der Feuerwehr oder beim Gewerbeaufsichtsamt gelagert.

Werden „Unkonventionelle Spreng- und Brandvorrichtungen" (**USBV**) gefunden, so ist sofort über das Landeskriminalamt ein Entschärfer hinzuzuziehen (Kapitel 4.3.10). Dieser entscheidet eigenverantwortlich über die Entschärfung und Beseitigung des Gegenstandes.

Sprengstoff-Funde unterliegen dem **Tatmittelmeldedienst**.

4.14 Kfz-Identifizierung

Unter Kraftfahrzeugen sind hier Kraftwagen und Kraftzweiräder (Motorräder und Mopeds) zusammengefasst.

In Deutschland werden jährlich rund 40 000 Kraftwagen und rund 53 000 Kraftzweiräder **gestohlen** (BKA, PKS 2008). Davon bleibt durchschnittlich die Hälfte auf Dauer abhanden, wobei der Anteil mit zunehmendem Wert des Kraftfahrzeugs höher wird. Kriminalpolitisch handelt es sich um ein schwer wiegendes Vergehen, § 243 StGB, das mit Freiheitsstrafe bis zehn Jahre bedroht ist.

Über die Methoden, die **Schließsysteme zu überwinden**, siehe Kapitel 4.5.5.3.

Die Kfz-Identifizierung setzt einen entsprechend großen Untersuchungsraum (mindestens Doppelgarage) mit Graben oder Hebebühne, ausreichender Beleuchtung, Belüftung und Heizung voraus.

Werden Fahrzeuge beschlagnahmt, § 94 StPO, und bei Fremdfirmen untergestellt, so ist sicherzustellen, dass keine Veränderungen durch Witterung, Tiere oder Personen vorgenommen werden. Es muss auch sofort festgestellt werden, wie das Verhältnis zwischen dem Wert des Fahrzeuges und den Unterstellkosten ist.

Auch muss sich der Ermittler im Klaren sein, dass nur die Teile, die **einwandfrei einem anderen Geschädigten** zugeordnet werden können, den Diebstahl beweisen und beschlagnahmt bleiben. Alle übrigen Teile müssen dem letzten Besitzer wieder ausgehändigt werden, soweit sie nicht dem Verfall, der Einziehung § 111b StPO oder der Gewinnabschöpfung unterliegen, Nr. 93a RiStBV.

Darüber hinaus stellt die Kfz-Untersuchung erhebliche Anforderungen an das technische und naturwissenschaftliche Wissen des Ermittlers.

Soll ein Kraftfahrzeug identifiziert werden, so ist sofort die **Staatsanwaltschaft** zu informieren, § 160 StPO, damit sie entscheiden kann, ob ein Sachverständiger (Kapitel 4.1.4.1) hinzugezogen wird.

4.14.1 Fahrzeugidentifizierungsnummer / Technische Prüfnummer

Jedes Kraftfahrzeug muss im Rahmen oder in einem ihn ersetzenden Teil eine individuelle Nummer aufweisen, die 17 Stellen hat, § 59 II StVZO. Diese Nummer heißt seit 1980 „Fahrzeugidentifizierungsnummer" (**FIN**) oder „Vihicle Indentifications Number" (**VIN**), vormals „Fahrgestellnummer". Sie ist von links nach rechts folgendermaßen aufgebaut:

- Begrenzungszeichen.
- 1.–3. Stelle: Buchstaben zur Weltherstellungskennung.
- 4.–9. Stelle: Fahrzeugbeschreibende Kennung.
- 10.–17. Stelle: Individualnummer.
- Begrenzungszeichen.

Wird ein Serienfahrzeug umgebaut oder ein Fahrzeug in Eigenbau erstellt, so erhält es keine FIN, sondern eine „Technische Prüfnummer" (**TP**). Sie wird von den Prüfstellen des Technischen Überwachungsvereins (**TÜV**) oder vergleichbaren Einrichtungen vergeben und hat von links nach rechts folgenden Aufbau:

- 1.+ 2. Stelle: Buchstaben „TP".
- 3.+ 4. Stelle: Buchstaben für ein Bundesland.
- 5. Stelle: Kennzahl für eine Stadt.
- 6.+ 7. Stelle: Jahreszahl der Ausgabe.
- ab 8. Stelle: Individualnummer.

4.14.2 Fabrikschild

Am vorderen rechten Teil jedes Kraftfahrzeuges muss ein Fabrikschild, vormals **Typenschild**, fest angebracht sein, das Angaben über

- Hersteller,
- Fahrzeugtyp,
- Baujahr (nicht bei zulassungspflichtigen Fahrzeugen),
- Fahrzeugidentifizierungsnummer,
- Zulässiges Gesamtgewicht und
- Zulässige Achsenlast (nicht bei Zweirädern)

enthält, § 59 I StVZO.

4.14.3 Rohbaunummern

Auf **freiwilliger** Basis haben die meisten Hersteller zur weiteren Identifizierung verschiedene Fahrzeugteile nummeriert, die nicht ohne weiteres erkennbar sind (Kapitel 4.1.7).

4.14.4 Codeschild

An verschiedenen Stellen angebrachte Codeschilder enthalten über einen **verschlüsselten Zeichenvorrat** die komplette Fahrzeugausstattung und Lackierung. Insofern kann festgestellt werden, wie das Fahrzeug im Neuzustand ausgesehen hat.

4.14.5 Weitere Nummerierung

Um keine ungerechtfertigten **Gewährleistungsansprüche** erfüllen zu müssen, nummerieren die Hersteller an sichtbaren Stellen wichtige Teile, z. B. Motoren, Getriebe, Differenziale, Felgen, Klimaanlagen, Airbag, Rückhaltegurte, Antiblockiersystem (ABS), Schiebedach, u.v.a.m. Auch über diese Nummern ist eine Identifizierung des gesamten Kfz möglich.

4.14.6 Spurensuche und Spurensicherung

Die Herstellung von Kraftfahrzeugen erfolgt mit großem technischem Aufwand und in weiten Bereichen unter Einsatz von Robotern. Das gilt auch für die Individualnummern, die mit großem Druck gestanzt werden (Kapitel 4.5.6). Insofern kann man grundsätzlich davon ausgehen, dass diese **Nummern in gleichmäßiger Form und Tiefe** und in gleichmäßigem Abstand erstellt werden. **Jede Abweichung** davon begründet einen Tatverdacht. Darüber hinaus ist festzustellen, ob der Nummern tragende Teil komplett ausgewechselt sein könnte. Hier ist auf Schweißnähte und Schleifflächen zu achten.

Verdächtig ist es auch, wenn der **Nummernteil in der Sauberkeit** und Lesbarkeit auffällig von den übrigen Teilen abweicht. Rechtfertigungen, die mit einer Unfallreparatur gemacht werden, sind in den polizeilichen Unfallprotokollen zu überprüfen. Wird hier behauptet, eine polizeiliche Unfallaufnahme sei nicht erfolgt, so begründet dies auch einen Anfangsverdacht.

Die Sichtbarmachung der **entfernten Prägezeichen** erfolgt mit der Methode nach Kapitel 4.5.6.

4.15 Biometrische Identifizierungsmethoden

Die Biometrie (auch das Synonym Biometrik) befasst sich mit dem mengenmäßigen Vermessen von Lebewesen. Nachfolgend wird jedoch nur auf Menschen eingegangen. Ursprünglich kommt die Biometrie aus der mathematischen Vermessung und Statistik in der Biologie und in der Medizin.

Im weitesten Sinne kann hierzu auch die **Gesichtsrekonstruktion** gezählt werden. Immer wieder stellen in Fernsehsendungen Gerichtsmediziner Methoden vor, wie anhand von Schädelknochen das tatsächliche Aussehen der Person zu **Lebzeiten** war. Dabei wird der Schädelknochen mit plastischem Material aufgefüttert, um so ein „Lichtbild" für die Öffentlichkeitsfahndung präsentieren zu können. Konnte das Skelett, allerdings mit anderen Fahndungsmethoden, einem Vermissten zugeordnet werden, so zeigte sich leider, dass eine Ähnlichkeit zwischen der Rekonstruktion und dem Lichtbild, das zu Lebzeiten entstanden ist, nur schwer erkennbar war. Insofern wird hier nicht weiter auf die Methode der Gesichtsrekonstruktion eingegangen.

Die Identifizierung von Personen mittels der Biometrie hat zwei Hauptanlässe: Es geht zum einen um **Zugangsberechtigungen** im weitesten Sinne und zum anderen um das **Erkennen** (identifizieren) von Personen, gegen die Sanktionen verhängt werden sollen.

Bei der **Zugangsberechtigung** können das Einverständnis der Personen und ihr Entgegenkommen bei der Prozedur der Identifizierung unterstellt werden. Deshalb kann hier sorgfältig und langsam „gearbeitet" werden.

Beim Erkennen (**Identifizierung**) zur Sanktionsverhängung, z. B. zum Zwecke der Festnahme, werden die Personen alles tun, um das Funktionieren der Geräte zu unterlaufen. Deshalb müssen diese Erkennungssysteme robust und sehr schnell sein.

In der Biometrie sollen **Körpermerkmale** vermessen und **Verhaltensmerkmale** beschrieben werden.

Die häufigste Entstehung der biometrischen Körpermerkmale ist die durch Vererbung, durch embryonale Entwicklungen und durch Training Angeeignete (*Esch* a.a.O., S. 226). Dabei ist es wichtig, dass nur solche Merkmale in Betracht kommen, die nur bei **lebenden Menschen** erkannt werden können. Damit soll verhindert werden, dass Abformungen oder Fotografien beim Prüfvorgang akzeptiert werden.

Die Kombination von **Merkmal** und **lebender Mensch** lässt sich an **Körperfunktionen** messen, die unwillkürlich abgegeben werden. Ein gutes Beispiel dafür ist die Iris. Sie kann während der Kontrolle durch Lichteinwirkung verändert werden, ohne dass der Betroffene das beeinflussen kann. Der zunächst in Erwägung gezogene Blutdruck oder Pulsschlag sind einerseits nicht konstant und können andererseits simuliert werden. Damit wäre eine Täuschung auch mit abgetrennten Körperteilen, z. B. Finger, möglich.

Ein anderes Problem ergibt sich dadurch, dass die berechtigte Person **gezwungen** werden könnte, weitere Personen in ihrer Begleitung zu dulden, um so deren Zugang zu ermöglichen. Das kann jedoch mit einer **Personenvereinze-**

lungsanlage verhindert werden. Das heißt, eine Schleuse ist so gestaltet, dass sie jeweils nur von einer Person betreten und verlassen werden kann.

Die automatische Identifizierung von Personen zur **Zugangsberechtigung** im hochsicherheitsrelevanten Fällen birgt noch zu viele Risiken. Dort bleibt es derzeit beim traditionellen Mehrpersonen- oder Mehrschlüsselzugang. Insofern scheint sich zu zeigen, dass nicht alles durch Technik ersetzt werden kann.

4.15.1 Quantitative Merkmale von Lebewesen

Für die Effektivität (Wirksamkeit) und auch die Effizienz (Wirtschaftlichkeit) der automatisierten Feststellung der „Echtheit" von Berechtigten sind **vier Voraussetzungen notwendig:**

a) **Universalität**

Das Merkmal sollte bei **möglichst vielen Personen** vorhanden sein, sodass die Auswahl von bestimmten körperlichen Besonderheiten die Merkmalskontrolle überhaupt erst möglich macht. Es muss sich bei allen Menschen auch stets an der gleichen Stelle des Körpers befinden und an der Oberfläche des Körpers erkennbar sein.

b) **Individualität**

Das Merkmal muss bei **allen Personen unterschiedlich** sein, damit eine tatsächliche Unterscheidung möglich ist.

c) **Permanenz**

Das Merkmal muss **dauerhaft unveränderlich** bleiben, wie z. B. der Fingerabdruck oder die Iris.

d) **Messbarkeit**

Das Merkmal muss messbar sein, so wie die **Winkelfunktionen** bei den Papillarlinien des Fingerabdrucks oder wie die Struktur und der Pigmentanteil im Stroma der **Iris.**

Die **biometrische Erkennung** erfolgt unter Verwendung von **Referenzdaten**. Dazu werden die Merkmale, die für den späteren Erkennungsvorgang benutzt werden sollen, unter optimalen Bedingungen aufgenommen und gespeichert. Diese Merkmale werden auch auf die wirklich individuellen und genau zu erkennenden Wichtigkeiten reduziert. Dadurch wird der Vergleichsaufwand verkleinert und die Treffsicherheit erhöht.

Beim konkreten Vergleich stellt das System dann entweder „exakte Gleichheit" oder „hinreichende Ähnlichkeit" fest. Die erforderliche Genauigkeit der Feststellung wird von der Sicherheitsrelevanz bestimmt.

Bei der Streitfrage, ob **Passwörter** oder **Biometrie** besser oder sicherer sind, wird häufig die Biometrie als besser eingeschätzt. Insbesondere mit der Argumentation, Passwörter könnten illegal beschafft oder vergessen werden, aber auch verloren gehen, ja sogar verraten werden. Dagegen haben biometrische Merkmale den Vorteil, dass sie mit dem Körper fest verbunden sind und so stets zur Verfügung stehen. Sie können auch nicht böswillig an andere weitergegeben werden (*Thiel,* a.a.O., S. 133).

Doch die Frage nach der besseren Methode wird schließlich an dem **Aufwand** gemessen werden, der für die richtige Identifizierung benötigt ist. Denn auch biometrische Merkmale können sich natürlich verändern, z. B. die Iris durch Medikamenteneinnahme, aber auch die Fingerabdrücke durch „Abschleifen" der Papillarlinien bei einem „heimwerkenden Häuslebauer". Diese veränderten Merkmale müssten dann aufwendig ausgetauscht werden. Bei Passwörtern ist das einfacher. Eine Kombination von beiden Methoden dürfte zwar sicherer sein, der Aufwand wird sich allerdings ebenfalls erhöhen.

4.15.2 Individuelle Körper- und Verhaltensmerkmale

Derzeit werden folgende biometrische Verfahren angewendet:

4.15.2.1 Fingerabdruck-Erkennung (Kapitel 4.4.1.1)

Die Identifizierung über die Papillarbilder der Finger ist seit prähistorischer Zeit bekannt und wurde seit dem auch praktiziert (Kapitel 4.4.1.1). Begünstigt wurde das durch den einfachen „sehenden" Direktvergleich zwischen dem Fingerabdruck und der Fingerbeere.

Das Problem entstand erst, als **Massenvergleiche** durchgeführt werden sollten, z. B. bei der Erfassung von Söldnern und deren Bezahlung. Es entwickelten sich gleichzeitig mehrere Systeme. Allein in Deutschland gab es bis 1977 (!) keine einheitliche Methode, mit der Fingerabdrücke in einem System abgelegt und wiedergefunden werden konnten. Dies änderte der damalige Präsident des Bundeskriminalamtes *Horst* ***Herold***. Gleichwohl blieb es ein aufwendiges Verfahren und wurde erst durch die elektronische Datenverarbeitung vereinfacht.

Ab 1982 erfolgte die **Umstellung auf ein elektronisches System**, dass aber lediglich die „Aktenverwaltung" beschleunigte. Erst 1992 wurde das bis heutige praktizierte AFIS (**A**utomatisiertes-**F**ingerabdruck-**I**dentifizierungs-**S**ystem) eingeführt (INPO-Nachrichten Nr. 1 / 1993). Das kann die Spuren selbstständig einlesen und vergleichen. Jetzt werden nicht nur Personen untereinander verglichen, sondern auch Personen mit den Tatortspuren und Tatortspuren untereinander auf Serienstraftaten geprüft.

Die **Methode** der Identifizierung oder Übereinstimmung hat sich von der exakten Lage der verschiedenen Merkmale, den Minuzien, gelöst und vergleicht nur

noch die Winkel der einzelnen Merkmale zueinander. Damit spielt es auch keine Rolle mehr, ob der Fingerabdruck in der richtigen Richtung liegt, es ist jetzt nicht mehr wichtig, wo die Fingerspitze ist.
Einher mit der Entwicklung der Methode ging eine **Vereinfachung der Entnahme** der Fingerabdrücke. Vom Abdruck in Ton über die Druckerschwärze ist es heute ein einfacher elektronischer Vorgang geworden, bei dem der Finger lediglich auf einen Scanner oder Sensor gelegt werden muss.
Die Anwendung des Fingerabdruckvergleichs war zunächst der Kriminalpolizei vorbehalten, um **reisende Straftäter** identifizieren zu können. Inzwischen haben die Behörden für Ausländerangelegenheiten, bei der Einwanderung, beim Reisepass und in Zukunft auch beim Personalausweis Zugang zu der Datei. Die Referenzdatei unterhält das Bundeskriminalamt.
Der **Privatbereich** ist erst mit der Entwicklung der elektronischen Sensoren oder Scanner auf den Markt der Identifizierung gekommen, beginnend bei **sicherheitsrelevanten Tätigkeiten**. Die Versuche gehen weiter, um den Geschäftsverkehr zu vereinfachen, z. B. Zahlungsverkehr oder Zugangsberechtigungen. Das Problem ist jedoch, wie kann man Fälschungen durch Abformung oder Fotografie verhindern.

4.15.2.2 Iris-Erkennung

Hierbei werden die Pigmentierung und die **Struktur der Regenbogenhaut** mit den Referenzdaten verglichen. Dabei können sich Veränderungen durch Medikamenteneinnahme einstellen. Da in einem solchen Fall der Zugang verweigert würde, kann das auf anderem Weg wiederholt werden. Seriöse Erfahrungswerte für die Trefferquote liegen bisher nicht vor.

4.15.2.3 Gesichts-Erkennung

Bei der Gesichtserkennung geht es nicht um das Erscheinungsbild, wie wir andere Menschen erkennen, auch nicht um die Darstellung eines Porträts, sondern um das Vermessen von **Augen, Nase** und **Mund**. Daraus ergeben sich rund 100 **Referenzpunkte**. Das sind erheblich weniger Möglichkeiten, wie beim Fingerabdruck oder bei der Iris. Die Möglichkeit wird auch dadurch eingeschränkt, dass Haar- und Bartwuchs starke Veränderungen hervorrufen, aber auch Perücken und Kosmetik. Ferner verändern starke Körpergewichtsschwankungen Augenhöhlen, Nase und Lippen.
Damit wird die Trefferquote stark beeinflusst. Bei einem **Versuch** des Bundeskriminalamtes im Hauptbahnhof in Mainz im Februar 2007 lag diese Quote zwischen **10 und 60 %**. Hierbei muss jedoch berücksichtigt werden, dass bei dieser Identifizierung die Personen aus der Bewegung heraus verglichen wurden, sodass die Gesichter ständig anders ausgeleuchtet waren. Über die Geeignetheit von „Intelligente Videoanalyse“ siehe BKBl. Nr. 77 / 2009, S. 3.

Bei der Identifizierung von Personen zur **Zugangberechtigung** könnte der Vergleich unter laborähnlichen Verhältnissen erfolgen, was störende Faktoren auszuschließen würde. Unter diesen Umständen dürfte eine höhere Trefferquote zu erreichen sein.

Ein besonderes Merkmal ist das **Zeigen der Zähne**. Die **Gesichtsmuskulatur** ist bei jedem Menschen anders gestaltet, sodass die Mundöffnung nicht nur willentlich erfolgt, sondern im Verhältnis zu den Zähnen unwillkürlich erfolgt. Die extremen Randbereich sind „ständiges zeigen der Zähne“ bis „gar nicht zeigen“. Am ausgeprägtesten ist das Verhalten beim **Lachen**.

4.15.2.4 Ohren-Erkennung

Auch Ohren sind individuell. (Kapitel 4.4.1.4.) Das Problem ist die ständige Sichtbarkeit. Mode der Haartracht oder der Kopfbedeckung sowie Schmuck können die Ohren verdecken, sodass die Vergleichsperson sich bewusst dem Vergleich stellen müsste. Doch der Aufwand ist nicht größer, als bei der Iris.

4.15.2.5 Gang-Erkennung

Das Gangbild (Kapitel 4.5.1) ist eine alte kriminalistische Methode, Personen zu identifizieren. Dabei haben sich Schrittlänge und Eindruck in weichem Untergrund als wenig zuverlässig gezeigt. Insbesondere, weil diese Merkmale durch schnelleres oder langsames Gehen, durch leichte oder schwere Bekleidung oder durch das Tragen von schweren Gegenständen beeinflusst werden können.

Anders ist das mit der **Sohlenachse**, der seitlichen Stellung des Fußes in Bezug auf die **Gehrichtung** (Kapitel 27, Abb.24). Die Individualität wird noch dadurch gefördert, dass der linke und der rechte Fuß einen anderen Winkel nach außen oder nach innen haben. Dieser kann zwar bewusst verstellt werden, wird aber unter Stress stets in die „natürliche“ Lage zurückfallen. Das gilt für nackte Füße und für Schuhe gleichermaßen.

Bisher wurden Schuhabdrücke an Tatorten und die Vergleichsspur „von Hand“ vermessen, fotografiert und verglichen. Veränderungen des Winkels sind nach Knochenbrüchen oder Operationen an den Beinknochen zu erwarten. Das dürfte aber eher selten sein. Ob die Methode auch bei Menschengruppen angewendet werden kann, muss geprüft werden. Ansonsten könnten solche Gruppen durch Schleusen zu Einzelgängern kanalisiert werden.

Zu untersuchen wäre auch, ob das Tragen von verschiedenen Schuhformen, insbesondere von hochhackigen, die Winkelstellung beeinflusst.

4.15.2.6 Stimmen-Erkennung

Bei der herkömmlichen **Stimmenidentifizierung** (Kapitel 4.17.2) geht es um das Wiedererkennen einer Stimme, die während einer Straftat elektronisch aufgezeichnet oder von einem Zeugen gehört wurde. Der Vergleich von Tatstimme und Vergleichsstimme erfolgt elektronisch mit der Untersuchung der Frequenzen. Dabei ist das Verstellen der Stimme kein Hindernis. Die Trefferquote ist sehr hoch.

Die von einem Zeugen wahrgenommene Stimme wird durch diesen wie bei einer Personengegenüberstellung geprüft. Die Trefferquote ist sehr gering.

Bei der **Stimmenanalyse** (Kapitel 4.17.1) wird eine aufgezeichnete anonyme Stimme darauf analysiert, wer der Sprecher sein könnte. Dabei hängt die Trefferquote wesentlich von der Qualität der Aufnahme ab. Untersucht werden Merkmale der Stimmtonerzeugung im Kehlkopf, Muttersprache, Dialekt, Soziolekt als Berufssprache oder Teenagersprache, Sprechgeschwindigkeit, Pausenverhalten, Rhythmus und Zögern oder Zaudern (Häsitation).

Aber auch die **Störfaktoren**, die zwischen dem sprechenden Mund und dem hörenden Ohr entstehen, Umweltgeräusche oder Sprechen von anderen Personen im Hintergrund. Insofern muss dies beim Einsatz als biometrisches Identifizierungsmittel berücksichtigt werden. Auch hier ist die Trefferquote nicht groß. Nur die Hälfte der vorliegenden Signale können richtig erkannt werden (*Pfister,* a.a.O.).

4.15.2.7 Verhaltens-Erkennung (Gebärden)

Bei der Körperverhaltenserkennung geht es um unbewusste **Handlungen, Gesten und Gebärden** des Menschen. Diese sind jedoch nicht allgemein verbreitet, sondern kommen lediglich bei einzelnen Personen vor. Dann sind sie aber sehr charakteristisch.

Das kann **die Art** des Haltens und Umblättern von Büchern oder Zeitungen sein, die Art und Weise des Rauchens von Zigaretten, die Art des Haltens von oder des Trinkens aus Gläsern, die Art der Führung von Schreibgeräten, u.v.a.m. Dabei ist das Verhaltensmuster so ausgeprägt, dass es die Person immer gleichförmig wiederholt.

Sehr erfolgreich wurde diese Methode bei der Identifizierung von flüchtigen **RAF-Terroristen** angewandt. So war es auch möglich, bei völlig verändertem Aussehen, die Person auf größere Entfernung mit großer Wahrscheinlichkeit richtig zu identifizieren.

Bei dieser Methode konnte auch ausgeschlossen werden, dass die Person ihre Identifizierung bemerkte.

Diese Methode ist sehr aufwendig und eignet sich nur, wenn die betroffene Person von dieser Art der Identifizierung keine Kenntnis hat. Ansonsten kann sie ihr Verhalten bewusst ändern.

4.15.3 Ganzkörperscanner

Im Oktober 2008 begann eine öffentliche Diskussion über das Ganzkörperscannen, auch **Bodyscannen** genannt. Es wird als Sicherheitsmaßnahme auf Flughäfen eingesetzt. Diese Technik wird auch „Millimeterwellentechnologie" genannt.

Dabei geht es um eine Methode, die mit elektromagnetischer Strahlung vom menschlichen Körper ein dreidimensionales Bild erstellt. Damit werden durch die Kleidung der Person die Konturen der Körperoberfläche erkennbar. Das gilt ebenso für alle Gegenstände, die in der Kleidung oder am Körper getragen werden, so auch Waffen aus Metall, Kunststoff oder Keramik.

Solche Geräte sind bereits an den Flughäfen in Amsterdam, Zürich und London im Probebetrieb. Wegen der Befürchtung, die Geräte könnten unangemessen in die Privatsphäre der Menschen eingreifen würde deren Einführung in Deutschland abgelehnt.

Nach dem gescheiterten Versuch, am 25.12.2009 ein Passagierflugzeug mit 300 Personen beim Landeanflug in den USA zu sprengen, ist die Diskussion wieder im Gang gekommen (FAZ vom 30.12.2009, S. 2). Der Täter hatte den sehr wirksamen Sprengstoff PETN (Kapitel 4.13.1) am Körper versteckt und durch alle Kontrollen geschleust. Inzwischen sind neue Ganzkörperscanner in der Erprobung, die **aktiv Terahertzwellen** ausstrahlen. Mittels einer besonderen Software entsteht ein dreidimensionales Bild und versteckte Objekte jeglicher Art, auch Metalle, Flüssigkeiten, Keramik oder Sprengstoffe, werden sichtbar. Der „Nackteffekt" tritt hierbei nicht auf.

4.16 Gerüche

Geruchsstoffe oder Riechstoffe sind gas- oder dampfförmige bzw. gelöste Stoffe, auf die die Geruchssinneszellen ansprechen. Die Geruchsreize werden beim Menschen und bei Wirbeltieren über paarige Geruchsnerven dem Gehirn übermittelt. Gerüche können angenehm oder unangenehm wirken und haben damit Einfluss auf emotionales Verhalten. Gleichzeitig haben sie großen Gedächtniswert und können als Schlüsselreize wirken. Bei Dauerreizung durch einen bestimmten Stoff erlischt diese Geruchsempfindung, ohne andere Reize zu beeinträchtigen.

Gerüche werden **nicht von allen Menschen** gleich wahrgenommen. Selbst der so typische Bittermandelgeruch von Zyankali (Kaliumsalz der Blausäure) ist aufgrund genetischer Konstellation von einigen nicht wahrnehmbar (*Eisenmenger*, W. : Auszug aus Gutachten, in: Kriminalistik, 7 / 1995, S. 564). Dies hat besondere Bedeutung beim Erkennen von Vergiftung und bei Zeugenaussagen.

4.16.1 Geruchsspur

Gerüche haben kriminalistische Bedeutung bei der **Identifizierung von Personen**. Das gilt ganz besonders, wenn Täter Gegenstände angefasst oder eigene Gegenstände verloren haben. Der daran befindliche Geruch kann dem Spurenleger nachgewiesen werden. Hunde besitzen einen ausgeprägten Geruchssinn. Diese Fähigkeit ist so stark ausgebildet, dass diese Tiere noch Gerüche wahrnehmen, die 1000-mal schwächer als jene Geruchsempfindungen sind, die Menschen wahrnehmen können.

Darüber hinaus **können Hunde** Gerüche in einem solchen Maß unterscheiden, wie uns das nur schwer vorstellbar ist. Hierbei kann man nur vermuten, dass diese Fähigkeit mit dem Unterscheidungsvermögen des Menschen beim Sehen vergleichbar ist. So kann man z. B. ähnliche Gesichter zwar nicht mehr unterschiedlich beschreiben, jedoch sind sie bei der Betrachtung so markant verschieden, dass man sie doch unterscheiden kann. Ferner sind Hunde in der Lage, Gerüche über lange Zeit im Gedächtnis zu speichern und dann wieder zu erkennen (*Marciejewski*, a.a.O. 1995, S. 482).

4.16.2 Menschlicher Individualgeruch

Der Geruch des Menschen ist ein Mischgeruch, der aus verschiedenen Komponenten besteht:

a) **Umgebungsbedingt**

Dies sind Milieugerüche oder Gerüche von Haus-Tieren. So riecht jemand z. B. nach Gaststättenluft oder nach dem spezifischen Geruch seines Arbeitsplatzes oder nach seinem Hund.

b) **Gewohnheitsbedingt**

Diese Gerüche entstehen durch Körperpflege, Rauchen, Essen, Drogeneinnahme oder Trinken. So fällt z. B. der Knoblauchgeruch bei einem anderen Menschen auf, jedoch nur dann, solange man selbst nicht Knoblauch gegessen hat.

c) **Krankheitsbedingt:**

Diese Gerüche entstehen durch körpereigene Reaktionen oder durch Medikamenteneinnahme.

d) **Psychisch bedingt:**

Angst und Stress führen nicht nur zum Schweißausbruch, was jedermann sehen kann, sondern entwickeln auch eine eigene Geruchsrichtung.

e) **Genetisch bedingt:**

Dieser Geruch ist in den Erbanlagen individuell angelegt und nicht veränderbar. Er ist mit dem Fingerabdruck vergleichbar.

Der Hund kann nicht nur diese verschiedenen Gerüche unterscheiden, sondern ist durch Training auch in der Lage, lediglich den genetisch bedingten Geruch wahrzunehmen und individuell zuzuordnen.

Da der Hinweis auf den Verdächtigen durch die Reaktion eines Tieres gegeben wird, handelt es sich um ein Beweisanzeichen oder einen **Indizienbeweis**.

4.16.3 Anwendungsmethode / Geruchsspurenvergleich

Die Anwendung setzt voraus, dass **am Tatort ein individueller Geruch gesichert** wurde. In der Anwendungsmethode gilt es, die Anlagen des Tieres und dessen Spieltrieb richtig einzusetzen. Dabei darf der Hund nicht durch äußere Einflüsse gestört werden. Dies hat folgende Konsequenzen: Der Tatverdächtige darf nicht direkt mit dem Hund in Kontakt kommen, weil der Mensch durch seine Reaktionen das Verhalten des Hundes beeinflussen könnte. Ebenso muss das Tier eine Auswahlmöglichkeit zwischen dem Geruch des Tatverdächtigen und dem von weiteren Personen haben.

Daher wird folgendermaßen vorgegangen:

a) Der Tatverdächtige und weitere Vergleichspersonen geben durch Anfassen ihren Geruch an verschiedene sterile Metallröhrchen, die zu einem späteren Zeitpunkt auf einem Untersuchungstisch ausgelegt werden (Kapitel 27, Abb.55a).

b) Auf den Untersuchungstisch (Kapitel 27, Abb.55b) werden das Röhrchen des Tatverdächtigen und sechs weitere Röhrchen von Vergleichspersonen ausgelegt.

   Im **ersten Durchgang** wird dem Hund ein Gegenstand mit dem Geruch einer Vergleichsperson vorgehalten. Das Röhrchen von dieser Person muss er herausfinden, ohne das des Tatverdächtigen zu beachten. Damit soll überprüft werden, ob der Hund von vorneherein am Geruch des Tatverdächtigen interessiert ist (Präferenzverhalten) und ferner, ob er menschlichen Geruch richtig zuordnen kann (Leistungsfähigkeit).

   Ohne die Anordnung auf dem Untersuchungstisch zu verändern, wird nach etwa fünf Minuten demselben Hund im **zweiten Durchgang** die Tatort-Geruchsspur des Verdächtigen vorgehalten, die er jetzt suchen muss. Das Verfahren wird mit zwei weiteren Hunden wiederholt.

c) Der Ablauf des Verfahrens und die Reaktionen der Hunde werden durch **Ton-Bild- Aufzeichnung** festgehalten.

d) Bei der Durchführung des Verfahrens können der Verteidiger (§ 168c StPO) des Tatverdächtigen, der Staatsanwalt und / oder ein Richter (§ 86 StPO) anwesend sein.

Haben alle **drei Hunde** denselben Geruch identifiziert, so kommt die Person mit einer Wahrscheinlichkeit von 1:1,2 Millionen als **Täter / Spurenleger** in Betracht. Die Würdigung dieses Indizienbeweises obliegt allein dem Gericht.

4.16.4 Spurensicherung

Bei der Spurensicherung sind **Einmalhandschuhe** (Siliconhandschuhe) zu tragen, die direkt aus der Verpackung genommen werden, oder sterile Zangen zu verwenden. Die Sicherung der Spur erfolgt im **Original**. Dabei wird der Gegenstand, der vom Tatverdächtigen verloren oder angefasst wurde, in einem Kunststoffbeutel oder in einer **Brandschutt-Tüte** aufbewahrt, damit sich die Geruchsspur nicht verflüchtigt oder durch neue Gerüche beeinflusst wird.

Kann der Geruchsspurenträger nicht mitgenommen werden, weil der Täter z. B. eine Mauer angefasst hat oder barfuß gelaufen ist, so wird dieser Geruch durch das Auflegen von einer sterilen Mullkompresse (24 Stunden) als „**Duftkopie**" aufgenommen und gesichert.

4.17 Stimmen / Sprache / Geräusche (Kapitel 4.15.2.6)

Die Stimme dient dem Menschen zur **Lautäußerung und zur Verständigung**. Sie hat einen bestimmten Klangcharakter und hohen Signalwert.

Die **Stimmbänder** im Kehlkopf werden durch die durchströmende Luft in Schwingungen versetzt. Durch die Resonanzräume des Rachens, des Mundes und der Nase werden die Laute verstärkt. Dabei helfen Zunge und Lippen bei der Ausprägung der Sprache. Die Tonhöhenbereiche werden **Stimmlage** genannt.

Bei **Frauen** unterscheidet man: Sopran (italienisch: der Obere, höchste menschliche Tonlage), Mezzosopran (zwischen Sopran und Alt) und Alt (italienisch: hoch, ursprünglich hohe Männerstimme, jetzt tiefste Frauenstimme).

Bei **Männern** unterscheidet man: Tenor (italienisch: hohe Männerstimme), Bariton (italienisch: Tiefton, zwischen Tenor und Bass) und Bass (italienisch: tief, tiefste Männerstimme).

Der **Stimmumfang** beträgt durchschnittlich zwei, bei geübten Sängern mehrere Oktaven.

Der **Dialekt** ist eine standortgebundene Sonderform der Aussprache (Lautäußerung). Jeder Mensch hat individuelle Merkmale in der Stimme, die nicht veränderbar sind. Das gilt auch bei sogenannter Stimmenimitation (Nachahmung). Auch Zahnersatz beeinträchtigt nicht die individuellen Merkmale.

4.17.1 Stimmenanalyse

Für die Stimmenanalyse ist grundsätzlich eine **elektronische Aufzeichnung** der Täterstimme erforderlich.

Ist ein Tatverdächtiger noch nicht ermittelt, so kann die Stimmenanalyse Fahndungshinweise geben. An der Stimme können das Geschlecht, das Alter, die Bildung, der Beruf und die ethnische Herkunft erkannt werden. Für die Untersuchung kommen insbesondere drei Bereiche in Betracht:

- **Stimme**: Merkmale der Stimmtonerzeugung im Kehlkopf.
- **Sprache**: Muttersprache, Dialekt, Soziolekt (Berufssprache oder Teenagersprache) und Textsorten.
- **Sprechweise**: Geschwindigkeit, Pausenverhalten, Rhythmus, Häsitation (Zögern, Zaudern).

Die **Untersuchungen** können bei den Landeskriminalämtern und beim Bundeskriminalamt durchgeführt werden.

4.17.2 Stimmen-Identifizierung / Stimmen-Wiedererkennung

Für die Stimmenidentifizierung ist grundsätzlich eine **elektronische Aufzeichnung** der Täterstimme erforderlich.

Wird ein Tatverdächtiger ermittelt, so können seine Stimme mit der Tatstimme **elektronisch verglichen** und die Identität zweifelsfrei festgestellt werden.

Die Stimmenidentifizierung ist nur möglich, wenn der Tatverdächtige **kooperativ** ist. Ist das nicht der Fall, kann auf richterlicher Anordnung die Stimme heimlich aufgezeichnet werden, (§§ 81b, 100c, 100a, 100d StPO).

Es sind zunächst sechs oder acht (einschließlich die des Tatverdächtigen) **Sprechproben** von verschiedenen Menschen zu erstellen. Die Aufzeichnung auf Tonträger ist ratsam, um während der späteren Anerkennung durch den Tatzeugen Störungen auszuschließen (BKBl. Nr. 180 vom 17.9.1996 und Nr. 112 vom 13.6.2001).

Das Erstellen des Vergleichsmaterials setzt einen **kooperativen Tatverdächtigen** voraus. Dabei sollen auch die **Tatworte** gesprochen und auf qualitativ gutem Tonträger aufgezeichnet werden. Der zu sprechende Text soll schriftlich vorliegen und insgesamt eine DIN-A-4-Seite entsprechen (BKBl. Nr. 180 vom 17.9.1996 und Nr. 112 vom 13.6.2001).

Liegt von der Täterstimme keine Tonbandaufzeichnung vor, kann diese auch durch Anerkennung identifiziert werden. Das setzt voraus, dass die Sprache des Täters während der Tat von einem Zeugen gehört wurde und er glaubt, die Stimme wiederzuerkennen.

Die **Anerkennung** dieses Beweismittels vor Gericht setzt die Einhaltung der gleichen Beweisregeln voraus, die für die visuelle Wahlgegenüberstellung gelten, (BGHSt 40, 66 und NStZ 1983, S. 377). Deshalb hat sich für dieses Verfahren in der Literatur der Fachbegriff „Akustische Gegenüberstellung“ gebildet (Kapitel 12.7).

Beim **Anerkennungszeugen** muss zunächst festgestellt werden, unter welchen Bedingungen er die Stimme wahrgenommen hat und warum er sich daran erinnert. Dies ist in der Vernehmung festzulegen.

Es ist darauf zu achten, dass sich die Stimmen der **Sprechproben** im Klangbild, Akzent und Dialekt ähnlich sind und der Text ähnliche Strukturen hat, wie das **Tatgespräch**. Problematisch ist, dass die Sprecher kaum in der Lage sind, die Stresssituation während der Tat nachzuahmen. Das gilt auch für den Tatverdächtigen. Damit alle Personen den gleichen Text sprechen, ist zunächst ein **Manuskript** zu erstellen.

Bei der praktischen Durchführung sind dem Anerkennungszeugen nacheinander die Stimmen zu Gehör zu bringen. Das Verfahren entspricht dem der **Gegenüberstellung** (Kapitel 12). In der anschließenden Vernehmung soll der Zeuge darlegen, woran und mit welcher Sicherheit er den Tatverdächtigen erkannt hat. Der Vernehmungsbeamte legt in einem Vermerk nieder, wie die Reaktion des Zeugen beim Vorspielen der Stimmen war.

Die Tonträger mit den Vergleichsstimmen sind dem Gericht zur freien Beweiswürdigung, § 261 StPO, vorzulegen (*Pfister,* a.a.O. S. 287).

4.17.3 Geräuschanalyse

So genannte **Hintergrundgeräusche**, z. B. Verkehrslärm, Turmuhrschlagwerke, Stimmen, u. a.m., können analysiert werden. Dabei besteht die Schwierigkeit festzustellen, ob diese Geräusche tatsächlich natürlich entstanden sind, oder ob diese zur Täuschung absichtlich von Tonträgern zusätzlich eingespielt wurden.

4.17.4 Authentisierung

Hierbei geht es um die Frage, ob das vorliegende **Tonmaterial tatsächlich echt** ist. Wurden nachträglich Manipulationen vorgenommen? Welches Gerät ist geeignet, eine Fälschung vorzunehmen? Mit der heute zugänglichen Computer-Software bestehen große Möglichkeiten, Fälschungen herzustellen, die nicht ohne weiteres erkannt werden. Die Fachleute der LKÄ und des BKA können hier wichtige Hinweise geben (Kapitel 4.1.7)

4.17.5 Qualitätsverbesserung

Ziel ist die **Steigerung der Verständlichkeit** bei gestörten Aufzeichnungen, z. B. unerwünschtes Rauschen oder Pieptöne.

4.17.6 Phonetische Textanalyse

Hierbei geht es um zwar deutlich zu hörende, aber **unverständliche Sprachanteile**, die durch „Nuscheln“ oder Verschlucken von Wortteilen oder ganzen Wörtern entstehen.

4.18 Informationstechnologie

Seit einigen Jahren gibt es eine „neue“ Art von Beweismitteln, die „elektronischen“. Es sind Daten und Informationen, die bei der Informationstechnologie (**IT**) entstehen und für die Strafbarkeit des Handelns ausschlaggebend sein können.

Dabei geht es nicht nur um die klassischen Straftaten des Computerbetruges (§ 263a StGB), der Computersabotage (§ 303b StGB) oder der Fälschung von Geld und Wertzeichen mithilfe der Elektronik (§ 149 StGB), sondern um **jegliche Art** von elektronischen Geräten, die bei der Ausführung von strafbaren Handlungen benutzt werden.

Das sind Computer, Netzwerke, Internet, Mobilfunk, Elektronische Notizbücher, Heim-Elektronik wie Festnetztelefone oder Video- / DVD-Rekorder sowie Chip-Karten und Magnet-Karten.

Diese Technologie kann **Straftaten ermöglichen, begünstigen** oder **anregen**. Gleichzeitig speichern sie Informationen, die für die Durchführung von Straftaten benötigt werden (*Ziercke,* a.a.O., S. 77). So können z. B. in einem Vertrag Daten geändert und dieser neu ausgedruckt werden. Es stellt sich dann die Frage, kann der ursprüngliche Text auf der Datenbank wiedergefunden werden?

Das Bundesverfassungsgericht (BVerfGE 125, 260) hat am 2.3.2010 über die **Vorratsspeicherung von Telekommunikationsdaten** entschieden. Dabei ging es um die Frage, ob diese Daten zur Strafverfolgung, Gefahrenabwehr und zu nachrichtendienstlichen Erkenntnissen genutzt werden dürfen. Obwohl es sich bei dieser Speicherung um einen besonders schweren Eingriff in die Grundrechte handelt (a.a.O., Seite 318), hält das Bundesverfassungsgericht die Speicherung unter Einhaltung von genau beschriebenen Voraussetzungen für Erfolg versprechend und grundsätzlich gerechtfertigt (a.a.O., S. 316). Für die Strafverfolgung gilt das nur bei **schweren Straftaten** (a.a.O., S. 329; Kapitel 5, Zu 1.2).

Die neuen Techniken erleichtern verdeckte Kommunikation und Aktionen von Straftätern. Sie ermöglichen es auch, dass sich verstreute Gruppen von wenigen Personen zusammenzufinden und effektiv zusammenzuarbeiten. Durch diese praktisch widerstandsfreie Kommunikation wird eine Bündelung von Wissen, Handlungsbereitschaft und krimineller Energie möglich, die die Gefahrenabwehr und Strafverfolgung vor neuartige Aufgaben stellt. „Eine Rekonstruktion gerade der Telekommunikationsverbindungen ist daher für eine **effektive Strafverfolgung** und Gefahrenabwehr von besonderer Bedeutung“ (a.a.O., S. 322).

4.18.1 IT-Beweissicherung

Das Bundeskriminalamt und die Landeskriminalämter haben **Ermittlungsgruppen** aufgestellt, in denen sich spezialisierte Kriminalbeamte, Informatiker,

Ingenieure und Mathematiker befinden. Darüber hinaus sind die **Bundespolizei**, der **Zoll**, die **Steuerfahndung**, die **Bundeswehr** und **Bundesamt für Sicherheit** in der Informationstechnik auf diesem Gebiet tätig.

Unabhängig von einem bestimmten strafbaren Sachverhalt wird **anlassunabhängig** oder auf Ersuchen von Behörden oder Gerichten recherchiert und / oder die Beweise gesichert und anschließend begutachtet.

Bei der **Beschlagnahme** von IT durch Sach**un**kundige kommt es hin und wieder zu **fehlerhafter Behandlung** der Gerätschaften, insbesondere durch das laienhafte „Nachschauen" in den Datensätzen, ob „etwas Brauchbares" zu erwarten ist. Dabei werden dann Datensätze verändert und in vielen Fällen ganz gelöscht. Besonders bei Mobiltelefonen ist das oft der Fall. Weil der Datenspeicher sehr begrenzt ist, wird durch jeden Verbindungsversuch die „älteste" Rufnummer endgültig **gelöscht**. Hier gilt der Grundsatz, nichts verändern, nicht ein- oder ausschalten, sofort einem Fachmann übergeben.

Im Bereich der schweren Kriminalität, die mit Hilfe der Informations- und Kommunikationstechnik (IuK) begangen wird, ist es den dabei benutzten Geräten äußerlich nicht anzusehen, ob elektronische Mechanismen vorhanden sind, die bei „fremder" Benutzung alles **verschlüsseln** oder **vernichten**. Insofern kann nicht pauschal geraten werden, lediglich den Stromstecker zu ziehen. Hier muss immer ein wirklich sachverständiger Physiker (LKA oder BKA) zu Rate gezogen werden (Jahrestagung der Kriminalistik-Dozenten von Bund und Ländern, 3.–6.5.2011, BKA Wiesbaden, TOP 1, *Bernhard Schneider*, KI 26)

Besonders öffentlichkeitswirksam ist in diesem Zusammenhang der Begriff **Cyberwar**. Das klingt nach „Krieg der Sterne" und soll suggerieren, dass niemand vor nichts sicher ist, sogar große Staaten, deren Versorgung und Atomkraftwerke kann es treffen. Das erinnert an die Hysterien der alles vernichtenden „Vogelgrippe" (2009) oder an den „EHEC-Erreger" (2011). Interessiert an solchen Schreckensszenarien sind Massenmedien, die Zeitungen verkaufen wollen, sowie Hersteller von Software und ganz besonders von Sicherheits-Software. Natürlich sind Störungen geschehen, die Banken lahmgelegt oder Pipelines in Russland zerstört haben. Am bekanntesten waren die Angriffe „Distributed Denials of Service" (DDoS) auf die georgischen Websites im Kaukasuskrieg (2008). Doch das darf nicht wundern, wenn allgemeine Software verwendet wird oder die Betreiber von Steuerungsanlagen einen W-Lan-Zugang haben. Nicht zu unterschätzende Gefahren gehen von „geliehenen" Sticks und den Laptops von Wartungstechnikern aus, die damit gewollt oder ahnungslos den erforderlichen Zugang verschaffen. Das ist alles bekannt, doch ein optimaler Schutz ist den Benutzern zu teuer. Sogar das Verteidigungsministerium der USA benutzt Microsoft-Windows.

Die Gefahren sollen nicht verniedlicht werden, denn stets sind Hacker und Kriminelle auf der Suche nach Codes, um nachzuweisen, dass nichts sicher ist, oder um sich zu bereichern. Die sehr großen Speicherkapazitäten bei Privat-PC und allgemein zugängliche Software werden noch mehr Störungen verursachen. Aber auch der Diebstahl von Kupferkabeln bei der Bahn AG führt zum Ausfall der Zugsteuerungen (2011).

Aus kriminalistischer Sicht ist es derzeit sinnvoll, **Cyber-Attacken in vier Gruppen** zu unterscheiden:

- Computerkriminalität,
- Militärspionage,
- Wirtschaftsspionage und
- Cyberkrieg.

Dabei ist die Ermittlung von Hackern schwierig, weil es kein internationales Interesse gibt, die Daten bis zum Anwender verfolgen zu können oder als Absender die Möglichkeit zu haben, sich nicht unkenntlich zu machen (ausführlich dazu: *Kittlitz / Staun*, a.a.O.). Darüber hinaus bleibt immer eine kriminalistische Frage: Wer hat einen bestimmten Computer benutzt?

Das **Bundesamt für Sicherheit in der Informationstechnik** (BSI) mit Sitz in Bonn hat 2011 ein **Cyber-Abwehrzentrum** eingerichtet und kann sachdienstliche Hinweise geben (Kapitel 2.3.3 e)

4.18.2 Datenauswertung

Die Datenauswertung wird zunächst durch die großen Datenmengen erschwert. Darüber hinaus gilt es, Verschlüsselungen oder Sicherheitsmechanismen zu brechen, das sogenannte „Password Recovery“ (*Förster*, a.a.O.).

4.19 Fangmittel

Unter Fangmittel werden optische, elektronische / elektrische, mechanische und chemische Verfahren zusammengefasst, mit denen ein **Straftäter überführt** werden soll, ohne dass während der eigentlichen Tat ein Zeuge vorhanden ist.

Das Fangmittel soll entweder die Tat dokumentieren, die Tat signalisieren und / oder die Tat im Nachhinein beweisbar machen. Dabei können die Fangmittel sofort reagieren oder mit Zeitverzögerung.

Kriminalistisches Ziel soll es sein, mit chemischen und / oder technischen Mitteln den Nachweis zu erbringen über:

- Berührungsvorgänge zwischen dem Täter und dem Tatobjekt,
- unbefugtes Betreten von Räumen,
- unbefugtes Öffnen von Behältnissen oder Türen oder
- die Gegenstandsidentität.

Der Einsatz von Fangmitteln darf **nicht zu gesundheitlichen** Beeinträchtigungen führen, die zur kriminalpolitischen Bedeutung des Deliktes außer Verhältnis stehen.

Da Fangmittel nur solange effektiv sind, wie sie der **Täter nicht kennt**, werden hier nur die allgemeinen Anwendungsmöglichkeiten behandelt. Gar nicht behandelt werden Fangmittel, die bei der Bekämpfung von **Organisierter Kriminalität** und von Kapitaldelikten eingesetzt werden können (Kapitel 4.1.7).

4.19.1 Optische Fangmittel

Dies sind **Fotoapparate** und **Ton- Bild- Aufzeichnung**, die mit den verschiedensten Auslösemöglichkeiten, mit extrem großen Brennweiten oder mit extrem kleinen Objektiven ausgestattet sind. Allgemein finden solche Geräte in Geldinstituten, Tankstellen und Kaufhäusern Verwendung.

Sind die Geräte mit **Endlosaufnahmebändern** ausgestattet, löschen sie beim erneuten Durchlauf die vorherigen Aufnahmen. Besteht die Vermutung, dass ein krimineller Sachverhalt aufgezeichnet ist, **muss** das Gerät sofort abgeschaltet werden.

4.19.2 Elektrische / Elektronische Fangmittel

Elektronische Systeme bestehen aus einem **Kontrollgerät** mit Sensor und aus einem **Impulsteil**. Das Kontrollgerät wird an der zu kontrollierenden Stelle aufgebaut und überprüft alle Gegenstände, die dieses passieren. Das funktioniert wie bei einem Detektor (Kapitel 4.3.5.7). Wird ein Gegenstand (z. B. Schlüsselbund) mit einer bestimmten Eigenschaft vorbeigetragen, wird dies akustisch und / oder optisch angezeigt. Verfügt der zu schützende Gegenstand nicht über die erforderliche Eigenschaft (z. B. Kleidung), wird daran ein Sicherheitsetikett befestigt, das die erforderlichen Eigenschaften hat. Die Sicherheitsetiketten können funktionslos gemacht werden, indem der Gegenstand in besondere Behältnisse verpackt wird (Kapitel 4.1.7). Allgemein finden solche Geräte bei der Flugpassagierkontrolle und in Kaufhäusern Verwendung.

Als elektronische Systeme gelten auch **Bewegungsmelder**, die mit Ultraschall, UV-Licht oder Thermosensor ausgestattet sind. Allgemein findet man diese Geräte bei der Außenlichtschaltung oder bei Gebäudealarmanlagen.

Elektrische Geräte arbeiten mit dem **Ruhestromprinzip**. Die zu schützenden Gegenstände werden von einem elektrischen Kabel gesichert (wie ein Ringschloss), das an einem Signalgerät einen Stromkreis schließt. Sobald das Kabel durchtrennt wird, löst dies den Alarm aus. Nach dem gleichen Prinzip arbeiten Lichtschranken.

Im Kleinformat arbeiten Alarmgeräte nach dem **Arbeitsstromprinzip** und sind mit einem Reißkontakt ausgestattet. So könnte eine Handtasche mit einem

Alarmgerät ausgestattet und der Reißkontakt, ein Bindfaden, an der Kleidung befestigt werden. Wird die Handtasche entrissen, „reißt" der Bindfaden einen Isolierstreifen aus dem elektrischen Schalter, damit der Alarm erklingt.

4.19.3 Mechanische Fangmittel

Mechanische Fangmittel sind vor allem Gravuren oder Prägezeichen, die Gegenstände individuell markieren sollen. Dazu zählen aber auch Stolperdrähte oder Wildfallen.

Mit Klebstofffäden über Türen, Schubladen oder Klappen kann festgestellt werden, ob diese geöffnet wurden, da die ausgetrockneten Fäden reißen oder brechen.

4.19.4 Chemische Fangmittel

Chemische Fangmittel können als **Materialspur** dem Gegenstand beigefügt werden, z. B. bei Brenn- und Kraftstoffen, um die Steuerabgabe zu sichern.

Chemische Mittel können auch als **Signalstoffe** verwendet werden, die bei der Tatausführung dem Täter entgegengeschleudert werden, woran er zu erkennen ist. Hier können verschiedene Stoffe eingesetzt werden, solche, die sofort nachweisbar sind oder fluoreszierend oder solche, die erst mit einem anderen chemischen Mittel zur Reaktion gebracht werden müssen.

Synthetische DNA wird ebenso als Signalstoff eingesetzt (BKBl. 77 / 2009, S. 2). Hierbei handelt es sich um einen Fangstoff, der individuell in der Mischung hergestellt wird. Dieser Fangstoff ist tatsächlich einmalig. Das gilt auch für „handgemischte" Farben. Wird dieser Fangstoff aber auf verschiedene Gegenständen aufgetragen, so sind die Fangmittel auf allen diesen Gegenständen identisch. Insofern ist der Begriff „DNA" in diesem Zusammenhang irreführend. In den 1980er Jahren gab es ähnliche Stoffe unter verschiedenen Industrienamen, die sich nicht durchgesetzt haben.

Ein Teil der Mittel lässt sich mit herkömmlichen Chemikalien **leicht entfernen**. Deshalb ist es geboten, vorher festzustellen, ob bei dem mutmaßlichen Täterkreis solche Mittel beruflich verwendet werden. In diesen Fällen ist von chemischen Fangmitteln abzusehen (Kapitel 4.1.7).

Beim Auslegen von Diebesfallen mit Chemikalien ist es für die **Beweisführung der Täterschaft** ganz entscheidend, dass der „Weg des Fangmittels" zweifelsfrei dokumentiert wird: vom Aufbewahrungsort der Mittel bei der Polizei, über den Fanggegenstand bis zum Körper des Tatverdächtigen. Es muss ausgeschlossen werden, dass das Fangmittel auch auf legalem Wege an den Tatverdächtigen gelangen konnte. Hier sind Dokumentation und größte Sorgfalt erforderlich (Kapitel 4.3.1 und 4.3.2.1 gelten entsprechend).

Fehlbeurteilungen können dadurch entstehen, dass

- der Spurenleger mit Substanzen in Berührung gekommen ist, die auch im Alltagsleben Verwendung finden,
- der mit Fangstoff behaftete Täter ungewollt eine neue Übertragungsquelle herstellt oder
- unverdächtige Personen mit einem unsachgemäß ausgelegten Fangstoff zwangsläufig in Berührung kommen mussten (BKA, Hg., Kriminaltechnik, Band 50, a.a.O., S. 423).

4.19.5 Kombinierte Fangmittel

Die meisten Fangmittel lassen sich kombiniert einsetzen, sodass es verschiedene Möglichkeit der Täterermittlung gibt.

4.19.6 Diebesfallen

Im täglichen Dienst werden Fangmittel am häufigsten bei **Seriendiebstählen** in Betrieben, Ämtern, Schwimmbädern, Saunen, Krankenhäusern, Pflegeheimen, Jugendheimen, Schulen oder ähnlichen Einrichtungen eingesetzt.

Um Fangmittel anzuwenden, müssen folgende kriminaltaktische Voraussetzungen erfüllt sein:

- Die Straftat darf nicht als Einzeltat angesehen werden. Mit einer Tatwiederholung im selben Objekt wird in kürzerer Folge gerechnet.
- Nur bestimmte Personen haben legalen Zugang zum Diebesobjekt und können nach der Tatausführung überprüft werden.
- Das Fangmittel muss unter strenger Verschwiegenheit ausgebracht werden. Alle ins Vertrauen gezogenen Personen sind schriftlich zu belehren (Verpflichtungsgesetz und § 353b II 2. StGB).

Dabei ist zu bedenken, dass bereits das **Erscheinen der Kriminalpolizei** am Tatort für Interesse sorgt. Deshalb sollten Besuche möglichst außerhalb der Geschäftszeit und möglichst allein mit der Geschäftsleitung erfolgen.

4.20 Anlagen

4.20.1 Spurensicherungsbericht

Beispiel:

Behörde
Dienststelle — Ort, Datum, Uhrzeit

Spurensicherungsbericht

Betr.: Tötung am ... in Recklinghausen, zum Nachteil Franz Meyer Hier: Spur Nr. 7 (Geschoss in der Wand)

Bezug:

1. Tatortbefundbericht vom ..., Ziffer 2.5
2. Lichtbildmappe, Seiten 10 und 11

Anlage: 1

1. Die Spurensicherung wurde am Freitag, ..., von 19.00 Uhr bis 20.30 Uhr durchgeführt. Der sich im fachpraktischen Studium befindliche Kommissaranwärter Müller hat daran teilgenommen.

   Alle Arbeitsschritte sind fotografiert und befinden sich in der Lichtbildmappe.

   Bei der Spurensicherung wurden Silicon-Handschuhe getragen, die anschließend „auf links gezogen“ und in eine Plastiktüte verpackt wurden (Spur Nr. 7.1).
2. Das Geschoss befindet sich in der Wohnzimmerwand (zum Flur), 120 cm vom Fußboden und 57 cm links neben dem Türrahmen.

   Das Geschoss hat die Tapete durchschlagen und steckt in dem Mauerputz. Der Geschossboden ist 6 mm tief eingedrungen.

   Der Schusskanal verläuft leicht aufwärts und leicht nach links. Näheres dazu unten.
3. Mit einem Skalpell wird um den Einschuss ein Quadrat von etwa 40 cm Seitenlänge in die Tapete geschnitten und auf der rechten oberen Ecke ein Pfeil aufgezeichnet, der nach oben zeigt.

   Die Tapete wird mit einer Pinzette und durch Hinterschneiden mit dem Skalpell vom Mauerwerk abgelöst und in eine Plastiktüte verpackt (Spur 7.2).
4. Mit dem Skalpell wird links neben dem Geschoss der Wandputz bis zum Mauerwerk abgekratzt und in eine Plastikdose verpackt (Spur Nr. 7.3).

   Die Putzdicke beträgt 20 mm.

   Das Geschoss liegt in der linken Hälfte frei, die Spitze berührt das Sandstein-Mauerwerk und ist leicht verformt.

5. Zur Feststellung der Schussrichtung werden die Winkel, bezogen auf die Wandsenkrechte, festgestellt. Dazu wird ein Kunststofftrinkhalm (Spur Nr. 7.4) parallel zum Geschoss gehalten und die Winkel mit einem „Schulwinkelmaß“ gemessen.

   Dabei werden folgende Werte festgestellt:

   a) nach oben 5°,

   b) nach links 15°.

   Siehe Zeichnung in der Anlage.
6. Durch weiteres Herauskratzen wird das Geschoss freigelegt und mit einer mit Silicon beschichteten Pinzette angefasst und in eine Plastiktüte verpackt (Spur Nr. 7.5). Der dabei herausgekratzte Putz ist in eine Plastikdose verpackt (Spur Nr. 7.6).

   Das benutzte Skalpell wird in der Originalverpackung in eine Plastiktüte verpackt (Spur Nr. 7.7).
7. Alle Spuren wurden am ... an den Erkennungsdienst, KOK Sprung, übergeben.

Unterschrift, Name, Dienstgrad

4.20.2 Untersuchungsantrag

Behörde
Dienststelle

Ort, Datum, Uhrzeit

An das Landeskriminalamt
in ...

Betr.: Untersuchungsantrag
Hier: Tötung am ... in Recklinghausen, zum Nachteil Franz Meyer

Bezug: Telefonische Absprache zwischen Herrn X, LKA, und Herrn Y von der hiesigen Behörde.

Anlagen: 20 Asservate
5 Akten
1 Personenkarte

1 In der Anlage werden folgende Untersuchungsgegenstände mit Kurier überbracht:

1.1 Spur Nr. 5: Patronenhülse vom Fußboden des Wohnzimmers.

1.2 Spur Nr. 6: Patronenhülse vom Fußboden des Wohnzimmers.

1.3 Spur Nr. 7.1: Silicon-Handschuhe, die bei der Spurensicherung getragen wurden.

1.4 Spur Nr. 7.2: Tapete aus dem Wohnzimmer mit Einschussloch.

1.5	Spur Nr. 7.3:	Wandputz neben dem Einschuss.
1.6	Spur Nr. 7.4:	Kunststofftrinkhalm, der zur Bestimmung der Flugbahn des Geschosses gebraucht wurde.
1.7	Spur Nr. 7.5:	Geschoss aus der Wand.
1.8	Spur Nr. 7.6:	Wandputz neben dem Einschuss.
1.9	Spur Nr. 7.7:	Skalpell, das bei der Spurensicherung benutzt wurde.
1.10	Spur Nr. 12.1:	Schlafanzug-Oberteil des Getöteten.
1.11	Spur Nr. 12.2:	Schlafanzug-Hose des Getöteten.
1.12	Spur Nr. 12.5:	Geschoss aus dem Körper des Getöteten.
1.13	Spur Nr. 24:	Pistole, Walther PPK, 9 mm, Nummer 123456, mit Achselholster.
1.14	Spur Nr. 24.1:	Magazin aus 1.13.
1.15	Spur Nr. 24.1.1:	fünf Patronen, 9 mm, aus Magazin 1.14.
1.16	Spur Nr. 24.2:	Patrone aus dem Patronenlager der Waffe 1.13.
1.17	Spur Nr. 25.1:	Jeansjacke des Tatverdächtigen.
1.18	Spur Nr. 25.2:	Lederjacke des Tatverdächtigen.
1.19	Spur Nr. 26.1:	Schmauchspurenverteilung von der linken Hand des Tatverdächtigen.
1.20	Spur Nr. 26.2:	Schmauchspurenverteilung von der rechten Hand des Tatverdächtigen.

2 Sachverhalt

Am Freitag, den ..., gegen 09.00 Uhr, wurde der Arzt Franz Meyer von der Putzfrau tot in seinem Haus aufgefunden. In der Brust hatte er einen Einschuss.

Nach vorläufigen Feststellungen wurden Teppiche, Bilder und der Inhalt eines Wandtresors entwendet.

Im Zuge der Ermittlungen konnte Klaus Schmitz als Tatverdächtiger festgenommen werden. Er trug eine Pistole, 1.13, in einem Achselholster unter dem linken Arm.

Zu den Spuren 1.1 - 1.9 siehe Tatortbefundbericht vom ..., Anlage 1, und Spurensicherungsbericht vom ..., Anlage 2.

Zu den Spuren 1.10 - 1.12 siehe Tatortbefundbericht vom ... , Anlage 1, und Obduktionsbericht vom ..., Anlage 3.

Zu den Spuren 1.13 - 1.20 siehe Festnahme-, Durchsuchungs- und Spurensicherungsbericht vom ..., Anlage 4.

Die Personenkarte mit den Fingerabdrücken des tatverdächtigen Klaus Schmitz, geb... ., wird beigefügt.

3 Besondere Aussagen und Feststellungen

3.1 Der Tatverdächtige bestreitet die Tat und gibt an, die bei ihm sichergestellte Waffe am Nachmittag des ... gefunden zu haben, siehe Vernehmung vom ..., Anlage 5.

3.2 Im Tatzimmer wurde ein Staub-Schuhabdruck gesichert, der dem Muster der beim Tatverdächtigen gefundenen Schuhe entspricht. Ein abschließendes Gutachten über die Identität liegt noch nicht vor.

4 Vorläufige Untersuchungsziele

4.1 Sind das im Körper, 1.12, des Getöteten und das in der Wohnzimmerwand, 1.7, steckende Geschoss aus der Waffe, 1.13, verfeuert worden?

4.2 Aus welcher Entfernung, 1.5 und 1.10, wurden die Geschosse abgefeuert? 4.3 Sind die Patronenhülsen, 1.1 und 1.2, aus der Waffe, 1.13, verfeuert worden?

4.4 Falls die Geschosse, 1.7 und 1.12, und die Hülsen, 1.1 und 1.2, nicht aus der Waffe, 1.13, verschossen wurden, aus welchem Waffensystem wurden diese verschossen? Gibt es konkrete Hinweise auf eine andere Tatwaffe oder auf andere Straftaten?

4.5 Ist die Waffe, 1.13, funktionsfähig und wurde in letzter Zeit damit geschossen?

4.6 Wurde aus der Waffe, 1.13, bereits früher im Zusammenhang mit Straftaten geschossen?

4.7 Befinden sich Fingerabdrücke des Tatverdächtigen

a) an den innenliegenden Teilen der Waffe, 1.13,

b) an der Munition, 1.15 und 1.16,

c) an den Patronenhülsen, 1.1 und 1.2 ?

4.8 Sind auf den Händen, 1.19 und 1.20, des Tatverdächtigen Schmauchspurenverteilungen? Lassen diese den Schluss zu, dass der Tatverdächtige geschossen hat oder ist lediglich Waffen- und / oder Munitionskontakt nachweisbar?

4.9 Sind an den Ärmelspitzen der Jacken, 1.17 und 1.18, des Tatverdächtigen Schmauch- spuren, die auf die Abgabe eines Schusses schließen lassen?

4.10 Sind an den Jacken, 1.17 und 1.18, des Tatverdächtigen Spuren, die auf ein längeres Tragen einer Schusswaffe hindeuten? Bei der Festnahme trug er unter dem linken Arm die Waffe, 1.13, im Achselholster.

4.11 Sollten sich bei fortschreitenden Ermittlungen neue oder ergänzende Untersuchungsziele ergeben, so werden diese telefonisch vorab und schriftlich nachgereicht.

Die Untersuchungsobjekte sind Bestandteil des Ermittlungsverfahrens und sollen in die Hauptverhandlung als Beweismittel eingebracht werden. Nach Abschluss der Untersuchung werden sie per Kurier abgeholt.

Wenn es unumgänglich ist, können die Untersuchungsobjekte beschädigt werden. Die Personenkarte mit den Fingerabdrücken des Tatverdächtigen kann dort verbleiben. Hier wurde eine zweite Karte angelegt.

Weitere Auskünfte erteilt der Leiter der Mordkommission, EKHK Y., Telefon 0172-....

Unterschrift, Name, Dienstgrad

4.20.3 Gutachten

Beispiel:

Behörde
Dienststelle — Ort, Datum

Daktyloskopisches Gutachten

Betr.: Strafsache gegen Franz Müller, geb. ... in Recklinghausen.

Bezug: Landgericht Bochum

Aktenzeichen Kls 47 Js 123 / 1996.

Anlagen: Bildliche Darstellung der Tatortspur und der Vergleichsspur.

1 Allgemeines

Mit Schreiben vom ... hat mich das Landgericht Bochum zum daktyloskopischen Gutachter bestellt (§ 73 StPO). Das Gutachten soll in der Hauptverhandlung der 3. Großen Strafkammer am ..., 12.30 Uhr, vorgetragen werden.

Beweisthema: Feststellung der Identität der Fingerabdrücke des Franz Müller mit den am ... am Tatort gesicherten Fingerspuren.

2 Untersuchungsmaterial

Das Untersuchungsmaterial besteht aus zwei Tatortspurenkarten und einer Personenkarte.

2.1 Die Tatortspurenkarten wurden am ... nach dem Einbruchsdiebstahl zum Nachteil Maria Meyer, Recklinghausen, Rheinstraße 61, durch KK Schulze gesichert und am ... dem Erkennungsdienst in Recklinghausen übergeben.

Die Spurenkarten wurden durch mich mit den Buchstaben A und B gekennzeichnet. Die Spurenkarte A zeigt die erforderliche Anzahl von individuellen Merkmalen, sodass sie dem Landeskriminalamt in Düsseldorf zur computergestützten Recherche übersandt wurde. Diese Recherche ergab unter der Spurennummer LKA 47 / 03-165 / 03 einen Hinweis auf Franz Müller.

2.2 Die Personenkarte wurde am ... durch die Kriminalpolizei in Kassel gefertigt, die diese auf Anforderung nach hier übersandte. Auf der Rückseite befinden sich die Abdrücke der Fingerendglieder der Person.

Diese Vergleichsabdrücke sind so deutlich, dass anatomische Merkmale in ausreichender Zahl zur Verfügung stehen. Außerdem lassen sich bei allen Abdrücken die daktyloskopischen Muster erkennen.

3 Grundlagen für das Gutachten

3.1 Die Haut besteht grob unterteilt aus drei Schichten: Oberhaut, Lederhaut und Unterhaut. Vom Hauttyp her wird die Haut an den Handinnenseiten als Leistenhaut bezeichnet. Zusammen mit der Papillarschicht der Lederhaut bilden sich an den Handflächen und Fingerbeeren ausgeprägte Merkmale, die Papillarlinien heißen.

3.2 Durch die Schweißabsonderung der Hand werden die Papillarlinien stempelartig auf den Spurenträger übertragen. Die Übertragung kann auch mit körperfremden Stoffen erfolgen.

Auf dem Spurenträger können die Fingerabdrücke mit Kontrastmitteln oder Reaktionsmitteln sichtbar gemacht und mit Klebefolie auf Karton gesichert werden.

3.3 Als empirisch gesichert gilt, dass die Hautleistenbilder einmalig und unveränderbar sind. Das bedeutet, dass sich keine Hautleiste verlängert, verkürzt, zusätzlich wächst, verschwindet oder ihre Lage verändert. Lediglich während des Wachstums des Körpers ergeben sich proportionale Veränderungen. Die Lage und der individuelle Charakter bleiben jedoch gleich.

Damit eignen sie sich für die Identitätsfeststellung.

Die Identitätsfeststellung wird von der Rechtsprechung, zuletzt BGH 3 StR 229 / 52 vom 11.6.1952, und vom Schrifttum allgemein anerkannt, wenn mindestens

a) zwölf anatomische Merkmale oder

b) acht anatomische Merkmale und das Muster übereinstimmen.

c) Anatomische Merkmale sind Punkt, Insel, Gabelung, Beginn oder Ende einer Linie.

3.4 Vergleichsabdrücke werden durch das Abrollen oder Abdrücken der Fingerbeeren auf Karton vorgenommen. Zuvor werden die Finger mit Druckerschwärze eingefärbt. Dadurch entsteht ein regelgerechtes Abbild der Papillarlinien, das zu Vergleichszwecken geeignet ist.

4 Untersuchungsmethode

4.1 Zunächst werden die Tatortspur und die Vergleichsspur mit eine Lupe betrachtet, um Übereinstimmungen festzustellen. Die Tatortspurenkarte A und die Vergleichsspur erfüllen diese Voraussetzung.

Die Tatortspur B lässt keine ausreichenden Merkmale erkennen und ist für eine Identifizierung ungeeignet.

4.2 Mit Hilfe eines Scanners werden beide Spuren in ein Computer-Bildbearbeitungsprogramm eingelesen. Hier können Kontrast und Helligkeit verbessert und Ausschnitte vergrößert werden. Darüber hinaus können die Merkmale mit einem Corser farblich gekennzeichnet werden.

Das Programm nimmt keinen Einfluss auf das Vorhandensein und auf die Lage von Merkmalen.

4.3 Die Tatortspurenkarte zeigt vier Fingerabdrücke, die so angeordnet sind, dass sie eine „Griffspur“ bilden. Daraus ist zu erkennen, dass die rechte Hand und davon Zeige-, Mittel-, Ring- und Kleinfinger abgebildet sind.

Mittel-, Ring- und Kleinfinger sind als verwischte Fläche zu erkennen und für eine Identifizierung ungeeignet.

Der Zeigefinger lässt zweifelsfrei das Muster „Schleife links“ erkennen. Darüber hinaus zeigt er mehr als acht individuelle Merkmale.

5 Untersuchungsergebnis

5.1 Bei der vergleichenden Untersuchung der Tatortspur und der Vergleichsspur komme ich zu folgendem Ergebnis:

a) Der allgemeine Papillarlinienverlauf stimmt überein. Beide haben das Muster „Schleife links“.
b) In beiden Mustern sind mehr als acht Merkmale vorhanden.
c) Die individuellen Merkmale stimmen in Form und Lage überein.
d) Abweichungen, die eine Identität ausschließen würden, sind nicht vorhanden.

5.2 Zur Verdeutlichung meiner Feststellungen habe ich in der Tatortspur und in der Vergleichsspur die übereinstimmenden Merkmale mit einem roten Punkt gekennzeichnet und über eine Auszuglinie mit den Zahlen 1 bis 8 versehen. Dabei ergeben sich folgende Übereinstimmungen:

- 1 Punktfragment,
- 2 Gabelung rechts,
- 3 Gabelung rechts unten,
- 4 Gabelung links oben,
- 5 Insel,
- 6 Insel,
- 7 Anfang einer Linie,
- 8 Ende einer Linie,

5.3 Aufgrund der Übereinstimmungen zwischen Tatortspur und Vergleichsspur steht fest, dass Franz Müller der Spurenleger ist.

Die Spur stammt von seinem rechten Zeigefinger.

Unterschrift, Name, Dienstgrad, Funktion

4.20.4 Schematische Übersicht „Kriminalistische Spurenkunde“

Kriminaltechnik			
Spurenarten	Spurenerschließung		
	Spurensuche	Spurensicherung	Spurenauswertung
Materialspur als Makrospur oder Mikrospur Formspur Ab- oder Eindruckspur Situationsspur	Fachkunde Hilfsmittel System	Fachkunde Spurenschutz Notsicherung Hilfsmittel	Sachverständiger Sachkundiger Hilfsmittel

4.20.5 Schematische Übersicht „Kriminalistische Spurenarten“

Kriminalistische Spurenarten			
Materialspur als Makrospur oder Mikrospur	Formspur Ab- u. Eindruckspur		Situationsspur
fest flüssig gasförmig organisch: belebt gewachsen menschlich tierisch pflanzlich Wasser Boden Luft anorganisch: Nichtkohlen-wasserstoff-verbindungen Stein Asche Sand Metalle Gifte	Passstücke nach Schnitt oder Bruch Tropfen Spritzer Wischer Explosionsbild Düsenschrift	Gebiss Fuß Hand Finger Haut Schuh Handschuh	Allgemeinzustand von Tatorten Zustand von Fenstern, Türen, Schlössern, pp. Schalter- und Ventilstellung Lage von Gegenständen Handschrift
	(Tintenstrahl) Werkzeug Reifen Munition Maschinenschrift		

5 Kriminalistische Fallanalyse (KFA) (Operative Fallanalyse [OFA], Kapitel 16.8) (Kriminalistische Deliktsanalyse [KDA], Kapitel 24)

5.1 Literatur

Artkämper,	Qualitätsstandards des strafrechtlichen Ermittlungsverfahrens, in: Kriminalistik 2002, S. 146
Baurmann,	VICLAS – Ein neues kriminalpolizeiliches Rechenwerkzeug (Operative Fallanalyse), in: Kriminalistik 1999, S. 824
Behrendt,	(Landeskriminaldirektor in NRW), Qualitätsoffensive in der Kriminalitätsbekämpfung. Steuern der Kriminalitätsbekämpfung über „Handwerk“, in: Kriminalistik 2006, S. 452 (Berichtigung auf S. 497)
Bender / Nack / Treuer	Tatsachenfeststellung vor Gericht, Band I, Glaubwürdigkeits- und Beweislehre, München 2007
BKA, Hg.,	Aktuelle Methoden der Kriminaltechnik und Kriminalistik, BKA-Forschungsreihe, Band 32, Wiesbaden 1995
BKA, Hg.,	Methoden der Fallanalyse, BKA-Forschungsreihe, Band 38.1, Wiesbaden 1998
Dern,	Operative Fallanalyse bei Tötungsdelikten, in: Kriminalistik 2000, S. 533
Fink,	Immer wieder töten, Operative Fallanalyse, Hilden 2000
Groß / Geerds,	Handbuch der Kriminalistik, Band 1 und 2, Berlin 1977, 1978
Hirsch,	[Präsident des BGH] In strafrechtlichen Ermittlungsverfahren gehört es zu den Aufgaben der Ermittlungsbehörden, „Zweifelsfragen offensiv anzugehen und einer gerichtlichen Klärung zuzuführen. Dass der BGH später eine andere Ansicht vertrete, ist juristischer Alltag“, in: FAZ vom 24.1.2008
Hoffmann / Musolff,	Fallanalyse und Täterprofile, München 2003, BKA-Polizei+Forschung, Band 52
Jaeger, Hg.,	Kriminalisten-Fachbuch, Kriminalistische Kompetenz, Lübeck 2000
Kley,	Verbrecherkunde und Strafrecht, Hamburg 1927
Kube / Störzer / Brugger,	Wissenschaftliche Kriminalistik, BKA-Forschungsreihe, Band 16 / 1 und 16 / 2, Wiesbaden 1983 und 1984
Reichertz / Schröer, Hg.,	Qualitäten polizeilichen Handelns, Opladen 1996
Reichertz / Schröer, Hg.,	Hermeneutische Polizeiforschung, Opladen 2003

Schröer, u. a., Undoing – Ein besonderer Aspekt der Tatortanalyse (Emotionale Wiedergutmachung), in: Kriminalistik 2006, S. 76

Schulz, Normiertes Misstrauen (Habilitationsschrift), Frankfurt / M 2001

Stieber, Practisches Lehrbuch für die Criminalpolizei, Berlin 1860

Timm, Qualitätsdefizite in der Kriminalitätsbearbeitung?, in: Kriminalistik 2004, S. 434

Walder, Kriminalstisches Denken, Hamburg 1975 und Heidelberg 1996

Weihmann, Polizeidienstvorschrift Nr. 100 im Licht der Kriminalistik, in: Kriminalistik 2005, S. 764

Weihmann / Schuch, Prüfungswissen – Kriminalistik und Kriminaltechnik, Hilden 2011

5.2 Allgemeine Aspekte

Die kriminalistische Beurteilung der Lage ist das Werten des Verhaltens der Umwelt im Wechselspiel mit dem eigenen Wollen. Das kann nur von fachkundigen Personen vorgenommen werden. Diese durchschauen schnell die wesentliche Struktur einer Situation. Sie kennen und beherrschen die geeigneten kriminalistischen Methoden zur Bewältigung eines Falles. Sie handeln aber nicht eigennützig, sondern im Rahmen des gesetzlichen Auftrags und im Sinne der Behörde. Um die Struktur einer Situation richtig zu durchschauen, geht man systematisch vor und bedient sich der **Kriminalistischen Fallanalyse**.

In der Polizei gibt es als „Hauptregelwerk" die Polizeidienstvorschrift Nummer 100 (PDV 100 – Führung und Einsatz der Polizei). Diese gibt eine Vielzahl von taktischen Handlungsanweisungen, die jedoch in der Kriminalitätsbekämpfung fremd sind. Kriminalistische Terminologie, die auch zum Sprachgebrauch der höchsten Gerichte gehören (siehe unten), werden gemieden (Kapitel 1.2.7 und 7.4; *Weihmann*, 2005, a.a.O.).

Die beiden Hauptaufgaben der Polizei, **Gefahrenabwehr** und **Strafverfolgung**, werden in ihren Schwerpunkten spartengetrennt durch die Kriminal- und durch die Schutzpolizei wahrgenommen (Kapitel 2.3). Zur Bewältigung dieser Aufgaben gibt es neben den gesetzlichen und rechtlichen Vorgaben weitere Vorschriften. Allein für die Kriminalpolizei gibt es derzeit ca. 400 Dienstanweisungen.

Gefahren abwehrendes Handeln hat das Ziel, die Situation am zweckmäßigsten zu bewältigen und dabei die gesetzlichen Vorschriften einzuhalten. Höchstrichterlich wird eingeräumt, dass beim Verdacht über das Vorliegen von Gefahren die Anforderungen an die Wahrscheinlichkeit des Schadenseintritts mit der

Schwere der vermuteten Folgen geringer sein dürfen (BVerwGE 39, 190 [193]). Damit überwiegen Zweckmäßigkeitserwägungen, und ein unvermeidbarer Irrtum ist rechtlich unschädlich.

Strafverfolgung ist jedoch nur möglich, wenn die Polizei eine gerichtsfeste Beweisfindung, Beweissicherung und Beweisführung erbringt (Kapitel 3). Dabei lässt sie zwar Zweckmäßigkeitserwägungen nicht ganz außer Acht, jedoch steht die Anwendung der gesetzlichen und rechtlichen Vorschriften im Vordergrund, die im Hauptverfahren geprüft werden. **Formfehler**, die bei der Gefahrenabwehr nicht zur Unrechtmäßigkeit des Handelns führen, **können das Strafverfahren zum Scheitern bringen**, weil Beweisverbote (Kapitel 3.3) greifen. Die Möglichkeit der Nachbesserung gibt es nur sehr selten. Besonders deutlich wird dies bei der Belehrung zur Aussagefreiheit (Kapitel 11) und der Gegenüberstellung (Kapitel 12).

In der Strafverfolgung gibt es auch das Problem der **Massendelikte**. Hierbei kann Professionalität auch darin bestehen, die eigenen Ressourcen ökonomisch einzusetzen (RiStBV Nr. 5 a) und das Verhältnis von Arbeitsaufwand und Erfolg genau zu beachten. Dies ist nur die konsequente Folge der zwangsläufigen Einstellungs- und Verurteilungspraxis bei Staatsanwaltschaft und Gericht. Wegen der geänderten Beweislastsituation hat sich auch dort der Bearbeitungsaufwand geändert.

Aus der gleichartigen Professionalitätserwartung könnte man ableiten, dass es zwischen den Methoden bei der Bekämpfung **der leichten und der schweren Kriminalität** keine Unterschiede gibt. Dieser Schluss wäre falsch. Gleichwohl ist dies kein Hinweis auf unterschiedliche Qualität der dort arbeitenden Kriminalisten. So wie es im Gesundheitssystem Ärzte für Allgemeinmedizin und Fachärzte gibt, so ist das auch bei der Gewährleistung der öffentlichen Sicherheit durch die Polizei. Je schwieriger die Diagnose und je komplizierter die Therapie, desto **spezialisierter** muss der Arzt sein. Gleichwohl käme niemand auf den Gedanken, deshalb den Allgemeinmediziner gering zu schätzen oder ihn gar abzuschaffen. Ebenso halten die Allgemeinmediziner die Fachärzte nicht für überflüssig. Jeder hat seinen unverzichtbaren Platz, ohne den der jeweils andere seiner Aufgabe nicht gerecht werden kann.

Ein erheblicher Unterschied in der Arbeit besteht insbesondere, wenn **Fehler** gemacht werden. Die negativen Folgen nehmen mit dem **Grad der Spezialisierung** des Falles zu. So ist das nicht nur bei den Ärzten, sondern auch bei der Polizei. Ein unzureichendes Beweisverfahren beim Fahrraddiebstahl hat nicht die Konsequenzen wie bei einem Mord. Insofern werden an die Bearbeitung der **schweren Kriminalität höhere Anforderungen** und höhere Erwartungen gestellt. Spätestens in der Hauptverhandlung werden die Verteidigung und das Gericht die Qualität der Beweisführung (Kapitel 3.7 und 3.8) auf den Prüfstand bringen. Deshalb ist die Einhaltung der kriminalistischen Regeln besonders wichtig.

5.3 Kriminalistische Fallanalyse

Die „Kriminalistische Fallanalyse“ ist nicht nur eine „Checkliste“ für die Verdachtschöpfung (Kapitel 3.6) oder eine „Erinnerungsliste“, sondern sie hat sich in den letzte Jahrzehnten zum **juristischen Instrument** entwickelt, um die Beweisfindung, Beweissicherung und Beweisführung zu systematisieren und **rechtsstaatlich** korrekt anzuwenden. Die Entscheidung des BGH aus dem Jahr 1980 zeigt, wohin der Weg geht: „Das gesamte Ermittlungsverfahren dient der Klärung eines Verdachtes und besteht aus dem Suchen von Beweisen, Erheben von Beweisen, Würdigen von Beweisen und aus dem Ziehen von Konsequenzen aus den Beweisergebnissen“ (BGHSt 29, 244 [251]). Die „Kriminalistische Fallanalyse“ dient somit nicht nur dem Ansammeln oder Addieren von Fakten (wie bei den Sofortmaßnahmen; Kapitel 7.4), sondern der ständigen Überprüfung dieser Fakten, um **Hypothesen** (Kapitel 3.6.4) zu bilden, einen Verdacht zu begründen (Kapitel 3.6.1) und rechtlich zulässige strafprozessuale Maßnahmen anzuwenden.

Ziel der kriminalistischen Ermittlungen ist es nicht, möglichst schnell und öffentlichkeitswirksam „den Fall polizeilich aufzuklären“ und einen „Täter“ zu präsentieren oder eine möglichst hohe Aufklärungsquote zu verkünden (Kapitel 1.3.6 und 15.5). Dabei entstehen oft Beweisverbote, die einen gerichtlich angemessenen Abschluss verhindern können. Es ist bedenklich, dass die Hälfte der von der Polizei ermittelten erwachsenen Tatverdächtigen nicht rechtskräftig verurteilt werden (Kapitel 15.5.2), weil als überwiegender Grund Beweisverbote vorliegen, die bereits bei den polizeilichen Ermittlungen entstanden sind und bis in die Gerichtsverhandlung hineinwirken (Kapitel 3.3 und 5.4).

Im **Ermittlungsverfahren** geht es vielmehr darum, die rechtlich zulässigen be- und entlastenden Beweismittel (§ 160 StPO) zu finden und rechtlich verwertbar in das Gerichtsverfahren einzubringen (§ 244 StPO). Der Kriminalist muss erkennen, dass jede kriminaltaktische Entscheidung **immer zugleich eine** (strafprozess-) **rechtliche** ist. Jede Verletzung der wichtigen Verfahrensvorschriften hat **Beweisverbote** (Kapitel 3.3) zur Folge. Auch das beste Geständnis ist nichts wert, wenn die rechtlichen Vorschriften nicht eingehalten wurden (Kapitel 11.7). Diese Tatsache ist bei der Anwendung der „Kriminalistischen Fallanalyse“ immer zu beachten. Der Kriminalist muss stets daran denken, dass er den **Richter überzeugen** muss und dieser in der Urteilsbegründung seine Überzeugung mit „objektiv tragfähigen Tatsachengrundlagen“ zu belegen hat (BGHZ 53, 245 [256]. Insofern ist immer größte Sorgfalt geboten und nach den Regeln der **Intellektuellen Redlichkeit** zu verfahren (Kapitel 1.3.7).

Die anspruchsvolle Vorgehensweise der **rechtsfehlerfreien Beweisführung** gilt nicht nur für die Staatsanwaltschaft und das Gericht, sondern **auch für die**

Polizei. Die Staatsanwaltschaft ist zwar allein für die Rechtsförmigkeit des Strafverfahrens verantwortlich (BGHSt 34, 215 [217]), doch die heutige Funktion der Polizei wurde im Jahr 2004 mit dem neuen Begriff „Ermittlungspersonen der Staatsanwaltschaft" inhaltlich qualitativ verändert und die Polizei aus der untergeordneten Hilfsfunktion herausgehoben (Kapitel 19.3). Der BGH sieht die Polizei als den **verlängerten Arm der Staatsanwaltschaft** und stellt fest, dass das „polizeiliche und staatsanwaltliche Ermittlungsverfahren eine **untrennbare Einheit** bilden" (BGH in NStZ 2003, S. 671 [672]). Damit haben beide die gleiche Verantwortung, wenn Beweisverbote entstehen (Kapitel 25.5.2).

Insofern muss die „Kriminalistische Fallanalyse" stets als Einheit mit den Inhalten der **Beweislehre** (Kapitel 3) gesehen werden.

Die Kriminalistische Fallanalyse ist in der polizeilichen Anwendung noch kein feststehender Begriff. Das Fehlen eines Lehrstuhls für Kriminalistik (Kapitel 1.2) macht sich auch hier nachteilig bemerkbar. Darüber hinaus gibt es weder eine einheitliche Methodik noch eine einheitliche Theorie (*Hoffmann / Musolff*, a.a.O., 2003, S. 21).

Es wird hin und wieder der Eindruck vermittelt, den Kriminalisten durchfahre ein „Geistesblitz" beim Betrachten des Tatortes, eines Beweisstückes, beim Lesen von Vernehmungen, Gutachten oder Berichten, der dann zum Täter führt. Zwar gibt es **intuitive Intelligenz** (Kapitel 25.6.3), doch gute kriminalistische Ermittlungen bestehen nur zu 10 % aus Zufalls-Glück, aber zu 90 % aus **solider Arbeit**.

In der deutschsprachigen kriminalistischen Literatur werden die Begriffe **Fallanalyse, Kriminalistische Fallanalyse, operative Fallanalyse** (Kapitel 16.8), **Täterprofile, kriminalistische Beurteilung der Lage, kriminalistische Beurteilung eines Sachverhalts, kriminalistische Hypothesenbildung, Objektive Hermeneutik** u. a.m., weitgehend synonym verwendet und dazu viele Anregungen und Meinungen verbreitet.

Die Autoren haben stets verschiedene Ziele und Ansätze. Das gilt sogar für ein und denselben Autor in verschiedenen Veröffentlichungen. Die Bandbreite erstreckt sich von ganz einfachen Merklisten über sehr komplexe wissenschaftliche Überlegungen bis zu neuen Wortschöpfungen.

Bedauerlicherweise findet sich aber keine durchgängige und einheitliche Methode der Fallbearbeitung und auch keine gemeinsame Terminologie. Dies gilt auch für die Veröffentlichungen der DDR (Kapitel 1.4.3.5).

Andere bedienen sich der Bezeichnungen für die Fallanalyse, die von Software-Herstellern als Markennamen verwendet werden. Schließlich werden Systeme aus dem nachrichtendienstlichen Bereich übernommen, z. B. das 4 x 4 – System. Hierbei könnte der falsche Eindruck entstehen, dass die Beweiserheblichkeit einer Tatsache mathematisch berechnet werden könnte. Das ist nicht einmal beim Indizienbeweis (Kapitel 3.4) möglich, wie der BGH feststellt (BGHZ 53, 245) und *Bender / Nack / Treuer*, a.a.O., Rn. 379 und 400, nachdrücklich davor warnen.

In die **öffentliche Diskussion** sind die Begriffe aber erst durch die Veröffentlichungen von spektakulären Einzelfällen oder Tatserien gekommen, wie Tötungsdelikte mit sexuellen Motiven zum Nachteil von Kindern, Entführungen, Erpressungen oder Briefbomben. Schnell waren „Fachleute“ zur Stelle, die sich als Profiler ausgaben und scheinbare Lösungen anboten (Kapitel 16.8).

In dieser Zeit ist auch die **Operative Fallanalyse** (OFA) entstanden, die sich von der „Kriminalistischen Fallanalyse“ nur unwesentlich unterscheidet und von den Richtern des BGH als problematische angesehen wird (Kapitel 16.8).

Für die **kriminalistische Alltagsarbeit**, die mehr als 90 % der Gesamtkriminalität ausmacht, ist es jedoch erforderlich, den Ermittlern eine Methode zur Hand zu geben, die das gesamte Aufgabenspektrum abdeckt, das heißt, für die Sofortmaßnahmen und die Ermittlungen. Hierfür haben sich im Laufe der Jahre in allen Bundesländern verschiedene Systeme entwickelt. Für die Fachhochschulausbildung in NRW hat 1979 die „Arbeitsgemeinschaft der Kriminalistik-Dozentinnen und Dozenten“ eine über Jahrzehnte in der Praxis angewendete Form der Fallanalyse übernommen und weiter entwickelt. Die letzte Fassung wurde 2002 vom Fachbereichsrat Polizeivollzugsdienst als **verbindlich für die Bearbeitung von Klausuren** bestimmt. Diese an der Fachwissenschaft und Fachpraxis gleichermaßen orientierte „Kriminalistische Fallanalyse“ wird nachfolgend dargestellt.

Zum richtigen Sprachgebrauch

gibt der **Bundesgerichtshof** Hinweise, der die Begriffe „Analyse“ (BGHSt 45, 164), „Bewertung / Beurteilung“ und „Hypothese“ (BGHSt 45, 164 (167); 46, 99 (102)) in ständiger Rechtsprechung benutzt.

Er gebraucht den Begriff Analyse sowohl als Tätigkeit für Untersuchungen im naturwissenschaftlichen Bereich, z. B. DNA, Blutalkohol oder Rauschmittel (BGHSt 28, 2; 33, 10; 39, 302), als auch für die rechtsfindende Tätigkeit des Senates selbst (BGHSt 41, 110) und für die gutachterliche Auswertung von Rechtssystemen (BGHSt 40, 175).

Insofern kann die „Kriminalistische Fallanalyse“ als tradierter Standardbegriff verwendet werden.

Um die Ermittlungen des Kriminalisten (Kapitel 1.3) richtig zu erschließen, ist eine gründliche Analyse des Sachverhaltes erforderlich. In diesem Stadium des Verfahrens sind ausschließlich die bisher **bekannten Fakten** zu prüfen. Die Methoden der Tatrekonstruktion (Kapitel 7.3) werden jetzt noch nicht angewendet. Insbesondere haben Spekulationen hier keinen Platz. Es ist nicht die

Frage zu stellen, was könnte alles passiert sein, sondern welches Geschehen ist für mich erkennbar und an welchen Fakten kann das nachvollzogen werden? Es gilt der Grundsatz: **Fakten nennen, Verdacht begründen!** Das gilt sowohl für die Fallbearbeitung in der Theorie, bei den Klausuren aber ganz besonders auch für die Praxis. **Nur die bekannten Tatsachen werden geprüft** und keine alle nur denkbaren Möglichkeiten in den Fall hineininterpretiert.

Haben sich die bekannten **Tatsachen geändert**, muss die Fallanalyse **erneut** durchgeführt werden.

Die Prüfung des Sachverhaltes muss systematisch und nach kriminalistischen Regeln der **Intellektuellen Redlichkeit** (Kapitel 1.3.7) erfolgen, um nichts zu vergessen und um ein fundiertes Ergebnis zu bekommen. Hierzu kann eine Checkliste hilfreich sein, die folgendermaßen gegliedert ist:

Kriminalistische Fallanalyse

A	**Analyse und Bewertung** (In der Fallbearbeitung (Theorie, Klausur, Praxis) werden nur die Punkte geprüft, zu denen konkrete Hinweise vorliegen)
1	**Anlass**
1.1	**Ausgangssituation**
1.1.1	**Gefahrenlage** Gefahren für Personen oder Sachen. Gefahren, die von Personen oder Sachen ausgehen. Gefahren für Spuren.
1.1.2	**Verdachtslage im Hinblick auf mögliche Straftat/-en** Mögliche Delikte aufgrund der im Sachverhalt dargelegten Tathandlung. Verdacht erregende Umstände. Fakten, die gegen ein Delikt sprechen. Anfangsverdacht, § 152 StPO.
1.1.3	**Verdachtslage im Hinblick auf mögliche Person/-en** Belastende Umstände. Entlastende Umstände. Schwacher oder starker Verdacht. Verdächtiger. Beschuldigter.
1.2	**Allgemeine Beurteilung** Kriminalpolitische Bedeutung des Deliktes (Strafandrohung). Häufigkeit des Deliktes? Öffentliches Interesse. Einsatzintensität. Meldeerfordernis. Führungsverantwortung (Kapitel 25.5.2).
1.3	**Einsatzsituation** Uhrzeit, Tag / Nacht, Wochentag. Wetter. Raum. Kräfte. Führungs- und Einsatzmittel.

2 Tatsituation

2.1 Tatort

Fundort gleich Tatort? Kriminalistische Bedeutung der Lage des Tatortes / Fundortes. Warum wählte der Täter gerade diesen Tatort? Veränderungen möglich oder wahrscheinlich? Beobachtungsmöglichkeiten.

2.2 Tatzeit

Feststellbar? Kriminalistische Bedeutung der Tatzeit. Warum wählte der Täter gerade diese Tatzeit? Sicht- und Lichtverhältnisse?

2.3 Modus Operandi / Perseveranz

Typische Begehungsmerkmale. Persönlichkeitsgebundene Merkmale. Besondere Fertigkeiten und Kenntnisse. Rückschlüsse auf Tätertyp. Wahrnehmbarkeit durch andere? Tatzusammenhänge? Tatserie? Was hat der Täter gesagt oder getan, was nicht zur Tatausführung erforderlich war?

2.4 Tatmittel

Besondere Fertigkeiten / Kenntnisse erforderlich? Legale Beschaffung?

2.5 Beute

Besondere Merkmale? Wert-Nutzen-Relation? Ideeller Wert? Leicht verwertbar?

2.6 Motivlage

Erkennbar? Ziel erreicht? Alternativen? Hinweis auf bestimmte Person?

2.7 Opfer

Identifiziert? Opfer-Täter-Beziehung? Opferverhalten. Opferpersönlichkeit. Opferaussage. Vortäuschungskriterien?

2.8 Tatverdächtige / -r

Eingrenzung des Täterkreises möglich? Personenbeschreibung? Besondere Merkmale? Identifizierungsmöglichkeiten? Tatortbild? LVK? Montagebild?

3 Beweissituation

3.1 Personalbeweis

Bekannte Zeugen. Mögliche Zeugen. Geständnis? Glaubwürdigkeit? Verweigerungsrechte? Beweisverwertungsverbote?

3.2 Sachbeweis

Vorhandene Spuren. Mögliche Spuren. Kriminalistische und naturwissenschaftliche Möglichkeiten. Was kann bewiesen werden? Beweisverwertungsverbote?

4	**Vorläufiges Ergebnis / Hypothese**
4.1	Zusammenfassung der Fakten aus den Ziffern 1 bis 3.
4.2	Hypothesenbildung
5	**Fahndungssituation**
5.1	Personenfahndung
	Vorsprung des Täters. Konkrete Fahndungsdaten? Aufenthalt des Täters bekannt oder zu ermitteln? Tatortbereichsfahndung? Alarmfahndung? Öffentlichkeitsfahndung?
5.2	Sachfahndung
	Gegenstandsbeschreibung. Fahndungsmöglichkeiten.
6	**Rechtslage / Eingriffsbefugnisse**
	Sachliche (zentrale / dezentrale) und örtliche Zuständigkeit. KHSt? LKA? BKA? Eingriffsbefugnisse: Blutentnahme, Durchsuchung, Beschlagnahme, vorläufige Festnahme.
B	**Maßnahmen zur gerichtsfesten Beweisführung**
1	**Sofortmaßnahmen** (Erster Zugriff, Kapitel 7.4)
1.1	Sicherungsmaßnahmen
1.2	Auswertungsmaßnahmen
1.3	Tatortbefundbericht
2	**Ermittlungshandlungen**
	Beweise für Straftatbestand, Täterschaft, Rechtswidrigkeit und Schuld. Fakten nennen für Untersuchungshaft, Maßregeln der Besserung und Sicherung, Berufsverbot, Verfall und Einziehung. ED, DNA, KPMD, KA, PKS, Jugendamt.

Erläuterungen

Die **Kriminalistik ist keine Checkliste,** die man ohne theoretische Grundlagen abhaken kann!

Die „Kriminalistische Fallanalyse“ gliedert sich in zwei Hauptbereiche:

A = Analyse und Bewertung und

B = Maßnahmen zur gerichtsfesten Beweisführung.

Damit kann sowohl für die **Sofortlage** als auch für die **Ermittlungslage** das gleiche Schema verwendet werden.

Zu A (Analyse und Bewertung)

In diesem Teil werden die Fakten und Tatsachen analysiert und bewertet, die dem Kriminalisten bei der ersten Konfrontation mit dem Sachverhalt zugänglich sind. Schrittweise ergibt die Situation ein erstes Bild über den Anlass des polizeilichen Einsatzes. Dieses erste Bild ist eine subjektive Einschätzung und kann durchaus von den erst später erkannten objektiven Tatsachen abweichen. Für die Rechtsmäßigkeit aller Amtshandlungen ist es ausschlaggebend, dass der Beamte nach pflichtgemäßem Ermessen, auf der Grundlage der ihm zugänglichen Informationen, zu einem strafrechtlichen Verdacht kommt (BVerfG in NJW 1984, S. 1451, und BGHSt 21, S. 334 [363]).

Zu 1.1 (Ausgangssituation)

Den zuerst am Tatort eintreffenden Kräften zeigt sich in der Mehrzahl der Fälle ein unklares Bild. Die Aufgeregtheit der Betroffenen, mögliche Verletzte, festgehaltene Tatverdächtige, die Umgebung, die Lichtverhältnisse und die Witterungseinflüsse beeinträchtigen eine schnelle und korrekte Einschätzung der Situation erheblich. Gerade in den ersten Momenten kommt es oft zu **Missverständnissen** oder ungenauer Einschätzung, sodass es durchaus normal ist, die erste eigene Bewertung ändern zu müssen. Deshalb ist es besonders wichtig, selbst die Ruhe zu bewahren, strukturiert vorzugehen und eine grobe Einschätzung des Sachverhaltes vorzunehmen.

Das gilt ganz besonders in spektakulären **Gemengelagen** der Geiselnahme und Entführung (Polizeidienstvorschrift (PDV) Nr. 131 und 132). Hier befinden sich die Opfer noch in der Gewalt der Täter, sodass Maßnahmen zur Gefahrenabwehr und zur Strafverfolgung **gleichzeitig** getroffen werden müssen. Die **Gefahrenabwehr hat dabei immer Vorrang**. In diesem Bereich ist die Staatsanwaltschaft (Kapitel 19) nicht weisungsbefugt gegenüber der Polizei, auch nicht, wenn dadurch die Strafverfolgung beeinträchtigt wird.

Zu 1.1.1 (Gefahrenlage)

Die Gefahrenabwehr und die Hilfeleistung gehen dem staatlichen Strafanspruch voran. Der Kriminalist hat zu prüfen, ob z. B. Personen verletzt wurden oder Gewalttätige noch Gefahren verursachen können. Der Gesetzgeber hat das Eigentum von Verletzten durch besondere Strafandrohung geschützt. Diese Vorschrift gilt auch für den Schutz von Helfern (§ 243 I Nr. 6 StGB; NStZ 2008, S. 218).

Die Versorgung der Verletzten und das Verhindern von weiteren Gewalttätigkeiten haben Vorrang. Bestehen Zweifel darüber, ob jemand verletzt ist, oder tritt eine Situation ein, bei der Verletzungen zu befürchten sind, so ist stets ein **Notarztwagen** anzufordern, um schnellstmöglich Hilfe leisten zu können. Ist der Kriminalist allein am Ereignisort und muss sich z. B. zwischen der Verfolgung eines Straftäters und der dringenden Hilfeleistung gegenüber einem Schwerverletzten entscheiden, so hat die Erste Hilfe Vorrang. Erste Hilfe ist nur dann entbehrlich, wenn eindeutig **sichere Todesanzeichen** vorliegen (Kapitel 22.4.3). Werden Zeugen oder Tatverdächtige ins Krankenhaus verbracht, so sind sie möglichst zu begleiten, um Aussagen zu erhalten oder / und Spuren zu sichern. Das gilt ganz besonders für die **Kleidung** und für **Projektile**, die sich **im** Körper der Person befinden oder für Schmauchspuren, die sich **am** Körper befinden (Kapitel 4.10.3.5).

Ebenso verhält es sich bei **Gefahren, die von Sachen** ausgehen. Da sind beispielhaft der frei laufende gefährliche Hund oder die geöffnete Gasleitung. Auch hier hat die Gefahrenabwehr Vorrang.

Drohen **Gefahren für Sachen**, so ist zu prüfen, ob die Beseitigung Vorrang vor der Strafverfolgung hat. Hier ist nach dem Grundsatz der Verhältnismäßigkeit vorzugehen.

Ferner ist zu prüfen, ob unmittelbar **Gefahren für Spuren** durch das Wetter oder durch Schaulustige bestehen. Aber auch, ob **von Spuren** Gefahren ausgehen, z. B. zurückgelassene Schusswaffen, ätzende Stoffe oder Kohlenmonoxyd bei Bränden. Auch die Gefahr, ob **Zeugen** sich durch Unterhaltung (auch unbewusst) absprechen und sie deshalb zu trennen sind.

Zu 1.1.2 (Verdachtslage im Hinblick auf mögliche Straftaten)

Der Anfangsverdacht (§ 152 StPO) bezieht sich ausschließlich auf die Möglichkeit einer Straftat. Dabei ist es unerheblich, ob bereits eine Person für die Handlung bekannt ist, denn hier wird nur die Handlung geprüft, ob sie einen Tatbestand erfüllen könnte. Deshalb sind zunächst die objektiven Fakten zu werten, die die Tatbestandsmäßigkeit eines Deliktes begründen. Subjektives Verhalten von Personen kann jetzt noch nicht analysiert werden, weil dabei die Frage der Schuld beantwortet sein müsste. Dies hat besondere Bedeutung. So ist z. B. bei der Tötung eines Menschen die Schuldform ausschlaggebend, ob es sich um fahrlässige Tötung, Körperverletzung mit Todesfolge (in den verschiedensten Begehungsarten), Totschlag oder um Mord handelt. Weil dies nicht sofort erkennbar ist, verwendet der Kriminalist hier den kriminologischen Begriff **Tötungsdelikt**. Geben die Fakten keine Hinweise auf die genaue Unterscheidung zwischen Delikten verschiedener strafrechtlicher Qualität, z. B. Körperverletzung oder versuchter Tötung, so ist das **schwer wiegendere Delikt** anzunehmen. Diese Wertung muss aber an den **Fakten des Tatbestandes** nachvollzogen werden können und darf keine reine Spekulation sein. Es muss aber die gleiche Täterhandlung zugrunde liegen. Das Ergebnis dieser Prüfung muss auch mit den strafprozessualen Maßnahmen (Ziffer 3) korrespondieren. So ist bei einem Tötungsdelikt die vorläufige Festnahme des Tatverdächtigen zwingend (§ 112 III StPO). Die Entscheidung für das schwer wiegendere Delikt ist keine „Vorverurteilung“ gegenüber dem Verdächtigen, sondern die logische Verknüpfung der Umstände der Tatbegehung mit der Auswahl und Anwendung der notwendigen kriminalistischen Maßnahmen (vgl. auch Ziffer 1.3).

Zu 1.1.3 (Verdachtslage im Hinblick auf mögliche Personen)

Hier stellt sich die Frage, ob gegen eine oder mehrere Personen ein **schwacher Verdacht** oder ein **starker Verdacht** besteht. Ob diese den strafprozessualen Status eines **Verdächtigen** (Kapitel 11.7.2) oder eines **Beschuldigen** (Kapitel 11.7.3) haben. Hier sind die Fakten zu werten, die sich in der Ausgangssituation am Tatort / Fundort ergeben, und zwar durch Zeugenaussagen, Anwesenheit oder Identitätshinweise, z. B. Kfz-Kennzeichen, Fahrzeugteile, Schmuck- oder Kleidungsstücke, Ausweise oder Schriftstücke. Die soziale Stellung oder Herkunft des Tatverdächtigen darf die Entscheidung in keiner Weise beeinflussen.

Zu 1.2 (Allgemeine Beurteilung)

Die **kriminalpolitische Bedeutung** des Deliktes ist am angedrohten Strafmaß, den Bedingungen der Strafbarkeit und den angedrohten Nebenfolgen abzulesen. Um die Notwendigkeit des Einschreitens und die richtige Gewichtung der Verhältnismäßigkeit (BGHSt 16, 202 und 17, 117 sowie BVerfG in NJW 1982, S. 29) bei den ersten Maßnahmen zu gewährleisten, leitet sich die kriminalpolitische Bedeutung des Deliktes von der **Strafandrohung im Gesetzestext** ab (BVerfG in NStZ 2004, 270, Ziffer 19; BVerfGE 125, 260 [329]). Straftaten mit einer Höchststrafe bis zu fünf Jahre werden als **mittlere Kriminalität** angesehen, Strafandrohungen darüber hinaus der **schweren Kriminalität** zugeordnet. Es geht von der Ordnungswidrigkeit über die Massenkriminalität zur Wirtschaftskriminalität bis hin zu Kapitaldelikten (BVerfGE 7, 209 und BGHSt 19, 325 [332]; Kapitel 22.2). Die tatsächlich später verhängte Strafe ist hier unbedeutend, weil die Umstände der Rechtswidrigkeit und der Schuld noch nicht ermittelt sind.

Diese gesetzliche und rechtliche Bedeutung von Straftaten muss nicht mit dem aktuellen öffentlichen Interesse übereinstimmen. Handelt es sich um **Massenkriminalität**, so ist bei gleicher kriminalpolitischer Bedeutung das öffentliche Interesse eher gering. Dagegen ist das Interesse immer groß, wenn als Tatverdächtige Persönlichkeiten des öffentlichen Lebens in Frage kommen oder die Opfer besonders hilflos sind.

Der kriminalpolitischen Bedeutung liegen zwei **Bewertungskriterien** zugrunde: **erstens** die Bedeutung des verletzten Rechtsgutes in unserem Kulturkreis und **zweitens** die Schuld des Täters. Das lässt sich gut am Beispiel unseren höchsten Rechtsgutes unserer Gesellschaft erkennen, dem Leben (BGHSt 27, 260 [265]). Das Strafmaß reicht von „bis zu 5 Jahren oder Geldstrafe" bei der fahrlässigen Tötung z. B. beim Verkehrsunfall (§ 222 StGB), bis zu „lebenslanger Freiheitsstrafe" bei Mord (§ 211 StGB). Darüber hinaus greift bei Mord zweimal die Schuld des Täters: **erstens** bei der Erfüllung der „Mordmerkmale" in § 211 StGB und **zweitens** bei der Erkennung auf „besonders schwere Schuld" in

§ 57b StGB wegen der besonderen Verwerflichkeit der Tatausführung. Obwohl der Tod eines Menschen für die Angehörigen gleich schmerzhaft ist und der „zivilrechtliche Schaden“ in beiden Fällen ebenso gleich ist, hat die Tötung eines Menschen **strafrechtlich** verschiedene Bedeutung. Diese Bedeutung ist Grundlage für die Verhältnismäßigkeit der Mittel und der Intensität der Ermittlungen bei der Aufklärung von Straftaten.

Sowohl an der **kriminalpolitischen Bedeutung** als auch am **öffentlichen Interesse** hat der Kriminalist seine **Einsatzintensität** auszurichten und die **Meldepflichten** zu beachten, z. B. in Form der WE-Meldung, gegenüber Vorgesetzten bzw. Aufsichtsbehörden.

Zu 1.3 (Einsatzsituation)

Der Kräfteansatz wird im Wesentlichen von der Einstufung des Deliktes als einfache, mittlere oder schwere Kriminalität, von den äußeren Umständen, wie z. B. die Lage des Tatortes (geschlossene Räume oder der Tatort liegt im Freien), den Auswirkungen auf das Sicherheitsgefühl und davon abhängen, ob das Ereignis während oder außerhalb der Bürodienstzeit bekannt wird (Ziffer 1.2).

Bei unklaren Lagen ist immer von dem Schwerwiegenderen auszugehen. Den Kräfteansatz zurückzufahren ist viel einfacher als umgekehrt. Überlegungen, die Bereitschaftsdienste oder Kräfte grundlos alarmieren zu können, werden nur von solchen Kriminalisten gemacht, die die Lage nicht systematisch beurteilen, sondern sich von ihren Gefühlen leiten lassen.

Zu 2.1 (Tatort)

Aus juristischer Sicht begründet der Tatort den Gerichtsstand (§§ 7 bis 10a StPO). Aus kriminalistischer Sicht ist **Tatort jeder Ort**, an dem der Täter gehandelt oder Spuren hinterlassen hat. Somit ist für ihn der **Fundort auch Tatort** (§ 9 StGB; Kapitel 7). Sind diese aber nicht identisch, so muss nach dem weiteren Tatort gesucht werden, um ihn für die Spurenerschließung zu sichern.

Die kriminalistische Bedeutung der Lage des Tatortes soll zur Beantwortung der Frage führen, ob oder warum nur hier die Tat ausgeführt werden konnte und ob deshalb der Täter hierzu entsprechende Vorbereitungen treffen, die Tatgelegenheit auskundschaften oder Insiderwissen haben musste, z. B. über den Weg eines Geldboten.

Veränderungen am Tatort können das Strafverfahren so lange nicht negativ beeinflussen, wie diese erkannt sind. Der Kriminalist kann sie in die Bewertung des Tatbestandes einbeziehen. Nicht erkannte Veränderungen führen dagegen zu falschen Schlüssen und damit zu falschen Ergebnissen.

Die **Bereitschaft der Bürger**, sich als Zeugen in einem Strafverfahren zur Verfügung zu stellen, nimmt ständig ab. Die Gründe dafür sind vielfältig. Demzufolge muss der Kriminalist seine Taktik ändern. Er darf nicht auf den Zeugen warten, sondern muss auf ihn zugehen. Hierbei muss er nach einem System handeln.

Zunächst ist festzustellen, wer Zeuge dieser Straftat oder eines sonstigen tatrelevanten Sachverhaltes sein könnte. Der **Blick vom Tatort in die Runde** zeigt z. B. aus welchen Fenstern das Tatgeschehen hätte gesehen werden können. Alle diese Wohnungen sind aufzusuchen und die Bewohner zu befragen (**Klinkenputzen**).

Ferner ist zu bedenken, dass das Tatgeschehen auch aus einem vorbeifahrenden Verkehrsmittel oder von vorbeigehenden Personen beobachtet worden sein könnte, ohne dass diese sich der Straftat bewusst geworden sind.

Bei der Suche nach diesen Zeugen ist zu bedenken, dass viele Menschen stets **wiederkehrende Verhaltensmuster** haben. So gehen viele immer zur gleichen Zeit denselben Weg, z. B. zur Arbeit oder zum Einkaufen. Hier muss der Kriminalist 24 Stunden nach der Tat (oder eine Woche später) alle Personen anhalten und befragen. Dieser erhebliche Aufwand rechtfertigt sich verständlicherweise nur bei entsprechend bedeutenden Delikten (RiStBV Nr. 5 a).

Zu 2.2 (Tatzeit)

Die Tatzeit hat ihre juristische Bedeutung für die Verjährungsfristen (§ 8 StGB; § 78 ff StPO). Kriminalistisch bietet sie die Möglichkeit der **Alibiüberprüfung** (Kapitel 13). Ferner ist zu fragen, in Ergänzung zur Tatortmöglichkeit (Ziffer 2.1), ob die Tat nur zu diesem Zeitpunkt möglich oder besonders günstig war oder nicht und wer davon wusste. Ebenso ergeben sich aus der Tatzeit die **Licht- und Sichtverhältnisse**. Hier reicht jedoch die einfache Unterscheidung zwischen Tag und Nacht nicht aus, sondern hier ist genauer vorzugehen. So kann z. B. die tief stehende Sonne die Zeugen geblendet haben. Bei Nacht kann eine gute Beleuchtung vorhanden sein oder der Tatort rhythmisch durch die Scheinwerfer vorbeifahrender Autos erleuchtet werden. Das Aufsuchen des Tatortes nach genau 24 Stunden oder das Einholen eines Wetterberichtes kann somit zwingend werden.

Zu 2.3 (Modus Operandi / Perseveranz)

Hier ist zu fragen, ob die Tat in **logisch richtiger Folge** begangen wurde. War die Tat geplant oder mehr ein Zufallsergebnis? Lässt die Tatausführung auf eine ganz bestimmte **Täterpersönlichkeit** schließen, wie z. B. beim Vandalismus, oder muss der Täter über besondere **Fertigkeiten** oder **Kenntnisse** verfügen, z. B. beim Aufbrennen eines Tresores?

Es kommt hin und wieder vor, dass Täter bei der Tatausübung Handlungen vornehmen oder Gespräche führen, die für die **Tatausübung nicht erforderlich** sind. Eine besondere Form ist das „Undoing“, eine „emotionale Wiedergutmachung“ (*Schröer*, u. a., a.a.O.), z. B. die beschmutzte Kleidung des Opfers säubern, Getötete zudecken oder deren Hände falten. Aus diesem Verhalten können möglicherweise Schlüsse auf die Herkunft des Täters und / oder auf sein Motiv geschlossen werden.

War die Tat durch andere **wahrnehmbar,** so z. B. durch Geräusche oder hektische Aktionen, oder geschah sie unbemerkbar durch geschicktes oder plausibles Handeln? Deutet diese Tat auf Zusammenhänge mit anderen Straftaten hin; liegt hier aufgrund der Tatausführung oder der Beute eine **Tatserie** vor?

Zu 2.4 (Tatmittel)

Handelt es sich um ein Tatmittel aus täglichen Gebrauchsgegenständen, z. B. Schraubendreher, Beil u. a. m, das keine besonderen Fähigkeiten in der Anwendung erfordert, oder um ein spezielles Gerät, z. B. Picking oder Raking bei Türschlössern (Kapitel 4.5.5.1), Schweißgerät, Kernbohrer u. a. m., das besondere **Fachkenntnisse** voraussetzt.

Zu 2.5 (Beute)

In den überwiegenden Fällen der Straftaten dient die Beute dem unmittelbaren **Nutzen des Täters**. Sie soll seine Vermögenssituation verbessern. Dazu eignet sich am besten Bargeld, da es für den Täter den vollen Nennwert ergibt. Alle anderen Beutestücke müssen zu Geld gemacht werden und unterliegen damit für den Täter dem Verfall.

Je mehr **individuelle Merkmale** die Beute hat, umso schwerer ist sie in Bargeld umzusetzen. So reduziert sich beispielsweise der Wert von Schmuckstücken auf den reinen Goldwert, weil die Ware eingeschmolzen werden muss, um so unverdächtig zu werden. Andere Gegenstände des täglichen Gebrauchs erreichen nur rund 10 % des Handelswertes. Darüber hinaus können Beutestücke in den meisten Fällen nur über Hehler abgesetzt werden, was den Erlös weiter schmälert.

In anderen Fällen hat die Beute keinen besonderen materiellen, aber wohl einen **ideellen Wert**. So z. B. Andenkenstücke oder Fotografien. In solchen Fällen fühlt sich der Geschädigte besonders in seiner **Intimsphäre** beeinträchtigt und hat ein großes Interesse an der Wiederbeschaffung. Hier kann es zu Auseinandersetzungen mit der Polizei kommen, die wegen des geringen materiellen Schadens auch nur dem Anlass nach angemessene Ermittlungs- und Fahndungsmaßnahmen durchführt. Bei der Tatortaufnahme ist in solchen Fällen besonders vertändnisvoll mit dem Geschädigten umzugehen.

Zu 2.6 (Motivlage)

Keine Straftat geschieht ohne Motiv. Ist dieses erkannt, so kann es direkt zum Täter führen. Dies gilt jedoch nur für qualitativ oder quantitativ außergewöhnliche

Motive. So kann bei Eigentums- oder Vermögensdelikten stets die **Bereicherung** unterstellt werden; doch dadurch ist keine Individualisierung des Täters möglich. Erst wenn man aufgrund der **ungewöhnlichen Beute** darin als Alternative ein verstecktes Motiv, z. B. krankhafte Sammlerleidenschaft, oder eine Bestrafung zum Zwecke der Schutzgelderpressung, erkennt, kann der Täterkreis leichter eingegrenzt werden.

Zu 2.7 (Opfer)

Die **Täter-Opfer-Beziehung** muss nicht immer aktuell gegeben sein. Es kann auch eine Beziehung aus zurückliegender Zeit sein, so z. B. gekränkte Eitelkeit, das Einweihen in Geheimnisse oder der ehemalige Arbeitsplatz, die die Straftat so leicht möglich machte.

Bei der Prüfung des **Opferverhaltens** befindet sich der Kriminalist stets auf dem Grat, den Geschädigten zwischen Opfer und Anstifter einzuordnen. Dies erfordert Fingerspitzengefühl und Takt. Ebenso verhält es sich bei der notwendigen Prüfung der **Vortäuschungskriterien.** Die diesbezüglichen kriminologischen Erkenntnisse aus den Einzeldelikten gebieten es, hier kritisch zu sein.

Zu 2.8 (Tatverdächtiger)

Hier sind die Fakten zu werten, die sich aus 1.1.3 und aus der Analyse zu 2.1 bis 2.7 ergeben.

Ist der Täter aufgrund seiner Kleidung, seines Aussehens oder seiner Sprache einer bestimmten **ethnischen Gruppe** oder einer **Berufsgruppe** zuzuordnen? Spricht er beispielsweise einen ausgeprägten westfälischen **Dialekt**, trägt sein **Gesicht** asiatische Züge oder war er mit einem Dachdeckerpullover bekleidet? Kann die Person im Detail beschrieben werden oder ist nur eine grobe Einordnung möglich? Lässt die Tatausführung vermuten, dass es sich um einen **Intensivtäter** handelt, der anlässlich von früheren Taten in die **Lichtbildvorzeigekartei** (Kapitel 17) aufgenommen wurde und dort jetzt identifiziert werden könnte? Doch hier ist Vorsicht geboten. Die Untersuchungen von ***Strauch*** und ***Witt*** (Kapitel 16.4) zeigen, dass es den bisher vermuteten deliktsperseveranten Täter kaum gibt, sodass auch in anderen Lichtbildvorzeigedateien gesucht werden muss.

Weitere Überlegungen sind darüber anzustellen, ob die Zeugenaussagen so präzise sind, dass eine **Täterzeichnung** oder ein **Montagebild** erstellt werden können? Konnten besondere körperliche Merkmale, wie Gebiss- oder Zahnstellung, Tätowierungen oder Narben festgestellt werden? Fehlen Körperteile?

Zu 3 (Beweissituation)

Was kann mit dem bis jetzt bekannten Personal- und Sachbeweis bewiesen werden?

Zu 3.1 (Personalbeweis)

In die Prüfung werden bekannte und mögliche Zeugen (Kapitel 11.7.1) einbezogen, die sich entweder unmittelbar aus den Angaben des Sachverhaltes ergeben oder als Ergebnis einer kriminalistischen Bewertung abgeleitet werden können.

Zu den **bekannten Zeugen** gehören immer die Polizeibeamten, die als erste am Tatort waren. Ebenso der Notarzt und die Sanitäter. Beide können die vorgefundene Situation und die Veränderungen beschreiben. Ist z. B. ein Notruf bei der Leitstelle der Polizei eingegangen, so ist auch der den Notruf entgegennehmende Einsatzsachbearbeiter Zeuge im Verfahren.

Bei der polizeilichen **Vernehmung** (Kapitel 11) des Beschuldigten ist darauf zu achten, dass keine Beweisverwertungsverbote durch unterbliebene oder nicht korrekte Belehrung entstehen, die bis in die Hauptverhandlung hineinwirken können. Das gilt ganz besonders für den Streifendienst (Kapitel 1.3.2).

Es ist stets zu prüfen, ob die Zeugen aufgrund ihrer Beziehungen zum Opfer oder Täter ein Interesse an einem bestimmten Verfahrensausgang haben. Dies kann belastender als auch entlastender Art sein (Kapitel 11.13.7). Von besonderer Bedeutung sind **Zeugnisverweigerungsrechte**, die bis in die Hauptverhandlung hinein geltend gemacht werden können und somit die Beweissituation nachträglich verschlechtern.

Legt der Beschuldigte ein **Geständnis** ab, so ist dies stets richterlich bestätigen zu lassen, damit es auch bei Widerruf als Beweismittel in die Hauptverhandlung eingebracht werden kann (Kapitel 11.17).

Zu 3.2 (Sachbeweis)

Hier ist zu prüfen, welche Spuren unmittelbar oder mittelbar im Zusammenhang mit der Tat stehen könnten. Dabei ist zu fragen, welches Tatbestandsmerkmal die Spur beweist oder ob es nur ein Indiz ist (Kapitel 4.1). Deshalb hat der Sachbeweis **naturwissenschaftliche** und **kriminalistische Bedeutung**, die zu prüfen sind (Kapitel 4.1.3).

Weiter ist auch zu prüfen, warum erwartete Spuren nicht vorhanden sind. Hier ist auch zu prüfen, ob Beweisverwertungsverbote aufgrund von §§ 81c III, 81f oder 97 StPO bestehen. Besonders wichtig ist bei der **Spurensicherung an Kindern**, dass der Richtervorbehalt beachtet wird (§ 81c III Satz 3 StPO). Bei Gefahr im Verzug darf der Staatsanwalt die Anweisung geben.

Zu 4 (Vorläufiges Ergebnis / Hypothese)

Zu 4.1 (Zusammenfassung der Fakten aus den Ziffern 1 bis 3)

Hier dürfen **nur Fakten** genannt werden. Spekulationen sind völlig fehl am Platze. Es darf davon ausgegangen werden, dass jetzt erheblich mehr Informationen vorliegen, als bei der Ausgangssituation in Ziffer 1.1.

Zu 4.2 (Hypothesenbildung)

Alle Fakten aus den Ziffern 1 bis 3 werden jetzt zur Hypothesenbildung herangezogen (ausführlich in Kapitel 3.6.4).

Zu 5 (Fahndungssituation)

Zu 5.1 (Personenfahndung)

Hier ist zu prüfen, ob eine Täterbeschreibung vorliegt und wie zuverlässig die Angaben dazu sind. Welche Fluchtmittel wurden benutzt oder bieten sich an? Mithilfe der Weg-Zeit-Berechnung soll festgestellt werden, wie weit sich der Täter schon entfernt haben könnte. Sind für die erfolgreiche Flucht besondere Ortskenntnisse notwendig?

Es ist zu prüfen, welche der Fahndungsarten (Kapitel 9.8) jetzt am Erfolg versprechendsten sind. Insbesondere sind die Tatortbereichsfahndung (Kapitel 9.8.1) und die Öffentlichkeitsfahndung (Kapitel 9.8.7) zu prüfen. Sie können unmittelbar nach der Tat zu Hinweisen aus der Bevölkerung führen.

Zu bedenken ist allerdings, dass mithilfe der Bevölkerung nicht nur wertvolle Hinweise zu erhalten sind, sondern auch Tatbeteiligte informiert oder gewarnt werden. Hier ist abzuwägen.

Zu 5.2 (Sachfahndung)

Kann der Gegenstand beschrieben werden? Hat er besondere Merkmale? Ist der Gegenstand für die Aufnahme in die polizeilichen Fahndungshilfsmittel geeignet?

Zu 6 (Rechtslage / Eingriffsbefugnisse)

Die **Eingriffsbefugnisse** müssen gesetzlich begründet und im Rahmen der Verhältnismäßigkeit mit dem Ergebnis der Verdachtslage im Hinblick auf eine Tat (Ziffer 1.1.2) korrespondieren. So ist bei einem Tötungsdelikt die vorläufige Festnahme des Tatverdächtigen zwingend (§ 112 III StPO). Ferner ist die **Blutentnahme,** obwohl der Beschuldigte nüchtern erscheint, bei einem Kapitaldelikt **zum Beweis der vollen Verantwortung** notwendig (§ 81a StPO). Die örtliche und sachliche Zuständigkeit umfasst auch die Klärung, ob die Bearbeitung zentral oder dezentral erfolgen soll, ob die Kriminalhauptstelle, das Landeskriminalamt oder das Bundeskriminalamt zuständig sind (Kapitel 2.2).

Zu B (Maßnahmen zur gerichtsfesten Beweisführung)

Nachdem im Abschnitt „A" alle Fakten zusammengetragen und eine Hypothese erstellt wurde, muss das Ergebnis in **kriminalistisches Handeln** umgesetzt werden.

Die infrage kommenden kriminalistischen Maßnahmen sind ausführlich in den Kapiteln dieses Buches dargestellt. Sie bestehen **immer gleichzeitig** aus (strafprozess-) **rechtlichen** und **taktischen** Maßnahmen. Deshalb ist es ganz wichtig, sich vor jeder Maßnahme der rechtlichen Grundlage gewiss zu sein und sich selbst zu fragen: „Was mache ich, wenn z. B. der Betroffene auf meine Fragen nicht antwortet oder meinem Wunsch nach Betreten der Wohnung nicht entspricht?" Habe ich eine Rechtsgrundlage, auch ohne seine Einwilligung vorzugehen? Verursache ich möglicherweise ein Beweisverwertungsverbot (Kapitel 3.3)? Erst wenn das vorher eindeutig klar ist, wird der Kriminalist entspannt, sicher und überzeugend auftreten.

Bei der Prüfung, ob Eingriffsbefugnisse vorliegen und ob die Vornahme einer Amtshandlung von dem Vorhandensein bestimmter sachlicher Voraussetzungen abhängt, weist das Gesetz dem Beamten die Prüfung zu, ob diese Voraussetzungen im Einzelfall gegeben sind. Entscheidend ist, was er bei sorgfältiger Prüfung feststellt und darauf nach pflichtmäßigen Ermessen reagiert. Dann sind seine Maßnahmen gerechtfertigt, auch wenn sich später herausstellt, dass er sich irrte. Nur willkürliches Handeln macht seine Maßnahmen rechtswidrig (BGHSt 21, 334 [363]; Kapitel 25.2 mit dem Entscheidungstext des BGH). Die **gerichtsfeste Beweisführung** erfolgt durch das rechtmäßige Einbringen von Tatsachen und **Beweismitteln in die Hauptverhandlung** (§ 244 StPO) und durch die Überzeugung des Gerichtes (§ 261 StPO) von der Tat und der Täterschaft. Dies geschieht durch die Bereiche Sofortmaßnahmen mit den Sicherungsmaßnahmen (Kapitel 7.4.1) und Auswertungsmaßnahmen (Kapitel 7.4.2), und dem Tatortbefundbericht (Kapitel 7.4.3), sowie durch die Ermittlungshandlungen (Kapitel 7.4).

In *Weihmann / Schuch*, Prüfungswissen – Kriminalistik und Kriminaltechnik, Hilden 2011, sind die Regeln der Klausurbearbeitung mithilfe der Fallanalyse ausführlich behandelt. Ferner werden 26 Klausuren mit Lösungen – in der Mehrzahl Prüfungsklausuren für den gehobenen Dienst – sowie 54 mündliche Prüfungsfragen mit Kurzantworten dargestellt.

5.4 „Kriminalistisches Handwerk" (Ermittlungen)

Nunmehr stellt sich die Frage, wie können die theoretischen Grundlagen der Fallanalyse in erfolgreiche kriminalistische Handlungen umgesetzt werden? Dieser Teil wird auch als das „Kriminalistische Handwerk" bezeichnet (*Beh-*

rendt, a.a.O.). Ein Handwerk, das auf solider theoretischer Grundlage basiert, wie bei Ärzten, Ingenieuren oder Anwälten.
Bei allen Ermittlungshandlungen gilt das Rechtsstaatsprinzip nach Art. 20 III und 2 I GG (BVerfGE 26, 66 [71]).

5.4.1 Ausschöpfen von Ermittlungsansätzen

Hierzu sind alle Informationsquellen intensiv zu nutzen (Kapitel 5.3. B).Die Beweisfindung (Kapitel 3.6) im Strafverfahren ist der kreative Teil der Tätigkeit des Kriminalisten und wird umgangssprachlich als „Ermittlungen" bezeichnet. Hier kommt seine Verantwortung für die „Aufklärung des Falles" (Kapitel 15.5.2; 25.5.2) zum Tragen. Dabei kann er seine Arbeitsbereitschaft, Zuverlässigkeit und Glaubwürdigkeit unter Beweis stellen.
Bei dieser Tätigkeit ist es wichtig, dass für jedes Tatbestandsmerkmal, für die Rechtswidrigkeit, für die Schuld und für die Täterschaft beweiskräftige Fakten gesucht werden.
Bei den **Ermittlungshandlungen** muss der Kriminalist **offensiv vorgehen** und sich **nicht zögerlich anstellen**. Gerade in Zweifelsfragen sind die erforderlichen Maßnahmen zu treffen und darüber eine gerichtliche Klärung herbeizuführen (*Hirsch*, a.a.O.)

5.4.2 Zweckmäßige Ermittlungen

Die taktische Zweckmäßigkeit bestimmt **die richtige Reihenfolge** der Maßnahmen (Kapitel 11.13 und 18). Hier geht es nicht nur um „kriminalistische List" (Kapitel 11.14), sondern auch um Fragen der Geheimhaltung und der Anordnungsbefugnis bei strafprozessualen Maßnahmen. Außerdem ist die Reihenfolge der Maßnahmen so zu wählen, dass Tatbeteiligte keine Beweismittel beeinflussen oder vernichten können.

5.4.3 Taktische kriminalistische Maßnahmen

Die Aufklärung von Straftaten geschieht nicht nur aus der gesetzlichen Pflicht zur Strafverfolgung (§ 163 StPO), sondern hat auch großen Einfluss auf das **Sicherheitsgefühl** in der Bevölkerung (Kapitel 15.5.3).
Schwere und spektakuläre Straftaten stehen im Mittelpunkt der **Medienberichterstattung** (Kapitel 20.2), auch dann, wenn sie geografisch weit entfernt geschehen, und vermitteln so die scheinbare Gegenwart von Kriminalität, obwohl der Bürger nicht unmittelbar betroffen ist. Doch die tägliche Bedrohung, das **Unwohlgefühl** (Kapitel 15.5.3), geht von Straftaten aus, die 90 % der Gesamtdelikte ausmachen, den sogenannten **Alltagsdelikten**. Diese ereignen sich im unmittelbaren Umfeld der Bürger.
Bei den schweren und spektakulären Delikten stehen alle Ressourcen für die Aufklärung zur Verfügung. Doch auch bei der Alltagskriminalität darf ein Konzept

zur Aufklärung nicht fehlen. Die Bürger müssen den Eindruck erhalten, dass „ihre“ Polizei auch hier alles Erforderliche tut. Dabei dient eine schnelle Aufklärung der Prävention (Kapitel 21.6.2), fördert das Sicherheitsgefühl und das Ansehen der Polizei (Kapitel 6.3 und 15.5.2).

Mit der jährlich bundesweiten Veröffentlichung der Gesamt-Aufklärungsquote und Gesamt-Häufigkeitszahl (Kapitel 15.5.2) soll das positive Bild unterstrichen werden. Dabei darf nicht vergessen werden, dass diese Kriminalitätsquotienten fast ausschließlich von der Alltagskriminalität beeinflusst werden. **Aufklärungserfolge** in diesem Bereich führen erkennbar zu positiven Veränderungen der Zahlen.

Vielversprechende kriminalistische Maßnahmen bei der Aufklärung von **Alltagsstraftaten** sind:

- **Konzepte gegen Intensivtäter und Banden**

  Ein Großteil der Alltagskriminalität wird von Personen begangen, die ihren Lebensunterhalt überwiegend durch Straftaten bestreiten, den sogenannten **Intensivtätern**. Sie professionalisieren ihre Taten nach und nach und begehen oft **Tatserien**, dabei sind sie auch zeitlich begrenzt deliktstreu (Kapitel 16.4). Deshalb können Konzepte entwickelt werden, damit mögliche weitere Tatorte erkannt werden, um sie dort auf frischer Tat festzunehmen (Kapitel 18.3). Dann gilt es, intensiv nach Vorbereitungshandlungen und Hinweisen für Tatserien zu suchen (Kapitel 18.4).

  Sind diese Personen noch im **jugendlichen Alter**, so bilden sie lose Gruppen, die die Straftaten in wechselnder Beteiligung begehen. Das sind Personen, die im Tatort-Umfeld wohnen und leben. Hier können mit der **Erkennenden Fahndung** (Kapitel 9.7.1) Täterhinweise erlangt werden. Gegen diese Personen ist nicht nur zur Strafverfolgung intensiv vorzugehen, sondern auch in ihrem eigenen Interesse. Bei dem jugendlichen Alter besteht noch die Möglichkeit, ihre kriminelle Karriere durch **Jugendschutz** zu beenden und sie zu einem rechtstreuen Leben anzuhalten.

  Aber auch **organisierte Banden** treten auf und verursachen großen Schaden. Diese wohnen jedoch nicht im Umfeld der Tatorte, sondern sind sehr mobil. Die Mitglieder solcher Banden gehen für die Zukunft eine enge Bindung ein, die ständigen Anreiz zur Fortsetzung der Straftaten bildet. Diese **besondere Gefährlichkeit** sieht der Bundesgerichtshof schon in der Verbindung von zwei Mitgliedern, sodass dann das strafrechtliche Tatbestandsmerkmal „Bande“ bereits erfüllt sein kann (BGHSt 23, 239). Gegen solche Personen sind besondere Bekämpfungskonzepte zu entwickeln (Kapitel 14).

- **Vernehmungen, um Tatserien aufzuklären**

  Bei Tatverdächtigen, die zur Vernehmung bei der Polizei sind, besteht immer die Möglichkeit, dass es sich um **Wiederholungstäter** handelt. Anhand der „professionellen“ Tatplanung, Vorbereitung, Ausführung und Verwertung der Beute bei dem festgestellten Delikt, kann eine ziemlich sichere Hypothese (Kapitel 1.3.2) erstellt werden, ob diese Personen auch für weitere Straftaten in Betracht kommen. Besteht diese Vermutung, so ist hier konsequent nachzuhaken, damit **Tatserien** aufgeklärt werden können (Kapitel 11).

- **Erkennungsdienstlichen Behandlung**

  Zwingend erforderlich ist es, die rechtlichen Möglichkeiten der erkennungsdienstlichen Behandlung (§ 81b StPO) konsequent zu nutzen. Die leistungsfähigen Datenbestände des **AFIS** (Kapitel 4.4.1.1) können nur dann Hinweise auf Spurenleger geben, wenn Vergleichsmaterial zur Verfügung steht.

- **Abgleich mit der DNA-Analyse-Datei**

  Die Methoden der DNA-Analyse sind heutzutage so verfeinert, dass die Täter am Tatort grundsätzlich Spuren hinterlassen, die **DNA-Material** enthalten (Kapitel 4.6.1.3). Insofern ist bei der Spurensuche auch hierauf zu achten (§ 81 e StPO).

- **Lichtbildvorzeige-Dateien**

  Die Dateien sind nur sinnvoll, wenn darin aktuelle Bilder von Beschuldigten vorhanden sind. Deshalb ist jede rechtliche Möglichkeit zu nutzen, neue Lichtbilder zu fertigen (Kapitel 12.6).

- **Daktyloskopische Spuren sichern**

  Es ist wichtig, bei der Tatortarbeit daktyloskopische Spuren zu sichern. Es trifft nicht zu, dass alle gewieften Straftäter Handschuhe tragen. Gerade Delikte mit „Handarbeit“ verlangen die Feinmotorik der Fingerspitzen, sodass überwiegend auf Handschuhe verzichtet wird (Kapitel 4.5.2).

  In den überwiegenden Fällen stellt die **Spurensuche und -sicherung** keine besonderen Anforderungen an den Kriminalisten, sodass auf Spezialkräfte verzichtet werden kann (Kapitel 4.3).

- **Sachfahndung**

  Inkriminierte Gegenstände können bei Kontrollen oder Durchsuchungen nur identifiziert und einer Straftat zugeordnet werden, wenn sie in der Sachfahndung verzeichnet sind. Deshalb müssen diese Dateien auch konsequent bedient werden. Insbesondere bei der Anzeigenaufnahme (Kapitel 6) und der Tatortbefundaufnahme (Kapitel 7) sind **Individualmerkmale** von Gegenständen festzustellen (Kapitel 9.6).

5.4.4 Gründliche und übersichtliche Dokumentation

Alle Untersuchungshandlungen müssen aktenkundig gemacht werden (§§ 168b und 163 StPO). Hier geht es zunächst um das Einhalten von kriminalistischen Regeln bei der **Anzeigenaufnahme** (Kapitel 6), der Fertigung des **Tatortbefundberichtes** (Kapitel 7.4.3), der **Vernehmungsniederschrift** (Kapitel 11.15) und der **Aktenführung** (Kapitel 15.4).

„Beweisen" heißt, die Beweismittel in das Gerichtsverfahren einzubringen (§ 244 StPO) und das Gericht zu überzeugen (§ 261 StPO). Nur was in den Akten steht, kann von allen Prozessbeteiligten gelesen und im Gerichtsverfahren behandelt werden.

Es geht aber auch um die Einhaltung der Grundsätze der **Intellektuellen Redlichkeit**, das ist Exaktheit, Gründlichkeit, Verantwortungsbewusstsein und Gewissenhaftigkeit (Kapitel 1.3.7), ebenso um die **Glaubwürdigkeit** und um die **Zuverlässigkeit** des Kriminalisten (Kapitel 1.3.3), die das Gericht bei der Beweiswürdigung zu prüfen hat. Nur korrekt geführte und vollständige Akten können das Gericht überzeugen und die Einwände von Verteidigern (Kapitel 11.8) widerlegen.

5.5 Führungsleistung

Um erfolgreiche kriminalistische Arbeit zu leisten, ist es zwingend erforderlich, dass Führungskräfte das Ausschöpfen der zulässigen Methoden und das Einhalten der Intellektuellen Redlichkeit (Kapitel 1.3.7) fördern und kontrollieren (Kapitel 25). Die Kontrolle darf sich jedoch nicht auf das Sammeln und Vergleichen von Statistikzetteln (Kapitel 15.5.2) beschränken, die die Sachbearbeiter selbst ausgefüllt haben. Hier geht es um kriminalistische Inhalte und Regeln, die die Vorgesetzten auf fachliche Richtigkeit überprüfen müssen (Kapitel 25.6.10).

6 Anzeigenaufnahme

6.1 Literatur

Arndt / Seydel, Zusammenarbeit zwischen Polizei und Privatermittlern, Kriminalistik 2011, S. 91

Betmann, Das Adhäsionsverfahren (Nebenklage) im Lichte des Opferrechtsreformgesetzes, in: Kriminalistik 2004, S. 567

Balß, u. a. Opfer und Zeugen bei der Polizei, BKA-Polizei + Forschung, Band 11, Neuwied 2001

Baurmann / Schädler, Das Opfer nach der Straftat. BKA-Forschungsreihe, Band 22, Wiesbaden 1991, S. 210: Anzeigenerstattung und Reaktionszeiten der Polizei

BKA, Hg., Das Opfer und die Kriminalitätsbekämpfung, Vorträge und Diskussionen der Arbeitstagung, BKA-Forschungsreihe, Band 36, Wiesbaden 1996

Ebert, Alte Menschen in der Polizeipraxis, in: Die Polizei 2008, S. 265

Groß / Geerds, Handbuch der Kriminalistik, Band II, S. 11, Berlin 1978

Hassemer / Matussek, Das Opfer als Verfolger. [Private] Ermittlungen im Strafverfahren. Frankfurt/M 1996

Koch, DENUNCIATIO, Entstehung und Ausgestaltung eines strafprozessualen Rechtsinstituts; Strafanzeige und Denunziation; (Habilitationsschrift), Frankfurt / M 2006

Koch, Die „fahrlässige Falschanzeige“ – oder: Strafrechtliche Risiken der Anzeigenerstattung, in: NJW 2005, S. 943

Kury, u. a. Opfererfahrung und Meinungen zur „Inneren Sicherheit“ in Deutschland, BKA-Forschungsreihe, Band 25, Wiesbaden 1992. S. 45: Viktimisierung und Anzeigeverhalten

Ley / Müller-Tucholski, Bemerkungen zur Kundensemantik. Oder zum Verhältnis von Polizei zum Bürger oder Kunden?, in: Kriminalistik 2007, S. 691

Meyer-Goßner, Strafprozessordnung, München 2011

Ottens, Bundesweiter Vergleich der Online-Strafanzeige als neues Instrument der Kriminalitätsbekämpfung. [Masterarbeit, Ruhr-Universität Bochum, Juristische Fakultät], Bochum 2010

Rüther, Zum Einfluss des Internets auf die Kriminalitätsstruktur und die Kriminalitätskontrolle, in: Kriminalistik 2004, S. 698

Schroth, Opferrechtsreformgesetz – Das Strafverfahren auf dem Weg zum Parteienprozess? in: NJW 2009, S. 2916

Voß,	Professioneller Umgang der Polizei mit Opfern und Zeugen, BKA-Polizei+Forschung, Band 12, Neuwied 2001
de Vries,	Privatisierung der Ermittlungen – Ermittlungen durch Private, in: Kriminalistik 2011, S. 83
Weigend,	Das Opferschutzgesetz, kleine Schritte zu welchem Ziel?, in: NJW 1987, S. 1170
Schwenn,	Fehlurteile und ihre Ursachen – die Wiederaufnahme im Verfahren wegen sexuellen Missbrauchs, in: Strafverteidiger 2010, S. 705

Vorschriften und Rechtsprechung

§ 158 StPO (Strafanzeige und Strafantrag)

Opferrechtsreformgesetz

Richtlinien für das Straf- und Bußgeldverfahren, **RiStBV**, Nr. 6, 8, 11, 13, 14, 15

BGHSt 38, 388 (390), Dienstliche Anzeigepflicht besteht nur, wenn die Aufgabe zu den konkreten Dienstpflichten des Beamten gehört

BGH, NStZ 1993, S. 383, BGHSt 38, 388 (392), Außerdienstliche Kenntnis von Straftaten begründet nur eingeschränkte Anzeigepflicht

BGH, NStZ 2000, S. 147, Außerdienstliche Kenntnis von andauernder Wirtschaftskriminalität

BVerwG, NJW 1992, S. 451, Kein Anspruch auf Benennung eines (vertraulichen) Anzeigenden

BGH, JZ 1956, S. 769 und MDR 1956, 563, Versuchte Begünstigung im Amt und Urkundenunterdrückung durch das Entfernen einer Anzeige, auch, wenn offensichtlich kein Straftatbestand zugrunde lag

BGH, NJW 1995, S. 2169, Das Fehlen eines Original-Fahrzeugschlüssels allein begründet noch keinen Verdacht, der Diebstahl des Fahrzeugs sei vorgetäuscht

BGH in NStZ 1994, S. 555, Bei der Tatbeschreibung müssen Zeit, Ort und Begehungsweisen der Einzeltaten erkennbar sein

6.2 Begriff

Der Begriff Anzeige entstammt dem Mittelhochdeutschen und bedeutet so viel wie „bezeihen“ oder „auf einen Schuldigen hinweisen“.

Die Befugnis zur Erstattung von Strafanzeigen steht jedermann zu. Sie ist ein Ausfluss aus dem **Petitionsrecht** nach Art. 17 GG, wonach jeder das Recht hat, sich mit Eingaben an die zuständigen Behörden zu wenden. Schon 1880 stellte das **Reichsgericht** fest, dass „jedem Staatsangehörigen zur Aufrechthaltung der öffentlichen Rechtsordnung die Befugnis zusteht und zustehen muss, von strafbaren Handlungen, welche er in Erfahrung bringt, auch wenn er nicht davon unmittelbar betroffen wird und bezüglich deren ihm eine spezielle Denunziationspflicht nicht obliegt, zum Zwecke der Verfolgung bei der zuständigen Behörde die Anzeige zu machen, selbst wenn dieses aus Motiven geschieht, welche vom sittlichen Standpunkte keine Billigung verdienen" (RGSt 1, 81). Gesetzlich verankert ist das Recht zur Anzeigenerstattung in § 158 StPO.

Die Anzeige ist die Mitteilung eines Sachverhaltes, der nach Meinung des Anzeigenden Anlass für die Strafverfolgung bietet (NJW 1986, S. 441 [442]). Sie ist eine bloße Anregung, es möge geprüft werden, ob Anlass zur Strafverfolgung besteht. Zuständige Stellen sind die Staatsanwaltschaft, die Behörden **und** Beamten des Polizeidienstes und die Amtsgerichte. Die Formulierung zeigt, dass bei der Polizei jeder einzelne Beamte als Person für die Anzeigenaufnahme zuständig ist, so z. B. der Beamte im Streifendienst (§ 158 StPO).

In Deutschland werden jährlich gut **sechs Millionen Strafanzeigen** erstattet (Kapitel 15.5). Dabei ist der Staat auf die Zusammenarbeit mit dem Bürger angewiesen. Um den notwendigen Informationsfluss zwischen Bevölkerung und Strafverfolgungsbehörden sicherzustellen, wird das strafrechtliche Risiko für den Anzeigenerstatter gering gehalten (*Koch*, 2005, a.a.O.; Kapitel 6.8).

Bei der Anzeigenerstattung ist zu bedenken, dass **95 % aller Straftaten** durch die Bevölkerung an die Polizei herangetragen werden. Damit wird deutlich, dass das Anzeigeverhalten der Bevölkerung wesentlich das **Kriminalitätsaufkommen**, das sogenannte **Hellfeld,** und die **Selektion der Täter** vornimmt, die von Amts wegen verfolgt werden (*Koch*, 2006, a.a.O., S. 13). Die Polizei ist nur „ausführendes Organ". Bei der Anzeigenaufnahme tritt der Bürger im Regelfall mit der Polizei in persönlichen Kontakt. Das kann am Tatort, per Telefon oder auf der Polizei-Dienststelle sein und hat den Vorteil, mit dem Bürger in einen Dialog zu treten. So können notwendige Sofortmaßnahmen (Kapitel 7.4) eingeleitet, gemeinsam das tatsächliche Tatgeschehen und damit der richtige Straftatbestand herausgearbeitet und die erforderliche Spurensuche und Spurensicherung durchgeführt werden. Ferner kann der Bürger umfassend auf die Rechte als Opfer oder auf in Zukunft zu ändernde Verhaltensweisen (Kapitel 21) hingewiesen werden. Es besteht aber auch die Möglichkeit, falsche oder übertriebene Angaben zu hinterfragen (Kapitel 3.6.1 c).

Zu den Anzeigen gehören auch die per **Briefpost** und die über das **Internet „online"** (**O-Anzeigen**) der Polizei übermittelten Straftatbestände. Beide Formen dieser Anzeigenerstattung liegen bei gut einem Prozent der Gesamtstraftaten.

Einige Polizeien der Bundesländer haben für **Online-Strafanzeige** (O-Anzeigen) Möglichkeiten auf ihrer Internetseite geschaffen (*Ottens*, a.a.O.). Die hierbei durchgeführte Untersuchung zeigt, dass gut **ein Prozent** der Straftaten auf diesem Wege angezeigt werden. Leider liegen über die Sozialstruktur und Bildung der Anzeigenerstatter keine Erkenntnisse vor. Besonders problematisch ist, dass, bis auf Einzelfällen, die eingehenden Strafanzeigen nicht sofort darauf geprüft werden, ob Sofortmaßnahmen erforderlich sind. Damit wird die sehr schnelle Information an die Polizei, für die mögliche Reaktion und die Bearbeitung der Anzeigen nicht genutzt. Deshalb werden die Anzeigenerstatter auf den **Notruf der Polizei** hingewiesen. Von Nachteil ist auch, dass es zwischen dem Anzeigenden und der Polizei keinen sofortigen Dialog gibt, sodass es keine Möglichkeit der korrekten Tatbestandsfeststellung, der Spurensuche und Spurensicherung und auch keine Belehrung über die Rechte als Opfer und keine Hinweise auf zukünftige Verhaltensänderungen erfolgen kann. Ebenso ausgeschlossen ist die Verdachtschöpfung über Vortäuschung, bei übertriebener Darstellung oder überhöhter Schadensangabe.

Unter dem Gesichtspunkt der **Verwaltungsvereinfachung bei Massenkriminalität** zeigt sich ein positiver Effekt in der Zusammenarbeit mit Kaufhäusern und Verkehrsbetrieben. Diese können ihren internen Vorgang mit Tatbestand und Zeugen online an die Polizei schicken (Kapitel 2.10).

Ein weiterer, zahlenmäßig zu vernachlässigender Teil der Straftaten wird direkt bei der **Staatsanwaltschaft** zur Anzeige gebracht.

Der Rest der Straftaten wird durch Eigeninitiativen der Polizei im Bereich Umwelt, Wirtschaft, Staatsschutz und Rauschmittel oder durch andere Behörden (z. B. Zoll, Finanzamt) festgestellt.

Die Anzeige ist an keine Form und an keinen Vordruck gebunden, sondern lediglich ein Willensakt. Die Verwendung von Formblättern dient ausschließlich der Verwaltungsvereinfachung. So ist z. B. die rote Färbung des Papiers ein Hinweis auf die Dringlichkeit der zu bearbeitenden Freiheitsentziehung. Andere Formulare erleichtern die Datenerfassung oder haben für stets wiederkehrende Arbeitsabläufe vorformulierte Fragen, die lediglich angekreuzt werden müssen. Diese Technik hat den Vorteil, dass keine Position vergessen wird und dass beim Suchen von Informationen diese immer an derselben Stelle des Vorgangs gefunden werden können.

Der Bürger ist nicht verpflichtet, eine bereits geschehene Straftat anzuzeigen. Diese grundsätzliche Regelung ist durch das 2003 eingeführte **Völkerstrafgesetzbuch** (VStGB) geändert worden. Danach besteht für militärische Befehlshaber oder zivile Vorgesetzte zwingende Anzeigenpflicht für schwer wiegende Straftaten gegen das Völkerrecht, die im In- oder Ausland begangen worden sind.

Eine weitere **Pflicht zur Anzeige** bei der Staatsanwaltschaft besteht für Gerichte und alle Behörden von Bund, Ländern und kommunalen Trägern der öffentlichen Verwaltung. Durch den im September 2006 geänderten § 116 AO sind diese verpflichtet, alle **Steuerstraftaten** anzuzeigen. Die Anzeigepflicht nach dem Geldwäschegesetz besteht für die darin genannten „Verpflichteten".

Anzeigepflicht besteht für jeden Bürger bei schwerwiegenden Straftaten, z. B. Raub, Mord, Geldfälschung, Menschenhandel, pp., die noch bevorstehen und durch die Anzeige verhindert werden können. Die Straftaten sind in den §§ 138 und 139 StGB aufgeführt. Diese Bestimmungen sind somit Gefahren abwehrende Vorschriften im Strafgesetzbuch. Das wird noch dadurch unterstrichen, dass beim Bekanntwerden eines solchen Falles der Bürger die Wahl hat, die bevorstehende Straftat dem Opfer oder der Behörde anzuzeigen. Wichtig ist nur, dass die Straftat verhindert wird.

Eine problematische Rechtslage besteht im Zusammenhang mit § 142 StGB, der **Verkehrsunfallflucht**. Hiernach ist jeder Unfallbeteiligte verpflichtet, am Unfallort zu verbleiben und sich als Beteiligter zu offenbaren, gegebenenfalls sich selbst als Täter zu belasten. Diese Durchbrechung des Rechtes, sich nicht selbst belasten zu müssen (Kapitel 11.2), dient allein der Feststellung und Sicherung der durch den Verkehrsunfall entstandenen **zivilrechtlichen Ansprüche**. Gesetzgeber und Rechtsprechung haben in den 1950er Jahren diese Regelung deshalb mit dem Grundgesetz für vereinbar gehalten, weil die Feststellung der Unfallbeteiligung den Verursacher auch **vor ungerechtfertigen Ansprüchen bewahrt** (BGHSt 8, 263 und 12, 253). Doch die gleiche Situation liegt bei Ersatzansprüchen für Körper- oder Sachschäden vor, die ohne Verkehrsunfall verursacht werden, sodass konsequenterweise dafür auch eine **Offenbarungspflicht** des Täters bestehen müsste. Es bleibt abzuwarten, ob die höchstrichterliche Rechtsprechung ihre Auffassung ändert.

Der hin und wieder verwendete Begriff „Strukturierte Anzeige" wird mit der „Strukturierten Vernehmung" (Kapitel 11.3) verbunden und wird der Anzeige inhaltlich und nach der inneren Gliederung **nicht gerecht** (Kapitel 1.2.7).

6.3 Entgegennahme von Anzeigen

Die Anzeigenerstattung ist eine der wenigen Gelegenheiten, bei der der **Bürger** von sich aus mit der Polizei in **Kontakt** tritt. Dies ist eine Möglichkeit, das **Image der Polizei** positiv zu beeinflussen. Der Bürger reagiert sehr feinfühlig auf die Zeitspanne bis zum Erscheinen der Polizei und auf die dargebotenen Umgangsformen (*Balß u. a.; Baurmann / Schädler; BKA Hg.; Kury u. a.; Voß*, a.a.O.).

Die **Professionalität** der Polizei wird auch daran gemessen, ob der Anzeigentext zügig und fehlerfrei mit dem Zehnfingersystem geschrieben wird. Neben der eigentlichen Entgegennahme der Anzeige werden Anteilnahme und Erläuterungen über den Fortgang des Verfahrens erwartet. Da die Begegnung mit der Polizei für den Bürger selten ist, wird dieses Ereignis intensiv im Bekanntenkreis weitererzählt und erfährt damit eine große Verbreitung.

Die zunehmende Überalterung der Gesellschaft erfordert auch für die Polizei besondere Maßnahmen im Umgang mit alten Menschen (*Ebert*, a.a.O.). Das gilt insbesondere für die Anzeigenaufnahme. Hier ist verständnisvoll, mit Respekt und Achtung, aber konsequent zu hinterfragen, ob der Sachverhalt sich tatsächlich so ereignet hat, oder ob körperliche (sehen und hören) oder geistige Schwächen (vergessen) die Wahrnehmung und die Wiedergabe beeinflussten. Zur **Kriminalitätsprävention** siehe Kapitel 21.6.4.

Zur Entgegennahme der Anzeige sind die Staatsanwaltschaft, die Amtsgerichte sowie die Behörden und Beamten des Polizeidienstes verpflichtet (§ 158 StPO). Der besondere Hinweis auf die Beamten des Polizeidienstes bedeutet, dass der Bürger die Anzeige auch beim Beamten auf der Straße, oder wo er ihn auch immer trifft, erstatten kann. Dabei kommt es auch nicht darauf an, ob es sich um den sachlich zuständigen Beamten handelt oder ob die Anzeige in einer tatortfremden Behörde erstattet werden soll. Jeder Beamte ist **verpflichtet**, die Anzeige entgegenzunehmen und alle Sofortmaßnahmen (Kapitel 7.4) einzuleiten. Lediglich, wenn der Bürger auf der Dienststelle erscheint und im selben Haus ein Büro zur Anzeigenaufnahme eingerichtet ist, kann er dorthin verwiesen werden. Aufzunehmen sind alle Straftaten, die in Deutschland oder in einem EU-Land geschehen sind (§ 158 III StPO). Erstattet der Verletzte die Anzeige, so ist er über seine Rechte im Strafverfahren schriftlich zu belehren (§ 406h StPO).

Die **mündliche oder fernmündliche Anzeige** ist zu beurkunden, das heißt, der entgegennehmende Beamte legt den Sachverhalt schriftlich nieder und beglaubigt dies mit seiner Unterschrift. Hierbei braucht der Anzeigende nicht auf der Dienststelle zu erscheinen. Erscheint der Anzeigende jedoch selbst, so ist es zweckmäßig, ihn die Anzeige unterschreiben zu lassen. So können später behauptete Missverständnisse vermieden werden.

Darüber hinaus besteht auch die **Pflicht der Polizei**, für den Geschädigten einer Straftat die **Identität des Tatverdächtigen** festzustellen, damit der Geschädigte seine zivilrechtlichen Ansprüche stellen kann. Versäumt dies die Polizei oder ist sie bei der Personalienfeststellung ungenau, so besteht ein Amtshaftungsanspruch nach § 839 I BGB (LG Hagen, NVwZ 2000, S. 479).

6.4 Strafantrag

Bestimmte Straftaten werden nur verfolgt, wenn der Geschädigte dies ausdrücklich will. Das muss er mit einem Strafantrag (§ 77 ff. StGB) kundtun. Der Strafantrag ist eine Bedingung der Verfolgbarkeit und somit eine **Prozessvoraussetzung** (BGHSt 6, 155).

Es wird zwischen **absoluten, relativen** und **grundsätzlichen** Antragsdelikten unterschieden. Absolute Antragsdelikte behalten ihren Charakter dauerhaft, gleichgültig, ob nur bestimmte Personen betroffen sind oder ob ein öffentliches Interesse an der Strafverfolgung besteht. Relative Antragsdelikte sind nicht stets antragsbedürftig, sondern nur, wenn das Opfer Angehöriger ist.

Grundsätzliche Antragsdelikte liegen vor, wenn die Strafverfolgung sowohl durch den Strafantrag als auch durch ein öffentliches Interesse, dass die Staatsanwaltschaft bekundet, möglich ist, z. B. § 230 StGB.

Antragsberechtigt sind jeder geschäftsfähige Verletzte und der Dienstvorgesetzte. Die **Antragsfrist** beträgt drei Monate vom Bekanntwerden der **Tat und des Täters**. Bis zum rechtskräftigen Abschluss des Verfahrens kann der Strafantrag zurückgenommen werden. Ein erneuter Antrag ist nicht möglich.

Strafprozessuale Maßnahmen sind auch ohne Strafantrag möglich (§§ 127 III und 130 StPO; Nr. 6 und 7 RiStBV).

6.5 Privatklagedelikte

Werden Privatklagedelikte (§ 374 StPO) angezeigt, so ist dem Anzeigenden zu erläutern, dass er **selbst die Klage erheben** kann. Bei einigen dieser Delikte ist jedoch zuvor ein **Sühneversuch** vorgeschrieben (§ 380 StPO), das heißt, Täter und Opfer müssen zunächst vor einer Schiedsperson eine gütliche Einigung anstreben.

Der vorgetragene Sachverhalt ist **immer als Anzeige** entgegenzunehmen und sofort unerörtert der Staatsanwaltschaft zu übersenden. Diese prüft, ob sie öffentliches Interesse für gegeben hält und Anklage erhebt (§ 376 StPO). Andernfalls verweist sie den Geschädigten auf den Privatklageweg.

6.6 Legalitätsprinzip

Bei der Kenntnisnahme von Straftaten besteht für die Beamten und Behörden des Polizeidienstes das Legalitätsprinzip (§ 163 StPO). Dies bedeutet für die

- **Polizei** (§ 163 I StPO) Straf**erforschung**spflicht, für die
- **Staatsanwaltschaft** (§§ 152, 160 und 161 StPO) Strafverfolgungspflicht, sowie für die
- **Gerichte** (§ 183 GVG) und die OWi-Behörden (§ 41 OWiG) Weiterleitungspflicht an die Staatsanwaltschaft.

Das Legalitätsprinzip bedeutet nicht, dass alle Polizeibeamten zur Strafverfolgung verpflichtet sind. Das trifft nur für die Polizeibeamten zu, die nach ihrer konkreten Dienstpflicht örtlich und sachlich für das geschützte Rechtsgut verantwortlich sind. Es kommt also darauf an, ob ihnen die konkrete Aufgabe der Strafverfolgung durch ihren Dienstvorgesetzten zugewiesen wurde (BGHSt 38, 388 [390]).

Eine weitere Frage stellt sich für den Kriminalisten, ob er im **privaten Bereich** jede Straftat, die ihm zur Kenntnis gelangt, anzeigen und erforschen muss. Zunächst wird jedem Polizeibeamten im Rahmen seines allgemeinen Persönlichkeitsrechts aus Art. 1 II GG ein geschützter Bereich menschlicher Beziehungen zugebilligt (BGHSt 38, 388 [391]). Wie sollte er auch ein normales **Privatleben** führen können, wenn er die Verfehlungen seiner Bekannten stets verfolgen oder anzeigen müsste. In seinem Privatleben wird von ihm grundsätzlich **nicht mehr verlangt**, wie von jedem anderen Bürger, so die Hilfeleistung gegenüber Opfern, wenn er die Straftat beobachtet, und die Verhinderung von bevorstehenden Straftaten (siehe oben). Darüber hinaus muss er nur in **besonderen Fällen** bereits geschehene Straftaten verfolgen. Diese sind jedoch nicht allein an dem hohen Strafmaß zu erkennen, sondern die Verfolgung ist geboten, wegen der **Besorgnis** der **Fortdauer** oder ständigen **Wiederholung**. Dadurch werden diese als besonders allgemeinschädlich angesehen.

Daraus ergeben sich für den **Kriminalisten als Privatperson** unterschiedliche Pflichten:

- Erhält er von einer begangenen Straftat gegen das **Völkerrecht** Kenntnis, so muss er diese immer anzeigen (§ 14 VStGB).
- Wird er in seiner Freizeit **gezielt als Polizeibeamter** angesprochen und ihm deshalb eine begangene Straftat mitgeteilt, so muss er diese auch verfolgen. Dazu gehören auch dringende unaufschiebbare Sofortmaßnahmen.
- Erhält er von einer bevorstehenden Straftat, die in § 138 und § 139 StGB aufgeführt sind Kenntnis, so muss er diese **Tat verhindern**. Das kann durch Warnung des Opfers als auch durch Einschreiten gegen den Täter erfolgen.
- Erhält er von einer bereits begangenen Straftat Kenntnis, so hat er diese nur dann zu verfolgen, wenn sie während seiner Dienstausübung fortwirkt, wie **Dauerdelikte** oder auf ständige Wiederholung angelegte Handlungen. Zu diesen Straftaten zählen insbesondere schwer wiegende Verstöße gegen das **Waffengesetz**, Handel mit **harten Drogen**, **Schutzgelderpressung**, **Organisierte Kriminalität** und **Wirtschaftskriminalität**. Das Motiv für die Entscheidungen des BGH (a.a.O.) ist dem des Gesetzgebers zu den §§ 138 und 139 StGB ähnlich, es sollen schwer wiegende Straftaten verhindert werden.

Zeigt der Polizeibeamte solche besonders schwerwiegenden Delikte – die bereits geschehen sind – nicht an, so kann das nach dem **Dienstrecht** geahndet werden (BGHSt 38, 388 [392]). Losgelöst von dieser Anzeigepflicht, sollte der Kriminalist möglichst keine privaten Beziehungen zu Personen unterhalten, die Straftaten von nicht unerheblicher Bedeutung begehen. Leichtere Verkehrsverstöße oder eine folgenlose Trunkenheitsfahrt braucht er dagegen nicht anzuzeigen.

6.7 Opportunitätsprinzip

Das dem Ordnungswidrigkeitenverfahren zugrunde liegende Opportunitätsprinzip (§ 47 OWiG) besteht in Teilbereichen bei Straftaten ebenfalls. So können die **Staatsanwaltschaft** (§ 153 StPO, § 31a BtMG und § 45 JGG) und das **Gericht** (§ 383 II StPO) Verfahren unter bestimmten Voraussetzungen einstellen.

Diese Möglichkeit besteht für die **Polizei in keiner Weise**. Selbst wenn aufgrund eines Anfangsverdachtes strafprozessuale Maßnahmen durchgeführt wurden, die zweifelsfrei zum Ergebnis hatten, dass doch **keine Straftat vorlag**, so ist hierüber eine Anzeige zu fertigen und der **Staatsanwaltschaft** zu übersenden. Dies dient dem Schutz vor Willkür und ermöglicht den umfassenden und lückenlosen Rechtsschutz, den das Grundgesetz in Artikel 19 IV garantiert. Der BGH hat das Nichtvorlegen einer solchen Anzeige als versuchte Begünstigung (§ 258a StGB) gewertet (BGH in MDR 1956, 536). Wird der Sachverhalt niedergeschrieben und dann z. B. vom Dienststellenleiter nicht weitergeleitet, weil er glaubt, dazu befugt zu sein, so stellt dies darüber hinaus eine Urkundenunterdrückung (§ 274 StGB) dar.

Auch bei zurückgezogenen Anzeigen oder bei der Rücknahme von Strafanträgen (§ 77 d StGB) ist die **Anzeige der Staatsanwaltschaft zu übersenden**, da sie allein über die Einstellung des Verfahrens entscheidet (§ 170 II StPO).

6.8 Motive zur Anzeigenerstattung

Bei der Anzeigenerstattung ist nicht sofort erkennbar, welche Motive der Anzeigende hat. Dies kann ein ausgeprägtes Gerechtigkeitsgefühl, Rache oder das Ausnutzen staatlicher Einrichtungen zur Durchsetzung privater Interessen sein. Aber die Kriminologie zeigt auch, dass ein nicht unbeachtlicher Prozentsatz von Personen Anzeigen erstattet, obwohl diese sich dadurch selbst strafbar machen. So als **Vortäuschung einer Straftat** (§§ 145 und 145 d StGB), als Möglichkeit, den tatsächlich entstandenen Schaden gegenüber der Versicherung erheblich höher anzugeben (§ 263 StGB), als **falsche Verdächtigung** (§ 164 StGB) oder als **Druckmittel** (§ 154c StPO) bei einer Nötigung oder Erpressung. Hier muss der Kriminalist mit dem nötigen Takt und Fingerspitzengefühl vorgehen. Um solche neuen Straftaten zu verhindern und den unlauteren Anzeigenerstatter vor den dadurch entstandenen Kosten zu bewahren (§ 469 StPO), muss bei Verdachtsmomenten hierüber unmissverständlich gesprochen werden. Können die Verdachtsmomente nicht ausgeräumt werden und bleibt der Anzeigenerstatter bei seiner Darstellung, so ist er zur Wahrheit zu ermahnen und über die Folgen falscher Angaben schriftlich zu belehren (§ 57 StPO).

Hat ein Bürger eine Strafanzeige erstattet und lässt sich der Beweis für die Tat nicht erbringen, so macht er sich nur dann nach § 164 StGB (falsche Verdächtigung) schuldig, wenn er **wissentlich unwahr** oder **leichtfertig** gehandelt hat.

Ansonsten ist er auch nicht haftbar für Kosten, die dem Beschuldigten durch die Anzeige entstanden sind, z. B. Anwaltskosten (BVerfGE 74, 257 [262]).

Zum **Schutz der Bürger** vor wissentlichen oder absichtlich falschen Strafanzeigen durch Staatsorgane hat der Gesetzgeber mit § 344 StGB einen Verbrechenstatbestand geschaffen. Hierbei ist für den Amtsträger neben der Strafe eine weitere empfindliche Rechtsfolge obligatorisch. Bei **Rechtskraft eines Strafrechtsurteils** von einem Jahr Freiheitsentzug (bei Staatsschutzdelikte von sechs Monaten) oder mehr erlischt mit der Rechtskraft des **Strafrechts**urteils das Beamtenverhältnis (§ 24 BeamtStG und vergleichbare Vorschriften in allen Ländergesetzen).

6.9 Anzeigenaufnahme – Rubrum – Tatgeschehen

Für die Anzeigenaufnahme gelten die gleichen Grundsätze, wie für die Vernehmung, insbesondere die „Drei Säulen der Vernehmung" (Kapitel 11.1.1). Deshalb wird hier nur der formale Teil der Anzeigenaufnahme dargestellt.

Zunächst hat sich der Kriminalist in grobem Umfang mit dem dargestellten Sachverhalt auseinanderzusetzen. Hierbei prüft er, welcher Straftatbestand in Frage kommen könnte, ob er selbst über die notwendige Qualifikation verfügt, diesen Tatbestand richtig herauszuarbeiten, ob Sofortmaßnahmen, insbesondere Spurensicherung und Fahndungsmaßnahmen, erforderlich sind und schließlich, welches Formular er benutzen muss. Die Anzeigenaufnahme beginnt mit dem **Aufnahmeort,** dem Aufnahme**datum,** dem **Wochentag** sowie der Aufnahme**uhrzeit**. Diese Daten sind stets aufzunehmen, da sie zu einem späteren Zeitpunkt, z. B. für die Überprüfung eines Alibis, von Bedeutung sein können. Aber auch verwaltungsinterne Informationen lassen sich daraus ableiten, z. B. über das Anzeigeverhalten der Bevölkerung und die daraus abgeleitete Belastung bestimmter Dienststellen zu bestimmten Zeiten.

Das **Rubrum**, die erste Seite der Anzeige, enthält alle Angaben in Kurzform. Es dient der verwaltungsinternen Erfassung und Auswertung und ermöglicht den Vorgesetzten, sich im Überblick zu informieren. Insofern sind hier alle Zeilen sorgfältig und vollständig auszufüllen. Verweisungen auf den folgenden Anzeigentext sind nur zulässig, wenn dies wegen des Umfangs der Information unumgänglich ist. In solchen Fällen ist die Information im Text optisch deutlich hervorzuheben.

Zum Tatgeschehen gehört auch die **Vorgeschichte,** um die eigentliche Tat zu verstehen. So ist z. B. zu erfragen, warum der aufgebrochene Wagen ausnahmsweise nicht in der Garage stand oder warum die wertvollen Gegenstände nicht herausgenommen wurden u. a. m.

Das eigentliche Tatgeschehen muss so dargestellt werden, damit die Staatsanwaltschaft hieraus alle Tatbestandsmerkmale nachvollziehen kann, um zu entscheiden, welche Rechtsnorm verletzt wurde. Um hierbei den juristischen

Anforderungen gerecht zu werden, muss der Kriminalist die Tatbestandsmerkmale, die Rechtswidrigkeit, die Schuldformen und die Bedingungen der Strafbarkeit genau kennen. Bei der Anzeigenaufnahme müssen alle diese Merkmale herausgearbeitet werden (BGH in NStZ 1994, 555). Auf keinen Fall sollten juristische Formulierungen benutzt oder gar aus Gesetzestexten zitiert werden. Es ist wichtig, dass der Kriminalist den Sachverhalt mit den Worten des Anzeigenerstatters schildert.

Angaben zum **Täter**, zu **Tatverdächtigen** oder **Zeugen** sind klar und eindeutig zu formulieren und zu beschreiben. Vage Hinweise oder allgemeine Vermutungen gehören nicht in die Anzeige. Diese können allenfalls auf einem Beiblatt für den Sachbearbeiter notiert werden. Bei mehreren Zeugen (z. B. Wirtshausschlägerei oder Verkehrsunfall) sind nach einer ersten Befragung diejenigen namentlich zu nennen, die tatsächlich etwas zum Sachverhalt aussagen können.

Die Angaben zu abhanden gekommenen **Gegenständen** werden auch zu **Fahndungszwecken** (Kapitel 9.6) gebraucht. Deshalb ist eine genaue Beschreibung, die Angabe von individuellen Merkmalen, z. B. Nummern, oder das Beibringen von Lichtbildern erforderlich. Schließlich sind die **Beweismittel** genau zu beschreiben, zu beschlagnahmen oder in anderer Weise sicherzustellen. Wertgegenstände, verderbliche Waren oder Tiere sind in geeigneter Weise zu verwahren (Kapitel 18.5).

6.10 Taktische Grundsätze

Bei der Vielgestaltigkeit von Anzeigen gilt es, einige taktische Grundsätze zu wahren.

Bei **telefonischen** Anzeigen sollte der Inhalt in Absprache mit dem Anrufer auf Tonträger aufgezeichnet werden. Im Übrigen haben die Obergerichte das Aufzeichnen von Telefongesprächen durch die Polizei als gesellschaftsüblich bezeichnet, womit der Bürger stets zu rechnen habe. Ein direkter Hinweis hierauf kann sich somit erübrigen. Wesentlich ist, dass durch das Aufzeichnen Missverständnisse vermieden werden können. Durch Rückruf kann festgestellt werden, dass tatsächlich von der angegebenen Anschlussnummer aus angerufen wurde. Bei digitalen Telefonen kann die Rufnummer des Anrufers im Display angezeigt werden (Kapitel 4.1.7).

Bei **anonymen Anzeigen** sind der Sachverhalt und der Hinweisgeber zu ermitteln. Strafprozessuale Eingriffsmaßnahmen sind aber erst dann zulässig, wenn **weitere nachprüfbare** Fakten vorliegen. Nur so kann verhindert werden, dass aufgrund von angeblichen Hinweisen unzulässig in die Rechte der Bürger eingegriffen wird. Gleichwohl sind solche Anzeigen aufzunehmen und an die Staatsanwaltschaft weiterzuleiten. In den Bereichen Kindesmisshandlung und Korruption stellen anonyme Anzeigen oft einen ersten wichtigen Hinweis dar.

Dabei ist zu prüfen, ob hier zunächst zur **Gefahrenabwehr** dem Hinweis nachgegangen werden muss, z. B. bei dem Hinweis „das Kind wird wieder geschlagen", (BVerwGE 39, 190 [193], Kapitel 3.6).

Vertrauliche Anzeigen stellen ein besonderes Problem dar. Hier ist nicht allein der Wunsch des Anzeigenden maßgebend. Vielmehr bestimmen im Wesentlichen die rechtlichen Voraussetzungen das Verfahren (Kapitel 14).

Bei **nichtnatürlichen Todesfällen** oder dem Auffinden eines unbekannten Toten ist sofort Anzeige bei der Staatsanwaltschaft oder beim Amtsgericht zu erstatten (§ 159 StPO). Hierbei wird eines der Gefahren abwehrenden Elemente der StPO deutlich. Die zunächst erforderlichen Ermittlungen sollen feststellen, ob Fremdverschulden und somit überhaupt eine Straftat vorliegt (Kapitel 22).

Bei **Unglücksfällen und Katastrophen** sind die Ursachen, der Ablauf, die Folgen und die Verantwortlichkeit für das Schadensereignis festzustellen. Die Polizei trifft die Sofortmaßnahmen und verständigt umgehend die für die Ursachenerforschung zuständige Behörde (Kapitel 8).

Bei Anzeigen gegen **Angehörige des öffentlichen Dienstes** ist sofort die Staatsanwaltschaft einzuschalten, die alle weiteren Maßnahmen anordnet. Hierdurch soll sichergestellt werden, dass sofort alle Maßnahmen zur Tataufklärung getroffen werden. Ferner soll auch der öffentliche Dienst vor Verunglimpfung bewahrt werden.

Bei Anzeigen von **sexuellen Gewaltdelikten** (§§ 174–184 f StGB) ist besondere Rücksicht auf die psychische Belastung des Opfers zu nehmen. Die Ermittlungen sind sachorientiert und vorurteilsfrei zu führen. Äußerungen von Zweifel sind zu unterlassen. Dem Opfer ist sofort ärztliche Betreuung und das Hinzuziehen einer Vertrauensperson anzubieten. Es ist darauf hinzuweisen, dass es von einer gleichgeschlechtlichen Person angehört werden kann. Unerlässliche Fragen über den Intimbereich sind dem Zweck nach zu erklären. Alle Fahndungsmaßnahmen sind sofort und mit einer Intensität durchzuführen, die der Schwere des Deliktes angepasst sind. Natürlich gibt es auch Einzelfälle, in denen die Angaben der Opfer dramatisiert oder sogar falsch sind. Insofern ist immer das Spannungsfeld zwischen **Opferschutz** und **Unschuldsvermutung** zu beachten (§ 160 II StPO; BGHSt 21, 306 [308]; Art. 6 II EMRK; *Schwenn*, a.a.O.).

Bei dieser Anzeigenaufnahme reicht zunächst der grobe Sachverhalt. Angaben zum Tatort, zur Tatzeit, zum Täter, zu Zeugen und den Beweismitteln sind besonders wichtig. Ferner ist sofort die Sicherung der Beweismittel zu veranlassen. Die weitere Bearbeitung soll sodann durch speziell ausgebildete Kriminalisten erfolgen.

Besondere Vorsicht ist geboten, wenn angeblich „professionelle" **Missbrauchsforscherinnen** von Kinderschutzvereinen tätig werden. Diese hatten sich in

„multiprofessioneller Aufdeckungsarbeit" ausbilden lassen und so althergebrachte kriminalistische Grundsätze über Bord geworfen (*de Vries*, a.a.O). *Schwenn* (a.a.O) warnt vor der angeblichen Qualifikation der Mitarbeiterinnen von Beratungsstellen wie Wildwasser, Zartbitter, Allerleirauch, Wagemut oder Violetta. „Werden Mitarbeiterinnen der genannten Vereine in der Hauptverhandlung vernommen, so wird regelmäßig deutlich, dass die belastende Aussage durch deren Hilfe erstmals Kontur erhalten hat. Bei ihnen bekommen die Rat- und Hilfesuchenden Literatur in die Hand wie etwa den Bestseller „Trotz allem" (*Schwenn*, a.a.O, S. 708).

„Nur weil sich jemand für sachkundig hält ist er noch kein professioneller Ermittler" (*de Vries*, a.a.O., S. 84, 1. Spalte).

Die Privatdetektive sehen das ganz anders (*Arndt / Seydel*, a.a.O.). Sie glauben, dass die Polizei und die Staatsanwaltschaft aus Personalmangel oft an ihre Grenzen stoßen und dann nicht konsequent ermitteln. Ganz besonders auf den Gebieten Produktpiraterie, Subventionsbetrug, Betrug zum Nachteil der Versicherungen, Kreditkarten- und Internetkriminalität. Doch *Hassemer / Matussek* (a.a.O., Seite 51) warnen überzeugend vor privaten Ermittlungen, weil sie einseitig interessenbestimmt und deshalb strafverfahrensrechtlich **unbrauchbar** sind.

Bei jeder Anzeigenaufnahme ist den Verletzten und Geschädigten das „Merkblatt über Rechte von Verletzten und Geschädigten im Strafverfahren" auszuhändigen. Hierin ist in verständlicher Form dargelegt, welche Möglichkeiten beim Schutz gegen Bloßstellung, bei der Information über den Gang des Verfahrens sowie dem anwaltlichen Beistand, bei der Befugnis der **Nebenklage** und bei der Durchsetzung von Schadensersatzansprüchen bestehen. Dabei ist zu beachten, dass der Hinweis auf die Nebenklage seit 1.9.2004 auch für dic Polizei rechtlich verpflichtend ist (§ 406h StPO). Das Aushändigen des Merkblattes muss aktenkundig gemacht werden. Eine besonders wirkungsvolle Hilfe gibt es durch den gemeinnützigen Verein zur Unterstützung von **Kriminalitätsopfern** und zur Verhütung von Straftaten e. V. **Weisser Ring**, in der viele Polizeiangehörige ehrenamtliche Mitglieder sind. Der Verein kooperiert auch mit anderen Opferschutzorganisationen.

6.11 Beispiele für Anzeigen

6.11.1 Strafanzeige Diebstahl aus Pkw

Freitext:

Gestern habe ich um 19.00 Uhr meinen Pkw, VW-Golf, blau, Kennzeichen, auf dem Parkstreifen, etwa einhundert Meter von meiner Wohnung entfernt, auf der Nordseestraße vor dem Haus Nr. 33 abgestellt. In dem Stadtviertel herrscht Parkplatzmangel. Den Abstellplatz konnte ich von meiner Wohnung aus nicht einsehen. Es war bereits dunkel. Das Fahrzeug wurde von der etwa 20 Meter entfernten Straßenlaterne beleuchtet. Außer meinem Fahrzeug waren dort noch viele andere Pkw abgestellt. Die Türen und den Kofferraum habe ich abgeschlossen.

Da ich mich verspätet hatte, war ich in Eile. Deshalb habe ich meinen Mantel auf dem Rücksitz liegen lassen. In der Manteltasche befand sich das Handy, Marke, Telefongesellschaft, Telefonnummer, Wert, das ich seit etwa einem Jahr besitze.

Als ich heute um 06.15 Uhr mit dem Wagen zu meiner Arbeitsstelle fahren wollte, sah ich die Beschädigung an der rechten Beifahrertür. Unbekannte müssen die Tür mit einem Werkzeug aufgehebelt haben. Außerdem waren die Verriegelungsknöpfe an allen vier Türen hochgezogen. Von meinem Haustelefon habe ich den Notruf der Polizei angerufen. Der Beamte hat mich aufgefordert, mit dem Wagen zur Polizeiwache zu kommen. Aus dem Wagen wurden das Handy, eine angefangene Schachtel Zigaretten der Marke Z, eine Sonnenbrille und ein Paar schwarze Lederhandschuhe gestohlen. Der Mantel lag auf dem Rücksitz.

Geschlossen:	selbst gelesen und unterschrieben
Müller, PK	....
	Anzeigenerstatter

6.11.2 Festnahmeanzeige

Freitext:

Am Samstag, Datum, gegen 02.00 Uhr, befanden sich PK X und Unterzeichner auf Zivilstreife.

Bei der routinemäßigen Beobachtung des schwach beleuchteten Parkplatzes an der Rennbahn sahen wir die später festgenommenen A und B, die sich auffällig benahmen. Sie liefen in gebückter Haltung zwischen den abgestellten Fahrzeugen hin und her und verharrten zwischendurch in gehockter Stellung.

Nach etwa fünf Minuten konnten wir erkennen, dass die Fahrertür des Pkw, Marke, Kennzeichen, neben dem sie hockten, aufgemacht wurde. PK X und Unterzeichner schlichen sich von verschiedenen Seiten an das Fahrzeug heran. Wir sahen A auf dem Fahrersitz und B auf dem Beifahrersitz. Beide waren damit beschäftigt, das Autoradio auszubauen. Hierzu benutzte A einen Schraubendreher (Asservat Nr. 1), und B versuchte, mit den Händen das Gerät herauszuziehen.

In dieser Situation wurden beide Täter überrascht, festgenommen, zur Verhinderung der Flucht mit Handschellen gefesselt und in getrennte Dienst-Kraftfahrzeuge ins Polizeigewahrsam gefahren.

Die Fahrertür des Tatobjektes hatte neben dem Türschloss ein kleines, kreisrundes Loch. Die Verriegelungsknöpfe waren hochgestellt.

Die sofortige körperliche Durchsuchung brachte folgende Gegenstände zutage:

Bei A:

Geldbörse mit rund 20,- € Bargeld, Personalausweis des A, Zettel mit diversen Telefonnummern, Zigaretten der Marke Y, Feuerzeug, Schlüsselbund mit Kfz-Schlüssel der Marke Z.

Der von A benutzte Schraubendreher lag nach der Festnahme auf der Fahrerseite im Fußraum des aufgebrochenen Pkw.

Bei B:

Geldbörse mit rund 50,- € Bargeld, drei Kreditkarten, ausgestellt auf verschiedene andere Namen, eine Schusterahle (stabile Stahlnadel mit Holzgriff), eine Schablone zur Bestimmung von Schraubengewinden, eine handelsübliche Spraydose mit Tränengas.

Alle Gegenstände wurden getrennt in Plastiktüten asserviert und beschriftet.

Eine Durchsuchung der Wohnung der Festgenommenen nach Gegenständen, die zur Vorbereitung dieser Straftat dienten, wurde bisher nicht vorgenommen.

Das aufgebrochene Fahrzeug wurde verschlossen und verriegelt zurück gelassen. Auf dem Beifahrersitz haben wir die schriftliche Nachricht hinterlassen, die Polizei anzurufen.

Die Festgenommenen wurden noch nicht zum Sachverhalt befragt.

Haftgründe: (BVerfG in: NJW 1982, S. 29)

Aufgrund der Auffindesituation besteht gegen A und B der dringende Tatverdacht des versuchten Diebstahls aus Kraftfahrzeug als besonders schwerer Fall, §§ 22, 23, 242 II und 243 StGB, mit einer Strafandrohung bis zu zehn Jahren Freiheitsstrafe. Beide sind als Beschuldigte anzusehen.

Beide werden nach § 127 II i. V. m. § 112 II 2. (Fluchtgefahr) und Abs. II 3. (Verdunkelungsgefahr) StPO vorläufig festgenommen.

Da bisher keine Gründe bekannt sind, die einer Flucht entgegenstehen (tatsächliche Wohnung, tatsächliches Arbeitsverhältnis und soziale Bindungen), besteht die Gefahr, dass sich beide dem Strafverfahren entziehen werden.

Da die Tat zu zweit begangen wurde, besteht die Gefahr, dass beide ihr Aussageverhalten in Freiheit absprechen werden. Insofern liegt Verdunkelungsgefahr vor.

Da die Tat mit erheblicher Freiheitsstrafe bedroht ist, steht die vorläufige Festnahme bis zum Ablauf des folgenden Tages nicht außer Verhältnis.

Die vorläufig festgenommenen Beschuldigten wurden unverzüglich über ihre **Rechte nach § 114b StPO belehrt**. Der Text wurde schriftlich erstellt und den Betroffenen ausgehändigt (Kopie ist dem Vorgang beigefügt). Die Unterrichtung von Angehörigen wurde nicht vorgenommen, weil die Durchsuchung der Wohnungen noch durchgeführt werden muss (siehe Kapitel 18.3).

Unterschrift, PK Y

7 Tatort (Kapitel 4.3.3)

7.1 Literatur

Bronisch, Der Suizid, München 1996

Burghard, Die aktenmäßige Bearbeitung kriminalpolizeilicher Ermittlungsvorgänge, BKA-Schriftenreihe, Band 35, Wiesbaden 1969, S. 34

Ebert, Alte Menschen in der Polizeipraxis, in: Die Polizei 2008, S. 265

Groß / Geerds, Handbuch der Kriminalistik, Band II, S. 27, Berlin 1978

Hassemer / Matussek, [Hassemer: vormals Vizepräsident des Bundesverfassungsgerichts] Das Opfer als Verfolger. Ermittlungen des Verletzten im Strafverfahren, Frankfurt/M 1996

Hecht / Gruhl, Die Flugzeugkollision von Überlingen. Die strafrechtliche Aufarbeitung in der Schweiz und in Deutschland, in: Kriminalistik 2008, S. 329

Heinrich, Verkehrsunfallkriminalistik, (Reifenspuren), in: Kriminalistik 2002, S. 749

Jochem, Rekonstruktion der Insassen-Sitzverteilung in Unfallfahrzeugen. In: Kriminalistik 2001, S. 341.

König, Manipulierte Verkehrsunfälle, Hilden 2001.

Kube / Störer / Brugger, Wissenschaftliche Kriminalistik. BKA-Forschungsreihe, Band 16 I, Wiesbaden 1983. S. 56: Tatortarbeit. S. 143: Schema eines Tatortbefundberichtes

Küper, Verfassungswidrige und verfassungskonforme Auslegung des § 142 StGB [Verkehrsunfallflucht], in: NStZ 2008, S. 597

Lorra / Jaeger, Laserscanner können Tatortarbeit revolutionieren, in: Der Kriminalist 2004, S. 479

Laux, Der Täter und „sein" Tatort, in: Kriminalistik 1997, S. 651

Meyer-Goßner, Strafprozessordnung, München 2010

Mönninghoff / Bastian / Katter, Polizeiliche Verkehrsunfallaufnahme – Eine lästige Pflicht oder Küraufgabe?, in: Die Polizei 2011, S. 142

Neufeldt, Eiskalte Überraschungen von oben, Flugzeuge verlieren Eisklumpen, in: INFO des Luftfahrtbundesamtes (Bundesstelle für Flugunfalluntersuchung) Nr. 14 / 1991, S. 19

Oevermann, Die Qualität der Versprachlichung der am Tatort wahrgenommenen Spuren bestimmt den Erfolg der Ermittlungsarbeit, in: Protokoll LKA / NW vom 1.6.1989

Peters, RAF: Terrorismus in Deutschland, Stuttgart 1991

Schmitz, Tatortbesichtigung und Tathergang, BKA-Forschungsreihe, Band 6, Wiesbaden 1977

Salentyn, Tatort Glühlampe, in: Deutsche Polizei 1997, Heft 3, S. 22

Steinke, Das „Oevermann-Projekt“, in: Kriminalistik 1993, S. 187

Timm, Mit gebremstem Schwung – Gedanken über die Grenzen von Kriminalistik und Kriminaltechnik -[bei der Tatortarbeit], in: Kriminalistik 1995, S. 111

Ulrich, Verkehrsunfallkriminalistik (Reifenspuren), in: Kriminalistik 2002, S. 749

Weihmann, Polizeidienstvorschrift Nr. 100 im Licht der Kriminalistik, in: Kriminalistik 2005, S. 764

Weihmann, Kriminalistische Vernehmung [Probleme für die Kriminalistik durch die Verkehrsunfallaufnahme], in: Kriminalistik 2010, S. 82

Vorschriften und Rechtsprechung

§ 94 ff. StPO, Sicherstellung / Beschlagnahme von Beweisgegenständen

§ 136 StGB, Verstrickungsbruch / Siegelbruch

§ 102 ff. StPO, Durchsuchung

§ 164 StPO, Festhalten von Störern

§ 158 StPO, Strafanzeige

Art. 46 GG, § 152a StPO, Immunität von Abgeordneten

§§ 18 und 19 GVG, diplomatischer und konsularischer Dienst

§ 168b i.V.m. § 163 StPO, Pflicht zu Niederschriften (Tatortbefundbericht)

BGHSt 8, 263; 12, 254 und 24, 382, Verkehrsunfallflucht

Bundespolizeigesetz, § 2a

Bundespolizeigesetz, §§ 12 und 13, Verfolgung von Straftaten und Ordnungswidrigkeiten auf dem Gebiet der Bahnanlagen und Eisenbahnen des Bundes.

Richtlinien für das Straf- und Bußgeldverfahren, RiStBV, Nr. 193 bis 199 und 246

Bahn AG, Richtlinie Nr. 123, „Notfallmanagement und Brandschutz“

BGHSt 29, 244 (251), Erforschen einer Straftat bedeutet das Suchen nach weiteren Beweisen

Bundeskriminalblatt Nr. 78 / 2008 vom 24.4.2008, Handlungsempfehlungen bei begründetem Verdacht auf ABC-Kampfstoffe und / oder ABC-Gefahrstoffe

7.2 Bedeutung des Tatortes

Der Tatort ist Ausgangspunkt und Grundlage für die Beweisfindung, Beweissicherung und Beweisführung. Er ist und bleibt der **Schlüssel zur Ermittlung**

des Täters, zeigt sehr oft den Weg zur Aufklärung von Tatserien und wird mit kriminalistischem Denken (Kapitel 1.3.3) erschlossen und beschrieben.

Bei den heutigen technischen Möglichkeiten bietet der Tatort eine Fülle von **auswertbaren Spuren** (Kapitel 4). Diese gilt es zu erkennen und zu sichern. Gleichzeitig muss aber auch verinnerlicht werden, dass der Sachbeweis zwar ein hervorragendes und unverzichtbares Fahndungshilfsmittel ist, der **Personalbeweis** jedoch nach wie vor das wichtigere Beweismittel für die Urteilsfindung darstellt (BVerfG, NJW 1975, 104, und BGHSt 32, 127; Kapitel 3.5). Beides muss beachtet werden.

Die **juristische Bedeutung** des Tatortes liegt in der Begründung des Gerichtsstandes in der ersten Instanz (§§ 7 bis 21 StPO). Darüber hinaus legt der **juristische Tatort** den Anwendungsbereich des deutschen Strafrechts fest (§§ 3 bis 9 StGB), das für Straftaten gilt, die im Inland begangen werden (§ 3 StGB). Straftaten in diesem Sinne sind alle Normen, die Rechtsfolgen bei rechtswidrigen Taten regeln, so auch Ordnungswidrigkeiten.

Auslandsstraftaten unterliegen dem deutschen Strafrecht nur, wenn diese gegen inländische Rechtsgüter (§ 5 StGB), gegen international geschützte Rechtsgüter (§ 6 StGB) oder gegen einen Deutschen (§ 7 StGB) gerichtet sind.

Darüber hinaus hat die **Verjährung** (§ 78 ff. StGB) von Straftaten eine besondere Bedeutung. Dazu ist es wichtig, die **genaue Tatzeit** festzustellen und zwar, wann die Straftaten begangen wurde. Hierfür ist das Handeln oder Unterlassen des Täters maßgebend (§ 8 StGB). Tritt ein zum Tatbestand gehörender Erfolg erst später ein, so beginnt die Verjährung mit diesem Zeitpunkt (§ 78a StGB).

Der **kriminalistische Tatort**

ist der Ort des kriminellen Geschehens, an dem der Täter vor, während und nach der Tat gehandelt hat, sowie der Fundort von Spuren und geht damit weit über die juristische Definition (§ 9 StGB) hinaus.

Im Einzelnen unterscheiden wir den Vorbereitungsort, den Annäherungsweg, die weitere und engere Tatörtlichkeit, den eigentlichen Handlungsort, den Fundort des Opfers, den Fluchtweg, das Fluchtfahrzeug, den Aufbewahrungsort von Beute und Tatwerkzeugen, die Wohnung sowie den Arbeitsplatz des Täters.

Am **Vorbereitungsort** von Straftaten werden z. B. Waffen, Tatwerkzeuge, Masken, Erpresserschreiben o. a. m. hergestellt.

Auf dem **Annäherungsweg** zum eigentlichen Tatort kann der Täter gesehen werden, was bei der Überprüfung eines Alibis von Bedeutung ist (Kapitel 13).

Die **weitere und nähere Tatörtlichkeit** dient dem Täter zum Auskundschaften. Hierbei kann er gesehen werden.

Der eigentliche **Handlungsort** ist der klassische Tatort. Hier ist der Täter nicht nur anwesend gewesen, sondern hier handelt er tatbestandsmäßig und verursacht Spuren (Kapitel 4).

Am **Fundort** des Opfers können neben den Spuren, die das Opfer selbst verursacht hat, auch Spuren vom Täter vorhanden sein, z. B. durch den Transport des Opfers. Ferner können sich Spuren des Täters am Opfer selbst befinden und Spuren vom Fundort am Täter.

Auf dem **Fluchtweg** wird der Täter nicht nur gesehen, sondern aufgrund der Stresssituation nach der Tat kann er auch unbemerkt Gegenstände verloren haben. Ferner besteht auch die Möglichkeit, dass er sich bewusst bestimmter Gegenstände entledigt, wie Teile der Beute, z. B. die leere Brieftasche, oder andere Beweismittel, wie Masken, Fluchtfahrzeug, Tatkleidung oder Tatwerkzeuge.

Im **Fluchtfahrzeug** finden sich alle Arten von Spuren des Täters.

Am **Aufbewahrungsort** oder Versteck der Beute und der Tatwerkzeuge finden wir Spuren. Aber auch die Tatsache, dass ein Tatverdächtiger das Versteck kennt, ist ein Indizienbeweis für sich.

Schließlich finden wir in der **Wohnung des Täters** immer Spuren. Hierhin hat er sich nach der Tat zurückgezogen. Hier ist seine Kleidung, hier haben wir Einblick in sein Milieu. In eingeschränktem Maße gilt das auch für den **Arbeitsplatz** des Täters, insofern ist auch dort mit Beweisen zu rechnen.

Die wesentliche Bedeutung des Tatortes liegt in der Tatsache, dass er der Träger von Spuren ist und damit die Möglichkeiten des **Sachbeweises** eröffnet (Kapitel 4.2). Er bietet aber auch Anhaltspunkte für die Bewertung des **Personalbeweises**. Hier kann festgestellt werden, ob die Angaben eines Zeugen den objektiven Begebenheiten entsprechen. Konnte dieser z. B. von seinem Standort aus das Tatgeschehen ungehindert sehen oder war ihm die Sicht verdeckt? Ferner bietet der Tatort die Möglichkeit, das Tatgeschehen zu rekonstruieren und das strafbare Delikt daraus abzuleiten. Er begründet auch die örtliche Zuständigkeit der Polizei und den Gerichtsstand im ersten Rechtszug.

Zu den kriminalistischen Tatorten zählt auch der **Unglücksort** (Kapitel 8). Hier sollen Ursachen, Ablauf, Folgen und Verantwortlichkeit eines Schadensereignisses geklärt werden. Es stellt sich zunächst die Frage, ob überhaupt eine Straftat vorliegt und ob für die Erforschung des Sachverhaltes die Polizei zuständig ist oder eine andere Behörde, z. B. das Gewerbeaufsichtsamt.

7.3 Methoden der Tatrekonstruktion

Anhand der Spuren am Tatort kann das Tatgeschehen rekonstruiert werden. Dadurch sind **Schlussfolgerung, Simulation und Interpretation** möglich. Ferner gibt der Tatort Aufschluss über die Qualifizierung des Deliktes. Damit ist die strafrechtliche Einordnung möglich. Mit der **Schlussfolgerung** können Lücken in der Beweislage geschlossen werden. Dies geschieht zulässigerweise durch das Werten von Anzeichen. Ist eine Person mit ihrem Auto z. B. zu einer bestimmten Zeit am Ort A gesehen worden und zehn Minuten später am zwölf Kilometer entfernten Ort B, so ist der Schluss zulässig, dass diese in der Zwischenzeit den Weg von A nach B zurückgelegt hat. Hat sich auf diesem Weg, zwischen den beiden Uhrzeiten, eine Straftat ereignet, so darf daraus geschlossen werden, dass die Person am Tatort war. Ob sie der Täter war, müssen weitere Beweise erbringen.

Bei der **Simulation** werden alle denkbaren Tatbegehungen durchgespielt, um eine Vorstellung vom Tatablauf zu bekommen. So lassen sich beispielsweise die Angaben von Geschädigten überprüfen. Zur Simulation gehören auch Begehungsarten, die der Täter vorgibt. Hiermit kann z. B. festgestellt werden, ob der Täter seinen Behauptungen entsprechend in der Lage war, alleine eine Leiche aus dem Kofferraum zu heben und zur Fundstelle zu tragen, oder ob er einen Mittäter gehabt haben muss.

Mit der **Interpretation** soll nach dem Motiv für das Täterverhalten gesucht werden. Es stellt sich die Frage nach dem Nutzen der Tat: Wer hatte einen Vorteil davon (Kapitel 3.6.1 b)? So soll das Motiv als Leitfaden zum Täter führen.

Entscheidend für das Strafverfahren ist jedoch, das diese **Rekonstruktionsmethoden** eindeutig als solche bezeichnet werden. Nur so wird von Anfang an deutlich, welche Themen durch Personal- oder Sachbeweis gerichtsfest bewiesen werden können und welche Hypothesen (Kapitel 3.6.4) sind.

7.4 Sofortmaßnahmen (Erster Zugriff)

Um den Tatort sachgerecht erschließen zu können – d. h. alle Beweismittel zu finden, zu sichern und gerichtsfest zur Verfügung zu stellen -, muss sich der Kriminalist eines Systems bedienen. Dies sind die **Sofortmaßnahmen**, die die Sicherungsmaßnahmen, die Auswertungsmaßnahmen und den Tatortbefundbericht umfassen.

In der polizeilichen Tradition werden die Sofortmaßnahmen „Erster Angriff“ genannt (PDV 100, Ziffer 2.2.3; *Weihmann,* a.a.O.). Die Bezeichnung „Angriff“ stammt aus der Weimarer Zeit und ist dem militärischen Wortschatz entlehnt. Dies ist nicht ungewöhnlich. So strebt man beispielsweise im Verhältnis zwischen Anklage und Verteidigung „Waffengleichheit“ an. Gleichwohl erscheint es sinnvoll, sich heutzutage treffenderer Begriffe zu bedienen. Auch deshalb, weil der erste Angriff das Folgen eines zweiten Angriffs suggeriert. Dass dies nicht so ist, lässt sich wohl nur mit militärischer Philosophie erklären. Darüber hinaus macht die Ordnungszahl „erster“ auch nicht die zeitliche Dringlichkeit dieser Maßnahmen deutlich.

Die **PDV 100** ist jedoch in der Verwendung der Terminologie nicht konsequent, denn in Ziffer 3.8.3 verweist sie auf die PDV 132, „Einsatz bei Geiselnahme“ und macht sich somit die darin verwendete Terminologie zu eigen. Dort wird jedoch nicht mehr vom „Ersten Angriff“ gesprochen, sondern die Begriffe „Zugriffsarten“, „Geplanter Zugriff“ und „Notzugriff“ verwendet (Ziffer 1.6).

Im Strafprozessrecht wird für die polizeilichen Sofortmaßnahmen der Begriff **Erster Zugriff** verwendet, so wie es der Bundesgerichtshof wörtlich schreibt (BGHSt 30, 138). Er sieht bei dieser Tätigkeit auch einen besonderen Zusammenhang mit dem **erheblichen Zeitdruck**, unter dem die Polizei arbeiten muss (BGHSt 38, 294). Dieser „Erste Zugriff“ wird auch gewählt für die allgemeine Aufgabenwahrnehmung der Strafverfolgungsorgane (BGHSt 29, 102), für die öffentliche Gewalt (BGHSt 3, 309) und für die Beschlagnahme der Fahrerlaubnis (BGHSt 22, 388).

Insofern werden folgende Begriffe verwendet:

Sofortmaßnahmen mit

- Sicherungsmaßnahmen (Kapitel 7.4.1),
- Auswertungsmaßnahmen (Kapitel 7.4.2) und
- Tatortbefundbericht (Kapitel 7.4.3).

Und als Folgemaßnahmen die klassischen

Ermittlungen (Kapitel 3.6.6 und 5.4) mit dem Ziel

- Beweise suchen für Straftatbestand, Täterschaft, Rechtswidrigkeit und Schuld, insbesondere durch Auswertung von Spuren (Kapitel 4) und Hinweisen, Tatrekonstruktion (Kapitel 7.3), Befragung und Vernehmung (Kapitel 11) sowie Gegenüberstellung (Kapitel 12).
- Fakten nennen für Untersuchungshaft, Maßregeln der Besserung und Sicherung, Berufsverbot, Verfall und Einziehung.
- Erkennungsdienstliche Behandlung.
- DNA-Analyse.
- Kriminalpolizeilicher Meldedienst.
- Merkblatt für die Kriminalakte.
- Polizeiliche Kriminalstatistik.
- Berichte an das Jugendamt.

Während die Ermittlungen in den übrigen Kapiteln ausführlich behandelt sind, bedürfen die Sofortmaßnahmen nachstehend der Erläuterung.

7.4.1 Sicherungsmaßnahmen

Die Sicherungsmaßnahmen können in der Praxis durchaus in Teilen parallel durchgeführt werden. Dies hängt im Wesentlichen von der Anzahl und der Qualifikation des anwesenden Personals ab. Gleichwohl empfiehlt es sich, in der nachfolgenden Reihenfolge vorzugehen.

Checkliste Sicherungsmaßnahmen

1 Eingang der Ereignismeldung.
1.1 Ereignisort (genaue Angabe) Standortermittlung bei Mobiltelefon (Handy).
1.2 Identitätsfeststellung.
1.3 Rufnummer.
1.4 Sachverhalt.
1.5 Verhaltenshinweise.
1.6 Erste Hinweise an Rettungsdienste und / oder Spezialdienststellen.

2 Kräfte zum Einsatzort entsenden.
2.1 Fahrt zum Ereignisort.
2.2 Auf tatrelevante Umstände achten.
2.3 Gebrauch des Sondersignals prüfen.
3 Sachlich zuständige Dienststelle informieren.

4 Aufklärung am Ereignisort.

5 Abwehr von Gefahren.

5.1 Erste Hilfe.
5.2 Ärztliche Betreuung.
5.3 Opfer zur Beweissicherung begleiten.
5.4 Explosions- oder Vergiftungsgefahr.
5.5 Tiere pp.

6 Identifizierung und / oder Festnahme von Tatverdächtigen.
6.1 Einleitung von Fahndungsmaßnahmen.

7 Absperren des Ereignisortes. § 94 StPO und § 136 StGB

8 Zeugen feststellen, trennen, kurz vernehmen.

9 Spuren schützen, gefährdete Spuren sichern.

10 Lagebericht.

11 Persönlich Übergabe des Ereignisortes an den Leiter der Auswertungsmaßnahmen.

12 Bericht fertigen:
- Meldung erhalten, wann, wo, von wem?
- Hinfahrt zum Ereignisort.
- Wen und was getroffen?
- Fahndungsmaßnahmen.
- Sofortmaßnahmen.
- An wen und wann den Ereignisort übergeben?

Erläuterungen:

Zu 1 Eingang der Ereignismeldung

Die Ereignismeldung geht in der Regel über den Polizeinotruf ein. Hier sind die technischen Einrichtungen vorhanden, um das Gespräch auf Tonträger aufzuzeichnen. Die Rechtsprechung geht inzwischen davon aus, dass dies **kein verbotenes Aufzeichnen** des nicht öffentlich gesprochenen Wortes ist.

Darüber hinaus ist die Aufzeichnung auch aus dem Gesichtspunkt der **Gefahrenabwehr** erforderlich, da es dem Anrufer aus noch unbekannten Gründen unmöglich sein kann, Informationen zu wiederholen, die nicht richtig verstanden worden sind. In einem solchen Fall kann dann die Aufzeichnung mehrfach abgehört werden. Ferner gewährleistet die technische Aufzeichnung das genaue zeitliche Festhalten des Anrufs.

Lassen es der Zustand des Hinweisgebers und die Schwere des mitgeteilten Sachverhaltes zu, sind zunächst zweifelsfrei der **Ort** des Ereignisses, die **Identität** und die **Rufnummer** zu erfragen. Danach der **Sachverhalt**. Erforderlichenfalls werden dazu Verhaltenshinweise gegeben, insbesondere zur Gefahrenabwehr und zum Spurenschutz. Dabei ist zu bedenken, dass Personen, die sich mit einem Hilfeersuchen an die Polizei wenden, immer unter **Stress** stehen, auch bei weniger „schlimmen" Ereignissen. Insofern ist in kurzen und prägnanten Sätzen zu sprechen, z. B. „Warten Sie vor dem Haus auf die Polizei" oder „Fassen Sie nichts an".

Ruft die Person über ein Mobiltelefon (Handy) an und kennt ihren Standort nicht, so kann dieser über den Betreiber des Telefons festgestellt werden (§ 112 TKG; Kapitel 13.6).

Ereignisse in der Öffentlichkeit werden sehr oft durch **mehrere Hinweisgeber** per Mobilfunk gemeldet. Dadurch wird die Wahrscheinlichkeit einer Falschmeldung geringer.

Handelt es sich um eine Meldung, die bei wahrem Inhalt sofort Gefahren abwehrende Maßnahmen erfordern, so sind schon jetzt **Rettungsdienste, Feuerwehr** oder andere **Spezialdienststellen** unter **Vorbehalt** zu informieren.

Nach dem Notieren des Sachverhaltes und der Personalien des Anrufers ist möglichst durch einen Rückruf die Richtigkeit der Information festzustellen. Die Identitätsfeststellung durch Rückruf ist nicht gegeben, wenn der Anruf von einer Rufsäule oder einer Telefonzelle erfolgt.

Besteht der Verdacht des Missbrauchs oder kann der Anrufer in höchster Gefahr keine näheren Angaben machen, so ist die Anruferfangschaltung zu betätigen. Diese ermöglicht die Rückverfolgung zu dem Telefonanschluss, von dem angerufen wird.

Gelingt ein Rückruf, so ist bei schwerwiegenden Straftaten folgendes Problem zu beachten. Ist z. B. eine räuberische Erpressung mitgeteilt worden, so muss der Ereignisort auch dann aufgesucht werden, wenn beim Rückruf die Straftat in Abrede gestellt wird. Dies ist deshalb erforderlich, weil die Möglichkeit besteht, dass der Gesprächsteilnehmer die neue Information unter Zwang abgibt, ohne dass die Polizei dies bemerkt. Bei einem solchen Delikt ist die Gesprächsführung seitens der Polizei so aufzubauen, dass der Angerufene nur mit Ja oder Nein antworten muss.

Zu 2 Kräfte zum Tatort entsenden

Die Beamten des Streifendienstes werden über Funk zum Tatort entsandt. Hierbei ist ihnen eine genaue Information über den zu erwartenden Sachverhalt zu geben, damit sie sich auf die Lage einrichten und Maßnahmen zum eigenen Schutz besser vorbereiten können. Bei Informationen, die über **Polizeifunk** gegeben werden, besteht stets die Gefahr, dass die Frequenzen illegal abgehört werden. Der Ausbau des abhörsicheren digitalen Polizeifunknetzes ist noch nicht abgeschlossen. Insofern ist bei öffentlichkeitswirksamen oder schutzwürdigen Inhalten eine Verschleierung zwingend geboten. Ist keine besondere Eile erforderlich, so sollte bei solchen Nachrichten der Streifendienst aufgefordert werden, sich telefonisch mit der Dienststelle in Verbindung zu setzen.

Neben der **Lagedarstellung** ist den Kräften auch mitzuteilen, ob die Fahrt in höchster Eile geboten ist oder ob der Tatort unter Beachtung der Verkehrsvorschriften erreicht werden soll. Hierbei ist zu bedenken, dass bei fließendem Verkehr der Gebrauch der Sondersignale nur unbedeutende zeitliche Vorteile bringt. Allenfalls können andere Verkehrsteilnehmer durch das Lichtsignal auf die höhere Geschwindigkeit des Einsatzfahrzeuges hingewiesen werden.

Stets ist zu bedenken, dass der Gebrauch des **Sondersignals** auch Schaulustige anzieht und Täter warnt. Insofern sollte zumindest in der Nähe des Tatortes darauf verzichtet werden. Handelt es sich bei dem Ereignis um einen **Raubüberfall**, so ist zwingend das Sondersignal in Tatortnähe abzustellen, um damit den Täter nicht in Panik zu versetzen und eine Geiselnahme zu provozieren. In diesen Fällen haben sich die Beamten im letzten Abschnitt verdeckt dem Tatort zu nähern und aus den Gesamtumständen zu erkunden, ob sich der Täter noch am Tatort befindet oder nicht.

Die **Fahrt zum Tatort** stellt an die Fahrzeuginsassen, insbesondere bei der Inanspruchnahme von Sonderrechten, hohe Anforderungen an das fahrerische Können und an die Konzentration. Ist der Anlass ein schwerwiegendes Delikt, bei dem der Täter flüchtete, so ist bei der Anfahrt auf Indizien zu achten, die auf den Flüchtenden hinweisen. So z. B. überhöhte Geschwindigkeit, plötzliches

Verstecken oder panikartiges Weglaufen. Die **Anfahrtstrecke** ist im Bericht zu nennen. Dies kann für das später vom Täter behauptete Fluchtverhalten von Bedeutung sein.

Nach der Anweisung an den Streifendienst muss sich der **Vorgesetzte** mit der Frage auseinander setzen, ob er sich selbst zum Tatort begibt, um bereits die Sicherungsmaßnahmen zu leiten. Dies ist immer dann geboten, wenn der **Umfang der Maßnahmen**, der **Schwierigkeitsgrad** oder das **öffentliche Interesse** besonders groß sind.

Zu 3 Sachlich zuständige Dienststelle informieren

Die sofortige Information an die sachlich zuständige Dienststelle soll deren Vorbereitung für den Einsatz ermöglichen. So kann die Zeit, bis die Beamten des Streifendienstes den Tatort erreichen und den Sachverhalt bestätigen oder widerrufen, sinnvoll genutzt werden.

Zu 4 Aufklärung am Tatort

Die wichtigste Aufgabe nach dem Eintreffen am Tatort besteht darin, möglichst schnell, aber auch gründlich, **den Sachverhalt aufzuklären**. Dies stellt sich besonders schwierig dar, weil im Moment des Eintreffens der Polizei der Bürger erwartet, dass nun auch alles gleichzeitig geschieht. Jetzt ist Besonnenheit wichtig. Eine kurze gedankliche kriminalistische Beurteilung der Lage mit der Festlegung der Reihenfolge der Aktivitäten muss erfolgen. Erst dann beginnt die eigentliche Arbeit am Tatort.

Zu 5 Abwehr von Gefahren

Im demokratischen Rechtsstaat hat die Gefahrenabwehr stets Vorrang vor der Strafverfolgung. Bei Verletzten ist die notwendige **Erste Hilfe** zu leisten und erforderlichenfalls ein Notarztwagen anzufordern. Müssen Täter oder Opfer wegen einer Verletzung ins **Krankenhaus** verbracht werden, so sind sie durch die Polizei zu begleiten. Der Beamte soll möglichst in unmittelbarer Nähe des Verletzten mitfahren, damit er eventuelle Äußerungen der Person notieren oder auch erste Vernehmungen durchführen kann. Lässt der Zustand aus ärztlicher Sicht dies nicht zu oder ist in dem Transportraum neben dem Arzt nicht genügend Platz, so ist der Arzt zu bitten, eventuelle Äußerungen des Verletzten nach dem Transport mitzuteilen. Der Beamte fährt sodann im Führerhaus des Rettungstransportwagens mit.

Im Krankenhaus ist darauf zu achten, dass keine Spuren der Tat vernichtet werden. Hier besteht ein Spannungsverhältnis zwischen ärztlicher Versorgung und der Spurensicherung. Sind im Einzelfall beide Ziele nicht gleichzeitig zu verwirklichen, so hat die Versorgung des Verletzten Vorrang. Dieser Umstand ist auf jeden Fall **aktenkundig** zu machen. Der Beamte hat die **Kleidung** des Verletzten sicherzustellen und diese **einzeln in luftdurchlässigen Behältnissen** zu verpacken. Besonders geeignet hierfür sind gewaschene und gebügelte **Kopfkissenbezüge**, die in einem Krankenhaus ausreichend zur Verfügung stehen. Dabei ist zu bedenken, dass sich **Faserspuren** von den Kissenbezügen übertragen. Sind in dem anliegenden Fall Faserspuren als Übertragungsspuren von besonderer Bedeutung, dann sollten Papiertüten für die Aufbewahrung genommen werden.

Der **Arzt** ist zu bitten, alle Verletzungen genau zu beschreiben sowie Schmutz, Schmauch oder andere Spuren am Körper des Verletzten mit steriler Watte aufzuwischen und in luftdurchlässigen Behältern zu sichern. Muss der Arzt Gegenstände aus dem Körper herausoperieren, z. B. ein Geschoss, so sollten diese möglichst nicht mit einer Zange entfernt werden. Ist das unumgänglich, so muss neben dem Geschoss die **Zange** ebenfalls sichergestellt werden. Nur so kann der Waffengutachter feststellen, welche Spuren am Geschoss durch den Lauf der Waffe und welche durch die Zange verursacht worden sind.

Bestehen am Tatort Gefahren durch Sachen, z. B. durch Gift, Gas oder wilde Tiere, so sind diese Gefahren vorrangig zu beseitigen. Bei Verdacht auf **ABC-Kampfstoffe** und / oder **ABC-Gefahrstoffe** siehe Kapitel 8.6.

Zu 6 Identifizierung und / oder Festnahme von Tatverdächtigen / Fahndungsmaßnahmen

Bei der **Festnahme** von Tatverdächtigen sind gleichzeitig die Grundsätze der Strafverfolgung, der Gefahrenabwehr und der Eigensicherung zu beachten. Ferner ist der Festgenommene sofort und schriftlich nach § 114b StPO zu **belehren** (Kapitel 18.3.1.2).

Zum Zwecke des Strafverfahrens ist die **Identität** der Person festzustellen, ferner sind alle mitgeführten Gegenstände zweifelsfrei zu beschreiben. Der genaue Fundort, z. B. linke hintere Hosentasche, und der Zustand des Gegenstandes, z. B. Lade- und Sicherungszustand einer Waffe, sind zu vermerken.

Unter dem Gesichtspunkt der Gefahrenabwehr ist der Festgenommene vor einer aufgebrachten Menschenmenge zu **schützen**, aber es ist auch darauf zu achten, dass er selbst oder mitgeführte Gegenstände keine Gefahren für andere verursachen. Diese Gefahrenabwehr gilt ganz besonders für die Beamten selbst. Sie haben daneben auch darauf zu achten, dass sie sich nicht durch den Umgang mit dem Festgenommenen oder beim Anfassen von Gegenständen **infizieren**. Dies kann beispielsweise bei der Blutentnahme oder beim Sicherstellen einer Rauschgiftspritze sein.

In jedem Fall ist zu prüfen, ob Gefahren, die vom Festgenommenen ausgehen oder dessen möglicher Fluchtversuch durch eine Fesselung unterbunden werden können.
Ist der Tatverdächtige flüchtig, so wird nach ihm gefahndet (Kapitel 9).

Zu 7 Absperren des Tatortes

Das Absperren des Tatortes stellt sich in der Phase der Sofortmaßnahmen problematisch dar, weil es in der Regel an Einsatzkräften mangelt. Hier kann, wenn überhaupt, lediglich von **Umstellung** gesprochen werden. Gleichwohl sollte der Versuch unternommen werden, Neugierige oder Ahnungslose davon abzuhalten, Spuren zu beeinträchtigen. Es ist auch oft wirksam, geeignete Personen mit ihrem Einverständnis **polizeipflichtig** zu machen, die sodann bei der Absperrung behilflich sind. Personen gegen ihren Willen zu verpflichten hat bei dieser Aufgabenstellung wenig Sinn, da sie weitgehend eigenverantwortlich handeln müssen.
Aber auch ein durch Polizeikräfte ausreichend **abgesperrter Ereignisort** ist nicht vor Beeinträchtigungen sicher. So müssen notwendigerweise Personen, die Erste Hilfe leisten, ungehinderten Zugang haben. Hier ist es sinnvoll, diese anzuhalten, stets den gleichen Weg („Trampelpfad") zu nehmen, um den Schaden möglichst gering zu halten.
Aber auch **Reporter und Vorgesetzte** können das Spurenbild beeinträchtigen. Hin und wieder muss einem Reporter deutlich gemacht werden, dass die journalistische Informationsbeschaffung **kein Sonderrecht** bedeutet und auch er an der Absperrung stehen bleiben muss. Polizeibeamte hingegen müssen sich daran gewöhnen, dass sie relative Personen der Zeitgeschichte sind und von daher durchaus fotografiert werden dürfen (Kapitel 20.2). Bei Vorgesetzten liegt der Fall etwas anders, denn dieser Personenkreis ist von Amts wegen verpflichtet, den Tatort zu besichtigen. Gleichwohl sind sie aber für jeden Hinweis dankbar, einen bestimmten Abschnitt nicht zu betreten.

Zu 8 Zeugen feststellen

Die Feststellung von Zeugen ist in den letzten Jahren immer problematischer geworden. Die Neigung, sich als Zeuge zur Verfügung zu stellen, nimmt ständig ab. Die Ursachen hierfür sind vielfältig. Im täglichen Dienst erlebt es der Polizeibeamte immer wieder, dass zwar eine sehr große Zahl von **Schaulustigen** vorhanden ist, fragt er aber nach einem Zeugen, so meldet sich niemand. Spricht er die Personen gezielt an, so drehen sie sich ab und entfernen sich.
Ist die **Feststellung von Zeugen** jedoch möglich, weil diese z. B. in einem geschlossenen Raum sind, oder handelt es sich um ein Delikt, das wegen allgemeiner Ächtung zu besonderer Anteilnahme und Zeugnisbereitschaft führt, so

sind die Zeugen sofort voneinander zu trennen, damit sie sich nicht untereinander absprechen und beeinflussen. So neigt der Mitarbeiter dazu, seinem Chef zuzustimmen, der Schwächere schließt sich dem Argument des Stärkeren an, und der Jüngere glaubt dem Älteren eher als umgekehrt. Ferner glaubt der Zeuge, dass von ihm eine vollständige Aussage erwartet werde, und vervollständigt sein Wissen in der Diskussion mit den anderen Zeugen (Kapitel 11.2). Letztlich erhält man so eine sehr ausgewogene und einheitliche Aussage, die aber nicht mit der individuellen Wahrnehmung übereinstimmt. Dies soll durch das Trennen vermieden werden. Es ist immer zu überprüfen, ob die Zeugen ein Auskunftsverweigerungsrecht haben (§ 55 StPO). Das gilt auch bei Verkehrsunfällen (Kapitel 7.5.8). Dabei kann sich ergeben, dass auch ein Zeugnisverweigerungsrecht besteht (Kapitel 11.7.1)

Zu 9 Spuren schützen

Die Spurensicherung und -auswertung ist im Laufe der Jahre so anspruchsvoll geworden, dass hierfür in der Regel Spezialisten benötigt werden. Insofern ist es die Hauptaufgabe im Bereich der Sofortmaßnahmen, die Spuren **unverändert** zu erhalten, bis ein entsprechender Spezialist eingetroffen ist. Hierzu reicht es in aller Regel aus, den Tatort abzusperren.

Befinden sich die Spuren jedoch im **Freien** und nimmt das Wetter darauf negativen Einfluss, so ist es mit dem Absperren nicht getan. Wind, Regen, Schnee oder Sonnenbestrahlung können die Spuren für eine Sicherung und Auswertung unbrauchbar machen. Zunächst sollte versucht werden, die bedrohten Spuren am Ort vor den Einflüssen zu schützen. Dies kann durch Abdecken bis hin zum Aufstellen von Zelten geschehen.

Hilft auch dies nicht, weil sich z. B. Oberflächenwasser an der Spur sammelt, so muss eine **Notsicherung** vorgenommen werden (Kapitel 4.3.7.3).

Zu 10 Lagebericht

Jetzt erfolgt ein ausführlicher Lagebericht an die Dienststelle und erforderlichenfalls an die Staatsanwaltschaft (Kapitel 19.4). Der Inhalt dieses Berichtes muss den Meldeerfordernissen gerecht werden und alle weiteren taktischen Maßnahmen enthalten. Diese kriminalistische Beurteilung der Lage sollte nach der **Kriminalistischen Fallanalyse** (Kapitel 5.3) gegliedert sein.

Die Übermittlung des Lageberichtes bedarf des besonderen Schutzes gegen unbefugtes Mit- bzw. Abhören. Wegen des Umfangs solcher Berichte und des sich daraus entwickelnden Dialoges mit der Dienststelle empfiehlt es sich, dies über Telefon abzuwickeln.

Zu 11 Übergabe an den Leiter der Auswertungsmaßnahmen

Bei bedeutenden Straftaten nimmt die Auswertung des Tatortes sehr viel Zeit in Anspruch und stellt besondere Anforderungen an die fachliche Qualität der

Kriminalisten. Dies gilt insbesondere bei Einbruch in Wohnungen, sexuellen Gewaltdelikten, Raub, Tötung, Erpressung und Geiselnahme. In solchen und ähnlich schwerwiegenden Fällen haben der Leiter der Sicherungsmaßnahmen und der Leiter der Auswertungsmaßnahmen im **persönlichen Gespräch** den Tatort zu besichtigen und dann zu übergeben bzw. zu übernehmen. Damit zweifelsfrei feststeht, wer die Verantwortung für das weitere Vorgehen hat, müssen sich beide ausdrücklich über die Übergabe und Übernahme verständigen.

Zu 12 Bericht fertigen

Über die Sicherungsmaßnahmen ist ein ausführlicher Bericht zu fertigen, der als Bestandteil des Tatortbefundberichtes (Kapitel 7.4.3, 7.4.4 und 7.6) in die **Gerichtsakte** eingeht. Da dieser Bericht auch für die weiteren Auswertungsmaßnahmen benötigt wird, muss er **sofort geschrieben** werden. Inhaltlich könnte der Bericht folgendermaßen gegliedert sein:

- Meldung wann, wo, von wem erhalten,
- Hinfahrt zum Tatort,
- wen und was angetroffen,
- Maßnahmen,
- wen benachrichtigt,
- wann und an wen den Tatort übergeben.

7.4.2 Auswertungsmaßnahmen

Bei Delikten von besonderer Bedeutung werden die Auswertungsmaßnahmen von besonderen Ermittlungskommissionen durchgeführt. Dies kann während der Bürodienstzeit durch bestimmte Kommissariate und ansonsten durch Bereitschaftsdienste erfolgen.

Werden Sicherungs- und Auswertungsmaßnahmen von ein und derselben Person bewältigt, so können beide Checklisten verbunden werden.

Checkliste
Auswertungsmaßnahmen

1 Eingang der Meldung oder des Lageberichtes.
2 Kräfte, Führungs- und Einsatzmittel festlegen.
3 Ereignisort gemeinsam mit dem Leiter der Sicherungsmaßnahmen besichtigen und Übernahme der Verantwortung (Kapitel 25.5.2).
4 Sind weitere Kräfte, Sachverständige oder Spezialisten erforderlich?
5 Tatortbefundaufnahme.
   - Spuren suchen, markieren und sichern.
   - Lichtbilder und Skizzen; Kreuzprojektion (Kapitel 27, Abb. 17) fertigen.
   - Google-Earth
   - Situation beschreiben.

6 Ermittlungen.
   - Zeugen suchen, feststellen, vernehmen (qualifiziert belehren?).
   - Tatverdächtige suchen, feststellen, vernehmen (qualifiziert belehren?).
7 Fahndung ergänzen.
8 Lagebericht und Meldungen.
9 Tatortbefundbericht.

Zu 1 Eingang der Meldung und des Lageberichtes

Die Meldung und der Lagebericht gehen in der Regel über die Funkstreifenleitstelle ein und werden von diesen weitergegeben. Dies ist als **Erstinformation** ausreichend. Die Lagemeldung sollte jedoch auf einem Kommunikationsstrang erfolgen, der einen Dialog mit dem Beamten ermöglicht, der die Sicherungsmaßnahmen leitet. So wird die Information umfassender und gibt eine breitere Grundlage für weitere Entscheidungen.

Zu 2 Kräfte, Führungs- und Einsatzmittel

Nach der Lagemeldung sind die Ressourcen festzulegen. Hierbei stellt sich sofort die Frage, ob der Einsatz der eigenen Kräfte, Führungs- und Einsatzmittel ausreichend sind. Darüber hinaus sind vorsorglich Spezialisten und weitere Kräfte in **Bereitschaft** zu halten, bis die Entscheidung über deren Einsatz fundiert getroffen werden kann.
Auch können hier Überlegungen zur Einrichtung einer Besonderen Aufbauorganisation (**BAO**) angebracht sein (PDV 100, Ziffer 1.4).

Zu 3 Ereignisort gemeinsam mit dem Leiter der Sicherungsmaßnahmen besichtigen und Übernahme der Verantwortung (Kapitel 25.5.2)

Der Leiter der Sicherungsmaßnahmen und der Leiter der Auswertungsmaßnahmen haben **gemeinsam** den Tatort zu besichtigen und dann zu übergeben bzw. zu übernehmen. Damit zweifelsfrei feststeht, wer die Verantwortung für das weitere Vorgehen hat, müssen sich beide ausdrücklich über die Übergabe und Übernahme verständigen.

Zu 4 Sind weitere Kräfte, Spezialisten oder Sachverständige erforderlich?

Nach der Besichtigung des Tatortes ist eine erneute kriminalistische Beurteilung der Lage nach den Regeln der „Kriminalistischen Fallanalyse“ erforderlich. Im Ergebnis wird jetzt festgelegt, ob und welche weiteren Kräfte, Spezialisten oder Sachverständige benötigt werden. Ist abzusehen, dass Sachverständige bei der Beweisführung benötigt werden, so sollten diese **möglichst früh in-**

formiert werden, damit sie die Möglichkeit haben, sich den Tatort im Ursprungszustand anzusehen.

Zu 5 Tatortbefundaufnahme

Die Tatortbefundaufnahme erfolgt nach den Regeln der Beweissicherung (Kapitel 4). Eine gute Übersicht von Tatorten im Freien bietet auch das Computerprogramm „Google Earth“.

Zu 6 Erste Ermittlungen

Die ersten Ermittlungen haben das Ziel, Zeugen zu suchen, festzustellen und ergänzend zu vernehmen, dabei sind die Belehrungsvorschriften zu beachten und sicherheitshalber zu prüfen, ob eine qualifizierte Belehrung erforderlich ist (Kapitel 11.7.3). Ferner sind Tatverdächtige festzustellen und zu suchen, erforderlichenfalls ist nach diesen zu fahnden (Kapitel 9) und sie festzunehmen (Kapitel 18.3).

Zu 7 Lagebericht und Meldungen

Die Ergebnisse der Auswertungsmaßnahmen sind in einem ausführlichen Lagebericht an Vorgesetzte und erforderlichenfalls auch an die Staatsanwaltschaft (Kapitel 19.4) mitzuteilen. Auch hier gelten die Vorsichtsregeln wie bei den Sicherungsmaßnahmen (7.4.1. Ziffer 10).

7.4.3 Tatortbefundbericht (Kapitel 7.4.4 und 7.6.4)

Die Dokumentation des Ereignisses wird umfassend im Tatortbefundbericht niedergelegt (*Groß / Geerds*, a.a.O., Band 1, S. 542, Burghard, a.a.O., und *Kube / Störzer / Brugger*, a.a.O.). Er ist das schriftliche Ergebnis über den Befund am **Ort** der Tat. Es ist die Feststellung über den Personal- und Sachbeweis und über die Ermittlungen. Welcher strafrechtliche Tatbestand genau vorliegt, ist in den überwiegenden Fällen zu diesem frühen Zeitpunkt noch nicht sicher festzustellen. Die Bezeichnung „Tatbefundbericht“ in der **PDV 100**, Ziffer 2.2.3, (*Weihmann*, PDV 100, in: Kriminalistik 2005, S. 764) suggeriert, es könnten jetzt schon Angaben zur Tatbestandsmäßigkeit, Rechtswidrigkeit und Schuld gemacht werden. Das ist nicht der Fall. Deshalb sollte diese Bezeichnung nicht verwendet werden. Inhaltlich stellt der Tatortbefundbericht die Zusammenfassung des objektiven und subjektiven Tatortbefundes mit alle Maßnahmen zur Strafverfolgung, Gefahrenabwehr, Fahndung und Information dar.

Der Bericht dient der **Selbstkontrolle** (§ 36 BeamtStG) für die Leiter der Sofortmaßnahmen. Er ist Bestandteil der Gerichtsakte und kann durch den **Staatsanwalt** (§ 160 StPO), den **Sachverständigen** (§ 80 II StPO), den **Verteidiger** (§ 147 StPO) und das **Gericht** (§ 244 II StPO) eingesehen werden. Damit ist er Grundlage für die Überprüfung der Zuverlässigkeit und der Glaubwürdigkeit des

Kriminalisten. Er dient aber auch der Information und Kontrolltätigkeit durch **Vorgesetzte** (§ 35 BeamtStG).

Tatortbefundbericht / Gliederung

Der Umfang eines Tatortbefundberichtes richtet sich nach der Schwere des Deliktes. Hierfür gibt es keine festen Regeln. Unter dem Gesichtspunkt der Selbstkontrolle und der Übung empfiehlt es sich jedoch, möglichst oft nach dem nachfolgenden Schema zu verfahren. Dies führt zu professioneller und damit anerkannter Arbeit.

1 **Allgemeine Angaben**
1.1 Eingang der Meldung
1.2 Benachrichtigungen
1.3 Eingesetzte Kräfte, Führungs- und Einsatzmittel
1.4 Eintreffen am Tatort
1.5 Am Tatort angetroffene Personen
1.6 Witterungs- und Lichtverhältnisse

2 **Objektiver Tatortbefund**
2.1 Beginn und Ende der Tatortbefundaufnahme
2.2 Tatort im weiteren und engeren Sinn
2.3 Tatobjekt / Opfer (Google-Earth)
2.4 Beschreibung der Spuren
2.5 Spurensicherungsbericht

3 **Subjektiver Tatortbefund**
3.1 Aussagen von Opfer und / oder Tatzeugen
3.2 Aussagen der am Tatort angetroffenen Personen
3.3 Reaktionen und / oder Verhaltensweisen von Personen
3.4 Vorgenommene Veränderungen

4 **Kriminalistische Schlussfolgerungen**
Ergebnis der Bewertung aller bis zu diesem Zeitpunkt gemachten Feststellungen aus dem objektiven und subjektiven Tatortbefund. Erste Hypothesen zur Tat, zum Opfer, zu den Beweismitteln und zum Täter.

5 **Abschließende Maßnahmen**
5.1 Beschlagnahme / Freigabe des Tatortes
5.2 Beschlagnahme von Beweismitteln
5.3 Festnahmen
5.4 Fahndungsmaßnahmen
5.5 Sonstiges

Erläuterungen

Zu 1 (Allgemeine Angaben)

Angaben über die Witterungs- und Lichtverhältnisse sind sowohl für die Tatzeit als auch für die Tatortbefundaufnahme zu machen. Erforderlichenfalls sind amtliche Berichte der Wetterämter einzuholen.

Zu 2 (Objektiver Tatortbefund)

Zur genauen Lokalisierung des Tatortes können auch **Landkarten, Luftbilder** oder **Katasterunterlagen** beigefügt werden. Eine gute Übersicht von Tatorten im Freien bietet auch das Computerprogramm **Google Earth**. In besonderen Fällen ist auch die Vermessung des Tatortes angezeigt. Hier leistet das Katasteramt der **Gemeinde Amtshilfe**. Dort werden auch aktuelle Luftbilder vorrätig gehalten. Einige Landeskriminalämter sind mit dem rechnergestützten fotogrammetrischen Messverfahren und mit **Laser-Scannern** (Kapitel 4.3.6.5) ausgestattet, das die maßstabgetreue Darstellung von Örtlichkeiten und Objekten ermöglicht.

Der Spurensicherungsbericht (Kapitel 4.20.1) enthält eine Lichtbildmappe und wird in der Regel durch den Erkennungsdienst erstellt.

Zu 3 (Subjektiver Tatortbefund)

Niederschriften über Veränderungen am Tatort korrespondieren mit dem objektiven Teil. Darin sind alle Zustände so zu beschreiben, wie sie der aufnehmende Kriminalist vorfindet. Haben die Beamten der Sicherungsmaßnahmen Veränderungen vorgenommen, so sind diese erst im subjektiven Teil zu nennen.

Zu 4 (Kriminalistische Schlussfolgerungen)

Hier kommt der Kriminalist zur ersten Qualifizierung des Deliktes (Kapitel 15.3.3). Mit dem derzeitigen Kenntnisstand werden Aussagen zum Tatablauf, zur Täterschaft und zur Beweislage gemacht. Ferner sind an dieser Stelle Überlegungen zur Verbesserung der Beweislage erforderlich (Kapitel 3.6).

Zu 5 (Abschließende Maßnahmen)

Hier werden auch Entscheidungen der Staatsanwaltschaft oder von Vorgesetzten niedergelegt. Beispielsweise Ermittlungsprioritäten oder Einschränkungen.

7.4.4 Beispiel Tatortbefundbericht

Behörde

Dienststelle — Ort, Wochentag, Datum, Uhrzeit

Tatortbefundbericht

Betr.: Einbruchsdiebstahl in Kiosk,
45665 Recklinghausen, Rheinstraße 25,
in der Nacht zum Freitag, den ...,
zum Nachteil Anna Schulze.

1 Allgemeines

1.1 Am Freitag, den ..., gegen 09.35 Uhr, teilte die Kioskbesitzerin
Anna Schulze geb. Meier, geb. ... in Köln,
Rheinstraße 25,
45665 Recklinghausen
Telefon 49021

telefonisch über den Notruf der Polizei mit, dass in ihren Kiosk, Anschrift wie vor, eingebrochen wurde.

1.2 Mit dem Dienst-Kfz begab ich mich allein zum Tatort und traf dort gegen 10.00 Uhr die allein anwesende Geschädigte an.

1.3 In der vergangenen Nacht herrschte Frost von ca. -5 °C. Es war bewölkt, diesig und zeitweise nebelig. Seit ca. zwei Wochen liegt etwa fünf Zentimeter Schnee, der auf den Verkehrsflächen geräumt ist. Während der Tatortbefundaufnahme schien die Sonne, die Temperatur lag um den Gefrierpunkt.

2 Objektiver Tatortbefund

2.1 Die Tatortbefundaufnahme dauerte von 10.00 Uhr bis 11.15 Uhr.

2.2 Der Kiosk liegt im Stadtteil „König-Ludwig", einem Wohnviertel mit hohem Anteil an Arbeitern. Es handelt sich vorwiegend um dreigeschossige Wohnhäuser mit Gärten und Stallungen. Das Grundstück Nr. 25 ist nur im vorderen Teil mit einem Kiosk bebaut, der fünf Meter von der Straße entfernt ist und von allen Seiten frei zugänglich. Um den Kiosk sind Gehwegplatten verlegt. Der Schnee ist weiträumig beseitigt. Im hinteren Teil des Grundstücks ist ein Nutzgarten mit Obstbäumen und Kaninchenställen angelegt.

Die Geschädigte ist Pächterin des Kiosks und wohnt neben dem Kiosk in Haus Nr. 23, zweite Etage. Aus Gewohnheit gibt sie als Wohnadresse den Kiosk an. Dort ist sie auch postalisch und telefonisch zu erreichen.

2.3 Der Kiosk ist ein fünf mal fünf Meter großes Steingebäude im Bungalowstil mit Flachdach. An der Vorderseite sind auf der linken Seite eine Eingangstür und rechts ein Fenster mit Verkaufsschalter. An der Rückseite befindet sich ein Fenster. Die Tür ist mit einem Sicherheitsschloss ausgestattet und besteht aus massivem Holz. Die Fensterrahmen sind aus weißem Kunststoff, haben Isolierglas und Schlösser in den Verriegelungsgriffen.

Der Innenbereich ist der Länge nach durch eine Verkaufstheke geteilt. Darauf steht im hinteren Teil eine mechanische Kasse. Rechts, hinter dem Verkaufsschalter, befinden sich die Warenregale. Links ist ein kleiner Aufenthaltsteil mit einem Stehtisch, in dem die Kunden Flaschengetränke verzehren können.

2.4 Spuren

2.4.1 An der Rückseite befindet sich ein 80 x 80 cm großes Fenster. Die Fensterbank ist 120 cm, die Fensterunterkante 130 cm vom Boden.

Auf den Gehwegplatten vor dem Fenster sind keine Schuhspuren zu erkennen.

Die Doppelglasscheibe ist zerstört, an der linken Seite, neben dem Fenstergriff, ist ein ca. 20 cm großes Loch. Die Glasscherben liegen im Kiosk. Der Fensterriegel ist offen, das Schloss ist nicht eingerastet, das Fenster lässt sich aufstoßen.

Im Fensterrahmen an der linken Seite stecken Glassplitter von der äußeren und von der inneren Scheibe. An einem Handflächen großen Splitter der inneren Scheibe ist eine Ein-Euro große, dunkelrote, eingetrocknete Substanz vorhanden, die Blut ähnlich sieht. Auf diesen Glassplittern wird zur Orientierung an der Innenseite ein Stück Pflaster geklebt. Mit einer Werkzeugzange wird der Glassplitter herausgezogen und in einen Papierbriefumschlag verpackt (Spur Nr. 1).

2.4.2 Auf der inneren Fensterbank (18 cm tief) des rückwärtigen Fensters ist mit dem bloßen Auge ein Teil eines Schuhabdrucks sichtbar. Die Schuhspitze zeigt nach außen. Der Absatzabdruck fehlt.

Diese Abdruckspur wurde mit Klebefolie gesichert und auf einen weißen Karton geklebt (Spur Nr. 2). Der nachträglich aufgebrachte Pfeil zeigt nach außen.

2.4.3 Die aus Blech bestehende Kassenlade ist mit einem zehn Millimeter breiten Hebelwerkzeug aufgebrochen worden. Auch mit der Lupe lassen sich daran keine individuellen Abdrücke oder Riefen erkennen. Der Verriegelungsmechanismus ist so schwach ausgelegt, dass er mit geringer Kraftanstrengung überwunden werden konnte.

2.4.4 Auf der 28 Millimeter breiten Vorderkante der Kassenlade sind Fingerabdrücke als Griffspur erkennbar, die mit dem Kontrastmittel „Argentorat“ sichtbar gemacht, mit Klebefolie gesichert und auf eine Spurenkarte geklebt wurde (Spur Nr. 3). Der nachträglich aufgebrachte Pfeil zeigt in Richtung Kasseninneres.

Die Geschädigte gibt an, dass sie die Kasse allein betätigt. Auf Aufforderung legt sie auf der gereinigten Glasfläche der Theke eine Griffspur ihrer beiden Hände, die als Vergleichsspur gesichert und beigefügt sind.

3 Subjektiver Tatortbefund

3.1 Die Geschädigte gibt an, dass sie am gestrigen Abend normale Kundschaft hatte, die ihr auch seit längerer Zeit bekannt ist. Wie gewöhnlich habe sie um 22.00 Uhr den Verkauf beendet, den Kiosk geschlossen und sei in ihre Wohnung gegangen.

Da seit längerer Zeit das Schloss am Griff des hinteren Fensters defekt sei, habe sie das auch nicht verschließen können. Auf Nachfrage vermutet sie, dass das Schloss schon sechs bis acht Wochen defekt sei. Dies wissen auch alle Kunden.

Als sie heute Morgen, wie üblich, gegen 09.30 Uhr, den Kiosk aufschloss, sah sie das zerstörte Fenster und habe sofort die Polizei angerufen und gemäß den Anweisungen nichts verändert und nichts angefasst.

In der Kasse habe sie lediglich für etwa 10,- Euro Wechselgeld zurückgelassen. Ansonsten dürften einige Flaschen Bier, ein Karton Portionsfläschchen „Feigling" und der gesamte Vorrat an Zigaretten fehlen. Eine genaue Aufstellung will sie im Laufe des Tages nachreichen.

Einen Tatverdächtigen kann die Geschädigte nicht benennen.

Gegen Einbruchdiebstahl besteht Versicherungsschutz.

3.2 Die Bewohner der Nachbarhäuser wurden befragt, die einen Fensterdurchblick zum Kiosk haben.

Der Rentner Franz-Xaver Schulze, 79 Jahre alt, Rheinstraße 27, Telefon 34526, hat gegen 03.00 Uhr ein klirrendes Geräusch gehört, das wie ein leichter Verkehrsunfall klang. Da er nicht gut zu Fuß ist, sei er nicht aufgestanden und habe der Sache auch keine besondere Bedeutung beigemessen.

Auf Nachfrage glaubt er, dass kurz nach dem Klirren ein Auto mit hoher Geschwindigkeit weggefahren sei.

Herr Schulze machte einen geistig sehr regen Eindruck. Die Unterhaltung fand in normaler Lautstärke statt.

Von den übrigen Bewohnern konnte niemand sachdienliche Hinweise geben.

4 Schlussfolgerungen

Der oder die Täter haben an der Rückseite des Kiosks die Scheibe eingeschlagen und das Fenster entriegelt. Dabei hat sich eine Person verletzt. Im Innenraum wurde die Kasse aufgehebelt und das Wechselgeld mitgenommen. Darüber hinaus wurden Bier, Spirituosen und Zigaretten entwendet. Durch das Einstiegsfenster ist der Tatort wieder verlassen worden. Möglicherweise transportierten die Täter das Diebesgut mit einem Kraftfahrzeug ab. Die Tat könnte sich gegen 03.00 Uhr ereignet haben.

5 Abschließende Maßnahmen

5.1 Der Tatort wurde freigegeben.

5.2 Die Beweismittel (Spuren 1–3) sind der Anzeige beigefügt.

5.3 Die Geschädigte will eine Belohnung von 100,- Euro für sachdienliche Hinweise aussetzen und das Regionalradio bitten, die Auslobung zu veröffentlichen.

Unterschrift, Name, Dienstgrad

7.5 Besondere Tatorte

7.5.1 Terroristische Gewaltkriminalität

Terroristische und rassistische Gewaltkriminalität haben eine besondere gesellschaftspolitische Bedeutung und müssen deshalb mit besonderen Mitteln bekämpft werden. Da die Täter in ihrer ideologischen Verblendung jedes Kapitaldelikt rechtfertigen und Menschenleben für sie wertlos sind, ist neben der Strafverfolgung eine schnelle Festnahme vonnöten, um so weitere erhebliche Gefahren von der Bevölkerung abzuhalten.

Die Zuständigkeit bei solchen Straftaten ist grundsätzlich bei der **örtlichen Behörde** gegeben. Diese wird durch die Tatortgruppe sowie durch die Informations- und Kommunikationsgruppe des Bundeskriminalamtes unterstützt (Kapitel 2.3.3).

In vielen Fällen sind aber der **Generalbundesanwalt** und das **Bundeskriminalamt** für die Verfolgung solcher Straftaten zuständig. Da die Entscheidung hierüber nicht zeitgleich mit dem Bekanntwerden der Tat fällt, hat die örtliche Behörde alle Maßnahmen zu treffen, um eine optimale Strafverfolgung zu gewährleisten. Trifft das Bundeskriminalamt mit der Sonderkommission am Tatort ein, so wird diese durch die örtlichen Behörden unterstützt.

Mit Änderung des BKA-Gesetzes vom 25.12.2008 (BGBl. 2008, S. 3083) ist das BKA auch für die „Abwehr von Gefahren des internationalen Terrorismus" zuständig und hat dazu neue Befugnisse zu Grundrechtseingriffen erhalten (§§ 22a–22x).

7.5.2 Bahn AG

Für die Strafverfolgung und Gefahrenabwehr im Bereich der Bahn AG ist die **Bundespolizei** als **Bahnpolizei** (§ 3 BPolG; Kapitel 2.6) zuständig. Hierbei nimmt sie Gefahrenabwehr, Strafverfolgung und Ahndung von Ordnungswidrigkeiten wahr (§§ 12 und 13 BPolG).

Bei der **Strafverfolgung** ist sie für **Vergehen** zuständig, die auf dem Gebiet der **Bahnanlagen** der Eisenbahnen des Bundes begangen wurden und gegen die Sicherheit eines Benutzers, der Anlagen oder des Betriebes der Bahn gerichtet sind oder das Vermögen der Bahn oder ihr anvertrautes Vermögen betrifft (§ 12 I 5 BPolG).

Die Zuständigkeit der **Länderpolizei** bleibt unberührt (§ 12 II BPolG). Darüber hinaus kann die Staatsanwaltschaft im Einzelfall einer anderen Polizeibehörde die Ermittlungen übertragen (§ 12 II BPolG).

Besteht ein Zusammenhang mit Straftaten, für die die **Länderpolizeien** zuständig sind, so trifft die Bundespolizei nur die Sofortmaßnahmen und übergibt die weitere Bearbeitung an die Länderpolizei (§ 12 III BPolG).

Die Länderpolizeien sind insbesondere für alle Verbrechen und für Leichensachen zuständig (Kapitel 22.9.2 a)

Bei Störungen, Unfällen u. ä. richtet die Bahn AG ein **Notfallmanagement** ein, so dass für die Polizei ein Verantwortlicher zur Verfügung steht (Richtlinie 123). Dieser ist auch für den Schutz vor Gefahren aus dem Eisenbahnbetrieb für alle am Ereignisort Tätigen verantwortlich.

Das **Eisenbahn-Bundesamt** in Bonn ist Aufsichtsbehörde über die Bahn AG und hat keine Exekutivbefugnisse.

7.5.3 Bergbau

Unter Bergbau fallen das „Aufsuchen" (Erschließen), „Gewinnen" und „Aufbereiten" von bergfreien und grundeigenen Bodenschätzen. Bergfreie Bodenschätze sind neben Kohle, Salz und Gas die Edelmetalle und ähnliche Stoffe. Da diese kraft Gesetzes nicht im Eigentum des Grundstückseigentümers stehen, sondern dem Staat gehören, nennt man diese „bergfrei". Grundeigene Bodenschätze sind nach landläufigem Verständnis Sand, Kies und Steine sowie ähnliche Stoffe. Das Nutzen dieser Bodenschätze, z. B. die Sand- oder Kiesgewinnung, unterliegt dem **Bergrecht** und damit der Aufsicht durch die Bergbehörde. Deren Beamte haben die gleichen Rechte und Pflichten wie Polizeibeamte und sind Ermittlungspersonen der Staatsanwaltschaft. Sie haben Straftaten und Betriebsunfälle zu untersuchen.

Daneben hat die **Länderpolizei** im Bereich des Bergbaus eine Zuständigkeit auf folgenden Gebieten:

a) Strafrechtlicher Staatsschutz,
b) Sprengstoffdelikte, die sich über den Betrieb hinaus auswirken können,
c) sonstige Straftaten, die nicht mit dem technischen Betriebsablauf in Zusammenhang stehen, z. B. Diebstahl, Körperverletzung, pp.,
d) Selbsttötung sowie
e) Verkehrsunfälle auf betriebseigenen Straßen und Wegen, die dem öffentlichen Verkehr zur Verfügung stehen.

In allen Fällen ist eine enge Zusammenarbeit mit den Bergämtern geboten. Zweifel über Zuständigkeitsfragen sind durch die Staatsanwaltschaft zu klären.

7.5.4 Diplomaten

Diplomaten, Exterritoriale und Konsuln sind **von der deutschen Gerichtsbarkeit befreit**. Ihre Immobilien sind exterritoriales Gebiet (§ 18 GVG).

Der sich aus dem Gerichtsverfassungsgesetz ergebende Sonderstatus muss zunächst durch die **Identität** der Person festgestellt werden. Beruft sich ein Straftäter auf seinen **Diplomatenstatus**, so ist dies anhand des Diplomatenpasses festzustellen. Bestehen Zweifel, so sind diese über die Leitstelle des Polizeipräsidenten in Berlin beim Auswärtigen Amt zu klären. Ebenso ist das Auswärtige Amt über schwer verletzte und getötete exterritoriale Personen zu benachrichtigen.

Die Vorschriften und Befugnisse zur Gefahrenabwehr greifen uneingeschränkt bei diesem Personenkreis. In jedem Fall ist aber sofort über den Polizeipräsidenten Berlin die diplomatische Vertretung des Landes zu verständigen, dessen Nationalität die Person hat.

7.5.5 Abgeordnete

Strafverfolgungsmaßnahmen gegen Abgeordnete sind nur mit Genehmigung der Parlamente zulässig, denn deren **Funktionsfähigkeit** wird durch die **Immunität** geschützt (Art. 46 GG; § 152a StPO). Wird der Abgeordnete bei Begehung der Straftat angetroffen, so kann er sofort oder im Laufe des folgenden Tages festgenommen werden. Ferner sind alle Sofortmaßnahmen, wie Blutentnahme, Durchsuchung oder Beschlagnahme u. a. m. zulässig. Das Parlament ist jedoch sofort über alle Maßnahmen zu unterrichten.

Alle strafprozessualen Maßnahmen gegen Nichtbeschuldigte sind auch gegen Abgeordnete möglich. Dies gilt auch für die Gefahrenabwehr.

7.5.6 NATO-Truppen

Nach den Vereinbarungen des NATO-Truppenstatuts sind drei Zuständigkeiten der Gerichtsbarkeit möglich.

a) Die ausschließliche Gerichtsbarkeit **deutscher Gerichte** bei Straftaten, die der NATO-Angehörige als Privatperson begeht.
b) Die ausschließliche Gerichtsbarkeit des **Entsendestaates** bei militärischen Straftaten.
c) Die **konkurrierende** Gerichtsbarkeit. Diese wird einvernehmlich zwischen den Staaten nach Bekanntwerden der Straftat und des Tatverdächtigen festgelegt.

Da unmittelbar nach Begehung der Straftat nicht feststeht, welche Gerichtsbarkeit greifen wird, sind für die deutschen Behörden **alle Sofortmaßnahmen** möglich. Dabei ist zu beachten, dass die Liegenschaften als exterritoriale Gebiete gelten. Ferner muss bedacht werden, dass zur Bestimmung des Trunkenheitsgrades einige Länder nur die Urinprobe anerkennen. In jedem Fall ist sofort die zuständige deutsche Staatsanwaltschaft und die Dienststelle des NATO-Angehörigen zu verständigen. Letztere ist ebenso zur Strafverfolgung verpflichtet wie deutsche Behörden.

Ein besonderes Privileg der NATO-Staaten besteht darin, dass sie frei über die **Leichname** ihrer Angehörigen verfügen können. Das gilt auch, wenn nach deutschem Recht eine Beschlagnahme möglich wäre (Kapitel 22.8).

Alle Vorschriften und Befugnisse zur Gefahrenabwehr greifen auch bei NATO-Angehörigen. Die zuständige Dienststelle ist jedoch sofort zu unterrichten.

7.5.7 Flugunfälle

Bei Flugzeugunfällen greifen die Vorschriften über den **Such- und Rettungsdienst** für Luftfahrzeuge, (SAR = search and rescue). Hiernach hat die Polizei sofort die Bereichssuchstelle, die beim Landeskriminalamt eingerichtet ist, zu informieren. Diese benachrichtigt die **Leitstelle des SAR-Dienstes** in Münster / Westfalen und weitere Dienststellen. Die Polizei hat währenddessen Erste Hilfe zu leisten, Gefahren abzuwehren und den Unglücksort abzusperren.

Für die Untersuchung von Flugunfällen mit zivilen Flugzeugen ist grundsätzlich die **Bundesstelle für Flugunfalluntersuchung** (BFU) in Braunschweig zuständig.

Mit der Verabschiedung des Flugunfall-Untersuchungs-Gesetzes (**FlUUG**) vom 26.8.1998, § 3 IV, untersucht die BFU Flugunfälle

- mit Flugzeugen bis 2000 kg Höchstmasse, wenn sich der Unfall oder die Störung nicht während des Betriebs in einem Luftfahrtunternehmen ereignet hat,
- mit Segelflugzeugen und Motorseglern,
- mit Luftsportgeräten, Ultraleichtflugzeugen, Hängegleitern, Gleitseglern, Fallschirmen, Drachen und Flugmodellen

nur noch in den Fällen, wenn sie davon „neue Erkenntnisse für die Sicherheit in der Luftfahrt erwartet“. Das heißt, im Regelfall sind die Polizeibehörden der Länder für diese Unfälle zuständig. Hierbei sind sie zuständig für die Rettung verletzter oder gefährdetet Personen, für die Bergung von Sachgütern und für die Strafverfolgung, d. h. sie führen die Sicherungsmaßnahmen, Auswertungsmaßnahmen und die Ermittlungen durch. Zur Unterstützung können, in Absprache mit der Staatsanwaltschaft, beim BFU Sachverständige angefordert werden.

Für die Untersuchung von Unfällen mit **Militärflugzeugen** ist das Bundesministerium der Verteidigung federführend. Die Kriminalpolizei wird für die Identifizierung von unbekannten Toten und zur Ermittlung der Todesursache herangezogen.

Beim **Absturz von Militärflugzeugen** ist neben dem Landeskriminalamt das Bundesministerium für Verteidigung zu informieren.

Hin und wieder kommt es bei Verkehrsflugzeugen zur **Eisklumpenbildung**, die auf undichte Verschlüsse an dem sonst geschlossenen Toilettensystem zurückzuführen ist. Die austretenden Tropfen formen sich an der Außenwand des Flugzeugs zu Eisklumpen, die mehrere Kilogramm Gewicht erreichen können und schließlich herunterfallen. Hierbei kann es zu **Personen- und Sachschäden** kommen. Die Ermittlung des Verursachers ist äußerst schwierig, auch wenn Aufschlagstelle und -uhrzeit bekannt sind, da die ballistische Flugbahn des Eisklumpens von vielen Faktoren beeinflusst wird. Deshalb kann anhand der Aufschlagstelle nicht ohne weiteres auf die Flugrichtung, Höhe und Geschwindigkeit des Flugzeuges geschlossen werden. Die BFU kann bei der Ermittlung des Verursachers helfen. Neben den üblichen Sicherungsmaßnahmen ist es erforderlich, die genaue Himmelsrichtung des Einschlags mit einem Kompass zu bestimmen und Proben von dem Eisklumpen zu entnehmen.

Bei staatenübergreifenden Flugunfällen siehe *Hecht / Gruhl*, a.a.O.

7.5.8 Straßenverkehrsunfall

Der Straßenverkehrsunfall ist kriminalistischer Tatort. Es gelten die Regeln der gerichtsfesten Beweissicherung mit allen Beweisverboten (Kapitel 3).

Die Fallbearbeitung mit Lösungshinweisen: „Verkehrsunfallflucht“ ist in: *Weihmann / Schuch*, **Prüfungswissen** – Kriminalistik und Kriminaltechnik, Hilden 2011, Kapitel 4.2.24.

7.5.8.1 Kriminalpolitische Bedeutung (Kapitel 5, zu 1.2)

„Verkehrsunfälle sind Unfälle, bei denen infolge des Fahrverkehrs auf öffentlichen Wegen und Plätzen Personen getötet oder verletzt oder Sachschäden verursacht worden sind“ (Definition in § 1 Straßenverkehrsunfallstatistikgesetz).

Danach werden Verkehrsunfälle in zwei Gruppen eingeteilt:

- P = Personenschaden und
- S = Sachschaden.

Von der Polizei werden im Jahresdurchschnitt rund **2,5 Millionen Verkehrsunfälle** erfasst. Davon sind 0,2 % mit Toten (jedoch 20 % der Toten sind durch Alkoholeinfluss bedingt), 17 % mit Verletzten, 1,5 % haben Alkoholgenuss als Ursache (jedoch werden hierbei 20 % des Gesamtschadens verursacht), bei 6 % entstehen schwere Sachschäden (mindestens ein beteiligtes Fahrzeug ist nicht mehr fahrbereit). Bei Dreiviertel aller Verkehrsunfälle entsteht nur leichter Sachschaden.

Die Anzahl der **Verkehrstoten** hat sich seit Bestehen der Bundesrepublik Deutschland von rund 7400 (1950) auf 21000 (1970) gesteigert und ist inzwischen auf 4000 (2009) gesunken (FAZ vom 26.2.2010, S. 8). Die Zunahme war die Folge der ständig steigenden Motorisierung in Deutschland. Der Rückgang ist im Wesentlichen den Ingenieurleistungen beim Bau von Straßen, Verkehrseinrichtungen und sicheren Kraftfahrzeugen zu verdanken. Ein weiterer Rückgang der Verkehrstoten und der Gesamtverkehrsunfälle wird durch die demografische Entwicklung in Deutschland folgen. Die Studie der Allianz AG zeigt, dass die Gruppe der 18–24 Jahres sechsmal mehr Verkehrsunfälle verschuldet, als die über 65-Jährigen (FAZ vom 27.9.2009, S. V 8). Da die Überalterung dramatisch steigen wird (*Ebert*, a.a.O.), werden die Verkehrsunfälle zwangsläufig weniger. Die in vielen Medien am häufigsten festgestellte Verkehrsunfallursache „nicht angepasste Geschwindigkeit" ist überwiegend irreführend. Sie vernachlässigt die physikalisch notwendige Tatsache der Bewegung bzw. Geschwindigkeit des Straßenverkehrs. Nur völliger Stillstand aller Verkehrsteilnehmer verhindert Verkehrsunfälle. Solch eine pauschale Bewertung beschönigt das unverantwortliche Verhalten der wenigen, aber um so **gefährlicheren Raser**.

Einen Erfolg der Bundesländer beim Rückgang von Verkehrstoten mit einem Vergleich der **Getötetenbelastung** (*Mönninghoff*, u.a., a.a.O., S. 147) zu begründen, ist sehr fragwürdig. Bei den dort besonders lobend hervorgehobenen **Stadtstaaten** und Nordrhein-Westfalen mit dem **Ruhrgebiet** wird nicht berücksichtigt, dass die Verkehrsstrukturen in den **Flächenstaaten** völlig anders sind. Besonders unterschiedlich sind z.B. die massenhafte Benutzung von öffentlichen Verkehrsmitteln, Häufigkeit der Geschwindigkeitsbeschränkungen, „Langsamfahrten" auf stark befahrene Straßen, das Vorhandensein von Verkehrsleitsystemen oder die räumliche Trennung von verschiedenen Verkehrsteilnehmern. Die dargestellten Zahlen deuten vielmehr daraufhin, dass der „polizeiliche Einfluss" auf die Anzahl der Verkehrsunfälle und auf die Verkehrstoten eher gering ist.

Die **Besonderheiten** des Fehlverhaltens von Menschen und der polizeilichen Beweisführung im Zusammenhang mit Straßenverkehrsunfällen kann in zehn Gruppen unterteilt werden:

1. Verkehrsverstöße

- § 49 StVO i.V.m. § 24 StVG, Ordnungswidrigkeiten.

2. Fahrlässigkeitstaten

- § 222 StGB, Fahrlässige Tötung, Freiheitsstrafe bis fünf Jahre oder Geldstrafe. Die Anzahl der **Verkehrstoten** hat sich seit Bestehen der Bundesrepublik Deutschland von rund 21 000 auf 4 000 gesenkt. Wesentlichen Einfluss auf diese Entwicklung haben die Ingenieure für Straßen- und Kraftfahrzeugbau.
- § 229 StGB, Fahrlässige Körperverletzung, Freiheitsstrafe bis drei Jahre oder Geldstrafe.

3. Vorsatztaten

- § 21 StVG, Fahren ohne Fahrerlaubnis, Freiheitsstrafe bis zu einem Jahr oder Geldstrafe.
- § 303 StGB, Sachbeschädigung, Freiheitsstrafe bis zwei Jahre oder Geldstrafe.
- § 263 StGB, Betrug zum Nachteil von Versicherungen, Freiheitsstrafe bis fünf Jahre oder Geldstrafe.

Der provozierte Verkehrsunfall soll durch eine überhöhte Rechnung bei der Versicherung geltend gemacht werden. Dabei kann der „Unfallverursacher" Mittäter oder ahnungslos sein. Ferner kommen hier verbotswidrige Absprachen über die Höhe der Rechnung zwischen dem Geschädigten und der Reparaturwerkstatt in Betracht (*König, a.a.O.*).

Vorsätzliche Körperverletzung oder Tötung unter Verwendung eines Kraftfahrzeuges, z. B. Beibringen von Abgasen als Gift oder Manipulation an den Sicherheitssystemen, sind nicht ausgeschlossen aber sehr selten. Die Technik in Kraftfahrzeugen ist heute derart komplex, dass ein gefährlicher Eingriff durch den Täter Ingenieurwissen voraussetzt. Deshalb werden solche Fälle nachfolgend nicht besonders behandelt. Im Übrigen werden Verkehrsunfälle mit derart schwerwiegenden Folgen im Rahmen der Ursachenfeststellung gründlich untersucht.

4. Folgetaten

- § 315c StGB, Gefährdung des Straßenverkehrs, durch Trunkenheit oder Drogeneinfluss, Freiheitsstrafe bis fünf Jahre oder Geldstrafe.
- § 323a StGB, Vollrausch, Freiheitsstrafe bis fünf Jahre oder Geldstrafe.

5. Verkehrsunfallflucht

- § 142 StGB, Freiheitsstrafe bis drei Jahre oder Geldstrafe (*Küper,* a.a.O.).

6. Vortäuschung einer Straftat

§ 145d StGB, Freiheitsstrafe bis drei Jahre oder Geldstrafe.

Nach einem selbst verschuldete Verkehrsunfall wird der Diebstahl des eigenen Fahrzeugs angezeigt und dabei dem angeblichen Dieb die Tat zugeschrieben.

7. Selbsttötung

Pro Jahr werden in Deutschland ca. 1 000 Verkehrsunfälle mit Selbsttötungsabsicht vermutet (*Bronisch*, a.a.O. S. 26).

Bei dieser Verkehrsunfallaufnahme ist besonders darauf zu achten, ob die typischen Merkmale eines solchen Unfalls vorliegen, der nicht beabsichtigt war. Insbesondere, ob der Unfall die Folge eines allgemeinen Fehlverhaltens ist, z. B.: Musste die Geschwindigkeit bei dem Straßenverlauf und der Fahrbahndecke zu dem Unfall führen? Wurde die Kontrolle über das Fahrzeug verloren? Sind Ausweichmanöver und den physikalischen Gesetzen entsprechende Bremsspuren, Driftspuren oder Schleuderspuren zu erkennen? Haben sich an dieser Stelle schon ähnliche Verkehrsunfälle ereignet? Oder gibt es zunächst keine plausible Erklärung für einen nicht beabsichtigten Unfall, z. B.: Liegt ein Frontalunfall gegen einen Baum, einen Brückenpfeiler oder eine Mauer vor, wobei Straßenverlauf und Anstoßstelle eine gerade Linie bilden? Dabei ist zu bedenken, dass die Ursache auch der sogenannte „Sekundenschlaf" sein kann, da der Unfallverlauf sehr ähnlich ist.

Auch ist unmittelbar vor dem Unfall ein plötzlicher Tod durch **Schlaganfall** oder **Herzinfarkt** denkbar. Das ist nur durch eine Obduktion (§ 87 StPO; Kapitel 22.12.1) feststellbar. Bei Selbsttötungsverdacht ist immer ein Ingenieur (Kapitel 4.1.4.1) beizuziehen, der den physikalischen Verlauf des Unfalls nachrechnet.

8. Straflosigkeit

Ein Verkehrsunfall ist dann ein strafloser Unglücksfall, wenn nicht erkennbare Defekte an der Fahrbahn, an Verkehrseinrichtungen, an Bäumen / Vegetation oder am Fahrzeug vorliegen und diese unvermeidbar die Ursache begründeten.

9. Schutz des Eigentums von Verletzten und Helfern

Der Gesetzgeber (§ 243 I Nr. 6 StGB) hat das Eigentum von Verletzten durch besondere Strafandrohung geschützt. Diese Vorschrift gilt auch für den Schutz von Helfern (NStZ 2008, 218).

10. Problembereich für die rechtsstaatliche Beweisführung im Strafverfahren

Da es sich beim Straßenverkehrsunfall überwiegend um Zivilrecht handelt, werden andere Ansprüche an die Beweisführung gestellt. Darüber hinaus haben

Unfallverursacher überwiegend eine andere „Beschuldigtenmentalität", sodass es zu kooperativen Verhalten mit der Polizei kommt. Dadurch werden Rechtsfehler nicht erkannt und abgestellt. Werden diese Verhaltensweisen bei der Beweissicherung in der allgemeinen Kriminalität beibehalten, so kommt es zu Konflikten und zu Beweisverboten (Kapitel 3.3).

Die „Andersartigkeit" des Straßenverkehrsunfalls zeigt sich an folgenden Besonderheiten:

10.1 Im Jahr 2010 wurden der Polizei 2,4 Mill. Straßenverkehrsunfälle bekannt (6,2 Mill. Straftaten). Davon 0,2 % mit Toten, 12 % mit Verletzten, 4 % mit schwerem Sachschaden und 0,6 % mit berauschende Mitteln. Somit bleiben gut 80 % einfach gelagerte Verkehrsunfälle.

10.2 Nur die Hälfte aller Straßenverkehrsunfälle werden der Polizei bekannt (NRW-Landtagsdrucksache 12/3650, S. 7; Kapitel 16.5.2). Die „Ermittlungen" werden durch die Beteiligten und die Versicherungen durchgeführt (*Hassemer / Matussek*, a.a.O.). Die notwendigen statistischen Erhebungen erfolgen bei den Haftpflichtversicherern und den Straßenverkehrsbehörden (Straßenverkehrsunfallstatistikgesetz).

10.3 Die kriminalpolitische Bedeutung des Straßenverkehrsunfalls ist an der Strafandrohung erkennbar (Kapitel 5, Zu 1.2). Das ist maximal: Fahrlässige Tötung, § 222 StGB, und wird mit bis 5 Jahre Freiheitsstrafe oder Geldstrafe geahndet. Das ist vergleichbar mit einfachem Diebstahl, § 242 StGB.

Natürlich wird auch hier ein Mensch getötet, was für die Angehörigen und die Hinterbliebenen die gleichen tragischen Folgen hat, wie bei einer vorsätzlichen Tötung. Doch hier geht es um das Verhalten des Täters und um strafrechtliche Schuld. Alle weiteren möglichen Sanktionen siehe oben.

10.4 Blutalkohol / Rauschmittel werden im Zusammenhang mit den Straßenverkehr als belastende Tatsache angesehen. Nüchternheit ist unbeachtlich. Anders ist das bei mittlerer und schwerer Kriminalität. Hier kann auch Nüchternheit von entscheidender Rolle für die Strafbarkeit sein.

10.5 Es herrscht eine völlig andere **Beschuldigtenmentalität** als im übrigen Strafrecht. „Das kann jedem passieren" und fördert somit das Eingeständnis der „Tat".

10.6 Der Verkehrsunfall ist die einzige „Straftat", bei der sich der Täter offenbaren muss. Die Verkehrsunfallflucht, § 142 StGB, ist verboten und wird mit Freiheitsstrafe bis 3 Jahre oder Geldstrafe bestraft (BGHSt 8, 263; 12, 254 und 24, 382; *Küper*, a.a.O.).

Es ist eine fragwürdige Ausnahme von der **Selbstbelastungsfreiheit** des Beschuldigten (Internationaler Pakt über bürgerliche und politische Rechte vom

19.12.1966, Artikel 14 III g, BGBl. 1973, S. 1533 [1540]; BGHSt 5, 332 [334] und 34, 39 [46]; Kapitel 11.7).

§ 142 StGB hat den alleinigen Zweck, zivilrechtliche Ansprüche durchzusetzen: es geht um Schadensregulierung und Versorgung der Hinterbliebenen (*Küper*, a.a.O.). Insofern ist die unterstützende Aufgabe der Polizei nur erforderlich, wenn private Rechtsverluste drohen. Das zeigt, der Gesetzgeber stellt die Einigung zwischen den Verkehrsunfallbeteiligten in den Vordergrund.

10.7 Die Regresspflicht übernimmt die Haftpflichtversicherung, sodass der Verursacher kaum persönliche Einbußen hat, was das Eingeständnis weiter fördert.

10.8 Es geht überwiegend um Zivilrecht und nicht um Strafverfolgung (BGHSt 8, 263; 12, 254 und 24, 382; *Küper*, a.a.O.).

10.9 Als Beweiskraft zur Schadensregulierung reicht der **Anscheinsbeweis** (Kapitel 3.4). Das „verführt" zur Vernachlässigung, den strafprozessrechtlichen Status von Personen festzustellen: „Beschuldigter, Verdächtiger, Zeuge" (Kapitel 11.7). Pauschale (gleichförmige) Maßnahmen gegen „Beteiligte" an Straftaten oder Verkehrsunfällen gibt es in der Strafprozessordnung nicht.

10.10 Der strafmildernde **Täter-Opfer-Ausgleich** wird angestrebt (§ 46 a StGB; § 155 a StPO). Voraussetzung dafür ist ein Geständnis (BGH in NStZ 2004, S. 382, und 2003, S. 365).

10.11 Überwiegend wird bei Verkehrsunfällen **keine Vernehmungen** durch die Polizei durchgeführt, sondern Anhörungsbögen verschickt. Dadurch wird auf Ermittlungsansätze verzichtet, sodass verstecke Unfallursachen nicht erkannt werden können, z. B. Betrug zum Nachteil von Versicherungen.

10.12 Angekündigte polizeiliche Vernehmungen werden vom Verteidiger durch Stellungnahmen ersetzt. Die inzwischen weit verbreiteten Rechtsschutzversicherungen fördern dies. Das bedeutet einen weiteren Verzicht auf Ermittlungsansätze.

10.13 Seitens der Anwälte besteht kein Interesse, polizeiliche Fehler aufzudecken. Eine „Konflikt-Verteidigung" wird nicht angestrebt (Kapitel 3.8).

10.14 Die Verkehrstoten werden den Strafverfolgungsbehörden auch ohne polizeiliche Verkehrsunfallaufnahme über § 159 StPO bekannt. Vergleichbar wie bei den jährlich rund 10 000 Selbsttötungen, 25 000 tödlichen Haus- und Privatunfällen und weiteren 55 000 nicht natürlichen Todesfällen (Kapitel 22.2).

10.15 Ein generelles Alkoholverbot und eine allgemeine Geschwindigkeitsbegrenzung auf Autobahnen sind von den Politikern / Abgeordneten nicht gewollt, sodass sehenden Auges diese Ursache für Verkehrsunfalltote in Kauf genommen wird. Das sind mindestens 1 500 Personen pro Jahr. Auch dies weist auf eine untergeordnete kriminalpolitische Bedeutung hin.

10.16 Der sehr starke Rückgang der Verkehrstoten im Jahr 2010 um 495 auf 3 657 Personen ist witterungsbedingt durch Schnee und Glatteis (FAZ vom 24.2.2011, S. 9). Polizeiliche Präventionsarbeit kann das nicht leisten (Kapitel 21). Polizeiliche Prävention konnte auch nicht den **Massenverkehrsunfall** am 8.4.2011 auf der A 19 in Mecklenburg-Vorpommern mit acht Toten und über 100 Beteiligten verhindern, obwohl der **Sandsturm** als Hauptursache vorhersehbar war (FAZ vom 17.4.2011, S. 61).

7.5.8.2 **Verkehrsunfallaufnahme** (Kapitel 1.3.2)

Die Polizei verfolgt mit der Verkehrsunfallaufnahme verschiedene Ziele. Zunächst geht es um **Strafverfolgung**. Doch bei der Tatortbefundaufnahme von Verkehrsunfällen ist wegen der sehr unterschiedlichen **kriminalpolitischen Bedeutung** (siehe Kapitel 7.5.8.1) im Rahmen der **Verhältnismäßigkeit** (BGHSt 17, 117) zu prüfen, welcher Aufwand (Kapitel 4.1.6) an Personal und Ressourcen erfolgen soll. Das gilt insbesondere vor dem Hintergrund, dass die Spurensicherung überwiegend zur Durchsetzung zivilrechtlicher Forderungen erfolgt. Dies ist auch die Begründung für den Straftatbestand „Verkehrsunfallflucht“ nach § 142 StGB. Hier heißt es: Diese Vorschrift hat den alleinigen Zweck, zivilrechtliche Ansprüchen durchzusetzen, (BGHSt 8, 263; 12, 254 und 24, 382; *Küper*, a.a.O.). Dies erfolgt, wie oben beschrieben, in der Hälfte der Verkehrsunfälle sehr erfolgreich auch ohne Polizei.

Ein zweiter Grund für die Verkehrsunfallaufnahme ist die **Feststellung von Gefahrenzuständen**, die nicht sofort von der Polizei behoben werden können, sondern durch Baumaßnahmen, Beschilderung, Verkehrsführung, Sicherheitssysteme in den Kraftfahrzeugen, Gesetzesänderungen, u. a.m. Diese Aufgabe wird mithilfe des verwendeten **Formularsatzes** erreicht, der drei Schwerpunkte hat:

- Verfolgung von Straftaten oder Ordnungswidrigkeiten.
- Benachrichtigung der Straßenbauverwaltung zur Beseitigung von akuten oder latenten Gefahrenquellen.
- Bundesweite statistische Erfassung und Auswertung. Zur vereinfachten Erfassung und Auswertung wird die Verkehrsunfallaufnahme im Multiple-Choice-Verfahren (auf Formblättern mit Ankreuztechnik) vorgenommen, die maschinell gelesen werden können.

Dieser Grund kann nicht überzeugen, denn die tatsächlich geschehenen Verkehrsunfälle sind allein der Versicherung bekannt (Kapitel 7.5.8.1).

Viele gute Anregungen zu Sonderfällen des Verkehrsunfalls hat das Innenministerium NRW im Erlass vom 25.8.2008, „Aufgaben der Polizei bei Verkehrsunfällen“, MBl.NRW Nr. 26 vom 26.9.2008, S. 470, Ziffer 2.1.5, gegeben. Die Anlagen zum Erlass sind unter, **www.polizei.nrw,** eingestellt.

Erfährt die Polizei von einem Verkehrsunfall, so muss sie im Rahmen der **Strafverfolgungspflicht** (§ 163 StPO; § 46 OWiG) den Sachverhalt dahin gehend erforschen, ob eine und gegebenenfalls welche Straftat vorliegt, und hat dazu alle **Beweise zu sichern**. Hier ist besonders darauf zu achten, dass die Regeln der Strafprozessordnung und die durch Rechtsprechung begründeten Beweisverbote beachtet werden. Bei einem Verkehrsunfall ist oft nicht erkennbar, wer diesen verursacht hat und somit Beschuldigter ist. Das gilt auch, wenn der „Erste Anschein" (Kapitel 3.4) und die polizeiliche Erfahrung den Fall ganz klar erscheinen lassen, so z. B. bei einem Auffahrunfall. Die hierbei häufige Unfallursache (der zweite Beteiligte ist aufgefahren), muss aber nicht in jedem Fall vorliegen, sodass über den strafprozessrechtlichen Status der Unfallbeteiligten Zweifel bestehen. In einem solchen Fall sind beide Unfallbeteiligte „Verdächtige" (Kapitel 11.7.2).

Da jede Befragung (**auch die informatorische**) zum Sachverhalt bereits „Vernehmung" ist (Kapitel 11.2.2; BGHSt 29, 230; *Weihmann*, a.a.O., 2010 [Probleme der Verkehrsunfallaufnahme für die Kriminalistik]), muss vorher die Belehrung als Zeuge oder als Beschuldigter im Sinne von §§ 163 III und 163a IV StPO erfolgen. Dabei ist zu bedenken, dass diese Vorschriften keine Regelung für den „Verdächtigen" enthalten. Deshalb hat der Bundesgerichtshof entschieden, dass der Verdächtige im Sinne der Vernehmung wie ein **Zeuge** zu behandeln und zu belehren ist (BGHSt 34, 140, und 37, 48). Hierbei ist besonders das **Auskunftsverweigerungsrecht** nach § 55 StPO zu beachten. Eine solche Belehrung kommt bei dem oben genannten Beispiel des Auffahrunfalls für beide Fahrer in Betracht, wenn nicht sofort klar ist, wer den Unfall verursacht hat. Eine fehlende oder unverständliche Belehrung führt zum absoluten **Beweisverwertungsverbot**, (BGHSt 38, 214; 39, 349; NJW 1992, 1463, und NStZ 1994, 95; Kapitel 3; 11.2.2; 11.7). Die „indifferente (unbestimmte) Informationssammlung von Polizeibeamten" am Tatort kann ebenso einer Belehrung erforderlich machen (BGHSt 38, 214 [227]).

Keine Vernehmung im Sinne von § 163 a StPO sind nur solche Fragen, die der Betroffene aufgrund anderer Vorschriften beantworten muss. Das sind **Sondierungsfragen** (Kapitel 11.2.2 b)

- Fragen, **ob** er an dem Verkehrsunfall beteiligt ist, aus § 142 StGB,
- Fragen, **ob** jemand Zeuge des Unfalls ist, § 48 StPO, BVerfGE 49, 280 (284), und
- Fragen nach Personalien, Führerschein und Fahrzeugschein, § 111 OWiG, § 4 II FeV, § 24 StVZO.

Wollen Unfallbeteiligte neben der polizeilichen Beweissicherung eine **private Unfallaufnahme** durchführen, gibt es dagegen keine rechtlichen Einwände. Werden hierbei Sachverständige hinzugezogen, so können sie im späteren Gerichtsverfahren als persönliches Beweismittel eingeführt werden, (§§ 77 ff., 163a II StPO; §§ 284 ff., 355 ff StPO).

Eine sachgerechte Verkehrsunfallaufnahme stellt erhebliche Anforderungen an das technische, physikalische und naturwissenschaftliche Wissen des Kriminalisten. Darüber hinaus sind bei der **Verkehrsunfallaufnahme** nicht nur **Spurensuche** und **Spurensicherung** durchzuführen, sondern gegebenenfalls auch **Hilfeleistungen** gegenüber Verletzten und **Gefahrenabwehr** durch Sicherung der Unfallstelle, bei gefährlichen Gütern oder gefährlichen Tieren zu leisten. Dabei zeigt sich die Hilfeleistung als besonders problematisch. Da in den meisten Fällen gleichzeitig der Notarzt verständigt wird, ist besonders sachkundige Hilfe schnell zu erwarten. Insofern muss geprüft werden, ob darüber hinaus polizeiliche Erste Hilfe notwendig und / oder sinnvoll ist.

Verkehrsunfälle mit Toten, schweren Verletzungen oder mit **erheblichen Schäden** für die Umwelt sollten mithilfe der Fotogrammetrie oder 3 D-Scanner (Kapitel 4.3.6.4) dokumentiert werden. Ansonsten sind Skizzen (Kapitel 4.3.6.5) und Fotografien (Kapitel 4.3.6.4) zu fertigen. Der Tatortbefundbericht kann in solchen Fällen nicht allein auf den üblichen Formularen geschrieben, sondern sollte nach Muster in Kapitel 7.4.3 gefertigt und als Anlage beigefügt werden. Bei schwerwiegenden Verkehrsunfällen ist die **Staatsanwaltschaft**, § 160 StPO, sofort zu benachrichtigen, damit die erforderlichen Maßnahmen abgestimmt werden können, insbesondere, ob ein Sachverständiger zum Unfallort zu bitten ist (Kapitel 4.1.4.1), ob Blutproben und / oder Obduktionen (Kapitel 22.12.1) erforderlich sind.

7.5.8.2.1 Straße

Im Bereich der Straße hat sich die Untersuchung auf folgende Teilbereiche zu erstrecken:

- Lichtverhältnisse, Sonnenstand, Beleuchtung.
- Witterungsverhältnisse.
- Straßenbefestigung und -belag, Schäden, Feuchtigkeit, Glätte, Schmierstoffe.
- Straßenverlauf, Steigung, Kuppe, Gefälle, Kurve.
- Straßencharakteristik, Kreuzung, Einmündung, Ausfahrt.
- Verkehrszeichen und -einrichtungen, Fußgängerüberweg und -furt, Haltestelle, Arbeitsstelle, Schienenübergang, Verkehrsberuhigung.
- Formspuren, hervorgerufen durch Opfer, Fahrzeug oder Fahrzeugteile, Reifen und Gegenstände.
- Gegenstände, die mit dem Unfall in Zusammenhang stehen könnten.

Bei **Verkehrsunfallflucht** können zerbrochene Glas- oder Kunststoffteile auch als Passstücke (Kapitel 4.2.3.2.2) Verwendung finden.

7.5.8.2.2 **Fahrzeug** (Kapitel 4.14)

Bei der Untersuchung des Fahrzeugs hat sich die Spurensuche auf folgende Teilbereiche zu erstrecken:

- **Amtliches Kennzeichen**. Fahrzeugidentifizierungsnummer (Kapitel 4.14.1). Baujahr. Letzte Hauptuntersuchung (TÜV-Abnahme). Leergewicht und zulässiges Gesamtgewicht. Ladung, insbesondere Gefahrgut.
- **Allgemeiner Eindruck des Fahrzeugs** ohne akute Unfallspuren und -schäden. Notdürftig beseitigte alte Unfallspuren können ein Indiz für „Betrug zum Nachteil von Versicherungen“ (Kapitel 7.5.8.1, Ziffer 3) sein.
- Zustand der **Reifen** (*Heinrich*, a.a.O. S. 749).
- Zustand der **Bremseinrichtung**. Wird ein Anhänger oder Auflieger mitgeführt, muss zunächst festgestellt werden, ob das Bremssystem den Vorschriften im § 41 StVZO entspricht. Die Zulassungsunterschiede ergeben sich im Wesentlichen durch das Gewicht und die zugelassene Geschwindigkeit. Wegen der vielen verschiedenen Bremssysteme (Betriebsbremse, Feststellbremse, Auflaufbremse und Abreißbremse) empfiehlt es sich, bei der Überprüfung die anerkannten **Vorschriften** „Anweisung zur Prüfung von Bremsen an Kfz und Kfz-Anhängern durch die Verkehrspolizei“ und „Richtlinien über die Bremsanlagen in Zügen mit durchgehender hydraulischer Kraftübertragung“ zur Hand zu nehmen. Werden noch (alte) Bremskraftregler verwendet, bei denen der Ladezustand des Anhängers von Hand eingestellt werden muss, ist die Einstellung sofort zu überprüfen und zu dokumentieren. Ein falsch eingestelltes Ventil führt zur Über- oder Unterbremsung des Anhängers und somit zum Schleudern.
- Ausrüstung mit extremer **Musik- bzw. Lautsprecheranlage** und deren Betriebszustand.
- Ausrüstung mit **Mobiltelefon** (Handy) und deren Betriebszustand. Betreiber und Rufnummer dieser Geräte. Beim Betreiber kann die genaue Uhrzeit der Benutzung des Gerätes festgestellt werden (§ 112 II TKG).
- **Fahrtenschreiber bzw. Kontrollgerät.**
- **Sitzpositionen feststellen**.

  Da beim Sitzen **Faserspuren** der Kleidung zurückbleiben, müssen diese an den Rückenlehnen und Sitzflächen des Kfz als Mikrospuren gesichert werden (Kapitel 4.2.3.1.1 und 4.3.5.5). Die Feststellung kann aber **nur beweiserheblich** sein, wenn die Insassen vor dem Unfallzeitpunkt keine rechtmäßige Nutzung des Fahrzeugs hatten und nach dem Unfall keine Hilfe leisteten. Durch den Anstoß des Fahrzeugs können sich angelegte **Rückhalte-**

gurte durch die kinetische Energie (Bewegungsenergie) des Körpergewichtes zwischen 5 und 15 % dehnen und wieder in die Ursprungsform zurückgleiten. In gedehntem Zustand werden **Fasern aus der Kleidung** aufgenommen und danach im Gurt-Gewebe eingeklemmt, die als Mikrospuren (Kapitel 4.2.3.1.1 und 4.3.5.5) zu identifizieren sind. Da diese Spuren nur bei einem Unfall entstehen, können sie von den zuvor oder danach entstehenden deutlich unterschieden werden.

Je nach Aufprallgeschwindigkeit und Aufprallrichtung des Fahrzeugs werden die Insassen oder Körperteile gegen verschiedene Teile der Inneneinrichtung geschleudert. Das gilt insbesondere für Personen, wenn sie keine Rückhaltegurte angelegt haben, aber stets für Arme und Beine. Als **Anstoßstellen** kommen besonders die Verkleidungen der Tür, der Lenksäule und des Schalthebels in Betracht. Diese bestehen überwiegend aus Kunststoff. Durch den großen Druck und die schnelle Geschwindigkeit, mit denen die Insassen oder Körperteile gegen die Verkleidungen geschleudert werden, entsteht eine derart hohe **Reibungswärme**, dass der Kunststoff seine **Schmelztemperatur** erreicht und jetzt, wie ein Klebeband, aus der Kleidung der Insassen Fasern aufnimmt und fest einschmilzt, die als Mikrospuren (Kapitel 2.3.1.1 und 3.5.5) zu identifizieren sind. Diese Abriebe oder Einschmelzungen können großflächig oder so klein sein, dass sie nur mit optischen Hilfsmitteln (Kapitel 3.5.1) erkannt werden können.

Abdruckspuren (Kapitel 4.2.3.3.2) entstehen auch auf dem Bremspedal von den Schuhen des Fahrers. Je nach Riffelung des Pedals und der Schuhsohle sind diese Abdrücke individualisierbar. Die Sicherung erfolgt mit Klebefolie (Kapitel 4.3.5.5).

In Einzelfällen kommt auch die Sicherung von **Fingerspuren** (Kapitel 4.4.1.1) an den Bedienungsteilen in Betracht. Das gilt insbesondere nach **Unfallflucht** oder beim Verschweigen der **Identität** des Fahrers. Die Feststellung kann aber nur beweiserheblich sein, wenn die Insassen vor dem Unfallzeitpunkt keine rechtmäßige Nutzung des Fahrzeugs hatten und nach dem Unfall keine Hilfe leisteten (*Jochem*, a.a.O. S. 341).

Problematisch ist der Rückschluss von der Sitzstellung auf die Körpergröße. Ein Indiz auf den Fahrer kann nur abgeleitet werden, wenn zwischen den Verdächtigen erhebliche Unterschiede in der Körpergröße vorliegen. Die Sitzeinstellung wird nicht nur von der Körpergröße, sondern vielmehr von der Länge der Arme, der Beine und von den Fahr- und Sitzgewohnheiten bestimmt. Insofern können unterschiedlich große Menschen die gleiche Sitzeinstellung bevorzugen.

- **Rückhaltegurte**. Ob die Gurte während des Unfalls angelegt waren, lässt sich am Gurtschloss, an der Rolle und am Umlenker feststellen, da durch den Anstoß an diesen Stellen starke Reibung auftritt und Wärme entsteht, die zu typischen Veränderungen führt. Ebenso ist dies an der starken Dehnung des Gewebes nachweisbar.

- Haben die **Airbags** ausgelöst? Dies lässt zunächst den Rückschluss auf die Intensität des Zusammenstoßes zu. Aber an den Airbags sind Spuren vom Kopf und von der Kleidung der Personen, die dort saßen, vorhanden (Schweiß, Haare und Faserspuren). Diese entstehen nur im Augenblick des Zusammenstoßes und beweisen deshalb, wer das Fahrzeug zu diesem Zeitpunkt gefahren hat.
- **Verletzungsspuren im Innenraum**, insbesondere Blut (Kapitel 4.6.1) und Haare (Kapitel 4.6.2). Auch hierdurch kann die Sitzposition ermittelt werden.
- Liegen **lose Gegenstände** im Innenraum, z. B. Autoatlas, Schirm, pp. , so muss festgestellt werden, ob sich daran Verletzungsspuren befinden. Dies hat auch Auswirkungen auf die Schadensansprüche.
- **Äußere Beschädigungen** am Fahrzeug, insbesondere am Blech (Kapitel 4.6.11), am Lack (Kapitel 4.6.10), an Glas- (Kapitel 4.6.9) und Kunststoffteilen (Kapitel 4.6.12) sowie an Glühbirnen. An beschädigten **Glühbirnen** lässt sich feststellen, ob sie während der Beschädigung eingeschaltet waren oder nicht. Ebenso lässt sich feststellen, ob die bereits beschädigte Lampe nachträglich unter Strom gesetzt wurde (*Salentyn*, a.a.O.; **LUNA** – Leuchtendatei für Unfallfluchtforschungen – BKBl. Nr. 189 / 2008 – Sonderausgabe).
- **Verletzungsspuren an der Außenseite** des Fahrzeugs, insbesondere Blut (Kapitel 4.6.1), Haare (Kapitel 4.6.2) und / oder Kleidungsstücke. Sie deuten auf eine Kollision hin.
- **Behauptete Mängel** am Fahrzeug, an der Fahrbahn oder an Verkehrseinrichtungen. Danach sind Fahrer und Mitfahrer **stets zu befragen**. Die Antwort ist immer aktenkundig zu machen.

7.5.8.2.3 Fahrer

Zunächst stellt sich die Frage nach dem **tatsächlichen Fahrer**. Ist dies nicht mit Sicherheit zu klären, so kann dies möglicherweise über die Sitzposition (Kapitel 7.5.8.2.2) ermittelt werden. Ferner ist die Anzahl der Mitfahrer festzustellen und ob sich diese verkehrsgerecht in dem Fahrzeug verhalten haben. Als Vergleichsspur ist dazu die Kleidung sicherzustellen.

Ein **besonderes Problem** stellt sich bei sofort notwendigen Grundrechtseingriffen (z. B. Blutprobe), wenn der tatsächliche Fahrer nicht sofort festgestellt werden kann, obwohl sich mehrere Personen im Fahrzeug befanden. Die Blutentnahme ist nur möglich, wenn die Person **Beschuldigter** ist (§ 81a StPO; Kapitel 11.7.3). Da ein Kraftfahrzeug nicht gleichzeitig von mehreren Personen gefahren werden kann, muss herausgefunden werden, gegen wen sich ein

„Starker Verdacht" richtet (Kapitel 3.6.1. a) und 11.7.3). Eine **Abschwächung** auf den „Nicht besonders starken Verdacht", der bei schwerwiegenden Straftaten schon den Beschuldigtenstatus begründet, dürfte bei einer folgenlosen „Trunkenheitsfahrt" nicht möglich sein (Kapitel 3.6.1, a). Hier ist erlaubte „Kriminalistische List" (Kapitel 11.14) geboten.

Darüber hinaus geht es um die **Fahrtüchtigkeit**. Dabei sind folgende Fragen zu beantworten:

- Fahrerlaubnis, besondere Fahrerlaubnis, Fahrlehrerlaubnis.
- Fahrpraxis, allgemein und mit dem Unfallfahrzeug.
- Sehhilfe.
- Behinderung, notwendige Sonderausstattung.
- Wurden Schuhe getragen, die eine wirksam und störungsfreie Bedienung der Pedale ermöglichten?
- Behinderung durch Musikanlage, Ladung, Tiere oder Mitfahrer. Ist ein Mobiltelefon (Handy) vorhanden, so kann beim Betreiber die genaue Uhrzeit der Benutzung festgestellt werden (§ 112 II TKG).
- Übermüdung, „Sekundenschlaf".
- Alkohol- (Kapitel 4.7.3.1), illegaler Drogen- (Kapitel 4.7.1) und / oder Tablettenkonsum (Kapitel 4.7.3.2).
- Helmpflicht? Besonderes schützende Zweiradbekleidung?

7.6 Häufigste Fehlerquellen bei der Tatortbefundaufnahme

Die Tatortbefundaufnahme ist Gegenstand der gerichtlichen Beweisaufnahme. Werden dabei Mängel aufgedeckt, so stellen sie die Zuverlässigkeit und Glaubwürdigkeit des Kriminalisten erheblich in Zweifel. Die häufigsten Fehler werden in folgenden Bereichen begangen:

7.6.1 Spurensuche / Tatortbefundaufnahme

Der Kriminalist nimmt sich im Regelfall **zu wenig Zeit** für eine gründliche Spurensuche und hält sich auch nur selten an einen einmal gewählten Suchplan. Ferner lässt er sich von Vorstellungen des Geschädigten beeinflussen. Diesem ist nach einem Einbruch die Regulierung des Schadens durch die Versicherung wichtiger als die Strafverfolgung. So kann es sein, dass er angibt, bestimmte Sicherheitsvorkehrungen seien betätigt worden, weil nur dann der Schaden ausgeglichen wird.

7.6.2 Zeugenbefragung

Bei der Befragung von Zeugen wird oft nicht bemerkt, dass diese ihre Angaben nicht aufgrund ihrer Wahrnehmung gemacht haben, sondern dass es sich um **Schlussfolgerungen** handelt. Frei nach dem Motto: Das muss ja so gewesen sein. Ferner wird das Schweigen von Zeugen oft als Zustimmung gewertet.

7.6.3 Tatrekonstruktion

Eigene Wahrnehmung, Schlussfolgerung, Simulation und Interpretation werden nicht klar voneinander getrennt und als solche gekennzeichnet. Sie erwecken somit oft den Eindruck, als handele es sich um Beweisfakten.

7.6.4 Tatortbefundbericht

Die Qualität des Tatortbefundberichtes hängt weitgehend vom Umfang der am Tatort gemachten **Notizen** ab. Der Kriminalist verlässt sich allzu leicht auf sein Gedächtnis und überschätzt dabei seine Behalteleistung. Die Fähigkeit der Versprachlichung von Lebenssachverhalten beeinflusst in starkem Maß die Vorstellung des Lesers. Schreiber und Leser müssen die gleichen Vorstellungen haben, um der Realität nahe zu kommen. Die Verwendung allgemeiner Beispiele sowie die Benutzung von Vergleichen sind hier hilfreich. Die Beschreibung der Tatortbesichtigung und des erschlossenen Tathergangs erfolgt oft zu kurz.

Die formale und inhaltliche **Gestaltung** wird oft vernachlässigt. Die unzureichende Vorstellung des Kriminalisten über den Sinn des Berichtes fördert die Mängel. Der Kriminalist sollte sich stets vor Augen führen, dass der Bericht von vielen Personen gelesen wird, ohne dass sich diese dabei in der gleichen Stresssituation befinden, in der sich der Berichterstatter befand. Darum gilt es, höchste Sorgfalt an den Tag zu legen. Das **Korrekturlesen** durch einen Kollegen kann hierbei sehr hilfreich sein.

8 Großschadensereignisse / Katastrophen

8.1 Literatur

Groß / Geerds, Handbuch der Kriminalistik, Band II, Berlin 1978, S. 413 und 505

Neufeldt, Eiskalte Überraschungen von oben, Flugzeuge verlieren Eisklumpen, in: INFO des Luftfahrtbundesamtes [Bundesstelle für Flugunfalluntersuchung] 14 / 1991, S. 19

Rindfleisch, Tsunami 2004, Ein Seebeben erschüttert, in: Kriminalistik 2005, S. 745, [Aus der Sicht des Kriseninterventionsteams – KIT]

BKA, Hg., Bundeskriminalblatt Nr. 78 / 2008 vom 24.4.2008, Handlungsempfehlungen bei begründetem Verdacht auf ABC-Kampfstoffe und / oder ABC-Gefahrstoffe

PDV 100 Größere Gefahren- und Schadenslagen, Katastrophen, Ziffer 4.15

8.2 Katastrophenschutz

Ein Großschadensereignis ist *„ein Naturereignis, Unglücksfall, Explosion oder ähnliches Ereignis, wodurch Leben oder Gesundheit von Menschen oder erhebliche Sachwerte gefährdet sind“* (§ 1 III FSHG). Großschadensereignisse werden den Katastrophen gleichgestellt (§ 14 ZSG). Der Katastrophenschutz hat die Aufgabe, Katastrophen abzuwehren, Katastrophenzustände zu beseitigen und die hierzu notwendigen Vorbereitungen zu treffen. Zuständig hierfür sind die Gemeinden. Nur sie dürfen den Katastrophenalarm auslösen.

Da die Polizei im Regelfall vor den zuständigen Behörden mit solchen Lagen befasst ist, bedient sie sich aus **einsatztaktischen** Gründen einer neutraleren Terminologie, die gleichzeitig den Anlass erkennbar beschreiben. Deshalb verwendet sie die Begriffe „Größere Gefahren- und Schadenslagen“ (PDV 100, Ziffer 4.15). Aus **kriminalistischer Sicht** ist der Ort eines Großschadensereignisses auch **Tatort** (Kapitel 7). Doch hier überwiegen die Maßnahmen zur Gefahrenabwehr deutlich und die Ursachenerforschung liegt oft in der Zuständigkeit von anderen Behörden.

8.3 Eilzuständigkeit

Für die Polizei besteht eine Eilzuständigkeit für Sofortmaßnahmen bei der Gefahrenabwehr. Bei der Aufnahme des Tatortbefundes ist zu prüfen, ob nicht eine andere Behörde hierfür zuständig ist, z. B. **Bundesstelle für Flugunfalluntersuchung** (BFU) in Braunschweig (Kapitel 7.5.7) oder das Gewerbeaufsichtsamt.

8.4 Aufgaben der Kriminalpolizei

Über die Ursachenforschung hinaus hat die Polizei folgende Aufgaben:

a) Einleitung des **Todesermittlungsverfahrens** nach §§ 159 und 163 StPO (Kapitel 22).

b) Bergung und Auswertung von **Streugut** zur Beweissicherung und Ursachenforschung sowie zur Eigentumssicherung.

c) Identifizierung **unbekannter Toter** oder unbekannter **hilfloser Personen** (Kapitel 22 und 23).

d) Bearbeitung von **Vermisstenfällen** (Kapitel 23). Hier arbeitet die Polizei eng mit der Katastrophenschutzbehörde zusammen, die eine **Personenauskunfts- und Schadensmeldestelle** einzurichten hat. Bei diesen Stellen kann der Bürger Auskünfte über das Schicksal von Angehörigen einholen, vermisste Angehörige erfassen lassen oder Schäden anmelden. Es empfiehlt sich, die Dienststellen beider Behörden räumlich zusammen unterzubringen.

Zur Wahrnehmung der polizeilichen Aufgaben haben die Kriminalhauptstellen Kommissionen (Krim-Kat-Kom) einzurichten. Der Leiter dieser Kommission ist ein Beamter des höheren Dienstes der Kriminalpolizei. Zur Identifizierung von Opfern großer Katastrophen kann die Identifizierungskommission (IDKO) des Bundeskriminalamtes angefordert werden. In solchen Fällen werden Vordrucke verwendet, die auf Vorschlag der IKPO eingeführt wurden.

8.5 Katastrophen mit Auslandsbezug

Hierbei handelt es sich um Katastrophen im **Inland** mit Ausländern als Opfer und um Katastrophen im **Ausland** mit deutschen Opfern.

Für die Übermittlung von Daten sind in beidem Fällen Formulare der IKPO (Kapitel 2.3.3) zu verwenden.

- Formular **ANTE MORTEM** (AM) für Daten von vermissten Personen und
- Formular **POST MORTEM** (PM) für Daten über eine unbekannte Leiche. (Beilage zum Bundeskriminalblatt Nr. 48 / 2006)

8.6 ABC-Kampfstoffe / ABC-Gefahrstoffe / Nuklearspezifische Gefahren

Für Gefahren mit nuklearspezifischen Komponenten hat der Bund im Jahr 2003 die „Zentrale Unterstützungsgruppe des Bundes für gravierende Fälle der nuklearspezifischen Gefahrenabwehr“ (ZUB) eingerichtet. Darin sind Spezialkräfte des Bundeskriminalamtes, der Bundespolizei und des Bundesamts für Strahlenschutz (BfS) zusammengefasst. Sie unterstützen das zur Gefahrenabwehr zuständige Bundesland auf Anforderung und nach Zustimmung des Bundesministeriums des Innern (BMI) und des Bundesministeriums für Umwelt, Naturschutz und Reaktorsicherheit (BMU) im Wege der Amtshilfe (BKBl Nr. 78 / 2008). Erstmalig kam die ZUB auf Anforderung des Bundeslandes Hamburg im Dezember 2006 zum Einsatz, als im Zuge der Litwinenko-Vergiftung in London auch in Hamburg Spuren von radioaktivem Polonium auftauchten.

9 Fahndung

9.1 Literatur

BKA, Hg., Fahndung im Wandel der Zeit – Kontinuität und Innovation, **Bundeskriminalblatt** Nr. 36/2011 [Aus Anlass des 60. Jahrestages der Einrichtung des Bundeskriminalamtes am 8.3.1951].

Burghard, Eine Institution feiert Geburtstag, 200. Sendung „Aktenzeichen XY ... ungelöst", in: Kriminalistik 1987, S. 623

Contin, Erhöhung der inneren Sicherheit durch eine Beteiligung der Schweiz an Schengen, in: Kriminalistik 2005, S. 51

Demko, Die Erstellung von Bewegungsbildern mittel Mobiltelefon als neuartige strafprozessuale Observationsmaßnahme, in: NStZ 2004, S. 57

Eckert, Die SMS-Fahndung in Deutschland, in: Kriminalistik 2005, S. 489

Fehn, Das Zollfahndungsdienstgesetz, in: Kriminalistik 2004, S. 110

Glaser, Wiedererkennen im Rahmen der Sofortfahndung, in: Kriminalistik 1995, S. 653

Groß / Geerds, Handbuch der Kriminalistik, Band II, Berlin 1978

Hollmann / Kölbach, Standards und Rahmenbedingungen polizeilicher Fahndung (Überarbeitung der Polizeidienstvorschrift (PDV) Nr. 384.1), in: Kriminalistik 2004, S. 674

Jakob, Datenschutz und (Öffentlichkeits-)Fahndung, in: Kriminalistik 1996, S. 124

Lindekamp, Tataufklärung durch Ringalarmfahndung, in: Der Kriminalist 1988, S. 65

Lindlau, Reporter. Eine Art Beruf. („Die Masse des Gedruckten und Gesendeten wird von Tag zu Tag größer. Trotzdem nimmt die Desinformation zu."), München 2006

Soiné, Öffentlichkeitsfahndung, Dissertation, Lübeck 1992

Stüllenberg, Fahndung, eine Aufgabe für Profis, in: Kriminalistik 1991, S. 301

Thiele, Neue polizeiliche Aufgaben für den Zollfahndungsdienst, in: Kriminalistik 2004, S. 178

Tuffner, Das Schengener Informationssystem (SIS), ein Quantensprung in der Fahndung, in: Kriminalistik 2000, S. 39

Walter, Schleierfahndung, in: Kriminalistik 2004, S. 668

Wamers, Das neue Zollkriminalamt in Köln mit Zollfahndungsdienst, in: Kriminalistik 1993, S. 58

Wellershoff, Einladung an alle, Köln 1993 [Fahndung nach Bruno Fabeyer (Bruno Findeisen) im Jahr 1967. Anlass für das gemeinsame Abkommen der Bundesländer über die Verfolgung von Straftaten]

Wiesel, INPOL, Ein System kommt in die Jahre, in: Kriminalistik 1992, S. 391

Vorschriften und Rechtsprechung

Rasterfahndung, §§ 98a-c StPO

Kontrollstellen / Schleppnetzfahndung, § 111 StPO

Öffentlichkeitsfahndung, §§ 131 bis 131c StPO

Netzfahndung, § 163 d StPO

Polizeiliche Beobachtung, § 163e StPO

Richtlinien für das Straf- und Bußgeldverfahren (RiStBV), Nr. 39 bis 43

RiVASt Richtlinien für den Verkehr mit dem Ausland in strafrechtlichen Angelegenheiten

Richtlinien über die Inanspruchnahme von Publikationsorganen und die Nutzung des Internets sowie anderer elektronischer Kommunikationsmittel zur Öffentlichkeitsfahndung nach Personen im Rahmen von Strafverfahren, vom 12.7.2010, in: Richtlinien für das Straf- und Bußgeldverfahren (RiStBV), Anlage B

Auslobung, §§ 657 bis 661 BGB

OLG Hamm, Urteil vom 5.10.1978, NJW 1979, S. 725, Finderlohn auch bei gestohlenen Sachen, § 971 BGB

LG Bückeburg, Die Bildung eines „künstlichen" Staus auf Autobahnen [um Flüchtende zum Halten zu bringen] kann pflichtwidrig sein, NStZ 2005, S. 695

Merkblatt zur Fernsehsendung „Aktenzeichen XY ... ungelöst", BKBl. Nr. 97 / 2009

Grundsätze für die bundesweite Ausstrahlung von **Fahndungsmeldungen** im Fernsehen, in: PDV 384.1, Ausgabe 2004, Anlage 11

Kriterienkatalog für unter Mitwirkung der Polizei von den Medien initiierte **Fernsehproduktionen** zum Zwecke der Öffentlichkeitsfahndung, in: PDV 384.1, Ausgabe 2004, Anlage 12

Gemeinsame Bekanntmachung des Justiz- und Innenministeriums über die Inanspruchnahme von **Publikationsorganen** und die Nutzung des **Internets** sowie anderer elektronischer Kommunikationsmittel zur Öffentlichkeitsfahndung nach Personen im Rahmen von Strafverfahren, in: PDV 384.1, Ausgabe 2004, Anlage 13

9.2 Begriff

Unter Fahndung versteht man das **planmäßige Suchen** nach Personen oder Sachen zur Strafverfolgung, Strafvollstreckung oder Gefahrenabwehr durch alle Maßnahmen und Einrichtungen der Polizei.

Der Begriff wurde von dem herzoglich badischen Amtmann ***Jagemann*** geprägt, der das Wort von dem niederhochdeutschen „fahen, fassen, zu fassen suchen“ ableitete (*Groß / Geerds*, a.a.O., S. 45).

Damit wird die ursprüngliche Tätigkeit der Polizei beschrieben. Als **Gehilfe der Gerichte** hatte sie bis in die Mitte des 19. Jahrhunderts lediglich die Aufgabe, Personen oder Sachen, die von den Gerichten namentlich benannt oder zweifelsfrei beschrieben wurden, zu suchen und dem Gericht vorzuführen bzw. vorzulegen. Dies hat sich grundlegend geändert. Das gilt sowohl für das Verfahren selbst als auch für die Zuständigkeit.

9.3 Fahndungsbehörden

Neben der Polizei sind auch andere Behörden mit der Fahndung betraut. So der Zoll, die Steuerfahndung und die Bundespolizei. Hinzu kommen eine Vielzahl von Personen und Firmen, wie z. B. Detektive, Personenschutz- oder Bewachungsunternehmen, die ihr Geld damit verdienen, dass sie im Privatauftrag nach Personen oder Sachen suchen (Kapitel 2.6 bis 2.10).

9.4 Informationssystem der Polizei (INPOL)

Erfolg versprechende Fahndung setzt aber ein umfassendes und aktuelles Informationssystem sowie eine flächendeckende Kontrollmöglichkeit voraus. Die Polizei verfügt über beides. Anlässlich des 60. Jahrestages seit Gründung des Bundeskriminalamtes wurde eine Sonderausgabe des Bundeskriminalblattes (a.a.O.) herausgegeben, die die **Fahndungsmethoden im Wandel der Zeit** darstellen, aber unter den Grundsätzen der „Kontinuität und Innovation“.

Das Informationssystem der Polizei, **INPOL** genannt, besteht aus einem Zentralrechner beim Bundeskriminalamt, aus Regionalrechnern bei den Landeskriminalämtern und den Abfrageeinrichtungen bei den örtlichen Polizeibehörden. Alle Einrichtungen sind direkt miteinander verbunden, sodass ohne Zeitverzögerung Ausschreibungen, Änderungen und damit aktuelle Abfragen möglich sind.

Die Abfrageeinrichtungen sind über Telefon und Funk von jedem Polizeibeamten rund um die Uhr erreichbar. So können mit Hilfe von INPOL jederzeit Personen oder Sachen überprüft werden.

Im Hinblick auf die Europäische Union ist am 26.3.1995 das *Schengener Informationssystem* (SIS) installiert worden. Hierbei handelt es sich um einen einheitlichen Personen- und Sachfahndungsbestand, der auf dv-technischer Basis erstellt wird. In den **Zentralrechner (C.SIS)** in Straßburg (Frankreich) geben die Nationalstaaten ihre Fahndungsdatenbestände ein, so dass sie in allen Mitgliedsstaaten abgefragt werden können. In Deutschland erfolgt dies von jedem Terminal des INPOL-Systems automatisch bei jeder Anfrage. Die Übermittlung der Daten erfolgt auf der Grundlage der deutschen **Datenschutzgesetze**. Gleichzeitig wurden die Vorschriften über den Rechtshilfeverkehr mit dem Ausland gelockert. Insofern ist ein entscheidender Schritt zu einem einheitlichen europäischen System getan worden. Werden aufgrund von völkerrechtlichen Vereinbarungen „Gemeinsame Ermittlungsgruppen" eingerichtet, so können seit dem 2.10.2009 ausländischen Mitgliedern unter der Leitung eines deutschen Mitglieds die Durchführung von Ermittlungsmaßnahmen übertragen werden (§ 61b IRG; Kapitel 2.3.3 e und 2.5).

Am 26.10.2004 ist die Schweiz den Verträgen von *Schengen* und *Dublin* beigetreten (*Contin*, a.a.O.). Am 1.9.2007 sind dem **Schengener Abkommen** weitere Staaten beigetreten, sodass es jetzt 24 Teilnehmerstaaten sind. Das System wurde technisch umgestellt und enthält derzeit fast 20 Millionen Personen- und Sachfahndungen (BKBl. 159 / 2007).

9.5 Fahndungshilfsmittel

Im Zeitalter der **elektronischen Datenverarbeitung** nutzt auch die Polizei diese technische Möglichkeit, sodass viele Fahndungs-Hilfsmittel mit dieser Technik verbreitet werden. Sie haben den Vorzug, dass sie **ohne Zeitverlust** von allen Polizeidienststellen genutzt werden können und ebenso schnell eine Datenveränderung durchgeführt werden kann. Wegen der schnellen Entwicklung dieser Technik steigt auch der Umfang der zur Verfügung stehenden Dateien ständig an. Zurzeit werden genutzt (alphabetische Reihenfolge):

- AFIS (Automatisiertes Fingerabdruck-Identifizierungssystem),
- ASF (Automated Search Facilities – Fahndungssystem von INTERPOL für Personen und Sachen),
- AZR (Ausländerzentralregister mit Visa-Datei beim Bundesverwaltungsamt),
- DAD (DNA-Analyse-Datei),
- Duisburg-Fahndung (Fahndungsnachweis der Wasserschutzpolizeien in Deutschland),
- EUCAP (European Collection of Automotive Paints – Datenbank über Fahrzeuglacke),
- EUCARIS (European Car and Driving License Information System – Fahrzeug- und Führerschein-Informationssystem),

- EuFID (Europäische Fahrzeugidentifzierungsdatei),
- FINAS (Fahrzeug-Identifizierungs-Nummern-Auswertungs-System),
- Gewerbezentralregister,
- INPOL (Informationssystem der Polizei), des Bundes und der Länder über Personen, gestohlene Fahrzeuge, gestohlene Kunstgegenstände, gestohlene Reisedokumente, u. a. unterrichtet,
- INTRANET / EXTRANET (Geschlossenes Datennetz der Polizei),
- ISU (Informationssystem Urkunden),
- LUNA (Leuchtendatei für Unfallfluchtforschungen; BKBl. Nr. 189 / 2008 – Sonderausgabe),
- NCIC (National Crime Information Center – Fahndungssystem des FBI),
- RAKK (Recherche amtlicher Kfz-Kennzeichen),
- SIS (Schengener Informationssystem) Fahndung nach Personen und Sachen mit dem Zentralrechner in Straßburg, als Verbundsystem der Polizei-, Grenzschutz- und Zollbehörden der Schengenstaaten,
- SPUDOK (Spuren-Dokumentationssystem),
- VERMI / UTOT (Vermisste / unbekannte Tote),
- ZEVIS (Zentrales Verkehrsinformationssystem des Kraftfahrtbundesamtes.

Neben dem elektronischen System werden aber auch noch **herkömmliche Fahndungshilfsmittel** hergestellt und verbreitet. Diese haben den Vorteil, dass sie als gedruckte Medien ständig am Arbeitsplatz des Kriminalisten zur Verfügung stehen und dass darin Sachverhalte beschrieben und Bilder farbig abgedruckt werden können. Sie dienen auch als „Notnagel“ wenn die elektronischen Systeme ausfallen sollten.

Als periodische Fahndungshilfsmittel erscheinen

- Deutsches Fahndungsbuch,
- Grenzfahndungsbuch,
- Bundeskriminalblatt (PDV 384.1, Anlage 5) und
- Deutscher Sachfahndungsnachweis.

INPOL steht jedoch nicht nur der Polizei zur Verfügung, sondern auch anderen Behörden des In- und Auslands. Dies sind neben den Polizeibehörden der Länder und dem Bundeskriminalamt, die Bundespolizei, die Zolldienststellen, die Dienststellen der bayerischen Grenzpolizei, die Inspektion des Deutschen Bundestages und der Generalbundesanwalt.

Ferner erhalten die Polizeidienststellen des Nicht-Euro-Auslands Auskunft über Sachfahndungsdaten. Im Gegenzug hat das Bundeskriminalamt auf Auslandsfahndungsdaten über Kraftfahrzeuge, Banknoten, Blanko-Personaldokumente und Waffen Zugriff.

Besonders erfolgreiche **Fahndungshilfsmittel** können Ergebnisse aus der Kriminaltechnik sein. So die Identifizierung von Personen mithilfe der **Daktyloskopie** (Kapitel 4.4.1.1) oder der **DNA-Analyse** (Kapitel 4.6.1.3). Voraussetzung ist, dass die Personen Spuren am Tatort und / oder Opfer zurückgelassen haben.

Mit all diesen Hilfsmitteln besteht ein perfektes nationales und europäisches Informationssystem, das im Rahmen der europäischen Einigung weiter ausgebaut werden soll.

Seit August 2002 hat der Gesetzgeber mit § 100i StPO die Möglichkeit geschaffen, zur Unterstützung der Personenfahndung Standortbestimmungen von Mobilfunkendgeräten (Handy) durchzuführen.

Eine gute Übersicht von Objekten im Freien bietet auch das Computerprogramm **Google Earth**. Es ist eine Möglichkeit, Fahndungsmaßnahmen vorzubereiten.

9.6 Ziel der Fahndung

Die Zielrichtungen der Fahndung sind Personen oder Sachen, die im Rahmen der Strafverfolgung, Strafvollstreckung, Gefahrenabwehr oder zur Durchführung ausländerrechtlicher Maßnahmen durchgeführt werden.

9.6.1 Personenfahndung

Innerhalb der Personenfahndung wird nach Vermissten, Gefährdeten, Tatverdächtigen, flüchtigen Verurteilten, Personen mit ausländerrechtlichem Einreiseverbot, Zeugen und Auskunftspersonen, Personen, von denen eine **Gefahr** für die Öffentlichkeit ausgeht, deren **Führerschein** sicher gestellt werden soll, die zur **erkennungsdienstlichen Behandlung** bzw. **DNA-Probeentnahme** oder der Feststellung ihrer Identität ausgeschrieben sind, gesucht. Die Schwere der begangenen Tat, die befürchteten weiteren Taten des Flüchtigen oder die Gefahren für die Abwesenden bestimmen die Intensität der Fahndungsmaßnahmen sowie den Personal-, Mittel- und Zeitaufwand.

a) Bei **namentlich bekannten Personen** hat sich der Kriminalist zunächst mit der Persönlichkeit des Gesuchten vertraut zu machen. Dazu gehören ein Lichtbild von dem Gesuchten, Kenntnisse zu seiner Wohnung, Arbeitsstelle, zum Bekanntenkreis und Freizeitverhalten, zu Verkehrslokalen, benutzten Kraftfahrzeugen, zu seinem letzten Aufenthaltsort und zu seinen Lebensgewohnheiten. Da der Mensch von der Grundstruktur ein Gemeinwesen ist, sucht er die Gesellschaft zu ihm vertrauten Personen. Die gilt es, ausfindig zu machen. Hier gibt es Ansatzpunkte für den Kriminalisten als Fahnder. Eine ergiebige Informationsquelle über den Gesuchten sind die Kriminalpolizeilichen personenbezogenen Sammlungen (Kapitel 17). Darüber hinaus ist der zuständige Bezirksbeamte eine kompetente Auskunftsperson. Wird der mögliche Aufenthaltsort ermittelt, so sind die Grundsätze bei der Festnahme zu beachten (Kapitel 18).

b) Bei **unbekannten Tätern** ist die Fahndungsmethode ungleich schwieriger. Hier muss sich der Kriminalist eine Vorstellung vom **Täterprofil** machen. Welches Motiv hatte der Täter? Welchen Nutzen hatte er von der Tat? Warum wurde die Straftat in dieser Art und Weise und zu diesem Zeitpunkt ausgeführt? Wie sieht die Person aus, die eine solche Straftat begeht? Da man hierbei nur vom Tatortbefund (Kapitel 7.4) auf den Täter schließen kann, gibt es viele Unwägbarkeiten und Gefahren, die zur Fehlinterpretation führen können. Gleichwohl ist es mit der notwendigen Zurückhaltung möglich, auf einen bestimmten Tätertyp zu schließen, wodurch der Verdächtigenkreis eingeschränkt werden kann. Hat sich z. B. ein Täter sehr lange am Tatort aufgehalten und dabei auch keinen Lärm vermieden, so ist daraus der Schluss zulässig, dass er sehr genau mit den Verhältnissen vertraut war. Er muss den Tatort von früheren Besuchen kennen. Anhand von gewaltsamen Veränderungen oder des Gewichts von bewegten Gegenständen kann auf seine Körperkraft geschlossen werden. Das Ziel der Tat lässt einen Schluss auf das Motiv zu. Der Modus Operandi zeigt, über welche Intelligenz und Fertigkeit der Täter verfügen muss und grenzt auch damit die Verdächtigen ein. Der Kriminalpolizeiliche Meldedienst (Kapitel 16) gibt hier Ansatzpunkte zur Ermittlung des Täters. Ferner ist eine Öffentlichkeitsfahndung (Kapitel 9.8.7) in Erwägung zu ziehen.

c) Handelt es sich um einen **Serientäter**, so kann er darüber hinaus bei der nächsten Straftat erkannt und festgenommen werden. Entweder ergibt die Auswertung der begangenen Straftaten einen Hinweis auf den nächsten Tatort, so dass der Täter hier erwartet werden kann, oder er wird durch einen „Lockvogel" oder „Köder" in seinem Tatendrang auf ein bestimmtes Opfer kanalisiert und dort von der Polizei erwartet. Diese Methode ist nicht risikolos und bedarf der besonderen Vorbereitung und Absicherung bei der Durchführung.

d) Mit Hilfe der Kriminalistischen Fallanalyse (Kapitel 5) können die Fakten herausgearbeitet werden, die Erfolg versprechend auf einen noch unbekannten Täter hinweisen können.

9.6.2 Sachfahndung

Die Sachfahndung dient sowohl dem Auffinden von Gegenständen als auch der Unterstützung der Personenfahndung.

Ziel der Sachfahndung ist die Ermittlung von **Gegenständen**, die als Tatwerkzeug benutzt, als Beute erlangt oder durch die Straftat entstanden sind, z. B. Falschgeld oder Rauschmittel, pp., aber auch solche, von denen eine Gefahr ausgeht. Ferner sind es missbräuchlich benutzte Personaldokumente und aufgefundene Gegenstände, die zunächst nicht dem Eigentümer zugeordnet werden können. Darüber hinaus kann z. B. die Fahndung nach einem Kraftfahrzeugkennzeichen zur Festnahme des gesuchten Halters oder Benutzers des Fahrzeuges führen.

Bei der **gezielten Sachfahndung** werden Gegenstände alphanummerisch beschrieben und über INPOL (Kapitel 9.4) zur Verfügung gestellt oder die Öffentlichkeit (Kapitel 9.8.8) zur Mitfahndung gebeten.

Eine neue Methode der gezielten Sachfahndung bedient sich der Mithilfe der Geschädigten. Das gilt besonders bei der Identifizierung von **Sichergestellten Kunst- und Wertgegenständen**, die aufgrund der Beschreibung nicht zugeordnet werden können. Geschädigten wird seit dem 1.5.2009 die technische Möglichkeit eingeräumt, über das **Internet** in der beim **BKA eingerichtete Datei** mit sichergestellten Gegenständen selbstständig zu recherchieren und so ihren Eigentumsanspruch geltend zu machen (BKBl. 51 / 2009 vom 30.4.2009).

Bei der **gezielten Suche** nach Gegenständen kommt es auf die Vorstellungskraft und Sorgfalt des Kriminalisten an. Dabei können Gegenstände sehr raffiniert versteckt oder so abgelegt werden, dass sie wegen ihrer Anwesenheit nicht auffallen. So kann z. B. in einer Reihe von Nahrungsmittelgläsern im Küchenregal das Glas mit der Aufschrift „Mehl" durchaus Kokain enthalten, ohne Verdacht zu erregen. Hier gilt der Grundsatz: Je offenkundiger ein Gegenstand abgelegt wird, je unverdächtiger ist er. Es kommt nur darauf an, die Anwesenheit in seiner Umgebung plausibel erscheinen zu lassen. Hier hilft nur systematisches und kritisches Vorgehen.

Die **wichtigste Voraussetzung** für einen Erfolg ist die persönliche Zuverlässigkeit und Gründlichkeit des Kriminalisten. Daneben werden aber auch Hilfsmittel zur Unterstützung eingesetzt, so z. B. Elektromagnete oder Detektoren zum Auffinden von Eisen und anderen Metallen oder Hunde zum Aufspüren von Sprengstoff, Rauschgift, Leichen oder genetisch bedingten Gerüchen (Kapitel 4.3.5.8). Des weiteren ist die Unterstützung durch Reiter, Hubschrauber, Boote und Taucher zu erwägen und in sehr bedeutsamen Fällen ist das Landeskriminalamt bei Durchsuchungen (Kapitel 18.4) behilflich.

9.7 Fahndungsmaßnahmen

Doch das beste technische System kann nur Erfolg versprechend sein, wenn es durch eine **richtige taktische Anwendung** genutzt wird, ohne damit die Prinzipien des freiheitlichen Rechtsstaates aufzugeben. Damit im föderalistischen Staat die Polizeien in Bund und Ländern hierbei nach einheitlichen Regeln verfahren, haben sich alle auf die gemeinsame Polizeidienstvorschrift Nr. 384.1, „Fahndung" (PDV 384.1), geeinigt, die die einzelnen Fahndungsarten definiert und die Art der Durchführung verbindlich festlegt. So ist gewährleistet, dass auch länderübergreifend Erfolg versprechend zusammengearbeitet werden kann. Im Einzelnen werden unterschieden:

9.7.1 Erkennende Fahndung

Die „Erkennende Fahndung" soll Informationen aus dem Milieu zusammentragen. Es geht hierbei um Erkenntnisse, die entweder jedermann bekannt sind, die (noch) keinen strafbaren Sachverhalt enthalten, die den Verwahrort von gesuchten Sachen oder den Aufenthaltsort von gesuchten Personen betreffen. Die Fahnder treten hierbei offen im Milieu auf, sodass es kein verdeckter Einsatz im Sinne von § 110a StPO ist. An Informationen kommen vorwiegend in Betracht: Verhaltensweisen, Kontakte, Aufenthalte, Treffpunkte, kriminogene Orte (z. B. Schleusertätigkeit), benutzte Fahrzeuge und Begleiter von Gesuchten.

9.7.2 Allgemeine Fahndung

Die „Allgemeine Fahndung" findet ohne konkrete Hinweise statt. Es ist die allgemeine Tätigkeit von Polizeibeamten während des Dienstes, insbesondere im **Streifendienst**. Mit der Methode der Verdachtschöpfung (Kapitel 3.6) werden Abweichungen vom Normalen wahrgenommen und so Personen oder Sachen einer Überprüfung unterzogen. Aber auch andere Anlässe können zu Überprüfungen führen, z. B. Kontrollen im Straßenverkehr. Neben den verkehrstechnischen Angelegenheiten werden die Personalien der Fahrer und die Daten des Fahrzeugs im INPOL abgeglichen. Hierbei wird in durchschnittlich 3 % der Fälle ein Suchvermerk festgestellt.

9.7.3 Gezielte Fahndung

Die „Gezielte Fahndung" findet aufgrund bestimmter Hinweise statt, beispielsweise die Suche nach einem flüchtigen Bankräuber, einem vermissten Kind oder nach einem gestohlenen Kraftfahrzeug. Hier beginnen die Maßnahmen am letzten Aufenthalts- oder Abstellort. Es können aber auch Hinweise auf ein Versteck vorliegen, sodass dort mit der Suche begonnen wird.

9.7.4 Örtliche Fahndung

Die „Örtliche Fahndung" ist auf den eigenen Polizeibezirk begrenzt. Dieser kann auch mehrere Gemeinden umfassen.

9.7.5 Überörtliche Fahndung

Bei der „Überörtlicher Fahndung" werden andere Polizeibehörden um Mitfahndung gebeten.

9.7.6 Internationale Fahndung

Die „Internationale Fahndung" wird als Fahndung im Ausland und als Ersuchen des Auslands um Fahndung im Inland durchgeführt.

Das **Ersuchen aus dem Ausland** wird über das Bundeskriminalamt geleitet. Dort erfolgt eine Prüfung auf rechtliche Zulässigkeit. Erst dann leitet das Bundeskriminalamt das Ersuchen an die örtlich zuständige Polizeibehörde weiter. Insofern ergeben sich bei dieser Fahndung keine besonderen rechtlichen Probleme. Nach erfolgter Festnahme wird die **Person dem Amtsrichter** vorgeführt, der über die Auslieferungshaft entscheidet. Danach prüft das Oberlandesgericht die Zulässigkeit der Auslieferung. Ohne ein geordnetes gerichtliches Verfahren wird niemand an ausländische Behörden übergeben. Zur Beteiligung von ausländischen Ermittlungsbeamten siehe Kapitel 2.5.

Das **Fahndungsersuchen** an ein Ausland erfordert intensivere Vorbereitungen und ist an formale Bedingungen gebunden, die vorher erfüllt sein müssen. Zunächst hat der Kriminalist die Notwendigkeit der Auslandsfahndung der **Staatsanwaltschaft** vorzutragen. Hierbei beeinflussen maßgebend die Schwere des Deliktes, das öffentliche Interesse sowie die Qualität des Hinweises auf den Aufenthaltsort des Verdächtigen die Entscheidung. Erst wenn der Staatsanwalt einen Haftbefehl beantragt **und** schriftlich erklärt, dass er im Fall der Festnahme das förmliche **Auslieferungsbegehren** stellen wird, kann das Bundeskriminalamt ersucht werden, über IKPO (Kapitel 2.3.4) das Fahndungsersuchen ans Ausland zu stellen. Wird die Person durch die ausländische Polizei festgenommen, so entscheiden die dortigen Gerichte nach den dort geltenden Gesetzen, ob sie ausgeliefert wird. Ähnlich wird mit Sachen verfahren.

Fahren in besonders gelagerten Einzelfällen deutsche Kriminalisten ins Ausland, um die Fahndung zu unterstützen, so haben sie dort keinerlei rechtliche Befugnisse. Sie sind den ausländischen Kollegen lediglich mit Informationen oder bei der Identifizierung des Festgenommenen behilflich.

Innerhalb der **Europäischen Union** gibt es nach und nach bilaterale Lockerungen, sodass Polizeibeamte in diesen Ländern vergleichsweise so zuständig sind, wie in den Bundesländern Deutschlands. Die Polizeidienststellen an den Grenzen sind immer aktuell informiert.

9.8 Fahndungsarten

9.8.1 Tatortbereichsfahndung

Unmittelbar nach Begehung einer Straftat kann die Tatortbereichsfahndung ausgelöst werden. Sie hat das Ziel, den **Täter** festzunehmen sowie **Tathergang, Fluchtweg, Fluchtmittel, Bewaffnung, Beweismittel und Zeugen** festzustellen. Hierbei ist auf Weisung der Leitstelle der Polizei systematisch vorzugehen, das heißt, am Tatort selbst und auf dem Fluchtweg des Täters werden Informationen gesammelt. Dabei ist zu bedenken, dass die persönliche Ansprache des Bürgers besonders Erfolg versprechend ist (Sofortmaßnahmen, Kapitel 7.4). Alle im Dienst vorhandenen Kräfte können für diese Fahndungsart eingesetzt werden.

Während der Fahndungsmaßnahmen begründet sich der Tatverdacht gegen Personen durch die Ähnlichkeit mit der Beschreibung der Person und der Kleidung des Täters, des Fluchtfahrzeugs, der zeitlichen und örtlichen Nähe zur Tat und durch das Verhalten bei der Annäherung der Polizei (Kapitel 3.6.1).

9.8.2 Alarmfahndung

Die Alarmfahndung wird nach **schwerwiegenden Delikten** ausgelöst. Sie kombiniert die Tatortbereichsfahndung mit der Besetzung bestimmter Kontrollstellen. An diesen **Kontrollstellen** können Anhaltekontrollen oder Durchfahrtkontrollen durchgeführt werden. Bei **Anhaltekontrollen** werden Personen oder Fahrzeuge angehalten und kontrolliert. Es können alle Personen und Fahrzeuge angehalten werden oder nur bestimmte, so z. B. Personen oder Fahrzeuge, die der Täterbeschreibung oder der Beschreibung des Fluchtfahrzeugs entsprechen. Solche Anhaltekontrollen sind sehr personalaufwendig und werden nur bei herausragenden Delikten durchgeführt.

Als Alternative dazu können **Durchfahrtkontrollen** vorgenommen werden. Hierbei geht man zum einen von der Annahme aus, dass der Täter nach der Tatausführung mit einem gestohlenen Fahrzeug flüchtet oder, noch vor der Kontrollstelle, das Fluchtfahrzeug gegen sein eigenes austauscht. Deshalb werden an der Durchfahrtkontrollstelle alle Fahrzeugkennzeichen oder die eines bestimmten Fahrzeugtyps notiert. Über die Halterfeststellung und mit Hilfe des Abgleichs mit der Fahndungsdatei und der kriminalpolizeilichen Personenakten sollen dann potenzielle Verdächtige ermittelt werden. Auch diese Art der Kontrolltätigkeit ist sehr kräfteintensiv und stellt hohe Anforderungen an die Kontrollbeamten. Zum anderen kann eine gelockerte Form der Durchfahrtkontrollen dadurch erreicht werden, dass nur die Fahrzeuge von verdächtig erscheinenden Insassen notiert werden. Diese Methode stellt hohe Anforderungen an die kriminalistische Denkfähigkeit.

Damit die Kontrollstellen nicht wahllos eingerichtet werden, müssen die Polizeibehörden diese vorbereiten. Dabei lässt man sich von Erfahrungswerten und von verkehrstechnischen Besonderheiten, z. B. Brücken oder Verkehrsknotenpunkten, leiten. Je nach Schwere des Deliktes und nach den Erfolgschancen gibt es verschiedene Möglichkeiten bei der Besetzung der Kontrollstellen. Diese können ringförmig um den Tatort, im ganzen Bundesland, in allen Bundesländern gleichzeitig oder an der Grenze besetzt werden. Dabei können auch verschiedene Fahndungen miteinander kombiniert werden.

9.8.2.1 Ringalarmfahndung

Bei der Ringalarmfahndung werden unter Berücksichtigung der durch den Täter bereits zurückgelegten Fluchtstrecke ringförmig alle Kontrollstellen in 20, 30, 40 oder 50 Kilometer Entfernung besetzt. Liegen solche Kontrollstellen außerhalb der eigenen Polizeibehörde, so wird die Besetzung von der Nachbarbehörde übernommen.

Diese Fahndung ist besonders Erfolg versprechend im **ländlichen Raum**. Wegen des dort herrschenden großen Bekanntheitsgrades der Bevölkerung untereinander muss ein Täter große Entfernungen zum Tatort zurücklegen, um nicht zufällig erkannt zu werden. Die gleiche Strecke muss der Täter nach der Tat zurücklegen. Dadurch bleibt der Polizei genügend Zeit, die Kontrollstellen zu besetzen. Im **städtischen Ballungsraum** genügen dem Täter schon ein bis zwei Kilometer Abstand von seiner Wohnung, um bei der Bevölkerung unbekannt zu sein. Insofern kann er bereits wenige Minuten nach der Tat sein Versteck erreicht haben und ist nicht gezwungen, die eingerichteten Kontrollstellen zu passieren. Diese Erkenntnis führte auch zur Einführung der Tatortbereichsfahndung (Kapitel 9.8.1).

Da eine Ringalarmfahndung sehr kräfteintensiv ist, muss sie per **Sofortnachricht** an die vorgesetzten Dienststellen und an das Landeskriminalamt gemeldet werden.

9.8.2.2 Landesalarmfahndung

Bei der Landesalarmfahndung werden solche Kontrollstellen im gesamten Bundesland besetzt. Um Auslösung ist das Landeskriminalamt zu ersuchen, dem diese Entscheidung vorbehalten ist.

9.8.2.3 Bundesalarmfahndung

Bei der Bundesalarmfahndung ersucht das Bundeskriminalamt alle Landeskriminalämter, in ihren Ländern gleichzeitig die Landesalarmfahndung auszulösen.

9.8.2.4 Grenzalarmfahndung

Zur Durchführung der Grenzalarmfahndung werden die **Bundespolizei** (Kapitel 2.6), die **Bayerische Grenzpolizei** in München sowie die **Wasserschutzpolizei in Hamburg und Bremen** ersucht. Mit der allseits gewünschten Öffnung der Grenzen wird diese Fahndungsart wirkungsloser, da die Bürger die Grenzübergänge weitgehend unkontrolliert passieren können und Grenzzäune fehlen. Nur wenn der Gesuchte und das Fluchtfahrzeug genau beschrieben und der Ort des Grenzübergangs genannt werden können, bestehen Erfolgsaussichten. Diese Fahndungsart wird sich mit zunehmender europäischer Einigung an die gemeinsamen Außengrenzen verlagern.

9.8.3 Schwerpunktfahndung

Sie wird nach Straftaten ausgelöst, die eine **hohe Sozialschädlichkeit** haben, um **Tatserien** aufzuklären oder **Serientäter** festzunehmen. Hierzu werden Einsatzkräfte zusammengezogen und zeitlich befristet, gezielt mit Schwerpunkten eingesetzt. Dies könnte z. B. bei einer Serie von sexuellen Gewaltdelikten oder Wohnungseinbrüchen sein.

9.8.4 Vorrangfahndung

Dabei werden alle Polizeibeamten in der Bundesrepublik über die am **dringendsten gesuchten Personen** informiert. Dies geschieht mit Vorrangfahndungskarten, auf denen die gesuchten Personen mit ihren Personalien, besonderen Erkennungsmerkmalen und Gewohnheiten dargestellt sind. Die Karten von maximal zehn Personen führen alle Polizeibeamten ständig bei sich. Das Bundeskriminalamt wählt die Personen aus und versendet die Fahndungskarten.

9.8.5 Zielfahndung

Besonders gefährliche Täter werden in die Zielfahndung aufgenommen. Ein Team von bis zu zehn Kriminalisten hat den Auftrag, sich ausschließlich mit der Suche **nach einer einzigen Person** zu befassen. Zielfahndungskommandos werden vom Bundeskriminalamt und den Landeskriminalämtern eingesetzt.

9.8.6 Rasterfahndung

Bei bestimmten schwerwiegenden Delikten ist die Rasterfahndung (§ 98a StPO) zulässig. Hierbei werden bestimmte, auf den Täter vermutlich zutreffende **Prüfmerkmale** mit polizeifremden Dateien automatisiert verglichen. Ziel ist es, Nichtverdächtige auszuschließen oder Hinweise für weitere Ermittlungen zu bekommen.

So können beispielsweise von einem Fluchtfahrzeug die Daten eines unvollständig abgelesenen Kennzeichens mit den Daten des Kraftfahrtbundesamtes verglichen werden. Alle Fahrzeuge, deren Kfz-Kennzeichen z. B. mit der Zahl 41 enden, werden dann in einer Liste ausgedruckt. Jetzt können die Fahrzeuge, die nicht dem Typ und / oder der Farbe des Fluchtfahrzeugs entsprechen, ausgeschieden werden, sodass eine geringere Zahl von Fahrzeugen übrig bleibt. Die durch dieses „Raster" ermittelten Fahrzeuge und Halter werden jetzt in eine **Spurenakte** (Kapitel 15) aufgenommen und überprüft. Je mehr Details des Kennzeichens feststehen, je kleiner wird die Zahl der Ausdrucke an Fahrzeugen. Da diese Fahndung sehr aufwendig ist, wird sie nur bei bedeutenden Delikten angewendet. Die Anordnung des Abgleichs der Daten erfolgt durch den Richter, bei Gefahr im Verzug durch die Staatsanwaltschaft (§ 98b StPO). Solche Abgleiche können mit Einwohnermeldedaten, Versicherungsdaten, Vereinsdaten, Finanzdaten o. a. m. erfolgen.

Diese Rasterfahndung ist Ende der 1970er-Jahre vom damaligen BKA-Präsidenten *Horst* ***Herold*** (Kapitel 1.4.3.4) zum Aufspüren **von Terroristenwohnungen** entwickelt worden. Anhand des Alters der Mieter und ihres Familienstandes, verbunden mit ihren Zahlungsgewohnheiten beim Strom- und Wasserverbrauch, bei der Begleichung von Mieten und Telefongebühren, konnten bestimmte Mieter als Terroristen oder deren Sympathisanten identifiziert werden.

9.8.7 Öffentlichkeitsfahndung

Die Öffentlichkeitsfahndung soll die Bevölkerung in das Fahndungsgeschehen mit einbeziehen. Hierbei entsteht ein Spannungsverhältnis. Einerseits möchte die Polizei die Bürger aufrufen, ihre Informationen zu einem bestimmten Sachverhalt bekannt zu geben. Andererseits besteht die Gefahr, dass auch der Täter informiert wird und sich entsprechend verhalten kann.

Ferner ist zu bedenken, dass durch die Bekanntgabe von Namen in das Recht auf informationelle Selbstbestimmung eingegriffen wird. Deshalb sind in jedem Einzelfall sowohl die **rechtlichen Bestimmungen** als auch die **Verhältnismäßigkeit** zu prüfen. So muss der Anlass eine Straftat von erheblichem Gewicht sein und die Verfahrensregeln der §§ 131–131c StPO beachtet werden (RiStBV, Anlage B).

So ist es **nicht** verhältnismäßig, Abbildlungen zu veröffentlichen (§ 131b StPO), wenn eine Ordnungswidrigkeit aufgeklärt werden soll (LG Bonn, NStZ 2005, S. 528).

In der Öffentlichkeitsfahndung wird unterschieden zwischen Fahndungen zur **Festnahme**, zur **Aufenthaltsermittlung**, mit der Veröffentlichung von **Abbildungen** und solchen mit **Dauercharakter** oder **Wiederholungen**. Darüber hinaus ist auf der taktischen Ebene die Frage zu beantworten, in welchem Verbreitungsgebiet diese Fahndung Erfolg versprechend sein kann. Dabei ist zu beachten, dass eine zu häufige Inanspruchnahme der Bevölkerung die Mitwirkungsbereitschaft erlahmen lässt.

Mit einer **zielgruppengerichteten** Öffentlichkeitsfahndung wendet man sich an bestimmte Berufsgruppen oder Gesellschaftsteile. So kann man über Fachzeitschriften z. B. Ärzte, Uhrmacher, Segler, Rennplatzbesucher, Fußballfans u. a. ansprechen. Es besteht aber auch die Möglichkeit, durch Wurfsendungen bestimmte Stadtteile oder durch Handzettel die Besucher bestimmter Veranstaltungen zu erreichen.

Besonders erfolgreich ist das sogenannte **Klinkenputzen**. Nach schwerwiegenden Straftaten werden alle Bewohner der Häuser aufgesucht, die die Möglichkeit hatten, auf den Tatort / Ereignisort zu blicken. Aus der Sozialwissenschaft ist bekannt, dass Nachbarn sehr gut übereinander informiert sind und dass ständig „Tausend Augen hinter den Fenstern" die Umwelt beobachten. Es gilt, diese Personen zu ermuntern, ihr Wissen der Polizei zu offenbaren. Das ist nicht einfach, weil das „Rumspionieren" als anrüchig gilt.

Im konkreten Fall stellt man sich gemeinsam mit dem Wohnungsinhaber an das Fenster und macht ihm klar, dass er die Tat sehen konnte und warum es auch für seine Sicherheit wichtig ist, die Polizei zu unterstützen (Kapitel 21.6.4).

Sehr gut informiert über Personen und Begebenheiten sind auch **Interessengruppen in Stadtteilen**, z. B. Kioskbesitzer, Wirte, Geldinstitute, Kirchenchor, Altenstube, Frauenhilfe, Baby-Treff, Kindergartenmütter, Schützenverein, Sportfreunde, Pfadfinder, Jugendtreff, u. a.m., nicht zu vergessen, die vielen rüstigen Rentner, die mit dem Fahrrad unterwegs sind. Die Auskunftsbereitschaft hängt allerdings von der Schwere des Straftatbestandes und der Betroffenheit der Bevölkerung ab.

Mit der **allgemeinen Öffentlichkeitsfahndung** wendet man sich unterschiedslos an alle Bürger. Dies kann mit Lautsprecherdurchsagen, über die Medien oder mit Hilfe von Plakaten geschehen.

Eine besonders schnelle Information an die Bürger kann über den **Rundfunk** erfolgen, z. B. im Rahmen des **Verkehrswarndienstes**, oder über eine Sammel-SMS (Short Message Service), einer kurzen Text-Information an alle Mobiltelefone (Handy) in einem bestimmten Bezirk. Der Verkehrswarnfunk ist besonders wirkungsvoll, weil die technische Codierung dieser Nachrichten die Autoradios auf Empfang stellt, auch wenn gerade ein anderer Sender gehört oder die Lautstärke abgestellt ist. Diese Art der Fahndung informiert aber nicht nur die Bürger, sondern auch die Täter, sodass diese Anwendung abgewägt werden muss.

Eine andere Art der SMS-Fahndung wird mit sogenannten „Mitfahndern" betrieben (*Eckert*, a.a.O.). Hierbei können sich Bürger bei der Polizei um „Mitfahndung" bewerben, sodass nur diese informiert werden. Dabei kann die Fahndungsinformation nicht nur über SMS, sondern auch über Internet oder Fax verbreitet werden. Die seit 2002 durchgeführten Pilotprojekte sind jedoch ohne einen einzigen Erfolg geblieben. Das Interesse der Bürger an Mitarbeit ist sehr gering. Ein in Teilen Österreichs erfolgreich praktiziertes Fahndungssystem wird mit einem Informationssystem verbunden. So werden an bestimmte Zielgruppen, z. B. Geschäftsleute, Tankstellen, Bankangestellte oder andere, Warnhinweise zu aktuellen Kriminalitätserscheinungen gegeben.

Besonders effektiv ist die **Fernsehfahndung**. Hier können aktuelle Nachrichten sowie Lichtbilder oder Filme verbreitet werden. Damit dieses Medium nicht übersättigt wird, nimmt das **Bundeskriminalamt** – für die Tagesschau der ARD sowie für die Heute-Nachrichten des ZDF – und die LKÄ für die Regionalprogramme eine Filterfunktion wahr. Wollen die Polizeibehörden in den genannten Sendungen einen Fahndungsaufruf verbreiten, so wird dies über die entsprechenden **Landeskriminalämter** vermittelt.

Problematisch ist die Verbreitung von Fahndungsmeldungen durch private Radio- oder Fernsehsender. Da sich diese ausschließlich aus Werbegebühren finanzieren, besteht die Gefahr, dass Reporter der Sucht nach Sensationsmeldungen erliegen und über das vertretbare Maß hinaus über den Kriminalfall berichten (*Lindlau,* a.a.O.).

Insgesamt ist zu bedenken, dass die **elektronischen Medien** den Vorzug der Schnelligkeit haben, aber ebenso schnell wieder vergessen werden. Sie sind deshalb besonders geeignet, Meldungen zu verbreiten, die vorrangig der Gefahrenabwehr dienen. **Print-Medien** sind zwar langsamer, erreichen aber auch denjenigen, der erst später dazu kommt, die Zeitung zu lesen. Darüber hinaus bleibt die Meldung für den Leser länger verfügbar. Deshalb ist dieses Medium bei der Aufklärung von Straftaten besser geeignet.

Seit dem 20.10.1967 wird die Fernsehsendung „Aktenzeichen XY ... ungelöst" einmal monatlich im ZDF ausgestrahlt. Besonders hervorzuheben ist, dass sich der verantwortliche Produzent und Begründer der Sendung *Eduard* ***Zimmermann*** (1929–2009) in allen Sendungen jeglicher Sensationshascherei enthalten hat. Die Sendung hat sich insbesondere verdient gemacht, die **Opfer von Straftaten** in den Mittelpunkt zu stellen. Auf Initiative des Produzenten wurde 1976 der **Weisse Ring** gegründet, eine Hilfsorganisation für Kriminalitätsopfer und deren Familien.

Die Sendung zeigt zu realen Kriminalfällen Filme und regt die Mithilfe des Bürgers bei der Aufklärung der Verbrechen durch eine Belohnung an. Der Inhalt der bevorstehenden Sendung kann auf der **Internetseite des Senders** eingesehen werden.

Wenn auch die hier veröffentlichten Kriminalfälle unter dem Gesichtspunkt einer größeren Aufklärungswahrscheinlichkeit ausgesucht werden und somit kommerzielle Gesichtspunkte nicht unwichtig sind, so ist dies doch ein Fahndungshilfsmittel, das bei der Straftatenbekämpfung **wertvolle Hilfe** leistet. 42 % der ausgestrahlten Fälle konnten bisher aufgeklärt werden, dabei über 500 des Mordes Verdächtige festgenommen.

Für die **Aufnahme von Fällen** ist die Privatgesellschaft **Deutsche Kriminal-Fachredaktion** in 85765 Unterföhring zuständig. Das Bundeskriminalamt sollte in jedem Fall vorher informiert werden, um die notwendigen „technischen"

Voraussetzungen für eine europaweite Fahndung zu schaffen (BKBl. Nr. 97 / 2009).

Bei der Öffentlichkeitsfahndung ist auch zu bedenken, dass Passanten zufällig Tathandlungen fotografiert oder gefilmt haben, z. B. das Abstellen eines Sprengstoffautos oder die Flucht nach der Tat. Diese Wahrscheinlichkeit ist dann sehr hoch, wenn der Tatort in der Nähe von Veranstaltungen, Sehenswürdigkeiten oder Denkmälern lag.

9.8.8 Fahndung in Datennetzen

Bei der Fahndung in Datennetzen sollen Sachverhalte zur Straftatenverfolgung und Gefahrenabwehr ermittelt werden. Es soll verhindert werden, dass Datennetze für kriminelle Zwecke benutzt werden. (Kapitel 2.3.3, Sicherheit in der Informationstechnik).

9.8.9 Schleppnetzfahndung

Im Rahmen der Schleppnetzfahndung dürfen Daten, die nach besonders schweren Straftaten (z. B. Raubüberfall) an einer Kontrollstelle nach § 111 StPO erhoben werden, mithilfe der Datenverarbeitung zur Strafverfolgung genutzt werden.

9.8.10 Verkehrswegesofortfahndung

Die Verkehrswegesofortfahndung wird dann durchgeführt, wenn aufgrund der Tathypothese angenommen werden kann, dass flüchtende Straftäter bestimmte Verkehrswege benutzen, so kann dort durch Kontrollen nach ihnen gesucht werden. Kontrollorte können dabei Autobahnen, Schnellstraßen, Bahnhöfe, Züge, Wasserstraßen oder Flugplätze sein.

Flüchten Straftäter mit Kraftfahrzeugen auf der **Autobahn**, so ist deren Anhalten durch einen **künstlichen Stau** problematisch. Werden dadurch nichtverantwortliche Personen gefährdet, so kann die Maßnahme rechts- und pflichtwidrig sein (LG Bückeburg, a.a.O.)

9.8.11 Verdachts- und ereignisunabhängige Fahndung („Schleierfahndung“)

Diese Fahndung dient der Unterbindung der grenzüberschreitenden Kriminalität, der Verhinderung oder Unterbindung der unerlaubten Einreise und des unerlaubten Aufenthaltes sowie der vorbeugenden Bekämpfung von Straftaten (*Walter*, a.a.O.). Die Kontrollen sollen an kriminogenen Orten, auf Fernstraße und auf erkannten Ausweichrouten durchgeführt werden. Grundlage ist eine solide Lagebildanalyse im Rahmen der Polizeitaktik und Polizeistrategie (Kapitel 1.4).

Diese Fahndung wurde unter dem Begriff „Schleierfahndung“, vom ehemaligen Bundesinnenminister (1993–1998) *Manfred Kanther* medienwirksam eingeführt. Sie sollte die Kontrolllücken schließen, die im Rahmen des Schengener Durchführungsabkommen vom 14.6.1985 durch die schrittweise Abschaffung der Binnengrenzkontrollen im EU-Raum entstanden. Deutschland hat das Abkommen am 26.3.1995 in Kraft gesetzt.

9.9 Auslobung

Die Polizei bedient sich auch des Mittels der Belohnung, um den **Bürger anzuregen, Informationen** zu geben. Rechtlich stellt sich dies in zwei Arten dar: Auslobung und Belohnung.

In Form der Auslobung kann die Bevölkerung aufgerufen werden, dass sie für bestimmte Informationen einen bestimmten Geldbetrag oder einen Sachwert erhält, z. B. für die Bekanntgabe des Aufenthaltsortes eines Flüchtigen werden 1000,- EUR gezahlt. Dieses Verfahren ist bürgerlich-rechtlich geregelt, sodass ein Rechtsanspruch besteht (§§ 657–661 BGB).

Solch eine Auslobung kann auch von jedermann vorgenommen werden. Allgemein bekannt sind die Aufrufe nach Hinweisen auf den entlaufenen Hund o. ä.. Nimmt der Bürger in einem Strafverfahren eine Auslobung vor, z. B. bei der Entführung eines Kindes, so ist die Polizei bei den Formalien behilflich. Staatliche und private Gelder dürfen dabei jedoch nicht vermischt werden.

9.10 Belohnung

Die Belohnung ist die nachträgliche Anerkennung für eine Leistung. Hat der Bürger z. B. von sich aus maßgeblich durch Hinweise an der Aufklärung von Straftaten mitgewirkt, so kann er dafür belohnt werden. Hierauf besteht aber kein Rechtsanspruch.

Anders ist es jedoch beim Auffinden von Diebesgut. Hier hat der Bürger einen Anspruch auf „Finderlohn" (§ 971 ff BGB, OLG Hamm, in: NJW 1979, S. 725).

9.11 Polizeiliche Beobachtung

Eine besondere Art der Fahndung stellt die Polizeiliche Beobachtung dar. Bei Straftaten mit erheblichem Unrechtsgehalt können Personen ausgeschrieben werden, wenn tatsächliche Anhaltspunkte die Annahme rechtfertigen, dass dadurch der Sachverhalt aufgeklärt oder der Täter ergriffen werden kann. Hierbei handelt es sich nicht um den namentlich bekannten Straftäter, sondern um den potenziell Verdächtigen oder um eine andere Person, die auf die Spur des Täters führen soll.

Dies können **Intensivtäter**, **internationale Straftäter**, Personen, die unter **Führungsaufsicht** stehen, oder **Schmuggler** sein. Als Straftaten kommen Rauschgift-, Waffen-, Falschgeld-, Vermögens-, Wirtschafts- und Eigentumsdelikte sowie Straftaten durch kriminelle Vereinigungen, Terrorismus und Einschleuser

illegaler Einwanderer in Frage. Da diese Ausschreibung ein bedeutender Eingriff in die **Persönlichkeitsrechte** darstellt, ist dies nur auf Anordnung eines Richters möglich (§ 163e IV StPO).
Wird eine Person oder ein Fahrzeug angehalten, die oder das zur Polizeilichen Beobachtung ausgeschrieben ist, so darf der Angehaltene von der Tatsache der Ausschreibung nichts bemerken. Alle Feststellungen sind unauffällig zu machen. Eingriffsbefugnisse werden durch diese Ausschreibung nicht begründet. Die Feststellungen über Kontrollort und -zeit, benutztes Fahrzeug, Anzahl der Fahrzeuginsassen u. a. m. sind der ausschreibenden Stelle und dem Landeskriminalamt unverzüglich schriftlich mitzuteilen. Dort werden die Informationen ausgewertet.

10 Observation

Das Thema kann hier wegen Verschwiegenheitspflichten nur angerissen werden (Kapitel 4.1.7).

Zum Bereich „Verdeckte Ermittlungen“, siehe Kapitel 14.

10.1 Literatur

Groß / Geerds,	Handbuch der Kriminalistik, Band II, S. 85, Berlin 1978
Soiné,	Kriminalistische List im Ermittlungsverfahren, in: NStZ 2010, S. 596
Vahle,	Polizeiliche Aufklärungs- und Observationsmaßnahmen, Dissertation, Bielefeld, 1983

Vorschriften und Rechtsprechung

Einsatz technischer Mittel, §§ 100c, 100d, 100i und 101 StPO

Längerfristige Observation, § 163f StPO

LG Kaiserslautern, NStZ 2006, 516, Richterliche Anordnung für Dauerobservation [auch wenn mehrere kurze Zeitblöcke hintereinanderliegen]

BGH, NStZ 2007, 635, [Kein Anspruch auf Verhinderung von Straftaten während der Observation]

10.2 Begriffe / Ziele

Der **Bundesgerichtshof** hält verdecktes oder heimliches Vorgehen der Polizei gegen Beschuldigte grundsätzlich für rechtsstaatlich erlaubt.

Dazu im Einzelnen: „Einer besonderen gesetzlichen Eingriffsermächtigung bedarf es nur für solche Ermittlungsmaßnahmen und Beweiserhebungen, die in geschützte Rechte anderer eingreifen (BVerfG in NStZ 1996, S. 45). Im Übrigen sind die **Polizeibehörden** in der Wahl ihrer Ermittlungsmethoden grundsätzlich frei. Das schließt auch die **Möglichkeit eines verdeckten Vorgehens** gegenüber dem Tatverdächtigen ein. Die **Heimlichkeit** eines polizeilichen Vorgehens ist kein Umstand, der nach der Strafprozessordnung für sich allein schon die Unzulässigkeit der ergriffenen Maßnahmen begründet (BGHSt 39, 335 [346]). Ein ‚Grundsatz der Offenheit staatlichen Handelns‘ lässt sich den das Ermittlungsverfahren regelnden Vorschriften des Gesetzes nicht entnehmen. Dieses verbietet nicht die unauffällige Beobachtung des Beschuldigten, auch nicht das von ihm unbemerkte Mithören und Belauschen“ (BGHSt 42, 139 [150, 151]; *Soiné,* a.a.O.; Kapitel 11.14.2).

Der Begriff Observation entstammt dem lateinischen „observare“, was beobachten bedeutet. Im täglichen Dienst verbinden wir mit beiden Begriffen verschiedene Tätigkeiten.

10.2.1 Beobachten

Das Beobachten von Lebenssachverhalten ist ständige Aufgabe und Tätigkeit aller Polizeibeamten. Dies kann offen geschehen, das heißt, der Beamte ist als solcher zu erkennen und geht z. B. Streife, oder es kann verdeckt geschehen und dient dazu, Kriminalitätsbrennpunkte zu beobachten und Straftaten zu erkennen.

Dieses Verborgensein ist ohne besonderen Aufwand und ohne besondere Technik möglich. So kann sich beispielsweise der Beamte in einem Gebäude, einem Fahrzeug oder Bauwagen befinden und beispielsweise einen Parkplatz beobachten. Dazu kann er sich eines Fernglases oder einer Videokamera bedienen. Ziel ist die **Festnahme der Täter auf frischer Tat**. Solche Beobachtungsposten können auch mit Eingreiftrupps kombiniert werden, die sich verborgen halten und über Funk gezielt eingesetzt werden, um die Festnahme durchzuführen (*Weihmann / Schuch*, Prüfungswissen – Kriminalistik und Kriminaltechnik, Hilden 2011, Fallbeispiel 4.4.1).

10.2.2 Observieren

Unter Observation verstehen wir das **systematische Beobachten von Personen** über längere Zeit (§ 163f StPO). Eine solche Observation ist so angelegt, dass **nicht** die Überführung oder **Festnahme auf frischer Tat** im Vordergrund steht, sondern vielmehr ist beabsichtigt, Hintergrundwissen zu erlangen, Organisationsstrukturen zu erkennen, Kontaktpersonen zu ermitteln, Absatzmärkte festzustellen und anderes mehr.

Im Rahmen solcher Observationen kann es vorkommen, dass ein Täter bei der Ausführung einer Straftat beobachtet wird, die Polizei jedoch **noch nicht** einschreitet, weil sie weitere Erkenntnisse, z. B. über Mittäter, Beuteverstecke, o.a.m. erlangen will.

Hier könnte der Täter für sich geltend machen, die Polizei hätte seine Tat verhindern können und deshalb sei er nicht verantwortlich. Doch die Rechtsprechung ist eindeutig anders: „Einen Anspruch eines Straftäters darauf, dass die Ermittlungsbehörden rechtzeitig gegen ihn einschreiten, um seine Taten zu verhindern, gibt es nicht; insbesondere folgt ein solcher Anspruch nicht aus dem Recht auf ein faires Verfahren gem. Art. 6 I MRK." Selbst eine günstigere Strafzumessung ist rechtlich bedenklich (BGH in NStZ 2007, S. 635).

Observationen sind **technisch und personell** so ausgestattet, dass sie ihre Aufgaben auch in der Bewegung wahrnehmen und Personen über längere Zeit und größere Entfernung ständig beobachten können.

Für das Beobachten, das Fotografieren von Personen und das Aufzeichnen von Gesprächen sind §§ 100a ff. StPO und landesrechtliche Vorschriften zu beachten. Die Tätigkeit in diesem Spezialgebiet macht für den Kriminalisten eine aufwendige Ausbildung erforderlich. Damit die Ressourcen sinnvoll genutzt werden, bedarf es für einen Observationsauftrag an das **Mobile Einsatzkommando** (MEK) umfangreicher Vorbereitungen.

Der dazu erforderliche Bericht sollte mindestens Folgendes enthalten:

10.3 Checkliste

OBSERVATIONSAUFTRAG

(Anforderung von Mobilen Einsatzkräften – MEK)

1 **Sachverhalt (Lage) Keine Ermittlungsvorgänge übersenden!**

2 **Zielperson**
2.1 Personalien
2.2 Personenbeschreibung, besondere Kennzeichen
2.3 Lichtbilder
2.4 Wohn- und Aufenthaltsort, Lage, Milieu
2.5 Ausgeübter und früherer Beruf
2.6 Arbeitsstelle
2.7 Verkehrslokale und Lebensgewohnheiten
2.8 Mittäter und Kontaktpersonen (Lichtbilder)
2.9 Verwandtschaftliche, gesellschaftliche, politische oder sonstige Beziehungen und Kontakte
2.10 Benutzte Kfz; Halter, Typ, Farbe, Kennzeichen, Abstellplatz
2.11 Polizeiliche und nachrichtendienstliche Erkenntnisse
2.12 Vorstrafen
2.13 Gefährlichkeit

3 **Zeit und Ort für die günstigste Aufnahme der Zielperson**

4 **Observationsauftrag und -ziel**
4.1 Welches Ziel soll durch die Observation erreicht werden?
4.2 Dauer der Observation; kontinuierlich oder in Intervallen?
4.3 Räumliche Begrenzung der Observation.
4.4 Wann, unter welchen Umständen und durch welche Kräfte sollen strafprozessuale Maßnahmen durchgeführt werden?

5 **Verbindungs- und Meldewege** zur ersuchenden Dienststelle; Name des Sachbearbeiters; dienstlicher und privater Telefonanschluss; Erreichbarkeit außerhalb der allgemeinen Dienstzeit.

6 Besonderheiten

6.1 Wurden in dieser Observationssache bereits exekutive Maßnahmen gegen Zielperson, Mittäter oder Kontaktperson durchgeführt?

6.2 Wurde die Zielperson schon einmal observiert?

6.3 Muss mit gezielter Gegenobservation gerechnet werden?

6.4 Welche Maßnahmen sind bei Enttarnung zu treffen?

7 Sonstiges

11 Vernehmung

11.1 Literatur

Améry, Jenseits von Schuld und Sühne [Autor war Opfer der Folter], Stuttgart 1966

Arendt, [Hannah] Über das Böse. Eine Vorlesung zu Fragen der Ethik, München 2003

Armbrüster, Fremdsprachen in Gerichtsverfahren, in: NJW 2011, S. 812

Artkämper, Fehlerquellen der Beschuldigtenvernehmung, in: Kriminalistik 1996, S. 393, 471

Artkämper, Polizeiliche Vernehmungen, in: Kriminalistik 1998, S. 572

Artkämper, Belehrung und Vernehmung von Beschuldigten, in: Kriminalistik 2007, S. 517

Artkämper / Schilling, Vernehmungen, Taktik – Psychologie – Recht, Hilden 2010

Bender / Nack / Treuer, Tatsachenfeststellung vor Gericht, Bd. II, Vernehmungslehre, München 2007

Bölter, Handreichungen für die Bearbeitung von Strafverfahren wegen sexueller Straftaten an Kindern, (Videoaufzeichnung), in: DRiZ 1996, S. 273

Bialek, Die Aussagebereitschaft der Tatverdächtigen bei der Polizei, in: Die Polizei 1983, S. 343

Brugger, Das andere Auge. (Gewalt zur Rettung von Entführten? Rechtsphilosophische Überlegungen zum Fall Jakob von Metzler) in: FAZ vom 10.3.2003, S. 58

Burgmer, Der „Fall“ Daschner (Androhung von „Folter“ zur Rettung des Lebens eines entführten Kindes), Oder: Vom Ethos der Nichtverantwortlichen und den Folgen für die Verantwortlichen, in: Kriminalistik 2004, S. 334

Dahle, Noch erlaubt oder schon verboten? Erlaubte List oder verbotene Täuschung, in: Kriminalist 1990, S. 431

Donk / Schröer, Die Vernehmung nichtdeutscher Beschuldigter, in: Kriminalistik 1995, S. 401

Ebel, Notwehrrecht der Polizei bei Vernehmungen (Befragungen) zum Zwecke der Gefahrenabwehr?, in: Kriminalistik 1995, S. 825

Erb, Notwehr als Menschenrechte – Zugleich eine Kritik an der Entscheidung des LG Frankfurt / M im „Fall Daschner“, in: NStZ 2005, S. 593 [598], „Die Entführung begründet eine Notwehr-Lage, die solange wie der Freiheitsentzug des Opfers andauert". (Ausführliche Begründung für Notwehrrechte / -pflichten durch Polizeibeamte nach § 32 StGB).

Gäfgen, [Magnus und Rechtsanwalt Michael Heuchemer], Allein mit Gott. Der Weg zurück. Bendorf 2005 [Gäfgen wurden wegen Mordes mit besonders schwerer Schuld an dem vom ihm entführten elfjährigen Jakob von Metzler verurteilt.]

Götz, Das Urteil gegen Daschner im Lichte der Werteordnung des Grundgesetzes, in: NJW 2005, S. 953, mit vielen Nachweisen.

Grabenwarter, Androhung von Folter und faires Strafverfahren – Das (vorläufig) letzte Wort aus Straßburg [Fall Gäfgen / Daschner, 27.9.2002], in: NJW 2010, S. 3128

Grasnik, Würden Sie es tun? (Gewalt zur Rettung von Entführten? (Rechtsphilosophische Überlegungen zum Fall Jakob von Metzler) in: FAZ vom 26.4.2003, S. 43

Groß / Geerds, Handbuch der Kriminalistik, Band II, Berlin 1978, S. 139,

Guggolz, Im „Schlaf" erinnern?, in: Kriminalistik 1989, S. 577

Habschick, Der Täter-Opfer-Ausgleich, in: Kriminalistik 2002, S. 617

Haubrich, Informatorische Befragung von Beschuldigten und Zeugen (ist schon Vernehmung), in: NJW 1981, S. 803

Hassemer, [ehemaliger Vizepräsident des Bundesverfassungsgerichts], Gefahr für die Freiheit. Der Rechtsanwalt ist kein Justizmanager, sondern Organ der Rechtspflege, in: FAZ vom 8.5.2008, S. 8

Hassemer / Maussek, Das Opfer als Verfolger. Ermittlungen des Verletzten im Strafrecht. [S. 29 ff.: Das amerikanische Parteienverfahren im Strafprozess] Frankfurt/M 1996

Hirt, Kinderdelinquenz – Ist die Gesellschaft schutzlos? (Rechtliche Aspekte der polizeilichen Vorgehensweise gegen Kinder, die Straftaten begangen haben.), in: Kriminalistik 2003, S. 570

Ignor, Die Ethikdiskussion in der Anwaltschaft, in: NJW 2011, S. 1537

Janovsky, Zeugenvernehmung mit Video [Bild-Ton-Aufzeichnung], in: Kriminalistik 1999, S. 453

Jansen, Zeuge und Aussagepsychologie, Heidelberg 2004

Kauerhof, Hooligans fallen nicht vom Himmel. Gewaltpräventionsprojekt. FAZ vom 18.9.2009, S. 29 [Institut für Deutsches und Internationales Sportrecht über Gewalt im Fußball, 04808 Wurzen]

Kmoth, Körperrhetorik (Hintergrundwissen zur Körpersprache), Frankfurt / M. 2005

Kraheck-Brägelmann, Die polizeiliche Vernehmung, Der Eindrucksvermerk, in: Kriminalistik 1990, S. 647

Linke, Diversionsrichtlinien im Jugendstrafverfahren – Bundeseinheitliche Einstellungspraxis durch Verwaltungsvorschriften der Länder? in: NStZ 2010, S. 609

Löhner, Vernehmungstechnik, Dialektik und Logik im Umgang mit Dritten, in: Kriminalistik 1991, S. 818

Luhmann, [Niklas] Gibt es in unserer Gesellschaft noch unverzichtbare Normen (Menschenwürde)? Universitätsrede, Heidelberg 1992

Maier, Aussage gegen Aussage und freie Beweiswürdigung, in: NStZ 2005, S. 246

Meyer-Goßner, Strafprozessordnung, München 2011

Miescher, Die List in der Strafverfolgung [Dissertation], Bern 2008

Mohr / Schimpel / Schröer, Beschuldigtenvernehmung, Lehr- und Studienbriefe Kriminalistik / Kriminologie, Band 5, Hilden 2006

Müller, Berufsbild und Berufsethos des Strafverteidigers, in: NJW 2009, S. 3745

Nack, Glaubwürdigkeit und Glaubhaftigkeit, in: Kriminalistik 1995, S. 257

Peters, [Karl], Fehlerquellen im Strafprozess, eine Untersuchung der Wiederaufnahmeverfahren in der Bundesrepublik Deutschland, Band 1, Karlsruhe 1970, Band 2, Karlsruhe 1972

Poscher, Menschwürde als Tabu, (Rechtsphilosophische und -soziologische Überlegungen zum Fall Jakob von Metzler), in: FAZ vom 2.6.2004, S. 8

Reichertz / Schneider, Hg., Sozialgeschichte des Geständnisses. Zum Wandel der Geständniskultur, Wiesbaden 2007

Rill / Vossel, „Lügendetektion“ und „Polygraphie“, eine kritische Analyse, in: NStZ 1998, S. 481

Rückert, Todfreunde. [Das Verhältnis zwischen dem Leiter der Mordkommission aus Mönchen-Gladbach, Hans-Josef Jöris und dem sechsfachen Mörder Otto Debisch]. in: DIE ZEIT vom 24.9.2009, S. 19

Schaap, Dienst- und Fachaufsicht in der Kripo. Einige unvollständige [aber zutreffende] Anmerkungen eines Kommissariatsleiters, in: Kriminalistik 2005, S. 717

Scharff, Eine unsichere und gefährliche Sache (Historie der Folter), in: FAZ vom 22.6.2004, S. 6

Schröer, Verfehlte Verständigung (Vernehmung von Migranten durch die Polizei) Konstanz 2002, (Habilitationsschrift)

Schröer, Der Kampf um Dominanz, Hermeneutische Fallanalyse einer polizeilichen Beschuldigtenvernehmung, Berlin 1992 (Dissertation)

Schroth, Opferrechtsreformgesetz – Das Strafverfahren auf dem Weg zum Parteienprozess? in: NJW 2009, S. 2916

Schwenn, Fehlurteile und ihre Ursachen – die Wiederaufnahme im Verfahren wegen sexuellen Missbrauchs, in: Strafverteidiger 2010, S. 705

Soiné, Kriminalistische List im Ermittlungsverfahren, in: NStZ 2010, S. 596

Steinke, Hypnose als letzte Zuflucht?, in: Kriminalistik 1988, S. 521

Steinke, Videographie bei Vernehmungen, in: Kriminalistik 1993, S. 330

Timm, Vernehmung und andere Standardmaßnahmen (Editorial), in: Kriminalistik 2007, S. 498

Vec, Schmerz gegen Wahrheit? Oder: Auch Not kennt ein Gebot. (Gewalt zur Rettung von Entführten? Rechtsgeschichtliche Überlegungen zum Fall Jakob von Metzler) in: FAZ vom 4.3.2003, S. 38

Weihmann, Strafverteidiger fragen Kriminalisten zur kriminalpolizeilichen Vernehmung des Beschuldigten, in: Strafverteidiger-Forum 2 / 1991, S. 94

Weihmann, Das Daschner-Urteil. (Folter?) Die Rechtsunsicherheit und die Folgen, in: Kriminalistik 2005, S. 371; Ergänzungen siehe unter www.weihmann-schuch.de, Aufsätze

Weihmann / Schuch, Prüfungswissen – Kriminalistik und Kriminaltechnik, Hilden 2011

Weihmann, Kriminalistische Vernehmung, [Probleme für die Kriminalistik durch die Verkehrsunfallaufnahme der Polizei] in: Kriminalistik 2010, S. 82

Wendler / Hoffmann, Technik und Taktik der Befragung im Gerichtsverfahren, Stuttgart 2009

Wohlers / Schlegel, Zum Umfang des Rechts der Verteidigung auf Akteneinsicht gemäß § 147 I StPO, in: NStZ 2010, S. 486

Wulf, Polizeiliche Beschuldigtenvernehmung, Dissertation, Heidelberg 1984

Zittlau, Lügen wider Willen, Ursachen der unbeabsichtigten Falschaussage, in: Kriminalistik 1992, S. 637

Zschockelt, Opferschutz und Wahrheitsfindung bei der Vernehmung von Kindern in Verfahren sexuellen Missbrauchs (Videoaufzeichnung), in: NStZ 1996, S. 305

Vorschriften und Rechtsprechung

Allgemein

Vernehmung durch die Polizei, §§ 163 III; 163a IV und V StPO

Vernehmungsgegenüberstellung [Ausräumen von Widersprüchen], § 58 StPO

BVerfG, Beschluss vom 8.10.1974, NJW 1975, S. 104 a), Die Sachaufklärung beruht im Wesentlichen auf dem Zeugenbeweis

BGHSt 32, 127, Beschluss des GSS vom 17.10.1983, Der Zeugenbeweis ist eines der wichtigsten Beweismittel

BVerfGE 49, 280 (284), Zeugenpflicht ist eine allgemeine Staatsbürgerpflicht

BGHSt 18, 238 (241); BGH in NStZ 1997, S. 355, Überprüfung der Glaubwürdigkeit und Glaubhaftigkeit

BGHSt 45, 164, Unwahrhypothese zur Überprüfung der Glaubhaftigkeit

BGH in NStZ 2004, S. 635, Beweiswürdigung bei „Aussage gegen Aussage“

BGH, Urteil vom 25.3.1980, NJW 1980, S. 1533, BGHSt 29, 230 [232], Die informatorische Befragung ist bereits Vernehmung

BGHSt 42, 139 [145], Zum Begriff der Vernehmung gehört, dass der Vernehmende dem Beschuldigten oder Zeugen in amtlicher Funktion gegenübertritt

BGHSt 35, 328, und NStZ 1997, S. 251, Kriminalistische List ist erlaubt

BVerfG, Beschluss vom 26.5.1981, NJW 1981, S. 1723, Hoher Beweiswert von Polizeiprotokollen

BGH in NStZ 1994, S. 555, Bei der Tatbeschreibung [in der Vernehmung] müssen Zeit, Ort und Begehungsweisen der Einzeltaten erkennbar sein

OLG Düsseldorf, Beschluss vom 22.8.1990, NJW 1990, S. 2898, Tonbandaufnahmen greifen in die Persönlichkeitsrechte ein

BGHSt 14, 358, Tonbandaufnahmen vom Angeklagten dürfen nur mit dessen Zustimmung gefertigt werden

BGHZ 27, 284, Heimliche Tonbandaufnahmen sind unzulässig. Kultur und Wert von Streitgesprächen

OLG Celle, Beschluss vom 4.8.1987, NStZ 1987, S. 521, Ein sprachunkundiger Ausländer hat Anspruch auf Beiordnung eines Verteidigers

BVerfG, Beschluss vom 30.6.2005, NVwZ 2005, S. 1175, Die verweigerte Unterschrift nach Vernehmung schließt nicht aus, dass die Angaben inhaltlich richtig protokolliert sind

Zeugen

BGHSt 34, 140 und 37, 48, Für die Vernehmung von Verdächtigen ist zunächst § 163 III StPO anzuwenden. Sie sind somit Zeugen

BGH, Urteil vom 30.8.1984, NStZ 1985, S. 36, Umfang der Belehrung von Zeugen

BVerfG, Beschluss vom 8.10.1974, NJW 1975, S. 103, II 1 b, Rechtsbeistand für Zeugen bei der Vernehmung

BGH, Beschluss vom 21.5.1982, NStZ 1982, S. 389, Richtet sich ein Strafverfahren gegen mehrere Beschuldigte, so gilt das Zeugnisverweigerungsrecht gegenüber allen, wenn nur zu einem das Angehörigenverhältnis besteht. Das erlischt, wenn das gegen den Angehörigen geführte Verfahren rechtskräftig abgeschlossen ist, BGH in NStZ 2009, 515

BGH, Urteil vom 29.10.1991, NStZ 1992, S. 195, Erlöschen des Zeugnisverweigerungsrechtes bei mehreren Beschuldigten

BGH, Urteil vom 13.2.1992, NJW 1992, S. 1118, Erlöschen des Zeugnisverweigerungsrechtes von Angehörigen

BGH, Urteil vom 27.1.1970, NJW 1970, S. 766, Zeugnisverweigerungsrecht durch Kinder

BGHSt 14, 159, Zeugnisverweigerungsrecht durch Kinder, Feststellung der Verstandesreife

BGH, Beschluss vom 16.5.1995, NStZ 1995, S. 558, Würdigung kindlicher Zeugenaussagen

BGHSt 45, 164 [174], Bei der ersten Vernehmung von Kindern in bedeutenden Sachen muss zwingend ein Gutachter für Aussagepsychologie anwesend sein

BGH in NStZ 2004, S. 390, (keine) Verwendung von Bild- und Tonaufzeichnungen früherer Vernehmungen bei nachträglichem Zeugnisverweigerungsrecht

Beschuldigte

BGHSt 10, 8, Begriff des Beschuldigten

BGHSt 25, 331, Aussagefreiheit des Beschuldigten

Internationaler Pakt über bürgerliche und politische Rechte vom 19.12.1966, Artikel 14 III g, BGBl. 1973, S. 1533 [1540]; [**Selbstbelastungsfreiheit** für Beschuldigte]

BVerfG, Beschluss vom 7.7.1995, NStZ 1995, S. 555, Schweigen des Beschuldigten (Kein Schuldindiz)

BGH, Urteil vom 31.5.1990, NStZ 1990, S. 446, BGHSt 37, 48, Übergang von der Zeugen- zur Beschuldigtenvernehmung

BGH, Beschluss vom 27.2.1992, NJW 1992, S. 1463, BGHSt 38, 214, Unterbliebene Belehrung des Beschuldigten führt zum Beweisverwertungsverbot, (Geänderte Rechtsprechung)

BGH, Urteil vom 27.9.1989, NJW 1990, S. 461, Erlaubte Verwertung spontan gemachter Äußerungen vor Belehrung

BGH, Beschluss. vom 24.1.1995, NStZ 1995, S. 353, Verwertung eines nicht protokollierten Gesprächs

BGH, Beschluss vom 8.6.1995, NStZ 1995, S. 557, (Keine) Belehrungspflicht außerhalb von Vernehmungen

BGH, Urteil 29.10.1992, NStZ 1993, S. 142, Verweigerte Konsultation mit dem Verteidiger führt zum Verwertungsverbot der Aussagen

BGH, Urt. vom 12.1.1996, NStZ 1996, S. 291, Pflicht zur Hilfe durch die Polizei bei der Suche nach einem Verteidiger

BGH, Urteil vom 12.10.1993, NStZ 1994, S. 95, Intellektuell nicht verstandene Belehrung führt zum Beweisverwertungsverbot

BGH, Beschluss vom 9.3.1995, NStZ 1995, S. 462, Vernehmung nach Verwertungsverbot nur verwertbar, wenn danach „qualifiziert" belehrt wurde

BGH, Urteil vom 15.5.1992, NStZ 1992, S. 502, Ohne Rücksicht auf die Tages- und Nachtzeit sind wiederholte Vernehmungen bei Kapitaldelikten zulässig

BGH, Beschluss vom 4.11.1986, NStZ 1987, S. 85, Anforderungen an die richterliche Beschuldigtenvernehmung

BGH, Beschluss vom 25.4.1991, NStZ 1991, S. 500, Verlesung eines Geständnisses

BGH, Beschluss vom 5.3.2003, NStZ 2003, S. 497, und NStZ 1998, S. 97, Beweisanträge dürfen nur ausnahmsweise, bei offensichtlicher Ungeeignetheit, abgelehnt werden.

BGH in NStZ 2004, S. 382, und NStZ 2003, S. 365, Bei Gewaltdelikten und Sexualdelikten kann der Täter im Rahmen des Täter-Opfer-Ausgleichs nur mit einer Strafmilderung rechnen, wenn er ein Geständnis ablegt

BGH in NStZ 2010, S. 530, Beschränkung der Verteidigung – Versagung der Akteneinsicht

EGMR, NJW 2009, S. 3707, Recht auf einen Verteidiger schon bei der ersten polizeilichen Vernehmung

Anwalt / Verteidiger

Brause, Strafgericht und Verteidigung (Verpflichtungen im Spannungsfeld), in: Kriminalistik 1995, S. 349

Hamm, Der Standort des Verteidigers im heutigen Strafprozess, in: NJW 1993, S. 289

Hammerstein, Verteidigung wider besseres Wissen?, NStZ 1997, S. 12

Schriftenreihe der Bundesrechtsanwaltskammer, Band 8, Thesen zur Strafverteidigung, München 1992

Schriftenreihe der Arbeitsgemeinschaft des Deutschen Anwaltvereins, Band 5, Der Bürger im Ermittlungsverfahren. Staatliche Eingriffe und ihre Abwehr, Essen 1987

Rechte und Pflichten des Anwaltes, §§ 43 bis 59 Bundesrechtsanwaltsordnung

BGHSt 2, S. 377, Aufgaben und Tätigkeit des Anwalts

BGHSt 29, S. 107, Antrag auf unlauteren Freispruch durch den Anwalt

BGH, Beschluss. vom 28.9.1995, NStZ 1996, S. 146, Akteneinsichtsrecht in vollem Umfang erst nach Abschluss der Ermittlungen

BGH, Beschluss vom 25.1.2005, NStZ 2005, S. 341, Exzessives Prozessverhalten der Verteidigung (ist bedenklich)

11.2 Überblick / Drei Säulen / Begriffe / Wahrnehmung / Aussagebereitschaft

Vernehmung ist die Befragung von Personen durch die Strafverfolgungsbehörden und Strafgerichte zu einem strafbaren Sachverhalt. Nach dem **strafprozessrechtlichen Status** sind das **Zeugen, Verdächtige** oder **Beschuldigte,** für die es jeweils andere gesetzliche und rechtliche Vorschriften gibt (Kapitel 11.4 und 11.7).

Kriminalistisch können das Erwachsene, vorläufig Festgenommene, Jugendliche, Heranwachsende, Kinder, Ausländer u.v.a.m. sein. Die Vernehmung erfolgt z. B. am Tatort, im Streifenwagen (Kapitel 1.3.2), während der Festnahme, bei der Durchsuchung, bei der Blutprobe, bei Ermittlungen, im Krankenhaus, bei der Obduktion, auf der Dienststelle oder bei der Anzeigenaufnahme (Kapitel 6). In besonderen Fällen sind Gutachter und / oder Dolmetscher zugegen. Jede dieser Besonderheit wirkt sich anders auf den taktischen Teil der Vernehmung aus. Alle hierbei entstehenden Fehler können zum Beweisverwertungsverbot bis in die Gerichtsverhandlung führen (Kapitel 11.7).

Es gibt auch **Polizeidienstvorschriften**, die kriminaltaktische Hinweise geben (PDV 382, Bearbeitung von Jugendsachen; und PDV 389, Vermisste pp.). Bei Benutzung dieser Vorschriften muss aber immer die aktuelle Richtigkeit geprüft werden (Art. 20 III GG), weil der Kriminalist dafür die persönliche Verantwortung übernimmt (§ 36 BeamtStG).

Umfang und Intensität der Vernehmung richten sich im Rahmen der **Verhältnismäßigkeit** im Strafverfahren nach der **kriminalpolitischen Bedeutung** des Deliktes (Kapitel 5 zu Ziffer 1.2) und / oder nach dem Status der Betroffenen. Das gilt für Ordnungswidrigkeit, für Straßenverkehrsunfälle und für Massenkriminalität, über die Wirtschaftskriminalität bis zu den Kapitaldelikten (Kapitel 22.2) Als Personen sind das Normalbürger, Ersttäter oder Wiederholungstäter bis zu Prominenten und Politikern (BVerfGE 7, 209 und BGHSt 19, 325 [332]).

Rund 20 % aller polizeilichen Vernehmungen erfolgen im Bereich der schweren Kriminalität, das sind Straftaten gegen das Leben, sexuelle Selbstbestimmung, Raub, Freiheitsdelikte, Vermögensdelikte, Umweltdelikte, Wirtschaftskriminalität und andere Spezialstraftatbestände. Die Qualifikation und Berufserfahrung der Kriminalisten in diesen Bereichen ist optimal. Wegen der Besonderheit dieser Delikte haben diese Beamten einen engen und stetigen Kontakt zur Staatsanwaltschaft, sodass auch seltene Sonderfälle sofort rechtsfehlerfrei bearbeitet werden. Ferner haben diese Kriminalisten die Zeit, Vernehmungen wirksam durchzuführen.

Solche Standards sind bei der **Massen- und Kleinkriminalität** sowie bei der großen Mehrzahl von Ordnungswidrigkeiten und Straßenverkehrsunfällen nicht zu verwirklichen, aber auch nicht notwendig. Viele Behörden verzichten in diesem Bereich sogar auf die Vernehmung und versenden Anhörungsbögen, ohne die geistigen Fähigkeiten der Personen zu prüfen.

Jede Vernehmung ist ein **Unikat**. Der Vernehmungsbeamte, der Vernommene und der Lebenssachverhalt sind immer verschieden. Darüber hinaus kann sich jede Vernehmung schlagartig von einer „Zeugenvernehmung" in eine „Verdächtigen-" oder „Beschuldigtenvernehmung" ändern. Dann müssen sofort die dafür geltenden gesetzlichen und rechtlichen Vorschriften angewendet werden (BGH, NStZ 1990, 446, BGHSt 37, 48,).

Die Vernehmung verlangt juristische Genauigkeit in Wort, Schrift und Methoden, weil alles als Beweismittel in einem Strafverfahren verwendet werden soll und durch die spätere Eidesleistung des Kriminalisten an Bedeutung zunimmt. Die Philologen nennen das **Idiomatische Prägnanz**. (Kapitel 25.8). Schon Fahrlässigkeiten können straf- und beamtenrechtliche Folgen nach sich ziehen (§ 154 ff. StGB); Kapitel 3.7 und 3.8). Darüber hinaus muss eine verständliche Sprache verwendet werden, damit jedermann den Inhalt nachvollziehen und überprüfen kann (BGHSt 45, 164 [178 ff.]; § 184 GVG und § 259 StPO). Trotzdem bleibt genügend Spielraum für die **Kriminalistische List** (Kapitel 11.14.2), die mit Kreativität angewendet werden darf, aber nur im Rahmen der rechtsstaatlichen Grenzen. Wer diese kennt, der weiß, was er darf (BGHSt 35, 328, und NStZ 1997, 251).

In der Vernehmung sollen die Aussagen von Personen mit den vorhandenen Beweismitteln abgeglichen und Widersprüche hinterfragt werden. Können diese nicht geklärt werden, so ist das als „Erkenntnismitteilung" in einem Eindrucksvermerk niederzulegen (OLG Stuttgart, NStZ 2008, 359). Es ist nicht die Aufgabe der polizeilichen Vernehmung, in einer „gutachterlichen" Stellungnahme die Glaubwürdigkeit der Person und die Glaubhaftigkeit der Aussage festzustellen. Das erfolgt durch Gutachter (Kapitel 4.1.4.1), die vom Gericht oder von der Staatsanwaltschaft ausgewählt und bestellt werden (BGH in NStZ 2010, S. 51 [52]; §§ 73, 78, i.V.m. 161a I StPO). Sogenannt „Merkwürdigkeiten" oder ein Verdacht auf unrichtige Angaben sind in einem Eindrucksvermerk niederzulegen und die Staatsanwaltschaft zu informieren.

Wer die „Kriminalistische Vernehmung" beherrscht, erkennt auch seine Grenzen und weiß, wann und von wem er Hilfe braucht. Dadurch wachsen das Selbstvertrauen und die Freude an der Arbeit.

11.2.1 Drei Säulen der Vernehmung

Die Vernehmung ist eine **strafprozessrechtliche Maßnahme** und unterliegt deshalb den gesetzlichen und rechtlichen Regeln.

Eine erfolgreiche Vernehmung steht auf **drei Säulen**, die als **gleichwertig** anzusehen sind. Der Vernehmungsbeamte muss deshalb alle drei Wissensbereiche beherrschen.

Straftatbestände

Kenntnisse des allgemeinen und besonderen Strafrechts, der strafrechtlichen Nebengesetze und des Ordnungswidrigkeitenrechts. Die gesetzlichen Varianten der verbotenen Tathandlungen können nur hinterfragt und in der Vernehmung niedergelegt werden, wenn sie dem Vernehmungsbeamten bekannt sind. Dieser Teil wird in diesem Buch nicht behandelt.

Verfahrensvorschriften

Kenntnisse der Verfahrensvorschriften nach Gesetz und Rechtsprechung. Das Strafverfahren soll die Menschen nicht zum Objekt herabwürdigen. Deshalb gibt es in diesem Bereich **verbotene** Themen, **verbotene** Methoden und **verbotene** Wertungen. Das beste Geständnis und die umfangreichsten Aussagen nutzen nichts, wenn Beweisverwertungsverbote entgegenstehen. Gesetzgebung, Bundesverfassungsgericht und Bundesgerichtshof haben hier enge Grenzen gezogen (Kapitel 3.3). Insoweit wird der **Beweiswert** eines Geständnisses oft überschätzt.

Beziehungsebene

Hier geht es um die Beziehungsarbeit zwischen dem Vernehmungsbeamten und dem Aussagenden. Die Spannungen zwischen den Interessen der Aussagenden und dem Prinzip der Rechtsstaatlichkeit mit einer funktionstüchtigen Strafrechtspflege sind durch interaktive und kommunikative Arbeit auszugleichen (Kapitel 11.10). Ganz besonders ist in diesem Bereich die Beachtung der zweiten Säule wichtig (Kapitel 11.3).

Ob eine Vernehmungsmethode **geeignet,** oder ob die erforderliche **Sachkunde** eines Gutachters für Aussagepsychologie vorhanden ist, entscheidet allein der Tatrichter (BGHSt 45, 164 [168, 175 und 179]; StV 1989, 141). Darüber hinaus wird der Sachverständige in seiner Tätigkeit vom Tatrichter geleitet (§ 78 StPO; Kapitel 4.1.4.1).

11.2.2 Begriffe / Wahrnehmung und Wiedergabe

a) **Vernehmung**

- Das Bemühen, durch Fragen Informationen von Menschen zu erlangen, um einen **strafrechtlichen Sachverhalt** aufzuklären, §§ 163 III und 163a IV StPO. Gleiches gilt für den Bereich der **Ordnungswidrigkeiten**, §§ 46, 53 und 55 OWiG.
- Jede Befragung zum Sachverhalt (BGHSt 29, 230).
- Das schriftliche Abfassen der Aussage (§§ 168b II, 163 III und 163a IV StPO).
- Die Bild-Ton-Aufzeichnung der Aussage (§ 58a StPO).

Das gilt für die Befragung von Zeugen, Verdächtigen und Beschuldigten (§§ 163 und 163a StPO) und gilt auch für die sogenannte „Informatorische Befragung". Der Bundesgerichtshof stellt zu fest: „Im Sinne des § 252 StPO ist ein Zeuge auch dann vernommen worden, wenn ihn die Polizei formlos (informatorisch) über den Ermittlungsgegenstand befragt hat" (BGHSt 29, 230 [232]; NJW 1981, S. 803). Die indifferente (unbestimmte) **Informationssammlung durch Polizeibeamte** am Tatort kann ebenso eine Belehrung erforderlich machen (BGHSt 38, 214 [227]).

Zur Vernehmung gehört auch, dass der Vernehmende dem Aussagenden in **amtlicher Funktion** gegenübertritt und in dieser Eigenschaft von ihm Auskunft verlangt (BGHSt 40, 211 [213] und 42, 139 [145]).

Hat ein Beschuldigter gegenüber einem Vernehmungsbeamten erklärt, er wolle schweigen, so dürfen seine späteren „Erzählungen“, die er gegenüber einem **Verdeckten Ermittler** (Kapitel 14.3) macht, dann nicht verwertet werden, wenn dieser ihn zu einer Aussage drängt (BGH in: NJW 2007, S. 3138).

b) **Gefahrenabwehr und Sondierungsfragen** (Keine Vernehmung)

Die Befragungen zur Gefahrenabwehr, z. B. Fragen nach dem Aufenthalt eines Vermissten, ist keine Vernehmung. Stellt sich aber später heraus, dass der Befragte am Tod des Vermissten mitgewirkt haben könnte, so dürfen die bisherigen Aussagen in dem Strafverfahren nicht verwertet werden (BGHSt 37, 48; Kapitel 3.3).

Sondierungsfragen sind Fragen, deren Beantwortung aus gesetzlicher oder rechtlicher Pflicht resultiert. Sie dienen der Aufrechterhaltung der Rechtsstaatlichkeit.

Das sind:

- Fragen nach den **Personalien** (§ 111 OWG),
- Fragen nach dem **Führerschein** / der Fahrerlaubnis (§ 4 II FeV),
- Fragen nach der **Zulassungsbescheinigung Teil I /** dem **Fahrzeugschein** (§ 11 Abs. 5 FZV),
- Fragen, ob jemand **Zeuge** ist (BVerfG 49, 280 (284)) und
- Fragen, ob jemand an einem **Verkehrsunfall** beteiligt ist (§ 142 StGB).

c) **Wahrnehmung und Wiedergabe**

Bei der Vernehmung geht es um die Wahrnehmung und um die Wiedergabe von Lebenssachverhalten. Somit um biologische und psychische Abläufe, die die Aussage entscheidend beeinflussen.

Wahrnehmung

Die Wahrnehmung ist zunächst von dem Auslösereiz abhängig. Warum hat die Person den Sachverhalt überhaupt wahrgenommen? Lag hier ein besonderes Interesse vor oder brach das Ereignis akustisch oder optisch auffallend herein? Ferner sind die biologischen Grenzen der Sinnesorgane von Bedeutung und die Singgebung der Wahrnehmung. Welche Bedeutung hat das Wahrgenommene für den Aussagenden?

Hier stellt sich das Problem von **Wirklichkeit** und **Objektivität**. Was hat sich tatsächlich ereignet und ist das auch richtig wahrgenommen worden? Das lässt sich nicht eindeutig feststellen! Selbst bei der Betrachtung ein und desselben **Alltagsgegenstandes**, z. B. eines Kunstwerkes, eines Motorrades oder der Kleidung eines Menschen, nehmen die Betrachter durch ihre Interessenlage, ihren Wissensstand, aufgrund von Berufserfahrung, durch Erlebtes oder Erlerntes sowie aus dem Blickwinkel eines großen oder kleinen Menschen, eine unterschiedliche Wirklichkeit wahr. Im Bereich des Sports ist bekannt, dass z. B. bei einem Fußballspiel die Zuschauer völlig unterschiedliche Bewertungen der Schiedsrichterentscheidungen vornehmen, obwohl es sich um denselben Sachverhalt handelt. „Ihre Wirklichkeit" hängt im Wesentlichen von den Sympathien für einen Verein oder für einen Spieler ab. Der Physiktheoretiker *Werner Karl* ***Heisenberg*** (1901–1976) stellte sogar für die Naturwissenschaften dazu fest: „Es gibt selbst für einfache Gegenstände nicht nur eine Erklärung, sondern immer mehrere Erklärungsebenen." Für den Kriminalisten bedeutet es, nicht nur den strafrechtlichen Sachverhalt, sondern auch die besondere **Sichtweise** des Aussagenden aufzunehmen und darzustellen.

Als Nächstes kommt es auf die **Erinnerung** an. Dabei kann das Vergessen schlicht die Folge einer Minderleistung des Gedächtnisses sein, sodass das Wahrgenommene nicht mehr erinnert werden kann. Darüber hinaus neigen Menschen dazu, ältere Sinneseindrücke mit neueren zu vermischen und so eine unter Umständen andere Erinnerung zu haben.

Wiedergabe

Schließlich geht es um die Wiedergabe. Dabei soll sich beim Vernehmenden der Lebenssachverhalt so darstellen, wie der Aussagende ihn erlebt hat. Eine wahrlich enorme Leistung, die voller Tücken steckt. Erstens kommt es auf die sprachliche Leistung des Aussagenden an. Dann verfälschen Missverständnisse, Auslassungen, Hinzufügungen oder Schätzungen das Bild. Schließlich geht es hier um die gesamte Bandbreite vom **Irrtum** bis zur **Lüge.**

Der **Irrtum** beruht auf Wahrnehmungsfehlern, die der Aussagende nicht kennt. Die Wahrnehmung kann fehlerhaft aufgenommen, falsch verarbeitet, in der Erinnerung verfälscht oder fehlerhaft wiedergegeben werden. Somit ist der **Irrtum für die Wahrheit schlimmer als die Lüge**, weil der Aussagende glaubt, er sage die Wahrheit. Der Vernehmende muss durch Hinterfragen feststellen, ob es so gewesen sein könnte, wie der Aussagende es schildert.

Bei der „Gutgläubigen Unwahrheit" gibt der Aussagende Fantasiegeschichten wieder, die er für tatsächlich geschehen hält. Das gilt nicht nur für Kinder, sondern ebenso für Erwachsene und ist auch nicht an eine bestimmte Intelligenz oder einen bestimmten Sozialstatus gebunden. Diese Geschichten können auch nur als Teil in einer wahren Geschichte auftreten, frei nach dem Motto: Weil nicht sein kann, was nicht sein darf.

Eine weitere Gefahr besteht durch das „Denken in Schlussfolgerungen". So hat z. B. ein Zeuge den Knall eines Verkehrsunfalls gehört und die Schlussstellung der Fahrzeuge gesehen. Viele Menschen neigen dazu, den Unfallhergang daraus gedanklich zu rekonstruieren und schildern ihn, als hätten sie alles gesehen.

Wie leicht unser **Gehirn uns täuscht**, kann man bei einem einfachen Versuch feststellen, der in der FAZ vom 24.9.2003, S. 9, veröffentlicht ist. Obwohl die nachfolgende **Buchstabenfolge** fremd erscheint, kann der Text ohne Mühe gelesen werden:

„Die Bcuhstbaenreheniflоge in eneim Wrot ist eagl. Ncah enier nueen Sutide, die uetnr aerdnem von der Cmabirdge Uinertvisy dührruchgeft wrdoen sien slol, ist es eagl, in wlehcer Reheniflоge Bcuhstbaen in eneim Wrot sethen, Huaptschae, der esrte und ltzete Bcuhstbae snid an der rhcitgien Setlle. Die rsetclhien Bshcuteban kenönn ttoal druchenianedr sien, und man knan es tortzedm onhe Poreblme lseen, wiel das mneschilhce Gherin nhcit jdeen Bcuhstbaen enizlen leist, snodren das Wrot als Gnazes."
Das Gleiche macht das Gehirn mit allen anderen Erscheinungen des Lebens. Wenn etwas nicht vertraut erscheint, „bessert" es nach und lässt die Sache einleuchtend erscheinen, auch wenn es in Wirklichkeit nicht so gewesen ist.
Bei der **Aufgehängten Unwahrheit** ist der Kern der Geschichte wahr. Der Beweiswert des Ausgesagten scheint dem Aussagenden jedoch nicht stark genug, sodass er das Geschehen jetzt übertreibt, vergröbert oder zurechtbiegt. Dabei ist er guten Gewissens, nicht zu lügen.
Der **Überzeugungstäter** ist sich der Täterschaft einer bestimmten Person oder Personengruppe sicher, ohne jedoch die erforderlichen Beweise nennen zu können und ohne selbst Beweisrelevantes festgestellt zu haben. Er liefert jetzt eine Aussage, die zu dem erwünschten Strafmaß kommen soll.
Bei der **Blinden Lüge** hat der Aussagende keine beweiserheblichen Feststellungen getroffen. Er stellt sich jedoch eine bestimmte Begehungsart vor und beharrt darauf, es so festgestellt zu haben.
Der **Lügner** erfindet neue oder ergänzt tatsächliche Sachverhalte, damit ein bestimmtes Ergebnis erzielt wird. Im Regelfall ist die Lüge nur eine kurze Angabe über das Wesentliche, weil hier das Problem des Behaltens auftritt. Um sich über den Wahrheitsgehalt einer Aussage im Klaren zu werden, muss der Vernehmende diese mit einer **Analyse** hinterfragen (Kapitel 11.13.7).

11.2.3 Aussagebereitschaft

Von den der Polizei bekannten Tatverdächtigen sind 61 % bereit, eine Aussage zu machen und sich vernehmen zu lassen. Etwa 7 % verweigern die Aussage oder wollen sich über einen Anwalt zum Sachverhalt äußern. Die übrigen rund 32 % sind für die Polizei nicht erreichbar. Sie sind geflüchtet, unbekannten Aufenthalts oder erscheinen nicht. Diesem Personenkreis sollte besondere Aufmerksamkeit gewidmet werden, da unter ihnen ein großer Teil Wiederholungstäter sein dürfte.

Innerhalb der **Altersgruppen** gibt es ebenso deutliche Unterschiede in der Aussagebereitschaft. So sind Kinder zu 83 %, Jugendliche zu 73 %, Heranwachsende zu 57 % und Personen über 21 Jahre zu 49 % bereit, Aussagen zu machen. Eine ähnlich unterschiedliche Aussagebereitschaft gibt es bei den einzelnen Deliktsgruppen. Je schwerer das Delikt eingeschätzt wird, umso weniger sind die Tatverdächtigen bereit auszusagen (*Bialek,* a.a.O.).

Bei Ausländern und Migranten gibt es besondere Verhaltensweisen (Schröer, 2002, a.a.O.; Kapitel 11.16.5.

11.3 Rechtsprechung und Vernehmung

Seit 1992 hat die höchstrichterliche Rechtsprechung die Vernehmung im Strafverfahren und damit deren Beweisfähigkeit umfassend geregelt. Dadurch wird die **taktische Vorgehensweise bestimmt**. Insbesondere die Beweisverwertungsverbote (Kapitel 3). Das umfassendste Geständnis nutzt nichts, wenn das Ergebnis wegen banaler Fehler als Beweismittel nicht verwendet werden darf. Dies ist besonders wichtig, weil der Personalbeweis den höheren Stellenwert hat (Kapitel 3.5.1).

Umgangssprachlich geben wir der Vernehmung verschiedene Begriffe und laufen dadurch Gefahr, ungewollt Rechtsfolgen auszulösen, sodass die Aussagen unter das Beweisverwertungsverbot (Kapitel 3.3) fallen. Der Bundesgerichtshof (BGHSt 29, 230) hat unmissverständlich entschieden, dass **jede Befragung zum Sachverhalt** Vernehmung im rechtlichen Sinne ist und dabei die Belehrungsvorschriften (§§ 55, 163 III und 163a IV StPO) beachtet werden müssen. Es ist unerheblich, ob der Vernehmungsbeamte diesen Umstand kennt und / oder ob er die richtige Terminologie verwendet. So sind eine „Anhörung", eine „Befragung" und eine sogenannte „Informatorische Befragung" bereits Vernehmung und fordern **die formgerechte Belehrung.** Das gilt auch für das **Vorgespräch** sowie für **Gespräche im Streifenwagen,** sobald hierbei der Sachverhalt zum Inhalt wird (Kapitel 1.3.2) Da helfen auch keine Ausweichargumente, wie: „Es diene ja nur der strafprozessualen Statusfeststellung", oder ein Zitat des BGH über das Verhalten eines Gutachter (BGHSt 45, 164 [173 und 174]).

Anders ist das mit Fragen, deren Beantwortung aus einer gesetzlichen oder rechtlichen Pflicht resultieren. Zum Beispiel die Frage nach den Personalien, § 111 OWiG, nach dem Führerschein, § 4 II FeV, und nach der Zulassungsbescheinigung, Teil I, (Fahrzeugschein) § 24 StVZO, und die Fragen, **ob** jemand an einem Verkehrsunfall beteiligt ist, § 142 StGB, oder **ob** jemand als Zeuge in Betracht kommt, (§ 48 StPO; BVerfGE 49, 280 [284]), weil das eine allgemeine Bürgerpflicht ist. Diese Fragen sind keine Vernehmung im rechtlichen Sinne. Deshalb bezeichnet man sie als **Sondierungsfragen**.

Seit 2001 wird wiederholt die **Strukturierte Vernehmung** (Kriminalistik 2001, S. 785; 2009, S. 535 und S. 623) mit „Trichterförmiger Befragung“ und „Zeitleiste“ oder mit der „Bilderkartenmethode“ dargestellt. Diese Begriffswahl ist problematisch, weil mit ihr die „Erinnerungsleistung“ durch „Hinweisanreize“ und / oder „Grundannahmen und Abruftechniken“ erfolgt. Dadurch können „fremdsuggerierte Angaben“ hervorrufen werden, die die Wahrheitsfindung erschweren oder sogar verhindern. Solche Methoden sind **ungeeignet** (BGHSt 45, 164 [168, 175 und 179]. Ferner werden neue Begriffe als angebliche „Werkzeuge der Kriminalistik“ geschaffen.

Zur Unterstützung ihrer Thesen verwenden die Autoren überwiegend angloamerikanische Literatur. Doch das führt noch weiter in die Irre. *Hassemer / Matussek* (a.a.O., S. 29 ff.) weisen darauf hin, dass sich das angloamerikanische Strafverfahren fundamental vom deutschen Strafprozess unterscheidet. „Es hat andere Quellen, und es hat sich aus diesen Quellen im Verlauf der Jahrhunderte anders entwickelt“.

Auch der Begriff **Verantwortliche Vernehmung** (Kriminalistik 2009, 595 und 668) ist irreführend, weil er zunächst auf die Verantwortung des Vernehmenden hinweist, korrekt zu arbeiten. In Gesetzgebung und Rechtsprechung gibt es den Begriff nicht. Darüber hinaus wird die Verdächtigenvernehmung übergangen und diese mit der Beschuldigtenvernehmung gleichstellt (siehe Kapitel 11.7.2).

11.4 Status der Aussagenden

Zunächst sind einige gesetzliche Statusfragen zu klären, die im Strafrecht und Prozessrecht Bedeutung haben.

- **Kinder** sind bis 14 Jahre alt (§ 19 StGB) und schuldunfähig.
- **Jugendliche** sind 14, aber noch nicht 18 Jahre alt (§ 10 StGB; § 1 II JGG).
- **Heranwachsende** sind 18, aber noch nicht 21 Jahre alt (§ 10 StGB; § 1 II JGG). Damit wird deutlich, dass die mit 18 Jahren beginnende Volljährigkeit (§ 2 BGB) für das Strafverfahren keine Bedeutung hat.
- Erwachsene sind ab 21 Jahre alt.

Eine entscheidende rechtliche Frage für die Vernehmung ist, ob die Person **Beschuldigter, Verdächtiger oder Zeuge** ist, da sich hieraus besondere Rechte, aber auch Pflichten ableiten. Dieser Status ist nicht immer zweifelsfrei festzustellen. Es ist nicht selten, dass eine Person zunächst als Zeuge vernommen wird und sich später herausstellt, dass es sich um den Täter handelt. Bei der Beurteilung dieser Situation wird dem Kriminalisten eingeräumt, dass er nach pflichtmäßigem Ermessen entscheiden darf (BGHSt 21, 334 [363]). Maßgeblich für seine Entscheidung ist die **Stärke des Tatverdachtes** (Kapitel 3.6 und 11.7).

Seine **subjektive** Überzeugung von der Stärke des Verdachts muss er mit **objektiven** Tatsachen belegen (Kapitel 3.6.5).

Da die Vorschrift für die polizeiliche Vernehmung (§§ 163 III und 163a IV StPO) nur Zeugen und Beschuldigte nennt, stellt sich die Frage, wie ist mit dem „Verdächtigen" zu verfahren? Formalrechtlich könnte der Verdächtige gar nicht vernommen werden. Das wäre unbefriedigend für das Rechtssystem. Ist er in diesem Sinne vielleicht Beschuldigter oder Zeuge? Über diese Gesetzeslücke hat der Bundesgerichtshof entschieden, er ist zunächst Zeuge (BGHSt 34, 140 und 37, 48). Ausführlich in Kapitel 11.7.2.

Verdächtige können Personen sein, die sich in einer Gruppe von möglichen Tatverdächtigen befinden, z. B. die an einem Verkehrsunfall Beteiligten, wenn der Ablauf des Unfalls noch ungeklärt ist; oder Personen, die in einer Spurenakte (Kapitel 15) zu einem Tatkomplex genannt und allgemein überprüft werden sollen.

Richtet sich jedoch das Strafverfahren konkret gegen eine bestimmte Person oder liegt ein **starker Verdacht** vor, so ist sie **Beschuldigter**. Dabei ist es unerheblich, ob die Person davon Kenntnis hat oder ob ein formaler Akt des Anzeigenschreibens erfolgt ist. Auch der Mitbeschuldigte hat diesen Status, obwohl sein Verfahren, ausdrücklich oder stillschweigend, mit dem Verfahren gegen einen anderen Beschuldigten verbunden wird.

11.5 Arten der Vernehmung

Zwischen der polizeilichen, der staatsanwaltlichen und der richterlichen Vernehmung bestehen erhebliche prozessrechtliche Unterschiede. Um den Begriff Vernehmung zu erfüllen, müssen die Vernehmenden dem Beschuldigten oder Zeugen in amtlicher Funktion gegenübertreten (BGHSt 40, 211 [213] und 42, 139 [145]).

11.5.1 Polizeiliche Vernehmung

Der (Vor-) Ladung zur polizeilichen Vernehmung müssen Zeugen und Beschuldigte nicht folgen. Die Belehrung des Beschuldigten erfolgt ohne die Nennung der in Betracht kommenden Strafvorschriften (§§ 136 und 163a IV StPO). Dagegen muss die Belehrung des Zeugen umfassend sein (§ 163 III StPO).

Vernehmung mit Gutachter (Kapitel 4.1.4.1)

Verfügt der Vernehmungsbeamte nicht über die erforderliche Sachkunde, um einen speziellen Sachverhalt richtig aufklären zu können, so bedient er sich eines Gutachters (z. B. Umweltdelikte, Branddelikte, Gefahrguttransport). Dazu ist das **Einverständnis der Staatsanwaltschaft** einzuholen und aktenkundig zu machen (Kapitel 19).

Der Gutachter ist Gehilfe des Richter (Kapitel 4.1.4.1) und soll die Fachkunde ergänzen, über die der Richter nicht verfügt. So ist das auch bei der polizeilichen Vernehmung. Deshalb kann dem Gutachter gestattet werden, an Vernehmungen von Zeugen und Beschuldigten teilzunehmen und den Vernehmungsbeamten zu beraten (§ 80 StPO).

Eine wissenschaftliche Begleitung der polizeilichen Vernehmung, wie es *Adler / Hermanutz,* a.a.O., 2009b, S. 629, 1. Spalte, anregen, um eine erfolgreiche Vernehmungsmethode zu gewährleisten, ist nicht erforderlich, sondern eher problematisch. Diese Begleitung würde das alleinige Recht des Richters berühren, der die Tätigkeit des Sachverständigen leitet (§ 78 StPO).

11.5.2 Staatsanwaltliche Vernehmung

Zur **staatsanwaltlichen Vernehmung** besteht für Zeugen, Sachverständige und Beschuldigte Erscheinungspflicht (§§ 161a I und 163a III StPO). Die Belehrung der Beschuldigten erfolgt unter Einbeziehung der Strafvorschriften (§ 136 StPO). Über die Vernehmung der Personen soll ein Protokoll (§ 168b StPO) nach den Regeln der §§ 168 und 168a StPO gefertigt werden.

11.5.3 Richterliche Vernehmung

Zur **richterlichen Vernehmung** (im Ermittlungsverfahren) besteht ebenso eine Erscheinungspflicht wie bei der Staatsanwaltschaft (§§ 48 und 133 StPO). Der Beschuldigte ist dem Richter vorzuführen (§ 135 StPO). Zeugen, die zur Aussage verpflichtet sind, kann der Richter mit Zwangsmitteln (§ 70 StPO) zur Aussage zwingen. Ferner kann zur Herbeiführung einer wahren Aussage der Zeuge bereits im Vorverfahren vereidigt werden (§ 62 StPO).

Entscheidend für die polizeiliche Ermittlungsarbeit ist jedoch, dass die **richterliche Vernehmung von Beschuldigten** auch gegen den Willen der Betroffenen in der späteren Hauptverhandlung verlesen (§ 254 StPO) und damit als Beweismittel gewertet werden darf. Dies hat seine besondere Bedeutung für die **Absicherung von Geständnissen** (Kapitel 11.17). In diesem Zusammenhang ist es aber wichtig, dass der Vernehmungsrichter die polizeilichen Vernehmungsprotokolle nicht lediglich vorliest und als richterliche Vernehmung bestätigt, sondern zumindest die entscheidenden Passagen zum Gegenstand der richterlichen Befragung macht (BGH in NStZ 1987, 85).

Zeugenaussagen, die trotz eines Zeugnisverweigerungsrechtes gemacht werden, sollten ebenso richterlich abgesichert werden (Kapitel 11.17). Das gilt insbesondere für Zeugen, die zunächst von ihrem Zeugnisverweigerungsrecht keinen Gebrauch machen, das aber später erklären. Dann darf die Vernehmung zwar nicht verlesen werden (§ 252 StPO), jedoch kann der vernehmende Richter in der Hauptverhandlung als Verhörsperson über die Vernehmung aussagen.

Hierbei darf ihm als Gedächtnisstütze das Vernehmungsprotokoll vorgelesen werden (BGHSt 13, 394 [398], und BGH in NStZ 2007, 652).

Im **Rotlichtmilieu** ist es nicht selten, dass das Zeugnisverweigerungsrecht nachträglich „aus heiterem Himmel fällt" und der Widerruf der bisherigen Zeugenaussage (§ 252 StPO) mit einer plötzlichen Verlobung (§§ 1297 bis 1302 BGB) begründet wird. Um die bisher gemachten Aussagen dennoch verwertbar zu machen, ist bei allen wichtigen Aussagen sofort nach der polizeilichen Vernehmung eine **richterliche Vernehmung** dringend geboten (Kapitel 11.17).

Ein besonderer Grund zur richterlichen Zeugenvernehmung ist gegeben, wenn der Aussagende sehr alt oder schwer erkrankt oder ein im Ausland wohnender Ausländer ist und seine Aussage von besonderer Bedeutung sein kann. Steht der Zeuge bei der späteren Gerichtsverhandlung nicht mehr zur Verfügung, so kann die richterliche Vernehmung verlesen werden und hat damit ein größeres Gewicht bei der Beweiswürdigung (§ 251 II StPO).

Besonders zu beachten ist, dass bei der richterlichen Vernehmung **Anwesenheitsrechte** aus § 168c StPO bestehen, die beim Nichtbeachten zum Beweisverwertungsverbot führen (BGH in NStZ 2003, 671). So hat der Beschuldigte ein Anwesenheitsrecht, wenn der Richter einen Zeugen vernimmt (BGH in: NStZ 2010, 159).

Die „Befragungstechniken" in der **Gerichtsverhandlung** sind von anderer Form, da der Sachverhalt durch die Staatsanwaltschaft und die Polizei ausermittelt ist und alle Beweise vorliegen, mit denen die Prozessbeteiligten konfrontiert werden können (*Wendler / Hoffmann*, a.a.O.). Die Wahrscheinlichkeit der Wahrheit kann auch durch die Eidesleistung (§ 59 ff. StPO) und durch Ordnungsmaßnahmen oder Haft (§ 70 StPO) verstärkt werden. Diesen Befragungstechniken sind auch Polizeibeamte ausgesetzt (Kapitel 3.8; *Rückert* in „Die Zeit" vom 10.12.2009, S. 50).

11.6 Anwesenheitsrechte

Zu prüfen ist noch, wer neben den unmittelbar Beteiligten ein Anwesenheitsrecht bei der polizeilichen Vernehmung hat. Hierbei geht es um Zeugen, Anwälte, Angehörige und Vertrauenspersonen. Ein besonderes Problem stellt die Frage der Anwesenheit von Eltern bei Kindern dar. Dieser Aspekt wird im Abschnitt über die Anhörung von Kindern gesondert behandelt (Kapitel 11.16.3).

Zeugen sind stets in Abwesenheit der später zu hörenden Zeugen zu vernehmen (§ 58 StPO). Außer bei Einzelgegenüberstellung (siehe Kapitel 11.16.2) nehmen sie auch nicht an der Beschuldigtenvernehmung teil.

Die Anwesenheitsrechte für den **Anwalt** sind unterschiedlich geregelt. Bei der **Zeugen**vernehmung hat er immer das Anwesenheitsrecht (§ 68b StPO). Bei der Beschuldigtenvernehmung durch den Richter oder Staatsanwalt ist das ebenso

(§§ 168c I und 163a III StPO). Nicht dagegen bei der polizeilichen Vernehmung. Gleichwohl bestehen keine Bedenken, ihm die Anwesenheit zu gestatten (EGMR in NJW, 2009, 3707; Kapitel 11.8).

Ehegatten, gesetzliche Vertreter und **Erziehungsberechtigte** haben das Recht, in der Hauptverhandlung als Beistand zugelassen und auf Verlangen gehört zu werden (§ 67 I JGG und § 149 StPO). Insofern bestehen keine Bedenken, dies bereits im polizeilichen Ermittlungsverfahren ebenfalls zu tun. Durch Gesetzesänderung vom 22.12.2006 können nach § 51 II JGG Erziehungsberechtigte von der Hauptverhandlung ausgeschlossen werden, wenn erzieherische Nachteile zu befürchten sind. Diese Vorschrift sollte auch bei der polizeilichen Vernehmung angewendet werden.

Zeugen oder **Geschädigten** haben das Recht, einen Rechtsanwalt als Beistand zu nehmen (§ 68b II StPO) und es kann ihnen gestattet werden, eine Person ihres Vertrauens hinzuzuziehen (Nr. 19a RiStBV). Allerdings darf dadurch nicht der Untersuchungszweck gefährdet werden. Bei sexuellen Gewaltdelikten gegen Frauen ist dem Opfer stets eine Person des Vertrauens zur psychischen Unterstützung zuzulassen.

11.7 Belehrung über Rechte

Die Strafprozessordnung kennt als Verfahrensbeteiligte **Zeugen** und Opfer, **Verdächtige** und **Beschuldigte**. Für alle gelten andere Belehrungspflichten. Besonders problematisch ist es auch, wenn in Unkenntnis der tatsächlichen Vorschriften alle Personen pauschal als Beschuldigte belehrt werden, in dem Glauben, dann könne ja nichts vergessen werden. Hier ist zu bedenken, dass dies bedeuten würde, gegen die Person werde ein Strafverfahren geführt. Das kann den Straftatbestand der „Verfolgung Unschuldiger“ (§ 344 StGB) erfüllen.

Darüber hinaus gibt es die Freiheit, sich selbst nicht belasten oder beschuldigen zu müssen (Internationaler Pakt über bürgerliche und politische Rechte vom 19.12.1966, Artikel 14 III g, BGBl. 1973, S. 1533 [1540]; BGHSt 5, 332 [334] und 34, 39 [46]). Diese **Selbstbelastungsfreiheit** ist ein Menschenrecht, das Bestandteil unserer Rechtsordnung ist. Daraus leitet sich die Belehrungspflicht gegenüber Personen ab, die im Strafverfahren aussagen sollen.

11.7.1 Zeugen

Zeugen sind Personen, gegen die sich das anstehende Strafverfahren **nicht** richtet. Diese haben **Zeugnispflicht** (BVerfGE 49, 280 [284]), das durch Gesetz vom 30.7.2009 auch in § 48 I StPO neu geregelt wurde, und Eidespflicht (§ 59 ff. StPO). Sie können bei Weigerung mit Zwangsmaßnahmen (§ 70 StPO) belegt werden. Von diesen Pflichten sind sie nur aufgrund gesetzlicher Bestimmung befreit (§§ 52 ff., 81c III und 60 ff. StPO) oder können durch den obersten

Dienstvorgesetzten der Polizei gesperrt werden (§ 96 StPO; BGH in NJW 1993, 1214, und BGH in NStZ 1995, S. 604; Kapitel 14.5).

Als Zeugen sind auch die **Opfer** von Straftaten anzusehen. Der Gesetzgeber hat sich in den letzten Jahren dieser Personengruppe angenommen und deren strafprozessrechtliche Stellung verbessert, zuletzt am 1.10.2009 mit dem „Gesetz zu Stärkung der Rechte von Verletzten und Zeugen im Strafverfahren" (RiStBV 4a und 4d; BGBl. 2009, S. 2280; *Schroth*, a.a.O.). Umgangssprachlich wird es **Opferschutz** genannt (Kapitel 21.6.3 und 22.2). Zwar sind nicht alle Opfer gleichzeitig Zeugen, weil sie die Tatausführung nicht bemerkt haben. Natürlich gibt es auch Einzelfälle, in denen die Angaben der Opfer dramatisiert oder sogar falsch sind. Insofern ist immer das Spannungsfeld zwischen **Opferschutz** und **Unschuldsvermutung** zu beachten (§ 160 II StPO; BGHSt 21, 306 [308]; Art. 6 II EMRK; *Schwenn*, a.a.O.).

Opfer haben unser **Mitgefühl** und unsere Fürsorge (Kapitel 7.4.1, Ziffer 5.1). Das gilt besonders, wenn sich die Straftat unmittelbar gegen den Menschen richtete, z. B. Körperverletzung oder Sexualdelikte. Andererseits stehen Opfer unter dem Eindruck des Geschehens und werden von ihren **Emotionen** beeinflusst. Dadurch kann auch die Grenze der Wahrheit überschritten werden. Wenn sie den Kern des Geschehens mit **Übertreibungen** ausschmücken, dann können sie sich auch wegen „Falscher Aussage" (§153 I StGB) strafbar machen. Insbesondere, wenn sie das vor Gericht als Zeuge wiederholen (NJW 2009, S. 3043). Zum Beispiel, wenn sie nach einem Einbruchsdiebstahl die Schadenshöhe „anheben". Letztlich gibt es Personen, die **gar nicht Opfer sind**, aber in dieser Position mit falschen Behauptungen zivilrechtliche Vorteile suchen oder anderen schaden wollen, z. B. Diebstahl aus Kfz oder von Fahrrädern, oder Körperverletzung.

Die Vernehmung von Zeugen durch die Polizei richtet sich nach § 163 III StPO. Zeugen sind über das Recht auf anwaltlichen Beistand (§ 68b StPO), auf ihre Wahrheitspflicht (§ 57 StPO), auf ihr Zeugnisverweigerungsrecht (§ 52 ff StPO; Kapitel 27, Abb. 63), und Auskunftsverweigerungsrecht (§ 55 StPO) so zu belehren, dass sie das Für und Wider ihrer Entscheidung abwägen können (BGH in NStZ 2006, S. 647; §§ 163 III und 52 und 55 StPO). Das Recht der Selbstbelastungsfreiheit ist so zu verstehen, dass durch die Aussage keine Gefahr der Strafverfolgung besteht (BVerfG in NStZ 2002, 1411). Dabei geht es im Wesentlichen darum, nicht gegen einen Angehörigen (Kapitel 27, Abb. 63) oder gegen sich selbst aussagen zu müssen. Seit 2001 gilt dies auch für Lebenspartnerschaften. Deshalb müssen sie gefragt werden, ob sie mit dem Beschuldigten verwandt oder verschwägert sind oder ob eine eingetragene Lebenspartnerschaft besteht (Schematische Übersicht: siehe Kapitel 27, Abb. 63).

Richtet sich ein Strafverfahren **gegen mehrere Beschuldigte**, so gilt das Zeugnisverweigerungsrecht **gegenüber allen**, auch wenn nur zu einem das Angehörigenverhältnis besteht (BGH in NStZ 1982, S. 389). Das Recht gegenüber allen anderen erlischt, wenn das Verfahren gegen den Angehörigen rechtskräftig abgeschlossen ist (BGH in NStZ 2009, S. 515)

Personen, die aufgrund einer beruflichen Stellung ein Zeugnisverweigerungsrecht haben (§§ 53 bis 54 StPO), müssen nicht belehrt werden, da sie um ihr Recht wissen.

Durch das „Zweite Opferrechtsreformgesetz" vom 29.7.2009 (BGBl. 2009, S. 2280) hat jeder Zeuge das Recht auf **anwaltlichen Beistand** (§ 68b StPO). Dabei ist dem Anwalt die Anwesenheit bei der Vernehmung zu gestatten. Ein Ausschluss von der Vernehmung ist möglich, wenn dadurch die geordnete Beweiserhebung nicht nur unwesentlich beeinträchtigt wird. Obwohl das Recht auf anwaltlichen Beistand nicht der Belehrungspflicht unterliegt, gebietet es die Fairness, dies zu tun.

Macht ein Zeuge **trotz Verweigerungsrechts eine Aussage**, so kann er davon bis in die Hauptverhandlung hinein wieder Abstand nehmen. Alle Vernehmungsniederschriften dürfen dann nicht mehr als Beweismittel verwendet werden (§ 252 StPO). Ist diese Aussage jedoch in einer richterlichen Vernehmung gemacht worden, so kann dieser in der Hauptverhandlung als Zeuge über die Aussage vernommen werden (Kapitel 11.5).

Dem Zeugen ist deutlich zu machen, dass er sich durch eine falsche oder nicht vollständige Aussage strafbar machen kann wegen falscher Verdächtigung (§ 164 StGB), Begünstigung (§ 257 StGB) oder Strafvereitelung (§ 258 StGB). Darüber hinaus kann er zu seinen Aussagen von einem Richter vereidigt werden. Das falsche Schwören stellt einen Verbrechenstatbestand dar (§ 154 StGB).

Treten **Mittäter**, die in einem abgetrennten Verfahren verurteilt wurden, **als Zeugen** in dem neuen Verfahren auf, so muss der Beweiswert einer solchen Aussage auch daran geprüft werden, welche Vorteile der Aussagende durch sein Geständnis erlangt hat (BGH in NStZ 2010, S. 228).

11.7.2 Verdächtige

Die Vorschrift für die polizeiliche Vernehmung nennt nur Zeugen (§ 163 III StPO) und Beschuldigte (§ 163a IV StPO). Deshalb stellt sich die Frage, wie ist mit dem „Verdächtigen" zu verfahren? Ist er in diesem Sinne Beschuldigter oder Zeuge? Über diese Gesetzeslücke hat der Bundesgerichtshof entschieden (BGHSt 34, 140 und 37, 48).

Gegen den **Beschuldigten** besteht ein **starker Tatverdacht** (Kapitel 11.7.3). Deshalb darf er schweigen, weil er nicht an seiner Verurteilung mitwirken muss.

Das wird leichthin als Vorteil angesehen (Kapitel 11.7.3). Doch der Status als Beschuldigter erlaubt schwere Eingriffe in seine Rechte, z. B. Festnahme, Blutprobe, pp.

Gegen **Zeugen** (Kapitel 11.7.1) besteht **kein konkreter Tatverdacht**. Gegen sie wird kein Ermittlungsverfahren geführt. Eingriffe in ihre Rechte sind nur unter ganz besonderen Voraussetzungen möglich, z. B. körperliche Untersuchung, § 81c StPO.

Zwischen dem Zeugen und dem Beschuldigten steht der **Verdächtige**. Bei ihm liegt nur ein **schwacher Tatverdacht** vor (BGHSt 37, 48), sodass auch nur geringere Eingriffe in seine Rechte möglich sind, z. B. Durchsuchung, Personalienfeststellung, pp.

Weil die Beschuldigteneigenschaft ein schwerwiegender Eingriff in die Rechte von Menschen ist, hat der Bundesgerichtshof den Verdächtigen nicht mit dem Beschuldigten gleichgestellt. Deshalb ist für die **Vernehmung** der Verdächtige **Zunächst Zeuge** (BGH NJW 2007, S. 2706, Abs. 18, 19 und 20). Da aber schon ein „Schwacher Tatverdacht“ vorliegt, ist nicht ausgeschlossen, dass er sich selbst oder einen Angehörigen belastet. Insofern muss der Verdächtige nach § 55 StPO (Auskunftsverweigerungsrecht) belehrt werden. Erst wenn sich während der Vernehmung der Verdacht verstärkt, dann wird der Verdächtige zum Beschuldigten und auch so belehrt.

Damit macht der BGH deutlich, dass jede Beschuldigteneigenschaft erhebliche Konsequenzen für den Betroffenen haben kann, insbesondere, wenn diese Verdächtigung durch die Strafverfolgungsbehörde erfolgt.

Darüber hinaus stellt sich die Frage, ob der Verbrechens-Straftatbestand der **Verfolgung Unschuldiger** (§ 344 StGB) erfüllt sein könnte, wenn vorschnell oder „obligatorisch“ jemand zum Beschuldigten gemacht wird und so mit einem Strafverfahren überzogen wird. Denn „Unschuldiger“ ist auch der, dem ein Rechtfertigungs- oder Schuldausschließungsgrund zur Seite steht, z. B. ein Polizeibeamter, der von der Schusswaffen Gebrauch gemacht hat (*Fischer*, Kommentar zum StGB, § 344, Rn. 4).

Der Übergang vom **Verdächtigen zum Beschuldigten** setzt nach Auffassung des Bundesgerichtshofes voraus, dass „zu diesem Verdacht – mag er auch noch so groß sein – eine weitere Voraussetzung hinzukommen (muss), die dem Verdächtigen die mit der Rolle eines Zeugen unverträgliche Stellung eines Beschuldigten verleiht“ (BGHSt 10, 9). In einer anderen Entscheidung wird dies noch deutlicher dargelegt: „Für die Frage, wann von der Zeugen- zur Beschuldigtenvernehmung überzugehen ist, kommt es auf die **Stärke des Tatverdachts** an. Dabei unterliegt es der pflichtgemäßen Beurteilung der Strafverfolgungsbehörde, ob sie einen solchen Grad des Verdachts auf eine strafbare Handlung für gegeben hält, dass sie ihn als Beschuldigten verfolgt und als solchen vernimmt" (BGHSt 34, 140).

Der oft behauptete Vorteil der Beschuldigteneigenschaft ist zweifelhaft. Der Bundesgerichtshof stellt nochmals fest: Andererseits kann der Umstand, dass die Strafverfolgungsbehörde – zumal bei Tötungsdelikten – erst bei einem konkreten und ernsthaften Tatverdacht zur Vernehmung als Beschuldigten verpflichtet ist, für ihn auch eine schützende Funktion haben. Denn der Vernommen wird hierdurch nicht vorschnell mit einem Ermittlungsverfahren überzogen, das erhebliche nachteilige Konsequenzen für ihn haben kann" (BGH in NStZ 2008, 48 ff, Absatz 5).

Der **starke Tatverdacht** wird nicht von Gesetzes wegen festgestellt und nicht durch strafprozessuale Maßnahmen begründet, sondern durch das **pflichtgemäße Ermessen** der Strafverfolgungsbehörden (BGHSt 21, 334 [363]; BGH in NStZ 1987, 83). Das Bundesverfassungsgericht stellt hierzu fest, dass der Verdachtsgrad im Wesentlichen von der **kriminalistischen Erfahrung** des Beurteilenden abhängt (NJW 1984, 1451). Dieser muss die konkreten Tatsachen nennen können, die ihn veranlassen, eine Person als Beschuldigten anzusehen. Auch hier gilt die Regel: Die subjektive Überzeugung des Kriminalisten muss er mit objektiven Tatsachen belegen (Kapitel 3.6.5).

Ob eine strafprozessrechtliche Voraussetzung erfüllt ist, prüft allein der handelnde Beamte. Dazu hat der Bundesgerichtshof ausgeführt: „Wenn [...] die Vornahme einer Amtshandlung von dem Vorhandensein bestimmter sachlicher Voraussetzungen abhängt, weist das Gesetz dem Beamten auch die Prüfung zu, ob diese Voraussetzungen im Einzelfall gegeben sind, und stellt damit die Vornahme der Amtshandlung letztlich in sein **Ermessen**. Rechtmäßig ist in solchen Fällen die Amtsausübung dann, wenn der Beamte das ihm eingeräumte Ermessen pflichtgemäß ausübt und sein amtliches Handeln nach dem Ergebnis dieser Prüfung einrichtet. Ob dieses **Ergebnis richtig oder falsch** ist, ist für die Frage der **Rechtmäßigkeit ohne Bedeutung**, wenn der Beamte auf Grund sorgfältiger Prüfung in der Annahme gehandelt hat, zu der Amtshandlung berechtigt und verpflichtet zu sein. Die Frage nach deren Erforderlichkeit ist nicht auf Grund der nachträglich ermittelten Sachlage zu beurteilen. Es kommt vielmehr nur darauf an, ob der Beamte im Bewusstsein seiner Verantwortung und unter bestmöglicher pflichtgemäßer Abwägung aller ihm erkennbaren Umstände die Handlung für nötig und sachlich gerechtfertigt halten durfte. Nur ein schuldhafter Irrtum über die Erforderlichkeit der Amtsausübung, Willkür oder Amtsmissbrauch machen die Handlung rechtswidrig" (BGHSt 21, 334 [363]).

11.7.3 Beschuldigte

„Beschuldigte" ist der Oberbegriff (§ 157 StPO) von Personen, gegen die ein Strafverfahren betrieben wird (BGHSt 10, 8) oder gegen die eine Strafanzeige (§ 158 StPO) erstattet worden ist. Sieht die Polizei jemanden als Beschuldigten an, so muss allerdings ein **starker Tatverdacht** vorliegen, dass die vernommene Person ernstlich als Täter in Betracht kommt (BGHSt 37, 48; BGH, in: NStZ 1994, S. 2904 [2907]; BGH, in: NJW 2007, S. 2706, Abs. 17; BGH in: NStZ 2008, S. 48).

Da es sich um einen schwerwiegenden Eingriff in die Rechte der Menschen handelt, hat der Bundesgerichtshof noch einmal klargestellt, dass die Beschuldigteneigenschaft **erhebliche nachteilige Konsequenzen** haben kann und deshalb die Vernehmung als Verdächtiger eine schützende Funktion hat (BGH, in: NStZ 2008, S. 48 f., Absatz 5, und Kapitel 11.4). Das sollte auch bedacht werden, wenn Polizeibeamte nach einem Schusswaffengebrauch vernommen werden (*Weihmann*, a.a.O., 2006, Kapitel 5). Die leichthin verbreitete Behauptung, der Beschuldigte dürfe straflos **lügen**, ist so **nicht richtig**. Der Beschuldigte darf straflos im Rahmen der zulässigen Verteidigung die Straftat leugnen. Das Recht, die Tat bestreiten zu dürfen, begründet sich aus der **Selbstbelastungs-Freiheit** nach Artikel 14, III g, Internationaler Pakt über bürgerliche und politische Rechte vom 19.12.1966: „Der Angeklagte darf nicht gezwungen werden, gegen sich selbst als Zeuge auszusagen oder sich schuldig zu bekennen" (BGBl. 1973, S. 1533 [1540]). Gerät dadurch aber ein anderer in Verdacht, eine falsche Aussage gemacht oder selbst diese Straftat begangen zu haben, so liegt ein Tatbestand der „Falschen Verdächtigung" vor (§ 164 StGB; BayOLG in NJW 1986, 441; BGHSt 13, 219).

Ein **starker Verdacht** (BGHSt 37, 48) gegen eine Person kann entstehen durch Anzeigenerstattung eines Geschädigten oder durch die Anerkennung / Identifizierung eines Zeugen. **Weitere Indizien** sind Antreffen in zeitlicher und örtlicher Nähe zur Tat, Ähnlichkeit mit der Täterbeschreibung, Fluchtverhalten bei Annäherung der Polizei, auffällige Körperreaktionen wie Erröten, Gesichtsblässe oder Schweißausbruch, oder anderes abweichende Verhalten. Insgesamt hat der Beamte in einer Gesamtwürdigung aller Umstände und mit seiner kriminalistischen Erfahrung den Tatverdacht zu begründen. Auf einen förmlichen Akt kommt es dabei jedoch nicht an. Der Beschuldigtenstatus ist Voraussetzung für schwer wiegendere Eingriffsbefugnisse, wie z. B. Blutentnahme oder Festnahme (§§ 81a, 81b oder 112 i. V. m. 127 II StPO). Auch hier gilt die Regel: Die **subjektive Überzeugung** des Kriminalisten muss er mit **objektiven Tatsachen** belegen (Kapitel 3.6.5).

Pflicht-Belehrung und Inhalt

Der Beschuldigte ist darüber zu belehren (§ 163a IV, i.V.m. § 136 StPO), welche Tat ihm zur Last gelegt wird, dass er das Recht hat, sich zu der Beschuldigung zu äußern oder nicht zur Sache auszusagen, jederzeit einen von ihm zu wählenden Verteidiger befragen und Beweisanträge stellen kann.

Der Vorwurf der Tat muss nicht detailliert erfolgen. Es kommt im Wesentlichen darauf an, dass der Vernommene erkennt, dass er Beschuldigter ist und um welchen Tatvorwurf es sich handelt, z. B. fortgesetzter Wohnungseinbruch. Die bereits zu diesem Zeitpunkt bekannten Beweismittel müssen nicht genannt und nicht vorgelegt werden.

Das allgemeinen Schweigerecht umfasst auch, dass dem Vernommenen daraus kein Vorwurf gemacht und dieses Schweigen nicht nachteilig gegen ihn gerichtet werden darf.

Anders ist es, wenn der Beschuldigte umfassend aussagt und ab einem bestimmten Thema schweigt. Dieses Verhalten darf auch negativ bewertet werden (BGHSt 20, 298 [300], und 32, 140 [145]).

Um die Konsultation mit einem Anwalt zu ermöglichen, hat die Polizei ernsthaft Hilfe zu leisten. (BGHSt 38, 372, und 45, 15, und in: NStZ 2002, S. 380). Die Aushändigung eines Branchentelefonbuches ist nicht ausreichend. Eine Nachfrage beim Anwaltsnotdienst ist hilfreich und wird für die Polizei als zumutbar angesehen (Kapitel 11.8).

Beweisanträgen muss nur insoweit nachgegangen werden, als dass sie plausibel sind und Aussicht auf Erfolg haben (BGH, in: NStZ 2003, S. 497; BGHSt 37,162 [164] und 43, 321 [329]). Ein Beweisantrag soll drei Voraussetzungen erfüllen: erstens eine konkrete und bestimmte Behauptung, zweitens ein bestimmtes Beweismittel zu benennen und drittens den inneren Zusammenhang (Konnexität) zwischen Beweismittel und Beweiszusammenhang (BGH in NStZ 2011, S. 169, Abs. 11).

Hat der Beschuldigte von vornherein erklärt, er werde gar nicht aussagen, so muss er trotzdem über sein Recht belehrt werden, Beweisanträge stellen zu können.

Vorläufig festgenommene Beschuldigte sind umfassender und schriftlich zu belehren. Das gilt auch für die Freiheitsentziehung von Personen anlässlich der Identitätsfeststellung (Kapitel 6.11.2 und 18.3).

Die **Pflicht zur Belehrung** besteht nach Auffassung des Bundesgerichtshofes auch dann, wenn der Beschuldigte seine Rechte kennt (BGHSt 38, 214 [224]). Das ist auch sinnvoll, um dem Grundsatz des fairen Strafverfahrens gerecht zu werden. So könnte z. B. ein Polizeibeamter als Beschuldigter der irrigen Meinung sein, wegen der Unterrichtungspflicht seiner Vorgesetzten nach dem Beamtenrecht sei er auch zur Aussage im Strafverfahren verpflichtet. Insofern muss er über die besondere Situation des Ermittlungsverfahrens gegen ihn belehrt werden. Nur in begründeten **Ausnahmefällen**, insbesondere wenn der Beschuldigte einen Verteidiger zur Seite hat, darf nach genauer Prüfung des Einzelfalles davon ausgegangen werden, dass eine Belehrung nicht erforderlich ist. Deshalb ist es für die polizeiliche Vernehmung wichtig, immer zu belehren. Eine Belehrung als „Verdächtiger“ nach § 55 II StPO, sich selbst oder einen Angehörigen nicht belasten zu müssen, ersetzt die Beschuldigtenbelehrung nicht (BGH, in: NJW 2007, S. 2706).

Die **Belehrung des Beschuldigten** darf nicht nur formell (kurz und knapp) oder schematisch (mit amtlichem Belehrungsbogen) erfolgen, sondern es muss sichergestellt sein, dass er diese auch intellektuell verstanden hat (BGHSt 39, 349 und in: NStZ 1994, S. 95). Bestehen daran Zweifel, z. B. bei einem Rauschgiftabhängigen, so muss nachgefragt und dies aktenkundig gemacht werden.

Der Vernehmungsbeamte hat die Pflicht, den Beschuldigten richtig aufzuklären und zu prüfen, ob dieser das verstanden hat.

Häufig wird in der Gerichtsverhandlung die Diskussion über das Verständnis der Belehrung dadurch ausgelöst, dass für den Nachweis ein **Belehrungs-Formular** benutzt wurde, auf dem der Gesetzestext steht. Wird der Angeklagte von seinem Verteidiger dann aufgefordert, den Text vorzulesen und zu erläutern, wird in vielen Fällen schnell klar, dass hier erhebliche Zweifel über das Verstehen aufkommen. Insofern ist es sinnvoller, zu Beginn der Vernehmung in verständlichen Worten für den Beschuldigten, vielleicht sogar „grobschlächtig“, die Belehrung aufzuschreiben. z. B. „Ich soll im Kaufhaus CDs geklaut haben. Ich kann vor der Vernehmung einen Anwalt fragen. Ich muss hier nichts sagen. Ich kann auch Leute nennen, die wissen, dass ich nichts getan habe.“ Verwendet der Beschuldigte noch gröbere Ausdrücke, so sind diese zu verwenden. Bei Zweifeln über deren Bedeutung ist das im Klammervermerk zu erläutern. Über die Pflichtbelehrungsthemen hinaus ist es in geeigneten Einzelfällen sinnvoll, den Beschuldigten auch darüber zu belehren, dass er sich **schriftlich äußern** kann und dass es einen für ihn begünstigenden **Täter-Opfer-Ausgleich** gibt (§ 136 I 4 StPO, § 46a StGB).

Hat ein Beschuldigter eine Aussage oder ein Geständnis gemacht, **ohne richtig belehrt** worden zu sein, so fallen diese und alle weiteren Aussagen und Geständnisse wegen der Fortwirkung auch unter das Verwertungsverbot, selbst wenn jetzt korrekt belehrt wird. Erst wenn eine **qualifizierte Belehrung** (BGH in NStZ 1995, S. 462; NJW 2009, 1427) erfolgt, ist der Mangel behoben und die neue Aussage darf als Beweismittel verwendet werden, das heißt über die Belehrung nach §§ 163a IV und 136 StPO hinaus muss erklärt werden, dass die bisherigen Aussagen dem Verwertungsverbot unterliegen und als nicht existent gelten (siehe Vernehmungsbeispiel, Kapitel 11.18.3).

Ganz besonders problematisch sind Situationen nach vorläufiger Festnahme auf frischer Tat. Wird der Beschuldigte im Streifenwagen (Kapitel 1.3.2) zur Dienststelle gefahren und dabei zur Tat befragt, so stellt das nach gefestigter Rechtsprechung eine Vernehmung im Strafverfahren dar. Der **Beschuldigtenstatus** wird hier durch die Festnahme als **schlüssiges Handeln** der Polizeibeamten begründet (BGHSt 38, 214 [228]). Wurde hier nicht nach § 163a StPO belehrt, so dürfen die Aussagen nicht verwertet werden. Eine Belehrung als Verdächtiger nach § 55 II StPO, kann die Beschuldigtenbelehrung nicht ersetzen (BGH in NJW 2007, 2706). Sind Festnahme- und Vernehmungsbeamte verschieden, so empfiehlt es sich, dass in der Vernehmung auf die Festnahmesituation und den Inhalt der Gespräche eingegangen wird. Erforderlichenfalls kann dann **qualifiziert belehrt** werden.

Das gleiche Problem kann auftreten, wenn am Unfallort oder Tatort zunächst **herumgefragt** wird, um sich einen Überblick zu verschaffen. Auch das ist bereits Vernehmung und verlangt zumindest eine Belehrung nach § 55 StPO, Auskunftsverweigerungsrecht. Davon ausgenommen sind nur die **Sondierungsfragen** (Kapitel 11.3).

Auch hier müssen die Streifenbeamten die Vernehmungsbeamten oder den Vernehmungsrichter über die fehlende Belehrung unterrichten, damit diese den Beschuldigten **qualifiziert belehren** können.

Ganz besonders problematisch ist es, wenn, in Kenntnis der „heilenden Wirkung" der qualifizierten Belehrung, der Beschuldigte ausgetrickst werden soll. Nach dem Motto, erst frage ich alles Wichtige aus der Person heraus, erreiche möglichst ein Eingeständnis und dann belehre ich qualifiziert. Dies in der Hoffnung, dass der Vernommene glaubt, die rechtswidrig zustande gekommene Selbstbelastung könne er nicht mehr aus der Welt schaffen und wiederholt sein „Geständnis" (BGH, NJW 2009, 3589). Eine solche Vorgehensweise hat das Beweisverwertungsverbot zur Folge und verstößt gegen den Grundsatz des Rechtsstaatsprinzips und des **fairen Strafverfahrens**. Das ist auch bei den polizeilichen Ermittlungen zu beachten (Art. 20 III GG, BVerfGE 57, 250 [283]; BGHSt 31, 149; BGH, NJW 2009, 1427). Aus dem Rechtsstaatsprinzip ergibt sich der Anspruch auf ein den Grundsätzen der Gerechtigkeit und Billigkeit orientierten Verfahrens. Ein offensichtlicher Missbrauch würde eine **Täuschung** darstellen, sodass das Verwertungsverbot aufrecht erhalten bleibt (§ 136a I und III StPO).

Solche Sachverhalte sind eine willkommene Gelegenheit für Verteidiger (Kapitel 11.8), Polizeibeamte ins Kreuzverhör (§ 239 StPO) zu nehmen und für die Mandanten einen günstigen Ausgang des Verfahrens zu erreichen.

Die Belehrung und die Bemühungen des Kriminalisten sind ausführlich zu **protokollieren**, da es sich um Grundlagen der verfahrensrechtlichen Stellung des Beschuldigten handelt (Nr. 45 RiStBV). Ist auch nur im Entfernten zu vermuten, dass gegen diese Grundsätze verstoßen wurde, so greift das Beweisverwertungsverbot (Kapitel 3.3). Dabei ist es gleichgültig, ob der Beamte bewusst oder unbewusst gehandelt hat.

Für das Beweisverwertungsverbot kommt es nicht mehr darauf an, ob der Beamte böswillig gehandelt hat, sondern lediglich auf die Tatsache, ob er belehrt hat oder nicht. Wenn sich der Beschuldigte jedoch vor einer Belehrung spontan zum Sachverhalt äußert oder gar die Tat eingesteht, so darf dies beweiserheblich verwertet werden (BGH in NJW 1990, 461 und NStZ 1990, 43; NJW 2009, 3589). Will der Kriminalist die **Spontanäußerung** hinterfragen, so muss er den Beschuldigten erst belehren.

Ist der Beschuldigte belehrt worden und macht von seinem Aussageverweigerungsrecht Gebrauch, so dürfen trotzdem seine in einem anschließenden **formlosen Gespräch** gemachten Äußerungen gegen ihn verwertet werden (BGH in NStZ 1995, 353). Der Vernehmungsbeamte ist dann **Zeuge vom Hörensagen** (Kapitel 14.6).

Das Aussageverweigerungsrecht des Beschuldigten korrespondiert mit der Frage der **Verdunkelungsgefahr** und gerät darum oft in die Kritik von Verteidigern. Dabei gilt es aber festzuhalten, dass die Aussagebereitschaft eines Beschuldigten oft die bereits vorher bestehende Verdunkelungsgefahr beseitigt und damit ein Haftgrund entfällt. In solchen Fällen muss dies dem Beschuldigten vor Augen geführt werden, damit er sich entscheiden kann. Besteht außer der Verdunkelungsgefahr kein weiterer Haftgrund, so kann der Beschuldigte durch seine Aussage die vorläufige Festnahme und die Untersuchungshaft abwenden (Kapitel 18.3).

Hat der Täter Gewaltdelikte oder Sexualdelikte begangen und möchte, dass der strafmildernde **Täter-Opfer-Ausgleich** (§§ 155a und 155b StPO) für ihn zur Anwendung kommen soll, so ist das Ablegen eines **Geständnisses** dafür Voraussetzung (BGH, NStZ 2004, 382, und 2003, 365). Über den Täter-Opfer-Ausgleich, auch bei übrigen Straftaten, ist er in geeigneten Fällen zu belehren (§ 136 I StPO).

Besonders zu beachten ist, dass **Festgenommene** erweiterte Rechte nach §§ 114a bis 114c StPO erhalten haben (Kapitel 18.3.1.1 und 18.3.1.2). Diese gelten auch bei **Identitätsfeststellung**. Darüber sind sie unverzüglich und **schriftlich zu belehren**.

Werden Ausländer als Beschuldigte festgenommen, so sind sie über ihr Recht auf konsularische Unterstützung zu belehren (Kapitel 18.3.1.2). Diese Pflichten gelten auch für Polizeibeamte im Ermittlungsverfahren. Zweck ist es, den Festgenommenen in den Genuss geregelter Unterstützung durch sein Heimatland kommen zu lassen (Kapitel 3.3).

11.8 Aufgaben und Stellung des Verteidigers (Kapitel 3.8.5)

Die Kriminalistik verlangt **juristische Genauigkeit** in Wort, Schrift, Begriffen und Methoden, weil alles als Beweismittel in einem Strafverfahren verwendet werden soll und durch die spätere Eidesleistung des Kriminalisten an Bedeutung zunimmt. Die Philologen nennen das **Idiomatische Prägnanz**. (Kapitel 25.8). Schon Fahrlässigkeiten können straf- und beamtenrechtliche Folgen nach sich ziehen (§ 154 ff. StGB; § 24 BeamtStG; Kapitel 3.7 und 3.8). Selbst Kleinigkeiten können entscheidend sein. Die Verteidiger haben sich inzwischen darauf eingestellt. Wenn sie uns Fehler nachweisen können, dann haben wir schlecht gearbeitet. Das ist nicht deren Schuld, sondern unsere. Welches Verhalten würde denn ein Kriminalist von „seinem Anwalt" erwarten, wenn er selbst einer Straftat verdächtigt würde? Eine sorgfältige kriminalistische Arbeit gebietet auch die **Intellektuelle Redlichkeit** (Kapital 1.3.7) und muss von den Vorgesetzten durch Kontrolle sichergestellt werden (Kapitel 25.6.10).

Die Stellung des Verteidigers im Strafverfahren besteht darin, die **Rechtssicherheit** zu betonen und entlastende Umstände zu ermitteln. Als Diener am Recht wirkt er im Strafverfahren mit und unterliegt den Rechten und Pflichten der Bundesrechtsanwaltsordnung (§§ 43 bis 59). Der Strafverteidiger ist **Organ der Rechtspflege** (*Hassemer*, a.a.O.). Natürlich gibt es auch einige wenige, die zwar formal korrekt handeln, sich aber der Wahrheitsfindung nicht immer verpflichtet fühlen (*Müller*, a.a.O.). Es besteht auch ein „Spannungsfeld zwischen Rechtspflege und marktwirtschaftlichem Wettbewerb" (*Ignor*, a.a.O., S. 1540). Gleichwohl bemühen sich die Standesvertretungen, den ethischen Ansprüchen gerecht zu werden. Sie wollen das Vertrauen der Rechtsuchenden und der Rechtsgemeinschaft fördern. Der Anwalt ist jedoch nicht verpflichtet, an der Überführung seines Klienten mitzuwirken. Insofern darf er bei vertraulicher Kenntnis der Täterschaft zwar keinen Freispruch beantragen, jedoch dem Gericht darlegen, dass die Beweisaufnahme nicht zur Überführung des Angeklagten reicht. Er darf auch mit rechtsstaatlichen Mitteln die Wahrheit verhindern, z. B. Methoden aufdecken, die Beweisverwertungsverbote zur Folge haben, sodass z. B. eine wahre Aussage nicht verwertet werden darf. Gibt er dagegen seinem Klienten Tipps, wie er eine tatsächlich nicht vorliegende Schuldunfähigkeit simulieren kann, so liegt Strafvereitelung vor (BGH in NStZ 1999, 188).

Hier sei besonders darauf hingewiesen, dass sich der Beschuldigte in jeder Lage des Verfahrens des **Beistandes eines Verteidigers** bedienen kann (§ 137

StPO). Das gilt seit 2009 **auch für Zeugen** (§ 68b StPO). Der anwaltliche Beistand kann auch für Angelegenheiten außerhalb einer Vernehmung geleistet werden. Wird der Beschuldigte z. B. vorläufig festgenommen und soll anschließend seine Wohnung durchsucht werden, so muss ihm trotzdem auf sein Verlangen sofortiger Kontakt mit seinem Anwalt, eventuell telefonisch, gestattet werden. In einem solchen Fall muss der Kriminalist dem Anwalt jedoch erläutern, dass noch eine Durchsuchung bevorsteht und er deshalb mit der Benachrichtigung der Angehörigen des Beschuldigten warten muss. Ein solcher Hinweis ist aktenkundig zu machen.

Kann sich der Beschuldigte aus finanziellen Gründen keinen Anwalt leisten, so ist bei schwerwiegenden Delikten, insbesondere bei Verbrechenstatbeständen, mit der **Staatsanwaltschaft** Rücksprache zu halten, ob hier ein **Pflichtverteidiger** bestellt werden soll (§§ 140 und 141 StPO; NJW 2009, S. 3044).

Auch Zeugen haben ein Recht auf anwaltlichen Beistand (§ 68b StPO). Das kann dann von Bedeutung sein, wenn der Zeuge in dem Konflikt steht, sich zwischen Aussagepflicht und Wahrheitspflicht **selbst zu belasten** (BVerfGE 38, 105 [115]. Der Bundesgerichtshof hat das Recht des Zeugen, etwaige Verfehlungen geheim zu halten, als Persönlichkeitsrecht anerkannt (BGHSt 17, 245 [246] m.w.N.). Deshalb darf sich der Zeuge bei solch einem Konflikt von einem selbst gewählten Rechtsbeistand beraten lassen.

Über die **Akteneinsicht** (Kapitel 15.4.4) im Vorverfahren entscheidet die Staatsanwaltschaft (§ 147 V StPO). Diese Erlaubnis kann auch während der polizeilichen Vernehmung telefonisch eingeholt werden. In dieser Situation muss der Kriminalist den Staatsanwalt beraten. Dies kann auch in Gegenwart des Anwalts geschehen. Ist es im gegenwärtigen Stand der Ermittlungen untunlich, den Anwalt in die Akten einsehen zu lassen, so muss dies deutlich gesagt werden. Untersagt der Staatsanwalt die Akteneinsicht, so hat der Anwalt das Recht, seinem Mandanten zu raten, vorläufig nicht auszusagen. Die Einsicht in die Niederschrift über die **Vernehmung des Beschuldigten** ist dem Verteidiger jedoch in jeder Lage des Verfahrens zu gestatten (§ 147 III StPO). Nach Einführung des §147 VII StPO und nach Änderung des Abs. VII ist dem Beschuldigten auch ohne Anwalt die Akteneinsicht gewährt werden (BGBl. 2009, S. 2274 [2277]).

Der Anwalt hat bei der Vernehmung von Zeugen immer **Anwesenheitsrecht** (§ 68b StPO). Bei der Vernehmung von **Beschuldigten** hat er jedoch **kein Recht auf Anwesenheit** bei der polizeilichen Vernehmung. Gleichwohl sollte der Kriminalist dies stets gestatten (EGMR in: NJW, 2009, S. 3707). Der Anwalt ist Rechtspflegeorgan und arbeitet nicht gegen die Strafverfolgung, sondern für den Beschuldigten. Dies ist auch Aufgabe der Staatsanwaltschaft (§ 160 II StPO) und der Ermittlungspersonen.

Erscheint ein Anwalt, so ist ihm zunächst Gelegenheit zu geben, ungestört mit seinem Mandanten zu sprechen. Bei vorläufig festgenommenen Beschuldigten sollte dies immer in den Räumen des Gewahrsams geschehen. So braucht der Anwalt den zur Flucht bereiten Klienten nicht festzuhalten und der Polizei zu übergeben. Bei der Durchführung der eigentlichen Vernehmung in Gegenwart des Anwaltes gilt es, bestimmte Regeln einzuhalten. Die Verhandlungsführung liegt beim Kriminalisten. Er organisiert den Ablauf der Vernehmung und erteilt den Beteiligten das Wort. Der Anwalt darf den Redefluss des Beschuldigten nicht unterbrechen und nicht dazwischenreden. Die Sitzpositionen sollten so gewählt werden, dass der Anwalt aus der Sicht des Kriminalisten neben dem Beschuldigten sitzt. Jedes Abweichen von den vereinbarten Regeln ist im Wortlaut aktenkundig zu machen.

In seltenen Einzelfällen kann es zu **Spannungen** zwischen dem Kriminalisten und dem Anwalt kommen (siehe auch Kapitel 3.8.5). Das dient weder dem Beschuldigten noch dem Ermittlungsergebnis. In solchen Fällen sollte mit dem Anwalt „unter vier Augen" gesprochen und nach dem Grund der Spannungen gefragt werden. Lässt sich keine sachliche Ebene erreichen, so sollte mit dem Kommissariatsleiter besprochen werden, ob ein anderer Kriminalist den Sachverhalt weiter bearbeitet oder ob das Verfahren mit einem ausführlichen Vermerk der Staatsanwaltschaft übersandt wird.

11.9 Sinn und Zweck der Vernehmung

Sinn und Zweck der Vernehmung ist es, den

- **strafrechtlichen Tatbestand** herauszuarbeiten (BGH in NStZ 1994, S. 555), das
- **Verhalten des Beschuldigten** vor, während und nach der Tat darzustellen,
- Elemente seiner **persönlichen Schuld** deutlich sowie seinen
- **Lebenslauf** und seine
- **soziale Lage** durchschaubar zu machen.

Dabei sollen die Aussagenden nicht nur erklären, was sie gesehen, bemerkt oder getan haben, sondern auch, was sie **nicht** gesehen, bemerkt oder getan haben und warum nicht.

Bei der Herausarbeitung des Straftatbestandes ist mit den Worten des Beschuldigten oder Zeugen die Tatbestandsmäßigkeit zu beschreiben. Dies setzt voraus, dass sich der Kriminalist über die einzelnen Merkmale genau im Klaren ist. Dabei sind die Tatbestandsmerkmale, die zu einer besonderen Qualifizierung des Deliktes führen, ausführlich darzustellen. Dies ist beispielsweise von besonderer Bedeutung für den unterschiedlichen Zeitpunkt der Gewaltanwendung bei Raub und Erpressung (§§ 249 und 253 StGB).

Dem Beschuldigten werden die vorhandenen Beweise für die Straftat vorgehalten. Die Vernehmung soll aber auch die Gelegenheit bieten, die gegen ihn vorliegenden Verdachtsgründe zu beseitigen und die zu seinen Gunsten sprechenden Tatsachen geltend zu machen (§ 136 II StPO). Dies kann wesentliche Auswirkungen auf die Zumessung der Strafe haben. Besonders ist darauf einzugehen, welche Bemühungen der Täter zum Ausgleich mit dem Opfer und zur Schadenswiedergutmachung unternommen hat (§§ 46 und 46a StGB, § 155a StPO).

Mit Gesetz vom 31.7.2009 gewährt der Gesetzgeber den Tätern von besonders schweren Straftaten einen Strafnachlass, wenn diese im Ermittlungsverfahren durch Offenbarung ihres Wissens die Straftat aufgedeckt wird, oder die Tat noch verhindert werden kann (§ 46b StGB). Die Milderung ist ausgeschlossen, wenn der Täter sein Wissen erst offenbart, nachdem die Eröffnung der Hauptverhandlung beschlossen wurde (§ 46b III StGB).

11.10 Beziehungsebene

Sabine ***Rückert*** (a.a.O.) beschreibt ohne Pathos das Verhältnis zwischen dem Leiter der Mordkommission aus Mönchengladbach *Hans-Josef [Hennes]* ***Jöris*** und dem sechsfachen Mörder *Otto* ***Debisch.*** Ein seltenes aber sehr interessantes Verhältnis. Die tägliche Vernehmungsarbeit sind Fälle der Massenkriminalität, bei denen Aufwand und Erfolg in einem rechtsstaatlichen Verhältnis stehen müssen (RiStBV Nr. 5a).

11.10.1 Allgemeines

Das Verhältnis zwischen dem Vernehmungsbeamten und dem Aussagenden ist stark vom Sachverhalt und davon geprägt, ob der Aussagende Beschuldigter, Zeuge oder Geschädigter ist. Hierbei muss sich der Kriminalist davor hüten, die Tat zu billigen oder zu verabscheuen. Er kann nur ein gutes Vernehmungsergebnis erbringen, wenn er versucht, die Tat aus der Sicht der Beteiligten **zu verstehen und so darzustellen**. Nur so kann er die wahren Motive für die Tat und für die Art der Tatausführung korrekt wiedergeben.

Ein **besonderes Verhältnis** besteht zwischen dem Kriminalisten und dem Beschuldigten. Dieser findet in der Person des Kriminalisten die erste Gelegenheit, mit einem Angehörigen der Strafverfolgungsbehörden über die Tat zu sprechen. In nicht seltenen Fällen wird er versuchen, die Tat zu leugnen, zu beschönigen oder sie einem anderen zu überantworten. Diese geistige Auseinandersetzung wird zum größten Teil auf der **Beziehungsebene** ausgetragen (*Mohr / Schimpel / Schröer*, a.a.O.). Wie kann sich der Kriminalist auf diese persönliche Beziehung mit dem Beschuldigten vorbereiten?

Der Kriminalist muss sich bewusst werden, wie das polizeiliche Umfeld auf den Beschuldigten wirkt. Wie ist dieser im Polizeigebäude empfangen, begrüßt oder zum Warten aufgefordert worden? Entsprach dies den allgemeinen höflichen und korrekten Umgangsformen oder wurde er im Tonfall und in der Gestik abweisend behandelt? Wie ist das Dienstzimmer des Kriminalisten ausgestattet? Sind Schreibtisch, Fensterbänke und Aktenregale aufgeräumt? Wirkt der Raum professionell oder chaotisch? Welche Bilder hängen an der Wand? Welche Sprüche? Hier muss sich der Kriminalist in die Situation des Beschuldigten versetzen. Wie wird das auf diesen wirken? Lustige oder gar witzige Bilder und Sprüche können so eine völlig andere Bedeutung erhalten.

Während der Vernehmung kommt es darauf an, sich Zeit zu nehmen, **Stress zu vermeiden** und sich nicht provozieren zu lassen. Der Kriminalist muss emotionale Regungen vermeiden. Er darf über den Aussagenden **keine Werturteile** abgeben. Sprachlich muss er **neutrale Begriffe** verwenden, wie: Warum werden Sie so laut? und nicht: Warum sind Sie so hysterisch? Die Fragen müssen gezielt „auf den Punkt" gebracht werden. Nicht drum herum reden. Dabei sind Befehlston und Zurechtweisungen zu unterlassen. Auf Antworten darf niemals mit Ironie oder mit Killerphrasen reagiert werden, wie: Das haben Sie aber fein gemacht, oder: Das tut doch kein normaler Mensch.

Über den verbalen Bereich hinaus ist die **Körpersprache** zu kontrollieren. Beides muss übereinstimmen und sich ergänzen. Dabei ist zu kühles und zu distanziertes Auftreten zu vermeiden. Der Kriminalist soll die **Hemmnisse des Aussagenden abbauen** und dessen Handeln verstehen, nicht billigen.

In Ausnahmefällen kommt es vor, dass die Person des Aussagenden oder der Vernehmungsinhalt beim Kriminalisten zu emotionalen Regungen führt, z. B. schildert ein Sexualmörder „genüsslich" dic Tat an einem zehnjährigen Kind und der Kriminalist ist selbst Vater eines gleichaltrigen Kindes. In solchen Fällen muss sofort die Ablösung des Kriminalisten erfolgen, weil das Vernehmungsziel nicht erreicht werden kann. Die Vorgesetzten haben viel Verständnis dafür, denn das Ziel ist die gerichtsfeste Aussage.

11.10.2 Verhaltensregeln

a) **Anpassung**

Da der Polizeibeamte als staatliche Einrichtung dem Vernommenen gegenübertritt, wirkt er überlegen in seiner Definitionsmacht. Das gilt in den meisten Fällen auch, wenn die tatsächliche soziale Stellung anderes ist. Insofern hat sich der Beamte höflich und korrekt zu verhalten und die allgemein üblichen Umgangsformen zu wahren. Das gilt ebenso für die korrekte Anredeform durch „Sie". Hin und wieder haben jedoch erwachsene Straftäter das Bedürfnis, sich duzen zu lassen, weil sie sich dadurch mehr Verständnis für ihr Handeln erhoffen. Das gilt insbesondere dann, wenn schwer wiegende Straftaten zugrunde liegen. Ist es der Sache nützlich, so sollte der Ermittler dem Gegenüber das Du anbieten, sodass sich beide duzen. Einseitiges Duzen des Vernommenen durch den Beamten verstärkt nur die Hierarchiestellung, ohne einen Vorteil zu bringen.

In der Sprache soll der Beamte möglichst das Niveau des Gegenübers einhalten. Ist in dem Sachverhalt eine **Fachsprache** erforderlich, so sind die dort gebräuchlichen Wörter beim ersten Mal in Klammern zu erläutern. **Fremdwörter** sollten nie benutzt werden (Kapitel 26.4.2). Neigt der Vernommene dazu, so ist er nach jedem Fremdwort zu fragen, was er darunter versteht, umso keine Missverständnisse aufkommen zu lassen.

b) **Kontaktsuche**

Dem Vernommenen gegenüber muss der Beamte Interesse zeigen. Er soll sich in dessen Situation hineinversetzen können und **Verständnis aufbringen**. Er darf dessen Verhalten **nicht billigen**, sondern soll es erklären können. Dabei müssen Hemmungen abgebaut werden. Die Person ist zu ermuntern, sich zu äußern. Ist sie Zeuge, so kann ihr die Wichtigkeit ihrer Aussage deutlich gemacht werden. Beschuldigten muss dargelegt werden, dass das Gericht ihre Mitarbeit an der Aufklärung des Falles, an der Sicherung von Beweismitteln und am Wiederbeschaffen der Beute bei der Strafzumessung positiv wertet (§ 46 StGB und BGHSt 1, 387). Im günstigsten Fall kommen die Staatsanwaltschaft oder das Gericht zur Einstellung des Verfahrens mit Auflagen. Dies kann jedoch nur in Betracht kommen, wenn der Täter einsichtig und um den **Täter-Opfer-Ausgleich** (§ 153a I 5 StPO; BGH in NStZ 2004, S. 382, und 2003, S. 365) bemüht ist. Ein **Geständnis** macht den Täter darüber hinaus von seinen Mittätern frei und ist Voraussetzung, ein neues, straffreies Leben zu beginnen.

Ganz entscheidend wird der Kontakt durch **aktives Zuhören** gefördert. Das Ziel des Kriminalisten muss es sein, von der Gesamtsprechzeit beider selbst maximal 30 % in Anspruch zu nehmen. Am deutlichsten kann man dieses Zuhören signalisieren durch **zugewandtes Sitzen** und durch ganz kurze Bemerkungen. Der Vernehmende soll aufrecht sitzen und den Oberkörper dem Vernommenen leicht zugewandt vorbeugen. Dabei soll der Redefluss durch kurze Worte, wie „das kann ich verstehen“, „das ist einleuchtend“ oder durch leises „Mhm, mhm“ gefördert werden. Die Sprache darf keinen Unterton und keine Bewertung des Gesagten enthalten.

c) **Freundlichkeit**

Der Vernehmende will etwas erfahren! Darum muss sich der Aussagende wohlfühlen. Das gelingt am besten, wenn er den Eindruck hat, dass er **sein Gesicht**

wahren kann, seine Würde behält und er rücksichtsvoll behandelt wird. Auch wenn die zu verhandelnde Sache noch so verabscheuungswürdig ist, sind Herabwürdigungen unangebracht, z. B. „Dann haben Sie den X bestialisch und tollwütig niedergestochen“. Besser wäre: „Dann haben Sie zehnmal mit dem Messer zugestochen“.

Geht der Vernommene nicht auf die Frage des Beamten ein, so wird ihm daraus kein Vorwurf gemacht, z. B. „Sie wollen mich wohl nicht verstehen.“ Vielmehr hat sich der Beamte das selbst anzulasten, z. B. „Ich habe mich nicht verständlich ausgedrückt und will die Fragen in anderer Form wiederholen.“

d) **Interesse**

Der Vernommene steht im Mittelpunkt der Aufmerksamkeit. Durch **Augenkontakt**, aktives Zuhören und neutrale Bemerkungen muss ihm das **Gefühl von Wichtigkeit** gegeben werden. Auch beim Erzählen von Nebensächlichkeiten wird er nicht unterbrochen. Auf keinen Fall darf während des Sprechanteils des Vernommenen in den Akten geblättert werden. Auch sollten die schlechten Gewohnheiten vermieden werden, wie Fingertippen, auf dem Papier kritzeln, auf die Uhr schauen oder mit dem Fuß wippen.

e) **Lob**

Ein Lob ist nur bei beweisneutralen Themen angebracht oder bei dem Bemühen, eine konkrete Antwort zu geben. Für die Tat selbst niemals loben, wohl aber für das Einräumen des Fehlverhaltens.

f) **Selbsteröffnung**

Selbsteröffnung gibt dem Gegenüber das Gefühl, auch andere können etwas falsch machen. Das führt zur Solidarisierung. Der Beamte sollte hierbei niemals eine erfundene Geschichte erzählen, sondern lediglich vergleichbare Situationen einräumen, um deutlich zu machen, dass er die Situation und Gefühle nachvollziehen kann.

g) **Kompetenz**

Kompetenz zeigt sich bereits äußerlich durch eine **kontrollierte Stimmlage und Sprechweise.** Die Sprache sollte gedämpft, deutlich und langsam sein. Unterstrichen wird dies durch Selbstkontrolle, sich nicht provozieren zu lassen, Sticheleien und Anzüglichkeiten zu überhören.

In der Sache ist Kompetenz die lückenlose Kenntnis über den **Akteninhalt**. Darüber hinaus sind Objektivität und Gerechtigkeit zu vermitteln, z. B. „Sie haben die Arbeit gemacht und der andere bekam den Lohn.“

Geistesgegenwärtig muss der Vernehmende auch Nebensächlichkeiten richtig einordnen können und für den Verlauf des Gesprächs nutzen. Scheinbare unwichtige Versprecher müssen hinterfragt werden. Unlogik, Schwächen, Lücken und Sprünge müssen aufgezeigt und hinterfragt werden.

h) **Geduld**

Die Auskunftsperson ist nicht austauschbar. Der Vernehmende muss mit ihr auskommen, sie wird bei der Polizei nicht geändert. Hier hilft nur Geduld. Ungeduld führt zu Stress. Es ist der Eindruck zu vermitteln, man habe genügend Zeit. Dies kann man unterstreichen, wenn man den Vernommenen auch sein eigenes „wichtigstes Erlebnis“ erzählen lässt.

i) **Härte**

Konsequentes Durchgreifen ist nur in ganz seltenen Fällen notwendig. Dabei darf der Vernehmende niemals **laut** werden; wer schreit, hat Angst! Der Auskunftsperson ist deutlich zu machen, welche **Folgen das weitere Lügen** oder Beschönigen hat. Wird darauf eingelenkt, so ist das übliche Verhalten fortzuführen, ohne sich gekränkt zu zeigen. Auch hier gelten die Regeln der „Kultur des Streitgespräches“ (Kapitel 25.8).

j) **Geständnisbereitschaft fördern**

Ein glaubwürdiges und rechtlich einwandfreies Geständnis ist das optimale Ergebnis der Ermittlungen. Doch darin liegt auch eine große Gefahr. Sobald das Geständnis für den Vernehmenden als „Qualitätsmerkmal“ angesehen wird, können die Objektivität und die Rechtsstaatlichkeit verloren gehen und es sogar zum **Falschgeständnis** führen (Der Spiegel vom 8.2.2010, S. 100). Gleichwohl ist das Geständnis deshalb von großem Nutzen, weil nur der Täter die tatsächliche Tatausführung, das tatsächliche Motiv für die Tat und das tatsächliche Verhalten nach der Tat kennt. Damit kommt man der „Wahrheit“ erheblich näher. Das Geständnis hat auch Vorteile für den Täter, nicht nur durch einen nachsichtigen Richter bei der „Hilfe zur Aufklärung oder Verhinderung von schweren Straftaten“ (§ 46b StGB), was zur Strafmilderung führen kann. Es ist auch die Voraussetzung für den Täter-Opfer-Ausgleich (Kapitel 11.7.3) und für Verfahrensabsprachen im Strafprozess (Kapitel 19.4.6) Das Geständnis macht den Täter auch frei gegenüber Mittätern oder Mitwissern und ist deshalb die Voraussetzung für ein zukünftiges straffreies Leben.

Doch das Geständnis ist sehr schwierig zu erlangen. Die gesetzlichen Grundlagen und der staatliche Schutz der Menschenwürde bringen den Beschuldigten richtigerweise in eine komfortable Situation. Er gilt als unschuldig und muss sich nicht rechtfertigen. Darüber hinaus ist von der breiten Mehrheit auch kaum zu erwarten, dass sich jemand aus freien Stücken selbst beschuldigt und so dem Strafverfahren mit den damit verbundenen Sanktionen aussetzt. In der Auseinandersetzung zwischen dem Beschuldigten und dem Vernehmenden ist der Beschuldigte auch rechtlich überlegen, das bringt ihn in eine dominante Rolle (*Schröer,* in: *Reichertz / Schneider,* a.a.O., S. 229 ff; Kapitel 11.7.3).

Das Geständnis ist von der Kultur des christlichen Abendlandes geprägt (*Schneider* in: *Reichertz / Schneider,* a.a.O., S. 22 ff.). Danach gibt es die religiöse Forderung, nur ein Geständnis könne den Schuldigen von seiner Schuld erlösen. Doch dieser Schluss greift heute nicht mehr. Darüber hinaus gibt es inzwischen viele Beschuldigte, die nicht der christlichen Religion angehören (Kapitel 11.16.5), sodass sie andere Moralvorstellungen haben.

Bei der **Geständnismotivation** und **Geständnisförderung** kommt es überwiegend auf eine **Kosten-Nutzen-Relation** aus der Sicht des Beschuldigten an. Er wird sich überlegen, was er zu erwarten hat und wie er die Strafe verhindern, aber zumindest mildern kann. In irgendeiner Weise will er einen Vorteil erkennen können.

In dieser Situation kommt der **Kriminalist** in den Vordergrund. Er schlüpft jetzt in die **Rolle des Ratgebers** für den Beschuldigten (*Schröer,* in: *Reichertz / Schneider,* a.a.O., S. 229 ff.; *Mohr / Schimpel / Schröer,* a.a.O.). Das ist nicht als Beratung im juristischen Sinne zu verstehen, die nur dem Gericht, Staatsanwalt und Rechtsanwalt zustehen, sondern ein **Aufklären** im Rahmen der gesetzlich vorgeschriebenen Belehrung (§ 163a IV StPO). Mit rechtsstaatlichen Mitteln berät er den Beschuldigten, wie er in dem späteren Gerichtsverfahren dastehen wird und was für ihn von Vorteil ist (BGHSt 14, 189, [191]). Dabei ist zu unterscheiden zwischen dem gutwilligen Aussagenden, der sich lediglich schämt, und dem erfahrenen Wiederholungstäter, der hartnäckig schweigt oder leugnet.

Eine erhebliche Anzahl von gutwilligen Aussagenden möchte das Fehlverhalten einräumen, schämt sich aber. Hier kann der Vernehmende behilflich sein.

Zunächst muss der **Tatvorwurf gemildert** werden. Es muss klar gesagt werden, dass dem Aussagendem nichts „angehängt", sondern herausgefunden werden soll, was er wirklich getan hat und welche Motive für ihn maßgebend waren. Dabei sind juristische Begriffe, wie Mord, Totschlag, Raub, Vergewaltigung u.v.a. zu vermeiden. Vielmehr ist die tatsächliche Tathandlung zu beschreiben, z. B. „dann kam es zum Geschlechtsverkehr."

Bei der **Rationalisierung** der Tat soll die vom Täter gezogene Schlussfolgerung aufgezeigt werden: „Alles war in Ordnung, bis ... eintrat."

Bei der **Projektion** wird die Sicht auf das Opfer der Tat gelenkt: „Der andere hätte doch bloß ... tun sollen, dann wäre das nicht passiert."

Durch die **Bagatellisierung** soll die Erklärbarkeit der Tat gefördert werden: „Das war eine Verkettung von unglücklichen Umständen."

Bei aller Notwendigkeit der Geständnisförderung darf jedoch niemals die Problematik eines möglichen falschen Geständnisses übersehen werden (*Peters*, a.a.O.; Kapitel 3.5).

Eine andere Gruppe von Beschuldigten sind die **hartnäckig Schweigenden** oder **Leugnenden**, obwohl die Beweise gegen sie sprechen. Es sind häufig Wiederholungstäter, die nach dem Prinzip verfahren, ich brauche mich nicht an dem Strafverfahren gegen mich zu beteiligen, deshalb: „Mund halten“.

Hier ist zunächst nochmals festzustellen: wenn ein Beschuldigter von seinem **Schweigerecht** Gebrauch macht, darf das nicht als ein Indiz für seine Täterschaft gewertet werden (BGHSt 20, 298 [300] und 32, 140 [145]; Kapitel 11.7.3). Ob aber Schweigen die zweckmäßigste Art der Verteidigung ist, stellt auch der BGH in Frage, denn, „wer schweigt, verzichtet auf sein Recht, sich redend zu verteidigen“ (BGHSt 25, 325 [332]).

Erlaubt ist, dem Beschuldigten klar zu machen, dass eine Verurteilung auch ohne Geständnis möglich ist und Leugnen dann keinen Erfolg verspricht (BGHSt 1, 387 und 14, 189 [191]). Hartnäckiges Leugnen kann dann sogar ein Grund zur Strafverschärfung sein, weil sich der Täter uneinsichtig und besserungsunfähig zeigt (BGH in NStZ 1983, S. 118).

Ein **Geständnis** ist der notwendige **erste Schritt zur Sühne**, die als Einsicht gewertet wird und einen Hinweis gibt, man strebe in Zukunft ein straffreies Leben an. Deshalb muss dem Beschuldigten deutlich gemacht werden, dass der Richter dieses Verhalten bei der Höhe der Strafe berücksichtigt. Doch die vorteilhaften Milderungsgründe werden nur dann berücksichtigt, wenn er einsichtig ist, zur Aufklärung der Straftat beiträgt und ernsthaft bemüht ist, den Schaden wieder gutzumachen (§ 46 StGB). Ebenso vorteilhaft ist es für den Straftäter, wenn er von der Ende 2009 eingeführten allgemeinen **Kronzeugenregelung** Gebrauch macht (§ 46b StGB).

Der Leugnende sollte auch wissen, dass ein für ihn günstiger Täter-Opfer-Ausgleich (§ 46a StGB) nur möglich ist, wenn er zuvor ein **Geständnis** abgelegt hat (§ 155a StPO, BGH in NStZ 2004, S. 382, und 2003, S. 365). Ebenso ist es zulässig, dem Beschuldigten zu erläutern, dass er einen bereits bestehenden Haftgrund der Verdunkelungsgefahr mit einem Geständnis und dem Herbeischaffen der Beweismittel ausräumen kann (Kapitel 18.3).

Am erfolgreichsten sind Initiativen zur Geständnisförderung, wenn sie im Beisein des Rechtsbeistandes erfolgen. Dieser erkennt viel früher, was für den Beschuldigten von Vorteil ist. Die Inhalte der Belehrung werden ausführlich niedergelegt, damit das Gericht den Entschluss zum Geständnis nachvollziehen kann. Das gilt auch für den Fall, wenn der Tatverdächtigen weiterhin hartnäckig leugnet.

Auch nach einem Geständnis darf sich der Kriminalist nicht in Sicherheit wiegen lassen, der Fall sei aufgeklärt. Geständnisse haben in der Gerichtsverhandlung oft keinen Bestand mehr. **Nach jedem Geständnis** sind zwei Maßnahmen wichtig: Erstens die Geständnisabsicherung (Kapitel 11.17) und Zweitens die konsequente Suche nach weiteren Beweisen (BGHSt 29, 244 [251]; Kapitel 1.3 und 3.6.2).

11.11 Bewirtung des Aussagenden

Die Bewirtung von Aussagenden, insbesondere von Beschuldigten, ist immer wieder Gegenstand kontroverser Diskussionen. Die Vorwürfe gegen die Kriminalisten reichen von verbotenem **Entzug** bis zum **Überangebot** an Nahrungs- und Genussmitteln, um den Aussagenden gefügig zu machen. Um diesem Vorwurf zu entgehen, sollten folgende Grundsätze beachtet werden.

Im Regelfall ist der zeitliche Aufwand für eine Vernehmung so gering, dass während dieser Zeit keine Mahlzeiten oder Getränke eingenommen werden müssen. Es stellt sich lediglich die Frage, ob während dieser Zeit geraucht werden darf. Darüber sollten sich der Kriminalist und der Aussagende vorher verständigen. Das bundesweite Rauchverbot in öffentlichen Gebäuden pp. gilt nicht für die Vernehmung.

Ist die Vernehmung zeitlich so aufwendig, dass Getränke und Mahlzeiten eingenommen werden müssen, so sollten hierfür vorher bestimmte Pausen festgelegt werden. Darüber hinaus ist es durchaus zulässig, gemeinsam eine Tasse Kaffee oder Tee zu trinken. Werden Tabakwaren, Getränke oder Speisen während der Vernehmung gereicht, so ist am Schluss der Vernehmung ein **Vermerk** niederzulegen, aus dem genau zu entnehmen ist, was wann gereicht wurde. Werden Pausen eingelegt, so sind diese genau mit Beginn und Ende und Angabe des Grundes in der Vernehmungsniederschrift festzuhalten. Nur so ist einem späteren Vorwurf zu begegnen, der Aussagende habe gar nichts oder zu viel bekommen und deshalb seine Aussage im Sinne des Vernehmenden gemacht.

11.12 Vernehmungstechnik

Unter Vernehmungstechnik sind die „Drei Säulen der Vernehmung" zu verstehen (Kapitel 11.2.1).

Vor Beginn der Vernehmung muss sich der Kriminalist eingehend mit dem in Rede stehenden Fall beschäftigen. Hierbei muss er das Delikt qualifizieren und die Alternativen erkennen. Hier geht es jetzt um die Feinheiten der Tatbestandsmäßigkeit und um die Abgrenzung zu alternativen Delikten. Es kommt auf gesetzliche und rechtliche **Exaktheit** an (BGH in NStZ 1994, S. 555). Nur so kann das Verhalten und das Wollen von Personen strafrechtlich fehlerfrei erfasst werden. Ferner ist der Status des Aussagenden festzulegen: Zeuge, Verdächtiger oder

Beschuldigter (Kapitel 11.7). Es sind Überlegungen anzustellen, ob Aussage-, Zeugnis- oder Auskunftsverweigerungsrechte vorliegen könnten. Besteht ein **Zeugnisverweigerungsrecht** (§ 52 StPO), so muss diese Beziehung genau beschrieben und geprüft werden, ob eventuell Rechte von gesetzlichen Vertretern betroffen sind oder ein **Ergänzungspfleger** (Kapitel 11.16.3) bestellt werden muss (Schematische Darstellung des Zeugnisverweigerungsrechts nach § 52 StPO in: Kapitel 27, Abb. 63).

Hilfsmittel zur Vernehmung können Personen oder Sachen sein. So stellt sich die Frage nach einem Dolmetscher oder Sachverständigen (Kapitel 3.5 und 4.16). **Dolmetscher** sind Gehilfen der Prozessbeteiligten bei der Durchführung des Ermittlungsverfahrens. Da die **Gerichtssprache Deutsch** ist (§ 184 GVG; § 259 StPO), übersetzen sie Sprachen (§ 185 GVG) oder Gebärden (§ 186 GVG). Sprachunkundige Beschuldigte haben Anspruch auf einen Dolmetscher (Kapitel 11.16.5). Das strenge Gebot der deutschen Sprache gilt jedoch nur für das **Strafverfahren** (*Armbrüster*, a.a.O.). In Zivil- und Verwaltungsprozessen kann auch in einer fremden Sprache verhandelt werden.

Dolmetscher können bei der Anzeigenaufnahme (Kapitel 6), bei Durchsuchungen (Kapitel 18), bei taktischen Ermittlungen (z. B. Telefonüberwachung) und bei Vernehmungen vonnöten sein. Es kann sich um professionelle Übersetzer oder um **sprachkundige Privatpersonen** handeln. Bei der Übersetzung einfacher Informationen kann auf einen professionellen Übersetzer verzichtet werden. So ist es durchaus gebräuchlich, bei einer Anzeigenerstattung einen sprachkundigen Bekannten oder Verwandten des Geschädigten die Übersetzung vornehmen zu lassen. Dies ist auch vorstellbar bei sehr einfach gelagerten Beschuldigtenvernehmungen, z. B. beim Diebstahl von geringwertigen Nahrungsmitteln. In solchen Fällen wird der Umstand der Übersetzung in der Anzeige oder der Vernehmung notiert. Der Übersetzer versichert mit seiner Unterschrift, dass er „treu und gewissenhaft übersetzt" hat (§ 189 GVG). Dem Anzeigentext oder der Vernehmung stellt der Kriminalist die Personalien und die Aussage des Übersetzers über seine Sprachfähigkeit voran.

Soll hingegen ein Sachverhalt von **mittlerer oder schwerer Kriminalität** ermittelt oder gar streitig verhandelt werden, so ist ein Dolmetscher, dessen Personalien und allgemeine Vereidigung gerichtsbekannt ist, erforderlich (§ 189 GVG). Dieser ist erfahren im Ablauf von Vernehmungen. Dadurch wird ausgeschlossen, dass der Dolmetscher den Ermittlungsverlauf in unzulässiger Weise beeinflusst, behindert oder gar mit dem Beschuldigten kooperiert.

Die Vernehmungsniederschrift (Kapitel 11.15) erfolgt **in deutscher Sprache**. Sie wird überwiegend in wörtlicher Rede und in der Form von Frage und Antwort erstellt.

Technische Hilfsmittel sind Schreib- und Diktiergeräte. Aber auch Kopierer können bei einer Vernehmung in Vermögensdelikten vonnöten sein, weil der Aussagende schriftliche Unterlagen mitbringt, deren Inhalte zur Geschäftsführung weiterhin benötigt werden.
Besondere Bedeutung hat die Ton-Bild-Aufzeichnung der Vernehmung (Kapitel 11.13.4).

11.13 Vernehmungstaktik

Die Vernehmungstaktik umfasst die Planung und Durchführung der Vernehmung, die Kontaktphase, das Vorgespräch, die Anhörungs- und Befragungsmethoden (Kapitel 3.6).

11.13.1 Planung

In die Planung ist auch das **Zusammentreffen** von Vernehmungsbeamten und der zu vernehmende Person einzubeziehen. Das kann sehr unterschiedliche Ursachen haben. Ist die Person als Beschuldigter festgenommen worden, ist sie Verdächtiger, erscheint sie unaufgefordert als Zeuge oder wird die Person (vor-) geladen? In allen Fällen sind unterschiedliche Vorkenntnisse, Zeiträume und Bedingungen gegeben, die es optimal zu nutzen gilt.
Bei **Festgenommenen** sind zunächst Ermittlungen über den Tatbestand, die Beweismittel und die Gründe für die Untersuchungshaft anzustellen. Solange kann die Person in polizeilichem Gewahrsam bleiben; jedoch maximal bis zum Ablauf des Tages nach der Festnahme (Art. 104 II GG).

Nach den Ermittlungen erfolgt die Vernehmung, in der der Festgenommene die Gelegenheit bekommt, sich zum Tatverdacht zu äußern. Diese Verfahrensweise erfüllt die Forderung in § 128 StPO. Die unverzügliche Entscheidung des Haftrichters herbeizuführen, gehen die Ermittlungen voraus, diesen in die Lage zu versetzen, über die Haftgründe sachgerecht zu entscheiden (BGH in NJW 1990, S. 1188). Insofern bleibt genügend Zeit für eine gründlichen Vorbereitung.
Erscheint ein **Zeuge unaufgefordert,** so muss die Vernehmung unmittelbar erfolgen. Gleiches gilt, wenn **Kinder** (Kapitel 11.16.3) nach einer Straftat zugeführt werden. Darüber hinaus sind die **Erziehungsberechtigten** der Kinder sofort zu unterrichten, damit sie von ihrem Sorgerecht (§ 1626 BGB) sowie vom Aufenthaltsbestimmungsrecht (§ 1631 BGB) Gebrauch machen und die Kinder in Obhut nehmen können. Sind sie nicht erreichbar, so sind die Kinder in die Obhut des Jugendamtes zu geben (§ 42 Sozialgesetzbuch).
Wird die Person als Zeuge, Verdächtiger oder Beschuldigter zur Vernehmung (vor-) geladen, so bestimmt der Vernehmungsbeamte den Ablauf. Die Vorladung erfolgt im Regelfall schriftlich, kann aber auch telefonisch oder persönlich durchgeführt werden. Dabei hat der Beamte auf die Person Rücksicht zu nehmen. Die

Vorladung soll nicht unverhältnismäßig in den Ablauf des täglichen Lebens eingreifen und sie nicht diskriminieren oder bloßstellen. Hat der Kriminalist jedoch das Gefühl, dass die Person Ausreden für eine Verhinderung vorbringt, so kann der Hinweis erfolgreich sein, dass die Staatsanwaltschaft die Vorladung zwangsweise durchführen kann (§ 161a StPO).

Sollen Kinder oder Jugendliche (vor-) geladen werden, so richtet sich die Vorladung an deren **Erziehungsberechtigte** (*Meyer-Goßner*, a.a.O., § 48, Rn. 7; Kapitel 11.16.3).

Eine Vernehmung sollte **niemals ohne Planung** erfolgen. Bei großer Berufserfahrung nimmt dies zwar einen immer geringeren Zeitraum ein, ist aber nie ganz entbehrlich. Zunächst ist ein ausführliches **Aktenstudium** erforderlich. Fachbegriffe sind eventuell zu klären und der Inhalt der Akte auf Plausibilität zu prüfen. Kann der Kriminalist den Akteninhalt logisch nachvollziehen? Liegen alle Beweismittel vor und sind alle anderen Vernehmungen in der richtigen Reihenfolge gemacht worden? Als Grundsatz gilt: Erst Zeugen, dann Geständniswillige und zum Schluss der Hauptverdächtige.

Danach wird der **Vernehmungsplan** angelegt. Welche Fragen müssen in welcher Reihenfolge gestellt und welche Vorhalte sollten gemacht werden? Wer hat zu diesem Thema schon Aussagen gemacht, auf welcher Seite steht dies? Welchen **Zeitrahmen** wird die Vernehmung in Anspruch nehmen? Berufsanfängern sei hier geraten, vormittags und nachmittags jeweils nur einen Vernehmungstermin festzulegen. Auf jeden Fall ist **Zeitdruck zu vermeiden**. Dies merkt der Aussagende sofort und kann sein Verhalten entsprechend darauf einstellen.

Als **Vernehmungsort** sollte grundsätzlich das Dienstzimmer des Kriminalisten gewählt werden. Hier kennt er sich aus, bestimmt die Regeln und ist „Hausherr". Ähnliche Verhältnisse bestehen ebenso in anderen Amtsräumen. In den Räumen des Aussagenden oder an seinem Arbeitsplatz sollte grundsätzlich keine Vernehmung durchgeführt werden. Hier können Störungen nicht unterbunden werden, und der Aussagende oder dessen Chef sind Herr im Haus.

Hin und wieder gibt es die Notwendigkeit, im **Krankenhaus** Vernehmungen durchführen zu müssen. Hier ist zuerst mit dem verantwortlichen Arzt abzuklären, ob es aus medizinischer Sicht Einwände gibt. Die Auskunft ist aktenkundig zu machen. Bestehen keine Bedenken, so ist die Vernehmung **niemals im Krankenzimmer**, sondern in einem separaten Raum durchzuführen, der absolut störungsfrei sein muss.

Umfangreiche Vernehmungen zu komplexen Sachverhalten werden sinnvollerweise von zwei Kriminalisten durchgeführt. Vorher muss eine genaue **Arbeitsteilung** abgesprochen und eingehalten werden. Dabei kann es sinnvoll sein, wenn einer die Vernehmung führt und der andere die Niederschrift fertigt. In dieser Situation reduziert sich das Verhalten des zweiten jedoch nicht allein auf die Vornahme von Schreibarbeiten, sondern aufgrund seiner kriminalistischen Fähigkeiten kann er Besonderheiten feststellen, die er in vorher festgelegter Form in die Vernehmung einbringt. Beide müssen sich zur Erreichung des Gesamtziels ergänzen. Für den Aussagenden darf niemals erkennbar werden, dass die beiden Kriminalisten unterschiedlicher Auffassung sind.

Bei der **Durchführung** der Vernehmung muss man sich stets im Klaren sein, dass es sich um einen psychologischen Prozess handelt. Insofern ist eine Atmosphäre zu schaffen, die dem Aussagenden signalisiert, dass er erwartet wird, der Kriminalist jetzt nur für ihn da ist und das Umfeld, insbesondere das Dienstzimmer, sachlich und korrekt auf ihn wirkt. Dieser erste Eindruck bestimmt wesentlich das Ergebnis der Vernehmung. Korrekte und höfliche **Umgangsformen** sowie das Eröffnungsgespräch sollen den ersten guten Eindruck verstärken. Es ist weder anbiederndes noch autoritäres Verhalten angebracht, sondern sachorientierte Klarheit und Offenheit. Schildert der Aussagende Verhaltensweisen, die den moralischen Vorstellungen des Kriminalisten nicht entsprechen, so hat er sich trotzdem aller Bewertungen zu enthalten. Äußerungen wie: „So, so; Donnerwetter; Sieh' an" oder Ähnliches sind fehl am Platz. Einen in der belletristischen Literatur oft zitierten „harten" oder „weichen" **Vernehmungsstil** gibt es im kriminalistischen Alltag nicht. Der Kriminalist kann nur konsequent oder inkonsequent sein. Darin unterscheidet sich der gute vom schlechten Vernehmungsbeamten. So wird z. B. ein für das Verfahren wichtiger Sachverhalt bis zum Schluss besprochen und alle erforderlichen Fragen gestellt. Dabei gibt es weder angenehme noch unangenehme Fragen, sondern nur wichtige oder unwichtige.

11.13.2 Kontaktphase

Die Kontaktphase wird durch das **Vorgespräch** bestimmt. Hier geht es noch nicht um den Sachverhalt, sodass auch noch keine Belehrung erfolgt und das Gespräch noch nicht den formalen Charakter annimmt. Das Vorgespräch kann über den Lebensweg des Aussagenden oder über allgemeine Themen, wie z. B. über den Anfahrtsweg, Stadtgespräche oder allgemeine gesellschaftliche Ereignisse geführt werden. Es dient dem Kennenlernen, dem Schaffen einer Gesprächsebene sowie dem Ausloten der Intelligenz und der Gemütslage.

In diesem Gespräch muss der Kriminalist auch die **Sprachmächtigkeit** und die Ausdrucksebene des Aussagenden erkennen, damit er sie in der Vernehmungsniederschrift (Kapitel 11.15) genau protokollieren kann. Gerade hierbei ist eine **Präzision** einzuhalten, die Missverständnisse ausschließt. Dazu gehören ganz besonders die Beachtung der Eigentümlichkeit von Sprache und Mundart sowie Redewendungen und Milieusprache. Die Philologen nennen es **Idiomatische Prägnanz**.

Danach erfolgen auf dem Verständigungsniveau des Aussagenden die Bekanntgabe des Vernehmungsgegenstandes und die Belehrung. Durch Kontrollfragen soll festgestellt werden, ob die Belehrung auch verstanden wurde.

Ein besonderes Problem ergibt sich, wenn der Kriminalist feststellt, dass die Vernehmungsperson alkoholisiert ist. Diese Vermutung kann sich durch Geruch aber auch aus dem Verhalten oder Sprechen ergeben. Die Person ist darauf anzusprechen und ein **Alkoholtest** durchzuführen. Das sollte von einem anderen Beamten gemacht werden, möglichst von einem, der damit größere Erfahrung hat. Das Ergebnis ist zu protokollieren und zur Akte zu nehmen. Unabhängig von der Alkoholkonzentration ist die Person (erneut) zu belehren. Danach ist sie nochmals zu befragen, ob sie trotz Alkoholgenuss aussagen will. Der Kriminalist muss jetzt entscheiden, ob er die Vernehmung durchführen will oder nicht. Wird die Vernehmung durchgeführt, dann sollte er mit **Kriminalistischer List** (Kapitel 11.14) auch beweisen, ob die freie Willensentschließung und Willensbetätigung des Aussagende durch die Alkoholisierung beeinträchtigt sind. Hierzu sollten in der Vernehmungsniederschrift an Stellen, die für die Beweisführung nicht wichtig sind (z. B. Anschrift oder Lebenslauf), bewusst Fehler eingebaut werden. Ob der Aussagende diese beim späteren Durchlesen gefunden hat oder nicht, ist in einem Eindrucksvermerk ausführlich darzulegen (*Schaap*, a.a.O.).

11.13.3 Tonaufzeichnung

Hin und wieder verlangen Aussagende, dass sie den Verlauf der Vernehmung auf Tonträgern mitschneiden wollen. Hierauf besteht kein Anspruch, denn die Vernehmung ist **kein öffentlich gesprochenes Wort** im Sinne von § 201 StGB. Außerdem gibt die Tonaufzeichnung nur die rein akustische Äußerung von Menschen wieder. Optisch nur wahrnehmbare Regungen, wie z. B. Kopfschütteln oder Gesichtsregungen hingegen nicht. Gleichwohl bestehen bei Beschuldigten keine Bedenken gegen eine Tonaufzeichnung, weil sie über den Anwalt jederzeit ein Protokoll ihrer Vernehmung erhalten können. Zur Gegenkontrolle sollte der Kriminalist auch eine Tonbandaufzeichnung machen.

Zeugen ist sind Tonaufzeichnungen zu verwehren, denn sie sollen sich in der späteren Gerichtsverhandlung an das Tatgeschehen erinnern und sich nicht durch Tonbandaufzeichnungen oder Kopien von Niederschriften (Kapitel 11.15) beeinflussen lassen.

11.13.4 Bild-Ton-Aufzeichnung

Die Nachteile der Tonbandaufzeichnung sind bei der Ton-Bild-Aufzeichnung nicht gegeben. Hier können alle **Körperregungen und die Mimik** der Vernommenen festgehalten werden. Im Übrigen ist die Technik inzwischen so ausgereift und preiswert, dass bei allen Polizeibehörden Geräte mit ausreichender Aufnahme-

und Wiedergabequalität vorhanden und leicht zu bedienen sind. Nach und nach werden Videogeräte durch digitale Bildaufzeichnungsgeräte ausgetauscht. Gleichwohl stehen viele Kriminalisten dieser Methode skeptisch gegenüber.

In Kanada, Amerika und England sind ab Mitte der 1980er Jahre Vernehmungen mit Videoaufzeichnung durchgeführt und analysiert worden. Die Untersuchungen kommen überwiegend zu positiven Ergebnissen (*Janovsky,* a.a.O.). Der Verlauf solcher Vernehmungen, und insbesondere das Zustandekommen der Geständnisse, kann durch die Bild-Ton-Aufzeichnung im Nachhinein von allen Prozessbeteiligten nachvollzogen werden. Ein unberechtigter Vorwurf der fehlenden oder unkorrekten Belehrung ist nicht mehr möglich. Die Untersuchungen zeigen erstaunlicherweise, dass hierbei häufiger Geständnisse zustande kommen und dafür auch im Regelfall weniger Zeit notwendig ist als bei einer herkömmlich protokollierten Vernehmung, obwohl der Vernehmende weniger drängend ist. Der Grund hierfür ist sowohl in der Person des Vernehmenden als auch in der des Vernommenen zu sehen. In dem Bewusstsein, dass das gesamte kriminalistische Verhalten sowohl vom Gericht als auch von den Vorgesetzten detailgetreu nachvollzogen werden kann, bereitet sich der **Vernehmende** viel gründlicher vor und ist darüber hinaus nicht durch das Bedienen des Schreibgerätes abgelenkt. Dem **Vernommenen** ist bewusst, dass jede kleinste Äußerung, Mimik und Gestik dokumentiert wird und sein Lügengebäude dadurch leichter enttarnt werden kann.

Bei den Untersuchungen haben 70 % der Vernommenen einer Bild-Ton-Aufzeichnung zugestimmt, auch diejenigen, die später ein Geständnis ablegten.

Von besonderer Bedeutung dürfte diese Methode bei der **Anhörung von Kindern bei Sexualdelikten** sein (Kapitel 11.16.3). Hierdurch kann eine Folgevernehmung oder das Erscheinen vor Gericht entbehrlich werden. Auch Gutachter zur Prüfung der Glaubhaftigkeit der Aussage können sich zunächst der Bild-Ton-Aufzeichnung bedienen. Das Kind wird somit erheblich weniger mit dem Tatgeschehen konfrontiert.

Durch das **Zeugenschutzgesetz** vom 30.4.1998 ist die **Bild-Ton-Aufzeichnung** in § 58a StPO als zulässiges Beweismittel aufgenommen. Danach soll eine solche Aufzeichnung bei Zeugen unter 16 Jahre erfolgen, die durch die Straftat verletzt worden sind, und bei Zeugen, die während der Hauptverhandlung nicht zur Verfügung stehen. Die Bild-Ton-Aufzeichnung kann als Beweismittel direkt in die Hauptverhandlung eingebracht werden (§ 255a StPO).

Bild-Ton-Aufzeichnungen von Beschuldigtenvernehmungen bedürfen dem beiderseitigen Einverständnis. Sie können sonst nicht in die Hauptverhandlung eingebracht werden.

11.13.5 Anhörung

Zu Beginn der Vernehmung ist der Aussagende aufzufordern, den gesamten Sachverhalt zusammenhängend (§ 69 StPO) zu schildern; der Kriminalist stellt lediglich Verständnisfragen. Ein besonders wichtiger Teil dieser Verständnisfragen sind Erläuterungen zum Sprachgebrauch und zur Bedeutung von Wörtern. So sind alle **Milieuwörter** sofort nach deren Bedeutung zu hinterfragen und diese in der späteren Niederschrift (Kapitel 11.15) originalgetreu in Anführungszeichen aufzuführen, aber unmittelbar dahinter im Klammervermerk zu erläutern. Das gilt ebenso für den Gebrauch von **Fremdwörtern** (Kapitel 26.4.2). Hierbei kommt es nicht darauf an, ob die Person die Wörter richtig gebraucht, sondern was sie darunter versteht. Ein sinnfalscher Gebrauch ist häufiger als angenommen wird, z. B. werden „effektiv“ (wirkungsvoll, lohnend) und „effizient“ (wirtschaftlich, leistungsfähig) sehr häufig verwechselt.

Auf zweifelhafte Angaben oder offenkundige Lügen wird nur insoweit eingegangen, als dass diese Angaben nochmals aus anderer Sicht hinterfragt werden, z. B. warum er sich der Uhrzeit so sicher sei und einen Irrtum ausschließe? Ziel muss es jetzt sein, dem Aussagenden bei der späteren Überführung der Lüge nicht die Ausrede zu ermöglichen, er sei falsch verstanden worden.

11.13.6 Befragung

So notwendig Befragungen sind, so viele **Gefahren** bergen sie in sich. Über die Funktion der Fragen gibt es die bekannten Volksweisheiten: „Wer fragt, der führt“, „Wer fragt, der aktiviert“ und „Wer fragt, der produziert“, die nicht übersehen werden dürfen.

Während das Führen und das Aktivieren durchaus gewollte Verhaltensergebnisse sind, ist das Produzieren eher negativ zu sehen. Der Befragte wird verleitet, sich auf eine Fantasiereise zu begeben, die er schließlich für die Wahrheit hält. Ganz besonders schlimm waren die in der Öffentlichkeit heftig diskutierten Gerichtsverfahren in Worms und Coesfeld, in denen selbst ernannte Fachleute Kinder so lange vernommen hatten, bis sie ihren Erziehern und ihren Verwandten sexuelle Verfehlungen vorwarfen, obwohl diese nur in der Vorstellung der Eltern existierten. Deshalb muss der Vernehmende vorsichtig das **Erinnerungsvermögen aktivieren**, ohne die Auskunftsperson in die Fantasie abgleiten zu lassen. Das gilt ganz besonders bei der Anhörung von Kindern (Kapitel 11.16.3).

Die Befragung beginnt erst, wenn das Ergebnis der Anhörung zweifelsfrei und unmissverständlich niedergeschrieben worden ist. Hier sind zunächst die Komplexe nachzufragen, die der Aussagende von sich aus nicht genannt hat. Dabei ist es auch wichtig festzustellen, warum er selbst nicht darauf eingegangen ist.

Ist die Person aussagewillig, kann sich aber nicht mehr erinnern, so ist das „Kognitive Interview“ (Erkennende Befragung) hilfreich. Zunächst sollte der **Wahr-**

nehmungshintergrund rekonstruiert werden: „Wie waren die Rahmenbedingungen des Erlebten, welche Gefühle hatten Sie?" Besonders erinnerungsfördernd ist der sogenannte **Ortstermin**, die Besichtigung der Tatörtlichkeit und das Vorstellen des Geschehens. Des Weiteren kann die Erinnerung während des Sprechens eintreten: „Erzählen sie alles, was Ihnen einfällt!" Beim Wechsel der Perspektive wird versucht, dass sich der Aussagende in eine andere Person versetzt: „Was könnte denn Herr X gesehen haben?"

Um den bereitwilligen Aussagenden möglichst wenig zu beeinflussen, sollten **offene Fragen** gestellt werden. Die haben einen hohen gerichtlichen Beweiswert und ermöglichen eine freie Gestaltung der Antworten. Offene Fragen sind die sogenannten „W-Fragen": wer, was, wann, wohin, wo, wie, wie viel, woran, worin, weshalb, wozu, wodurch, warum, welche pp.

Danach kommt man auf die in der Anhörung festgestellten „Ungereimtheiten" zurück, ohne diese als solche zu bezeichnen. Dies erfolgt mit **Fangfragen**. Dabei irrt der Betroffene über die Konsequenzen, die aus seiner Antwort gezogen werden (*Miescher*, a.a.O., S. 69). Sie sollen Ausreden verhindern oder Lügen beweisen. Sind z. B. nach einem Gaststätteneinbruch Fingerspuren eines Verdächtigen gesichert worden, so soll der Beschuldigte zunächst die Frage beantworten, ob er in dieser Gaststätte verkehrt. Dabei wird die Tatsache, dass dort seine Fingerabdrücke gesichert wurden, verschwiegen. Verneint er das, so sprechen die Fingerspuren gegen ihn. Dabei bleibt jedoch offen, ob er lediglich seine legale Anwesenheit verschweigen will oder ob er der Täter war.

Erst jetzt wird der Aussagende mit **Widersprüchen zum Akteninhalt** konfrontiert. Dieser Teil der Vernehmung erfolgt zweckmäßigerweise nach dem Frage-Antwort-System. Dabei wird in wörtlicher Rede geschrieben.

Liegt kein Widerspruch zum Akteninhalt vor, merkt der Kriminalist aber, dass die Angaben nicht der Wahrheit entsprechen, so muss er dies mit der Detail-, Suggestiv- und Wiederholungstaktik hinterfragen.

Mit der **Detailtaktik** kann die Glaubwürdigkeit der Person festgestellt werden. So entspricht es nicht den Erfahrungen des täglichen Lebens, dass sich jemand zwar an viele nebensächliche Einzelheiten erinnert, jedoch nicht an einen außergewöhnlichen Umstand. Es ist z. B. unglaubhaft, wenn ein Aussagender das Aussehen aller Gaststättenbesucher in allen Einzelheiten beschreiben kann, jedoch nicht bemerkt haben will, dass sein Tischnachbar nach dem Toilettenbesuch mit einem „blauen" Auge zurückgekommen ist.

Das gilt auch für die umgekehrte Situation. Will jemand **bewusst lügen**, so muss er sich die Situation gedanklich vorstellen und merken. Das ist eine erhebliche Denkleistung und wird im Regelfall nur für den „Hauptteil" des Geschehens vorgenommen. Diesen schildert der Aussagende sodann sehr ausschweifend und detailliert. Besteht nun der Verdacht der Lüge, so kann dies mit **Situationsfragen** geklärt werden. Dies sind Fragen aus dem Randbereich des Geschehens, die mit dem Hauptgeschehen nichts zu tun haben, die man aber dennoch auf Nachfrage beantworten können müsste, wie z. B.: Wie sahen das Tafelgeschirr oder die Trinkgläser aus? Über welche Themen haben Sie sich noch unterhalten? Wo wurde der Pkw geparkt? Welche Musik wurde gespielt? u. v. a. m.

Die **Suggestivtaktik** ist anzuwenden, wenn der Aussagende auf alle Fragen in einen romanhaften Redeschwall verfällt, jedoch die eigentliche Frage nicht beantwortet. Nun ist die Frage so zu formulieren, dass er nur noch mit **Ja oder Nein** antworten kann. Der Beweiswert dieser Befragung ist eingeschränkt, da die Befragung mit **geschlossenen Fragen** erfolgt. Neben der Ja / Nein Antwort sind auch Auswahlfragen oder Alternativfragen möglich. Die Auswahlfragen nennen mehrere Tatmöglichkeiten, z. B. hat Herr X die Frau geschlagen oder getreten oder mit dem Messer gestochen? Die Alternativfragen nennen zu einem Tatvorgang mehrere Verdächtige, z. B. hat Herr X, Herr Y oder Frau Z das Auto gefahren?

Keine Suggestivfragen sind solche, die bei unterschiedlicher Antwort denselben Inhalt wiedergeben oder eine falsche Antwort produzieren sollen. z. B. „Schlagen Sie Ihre Frau immer noch?" Das Ja oder Nein räumt ein, dass die Frau überhaupt geschlagen wurde. Oder: „Hatte er die Pistole in der rechten oder linken Hand?" Die Antwort „links" oder „rechts" beinhaltet, dass sich die Pistole auf jeden Fall in der Hand befand. Solche Fragen unterstellen eine bestimmte Voraussetzung, die mit der Beantwortung der eigentlichen Frage auch bestätigt werden soll. Die unterstellte Voraussetzung wird dann plötzlich der wichtigere Teil der Antwort.

Eine besonders **unfaire** und damit **rechtswidrige Frage** an Personen, die vorläufig festgenommen wurden, ist: „Glauben Sie, dass die Polizei Unschuldige einsperrt?" Das Nein räumt die eigene Schuld ein, das Ja unterstellt der Polizei rechtswidriges Handeln.

Mit der **Wiederholungstaktik** kann erkannt werden, ob der Aussagende tatsächlich Erlebtes oder aber Erdachtes erzählt. Zunächst wird seine Aussage niedergeschrieben und er nach Tagen zum selben Thema erneut vernommen. Unwahre Angaben sind sodann daran zu erkennen, dass sich der Aussagende widerspricht oder umfangreiche Angaben wortgetreu wiederholt. Letzteres deutet auf auswendig Gelerntes hin.

11.13.7 Aussageanalyse

Die Analyse von Aussagen bedarf psychologischer Kenntnisse. Sie mündet in die Bewertung der **Glaubwürdigkeit** einer Person und der **Glaubhaftigkeit** der Aussage (BGHSt 45, 164; *Bender / Nack / Treuer, a.a.O.; Jansen*, a.a.O.). Diese

Bewertung obliegt allein dem Richter (BGHSt 21, 62; NStZ 2010, S. 51 [52]; Kapitel 3.6.5). Werden Sachverständige herangezogen, so bestimmt die Rechtsprechung, welche Methoden geeignet sind und ob der Sachverständige die erforderliche Sachkunde hat. Außerdem leitet der Richter die Tätigkeit des Sachverständigen (§ 78 StPO; Kapitel 4.1.4.1).

Während der Ermittlungen sollte der Kriminalist seine subjektive Überzeugung von der Richtigkeit der Aussage oder seine Zweifel mit objektiven Tatsachengrundlagen (Beweisen) begründen (BGHZ 53, 245 [256]). Mit diesen Tatsachen soll er den Vernommenen konfrontieren.

Werden in der Vernehmung „Merkwürdigkeiten" offenkundig und können diese nicht sofort durch Vorhalte geklärt werden, so ist dies in der Akte zu vermerkt, aber nicht wissenschaftlich zu würdigen. Das sollte in einem **Eindrucksvermerk** erfolgen, der lediglich eine „Erkenntnismitteilung" ist (OLG Stuttgart, NStZ 2008, 359). Dieser Eindrucksvermerk wurde bereits 1532 in der CCC „Constitutio Criminales Carolina" als **Gebärdenprotokoll** gefordert. Die Staatsanwaltschaft oder die Gerichte können dann entscheiden, ob ein Gutachter hinzuzuziehen ist (*Artkämper*, a.a.O; *Bender / Nack / Treuer*, a.a.O.).

Anhaltspunkte für die subjektive Überzeugung des Kriminalisten können sein:

a) **Beweiswert und Status**

Den tatsächlichen Beweiswert von Aussagen bestimmt nicht die verfahrensrechtliche Stellung der Auskunftspersonen (Zeuge, Verdächtiger, Beschuldigter oder Angeklagter), sondern der persönliche Gesamteindruck, die Art und Weise der Bekundung des Sachverhaltes, die innere Wahrscheinlichkeit der Schilderung und zahlreiche andere Umstände (BGHSt 18, 238 [241]). Es muss immer der Einzelfall geprüft werden.

b) **Lügendetektor**

Zur vermeintlichen Wahrheitsfindung wird von der Öffentlichkeit hin und wieder gefordert, einen Lügendetektor (Polygraf) einzusetzen. Nach Feststellung mit ausführlicher Begründung des Bundesgerichtshofes ist er ein ungeeignetes Beweismittel im Strafprozess, weil er nicht frei von sachfremden Einflüssen ist (BGHSt 5, 332 und 44, 308 [312]). Das gilt sogar für den Fall der bewussten Lüge. Auch auf Antrag des Beschuldigten darf er nicht eingesetzt werden.

c) **Glaubwürdigkeit**

Die Glaubwürdigkeit wird anhand von drei Kriterien geprüft: der Persönlichkeit des Aussagenden, der Motivation für die Aussage und der Aussagesituation.

Zunächst wird die **Persönlichkeit** und der allgemeine Status des Aussagenden geprüft. Welcher sozialen Schicht gehört er an, welchen Beruf übt er aus, welche ethischen Grundüberzeugungen liegen bei ihm vor, wie tritt er für Gerechtigkeit ein, welche Werteordnung erkennt er an? Die Beantwortung dieser Fragen können erste Hinweise für die Glaubwürdigkeit der Person sein. Doch die Kriminalistik zeigt immer wieder, dass auch sogenannte honorige Berufe, wie Ärzte, Richter, Lehrer oder Minister, nicht vor Personen gefeit sind, die sich kriminell verhalten. Insofern ist der allgemeine Status nur ein schwaches Indiz für die Glaubwürdigkeit. Ebenso ist eine Person, die sich im kriminellen Milieu bewegt oder gar aufgewachsen ist, nicht von vornherein unglaubwürdig.

Gleichwohl zeigen Studien, dass von Kindheit an Gelerntes zum Dauerverhalten wird. So ist die Gewaltbereitschaft bei Personen am Größten, wenn sie als Kinder nicht das Einhalten von Regeln gelernt haben (*Horeni*, a.a.O.). Das gilt auch für Wahrheitsliebe.

Die **Motivation** zur Aussage gibt deutlichere Informationen zur Glaubwürdigkeit. Wobei es nicht einfach ist, das wahre Motiv zu erkennen. Zu hinterfragen ist stets, wem die Aussage nützt und wem sie schadet. Ganz wichtig ist die Feststellung, ob und in welchem (Abhängigkeits-) Verhältnis der Aussagende zur Person steht, über die er aussagt. Oder ob hier gleiche Interessen vorliegen. Das muss ausführlich in der Vernehmung niedergeschrieben werden.

Am zuverlässigsten ist die **Aussagesituation**. Wie verhält sich der Aussagende während der Aussage? Bleibt er in seiner Aussagestruktur immer gleich oder wechseln mit dem Thema auch Mimik, Gestik, Sprechweise oder Sprechtempo? Die Änderung der Verhaltensweise, also ein **Strukturbruch**, deutet auf eine unterschiedliche Aussagequalität. Antwortet er z. B. bei bestimmten Themen ausschweifend und blumenreich und bei anderen wiederum eher karg und stockend? Schildert der Aussagende einen selbst erlebten Fall, dann darf erwartet werden, dass er gefühlsmäßig betroffen ist und Assoziationen damit verbindet: „Das erinnert mich an ...". Ist das nicht der Fall, so muss hier nachgefragt werden. Möglicherweise gibt es dafür plausible Erklärungen. Solche Regungen oder fehlende sind zwar kein Beweis für oder gegen eine Falschaussage, sie dürfen **jedoch als Indiz** verwendet werden, z. B. starke Schweißbildung, Erröten, Sprechstörungen oder andere Orientierungs-, Anstrengungs- und Verlegenheitsreaktionen (BGHSt 44 308 [316]).

d) **Glaubhaftigkeit**

Bei der Beurteilung der Glaubhaftigkeit (BGHSt 45, 164) geht es um die Analyse der Aussage, um deren sachlichen Inhalt. Hier sind zunächst Realitätskriterien zu prüfen. Liegen sie vor, so kann mit großer Wahrscheinlichkeit von der Richtigkeit der Aussage ausgegangen werden. Zu prüfen ist: Stimmt die Schilderung mit den Erfahrungen des täglichen Lebens überein? Sind genügend Realkennzeichen erkennbar? Ist die Aussage widerspruchslos? Ist ein ausreichender Detailreichtum vorhanden? Kann das Erlebte räumlich und zeitlich miteinander verknüpft werden? Werden ausgefallene Einzelheiten und psychische Vorgänge geschildert? Gibt es Verständnis oder gar Entlastungen für den Beschuldigten? Geht der Aussagende auch auf deliktsspezifische Elemente ein (BGHSt 45, 164 [170]); *Bender / Nack / Treuer,* a.a.O., Rn. 231 ff.)? Zumindest bei Nachfragen müssen diese Kriterien deutlich werden.

e) **Lüge**

Abgesehen von den Wahrheitstheorien ist die Lüge in der Gesellschaft allgegenwärtig. Sie reicht von Höflichkeits- und Komplimentlügen über die Notlüge bis zur „Blinden Lüge", der bewussten Täuschung.

Wer die Wahrheit erzählt, gibt tatsächlich Erlebtes wieder und erinnert sich an eine Wahrnehmung BGHSt 45, 164 [170]). Wer lügen will, konstruiert Allgemeinwissen und erfindet eine Geschichte.

Ob der Mensch beim Lügen eine andere Verhaltensweise offenbart, hängt auch von der „Übung" des Lügens ab. Ist er in einer Gesellschaft aufgewachsen, wo Lügen Gang und Gäbe war, dann fällt es ihm leichter. Das gilt auch für Personen, die „regelresistent" sind, die nie gelernt haben, dass ein friedliches Zusammenleben nur mit dem Einhalten von ethischen Regeln gelingt (*Kauerhoff,* a.a.O.). Darüber hinaus reagiert das vegetative Nervensystem bei jedem Menschen anders, sodass es **keine verlässlichen Signale** für bewusstes Lügen gibt. Gleichwohl sind **Körperreaktionen** wie starke Schweißbildung, Erröten, Sprechstörungen oder andere Orientierungs-, Anstrengungs- und Verlegenheitsreaktionen Indizien, denen nachgegangen werden muss (BGHSt 44, 308 [316]).

Es gibt auch eine ethische Rechtfertigung für die Lüge. Hier ist an *Kant* zu erinnern, der feststellt: „Die Wahrheit zu sagen ist eine Pflicht, aber nur gegen denjenigen, welcher ein Recht auf die Wahrheit hat". So kann z. B. ein Geiselnehmer sich nicht auf die Wahrheit der polizeilichen Versprechen verlassen oder gar berufen. Ebenso wird sich jemand aus einem Kulturkreis verhalten, wenn das in Rede stehende Delikt dort anderen ethischen Werten unterliegt. Dann entfällt das Unrechtsgefühl und das Lügen wird keinerlei Reaktionen beim Aussagenden hervorrufen.

Hat sich jemand zur Lüge entschlossen, so bereitet er sich darauf intensiv vor, sodass er wie ein perfekter Zeuge wirkt. Auf jede Frage kann er sofort eine klare Antwort geben. Überlegungszeit oder Erinnerungshilfen bedarf er nicht. Das ist aber ein schwieriges Unterfangen, denn hier gilt der Grundsatz: „Wer lügen will, muss ein gutes Gedächtnis haben." Beim Lügen werden höhere geistige Leistungen verlangt, um die Geschichte überzeugend zu erzählen (BGHSt 45, 164 [170]). Demzufolge konzentriert sich der Aussagende auf den eigentlichen

Hauptteil des Geschehens. Handelt es sich um mehrere Täter, so müssen sie diesen Teil sorgsam absprechen. Um das zu entlarven, werden Fragen aus dem Nebenbereich angesprochen werden, z. B.: wie sah das Tafelgeschirr aus, wie die Trinkgläser, wer hat was gegessen und getrunken, über welche Themen hat man sich unterhalten, wer hat welche Meinung vertreten, welche Kleidung wurde getragen o. a. m. Der Ehrliche wird darauf antworten können, der Lügner dagegen nicht.

f) **Fantasiesignale**

Weiter deuten Fantasiesignale auf die Unrichtigkeit der Aussage hin. So können plötzliche Zurückhaltung in der Schilderung, Unterwürfigkeit gegenüber dem Vernehmenden oder aber ins Gegenteil schlagende Bestimmtheit bis Dreistigkeit ein Indiz dafür sein. Dies geht oft mit einem Strukturbruch der Aussage einher, sodass hier mehrere Signale zusammenfallen können. Hat der Kriminalist die Vermutung, dass die Aussage nicht korrekt ist, so muss er hinterfragen.

g) **Unwahr-Hypothese**

Als weiteres Hilfsmittel die Glaubhaftigkeit der Aussage zu überprüfen, dient die Unwahr-Hypothese (BGHSt 45, 164, [168]). Hierbei geht der Kriminalist gedanklich davon aus, dass die Aussage falsch ist. Er sucht nach Fakten, die als Bestätigung für die – unterstellten – unwahren Aussagen herangezogen werden können. Erst wenn keine Fakten die Annahme der Unwahrheit unterstützen, darf die Aussage als wahr bewertet werden. Die Fakten, die diesem Denkprozess zugrunde liegen, müssen in den Akten nachvollziehbar sein. Die Überprüfung erfolgt ohne Beteiligung der Aussagenden.

h) **Erinnerungslücken**

Menschen neigen dazu, Erinnerungslücken konstruktiv zu schließen oder sie haben den Fall schon mehrfach anderen erzählt, sodass sie die dabei erfahrenen Informationen als ihre eigenen ansehen (BGHSt 45, 164 [168]).

i) **Realität und Wirklichkeit**

Viel schwieriger ist es festzustellen, wenn der Aussagende nicht bewusst lügt, sondern die Realität mit der Wirklichkeit vertauscht, den Sachverhalt also so berichtet, wie er auf ihn gewirkt hat, er **im Ergebnis irrt**. Die Aussage des Menschen hängt davon ab, wie er einen Lebenssachverhalt wahrgenommen, im Gedächtnis abgespeichert und wie er sich daran erinnert hat. Unser Gehirn ist so angelegt, dass es Erlebnisse, die wir nicht richtig deuten können, die uns chaotisch erscheinen, in einen für uns logischen Zusammenhang bringt und dann abspeichert (Kapitel 11.2.2, c). Frei nach dem Motto: Das muss so gewesen sein. Darüber hinaus werden ältere Erlebnisse durch neuere überdeckt oder angeglichen. Hier muss der Kriminalist sehr detailliert nachfragen, ob die Schilderung den Tatsachen entspricht oder ob der Aussagende schlussgefolgert hat.

j) **Aussage gegen Aussage**

Ein besonderes Problem entsteht bei der sogenannten „Aussage gegen Aussage". In diesem Fall gibt es nur zwei Personen, die zum Sachverhalt aussagen und zwar jeder das Gegenteil des anderen. Diese Situation entsteht überwiegend bei Aussagen zwischen dem Beschuldigten und dem Opfer, ganz besonders, wenn diese noch in einem Angehörigenverhältnis zueinander stehen. Hier darf sich der Kriminalist nicht von vornherein davon leiten lassen, der Anzeigenerstatter habe edlere Motive und deshalb sei dieser schon generell glaubwürdiger. Vielmehr ist bei jeder Einzelheit der Aussage die Glaubhaftigkeit, also der **innere Wert der Aussage** zu prüfen (BGH in NStZ 2004, 635; *Maier*, a.a.O.). Hier gilt es, im Detail nach anderen Beweisen zu suchen, die die Aussage des einen oder anderen bestätigen oder widerlegen. Erst wenn diese Fakten geprüft und schriftlich niedergelegt sind, muss der Kriminalist in einer **Gesamtwürdigung** der Aussagen zu einem Ergebnis kommen. Hierbei sind gewichtige Gründe zu nennen (BVerfG NJW 2003, 2444; BGHSt 44, 153 [159]. Sind die Aussagenden beide verdächtig, Betäubungsmitteldelikte begangen zu haben, so bedarf die Glaubhaftigkeit der Aussage einer besonders eingehenden Begründung (OLG Koblenz, NStZ 2008, 359).

Aussageanalyse bei Kindern (Kapitel 11.16.3).

11.14 Verbotene Vernehmungsmethoden / Kriminalistische List / Gefahrenabwehr

11.14.1 Verbotene Vernehmungsmethoden

Bei den Befragungsmethoden befindet sich der Kriminalist im Grenzbereich zwischen noch erlaubter kriminalistischer **List** und schon verbotener Täuschung (BGHSt 35, 328, und NStZ 1997, S. 251; *Dahle*, a.a.O.). In Anerkennung der Würde des Menschen hat der Gesetzgeber die Beeinträchtigung der freien Willensentschließung und Willensbetätigung mit verbotenen Mitteln untersagt (§ 136a StPO) und Beweisverbote festgelegt (Kapitel 3). Diese Verbote gelten sowohl für Beschuldigte als auch für Zeugen (§ 69 III StPO).

Unbedenklich ist es hingegen, die Willensentschließung und Willensbetätigung mit erlaubten Mitteln zu beeinflussen (BGHSt 1, 387; Kapitel 11.10.2 j.). So sollte dem Beschuldigten erklärt werden, dass sein Verhalten nach der Tat, sein Bemühen, den Schaden wieder gutzumachen, und seine Mitwirkung bei der Aufklärung der Tat durch das Gericht positiv bei der Strafzumessung berücksichtigt werden kann (§ 46 StGB). Besteht ein Haftgrund wegen Verdunkelungsgefahr, so muss ihm deutlich gemacht werden, dass dieser entfällt, wenn er durch seine Aussage zur Sicherung von Beweismitteln beiträgt (Kapitel 18.3.1.4).

Die im **§ 136a StPO** aufgeführten verbotenen Mittel sind einerseits so eindeutig, dass sie keiner Erläuterung bedürfen, wie z. B. Quälerei, Misshandlung, körperliche Eingriffe, Drohung mit unzulässigen Maßnahmen, Versprechen von gesetzlich nicht vorgesehenen Vorteilen oder Hypnose. Darüber hinaus hat der Gesetzgeber im Absatz 3 eine Hürde gegen verbotene Vernehmungsmethode aufgestellt, die die „verbotenen Früchte“ unschädlich machen: Aussagen, die unter Verletzung des Verbotes zustande gekommen sind, dürfen auch dann nicht verwertet werden, wenn der Beschuldigte der Verwertung zustimmt. Diese Regel trägt der Erkenntnis Rechnung: Wer zu einer Aussage gezwungen werden kann, der kann auch dazu gezwungen werden, seine korrekte Behandlung zu bestätigen. Die Nazi- und die DDR-Diktatur waren darin abschreckende Beispiele (Kapitel 1.4.3.3 und 1.4.3.5).

Andererseits sind die **verbotenen Methoden** aber so **mehrdeutig**, dass dies zu Konflikten führen kann. So soll beispielsweise nach § 88 StPO dem Beschuldigten vor der Obduktion des Opfers die Leiche zur Anerkennung vorzuzeigen. Bricht er in dieser Situation zusammen und legt ein Geständnis ab, so stellt das keine seelische Quälerei dar.

Bei einem **Kapitaldelikt** (Kapitel 22.2) hält es der Bundesgerichtshof für zulässig, den Beschuldigten auch zur Nachtzeit wiederholt zu vernehmen, selbst wenn die Vernehmung nur durch kurze Ruhepausen unterbrochen wird, weil beim ersten Zugriff unter erheblichem Zeitdruck gearbeitet werden muss, um möglichst wenig Gelegenheit zur Beseitigung belastender Tatspuren zu geben. Der Beschuldigte darf hier sofort mit neuen Beweismitteln konfrontiert werden. Die Aufklärungspflicht des Staates bei einer besonders schwerwiegenden Straftat hat somit Vorrang vor der ungestörten Nachtruhe des Beschuldigten (BGHSt 38, 291 [294]).

Problematisch ist das **Verabreichen von Mitteln**. So kann beispielsweise ein **Rauschgiftabhängiger** zu einer Aussage bereit sein, gerät aber während dieser Zeit unter Entzugserscheinungen und verlangt nach Ersatz. In einem solchen Fall ist die Vernehmung **sofort abzubrechen** und ein Arzt hinzuzuziehen. Verabreicht der Arzt ein Ersatzmittel, so muss er erklären, ob dieses Ersatzmittel die freie Willensentschließung und Willensbetätigung beeinträchtigen kann. Hält der Arzt dies für ausgeschlossen, so muss er das attestieren. Danach kann die Vernehmung fortgesetzt werden.

Um selbst zu **überprüfen,** ob der Aussagende der Vernehmung wirklich folgen kann, sind in der Niederschrift an beweisunerheblichen Stellen Fehler einzubauen, wie bei Angetrunkenen (Kapitel 11.13.2). Ob diese beim späteren Durchlesen gefunden werden oder nicht, ist zu protokollieren.

11.14.2 Kriminalistische List

Unter „kriminalistischer List" sind alle polizeilichen Ermittlungsmethoden zu verstehen, bei denen der Betroffene nicht erkennen kann, welche Maßnahmen gegen ihn durchgeführt werden, weil das **heimlich** geschieht oder auf **Täuschung** beruht. Das gilt beispielhaft für den Einsatz von V-Personen (Kapitel 14), Observationen (Kapitel 10), Überwachung der Telekommunikation, Auslegung einer Diebesfalle (Kapitel 4.19.6) u.v.a.m. Der BGH sieht das als unbedenklich an, weil die Strafprozessordnung „keinen Grundsatz der Offenheit staatlichen Handelns" beinhaltet. Ebenso liegt darin kein Verstoß gegen das „faire Strafverfahren" (BGHSt 39 [335, 346, 347]; 42, 139 [150, 151]. Ausführlich dazu *Soiné*, a.a.O.

Nur im Zusammenhang mit der **Vernehmung ist die Täuschung verboten** (§ 136a StPO; BGHSt 34, 365 [369]). Insofern ist die Abgrenzung zur erlaubten List entscheidend. Dabei liegen List und Täuschung ganz nah beieinander (*Miescher*, a.a.O., S. 29). In beiden Fällen irrt der Vernommene. Bei der verbotenen **Täuschung** wird der Irrtum durch den Vernehmenden gewollt herbeigeführt. Es erfolgt eine Einwirkung auf die **Vorstellung** des Getäuschten. Bei der erlaubten **List** wird ein selbst verschuldeter Irrtum beim Vernommenen ausgenutzt (BGH in StV 1988, S. 419 [421]; *Miescher*, a.a.O., S. 139).

Bei der Kriminalistischen List geht es auch um die Frage, ob beispielsweise bereits bei Beginn der Vernehmung alle bekannten Beweise offenbart werden müssen oder ob ein selbst verschuldeter Irrtum, die Tat sei schon bekannt, zu korrigieren ist. Die herrschende Meinung hält den Irrtum für unbedenklich (BGHSt 35, 328 [329]; BGHSt 37, 48 [53], und BGH in NStZ 1997, 251). Der nach einer korrekten Belehrung Aussagewillige trägt dieses Risiko selbst. Ebenso muss der Lügende nicht sofort auf diese Tatsache hingewiesen werden. Er kann durchaus in seinem **Lügengebäude** verstrickt werden, um ihm die spätere Ausrede zu nehmen, er sei nicht richtig verstanden worden (Kapitel 11.13.6: Fangfragen). In beiden Fällen glaubt der Vernommene, die Polizei habe keine Beweise oder seine Lügen könnten nicht erkannt werden. Seine falsche Vorstellung von der tatsächlichen Beweislage wird jetzt ausgenutzt. Gleiches gilt auch beim versteckten Auslegen einer **Diebesfalle** (Kapitel 4.19.6).

11.14.3 Gefahrenabwehr

Ganz problematisch sind Vernehmungen, die gleichzeitig das Ziel der Gefahrenabwehr zur **Rettung von Menschenleben** und der Strafverfolgung haben, z. B. die Vernehmung des **Tatverdächtigen bei Entführung** (Kapitel 25.6.2.2). Eine Verwendung der Aussage im Strafverfahren ist nur zulässig, wenn die Regeln der Strafprozessordnung eingehalten werden. War das nicht der Fall, so sind die Aussagen nicht verwertbar. Fraglich ist, ob der Mangel mit einer qualifizierten Belehrung (Kapitel 11.7) geheilt werden kann.

Die Entführung eines Kindes und die **Zwangsandrohung gegen den Täter**, damit er das **Versteck des Opfers** bekannt gibt, hat in Deutschland eine große und kontroverse öffentliche **Diskussion über Folter** ausgelöst. Dem liegt folgender Fall zugrunde:

Am 27. September 2002 lockt der 28-jährigen Jurastudenten *Magnus* ***Gäfgen*** (a.a.O.) den ihm gut bekannten elfjährigen Bankierssohn *Jacob* ***von Metzler*** in seine Wohnung in Frankfurt / M. Hier fesselt er das Kind mit Klebeband. Ebenso verklebt er dem Kind Nase und Mund, sodass es nicht mehr atmen kann. Dem jetzt fünf Minuten andauernden **Todeskampf** schaut *Gäfgen* zu. Den Leichnam versenkt er in einem weit entfernten Fischweiher.

Danach fordert *Gäfgen* von der Familie für die Freilassung des Kindes eine Million Euro Lösegeld. Als Geldabholer wird *Gäfgen* identifiziert, observiert und schließlich festgenommen. Gäfgen gesteht die Tat und behauptet, das Kind lebe noch, weigert sich jedoch, das Versteck zu nennen.

Um das Leben des Kindes zu retten, lässt Polizeivizepräsident *Wolfgang* ***Daschner*** dem Täter Zwang androhen, damit er das Versteck des Kindes nennt. Bei der ersten Androhung gibt *Gäfgen* dieses bekannt. Der Leichnam des Kindes wird in einem Plastiksack unter einem Bootssteg in einem weit entfernten Fischweiher gefunden. An dem Plastiksack befinden sich die Fingerabdrücke von *Gäfgen*.

Das Landgericht Frankfurt / M verurteilt *Gäfgen* am 28. Juli 2003 wegen **Mordes zur Höchststrafe**. Weil das Gericht, über die schwerwiegenden Mordmerkmale hinaus, auch die „besondere Verwerflichkeit der Tatausführung“ sieht, erkennt es zusätzlich auf die „besondere Schwere der Schuld“ (§§ 46 und 57 a, Absatz 1, Ziffer 2, StGB; BVerfGE 86, 288 [310]; BGHSt 39, 121 [125]). Das bedeutet, eine Strafaussetzung nach fünfzehn Jahren Haft kommt nicht in Betracht.

Wegen der Zwangsandrohung sieht sich *Gäfgen* als **Folteropfer** und erhebt Verfassungsbeschwerde. Viele Medien machen das zu einer Kampagne gegen *Wolfgang Daschner*. Eine Fraktion der Hessischen Landtagsabgeordneten verlangt seine sofortige Suspendierung. Demonstranten mit „Folter-Schildern“ versammeln sich vor dem Haus von *Daschner*. Seine Kinder werden körperlich angegriffen.

Der Vizepräsident des Bundesverfassungsgerichts *Hassemer* nimmt die Beschwerde von *Gäfgen* nicht zur Entscheidung an. Die vom Anwalt von *Gäfgen* eingelegten Rechtsmittel gegen das Urteil verwirft der BGH im Mai 2005 mit der Begründung „Er sehe keine rechtliche Veranlassung, sich mit der Auswirkung der behaupteten Folterandrohung auseinanderzusetzen“.

Die Große Kammer des Europäische Gerichtshofs für Menschenrecht in Straßburg hat am 1.6.2010 über die Frage entschieden, ob *Gäfgen* gefoltert wurde (NJW 2010, S. 3145; *Grabenwarter,* a.a.O.). Er kam mit elf zu sechs Stimmen zu dem Ergebnis „dass die Verhörsmethode nicht einen solchen Schweregrad erlangte, dass sie als **Folter** gelten könnte. [... Die Methode] war aber schwerwiegend genug, um als unmenschliche Behandlung im Sinne der Menschenrechtskonvention zu gelten. [...] Völlig unabhängig vom Verhalten des Opfers [*Gäfgen*] oder der Beweggründe der Behörden [...] lasse das keine Ausnahme zu, nicht einmal, wenn ein Menschleben in Gefahr sei."

Die deutsche Richterin *Renate* ***Jaeger*** (frühere Bundesverfassungsrichterin) schloss sich dem **Sondervotum** der Großen Kammer an. „Diese Richter sehen hier keine Verletzung des Verbots einer unwürdigen Behandlung." Sie weisen vor allem auf die Schwierigkeiten der Strafverfolgungsbehörden hin, die mit einer „extrem ernsten und tragischen Situation konfrontiert gewesen seien, die schließlich in der Ermordung eines elf Jahre alten Kindes gipfelte". (FAZ vom 2.6.2010, Seite 10).

Da *Gäfgens* Aussage bei der Polizei nicht im Strafverfahren gegen ihn verwertet wurde, liegt kein Verstoß gegen den Grundsatz des fairen Verfahrens vor, sodass die Verurteilung rechtens bleibt. Damit ist das Strafverfahren gegen *Gäfgen* endgültig abgeschlossen.

Wegen der Zwangsandrohung wird Polizeivizepräsident *Wolfgang Daschner* wegen schwerer Nötigung, § 240 IV StGB, beim Landgericht Frankfurt / M angeklagt. Das Gericht spricht am 21.12.2004 wegen Nötigung eine Verwarnung mit Strafvorbehalt aus, § 59 StGB. *Daschner* nimmt das Urteil an, die Staatsanwaltschaft verzichtet auf Rechtsmittel (*Brugger, Burgmer, Ebel, Erb, Gäfgen, Götz, Grasnik, Luhmann, Poscher, Scharff, Vec, Weihmann* a.a.O., Kapitel 1.1, 2005d).

Weitere aktualisierte Einzelheiten unter www.weihmann-schuch.de, Aufsätze, „Daschner-Urteil (Folter?)".

11.15 Vernehmungsniederschrift

Die Vernehmungsniederschrift soll die Aussage fixieren und den Fall rekonstruieren (BGH in NStZ 1997, 611). Dabei ist es wichtig, Ausdrucksweise, Wortstil und den Wortschatz des Vernommenen möglichst genau wiederzugeben. Handelt es sich um einen Ausländer, so ist der Dolmetscher anzuhalten, auch diese Besonderheiten zu übersetzen (Kapitel 11.12). Das gilt ganz besonders für die **Milieusprache** und für den Gebrauch von **Fremdwörtern** (Kapitel 26.4.2).

Ferner müssen Tatbestand, Rechtswidrigkeit und Schuld deutlich erkennbar werden (BGH in NStZ 1994, 555). Die Niederschrift dient als Kommunikationsmittel zwischen Polizei, Staatsanwaltschaft und Gericht und bildet die Grundlage für weitere Ermittlungen.

Die **Niederschrift** kann in freier Form oder in Form von Frage und Antwort erfolgen. Die freie Form hat den Vorteil, dass sie nicht so arbeits- und damit zeitaufwendig ist. Dafür ist sie aber nicht so präzise. Erfahrene Kriminalisten **kombinieren** beide Formen. Von der freien Niederschrift wechseln sie an wichtigen Stellen zur Frage-Antwort-Form, die in der wörtlichen Rede erfolgt.

Nach Abschluss der Vernehmung soll der Aussagende den **Text unterschreiben**. Dies kann der Bedeutung der Aussage entsprechend sehr unterschiedlich ausfallen. Bei nicht so gewichtigen Aussagen genügt es, die Unterschrift nach „vorgelesen, genehmigt und unterschrieben" zu leisten, wobei der Kriminalist den Text in der Regel während des Schreibens laut mitgelesen hat. Bedeutendere Aussagen sollte der Aussagende jedoch „selbst gelesen" haben. Kann er dies nicht, weil er z. B. seine Brille vergessen hat oder nicht lesen kann, so ist dies aktenkundig zu machen. Bei **wichtigen Angaben** sollte der Aussagende jede Seite unterschreiben, damit nicht der Vorwurf erhoben werden kann, es seien einzelne Seiten ausgetauscht worden.

Verweigert der Aussagende die Unterschrift, so ist er nach dem Grund zu fragen. Soll die Vernehmung geändert oder nachgebessert werden, so ist dies mit den dazugehörenden Erläuterungen zu tun. Das gilt insbesondere für bewusst eingebaute **Fehler**, um damit die Vernehmungsfähigkeit des Aussagenden festzustellen (Kapitel 11.13.2 und 11.14). Bleiben jedoch Meinungsverschiedenheiten, die nicht ausgeräumt werden können, so sind diese darzulegen und auf die Unterschrift ist zu verzichten. Eine verweigerte Unterschrift des Protokolls schließt nicht aus, dass die vorangegangenen Angaben inhaltlich zutreffend protokolliert worden sind (BVerfG in NVwZ 2005, S. 1175 [1176]). Das Fehlen der Unterschrift kann durch das glaubwürdige Auftreten des Vernehmungsbeamten in der Hauptverhandlung ausgeglichen werden.

Verlangt ein Aussagender eine **Kopie seiner Vernehmung**, so kann folgendermaßen verfahren werden:

Zeugen ist dies zu verwehren, da es bei ihren Aussagen stets auf die Erinnerung ankommt. So sollen sie sich auch bei der späteren Hauptverhandlung an das eigentliche Tatgeschehen erinnern und nicht an die Vernehmungsniederschrift.

Da dem **Beschuldigten** durch seinen Verteidiger Aktenauszüge ausgehändigt werden dürfen, bestehen keine Bedenken, ihm auf durch die Polizei eine Kopie der Vernehmung zu überlassen, **wenn** zu diesem Zeitpunkt der Untersuchungszweck dadurch nicht gefährdet wird. Das Aushändigen der Kopie ist auf dem Original zu vermerken.

11.16 Besondere Vernehmungen

11.16.1 Tatsimulation

In einer Tatsimulation (Kapitel 7.3) ist der Aussagende bereit, das von ihm Geschilderte im **Rollenspiel** nachzuspielen. Dies gilt insbesondere für den Tatverdächtigen. Nun kann zum einen festgestellt werden, ob das Geschilderte mit dem Tatortbefund übereinstimmt. Zum anderen kann überprüft werden, ob die Angaben den Erfahrungs- und Denkgesetzen entsprechen. Behauptet der Tatverdächtige z. B., er habe die Leiche allein aus dem Auto getragen und am Fundort abgelegt, so muss er dies bei der Simulation wiederholen können. Sonst besteht der Verdacht, dass er einen Mittäter oder Gehilfen hatte. Ebenso kann überprüft werden, ob ein Zeuge das Geschilderte von seinem Beobachtungspunkt aus sehen konnte.

Da die Tatsimulation ein wichtiges Beweismittel ist, muss vor deren Durchführung geprüft werden, ob dies in **Anwesenheit eines Richters** erfolgen soll, damit eine rechtliche Absicherung dieser Form des Geständnisses erfolgt (§§ 86 und 168e StPO).

Das gesamte Verfahren der Tatsimulation ist auf **Bild-Ton-Träger** aufzuzeichnen. Dies gilt auch für die Regieanweisungen und für alle Korrekturen. Muss der Beschuldigte wegen akuter Fluchtgefahr an einen Kriminalisten gefesselt werden, so darf dieser den gesamten Tatbestand nicht kennen. Nur so ist dem Vorwurf zu begegnen, der Aussagende sei „geführt" worden.

Leichen sollten durch Auto-Versuchs-Puppen (Dummies) dargestellt werden, da ein Lebender seine Körperreaktionen nicht tot stellen kann. Die Kfz-Hersteller sind hier mit elektronisch defekten Puppen behilflich.

11.16.2 Vernehmungs-Gegenüberstellung

Bei der Vernehmungsgegenüberstellung (Kapitel 12.4) sollen Widersprüche von Aussagen ausgeräumt werden. Hat in den Einzelvernehmungen der Vorhalt von Aussagen anderer Personen nicht zur Klärung von Widersprüchen geführt, so werden beide Personen gleichzeitig vernommen. Sie sollen nun Gelegenheit haben, unmittelbar auf die Aussage des anderen zu reagieren. Da die Erwiderungen in solchen Vernehmungen sehr schnell ablaufen können, muss für deren besondere Protokollierung gesorgt werden. Dies kann mit einem **Bild-Ton-Träger** erreicht werden, wenn die Beteiligten damit einverstanden sind. Sonst müssen die Aussagen beider Personen in einer Niederschrift festgehalten werden.

Da **Kinder** dem psychischen Druck bei Behauptungen von Erwachsenen nicht standhalten können, ist eine Vernehmungsgegenüberstellung mit diesen **nicht erlaubt.**

11.16.3 **Kinder** (Anhörung)

Kinder (bis 14 Jahre alt) stehen unter dem besonderen Schutz der staatlichen Gesellschaft. Sie sind **strafunmündig** (§ 19 StGB) und können somit nicht Beschuldigte und nicht Tatverdächtige sein. Strafprozessuale Maßnahmen zur Durchführung des Strafverfahrens gegen sie sind nicht möglich.

Maßnahmen gegen Kinder können aber zur Gefahrenabwehr, zur Sicherung von zivilrechtlichen Ansprüchen und zur Spurensicherung als Opfer durchgeführt werden. Bestehen aufgrund der körperlichen Entwicklung der Person oder durch die gezeigte kriminelle Energie Zweifel am Kindesalter, so können Kinder zunächst Verdächtiger sein und müssen dann nach § 55 StPO belehrt werden. Zu den wissenschaftlichen Methoden, die eine genaue Altersbestimmung bei jungen Menschen erlauben, siehe Kapitel 4.3.5.1.3.

Kinder sollen wegen einer unerlaubten Handlung oder als Zeugen **nicht bloßgestellt** werden. Das gilt auch für Maßnahmen in der Schule. Sie sind **nicht** durch Uniformierte zu begleiten und **nicht** im Streifenwagen zu befördern. Sie sollen **nicht** mit dem Beschuldigten konfrontiert werden und nicht mit anderen Zeugen zusammentreffen, um nicht beeinflusst zu werden. Anhörungstermine sind so einzurichten, dass sie nicht warten müssen. Sind Wartezeiten unvermeidbar, so sollen sie unter Aufsicht kindgerecht beschäftigt werden. Wird ein Kind (vor-) geladen, so richtet sich der Vorgang stets an die Eltern (*Meyer-Goßner*, a.a.O., § 48, Rn. 7).

Kinder können als **Zeugen** aussagen. Entscheidend ist ihre Fähigkeit, Sachverhalte aufzunehmen und wiederzugeben. So kann z. B. ein durchschnittlich entwickelter dreijähriger Junge durchaus Angaben zur Farbe eines Autos machen. Allerdings ist bei Kindern immer zu prüfen, ob die Aussage „fremdsuggestiven Einflüssen" unterliegt (BGHSt 45, 164 [173]). Die Gefahr ist dann besonders groß, wenn vor der polizeilichen Vernehmung **Eltern, Lehrer** oder andere den Sachverhalt „aufgeklärt" und in ihrer Unbedarftheit das Kind in „ihre Richtung" gebracht haben. Insofern ist das Kind auch darüber zu befragen, wem es diesen Fall schon „erzählt" hat.

Sind Kinder **Opfer** von schwerwiegenden Straftaten geworden, insbesondere von Sexualdelikten, so ist es zwingend geboten, bereits **bei der ersten Vernehmung** einen **Sachverständigen** für Aussagepsychologie beizuziehen (BGHSt 45, 164 [174]; Kapitel 4.1.4.1) und die Vernehmung auf Bild-Ton-Träger aufzuzeichnen (Kapitel 11.13.4). Damit soll verhindert werden, dass Kinder den Sachverhalt wiederholt erzählen müssen. Die Bild-Ton-Aufnahme gewährleistet, dass die Aussagen anschließend einer wissenschaftlich abgesicherten Inhalts-, Aussage-, Fehlerquellen- und Kompetenz-Analyse unterzogen werden können, um die Glaubhaftigkeit der Aussagen überprüfen zu können.

Da sich Kinder nicht strafbar machen können, so auch nicht durch eine falsche Aussage, werden sie nicht vernommen und unterschreiben ihre Aussage auch nicht. Sie werden **angehört**. Hierbei ist entscheidend, dass der Kriminalist zunächst den Grad der geistigen Reife feststellt. Dies nicht in Form eines Gutachtens, sondern aus der Erfahrung des täglichen Lebens. Er stellt nur fest, ob das Kind seinem Alter entsprechend entwickelt ist oder welche Auffälligkeiten zu sehen sind. Die Glaubwürdigkeit des Kindes wird von einem Gutachter festgestellt (BGHSt 45, 164 [174]).

Obwohl sich Kinder nicht strafbar machen können, müssen rechtswidrige Taten aufgeklärt und die **Identität** der Kinder und das tatsächliche **Alter (**Kapitel 4.3.5.1.3) ermittelt werden. Ferner ist festzustellen, ob **strafmündige** Personen an der Tat beteiligt waren oder ob Maßnahmen der **Jugendhilfe** geboten sind. Darüber hinaus sind auch die Personen festzustellen, gegen die **zivilrechtliche Ansprüche** geltend gemacht werden können. Dies sind im Regelfall die Eltern (BGH in: NJW 2009, 1952 und 1954) Tatverdächtige Kinder werden aus den oben genannten Gründen **nicht** belehrt. Dies gilt auch, wenn sie sich als Zeugen selbst belasten würden.

Sind die Kinder Zeugen, so haben sie die gleichen Aussagepflichten und Zeugnisverweigerungsrechte wie Erwachsene. Neben den Kindern selbst nehmen jedoch auch die gesetzlichen Vertreter das **Zeugnisverweigerungsrecht** wahr. Erklärt das Kind oder einer der beiden gesetzlichen Vertreter, von diesem Recht Gebrauch zu machen, so entfällt die Zeugenaussage. Die Prüfung, ob Minderjährige die erforderliche **Verstandesreife** (§ 52 II StPO) haben, um gegen den Willen des gesetzlichen Vertreters auszusagen, obliegt allein dem Richter der Hauptverhandlung (BGHSt 13, 394 [397]).

Sollen bei Kindern Spuren einer Straftat gesichert werden und sind die gesetzlichen Vertreter verhindert oder von der Entscheidung ausgeschlossen, und ist die sofortige Untersuchung zur Beweissicherung erforderlich, so dürften die Maßnahmen nur auf Anordnung eines Richters oder bei Gefahr im Verzug eines Staatsanwaltes erfolgen (§ 81c III StPO). Ansonsten besteht Beweisverwertungsverbot (BGHSt 12, 235).

Sind die gesetzlichen Vertreter beide oder einer der beiden einer **Straftat gegen das Kind** oder wegen einer **anderen Straftat** beschuldigt, so wird vom Gericht ein **Ergänzungspfleger** (§ 1909 BGB) bestimmt, der in Bezug auf das Zeugnisverweigerungsrecht des Kindes die Aufgaben des gesetzlichen Vertreters wahrnimmt. Der Ergänzungspfleger ist im Regelfall ein Angehöriger des Jugendamtes. Darüber hinaus ist zu prüfen, ob dem Kind in der Familie eine „dringende Gefahr für sein Wohl" droht. In solchen Fällen ist es durch das **Jugendamt** in Obhut zu nehmen (§ 42 Sozialgesetzbuch). Steht dem Ehegatten des Beschuldigten **allein** die gesetzliche Vertretung des zur Verweigerung des Zeugnisses berechtigten minderjährigen Kindes zu, so kann er über die Ausübung des Zeugnisverweigerungsrechtes allein entscheiden (OLG Nürnberg, NJW 2010, S. 3041).

Kinder sollen in **Abwesenheit der Eltern** (gesetzliche Vertreter) angehört werden. **Obwohl** die Eltern das **Aufenthaltsbestimmungsrecht** (§ 1631 BGB) über das Kind haben und deshalb jederzeit anwesend sein dürften, ist deren Abwesenheit aus psychologischen Gründen dringend notwendig. Das muss den Eltern ausführlich erklärt werden: Da die Eltern in ihrem Erziehungsrecht auch strafen und tadeln dürfen, neigen Kinder dazu, in Anwesenheit der Eltern ihr eigenes Fehlverhalten zu verschweigen oder zu schönen. Das soll bei der Anhörung vermieden werden. Den Eltern muss verständlich gemacht werden, dass dem Kind durch das infrage stehende Fehlverhalten dann keine psychischen Dauerschäden entstehen, wenn es diese Verhaltensweisen eingesteht. Erst dadurch erkennen die Eltern das Verhalten ihres Kindes und können dem mit einer persönlichkeitsfördernden Erziehung entgegensteuern. Deshalb werden ihnen auch der Vernehmungsgrund und anschließend uneingeschränkt das **Vernehmungsergebnis** mitgeteilt. Dieser Hinweis löst in der Regel die Zustimmung zur Anhörung in Abwesenheit der Eltern aus (*Bölter; Hirt*, a.a.O).

Rechtlich dürfte der Wunsch nach Abwesenheit der Eltern kaum durchzusetzen sein. Den Eltern obliegt das Erziehungs- und Aufenthaltsbestimmungsrecht (§ 1631 BGB). Wenn ansonsten gar keine Aussage zu erreichen ist, so kann in einem einfach gelagerten Fall ihrer Anwesenheit ausnahmsweise zugestimmt werden. Ist das Kind Opfer einer schwerwiegenden Tat, so ist die Vernehmung durch den Sachverständigen durchzuführen (siehe oben).

Über die Anhörung fertigt der Kriminalist eine **Niederschrift**. Hierin gibt er die Aussagen des Kindes mit dessen Worten wieder. Benutzt das Kind nicht allgemein gebräuchliche Bezeichnungen, so ist bei diesen Bezeichnungen zu bleiben, jedoch im Klammervermerk darzulegen, was das Kind darunter versteht. Der Erziehungsberechtigte wird über das Ergebnis der Anhörung informiert. Diese Tatsache wird aktenkundig gemacht.

Der Kriminalist fertigt daneben einen **Eindrucksvermerk**, in dem er niederlegt, wie sich das Kind verhalten hat. Dieser Vermerk soll dem Richter erste Hinweise für die Glaubhaftigkeitsbeurteilung geben. Insofern ist insbesondere darauf einzugehen, ob die Aussagen spontan, tatnah, detailreich, stimmig, realitätsbezogen und realitätsverflochten waren. Es ist darauf einzugehen, ob das Kind lebhaft oder zögerlich die Aussage machte, ob es einen altersentsprechenden Wortschatz besaß, ob es die Tat als erlaubt oder als verboten ansah. Der Eindrucksvermerk ist eine **Erkenntnismitteilung** im Rahmen eines Ermittlungsverfahrens und kann von den Betroffenen nicht angefochten werden (OLG Stuttgart, NStZ 2008, S. 359).

11.16.4 Jugendliche und Heranwachsende

Für Jugendliche und Heranwachsende gelten die besonderen Vorschriften des Jugendgerichtsgesetzes (§ 10 StGB). Jugendliche (14 bis 18 Jahre) stehen unter besonderem Schutz der Gesellschaft. Sie sollen weder als Tatverdächtige noch als Zeugen bloßgestellt werden. Das gilt auch für Maßnahmen in der Schule oder am Arbeitsplatz. Insbesondere ist zu vermeiden, sie durch Uniformierte zu begleiten oder in Streifenwagen zu befördern. Sie sollen nicht mit dem Beschuldigten konfrontiert werden und nicht mit anderen Zeugen zusammentreffen, um nicht beeinflusst zu werden. Anhörungstermine sind so einzurichten, dass sie nicht warten müssen. Wir ein Jugendlicher (vor-) geladen, so richtet sich dieser Vorgang stets an die Eltern.

Jugendliche können als Zeugen, Verdächtige und als Beschuldigte vernommen werden. Zeugnis-, Auskunfts- uind Aussageverweigerungsrechte nehmen sie selbst wahr. Ob sie die erforderliche **Verstandesreife** (§ 52 II StPO) haben, um gegen den Willen des gesetzlichen Vertreters auszusagen, entscheidet allein der Richter der Hauptverhandlung (BGHSt 13, 394 [397]).

Nach dem Jugendgerichtsgesetz sind Jugendliche nur strafbar, wenn sie zur Zeit der Tat nach ihrer **sittlichen und geistigen Entwicklung** reif genug waren, das Unrecht der Tat einzusehen und nach dieser Einsicht zu handeln (§ 3 JGG). Demzufolge muss in der Vernehmung ausführlich auf die Schuldfähigkeit eingegangen werden. Schul- und Berufsausbildung, das Elternhaus und die familiären Verhältnisse sind in diesem Zusammenhang ausführlich darzulegen. **Jugendverfehlungen** liegen vor, wenn, unabhängig vom generellen Reifungsgrad die konkrete Tat auf jugendlichen Leichtsinn, Unüberlegtheit oder soziale Unreife zurückgeht (BGH in NStZ 2001, 102, und § 67 JGG).

Heranwachsende (18 bis 21 Jahre) haben als Zeugen, Verdächtige und Beschuldigte die gleichen Rechte und Pflichten wie Erwachsene. Sie sind grundsätzlich auch nach den allgemeinen Vorschriften des Strafrechts und Strafprozessrechts zu behandeln. Das gilt insbesondere im Ermittlungsverfahren bei der Polizei. Führt jedoch die Gesamtwürdigung der **Persönlichkeit** des Heranwachsenden zu dem Ergebnis, dass er nach seiner sittlichen und geistigen Entwicklung einem Jugendlichen gleichzustellen ist, so wird er nach den Vorschriften des Jugendgerichtsgesetzes behandelt (§ 105 JGG). Insofern sind auch hier, wie beim Jugendlichen, die persönlichen Verhältnisse wie bei Jugendlichen darzulegen. Ein Heranwachsender ist dann einem Jugendlichen gleichzustellen, wenn in ihm noch in größerem Umfang Entwicklungskräfte wirken (BGH in NStZ 2001, S. 102). Die Prüfung wird durch die Staatsanwaltschaft vorgenommen.

Da straffälliges Verhalten von Jugendlichen und Heranwachsenden oft nur **Episode** oder im Volksmund „Dummheiten“ sind, sollen sie bei leichten Verstößen nicht durch ein Strafverfahren stigmatisiert werden. Ziel ist es vielmehr, sie durch andere geeignete Maßnahmen wieder auf den richtigen Weg zu bringen. In solchen Fällen kann die Staatsanwaltschaft die Einstellung ohne das förmliche Verfahren nach §§ 45 und 47 JGG **(Diversion)** verfügen (*Linke*, a.a.O.). Gewinnt die Polizei aufgrund des persönlichen Kontaktes mit dem Beschuldigten den Eindruck, dass hier die Diversion angebracht ist, so spricht sie eine dahin gehende Empfehlung an die Staatsanwaltschaft aus. Hierbei ist von zusätzlichen Erhebungen durch die Polizei abzusehen. Sind erzieherische Maßnahmen sofort geboten, so unterrichtet die Polizei das Jugendamt.

Besonders ist darauf einzugehen, welche **Bemühungen** der Täter zum Ausgleich mit dem Opfer und zur Schadenswiedergutmachung unternommen hat (§§ 10 I Nr. 7 und 45 III JGG).

11.16.5 Ausländer

Ist ein Ausländer festgenommen, so sind die besonderen Rechte bei Festnahme (Kapitel 18.3.1.2) zu berücksichtigen. Darüber hinaus muss er über sein Recht zur konsularischen Unterstürzung belehrt werden (Kapitel 3.3 und 11.7.3; BVerfG in NJW 2007, S. 499).

Die Gerichtssprache ist deutsch (§ 184 GVG, § 259 StPO). Ausländer unterliegen als Zeugen, Verdächtige und Beschuldigte dem deutschen Strafprozessrecht. Ist ein Ausländer der deutschen Sprache nicht mächtig, so ist ein Dolmetscher (11.12) hinzuzuziehen (§ 185 GVG). Dies gilt auch für die polizeiliche Vernehmung. Die Justizminister der Europäischen Union haben beschlossen, dass auch in allen anderen Mitgliedsländer bei allen Vernehmung von Ausländern auf Kosten des Staates einen Dolmetscher zur Verfügung stellen (FAZ vom 24.10.2009, S. 5). Die gesetzliche Regelung ist in Vorbereitung.

Handelt es sich um Delikte der Bagatellkriminalität, so kann dem Ausländer auch ein Fragebogen in ausländischer Sprache übersandt werden. Bei einfachen Delikten kann eine Person aus dem Bekanntenkreis des Aussagenden als Dolmetscher zugelassen werden. Hier besteht jedoch die Gefahr, dass diese die Aussage aus ihrer Sicht beeinflusst. Insofern ist bei bedeutenden Vernehmungen ein Dolmetscher zu verpflichten, der der Polizei bekannt ist und der bereits früher von einem Gericht vereidigt wurde.

Die Übersetzung in die deutsche Sprache muss an den entscheidenden Stellen auch die Wörter benutzten, die als **Tatbestandsmerkmale** in den Strafgesetzen enthalten sind. Bei diesen Wörtern muss der Dolmetscher erklären, welche Bedeutung das Wort in der übersetzten Sprache hat. Hierbei ist auch auf die ethische und moralische Bedeutung der Worte einzugehen.

Am Schluss der Vernehmungsniederschrift beteuert der **Dolmetscher**, dass er „treu und gewissenhaft“ übersetzt hat. Der Aussagende und der Dolmetscher unterschreiben die Niederschrift (§ 189 GVG).

Handelt es sich um einen Ausländer, der behauptet, der Sprache mächtig zu sein, so kann das schnell mit einem kleinen Test festgestellt werden. Der Vernommene wird gebeten, aus einer durchschnittlichen Tageszeitung einen kurzen Artikel zu lesen und diesen mündlich wiederzugeben (*Artkämper,* 2007, a.a.O.). Der Vernehmende schreibt dazu einen Eindrucksvermerk und entscheidet, ob die Vernehmung ohne Dolmetscher durchgeführt werden kann.

Darüber hinaus stellt sich ein allgemeines Problem. Ausländer haben oft eine andere Kultur und somit auch eine andere Strafrechtskultur. Ihre innere Einstellung zu bestimmten Straftaten und zu den Ermittlungsbehörden, insbesondere zur Polizei, ist häufig ganz anders als bei uns. Die Unterschiede sind umso größer, wenn das kulturelle Selbstverständnis auf einer anderen Religion basiert. Ihre innere Distanz zu Teilen unserer Werteordnung führt oft zur Weigerung, den Beschuldigtenstatus anzunehmen. Damit werden sie innerlich souverän und üben eine stille Verweigerungshaltung aus. Sie tun so, als wüssten sie von nichts, und empfinden auch keinerlei Scham. Sie geben keine Erklärung für ihr Verhalten und üben auch keine Rechtfertigung. Über Hintergründe oder über das Milieu schweigen sie. Im Umgangston geben sie sich höflich und verbindlich. Das gilt auch für Ausländer, die die deutsche Sprache hinreichend beherrschen und so direkt vom Kriminalisten befragt und geführt werden können (*Schröer,* 2002, a.a.O.).

Das gilt ganz besonders für Migranten aus der Türkei, die schon mehrere Generationen in Deutschland leben, unsere Sprache beherrschen und unsere Kultur kennen. Sie lehnen es ab, Landsleute zu denunzieren und legen besonderen Wert auf korrekte Behandlung und Anerkennung ihrer Würde, insbesondere, wenn sie als Beschuldigte gelten. Jeder kleinste Verstoß dagegen (z. B. fehlende oder falsche Begrüßung, duzen oder Missachtung der Person) führt zu sofortiger Verweigerung der Kooperation. Diese wird zwar nicht ausdrücklich geäußert, jedoch geht die Person geschickterweise nicht mehr auf die ermittlungsrelevanten Einzelheiten ein, es erfolgt eine informelle Aussageverweigerung (*Schröer,* 2002, a.a.O.).

Viel schwieriger ist die Situation, wenn der Vernommene der deutschen Sprache nicht mächtig ist. Jetzt läuft die Beziehungsebene über den Dolmetscher. Hier besteht die Gefahr, dass der Kriminalist den Dolmetscher in eine Ermittlerrolle drängt, der er nicht gewachsen ist, weil er in der Regel nicht kriminalistisch vorgebildet ist. Darüber hinaus entstehen durch das ständige Übersetzen Pausen, die der Vernommene nutzen kann. Ferner gibt es unverhoffte „Verständigungsschwierigkeiten“, so habe man das nicht gemeint oder ein sinngemäßes Wort enthalte die fremde Sprache nicht. Entscheidend ist in einem solchen Fall, dass sich der Kriminalist und der Dolmetscher seit längerer Zeit kennen und vertrauen. Der Dolmetscher muss den menschlichen Kontakt zum Aussagenden aufbauen, ohne mit ihm zu kooperieren. Der Kriminalist bestimmt den Verlauf der Vernehmung und setzt die Schwerpunkte.

11.16.6 Körperlich und geistig Behinderte

Stumme und taube Personen können schriftlich befragt werden. Ist dies nicht möglich, so wird ein Dolmetscher für Gebärdensprache (§ 186 GVG) hinzugezogen. Für die Vernehmung von Geisteskranken und Geistesschwachen gelten die Ausführungen im Kapitel 11.16.3 sinngemäß.

11.16.7 Quellenvernehmung

Die Quellenvernehmung erfolgt mit einer Person, der Vertraulichkeit zugesichert wurde (Kapitel 14).

11.17 Absicherung von Geständnissen und Aussagen

Bei der Absicherung von Geständnissen und Zeugenaussagen gibt es einen taktischen und einen rechtlichen Aspekt. Aus taktischer Sicht ist der Aussagende zu veranlassen, auch solche Tatsachen mitzuteilen, die nur er wissen konnte und die mit dem objektiven und subjektiven Tatortbefund übereinstimmen. Hier ist darauf zu achten, dass solche Tatsachen nicht in die Öffentlichkeit gelangen. Der Aussagende könnte bei Widerruf sonst behaupten, er habe das Geschilderte der Presse entnommen (Kapitel 9.8.8).

Die **rechtliche** Absicherung von Aussagen erfolgt über die richterliche Vernehmung (Kapitel 11.5.3; BGHSt 18, 146 [147]).

11.18 Beispiele für Vernehmungen mit einfachem Inhalt

Zur Arbeitserleichterung werden in den Polizeibehörden oft Vordrucke für die Vernehmung von Zeugen und Beschuldigten verwendet. Auf diesem Formular ist als Belehrung oft der Gesetzestext abgedruckt.

Werden Vernehmungen aber mit Personen durchgeführt, die eine eingeschränkte Verstandesreife haben (Kinder und Jugendliche) oder einen eingeschränkten Wortschatz, so sind Vordrucke untunlich. Die Belehrung muss in solchen Fällen im Wortlaut der Vernommenen niedergeschrieben werden (Kapitel 11.7). Die in den **nachfolgenden Beispielen** in Klammern eingefügten **Fundstellen** sollen die Studierenden in die Lage versetzen, die Vorschriften nachzulesen. In der Praxis werden diese Fundstellen im Regelfall nicht angegeben.

11.18.1 Vernehmung eines Zeugen mit Zeugnisverweigerungsrecht

Behörde | Ort, Datum
Dienststelle | Uhrzeit

Zur Vernehmung erscheint auf Vorladung der deutsche Staatsangehörige und Anstreicher

Klaus Mustermann, geb. ... in Recklinghausen,

wohnhaft in 45665 Recklinghausen, Silberstraße 28, Telefon 02361 / 12345

und erklärt:

Ich soll über einen Verkehrsunfall als Zeuge aussagen, an dem mein Onkel, Robert Klein, beteiligt ist. Mein Onkel ist der Bruder meines Vaters. Mir ist erklärt worden (§§ 163 III und 52 StPO), dass ich deshalb das Zeugnisverweigerungsrecht in Anspruch nehmen kann. Von diesem Zeugnisverweigerungsrecht mache ich Gebrauch. Ich will gegen meinen Onkel nicht aussagen.

Selbst gelesen, genehmigt und unterschrieben ....

Geschlossen:
Hurtig, KOK

11.18.2 Vernehmung eines Zeugen

Behörde | Ort, Datum
Dienststelle | Uhrzeit

Auf (Vor-) Ladung erscheint der

deutsche Staatsangehörige und Bankkaufmann

Ralf Geld, geb. ... in Recklinghausen,

wohnhaft in 45665 Recklinghausen, Langestraße 22, Telefon 02361 / 345678

und erklärt:

Ich soll als Zeuge über Ralf Schläger aussagen, dem vorgeworfen wird, auf dem Marktplatz in Recklinghausen eine ältere Frau angepöbelt und umgestoßen zu haben. Mit Ralf Schläger bin ich weder verwandt noch verschwägert, so dass ich kein Zeugnisverweigerungsrecht habe. Ich muss als Zeuge aussagen (BVerfGE 49, 280 (284)) und bin zur Wahrheit verpflichtet (§ 57 StPO).

Zur Tatzeit stand ich bei Tchibo im Stehkaffee und schaute auf den Marktplatz hinaus. Es herrschte reger Publikumsverkehr. Ein mir unbekannter junger Mann, der einen ungepflegten Eindruck machte, im Gesicht zu bluten schien und laut vor sich her schimpfte, fiel mir auf. Wie ich von der Polizei erfahren habe, ist das

Herr Schläger. Als eine ältere Frau den Marktplatz überquerte und in die Nähe von Herrn Schläger kam, pöbelte er sie laut schreiend mit den Worten an: „Guck mich nicht so dämlich an!" Hierauf folgten weitere Worte von Herrn Schläger, die ich jedoch nicht verstehen konnte. Gleichzeitig boxte er die Frau mit der rechten Faust vor die Schulter, sodass sie zu Fall kam. Wir kümmerten uns mit mehreren Personen um die Frau, und jemand muss die Polizei verständigt haben, denn zwei Beamte kamen nach ganz kurzer Zeit zu Fuß. Als Herr Schläger die Beamten sah, schrie er sie von weitem an, dass sie abhauen sollten und warf mit einer leeren Bierflasche nach ihnen. Die Beamten waren jedoch sehr flink und überwältigten Herrn Schläger. Die Frau wurde mit dem Rettungswagen ins Krankenhaus gefahren. Die Polizei nahm Herrn Schläger mit.

Selbst gelesen, genehmigt und unterschrieben ....

Geschlossen:
Schulze, KK

11.18.3 Vernehmung mit qualifizierter Belehrung und Übergang vom Zeugen zum Beschuldigten

Behörde	Ort, Datum
Dienststelle	Uhrzeit

Es erscheint auf (Vor-) Ladung der

Busfahrer

Mehmet Öztürk, türkischer Staatsangehöriger, geb. ... in Ankara,
wohnhaft 45665 Recklinghausen, Springstraße 1, Telefon 02361 / 789123,

und erklärt:

Ich wohne seit 30 Jahren in Deutschland und beherrsche deutsch in Schrift und Sprache.

Ich bin an einem Verkehrsunfall beteiligt, bei dem eine Frau verletzt wurde. An der Unfallstelle hat mich die Polizei kurz nach dem Unfallhergang befragt. Eine ausführliche Schilderung sollte ich bei der Vernehmung im Verkehrskommissariat machen.

Auf Befragen gebe ich an, dass mich der Polizist an der Unfallstelle nicht über meine Rechte als Zeuge, Verdächtiger oder als Beschuldigter belehrt hat. Mir wird jetzt erklärt, dass die unterlassene Belehrung ein Beweisverwertungsverbot zur Folge hat. Alles was ich bis jetzt zum Unfallgeschehen ausgesagt habe, darf nicht gegen mich verwendet werden.

Da die Art meiner Unfallbeteiligung noch nicht geklärt ist, bin ich zunächst Verdächtiger und habe in der Vernehmung den Rechtsstatus „Zeuge". Ich brauche jedoch keine Angaben zu machen, durch die ich mich oder einen Angehörigen belasten würde (§§ 163 III und 55 StPO).

Zum Unfallgeschehen mache ich folgende Angaben:

Da ich den Unfall offensichtlich verschuldet habe, will ich auch dazu stehen.

Ich werde **jetzt als Beschuldigter belehrt**. Mir wird vorgeworfen, den Straßenverkehr gefährdet und Frau X verletzt zu haben. Mir ist erklärt worden, dass es mir frei steht, mich zu diesen Beschuldigungen zu äußern oder nicht auszusagen, jederzeit einen Verteidiger zu befragen und zu meiner Entlastung Beweisanträge zu stellen (§§ 163a IV und 136 StPO).

Ich will nach wie vor jetzt aussagen.

Zur Unfallzeit fuhr ich mit meinem Pkw auf der Nordstraße in südlicher Richtung. Es herrschte reger Fahrzeugverkehr, sodass vor und hinter mir mehrere Kraftfahrzeuge fuhren. In Höhe der Kreuzung Querstraße fiel mir die brennende Zigarette aus der Hand auf den Boden vor dem Beifahrersitz. Als ich mich danach bückte, bin ich links hinten auf den Wagen von Frau X aufgefahren, weil sie offensichtlich angehalten hat. Der Grund des Anhaltens ist mir jedoch nicht bekannt. Durch das Auslösen von Fahrer- und Beifahrerairbag blieb ich unverletzt.

Nach dem Zusammenstoß bin ich sofort zu Frau X gelaufen und habe versucht, ihr zu helfen. Sie blutete am Kopf und war bewusstlos, weil sie vermutlich mit dem Kopf gegen den Türholm gestoßen ist. Sie wurde vom Rettungsdienst ins Krankenhaus gebracht, dort habe ich sie schon zweimal besucht. Es geht ihr wieder besser. Mir tut die Angelegenheit Leid.

Selbst gelesen, genehmigt und unterschrieben ....

Geschlossen:
Müller, PHK

11.18.4 Vernehmung eines Beschuldigten

Behörde	Ort, Datum
Dienststelle	Uhrzeit

(vor-) geladen erscheint der deutsche Staatsangehörige und Versicherungskaufmann

Klaus Mustermann, geb. ... in Recklinghausen,

wohnhaft in 45665 Recklinghausen, Goldstraße 1, Telefon 02361 / 23456

und erklärt:

Mir wird vorgeworfen, fortgesetzt Ladendiebstähle, zuletzt am ... bei der Firma Müller in Bottrop, begangen zu haben. Mir ist erklärt worden, dass es mir frei steht, mich zu diesen Beschuldigungen zu äußern oder nicht auszusagen, jederzeit einen Verteidiger zu befragen und zu meiner Entlastung Beweisanträge zu stellen (§§ 163a IV und 136 StPO).

Ich will jetzt aussagen.

Ich habe die Schule mit der Fachoberschulreife abgeschlossen und bei einem Versicherungsagenten als Versicherungsvertreter angefangen. Mein Hauptgebiet war Lebensversicherung und Hausratversicherung. Anfänglich war das Einkommen sehr gut, doch ließ das immer mehr nach. Als ich im Jahr ... Vater wurde und die Mutter des Kindes heiratete, reichte das Geld für einen guten Lebensstandard nicht mehr aus. Wegen der schlechten Arbeitsmarktlage gelang es mir auch nicht, zusätzliche Arbeit zu finden.

Da wir in der Nähe von Asylbewerberheimen wohnen, haben meine Frau und ich die Haushaltskasse mit dem Verkauf von getragenen Kleidungsstücken aufgefüllt. Als nichts mehr zu verkaufen war, bin ich auf die Idee gekommen, Kleidung, die auf Ständern vor den Geschäften aufgestellt ist, zu stehlen. Diese Gegenstände sind nicht gegen Diebstahl gesichert, sodass ich die Sachen unbemerkt wegnehmen konnte.

Bei der heutigen Durchsuchung sind in meiner Wohnung eine Vielzahl von Kleidungsstücken beschlagnahmt worden, die alle aus Straftaten stammen. Zu den einzelnen Stücken kann ich folgende Angaben machen:

1. Brauner Herrenledermantel
   Den Mantel habe ich vor etwa zwei Wochen bei Leder-Meier in Oberhausen mitgenommen.
2. usw.

Ich bin damit einverstanden, dass die bei mir beschlagnahmten Gegenstände an die Eigentümer ausgehändigt werden (§ 111k StPO).

Selbst gelesen, genehmigt und unterschrieben ....

Geschlossen:
Müller, KHK

11.18.5 Vernehmung eines Jugendlichen

Behörde	Ort, Datum
Dienststelle	Uhrzeit

Vorläufig festgenommen wird aus dem Polizeigewahrsam vorgeführt der deutsche Staatsangehörige Ralf Schläger, geb. ... in Recklinghausen, wohnhaft bei den Eltern Adelheid und Robert Schläger, 45665 Recklinghausen, Kupferstraße 22, Telefon 02361 / 45678, z. Z. arbeitslos,

und erklärt:

Ich bin von der Polizei heute, um 12.00 Uhr, auf dem Marktplatz in Recklinghausen vorläufig festgenommen worden, weil ich eine 70-jährige Frau angepöbelt und umgestoßen haben soll. Beim Erscheinen der Polizei soll ich diese beschimpft und mit einer Bierflasche beworfen haben.
Vor der Einlieferung ins Polizieigewahrsam haben mir die Polizeibeamten schriftlich mitgeteilt, warum ich eingesperrt werde und welche Rechte ich habe (§§ 114a bis c StPO). Meine Eltern sollen nicht informiert werden.

Mir ist erklärt worden, dass es mir frei steht, mich zu diesen Beschuldigungen zu äußern oder nicht auszusagen, jederzeit einen Verteidiger zu befragen und zu meiner Entlastung Beweisanträge zu stellen (§§ 163a IV und 136 StPO).
In einem **längeren Gespräch mit dem Vernehmungsbeamten** hat dieser mir erklärt, dass das Gericht, welches über meine Strafe zu entscheiden hat, auch mein Verhalten nach der Tat, mein Bemühen, den Schaden wieder gutzumachen, sowie mein Bemühen, einen Ausgleich mit der Verletzten zu erreichen, bewertet (§ 46 StGB und BGHSt 1, 387).
Ich sehe ein, dass ich mich falsch verhalten habe und will deshalb jetzt aussagen.
Mein Vater ist arbeitsloser Eisenbieger, meine Mutter Hausfrau. Ich habe noch drei kleinere Geschwister. Die Schule habe ich in der achten Klasse abgebrochen. Eine Lehrstelle bekam ich nicht. Gelegenheitsarbeiten habe ich nicht gefunden. Meine Freunde sind in einer ähnlichen Lage.
Das Verhältnis zu meinen Eltern ist nicht gut. Vater verhaut mich bei jeder Kleinigkeit. So auch heute. Ich sollte für ihn Zigaretten und zwei Flaschen Bier von der Bude (gemeint ist der 100 Meter entfernte Kiosk) holen. Weil im Fernsehen das Autorennen aus Japan übertragen wurde, wollte ich erst später gehen. Vater riss aber sofort den Ledergürtel aus seiner Hose und hat mich damit gründlich verhauen und als Faulpelz beschimpft. Die Narben im Gesicht, an der Hand und die blauen Flecken am Körper sind davon. Danach bin ich aus dem Haus gelaufen und in die Stadt gegangen. Als mir die Frau auf dem Marktplatz entgegenkam, glaubte ich, dass sie mich wegen der Verletzungen schadenfroh angrinst. Deshalb habe ich sie angepöbelt und schließlich umgestoßen. In meiner Wut über meinen Vater bin ich dann auch noch auf die Polizisten losgegangen. Es tut mir alles Leid. Bei der Frau und bei den Polizisten werde ich mich entschuldigen.
Die Polizeibeamten sind mit mir ins Krankenhaus gefahren. Dort wurden die Wunden, die mir Vater beigebracht hat, behandelt. Es ist nichts Bedrohliches. Die mich behandelnden Ärzte entbinde ich von der Schweigepflicht (§ 53 II StPO).
Selbst gelesen, genehmigt und unterschrieben ....

Geschlossen:
Kraft, KOK

12 Gegenüberstellung / Lichtbildvorlage / Wiedererkennungsverfahren

12.1 Literatur

Artkämper, Gegenüberstellungen – Erkenntnisquelle mit Kautelen [Vorbehalt], in: Kriminalistik 1995, S. 645

Degen, Erkennungsdienst im Gehirn, in: FAZ vom 6.1.1993

Glaser, Wiedererkennen im Rahmen der Sofortfahndung, in: Kriminalistik 1995, S. 653

Groß / Geerds, Handbuch der Kriminalistik, Band II, S. 177 und 191, Berlin 1978

Heitmann, Bewegungsabläufe als kriminalistische Erkenntnisquelle, in: Die Polizei 1977, S. 295

Köhnken, Gegenüberstellung, Fehlerquellen bei der Identifizierung durch Augenzeugen, sequenzielle Gegenüberstellung, in: Kriminalistik 1993, S. 231

Mertn / Schwarz / Walser, Wiedererkennungsverfahren, in: Kriminalistik 1998, S. 421

Nöldeke, Zum Wiedererkennen des Tatverdächtigen bei Gegenüberstellung und Bildvorlage, in: NStZ 1982, S. 193

Odenthal, Die Gegenüberstellung im Strafverfahren, Stuttgart 1992

Odenthal, Sequenzielle Video-Wiedererkennungsverfahren, in: NStZ 2001, S. 580

Odenthal, Die Gegenüberstellung zum Zwecke des Wiedererkennens, in: NStZ 1985, S. 433

Otto, Zum Problem der auditiven Wiedererkennung durch Hörzeugen, in: Kriminalistik 2003, S. 685

Rauer, Die Wahllichtbildvorlage, in: Kriminalistik 2003, S. 670

Schäfer, Sequenzielle Video-Gegenüberstellung, in: Kriminalistik 2001, S. 797

Schwarz, Die sequentielle Video-Wahlgegenüberstellung, in: Kriminalistik 1999, S. 397

Schwarz / Walser, Wiedererkennungsverfahren, in: Kriminalistik 1998, S. 421

Storm, Machen Sie sich und anderen ein Bild (Phantombild, ISIS = Interaktives System zur Identifizierung von Straftätern), in: Streife / NRW, 9 / 2001, S. 18

Straub / Witt, Polizeiliche Vorkenntnisse von Vergewaltigern, in: Kriminalistik 2003, S. 19, in: Der Kriminalist 2004, S. 353

Trinkl, u. a. Das Wiedererkennen von Gesichtern ..., Frankfurt / M 2003

Warnecke, Täteridentifizierung nach Sofortfahndung, in: Kriminalistik 1997, S. 727

Vorschriften und Rechtsprechung

§ 58 II StPO, Gegenüberstellung

BGHSt 16, 204, (Geringerer) Beweiswert des wiederholten Wiedererkennens

OLG Karlsruhe, Beschluss vom 17.3.1983, NStZ 1983, S. 377, Anforderung an eine Wahlgegenüberstellung. Die Gegenüberstellung ist vorweggenommener Teil der Beweisaufnahme

BGH, Urteil vom 3.2.1987, NStZ 1987, S. 288, Beweiswert einer Wahlgegenüberstellung nach vorheriger Lichtbildvorlage

BGH, Beschluss vom 27.2.1996, NStZ 1996, S. 350, Geringerer Beweiswert bei wiederholter Lichtbildvorlage

BVerfG, Beschluss vom 27.9.1982, NStZ 1983, S. 84, Keine Bedenken gegen die Videoaufzeichnung einer Gegenüberstellung

BVerfG, Beschluss vom 14.2.1978, NJW 1978, S. 1149, Veränderung der Haar- und Barttracht erlaubt

KG, Urteil vom 13.10.1980, NStZ 1982, S. 215, Beweiswürdigung bei Einzelgegenüberstellung

OLG Frankfurt, Beschluss vom 11.9.1987, NStZ 1988, S. 41, Minderung des Beweiswertes bei Gegenüberstellung nach Lichtbildvorlage

LG Köln, Urteil vom 22.5.1990, NStZ 1991, S. 202, Vier Grundsätze bei der Täteridentifizierung durch Vorlage von Lichtbildern

BGHSt 40, S. 66, Identifizierung durch Wiedererkennen der Stimme

BGHSt 34, 39 [49], Der Beschuldigte muss eine Gegenüberstellung nach § 58 StPO erdulden. Eine Videogegenüberstellung ist erlaubt

OLG Köln, Urteil vom 11.6.1996, Identifizierung durch Stimmvergleich (Tonbandaufzeichnung), NStZ 1996, S. 509

BGH, Beschluss vom 9.3.2000, NStZ RR 2001, S. 133, sequenzielle Gegenüberstellung

RiStBV, Nr. 18, Gegenüberstellung und Lichtbildvorlage

Bundeskriminalblatt Nr. 66 / 2008 vom 8.4.2008, Rahmenrichtlinien zur Führung von Lichtbildvorzeigekarteien / -dateien (LVK / LVD)

12.2 Allgemeines / Begriffe

Eine Gegenüberstellung ist die Inaugenscheinnahme von Beschuldigten durch Zeugen (§ 58 StPO, BGHSt 34, 39 [49]). Es geht um das Wiedererkennen einer Person. Die Gegenüberstellung ist auch der vorweggenommene Teil der gerichtlichen Beweisaufnahme (OLG Karlsruhe, in: NStZ 1983, S. 377). Sie kann nur einmal durchgeführt werden. Jede Wiederholung mindert den Beweiswert (BGHSt 16, 204 und BGH in NStZ 1997, 355). Deshalb muss die erste

Gegenüberstellung nach den rechtlich verbindlichen Regeln durchgeführt und dokumentiert werden. Diese Dokumentation wird dem Gericht als Beweismittel vorgelegt.

Verstöße gegen kriminalistische Grundregeln bei der Durchführung der Gegenüberstellung können zum Ausschluss dieses Beweismittels führen. Ganz besonders problematisch sind sogenannte „Probegegenüberstellungen" die in den meisten Fällen auch noch gut gemeint sind, um den Betroffenen nicht so lange festhalten zu müssen. z. B. wird aufgrund einer Ringalarmfahndung (Kapitel 9.8.2.1) nach einem Banküberfall eine Person festgenommen, die im Alter, der Größe und Kleidung dem Täter ähnlich sieht und die bei der Annäherung der Polizei flüchtet. Diese Person darf jetzt auf gar keinen Fall probehalber dem Zeugen gezeigt und dieser gefragt werden, ob das der Täter sein könnte. Der Kriminalist hat vielmehr zu begründen, warum er gegen diese Person einen Tatverdacht (Kapitel 3.6.1 a) hegt und einen Haftgrund (Kapitel 18.3.1) für gegeben hält. Diese Gründe entfallen erst, wenn die Person bei einer regelgerechten Gegenstellung nicht als Täter identifiziert wird.

Ebenso **problematisch** ist eine vorherige **Lichtbildvorlage**. Bei der späteren Gegenüberstellung „erinnert" sich der Zeuge dann nicht nur an das Ereignis am Tatort, sondern auch an das Lichtbild, sodass dadurch der Beweiswert ebenso gemindert wird (BGH in NStZ 1987, 288, und 1996, 350).

Alle Verstöße gegen die kriminalistischen Regeln der Gegenüberstellung machen die Gegenüberstellung wertlos.

12.3 Anforderungen an den Anerkennungszeugen

Bei der Gegenüberstellung geht es um das Wiedererkennen von Personen durch Zeugen. Dieses Wiedererkennen ist ein Prozess, der drei Stufen durchläuft. Dies sind die Wahrnehmung, das Erinnern und die Wiedergabe. Dieser dreistufige Ablauf muss in der Hauptverhandlung in allen Einzelheiten nachvollzogen werden können (Kapitel 11.2.2 c).

Zunächst muss **vor der Gegenüberstellung** in einer ausführlichen Vernehmung (Kapitel 11) festgestellt werden, unter welchen Bedingungen der Zeuge die Anerkennungsperson wahrgenommen und warum er sich das Aussehen gemerkt hat (BGH, NStZ 2009, 283, Abs. 8). Hier könnte z. B. die besondere Erscheinung oder das auffällige Benehmen die Aufmerksamkeit des Zeugen erregt haben.

Danach ist darzulegen, warum der Zeuge sich des Sachverhaltes und der in Frage stehenden Person so genau erinnert. War es z. B. das außergewöhnliche Erlebnis eines Verkehrsunfalls, die eigene Opfersituation oder die große Ähnlichkeit des Gesuchten mit einem Bekannten oder Verwandten? Bei der **Wiedergabe** kommt es darauf an, mit welchen Worten, Vergleichen oder Hinweisen der Zeuge die Person beschreibt und ob er das Gesicht, Teile des Gesichtes, die

Haar- und Barttracht, die Statur, die Haltung, den Gang oder die Sprache **identifiziert**.

Gerade beim Wiedererkennen von Gesichtern gibt es viele Fehlerquellen, die in der Wahrnehmung, der Erinnerung und der Wiedergabe von Eindrücken begründet sind (Kapitel 11.2.2). Ein besonderes Problem entsteht darüber hinaus beim sogenannten „Ausländereffekt". Die Wiedererkennungsleistung bei Personen aus anderen ethnischen Gruppen ist erheblich geringer, weil „alle gleich aussehen" (*Trinkl / Slowik / Sporer*, a.a.O.).

Nach der Gegenüberstellung erfolgt eine ebenso ausführliche Vernehmung zum Ergebnis. Jede Einzelheit muss das Gericht nachvollziehen können. Hier kann der Kriminalist seine Zuverlässigkeit und Gründlichkeit unter Beweis stellen.

12.4 Einzelgegenüberstellung

Die Einzelgegenüberstellung wird **nur** durchgeführt, wenn eine dem Zeugen **bereits bekannte Person** identifiziert werden soll, so z. B. ein Arbeitskollege, ein Schulfreund oder ein Nachbar. Hier wäre das Auswählen aus einer Mehrzahl von Personen unsinnig, da der Zeuge genau weiß, wen er anerkennen soll. Zum Wiedererkennen in einem Auswahlverfahren ist diese Methode ungeeignet und darf auf keinen Fall als „Vor-Maßnahme" oder „Probe-Gegenüberstellung" zu einer späteren Wahlgegenüberstellung durchgeführt werden. Ferner sollen in der Einzelgegenüberstellung Widersprüche in Vernehmungen ausgeräumt werden (Kapitel 11.16.2).

12.5 Wahlgegenüberstellung

Bei der Wahlgegenüberstellung soll der Anerkennungszeuge aus einer Mehrzahl von Vergleichspersonen die Person, in der Regel den Tatverdächtigen, identifizieren, die er wahrgenommen hat. Die Wahlgegenüberstellung kann verdeckt oder offen, die offene kann frei oder anonym sein. Sie kann simultan oder sequenziell durchgeführt werden (Kapitel 12.5.3).

12.5.1 Rechtliche Anforderungen

Die **Vergleichspersonen** müssen sich in Alter, Größe, Erscheinung, Haar- und Barttracht sowie in der Kleidung ähnlich sein. Sie müssen der Täterbeschreibung im Wesentlichen entsprechen. Nichts darf auffällig auf den Tatverdächtigen hindeuten (OLG Karlsruhe, a.a.O.).

Um zu prüfen, ob sich in der Gegenüberstellungsgruppe niemand deutlich hervorhebt, sollten zunächst völlig unbeteiligte Mitarbeiter des Kriminalisten die Gruppe betrachten und raten, wer der Tatverdächtige sein könnte. Fällt ihre Entscheidung häufig auf ein und dieselbe Person, so liegt ein Systemfehler vor und die Gruppe muss neu zusammengestellt werden.

Der Tatverdächtige soll sich möglichst wenig von den Vergleichspersonen unterscheiden und kann sich unter diesen seinen Platz frei wählen. Danach erfolgt eine durchgehende Nummerierung von links nach rechts.

Der Anerkennungszeuge muss aus einer Mehrzahl von Personen auswählen können. Es hat sich als sinnvoll erwiesen, dass insgesamt sechs oder acht Personen dem Zeugen gegenüberstehen. Diese Anzahl ist groß genug, um auswählen zu können, und klein genug, um die benötigte Anzahl von ähnlich aussehenden Vergleichspersonen zu finden. Darüber hinaus gewährleistet eine **gerade Zahl**, dass kein Mitteneffekt eintritt, der im Unterbewusstsein anziehend wirkt.

Bei der Gegenüberstellung darf der Anerkennungszeuge nicht den Eindruck haben, als sei der Tatverdächtige auf jeden Fall unter den Vergleichspersonen zu finden. Insofern darf nicht gefragt werden, wer der Tatverdächtige ist, sondern ob sich der Tatverdächtige unter den Personen befindet. Die Gegenüberstellungssituation ist zu fotografieren und in einer Niederschrift zu dokumentieren.

Erst jetzt wird der Zeuge zu den Personen geführt, um zu prüfen, ob sich der Tatverdächtige darunter befindet. Hier stellt sich die Frage, ob der Zeuge das Ergebnis seiner Feststellung im Beisein des Tatverdächtigen äußert oder nicht. Beides hat Vor- und Nachteile. Ist der Zeuge sicher und äußert spontan seinen Eindruck, so kann dies den leugnenden Tatverdächtigen zu einem Geständnis bringen. Ist der Zeuge zögerlich und unsicher, so wird es den Tatverdächtigen in seinem Leugnen bestärken. Deshalb sollte der Zeuge grundsätzlich seine Äußerungen außerhalb der Gegenüberstellung machen.

12.5.2 Zeugenbogen

Stehen bei einer Gegenüberstellung mehrere Zeugen zur Verfügung, so sollten ihnen Zeugenbögen ausgehändigt werden. Diese enthalten Angaben über

- Straftat, die der Anlass für die Gegenüberstellung ist.
- Ort und Zeit der Gegenüberstellung.

  Danach vier Zeilen, von denen der Zeuge von den ersten zwei und den letzten zwei **jeweils eine ankreuzen** soll:

  1. Der Tatverdächtige ist **nicht** unter den Personen, **oder**
  2. Die Person mit der **Kennziffer** ... sieht dem Täter ähnlich.
  3. Ich bin mir **nicht sicher**, **oder**
  4. Ich bin mir **ganz sicher.**
- Name, Anschrift und Unterschrift des Zeugen.

Der Bogen wird zur Akte genommen (Muster: www.weihmann-schuch.de, Dozentenhandbuch Kriminalistik, Kapitel 12). In der anschließenden Vernehmung erklärt der Zeuge, warum und woran er den Tatverdächtigen erkannt hat.

Eine **Wiederholung** der Gegenüberstellung mit wechselnden Standorten der Vergleichspersonen **ist entbehrlich**, da nur das erste Wiedererkennen beweiserheblich ist (BGHSt 16, 204). Sollen mehrere Personen den Tatverdächtigen anerkennen, so geschieht dies getrennt nacheinander.

12.5.3 Arten der Wahlgegenüberstellung

Die Wahlgegenüberstellung wird üblicherweise in:

a) **offene**, als freie oder anonyme,

b) **verdeckte**,

c) **simultane**,

d) **sequenzielle** und darüber hinaus als

e) **Video- (Film-) Gegenüberstellung** unterteilt.

a) Der Tatverdächtige weiß, dass er in einer Gegenüberstellung von einem Zeugen identifiziert werden soll. Er sieht auch die Vergleichspersonen. Dann spricht man von einer offenen Wahlgegenüberstellung.

Tritt der Zeuge dem Tatverdächtigen und den Vergleichspersonen erkennbar gegenüber, so ist dies eine offene und freie Wahlgegenüberstellung. In diesem Fall könnte der Tatverdächtige auch den Anerkennungszeugen ansprechen oder sogar bedrohen.

Besteht diese Gefahr, oder ist der Anerkennungszeuge im **Kindesalter** oder ansonsten sehr ängstlich, so kann die offene Wahlgegenüberstellung **anonym** durchgeführt werden. In diesem Fall wird der Anerkennungszeuge hinter Vorhängen oder Einwegspiegeln verborgen. Diese Möglichkeit sollte auch bei **Opfern von schwerwiegenden Straftaten** gegen die sexuelle Selbstbestimmung in Betracht gezogen werden.

b) Ist eine offene Wahlgegenüberstellung zum Zeitpunkt des Verfahrens untunlich oder ist eine ungestörte Mitwirkung des Tatverdächtigen – auch bei einer Video- (Film-) Aufzeichnung – nicht möglich, so empfiehlt sich eine **verdeckte Wahlgegenüberstellung.** Bei dieser Art der Gegenüberstellung hat der Tatverdächtige keine Kenntnis, dass ein solches Verfahren durchgeführt wird. Dies kann beispielsweise am Arbeitsplatz, an der Haltestelle von öffentlichen Verkehrsmitteln oder beim Hofgang in der Strafvollzugsanstalt sein. Der Tatverdächtige lebt hierbei ungestört seinen Alltag und wird ohne sein Wissen beobachtet. Wichtig ist, dass eine genügend große Zahl weiterer Personen vorhanden ist, damit der Zeuge auswählen muss. Der Zeuge kann dann unbemerkt den Ort aus einer Wohnung, einem Nebenraum oder einem Kraftfahrzeug beobachten und erklären, ob der Täter sich dort befindet und gegebenenfalls welche Person es ist. Es empfiehlt sich, aus dem Blickwinkel des Zeugen die Szene auf Video (Film) aufzuzeichnen, damit auch das Gericht die Situation nachvollziehen kann. Der Zeuge bleibt bei diesem Verfahren zunächst anonym.

c) Im Regelfall wird eine **simultane Wahlgegenüberstellung** durchgeführt. Hierbei stehen der Tatverdächtige und die Vergleichspersonen dem Anerkennungszeugen gleichzeitig gegenüber. Der Zeuge kann sich gleichzeitig alle Personen ansehen und so stets von Neuem vergleichen. Er muss sich nicht spontan für eine Person entscheiden und darf über längere Zeit abwägen. Hier kann das Problem entstehen, dass der Zeuge im Unterbewusstsein der Polizei einen „Gefallen" tun will, nach dem Motto, der Täter wird schon dabei sein und entscheidet sich für den, „der dem Täter am ähnlichsten sieht".

d) Diese Möglichkeit besteht bei der **sequenziellen** (oder sukzessiven) **Wahlgegenüberstellung** nicht. Hierbei handelt es sich um eine Methode, die zunächst im Ausland praktiziert wurde. Hierbei werden die Gegenüberstellungspersonen nicht gleichzeitig dem Anerkennungszeugen gezeigt, sondern einzeln nacheinander. Nach jeder Person muss sich der Zeuge entscheiden, ob er den Tatverdächtigen wiedererkannt hat.

   Empirische Untersuchungen haben gezeigt, dass die Trefferquote bei diesem Verfahren nur unwesentlich von der beim herkömmlichen Verfahren abweicht, die Fehlerquote jedoch erheblich geringer ist (*Mertn / Schwarz / Walser*, und *Odenthal*, a.a.O.). Ob sich die Ergebnisse, die unter Laborbedingungen erbracht wurden, auch in der Praxis zeigen, bleibt abzuwarten.

   Der Bundesgerichtshof (NStZ RR 2001, 133) verweist auf die Arbeit von *Mertn, Schwarz, Walser*, (a.a.O.) und stellt fest: „Zudem dürfte eine sukzessive (sequenzielle) Gegenüberstellung, bei welcher der Zeuge jeweils nur eine Person sieht, ihm aber nacheinander mehrere Personen gezeigt werden, einer Wahlgegenüberstellung **vorzuziehen sein**". Obwohl es bisher keine umfangreichen Untersuchungen dazu gibt, dürfte aus kriminalistischer Sicht angenommen werden, dass die Vermutung des BGH zutrifft.

   Die Regelung Nr. 18 in der **RiStBV** steht der sequenziellen Gegenüberstellung allerdings entgegen, weil sie das Vorführen der Vergleichspersonen „zugleich" fordert. Doch hierbei handelt es sich um eine Dienstvorschrift, deren Nichtbeachtung kein Beweisverwertungsverbot zur Folge haben dürfte.

   Fraglich ist noch, ob die sequenzielle Gegenüberstellung abgebrochen werden soll, wenn der Zeuge eine Person als Täter bezeichnet, oder ob ihm generell alle Personen gezeigt werden (*Odenthal*, a.a.O.)? Dabei ist zu bedenken, dass ein Abbruch dem Zeugen suggeriert, er habe einen Treffer erzielt, und beim Fortführen der Gegenüberstellung könne sein Treffer fragwürdig sein. Deshalb muss in beiden Fällen dem Zeugen vor der Gegenüberstellung erklärt werden, welcher Ablauf durchgeführt wird. Somit wird er nicht überrascht und kann aus dem Abbrechen oder Weiterführen keine Schlussfolgerungen über den Wert seiner Aussage ziehen.

e) Ist zu befürchten, dass der Tatverdächtige die Gegenüberstellung durch auffälliges Verhalten, z. B. durch den Zuruf: „Ich bin nicht der Täter" beweisunwirksam machen könnte, so empfiehlt es sich, von der Gegenüberstellung **Video- oder Filmaufnahmen** (BGHSt 34, 39 [49]) herzustellen, in dem neben Übersichtsaufnahmen auch Detailbilder von allen Personen aufgenommen werden. Bei der Aufnahme ist jedoch darauf zu achten, dass alle Personen gleich lange und im gleichen Format gezeigt werden. Erst der fertige Film wird dem Zeugen vorgespielt, sodass Überraschungen ausgeschlossen sind. Eine solche Aufnahme kann auch als Dokumentation in die Hauptverhandlung eingebracht werden, um das Verfahren nachvollziehbar zu machen.

Das Video- oder Film-Verfahren ist auch vorteilhaft, wenn viele Anerkennungszeugen vorhanden sind, die weit voneinander wohnen oder nur zu unterschiedlichen Zeiten erreicht werden können. Die Aufzeichnung kann somit jederzeit an beliebigen Orten abgespielt werden. Trotzdem haben alle Zeugen die gleiche Anerkennungssituation.

12.6 Lichtbildvorlage

Mit der Gegenüberstellung korrespondiert in starkem Maß die Lichtbildvorlage. Die Anforderungen an die Beweiserhebung und an die kriminalistischen Regeln sind ähnlich und haben beim Nichtbeachten die gleichen Folgen (Kapitel 12.5). Ferner hat die Gegenüberstellung durch eine vorher durchgeführte Lichtbildvorlage nur **geminderten Beweiswert**. Über diese Tatsache muss sich der Kriminalist von vornherein im Klaren sein. Insofern sollte der Gegenüberstellung möglichst keine Lichtbildvorlage vorausgehen.

Bei der Lichtbildvorlage werden verschiedene Arten unterschieden: Die Wahllichtbildvorlage mit unbekanntem oder mit bekanntem Täter und die Einzellichtbildvorlage.

12.6.1 Wahllichtbildvorlage

Eine Wahllichtbildvorlage mit unbekanntem Täter wird vorgenommen, wenn über den Tatverdächtigen bisher keinerlei Informationen über seine Identität vorliegen, aber aufgrund der Tatausführung zu vermuten ist, dass es sich um einen Wiederholungstäter handelt, der bereits kriminalpolizeilich in Erscheinung getreten ist. In einem solchen Fall wird den Zeugen die **Lichtbildvorzeigekartei / -datei (LVK / LVD)** vorgelegt. Die Lichtbildvorzeigekarteien haben ihre rechtliche Grundlage in § 81b StPO und dienen dem „Zwecke des Erkennungsdienstes“ und damit der vorbeugenden Strafverfolgung. Zweck ist es, noch unbekannte Täter zu identifizieren (BVerwGE 26, 169 und 66, 192). Die Karteien sind nach der Tatausführung **untergliedert**, z. B. Räuber, Sexualtäter, pp. Darin befinden sich alle Intensivtäter mit Lichtbild. So kann der Zeuge darin nach dem Tatverdächtigen suchen.

Die grundsätzliche **Gliederung** nach Deliktsbereichen kann bei Bedarf weiter eingeengt werden, z. B.: Regionale Gesichtspunkte, Geschlecht, Alter, Körpergröße, Gestalt, Phänotypus (durch Erbanlagen und Umwelt geprägtes Verhalten), Mundart, Sprachmerkmale, Fremdsprachen, Tätowierungen oder andere Merkmale (BKBl. 66 / 2008, vom 8.4.2008).

Weil der Tatverdächtige des Anlassfalles noch unbekannt ist, haben alle Personen in der Kartei den **Status des Verdächtigen** und müssen somit die Betrachtung ihrer Lichtbilder erdulden. Ist jedoch ein Tatverdächtiger bekannt, haben die Personen in den Karteien keinen Verdächtigenstatus, sodass in diesem Fall den Zeugen die Kartei nicht gezeigt werden darf.

Ist der Polizei bereits ein Tatverdächtiger bekannt, der aber nicht zur Verfügung steht, weil er sich z. B. im Ausland aufhält oder sich auf der Flucht befindet, so ist eine Identifizierung nur anhand von Lichtbildern möglich. In diesem Fall steht die Lichtbildvorzeigekartei jedoch nicht zur Verfügung. Um die Zeugen aus einer großen Anzahl auszuwählen zu lassen, werden Vergleichsfotos mit Hilfe von **Bildbearbeitungsprogrammen** gefertigt. Bereits vorhandene Lichtbilder werden so verändert, dass sie mit dem Porträt des ursprünglich Abgebildeten keinerlei Ähnlichkeit mehr haben und somit nicht in seine Persönlichkeitsrechte durch das Vorzeigen der Bilder eingegriffen wird. Auch diese Vergleichsbilder werden in die Ermittlungsakte aufgenommen.

Die Karteien oder elektronischen Dateien umfassen eine **Vielzahl von Lichtbildern**, sodass von einem **Auswahlverfahren** gesprochen werden kann. Glaubt der Zeuge, den Täter unter den Abgebildeten erkannt zu haben, wird mit dieser Person eine Wahlgegenüberstellung durchgeführt. Bei dieser Wahlgegenüberstellung ist genau darzulegen, ob der Zeuge den Verdächtigen mit der Tatsituation oder mit der Person aus der LVK / LVD vergleicht. Der **Beweiswert** dieser Wahlgegenüberstellung wird von den Gerichten stets geringer eingestuft, als wenn keine Lichtbildvorlage erfolgte (BGH NStZ 1987, S. 288). Die Lichtbildvorzeigekartei ist genau zu bezeichnen und für eine Vorlage bei Gericht bereitzuhalten.

Die Verwendung der Karteien gründet sich auf der Vermutung, dass sich Täter „deliktstreu" verhalten. Das ist umstritten (Kapitel 16). Die Untersuchungen von *Straub* und *Witt* (a.a.O.) bekräftigen die Zweifel.

12.6.2 Einzellichtbildvorlage

Einzellichtbildvorlagen werden beim Personenfeststellungsverfahren oder dann vorgenommen, wenn der Tatverdächtige dem Zeugen namentlich bekannt ist und das Lichtbild nur noch der Bestätigung dient.

Ferner werden **Tatortbilder** als Einzellichtbilder vorgelegt. So z. B. das Foto eines Räubers, das mit der Raumüberwachungskamera gemacht wurde. Nun können gezielte Hinweise aus der Bevölkerung erfolgen, wer der Abgebildete ist. Oder anlässlich einer Verkehrsüberwachungsmaßnahme wird das Lichtbild mit dem Halter eines Kraftfahrzeuges verglichen, damit er als Fahrer identifiziert werden kann.

Handelt es sich hierbei nur um eine Ordnungswidrigkeit, so darf das Lichtbild jedoch nicht in der Öffentlichkeitsfahndung (Kapitel 9.8.7) verwendet werden, weil die Anwendung des § 131b I StPO nur bei schwerwiegenden Straftaten in Betracht kommt. In einem Owi-Verfahren wäre das unverhältnismäßig (LG Bonn, NStZ 2005, S. 528).

12.7 Akustische Gegenüberstellung (Kapitel 4.17)

Neben der Wiedererkennung von Personen durch visuellen Vergleich kann ebenso das **Wiedererkennen der Stimme** durch akustischen Vergleich erfolgen. Dies setzt voraus, dass die Sprache des Täters während der Tat von einem Zeugen gehört wurde. Das Sicherinnern an eine Person kann somit sowohl über das Auge als auch über das Ohr erfolgen. Die Anerkennung vor Gericht setzt bei der akustischen Methode die **Einhaltung der gleichen Beweisregeln** voraus, die bei der visuellen Methode gelten. Für dieses Verfahren hat sich deshalb in der Literatur der Fachbegriff „Akustische Gegenüberstellung" gebildet.

In der Kriminalistik unterscheiden wir

a) **Stimmenanalyse**

Hier wurde die Täterstimme elektronisch aufgezeichnet und wird nach Merkmalen analysiert, die einen Ermittlungsansatz geben, z. B. Dialekt, männlich oder weiblich, pp. Ausführlich dazu Kapitel 4.17.1.

b) **Stimmen-Identifizierung**

Hier wurde ebenfalls die Täterstimme elektronisch aufgezeichnet. Der Vergleich erfolgt aber mit der Stimme eines konkret Tatverdächtigen, und

c) **Stimmen-Wiedererkennung**

Hier besteht keine elektronische Aufzeichnung, sondern die Stimme wurde von einem Zeugen gehört, der sie in einem Vergleich anerkennen soll. Zur Identifizierung und zur Anerkennung ausführlich Kapitel 4.17.2.

Für die Anforderungen an den Anerkennungszeugen gelten die in Kapitel 12.3 gemachten Ausführungen. Da auch hier nur die Wahlanerkennung den optimalen Beweiswert bringt, sind ebenso die Grundsätze in Kapitel 12.5 einzuhalten.

Fraglich ist, ob die akustische Gegenüberstellung auch heimlich durchgeführt werden kann? Wenn der Tatverdächtige generell erklärt, er wolle an einer akustischen Methode nicht mitwirken, so steht das Recht auf Selbstbezichtigungsfreiheit auf seiner Seite. (BGHSt 5, 332 [334]). Allein daraus darf aber kein Schuldeingeständnis abgeleitet werden.

Darüber hinaus gibt es aber Möglichkeiten, dass das Tatopfer oder der Zeuge die Stimme **zufällig** anhört. Das gilt auch, wenn das Zusammentreffen aufgrund von Hinweisen der Polizei erfolgt, z. B. während der Vernehmung des Verdächtigen oder Beschuldigten steht der Zeuge auf dem Flur und kann die Stimme hören (BGHSt 40, 66 [71]).

13 Alibi

13.1 Literatur

Groß / Geerds, Handbuch der Kriminalistik, Band II, Berlin 1978, S. 53
Schwagerl, Das Alibi, Hamburg 1964

Vorschriften und Rechtsprechung

BGH, Urteil vom 29.3.1983, NJW 1983, S. 1865, Kein Beweisanzeichen für die Schuld beim Scheitern des Alibibeweises

BGH, Urteil vom 5.7.1995, NStZ 1995, S. 559, Beweiswürdigung bei fehlendem Alibi (Kein Schuldindiz)

BayOLG, Urteil vom 12.6.1984, NJW 1984, S. 2302, Verschaffen eines falschen Alibis ist nach § 258 StGB (Strafvereitelung), nicht nach § 145d II 1 StGB (Vortäuschung einer Straftat) strafbar

13.2 Begriff

Das Alibi ist in der Rechtswissenschaft seit Jahrhunderten als **Verteidigungsstrategie** bekannt und in vielen Gesetzessammlungen aufgenommen und als Beweismittel anerkannt. Lediglich im Mittelalter, insbesondere während der Hexenverfolgung, wurde es als Beweismittel nicht anerkannt. Man unterstellte hierbei den Tätern, im Bunde mit dem Teufel, auch gleichzeitig an zwei Orten sein zu können. Mit Beginn des Zeitalters der Aufklärung (Kapitel 3.2) errang das Alibi wieder seine heutige Bedeutung. Da es nur indirekt auf die beweiserhebliche Tatsache deutet, ist es ein **Indizienbeweis** (Kapitel 3.4).

Alibi (lat.: ali ibi) bedeutet „anderswo". Es ist das Bestreben des Befragten, beweiserheblich zu behaupten, er sei an einem anderen Ort gewesen, um sich von der Täterschaft zu entlasten. Dies hat besondere Bedeutung, wenn das körperliche Anwesendsein eine beweiserhebliche Tatsache ist. Das gilt insbesondere bei sogenannten „eigenhändigen Delikten". Aber auch bei der Überprüfung von Indizien (Kapitel 3.4). Soll das Alibi den Beschuldigten rechtswirksam entlasten, so muss zu der Behauptung, an einem anderen Ort gewesen zu sein, der **Faktor Zeit** hinzukommen. Denn der gerichtlich anerkannte Erfahrungssatz heißt: „Niemand kann gleichzeitig an zwei Orten sein." Der Alibibegriff wird also von der **Ort-Zeit-Relation** bestimmt. Ein Alibi kann durch Zeugen, durch den Täter selbst, aber auch durch technische Dokumentation erbracht werden.

13.3 Rechtliche und taktische Bedeutung

Rechtlich hat das Alibi für den Tatverdächtigen besondere Bedeutung. Nicht er hat seine Unschuld, sondern die Strafverfolgungsbehörden haben die Täterschaft zu beweisen. Das Alibi soll die Verdachtsmomente gegen den Tatverdächtigen aufheben. Es kann somit rechtlich als Antrag zur Beweiserhebung

(§ 163a IV i. V. m. § 136 I StPO) angesehen werden, so dass die Strafverfolgungsbehörden verpflichtet sind, den Hinweisen nachzugehen.

Um zur Alibifrage **taktisch** erfolgreich ermitteln zu können, müssen folgende Voraussetzungen vorliegen:
- eine konkrete Straftat,
- ein bekannter, aber bestreitender Tatverdächtiger und
- die Möglichkeit der Überprüfung.

Der geständige Tatverdächtige macht die Ermittlungen einfacher. Dabei ist jedoch zu prüfen, ob es sich um ein glaubwürdiges Geständnis (Kapitel 11.17) handelt. (Die Ermittlung eines noch Unbekannten, der sich zur Tatzeit am Tatort aufgehalten hat, ist keine Alibi-Ermittlung.)

Die Möglichkeit der **Alibi-Überprüfung** setzt voraus, dass ein konkreter Tatort oder Ereignisort vorhanden ist und die Tat dort nur eigenhängig begangen werden konnte. Der Tatort muss über den „Kriminalistischen Tatort" (Kapitel 7.2) hinaus geografisch zweifelsfrei lokalisiert werden können. Darüber hinaus muss der Tatverdächtige einen ebenso zweifelsfrei festzulegenden Alibiort angeben. Schließlich müssen die Tatzeit und die Alibizeit identisch sein. Damit kommt der Feststellung der genauen Tatzeit besondere Bedeutung zu. Nur wenn alle Voraussetzungen gegeben sind, können die Ermittlungen beweiserheblich geführt werden.

13.4 Zeugen-Alibi

Das Alibi können Zeugen in zwei verschiedenen Formen erbringen. Entweder geben sie an, der Tatverdächtige sei zur Tatzeit an einem anderen Ort als dem Tatort gewesen, im Regelfall bei ihnen, oder sie behaupten, den eigentlichen Täter bei der Tatausführung gesehen zu haben, und geben dazu eine Personenbeschreibung ab, die offenkundig von der des Verdächtigen abweicht.

Die Zeugen für ein Alibi sind stets zu überprüfen, in welchem Verhältnis sie zu dem Verdächtigen stehen. Je näher ihre Verbindung ist, je wahrscheinlicher kann das „Gefälligkeitsalibi" sein. Gibt es Zweifel an der Behauptung, „man sei nicht miteinander bekannt", so besteht die Möglichkeit, den Zeugen richterlich vernehmen zu lassen und eine Vereidigung anzuregen (Kapitel 11.5).

Es gibt auch Fälle, in denen sich der Tatverdächtige eines **Gutachters** bedient, in der Regel eines Arztes. Dieser soll attestieren, dass der Beschuldigte zur Tatzeit bettlägerig erkrankt war und somit außerstande, den Tatort aufzusuchen. Dies ist jedoch nur ein Indiz. Ob der Verdächtige tatsächlich zur Tatzeit im Bett lag, wird dadurch nicht bewiesen.

Zeugen sind darauf hinzuweisen, dass sie sich wegen Strafvereitelung (§ 258 StGB) strafbar machen können, wenn ihre entlastende Aussage falsch ist.

13.5 Verdächtigen-Alibi

Der Täter kann sich selbst durch falsche Behauptungen nicht strafbar machen, solange er nicht einen anderen beschuldigt. Er kann behaupten, an einem anderen Ort gewesen zu sein. Zur Glaubhaftmachung dieser Aussage schildert er Begebenheiten, die nur an diesem Ort stattgefunden haben, z. B. den Ablauf eines Kinofilms, einer Kultur- oder Sportveranstaltung. Dadurch will er unterstreichen, dass er selbst das Geschehene gesehen hat und darum nicht am Tatort gewesen sein kann. Ferner kann sich der Täter in Gesellschaft begeben, die vom Tatort entfernt ist. Gelingt es ihm diese unbemerkt zu verlassen, die Tat zu begehen und zurückzukehren, dann wird es schwer, das zu erkennen und zu beweisen. Der Täter kann sich auch unmittelbar nach der Tat, möglichst schon vor dem Entdecken durch Dritte, an einen anderen Ort begeben und so tun, als ob er dort schon lange Zeit gewesen sei. Durch auffälliges Verhalten kann er erreichen, dass man sich an ihn erinnert. Er könnte auch z. B. den Diebstahl seines Fahrzeugs zu einem Zeitpunkt melden, an dem er selbst einen Verkehrsunfall verursacht hat, um so von sich abzulenken.

13.6 Technisches Alibi

Das technische Alibi wird durch technische Aufzeichnungen oder Druckverfahren erbracht. So können ein Arbeitszeitautomat, eine Eintrittskarte oder eine Gaststättenrechnung, die neben dem Datum auch die Uhrzeit des Bezahlens enthält, als Beweis dafür vorgebracht werden, an einem anderen Ort gewesen zu sein. Hier muss geprüft werden, ob das Beweismittel zweifelsfrei an eine Person gebunden oder ob es neutral ist und von jedermann benutzt werden kann. So könnte der Arbeitszeitautomat auch von einem Kollegen bedient worden sein. Das gilt auch, wenn der Automat nur mit einer Codierung bedient werden kann. Schließlich kann die offenbart werden.

Selbst **amtliche Unterlagen**, wie z. B. die **Haftdatei,** werden als Alibi angeführt. Hier soll suggeriert werden, dass sich der Verdächtige in Haft befunden habe und deshalb schon gar nicht als Täter infrage kommen kann. Man muss in diesem Zusammenhang jedoch wissen, dass die Haftdatei nur Anfang und Ende der Freiheitsstrafe ausweist, nicht dagegen die Unterbrechungen durch Ausgang, Urlaub oder Ähnliches.

Automatische **Verkehrsüberwachungsanlagen** können auch als Alibi geeignet sein. Wird bei einer Geschwindigkeitsüberschreitung ein Frontfoto gemacht und ist der Fahrer darauf zweifelsfrei zu erkennen, so ist damit der Beweis für seinen Aufenthalt erbracht. Wird dagegen beim Nichtbeachten des Rotlichts einer Verkehrsampel der Wagen von hinten fotografiert, so beweist dies nur, dass das Fahrzeug dort war, aber nicht, wer es gefahren hat.

Eine weitere technische Möglichkeit der Alibi-Überprüfung kann mit der Standortfeststellung von **Mobiltelefonen** (Handy) erfolgen. Da Mobiltelefone mit terristischen Funkwellen betrieben werden, können sie nur Verbindungen zu Sendemasten halten, die in gerader Linie gesichtet werden. Um bei einer Reise die Verbindung zu halten, werden die Mobiltelefone von einem Sendemast zum andern automatisch weiter vermittelt. Diese Vermittlung wird in einem Protokoll festgehalten. Insofern ist der Standort eines Mobiltelefons ziemlich genau festzustellen. Dies bedeutet jedoch nur, dass sich das Handy dort befand. Dies kann auch als ein Scheinalibi benutzt werden. Der Täter könnte an einen entlegenen Ort fahren und dort sein Handy eingeschaltet deponieren. Zur Tatausführung fährt er ohne Handy, um so für die Tatzeit ein Alibi zu haben.

Hat jedoch ein Tatverdächtiger zur Tatzeit telefoniert, so kann bei dem Netzanbieter sowohl der Zeitpunkt des Gespräches, das angerufene Handy als auch der Standort festgestellt werden. Lässt sich der Gesprächspartner finden, der den Tatverdächtigen angerufen und das Gespräch geführt hat, so kann der Handy-Standort mit dem Aufenthaltsort des Verdächtigen als identisch angesehen werden. Zur Auskunft der Verbindungsdaten und des Standortes sind die Betreiber verpflichtet (§ 112 TKG).

13.7 Alibi-Überprüfung

Die Überprüfung eines Alibis auf Richtigkeit und Plausibilität kann mit den Methoden der Vernehmungstaktik (Kapitel 11.13) sowie mithilfe der Kriminaltechnik (Kapitel 4) erfolgen.

Dabei darf von folgendem Grundsatz ausgegangen werden: Hat ein Verdächtiger ein falsches Alibi, so wird er sich auf Nachfrage spontan an seinen Alibiort erinnern, weil er sich darauf vorbereitet hat, oder er gibt Sachverhalte an, die nicht überprüfbar sind, weil er von niemandem gesehen wurde. Es ist sein Bestreben, die inkriminierte Handlung durch normale Tagesabläufe zu überdecken. Der unschuldig Verdächtigte wird sich nur langsam an einen Aufenthaltsort erinnern. In der Regel muss sein Erinnerungsprozess durch Assoziationen oder Gedächtnisstützen angeregt werden, z. B. durch den Hinweis auf besondere Ereignisse, die parallel stattfanden, wie Sportveranstaltungen, besondere Fernsehfilme, Familienereignisse, gesellschaftliche Sensationen u. a. m.

Wird ein falsches Alibi vermutet, so ist zunächst festzustellen, ob der Beschuldigte und der Alibizeuge ein **Komplott** bilden, sich abgesprochen haben oder ob der Zeuge getäuscht wurde und dieser aus ehrlicher Überzeugung seine Aussage macht. Der mit dem Täter kooperierende Zeuge kann mithilfe der **Aussageanalyse** (Kapitel 11.13.7) entlarvt werden. Dabei muss die Beziehung zwischen dem Tatverdächtigen und dem Alibizeugen detailliert dargelegt werden, ob sich schon daraus Indizien für eine Falschaussage ergeben. Ferner ist eine richterliche Vernehmung angebracht (Kapitel 13.4).

Bei dem **getäuschten Zeugen** müssen die äußeren Umstände seiner Wahrnehmung untersucht werden, insbesondere ob er in Schlussfolgerungen denkt.

Darüber hinaus muss die **Ort-Zeit-Relation** überprüft werden. Konnte der Verdächtige die für ihn entlastende Entfernung zwischen Tatort und Alibiort in der zur Verfügung stehenden Zeit überbrücken? Die Überprüfung erfolgt am beweiskräftigsten durch ein Experiment. Dabei muss allgemein bedacht werden, dass Täter nach der Tatausführung erheblich unter Stress stehen und somit zu außerordentlichen Leistungen fähig sind.

14 Verdeckte Ermittlungen / V-Personen

Wegen der Verschwiegenheitspflicht kann das Thema nicht umfassend behandelt werden.

14.1 Literatur

Füllkrug, Der Verdeckte Ermittler. Auftrag, Erfolgschancen und Risiken. in: Kriminalistik 1987, S. 5

Hertlein, Kriminalisten im Tarngewand, in: Kriminalistik 1987, S. 3

Körner, Verdeckte Ermittlungen ohne Straftaten, in: Kriminalistik 1992, S. 601

Kube, Beweisverfahren und Kriminalistik in Deutschland, Kriminologische Schriftenreihe, Band 13, Hamburg 1964

Rebmann, Der Zeuge vom Hörensagen im Spannungsverhältnis zwischen gerichtlicher Aufklärungspflicht, Belangen der Exekutive und Verteidigungsinteressen, in: NStZ 1982, S. 315

Roxin, Zur verdeckten Befragung des Beschuldigten, in: NStZ-Sonderheft vom 25.6.2009, S. 41

Safferling, Verdeckte Ermittler im Strafverfahren – deutsche und europäische Rechtsprechung im Konflikt?, in: NStZ 2006, S. 75

Scherp, Die polizeiliche Zusammenarbeit mit V-Personen, Empirische Untersuchung, in: Kriminalistik 1993, S. 65; und: Eine Untersuchung von Führungskonzepten und Motivationsstrukturen, Heidelberg 1992

Schneider, Ausgewählte Rechtsprobleme des Einsatzes verdeckter Ermittler, in: Kriminalistik 2004, S. 359

Schomburg, V-Personen, Ein heißes Eisen. Rechtliche, taktische und psychologische Besonderheiten des VP-Einsatzes, in: Kriminalistik 1992, S. 679

Schulte, Kopf runter und durch?, Garantenstellung und Haftung des VP-Führers, in: Kriminalistik 1992, S. 683

Soiné, Kriminalistische List im Ermittlungsverfahren, in: NStZ 2010, S. 596

Tiedemann, Die Verwendung des Wissens von V-Leuten im Strafverfahren, in: NJW 1984, S. 753

Weihmann, Einsatz von V-Personen und Informanten, in: Kriminalistik 1992, S. 309

Vorschriften und Rechtsprechung

Geheimhaltung der Identität von Zeugen, §§ 68 III und 96 StPO

Einsatz von Verdeckten Ermittlern, §§ 11a bis d StPO

Richtlinien für das Straf- und Bußgeldverfahren (**RiStBV**), Anlage D

Einsatz technischer Mittel, §§ 100c, 100d und 101 StPO

Längerfristige Observation, § 163f StPO

BVerwG, Urteil vom 3.9.1991, NJW 1992, S. 451, Kein Anspruch auf Benennung eines Informanten

BGHSt 32.115, Beschluss des GGS vom 17.10.1983, Definitionen zu: Organisierte Kriminalität, V-Mann [S. 121], Sperrerklärung und Zeugenbeweis

BVerfG Beschluss vom 10.3.1987, NStZ 1987, S. 276, Einsatz von V-Leuten

BGH, Urteil vom 3.4.1987, NStZ 1987, S. 51, Un-Erreichbarkeit eines Hinweisgebers

BGH, Beschluss vom 10.2.1993, NJW 1993, S. 1214, und NStZ 2003, S. 610, Keine Vernehmung eines Zeugen bei Gefahr für Leib oder Leben. Aber: Eigene Pflicht des Gerichtes, auch bei einem gesperrten Zeugen diesen zu identifizieren und zu vernehmen

BVerfG, Beschluss vom 11.4.1991, NJW 1992, S. 168, Zeuge vom Hörensagen

BVerfGE 57, 250, Voraussetzungen für die Sperrerklärung. Unbedenklichkeit des Zeugen vom Hörensagen

BGH, Urteil vom 31.3.1989, NStZ 1989, S. 380, Vernehmung von Verhörspersonen bei gesperrtem Zeugen

BGH, Urteil vom 21.7.1994, NJW 1994, S. 2904, Verwertbarkeit von VP-Aussagen, auch bei Zeugnisverweigerungsrecht

BGH, Beschluss vom 17.11.1992, NStZ 1993, S. 248, Ermittlungspflicht des Gerichtes über die Identität der V-Person trotz Sperrerklärung

BGH, Urteil vom 20.11.1990, NStZ 1991, S. 194, Größere Gewähr für die Zuverlässigkeit der Angaben von Verdeckten Ermittlern, als von V-Personen

BGH, Urteil vom 4.6.1992, NStZ 1992, S. 488, Strafmilderung auch bei legalem Einsatz von Verdecktem Ermittler

BGH, Beschluss vom 11.11.1987, NStZ 1988, S. 144, Strengere Beweiswürdigung bei Aussagen von Zeugen vom Hörensagen

BGH, Urteil vom 23.5.1984, NJW 1984, S. 2300, Strafmilderung bei tatprovozierendem Verhalten von polizeilichen Lockspitzeln (V-Personen)

BGH, Beschluss vom 13.7.1984, NStZ 1984, S. 519, Zu den Grenzen tatprovozierenden Verhaltens eines Lockspitzels

EGMR, Urteil vom 5.2.2008, NJW 2009, S. 3565, Einsatz eines Lockspitzels und faires Verfahren

BGH in NJW, 1998, S. 3577, Gegen die Sperrerklärung nach § 96 StPO ist der Rechtsweg an das VG gegeben

BGHSt 41, 36, Für die Sperrerklärung ist allein der Innenminister und nicht der Justizminister zuständig

BGH, Urteil vom 12.12.1996, NStZ 1997, S. 294, Richterliche Zustimmung beim Einsatz von Verdeckten Ermittlern

BGH in NStZ 1997, S. 448, Definitionen VE und NoeP; Betreten von Wohnungen?

BGH, Beschluss vom 7.6.2000, NStZ 2000, S. 607, Glaubwürdigkeitsprüfung bei V-Personen

BGH, Beschluss vom 26.9.2002, Verhinderung der Identifizierung bei audiovisueller Vernehmung von Verdeckten Ermittlern (VE) durch technische Veränderungen, (Fernseh-Übertragung der Zeugenaussage von VE in die Hauptverhandlung) in: NStZ 2003, S. 274

BGH in NStZ 2004, S. 345, Ob ein Zeuge durch die audiovisuelle Vernehmung gefährdet ist, entscheidet die Polizei.

BGH in NStZ 2004, S. 343, Die Grundsätze der Beweiswürdigung bei einem gesperrten Zeugen durch die deutsche Exekutive gelten auch bei der Sperrung durch eine ausländische Exekutive

BGH in NStZ 2005, S. 43, Bei der Sperrung der audiovisuellen Vernehmung eines Verdeckten Ermittlers sind strengere Maßstäbe anzulegen als bei einer V-Person

Zeugenschutzharmonisierungsgesetz **(ZSHG)**, BGBl. 2001, S. 3510

14.2 Allgemeines

Im demokratischen Rechtsstaat ist der staatliche Strafanspruch nur unter Beachtung des fairen Strafverfahrens durchzusetzen. Der Mensch soll nicht zum Objekt der Strafverfolgung herabgewürdigt werden (BGHSt 19, 325, und 31, 304 [308]). Das heißt, es müssen beachtet werden das

- Rechtsstaatsprinzip nach Art. 20 III GG und Art. 6 I 1 MRK, mit den
- strafprozessrechtlichen Regeln und die
- Würde des Menschen nach Art. 1 GG.

Die prozessrechtlichen Regeln verlangen, dass **Beweise** im Strafverfahren in einer öffentlichen Verhandlung dem Gericht dargelegt werden müssen. Alle Beweismittel, insbesondere Zeugen, sollen allen Prozessbeteiligten bekannt sein und es soll damit die Möglichkeit bestehen, deren Beweiskraft sowie die Motive zur Aussage und den Wahrheitsgehalt prüfen zu können, um Denunziantentum zu verhindern. Niemand wäre sonst vor falschen Verdächtigungen sicher.

Der **Bundesgerichtshof** hält jedoch verdecktes oder heimliches Vorgehen der Polizei gegen Beschuldigte grundsätzlich für rechtsstaatlich erlaubt.

Dazu im Einzelnen: „Einer besonderen gesetzlichen Eingriffsermächtigung bedarf es nur für solche Ermittlungsmaßnahmen und Beweiserhebungen, die in geschützte Rechte anderer eingreifen (BVerfG NStZ 1996, 45). Im Übrigen sind die **Polizeibehörden** in der Wahl ihrer Ermittlungsmethoden grundsätzlich frei. Das schließt auch die **Möglichkeit eines verdeckten Vorgehens** gegenüber dem Tatverdächtigen ein. Die **Heimlichkeit** eines polizeilichen Vorgehens ist kein Umstand, der nach der Strafprozessordnung für sich allein schon die Unzulässigkeit der ergriffenen Maßnahmen begründet (BGHSt 39, 335 [346]). Ein ‚Grundsatz der Offenheit staatlichen Handelns' lässt sich den das Ermittlungsverfahren regelnden Vorschriften des Gesetzes nicht entnehmen. Dieses verbietet nicht die unauffällige Beobachtung des Beschuldigten, auch nicht das von ihm unbemerkte Mithören und Belauschen" (BGHSt 42, 139 [150, 151]; *Soiné*, a.a.O.; Kapitel 11.14.2).

Bei **verdeckten Ermittlungen** besteht die Absicht, den Bürger von den staatlichen Maßnahmen nicht in Kenntnis zu setzen oder eine Zeugenaussage als Beweis einzubringen, ohne den Zeugen namentlich oder in Person zu präsentieren. Hier gibt es **Interessenkollisionen** zwischen der

- Aufklärungspflicht der Gerichte, den
- Belangen der Exekutive und den
- Verteidigungsinteressen.

Für das Gericht besteht die unabhängige Aufklärungspflicht des Sachverhaltes (§§ 244, 245 I und II, 250 StPO). Es muss einen bekannten Zeugen vorladen, gleichgültig, ob das den anderen Prozessteilnehmern genehm ist oder nicht. Das gilt auch für einen gesperrten Zeugen (§ 96 StPO), wenn das Gericht zufällig die Identität erfährt, z. B. wurde versäumt, die Personalien aus der Ermittlungsakte zu entfernen.

Die Staatsanwaltschaft / Polizei möchte gern die Aussagen von einzelnen Zeugen als Beweis in die Hauptverhandlung einbringen, ohne diese Person zu präsentieren, weil diese dadurch den Mittätern bekannt würde und ernsthaft an Leib oder Leben gefährdet sein könnte oder weil diese Person weiterhin im Milieu Informationen sammeln soll, die in anderen Verfahren von Bedeutung sein könnten. Damit wäre dieses Beweismittel rechtstechnisch „unerreichbar" (§§ 96 und 244 III StPO).

Die **Verteidigung** kann einen nicht erschienenen Zeugen nicht selbst vernehmen und so die Motive zur Aussage und den Wahrheitsgehalt nicht prüfen (§§ 240 I und II, 250 StPO).

Um diesen Konflikt zu lösen, haben der Gesetzgeber und der Bundesgerichtshof festgelegt, dass solche Beweismethoden nur bei schwerwiegender Kriminalität angewendet werden dürfen und nur, wenn eine andere Beweisführung aussichtslos ist.

Heute können verdeckte Ermittlungen nicht nur durch Zeugen, sondern auch durch Polizeibeamte und insbesondere durch technische Hilfsmittel der Bild- und Tonaufzeichnung erfolgen. Auch dieses ist gesetzlich begrenzt, sodass es auch hier nach der Schwere der Kriminalität und nach der Dauer des Eingriffs verschiedener Rechtsvorschriften (§§ 100c, 110a ff., 163f StPO) gibt.

Zum Bereich Observation, siehe Kapitel 10.

Ein besonders problematischer Bereich ist der Einsatz von V-Personen und die damit verbundene Zusicherung der Vertraulichkeit. Dieses Problem soll hier ausführlich behandelt werden. Der kriminaltaktische Einsatz und die Führung von V-Personen unterliegen jedoch der Geheimhaltung und werden hier nur kurz skizziert.

Wird ein sogenannter **Lockspitzel** eingesetzt, der sich nicht darauf beschränkt, strafbares Verhalten nur zu verfolgen, sondern diejenigen, auf die er angesetzt ist, veranlasst, eine Straftat zu begehen, die sie sonst nicht begangen hätten, so ist das Anstiftung durch die Polizei (BGH in: NStZ 1984, S. 519 und 2300; EGMR in: NJW 2009, S. 3565). Bestehen über die Rechtmäßigkeit des Verfahrens unterschiedliche Auffassungen, so ist der Verwaltungsrechtsweg gegeben (BGH, NJW 1998, S. 3577)

14.3 Begriffe

Die Abkürzung der Bezeichnung „V-Person" führt zunächst zu falschen Schlüssen. Das „V" heißt nicht Vertrauen, sondern **Vigilant**, der mittelalterliche Name für Nachtwächter. Es bedeutet so viel wie „wachsam, schlau, aufgeweckt". Inhaltlich entwickelte sich daraus – über die Neigung zur „Selbstjustiz" – der Begriff für Polizeispitzel, die Hilfsperson des Kriminalisten und gehört somit seit Jahrzehnten zum festen Sprachgebrauch, wie es uns *Kube* übermittelt: Hierbei handelt es sich überwiegend um vorbestrafte Verbrecher, die der Polizei aufgrund ihrer Beziehung zum Verbrechertum gegen entsprechende Belohnung Hinweise geben (*Kube*, a.a.O., S. 126, Fn. 154).

Es ist sehr problematisch, in der Kriminalistik den Begriff **Vertrauensperson** mit solchen Personen zu verbinden, die der Polizei Informationen zutragen. Im allgemeinen gesellschaftlichen Leben wird der Begriff in der Kommunalverfassung, im Personalvertretungsrecht, im Strafprozess als Beistand eines

Verletzten, die Tätigkeit als Strafverteidiger oder im Privatleben allgemein gebraucht. Dabei geht es um den positiven ethischen Begriff des Vertrauens oder Trauens. Auch in der Kriminalistik gibt es seltene Fälle, in denen einer Person tatsächlich Vertrauen entgegengebracht werden kann, jedoch kaum bei denen, die sich dauerhaft als Zuträger von Informationen anbieten (Kapitel 14.4).

Die **Nachrichtendienste** und der **Verfassungsschutz** benutzen den Begriff Vertrauensperson bewusst, obwohl diese die Informationen in der Regel durch Vertrauensbruch beschafft haben und die Weitergabe auch als Verrat bezeichnet werden kann.

Wortgeschichtlich stammt der Begriff V-Person von Vigilant, was das tatsächliche Verhältnis zwischen diesen und den staatlichen Institutionen am Aufrichtigsten beschreibt. Bemerkenswert ist, dass die Polizeidienstvorschrift Nr. 100, Führen und Einsatz der Polizei,im Kapitel 2.2.9 (verdeckte Maßnahmen) und in der Anlage 20 (Grundbegriffe) auf eine Definition des Begriffs V-Person verzichtet.

Der **Bundesgerichtshof** befasst sich in vielen Entscheidungen mit diesem Thema und verwendet dabei verschiedene Begriffe, so „Vertrauensperson" als Ursprungsbegriffe des Vertrauens (z. B. BGHSt 8, 50; 20, 37 und 309 u. a.) und auch für den Informationsgeber der Polizei (z. B. BGHSt 31, 152; 32, 115). Gleichzeitig bezeichnet er diese Personen aber auch als **V-Mann** (BGHSt 33, 71, und 41, 36) oder als **Gewährsleute** (BGHSt 33, 91). Eine Wertung der Begriffe oder eine Erläuterung der Unterschiede sind jedoch bisher nicht erfolgt (BGHSt 42, 145).

In den kriminalistischen Lehr- und Wörterbüchern der **DDR** kommen der Begriff und das Thema gar nicht vor. Lediglich an der Humboldt-Universität zu Berlin, Sektion Kriminalistik, wird z. B. in Diplomarbeiten im Abkürzungsverzeichnis „V-Mann = Verbindungsmann" angegeben, ohne dies näher zu erläutern. Gleichwohl unterhielten die Abschnittsbevollmächtigen (ABV) der Volkspolizei „Vertrauenspersonen", mit denen sie die Bevölkerung polizeilich und politisch überwachte (Kapitel 1.4.3.5 c)). Der Staatssicherheitsdienst beschäftigte 1986 rund 2.000 „Hauptamtliche inoffizielle Mitarbeiter" (Kapitel 1.4.3.5 c)).

In der bundeseinheitlichen Dienstvorschrift der Justiz- und Innenminister / -senatoren (RiStBV, Anlage D, Ziffer 2.2) wird die **V-Person** als „eine Person, die, ohne einer Strafverfolgungsbehörde anzugehören, bereit ist, diese bei der Aufklärung von Straftaten auf längere Zeit vertraulich zu unterstützen, und deren Identität grundsätzlich geheim gehalten wird" beschrieben. Hier wird deutlich, dass die Bezeichnung „vertraulich" als **Verschwiegenheit** über die V-Person verstanden wird und nicht auf die moralischen Gründe des Informationsgebers abstellt.

Im Laufe der Zeit hat sich folgender Sprachgebrauch entwickelt:

a) **Tippgeber**

Die Person gibt Informationen auf Tatgelegenheiten, Tätermilieus oder Beuteverstecke. Die Person ist **nicht** Zeuge eines strafrechtlichen Tatbestandes und deshalb in einem späteren Strafverfahren nicht erforderlich.
Darüber hinaus ist auch Tippgeber, wer etwas gehört oder gesehen hat, was die Polizei selbst feststellen kann, sodass die Person als Zeuge entbehrlich ist. Wichtig ist nur, dass ohne das Wissen des Tippgebers der Beweis der Tat, der Rechtswidrigkeit und der Schuld erbracht werden kann.

b) **Hinweisgeber**

Diese Person ist mit dem Tippgeber identisch. Die unterschiedliche Bezeichnung ist umgangssprachlich bedingt.

c) **Informant**

Die Person gibt im Einzelfall einen Hinweis, sie ist jedoch für das Gesehene oder Gehörte **Zeuge** im strafprozessualen Sinne und unterliegt damit der Zeugnispflicht **vor Gericht**.

d) **V-Person**

Diese ist bereit, auf längere Zeit mit der Polizei bei der Aufklärung von Straftaten zusammenzuarbeiten. An der Qualität ihrer Informationen gemessen, kann sie Tippgeber oder Informant sein. Damit kann sie der Zeugnispflicht unterliegen oder nicht. Dies muss genau festgestellt werden, um die Frage der Zusicherung der Vertraulichkeit zu prüfen (Kapitel 14.5.2).

e) **Nicht offen ermittelnde Polizeibeamte (NoeP)**

sind Polizeibeamte, die nicht als solche zu erkennen sind und zum Beispiel mit Vorzeigegeldern bei Straftätern den Nachweis der Zahlungsfähigkeit vortäuschen sollen oder sich als Observanten betätigen. Sie haben für einen konkreten Einzelfall einen Ermittlungsauftrag und stehen im Strafverfahren als Zeugen zur Verfügung.

f) **Verdeckte Ermittler (VE)**

sind Beamte des Polizeidienstes, die unter einer ihnen verliehenen, auf Dauer angelegten, **veränderten Identität** (**Legende**) ermitteln (§ 110a II StPO). Ihr Einsatz erfolgt auf Anordnung der **Polizei** und bedarf der Zustimmung der **Staatsanwaltschaft** (§ 110b I StPO). Ihr Ermittlungsauftrag geht über wenige, konkret bestimmte Ermittlungshandlungen hinaus. Die Ausforschung des Umfeldes steht im Vordergrund. Es ist beabsichtigt, eine unbestimmte Anzahl von Personen über die Identität des VE **zu täuschen**.

Soll in einer Wohnung ermittelt werden, so bedarf es der Zustimmung des Richters (§ 110b II StPO). Bei Gefahr im Verzug ist die Staatsanwaltschaft ermächtigt. Kann diese nicht erreicht werden, so darf die Wohnung betreten werden. Die Entscheidung des Staatsanwaltes ist sodann schnellstens nachzuholen. Innerhalb von drei Tages muss jedoch der Richter die Anordnung treffen.

Inhalte von Gesprächen, auch über Tatbeteiligungen, mit Beschuldigten dürften im späteren **Gerichtsverfahren** verwertet werden, solange der VE die Aussagenden nicht bedrängt hat (BGH in: NJW 2007, S. 3138, und NStZ 2009, S. 343). Hier würde sonst gegen den Grundsatz verstoßen, dass niemand verpflichtet ist, zu seiner eignen Überführung beizutragen, insbesondere sich selbst zu belasten. Über die im Milieu festgestellten Tatsachen sind Verdeckte Ermittler Zeugen. Ob sie in der Hauptverhandlung bekannt werden und aussagen müssen, entscheidet der oberste Dienstvorgesetzte der Polizei. Ihr Identitätsschutz steht allerdings im Vordergrund.

Im Rahmen solcher Einsätze kann es vorkommen, dass ein Täter bei der Ausführung einer Straftat beobachtet wird, die Polizei jedoch noch nicht einschreitet, weil sie weitere Erkenntnisse, z. B. über Mittäter, Beuteverstecke o.a.m. erlangen will. Jetzt könnte der Täter für sich geltend machen, die Polizei hätte seine Tat verhindern können und deshalb sei er nicht verantwortlich. Doch die Rechtsprechung ist eindeutig anders: „**Einen Anspruch** eines Straftäters darauf, dass die Ermittlungsbehörden rechtzeitig gegen ihn einschreiten, um seine Taten zu verhindern, gibt es nicht; insbesondere folgt ein solcher Anspruch nicht aus dem Recht auf ein faires Verfahren gem. Art. 6 I MRK." Selbst eine günstigere Strafzumessung ist rechtlich bedenklich (BGH in NStZ 2007, S. 635).

Sollen ausländische Polizeibeamte als VE eingesetzt werden, so haben sie lediglich den Status von V-Personen (BGH in NStZ 2007, S. 713).

g) **Undercoveragent**

sind amerikanische Kriminalbeamte, die auf Weisung ihrer Vorgesetzten im Milieu ermitteln und sich mit vorheriger Zustimmung des Staatsanwaltes an genau bezeichneten Straftaten beteiligen dürfen.

h) **Verschwiegenheit**

Über alle Angelegenheiten der verdeckten Ermittlungen haben die Kriminalisten Verschwiegenheit zu wahren. Aussagen vor Gericht dürfen nur mit ausdrücklicher Erlaubnis des Dienstvorgesetzten (Behördenleiter) gemacht werden (§ 54 StPO).

Geraten Polizeibeamte als VP-Führer, Verdeckte Ermittler oder Observanten (Kapitel 10) in den **Verdacht**, im Zusammenhang mit dieser Tätigkeit **Strafvereitelungen** oder gar **Straftaten** begangen zu haben, so kann die Verweigerung der Aussagegenehmigung des Dienstherrn die eigene Verteidigung behindern. Da das Recht auf Verteidigung ein Grundrecht nach Art. 1 I GG ist, darf die Einschränkung nicht hingenommen und dann ein Strafverfahren nicht durchgeführt werden. Doch in solchen Fällen muss die Verweigerung der Aussagegenehmigung vom **Minister** selbst und im Weigerungsfall sogar durch **Kabinettsbeschluss** bestätigt werden (BGH in NStZ 2007, S. 649).

14.4 Einsatz von V-Personen

Der Einsatz von V-Personen ist ein unverzichtbares Ermittlungsinstrument bei der Bekämpfung der schweren und insbesondere der organisierten Kriminalität. Man muss sich aber bewusst sein, dass es sich nur um eines der vielen Mosaiksteinchen handelt, das der Polizei zur Verfügung steht. Wegen der Verflechtung mit dem kriminellen Milieu ist aber stets eine kritische Distanz vonnöten. Dies gilt in eingeschränkter Form auch für Informanten.

Informanten

sind Zeugen, die sich anlässlich eines Einzelfalles bei der Polizei melden. Ob ihnen Vertraulichkeit zugesichert werden kann, hängt davon ab, ob sie wegen ihrer Zeugnispflicht ernsthaften Leibes- oder Lebensgefahren ausgesetzt sind.

V-Personen

sind in der Regel fest im kriminellen Milieu integriert. Je qualitativer die Informationen, je tiefer sind sie selbst verstrickt. V-Personen können Einblicke in die Taktik und Organisation der Polizei oft nicht für sich behalten. Sie haben sehr unterschiedliche Motive für die Zusammenarbeit mit der Polizei. Sehr selten ist staatsbürgerliches Pflichtbewusstsein die Triebfeder. Vielmehr versprechen sich diese Personen im Umgang mit der Polizei persönliche Vorteile. Dies reicht von Vorteilen im eigenen Strafverfahren über finanzielle Zuwendungen bis hin zum Ausschalten von Konkurrenten.

14.4.1 Strafrechtliche Vorteile

Strafrechtliche Vorteile sind prinzipiell nicht unlauter oder verboten. Die Besonderheit bei V-Personen besteht jedoch darin, dass sie in der Regel nicht in demselben Verfahren Täter und Zeuge sind. Sie wollen in ihrem eigenen Verfahren, das nichts mit dem Hinweis zu tun hat, Vorteile erwirken. Doch die hier gewünschten Zusagen dürfen nur von der **Staatsanwaltschaft** gemacht werden.

14.4.2 Finanzielle Vorteile

Finanzielle Vorteile bestehen in der Zuwendung von Bargeld oder in der Finanzierung von Sach- oder Dienstleistungen. Da die V-Person selbst aus dem **Milieu** kommt, lebt sie auch nach den dort herrschenden **Werteregeln.** Wer diese als Kriminalist nicht beachtet, findet sich leicht in einer für ihn misslichen oder auch abhängigen Lage wieder.

Darum gilt es, **kriminalistische Regeln** einzuhalten, damit sich der Beamte nicht unnötiger Vermutungen oder gar Verdächtigungen aussetzt, die ihm menschliche oder dienstliche Nachteile bringen können. Die Regeln sind aber auch einzuhalten, um gegenüber der V-Person professionelles Verhalten deutlich zu machen.

Ferner besteht bei **regelmäßigen finanziellen Zuwendungen** die Gefahr, dass die V-Person Tatwillige intensiv zur Tat ermuntert, um so ihre eigene Qualität zu unterstreichen und den Geldstrom nicht zu unterbrechen. Hier kann leicht die Grenze zu tatprovozierendem Verhalten in Form von Anstiftung überschritten werden. Der V-Person-Führer muss hier ständig gegensteuern.

Die **Höhe** der Zuwendungen ist stets mit dem Kommissariatsleiter, bei größeren Beträgen mit dem Kriminal-Gruppenleiter, dem Leiter der Kriminalpolizei, dem Behördenleiter, dem Regierungspräsidium oder dem Innenministerium abzustimmen. Nur so ist gewährleistet, dass für gleichwertige Informationen auch gleichwertige Zuwendungen gezahlt werden. Im Übrigen gelten hier auch die Regeln des privaten Geschäftslebens: „Was nichts kostet, ist auch nichts wert." Dies bedeutet nicht, möglichst viel Geld zu zahlen, im Gegenteil, hier soll der Grundsatz der Verhältnismäßigkeit besondere Beachtung finden. Geld soll nicht nach dem Gießkannenprinzip für jede kleine vermeintliche Gefälligkeit gezahlt, sondern gezielt dann eingesetzt werden, wenn andere Mittel zur Aufklärung der Straftat versagen **und** die Straftat eine besondere Qualität hat.

14.4.3 Ausschalten von Konkurrenten

Bei den Kämpfen um die Verteilung von Gebieten, in denen die illegalen Geschäfte im Rotlichtmilieu betrieben werden, ist das Ausschalten von Konkurrenten gang und gäbe. Aber auch im kleineren Milieu ist dies nicht unbekannt. Dieses Ziel ist vom Kriminalisten nur schwer zu erkennen. Oft vernebelt der Rausch des Erfolges den klaren Blick für das Motiv des Hinweisgebers. Insofern sollte der Kriminalist darauf achten, ob der gute Tipp auf den Rauschmitteltransport nicht in erster Linie den lästigen Konkurrenten „staatlich" beseitigen soll. In solchen Fällen sollte nach dem erfolgreichen Einsatz der Hinweisgeber näher überprüft werden.

14.4.4 Führen von V-Personen

Jede Anbahnung mit V-Personen ist sofort mit dem Kommissariatsleiter und dem zuständigen VP-Führer zu besprechen. Gemeinsam mit diesen werden die Qualität der erwarteten Zusammenarbeit und die Höhe der Zuwendungen festgelegt, die Person in den Kriminalpolizeilich personenbezogenen Sammlungen

(Kapitel 17) überprüft und nachgefragt, ob sie bereits als unzuverlässiger Hinweisgeber bekannt ist. Diese Überprüfungen werden in einer verschlossenen Akte beim Abteilungsleiter oder an anderer zentraler Stelle in der Behörde aufbewahrt. Hierin wird jede weitere Aktivität dieser Person und die Zuwendungen an diese vermerkt.

Alle Zuwendungen, die erst nach dem Erfolg gezahlt werden, sind zu quittieren. Verweigert die Person eine Quittung, so ist eine Übergabe durch zwei Beamte erforderlich, die dies dokumentieren. Nur so können sich die Beamten vor später erhobenen ungerechtfertigten Behauptungen schützen, die V-Person habe gar kein Geld etc. erhalten.

Die eigentliche Führung von V-Personen stellt hohe Anforderungen und fachliches Können an den Kriminalisten und wird deshalb von besonders erfahrenen Beamten vorgenommen. Dabei gilt der Grundsatz, dass der VP-Führer die Richtung bestimmt, und nicht die V-Person.

14.5 Geheimhaltung und Zusicherung der Vertraulichkeit

14.5.1 Geheimhaltung

Die Geheimhaltung von Personen kann durch die Gerichte oder durch die Polizei erfolgen.

a) **Gerichtliche**

Außerhalb polizeilicher Ermittlungsmethoden kann das Gericht in der **Hauptverhandlung** einem Zeugen gestatten, zu seiner Identität keine Angaben zu machen, wenn zu befürchten ist, dass durch diese Angaben Leib, Leben oder Freiheit des Zeugen oder einer anderen Person gefährdet ist (§ 68 StPO). Die Unterlagen über die Feststellung der Identität werden in diesem Fall bei der Staatsanwaltschaft aufbewahrt.

Dieses Verfahren kommt dann in Betracht, wenn das Aussehen des Zeugen nicht zu seiner Identifizierung führt, weil sein Lebensmittelpunkt weit entfernt liegt und damit eine Zufallsbegegnung unwahrscheinlich ist, oder wenn er in Zukunft nicht mit der Polizei bei der Aufklärung von Straftaten zusammenarbeiten wird.

b) **Polizeiliche**

Die polizeiliche Geheimhaltung wird gegenüber der **V-Person zugesagt**, wenn

- die Information nicht als Zeugenaussage in einem Strafverfahren gebraucht wird,
- die Person die Wahrheit gesagt,
- selbst an der Straftat nicht beteiligt ist und
- die Polizei ein Interesse an dem Hinweis hat.

Die V-Person könnte zum Beispiel einen Hinweis auf ein **Diebesgutversteck** geben, das die Polizei dann in dem beschriebenen Zustand vorfindet und damit die Aussage der V-Person entbehrlich macht.

Es würde die Funktionsfähigkeit der Polizei stark beeinträchtigen, wenn sie den Namen dieser V-Person preisgeben müsste (BVerwG, NJW 1992, S. 451). Da eine solche Person nicht als Zeuge zur Verfügung stehen muss, braucht der Name auch nicht genannt zu werden. Die Zusage dieser Geheimhaltung darf jeder Kriminalist geben.

Der **Aktenvermerk** wird sodann mit den Worten „Dienstlich wurde in Erfahrung gebracht", eingeleitet. Die Personalien werden nicht in dem Vorgang genannt, sondern zentral aufbewahrt. Ähnlich ist auch zu verfahren, wenn eine V-Person einen Hinweis auf eine bevorstehende Straftat gibt, z. B. auf ein Rauschgiftgeschäft, oder auf den Aufenthalt eines flüchtigen Straftäters hinweist.

Die Rechtfertigung der Geheimhaltung ergibt sich aus den **Datenschutzgesetzen** und aus der Geheimhaltungspflicht nach den Beamtengesetzen. Kommt es zum Rechtsstreit über die Bekanntgabe des Namens, so wird dieser vor den Verwaltungsgerichten ausgetragen.

Es gibt **Verteidigungsstrategien**, die versuchen, dieses Schweigerecht zu unterlaufen, indem sie behaupten, der Hinweisgeber der Polizei sei an der in Rede stehenden Straftat selbst beteiligt gewesen oder habe das Beutedepot selbst angelegt, um den Angeklagten hereinzulegen. Ein solcher Einwand ist zu pauschal und verpflichtet die Polizei nicht, den Hinweisgeber bekannt zu geben. Hier muss die Verteidigung aufgefordert werden, den Namen des angeblichen Mittäters selbst zu nennen.

Ist es durch den Hinweis einer V-Person zur Einleitung eines Ermittlungsverfahrens gegen einen namentlich bekannten Beschuldigten gekommen, so hat dieser keinen Anspruch auf Benennung der V-Person. Dies gilt auch dann, wenn sich die Information als unrichtig erwiesen hat. Selbst bei einem auf leichter Fahrlässigkeit beruhenden Irrtum der V-Person ist deren Preisgabe nicht ohne weiteres gerechtfertigt. Damit unterstreicht das BVerwG (NJW 1992, S. 451.), dass die Wahrnehmung der Aufgaben der Sicherheitsbehörden weitgehend der Geheimhaltung ihrer Ermittlungen bedürfen.

Ein typischer Fall der Geheimhaltung liegt vor, wenn Hinweise auf **Aufenthaltsorte** von Flüchtigen gegeben werden, z. B. nach einer **Fernsehfahndung** (Kapitel 9.8.7). Hier kann der Hinweisgeber nichts zu der eigentlichen Straftat aussagen und ist somit als Zeuge nicht erforderlich. Das Verlangen nach dem Namen des Hinweisgebers dient somit ausschließlich der Befriedigung der persönlichen Neugierde und dem Wunsch zu wissen, wer den Täter „verpfiffen" hat. Um eine Durchsuchung (§ 103 StPO) bei Unverdächtigen zu rechtfertigen, ist auch hier ein Aktenvermerk niederzulegen, der mit der Formulierung beginnt: „Dienstlich wurde in Erfahrung gebracht, dass sich der Gesuchte in der Wohnung des ... aufhalten soll.“ Voraussetzung ist aber, dass die Polizei die Identität des Hinweisgebers kennt, damit diese Person im Falle einer ungerechtfertigten Denunziation zur Rechenschaft gezogen werden kann.

14.5.2 Zusicherung der Vertraulichkeit (Kapitel 19.4.2)

Ist die **V-Person Zeuge einer Straftat** oder eines strafrechtlich relevanten Vorgangs, so muss sie grundsätzlich vor Gericht erscheinen und ihre Wahrnehmungen bezeugen. Dies ist im Rechtsstaat unerlässlich.

Gibt die V-Person z. B. Hinweise auf ein **Beutedepot** und hat gesehen,

- wer das Beutedepot angelegt hat, und
- gibt es keine anderen Beweismittel für diese Täterschaft und
- liegen keine persönlichen Zeugnisverweigerungsrechte vor,

so muss die V-Person vor Gericht aussagen und gegebenenfalls einen Eid ablegen. An dieser Stelle setzt das Problem der Zusicherung der Vertraulichkeit ein. Diese Zusicherung ist zu prüfen, wenn die Polizei die

- Identität des Zeugen verschweigen möchte und
- sein Erscheinen vor Gericht verhindern,
- seine Aussagen jedoch beweiserheblich vor Gericht verwerten lassen und damit
- den Angeklagten belasten.

Dies wäre ein Abweichen von dem Grundsatz der Zeugnispflicht. Das ist nur möglich, wenn eine von **zwei Voraussetzungen** erfüllt ist:

1. Für die V-Person besteht ernsthafte **Gefahr für Leib oder Leben** (BVerfGE 57, 250 [285]), z. B. in Prozessen gegen Terroristen oder im Bereich der Organisierten Kriminalität.

Oder

2. Die V-Person hat derart **tiefe Einblicke** in die Verbrecherwelt, dass sie auch in der Zukunft Hinweise auf die schwere Kriminalität und deren Täter geben kann. Beim Bekanntwerden der V-Person würden somit die zukünftigen Ermittlungen der Polizei erschwert oder unmöglich gemacht (BVerfGE 57, 250 [282]).

Um die **Gefahr zu verhindern** oder die V-Person **weiterhin im Milieu** einsetzen zu können, darf die Polizei die V-Personen sperren (Sperrerklärung, § 96 StPO). Damit braucht die V-Person nicht mehr vor Gericht erscheinen und der Inhalt ihrer Aussage wird ohne ihre Identität vor Gericht bewertet.

Da der Einsatz von V-Personen auch subjektiven Bewertungen unterliegt, darf diese **Sperrerklärung** nicht vom Sachbearbeiter oder von seinen unmittelbaren

Vorgesetzten, sondern nur vom Ministerium abgegeben werden(BVerfGE 57, 250 [289]) und zwar zum Zeitpunkt der Gerichtsverhandlung.

Da weder die Strafprozessordnung noch ein anderes Gesetz regelt, welches Ministerium dafür zuständig ist, hat der Bundesgerichtshof 1995 hierzu eine Entscheidung treffen müssen. Demnach ist hierfür ausschließlich das Innenministerium für die Polizei zuständig (BGHSt 41,36; NJW 2010, 2295).

Darüber hinaus hat der Bundesgerichtshof klargestellt, dass für die Anordnung zum Einsatz von V-Personen oder Verdeckten Ermittlern allein die Polizei zuständig ist und die Staatsanwaltschaft lediglich ein Zustimmungsrecht hat. Das heißt, sie entscheidet, ob sie die Informationen von der gesperrten Person in der Hauptverhandlung verwenden will oder nicht. Dies ist „eine negative Auswahlmöglichkeit, aber kein positives Bestimmungsrecht" (BGHSt 41, 36).

Damit bereits beim **ersten Kontakt** mit der V-Person richtig abgeschätzt werden kann, ob das Innenministerium bei der späteren Gerichtsverhandlung die erforderliche Sperrerklärung geben wird, sind für die polizeiliche Zusicherung der Vertraulichkeit **feste Regeln** vorgegeben. So darf die Zusicherung grundsätzlich nur der Leiter der Kriminalpolizei oder ein dazu ermächtigter Beamter des höheren Dienstes geben. Dieser holt von der Staatsanwaltschaft das Einverständnis ein und veranlasst, dass aus der Strafermittlungsakte alle Hinweise entnommen werden, die auf die Identität der V-Personen hinweisen könnten. Die an dem Verfahren beteiligten Beamten erhalten nach § 54 StPO keine Erlaubnis, den Namen der V-Person bekannt zu geben.

Kommt es zum Rechtsstreit über die Bekanntgabe des Namens, so wird dieser vor den Verwaltungsgerichten ausgetragen (BGH in NJW 1998, S. 3577).

14.5.3 Prüfschema

Sowohl in der **Praxis** als auch im **Studium** kann anhand des Prüfschemas festgestellt werden, ob die Voraussetzungen erfüllt sind, damit das Innenministerium eine Sperrerklärung nach § 96 StPO abgeben könnte.

1. Schwerwiegende Straftat? (BGHSt 33, 347 [352]: § 100a StPO)
2. Funktionsfähigkeit der Strafverfolgungsbehörden infrage gestellt?
   Nachteile für das Wohl des Bundes oder eines Landes?
   Weitere schwerwiegende Straftaten aufdecken?
   Oder
   Ernsthafte Gefahr für Leib oder Leben des Zeugen?
   Aufklärung / Beweisführung anders nicht möglich?
   Zeugenschutz?
3. Beweisführung
   Zeuge vom Hörensagen? (Minderer Beweiswert)

Oder
Audiovisuelle Vernehmung? (Höherer Beweiswert)

4. Absprache mit der Staatsanwaltschaft
   Will sie dieses Beweismittel einsetzen?

5. Zuständiger Beamter.
   Wird das IM seiner Entscheidung folgen?

14.6 Zeuge vom Hörensagen (Kapitel 3.5.1)

a) **Vernehmungsbeamte**

Im nächsten Schritt stellt sich die Frage, ob die **Aussage** eines gesperrten Zeugen (V-Person) beweisverwertbar in die **Hauptverhandlung** eingebracht werden kann. Hierbei ergibt sich das Problem des Grundsatzes der Mündlichkeit und Unmittelbarkeit der Hauptverhandlung (§§ 250 und 261 StPO). Inzwischen ist höchstrichterlich entschieden, dass der **Vernehmungsbeamte** (oder V-Person-Führer), dem diese Person die Information gegeben hat, **als Zeuge vom Hörensagen** in der Hauptverhandlung aussagen kann und das Gericht dies als Beweismittel in der Urteilsbegründung anführen darf (BGHSt 17, 382 und 33, 178). Dieser „Zeuge vom Hörensagen“ vermittelt dem Gericht ursprünglich fremdes Wissen, jetzt als sein eigenes (BGHSt 6, 209 ff). Dabei hat das Gericht jedoch eine weitergehendere **Sorgfaltspflicht** als bei Zeugen, die vor Gericht auftreten und so von der Verteidigung auf Glaubwürdigkeit und Zuverlässigkeit geprüft werden können. Der Bundesgerichtshof sieht in dem Nichterscheinen des Zeugen eine Behinderung der Rechte des Angeklagten, sodass dieses Beweismittel allein nicht für einen Schuldspruch ausreicht (NStZ 2000, S. 265). Es kann vielmehr als Ergänzung zu anderen Beweisen hinzugezogen werden.

Die Aussagen eines gesperrten Zeugen werden in einer **Quellenvernehmung** anonym niedergelegt, die der VP-Führer als Gedächtnisstütze benutzt. In der Quellenvernehmung ist nicht nur darauf zu achten, dass jegliche Namensnennung vermieden wird, sondern auch so geschrieben wird, dass jemand, der an dem geschilderten Sachverhalt teilgenommen hat, nicht daraus schließen kann, wer die Angaben gemacht hat. Deshalb werden Quellenvernehmungen stets vom Kommissariatsleiter überprüfen.

b) **Jedermann**

Über das polizeiliche Verfahren des Sperrens von Zeugen hinaus kann jede andere Person als „Zeuge vom Hörensagen“ vor Gericht auftreten, die zur Tat sachdienliche Hinweise geben kann. Insbesondere solche Informationen, die sie vom Tatverdächtigen oder vom Opfer erhalten haben. Da es sich aber um

Personen handelt, die für die Wiedergabe von Informationen nicht geschult sind, müssen besondere Anforderungen an deren Glaubwürdigkeit gestellt werden (BGH in NStZ 1988, S. 144).

Es ist nicht selten, dass Angaben von solchen Personen entstellt oder unvollständig sind. Zu prüfen ist, ob die Schilderungen von Einzelheiten, Begleitumständen, gefühlsmäßige Beteiligung des Opfers, Einstellung zum Tatverdächtigen u. a.m. überzeugend dargestellt werden. Trotzdem haben diese Aussagen immer einen geringeren Beweiswert als solche von unmittelbaren Tatzeugen (BGHSt 1, 373 [376]; 17, 382 [383 f.]; 22, 268 [270]; BVerfGE 57, 250 [292]).

14.7 Audiovisuelle Vernehmung

Nach geänderter Auffassung des Bundesgerichtshofes können gesperrte Personen anonym mit audiovisuellen Mitteln unmittelbar in der Hauptverhandlung aussagen, sodass für den Angeklagten und seinen Verteidiger die Möglichkeit besteht, den Zeugen selbst zu befragen und damit seine Glaubwürdigkeit und die Glaubhaftigkeit seiner Aussage zu prüfen (NStZ 2003, S. 274). Gleichzeitig kann dem Zeugen der **volle Schutz gewährt** werden. Besteht trotz der Verfremdung der Bild- und Tonübertragung die Gefahr, dass der Angeklagte sich an den gesperrten Zeugen erinnert, so kann der Angeklagte während der Vernehmung von der Hauptverhandlung ausgeschlossen werden (§ 247 StPO; BGH in NStZ 2006, S. 648). Ob der Zeuge durch eine solche Aussage trotzdem gefährdet ist und deshalb ganz gesperrt wird, entscheidet jedoch die Polizei (BGH in NStZ 2004, S. 345). Die technische Voraussetzung für die audiovisuelle Vernehmung hat das Justizministerium zu schaffen (BGH in NJW 2007, S. 1475).

Soll die audiovisuelle Vernehmung gesperrt werden, so ist dies bei einem Verdeckten Ermittler umfassender und überzeugender zu begründen, als bei einer V-Person. Da die V-Person oft aus dem Lebenskreis der Verdächtigen stammt, kann sie auch durch die charakteristische Art des Sprechens, der Mimik und der Gestik leichter identifiziert werden. (BGH in NStZ 2005, S. 43). Das trifft für den Verdeckten Ermittler im Regelfall nicht zu.

Als Rechtsgrundlage für dieses Verfahren kommen die §§ 68 III und 247a StPO in Betracht. Hiernach kann ein gefährdeter Zeuge seine Identität verweigern. Außerdem darf seine Vernehmung **an einem anderen Ort** durchgeführt und mittels **Ton- und Bildübertragung** in die Hauptverhandlung übertragen werden. Um die Anonymität zu wahren, ist es erlaubt, sein Aussehen technisch zu verschleiern und seine Stimme zu verändern. Eine solche Aussage darf das Gericht als ein höheres Beweismittel werten als beim Zeugen vom Hörensagen, weil es dem Idealfall des persönlichen Erscheinens des Zeugen näher kommt.

14.8 Gerichtliche Ermittlungspflicht

Rechtmäßige Geheimhaltung und Zusicherung der Vertraulichkeit entbinden die Polizei von der Pflicht, dem Gericht den Namen des Hinweisgebers zu nennen (§§ 54 und 96 StPO). Das Gericht ist dadurch jedoch nicht gehindert, eigene Aktivitäten zur Identifizierung des Zeugen zu entfalten. Im Gegenteil. Es muss weiterhin bemüht sein, durch andere Maßnahmen den gesperrten Zeugen ausfindig zu machen (§ 244 II StPO). Gibt es z. B. Hinweise in der Akte, woraus der Zeuge ermittelt werden kann, so muss das Gericht diesem Hinweis nachgehen. Insofern ist es zwingend geboten, alle Identifizierungsansätze aus der Akte zu entfernen. Wird der gesperrte Zeuge von anderen Prozessbeteiligten als Zeuge benannt, so steht die Sperrerklärung seiner gerichtlichen Vernehmung nicht entgegen. Bei der Vorladung eines gesperrten Zeugen muss das Gericht lediglich prüfen, ob dem Zeugen durch sein Erscheinen Gefahr für Leib oder Leben droht (Kapitel 14.9). Bei dieser Entscheidung ist das Gericht völlig selbstständig und unabhängig von der Bewertung durch die Polizei oder durch die Staatsanwaltschaft.

14.9 Zeugenschutz

Da das Verschweigen von Zeugen in einem Rechtsstaat stets problematisch ist (Kapitel 14.2), sind die Strafverfolgungsbehörden bemüht, dieses Mittel nur in ganz besonderen Fällen anzuwenden. Ziel ist es immer, Zeugen möglichst in die Hauptverhandlung einzubringen, damit die Prozessbeteiligten sich selbst ein Bild machen können. Ist dies für den Zeugen oder für seine Angehörigen mit ernsthaften Gefahren verbunden, so müssen diese Personen geschützt werden. Deshalb hat der Gesetzgeber das „Gesetz zur Harmonisierung des Schutzes gefährdeter Zeugen“ (a.a.O.) verabschiedet. Ziel ist es, die Aussagebereitschaft vor Gericht zu erhalten.

Das Ziel ist in § 1 definiert:

„Eine Person, ohne deren Angaben in einem Strafverfahren die Erforschung des Sachverhalts oder die Ermittlung des Aufenthaltsortes des Beschuldigten aussichtslos oder wesentlich erschwert wäre, kann mit ihrem Einverständnis nach Maßgabe dieses Gesetzes geschützt werden, wenn sie auf Grund ihrer Aussagebereitschaft einer Gefährdung von Leib, Leben, Gesundheit, Freiheit oder wesentlicher Vermögenswerte ausgesetzt ist und sich für Zeugenschutzmaßnahmen eignet.“

Gleiches gilt für Angehörige oder Nahestehende und für Mitbeschuldigte. Die Maßnahmen sollen unerlaubte physische und / oder psychische Einwirkungen verhindern. Anlass muss aber die Bekämpfung der schweren Kriminalität, der terroristischen Kriminalität oder der organisierten Kriminalität sein.

15 Aktenführung / Schriftformen / Polizeiliche Kriminalstatistik

15.1 Literatur

BKA, Hg., Zur Entwicklungsgeschichte der Polizeilichen Kriminalstatistik (PKS), in: Jahresstatistik 2002, Einführung

Brandt, Mehr Zufall oder Ergebnis polizeilicher Arbeit? Eine kritische Betrachtung der Aufklärung von Straftaten unter kriminalpolitischen Gesichtspunkten, in: Kriminalistik 1988, S. 243

Burghardt, Die aktenmäßige Bearbeitung kriminalpolizeilicher Ermittlungsvorgänge, BKA-Schriftenreihe, Band 35, Wiesbaden 1986

Czygan, Der polizeiliche Ermittlungsbericht bei größeren Wirtschaftsstrafverfahren, in: Kriminalistik 2006, S. 305

Czygan, Der Aktenindex, in: Kriminalistik 2007, S. 174

Dörmann, Zahlen sprechen nicht für sich. Aufsätze zu Kriminalstatistik, Dunkelfeld und Sicherheitsgefühl aus drei Jahrzehnten, BKA – Polizei + Forschung, Band 28, München 2004

Dörmann / Remmers, Sicherheitsgefühl und Kriminalitätsbewertung, BKA – Polizei + Forschung, Band 1, Neuwied 2002

Ebert, Alte Menschen in der Polizeipraxis, in: Die Polizei 2008, S. 265

Heinz, Kriminalstatistik. Kriminalität und ihre Messung in den amtlichen Kriminalstatistiken, in: Kriminalistik 2007, S. 301

Hirsch, [Präsident des BGH] In strafrechtlichen Ermittlungsverfahren gehört es zu den Aufgaben der Ermittlungsbehörden, „Zweifelsfragen offensiv anzugehen und einer gerichtlichen Klärung zuzuführen. Dass der BGH später eine andere Ansicht vertrete, ist juristischer Alltag“, in: FAZ vom 24.1.2008

Kury/ Lichtblau / Neumaier, Was messen wir, wenn wir Kriminalitätsfurcht messen?, in: Kriminalistik 2004, S. 457

Lapp, Kriminalitätslage in deutschen Großstädten, in: Kriminalistik 2010, S. 442

Pfeiffer, Weniger Verbrecher, mehr Panikmache (Polizeiliche Kriminalstatistik), in: Die Zeit vom 2.6.2006, S. 9

Pfeiffer, Dämonisierung des Bösen (Überschätzung der tatsächlichen Kriminalität durch die Bevölkerung), in: FAZ vom 5.3.2004, S. 9

Rölle / Flade, Theorien und Modelle zur Erklärung von Unsicherheitsgefühlen im öffentlichen Raum, in: Kriminalistik 2004, S. 774

Singer, Erfassung der (politisch motivierten) Kriminalität (in der Polizeilichen Kriminalstatistik), in: Kriminalistik 2004, S. 32

Ulrich / Verbeet, Sperrfeuer aus der Glotze [Gefühlte Kriminalität], in: Der Spiegel vom 11.12.2006, S. 58

Weihmann, Zehn Jahre Polizeiliche Kriminalstatistik nach der Wiedervereinigung, in: Kriminalistik 2005, S. 14

Vorschriften und Rechtsprechung

Aktenvermerke, § 168b StPO

Akteneinsicht, § 147 StPO

Beiakten, RiStBV Nr. 119

Richtlinien für das Straf- und Bußgeldverfahren (**RiStBV**) Nr. 182–189

Richtlinien für die Führung der Polizeilichen Kriminalstatistik (**PKS**) (Bundeseinheitliche Vorschrift)

BGHSt 34,140, Personen in Spurenakten sind zunächst Zeugen

BGH, Urteil vom 26.5.1981, NJW 1981, S. 2267, Einsichtsrecht des Verteidigers in Spurenakten nur bei konkreter Nennung des Beweisthemas

BVerfGE 63, 45 [64 ff.], Einsichtsrecht des Verteidigers [und Beschuldigten] in Spurenakten nur bei konkreter Nennung des Beweisthemas

OLG Hamburg, Beschluss vom 19.9.1991, NStZ 1992, S. 50, Einsichtsrecht des Verteidigers in die Sonderakten „Fahndung“ darf nach Abschluss der Ermittlungen nicht verwehrt werden

15.2 Aktenvermerke

Aktenvermerke sind Anmerkungen oder **Notizen über Absprachen** mit Vorgesetzten, der Staatsanwaltschaft oder mit Verfahrensbeteiligten, wie Zeugen, Sachverständigen oder Beschuldigten. Hiermit wird z. B. aktenkundig gemacht, dass das Verfahren über einen gewissen Zeitraum nicht bearbeitet werden konnte, weil der Sachbearbeiter in einer anderen Ermittlungskommission tätig sein musste; oder, dass in Absprache mit der Staatsanwaltschaft ein bestimmter Ermittlungskomplex gar nicht erörtert wurde; oder, dass der Beschuldigte trotz Zusage nicht zur Vernehmung erschienen ist. Ein solcher Aktenvermerk hat unmittelbare Bedeutung für das Ermittlungsverfahren und dient als **Beweistatsache.**

15.3 Berichte

Berichte sind zusammenhängende Schilderungen über Sachverhalte, die für Vorgesetzte oder für das Ermittlungsverfahren von Bedeutung sind. Hierin werden Tatsachenschilderungen niedergelegt und Bewertungen abgegeben. Dabei ist von besonderer Bedeutung, dass der Leser die genaue Trennung zwischen Tatsache und Bewertung erkennen kann. Die Berichte sind klar zu gliedern in Anlass, Durchführung und Ergebnis.

Diese Berichte stehen grundsätzlich allen Beteiligten am Strafverfahren zur Einsicht zur Verfügung. Es ist aber zu bedenken, dass nicht alle Berichte in die Ermittlungsakte aufgenommen werden und auch nicht alle Berichte der Staatsanwaltschaft zur Kenntnis gelangen dürfen. Das gilt für Berichte, deren Inhalt nicht offenkundig werden soll und diese deshalb durch den Dienstherrn der Polizei nach § 96 StPO gesperrt werden. Das trifft z. B. bei der Zusage der Vertraulichkeit (Kapitel 14.9) über das Vorhandensein und den Inhalt von Kriminalakten (Kapitel 17) oder dann zu, wenn Ermittlungsmethoden oder Einsatzabläufe nicht bekannt werden sollen.

Die häufigsten Arten sind Berichte zum Tatortbefund (Kapitel 7.4.3), zur Spurensicherung (Kapitel 4.20.1), zu Ermittlungen (Kapitel 3.6.1), Durchsuchungen (Kapitel 18.4), Sicherstellungen und Beschlagnahmen (Kapitel 18.5), Festnahmen (Kapitel 18.3), zur Gegenüberstellung (Kapitel 12) sowie zur Vorführung beim Haftrichter (Kapitel 15.3.1) und als Zwischen- oder als Schlussbericht (Kapitel 15.3.2 und 15.3.3).

15.3.1 Vorführbericht

Der Vorführbericht enthält eine Zusammenfassung des Tatgeschehens sowie die Darlegung der Beweismittel und der Haftgründe. Im Regelfall ist der Bericht für den Staatsanwalt bestimmt, da er beim zuständigen Gericht den Antrag auf Erlass eines Untersuchungshaftbefehls stellt (§ 125 StPO). In diesem Antrag hat der Staatsanwalt den dringenden Tatverdacht und den Haftgrund zu begründen (RiStBV Nr. 46). Ist ein Staatsanwalt jedoch nicht erreichbar und liegt Gefahr im Verzug vor, so erlässt der Richter den Haftbefehl von Amts wegen (§ 125 StPO). In diesem Fall ist der Vorführbericht von besonderer Bedeutung, da er dem Richter als wichtige Entscheidungsgrundlage dient.

15.3.2 Zwischenbericht

Der Zwischenbericht wird bei sehr umfangreichen Verfahren gefertigt, um die Staatsanwaltschaft und die Vorgesetzten über den Stand der Ermittlungen zu informieren und Prognosen über den weiteren Fortgang zu erstellen.

15.3.3 Schlussbericht

Der Schlussbericht wird in der Form einer **Zusammenfassung** mit einem Inhaltsverzeichnis gefertigt. Er soll als Hilfsmittel beim Erarbeiten der Akte dienen und auf noch durchzuführende Maßnahmen hinweisen.

Bei umfangreichen Ermittlungsverfahren ist es sehr hilfreich, einen ausführlichen Schlussbericht **nach einem bestimmten Muster** zu fertigen. Dabei prüft der Sachbearbeiter den gesamten Vorgang nach den Regeln der „Intellektuellen Redlichkeit“ (Kapitel 1.3.7). Das dient der Selbstkontrolle, erleichtert den Vorgesetzten die Aufsicht und der Staatsanwaltschaft die Einarbeitung.

Ein **alter Streit** zu diesem Thema ist die Frage, ob im Schlussbericht auch Angaben zum strafrechtlichen Tatbestand gemacht werden sollen und ob dadurch die Staatsanwaltschaft und das Gericht beeinflusst werden (*Burghardt*, a.a.O., S. 74 ff). Solche Bedenken bestehen in der Praxis nicht.

Staatsanwälte und Richter lassen sich durch die kriminalpolizeiliche Festlegung von Straftatbeständen in keiner Weise beeinflussen. Wie unabhängig die Gerichte und die Staatsanwaltschaften in ihren Bewertungen sind, zeigen die dem Rechtsschutz dienenden justiziellen Rechtsmittel und Instanzenwege. Gleiches gilt auch für die selbstständige **Qualifizierung** von Straftaten.

Auch die Polizei qualifiziert einen Tatbestand im Verlauf ihrer Ermittlungen. Fraglich ist dabei nur, ob sie dafür über ausreichendes Wissen und genügend Erfahrung verfügt. Das Einordnen von strafrechtlichen Tatbeständen und Eingriffsbefugnissen ist tägliche Arbeit der Polizei, z. B. bei der Begründung der vorläufigen Festnahme, bei Blutproben oder bei Durchsuchungen. Dass sich bei **Nachermittlungen** weitere oder andere Aspekte ergeben, ist nicht ungewöhnlich (*Hirsch*, a.a.O.). Da der Schlussbericht am Ende der kriminalpolizeilichen Ermittlungen steht, hat der Sachbearbeiter auch genügend Hintergrundwissen, um das Täterverhalten richtig einzuordnen. Nicht zuletzt hat das Innenministerium 1971 die „Polizeiliche Kriminalstatistik“ auf die „Ausgangsstatistik“ umgestellt (Kapitel 15.5.1 c). Insofern sind Bedenken unangebracht.

Darüber hinaus ist die Polizei der „verlängerte Arm“ der Staatsanwaltschaft (BGHSt 21, 334 [363]). Das polizeiliche und das staatsanwaltliche Ermittlungsverfahren bilden eine **untrennbare Einheit**. Selbstständige strafprozessrechtliche Entscheidungen der Polizei, die nach außen wirken, hat die Staatsanwaltschaft zu akzeptieren; das gilt ganz besonders für den Beschuldigtenstatus (BGH in NStZ 2003, S. 671, 672; Kapitel 19.2). Insofern tragen beide die Verantwortung für ein geordnetes Ermittlungsverfahren (Kapitel 25.5.2). Die Staatsanwaltschaft hat zu prüfen, ob die zunächst von der Polizei angenommene Straftat noch Bestand hat. Ist das nicht der Fall, so darf sie allein das Verfahren einstellen (§ 170 StPO).

Wie ein **Schlussbericht gegliedert sein könnte**, wird sehr unterschiedlich gesehen. Hier sind die örtlichen Absprachen mit der Staatsanwaltschaft maßgebend. Eine Möglichkeit wäre:

1. Sachverhalt

Kurze Zusammenfassung zum untersuchten Sachverhalt, zum Ergebnis der Ermittlungen und der in Betracht kommenden Vorschriften des Strafrechts oder Ordnungswidrigkeitenrechts.

1.1 Beschuldigte

1.1.1 Name ...
Personalblatt, Akte ..., S. ...
Vernehmungen, Akte ..., S. ...
Vorläufige Festnahme / Untersuchungshaft, Akte ..., S. ...

1.1.2 Name ...

1.2 Straftaten

1.2.1 Tat
Tatort
Tatzeit
Anzeige, Akte ..., S. ...
Strafantrag, Akte ..., S. ...
Beschuldigte / Tatbeteiligte
Beweismittel (Personal- und Sachbeweise), Akte ..., S. ...
Vernehmung (-en) des Beschuldigten / der Tatbeteiligten, Akte ..., S. ...

1.2.2 Tat ...

2. Täter-Opfer-Ausgleich, Akte ..., S. ...
3. Diversion, Akte ..., S. ...
4. Beschlagnahmte Gegenstände und deren Verbleib, Akte ..., S. ...
5. Einziehung, Verfall, Vermögensbeschlagnahme, Akte ..., S. ...
6. Staatsanwaltliche Weisungen und Ermittlungshandlungen, Akte ..., S. ...
7. Richterliche Ermittlungshandlungen, Akte ..., S. ...
8. Noch ausstehende Untersuchungsergebnisse, S. ...
9. Noch erforderliche Ermittlungen, Akte ..., S. ...

15.4 Organisation der Aktenführung

Die Aktenführung erfolgt in den häufigsten Ermittlungsfällen chronologisch, das heißt, die Schriftstücke werden in der Reihenfolge des Entstehens zusammengeheftet.

Bei Kapitaldelikten, im Bereich der organisierten Kriminalität, der Wirtschafts- und Umweltkriminalität werden die Akten jedoch so umfangreich, dass eine **Aufteilung** der Gesamtakte geboten ist, um eine effektive, aber auch ökonomische Ermittlungsführung zu ermöglichen. Darüber hinaus werden solche Delikte mit der elektronischen Datenverarbeitung aufgearbeitet. Die Aktenführung **erfolgt durch Unterteilung** in Hauptakte, Fallakte, Personenakte, Spurenakte, Nebenakte und Beiakte.

15.4.1 Hauptakte

In der Hauptakte sind alle Anzeigen mit Spurensicherungsberichten und Beweismitteln sowie die Vernehmungen aller Geschädigten, Zeugen und Beschuldigten enthalten. Das Abheften kann insgesamt in zeitlicher Reihenfolge oder in Blöcken erfolgen. Danach wird von Hand die gesamte Akte **durchnummeriert.** Werden einzelne Kopie gefertigt, so kann man anhand der Seiten-Nummer den Zusammenhang erkennen und sofort das Original finden.

Bei der **Erstellung der Schriftstücke** ist jedoch von Anfang an so zu verfahren, dass auf jeder Seite in der Kopfzeile der Betreff angegeben wird, z. B. Vernehmung X vom ... oder Anzeige z. N. X vom ... . Dies gewinnt besondere Bedeutung, wenn einzelne Seiten aus dieser Hauptakte kopiert und in andere Akten übernommen werden.

15.4.2 Fallakten

Die Fallakten werden nach Straftaten geordnet. Hierzu werden aus der Hauptakte jeweils nur die Seiten kopiert, die Angaben zu dieser Tat enthalten. So kann zu jedem Einzelfall, von der Anzeige ausgehend, geprüft werden, ob alle Beweise erhoben sind und ob der Fall als aufgeklärt angesehen werden kann.

15.4.3 Personenakten

Die Personenakten sind nach Beschuldigten geordnet. Aus der Hauptakte werden die Seiten kopiert, die Angaben zum Beschuldigten enthalten. Somit kann zu jedem Beschuldigten gesagt werden, welche Straftaten er in welcher Beteiligung begangen hat.

15.4.4 Spurenakten

Die Spurenakten entstehen aufgrund von Hinweisen nach einer Tat. Sie enthalten Mitteilungen zur Überprüfung eines Gegenstandes, eines Sachverhaltes oder einer dritten Person. Sie sind damit nicht ohne weiteres Bestandteil dieses Verfahrens. Die genannten Personen haben zunächst den Status von Zeugen (BGHSt 34, 140). Somit besteht für Anwälte kein allgemeines Recht auf Einsichtnahme, um zu kontrollieren, ob die Ermittlungstätigkeit der Strafverfolgungsbehörden auch sachgerecht war. Dieses Einsichtsrecht haben Anwälte nur, wenn sie konkret begründen können, welches Beweisthema durch Einsicht in eine bestimmte Spurenakte tangiert wird (BGHSt 30, 131; BVerfGE 63, 45 [64 ff.]; Kapitel 11.8).

15.4.5 Nebenakten

In den Nebenakten werden Verwaltungsvorgänge, wie Dienstreisegenehmigungen, Abordnungen in die Ermittlungskommission, Zuweisung von Diensträumen, Dienstkraftfahrzeugen oder anderes mehr sowie Presseveröffentlichungen niedergelegt. Das sind lediglich interne Hilfs- und Arbeitsmittel der Polizei, auf die sich das Akteneinsichtsrecht nicht erstreckt (Kapitel 11.8).

15.4.6 Beiakten

Beiakten sind abgeschlossene Verfahren, deren Inhalt in diesem Verfahren relevant sein können, z. B. Verfahren gegen Mittäter.

15.5 Polizeiliche Kriminalstatistik

15.5.1 Allgemeines

Statistiken haben in der Einschätzung der Bevölkerung einen eher schlechten Ruf. Schnell wird der britische Premierminister *Sir Winston* ***Churchill*** (1874–1965) mit seiner durch den Reichspropagandaminister *Göbbels* (Kapitel 1.6.3) gefälschten Äußerung: „Ich glaube nur der Statistik, die ich selbst gefälscht habe", zitiert. Tatsächlich geht es jedoch nicht um Fälschung, sondern überwiegend um Unverständnis.

Für Unkundige wirken Statistiken mit ihren vielen Zahlen und Tabellen undurchschaubar und deshalb unglaubhaft. Darüber hinaus können Zahlen durch Interpretation einen anderen Wert erhalten, ohne sie falsch darzustellen. So kann man z. B. mit einer „sinkenden Zunahmerate" einen Rückgang suggerieren. Tatsächlich ist jedoch der stetige Anstieg nur langsamer geworden.

Der rein arithmetische Vergleich von Zahlen aus der „Polizeilichen Kriminalstatistik" sagt jedoch nichts über deren Wertigkeit aus und macht keine Aussagen über „gut oder schlecht", „hoch oder niedrig", „leistungsstark oder leistungsschwach". Wie hartnäckig falsch die „Polizeiliche Kriminalstatistik" von zweifelhaften „Fachleuten" interpretiert werden kann, soll an zwei Beispielen deutlich werden.

Im **Vergleich der Bundesländer** untereinander ist festzustellen, dass das Land **Bayern** seit Jahrzehnten eine Aufklärungsquote ausweist, die rund zehn Prozentpunkte höher liegt, als der Bundesdurchschnitt, der rund 50 % beträgt. Unkundige sehen darin eine besonders erfolgreiche kriminalistische Arbeit und Böswillige eine plumpe Fälschung der Statistik. Tatsächlich ist jedoch der Anteil des Diebstahls an der Gesamtkriminalität in Bayern deutlich niedriger als im

Bundesdurchschnitt. Da die Aufklärungsquote beim Diebstahl nur rund 30 % beträgt, wird die Gesamtaufklärungsquote in Bayern weniger nach „unten" gedrängt. Die richtige kriminalistische Frage müsste deshalb heißen: „Warum ist der Diebstahlsanteil in Bayern geringer?"

Ein **Vergleich der Kreispolizeibehörden** in Nordrhein-Westfalen zeigt ein umgekehrtes Beispiel. Einige Behörden haben eine traditionell niedrigere Aufklärungsquote als der Landesdurchschnitt. Beim Vergleich der Details stellt sich schnell heraus, dass diese einen überproportional hohen Anteil an schwerem Diebstahl haben, insbesondere Fahrraddiebstahl. Weil dieser allgemein schlechter aufzuklären ist, muss bei einem hohen Anteil dieser Delikte die Gesamtaufklärungsquote niedriger sein. Hier müsste die Frage heißen: „Warum ist der Anteil z. B. des Fahrraddiebstahls an der Gesamtkriminalität in dieser Behörde so hoch?"

Der **Gesamtüberblick der Polizeilichen Kriminalstatistik** sagt somit nichts über die Einzelheiten und die Tatgelegenheitsstruktur aus. So steigt die Kriminalität in Form des Ladendiebstahls sofort, wenn z. B. ein Kaufhaus eröffnet wird, weil sich damit die Tatgelegenheit vergrößert. Das hat aber den „positiven" Nebeneffekt, dass die Aufklärungsquote auch steigt, weil zu jedem Ladendiebstahl fast immer ein Täter festgestellt wird und der Fall als aufgeklärt zählt, was die Gesamtaufklärungsquote steigen lässt. Ebenso wird die Statistik durch die Konzentration von Wohnungen, in denen sich Tatverdächtige oder Mehrfachtatverdächtige aufhalten, beeinflusst. Dies allerdings sehr unterschiedlich. In ländlichen Gebieten begeben sich diese Tatverdächtigen zur Begehung von Straftaten außerhalb ihres Wohnsitzes, weil sie dort eher bekannt sind. Im städtischen Bereich sind sie wegen der höheren Anonymität mehr „wohnorttreu". So werden in den fünfzehn deutschen Großstädten mit mehr als 500 000 Einwohnern 30 % der Kriminalität registriert, obwohl dort nur 16 % der Bevölkerung der BRD leben (*Lapp,* a.a.O.)

Eine völlige **Fehlinterpretation** erfolgt bei der **Rauschmittelkriminalität**. So wird oft ein Rückgang der bekannt gewordenen Fälle als „Erfolg" der besonderen Tätigkeit der Polizei bezeichnet. Tatsächlich handelt es sich jedoch bei der Rauschmittelkriminalität um sogenannte „Kontrolldelikte" (*Weihmann*, Rauschmittelkriminalität, in: Kriminalistik 2003, S. 266). Das heißt, bis auf wenige Ausnahmen werden die Delikte nicht vom Bürger angezeigt, sondern nur durch die Tätigkeit der Polizei bekannt, sodass viele Fahndungs-Aktivitäten der Polizei die Fallzahlen steigen und wenige Aktivitäten diese sinken lassen. Der Effekt ist also genau umgekehrt. Eine auf dem Gebiet der Rauschgiftkriminalität untätige Polizei hat eine niedrige Fallzahl in der Statistik.

Im **Drogenbereich** gibt es sogar Täuschungen mit korrekten Statistikzahlen. So wird z. B. dem unkundigen Leser die von der synthetischen Droge **Ecstasy** ausgehende besondere Gefahr und Gemeinschädlichkeit durch den Vergleich mit den Sicherstellungsmengen der übrigen Rauschmittel suggeriert. In der „Polizeilichen Kriminalstatistik" des Bundeskriminalamtes (PKS – BKA) werden seit Jahren (zuletzt 2008, S. 224) die Sicherstellungsmengen von Heroin, Kokain, Amphetamin und Cannabis in Kilogramm angegeben. Bei dem in der gleichen Tabelle aufgeführten Ecstasy werden die Mengen jedoch in Konsumeinheiten angeben. In diesem Vergleich erscheinen die zahlenmäßigen Kilogrammwerte als gering (maximal gut zweitausend) und die Konsumeinheiten als überwältigend groß (gut vier Millionen), sodass einem Laien sofort die Gefährlichkeit der Droge Ecstasy einleuchtet. Rechnet man jedoch die Kilogramm auch in vergleichbare Konsum-Einheiten um, so sind die Sicherstellungsmengen von Kokain und von Heroin jeweils um das Zwanzigfache größer als bei Ecstasy, bei Cannabis um das Dreizigfache. Völlig unberücksichtigt bleibt die Tatsache, dass die Angaben in Kilogramm die tatsächliche Rauchmittelmenge **viel zu hoch** angibt, weil die darin enthaltenen **Streckstoffe** mitgewogen werden. Nach allgemeiner Erfahrung beträgt der tatsächliche Rauchmittelanteil höchstens 20 %.

Darüber hinaus ist in der Tabelle neben den Sicherstellungsmengen die Anzahl der **Drogentoten** angeführt. Das ist irreführend. Diese Zahlen haben keinerlei Bezug zueinander. Dies gilt insbesondere für die Angaben zu Sicherstellungsmengen, Suchtgewohnheiten und Suchthäufigkeit sowie Todesfällen. Die Zahlen lassen seriös nur einen Rückschluss auf die Aktivitäten der Ermittlungsbehörden und sonstiger Zufallsfunde zu.

Mit Sicht auf die Gemeinschädlichkeit von Verhalten wäre ein **Vergleich der Todesursache** infolge des Genusses von Alkohol, Tabak, Tabletten und dem Konsum illegaler Drogen zielführend. Entscheidend im Umgang mit Statistiken ist, dass eine Aussage stets in einem Vergleich oder in einen nachvollziehbaren Zusammenhang dargestellt wird. Wenn diese Besonderheiten bedacht werden, sind Statistiken aussagefähig.

15.5.2 Besonderheiten der „Polizeilichen Kriminalstatistik"

a) Hellfeld / Dunkelfeld / Kriminalpolitik

Um Straftaten quantitativ zu erfassen und darzustellen, ist eine Statistik erforderlich. Da die Polizei den ganz überwiegenden Teil der Straftaten bearbeitet, führt sie auch die Statistik, die „Polizeiliche Kriminalstatistik" (PKS). Sie ist die „Zusammenfassung aller der Polizei bekannt gewordenen strafbaren Handlungen", die als **Hellfeld** bezeichnet wird, und stellt somit die Kriminalität dar. Dabei ist zu bedenken, dass 95 % der Strafanzeigen von den Bürgern erstattet werden (Kapitel 6.2), sodass diese auch die Selektionsinstanz für das Hell- und für das Dunkelfeld ist. Die Polizei ist lediglich ausführendes Organ (*Koch*, NJW 2005, S. 943).

In der „Polizeilichen Kriminalstatistik“ werden **nicht erfasst**: Verkehrsdelikte, Staatsschutzdelikte und Straftaten nach den Landesgesetzen, mit Ausnahme solcher des Datenschutzes. Hierfür gibt es besondere Statistiken.

Nicht erfassbar sind Straftaten, die der Polizei nicht bekannt werden; dieser Bereich wird als **Dunkelfeld** bezeichnet. Dieser Teil ist bei den verschiedenen Straftaten unterschiedlich hoch und wird von der kriminologischen Forschung z. B. beim Diebstahl sechsmal höher, bei der Körperverletzung viermal höher und beim Raub nur geringfügig höher eingeschätzt als das Hellfeld. Da 95 % aller Straftaten durch Anzeige der Bürger bei der Polizei bekannt werden, konzentrieren sich die Maßnahmen zur Erhöhung des Hellfeldes auf die Fälle, die bisher nicht zur Anzeige gebracht werden. Das setzt die Kenntnis darüber voraus, warum Straftaten nicht angezeigt werden.

Die **Gründe für das Nichtanzeigen** von Straftaten durch Bürger sind sehr vielfältig. Sie reichen von „geringer Schadenshöhe“ über „persönliche Scham“, der außergerichtlichen „Einigung mit dem Täter“ bis hin zur bewussten Ablehnung polizeilicher Hilfe aufgrund der Überzeugung von der „Ineffektivität, Inkompetenz und fehlender Motivation der Strafverfolgungsbehörden“ (Kapitel 2.6 und 6.8). Diese Erscheinungen gibt es auch bei anderen Statistiken.

So zeigt z. B. der Vergleich der **Verkehrsunfallstatistik** mit der Statistik über die Schadensabwicklung durch die Kraftfahrzeug-Versicherungen bei Verkehrsunfällen, dass nur die Hälfte davon der Polizei zur Kenntnis gelangt (NRW-Landtagsdrucksache 12 / 3650, S. 7). Die Polizei weist somit weniger als die Hälfte der tatsächlichen Fälle aus, sodass ein relatives Dunkelfeld entsteht. Darüber hinaus gibt es auch noch das absolute Dunkelfeld, z. B. wenn beide Verkehrsunfallbeteiligte alkoholisiert sind, und sich die Unfallbeteiligten weder bei der Polizei noch bei der Versicherung melden. Zur Dunkelfeldforschung siehe Kapitel 15.5.4.

Ferner werden der Polizei die Straftaten nicht bekannt, die **unmittelbar der Staatsanwaltschaft** angezeigt und nur dort bearbeitet werden. Dies ist jedoch ein zahlenmäßig kleiner Teil und umfasst überwiegend Korruptions-, Betrugs- und Wirtschaftskriminalität. Darüber hinaus bleiben in der PKS die Straftaten unberücksichtigt, die von der Bundespolizei, der Steuerfahndung, dem Zoll, dem Bundesamt für Güterverkehr, den Bergbehörden, den Jagdaufsehern und den Ermittlungspersonen nach dem Sozialgesetzbuch, dem Seefischerei- und dem Seeaufgabengesetz festgestellt oder bearbeitet werden (Kapitel 2.6 bis 2.9 und 7.5.3).

Der **kriminalpolitische Grund** für das Erstellen der „Polizeilichen Kriminalstatistik“ liegt in der Beobachtung der Kriminalität, insbesondere der Einzeldelikte sowie der Täter- und Opferstruktur. Diese Erkenntnisse nutzt die Polizei bei der **Kriminalitätsbekämpfung** (Vorbeugung und Verfolgung, Art. 73 I 10 c GG, Kapitel 2.3).

Die **Kriminalpolitik** soll mithilfe der „Polizeilichen Kriminalstatistik" und den Erkenntnissen über die Ursachen der Straftaten die Kriminalitätsbekämpfung durch Gesetzgebung, Verwaltung und Rechtsprechung regeln.
Darüber hinaus ermöglicht die „Polizeiliche Kriminalstatistik" das quantitative Messen von Straftaten. Diese Zahlen werden als **Organisationsgrundlage** für das Arbeitsaufkommen der Polizei herangezogen und haben somit Einfluss auf Personalstärken und Ressourcen.

b) **Geschichte**

Die statistische Erfassung von Straftaten wurde in **Preußen** begonnen, von Polizeien einzelner Städte praktiziert und **1936** von den Nationalsozialisten für das gesamte **Deutsche Reich** eingeführt. Darin wurde jedoch nur ein kleiner Teil der Straftaten erfasst. Die behauptete besonders hohe Sicherheit im Dritten Reich (Kapitel 1.6.3) war eine Lüge. Ein Vergleich der Tötungsdelikte mit heute zeigt, dass die Häufigkeitszahlen nicht wesentlich auseinander liegen.
Nach dem Zweiten Weltkrieg erschien **1954** das erste gemeinsame Jahrbuch der amerikanischen, französischen und britischen Zone (Westdeutschland) für die Straftaten aus 1953. Wegen verschiedener Interpretationen wurden 1959 die Staatsschutzdelikte und 1963 die Verkehrsdelikte herausgenommen und in einer eigenen Statistik veröffentlicht. Im Jahr **1971** erfolgte die Umstellung der Statistik auf „Elektronische Datenverarbeitung" (ADV = Automatisierte Daten-Verarbeitung) und eine einheitliche „Ausgangserfassung" (siehe unten).
Eine wesentliche Änderung wurde **1984** mit der „Echten Tatverdächtigenzählung" eingeführt. Da die Personen jetzt mit vollständigen Personalien erfasst werden konnten, wurden sie auch nur einmal im Kalenderjahr gezählt, gleichgültig, wie oft und wo sie ermittelt wurden. Zuvor wurden die Täter jedes Mal gezählt, wenn sie erneut in Erscheinung traten, sodass Mehrfachtäter statistisch als „mehrere Einzel-Täter" gezählt wurden.
Nach der Wiedervereinigung Deutschlands wurde die Statistik der **DDR** umgestellt. Wegen der anfangs starken personellen Veränderungen in der Polizei der DDR und den damit verbundenen Vorgangsstaus konnte erst **1993** eine einheitliche Bundesstatistik erstellt werden.

c) **Erfassungsmodalitäten**

In der „Polizeilichen Kriminalstatistik" werden in **monatlichen** Zeiträumen die von der Polizei bearbeiteten Straftaten und strafbaren Versuchshandlungen erfasst. Die Erfassung erfolgt nach Abschluss der kriminalpolizeilichen Ermittlungen und vor Abgabe (Ausgang) des Ermittlungsvorgangs an die Staatsanwaltschaft (Kapitel 19). Deshalb spricht man auch von der **Ausgangsstatistik**. Der Zeitpunkt der Erfassung ist somit nicht identisch mit dem der eigentlichen

Tat. Das hat aber den Vorteil, dass alle Veränderungen zwischen der Anzeige der Straftat und dem Abschluss der Ermittlungen berücksichtigt werden können. So ist es denkbar, dass zunächst ein Mord angezeigt wird, die Ermittlungen jedoch ergeben, dass tatsächlich eine Körperverletzung mit Todesfolge vorliegt. In einem solchen Fall müsste die statische Erfassung beim Eingang der Anzeige (**Eingangsstatistik**) im Nachhinein korrigiert werden.

Die statistische Erfassung ist in den „Richtlinien für die Führung der Polizeilichen Kriminalstatistik“ geregelt, die bundeseinheitlich gelten, und wird durch den kriminalpolizeilichen Sachbearbeiter anhand eines **Straftatenkataloges** mit Hilfe von sechsstelligen Schlüsselzahlen ausgeführt. Diese Schlüsselzahlen ermöglichen sowohl die strafrechtliche als auch die kriminologische Unterscheidung der Delikte. Zurzeit sind über 500 verschiedene Schlüsselzahlen / Möglichkeiten für die Deliktserfassung vorgegeben. Ferner werden die Tatzeit mit Monat und Jahr, die Schadenshöhe, die Verwendung einer Schusswaffe bei der Tatausführung und Angaben zum Opfer erfasst.

Ist ein **Tatverdächtiger** vorhanden, so werden Daten erfasst, die Auskunft geben über Identität, Geschlecht, Alter zur Tatzeit, Wohnort, Nationalität, bereits kriminalpolizeilich in Erscheinung getreten, Alkoholeinfluss während der Tat, internationaler Täter, Mitführen von Schusswaffen, Konsum harter Drogen und Arbeitslosigkeit zur Zeit der Tat.

Bei **Ausländern** wird darüber hinaus erfasst, ob diese Angehörige der Stationierungsstreitkräfte sind, Touristen oder Durchreisende, Studenten oder Schüler, Arbeitnehmer, Gewerbetreibende, Asylbewerber oder sich illegal in Deutschland aufhalten.

d) **Aussagekraft**

In der Statistik wird nicht nur die Anzahl der Straftaten gezählt, sondern auch die erfolgreiche Arbeit der Polizei dargestellt. Besonders problematisch ist dabei die Feststellung, wann ein Fall als „aufgeklärt“ gilt.

Die PKS-Richtlinien stellen dazu fest: „**Aufgeklärter Fall** ist die Straftat, die nach dem kriminalpolizeilichen Ermittlungsergebnis ein mindestens namentlich bekannter oder auf frischer Tat ergriffener Tatverdächtiger begangen hat.“ Weitere Erläuterungen dazu sind nicht vorhanden, obwohl die Vorschrift mehr als 160 Seiten umfasst. Diese Definition bringt selbst einen korrekt arbeitenden Kriminalisten in die **Schwierigkeit**, ob er seine Überzeugung von der Täterschaft oder den möglichen Ausgang eines Gerichtsverfahrens für die statistische Erfassung zugrunde legen soll. Da die persönliche Überzeugung von der Täterschaft und die Gewichtung der vorhandenen Beweise nicht schriftlich begründet werden müssen, ist die Versuchung groß, den eigenen Erfolg wohlwollender zu sehen, zumal ein **aufgeklärter Fall als Erfolg** angesehen wird. Es wäre wünschenswert, wenn der Sachbearbeiter das Ergebnis seiner statistischen Erfassung begründet. Er sollte alle Beweismittel angeben, die für und gegen eine Täterschaft sprechen (§ 160 II StPO) und darlegen, warum er davon überzeugt ist, ein Gericht werde den Beschuldigten als Täter verurteilen.

Auch wenn die **Verurteiltenstatistik** der Justiz wegen der unterschiedlichen Erfassungszeiträume und -modalitäten nicht identisch mit der „Polizeilichen Kriminalstatistik" ist, so fällt doch auf, dass zum Beispiel in einem Zeitraum von zehn Jahren (oder mehr) von den erwachsenen Tatverdächtigen, die die Polizei ermittelte, **weniger als die Hälfte verurteilt werden** (Kapitel 3.7). Sicher muss im Rechtsstaat die Verurteilungsrate niedriger liegen, als die „Polizeiliche Kriminalstatistik" Tatverdächtige ausweist, aber in solch einer Größenordnung? Hier ist **Forschungsbedarf** bei der Polizei, der Staatsanwaltschaft und bei den Gerichten.

Um Statistiken regional, national oder international vergleichbar zu machen, werden **Kriminalitätsquotienten** verwendet. Damit will man stark oder schwach bevölkerte Regionen einer vergleichenden Beurteilung unterziehen. Doch dies ist nur bedingt möglich. Die arithmetische Umsetzung der Zahlen der PKS berücksichtigt nicht, dass generell die Tathäufigkeit in kleinen Gemeinden geringer ist als in Großstädten, weil in ersteren die Sozialkontrolle ausgeprägter funktioniert. Ferner ist in kleinen Orten die Aufklärung von Straftaten leichter, weil die Bevölkerung besser mit der Polizei kooperiert.

Weitere wesentliche kriminalitätsbeeinflussende Faktoren, wie Sozialstruktur der Bevölkerung oder Tatgelegenheitsstruktur (z. B. Kaufhäuser oder Fahrräder) werden mit den Kriminalitätsquotienten nicht ausgeglichen. Insofern ist bei einem **Vergleich größte Zurückhaltung** mit der Bewertung angesagt.

Folgende **Kriminalitätsquotienten** sind eingeführt:

Die **Häufigkeitszahl** (HZ) errechnet die Anzahl der Straftaten auf 100000 Einwohner.

Die **Aufklärungsquote** (AQ) nennt den prozentualen Anteil der aufgeklärten Straftaten an den bekannt gewordenen Straftaten.

Die **Tatverdächtigenbelastungszahl** (TVBZ) errechnet die Anzahl der Tatverdächtigen (älter als acht Jahre) auf 100000 Einwohner.

Die **Mehrfachtatverdächtigenbelastungszahl** (MTVBZ) errechnet die Anzahl der Tatverdächtigen (älter als acht Jahre) auf 100000 Einwohner, die in einem Erfassungsjahr mehr als fünf Straftaten begangen haben.

Die **Opferbelastungszahl** (OBZ) errechnet die Anzahl der Opfer auf 100000 Einwohner.

e) Technischer Ablauf

Der technische Ablauf der „Polizeilichen Kriminalstatistik" beginnt mit der formularmäßigen Erfassung der Straftat durch den kriminalpolizeilichen Sachbearbeiter mit **ADV 1** (Formular für **A**utomatisierte **D**aten**v**erarbeitung Nr. 1) und mit **ADV 2** (Formular für den Tatverdächtigen). Ist die Straftat in einem anderen Bundesland begangen worden, so ist der Vordruck **KP 31b / ADV** (Formular der **K**riminal**p**olizei, Nr. 31 b) auszufüllen. In einigen Bundesländern werden die **Vordrucke per Computer** erstellt und online versandt.

Die Formulare (Meldungen) werden monatlich zusammengefasst und von den Polizeibehörden dem Landeskriminalamt übersandt. Dieses wertet die Daten aus und erstellt daraus Tabellen, die den Polizeien und anderen Interessierten zur Verfügung gestellt werden. Insgesamt gibt es 38 verschiedene Tabellen. Auf besonderen Wunsch können darüber hinaus Sondertabellen erstellt werden. Die Tabellen sind numerisch bezeichnet und haben die Nummern zwischen 101 und 207. Zum Beispiel: die sogenannte **Grundtabelle** mit der **Nr. 101**, gibt eine Übersicht über alle Straftaten, die Tabelle Nr. 102 über Tatverdächtige, Nr. 107 über Schadenshöhe, Nr. 108 über Tatzeit und Nr. 131 über Gewalt- und Straßenkriminalität.

Das Bundeskriminalamt fasst die Statistiken aller Landeskriminalämter zusammen und erstellt einmal jährlich die **Jahresstatistik** für die **Bundesrepublik Deutschland**. Ferner fertigt es einen Beitrag für die internationale Kriminalstatistik, die von IKPO / INTERPOL (Kapitel 2.3.4) veröffentlicht wird. (Ausführlich, mit vielen Quellen: www.weihmann-schuch.de – Aufsätze).

15.5.3 Sicherheitsgefühl und Statistik

Das Sicherheitsgefühl ist das subjektive Empfinden in das Vertrauen der Umwelt mit dem Schutz vor Gefahren. Dabei reicht das **Un**sicherheitsgefühl von Irritation über Verunsicherung bis hin zur Furcht. Es ist ein individueller Wahrnehmungsprozess und wird deshalb von allen Menschen unterschiedlich empfunden (*Rölle / Flade, a.a.O.).* Beeinträchtigt wird das Gefühl durch Störungen der öffentlichen Ordnung, z. B. Schmutz und Müll auf den Straßen, zerstörte Gebäude oder Fenster, fehlende Beleuchtung, herumlungernde Jugendliche oder Betrunkene und durch die Kriminalität.

Die **Kriminalitätsfurcht** wird besonders beeinflusst durch vier Faktoren:

- Wie bedrohlich wirkt die Gesamtsituation auf mich, z. B. Dunkelheit oder einsamer Weg?
- Wie viel Bosheit traue ich anderen Personen zu, mich anzugreifen?
- Wie attraktiv bin ich als Opfer für einen potenziellen Täter?
- Wie gut könnte ich einen Angriff abwehren?

Alle Faktoren werden **subjektiv bewertet** und so für wahrscheinlich gehalten. Dabei gibt es deutliche geschlechtsspezifische und altersbedingte Unterschiede. **Frauen** und Ältere sind ängstlicher als **Männer** und Junge.

Nun sind Straftaten in der menschlichen Gesellschaft so gegenwärtig wie Krankheiten. Alle staatlichen Maßnahmen können sie nur auf ein erträgliches Maß eindämmen, jedoch niemals ganz beseitigen. Das gilt für alle Staatsformen, auch für die DDR (Kapitel 1.4.3.5). Dennoch beeinträchtigen Straftaten das persönliche Gefühl der Bürger genauso wie Krankheiten. Die persönliche Betroffenheit ist jedoch sehr verschieden und wächst mit der Nähe des Ereignisses oder der Bedrohung der eigenen Person, mit der Massenhaftigkeit des Auftretens oder mit der sensationellen Darstellung in den Medien (Kapitel 20), die auch als **Medienkriminalität** bezeichnet wird (*Ulrich / Verbeet*, a.a.O.). So wird der alltägliche Tod von durchschnittlich 16 Personen im Straßenverkehr Deutschlands vom einzelnen Bürger gar nicht als bedrohlich empfunden. Anders ist das, wenn eine nahestehende Person Opfer geworden, wenn bei einem Unfall eine größere Anzahl Personen gleichzeitig betroffen ist oder wenn ausführlich und dramatisch über das besondere Schicksal der Betroffenen berichtet wird. Vergleichbar ist es mit der Betroffenheit bei Straftaten.

Die Furcht vor Straftaten beeinträchtigt das **Sicherheitsgefühl** der Bürger. Mit steigender Furcht wird die Lebensqualität gemindert, weil die Personen nicht mehr unbefangen sind und auch hinter normalen Lebensabläufen Gefahren sehen. Besonders **ältere Menschen** (*Ebert*, a.a.O.; Kapitel 21.6.4) ziehen sich dann aus der Öffentlichkeit zurück und leben fast nur noch in ihrer Wohnung, obwohl sie statistisch erheblich seltener Opfer werden als jüngere. Das Problem ist, dass die Menschen die Gefährdung nicht rational nachvollziehen sondern emotional empfinden. Um den Bürgern ein allgemein sicheres Gefühl zu vermitteln, reicht es deshalb nicht aus, allein die Zahlen der „Polizeilichen Kriminalstatistik" zu veröffentlichen, sondern diese auch zu interpretieren. Dabei besteht die Möglichkeit, die Zahlen in einem positiven Licht darzustellen und die Erfolge von Gesetzgebungs- oder Strafverfolgungsmaßnahmen darzulegen. Die Bürger haben dann das Gefühl, relativ sicher zu leben *(Kury / Lichtblau / Neumaier,* a.a.O.*)*. Doch auch hier gilt die Einsicht: Eine gute Pressestelle schafft mehr Sicherheit als die Kriminalstatistik.

15.5.4 Zahlenbeispiele

Die jährlichen Veröffentlichungen der PKS durch das BKA erfolgen in der Regel in **zwei Teilen**. Im ersten Teil werden allgemeine Hinweise auf die Kriminalität gegeben und ausgesuchte Delikte, die politisches Interesse erregt haben, in Text und Grafiken besonders herausgehoben und erläutert. Im zweiten Teil folgen die Tabellen mit sehr differenzierenden Angaben. Die Aufmachungen der Statistikveröffentlichungen sind jedoch **nicht einheitlich**, sodass bei Vergleichen verschiedener Jahre, verschiedener Bundesländer oder verschiedener Gemeinden größte Aufmerksamkeit geboten ist und Bezugszahlen hin und wieder selbst errechnet werden müssen, z. B. die **Häufigkeitszahl**.

Darüber hinaus sind einige Zahlen so hoch, dass eine sachgerechte Einordnung und Bewertung kaum möglich ist. So sind im Jahr 2008 in Deutschland 6,1 Millionen Straftaten bei rund 82 Millionen Einwohnern bekannt geworden, das heißt, 17000 pro Tag.

Diese Zahlen sind nur **schwer vorstellbar**, sodass hier die **Häufigkeitszahlen** helfen können. Das ist die Anzahl der Straftaten, die **100000 Einwohnern** zugerechnet werden. Da man sich gut eine Stadt mit dieser Einwohnergröße vorstellen kann, wird somit die Anzahl der Straftaten verständlicher. In dieser fiktiven Stadt sind im Jahr 2008 somit **7500 Straftaten** bekannt geworden, oder 20 Straftaten pro Tag.

Rechnet man mit dieser Methode die einzelnen Straftaten herunter, so geschehen in dieser fiktiven Stadt **pro Tag** z. B. fünf einfache und fünf schwere Diebstähle, drei Vermögensdelikte (Betrug, Unterschlagung, Erschleichung von Leistungen, u. a.) zwei Rohheitsdelikte (Raub, Körperverletzung, Freiheitsberaubung), und ein Rauschgiftdelikt.

Die in Deutschland angegebene **Einwohnerzahl** von 82 Millionen stellt die amtlich erfassten Personen dar. Nicht bekannt ist die Zahl der Ausländer, die sich zum Urlaub, auf Geschäftsreise oder illegal hier aufhalten. Dabei ist auch zu bedenken, dass sich Deutsche mit den gleichen Gründen im Ausland aufhalten. Insofern ist die Einwohnerzahl eine amtliche Größe, mit der gerechnet werden kann.

Ähnliche Probleme gibt es mit den **Tatverdächtigen** und deren Verteilung auf die Altersgruppen. Da rund 50 % der Straftaten aufgeklärt werden, ist die Hälfte der tatsächlichen Täter unbekannt. Aufgrund der Erkenntnisse aus der Dunkelfeldforschung vermutet man, dass dieser Teil der Täter ähnlich strukturiert ist, wie der uns bekannte. Im Jahr 2008 wurden in Deutschland 2,3 Millionen Tatverdächtige ermittelt. Davon sind 76 % männlich und 24 % weiblich. Da unser Strafrecht die Schuldfähigkeit zunächst mit dem Alter des Täters verbindet, ist eine Einteilung nach Kindern (bis 14 Jahre), Jugendlichen (14 bis 18 Jahre), Heranwachsenden (18 bis 21 Jahre) und Erwachsenen (21 Jahre und älter) sinnvoll. So sind von allen Tatverdächtigen 5,8 % Kinder, 12,8 % Jugendliche, 10,6 % Heranwachsende und 70,8 % Erwachsene.

Die Frage der **Deliktsverteilung** und deren **Anteil** an der Gesamtkriminalität in Deutschland lässt sich mit der PKS gut beantworten. Die jährlichen Schwankungen sind mäßig; die nachfolgenden Zahlen sind der BKA-PKS 2009 entnommen.

Danach haben:

- **Straftaten gegen das Leben** (Mord, Totschlag, fahrlässige Tötung, Abbruch der Schwangerschaft, u. a.)
  0,1 % Anteil bei einer Aufklärungsquote von 92 %;
- **Straftaten gegen die sexuelle Selbstbestimmung** (Vergewaltigung, sexuelle Nötigung, sexueller Missbrauch, Prostitution, Zuhälterei, Verbreitung von pornografischen Erzeugnissen, u. a.)
  0,8 % Anteil bei einer Aufklärungsquote von 80 %;
- **Rohheitsdelikte und Straftaten gegen die persönliche Freiheit** (Raub, Erpressung, Geiselnahme, Körperverletzung, u. a.)
  13 % Anteil bei einer Aufklärungsquote von 86 %;
- **Diebstahl ohne erschwerende Umstände**
  20 % Anteil bei einer Aufklärungsquote von 43 %;
- **Diebstahl unter erschwerenden Umständen**
  18 % Anteil bei einer Aufklärungsquote von 15 %;
- **Ladendiebstahl**
  0,2 % Anteil bei einer Aufklärungsquote von 87 %;
- **Diebstahl von Fahrrädern**
  6 % Anteil bei einer Aufklärungsquote von 10 %;
- **Vermögens- und Fälschungsdelikte** (Betrug, Erschleichung von Leistungen, u. a.)
  19 % Anteil bei einer Aufklärungsquote von 80 %;
- **Sachbeschädigung**
  13 % Anteil bei einer Aufklärungsquote von 25 %;
- **Brandstiftung**
  0,4 % Anteil bei einer Aufklärungsquote von 48 %;
- **Straftaten gegen die Umwelt**
  0,6 % Anteil bei einer Aufklärungsquote von 68 %;
- **Rauschgiftdelikte**
  4 % Anteil bei einer Aufklärungsquote von 94 %.

Diese Zahlen sind für die Organisation der Verbrechensbekämpfung sehr wichtig, da sie die Größe der Dienststellen für die Sachbearbeitung mitbestimmt, aber auch die aktuellen Aktivitäten zur Prävention oder zur Ermittlung von Intensivtätern.

16 Kriminalpolizeilicher Meldedienst (KPMD) Operative Fallanalyse (OFA)

16.1 Literatur

Baurmann, ViCLAS, Ein neues kriminalpolizeiliches Recherchewerkzeug, in: Kriminalistik 1999, S. 824

Boetticher, Erste Erfahrungen des Revisionsgerichts [BGH] mit der Operativen Fallanalyse, in: BKA, Hg., Polizei + Forschung, Band 38, Köln 2009, S. 31

Bondü, Kriminelle Feuerteufel? Die Kriminalitätsbelastung von Brandstraftätern, in: Kriminalistik 2006, S. 110

BKA, Hg., Perseveranz und Kriminalpolizeilicher Meldedienst, BKA-Forschungsreihe – Sonderband, Wiesbaden 1984,

BKA, Hg., Fallanalyse / Täterprofil, BKA-Forschungsreihe, Band 38.1, Wiesbaden 1998

BKA, Hg., Die Operative Fallanalyse in der Hauptverhandlung. [Kritische] Ergebnisse eines BKA-Kolloquiums. Polizei + Forschung, Band 38, Köln 2009

Burghard, So isses!, Der Kriminalpolizeiliche Meldedienst, in: Kriminalistik 1987, S. 344

Burgheim / Friese, Unterscheidungsmerkmale realer und vorgetäuschter Sexualdelikte [Vorstrafen von Sexualtätern], in: Kriminalistik 2006, S. 510

Dern, Operative Fallanalyse bei Tötungsdelikten [Abgrenzung von Fallanalyse und Täterprofil], in: Kriminalistik 2000, S. 533

Dewald, Die Datenbank ViCLAS, in: Kriminalistik 2002, S. 248

Dittmann, Wann ist ein Gutachten wissenschaftlich begründet?, in: BKA, Hg., Die Operative Fallanalyse in der Hauptverhandlung, Polizei + Forschung, Band 38, Köln 2009, S. 115

Fink, Immer wieder töten, Serienmörder und das Erstellen von Täterprofilen, Hilden 2000

Füllgrabe, Vergewaltigung und Täterprofil, in: Kriminalistik 2006, S. 80

Groß-Geerds, Handbuch der Kriminalistik, Band II, S. 597 und 740, Berlin 1978

Hoffmann / Musolff, Fallanalyse und Täterprofile, BKA-Forschungsreihe, Band 52, Wiesbaden 2000, und BKA-Polizei + Forschung, Band 52, München 2003

Krüger, Keine Chance für den Kriminalpolizeilichen Meldedienst, in: Kriminalistik 1992, S. 283

Kusper, Aufklären und Auswerten, in: Kriminalistik 1987, S. 39

Laux, Der Täter und „sein“ Tatort, in: Kriminalistik 1997, S. 651

von Lüpke,u.a. Täterprofile, in: Kriminalistik 1999, S. 814

Müllers / Litzckel / Horn, Psychologische Begriffe in der Operativen Fallanalyse, in: Kriminalistik 2006, S. 92

Oevermann, u. a. Zum Problem der Perseveranz in Delikttyp und modus operandi, BKA-Forschungsreihe Band 17, Wiesbaden 1985

Reichertz, „Meine Mutter war eine Holmes“. Über Mythenbildung und die tägliche Arbeit der Crime-Profiler, in: Reichertz / Schröer, Hg., Hermeneutische Polizeiforschung, Opladen 2003, S. 199

Rückert, Tatortanalyse (Kritische Ausführungen zu Operative Fallanalyse / Profiling durch Privatpersonen), in: Die Zeit, vom 7.4.2004

Schaser, Motivforschung, in: Kriminalistik 2006, S. 98

Schröer, u. a. Undoing – Ein besonderer Aspekt der Tatortanalyse (emotionale Wiedergutmachung), in: Kriminalistik 2006, S. 76

Schuster, Perseveranz, BKA-Forschungsreihe, Band 16 I, Wissenschaftliche Kriminalistik, S. 321

Singer, Erfassung der (politisch motivierten) Kriminalität (in der Polizeilichen Kriminalstatistik), in: Kriminalistik 2004, S. 32

Steffen, Analyse polizeilicher Ermittlungstätigkeit aus der Sicht des späteren Strafverfahrens, BKA-Forschungsreihe, Band 4, Wiesbaden 1976

Steinke, Das „Oevermann-Projekt“, Oder die Umkrempelung des KPMD, in: Kriminalistik 1993, S. 187

Straub / Witt, Polizeiliche Vorkenntnisse von Vergewaltigern, in: Kriminalistik 2003, S. 19, und in: Der Kriminalist 2004, S. 353

Sturm, Der Kriminalpolizeiliche Meldedienst, KPMD, in: Kriminalistik 1992, S. 607

Tausendteufel, u. a. Vergewaltigungen durch deliktunspezifische Mehrfachtäter, BKA-Polizei+Forschung, Band 34, München 2006

Twardawa, Den Kriminalpolizeilichen Meldedienst abschaffen!, in: Kriminalistik 1970, S. 343

Wehner, Nichts genaues weiß man nicht. KPMD: Keineswegs so überflüssig, wie man glaubt, in: Kriminalistik 1987, S. 343

Wieczorek, Lassen sich Operative Fallanalysen durch psychologische Verhaltensanalysen optimieren?, in: Kriminalistik 2006, S. 86

Vorschriften und Rechtsprechung

Art. 87 I GG Zentralstellen für das polizeiliche Auskunfts- und Nachrichtenwesen für die Kriminalpolizei

Antiterrordateigesetz

Terrorismusbekämpfungsergänzungsgesetz

16.2 Allgemeine Erfahrungen

Bei der Bekämpfung von Straftaten wird dem Praktiker sehr bald bewusst, dass für die Mehrzahl der Straftaten in seinem Bezirk stets dieselben Personen infrage kommen. Diese Erkenntnis wird nicht nur dadurch genährt, dass solche Personen oft keiner nachprüfbaren Erwerbstätigkeit nachgehen und somit von illegalen Taten leben, sondern dass sie bei der Straftatenausführung aufgrund ihrer Intelligenz und der erlernten Fähigkeiten eine Tatbegehung entwickeln, die eine bestimmte, unverwechselbare „Handschrift" erkennen lässt. Darüber hinaus werden Tatbegehungen, die sehr erfolgreich praktiziert worden waren, bei der nächsten Tat wiederholt.

Bleibt es bei nur wenigen und zudem spektakulären Delikten, die darüber hinaus in einem überschaubaren Lebensbereich begangen werden, so kann der Kriminalist schnell einen Zusammenhang zwischen einer begangenen Straftat und dem potenziellen Täter herstellen. An der Tatausführung oder an der Beute kann er ablesen, wer hier als Verdächtiger in Betracht kommt und ob es sich um eine Tatserie handelt. Diese Erkenntnisse waren bis zum Ersten Weltkrieg richtig, weil die Menschen in geschlossenen Gesellschaften lebten.

Mit zunehmender Mobilität der Gesellschaft, einschließlich der Täter und Opfer, gibt es diese Informationen vor Ort nicht mehr, da die Täter jetzt die für sie günstigsten Gelegenheiten auch in anderen Orten suchen und finden. Will man jetzt noch Zusammenhänge erkennen, so muss man die Informationen auch aus diesen Orten haben.

In **Preußen** wurden 1927 die **Grundlagen** für den Kriminalpolizeilichen Meldedienst (KPMD) gelegt. Dabei mussten die Tatbegehungsarten von Intensivtätern der Kriminalpolizei in Berlin gemeldet werden. Weil die Tatausführungen von noch unbekannten Tätern ebenfalls zu melden waren, konnten beide miteinander verglichen werden, um so einen Tatverdacht zu erlangen. Diese Methode wurde auf das gesamte Deutsche Reich ausgedehnt. Als Ergebnis zeigte sich, dass dadurch das Erkennen von Serienstraftaten und von reisenden Tätern möglich wurde. Insofern galt die zentrale Erfassung von herausragenden Straftaten und Intensivtätern als erfolgversprechende Methode, die schwere Kriminalität aufzuklären und einzudämmen. Die spektakulären Erfolge der Kriminalpolizei unter der Leitung von *Ernst* ***Gennat*** unterstrichen dies (Kapitel 1.4.3.2).

Diese kriminalistische Erkenntnisse wurden nach dem Zweiten Weltkrieg und der Nazi-Diktatur in das **Grundgesetz** (Art. 87 I) der Bundesrepublik aufgenommen (Kapitel 1.4.3.4 und 25.2). Obwohl die Polizei dezentralisiert wurde, durften der Bund und die Länder „Zentralstellen für das polizeiliche Auskunfts- und Nachrichtenwesen für die **Kriminalpolizei** einrichten“ (Kapitel 1.3.1 a); 1.4.3.4). Damit wurden die verfassungsrechtlichen Voraussetzungen für das Bundeskriminalamt und die Landeskriminalämter geschaffen.

16.3 Perseveranz und Modus Operandi

Dem Meldedienst liegen die theoretischen Erkenntnisse der Verbrecherperseveranz zugrunde. Dabei geht man davon aus, dass der Täter den Hang hat („Perseveranz“), eine bestimmte Tatbegehungsart („Modus Operandi“) stets zu wiederholen, insbesondere, wenn er damit erfolgreich war. An seiner immer gleichbleibenden Arbeitsweise sollte er erkannt werden können.

16.4 Zustimmung und Ablehnung des KPMD

Bedenkt man die Zustände während des Nationalsozialismus, des Zweiten Weltkrieges und der Nachkriegszeit, die wegen dringenderer Probleme eine Reorganisation des Meldewesens unmöglich machten, so regten sich bereits nach kurzer Zeit, in der Mitte der 1950er Jahre, Zweifel am KPMD. Seit dieser Zeit gibt es in regelmäßigen Abständen sowohl von Praktikern als auch von Wissenschaftlern seriös bis leidenschaftlich vorgetragene Argumente für und gegen den Meldedienst (*Burghard, Krüger, Oevermann u. a., Schuster, Steinke, Straub / Witt, Twardawa, Wehner* a.a.O.). In diesem Zusammenhang wird im Wesentlichen das perseverante Verhalten von Tätern infrage gestellt. Die Kritiker führen an, dieses Verhalten sei vielmehr die Folge von bereits erfolgreich praktizierten Straftaten, die Übernahme von Begehungsarten anderer Täter oder die einzig mögliche Art, eine Straftat zu begehen. Damit sei das Verhalten nicht mehr persönlichkeitsgebunden und somit auch nicht zur Identifizierung von Tätern geeignet (besonders *Twardawa*, a.a.O.).

Die überzeugende Lösung des Problems wird durch zwei sich scheinbar widerstrebende Forderungen erschwert. Einerseits sollen möglichst viele Delikte mit Meldungen erfasst werden, um somit eine große Menge Vergleichsmaterial zu erhalten. Andererseits bedingt die zunehmende Menge an Meldungen, dass die einzelnen Begehungsarten nicht mehr so deutlich unterscheidbar sind, sodass dadurch eine Auswertung wesentlich erschwert wird. *Gennats* Erfolge begründeten sich im Wesentlichen darauf, dass er lediglich die herausragenden Tötungs- und Raubdelikte auswerten ließ, sodass er wenige und, der Bedeutung der Delikte entsprechend, sorgfältig erstellte Meldungen zur Verfügung hatte (Kapitel 1.4.3.2). Dies funktionierte bei den Meldungen über Massendelikte nicht mehr, was zur Kritik führte. Vielleicht liegt die Lösung auch hier in dem Grundsatz „Weniger ist mehr“.

Nachdenklich machen die Untersuchungen des BKA aus dem Jahr 2004 durch ***Straub*** und ***Witt*** (a.a.O.), die bei der Auswertung des Verhaltens von Sexualtätern zu dem Ergebnis kommen, „dass es den deliktsperseveranten Vergewaltiger, wenn überhaupt, dann nur äußerst selten gibt. Statistisch ist er kaum relevant.“ Sogar „Sexualmörder“ sind nur zu 45 % wegen Straftaten gegen die sexuelle Selbstbestimmung in Erscheinung getreten. In der Untersuchung von ***Burgheim*** und ***Friese*** (a.a.O., S. 512) liegen von 35 % der Sexualtäter kriminalpolizeiliche Kenntnisse vor und nur 7,4 % sind einschlägig vorbestraft. Wenn schon bei Straftaten, die von Triebtätern begangen werden, ein Hang nur schwer erkannt werden kann, wie sieht es dann bei den übrigen Straftaten aus? Hier ist Forschung dringend erforderlich. Für den Praktiker bedeutet dies, dass er im KPMD und bei der Lichtbildvorlage (Kapitel 12.6) nicht nur deliktsspezifisch suchen darf. Gleiches gilt bei den Überlegungen zur „Kriminalistischen Fallanalyse“ (Kapitel 5.3, zu Ziffer 2.8).

16.5 Erfolgsquote des KPMD

Geht man das Phänomen quantitativ an, so muss eingeräumt werden, dass die Täterermittlung mithilfe des KPMD nur den Bruchteil eines Prozentsatzes ausmacht. Das heißt, dass mehr als 99 % der für den KPMD geschriebenen Meldungen ohne Erfolg bleiben. Da aber nicht eindeutig gesagt werden kann, welche schwerwiegenden Straftaten die sonst nicht erkannten Täter weiterhin begangen hätten, wird man den Aufwand des Meldeverfahrens hinnehmen müssen. Darüber hinaus darf auch nicht verkannt werden, dass die zentrale Erfassung von herausragenden Straftaten für kriminalpolitische Entscheidungen (Kapitel 2.3) unerlässlich ist, um so den Parlamenten die Möglichkeit zu geben, rechtzeitig zu reagieren.

16.6 Ziele des KPMD

Der heutige KPMD ist durch folgende Zielsetzungen gekennzeichnet:

a) Meldungen über örtlich und zeitlich unterschiedliche Straftaten zusammenzuführen und den Vergleich mit Erkenntnissen über Arbeitsweisen und sonstigen Merkmalen bekannt gewordener Täter zu ermöglichen, um Täterhinweise zu erlangen und Straftatenserien zu erkennen;
b) Straftaten von herausragender Bedeutung zu erfassen und
c) Grundlage für die Erarbeitung von Präventions- (Kapitel 21) und Repressionskonzepten zu sein.

Zu diesem Zweck sind die Straftaten zu melden, die vom Landeskriminalamt (LKA) in einem Katalog genannt sind. Dieser **Straftatenkatalog** ändert sich von Zeit zu Zeit aufgrund der kriminalpolitischen Erfordernisse. Zum Beispiel durch den erleichterten Grenzübertritt im erweiterten Europa oder durch veränderte Begehungsarten von Straftaten durch technische Weiterentwicklungen (Überwinden der Wegfahrsperre bei hochwertigen Kraftfahrzeugen oder Manipulationen bei Geldautomaten oder Zahlungskarten).

16.7 Inhalt des KPMD

Inhaltlich unterscheidet sich der KPMD in den **allgemeinen** und den **besonderen Meldedienst**. Die einzelnen Kategorien werden von der **AG Kripo** (Kapitel 2.3.3) festgelegt. Staatsschutzdelikte werden seit dem 1.1.2001 mit dem „Kriminalpolizeilichen Meldedienst in Fällen politisch motivierter Kriminalität" (KPMD-PMK) (Bundestagsdrucksache 16 / 14122) statistisch erfasst.

Die Straftaten des **besonderen Meldedienstes** sind stets meldepflichtig. Dabei spielt es keine Rolle, ob aufgrund der Begehungsart auf einen überörtlichen Täter geschlossen werden kann. Die Meldungen werden von den Kreispolizeibehörden dem Landeskriminalamt übersandt. Dabei bedient man sich der Falldatenbank FINDUS. **Zu melden sind**: Tatzeit, Tatort, Geschädigte, sachbearbeitende Dienststelle, Tatvorbereitungen / Arbeitsweise: Handlung und Modus Operandi, Beschreibung der Tatmittel, erlangtes Gut bzw. Schaden oder Verletzungen, Fluchtrichtung und Fluchtmittel, Täterbeschreibung, bei Tataufklärung die Täterpersonalien und Besonderheiten, z. B. Auflistung von Fahndungsmaßnahmen, Raumüberwachungsanlagen, Montagebild oder DNA-Material.

Die Straftaten des **allgemeinen Meldedienstes** sind in einem Straftatenkatalog genannt. Dieser unterscheidet zwischen absolut meldepflichtigen Delikten und solchen, die bei besonderer Begehungsart mitzuteilen sind. Diese Meldungen erfolgen mittels elektronischer Kommunikationsmittel. Hat die Meldung über das eigene Bundesland hinaus Bedeutung, so leitet das Landeskriminalamt die Meldung weiter. Beinhaltet die Meldung zusätzlich einen Fahndungsansatz, so können gezielt andere Behörden damit angeschrieben werden.

Das LKA und das BKA werten die Meldungen aus, wobei sie sich eines Systems bedienen, das nach Straftaten, Begehungsarten, Beute und nach dem Tatverdächtigen unterscheidet. Erkennen sie Übereinstimmungen oder Zusammenhänge mit anderen Straftaten, so unterrichten sie die meldende Behörde. Danach beginnt das eigentliche Beweisverfahren (Kapitel 3).

16.8 Operative Fallanalyse (OFA)

Kriminalistische Fallanalyse (KFA), Kapitel 5
Kriminalistische Deliktsanalyse (KDA), Kapitel 24

Um den „Kriminalpolizeilichen Meldedienst" gerade bei schwerwiegenden Straftaten zu verbessern, hat die AG Kripo (Kapitel 2.3.3) am 22.1.1999 beschlossen, das in den **USA** entwickelte Analysesystem „Operative Fallanalyse" (OFA) einzuführen. Zur Ermittlung von besonders sozialschädlichen Straftätern und zur Zusammenführung verschiedener Tatausführungen werden jetzt nicht nur naturwissenschaftliche, sondern auch sozialwissenschaftliche Methoden in erweiterter Form angewendet. Es ist eine Analyse von **Tatablauf** und **Interaktion** zwischen Täter und Opfer.

Solche Fallanalysen (auch die Kriminalistische Fallanalyse in Kapitel 5) sind gute Ermittlungshilfen oder Fahndungshilfen Sie binden aber nicht das Gericht bei der späteren Überzeugungsbildung (BGH, NStZ 2009, S. 284).

Nach ersten scheinbaren Erfolgen stellte sich jedoch heraus, dass das amerikanische System, unter dem Namen **Profiling,** ohne wissenschaftliche Grundlage ist und einer strengen Nachprüfung nicht Stand hält. **Private Profiler** drängten sich mit diesem System in die mediale Öffentlichkeit, machten von sich Reden und kamen zu zweifelhaften Ergebnissen (*Rückert,* a.a.O.). Inzwischen hat das „Kriminalistische Institut" des BKA, zusammen mit den LKÄ, eine andere Methode entwickelt, die „Operative Fallanalyse".

Das BKA versteht unter „Operativer Fallanalyse": „Ein kriminalistisches Werkzeug, welches das Fallverständnis vertieft, und zwar mit dem Ziel, ermittlungsunterstützende Hinweise und gegebenenfalls Vorschläge zum Festlegen von Prioritäten bei der weiteren Fallbearbeitung zu liefern." (*Baurmann*, Vortrag auf der Jahrestagung der Kriminalistik-Dozenten, 17.–19.5.2004, in Ainring / Bayern; BKA, Hg., 1998, a.a.O.).

Entscheidende Voraussetzung für die OFA ist, dass der Fall nach Ansicht der örtlich zuständigen Sachbearbeiter und deren Vorgesetzten **ausermittelt ist**, ein Tatverdacht gegen eine bestimmte Person nicht begründet werden konnte und der Vorgang in Schriftform vorliegt. In diesem Stadium kann auf den Bereich Gefahrenabwehr verzichtet werden.

Die dann beginnende Analysetätigkeit wird von speziell ausgebildeten Teams im BKA und in den LKÄ vorgenommen. Die örtlich zuständigen Sachbearbeiter des Falles werden in die Arbeit einbezogen. Gemeinsam wird der Fall strukturiert aufgearbeitet, eine Tatrekonstruktion vorgenommen und ein Täterprofil erstellt. Das Ergebnis dieser OFA wird in Schriftform vorgelegt und kann somit überprüft werden.

Seit einigen Jahren gibt es auch eine **neue Verfahrensweise**. Hierbei wird die Unterstützung durch die OFA-Kräfte der Landeskriminalämter bereits mit **Beginn der Ermittlungssache** angefordert. Diese nehmen sodann an allen Besprechungen teil und analysieren den aktuellen Sachstand. Diese sehr wichtige Unterstützung stellt sich dann als „Kriminalistische Fallanalyse" (Kapitel 5.3) dar. Der bisherige Effekt mit der OFA, dass nach aussichtslosen Ermittlungen noch einmal durch Fachleute, die den Sachverhalt bisher nicht kannten, die gesamte Ermittlungsakte analysiert wird, ist dann nicht mehr möglich.

Insgesamt entspricht die Methode der „Operativen Fallanalyse“ der erweiterten Form der „Kriminalistischen Fallanalyse“ (Kapitel 5.3) und der **Tatrekonstruktion** (Kapitel 7.3). Hinzu kommt die Einbeziehung der wissenschaftlich abgesicherten Erkenntnisse der Kriminologie. Hier könnte sich z. B. die Frage stellen, gibt es für Sexualmörder eine „kriminelle Karriere“, das heißt, kann ich diese unter den bereits in Erscheinung getretenen Sexualtätern finden oder nicht? Wie fraglich das geworden ist, zeigt die Arbeit von *Straub* und *Witt* (Kapitel 16.4).

Insgesamt kann man die „Operative Fallanalyse“ auch als „kriminalistisch-kriminologisches Denken“ bezeichnen (Kapitel 1.3.3 und 5.3). Ziel der OFA ist das Erlangen von Ermittlungshinweisen. Das ist der Teil der gerichtsfesten Beweisführung aus der „Kriminalistischen Fallanalyse“. Hierbei dienen als Informationsquellen der **Tatort und das Opfer**. Bei der Suche nach dem **Motiv** und der Geisteshaltung des Täters wird ein **Täterprofil** erstellt, das die Person möglichst treffend beschreiben und charakterisieren soll. Dabei ist nicht nur von Interesse, wie der Täter die Tat ausgeführt hat, sondern ebenso, was er getan oder gesagt hat, ohne dass dies zum Erfolg der Tat notwendig gewesen wäre, z. B. ordnet der Täter die Kleidung der Ermordeten und legt deren Hände gefaltet vor den Körper oder ein Sexualtäter entschuldigt sich unmittelbar nach der Tatausführung beim Opfer.

Da es sich um ein sehr aufwendiges System handelt, ist die Analyse in dem seit dem 1.1.2000 begonnenen Wirkbetrieb auf **bestimmte Straftaten begrenzt** worden, das sind: Tötungsdelikte, nicht identifizierte Leichen mit Fremdverschulden, Delikte gegen die sexuelle Selbstbestimmung, verdächtiges Ansprechen von Kindern und Jugendlichen sowie Vermisstenfälle mit Verdacht auf ein Verbrechen. Inzwischen wurden die Deliktsbereiche Erpressung, Brand, Internet-Missbrauch, Serienraub und Straftaten im Zusammenhang mit Radikalismus hinzugenommen. Insgesamt sind das jedoch nicht mehr als rund 5 % **der Gesamtkriminalität**.

Für die OFA wird die in Kanada entwickelte Datenbank **VICLAS** (Violent Crime Linkage Analysis System) benutzt. Diese Datenbank wird mithilfe eines Erhebungsbogens erstellt. Die hierin aufgeführten Fragen müssen in den Kreispolizeibehörden (KPB) von den Sachbearbeitern der Fachkommissariate und dem Erkennungsdienst beantwortet werden.

Als **Rechtsgrundlage** für die Erstellung und Veröffentlichung von Täterprofilen sind die §§ 160, 163 und 98a StPO anzusehen. Ein Täterprofil allein begründet jedoch noch **keinen dringenden Tatverdacht**. Es liegt vielmehr nur ein schwacher Tatverdacht vor, sodass die Person als **Verdächtiger** gilt und in Bezug auf eine Vernehmung als Zeuge zu belehren ist (BHGSt 34, 140, und 37, 48).

Probleme

Auf dem BKA-Kolloquium „Die Operative Fallanalyse in der Hauptverhandlung“ (BKA, Hg., 2009, a.a.O.) wurden **Vorzüge und Bedenken** zur Operativen Fallanalyse ausführlich diskutiert. Der Richter am BGH *Axel Boetticher* (a.a.O., S. 31 ff) zeigt an Revisionsverfahren vor dem BGH die **Grundproblematik** auf. Der Fallanalytiker ist weder Zeuge des infrage stehenden Falles, noch sachverständiger Zeuge und schon gar nicht Sachverständiger. Die OFA selbst ist kein Gutachten.

Insbesondere bei **Serienstraftaten** weist *Boetticher* noch einmal daraufhin, dass der Vergleich mit anderen Fällen nicht zur Überführung des Angeklagten führt, sondern zu seiner Entlastung. Ferner unterstreicht er, dass die Bewertung der Beweismittel allein dem Gericht obliegt. Das sieht der Richter am OLG *Werner Ebner* (a.a.O., S. 65) ebenso.

Der Professor für Rechtsmedizin und Forensische Psychiatrie *Volker Dittmann* untersuchte, ob die OFA **wissenschaftlichen Ansprüchen** gerecht wird und **verneint** es. Er macht deutlich, welche Probleme auftreten, wenn der Fallanalytiker und ein Gutachter für Psychiatrie zu unterschiedlichen Ergebnissen kommen. Hier gibt es noch viel zu tun.

Im Ergebnis kann festgehalten werden: Im Vergleich von „Operativer Fallanalyse“ und „Kriminalistischer Fallanalyse“ (KFA; Kapitel 5) muss man zu dem Ergebnis kommen, dass eine professionelle Anwendung der KFA die gleichen Ergebnisse bringt, ohne mit anderen wissenschaftlichen Methoden nicht vereinbar zu sein. Die OFA ist somit keine neue Methode, sondern das Besinnen auf kriminalistische Regeln, die mehr als 100 Jahre alt sind.

16.9 Antiterrordatei

Mit Gesetz vom 22.12.2006 (a.a.O.) ist für die Aufklärung oder für die Bekämpfung des „Internationalen Terrorismus“ mit Bezug zur Bundesrepublik Deutschland beim Bundeskriminalamt eine gemeinsame und standardisierte zentrale Antiterrordatei eingerichtet worden.

Bundeskriminalamt, Bundespolizeidirektion, Landeskriminalämter, Verfassungsschutzbehörden des Bundes und der Länder, Militärischer Abschirmdienst, Bundesnachrichtendienst und Zollkriminalamt sind verpflichtet, sachdienliche Daten darin zu speichern. Dabei geht es um Personen, Gruppierungen, Vereinigungen oder Sachen, die einen Bezug zum Terrorismus haben. Damit ist die bisherige strickte Trennung von Strafverfolgung einerseits und Verfassungsschutz sowie Nachrichtendienste andererseits aufgegeben worden.

Mit dem Visa-Zugangsgesetz (VISZG) vom 6.5.2009 (BGBl. 2009, S. 1034) dürfen bestimmte Polizeidienststellen zur Bekämpfung terroristischer oder sonstigen schwerwiegender Straftaten das **Visa-Informationssystem** nutzen.

17 Kriminalpolizeiliche personenbezogene Sammlungen (KpS)

17.1 Literatur

Beyser, u. a.	Isotopenanalytik, in: Kriminalistik 2003, S. 443
BKA, Hg.,	Polizeiliche Kriminalakten, BKA-Forschungsreihe, Sonderband, Wiesbaden 1988
Kasten,	Body-Modifikation. Psychologische und medizinische Aspekte von Piercing, Tattoo, Selbstverletzung und anderen Körperveränderungen, München 2006
Thiel,	Identifizierung von Personen, Lehr- und Studienbriefe Kriminalistik / Kriminologie, Band 4, Hilden 2006

Vorschriften und Rechtsprechung

BVerwG, Urteil vom 20.2.1990, in: Deutsches Verwaltungsblatt 1990, S. 721, Nr. 14 und 15, Kein Ermessensfehler, wenn im Regelfall von einer Auskunftserteilung über eine Kriminaltakte abgesehen wird. Personengebundene Hinweise beruhen nicht aufgrund von § 81b StPO, sondern auf der allgemeinen polizeilichen Aufgabennorm

OVG Münster, 5. Senat, Urteil vom 14.12.1990, n.v., Zweck der Kriminalakten, Vernichtung und Sperrung

17.2 Allgemeines

Um den Aufgaben der Verbrechensbekämpfung (Verhütung und Verfolgung) und der Gefahrenabwehr gerecht zu werden, ist es notwendig, Daten über Personen zu sammeln und anlassbezogen auszuwerten. Das erfolgt in „Kriminalpolizeilichen personenbezogenen Sammlungen" (KpS). Dies ist deshalb erforderlich, weil in einer mobilen Gesellschaft das Wissen des einzelnen Kriminalisten für seine Arbeit nicht mehr ausreicht. Vielmehr muss dieses Wissen notiert und für alle anderen Kriminalisten zugänglich gemacht werden, damit sie die Zusammenhänge besser erkennen können. Ferner bietet die moderne Datenverarbeitung die Möglichkeit, Massendaten schnell und an jedem Ort zur Verfügung zu haben.

Der praktizierte Datenabgleich erfolgt z. B. mit **Fahndungsdateien**, um flüchtige Straftäter zu suchen und festzunehmen, mit **Fingerabdruck- oder DNA-Dateien**, um Täter einer Straftat zu überführen, oder mit **Kriminalakten**, um das Tatbegehungsmuster eines Sexualtäters oder die Gefährlichkeit eines Täters zu erkennen. Darüber hinaus gibt es weitere Karteien und Dateien, die zur polizeilichen Aufgabenerfüllung benötigt werden.

Um sicherzustellen, dass diese Daten nur für die Aufgabenerfüllung der Polizei genutzt werden und dem Bürger dadurch kein Schaden entsteht, haben der

Gesetzgeber und der oberste Dienstvorgesetzte hierfür umfassende Vorschriften erlassen. Da die Einrichtung und Unterhaltung aller Karteien und Dateien der demokratischen Kontrolle unterliegen, ist ein Missbrauch ausgeschlossen.

Die KpS können in jeder Form eingerichtet werden, so z. B. als Akten, Karteien, Tagebücher oder elektronische Dateien für Personendaten, Lichtbilder, Finger- und Handflächenabdrücke, persönliche Merkmale oder Begehungsarten; als Vereins- oder Organisationsregister; als Statistik oder Indizes. Es können Daten über Verdächtige, Beschuldigte, Verurteilte, Gesuchte, Vermisste, Gefährdete, Anzeigenerstatter, Zeugen, Geschädigte oder über Personen erfasst werden, die dem Ausländerrecht unterliegen.

Ein besonderer Unterfall der KpS ist die **Kriminalakte** (KA). In dieser können Daten von Personen notiert werden, die als Verdächtige, Beschuldigte, Verurteilte, Gesuchte oder Vermisste kriminalpolizeilich in Erscheinung getreten sind. Verkehrsordnungswidrigkeiten sind von der Erfassung ausgeschlossen.

17.3 Zweck

Höchstrichterlich (a.a.O.) ist entschieden, dass die KpS sowohl dem Zweck der Strafverfolgung, der Straftatenverhütung, der Gefahrenabwehr als auch der vorbeugenden Bekämpfung von Straftaten dienen. Sie können im Einzelnen förderlich sein zur

- Sachverhaltsaufklärung,
- Feststellung von Verdächtigen oder zur Personenidentifizierung.
- Sie können allgemeine Hinweise zur Gefahrenabwehr bzw. personengebundene Hinweise zu taktisch richtigem Verhalten geben.
- Sie liefern wichtige Hinweise zur Eigensicherung sowie Erkenntnisse zur Prävention (Kapitel 21).
- Ferner können sie polizeiliches Handeln dokumentieren.

Zum Zwecke der **Strafverfolgung** dürfen weitergehende Daten gesammelt und aufbewahrt werden, als dies bei der Staatsanwaltschaft und den Gerichten der Fall ist, da die Aufgabenwahrnehmung der Polizei umfassender ist und das Gesetz keine Bindung der Polizei an die Rechtsmeinung der Strafverfolgungsorgane vorsieht. So kommt es für die Aufbewahrung von Unterlagen nicht darauf an, ob der Tatverdächtige verurteilt wurde, sondern allein, ob der Verdacht der Straftat entfallen ist. Ferner wirkt das Vorhandensein von KpS **vorbeugend**, weil sie für den potenziellen Täter zum größeren Entdeckungsrisiko wird und ihn somit abschrecken kann.

Die KpS dienen grundsätzlich nur dem **Dienstgebrauch der Polizeien** von Bund und Ländern. Das gilt insbesondere für die Inhalte von Kriminalakten, weil diese notwendigerweise auch Vermutungen und Verdachtsmomente enthalten, die nicht bewiesen sind. Hier muss der Betroffene vor ungerechtfertigtem Schaden bewahrt werden. Die Geheimhaltung solcher Akten gilt auch im Verhältnis zur Staatsanwaltschaft (Kapitel 19) und zum Gericht. In eine Strafermittlungsakte darf nicht hineingeschrieben werden, dass eine Kriminalakte überhaupt existiert. Erkenntnisse daraus dürfen nur mitgeteilt werden, wenn sie durch andere Akten belegbar sind, so z. B. die Aktenzeichen von anderen Strafverfahren, Gerichtsbeschlüssen oder Verwaltungsanordnungen. Dies gilt auch, wenn damit Tatsachen genannt werden können, die auf Haftgründe der Wiederholungs-, Flucht- oder Verdunklungsgefahr hinweisen. Dabei ist zu bedenken, dass das schlichte Vorhandensein einer Kriminalakte weder einen konkreten Tatverdacht noch einen Haftgrund begründen.

Erkenntnisse aus den übrigen Dateien dürfen **an andere Behörden** nur übermittelt werden, wenn dies zur Wahrnehmung ihrer Aufgaben unabdingbar notwendig ist. So z. B. Mitteilungen an das Jugendamt zur Betreuung gefährdeter Kinder, an das Gesundheitsamt über den Verdacht einer ansteckenden Krankheit bei einem Festgenommenen, an das Straßenverkehrsamt über körperliche Gebrechen eines Führerscheininhabers. Eine Übermittlung der Daten an Privatpersonen oder Firmen ist ausgeschlossen.

Auch an den Betroffenen selbst wird im Regelfall keine Auskunft erteilt, ob und was über ihn in den KpS erfasst ist. Hiervon kann in begründeten Einzelfällen, insbesondere wenn der Betroffene an der Erhebung der Daten beteiligt war, abgewichen werden, so z. B. bei der erkennungsdienstlichen Behandlung oder bei der Erstattung von Anzeigen (BVerwG, a.a.O.).

Die Aufbewahrungsdauer von KpS unterliegt verschiedenen Fristen. Im Wesentlichen hängt dies von der Schwere der Straftaten, den Wiederholungsintervallen und der Gefährlichkeit des Betroffenen ab. In einem festgelegten Rhythmus werden die KpS überprüft und die Fortdauer der Aufbewahrung mit einer Prognose begründet.

18 Festnahme, Durchsuchung, Beschlagnahme

18.1 Literatur

Groß / Geerds, Handbuch der Kriminalistik, Band II, Berlin 1978, S. 108

Hackner, Der Europäische Haftbefehl in der Praxis der Staatsanwaltschaften und Gerichte, in: NStZ 2005, S. 311

Hartwig, Suizide von Polizeibeamten, in: Kriminalistik 1998, S. 186.

Jäger, Gewalt und Polizei (Dissertation), Pfaffenweiler, 1988

Lindlau, Der Mob, Hamburg 1987

Mentzel, u. a. Eigensicherung und Recht, BKA, Polizei+Forschung, Band 19, Neuwied 2003

Michalke, [Fachanwalt für Strafrecht] Wenn der Staatsanwalt klingelt – Verhalten bei Durchsuchung und Beschlagnahme, in: NJW 2008, S. 1490

Niemetz, Die Kokain Mafia, München 1990

Ohlemacher, [Kriminologisches Forschungsinstitut Niedersachsen], Gewalt gegen Polizeibeamtinnen und Polizeibeamte, Hannover 2002. Kurzdarstellung in: Deutsche Polizei, 8 / 2002, S. 6

Peters, [Butz] RAF, Terrorismus in Deutschland, Stuttgart 1991.

Raith, Das neue Mafia-Kartell, – Wie die Syndikate den Osten erobern -, Berlin 1994

Schmidtbleicher, Empirische Untersuchung zum nicht beabsichtigten Schusswaffengebrauch, in: Lorei, Hg., Schusswaffeneinsatz bei der Polizei, Frankfurt / M 2001

Sessar, u. a. Polizeibeamte als Opfer vorsätzlicher Tötung, BKA-Forschungsreihe, Band 12, Wiesbaden 1980

Stallmann, Kleine Anfrage der CDU im Landtag Nordrhein-Westfalen: Zur Mitwirkung von SEK-Beamten und Verdeckten Ermittlern bei der RTL-Plus-Sendung „Auf Leben und Tod – Polizei-Asse im Einsatz“ (Einsätze aus dem polizeilichen Alltag), Landtagsdrucksache 11 / 4218

Welskopp, Die im Dunkeln sieht man nicht. Systematische Überlegungen zu Netzwerken der Organisierten Kriminalität am Beispiel der amerikanischen Alkoholsyndikate der Prohibitionszeit, in: Berghoff / Sydow, Unternehmerische Netzwerke, Stuttgart 2007

Weihmann, Schusswaffengebrauch durch Polizeibeamte, in: Kriminalistik 1995, 667, und 1996, 352 (Ermittlungsverfahren gegen den Schützen?)

Weihmann, Rauschmittelkriminalität. Eine kritische Bestandsaufnahme, in: Kriminalistik 2003, S. 266

Vorschriften und Rechtsprechung

Vorläufige Festnahme, § 127 II und IV, §§ 163b und 163c StPO in Verbindung mit §§ 114a bis 114c StPO (Belehrung bei Festnahme und Identitätsfeststellung, Gesetz vom 29.7.2009, BGBl. 2009, S. 2274; Drucksache 16 / 11644 des Deutschen Bundestages vom 21.1.2009)

Haftgründe, § 112 ff StPO

Identitätsfeststellung, § 163b und c StPO

Festhalten von Störern [bei strafprozessualen Maßnahmen], § 164 StPO

Begründung der Anträge auf Haft, RiStBV Nr. 46

Durchsuchung, §§ 102 – 110 und 111 III StPO

Beschlagnahme, §§ 94 – 98 und 99 – 100 StPO, RiStBV Nr. 73a – 81, 208, 225 – 228

BVerfG, Beschluss vom 16.10.1981, NJW 1982, S. 29, Haftgründe der Fluchtgefahr und Verdunkelungsgefahr sowie Beachtung der Verhältnismäßigkeit. [Der Betroffene muss durch Fakten nachweisen, dass er nicht flüchten wird: tatsächliche Wohnung, feste Arbeitsstelle, soziale Bindungen].

BGH, Urteil vom 17.11.1989, NJW 1990, S. 1188, Pflicht zur Durchführung weiterer Ermittlungen durch die Polizei vor der Vorführung beim Richter

BGH, Beschluss vom 17.12.1981, NJW 1982, S. 753, Abgrenzung zwischen Freiheitsentziehung und Freiheitsbeschränkung

BGH, Urteil vom 30.4.1987, NJW 1987, S. 2524, Die Dauer einer anderweitigen Freiheitsentziehung ohne richterliche Entscheidung ist in die Vorführungsfrist einzurechnen

BGH NStZ 2003, S. 148, Fahrzeug- und Halterdaten aus ZEVIS sind Geheimnisse, deren Weitergabe ist strafbar

BVerfG in NStZ 2003, 319, und 2004, S. 449, Beweisverwertungsverbot bei Durchsuchung, wenn die „Gefahr im Verzug" nicht begründet und nicht vom Polizeibeamten protokolliert war

BVerfGE 16, 202 und 17, 117, und BVerfG in NStZ 2004, 270, Ziffer 19, Verhältnismäßigkeit im Strafverfahren

LG Bückeburg, Die Bildung eines „künstlichen" Staus auf Autobahnen [um Flüchtende zum Halten zu bringen] kann pflichtwidrig sein, NStZ 2005, S. 695

BVerfG NJW 2007, S. 499, festgenommene Ausländer sind über ihr Recht auf konsularische Unterstützung zu belehren

18.2 Gefährdung und Eigensicherung

Festnahmen und Durchsuchungen sind die häufigsten Anlässe von gewalttätigen Auseinandersetzungen mit Rechtsbrechern. Deshalb hat die **Eigensi-**

cherung hier besondere Bedeutung (Polizeilicher Leitfaden 371). In der Bundesrepublik Deutschland wurden in 60 Jahren, von 1950 bis 2010, insgesamt 191 Polizeibeamte durch Rechtsbrecher tödlich verletzt.

Zunächst ist festzustellen, dass der **Einsatz gegen Gewalttäter** in der Polizei nichts Ungewöhnliches ist und zum **Berufsrisiko** (Hess. VerwGH in: Der Polizeispiegel (BW), 4 / 1978, S. 91) gehört. Täglich werden Personen festgenommen, die wegen Verbrechenstatbeständen und Gewalttaten dringend tatverdächtig oder rechtskräftig verurteilt sind. **Fahndungsbeamte**, Angehörige von besonderen Ermittlungskommissionen und viele andere Beamte gehen gegen diese Personen entschlossen vor. Ebenso verhält sich die Mehrzahl der Beamten im **Streifendienst** oder bei sonstigen Außenermittlungen, wenn sie spontan durch Ringalarmfahndung (Kapitel 9.8.2) mit der Festnahme nach flüchtigen Räubern oder anderen Gewalttätern konfrontiert werden.

Die Gefährdung von Polizeibeamten ist sowohl wissenschaftlich (*Jäger; Mentzel, u. a., a.a.O.)* als auch seriös-journalistisch untersucht und publiziert worden (*Peters*, RAF, a.a.O; *Lindlau*, a.a.O; *Niemetz*, a.a.O; *Raith*, a.a.O.). Grob zusammenfassend kann festgestellt werden, dass kein Polizeibeamter wegen seiner Amtshandlungen im Nachhinein in einer „Strafaktion" getötet oder erheblich verletzt wurde. Das gilt ebenso für deren Angehörige.

Nach Ende des Zweiten Weltkrieges wurden in dem gesellschaftspolitischen Chaos bis Ende 1949 rund 200 Polizeibeamte getötet. Diese Fälle konnten nicht seriös ermittelt werden, sodass die systematische Untersuchung der Todesfälle erst 1950 anfängt. Seit dieser Zeit sind in (Gesamt-) Deutschland **191 Polizeibeamte** bei dienstlicher Tätigkeit durch den Angriff von Rechtsbrechern zu Tode gekommen. Das sind im statistischen Mittel drei Fälle pro Jahr; zum Vergleich: in den **USA** sind es 109 pro Jahr. Dabei zeigen die Untersuchungen in Deutschland in allen Fällen, dass überwiegend **Unbedarftheit, Sorglosigkeit und Routine** bei den Beamten die Hauptursachen für den bedauerlichen Tod waren. Die einfachsten Grundregeln der **Eigensicherung** wurden oft sträflich außer Acht gelassen. Vermeintliche Erfahrung der Beamten und bequeme Gewohnheiten verhinderten das Erkennen von Gefahren.

Die Veröffentlichungen über internationale Drogenkartelle, über chinesische Triaden und über osteuropäische Banden zeigen ebenso **keine besondere Gefährdung** von Polizeibeamten, solange sie nicht selbst an den illegalen Geschäften als Mittäter beteiligt sind.

Die italienischen Verhältnisse mit der klassischen **Mafia** in Palermo (Region Sizilien), **'Ndrangheta** in Catanzkaro (Kalabrien), **Saca Corona Unita** in Bari (Apulien) und der **Camorra** in Neapel (Kampanien) sind wegen der allgemeinen Verstricktheit der gesamten öffentlichen Verwaltung, bis in die höchsten Spitzen, in keiner Weise auf Deutschland übertragbar. Gleichwohl sind auch dort Polizeibeamte nicht das Ziel von Angriffen, selbst wenn sie an Festnahmeaktionen beteiligt waren. Diese Zurückhaltung gilt auch für solche Bandenmitglieder, die sich in den „Ruheraum Deutschland" zurückgezogen haben; selbst dann, wenn sie sich hier an den Geschäften der schweren Kriminalität beteiligen.

Die staatliche Auseinandersetzung mit dem **RAF-Terrorismus** (Rote-Armee-Fraktion) in den 1970er Jahren ist ein in sich geschlossener Komplex und nicht mit den Verhaltensweisen bei allgemeinen Verbrechern zu vergleichen. Im Laufe von zwanzig Jahren ermordete die RAF insgesamt **32 Menschen, davon sieben Polizeibeamte**. Ähnliche Verhaltensweisen gibt es bei religiös-extremistischen Minderheiten. Die hasserfüllten und ideologisch verblendeten Täter, die sich insbesondere gut geschützte Repräsentanten des Staates als Opfer aussuchen, sind jedoch dem kriminellen Gewaltmilieu fremd.

Kriminelle Täter wollen so schnell und so einfach wie möglich reich werden und dann eine bürgerliche Existenz leben. Von daher werden sie die Konfrontation mit dem Staat nicht auf die Spitze treiben und Polizeibeamten auflauern. Doch selbst die RAF-Täter sahen den Polizisten nur als notwendiges Ausführungsorgan und nicht als geistigen Initiator. Von daher war er nie deren Gewaltziel. Die Gefahr für die Polizei entstand erst in der tatsächlichen Konfrontation der Festnahmesituation, „wenn man sich den Weg freischießen" wollte.

Insofern kann eine **Diskrepanz** zwischen der tatsächlichen Gefährdung von Polizeibeamten und der persönlichen Empfindung bestehen. Eine konkrete Gefahr durch Racheakte wird auch von der Landesregierung NRW nicht gesehen (Streife, September 1992, S. 7).

Die hin und wieder behauptete Gefährdung von Polizeibeamten in ihrem **Privatleben**, weil sie dienstlich gefährliche Straftäter festgenommen haben, entspricht **nicht der Wirklichkeit**. Es sind keine Fälle bekannt, wo Straftäter Polizeibeamte aus Rache gezielt angegriffen haben. Die gleichen Erfahrungen gibt es bei Richtern und Staatsanwälten.

Bei einer Razzia im Rotlichtmilieu erschoss am 17.3.2010 ein Angehöriger der „Hells Angels" durch eine geschlossene Tür einen **SEK-Beamten**. Es war der erste Todesfall im Einsatz. Zwei Tage später veröffentlichte die deutsche Dachorganisation der Hells Angels ihr Bedauern und Mitleid mit den Angehörigen (FAZ vom 18.3.2010 und 20.3.2010, jeweils S. 9). Auch hier dürfte das vorrangige Motiv die Beschwichtigung der Strafverfolgungsbehörden gewesen sein.

Leider sind 2007 ein Beamter des Bundeskriminalamtes und zwei Beamte der Bundespolizei durch einen Sprengstoff-Anschlag in Afghanistan ermordet worden. Sie waren dort zum Schutz der Botschaft und deren Angehörigen eingesetzt. In der Trauerfeier wurde vom Bundesinnenminister an die Besonderheit des Polizeiberufes in der Gesellschaft erinnert: „Menschen können nur dann in Frieden und Freiheit leben, wenn es eine Ordnung gibt, die ihnen Schutz bietet, die Sicherheit gewährt“... „Die Polizeibeamten tragen ein hohes Risiko, damit wir alle ein geringeres Risiko tragen“ (FAZ vom 20.8.2007).

18.3 Festnahme

18.3.1 Rechtslage

18.3.1.1 Zweck der Festnahme

Die Festnahme hat den Zweck, Personen für die Durchführung des Strafverfahrens zur Verfügung zu haben. In diesem Zusammenhang kann es sich um die Verhinderung der Flucht, um die Sicherung von Spuren oder um die Abnahme von Fingerabdrücken handeln. Ferner soll die Person durch die Festnahme keine Gelegenheit erhalten, auf Zeugen oder Beweismittel rechtswidrig einzuwirken oder sich mit Mittätern abzusprechen. Da dies schwere Eingriffe in die Menschenrechte sind, bedarf es der **gesetzlichen Ermächtigung** (Art. 2 II und 19 GG). Durch die vorläufige Festnahme wird die Person längstens bis zum Ablauf des nächsten Tages festgehalten. Danach ist sie freizulassen oder einem Richter vorzuführen (Artikel 104 GG; § 128 StPO).

18.3.1.2 Belehrung nach Festnahme

Zur **Verhütung** von **Folter** und **unmenschlicher** oder **erniedrigender Behandlung** hat die Europäische Union die Mitgliedsländer aufgefordert, das Haftrecht zu ergänzen. Dem ist Deutschland mit dem Gesetz zur Änderung des Untersuchungshaftrechts vom 29.7.2009 nachgekommen (BGBl. 2009, S. 2274; Begründung zum Gesetz: Bundestagsdrucksache 16 / 11644). Danach ist § 127 StPO um Absatz 4 erweitert worden. Somit gelten auch für die vorläufige Festnahme durch die Polizei die neuen §§ 114a bis 114c StPO. Im Einzelnen ist geregelt:

Liegt bereits ein Haftbefehl vor, so ist dem Betroffenen bei der Verhaftung eine Abschrift auszuhändigen (§ 114a StPO).

Jeder verhaftete Beschuldigte ist unverzüglich und schriftlich über seine Rechte zu belehren (§ 114b StPO). Er ist darauf hinzuweisen, dass er

1. unverzüglich, spätestens am Tag nach seiner Ergreifung, dem Gericht vorzuführen ist, das ihn zu vernehmen und über seine weitere Inhaftierung zu entscheiden hat,
2. das Recht hat, sich zur Beschuldigung zu äußern oder nicht zur Sache auszusagen,

3. zu seiner Entlastung einzelne Beweiserhebungen beantragen kann,
4. jederzeit, auch schon vor seiner Vernehmung, einen von ihm zu wählenden Verteidiger befragen kann,
5. das Recht hat, die Untersuchung durch einen Arzt oder eine Ärztin seiner Wahl zu verlangen und
6. einen Angehörigen oder eine Person seines Vertrauens benachrichtigen kann, soweit der Zweck der Untersuchung dadurch nicht gefährdet wird.
7. Ausländer

7.1 Beherrscht der Betroffene die deutsche Sprache nicht hinreichend, so ist ihm zudem eine Übersetzung in einer ihm verständlichen Sprache auszuhändigen (§ 114b II StPO). Der Gesetzgeber empfiehlt, Merkblätter zu verwenden (Bundestagsdrucksache 16 / 11644, S. 16, zu Absatz 1).

7.2 Darüber hinaus kann er die unentgeltliche Hinzuziehung eines Dolmetschers verlangen (§ 114b II StPO).

7.3 Werden Ausländer als Beschuldigte festgenommen, so sind sie über ihr Recht auf konsularische Unterstützung zu belehren (Art. 36 WÜK). Diese Pflicht gilt auch für Polizeibeamte im Ermittlungsverfahren (BVerfG in NJW 2007, S. 499; § 114b II StPO). Zweck ist es, den Festgenommenen in den Genuss geregelter Unterstützung durch sein Heimatland kommen zu lassen (Kapitel 3.3).

Die Änderungen gelten auch für die Identitätsfeststellung nach §§ 163b und 163c StPO (Bundestagsdrucksache 16 / 11644, S. 16).

Zur allgemeinen Belehrung von Beschuldigten siehe Kapitel 11.7.3 und 11.16.5.

18.3.1.3 Fluchtgefahr

Nach Auffassung des Bundesverfassungsgerichtes (NJW 1982, S. 29) liegt der Haftgrund der Fluchtgefahr bereits dann vor, wenn nicht **auszuschließen ist**, dass sich der Beschuldigte dem Strafverfahren entziehen werde. Dabei sieht das Gericht die **Gefahr der Flucht** schon dann als begründet an, **wenn nicht feststeht**, ob der Tatverdächtige feste Wohnung, feste soziale Bindung oder Arbeit hat. Insofern hat der Festgenommene nachzuweisen, dass Gründe vorliegen, die einer Flucht entgegenstehen.

Diese Art von **Beweisumkehr** ist verfassungsgemäß, da hier der Tatverdächtige nicht seine Unschuld bezüglich der begangenen Tat beweisen soll, sondern den Nachweis erbringen, dass der Haftgrund der Fluchtgefahr nicht gegeben ist und er für das durchzuführende Strafverfahren jederzeit zur Verfügung steht.

Der § 112 II 2. StPO fordert bei der Fluchtgefahr bestimmte **Tatsachen**. Darunter ist auch zu verstehen, dass es im Augenblick der Festnahme unmöglich ist, die

Gründe, die einer Flucht entgegenstehen, zu überprüfen. Diese Überprüfung soll Klarheit schaffen, ob die Fluchtgefahr bestätigt oder entkräftet wird (BGH in NJW 1990, S. 1188). Ist die Überprüfung z. B. während der Nachtzeit nicht sofort möglich, so darf sie am nächsten Morgen / Tag durchgeführt werden. So lange besteht Fluchtgefahr.

18.3.1.4 Verdunkelungsgefahr

Sind noch nicht alle Beweise gerichtsfest gesichert, so besteht Verdunkelungsgefahr. Es besteht die Gefahr, dass der Beschuldigte auf Mittäter oder Zeugen in **unlauterer Weise** einwirken bzw. Beweismittel beiseiteschaffen wird. Eine solche Einwirkung muss jedoch an Tatsachen erkennbar sein und konkret nachgewiesen werden.

Ist die Straftat jedoch von **mehreren Personen** begangen worden, so ist stets die Annahme gerechtfertigt, dass sich diese Personen absprechen (BVerfG in NJW 1982, 29). Diese Gefahr können die Täter dadurch beseitigen, indem sie ein umfassendes Geständnis ablegen und Hinweise auf die Beweismittel geben.

18.3.1.5 Verhältnismäßigkeit

Für den Zeitraum der Freiheitsentziehung hat die Polizei die Verhältnismäßigkeit zu prüfen. Der beabsichtigte strafprozessrechtliche Eingriff in die Rechte von Tatverdächtigen oder Beschuldigten muss in angemessenem Verhältnis zu der **Schwere der Straftat**, und zwar der **Strafandrohung**, stehen und durch die Stärke des bestehenden Tatverdachts gerechtfertigt sein. Die mit der Aufklärung der Tat verbundenen Nachteile dürfen nicht stärker belasten als die erwartete Strafe (BVerfGE 16, 202 und 17, 117).

Die tatsächlich später verhängte Strafe ist zu diesem Zeitpunkt nicht festzustellen, weil die Umstände der Verwerflichkeit der Tatausführung, der Rechtswidrigkeit und der Schuld noch nicht ermittelt sind (BVerfG in NStZ 2004, 270). Insofern ist das **Richtmaß die mögliche Strafandrohung** im Gesetz. Straftaten mit einer Höchststrafe bis zu fünf Jahre werden als mittlere Kriminalität angesehen, Strafandrohungen darüber hinaus der schweren Kriminalität zugeordnet. So wird beispielsweise beim besonders schweren Fall des Diebstahls Freiheitsstrafe bis zu zehn Jahren angedroht (§ 243 StGB). Dass die Gerichte später geringere Strafen verhängen, ist bei der Abwägung der Verhältnismäßigkeit zum Zeitpunkt der Festnahme (Kapitel 7.4.1) unerheblich. Im Ergebnis ist somit die vorläufige Festnahme bei einem schweren Diebstahl durchaus verhältnismäßig (Beispiel in Kapitel 6.11.2).

18.3.2 Taktik

Jede Festnahme verläuft anders. Dabei entstehen auch Situationen, die in keiner Weise vorhersehbar sind. Ferner gilt auch bei der Festnahme der Grundsatz der Verhältnismäßigkeit der Mittel, der Überreaktionen verbietet.

Gleichwohl wird eine gründliche Vorbereitung die Gefahrensituation mindern, ohne martialisch auftreten zu müssen.

Der **Festnahmeverlauf** wird von verschiedenen Kriterien beeinflusst. So ist die vorausgegangene Straftat von entscheidender Bedeutung. Liegt hier z. B. ein Vermögensdelikt oder ein Gewaltdelikt zugrunde? Welche Persönlichkeitsstruktur hat der Verdächtige? Hat er bei der Tatausführung List oder Gewalt angewandt? Diese Verhaltensweise dürfte er auch bei der Festnahme zeigen. Ferner wird die Festnahmeörtlichkeit den Verlauf beeinflussen. Soll dies auf offener Straße, in einer Wohnung, in einem öffentlichen Gebäude oder in einem Verkehrsmittel erfolgen? Der Festzunehmende wird seine Chancen zur Flucht oder zur Hilfe durch Angehörige oder Mittäter stets abschätzen und nach Möglichkeit nutzen. Ferner werden **Anzahl und Ausbildungsstand** der eigenen Kräfte sowie die Vorbereitungsmöglichkeiten den Verlauf beeinflussen. Muss die Festnahme von einer Streifenwagenbesatzung in einer Sofortlage bewältigt werden oder bleibt Zeit, eine Spezialeinheit damit zu beauftragen?

Besonders schwierig ist die **Sofortlage**. Hier gilt es, einen kühlen Kopf zu behalten und Prioritäten zu setzen. Als oberster Grundsatz gilt: **Sicherheit geht vor Erfolg**! Lieber die Szene beobachten und Verstärkung anfordern, als um jeden Preis den Erfolg wollen.

Bei einer **geplanten Festnahme** ist zunächst personen- und ortsbezogen aufzuklären. Hierzu zählen insbesondere der Abgleich der Personalien des Festzunehmenden mit den Meldedaten der Ordnungsämter, dem Informationssystem der Polizei (INPOL) und dem Zentralen Verkehrsinformationssystem (ZEVIS) (Kapitel 9).

Anhand der **Meldedaten** soll festgestellt werden, ob und wo der Gesuchte amtlich gemeldet ist. Auch wenn diese Feststellung positiv verläuft, so heißt das nicht, dass er dort auch wohnt oder lebt. Seine persönlichen Verhältnisse können sich **von Tag zu Tag verändern**, z. B. bei Streit mit dem Ehepartner oder Flucht vor Inkassofirmen. Eine amtliche Anmeldung ist somit kein Argument für eine feste Wohnung.

In **INPOL** kann festgestellt werden, ob weitere Fahndungsdaten (Kapitel 9) vorhanden sind, um einerseits diese Daten zusammenzuführen oder andererseits die Erkenntnisse von den dafür zuständigen Behörden zu erfragen. Ferner kann festgestellt werden, ob sich die Person in anderer Sache bereits in Haft befindet.

Vorhandene **Kriminalpolizeiliche personenbezogene Sammlungen** (Kapitel 17) geben Hinweise auf frühere Aufenthaltsorte, Mittäter, Verkehrslokale, Kontaktadressen, benutzte Kraftfahrzeuge und personengebundene Verhaltensweisen. Ebenso kann festgestellt werden, ob Lichtbilder und Fingerabdrücke vorliegen, die bei der Identifizierung besonders hilfreich sind.

Eine sehr zuverlässige und kompetente Quelle ist der für den Wohnbezirk zuständige **Bezirksbeamte** der Polizei.

Vor jeder Festnahme sollte der Festnahmeort observiert werden, auch wenn das nur kurzfristig geschieht (Kapitel 10). So kann festgestellt werden, mit welchen Besonderheiten zu rechnen ist.

Soll die **Festnahme in einem Gebäude** erfolgen, so ist eine gründliche **Aufklärung** unerlässlich. Hierzu zählt insbesondere die Verkehrslage mit den Anfahrtmöglichkeiten. Wie viele Ein- und Ausgänge sind vorhanden? Gibt es neben Treppenhäusern auch Fahrstühle und Fluchteinrichtungen bei Brandgefahr? Gibt es zu jeder Wohnung separate Kellerräume, Dachböden oder Gemeinschaftseinrichtungen? Gibt es Nebengebäude für Haustiere oder Gartengeräte? Werden Räume von anderen Mietern mitbenutzt? Wo sind die Garagen und die Kfz-Abstellplätze? Kann der Gesuchte hiervon mehrere benutzen? Für die eigentliche Wohnung sind Grundrisse bei der Baubehörde zu beschaffen. Nur so kann im Einsatz die innere Absperrung sinnvoll eingesetzt werden. Ferner sind damit Raumabtrennungen und Verstecke zu erkennen (Ein Täter der „Geiselnahme Gladbeck“ versteckte sich dort, Kapitel 4.3.14). Dies gilt insbesondere für Dachwohnungen, bei denen Hohlräume durch die Dachschräge entstehen. Darüber hinaus sind Fluchtmöglichkeiten festzustellen, insbesondere durch Fenster. Auch wenn die Wohnung im oberen Stockwerken liegt, ist nicht auszuschließen, dass Fluchtmöglichkeiten über Balkone, über das Dach, über Blitzableiter oder über Regenfallrohre bestehen.

Bei der **Festlegung der Kräfte** sowie der Führungs- und Einsatzmittel ist nicht nur die eigentliche Festnahme zu bedenken. Es sind auch Vorkehrungen zu treffen, wenn z. B. weibliche Personen angetroffen und durchsucht oder Kinder in Obhut zurückgelassen werden müssen. Ferner ist zu bedenken, ob Haustiere, eventuell sogar gefährliche, angetroffen werden oder in Pflege zu geben sind. Hier sind weibliche Einsatzkräfte, Vertreter von Jugendämtern oder Tierpfleger vonnöten. Ist mit **Gewaltanwendung** zu rechnen, so ist der ärztliche Notdienst zu benachrichtigen bzw. in der Nähe bereit zu halten.

Die Durchführung der Festnahme wird von der **Täterpersönlichkeit und der Örtlichkeit** bestimmt. Es gilt der Grundsatz: Entschlossen vorgehen, aber unangemessene Härte vermeiden! Erfolgt die Festnahme in der Öffentlichkeit, so hat ein Beamter die Aufgabe, die zufällig anwesenden Bürger darüber aufzuklären, dass es sich um eine polizeiliche Maßnahme handelt, um so Solidarisierungs- oder Unterstützungseffekte zu vermeiden. Insgesamt sollte öffentliches Aufsehen und das Bloßstellen des Betroffenen vermieden werden.

Der Festgenommene ist sofort nach gefährlichen Gegenständen zu **durchsuchen**. Ist eine **Fesselung** zulässig und geboten, so sind die dienstlichen Handfesseln zu benutzen. Dabei ist darauf zu achten, dass der Festgenommene die Fesselung nicht als **Schlag- oder Würgewerkzeug** benutzen kann.

Auf der **Dienststelle** erfolgt sodann eine **gründliche Durchsuchung** einschließlich des Dienst-Kfz, in dem er transportiert wurde. Hier können Gegenstände verloren gegangen sein oder bewusst abgelegt worden sein. Ferner ist zu prüfen, ob Angehörige zu benachrichtigen sind oder ob dies die weiteren Ermittlungen erschwert, so z. B. Durchsuchungen oder andere Festnahmen. Verlangt der Festgenommene einen **Anwalt,** so ist der Kontakt umgehend herzustellen (§ 137 StPO). Zu den diesbezüglichen Besonderheiten siehe Kapitel 11.8 und 18.3.1).

Ein besonderes Problem stellen Festnahmen dar, bei denen der Festzunehmende nicht nur Straftäter ist, sondern von dem zusätzlich erhebliche **Gefahren** ausgehen. So z. B. der zu allem entschlossene **Geiselnehmer** (PDV 132). Einerseits soll der Täter für das bevorstehende Strafverfahren zur Verfügung stehen, andererseits muss die unmittelbare Lebensgefahr oder schwere Leibesgefahr für die Geiseln beseitigt werden. Darüber hinaus soll aus rechtspolitischen Gesichtspunkten die andauernde Straftat möglichst schnell ihr Ende finden.

Eine solche Lage stellt höchste Anforderungen an die Entscheidungsträger. Besteht **akute Lebensgefahr** für die Geiseln, so müssen die zuerst eintreffenden Beamten sofort den **Notzugriff** wagen. Diese Entscheidung ist jedoch nur dann zu vertreten, wenn dies die einzige Alternative zu der unmittelbaren Lebensbedrohung ist. Ein Zugriff durch die ersten Kräfte ist auch dann geboten, wenn sich eine **günstige Gelegenheit** ergibt, die Geiseln ohne jedes Risiko zu befreien. Dabei entscheiden allein die Beamten vor Ort nach pflichtgemäßen Ermessen, so wie sie die Lage in dem Augenblick einschätzen (BGHSt 21, 334 [363], Text in Kapitel 25.2). Sollte zu einem späteren Zeitpunkt andere Erkenntnisse vorliegen, so hat das keinen Einfluss auf die Rechtmäßigkeit ihrer Entscheidung (Kapitel 25.6.2.2).

Die geplante Festnahme eines solchen Täters und die unversehrte Befreiung der Geiseln ist jedoch so komplex, dass die Lage nur mit speziell ausgebildeten und ausgerüsteten Beamten bewältigt werden kann. Die zuvor genannten Regeln zur Vorbereitung einer Festnahme haben aber auch für diesen Fall besondere Bedeutung. Darüber hinaus ist vorsorglich ärztliche Nothilfe anzufordern.

Flüchten Straftäter mit Kraftfahrzeugen auf der Autobahn, so ist deren Anhalten durch einen „künstlichen Stau“ problematisch. Werden dadurch nichtverantwortliche Personen gefährdet, so kann die Maßnahme rechts- und pflichtwidrig sein (LG Bückeburg, a.a.O.)

18.4 Durchsuchung

18.4.1 Rechtslage

18.4.1.1 Zweck

Die Durchsuchung hat den Zweck, Verdächtige zu ergreifen und Flüchtige, Vermisste, Leichen, Beweismittel oder gefährliche Gegenstände aufzufinden. Je nach Durchsuchungsziel wird der Betroffene die Maßnahmen unterstützen oder erschweren. Im Allgemeinen gilt die Erfahrung, dass entlastende Durchsuchungen unterstützt und belastende erschwert werden. Ebenso ist es mit der Beteiligung der Bevölkerung.

Bei der Durchsuchung sind **rechtliche** und **taktische** Aspekte zu bedenken. Unter rechtlichen Gesichtspunkten ist zwischen Gefahrenabwehr und Strafverfolgung zu unterscheiden. Während zur **Gefahrenabwehr** Zweckmäßigkeitserwägungen (BVerwGE 39, 190 [193]) im Vordergrund stehen, ist im Hinblick auf das **Strafverfahren** die Einhaltung der rechtlichen Vorschriften zwingend, denn bereits hier können **Beweisverbote** entstehen. Welche Bedeutung das inzwischen für das Strafverfahren hat, lässt sich auch an dem Interesse der Strafverteidiger erkennen, die anwaltlichen Beistand vor Ort für unerlässlich halten (*Michalke,* a.a.O., NJW 2008, 1490).

Die Strafprozessordnung enthält für die Durchsuchung wesentliche Formvorschriften:

- § 105 **Anordnung,**
- § 104 **Zeitpunkt**,
- § 105 II Hinzuziehung von **Zeugen,**
- § 106 **Anwesenheit des Betroffenen**,
- § 107 **Schriftlichen Bestätigung** und
- § 110 **Durchsicht von Papieren**.
- Darüber hinaus gelten die polizeirechtlichen Vorschriften, dass Personen nur von solchen gleichen Geschlechts oder von Ärzten durchsucht werden dürfen. Trägt eine Person anderen Geschlechts einen offenkundig gefährlichen Gegenstand am Körper, so kann diese Gefahr sofort beseitigt werden.

Das Bundesverfassungsgericht hat am 2.3.2006 klargestellt, dass eine Durchsuchung „ein erheblicher Eingriff in die Grundrechte" ist und deshalb besondere Anforderungen an die Verhältnismäßigkeit, an den Tatverdacht und an die Auffindewahrscheinlichkeit der gesuchten Gegenstände zu stellen sind (NJW 2006, S. 976 [983]).

Wird eine **Wohnung durchsucht**, so ist nach Feststellung des Bundesverfassungsgerichtes die **Entscheidung eines Richters** von besonderer Notwendigkeit, weil hier in das Grundrecht nach Art. 13 I und II GG eingegriffen wird (NJW 2007, 1444). Zuständig für die richterliche Entscheidung ist der Ort, in dem die Antrag stellende Behörde ihren Sitz hat (BGH in: NStZ 2008, S. 578).

Darüber hinaus muss die richterliche Begründung für die Durchsuchung einen strafrechtlichen Tatverdacht nennen, der über vage Anhaltspunkte oder bloße Vermutungen hinausgeht (BVerfG in NJW 2007, S. 1443). Ebenso müssen bei einer Durchsuchung beim Verdächtigen (§ 102 StPO) die gesuchten Beweismittel nach Möglichkeit wenigstens ihrer Gattung nach umschrieben sein (BverfG, NStZ 2002, 212). Beim Unverdächtigen (§ 103 StPO) müssen die Beweismittel hinreichend konkretisiert werden (BGH in: NStZ 2002, S. 215).

Ist aber **keine Zeit**, die richterliche Anordnung einzuholen, weil die gesuchten Personen geflüchtet oder Sachen beseitigt sind, dann liegt „Gefahr im Verzug" vor und die Polizei darf sofort handeln. Damit dies glaubwürdig nachvollzogen werden kann, muss die Polizei darüber einen schriftlichen Vermerk fertigen und der Akte beiheften. Macht sie das nicht, so dürfen die gefundenen Beweismittel nicht verwendet werden. Es besteht **Beweisverwertungsverbot** (BVerfG in NStZ 2003, 319, und 2004, S. 449).

Wird bei einem Eilfall ein „unwilliger" **Ermittlungsrichter** angetroffen, der nicht auf telefonischen Antrag entscheiden will, so fällt die Entscheidungskompetenz „bei Gefahr im Verzug" wieder auf den Polizeibeamten oder den Staatsanwalt zurück (NStZ 2010, 415; BVerfGE 103, 142 [154]).

18.4.1.2 Belehrung bei Durchsuchung

Wird beim Tatverdächtigen durchsucht, so sollte hier bereits die Belehrung als Beschuldigter (Kapitel 11.7.3) erfolgen, weil dann alle Äußerungen **während der Durchsuchung** beweiserheblich protokolliert werden können und im Gerichtsverfahren zur Verfügung stehen. Bei Nichtbeachtung der Vorschriften bietet sich dem Verteidiger die Möglichkeit, die Zuverlässigkeit des Kriminalisten infrage zu stellen und damit seine gesamte Arbeit in Zweifel zu ziehen.

Besonders eingreifend ist das seit 2002 bestehende **Beweisverwertungsverbot** für die gefundenen Beweismittel, wenn die **Gefahr im Verzug** für die Anordnung der Durchsuchung nicht zweifelsfrei begründet und dokumentiert ist (Kapitel 3.3). Das absolute **Verwertungsverbot** bei nicht begründeter und nicht protokolierter Gefahr im Verzug hat der Bundesgerichtshof zwar dann ein wenig „gelockert", wenn ein Staatsanwalt die Anordnung getroffen hat und die Maßnahme nicht willkürlich war, das heißt, ein Richter hätte vermutlich ebenfalls die Durchsuchung angeordnet (NStZ 2004, S. 449).

18.4.2 Taktik

Durchsuchungssubjekte sind Menschen. Hier sind als Verstecke die Kleidung, mitgeführte Gegenstände, der äußerliche Körper und das Körperinnere von Bedeutung. Während Kleidung und mitgeführte Gegenstände abgelegt und so gründlich durchsucht werden können, gelten für die **körperliche Untersuchung und Durchsuchung** besondere Vorschriften. Als oberster Grundsatz gilt, dass die Gesundheit durch die Maßnahme in keiner Weise beeinträchtigt werden darf. Deshalb ist mit der Durchführung stets ein Arzt zu betrauen. Als Verstecke kommen die natürlichen Körperöffnungen, die Achseln und die Haare in Betracht. Darüber hinaus werden als sogenannter „Körperschmuggel“ zunehmend Gegenstände geschluckt; insbesondere im **Rauschmittelbereich** (*Weihmann,*2003, a.a.O.). Hierbei bedient sich die Person eines Behälters, der von den Verdauungssäften nicht angegriffen wird und auf dem Röntgenschirm nicht zu erkennen ist. Gebräuchlich sind Kondome. In solchen Fällen ist zu prüfen, ob mit Hilfe von Abführmitteln und der Kontrolle der Ausscheidungen das Beweismittel gefunden werden kann. Die Einfälle der Täter und die angewendeten Methoden des Versteckens sind so vielfältig, dass sich der Kriminalist nur durch ständige Lektüre von Fachzeitschriften auf dem Laufenden halten kann.

Durchsuchungsobjekte können freies Gelände, Wald, Gewässer, Gebäude, Wohnungen, Wohnwagen, Schiffe, Kraftfahrzeuge oder Behälter sein. Hier empfiehlt es sich, stets Fachleute hinzuzuziehen, um alle Versteckmöglichkeiten zu finden. Der tragische Fall des neunjährigen Mädchens Kassandra, das schwer körperlich misshandelt und bewusstlos in einen Kanalschacht (Gully) gesteckt und dort von einem Polizeihund gefunden wurde, zeigt, was alles möglich ist (FAZ vom 18.9.2009, S. 7). Bei der Durchsuchung von freiem Gelände und von Wald ist der Einsatz des Hubschraubers sehr hilfreich. Hierdurch können Grabungen festgestellt sowie bestellte Getreideflächen und Baumwipfel abgesucht werden. Für Durchsuchungen in bedeutenden Fällen unterhält das Landeskriminalamt eine spezielle Gruppe. Diese steht auch in allen anderen Fällen zur Beratung zur Verfügung. Um sich einen Überblick von der Beschaffenheit einer freien Geländes zu verschaffen, ist das Internet-Programm „Google Earth“ zu empfehlen.

Der **Zeitpunkt** der Durchsuchung ist zunächst in der Rechtsvorschrift des § 104 StPO geregelt. Doch wird er entscheidend vom Durchsuchungsziel bestimmt. Hierbei sind ausschlaggebend die zeitliche Dringlichkeit und die Zweckmäßigkeit. So kann es vonnöten sein, sofort zu durchsuchen, weil sonst der Erfolg gefährdet ist. Ferner kann aber auch zwingend sein, so lange zu warten, bis sich der Gesuchte oder der Beweisgegenstand tatsächlich an dem Durchsuchungsort aufhält oder befinden. Darüber hinaus bestimmen zu erwartende Störungen den Zeitpunkt der Durchsuchung und die Frage, ob gleichzeitig an mehreren Orten durchsucht werden soll. Diese Überlegungen sind ein entscheidender Teil der Vorbereitungen.

Die **Durchführung** der Durchsuchung muss schlagartig mit einer äußeren und inneren Absperrung beginnen. Dabei sind **Spezialkräfte** zum Öffnen von Türen und Behältern, zur sachgerechten Behandlung von Kranken, weiblichen Personen, Kindern, Tieren oder gefährlichen Substanzen mitzuführen. In Einzelfällen kann auch die Bereitstellung eines **Notarztes** erforderlich sein. Während der Durchsuchung ist der Betroffene ständig zu begleiten und zu beobachten. An seinen Reaktionen ist oft abzulesen, ob sich die Durchsuchungskräfte den Beweismitteln nähern.

Wird bei Ausländern durchsucht, so ist ein Dolmetscher mitzunehmen.

18.5 Beschlagnahme

Auch bei der Beschlagnahme (§§ 94 und 111c StPO) gibt es rechtliche und taktische Aspekte. Gegenstand der Beschlagnahme können **Beweismittel,** aber auch **Einziehungs- und Verfallsgegenstände** (§ 73 ff StGB) sein.

Alle beschlagnahmten Gegenstände sind in einem **Verzeichnis** zweifelsfrei zu bezeichnen. Das Verzeichnis ist vom Betroffenen gegenzuzeichnen. Danach erhält er eine Durchschrift. Werden die Gegenstände nicht mehr für das Strafverfahren benötigt und stehen Ansprüche Dritter nicht entgegen, so sollen sie dem Geschädigten ausgehändigt werden. Dies gilt insbesondere für Diebesgut. Der Beschuldigte soll in der Vernehmung (Kapitel 11) erklären, dass er mit der **Aushändigung** an den Geschädigten einverstanden ist (§ 111k StPO).

Aus taktischer Sicht ist sicherzustellen, dass besonders **empfindliche oder verderbliche** Gegenstände sachgerecht behandelt werden. So sollten Pelzwaren einem Kürschner und Teppiche einem entsprechenden Händler zur Aufbewahrung übergeben werden. Nahrungsmittel sind in Kühlhäusern zu lagern. Ist dies nicht möglich, so können sie im Einvernehmen mit der Staatsanwaltschaft an Sozialeinrichtungen abgegeben oder veräußert werden.

Alle übrigen Gegenstände sind im **Asservatenbuch** aufzunehmen und in der **Asservatenstelle** aufzubewahren. Wird **Bargeld** nicht als dingliches Beweismittel benötigt, so ist es auf ein Behördenkonto zu überweisen und die Quittung zu den Akten zu nehmen.

18.6 Beispiele

18.6.1 Festnahmeanzeige, siehe Kapitel 6.11.2

18.6.2 Durchsuchungsbericht

Am Samstag, Datum, gegen 16.00 Uhr, wurde der umseitig beschriebene Karl Meier anlässlich einer allgemeinen Verkehrskontrolle mit seinem Fahrzeug, VW-Golf, Kennzeichen, in A-Stadt, auf der Ottostraße angehalten. Während der Überprüfung des Fahrzeugs konnte auf den umgelegten Rücksitzen ein Zigarettenautomat für Außenmontage gesehen werden, der gewaltsam geöffnet war. In Höhe der Schlösser waren deutliche Aufbruchspuren erkennbar. Der Automat war leer. Auf Nachfrage erklärte Meier, er habe den Automaten am Kanal gefunden und wolle ihn beim Schrotthändler verkaufen.

Nach **Belehrung als Verdächtiger** (§ 55 StPO) verwickelte sich Karl Meier in Widersprüche, sodass der Verdacht besteht, dass er den Automaten gestohlen und aufgebrochen hat. Jetzt wurde er als **Beschuldigter belehrt** (§ 163a IV StPO).Weil keine Werkzeuge, kein Münzgeld und keine Zigaretten im Kfz vorhanden waren, besteht der Verdacht, dass diese sich in seiner Wohnung befinden. Der Automat wird beschlagnahmt (Asservat Nr. 1).

PK Müller, **Einsatzleitstelle** der Polizeibehörde, wurde gebeten, beim örtlichen Amtsgericht telefonisch eine **richterliche Anordnung** für die Durchsuchung der Wohnung des Karl Meier zu erwirken (BVerfG in NStZ 2003, 319). Er teilte mit, dass das Amtsgericht telefonisch nicht erreichbar sei. Unter der auf der Dienststelle vorhandenen Rufnummer für Notfälle meldete sich ebenfalls niemand. **Somit besteht Gefahr im Verzug**. Der diesbezügliche Aktenvermerk ist beigefügt.

PK Schnell und ich fuhren zusammen mit Karl Meier zu seiner Wohnung, einem Sechsfamilienhaus, Ort, Straße, Hausnummer, Stockwerk, und trafen dort um 16.45 Uhr ein. Anwesend war die Ehefrau Herta geb. Krause. Das Ehepaar Maria und Walter Schulze aus der Nachbarwohnung wurde als **Zeugen** (§ 105 II StPO) hinzugezogen.

Da der **Verdacht besteht, dass Frau Meier** an dem Automatendiebstahl beteiligt ist wurde sie als Beschuldigte belehrt §163a IV StPO).

In Gegenwart (§ 106 StPO) der Eheleute Meier wurden die Dreizimmerwohnung, ein Kellerraum, der Dachboden und die Garage durchsucht. Nach Auskunft der Zeugen hat das Ehepaar Meier keine weiteren Räume zur Verfügung.vIn der hinter dem Haus frei stehenden Garage der Eheleute Meier ist eine „Hobbywerkstatt" eingerichtet. Eine Werkbank mit Schraubstock ist aufgestellt. Werkzeuge sind vorgehalten, mit denen einfache Reparaturen an Kraftfahrzeugen durchgeführt werden können. Auf der Werkbank und auf dem Boden werden kleine Blechreste gefunden, die in Form und Farbe von den Aufbruchstellen am Automaten stammen könnten. An einem auf der Werkbank liegenden Brecheisen sind Farbreste zu erkennen, die ebenfalls vom Automaten stammen könnten.

Die Blechreste und das Brecheisen werden beschlagnahmt und einzeln verpackt (Asservate Nr. 2 und 3).

In einem blauen Müllsack, der in der hinteren Ecke der Garage steht, befinden sich mehrere Hundert Schachteln Zigaretten verschiedener Marken. Der Sack mit den Zigaretten wird beschlagnahmt (Asservat Nr. 4).

Im Wohnzimmer, im unteren Fach Schrankes, befindet sich eine metallene Keksdose von etwa zehn cm Höhe und etwa 20 cm Durchmesser. Diese Dose ist bis zur Hälfte mit Münzgeld, 1 und 2 Euro-Stücken, gefüllt. Diese Dose mit dem Geld wird beschlagnahmt (Asservat Nr. 5).

Herr Meier erhebt gegen die Beschlagnahme Widerspruch. Ihm wurde erklärt, dass die Anordnung zur Beschlagnahme am kommenden Werktag beim Amtsgericht beantragt wird (§ 98 StPO).

Hurtig, PK, Unterschrift

18.6.3 **Beschlagnahmebestätigung** (für den Betroffenen)

Behörde Ort, Datum
Dienststelle

Am Samstag, Datum, Uhrzeit, wurde bei den Eheleuten Karl und Herta Meier, Ort, Straße, der PKW, die Wohnung, der Keller, der Dachboden und die Garage durchsucht.

Als Zeugen waren die Nachbarn, das Ehepaar Maria und Walter Schulze, gleiche Anschrift, anwesend.

Es besteht der Verdacht, dass Karl Meier einen Zigarettenautomaten gestohlen hat und Beweismittel hierzu in seiner Wohnung aufbewahrt (§ 107 StPO).

Trotz Bemühungen konnte ein Richter für die Anordnung der Durchsuchung nicht erreicht werden. Beim Abwarten bis zum nächsten Werktag besteht die Gefahr, dass die Beweismittel beseitigt werden, sodass Gefahr im Verzuge vorliegt (§ 105 StPO).

Beschlagnahmt wurden (§ 109 StPO):
- Ein Zigarettenautomat.
- Mehrere Blechreste, die von einem Zigarettenautomaten stammen könnten.
- Ein Brecheisen mit Farbanhaftungen.
- Ein blauer Müllsack mit Zigarettenschachteln.
- Eine Metalldose mit Münzgeld, 1 und 2 Euro-Stücke.

Name, Dienstgrad, Unterschrift

19 **Staatsanwaltschaft** (Kapitel 1.3.4 und 1.3.5)

19.1 Literatur

Altvater, Die Rolle der Staatsanwaltschaft in einer selbstverwalteten Justiz, in: NStZ-Sonderheft, 25.6.2009, S. 4

Artkämper, u.a. Aufgabenfelder der Staatsanwaltschaft, Münster 2008

Artkämper, Qualitätsstandards des strafrechtlichen Ermittlungsverfahrens, in: Kriminalistik 2002, S. 146

Braun, Die unendliche Geschichte. Das Verhältnis von Polizei und Staatsanwaltschaft, in: Kriminalistik 1990, S. 517

Fezer, Inquisitionsprozess ohne Ende? Zur Struktur des neuen Verständigungsgesetzes, in: NStZ 2010, S. 177

Gerke, Das Verhältnis von Polizei und Staatsanwaltschaft, Festschrift zum 20jährigen Bestehen der Fachhochschule für öffentliche Verwaltung NRW, Erfurt 1996, S. 133

Groß / Geerds, Handbuch der Kriminalistik, Band II, S. 468, (214, 251, 529, 605), Berlin 1978

Henrichs / Schmitt, Absprachen im Strafprozess – Rechtswidriger Deal oder prozessökonomische Notwendigkeit?, in: Kriminalistik 2003, S. 616.

Körner, Staatsanwaltschaft und Polizei, in: Kriminalistik 1992, S. 130

Kröniger, Formen der Zusammenarbeit zwischen Polizei und Staatsanwaltschaft (Bundesweite empirische Bestandsanalyse), in: Kriminalistik 2004, S. 613

Schaefer, Verhältnis von Staatsanwaltschaft und Polizei, in: Kriminalistik 2004, S. 753

Siolek, Der „Vergleich" im Strafprozess, in: Kriminalistik 1995, S. 433

Schmidt, [Eberhard] Einführung in die Geschichte der deutschen Strafrechtspflege, 1965

Vorschriften und Rechtsprechung

BGHSt 3, 134 [137], Gemeinsame Ausübung der Strafgerichtsbarkeit durch Bund und Länder durch die zur Strafrechtspflege verbundenen Organe der Gerichte, Staatsanwaltschaften und Polizeien

BVerwGE 47, 255, 262 u. [263], Die Polizei ist der „verlängerte Arm der Staatsanwaltschaft"

BGH in: **NStZ** 2003, S. 671, Das polizeiliche und das staatsanwaltschaftliche Ermittlungsverfahren bilden eine unteilbare Einheit. Selbstständige strafprozessrechtliche Entscheidungen der Polizei, die nach außen wirken, hat die Staatsanwaltschaft zu akzeptieren

BGHSt 21, 334 [363], Wenn die Vornahme einer Amtshandlung von dem Vorhandensein bestimmter sachlicher Voraussetzungen abhängt, weist das Gesetz dem (Polizei-) Beamten auch die Prüfung zu, ob diese Voraussetzungen im Einzelfall gegeben sind, und stellt damit die Vornahme der Amtshandlung letztlich in sein Ermessen

BGHSt 45,195, Absprachen / Verständigungen im Strafverfahren zwischen Gericht, Anklage und Verteidigung [sind erlaubt]

BGH in: NStZ 2004, S. 342, Das Ergebnis von Absprachen außerhalb der Gerichtsverhandlung muss im Protokoll der Hauptverhandlung niedergelegt werden

§ 152 GVG „Ermittlungspersonen der Staatsanwaltschaft“, Erstes Justizmodernisierungsgesetz vom 24.8.2004, BGBl. 2004, S. 2198 [2207], und Bundestags-Drucksache 15 / 3482, S. 25

Richtlinien für das Straf- und Bußgeldverfahren (RiStBV)

Richtlinien für den Verkehr mit dem Ausland in strafrechtlichen Angelegenheiten (RiVASt)

Gemeinsame Richtlinien der JM und IM des Bundes und der Länder über die Anwendung unmittelbaren Zwanges durch Polizeibeamte auf Anordnung des Staatsanwaltes, in: RiStBV, Anlage A

Gesetz zur Einrichtung und zur Regelung der Aufgaben des „Bundesamts für Justiz“ [BfJ in Bonn], vom 17.12.2006, BGBl. S. 3171

Gesetz zur Regelung der Verständigung [Absprachen] im Strafverfahren vom 29.7.2009, BGBl. 2009, S. 2353, § 160b StPO

Registerzeichenverordnung (allgemeiner Aufbau der Aktenzeichen bei Gerichten und Staatsanwaltschaft [abgedruckt bei Schönfelder als Anhang]).

19.2 Geschichte

Die **Bundesrepublik Deutschland** nimmt als Ganzes die Gerichtsbarkeit wahr. Darin sind die Länder zur gemeinsamen Ausübung der Strafrechtspflege verbunden und sämtliche im Bundesgebiet befindlichen Gerichte, Staatsanwaltschaften und Polizeibehörden als Organe ein und derselben Strafgewalt anzusehen. Hat ein Gericht eine Sache angenommen, so sind alle anderen von der Gerichtsbarkeit ausgeschlossen (§ 12 StPO). Das Bundesland, bei dessen Gericht die Sache rechtshängig ist, vollzieht auch den Strafanspruch (BGHSt 3, 134 [137]).

In Deutschland wurde in der Paulskirchenverfassung von 1848 erstmals von einem „Anklageprozess“ und somit indirekt von der Staatsanwaltschaft gesprochen. Erst 1877 wurde dies im Gerichtsverfassungsgesetz (§ 141 ff.) geregelt, was in den Grundzügen bis heute erhalten ist. Die Staatsanwaltschaft ist demnach von den Gerichten unabhängig (§ 150 GVG) und ein gleich geordnetes Organ der Strafrechtspflege (*Schmidt,* a.a.O.).

Die Staatsanwaltschaft ist eine hierarchisch aufgebaute Justizbehörde, die den Ministern in Bund und Ländern unterstellt ist. Der Leiter der Staatsanwalt ist Vorgesetzter aller Mitarbeiter und weisungsbefugt in allen Rechtsangelegenheiten (§ 146 GVG). Insofern kann die Staatsanwaltschaft nicht Recht sprechendes Organ sein, auch nicht im Rahmen von justiziellen Entscheidungen als Rechtspflegeorgan, z. B. bei Einstellungsverfügungen (§ 151 ff StPO). Sie ist Teil der Exekutive.

Im Bund ist die **Bundesanwaltschaft** eingerichtet, die bei Straftaten vor dem Bundesgerichtshof (§ 135 GVG) und bei erstinstanzlichen Entscheidungen vor den Oberlandesgerichten die Anklage vertritt (§§ 142 und 142a GVG).

In den Bundesländern werden bei den Oberlandesgerichten **Generalstaatsanwaltschaften,** bei den Landgerichten **Staatsanwaltschaften** und bei den Amtsgerichten Staatsanwälte und **Amtsanwälte** eingerichtet (§ 142 GVG).

Amtsanwälte können nur Strafsachen vertreten, die vor den Amtsgerichten geführt werden. Diese Aufgabe kann auch von sonstigen Beamten des gehobenen Dienstes wahrgenommen werden.

Die Staatsanwaltschaft hat drei Funktionen:

- Sie ist **Herrin des Ermittlungsverfahrens**. Sie allein bestimmt, welche Beweise zu erheben sind und in welchem Umfang das geschieht (§§ 160 I und 169a StPO). Sie hat im Rahmen der geltenden Gesetze nicht nur die zur Belastung, sondern auch die zur Entlastung dienenden Umstände zu ermitteln (§ 160 II StPO). Damit soll das Prinzip der Gerechtigkeit verwirklicht werden. Somit besteht neben dem Gericht ein weiteres unabhängiges Rechtspflegeorgan. Dazu kann sie sich auch der Ermittlungspersonen der Polizei und der in den übrigen Strafverfolgungsbehörden (Kapitel 2) bedienen, ohne jedoch deren Vorgesetzte zu sein (§ 161 StPO).
- Sie entscheidet, ob es nach Abschluss der Ermittlungen genügend Anlass zur Anklageerhebung gibt (§ 170 StPO). Anderenfalls stellt sie das Verfahren ein. Als **Anklagevertreterin** muss sie während der Hauptverhandlung ununterbrochen anwesend sein (§ 226 StPO), verliest die Anklageschrift und hält nach Abschluss der Beweisaufnahme den Schlussvortrag, auch Plädoyer genannt, mit der **Würdigung des Sachverhaltes** (§ 258 StPO). Letztlich macht sie dem Gericht einen **Vorschlag für das Urteil**. Hält die Staatsanwaltschaft das Urteil nicht für angemessen, so kann sie die Rechtsmittel Berufung (§ 312 ff StPO) und Revision (§ 333 ff StPO) einlegen.
- Sie vollstreckt die gerichtlichen Entscheidungen und ist damit als **Strafvollstreckungsbehörde** (§ 451 StPO) und Vorgesetzte aller Gefängnisse, mit Ausnahme der Strafvollstreckung gegen Verurteilte nach dem Jugendgerichtsgesetz (§ 82 JGG). Dies obliegt dem Richter.

Die **Polizei** ist ebenfalls am Ermittlungsverfahren beteiligt und unterliegt somit in dieser Tätigkeit der Kontrolle der Staatsanwaltschaft. Dies gilt insbesondere für den Teil von Polizeibeamten, den die Landesregierung zu „Ermittlungspersonen" der Staatsanwaltschaft bestimmt hat (§ 152 GVG; Kapitel 19.3). Die Polizei ist der „verlängerte Arm" der Staatsanwaltschaft. Das polizeiliche und das staatsanwaltliche Ermittlungsverfahren bilden eine untrennbare Einheit. Selbstständige strafprozessrechtliche Entscheidungen der Polizei, die nach außen wirken, hat die Staatsanwaltschaft zu akzeptieren (BGH in NStZ 2003, S. 671 [672]). Im Rahmen der Gesetzgebung und Rechtsprechung sind die Polizeibehörden in der Wahl ihrer Ermittlungsmethoden frei (BGHSt 42, 139 [150]). Insofern tragen beide die Verantwortung für ein geordnetes Ermittlungsverfahren (Kapitel 25.5.2).

19.3 Auftrag der Polizei / Ermittlungspersonen

Die gesetzliche Pflicht zur Strafverfolgung (§ 163 StPO) durch die Polizei besteht lediglich in der **Anfangszuständigkeit.** Dazu hat sie alle keinen Aufschub gestattenden Maßnahmen zu treffen. Dann hat die Polizei die Staatsanwaltschaft zu verständigen, die das weitere Vorgehen bestimmt und für die justizförmige Sachleitung des polizeilichen Ermittlungsverfahrens die Verantwortung trägt. Das gilt auch für die Beschaffung und Zuverlässigkeit der Beweismittel und auch für die korrekte Belehrung von Beschuldigten bei Kapiteldelikten (BGH in NJW 2009, S. 2612, Abs. 13 und 15; NStZ 2009, S. 648).

Bei gleichbleibender **Rechtslage** sieht die staatsanwaltliche Sachleitung in der täglichen Praxis im Bereich der Massenkriminalität ganz anders aus. Hier ist der polizeiliche Ermittler auf sich allein gestellt. Er bestimmt weitgehend den Umfang, die Qualität und das Ende der Ermittlungen. Dabei kann sich die Polizei jedoch jederzeit an die Staatsanwaltschaft wenden.

Dieser größtenteils **selbstständigen** Handlungsweise hat der Gesetzgeber 2004 nicht nur sprachlich, sondern auch inhaltlich Rechnung getragen. Das Gerichtsverfassungsgesetz (§ 152) die Strafprozessordnung (§§ 98, 105 und 110), das Strafgesetzbuch (§ 114) und das Ordnungswidrigkeitengesetz (§§ 53 und 63) sowie 19 weitere Gesetze und Verordnungen benutzten seit über 100 Jahren für die Polizeibeamten und Beamte in anderen Institutionen, die strafbare Handlungen verfolgen, den Begriff „Hilfsbeamte der Staatsanwalt" und wiesen ihnen damit bestimmte Befugnisse zu. Mit dem 1. Justizmodernisierungsgesetz vom 24.8.2004 (BGBl. 2004, Nr. 45, S. 2198 [2207]) wird dieser Begriff in „Ermittlungspersonen der Staatsanwaltschaft" umgewandelt.

In der **Begründung** zur Änderung der Vorschriften (Drucksache 15 / 3482 des Deutschen Bundestages, S. 25) wird auf die verbesserte Qualität des polizeilichen Wissens und Könnens Bezug genommen. Sie lautet: Der Begriff der „Hilfsbeamten der Staatsanwaltschaft" wird der heutigen Funktion der Polizei im Ermittlungsverfahren **sprachlich wie tatsächlich** nicht mehr gerecht. Zwar obliegt die Sachleitungsbefugnis im Ermittlungsverfahren weiterhin uneingeschränkt der Staatsanwaltschaft. Im Hinblick auf den inzwischen erreichten Aus- und Fortbildungsstand der Polizeibeamten und der daraus folgenden Tatsache, dass die Polizei aus einer lediglich untergeordneten Hilfsfunktion herausgewachsen ist, wird durch die Ersetzung des nicht mehr zeitgemäßen Begriffs der „Hilfsbeamten" durch den Begriff „Ermittlungspersonen" das heutige Verhältnis zwischen Staatsanwaltschaft und Polizei zutreffend charakterisiert und der Ermittlungswirklichkeit Rechnung getragen.

An den **rechtlichen Befugnissen** hat sich damit **nichts geändert**. Lediglich die Durchsicht von Papieren ist nun auf Anordnung der Staatsanwaltschaft auch durch die Ermittlungspersonen erlaubt (§ 110 StPO). Dies ist eine ernorme Arbeitserleichterung für Staatsanwälte.

Haben ein und derselbe Sachverhalt **gleichzeitig Gefahren** abwehrende und strafverfolgende Zielsetzungen, wie z. B. bei der Geiselnahme, so hat bei kontroverser Auffassung die Polizei die **Entscheidungsbefugnis** (Kapitel 25.6.2.2). Dasselbe gilt auch beim Einsatz von verdeckten Ermittlern oder V-Personen (Kapitel 14.9), obwohl es hierbei um Strafverfolgung geht. Darüber hinaus gibt es weitere tägliche Handlungsabläufe, die zeigen, dass die Polizei sehr oft als erste zweckmäßigerweise selbstständige Ermittlungshandlungen vornehmen muss. So ist die Polizei stets vor der Staatsanwaltschaft am **Tatort,** sichert die Beweise und trifft weitreichende Entscheidungen bei Gefahr im Verzug.

Im Bereich der Kriminaltechnik und der **Fahndung** ist die Staatsanwaltschaft ganz auf die Kenntnisse, Fähigkeiten und Ressourcen der Polizei angewiesen. Insofern bezeichnet sie sich selbst oft als eine Behörde ohne Hände.

Die **Eigenverantwortung** der Polizei im Bereich der Strafverfolgung ist damit sehr groß (Kapitel 25.5.2). Fehler, die sie dabei macht, sind in den meisten Fällen durch die Staatsanwaltschaft nicht wieder auszugleichen.

Für die **Prävention** (Kapitel 21) hat die Staatsanwaltschaft gar keine Zuständigkeit. Die Verhütung von Straftaten ist allein Aufgabe der Polizei.

19.4 **Zusammenarbeit** (Kapitel 1.3.5)

Voraussetzung für die notwendige und intensive Zusammenarbeit mit der Staatsanwaltschaft ist umfangreiches kriminalistisches Wissen. Die rechtliche Zusammenarbeit erfolgt ausschließlich unter dem Gesichtspunkt der Verfolgung begangener Straftaten. Die Staatsanwaltschaft hat: „Nach der Konzeption der Strafprozessordnung [...] als Justizbehörde den rechtlich einwandfreien Ablauf der Ermittlungen zu garantieren und die ständige rechtliche Kontrolle über die polizeiliche Ermittlungstätigkeit auszuüben" (BGHSt 34, 215 [217]). Sie kann in diesem Sinne auch Zweckmäßigkeitsentscheidungen treffen, z. B. die Reihenfolge der Vernehmungen. Ganz besonders gilt das für die **Vermeidung**

von Beweisverwertungsverboten (Kapitel 3.3; BGH in: NJW 2009, 2612, Abs. 13 und 15). Auf diesem Gebiet ist die Polizei an die Weisungen der Staatsanwaltschaft (§ 161 StPO) gebunden.

19.4.1 Weisungsrecht

Es stellt sich die Frage, ob die Staatsanwaltschaft in diesem Bereich ein unmittelbares Weisungsrecht gegenüber einzelnen Beamten hat. Hier gibt es **Problembereiche**.

Das Weisungsrecht der Staatsanwaltschaft ist auf die Erforschung von Straftaten zweckgerichtet und darf das **Dienstrecht** der Polizei nicht unterlaufen. Dienstrechtliche Notwendigkeiten, z. B. einen Beamten nicht mit den Ermittlungen zu beauftragen, darf die Staatsanwaltschaft nicht beeinflussen. Insofern richtet die Staatsanwaltschaft ihre **Weisungen** an die Behörde.

Ist dem Beamten jedoch ein bestimmtes Strafverfahren bereits zugewiesen worden, so kann die Staatsanwaltschaft diesem persönliche Weisungen zur Bearbeitung des Falles erteilen. Dieses Verfahren wird in Ermittlungskommissionen, z. B. Mordkommission, praktiziert.

19.4.2 Zusicherung der Vertraulichkeit

Die Zusicherung der Vertraulichkeit entscheidet allein die Polizei. Die Staatsanwaltschaft hat keinerlei Einfluss auf die Entscheidung der Polizei (BGH in NStZ 1995, 604, und 2004, 345), weil diese auch allein für die Sicherheit der Personen zuständig ist, denen Vertraulichkeit zugesagt wurde. Die Staatsanwaltschaft entscheidet allein, ob sie dieses Beweismittel in dem Verfahren einsetzen will (Kapitel 14.5).

19.4.3 Allgemeine Zusammenarbeit

Im Übrigen bestimmt die **vertrauensvolle Zusammenarbeit** das Verhältnis zwischen Polizei und Staatsanwaltschaft. In diesem Prozess findet ein intensiver Gedankenaustausch zwischen dem Kriminalisten und dem Staatsanwalt statt. Alle Ermittlungsschritte werden abgesprochen und eine von beiden Seiten getragene Taktik festgelegt. Dies gilt insbesondere, wenn richterliche Untersuchungshandlungen oder Entscheidungen erforderlich sind (Kapitel 18 und §§ 125 und 162 StPO), die der Staatsanwalt beantragen muss.

Nach Abschluss der polizeilichen Ermittlungen wird das Ergebnis zusammengefasst. Bei umfangreichen Ermittlungsverfahren auch durch einen **Schlussbericht** (Kapitel 15.3.3). Bei **Kapitaldelikten** (Kapitel 22.2) erstellt die Polizei von Anfang an Doppelakten, wovon eine dem Staatsanwalt übergeben und ständig auf dem Laufenden gehalten wird.

Im Bereich der **Massendelikte** hat sich die Praxis von der Rechtslage entfernt. Hier nimmt die Polizei weitgehend **selbstständig** alle notwendigen Ermittlungshandlungen wahr, ohne die Staatsanwaltschaft jeweils zu informieren. Kontakt

wird nur aufgenommen, wenn z. B. durch die Person des Opfers oder des Täters ein besonderes öffentliches Interesse besteht oder die Öffentlichkeitsfahndung (Kapitel 9) nach einem namentlich bekannten Tatverdächtigen erfolgen soll. Ansonsten ersucht die Polizei unmittelbar andere Behörden um Auskunft oder Mithilfe, z. B. zur Personalienübermittlung, Vernehmung von Zeugen oder Beschuldigten. Die Polizei beurteilt auch, ob die Ermittlungen abgeschlossen oder weitergeführt werden sollen, und schließt das Verfahren mit einem Vorschlag ab, den die Staatsanwaltschaft im Regelfall akzeptiert.
Deshalb ist es notwendig, dass die Polizei auch die **Vorschriften** kennt, die für die Staatsanwaltschaft erlassen wurden, insbesondere die **RiStBV** (Richtlinien für das Straf- und Bußgeldverfahren).

19.4.4 Auskünfte an die Staatsanwaltschaft

Auskünfte an die Staatsanwaltschaft aus den Kriminalpolizeilichen personenbezogenen Sammlungen (Kapitel 17) erteilt die Polizei **nur insoweit,** als es für die Durchführung des konkreten Strafverfahrens notwendig ist, z. B. die Angabe von Aktenzeichen anderer Strafverfahren, um so diese Verfahren zusammenführen zu können oder Hinweise auf Wiederholungstaten zu geben. Wenn **Geheimhaltungsvorschriften** entgegenstehen, z. B. bei Kriminalakten (Kapitel 17.3) oder V-Personen (Kapitel 14.5), werden aus polizeilichen Unterlagen an die Staatsanwaltschaft **keine Auskünfte erteilt**. Im Zweifelsfall entscheidet die oberste Dienststelle der Polizei.

19.4.5 Gang des Hauptverfahrens

Obwohl die Staatsanwaltschaft allein die Anklage im Strafprozess vertritt, ist der Kriminalist sehr wohl am gerichtlichen Teil des Ermittlungsverfahrens, dem Hauptverfahren, interessiert. Hier kann er erkennen, ob seine Ermittlungen sachgerecht durchgeführt wurden und welche Beweise das Gericht akzeptiert.

19.4.6 Verfahrensabsprachen

Im Bereich der schweren oder gar organisierten Kriminalität vollzieht sich zunehmend ein von Kriminalisten nur schwer zu durchschauendes Verfahren. In etwa 30 % der Fälle finden zwischen den Prozessbeteiligten „Verständigungen, Absprachen oder Vergleiche" statt (*Heinrichs / Schmitt* und *Siolek*, a.a.O.). Aus der Sicht des Kriminalisten sieht es so aus, als könne der Angeklagte für sein Entgegenkommen in Form eines (Teil-) Geständnisses ein entsprechendes Entgegenkommen durch die Staatsanwaltschaft und durch das Gericht erwirken. Im Ergebnis werden Anklagepunkte fallen gelassen oder eine mildere Form der Bestrafung ausgesprochen. Weil das Verfahren schlecht durchschaubar war, hat der BGH 1997 die Rahmenbedingungen festgelegt. (BGHSt 43, 195). Mit Gesetz zur Regelung der Verständigung im Strafverfahren vom 29.7.2009 (BGBl. 2009, S. 2353) ist der Gesetzgeber dem gefolgt. Insbesondere die §§ 160 b, 257c und 273 StPO regeln das.

Da der Staatsanwalt auch schon während des polizeilichen Ermittlungsverfahrens erkennen kann, ob eine spätere Absprache in Betracht kommt, ist es ratsam, frühzeitig Kontakt aufzunehmen, um sich solche Arbeit zu ersparen, die im Hauptverfahren nicht gefragt ist.

Die rechtlichen **Mindestbedingungen** für die Zulässigkeit einer „Verständigung" hat das Bundesverwaltungsgericht zusammengefasst und geben für den Kriminalisten einen guten Überblick (BVerwG in NJW 2007, S. 2936, m.w.N.; BGHSt 43, 195). Das sind:

- Keine Absprache über den Schuldspruch.
- Das Geständnis muss vom Gericht auf seine Glaubwürdigkeit überprüft werden.
- Alle Verfahrensbeteiligte sind einzubeziehen; nicht zulässig ist insbesondere eine Absprache ohne Beteiligung des Angeklagten oder auch unter Ausschluss der Schöffen.
- Das Ergebnis der Absprache ist, da es sich um einen wesentlichen Verfahrensvorgang handelt, im Protokoll über die Hauptverhandlung festzuhalten.
- Bei Abweichungen von der Absprache müssen die gebotenen Grenzen eingehalten werden. Abweichungen, nachträgliches Bekanntwerden neuer schwerwiegender Umstände zu Lasten des Angeklagten oder Korrekturen eines Rechts- oder Tatsachenirrtums, sind in der Hauptverhandlung mitzuteilen.
- Die gemäß der Urteilsabsprache verhängte Strafe muss schuldangemessen sein.
- Es ist unzulässig, im Rahmen einer Urteilsabsprache einen gesetzlich nicht vorgesehenen Vorteil in Aussicht zu stellen oder eine überhöhte Strafe anzudrohen, um den Angeklagten zum Geständnis zu drängen.
- Die Vereinbarung eines Rechtsmittelverzichts ist unzulässig.

19.5 Zentralerfassung und Befugnisse

Damit alle Strafverfolgungsbehörden ein Überblick über die in der Bundesrepublik Deutschland geführten Strafverfahren und steuerrechtlichen Verfahren haben, ist beim **Bundesamt für Justiz** (a.a.O.) seit dem 1.1.2007 das „Zentrale Staatsanwaltliche Verfahrensregister" (ZStVBetrV) eingerichtet worden. Auskunft aus dem Register erhält auch die Polizei.

Die Staatsanwaltschaft und die Gerichte kennzeichnen ihre Akten mit sogenannten Registerzeichen (z. B. 3 Js 235 / 10 oder 4 StR 174 / 09), deren Bedeutung nicht ohne weiteres erkennbar wird. Die Kennzeichnung richtet sich nach der Registerzeichenverordnung (a.a.O.) und setzt sich aus Abkürzungen zusammen. Das sind: Abteilung / Art des Verfahrens / laufende Nummer / Jahrgang.

19.5.1 Allgemeine Befugnis

Die Inhalte der einzelnen Vorschriften sind so eindeutig, dass sie nicht der weiteren Erklärung bedürfen, sondern hier lediglich aufgezählt werden.

- Ermittlungsmonopol im Strafverfahren, § 160 StPO.
- Weisungsbefugnis an die Polizei, § 161 StPO, siehe Kapitel 19.4.
- Abschluss der Ermittlungen bestimmen, § 169a StPO.
- Einstellung des Ermittlungsverfahrens oder Anklageerhebung, § 170 StPO.
- Aufbewahrung der Unterlagen über Zeugenidentität, § 68 III StPO.
- Anforderung von Unterlagen zur Rasterfahndung, § 98a IV StPO.
- Über den Einsatz von Verdeckten Ermittlern und V-Personen entscheidet allein die Polizei (Kapitel 14.5.2). Die Staatsanwaltschaft entscheidet, ob sie dieses Beweismittel in das Strafverfahren einbringen will. Hierbei handelt es sich um eine „negative Auswahlmöglichkeit, nicht aber um ein positives Bestimmungsrecht". §110b I StPO, BGH in: NStZ 1995, 604, und BGHSt 41, 36.
- Kontrollierter Transport von Betäubungsmitteln, Waffen, Diebesgut, Hehlerware u. Ä., Nr. 29a – d RiStBV.
- Auskunft aus Telefon-Kundendateien, § 112 TKG.
- Vorladung von Zeugen, § 161a I StPO.
- Vorladung von Beschuldigten, § 163a III StPO.
- Antrag auf Erlass eines Haftbefehls, § 125 StPO.
- Antrag auf richterliche Untersuchungshandlungen, § 162 StPO.
- Leichenschau, § 87 StPO.
- Genehmigung zur Bestattung von Leichen, § 159 II StPO.
- Durchsuchung von Wohnungen ohne Zeugen, § 105 II StPO.
- Durchsicht von Papieren, § 110 I StPO.
- Notveräußerung von beschlagnahmten Gegenständen, § 111 I II StPO.

19.5.2 Befugnis bei Gefahr im Verzug

- Anordnung der Untersuchung von Kindern nach § 81c III StPO
- Anordnung von molekulargenetischen Untersuchungen (DNA), § 81f StPO
- Leichenöffnung und Exhumierung, § 87 IV StPO.
- Anordnung der Rasterfahndung, § 98b I StPO.
- Postbeschlagnahme, § 100 StPO.
- Beschlagnahme von Immobilien und Rechten, § 111e StPO.
- Beschlagnahme von Druckwerken, § 111n StPO.
- Anordnung der Telefonüberwachung, § 100b StPO.
- Anordnung der Polizeilichen Beobachtung, § 163e IV StPO.

20 Medien

20.1 Literatur

Beele, Pressearbeit und Polizei – Ein Leitfaden für die Praxis, Hilden 2000

Bertram, Mattscheibe – Das Ende der Fernsehkultur, Frankfurt / M 2006

Bielstein, Seid aber Täter des Wortes und nicht Hörer allein. Konzepte und Organisation polizeilicher Öffentlichkeitsarbeit, in: Die Polizei 1994, S. 129

Friedrichs, Journalistenleben, München 1994

Gluba, Das Bild der Polizei in Tageszeitungen, in: Kriminalistik 2002, S. 366

Groß / Geerds, Handbuch der Kriminalistik, Band II, Berlin 1978, S. 602,

Hanfeld, Und das wollen Journalisten sein? [Kritik an der Berichterstattung über den neunmonatigen Gerichtstermin gegen den Wettermoderator Jörg Kachelmann wegen Vergewaltigung], FAZ vom 1.6.2011, S. 34

Kabisch, Polizei im Licht der regionalen Presse [Dissertation], in: Kriminalistik 1993, S. 163

Kramer, Das gespaltene Zeugnisverweigerungsrecht der Medienangehörigen in der StPO, in: Kriminalistik 2004, S. 756

Lindlau, Reporter. Eine Art Beruf. [Die Desinformation nimmt zu], München 2006

Meyn, Massenmedien in der Bundesrepublik Deutschland, Berlin 1994

NN, Massenmedien. Vom Barden zum Blogger, in: Information zur politischen Bildung, Heft 309, 4/2010

Piel, [Intendantin des WDR] Konsequenzen aus [der Geiselnahme] „Gladbeck“: Der immer noch aktuelle Appell an journalistische Ethik, in: WDR-PRINT, September 2008, Nr. 389, S. 4

Piel, [Intendantin des WDR] Verhaltenskodex für Journalisten: Unabhängigkeit, Glaubwürdigkeit und Integrität, in: WDR-PRINT, Oktober 2008, Nr. 390, S. 1 und 2

Roos, Das Recht am eigenen Bild – auch für Polizeibeamte?, in: Kriminalistik 1992, S. 89

Stallmann, Kleine Anfrage der CDU im Landtag NRW: Zur Mitwirkung von SEK-Beamten und Verdeckten Ermittlern bei der RTL-plus-Sendung „Auf Leben und Tod – Polizei-Asse im Einsatz“ (Einsätze aus dem polizeilichen Alltag), Landtagsdrucksache 11 / 4218 vom 13.8.1992

Wickert, [ARD-Tagesschau-Redakteur] Der Ehrliche ist der Dumme. Über den Verlust der Werte, Hamburg 1994

Zachert, [Ehemals BKA-Präsident] Erfahrungen der Polizei mit den Medien, in: Kriminalistik 1994, S. 682

Vorschriften und Rechtsprechung

VG Köln, Urteil vom 15.5.1987, NJW 1988, S. 367, Lichtbilder von Polizeibeamten im Einsatz. Polizeibeamte sind relative Personen der Zeitgeschichte

OLG Düsseldorf, Beschluss vom 15.10.1993, NJW 1994, S. 1971, Persönlichkeitsverletzung durch unerlaubtes Fotografieren (Wegnahme von Kamera und Film)

LG Köln, Urteil vom 5.6.1991, NJW 1992, S. 443, Angehörige eines Verbrechensopfers sind keine relativen Personen der Zeitgeschichte

Publizistische Grundsätze (Pressekodex)

BVerfG in: NJW 2003, S. 3262, Kinder haben größeren Schutz vor Berichterstattung in den Medien als Erwachsene.

20.2 Allgemeines

Medien im Sinne dieses Kapitels sind Presse, Rundfunk, Fernsehen, Film und Internet. Unabhängige und freie Medien sind der Garant für das Funktionieren eines demokratischen Rechtsstaates. Da freie Medien richtigerweise nicht vom Staat kontrolliert werden dürfen, müssen sie sich selbst kontrollieren, weil frei nicht schrankenlos bedeutet, sondern „in Eigenverantwortung“ den Rahmen des Grundgesetzes meint.

Die Medien haben die Aufgabe, die Gesellschaft **korrekt zu informieren**, damit diese demokratisch an der Regierung ihres Landes mitwirken kann. Doch die Einführung des Privatfernsehens im Jahr 1984 veränderte das Bild aller Medien grundlegend. Weil die Privaten sich aus Werbeeinnahmen, Spenden und / oder durch kostenpflichtige Zuschaueranrufe finanzieren, stehen Einschaltquoten und **Marktanteile** im Vordergrund. Dazu muss der Zuschauer an das Gerät gelockt werden oder die Zeitung kaufen. Das gelingt am einfachsten mit seichter Unterhaltung, Klatsch, Tratsch und Sensationen. Bedauerlicherweise wird dadurch ein Großteil der Bevölkerung beeinflusst. Inzwischen hat sich der Markt so verschoben, dass die seriösen Medien nur noch einen kleinen Anteil ausmachen (*Friedrichs* und *Lindlau,* a.a.O.).

Ein besonderes Beispiel für schlechtes Verhalten der Medien war die Berichterstattung während der **Geiselnahme in Gladbeck** (1988). Danach hatten die **Medien versprochen**, Lehren daraus zu ziehen, sich zu ändern und die journalistischen Standards wieder einzuhalten.

Dieses Versprechen untersuchte die WDR-Intendantin *Monika* ***Piel*** (a.a.O.). Sie stellt fest, dass sich seit damals nichts gebessert hat. Die technischen Veränderung im Hinblick auf „Kommerzialisierung und Reichweitenfixierung" wurde, insbesondere vom Fernsehen vollzogen, was die hemmungslose Berichterstattung eher gefördert als gebremst hat.

Der Präsident des Bundesgerichtshofes *Klaus* ***Tolksdorf*** hält die schrillen Töne vieler Medien für sehr besorgniserregend und appelliert an die „Vierte Gewalt im Staate", sich zu mäßigen (FAZ vom 6.2.2010, S. 4).

Dabei ist auch zu bedenken, dass sich neben den [wenigen] professionellen Journalisten vermehrt **Laien und Blogger** über alle Medien und das Internet an die Bevölkerung wenden können. Das geschieht überwiegend und hemmungslos zur Befriedigung der **Sensationslust** und mit **Tabubrüchen**.

Eine weitere Unsitte vermehrt sich: Journalisten lassen „Jedermann" im Interview jeden Unsinn sagen, ohne das zu korrigieren. Auch das ist verantwortungslos.

Einen positiven Einfluss sieht *Piel* in der geänderten polizeilichen Strategie. Die konsequente Abschirmung der Opfer und Täter durch die Polizei verhindert die schlimmsten Auswüchse.

Der langjährige Journalist *Dagobert* ***Lindlau*** beklagt die Realität und gibt für die vielen Desinformationen durch die Medien konkrete Beispiele. Darüber hinaus sieht er die Mehrzahl der Medien nicht mehr als Vermittler von sachlichen Fakten, sondern fasst das so zusammen: „Banales muss für das Fernsehen dramatisiert und Dramatisches muss banalisiert werden. Information spielt sich als Unterhaltung auf und Unterhaltung als Information. Gedrucktes wird zur Tatsache, nur weil es gedruckt worden ist" (a.a.O., S. 12).

Ein weiteres abschreckendes Beispiel ist die verzerrte Berichterstattung über den neunmonatigen Gerichtstermin, mit 30 Zeugen und zehn Gutachtern (FAZ vom 1.6.2011, S. 34), gegen den Wettermoderator *Jörg Kachelmann* wegen Vergewaltigung (*Hanfeld*, a.a.O.). Von Anfang an hatten sich mehrere Journalisten über eine reine Berichterstattung hinaus auf Schuld oder auf Unschuld festgelegt und das lauthals propagiert. Selbst nach dem Freispruch wurde nachgekartet. Es zählte nicht der Richterspruch, sondern der Lebenswandel des Freigesprochenen wurde dazu benutzt, weiterhin Vorurteile zu verbreiten und von einem „Freispruch zweiter Klasse" zu sprechen. Ein unwürdiges Spektakel, wie *David Klaubert* feststellt (FAZ vom 1.6.2011, S. 9). Leider trug der Vorsitzende Richter durch sein Verhalten nach dem Urteil auch zu diesem Spektakel bei, indem er erklärte, dass er jedoch nicht von der Unschuld des Angeklagten überzeugt sei. Er sollte wissen, dass das nicht seine Aufgabe ist. Er hat nur die Schuld festzustellen. Reichen dafür die Beweise nicht aus, so gilt die Unschuldsvermutung und der **Freigesprochene ist unschuldig** (BGHSt 21, 306 [308]; Art. 6 II EMRK)!

Da die Mehrzahl der Bevölkerung **Boulevard-Medien** bevorzugt, erhalten sie ein verzerrtes Bild der Wirklichkeit und leiten daraus ihr Sicherheitsgefühl ab. Das gilt ganz besonders für die angeblich ständige Bedrohung durch Kriminalität, die inzwischen als „Medienkriminalität" bezeichnet wird (Kapitel 15.5.3).

Der geschätzte Journalist *Hanns Joachim* ***Friedrichs*** fordert eine **ethische Verantwortung** (Kapitel 25.5.2) von den Medien und beschreibt dies treffend: „Einen guten Journalisten erkennt man daran, dass er Distanz zum Gegenstand seiner Betrachtung hält; dass er sich nicht gemein macht mit einer Sache, auch nicht mit einer guten Sache; dass er immer dabei ist, aber nie dazugehört" (a.a.O.).

Der **Westdeutsche Rundfunk** (WDR), der größte Sender der „Arbeitsgemeinschaft der öffentlich-rechtlichen Rundfunkanstalten der Bundesrepublik Deutschland" (ARD), hat sich im Oktober 2008 einen **Kodex** gegeben, der Unabhängigkeit, Glaubwürdigkeit und Integrität garantieren soll (*Piel*, a.a.O.). Ein lobenswertes Beispiel. Gleichwohl dürfte das die Mehrzahl der Journalisten nicht interessieren.

Die Medien erfüllen eine öffentliche Aufgabe durch Beschaffung und Verbreitung von Nachrichten, durch Stellungnahme, durch Kritik und durch Meinungsbildung.

Zur Wahrnehmung dieser Aufgaben sind die **Behörden** verpflichtet, Auskünfte zu erteilen. Diese Pflicht besteht nicht bei Gefährdung eines schwebenden Verfahrens, bei Geheimhaltungsnotwendigkeit, bei schutzwürdigen öffentlichen oder privaten Interessen oder bei der Überschreitung des zumutbaren Maßes.

So dürfen keine Informationen aus einem laufenden Verfahren gegeben werden, wenn dadurch die weitere Beweisfindung oder -führung (Kapitel 3) gefährdet sein könnte. Bei der Einstufung der Geheimhaltung ist die Behörde im Rahmen des pflichtmäßigen Ermessens frei. Schutzwürdige Interessen sind z. B. Methoden der Ermittlungsführung, die detaillierte Beschreibung von Tatausführungen sowie Namen und Anschriften von Zeugen, Opfern und, unter bestimmten Voraussetzungen, die von Tätern (Kapitel 9). Das zumutbare Maß wird überschritten, wenn über die allgemeine Information hinaus z. B. Einzelheiten aus Vernehmungen oder Berichten gefordert werden.

Auskünfte an die Medien unterliegen der Verschwiegenheitspflicht und damit den Vorschriften der Beamtengesetze (§ 37 BeamtStG und ähnlich lautende Ländergesetze).

Sachverhalte, die nicht offenkundig sind oder deren Bedeutung der Geheimhaltung bedürfen, sind nur mit **Erlaubnis des Behördenleiters** zu veröffentlichen. Dieses Erlaubnisverfahren ist in den meisten Behörden mehrstufig angelegt und wird vom Behördenleiter verfügt. So darf in der Regel der am Ereignisort anwesende Beamte den Sachstand schildern. Der Vorgesetzte darf Auskünfte über einfach gelagerte Fälle erteilen, z. B. bei Verkehrsunfällen oder leichteren Straftaten. Der Medienbetreuer erteilt regelmäßige Auskünfte über Gesamtkomplexe, und der Behördenleiter behält sich alle Auskünfte von politischer Bedeutung vor. Wichtig ist bei allen Äußerungen, dass keine Wertungen oder Meinungen dargelegt werden und der Beamte sich der **Neutralität** und Zurückhaltung befleißigt, die sein Amt erfordert und die kriminalistische Ermittlungsarbeit gebietet (§ 33 BeamtStG).

Ein besonderes Problem stellt die Frage dar, ob die Medien verpflichtet werden können, ihr Wissen bei der Aufklärung von Straftaten zur Verfügung zu stellen. Hierbei gibt es ein Spannungsfeld zwischen der gesetzlich garantierten Geheimhaltung über Informanten (§§ 53 und 53a StPO) und der Herausgabe von selbst recherchiertem Material, z. B. Filme oder Lichtbilder über gewalttätig verlaufende Demonstrationen oder von Verkehrsunfällen. Nach höchstrichterlicher Rechtsprechung bestand bis 2002 über das Letztgenannte eine Herausgabepflicht. Nach Änderung der Strafprozessordnung gibt es ein sogenanntes **Medienprivileg** (*Kramer* a.a.O.). Jetzt müssen die selbst recherchierten Unterlagen nur noch bei **schwerwiegenden Delikten** zur Verfügung gestellt werden (§ 53 I 5. und II StPO). Dieses Privileg gilt jetzt auch für alle Printmedien, so für Buchautoren, Verfasser von Plakaten u. a.m.

Ein weiteres Problem ergibt sich aus der Frage, ob ein **Polizeibeamter** verpflichtet ist, die Veröffentlichung von **Lichtbildern** hinzunehmen, auf denen er dargestellt ist. Solange der Beamte nicht mit einer Porträtaufnahme dargestellt wird und die Aufnahme nicht offensichtlich seiner Diskriminierung dient, gilt er bei dienstlichen Handlungen als relative Person der Zeitgeschichte und hat das hinzunehmen (OLG Düsseldorf und LG Köln, a.a.O.).

20.3 Zusammenarbeit

Spannungsfelder müssen durch rechtlich korrekten Umgang zwischen Medien und Polizei sowie durch ständige persönliche Kontakte abgebaut werden. Es muss ein offenes, ehrliches und sachliches Gespräch geführt werden. Soll z. B. etwas geheim gehalten werden, so muss dies eindeutig erklärt und nicht behauptet werden, man wisse nichts. Gegenseitige Behinderungen dürfen nur auf einer Rechtsgrundlage und in dem sachlich notwendigen Maß erfolgen. Eine gute Zusammenarbeit ist am ehesten zu erreichen, wenn die Behörden ständige Medienbetreuer bestimmen. So lässt sich Vertrauen aufbauen und das Wort des anderen einschätzen.

Die **Zusammenarbeit** der Polizei mit den Medien ist für beide Seiten **notwendig**. Die Medien decken ihren Informationsbedarf zu einem nicht unbedeutenden Teil aus dem Kriminalitätsaufkommen. Dabei erliegen sie zuweilen auch der Versuchung, in die Sensationsdarstellung abzugleiten.

Die **Polizei benötigt die Medien**, um sich selbst in der Öffentlichkeit darzustellen. Als staatlicher Machtausübungsfaktor unterliegt die Polizei der ständigen kritischen Betrachtung. So notwendig dies ist, so deutlich muss auch die positive Seite der Existenz der Polizei dargestellt werden. Polizei ist nicht Selbstzweck, sondern neben anderen Einrichtungen ein Garant für das friedliche Zusammenleben der Menschen. Die Polizei ist Bestandteil der Gesellschaft. Da sie aber unmittelbar auf Lebenssachverhalte reagiert, empfinden dies die Bürger besonders deutlich.

Nach der Ermordung von drei Polizeibeamten in Afghanistan (Kapitel 18.2) hat Bundesinnenminister Schäuble bei der Trauerfeier am 19.8.2007 nochmals an die Besonderheit des Polizeiberufes erinnert: „Menschen können nur dann in Frieden und Freiheit leben, wenn es eine Ordnung gibt, die ihnen Schutz bietet, die Sicherheit gewährt. ... Die Polizeibeamten tragen ein hohes Risiko, damit wir alle ein geringeres Risiko tragen“ (FAZ vom 20.8.2007).

Zur **Gefahrenabwehr und Kriminalprävention** (Kapitel 21) bedarf die Polizei der Medien. Nur so können zielgerichtete Programme dem Bürger nahe gebracht werden.

Bei der Strafverfolgung und der Fahndung ist oft die Mitwirkung der Bürger unerlässlich (Kapitel 9). Sie können über die Presse angesprochen werden. So werden z. B. Zeugen von Straftaten, Geschädigte von Tatserien oder flüchtige Täter gesucht.

Die **Teilnahme an Rundfunk- oder Fernsehsendungen** bedarf der Zustimmung des Innenministeriums. Da sich diese Medien zunehmend privatisieren und regionalisieren, dürfte der Kontakt auch vor Ort zunehmen. Nimmt man an einem Live-Interview teil, so sollte der Kriminalist vorher mit dem Reporter Absprachen über den Inhalt und den Verlauf der Sendung treffen. Diese Absprachen sollten skizziert und von beiden Teilnehmern abgezeichnet werden. Im Ablauf sollte der Kriminalist stets darauf drängen, ein Abschlusswort zu haben, um so einer erst im Laufe des Gesprächs erkennbaren unsachlichen Tendenz entgegenwirken zu können.

20.4 Öffentlichkeitsarbeit

Neben der Medienarbeit zur Strafverfolgung und Gefahrenabwehr soll die Polizei auch ihr **Image pflegen**. Im Rahmen von Öffentlichkeitsarbeit soll ein glaubwürdiges Bild vermittelt und das Vertrauen der Bevölkerung in polizeiliches Handeln gestärkt werden. Dies kann vielfältig geschehen, z. B. durch Betreuung von Besuchergruppen, der Teilnahme an Messen und Ausstellungen, Vortrags- oder Informationsveranstaltungen Verkehrssicherheitstagen zur Darstellung der im Netzwerk agierenden Sicherheitspartner, dem Tag der Polizei oder der Beteiligung an Aktionen anderer Behörden.

20.5 Darstellung der Polizei in den Medien

Die Darstellung der Polizei und der Polizeiarbeit ist vielfältig. Dabei haben die Beamten selbst die Vorstellung, sie würden eher negativ geschildert. Das ist falsch und resultiert aus ihrer Erfahrung im Umgang mit dem Teil der Bevölkerung, der Anlass für polizeiliches Einschreiten bietet.

Tatsächlich sind die Darstellungen über die Polizei neutral (*Kabisch*, a.a.O.; *Gluba*, a.a.O). Dies belegen wissenschaftliche Untersuchungen bei den Medien im regionalen und überregionalen Bereich. Die Untersuchung bei den meinungsbildenden Tageszeitungen BILD, Frankfurter Allgemeine Zeitung (FAZ), Süddeutsche Zeitung (SZ) und die Tageszeitung (taz) bestätigt das insgesamt, wobei die Tendenz von eher positiv bis eher negativ in der aufgeführten Reihenfolge erkennbar ist.

Die Hälfte der Berichterstattung befasst sich mit der Kriminalität. Gut 13 % mit Verkehrsangelegenheiten. Fast 7 % mit Großveranstaltungen. Gut 6 % mit den Befugnissen der Polizei und 3 % mit deren Ausstattung. Nur 2 % haben abweichendes bzw. fehlerhaftes Verhalten von Polizeibeamten zum Thema.

21 Polizeiliche Kriminalprävention

21.1 Literatur

Ammer, Kommunale Kriminalitätsprophylaxe, Mainz 1992

Arzt, Gefährderansprache und Meldeauflagen bei Sport-Großereignissen, in: Die Polizei 2006, S. 156

BKA, Hg., Kriminalprävention – Eine Auswahlbibliografie, Wiesbaden 1997

BKA, Hg., Bürgernahe Polizeiarbeit in Deutschland – nichts als hohle Worte?, Beilage zum BKBl. 19 / 2000

BKA, Hg., Kriminalprävention in Deutschland. Länderprojektsammlung, Reihe Polizei + Forschung, Band 4, Neuwied 2000

BKA, Hg., Kriminalprävention, Rechtsextremismus – Antisemitismus – Fremdenfeindlichkeit, Reihe Polizei + Forschung, Band 5, Neuwied 2000

BKA, Hg., Kriminalprävention in Deutschland, Länderprojektsammlung 2001, Reihe Polizei + Forschung, Band 13, Neuwied 2001

Baier / Feltes, Kommunale Prävention, in: Kriminalistik 1994, S. 693

Baumgarten / Murck, Von der Information zur Prävention, in: Kriminalistik 1989, S. 171

Buch, Entwicklung des Deutschen Forums für Kriminalprävention (DFK), in: Kriminalistik 2007, S. 167

Burghard, Prävention; Die Frage nach dem Nutzen, in: Kriminalistik 1987, S. 351

Burghard, Vom Vorbeugen und vom Wieder-Erkennen, in: Kriminalistik 1987, S. 518

Ebert, Alte Menschen in der Polizeipraxis, in: Die Polizei 2008, S. 265

Flachskampf-Hagemann / Schmidt, Verknüpfung von Repression und Prävention in Oberhausen, in Beilage zu Parlament 46 / 2005, S. 7

Gatzke / Jungbluth, [Gatzke: Leiter LKA / NRW] Neuausrichtung polizeilicher Kriminalprävention in NRW, in: Kriminalistik 2006, S. 651

Göbel / Wallraff-Unzicker, Kriminalprävention. Eine Auswahlbibliographie 1995 / 1996, BKA-Forschungsreihe, Band 45, Wiesbaden 1997

Groß / Geerds, Handbuch der Kriminalistik, Band II, Berlin 1978, S. 7

Hassemer, Warum Strafe sein muss. Berlin 2009

Heisig, Das Ende der Geduld. Konsequent gegen jugendliche Gewalttäter, Freiburg 2010

Hochmuth, Landespräventionsrat, in: Streife / NRW, 6 / 2004, S. 19

Hunsicker, Kriminalitätsverhütung, Kommunale und lokale Basisprävention als Ausformung der Idee „Räte für Verbrechensverhütung“, in: Kriminalistik 1993, S. 725

Jäger / Groh, Kommunale Kriminalprävention, in: Kriminalistik 1997, S. 747

Kauerhof, Hooligans fallen nicht vom Himmel. Gewaltpräventionsprojekt. FAZ vom 18.9.2009, S. 29 [Institut für Deutsches und Internationales Sportrecht über Gewalt im Fußball, 04808 Wurzen]

Kerner, Kriminalprävention, in: Kriminalistik 1994, S. 171

Kinzig, Die Neuordnung des Rechts der Sicherungsverwahrung, in: NJW 2011, S. 177

Kolbe, Staatlichkeit im Wandel am Beispiel der Kriminalprävention, in: Beilage zu Parlament 46 / 2005, S. 9

Kraheck-Brägelmann, Was trägt der Vortrag wirklich vor? (Verhaltensprävention), in: Kriminalistik 1994, S. 507

Kriener, Neue Struktur der Gremien, in: Streife NRW, 9 / 1997, S. 8

Krümmel / Trabs, Kriminalprävention in Stadtteilen, in: Kriminaltistik 2004, S. 546

Kube, Das ungeliebte Stiefkind; Kriminalprävention, mehr als eine lästige Aufgabe, in: Kriminalistik 1987, S. 350

Kube, Oft steht die Polizei allein auf weiter Flur; Ausschüsse für Kriminalitätsverhütung, in: Kriminalistik 1987, S. 566

Kury / Dreher / Obergfell-Fuchs, Bevölkerungsumfragen und kommunale Kriminalprävention: Das Beispiel der Stadt Rottweil, in: Kriminalistik 2004, S. 605

Kötzsche, Prävention – nichts als ein Fremdwort? Vorbeugung im internationalen Vergleich, in: Kriminalistik 1986, S. 266

LPR, [Landes-Präventionsrat NRW],Leitfaden Kommunale Kriminalprävention, Düsseldorf 2004

Lang / Schneider, Programm Innere Sicherheit – Fortschreibung 1994, in: Kriminalistik 1994, S. 375

Linssen / Pfeiffer, Strategieüberlegungen zu Kriminalprävention und Medienarbeit, in: Kriminalistik 2006, S. 659

Meise / Maier / Roth, Kriminalprävention in interdisziplinären Runden (Kritische Anmerkungen), in: Kriminalistik 1999, S. 681

Mensching, Ist Vorbeugen besser als Heilen?, in: Beilage zu Parlament 46 / 2005, S. 17

Mesko, Partnerschaftliche Sicherheitsgewährleistung, in: Kriminalistik 2004, S. 768

Meyn, Gefährderansprache bei Jugendlichen Intensivtätern, in: Kriminalistik 2008, S. 672

Nimtz, Gefährderermahnung – Gefährderansprache und Gefährderanschreiben, in: Kriminalistik 2008, S. 341

Rölle / Flade, Theorien und Modelle zur Erklärung von Unsicherheitsgefühlen im öffentlichen Raum, in: Kriminalistik 2004, S. 774

Roos, Gefährderansprache und Versammlungsrecht, in: Kriminalistik 2006, S. 261

Schneikert, Die Kriminalpolizei, Band II, Hamburg, Berlin 1927, S. 290, Die Verbrechensverhütung

Schroth, Opferrechtsreformgesetz – Das Strafverfahren auf dem Weg zum Parteienprozess?, in: NJW 2009, S. 2916

Schweer / Zdun, Kriminalpräventive Maßnahmen bei jungen Aussiedlern, in: Beilage zu Parlament 46 / 2005, S. 23

Söllner, Die Sicherungsverwahrung und das Sicherheitsrecht, in: Die Polizei 2011, S. 6

Sterbling / Burgheim, Subjektive Aspekte der Sicherheit und Lebensqualität, in: Die Polizei 2006, S. 303

Strasser / van den Brink, Auf dem Weg in eine Präventionsgesellschaft?, in: Beilage zu Parlament 46 / 2005, S. 3

Stümper, Vorbeugen – Stiefkind der polizeilichen Arbeit?, in: Kriminalistik 1986, S. 535

Ziercke, [Präsident des BKA] Polizei in der digitalen Welt, in: Kriminalistik 2008, S. 76

Vorschriften und Rechtsprechung

Kriminalitätsvorbeugung, bundeseinheitliche Vorschrift vom 5.11.2002

Programm Innere Sicherheit, Fortschreibung 1994 und 2008

21.2 Geschichte

Der Staat hat die Aufgabe, den Bürger vor Straftaten und Straftätern zu schützen. Diese Aufgabe nimmt er durch **Kriminalitätsbekämpfung**, der Strafverfolgung und Straftatenverhinderung wahr. Die Verhinderung von Straftaten, die vorbeugende Kriminalitätsbekämpfung, ist Aufgabe der Länderpolizeien.

Bereits 1921 wurde beim Polizeipräsidenten in Berlin eine „Beratungsstelle zum Schutz gegen Einbruch und Diebstahl" eingerichtet. Solche Einrichtungen gab es bis 1939 bei allen größeren Kriminaldienststellen (Kapitel 1.4.3). Diese Beratungsstellen wurden auch nach 1945 aufrechterhalten. Sie waren zumeist organisatorisch mit dem sogenannten **Kriminalmuseum** kombiniert, das in erster Linie der Ausbildung der Kriminalisten diente.

Neben dieser individuellen Beratung entwickelte das Bayerische Landeskriminalamt 1964 ein Programm **zur Massenberatung** und bediente sich dabei des Fernsehens als Medium. Der monatlich gesendete Beitrag erhielt den Namen „Die Kriminalpolizei rät: vorbeugen!".

1970 vereinbarten alle Landeskriminalämter und das Bundeskriminalamt in der **AG Kripo** (Kapitel 2.3.3) die Einrichtung eines ständigen Redaktionskomitees, sodass jetzt die gesamte Kriminalpolizei der Bundesrepublik für den Inhalt der Massenberatung verantwortlich war. Auf politischer Ebene wurde diese praktische Arbeit 1975 im „Bund-Länder-Abkommen über die Vorbeugungsarbeit" festgeschrieben. Hierin vereinbarten alle Länder und der Bund die Einrichtung einer ständigen Geschäftsstelle, mit Sitz in Baden-Württemberg und einem festen Jahresetat.

Wissenschaftlich wird Vorbeugung in primäre, sekundäre und tertiäre Prävention unterteilt. Dabei sind die primäre und die tertiäre Prävention der Kriminologie zuzuordnen (Kapitel 1.2.11.4).

Mit der **Primärprävention** soll durch Sozial-, Wirtschafts- und Kulturpolitik das Rechtsbewusstsein der Bevölkerung gestärkt werden. Angesprochen sind hier die Familie, der Kindergarten, die Schule, die Ausbildung, das Freizeitverhalten und das Fernsehen. Von Geburt an soll der Mensch durch Erziehung und vorgelebtes gutes Beispiel erlernen, dass ein sozial verträgliches Miteinander nur erreicht wird, wenn sich alle an die Regeln halten. Im Bereich der Primärprävention erfahren **Ethik und Moral** im sicherheitspolitischen Sinne speziell in Zeiten eines wirtschaftlichen Abschwungs eine Renaissance. Während die Moral die in einem Gesellschaftssystem relevanten Werte, Einstellungen und Haltungen als Rahmen skizziert, sorgt die Ethik für das Bewusstsein, nach diesen Werten zu handeln. Die Familie und alle Bildungsträger tragen hier eine besondere Verantwortung.

Die **Sekundärprävention** will durch Strafnormen abschrecken (*Hassemer*, a.a.O.). Darüber hinaus sollen durch „Polizeiliche Kriminalprävention" Tatgelegenheiten gemindert, Opfer beraten und technische Sicherungen empfohlen werden. Hierzu nutzt die Polizei die Erkenntnisse aus ihrer eigenen Tätigkeit bei der Strafverfolgung, insbesondere solche, die bei der Tatortbefundaufnahme (Kapitel 7.4) und bei Vernehmungen (Kapitel 11) offenkundig werden. Die hierbei festgestellten tatbegünstigenden Umstände und Verhaltensweisen sollen verändert werden (Kapitel 21.5).

Mit der **Tertiärprävention** sollen Rückfälle von verurteilten Straftätern vermieden werden. Hier sind der Strafvollzug und die Entlassenenhilfe angesprochen.

21.3 Kriminalpolizeiliches Vorbeugungsprogramm

Zur Koordinierung der praktischen Arbeit richtete der AK II (Kapitel 2) 1984 die Projektleitung „Kriminalpolizeiliches Vorbeugungsprogramm“ ein, die ein einheitliches Vorgehen in Bund und Ländern garantierte.

Inhalte der Prävention waren:

- Aufklärung der Bevölkerung über Ursachen, Entstehung und Begehungsweisen von Straftaten sowie über Opfersituationen;
- Erteilen von Ratschlägen zum Selbstschutz und zum Vermeiden von Anreizen für das Begehen von Straftaten sowie
- Verbessern des Zusammenwirkens von Bürgern und Polizei.

Im Mittelpunkt der Beratung stand ausschließlich das Opfer oder das potenzielle Opfer. Es wurde aufgefordert, sein Eigentum mit technischen Mitteln zu schützen und sich nicht als Opfer aufzudrängen, z. B. durch Imponiergehabe mit dem Vorzeigen von Geld oder anderen Wertgegenständen, durch Meidung sogenannter „dunkler Orte“ oder durch aufreizende Kleidung. Die übrige Gesellschaft wurde nicht angesprochen, denn sie hatte alle Regelungen für ihr Leben dem Staat übertragen und wollte nicht belästigt werden, schon gar nicht mit den unangenehmen Seiten des Lebens.

Aus dieser Geschichte ist zu ersehen, dass Prävention ausschließlich eine polizeiliche Aufgabe war, insbesondere eine der Kriminalpolizei. Nach damaligem Verständnis innerhalb der Polizei, war die Schutzpolizei für die Verbrechensbekämpfung nicht zuständig.

21.4 Programm Innere Sicherheit

Der Begriff „Innere Sicherheit“ wird inzwischen diskutiert und hinterfragt. Die Bezeichnung **Innerer Frieden** und **Öffentliche Sicherheit** komme dem tatsächlichen Ziel von Gesetzgebung, Rechtsprechung und polizeilicher Tätigkeit näher (*de Maizière* in: SZ vom 21.11.2009, S. 6).

Da eine isolierte staatliche Prävention nicht erfolgreich sein konnte, haben die Innenminister und -senatoren von Bund und Ländern in der Fortschreibung des „Programms der Inneren Sicherheit“ von 1994 die Aufgabe der **Prävention neu definiert**.

Erstmals wird festgestellt, dass die Polizei das Problem nicht allein lösen kann, sondern Prävention nur erfolgreich ist, wenn: „Gesellschaftliche Bedingungen geschaffen werden, die Kriminalität reduzieren sowie das Rechtsbewusstsein und die Bereitschaft der Menschen füreinander einzustehen, gestärkt werden ...“. Somit ist dies eine gesamtgesellschaftliche und gesamtstaatliche Aufgabe. Mit dem vorbildlichen Verhalten von Erwachsenen und der Erziehung der Kinder beginnt es. Die schulische und berufliche Ausbildung muss dies zum Thema machen. Gesellschaftliche Gruppen und Glaubensgemeinschaften sollten ihre Verbundenheit auch dazu nutzen, sich gegenseitig vor Straftaten zu schützen. Kommunale Behörden und Einrichtungen können über die Jugend-, Sozial- und Gesundheitsämter durch Beratung die Bürger sensibilisieren und durch bauliche Maßnahmen Straftaten verhindern. Um diese allgemeine Verantwortung zur Prävention bewusst zu machen, sollen auf Anregung der Polizei „Kriminalpräventive Räte“ gebildet werden. Unter dem Vorsitz der Kommunen sollen sich Arbeitskreise bilden, in denen gesellschaftliche Gruppen, kommunale und staatliche Institutionen und Einrichtungen zusammenarbeiten.

Ferner wird jetzt berücksichtigt, dass Verhaltensempfehlungen, die ausschließlich an das Opfer gerichtet sind, keinen umfassenden Schutz vor Kriminalität bieten können, sondern vielmehr zur allgemeinen Verunsicherung und letztlich zur „Bunkermentalität“ führen. Eine allgemeine Verbrechensfurcht ist die Folge, was die Lebensqualität erheblich mindert (Kapitel 15.5.3). Prävention muss vielmehr „ursachenorientiert“ betrieben werden. Es sollen die Ursachen für kriminelles Verhalten verändert werden. Diese Ursachen liegen in der **Persönlichkeit des Täters**, in seinen sozialen Lebensverhältnissen und auch in den vorhandenen Tatgelegenheitsstrukturen. Dieser richtige Blick auf den Täter darf allerdings nicht außer Acht lassen, dass bessere soziale Lebensverhältnisse lediglich die Massenkriminalität verringert. Kriminelles Verhalten gibt es jedoch in allen Sozialschichten und allen Einkommensverhältnissen. Das wird sich auch nicht ändern.

Die Fortschreibung des **Programms Innere Sicherheit 2008 / 2009** zeigt die neuen Schwerpunkte der Kriminalität. Das sind insbesondere der internationale Terrorismus, die Organisierte Kriminalität und die Zunahme der Gewaltkriminalität. Als besonders besorgniserregend wird die Informations- und Kommunikationskriminalität (IuK-Kriminalität) angesehen (Programm, Ziffer VII). Diese wird als solche in „im engeren“ und „im weiteren“ unterteilt.

Im **engeren Sinne** ist das die „Computerkriminalität“, z. B. das Manipulieren an Datenträgern, das Ausspähen von Daten, der Einsatz von Schadprogrammen, die Überlastung von Servern mit Massenanfragen oder das unberechtigte Eindringen in Rechnersysteme (Hacking). Im **weiteren Sinne** ist es die Nutzung der Technik für die Planung, Vorbereitung, Ausführung oder Nutznießung von Straftaten.

Die **Befürchtung** besteht, dass sich diese Kriminalität grenzüberschreitend schnell vermehrt. Gleichzeitig sind in diesem Bereich die bisher erfolgreichen Ermittlungs- und Beweissicherungsmethoden nicht mehr anwendbar, sodass die Täterermittlung erheblich erschwert ist. Obwohl die Kriminalpolizeien von Bund und Ländern schon jetzt eine enge Zusammenarbeit praktizieren, sind die bestehenden Möglichkeiten nicht ausreichend (*Ziercke*, a.a.O).

Der sachgerechte Umgang und die Sicherstellung von Beweisen im Zusammenhang mit der **IUK-Kriminalität** (Kapitel 4.18) sollte bereits innerhalb der Polizeiausbildung Berücksichtigung finden.

21.5 Polizeiliche Kriminalprävention

Um den polizeilichen Teil der Prävention aufeinander abzustimmen, haben der Bund und die Länder 1997 in einem Abkommen die Aufgabenverteilung neu geregelt und bundesweit vereinheitlicht.

Zunächst wird Prävention unter Einbeziehung der Schutzpolizei eine gesamtpolizeiliche Aufgabe und heißt jetzt Polizeiliche Kriminalprävention. Damit sind die bisher fehlenden 90 % der Polizeibeamten in die Aufgabe einbezogen.

Dem **AK II** (Kapitel 2.3.1) ist als strategische Ebene die „Projektleitung der Polizeilichen Kriminalprävention" **(PL KP)** nachgeordnet. Unter dem Vorsitz des Landes Baden-Württemberg sind hier der Bund, die 16 Bundesländer sowie das Bundeskriminalamt und der Grenzschutzdienst vertreten. Ferner haben die DHPol (Kapitel 1.2.8) und die AG Kripo (Kapitel 2.3.3) beratende Stimme.

Diesem Gremium arbeitet die „Kommission Polizeiliche Kriminalprävention" (**KPK**) zu. In dieser Kommission sind die Leiter der Präventionsdienststellen der Landeskriminalämter und des Bundeskriminalamtes vertreten. Beide Gremien haben eine Zentrale Geschäftsstelle (**ZGS**), die beim LKA Baden-Württemberg in Stuttgart angesiedelt ist. Die Arbeitsergebnisse werden im „Programm Polizeiliche Kriminalprävention" (**ProPK**) zusammengefasst und veröffentlicht.

Die **KPK** wendet sich gezielt an die breite Öffentlichkeit, um Tipps zum Schutz vor Dieben, Betrügern, Räubern, Sexualtätern oder anderen Straftätern zu geben. Sie gibt Ratschläge zur Reduzierung von Tatgelegenheiten und ermuntert die Bürger zur stärkeren Zusammenarbeit mit der Polizei. Wer sich z. B. als Zeuge eines Verbrechens zur Verfügung stellt oder die Polizei über die aktuelle Ausführung einer Straftat informiert, trägt zur Erhöhung der allgemeinen Sicherheit bei. Das Programm soll die Bürger aber auch sensibilisieren, sich mehr um ihre Nachbarn zu kümmern. So kann die durch Urlaub leer stehende Wohnung versorgt oder der Alleinstehende soziale Kontakte erhalten, unter dem Motto: „Nachbarn schützen Nachbarn". Aber auch die Verantwortung der Bürger für öffentliche Einrichtungen als Gemeinbesitz soll angeregt werden. So sollte es schon jeden angehen, wenn z. B. Telefonzellen zerstört oder Kulturgegenstände beschädigt werden.

Die KPK bedient sich zur Erfüllung ihrer Aufgaben verschiedener Mittel. Ein monatlicher Pressedienst versorgt das Fernsehen und die Zeitschriften. Dort werden Filme mit dem Reihentitel „Die Kripo rät: Vorbeugen" unter professionellen Bedingungen gedreht sowie Anzeigenvordrucke erstellt und kostenlos den Medien zur Verfügung gestellt. Um Journalisten anzuregen, selbstständig über Vorbeugung zu berichten, wird für die beste Arbeit jährlich ein Journalistenpreis in Höhe von 10.000,- Euro vergeben. Tonbandkassetten für den Rundfunk, Handbücher für Polizeibeamte, Taschenkalender für jedermann, Plakate, Drucksachen und Informationsmaterial zur Verteilung an die breite Öffentlichkeit vervollständigen das Programm. Um die Aktivitäten noch breiter anlegen zu können, werden Wirtschaftsunternehmen ermuntert, im Rahmen von Sponsorenleitlinien finanzielle Unterstützung zu leisten.

Die von der KPK erarbeiteten konkreten Vorbeugungsvorschläge werden bundesweit durch die 193 **Kriminalpolizeilichen Beratungsstellen** fachspezifisch und letztlich durch jeden Polizeibeamten an den Bürger herangebracht. So kann z. B. jedes Opfer einer Straftat gezielt über die Ursachen der Tat und über das eigene Verhalten zur Schaffung von Tatgelegenheiten aufgeklärt werden. Aber auch mit Aktionen der Beratungsstellen bei Volksfesten, Ausstellungen oder Großveranstaltungen kann der Bürger ganz gezielt und individuell angesprochen und beraten werden (Kapitel 20.4).

21.6 Kriminalitätsvorbeugung als gesamtstaatliche und gesamtgesellschaftliche Aufgabe

Der Gründungsvorsitzende des **Landespräventionsrates** Nordrhein-Westfalen, Prof. Dr. *Michael* ***Walter***, schreibt im Vorwort zum „Leitfaden Kommunale Kriminalprävention", Düsseldorf 2004: „Die Kriminalpolitik der letzten Jahre hat sich erheblich verändert. Früher verband man mit dem Begriff der Kriminalprävention vor allem die gesamte Strafverfolgung mit ihren general- und spezialpräventiven Zwecksetzungen. Heute werden demgegenüber auch Initiativen als kriminalpräventiv angesehen, die die allgemeinere Lebensgestaltung betreffen und bereits auf dieser Ebene der Entstehung von Kriminalität wehren wollen. Das geschieht vornehmlich im kommunalen Bereich, in unserer konkret erfahrbaren Umwelt. Kriminalprävention wird in diesem Sinne nicht nur von ‚Profis' gestaltet, vielmehr beteiligen sich gerade im gemeindlichen Rahmen durchaus unterschiedliche **gesellschaftliche Gruppen** an dieser neu erkannten Aufgabe. ... Die empirisch gestützte Kriminalpolitik betont klare sachlich fundierte Planungen und nüchterne Kontrolle. Vordergründiger Aktionismus, stimmungsvolle Dramatisierungen oder hysterische Reaktionen sind kaum hilfreich. Da Kriminalität ein soziales Phänomen beinhaltet, das aus einem breit und tief verwurzelten Bedingungsgeflecht entsteht, wäre es unangemessen und naiv zu glauben, man könne kriminelle Delikte durch perfektionierte Bekämpfungsweisen aus der Gesellschaft verbannen. Es kann ‚nur' darum gehen, das konkret Mögliche und Sinnvolle zu tun. Das aber ist, denkt man allein an den Schutz auf öffentlichen Wegen und Straßen und in öffentlichen Nahverkehrsmitteln, nicht wenig und kann dazu beitragen, die gesellschaftliche Teilhabe vieler Menschen – junger wie älterer – erheblich zu verbessern."

Um diese Verantwortung für die Prävention den übrigen Behörden und Einrichtungen sowie den gesellschaftlichen Gruppen auf Bundes-, Landes- und kommunaler Ebene deutlich zu machen, wurden im November 2002 auf Anregung der Polizei Vereinbarungen beschlossen, die die **Zuständigkeiten** flächendeckend und Ressort übergreifend regeln. Hierin werden die **Verantwortlichen** ausdrücklich genannt und deren Aufgaben umfassend beschrieben, sodass es keine Abgrenzungsprobleme mehr geben dürfte.

21.6.1 Präventionsnetzwerk

Da sich Kriminalität in einem föderativen und freiheitlichen Staat über alle Gebiets- und Zuständigkeitsgrenzen ausbreitet, müssen ebenso effektive Maßnahmen entgegengesetzt und Prioritäten genannt werden.

a) Die Kriminalität muss dort bekämpft werden, wo sie entsteht, begünstigt oder gefördert wird. Bei der Massenkriminalität ist das der örtliche Lebensraum. Deshalb sind auf der **Ortsebene** die Zusammenarbeit von Kommunalbehörden, Polizei, Justiz, Sozialdiensten, Medien, Schulen, Kirchen, Vereine, Verbände, Träger der Kinder- und Jugendhilfe und schließlich mit der gesamten Bevölkerung unerlässlich.

   Unter dem Vorsitz der Kommunen sollen nach dem Vorbild aus den skandinavischen Staaten **Kriminalpräventive Gremien** gebildet werden.

   Hier können die Probleme mit der Kriminalität in einer Gemeinde gemeinsam besprochen und Lösungen gesucht werden. So z. B. bei der Gestaltung von Haltestellen der öffentlichen Verkehrsbetriebe oder von Parkhäusern, die Nutzung von leer stehenden Gebäuden, die Initiierung von Nachbarschaftshilfen, Maßnahmen gegen die offene Drogenszene, Angebote für die Freizeitgestaltung von Jugendlichen u. v. a. m.

b) Die **Bezirksregierungen** koordinieren die präventionsbezogenen Haushaltsmittel und Projekte der ihnen nachgeordneten Behörden und sorgen so für einen effizienten Einsatz der Finanzmittel.

c) Unter der Leitung des Innministeriums NRW ist die **Interministerielle Arbeitsgruppe Kriminalitätsvorbeugung** eingerichtet worden. Hier wird die Kriminalität fach- und Ressort übergreifend von allen Seiten analysiert und abgestimmte Maßnahmen oder Empfehlungen an die nachgeordneten staatlichen und kommunalen Organe weitergegeben. Damit können aus dem Wissen aller staatlichen Organe wirksame Beiträge geleistet werden.

d) Als **Bindeglied** zwischen den kommunalen Präventionsgremien und dem Deutschen Forum für Kriminalprävention (siehe e)) ist unter dem Vorsitz eines Wissenschaftlers der **Landespräventionsrat** (40025 Düsseldorf,

Postfach 103452) eingerichtet. In ihm sind alle Behörden, Institutionen und relevanten gesellschaftlichen Gruppen vertreten. Er unterhält eine „Wissensdatenbank“ **(PrävIS)** über nationale und internationale Erkenntnisse zur Prävention und informiert alle Beteiligten über neue Erkenntnisse. Die Geschäftsstelle ist dem Landeskriminalamt NRW angegliedert.

e) Das **Deutsche Forum für Kriminalprävention** ist eine Stiftung des Bundes, der Länder und der Wirtschaft. Unter dem Vorsitz des Bundesministers der Justiz (BMJ) hat es seinen Sitz in Bonn. Es ist die nationale Service- und Informationsstelle für Kriminalitätsvorbeugung. Zweck der Stiftung ist insbesondere die Gewährleistung des Informationsaustausches auf nationaler und internationaler Ebene.

21.6.2 Zuständige Behörden und Einrichtungen sowie deren Aufgaben

Um Prävention abstimmen zu können und die Tätigkeiten der übrigen Akteure zu kennen, sind die Behörden und Einrichtungen ausdrücklich benannt und es sind ihnen speziell bezeichnete Aufgaben zugeordnet, die überwiegend mit ihren eigentlichen Hauptaufgaben korrespondieren.

Die Polizei betätigt sich auf drei Ebenen:

1. In den **Kreispolizeibehörden** (KPB) wird die Prävention durch die Kommissariate „Vorbeugung“ wahrgenommen. Die Tätigkeit erfolgt in den Schwerpunkten
   - Aufklärung der Bevölkerung über Ursachen, Entstehung und Begehungsweisen von Straftaten sowie Opfersituationen,
   - Erteilen von Ratschlägen zum Selbstschutz und zum Vermeiden von Anreizen für das Begehen von Straftaten,
   - Verbesserung des Zusammenwirkens von Bürgern und Polizei. Hier soll die Bevölkerung ermuntert werden, die Polizei bei der Arbeit zu unterstützen, insbesondere durch die Bereitschaft, Zeuge oder Hinweisgeber zu sein,

   und erstreckt sich über sechs Aufgabenfelder:

   a) **Verhaltensberatung**

   Gefährdeten, Interessierten und tatsächlichen Opfern von Straftaten werden Hinweise gegeben, wie man durch eigenes Verhalten vermeiden kann, Opfer zu werden. Dies umfasst jedoch auch die Vermittlung von Hilfen nach psychischen Störungen oder Hilfen bei der Antragstellung nach dem Opferentschädigungsgesetz (Kapitel 21.6.3).

b) **Beratung über technische Vorkehrungen**

Auch hier werden Gefährdete, Interessierte und tatsächliche Opfer von Straftaten über die technischen Möglichkeiten der Sicherung von Wohnungen, Häusern, Fahrrädern oder anderen Gegenständen informiert. Dazu liegen in den Beratungsstellen technische Geräte zur Anschauung aus.

c) **Jugendschutz**

Hier geht es in erster Linie um die Zusammenarbeit mit Behörden und Einrichtungen für den Jugendschutz, wie Jugendamt, Schule, Justiz, Bewährungshilfe und den öffentlichen Verbänden, z. B. Pfadfinder u. a.

Um die Einhaltung der Verbote zum Jugendschutz, wie Gaststättenbesuche, Alkoholkonsum oder Anwesenheit an kriminogenen Orten zu kontrollieren, beteiligt sich die Polizei an den Jugendschutzstreifen des Jugendamtes.

Letztlich ist die Polizei bemüht, Ermittlungsvorgänge in Strafverfahren gegen Jugendliche durch besonders geschulte Beamte zu bearbeiten und die Ermittlungsergebnisse schnellstens an die Staatsanwaltschaft und das Jugendamt weiterzuleiten.

d) **Gewalt-Vermeidung**

In Vorträgen und Seminaren an Schulen werden Mädchen und Frauen über Gewaltdelikte und die Möglichkeit, diesen entgegenzuwirken, aufgeklärt. Weitere Themen sind Kindesmisshandlung und sexueller Missbrauch. Das Ziel ist, die Lehrerschaft als Moderatoren heranzubilden.

e) **Sucht-Vermeidung**

Wie bei der Gewalt-Vermeidung werden Projekte über Suchtvermeidung unterstützt. Ferner werden kriminogene Orte dieser Deliktebereiche aufgesucht, um Jugendliche von Suchtmitteln fern zu halten.

f) **Verkehrssicherheitsberatung**

Die Hauptaufgabe besteht in der Verkehrserziehung in Kindergärten und Schulen durch die Verkehrspuppenbühne und in der Verkehrsjugendschule, dem Erreichen des „Fahrrad-Führerscheins" in der vierten Klasse.

In Vorträgen und Seminaren werden Senioren über Verkehrssituationen aufgeklärt, so dass diese sich wieder sicher im Straßenverkehr bewegen können.

In einigen Kreispolizeibehörden übernehmen namentlich benannte Beamte „Patenschaften" für besonders unfallträchtige Straßenkreuzungen. Dadurch soll eine kontinuierliche Beobachtung und eine verantwortliche Information an die zuständigen Behörden erfolgen.

2. Die **Kriminalhauptstellen** unterstützen die Kreispolizeibehörden durch Rat und Tat.
3. Das **Landeskriminalamt** unterstützt die Kreispolizeibehörden durch Information und durch Koordination von Projekten auf Landesebene.

Die **Justiz** soll durch konsequente und schnelle Verfolgung und Ahndung von Verstößen gegen die Strafvorschriften das Rechtsbewusstsein in der Gesellschaft stärken und so **generalpräventiv** wirken. Zur **Spezialprävention** ist es erforderlich, durch individuelle Sanktionen und begleitende Maßnahmen Straftäter zu einer verantwortlichen Lebensführung anzuhalten. Das gilt insbesondere für die Bereiche Entschuldigung beim Opfer, Wiedergutmachung, Bewährung und Auflagen.

Die **Schule** soll Ort der Aufklärung und Erziehung sein. Gemeinsam mit den Eltern sollen die Kinder sozial verantwortliches Verhalten lernen und Rücksicht auf andere nehmen. Höfliches Auftreten, saubere Schulhöfe, Hauswände ohne Schmierereien und heile Gegenstände müssen wieder als Norm geachtet werden. Eltern müssen lernen, dass Erziehung auch unangenehme Maßnahmen beinhaltet und sich fragen, ob sie ihrer Elternpflicht bisher in ausreichendem Maße nachgekommen sind. Rechtsanwälte müssen, bevor sie ein Mandat gegen Schulen annehmen, begreifen, dass Erziehung dem Wohl des Kindes dient und auf Psychologie beruht. In aller Regel sind juristische Methoden der gerichtsfesten Beweisfindung und Beweisführung hier fehl am Platze. Eltern und Lehrer fühlen, wann ein Kind sich fehlentwickelt, wann es lügt. Und Kinder haben ein sehr feines Gespür für den Unterschied zwischen Recht und Gerechtigkeit, auch wenn der Anwalt von der Rechtsschutzversicherung der Eltern bezahlt wird.

Die **Jugendämter** sollen das gesamte Instrumentarium des Kinder- und Jugendschutzhilfegesetzes (KJHG) anwenden und die Kinder vor Gefahren für ihr Wohl schützen. Dieses Instrumentarium beinhaltet als letzte Konsequenz auch Maßnahmen gegen den Willen der Eltern und der Kinder. Wenn dies jedoch fast nie eingesetzt wird, verliert es seine präventive Wirkung.

Die **Kommunen** sollen bei der eigenen Handlungskompetenz kriminalitätsbegünstigende und kriminalitätshemmende Faktoren berücksichtigen.

21.6.3 Besondere Präventionsaufgaben

Über die individuelle Zuständigkeit (21.6.2) hinaus sollen alle Behörden und Einrichtungen gemeinsam drei Ziele intensiv verfolgen. Dabei wäre es begrüßenswert, wenn sich neben den vielen hervorragenden Produktionen für Kinder und Jugendliche in Literatur, in Sendungen im Rundfunk und Fernsehen, auch die populistischen **Medien** oder Boulevard-Medien den ersten zwei Zielen widmen würden:

- Die **Förderung von Kindern und Jugendlichen** durch Angebote der Kinder- und Jugendhilfe. In einer Gesellschaft der vermehrten „Doppelverdiener" oder „Alleinerzieher" kommt die Erziehung der Kinder erheblich zu kurz. Neben menschlicher Zuwendung benötigen Kinder vor allem in Risiko- und Gefährdungssituationen deutliche vorbeugende Signale (Verbote), damit ihre Persönlichkeitsentwicklung gefördert wird. Sie müssen auf Fehlverhalten ausdrücklich hingewiesen und aufgefordert werden, dieses abzustellen. Nur wer bereits im Kindesalter lernt, die Rechte anderer zu respektieren, rücksichtsvoll zu sein und für andere einzutreten, der wird das auch als Erwachsener beherzigen.
- Projekte zur **Reduzierung von Gewalt**, insbesondere bei Kindern und Jugendlichen, zur Verhinderung sexueller Übergriffe bei Frauen und Kindern, zur Suchtvorbeugung und zum Schutz von Minderheiten, z. B. ethnisch-kulturelle oder gleichgeschlechtliche Lebensformen, haben besonderen Stellenwert und sollen vermehrt durchgeführt werden. Die **Realität** hat leider gezeigt, dass die Täter immer dreister in aller Öffentlichkeit vorgehen. Bürger, die sich Räubern oder Schlägern entgegenstellen, werden brutal angegriffen und mit Fußtritten, Schlägern oder Messern schwer verletzt oder getötet. Andere Bürger stehen in nächster Nähe dabei und helfen nicht. *Kauerhof* (a.a.O.) hat das Phänomen der sinnlosen Gewaltanwendung der Fußball-Hooligans untersucht und kommt zum Ergebnis, dass die jungen Menschen nicht mehr gelernt haben, Regeln einzuhalten. Es bestehen Auffälligkeiten zwischen **Regelresistenz** in der Schule und **Gewaltbereitschaft**. *Heisig* (a.a.O., S. 154 ff.) schildert **Präventionsprojekte** in Großstädten im europäischen Ausland: Oslo, Glasgow, London und Rotterdam.
- **Kriminalitätsopfer** haben ein Anrecht auf Unterstützung und Verständnis. Sie dürfen mit ihren Problemen nicht allein gelassen werden. Sie sind auf ihre Rechte nach den gesetzlichen Bestimmungen, „Gesetz zur Sicherung der zivilrechtlichen Ansprüche der Opfer von Straftaten", dem „Gesetz über die Entschädigung von Opfern von Gewalttaten" und auf die einschlägigen Bestimmungen in der „Strafprozessordnung" hinzuweisen. Ferner sind sie in verständlicher Weise über den Fortgang eines Verfahrens zu informieren. **Opferschutz** und **Opferhilfe** müssen von der Anzeigenerstattung bis zum Abschluss des Verfahrens vor Gericht selbstverständlich sein (Kapitel 11.7.1).

Das **Opferrechtsreformgesetz** von 2009 (*Schroth*, a.a.O.) bringt Stärkungen der Rechte von Opfern und Zeugen in drei Bereichen: **Erstens,** Stärkung der Verfahrens- und Informationsrechte des Verletzten mit weiterer Ausprägung der Nebenklage. **Zweitens**, Heraufsetzung der Schutzaltersgrenze für Kinder und Jugendliche, die Opfer von Straftaten geworden sind oder als Zeugen aussagen müssen, von 16 auf 18 Jahre. **Drittens**, Verbesserung der Rechtsstellung der Zeugen mit einer Vereinfachung der Beiordnung eines Rechtsanwaltes.

21.6.4 Praktische Hinweise zur Prävention für den Alltag

Verbrechensfurcht

Die Kriminalitätsfurcht wird besonders beeinflusst durch **vier Faktoren**:

- Wie bedrohlich wirkt die Gesamtsituation auf mich, z B. Dunkelheit oder einsamer Weg?
- Wie viel Bosheit traue ich andern Personen zu, mich anzugreifen?
- Wie attraktiv bin ich als Opfer für einen potenziellen Täter?
- Wie gut könnte ich einen Angriff abwehren?

Alle Faktoren werden **subjektiv** bewertet und so für wahrscheinlich gehalten. Dabei gibt es deutliche **geschlechtsspezifische** und **altersbedingte** Unterschiede. Frauen und Ältere sind ängstlicher als Männer und Junge (Kapitel 15.5.3). Doch die Realität sieht anders aus. Senioren sind seltener Angriffsziele von Verbrechen als Jüngere. Das gilt insbesondere für Gewalttaten.

Das unbegründete Gefühl, Opfer werden zu können, wird mit **Sensationsberichten** durch die **Medien** verbreitet und mindert damit die Lebensqualität. Da ältere Menschen in der Mehrzahl mehr Zeit haben, lassen sie sich auch öfter durch das Fernsehen unterhalten und sind so stärker den aufgebauschten Geschichten oder Raritäten aus aller Welt ausgesetzt. Tatsächlich sind Senioren häufiger Opfer von Betrügereien oder von Schwindeleien.

Kontakte suchen

Regelmäßige Kontakte zu anderen Menschen steigern die **Lebensqualität**. Dadurch nimmt man am Leben aktiv teil; man ist über das Neueste informiert. Wichtig sind die Nachbarn. Gehen Sie gezielt auf diese zu, reden mit ihnen und teilen ihnen auch mit, wann Sie im Urlaub, Seminar, Krankenhaus, usw. sind. Nur so können die Nachbarn „Merkwürdigkeiten" in ihrer Wohnung feststellen. Geben Sie den Nachbarn auch die Adressen von Ihren Angehörigen oder Vertrauten, damit diese dort bei Besonderheiten anrufen können.

Wohnung oder Haus sichern

Machen Sie aus Ihrer Wohnung keine Festung. Das fördert die eigene Angst. In der Regel sind in Ihrer Wohnung keine Wertsachen, auf die die „Mafia" scharf ist. Wohnungseinbrüche werden von Tätern ausgeübt, die eine Nachlässigkeit der Wohnungsinhaber ausnutzen, dann schnell einbrechen und mit einer kleinen Beute zufrieden sind. Deshalb sollten Schmuck oder Wertsachen in einem angeschraubten Möbelsafe aufgewahrt werden.

Bringen Sie an der Wohnungstür ein Sicherheitsschloss der unteren Preislage an. Schließen Sie **immer zweimal** ab, dann reicht die Schlosszunge soweit in den Rahmen, dass die Tür nicht mit einem einfachen „Schulterstoß" aufgebrochen werden kann. Wichtig ist, dass das Schließblech, das sich am Türrahmen befindet, mit langen Schrauben bis in die Wand befestigt ist. An der Innenseite der Tür sollte ein bewegliches Schloss oder eine Schließkette vorhanden sein, sodass sich die Tür nur einen Spalt öffnen lässt und Sie den Besucher betrachten können.

Beim Verlassen der Wohnung sollten Terrassentüren, Balkontüren und Fenster im Erdgeschoss **nicht in Kippstellung** stehen. Das gilt auch für kurzzeitiges Verlassen der Wohnung, um einzukaufen oder die Wäsche im Keller aufzuhängen. Die Verriegelungen sollten abschließbar sein. Rollenverschlüsse im Fensterrahmen können durch preiswerte Kastenschlösser nachgesichert werden. Handgriffe an den Mäuse-Gittern in Kellerfenstern sollten mit Vorhängeschlössern gesichert sein.

Mehrfamilienhaus vor Fremden schützen

Innerhalb eines Mehrfamilienhauses sollten die Gemeinschaftsräume, der Keller oder der Dachboden nicht für Fremde zugänglich sein. Vom Flur aus sollten diese Türen mit festen Griffen versehen werden, sodass die Türen nur mit einem Schlüssel geöffnet werden können. Werden Fremde im Hausflur angetroffen, so sollte sie jeder Hausbewohner ansprechen, wo möchten sie hin?

Kontakte an der Wohnungstür oder Haustür

Öffnen Sie die Tür erst, wenn Sie die Kette oder ein bewegliches Schloss vorgeschoben haben. Betrachten Sie den Besucher durch den Türspalt und lassen Sie nur solche Personen herein, die Ihnen bekannt sind. Das gilt auch für Personen, die Ihnen einem amtlichen Ausweis zeigen, z. B. Polizei in Zivil, Rentenstelle, Sozialamt, Sparkasse, Fernsehgebühren oder Handwerker, die angeblich vom Hausherrn geschickt wurden. Lassen Sie sich den Ausweis durch den Türspalt geben und rufen Sie bei dessen Dienststelle oder beim Hauseigentümer an, ob die Person bei Ihnen einen Besuch machen soll.

Oft wird auch die Hilfsbereitschaft älterer Menschen ausgenutzt, um sie zu schädigen. So wird an der Haustür nach einem Glas Wasser zum Trinken oder einem **Zettel** für eine Notizen gefragt, um so in die Wohnung zu gelangen, um Bargeld oder Wertgegenstände zu stehlen. Wenn sie helfen wollen, so reichen sie das Gewünschte durch den Türspalt, **ohne die Sicherheitskette zu lösen**.

Stellen Sie in Ihrer Wohnung, neben die Wohnungstür, sodass es der Besucher von außen sehen muss, derbe Herrenschuhe und hängen Sie an die Garderobe eine Herrenjacke und einen Herrenhut oder eine Mütze. Fordern Sie Fremde, die vor der Tür stehen, sofort auf, leise zu sprechen, weil Ihr Sohn / Ehemann / Vater

Nachtdienst hat und schläft. Er werde so leicht wach und hat dann schlechte Laune (Eine Notlüge darf sein).

Telefonanrufe

Melden Sie sich mit Ihrem richten Namen am Telefon. Das gebietet die Höflichkeit und stärkt das Selbstbewusstsein. Unterdrücken Sie Ihre Telefonnummer nicht, sie haben nichts zu verbergen. Ruft Sie jemand mit unterdrückter Telefonnummer an, fragen sie ihn, warum? Ist das ein Fremder, lehnen sie ein Gespräch mit ihm ab. Wollen Ihnen Fremde etwas aufreden oder fordern Sie auf, etwas zu tun, so beenden Sie ohne Wort und ohne Gruß das Gespräch. Lassen Sie sich niemals auffordern, Geld zu überweisen, irgendwo hinzugehen oder eine Nummer (auch nicht eine Zahl) zu wählen. Das gilt auch für angebliche Gewinne. Geben Sie **niemals** Ihre Kontonummer, Checkkartennummer oder Ihre PIN (persönliche Geheimzahl) bekannt. Das gilt auch, wenn Ihre Checkkarte angeblich missbraucht wurde. Verlangen Sie immer eine schriftliche Mitteilung dazu. Wählen Sie niemals Telefonnummern, die mit 0190... oder 0900... beginnen oder die in einer Billigtarif-Vorwahlnummer versteckt sind.

Wenn Sie neugierig auf die Information sind, so sagen Sie dem Anrufer: „Einen Moment bitte, ich zeichne das Gespräch auf" (Auch eine Notlüge) und fordern ihn auf, seine Telefonnummer mit Vorwahl anzugeben. Verweigert er das, so legen Sie sofort auf.

Öffentlichkeitskontakte

Glauben Sie, dass Sie jemand in böser Absicht verfolgt, so sprechen Sie Passanten an und fragen nach dem Weg. Nennen Sie dabei Ihre eigene Adresse ohne Namen. Dabei schauen Sie auffällig auf die Person, die Ihnen anscheinend folgt. Diese glaubt dann, dass Sie über diese sprechen. Ist niemand in der Nähe, so bleiben Sie stehen, winken zu einem Fenster und tun so, als sei dort eine Person, die Sie kennt. Böswillige werden dann verschwinden, weil sie Zeugen fürchten. Gutwillige werden ihren Weg fortsetzen und Sie überholen. In größter Not schreien Sie laut um Hilfe und drücken im nächsten Hauseingang auf alle Klingeln.

Müssen Sie an einer Gruppe **Jugendlicher** vorbei und befürchten, diese will Sie anpöbeln, so sprechen Sie den Größten freundlich an und fragen ihn, wie es seiner Mutter geht? Sagen Sie ihm, er soll seine Mutter von Frau Schmitz grüßen, dann wisse sie schon, wer das ist. (Auch eine Notlüge). Die Jugendlichen vermuten dann, dass sie namentlich bekannt sind und werden von ihrem Vorhaben ablassen.

Kaufhaus / Öffentliche Einkäufe oder Spenden

Tragen Sie Ihre Geldbörse und Wertsachen stets am Körper oder in einer verschlossenen Tasche. Wenn Sie in fremder Umgebung einkaufen (Kaufhaus, Markt, Urlaub, Kur), dann nehmen Sie vorher aus Ihrer Geldbörse so viel Geld heraus, wie Sie ausgeben wollen und stecken dieses lose in eine Kleidungstasche (Hose, Hemd, Jacke, Mantel, pp.). Lassen Sie Fremde nie in Ihre Geldbörse sehen. Das gilt auch bei Spenden oder bei Almosen an Straßen-Musiker oder Bettler. Wenn Sie zum Geldwechseln aufgefordert werden, sagen Sie, dass Sie kein Geld bei sich tragen. (Wieder eine Notlüge).

Geldautomat

Vermehrt werden Kunden von Geldinstituten beim Benutzen von Geldautomaten durch Trickbetrüger geschädigt. Dabei erspähen sie die **Kontonummer** und die **Geheimnummer** der Geldkarte durch Manipulationen am Geldautomaten und „plündern" anschließend das Konto. Dazu verwenden sie Minikameras und Magnetstreifenleser, die sie am Geldautomaten zusätzlich anbringen. Die Manipulationen am Automaten sehen „echt" aus und rufen im Regelfall keinen Verdacht hervor.

Prüfen Sie durch Rütteln am Karteneinzug und über dem Tastenblock, ob etwas wackelt. Ist das der Fall, informieren Sie sofort das Geldinstitut und / oder die Polizei. Beim Eingeben Ihrer Geheimzahl verdecken Sie mit der anderen Hand den Zahlenblock.

Bekannte Geschäfte

In den Geschäften in Ihrer Umgebung sind Sie bekannt und können dort unbekümmert einkaufen und sich unterhalten. Gleichwohl sollten Sie Ihre Geldbörse stets am Körper oder in einer verschlossenen Tasche tragen. Das gilt auch in Ihrem Geldinstitut. Vermeiden Sie, dass jemand sieht, wie viel Geld Sie abholen und wo Sie es hinstecken.

Krankenhaus

Die vertrauensvolle Atmosphäre durch das Personal im Krankenhaus darf Sie nicht darüber hinwegtäuschen, dass sich dort auch Fremde aufhalten. Schließen Sie Ihre Wertsachen stets ein, am besten im Stationsstützpunkt. Ist ein Wertfach auf dem Zimmer vorhanden, so ziehen Sie den Schlüssel stets ab und tragen ihn mit einer Schnur um den Hals. Das gilt auch für nur ganz kurze Abwesenheit aus dem Zimmer oder während Sie schlafen.

Mobiltelefon / Handy

Mit einem Handy können Sie jederzeit in ganz Deutschland mit der Telefonnummer 112 Hilfe rufen. Können Sie ihren Standort nicht angeben, weil Ihnen die Gegend völlig unbekannt ist (Urlaub, Kur oder Reiseweg), so wählen Sie die kostenlose Notrufnummer 0800-6683663. Die bringt nicht nur Hilfe, sondern damit kann die Telefongesellschaft auch Ihren derzeitigen Standort feststellen und weiß, wo Sie sind.

21.6.5 Gefährderansprache

Seit einigen Jahren werden anlässlich von Großveranstaltungen oder Demonstrationen **bekannte Straftäter** von der Polizei angesprochen, um sie von zukünftigen Straftaten abzuhalten (*Arzt, Meyn, Nimtz, Roos*, a.a.O.). Besonders intensiv wurde dies 2006 bei der in Deutschland durchgeführten Fußballweltmeisterschaft praktiziert. Dieses Gespräch ist eine einseitige Aufforderung, keine Straftaten zu begehen und somit eine „Ansprache".

Inzwischen werden auch jugendliche Kriminelle, häusliche Gewalttäter, politisch motivierte Gewalttäter, Verdächtige von Stalking oder Verdächtige auf Amoklauf angesprochen oder angeschrieben. In einem Gespräch will die Polizei herausfinden, ob der Angesprochene in geordneten Verhältnissen lebt und alles unterlässt, was ihn in Versuchung bringen könnte. Hier wird nicht einseitig von der Polizei auf die Person eingeredet, sondern es findet ein Dialog statt, so wie bei einer **Vernehmung**. In der Praxis hat sich das als besonders wirksam erwiesen. Fraglich ist, welche Rechtsgrundlage dafür anzuwenden ist, insbesondere, ob die Vorschriften der strafprozessrechtlichen Vernehmung zu beachten sind (§ 163a IV StPO).

Das OVG Lüneburg (NJW 2006, 391) hatte zu entschieden, ob und welche **rechtliche Grundlage** erforderlich ist. Das Gericht stellt fest, dass mit der Gefährderansprache unmittelbar in die durch Art. 5 I 1 und Art. 8 I GG garantierte **Willensentschließungsfreiheit** und **Verhaltensfreiheit** eingegriffen wird, und sieht zwei Möglichkeiten, das zu rechtfertigen:

a) Wird aufgrund des früheren Verhaltens vermutet, dass jemand auch bei ähnlichen Gelegenheiten wieder Straftaten begehen werde, so ist eine konkrete gesetzliche Regelung im Polizeirecht erforderlich, die es in den meisten Bundesländern [noch] nicht gibt.
b) Liegt der Verdacht vor, dass die Person eine konkrete Straftat begehen will, so kann auf die **Generalklausel** zur **Gefahrenabwehr** zurückgegriffen werden.

Darüber hinaus gibt es Tatbestände, bei denen **Strafprozessrecht** angewendet wird. Das ist der Fall, wenn eine Versuchshandlung (§ 22 StGB) vorliegt, „wenn der Täter zur Ausführung unmittelbar ansetzt", oder wenn eine „Verabredung zum Verbrechen" stattfindet (§ 30 StGB).

Wird mit der Person über bereits begangene Straftaten gesprochen, so ist das eine Vernehmung im Sinne von § 163a IV StPO, mit den vorgeschriebenen Belehrungen (Kapitel 11.7).

Ein „Konzept zum Umgang mit rückfallgefährdeten Sexualstraftätern" **(KURS)** haben das Justiz-, Innen-, Arbeits- / Gesundheit- und Sozialministerium in NRW durch Erlass geregelt (MBl./NRW vom 13.7.2010, Seite 602). Darin heißt es: „Um dem berechtigten Bedürfnis nach wirksamem Schutz vor Rückfalltaten bestmöglich nachzukommen, kann es im Einzelfall erforderlich sein, neben den justiziellen, auf Resozialisierung und Kontrolle ausgerichteten Maßnahmen der Führungsaufsicht und der Bewährungshilfe polizeiliche Maßnahmen zur Gefahrenabwehr zu ergreifen“ (Ziffer 1). Es geht um Standardisierung und verbindliche Ausgestaltung der bereits bestehenden Zusammenarbeit und des Informationsaustausches zwischen Strafvollzug, Maßregelvollzug, Vollstreckungsbehörde, Bewährungsaufsicht, Führungsaufsicht und Polizei. Beim Landeskriminalamt NRW wird dazu eine Zentralstelle eingerichtet.

Sebastian Söllner (a.a.O.) hat eine hervorragende Zusammenfassung der verfassungs-, strafprozess- und polizeirechtlichen Vorschriften bei der „Wiederholungsgefährlichkeit“ von Straftätern und der Anordnung der **Sicherungsverwahrung** erstellt. Unter Einbeziehung der höchstrichterlichen Rechtsprechung zeigt er Lösungsmöglichkeiten auf.

22 Leichensachen / Todesermittlungen

22.1 Literatur

Améry,	Hand an sich legen [Gründe für die Selbsttötung], Stuttgart 1976
Alt / Walz,	Zur odontologischen Identifizierung unbekannter Toter, in: Kriminalistik 1997, S. 669
Benecke,	Insekten auf Leichen, in: Kriminalistik 2000, S. 680
Beyser, u. a.	Isotopen-Analytik – Hilfsmittel zur Herkunftsbestimmung unbekannter Toter, in: Kriminalistik 2003, S. 443
Birkholz,	Leichenschausystem in Deutschland nicht reformfähig? (Seit 10 Jahren hat sich das „Bremer Modell" für eine rechtsmedizinische Grundversorgung in der Praxis bewährt.), in: Kriminalistik 2006, S. 222
Bormuth,	[Mediziner und Kulturwissenschaftler] Ambivalenz der Freiheit. Suizidales Denken im 20. Jahrhundert, Göttingen 2008
Bratzke / Schneider,	Zur Bedeutung der Leichenschau vor Einäscherung, in: Kriminalistik 1993, S. 513
Breitmeier, u. a.	Exhumierungen – Aussagekraft in Abhängigkeit von der Grabliegezeit, in: Kriminalistik 2003, S. 611
Bronisch,	Der Suizid, München 1996
Buss,	[Professor für Psychologie, Universität Texas] Der Mörder in uns – Warum wir zum Töten programmiert sind, München 2007
Buzug / Sigl / Bongartz / Prüfer,	Gesichtsrekonstruktion, BKA-Reihe, Polizei + Forschung, München 2007
Drews,	Ich bin oft ratlos. Über die Schwierigkeiten eines Arztes für Allgemeinmedizin beim Ausstellen eines Leichenschau-Scheines, in: Kriminalistik 1987, S. 585
Gabriel / Huckenbeck,	Grundlagen der Rechtsmedizin, Düsseldorf 2004
Gerg / Baier,	Das Leichenschauwesen. Ergebnis einer Befragung von Ärzten und Polizeibeamten, in: Kriminalistik 2009, S. 475
Grönemeyer,	Sterben in Deutschland. Wie wir dem Tod wieder einen Platz in unserem Leben einräumen können [Sterbekultur], Frankfurt/M 2007
Groß / Geerds,	Handbuch der Kriminalistik, Band I, S. 51 und 551, Berlin 1977
Heithorn / Steinbild,	Ein (fast) unlösbarer Sexualmord. Täteridentifizierung durch DNA-Analyse in Reihenuntersuchung, in: Kriminalistik 1990, S. 185

Hollmann [geb. Rescheleit],	Zur Frage der Differenzierung von Ein- und Ausschuss bei auf fester Unterlage anliegenden bekleideten Opfern. Dissertation, FU Berlin 1999
Hoppe / Haffner,	Kurzzeitig überlebte Strangulation, in: Kriminalistik 1998, S. 59
Huckenbeck,	Grundlagen der Rechtsmedizin, Lehr- und Studienbriefe Kriminalistik / Kriminologie, Band 6, Hilden 2007
Jelen,	Forensische Tücken, Probleme bei Identifizierung und Todeszeitbestimmung von Wasserleichen, in: Kriminalistik 1990, S. 377
Koch,	Lebendig begraben, Leipzig 1990
Kolbe,	Teamwork führt zum Ermittlungserfolg. Rückschau nach Tötungsdelikt an der 14-jährigen Hannah aus Königswinter, in: Streife, Heft 1–2 / 2008, S. 12
Krause / Kuchheuser / Schönigh / El Abondi,	Todeszeitbestimmung durch elektrische Reizung der Muskulatur, in: Kriminalistik 1998, S. 29
Kube,	Beweisverfahren und Kriminalistik in Deutschland, Geschichte des Beweisverfahrens, Kriminologische Schriftenreihe, Band 13, Hamburg 1964
Langmann,	[Hurrelmann] Amok im Kopf. Warum Schüler töten, Weinheim und Basel 2009
Leder,	Leichenschau-Regelungen mit Mängel, in: Kriminalistik 1994, S. 381
Lochte,	Sie werden dich nicht finden, München 2004. [Entführung und Ermordung des elfjährigen Bankierssohn Jacob von Metzler durch den 28-jährigen Jurastudenten Magnus Gäfgen im September 2003 in Frankfurt / M.]
Maiwald,	Zur Ermittlungspflicht des Staatsanwaltes in Todesfällen [nach § 159 StPO], in: NJW 1978, S. 561
Mallach / Weiser,	Leichenschauprobleme bei der Erd- und Feuerbestattung, in: Kriminalistik 1983, S. 199
Matschke / Hildebrand / Püschel,	Ein außergewöhnlicher Todesfall (Dekapitation), in: Kriminalistik 1999, S. 687
Meyer-Goßner,	Kommentar zu Strafprozessordnung
Michelfelder,	Der Amoklauf von Winnenden und die polizeiliche Lagebewältigung, in: Kriminalistik 2010, S. 139
Moor,	Das Selbstporträt des Jürgen Bartsch, Frankfurt / M 1972. (Geschichte eines Kindermörders, 1965)
Müller-Tucholski / Ley,	Die Übermittlung von Todesnachrichten durch Polizeibeamte, in: Kriminalistik 1998, S. 411
Oehmichen / Sternus,	Leichenschau und Todesbescheinigung, in: Kriminalistik 1985, S. 2

Peter, Der Einsatz der Identifizierungskommission des BKA in Südostasien, in: Kriminalistik 2006, S. 438

Rab, u. a. Erhängen mit Dekapitation, in: Archiv für Kriminologie, Band 195, Heft 1 + 2, 1995

Reimann / Prokop, Vade Mecum, Gerichtsmedizin, Berlin 1985

Rindfleisch, Tsunami 2004, Ein Seebeben erschüttert, in: Kriminalstik 2005, S. 745, (aus der Sicht des Kriseninterventionsteams – KIT)

Rinio, Identifizierung unbekannter Toter mittels DNA-Analyse, in: Kriminalistik 2004, S. 187

Rothschild, Hg., Die unglaublichsten Fälle der Rechtsmedizin, Leipzig 2004 (Fallsammlung zum 100-jährigen Bestehen der Deutschen Gesellschaft für Rechtsmedizin.)

Rückert, Tote haben keine Lobby, Hamburg 2000

Rückert, Todfreunde. [Das Verhältnis zwischen dem Leiter der Mordkommission aus Mönchen-Gladbach, Hans-Josef Jöris und dem sechsfachen Mörder Otto Debisch], in: DIE ZEIT vom 24.9.2009, S. 19

Rötzscher / Grundmann, Forensische Altersschätzung bei Jugendlichen und jungen Erwachsenen im Strafverfahren, in: Kriminalistik 2004, S. 337

Schwenn, Fehlurteile und ihre Ursachen – die Wiederaufnahme im Verfahren wegen sexuellen Missbrauchs, in: Strafverteidiger 2010, S. 705

Spann / Maidl, Die Frequenz gerichtlicher Leichenöffnung in der BRD, in: Medizin und Recht 1985, S. 59

Spann, Der Ermittler als Anwalt des Verstorbenen, in Kriminalistik 1987, S. 586

Steinbild, Der Suizid im Münsterland. Eine empirische Darstellung, in: Kriminalistik 2007, S. 312

Thiel, Das Krematorium, in: UNI Düsseldorf, Sero News IV / 2002, S. 127

Thiel, Identifizierung von Personen, Lehr- und Studienbriefe Kriminalistik / Kriminologie, Band 4, Hilden 2006

Thiess Mordkommission. Wenn das Grauen zum Alltag wird. Der Leiter einer Mordkommission berichtet über wahre Fälle, München 2010

Timm, Mit gebremstem Schwung – Gedanken über die Grenzen von Kriminalistik und Kriminaltechnik –, in: Kriminalistik 1995, S. 111 [Exhumierter unbekannter Toter mit Personalausweis].

Tsokos,	Mord und Totschlag als Alltagsgeschäft?, in: Chrismon, 12 / 2009, S. 30
Volmer,	Ein Kölner Modell?, Leichenschau und Todesbescheinigung, in: Kriminalistik 1985, S. 172
Volmer,	Dunkelfeld bisher immer überbewertet. Kriminalistisch-kriminologische Untersuchung der Tötungsdelikte in Köln, in: Kriminalistik 1988, S. 477
Weihmann,	Rauschmittelkriminalität, in: Kriminalistik 2003, S. 266
Wyss, u. a.	Fliegen als Helfer von Polizei und Justiz, in: Kriminalistik 2004, S. 485
Zollinger,	Namenlose Tote – Leichenidentifikation, in: Kriminalistik 1997, S. 753

Vorschriften und Rechtsprechung

Bundesinfektionsschutzgesetz

Personenstandsgesetz

Transplantationsgesetz

NATO-Truppenstatut, Art. 16 Zusatzabkommen

Richtlinien für das Straf- und Bußgeldverfahren, RiStBV, Nr. 33 bis 38

LG Bonn, Urteil vom 16.5.1928, JW 1928, S. 2294, Zum Recht der Hinterbliebenen am Leichnam

BVerfG, Beschluss vom 27.7.1993, NJW 1994, S. 783, Leichenöffnung zur Klärung der Todesursache

Kirchliche Polizeiseelsorge Tübingen, Merkblatt: „Sie haben eine Todesnachricht zu überbringen".

Leichensachen, § 159 StPO

BGHSt 49, 29, Die Ermittlungen in „Leichensachen" (§159 StPO) sind noch kein Ermittlungsverfahren im Sinne von § 160 StPO

Verletzung von Privatgeheimnissen, § 203 StGB

22.2 Allgemeines

Das Töten eines Menschen gehörte von jeher zu den schwersten Straftaten, die man begehen konnte. Umgangssprachlich werden Tötungsdelikte auch heute noch **Kapitaldelikte** genannt, weil sie mit der Todesstrafe bestraft wurden und die Vollstreckung in Form der Enthauptung, der „Dekapitation", erfolgte. Daraus entwickelten sich umgangssprachlich die Begriffe Kapitalverbrechen oder Kapitaldelikte.

Von der Bevölkerung im europäischen Kulturkreis sterben jährlich rund 1,1 %. Das sind in der Bundesrepublik Deutschland ca. 864 600 Sterbefälle pro Jahr oder 2 368 täglich (*Grönemeyer*, a.a.O., Sterbekultur). Von diesen Sterbefällen werden rund 10 % als nichtnatürlich verstorben bezeichnet. Von den nichtnatürlich Verstorbenen werden 14 % nach § 87 StPO obduziert, das sind 12 104 Leichen jährlich.

Von den rund 90 000 Personen, die jährlich in Deutschland nichtnatürlich verstorben sind, kommen rund 25 000 durch Haus- oder Privatunfall zu Tode, 10 000 durch Selbsttötung (davon zwei Drittel Männer, *Steinbild*, a.a.O.), 4000 durch Verkehrsunfall (Kapitel 7.5.8.1), 2 100 durch Straftaten und 1 500 durch den Konsum von illegalen Rauschmitteln (*Weihmann*, a.a.O.).

Die vorgenannten Todesfälle werden von der Polizei bearbeitet. Darüber hinaus werden von der Staatsanwaltschaft mit Hilfe anderer Behörden Todesermittlungen durchgeführt, z. B. von Bergämtern, Berufsgenossenschaften oder Gewerbeämtern.

Aus gesellschaftspolitischen Gründen werden zu den **natürlichen Todesfällen** jährlich rund 73000 Tote aufgrund von Tabakgenuss, 140000 Tote aufgrund von Alkoholgenuss, 50 000 aufgrund von Krankenhausinfektionen und 40000 Tote durch Tablettengenuss gerechnet.

Seit Jahrhunderten hat der Mensch Angst davor, lebendig begraben zu werden, weil ihn seine Angehörigen für tot halten, er tatsächlich aber noch lebt (*Koch*, a.a.O.). Diese Furcht beruht darauf, dass der Tod im Regelfall nicht schlagartig eintritt, sondern ihm eine unter Umständen mehrstündige Sterbephase vorausgeht. So kommt es vor, dass die Lebenszeichen eines Menschen so schwach sind, dass er für tot gehalten wird. Kräftigt sich der Körper wieder, so glaubte man an einen Scheintod. Um dem Schicksal zu entgehen, lebendig begraben zu werden, ersann der Mensch verschiedene Schutzmechanismen.

Am gebräuchlichsten waren Warnanlagen im Sarg, mit denen sich der Wiedererwachte bemerkbar machen konnte. Die Ägypter ließen die Toten einbalsamieren, was die Entnahme der inneren Organe voraussetzte. Aber auch andere drastische Mittel wurden vor der Beerdigung angewandt, wie ein tiefer Stich ins Herz, der den absoluten Tod garantieren sollte, oder das bis heute praktizierte Verbrennen des Leichnams.

Mit fortschreitender Entwicklung der Rechtssysteme gewannen **Mediziner** Einfluss auf die Todesfeststellung. Zunächst als Sachverständige bei Gericht, da bei einem Tötungsfall durch fremde Hand festgestellt werden musste, ob überhaupt der Tod eingetreten war und was die Ursache dafür sein konnte (*Kube*, a.a.O.). So ist uns von der Ermordung Caesars überliefert, dass der Arzt Antistius von den 23 Stichwunden die zweite Brustwunde als tödlich anerkannte. Später wurden die Mediziner obligatorisch zu jedem Todesfall hinzugerufen, um festzustellen, ob der Tod eingetreten war.

Nach und nach entwickelte sich auch im germanischen Raum die Leichenschau, das heißt, bei jedem Todesfall wurde ein Arzt oder eine andere geeignete Person beauftragt, den Tod des Menschen und die Ursache hierfür festzustellen (*Kube*, a.a.O.).

Seit Einführung der Strafprozessordnung von 1877 gibt es bei einer „Leichensache" Ermittlungshandlungen in zwei verschiedenen Kategorien:

a) Als vorsorgliche Beweissicherung nach **§ 159 StPO** beim nicht natürlichen Tod und beim Tod eines Unbekannten. Die damit verbundenen Maßnahmen sind noch **kein Ermittlungsverfahren** im Sinne von § 160 StPO (BGHSt 49, 29 [32]). Wegen des hohen Rechtsgutes Leben und fehlender Polizeigesetze wurde damals diese Vorschrift zur „Gefahrenabwehr" in die Strafprozessordnung aufgenommen. Die erforderlichen strafprozessrechtlichen Maßnahmen sind über § 159 StPO aus den Ermächtigungsgrundlagen der StPO abzuleiten. Es findet sozusagen eine „Vorprüfung" statt, ob die Staatsanwaltschaft überhaupt ein Ermittlungsverfahren einleitet. Zu dieser Vorprüfung gehört auch die Sicherung möglicher Beweismittel (*Maiwald,* a.a.O., S. 562).

b) Als strafprozessrechtliche Ermittlungen nach **§§ 160 und 163 StPO** beim Tod durch Fremdverschulden (Kapitel 22.14).

Bei der Bearbeitung von Leichensachen unterscheiden wir drei verschiedene Todesarten (Kapitel 22.9):

- **Nichtnatürlicher Tod** (§ 159 StPO),
- **Tod eines Unbekannten** (§ 159 StPO) und
- **Tod durch Fremdverschulden** (§ 163 StPO)

Neben den kriminalistischen Ermittlungen und der Beweisführung bei Tötungsdelikten gibt es noch **weitere Maßnahmen**, die zu bewältigen sind. Insbesondere bei **spektakulären Fällen** oder **Amoklauf** sind das der Opferschutz, die Betreuung der Familie, der Lehrer und Schüler, die Beruhigung der Bevölkerung, die Durchführung eines Trauermarsches und der Beerdigung, die Festnahme des Täters und Absprachen mit den Medien. Das Polizeipräsidium Bonn hat nach der Ermordung der 14-Jährigen *Hannah* aus Königswinter (2007) eine überzeugende Darstellung der vielen notwendigen Maßnahmen veröffentlicht (*Kolbe*, a.a.O.). Ebenso überzeugend sind die Ausführungen von *Michelfelder* (a.a.O.) über den Amoklauf in Winnenden 2009.

Natürlich gibt es auch Einzelfälle, in denen die Angaben der Opfer dramatisiert oder sogar falsch sind. Insofern ist immer das Spannungsfeld zwischen **Opferschutz** und **Unschuldsvermutung** zu beachten (§ 160 II StPO; BGHSt 21, 306 [308]; *Schwenn*, a.a.O.).

22.3 Leichenwesen

In der Bundesrepublik haben die Länder die Befugnis zur Regelung des Friedhofs- und Leichenwesens. Hiervon machten sie ab den 1960er Jahren Gebrauch. Darin wurde das Leichenschauwesen, mit kleinen verwaltungsrechtlichen Nuancen, den **Ärzten** allgemein übertragen.

22.4 Feststellung des Todes

Die Leichenschau (Kapitel 22.5) muss durch einen Arzt erfolgen, der die Leiche persönlich besichtigt und untersucht. Er hat festzustellen, ob überhaupt der Tod eingetreten ist und ob ein **natürlicher Tod** vorliegt (Kapitel 22.9.1).

Die Frage, ob und wann der Tod eingetreten ist, kann auch mit der fortgeschrittenen Kenntnis der heutigen Medizin nicht eindeutig beantwortet werden, da eine exakte wissenschaftliche Definition fehlt. Die Diskussion um die **Organspende** hat das Problem in die Öffentlichkeit gebracht (Transplantationsgesetz, BGBl. 2007, S. 2206). Um sich dieser Problematik zu nähern, unterscheidet die Wissenschaft zwischen dem „klinischen" und dem „biologischen" Tod.

22.4.1 Klinischer Tod

Der klinische Tod ist definiert durch den Funktionsausfall der drei großen Organsysteme: Zentralnervensystem, Atmung und Kreislauf. Atmung und Kreislauf können mit klinischen Mitteln aufrechterhalten werden, sodass der biologische Tod noch nicht eintritt, weil die Körperfunktionen erhalten bleiben. Da die Funktion des Gehirns nicht mit klinischen Mitteln aufrecht erhalten werden kann, spricht man auch vom „Hirntod".

22.4.2 Biologischer Tod

Der biologische Tod hat das Auftreten der frühen **Leichenerscheinungen** zur Folge, das sind Totenflecken und Totenstarre. Daran ist erkennbar, dass die chemischen Reaktionen im Körper nicht mehr gesteuert werden. Dies wiederum hat im weiteren Verlauf der Zersetzung des menschlichen Körpers die **Autolyse** zur Folge, die den Körper völlig auflöst.

22.4.3 Sichere und unsichere Todesanzeichen

Um auch ohne klinische Hilfsmittel zuverlässig auf den **Eintritt des Todes** schließen zu können, müssen **sichere** Todesanzeichen vorliegen. Dies sind Kopf-Rumpf-Trennung, Skelettierung, Autolyse, Fäulnis, Mumifikation sowie das Vorhandensein von Totenflecken oder Totenstarre. Auch in diesen Fällen muss ein Arzt den Tod feststellen und bescheinigen.

Unsichere Todesanzeichen sind z. B. Stillstand der Atmung, Pulslosigkeit, Abkühlung und fehlende Reflexe u.v.a.m. Liegen nur diese Anzeichen vor, so ist sofort Erste Hilfe (Kapitel 7.4.1, Zu 5.1) zu leisten und ein Notarzt hinzuzuziehen.

22.4.4 Transplantation

Die Transplantation von Organen stellt in einer humanen Gesellschaft eine Möglichkeit dar, Schwerkranken zu helfen. Mit diesem ethischen Problem ist ein ganz praktisches verbunden, nämlich: Wann ist der Mensch tot? Hier widerstreben verschiedene Interessen. Aus der Sicht des Verstorbenen und seiner Angehörigen soll der Tod absolut sicher sein. Aus der Sicht des Organempfängers soll das Organ noch nicht durch den Tod zerstört sein.

Das **Transplantationsgesetz** in der Neufassung vom 4.9.2007 (BGBl. 2007, S. 2206) soll hier Klarheit schaffen. Es regelt Spende, Entnahme und Übertragung von Organen und schreibt die allgemeine Aufklärung der Bevölkerung vor, die älter als 16 Jahre ist. Es nennt auch die Kriterien, die den Tod als sicher anzeigen. Nach diesem Gesetz ist ein **Mensch tot**, wenn zwei Mediziner feststellen, dass entweder Großhirn, Kleinhirn und Stammhirn ausgefallen sind oder der Stillstand von Herz und Kreislauf mindestes drei Stunden andauert.

Für eine ordnungsgemäße Transplantation sind Ärzte zuständig. Bei Verstößen gegen das Gesetz ist sofort die Staatsanwaltschaft (Kapitel 19) zu informieren.

Die „Deutsche Transplantationsgesellschaft" stellte auf ihrer Jahrestagung im September 2005 in Rostock fest, dass die Spendenbereitschaft erheblich hinter den Erwartungen zurückgeblieben ist. Um den Bedarf an Organen zu decken, werden in Deutschland jährlich 3000 Spenden benötigt (FAZ vom 28.9.2005).

22.4.5 Todeszeitbestimmung

Die Todeszeitbestimmung ist eine wesentliche Feststellung, die oft zum Mittelpunkt einer späteren Gerichtsverhandlung werden kann. So z. B. bei der **Alibiüberprüfung** oder der Frage der **Schuldform** und **-fähigkeit** nach Alkohol-, Drogen oder Tablettenkonsum.

Ist durch die kriminelle Tat der **sofortige Tod** eines Menschen eingetreten, so kann der Todeszeitpunkt mit der Tatzeit gleichgesetzt werden. Sonst ist der Todeszeitpunkt ein Indiz für die Tatzeit, die dann mit anderen Methoden genauer ermittelt werden muss. Die Bestimmung der Todeszeit erfolgt mit verschiedenen Methoden.

22.4.5.1 Zeugen

Zunächst sind Zeugen, insbesondere Nachbarn, zu ermitteln, die den Todeszeitpunkt gesehen oder gehört haben könnten. So könnte gesehen worden sein, dass der Verstorbene im Garten plötzlich zusammengebrochen ist oder man hat ein verdächtiges Geräusch aus dessen Wohnung gehört.

Liegt der Todeszeitpunkt schon längere Zeit zurück, so können Zeugen Angaben machen, wann sie den Verstorbenen noch lebend gesehen haben, sodass der Tod nicht vor diesem Zeitpunkt eingetreten sein kann.

22.4.5.2 Sachbeweise

Der Todeszeitpunkt kann zufälligerweise von Überwachungssystemen aufgezeichnet worden sein, die im öffentlichen Raum oder auf privatem Gelände installiert sind. Im Regelfall sind diese auch mit Datums- und Uhrzeitangaben gekoppelt. Der Verstorbene kann aber auch Quittungen oder Fahrscheine bei sich tragen, auf denen Datum und Uhrzeit des Erwerbs aufgestempelt sind. Dies ist ein Indiz, dass er dann noch gelebt haben dürfte.

Ist der Tod durch Sturz oder Anwendung von Gewalt verursacht worden, so kann die beschädigte Armbanduhr ein Indiz für den Zeitpunkt sein.

22.4.5.3 Temperaturmessung

Nur bei kurz zurückliegendem Todeseintritt besteht zwischen der Temperatur der Leiche und der sie umgebenden Luft eine Differenz, die fortschreitend abnimmt. Aus der Geschwindigkeit des Absinkens der Leichentemperatur kann der Rechtsmediziner den Todeszeitpunkt mit ziemlicher Genauigkeit errechnen.

Voraussetzung hierzu ist, dass bei der Leiche **rektal** (Mastdarm) oder **ösophagisch** (Speiseröhre) und in der **Umgebungsluft** in viertelstündigem Abstand die Temperaturen gemessen werden. Dabei ist auch die genaue Angabe der aktuellen Uhrzeit der Messungen von Bedeutung. Die beim Einführen des Thermometers verursachten Verletzungen (Beschädigungen) können vom Gerichtsmediziner eindeutig als postmortale (nach dem Tod) erkannt werden.

Der Leichensachbearbeiter muss deshalb sofort prüfen, ob die Leichentemperatur und die der Umgebungsluft gleich sind. In diesem Fall erübrigen sich weitere Messungen.

Thermometer lassen sich in der Tatort-Nachbarschaft ausleihen oder in der Apotheke / Drogerie kaufen. Ist der Kriminalist in der Temperaturmessung ungeübt, kann auch der **Notarztwagen** angefordert und das Personal um Amtshilfe ersucht werden.

22.4.5.4 Verdauungszustand

Der Verdauungszustand des Mageninhaltes lässt eine Todeszeitbestimmung zu. Die Untersuchung des Mageninhaltes erfolgt bei der Obduktion.

Die Feststellung kann jedoch nur mit einiger Ungenauigkeit erfolgen, weil einerseits der Verdauungsprozess nicht immer gleichförmig abläuft und andererseits der Zeitpunkt der Nahrungsaufnahme genau feststehen oder ermittelt werden muss.

22.4.5.5 **Totenflecken** (Leichenflecken)

Nach dem Kreislaufstillstand senkt sich das Blut, der Schwerkraft folgend, in die unteren Körperpartien. Dadurch entsteht ein Erblassen in den höher gelegenen Körperteilen und eine **Blutfülle** in den unteren Körperteilen, die Totenflecken. An den **aufliegenden Stellen** (durch den Gegendruck) entstehen keine Totenflecken. Liegt eine Leiche in der Rückenlage, so bildet sich ein Muster aus, das einem **Schmetterling** ähnlich ist.

Sichere Regeln über den Beginn der Totenflecken, das Zusammenfließen, die vollständige Ausbildung, die Möglichkeit des Wegdrückens, die Ausbildung bei Verlagerung der Leiche und über die Färbung gibt es nicht. Der Umstand des Todes, vorherige Medikamenteneinnahme, Umgebungstemperatur und Bekleidung haben hierauf erheblichen Einfluss. Ebenso können bereits vorliegende Blutergüsse täuschen. Gleichwohl ist der vorgefundene Zustand zu dokumentieren.

Als **grobe Regel** kann angenommen werden, dass sich die Totenflecken nach ca. 30 Minuten bis zwei Stunden nach dem Tod ausbilden. Sie lassen sich noch etwa 15 Stunden nach dem Tod wegdrücken und dürften nach 20 Stunden voll ausgebildet sein. Bis zu sechs Stunden nach dem Tod können sich die Totenflecken bei einer Verlagerung völlig neu bilden.

Die Totenflecken sind **sichere Todesanzeichen** (Kapitel 22.4.3). Für die Todeszeit und die Verlagerung der Leiche geben sie jedoch nur grobe Anhaltspunkte.

22.4.5.6 **Totenstarre** (Leichenstarre)

Die Totenstarre wird durch einen komplizierten **biochemischen Vorgang** im Muskelgewebe nach Eintritt des Todes ausgelöst. Sie ist zunächst von der „Kältestarre", die durch sehr kühle Lagerung entsteht, und von der „Fettstarre", die die Folge von starker Unterhautfettbildung bei Säuglingen oder Kleinkindern ist, zu unterscheiden.

Die Totenstarre beginnt in der Kiefermuskulatur, geht über Hals, Nacken und Rumpf auf Beine und Arme über. Sie tritt meist nach zwei bis drei Stunden auf und ist nach sechs bis acht Stunden voll ausgeprägt. Die gebrochene Totenstarre bildet sich in abgeschwächter Form neu.

Nach ein bis drei Tagen löst sich die Totenstarre, da durch die **Autolyse** die Leichenauflösung beginnt. Alle Zeiten variieren sehr stark, da die biochemischen Reaktionen von Medikamenteneinnahme und von der Umgebungstemperatur stark beeinflusst werden. Die Totenstarre ist ein **sicheres Todesanzeichen** (Kapitel 22.4.3). Für die Todeszeit und die Verlagerung der Leiche gibt sie jedoch nur grobe Anhaltspunkte.

22.4.5.7 Insektenbefall (Kapitel 4.3.5.1.6)

Eine Möglichkeit, einen schon länger zurückliegenden Todeszeitpunkt einzugrenzen, ergibt sich durch die Begutachtung des Insektenbefalls. Dazu ist jedoch ein **Entomologe** (Insektenforscher) erforderlich (*Benecke*, a.aO.).

Der Leichnam unterliegt den gleichen Zersetzungserscheinungen wie Aas oder Kadaver und dient der Fortpflanzung von Insekten in gleicher Weise.

Von den rund 850000 Insektenarten gibt es ca. 45000 Fliegenarten. Fliegen vertilgen besonders intensiv zerfallende organische Substanzen, so auch Leichname, und vermehren sich durch Metamorphose (Umwandlung), das heißt, vom Ei entwickelt sich eine Larve oder Made und daraus die Fliege. Die Eiablage erfolgt, je nach Fliegenart, unmittelbar nach dem Tod bis zur Auflösung des menschlichen Körpers, sodass an der Art der Larve und nach deren Entwicklungsstadium der Zeitpunkt der Eiablage und damit der Todeszeitpunkt ermittelt werden kann.

Die Spurensicherung und Begutachtung des zerfallenen Leichnams sollte vom Entomologen vor Ort erfolgen. Dabei kann er auch die erforderlichen Larven sichern. Ist das nicht möglich, so sollten von verschiedenen Stellen des Leichnams mehrere **Larven** in **Gläsern mit Äthanol** gesichert und umgehend dem Untersuchungslabor überbracht werden.

22.4.5.8 Elektrische Reizung der Muskulatur

Bei einer Umgebungstemperatur zwischen 10 und 25 °C kann aus der elektrischen Leitfähigkeit der Muskeln der kurz zurückliegende Todeszeitpunkt festgestellt werden. Diese Methode ist noch nicht allgemein verbreitet und kann nur von einem Rechtsmediziner mit entsprechender Apparatur angewendet werden.

22.5 Ärztliche Untersuchung (Leichenschau)

22.5.1 Schweigepflicht des behandelnden Arztes

Die Qualität der Untersuchung des Verstorbenen hängt vom **Erfahrungswissen des Arztes** ab (*Drews*, a.a.O.) und ob er die Person zu Lebzeiten gekannt oder gar behandelt hat. Hat er diese zu Lebzeiten behandelt, so ergibt sich das Problem der ärztlichen **Schweigepflicht.**

Nach unserer Rechtsethik hat jeder Mensch das Recht, sich mit seinen Problemen an einen Arzt zu wenden, ohne befürchten zu müssen, dies werde an die Strafverfolgungsbehörden weitergeleitet. Dieses Vertrauensverhältnis gilt auch für Zeugen, für Opfer und für Täter. Es ist strafrechtlich geschützt (§ 203 StGB) und reicht über den Tod hinaus (§ 203 IV StGB). Hat jemand von sich aus einen Arzt aufgesucht, so besteht über diese Tatsache und über die Inhalte der Konsultation Schweigepflicht und Zeugnisverweigerungsrecht (§§ 53 und 53a StPO). Das gilt auch, wenn eine Person nach einem Verkehrsunfall oder als Opfer einer Straftat durch den Rettungsdienst ins Krankenhaus eingeliefert wurde.

Möchte die Polizei von dem zuletzt behandelnden Arzt Auskunft über vorherige Krankheiten oder akute Verletzungen erhalten, so darf der Arzt das nur, wenn die rechtlichen Voraussetzungen vorliegen. Wenn es in seinem Interesse liegt, kann der Patient den Arzt von der **Schweigepflicht entbinden** (§ 53 II StPO). Dann ist der Arzt zur Auskunft verpflichtet. Dieses Recht geht nach dem Tod nur dann auf die nächsten **Angehörigen** oder Erben über, wenn der Verstorbene das zu Lebzeiten ausdrücklich geregelt hat (BGHZ 91, 392).

Wurde der Arzt nicht ausdrücklich von der Schweigepflicht entbunden, so muss geprüft werden, ob eine „Mutmaßliche Einwilligung“ vorliegen könnte. Das kann immer dann unterstellt werden, wenn die Auskunft keine rufschädigenden Inhalte hat. So dürfte der Hinweis, „Herr A. ist seit fünf Jahren krebskrank“ oder „leidet an Herzrhythmusstörungen“, nicht gegen die Interessen des Verstorbenen verstoßen.

Weigert sich der Arzt **ohne Angabe von Gründen**, eine Auskunft zu erteilen und besteht der Verdacht, dass die Patientenakte einen Erklärungsgrund für einen Freitod enthält, z. B. eine krankhafte psychische Störung, so ist auf **richterliche Anordnung** die Akte zu beschlagnahmen.

22.5.2 Arzt als Gutachter

Ist der Arzt jedoch als Gutachter tätig, so hat er **kein Schweigerecht**. Wird z. B. ein Beschuldigter, ein Opfer oder ein Zeuge auf Weisung eines Richters oder bei Gefahr im Verzug durch die Staatsanwaltschaft oder die Polizei einem Arzt zur Untersuchung, Entnahme einer Blutprobe, Durchführung der Obduktion u. a.m. zugeführt, so ist der Arzt den Strafverfolgungsbehörden darüber umfassend **auskunftspflichtig**. Der Betroffene kann das nicht verhindern.

Zunächst muss der Arzt feststellen, ob überhaupt der Tod eingetreten ist (Kapitel 22.4). Durch Ministerialerlass sind die Ärzte verpflichtet, bei der Leichenschau „Die gesamte Körperoberfläche mit Rücken, Kopfhaut und allen Körperöffnungen“ zu untersuchen. Danach stellt sich die Frage nach der Todesart und der Todesursache. Die Fehlerquote bei der Diagnose der Todesart beträgt bundesweit 2,8 %, bei der Feststellung, ob nichtnatürlicher Tod vorliegt, 5,2 %. Diese Fehlerquote ist seit Jahren Gegenstand von Diskussionen (*Birkholz, Drews, Leder, Oehmichen / Sternus, Rothschild*, Universität Münster, a.a.O.) und soll die Forderung nach mehr Obduktionen durch die Gerichtsmedizin und / oder die besondere Qualifizierung von Ärzten unterstützen (Kapitel 22.12.1).

Gerg (Kriminalist) und ***Baier*** (Präsident der Bezirksärztekammer Nordwürttemberg; a.a.O.) haben bei 1.400 Sterbefällen Ärzte und Kriminalisten befragt und dabei einige Unzulänglichkeiten festgestellt. Die Befragten sehen in einer guten Zusammenarbeit die wesentliche Verbesserung der Situation. Eine deutliche fachliche Verbesserung sieht man in der Nutzung eines „Simulationsprogramms für die ärztliche Leichenschau", dass zurzeit unter der Führung des Rechtsmedizinischen Institutes der Universität in Münster entwickelt wird.

Die Konferenz der Justizminister des Bundes und der Länder hat sich von den Argumenten überzeugen lassen und eine Reform der „äußeren Leichenschau" befürwortet. Künftig sollen nur noch speziell qualifizierte Ärzte als „Leichenschauer" einen Totenschein ausstellen dürfen (FAZ vom 30.6.2007). Die Umsetzung in konkrete Regelungen wird jedoch einige Zeit dauern.

Notärzte, die außerhalb der allgemeinen Dienstzeiten zu Verstorbenen gerufen werden, neigen dazu, eine unbekannte Todesursache zu bescheinigen, weil sie den Verstorbenen nicht gekannt haben. Dies ist im Hinblick auf die Aufklärung der Todesursache zu begrüßen. Stellt der Kriminalist fest, dass der Arzt unsicher in seiner Diagnose ist, so muss er ihn ermuntern, eine unbekannte Todesursache zu bescheinigen. Die dadurch auf den Plan gerufenen Spezialisten werden die richtige Todesursache finden. Umgekehrt zu handeln wäre unverantwortlich.

Wird der **Notarzt** während der Untersuchung zu einem weiteren **lebensrettenden Einsatz** gerufen, so muss er für den jetzigen Fall nur noch den Tod des Menschen feststellen und bescheinigen. Die ärztliche Untersuchung des Leichnams ist dann von einem anderen Arzt vorzunehmen.

Der Arzt muss die **Todesursache** bescheinigen. Liegt nichtnatürlicher Tod vor oder kann die Identität des Leichnams nicht festgestellt werden, so muss der Arzt sofort die Polizei unterrichten. Bis diese erscheint, muss der Arzt dafür sorgen, dass weder an der Leiche noch an der Umgebung Veränderungen vorgenommen werden. Das Nichtbefolgen dieser Pflichten stellt eine Ordnungswidrigkeit dar und ist mit Geldbuße bedroht.

Hat der Arzt die Polizei nicht informiert, so besteht eine weitere **Meldepflicht** aus § 159 StPO für die Gemeindebehörde, in der Regel für das Standesamt. Dieses erfährt spätestens dann vom Sachverhalt, wenn der Antrag auf Beerdigung gestellt wird. Das kann allerdings erst Tage später sein, insbesondere wenn der Tod kurz vor dem Wochenende eingetreten ist. Problematisch für den Arzt bleibt, ob er sich bei erkanntem Fremdverschulden einer Begünstigung nach § 257 StGB oder Strafvereitelung nach § 258 StGB strafbar macht, weil er dem Straftäter durch sein Schweigen einen Vorsprung zur Flucht und zur Beseitigung von Beweismitteln einräumt. Ein solcher Fall ist sofort der Staatsanwaltschaft anzuzeigen. Stellt der Arzt bei dem Verstorbenen eine **ansteckende Infektion (Seuche)** fest, so ist er verpflichtet, alle Maßnahmen nach dem Infektionsschutzgesetz zu treffen.

22.6 Leichenaufbewahrung

Die Leichenaufbewahrung kann unter Wahrung der Pietät bis zu 36 Stunden nach dem Tod in Wohnräumen erfolgen. Danach sind Verstorbene in Leichenhallen aufzubewahren. Dies können Räume auf Friedhöfen, bei Krematorien, Krankenhäusern, Medizinischen Instituten, Altenheimen oder Bestattungsunternehmen sein.

22.7 Aufgaben der Hinterbliebenen

Hinterbliebene haben die **Leichenschau** zu veranlassen. Diese Pflicht trifft in der Reihenfolge: Ehegatten, Lebenspartner, volljährige Kinder, Eltern, volljährige Geschwister, Großeltern und volljährige Enkelkinder. Sind diese nicht erreichbar, so übernimmt die Aufgaben das **Ordnungsamt**.

Eigentümer, in deren Räumen oder auf deren Grundstücken der Tod eingetreten ist, sind verpflichtet, die Leichenschau zu veranlassen und die Hinterbliebenen, ersatzweise das Ordnungsamt, zu unterrichten.

Hat der Arzt den Tod beurkundet, so muss dies beim **Personenstandsregister** (Standesamt) angezeigt werden. Dazu ist jede Person verpflichtet, die mit dem Verstorbenen in häuslicher Gemeinschaft gelebt, in deren Wohnung sich der Sterbefall ereignet hat oder die beim Tod zugegen war. Die gleichen Pflichten haben die Träger von Krankenhäusern sowie von Alten- und Pflegeheimen (§§ 28 bis 30 Personenstandsgesetz, BGBl. 2007, S. 122).

Die Beerdigung ist ebenfalls Aufgabe des Hinterbliebenen. Hierbei unterscheiden wir zwischen Erd-, Feuer-, See- und Anonymbestattung.

Die **Erdbestattung** erfolgt auf ordnungsbehördlich zugelassenen Friedhöfen. Eine Sargpflicht besteht nicht.

Die **Feuerbestattung** hat jahrtausendealte Tradition und wurde erst mit dem Christentum, im 7. Jahrhundert durch Karl den Großen, verboten. Man befürchtete, die Seele des Verstorbenen würde ebenfalls verbrennen. Dies war allerdings der Zweck der Scheiterhaufen-Verbrennung im Mittelalter. Erst 1878 wurde in Gotha / Thüringen das erste Krematorium gebaut. Heute gibt es 116 Krematorien in Deutschland.

Etwa ein Drittel, mit zunehmender Tendenz und lokalen Schwankungen, aller Beisetzungen erfolgt durch Feuerbestattung. Hierbei wird der Leichnam bei 1 000 °C verbrannt und die Asche in einer Urne beigesetzt. Seit 2007 sind Friedhöfe und Friedwälder zugelassen, auf denen die Asche verstreut werden darf.

Die Feuerbestattung wird nur auf ausdrückliches Verlangen des Verstorbenen oder eines Angehörigen durchgeführt. Sie bedarf der schriftlichen Erlaubnis der Ordnungsbehörde des Einäscherungsortes. Darüber hinaus muss ein **Amts-**

arzt feststellen, dass **natürlicher Tod** vorliegt. Die Polizeibehörde des Sterbeortes muss erklären, dass ihr „keine Umstände bekannt sind, die auf Herbeiführung des Todes durch eine Straftat schließen lassen" (§ 3 II 3 Feuerbestattungsgesetz). Hierzu ist es hilfreich, wenn die Personalien des Verstorbenen mit den kriminalpolizeilichen personenbezogenen Sammlungen (Kapitel 17) abgeglichen werden.

Die **Seebestattung** ist eine Ausnahme von der Beisetzung durch Feuerbestattung (§ 9 Feuerbestattungsgesetz). Insofern darf lediglich die Asche des Verstorbenen in einer Urne in internationalen Gewässern beigesetzt werden.

Die **Anonymbestattung** ist eine Ausnahme von der Feuerbestattung. Hierbei kann die Asche beigesetzt oder verstreut werden.

22.8 Nachlasssicherung

Mit dem Tod einer Person geht deren Vermögen (Erbschaft) als Ganzes auf eine oder mehrere anderen Personen (Erben) über (§ 1922 BGB). Dabei ist es unerheblich, ob die Personen das wissen oder ob sie dies wollen. Soll die Erbschaft ausgeschlagen werden, so muss der Erbe dies vor dem **Nachlassgericht** erklären (§ 1945 BGB). Bis zu diesem Zeitpunkt hat er die Erbschaft zu schützen.

Ist ein Erbe unbekannt oder ist ungewiss, ob er das Erbe antritt, so hat das **Nachlassgericht** für die Sicherung des Erbes zu sorgen (§ 1960 BGB). Dazu hat das Gericht ein Nachlassverzeichnis zu erstellen und bis zu dessen Fertigstellung Sicherungsmaßnahmen von Amts wegen anzuordnen (Art. 140 EGBGB). Die Aufgaben der Nachlassgerichte nehmen die **Amtsgerichte** wahr (§ 72 FGG).

Außerhalb der allgemeinen Bürodienstzeit übernimmt die **Polizei zur Gefahrenabwehr** die Sicherung der Erbschaft. Während dieser Zeit ist Sorge dafür zu tragen, dass das Erbe nicht beeinträchtigt wird. Dazu kann es notwendig sein, dass Bargeld oder Wertgegenstände sichergestellt, Tiere in Obhut gegeben werden oder ein Pfleger dafür bestellt wird. Über die Maßnahmen ist das Nachlassgericht zum nächsten Bürobeginn zu unterrichten.

Polizeilich sichergestellte Gegenstände dürfen nur an das Nachlassgericht weiter gegeben werden. Erscheinen plötzlich Erbberechtigte, so dürfen die sichergestellten Gegenstände nicht an sie ausgehändigt werden, sie können ihren Anspruch beim Nachlassgericht geltend machen.

Einen rechtlichen Sonderfall stellen Leichen von **NATO-Angehörigen** dar. Unbeschadet deutscher Rechtsansprüche dürfen die Entsendestaaten (Kapitel 7.5.6) Leichen ihrer Angehörigen in ihre Obhut nehmen. Sie entscheiden auch unabhängig über eine eventuelle Obduktion und regeln den Nachlass (Art. 16 ZA NATO-Truppenstatut).

22.9 Todesarten

22.9.1 Natürlicher Tod

Der natürliche Tod tritt alters- oder krankheitsbedingt ein.

22.9.2 Nichtnatürlicher Tod

Umgangssprachlich sind es alle Ursachen, die nicht natürlich sind. Diese Definition ist bewusst sehr weit gefasst. Wegen der besonderen Bedeutung des **Rechtes auf Leben** ist das auch notwendig, um jedem, auch nur entfernten Verdacht nachgehen zu können. Intensive Ermittlungen nach der Ursache des Todes schützen alle Lebenden vor potenziellen Tätern (*Spann,* a.a.O.).

Der nichtnatürliche Tod kann so definiert werden: „Danach ist er aufzufassen als Tod, bei dem staatsanwaltliches Einschreiten mit dem Ziel eines Ermittlungsverfahrens nicht von vornherein völlig ausgeschlossen erscheint" (*Maiwald,* a.a.O., S. 561 [563]). Diese zweckgebundene Betrachtungsweise stellt auf den besonderen Schutz des Lebens ab.

Diese **Definition** kann somit den Anfangsverdacht einer Straftat begründen, dann gelten die Vorschriften zur Strafverfolgung (§§ 152, 160 und 163 StPO).

Es kann aber auch noch **kein Anfangsverdacht** erkennbar sein. Dann bezeichnet man einen solchen Todesfall wertfrei als „Leichensache" (§ 159 StPO). Diese Leichensache ist noch kein Ermittlungsverfahren im Sinne der §§ 160 und 163 StPO (BGHSt 49, 29). Die Befugnisse aus der StPO können die Ermittlungsbeamten über die Zuständigkeitsregelung nach § 159 StPO in Anspruch nehmen. Insofern ermöglicht § 159 StPO eine strafprozessrechtliche „Vorprüfung" des Sachverhaltes bei einem Leichnam.

Nichtnatürlich ist der Tod durch Freitod, Unfall, durch eine rechtswidrige Tat oder sonst durch Einwirkung von außen herbeigeführte Tod. Dazu zählt auch der natürliche Tod eines Unbekannten.

a) Freitod / Suizid / Selbsttötung / Selbstmord

Unter diesen Begriffen wird das zielgerichtete, bestimmte, bewusste und vorsätzliche Handeln der **eigenen Tötung** verstanden. Nicht darunter fällt das Inkaufnehmen des eigenen Todes durch extremes Leben in Bezug auf Essen, Trinken oder Abenteuer.

Die unterschiedlichen Begriffe sind geschichtlich entstanden und spiegeln die Einstellung der Kulturen zum Freitod wider. Der Begriff Suizid ist aus dem Lateinischen entlehnt, das Jahrhunderte die Sprache der Mediziner und Theologen war. Selbsttötung ist ein neutraler Begriff. Freitod ist ein Bekenntnis zur Selbstbestimmung des Menschen, das sehr anschaulich von *Jean Amery,* (a.a.O.), geschildert wird. Der Selbstmord stellt die Tat als ein Quasiverbrechen dar und soll ein solches Verhalten ächten.

Das Phänomen der Selbsttötung gibt es in allen Kulturen. Nach Schätzung der **Weltgesundheitsbehörde** beenden auf der ganzen Welt jährlich 500000 Menschen ihr Leben selbst. In Deutschland sind es 10000 Fälle.

Alle Untersuchungen, Schätzungen und Zahlen sind mit größter **Zurückhaltung** zu betrachten. So können Selbsttötungen nicht erkannt oder von Angehörigen vertuscht werden, z. B. bei der Verkürzung einer unheilbaren Krankheit im Endstadium. Die Ursachen von **Versuchshandlungen** sind ebenso schwierig zu erkennen. Sie können Rettungshandlungen durch andere sein oder es wurde ein untaugliches Mittel gewählt. Die Tat kann aber auch bewusst ohne Erfolg angelegt worden sein, um damit ein **Signal** für die eigene Hilfslosigkeit zu setzen.

Zwischen den Geschlechtern gibt es deutliche Unterschiede bei der Selbsttötung. **Männer** begehen diese **doppelt** so oft wie **Frauen**.

Die Verteilung der **Todesursachen** ist: Erhängen / Ersticken = 56 %; Vergiften = 15 %; Überfahren lassen = 8 %; Erschießen = 7 %; Sturz aus der Höhe = 6 %; Stich = 3 %; Ertrinken = 2 %; Sonstiges = 3 %. Die Geschlechterverteilung ist beim Erhängen / Ersticken annähernd gleich. Ein Drittel mehr Frauen vergiften sich als Männer. Schusswaffen werden von Männern zehnmal mehr benutzt. Doppelt so viele Frauen stürzen aus großer Höhe. (PKS NRW 1998, die diesen Teil nicht mehr veröffentlicht.)

Pro Jahr begehen durchschnittlich 950 Personen Selbsttötung durch Überfahren durch die Eisenbahn (Kapitel 7.5.2, Bahn AG). Davon sind zwei Drittel Männer. Die Brennpunkte liegen im Umfeld der Städte Lüneburg, Braunschweig, Koblenz, Würzburg, Stuttgart, Konstanz, Augsburg und München. Dafür ist die Länderpolizei zuständig. Die Bahnpolizei (Kapitel 2.6.2) wird im Regelfall als erste am Tatort sein und die erforderlichen Sicherheitsmaßnahmen (Kapitel 7.4.1) treffen (§ 12 IV BPolG). Leichen dürfen nur nach vorheriger Absprache mit der Länderpolizei aus dem Gleisbereich entfernt werden.

Auf die **Jahreszeiten** verteilen sich die Selbsttötungen: Juni, Juli und August = jeweils 10 %; April und Dezember = 6 %; die übrigen Monate = 8 %. (Quelle wie vor.) Die Volksweisheit, dass die „dunkle Jahreszeit", der Spätherbst, besonders förderlich für Selbsttötungen sei, wird von der Statistik nicht bestätigt.

Unter strafrechtlichen Gesichtspunkten ist zunächst festzustellen, dass der Versuch der Selbsttötung nicht strafbar ist. Da es sich bei einer solchen Tat aber um einen „Unglücksfall" handelt (BGHSt 6, 147) sind hier Hilfeleistungspflichten (§ 323c StGB) erforderlich. Bei besonderen Schutzpflichten können sich diese zur **Garantenstellung** erweitern (§ 13 StGB).

Alle derzeitigen Erkenntnisse über Erscheinungsformen und Ursachen der Selbsttötung geben keine Erklärungen für einen akuten Fall. Deshalb ist bei jedem nicht natürlichen Todesfall (§ 159 StPO) der Tatort so aufzunehmen, dass bei einer späteren Konkretisierung eines Verdachts **alle Beweise**, die bei Bekanntwerden gesichert werden konnten, dann auch zur Verfügung stehen.

b) **Unfall**

Hier geht es um technische Fehler, die ohne Verschulden zum Tod eines Menschen geführt haben, z. B. Materialermüdungen (Verkehrsunfall siehe Kapitel 7.5.7).

c) **Rechtswidrige Tat**

Es gelten nur solche Taten, die einen zur Tatzeit vorhandenen Tatbestand eines Strafgesetzes verwirklichen (§ 1 Abs. 1 Nr. 5. StGB).

d) **Einwirkung von außen**

Hiermit sind Naturerscheinungen gemeint, wie Überschwemmungen, Sturm, Unwetter, Erdbeben, u. a.m.

e) **Tod eines Unbekannten**

Der Tote ist nicht sofort und zweifelsfrei zu identifizieren.

22.10 Todesursachen

Die Todesursache ist stets vielfältig. Sie kann letztlich nur durch eine **Obduktion** (Kapitel 22.12.1) und durch feingewebliche Untersuchungen festgestellt werden. Hinzu kommt, dass sich dem Arzt und dem Kriminalisten bei der Untersuchung der Leiche **nur die äußeren Anzeichen** für eine Todesursache zeigen. Erschwerend wirkt ferner, dass nur die **typischen Ursachen** erkannt werden und alle Abweichungen davon, wegen der zunächst unbekannten Ursachen, unerkannt bleiben müssen.

Gleichwohl ist es für den Kriminalisten wichtig, die häufigsten Todesursachen in ihren Erscheinungen zu kennen, um so einen **Anfangsverdacht** (§ 152 Abs. 2 StPO; Kapitel 3.6.1 a) zu erhalten. Liegen aber die typischen Erscheinungen nicht vor, so darf daraus nicht geschlossen werden, dass diese Ursachen ausscheiden. Grundsätzlich ist davon auszugehen, dass eine Todesursache auf zumindest eines der großen inneren **Organsysteme**: Zentralnervensystem, Atmung oder Kreislauf, eingewirkt haben muss.

Kriminalistisch werden **14 klassische Todesursachen** unterschieden:

22.10.1 Strangulation

Bei der Strangulation handelt es sich um **Gewalteinwirkung auf den Hals**, die die Blutzufuhr und damit die Sauerstoffversorgung des Gehirns unterbindet. Das

Verschließen der Luftröhre oder des Kehlkopfes ist im Regelfall dabei bedeutungslos. Das Gehirn wird über verschiedene Adern im Hals versorgt, so über die vorn gelegenen **Arterien**, die Wirbelsäule und die hinten gelegenen **Venen**. Diese Blutgefäße liegen verschieden tief im Hals, sodass verschieden großer Druck erforderlich ist, sie zu unterbinden. Der erforderliche Zug hängt auch von der **Muskulatur** des Halses ab.

Ab etwa zwei Kilogramm Zuggewicht werden die Venen abgedrückt, sodass das Blut nicht wieder in den Körper zurückfließen kann. Das bewirkt eine **Blutstauung mit Blaufärbung** (Zyanose) im Gesicht. Ab etwa 15 Kilogramm werden die **Arterien** auch unterbunden. Das ergibt **keine Verfärbung** am Kopf.

Mit genügend Zuggewicht tritt **spätestens nach fünf Sekunden** die Bewusstlosigkeit ein. Nach **zwei Minuten** treten Krämpfe auf und danach setzt die Atmung aus. Nach etwa **15 Minuten** kommt es zum Herzstillstand.

Häufig wird beim Erhängen das „typische" und das „atypische" unterschieden. Dabei wird für „typisch" gehalten, dass sich der Knoten im Nacken des Opfers befindet. *Steinbild* (a.a.O., S. 315) stellt in seiner Untersuchung jedoch fest, dass sich nur ein Viertel aller Opfer „typisch" erhängen. Ob typisch oder atypisch, beide geben keine Hinweise auf mögliches Fremdverschulden. Woher diese Begrifflichkeit kommt, ist nicht eindeutig festzustellen. Vermutlich handelt es sich um die Art des Erhängens, die angewendet wird, wenn ein staatlich verhängtes Todesurteil vollstreckt wird.

Die Strangulation kann in drei verschiedenen Arten erfolgen:

a) Erhängen

Eine Schlinge um den Hals wird durch das Gewicht des Körpers zugezogen. Da nur wenig Gewicht erforderlich ist, kann auch in hockender oder sitzender Stellung der Tod eintreten. Die Halsschlagadern werden durch die Schlinge abgeklemmt und damit die Sauerstoffversorgung des Gehirns unterbunden. Durch die Schlinge entsteht am Hals eine Furche. Diese Strangulationsfurche läuft zum Aufhängepunkt hoch. Liegt der Aufhängepunkt genau im Nacken oder unter dem Kinn, spricht man von **symmetrischem** sonst von **asymmetrischem** Erhängen, (*Naeve*, a.a.O., S. 63; Kapitel 27, Abb.56).

Wird ein Doppelseil um den Hals gelegt, so quetscht sich die Haut zwischen den Seilen ein. Es entsteht eine **Kammblutung** (Kapitel 27, Abb.57).

Dekapitation (Kapitel 22.2)

Das Abtrennen des Kopfes, die Dekapitation, ist beim Erhängen möglich (*Rabl* u. a., a.a.O., S. 199). Sie tritt auf, wenn genügend freier Fall besteht und eine leichtlaufende Schlinge verwendet wird. Da die Kopfabtrennung sehr geradlinig verläuft, kann die Dekapitation auch mit dem **Enthaupten verwechselt wer-**

den. Bei einer augenscheinlich „geköpften“ Leiche muss deshalb immer nach einem darüber befindlichen Strangulationswerkzeug gesucht werden.

b) **Erdrosseln**

Hierbei werden die Halsschlagadern mit einem Strangulationswerkzeug unterbunden, das kreisförmig um den Hals gelegt und von Hand zugezogen wird. Somit entsteht eine ringförmige Strangulationsfurche am Hals. Erdrosseln zur Selbsttötung ist nur mit stabilen **Kabelbindern** möglich, die ruckartig zugezogen werden. Andere Seile oder Kabel würden sich nach dem Eintritt der Bewusstlosigkeit lösen und so die Sauerstoffversorgung des Gehirns wieder freigeben. Werden **Gummikabel** benutzt, kann es vorkommen, dass sich ein einfacher Knoten, der „mit Schwung“ zugezogen wird, nicht wieder löst. Das kann auch vom Verstorbenen selbst praktiziert werden.

c) **Erwürgen**

Als „Werkzeug“ zum Abdrücken der Halsschlagadern werden die **Hände** oder die **Armbeuge** benutzt. Die Tatausführung mit den Händen erfordert überdurchschnittliche Kraft. Dabei können mit den Daumen auch die Kehlkopfhörner verletzt werden. Das Erwürgen mit der Armbeuge kann auch unbeabsichtigt erfolgen, wenn jemand in den sogenannten „Schwitzkasten“ genommen wird. Befindet sich der Kehlkopf genau in der Armbeuge -um ihn gegen Druck zu schützen- können die Oberarm- und Unterarmmuskeln hebelartig die Schlagadern abdrücken.

22.10.2 Druckstauungen

Die Druckstauungen werden in zwei Kategorien eingeteilt: Nach dem Mediziner ***Perthes*** und nach dem in England lebenden Mörder ***Burk.***

Nach ***Perthes*** ist eine Tötung möglich, wenn in ausgeatmetem Zustand der Brustkorb des Opfers fixiert wird, sodass es nicht mehr einatmen kann, z. B. durch Verschüttung mit Sand oder Schnee, aber auch durch Erdrücken im Gedränge, wie beim Panikverhalten in Stadien, wenn das Opfer gegen die geschlossenen Ausgangstore gedrückt wird.

Burk verkaufte Leichen aus dem Stadtstreichermilieu an die Gerichtsmedizin. Um genügend Opfer zu haben, setzte er sich bei stark alkoholisierter Person auf deren Brustkorb und hielt ihnen gleichzeitig Nase und Mund zu. Diese Tötungsart wird „Burking“ genannt.

22.10.3 Ersticken

Dies liegt immer vor, wenn die **Sauerstoffversorgung** innerhalb oder von außen unterbrochen ist. Das kann chemisch oder mechanisch erfolgen.

Beim „Chemischen Ersticken“ wird der lebensnotwendige Luftsauerstoff durch andere Gase, z. B. Kohlenmonoxid in Brunnenschächten oder Silos verdrängt.

Das kann auch durch den Verbrauch von Luftsauerstoff durch Atmung entstehen, wenn keine frische Luft nachgeführt wird, z. B. bei Kinderspielen durch das Verstecken im Kühlschrank oder durch das Überziehen einer Plastiktüte über dem Kopf. In seltenen Fällen entsteht bei dieser Todesursache Atemnot. Über die Ohnmacht tritt der Tod ein (Kapitel 27, Abb.58).

Beim „Mechanischen Ersticken“ werden Mund und Nase verschlossen, z. B. mit Kissen oder mit Klebeband. Dabei tritt Atemnot ein. Über Panikreaktionen kommt es zum „Todeskampf“, der mehrere Minuten anhält. Typisch bei dieser Todesart sind starke Gegenwehr-Verletzungen und **Kampfspuren** (Kapitel 27, Abb.59).

22.10.4 **Bolustod** (Bissentod)

Diese Todesursache wird leicht mit dem Ersticken verwechselt, weil das Opfer Erbrochenes oder Essenstücke im Rachenraum hat und so angenommen wird, dass die Atmung blockiert gewesen sei. Tatsächlich wird der Tod durch einen **Reflex** ausgelöst, der zum **Herzstillstand** führt. Voraussetzung für den Reflex ist zunächst ein stark betrunkenes Opfer. Darüber hinaus muss das Opfer große Speisestücke unzerkaut herunterschlucken. Diese Speisestücke können dann im Hals den Reflex auslösen.

22.10.5 Schnitt

Schnitte am menschlichen Körper sehen durch den Blutaustritt meist schlimmer aus, als sie für die Gesundheit des Opfers sind. Tödlich verlaufen Schnitte nur, wenn damit Schlagadern geöffnet werden, sodass das Blut in größeren Mengen aus dem Körper fließt (Kapitel 4.6.1) und dadurch die Sauerstoffversorgung des Gehirns nicht mehr ausreicht. Bei anderen Schnitten wird die Wunde durch Blutgerinnung geschlossen.

Kriminalistische Bedeutung haben solche Verletzungen insbesondere bei der Selbsttötung durch Öffnen der Pulsschlagadern am Handgelenk durch „Längsschnitte“. Oft sind mehrere Schnitte nebeneinander zu sehen, die „Parallelschnitte“, weil mehrerer Versuche gemacht wurden. Sogenannte „Querschnitte“ (Quer zum Arm) sind nicht lebensgefährlich, weil die Schlagadern durch die davor liegenden Sehnen geschützt sind. Nur bei intensiven Längsschnitten können Adern geöffnet werden (Kapitel 27, Abb. 60).

22.10.6 Stich und Hieb

Ernsthafte Verletzungen durch Stich oder Hieb sind nur zu erreichen, wenn der Täter diese mit **heftiger Bewegung** und mit **großer Kraft** führt. Die Haut und das Knochengerüst bremsen „versehentliche“ Stiche und Hiebe so ab, dass sie in der Regel nicht lebensbedrohend sind.

Bei **gezielter Tötung** werden mehrere Einstiche meist auf größerer Körperfläche verteilt. Dabei sticht der Täter durch die Kleidung. Sind diese Stiche auf eine Stelle konzentriert oder ist die Kleidung entfernt worden, deutet dies auf eigenhändige Tat hin.

Wird mit einem einseitig geschliffenen Messer gestochen, so können Hinweise anhand der Wunde gegeben werden, mit welcher Hand die Tatwaffe benutzt wurde. Unter günstigen Bedingungen kann das auch anhand des Einstichwinkels festgestellt werden. Dieses Thema sollte bei der **Obduktion** (Kapitel 22.12.1) behandelt werden.

22.10.7 Stumpfe Gewalt

Bei dieser Todesart stellt sich die Frage, ob das **Opfer gestürzt**, **geschlagen** oder **überfahren** wurde. In allen Fällen entstehen gleichartige Verletzungen, vom Bluterguss bis zur Platzwunde (Kapitel 27, Abb.61). Dies kann nur durch sorgfältige Tatortbefundaufnahme geklärt werden.

Bei Kopfverletzungen gilt die **Hutkrempenregel** (Kapitel 27, Abb.62). Die Regel sagt, alle Verletzungen oberhalb dieser gedachten Linie sind durch Schlagen entstanden, alle unterhalb dieser Linie durch Sturz.

22.10.8 Ertrinken

Beim „typischen" Ertrinken gerät eine Person bei **vollem Bewusstsein unter Wasser** und kann nicht wieder an die Oberfläche kommen. Zunächst tritt ein reflexartiger Atemstillstand ein. Weil sich dadurch die Sauerstoffversorgung verringert, erfolgt die zwanghafte **Schnappatmung,** sodass Wasser in die Lunge eintritt. Das ist sehr schmerzhaft, führt zu starkem Husten und zu dramatischen Körperreaktionen (Todeskampf). Schließlich tritt Bewusstlosigkeit mit krampfartigen Atemstößen ein, die über langsame Atemzüge die Sterbephase einleitet. Das in die Lunge eingeatmete Wasser und die Schäden am Kopfnickermuskel, die durch die krampfartigen Körperreaktionen entstehen, können bei der Obduktion nachgewiesen werden (Kapitel 22.12.1).

Beim sogenannten „atypischen Ertrinken" gibt es keine Schäden am Kopfnickermuskel und nur geringe Mengen Wasser in der Lunge. Die Person befand sich dann zwar bei Todeseintritt im Wasser, die Todesursache war aber eine andere, nämlich Herztod wegen einer Herzerkrankung, starke Alkoholisierung oder Überhitzung nach ausgiebigem Sonnenbad.

Ein plötzlicher **Tod in der Badewanne** kann auch durch Stromstoß erfolgen, z. B. durch das Benutzen eines Föns. Dabei ist es durchaus möglich, dass wegen der feuchten Haut keine Strommarken entstehen. Durch die Feuchtigkeit der Haut vergrößert sich die Stromeintrittsfläche, sodass die Hitze des Stromschlags besser verteilt wird und keine Verbrennungen erzeugt (Kapitel 22.10.11).

Eine seltene und nur schwer zu erkennende Art der Fremdtötung in der Badewanne erfolgt dadurch, dass dem auf dem Rücken Liegenden ruckartig an den Beinen gezogen wird, sodass er mit dem Kopf unter Wasser gerät. Hierdurch wird ein Schock ausgelöst, der zum Herzstillstand führt.

22.10.9 Verbrennen und Verbrühen

Der Tod beim Brand tritt in der Regel nicht durch das offene Feuer ein, sondern durch das beim Brand entstehende **Kohlenmonoxid** und wird als **Rauchvergiftung** bezeichnet. Es ist dem „chemischen“ Ersticken (Kapitel 22.10.3) gleichzusetzen.

Schlafende werden durch das Feuer auf der Haut sofort wach. Wird dagegen beim Lebenden die Haut (Kapitel 4.4.1) verbrannt oder verbrüht, so tritt in den Körperzellen eine **Eiweißgerinnung** ein, die zur Selbstvergiftung führt. Die Haut kann dann die Funktionen als Organ nicht mehr wahrnehmen. Die Gefahr des Todes tritt erst ein, wenn mehr als eine bestimmte Fläche der Haut zerstört ist. Dabei gibt es zwischen Kindern und Erwachsenen große Unterschiede im prozentualen Anteil der geschädigten Haut:

Erwachsene mehr als 40 %.

Schulkinder mehr als 20 %.

Kleinkinder mehr als 15 %.

Jahreszeitlich bedingt gibt es besondere Brand-Unfälle zur Weihnachtszeit mit **Kerzen**, aber auch mit dem **Fondue**. Beim Fondue-Unfall ist es nicht das brennende Fett, sondern der Löschversuch. Gerät beim Erhitzen auf dem Küchenherd (meist ohne Aufsicht) das Fondue-Fett in Brand, so darf hier nur der Deckel darauf gelegt werden und der Topf auf einen Steinboden, möglichst Flur, Terrasse oder Balkon, gestellt werden. Wird Wasser in das brennende Fett geschüttet, dann folgt eine Explosion. Weil das brennende Fett deutlich heißer als 100° C ist, verdampft das Wasser schlagartig. Bei der Explosion verwandelt sich das Wasser zu Dampf und vergrößert das Volumen um das 1200-Fache (Kapitel 4.13.3). Dadurch wird das heiße Fett aus dem Topf geschleudert.

22.10.10 Unterkühlung

Zur Lebenserhaltung zieht sich das Blut in die inneren Körperregionen zurück. Dadurch entsteht **Sauerstoffmangel** für das Gehirn. Die beginnende Hirnschädigung löst ein Herzflimmern aus, das die Sterbephase einleitet.

Tod durch Unterkühlung tritt nur ein bei Bewusstlosigkeit, starker Alkoholisierung oder Drogenkonsum und bei gleichzeitig fehlender oder nasser Kleidung. Schlafende werden durch Unterkühlung wach.

22.10.11 **Strom** (Kapitel 4.12.3.2)

Gefahren für Menschen im Umgang mit elektrischem Strom entstehen nur, wenn Fehlerstrom (Isolationsfehler) oder eine Berührungsspannung auftreten, die vom menschlichen **Körperwiderstand** nicht mehr absorbiert werden können.

Die Größe und Art der elektrischen Spannung, der Übergangswiderstand und der Körperwiderstand des Menschen beeinflussen die Stärke des elektrischen Stromes, der durch den menschlichen Körper fließen kann. Je nach **Stärke** hat das keinerlei **Folgen** oder erhebliche Auswirkungen. Diese reichen von Nervenlähmung, über Muskellähmung, Störung des Herzrhythmus bis hin zur Zersetzung der Körperflüssigkeit und des Blutes. Entscheidend dabei ist der menschliche Körperwiderstand. Er ist bei jedem verschieden und hängt vom Körperbau, von der Hornhaut und von der eigenen Herzfrequenz ab. Ganz entscheidend ist die **Hautfeuchtigkeit**, die die Leitfähigkeit beeinflusst. Je feuchter die Haut, desto besser ist die Leitfähigkeit. Dabei ist es möglich, dass keine Strommarken entstehen.

Ein weiterer Faktor ist die **Kleidung**, die in trockenem Zustand den Widerstand erhöht und in nassem Zustand diesen erheblich verringert und so besser leitet.

Schutzmaßnahmen

Um Menschen im Umgang mit Strom zu schützen, werden verschiedene Schutzmaßnahmen angewendet:

a) Schutzkleinspannung, ist so niedrig angelegt, dass sie dem Menschen nicht gefährlich werden kann (Bis 50 Volt Wechselstrom oder bis 120 Volt Gleichstrom).
b) Schutzisolierungen über alle Leitungs- und Geräteteile.
c) Schutzleiter (Erde) werden an Strom leitenden Geräteteilen angebracht. Sie schalten bei einem Fehlerstrom über die Sicherungen den Strom aus.
d) Schutz durch nicht leitende Räume, sodass der Mensch auf isolierendem Fußboden steht. Dieses Prinzip wird auch bei Arbeiten an Strom führenden Fahrleitungen für Schienenbahnen angewendet. Hier ist der gesamte Montagewagen isoliert.
e) Einbau von besonderen FI-Schutzschaltern (F = Fehlerstrom; I = Stromstärke). Der FI-Schutzschalter kontrolliert über einen Summenstromwandler den zur Erde abfließenden Fehlerstrom durch Vergleich der Magnetfelder. Im Normalfall ist die Summe der Ströme, die zu den elektrischen Betriebsmitteln fließen, gleich der Summe der zurückfließenden Ströme, sodass sich deren Magnetfelder im Summenstromwandler aufheben. Bei einem Fehler fließt ein Teil über die Schadstelle direkt in die Erde und nur ein Teil des Stromes kommt zum Schalter zurück – ein Differenzmagnetfeld entsteht. Dies löst den Schutzschalter aus. Der Vorgang läuft so schnell ab, dass bereits bei einem Fehler von 0,03 mA (Milliampere) der Strom abgeschaltet wird und er

somit dem Menschen nicht mehr gefährlich werden kann. Fällt z. B. ein Fön in eine Badewanne oder wird beim Rasenmähen das Kabel durchtrennt, ist der Strom abgeschaltet, bevor den Menschen die gesamte Stromstärke trifft.

Erst Manipulationen an den Sicherungen, Leitungen und Geräten sind die Ursache von schädigenden Stromschlägen. Im Rahmen der Spurensuche sind sofort der Sicherungskasten, die elektrischen Geräte und die entsprechenden Leitungen zu prüfen und zu **fotografieren** (Kapitel 4.3.5.1.4). Ein **Sachverständiger** ist in Absprache mit der **Staatsanwaltschaft** hinzuzuziehen.

Zur Spurensicherung sind Lichtbilder zu fertigen sowie die Sicherungen, die Schalterstellungen und Leitungen genau zu beschreiben. Elektrische Geräte sind im Original zu sichern.

22.10.12 **Blitz** (Kapitel 4.12.3.3)

Beim Tod durch Blitzschlag kann es zur **schlagartigen Verkohlung** des Körpers oder auch zu einem **Stromtod** kommen, bei dem keine äußerlichen Merkmale erkennbar sind. Das hängt von der Nähe des Blitzeinschlages ab. Die Verkohlung tritt bei direktem Blitzschlag ein.

Trifft der Blitz das Erdreich in der Nähe des Menschen, kann der Strom über die Füße in den Körper dringen. Das erfolgt durch den sogenannten **Schrittstrom**. Der Stromschlag tritt über den Fuß des einen Beines in den Körper und verlässt ihn durch das andere Bein über den Fuß wieder ins Erdreich.

Die **Stromstärke** hängt von der Entfernung der Einschlagstelle ab. Besonders gute Stromleiter und damit für den Menschen gefährlich sind Stahlseile, Handläufe, Weidezäune pp.

Wirksamen Schutz vor Tod durch Blitzschlag bieten Kfz aus Metall, die auch bei direktem Einschlag die Insassen schützen, weil durch das Prinzip des **Faraday-Käfigs** kein elektrisches Feld eindringen kann.

Schutz vor Blitzeinschlag kann auch eine hockende Stellung mit geschlossenen Füßen sein, bei der die Arme fest um die Unterschenkel geschlossen werden. Jegliches Anlehnen an Felsen, Gebäude oder Bäume vergrößert die Gefahr des Todes. Die Volksweisheit über die verschiedene Gefährlichkeit von verschiedenen Baumarten kann wissenschaftlich nicht bestätigt werden.

22.10.13 **Schuss** (Kapitel 4.10.3.6)

Schmauchspuren sind ein wesentliches Indiz (Kapitel 4.1.3) für die Abgabe eines Schusses. Sie entstehen beim Abfeuern der Munition und bestehen aus verbranntem Pulver, aus Resten von unverbranntem Pulver und aus Schmutzteilchen. Diese Spuren schlagen sich auf der Schusshand und am Ärmel der Schusshand nieder und sind ein Hinweis auf den Schützen. Zur Spurensicherung siehe Kapitel 4.10.3.5.

Ferner schlagen die Schmauchspuren auch auf dem **Trefferfeld** nieder, das **Niederschlagshof** genannt wird (Kapitel 27, Abb. 53). Dabei wird der Niederschlagshof um so größer, je weiter das Trefferfeld vom Schützen entfernt ist. Aus der Größe des Niederschlagshofes kann die Schussentfernung bestimmt werden. Zur Spurensicherung siehe Kapitel 4.10.3.6.

Eine **Stanzmarke** deutet auf einen aufgesetzten Schuss hin. Diese Marke entsteht bei aufgesetzten Kopf- oder Körperschüssen. Der beim Schuss austretende Pulverschmauch tritt zwischen Schädelknochen bzw. Muskeln und Haut und presst Letztere gegen die Laufmündung. Bei einem solchen Schuss stellt sich immer die kriminalistische Frage nach **Selbsttötung** oder **Fremdtötung**. Insofern ist eine **sorgfältige Spurensuche** an der Schusshand, am Ärmel der Schusshand und an der Waffe notwendig (Kapitel 4.10.3.1 und 4.10.3.5).

Der **Kontusionsring** zeigt sich als bräunlicher „Verbrennungsring" am Einschuss. Er entsteht durch die Reibungsverbrennung, die das Geschoss beim Durchdringen der Haut erzeugt. Ist bei einer fäulnisveränderten Leiche die Frage „Ein- oder Ausschuss" von Wichtigkeit, so können Textilspuren darüber eventuell Auskunft geben (*Hollmann*, a.a.O., S. 69).

22.10.14 **Gift** (Kapitel 4.9)

Gift lässt sich nicht abschließend definieren. Bereits der berühmte Arzt *Philippus* ***Paracelsus*** (1493–1541) definierte es mit „Menge und Konzentration". So ist das Trinken von einem Schnaps für Erwachsene völlig ungefährlich, wird aber eine ganze Flasche in einem Zug getrunken, besteht erhebliche Lebensgefahr. Gleiches gilt für Zucker und Salz.

Die humanmedizinische Einteilung der Gifte erfolgt nach den **Organen**, die sie angreifen. Dies führt aus kriminalistischer Sicht zu einer unübersehbaren Kombination. Die Einteilung nach den Symptomen ist auch nicht befriedigend, weil diese nicht allein von dem Gift ausgelöst werden, sondern auch von Krankheiten, Genussmitteln oder Umwelteinflüssen, sodass sie atypisch sein können. Ebenso schwierig ist die Identifizierung nach dem **Geruch**. Selbst der so typische Bittermandelgeruch von **Zyankali** (Kaliumsalz der Blausäure) ist aufgrund genetischer Konstellation nicht von allen Menschen wahrnehmbar (Kriminalistik, 1995, S. 564).

Für den **Kriminalisten** ist es wichtig, eine Verdachtsstrategie entwickeln zu können. Deshalb muss er die **Wirkungsweise** von Giften kennen. Unter diesem Gesichtspunkt werden sie in vier Gruppen unterschieden:

a) Der lebensnotwendige Sauerstoff wird verdrängt, z. B. Kohlendioxid in Brunnen, Silos, pp. und steht für das Atmen nicht mehr zur Verfügung.
b) Der lebensnotwendige Sauerstoff wird blockiert, z. B. Kohlenmonoxid, das durch unvollständige Verbrennung bei Kraftfahrzeugen, Gasgeräten, Kohle-

oder Ölöfen, pp. entsteht, setzt sich mit 200-facher „Überzahl" an den roten Blutkörperchen fest und blockiert damit die Sauerstoffmoleküle.

c) Die biochemischen Vorgänge in den Körperzellen werden blockiert, z. B. durch Nikotin oder Blausäure.

d) Zerstörung der Organe und / oder Nerven, z. B. durch Alkohol, Arsen, Quecksilber, pp.

Nur die unter c) und d) aufgeführten Substanzen sind im eigentlichen Sinne giftig.

Für die Ermittlungen ist immer eine **Obduktion** (Kapitel 22.12.1) mit feingeweblichen Untersuchungen erforderlich.

22.11 Unbekannte Tote

Als unbekannte Tote gelten Leichen und Leichenteile, die **nicht sofort identifiziert** werden können. Ist der unbekannte Tote eines natürlichen oder eines nicht natürlichen Todes gestorben, so werden die Amtshandlungen zur Beweissicherung als „Vorprüfung" für ein mögliches Strafverfahren vorgenommen (§ 159 StPO; Kapitel 22.2). Bei Verdacht auf Fremdverschulden wird nach den §§ 160 bzw. 163 StPO ermittelt.

Bekannte Tote, denen wesentliche Körperteile fehlen, sind wie „unbekannte Tote" zu behandeln, um später gefundene Leichenteile zuordnen zu können.

Neben den allgemeinen Ermittlungen bei Leichensachen (Kapitel 22.14) besteht ein weiterer Schwerpunkt in der **Identifizierung der Leiche**. Hierbei sind die Vorschriften des Kriminalpolizeilichen Meldedienstes (Kapitel 17) maßgebend. Der Sachverhalt muss mit dem Vordruck „KP 16 D" dem Landeskriminalamt gemeldet werden, damit dort und beim Bundeskriminalamt Vergleiche mit den Vermisstenfällen vorgenommen und gegebenenfalls über IKPO (Kapitel 2.3.4) ausländische Polizeibehörden einbezogen werden können. Sollen die Daten ins Ausland übermittelt werden, so sind die Vorschriften der IKPO zu beachten (Beilage zum BKBl. 48 / 2006)

Als **Identifizierungsmaßnahmen** (§ 88 StPO und Kapitel 17.4.3.1) kommen insbesondere in Betracht:

a) Die **Beschreibung** der Leiche, der Kleidung mit dem Inhalt aller Taschen und der mitgeführten Gegenstände (*Timm*, a.a.O.). Um den Ermittlungsvorgang handhabbar zu erhalten, werden aus allen Kleidungstücken etwa sechs mal sechs Zentimeter große Proben herausgeschnitten und auf die **Kleiderkarte** (KP 16 H) geheftet. So gestaltet sich der Vergleich mit den Unterlagen über Vermisste einfacher.

b) **Lichtbilder** als Kopf- und Ganzaufnahmen von verschiedenen Seiten, wobei möglichst Farbaufnahmen gemacht werden sollten.

c) Entnahme der **Fingerabdrücke** (Kapitel 4.4.1.1). Hat sich bei Wasserleichen bereits Waschhaut gebildet, so muss der Rechtsmediziner zur Hilfe geholt werden, um die Haut abzunehmen und zu präparieren.
d) Aufnahme des **Gebissbefundes** mit KP 16 G durch den Rechtsmediziner.
e) Alters- und Geschlechtsbestimmung durch den Rechtsmediziner.
f) Entnahme von **Haarproben** zur Feststellung der tatsächlichen Haarfarbe und als Hilfe bei der Altersbestimmung.
g) Anfertigen von **Röntgenbildern**, um alte Knochenverletzungen festzustellen.
h) Bestimmung der Blutformel und gegebenenfalls Durchführung der **DNA-Analyse** (§ 88 StPO und Kapitel 4.6.1.3).
i) Erforderlichenfalls **Schädel- und Kieferpräparation**, um das ursprüngliche Aussehen des Gesichtes wiederherzustellen.
j) Erforderlichenfalls **Leichenöffnung**, um den Mageninhalt, alte Operationen, eingesetzte Herzschrittmacher, künstliche Gelenke o. a. m. festzustellen.
k) Vergleich mit allen **Vermisstenfällen** des Bezirks.
l) Ausschreibung im Bundeskriminalblatt.
m) Öffentlichkeitsfahndung (Kapitel 9.8.7).
n) Anerkennungszeugen.
o) Isotopen-Analytik (Kapitel 4.6.6 und 17.4.3.1).

22.12 Strafprozessrechtliche Leichenschau

Die Leichenschau ist die Besichtigung der äußeren Beschaffenheit einer Leiche. Diese wird in der Regel durch den Staatsanwalt vorgenommen. Sie ist erforderlich, wenn eine Straftat als Todesursache nicht von vornherein ausgeschlossen werden kann. Es kann auch ein Arzt, in der Regel der zuletzt behandelnde, hinzugezogen werden.

Dieses Verfahren ist in § 87 StPO geregelt. Doch in der Praxis sieht die Wirklichkeit anders aus. Die Staatsanwaltschaft nimmt eine solche Leichenschau nur ausnahmsweise vor. Im Regelfall macht das die Kriminalpolizei (Kapitel 22.14).

22.12.1 Leichenöffnung / Obduktion (Kapitel 22.5.2)

Kommt fremdes Verschulden am Tod eines Menschen in Betracht und muss die Todesursache oder -zeit festgestellt werden, so erfolgt eine Leichenöffnung, die der Richter anordnet (§ 87 StPO).

Ist die Leiche bereits beerdigt, so muss die Ausgrabung (Exhumierung) ebenfalls durch den Richter angeordnet werden (§ 87 StPO). Zur Aussagekraft der Untersuchungen an Exhumierten, siehe *Breitmeier u. a.*, a.a.O. Vor der Leichenöffnung ist eine Identifizierung erforderlich (§ 88 StPO). Dies geschieht meist durch den ermittelnden Kriminalisten, der zugleich der Obduktion beiwohnt, um sich so ein genaues Bild von der Todesursache und vom Handlungsablauf des Tötens machen zu können. Die Identifizierung ist deshalb erforderlich, weil in pathologischen Instituten gleichzeitig mehrere Leichen vorhanden sind, die nicht verwechselt werden sollen. Ist ein **Beschuldigter** vorhanden, so soll ihm die Leiche zur Anerkennung vorgezeigt werden. Auch dies dient der Vermeidung von Verwechslungen (BGHSt 15, 187 [189]; Kapitel 11.14.1).

Bremen führt als erstes Bundesland eine **Obduktionspflicht** für „zu Tode gekommene Kinder unter sechs Jahren" ein. Bei Widerspruch der Angehörigen erfolgt eine richterliche Entscheidung. Die Kriminologische Zentralstelle Wiesbaden stellt fest, dass Kinder unter sechs Jahren doppelt so oft wie ältere Personen Opfer eines Tötungsdeliktes werden (FAZ vom 28.1.2001, S. 8).

Die Leichenöffnung wird im Beisein des **Staatsanwaltes** von **zwei Ärzten** durchgeführt, wovon einer **Rechtsmediziner** sein muss. Die Leichenöffnung hat sich stets auf Kopf-, Brust- und Bauchhöhle zu erstrecken (§ 89 StPO). Dies gilt auch, wenn die Todesursache dem äußeren Anschein nach zweifelsfrei z. B. im Kopfbereich liegt. Auch in dieser Weisung wird deutlich, dass die StPO Elemente der Gefahrenabwehr enthält. Wenn die Leiche schon geöffnet werden muss, so sollen auch alle Untersuchungen durchgeführt werden, um vor Überraschungen sicher zu sein.

Die Häufigkeit der Leichenöffnung ist sehr unterschiedlich. Das gilt sowohl im Vergleich der Bundesländer als auch der Staatsanwaltschaften und Kreispolizeibehörden untereinander. Im Bundesdurchschnitt gilt eine Obduktionsrate bei nichtnatürlichen Todesfällen von 14 % (*Spann / Maindl*, a.a.O.). Eine Befragung aller Kreispolizeibehörden in Nordrhein-Westfalen im Jahre 1997 ergab, dass bei Todesermittlungen nach § 159 StPO in 17 % der Fälle eine Obduktion durchgeführt wurde. Die Bandbreite bei den einzelnen Behörden lag zwischen 7 % und 48 % (*Weihmann,* n.v.).

Immer wieder kommt die Forderung auf, die **Obduktionsfrequenz** zu erhöhen, weil nur so verdeckte Tötungen erkannt werden könnten (*Rothschild*, a.a.O.). Die „Deutsche Gesellschaft für Rechtsmedizin" vermutet auf ihrer Jahrestagung in Göttingen im September 2005, dass jeder zweite Mord unentdeckt bleibt und befürchtet, dass diese Tendenz sich noch steigern wird, weil ein Drittel der rechtsmedizinischen Institute geschlossen werden sollen (FAZ vom 24.9.2005). Bei den Einzelfällen, die durch die Rechtsmedizin als „Beweis" für die Vermutung herangezogen werden, konnte festgestellt werden, dass die ärztlich bescheinigten Todesursachen fehlerhaft waren. Aber alle diese Fälle konnten deshalb aufgeklärt werden, weil die Leichen durch die Ermittlungen der Polizei und auf Anordnung eines Richters in die Rechtsmedizin gelangten (§ 87 StPO). Das heißt, nicht die Rechtsmedizin fand durch Zufall Hinweise auf Fremdverschulden, sodern die Strafverfolgungsbehörden beauftragten diese mit der Untersuchung, weil sie einen Verdacht hatten. Deshalb kommt es im Wesentlichen auf die korrekte ärztliche Leichenschau (*Birkholz*, a.a.O.) und auf das **kriminalistische Denken** bei der Bearbeitung von Leichensachen (Kapitel 22.14) an, die einen Verdacht begründen können.

Aber auch bei rechtsmedizinischen Spitzenleistungen gibt es den **perfekten Mord**, insbesondere bei Todesursachen, deren Ablauf sowohl einen Unfall, eine Selbsttötung oder Fremdverschulden darstellen können. Insofern muss der Rechtsmedizin widersprochen werden (*Tsokos*, a.a.O., S. 32). Zu diesem perfekten Mord bedarf es in der Regel nicht der intellektuellen Höchstleistung eines guten Kriminalschriftstellers (Kapitel 1.6.3), sondern nur der Banalität des Einfachen, wenn Opfer und Täter vor der Tat legalen Körperkontakt hatten, z. B. bei der Frage nach „gestürzt oder gestoßen", „Unfall oder kriminelle Tat". Danach ist es egal, wohin das Opfer fällt: in einen Grubenschacht, vor einen fahrenden Zug oder vom Felsen. Die richtige Antwort hängt dann vom **Personalbeweis** ab, ob es Zeugen gibt, die den Ablauf gesehen haben. Fehlen diese, ist der Nachweis einer Tötung meist aussichtslos. Rechtsmediziner und Kriminalisten sind aufeinander angewiesen und können nur dann erfolgreich sein, wenn jeder auf seinem Gebiet Spitzenleistungen erbringt.

In seltenen Einzelfällen kommt es auch vor, dass Kriminalisten, Staatsanwälte, Ärzte oder Gerichtsmediziner nicht korrekt arbeiten, sodass Fremdverschulden nicht entdeckt wird. Aber eine derart hohe **Dunkelziffer** zu vermuten wie die Rechtsmediziner, dürfte rein **spekulativ** sein. *Volmer* (a.a.O., 1988) widerspricht einer solchen Annahme, der 1 000 Feuerbestattungen in Köln in einem Projekt mit FH-Studenten untersuchte. Bei der **Feuerbestattung** (Kapitel 22.7) ist die Untersuchung der Leiche durch einen zweiten Arzt obligatorisch. Doch in Köln wurde kein Verdachtsfall gefunden. Um hier weitere verlässliche Zahlen zu erlangen, ist dringend kriminologische Forschung erforderlich. So könnte z. B. ein Vergleich der Häufigkeitszahlen von Obduktionen mit denen der Tötungsdelikte in den Bundesländern und in Europa nähere Auskunft geben.

22.12.2 Leichenfreigabe

Die Freigabe der Leiche zur Bestattung bedarf der schriftlichen Genehmigung durch die Staatsanwaltschaft (§ 159 II StPO). Wird eine Feuerbestattung (Kapitel 22.7) gewünscht, so muss sich die Erlaubnis darauf ausdrücklich beziehen.

22.13 Rechtsmediziner

Rechtsmediziner sind Gerichtsärzte und die Leiter von gerichtsmedizinischen und von pathologischen **Instituten**. Die Aufgaben des Gerichtsarztes nehmen die Gesundheitsämter wahr.

Rechtsmediziner sind Sachverständige (Kapitel 4.1.4.1) und damit Gehilfen des Richters. Bei der Durchführung von Strafverfahren haben sie ganz spezielle Aufgaben, die sie aufgrund ihrer medizinischen Ausbildung wahrnehmen können. Diese sind:

a) **Todesursachenermittlung** und Beurteilung von Fragen eines ursächlichen Zusammenhangs zwischen äußerer Gewalteinwirkung und Tod. Hier kommt die ganze Breite der Fälle des nichtnatürlichen Todes in Betracht.

b) Gerichtsmedizinische **Befunderhebungen** am Fund- oder Tatort bei Verdacht eines Tötungsdeliktes oder nichtnatürlicher Todesursache. Hier können z. B. Temperaturmessungen im Opfer und am Liegeort erforderlich sein, um den genauen Todeszeitpunkt zu ermitteln. Aber auch die Gesamtsituation und die allgemeinen Verhältnisse können für die Begutachtung wichtig sein.

c) Gerichtsmedizinische Hilfe bei der **Identifizierung** unbekannter Leichen, z. B. durch Röntgenaufnahmen, Zahnschemata, Feststellung alter Knochenbrüche etc., aber auch plastische Maßnahmen zur Rekonstruktion des Gesichtes (*Buzug / Sigl / Bongartz / Prüfer*, a.a.O.).

d) **Giftchemische** Untersuchungen von Leichenteilen, welche bei der Leichenöffnung entnommen wurden; ferner die Untersuchung von Speiseresten, Erbrochenem, Körperausscheidungen oder von Blut.

e) Individualisierung von Blut und anderem organischen Material mit Hilfe der **DNA-Analyse** (Kapitel 4.16.1).

f) Untersuchung von **Blut auf Alkoholgehalt**. Diese Untersuchung wird nur dann von Rechtsmedizinern vorgenommen, wenn darüber hinaus andere Untersuchungen des Blutes erforderlich sind oder das Blut von Leichen stammt. Ansonsten nehmen die Chemischen Untersuchungsämter der Gemeinden die Blutalkoholbestimmung vor.

g) **Körperliche Befunderhebung** an Geschädigten und Beschuldigten nach Straftaten. Hierbei werden Verletzungen festgestellt und der Frage nachgegangen, ob bestimmte Handlungen oder Werkzeuge geeignet sind, typische Verletzungen zu verursachen.

h) Gerichtsmedizinische Untersuchung von Personen auf **Haft-, Termin- und Vernehmungsfähigkeit**, die vorgeben, körperlich oder psychisch erkrankt zu sein, oder bei denen dies zu befürchten ist.

i) **Beratende Auskünfte** an Polizeidienststellen. Der Kriminalist sollte jede Gelegenheit suchen und nutzen, mit Rechtsmedizinern ins Gespräch zu kommen. Dabei wird schnell deutlich, welche aktuellen Möglichkeiten und Grenzen die Gerichtsmedizin hat. Ferner werden so die für den Rechtsmediziner bei der Untersuchung und Befunderhebung auftretenden Probleme deutlich, die der Kriminalist bei der Tatortarbeit berücksichtigen kann.

22.14 Kriminalistische Bearbeitung von Leichensachen

Bei der Bearbeitung von Leichensachen unterscheiden wir drei verschiedene Anlässe:

- **Nichtnatürlicher Tod** (§ 159 StPO),
- **Tod eines Unbekannten** (§ 159 StPO) und
- **Tod durch Fremdverschulden** (§ 163 StPO).

Für den Kriminalisten beginnt die Bearbeitung einer Leichensache mit der Feststellung des Arztes, dass ein nichtnatürlicher Tod oder eine unbekannte Todesursache vorliegen könnten. Ferner dann, wenn es sich um einen unbekannten Toten handelt. Diese Feststellungen begründen im Allgemeinen noch keinen Verdacht einer konkreten Straftat, §§ 163 und 152 StPO, und hätten somit zur Folge, dass keine Ermittlungen durchgeführt würden.

Da das Leben jedoch einen besonderen Stellenwert in unserer Gesellschaft hat, verpflichtet **§ 159 StPO** die Staatsanwaltschaft auch schon Ermittlungen durchzuführen, wenn ein nichtnatürlicher Tod oder der Tod eines Unbekannten festgestellt wird. Die jetzt beginnenden Aktivitäten als „Leichensache“ sind noch kein Ermittlungsverfahren im Sinne von § 160 StPO. Diese schon lange von der Lehre und den anerkannten Kommentatoren vertretene Auffassung hat der Bundesgerichtshof inzwischen bestätigt (BGHSt 49, 29). Ziel ist es, die Todesursache und / oder die Identität des Toten zu ermitteln und dazu **vorsorgliche Beweissicherung** durchzuführen, wenn sich später herausstellt, dass der Tod durch eine Straftat herbeigeführt wurde. Insofern ist § 159 StPO der Einstieg in die Ermächtigungsgrundlagen der übrigen Vorschriften der Strafprozessordnung.

Ist **Fremdverschulden** offensichtlich, so wird nach §§ 160 und 163 StPO ermittelt und die **Mordkommission** (Kapitel 22.15) eingesetzt. Doch zunächst ist sofort zu prüfen, ob die Feststellung des genauen Todeszeitpunkts durch sofortige **Temperaturmessung**, rektal (Mastdarm) oder ösophagisch (Speiseröhre), noch möglich ist (Kapitel 22.4.5.3).

Liegt nichtnatürlicher Tod vor oder der Tod eines Unbekannten, so beginnt die Arbeit des Kriminalisten, in der Regel als Einzelermittler und **Leichensachbearbeiter.** Seine **Hauptaufgabe** besteht zunächst darin, die Leiche zu identifizieren und festzustellen, ob tatsächlich Fremdverschulden am Tod vorliegt oder nicht. Diese Entscheidung hat eine weitreichende Bedeutung. Darum müssen die Untersuchungshandlungen und Ermittlungen mit großer Sorgfalt von einem mit Leichensachen erfahrenen Kriminalisten vorgenommen werden. Dies gilt insbesondere, wenn im Ergebnis der Ermittlungen Fremdverschulden ausgeschlossen wird. In diesem Fall werden keine Beamten der Mordkommission eingesetzt und keine weiteren Spezialisten hinzugezogen. Der Ermittlungsbericht wird vom Staatsanwalt zwar auf Plausibilität geprüft, dann aber zu den Akten gelegt. Ein Anlass zu weiteren Ermittlungen besteht somit nicht. Dieser **Verantwortung** muss sich der Kriminalist bei der Bearbeitung von Leichensachen stets bewusst sein (Kapitel 25.5.2). Insofern soll hier zunächst die Tätigkeit des **Leichensachbearbeiters** dargestellt werden.

Zunächst sind **Leiche** und **Fundort** zu beschlagnahmen und alle Maßnahmen der Tatortbefundaufnahme (Kapitel 7) durchzuführen. Nun kommt es insbesondere darauf an, Spuren zu finden, die einen Hinweis auf Fremdverschulden geben können. Dabei ist nicht nur die mögliche Tötung von Bedeutung, sondern auch darauf zu achten, ob Delikte vor oder nach dem Eintritt des Todes begangen wurden. Fand z. B. ein Raub, ein Einbruch oder eine Sexualstraftat statt? Oder ist der Verstorbene nach Eintritt des Todes „bestohlen" worden?

Im Mittelpunkt der Arbeit steht die Leiche. Sie muss zunächst **identifiziert** werden. Dies kann durch Angehörige, Nachbarn oder durch Ausweispapiere erfolgen. Ist dies nicht möglich, so handelt es sich um einen **unbekannten Toten**, bei dem kriminalistische Identifizierungsmaßnahmen einzuleiten sind (Kapitel 22.11).

Bei der **Beschreibung der Kleidung** ist auf deren Sitz, Beschädigung, Verschmutzung, auf fehlende Teile und auf den Tascheninhalt genau einzugehen. Danach ist die Leiche zu entkleiden und die Kleidungsstücke einzeln zu sichern (Kapitel 4). Beim Entkleiden dürfen keine Verletzungen entstehen oder die Leichenstarre gebrochen werden. Es empfiehlt sich, die Kleidung aufzuschneiden und den Leichnam herauszuheben.

Die **entkleidete Leiche** wird systematisch nach Verletzungen, Todesanzeichen und Anzeichen für Todesursachen untersucht. Dabei ist auch festzustellen, ob die Atemwege frei sind. An der Untersuchung sollte der Kriminalist den **Arzt beteiligen**, der die Leichenschau vorgenommen hat. Die zusätzliche Untersuchung durch den Kriminalisten ist dann besonders geboten, wenn der Arzt wenig Erfahrung im Umgang mit Leichen hat. Das Ergebnis wird in einem ausführlichen Bericht niedergelegt und die Leiche sowie die Kleidung fotografiert.

Liegen bis jetzt keine Erkenntnisse für Fremdverschulden vor, so sind die **Ermittlungen** beim Hausarzt, bei Verwandten, Bekannten und bei Hausbewohnern aufzunehmen. Der **Hausarzt** kann Auskunft geben, ob der Tod die Folge einer Krankheit sein könnte. Zur **Schweigepflicht** des Arztes siehe Kapitel 22.5.1.

Verwandte und Bekannte können Angaben zu besonderen Verhaltensweisen oder eigenartigem Benehmen machen.

Hatte der Verstorbene z. B. sein Ableben „organisiert"? War für diesen Fall alles geregelt? Hat er geäußert, aus dem Leben scheiden zu wollen? Rechnete er wegen einer Krankheit oder besonderen psychischen Belastung, z. B. Tod des Lebensgefährten, mit dem eigenen Tod oder gab es für ihn noch wichtige Termine in der Zukunft, die er einhalten wollte, z. B. Urlaub? Kam der Tod für die Verwandten und Bekannten überraschend oder rechneten sie selbst damit? **Hausbewohner** können über diese Fragen hinaus auch Angaben zu den Lebensgewohnheiten des Verstorbenen machen. Ferner sind sie danach zu fragen, ob sie Geräusche wahrgenommen oder gar einen Besucher gesehen haben. Je nach Bedeutung sind über die Aussagen der Personen Vernehmungen oder Berichte zu fertigen.

Das Gesamtergebnis der Ermittlungen ist mit der **Staatsanwaltschaft zu erörtern** und in Schriftform zu übergeben. Diese entscheidet jetzt, ob Fremdverschulden ausgeschlossen werden kann und ob sie die Leiche zur Beerdigung freigibt (§ 159 II StPO).

Liegen Hinweise auf Fremdverschulden vor oder ist dies nicht auszuschließen, so ist die Mordkommission zu alarmieren und die **Obduktion** der Leiche anzuregen (Kapitel 22.12.1).

Für Todesermittlungen sind die Länderpolizeien auch im Bereich der **Bahn AG** (Kapitel 7.5.7) zuständig.

22.15 Mordkommission (Kapitel 2.5 und 25.10)

Die Mordkommission ist die älteste Form der konzentrierten Ermittlungstätigkeit der Polizei (Kapitel 25.10). In ihr befanden sich stets die besten Kriminalisten. Die Arbeit in der Mordkommission bedeutet auch heute noch uneingeschränkte Leistungsbereitschaft, unzählige Überstunden und diszipliniertes Arbeiten im Team. Es werden kreative Einzelleistungen erwartet, die zum Gesamterfolg führen. Dafür stehen der Kommission das erforderliche Personal in jeder sachlich notwendigen Anzahl und alle Ressourcen zur Verfügung.

Organisatorisch unterscheidet sich die Mordkommission nicht wesentlich von anderen Kommissionen, die z. B. aus Anlass von Katastrophen, Entführungen, Geiselnahmen oder terroristischen Gewalttaten eingerichtet werden.

Je nach Arbeitsaufwand können solche Einheiten aus wenigen Mitarbeitern bestehen oder eine Stärke von Kriminalabteilungen haben und auch so geführt werden. Solch eine große Kommission, die erstmals unter der Leitung des Bundeskriminalamtes arbeitete, wurde 1969 anlässlich der Ermordung von fünf Bundeswehrsoldaten in der Stadt Lebach (Saarland) eingerichtet (*Neven-du Mont / Schütz*, a.a.O.; Kapitel 25.10). Die Kommission war schon so strukturiert, wie es heute unter der Abkürzung **BAO** (Besondere Aufbauorganisation) üblich ist.

Die notwendige **Aufbauorganisation** ist in den Polizeidienstvorschriften hinreichend beschrieben; danach gibt es dem Leiter nachgeordnet eine Führungs-, eine Ermittlungs- und eine Tatortgruppe. Die Untergliederung und die damit verbundene Personalstärke werden vom Ermittlungsaufkommen bestimmt. Wegen der Bedeutung des zu bearbeitenden Falles nimmt der Staatsanwalt an den Ermittlungen unmittelbar teil (Kapitel 19.4).

Probleme können bei der **Ablauforganisation** entstehen. So muss ein aktueller **Auftragskalender** geführt werden. Hier sind, für alle sichtbar, die Einzelaufträge und die Namen der Ermittlungsteams zu führen. Alle Ermittlungsergebnisse müssen sofort niedergeschrieben, in den Spurenakten (Kapitel 15.4.4) niedergelegt und in der **Datenverarbeitung** erfasst werden. Täglich ist mindestens einmal eine **Lagebesprechung** mit allen eingesetzten Kräften durchzuführen, in der der aktuelle Ermittlungsstand und die beabsichtigten Maßnahmen besprochen werden.

Sabine Rückert (a.a.O.) beschreibt ohne Pathos das Verhältnis zwischen dem Leiter der Mordkommission aus Mönchengladbach *Hans-Josef [Hennes]* ***Jöris*** und dem sechsfachen Mörder *Otto* ***Debisch***, ab 1978. Ein seltenes, aber sehr interessantes Verhältnis (Kapitel 11.10). Dieser zeitliche und persönliche Aufwand ist nur im Bereich der schweren Kriminalität möglich. Die tägliche Vernehmungsarbeit sind Fälle der Massenkriminalität, bei denen Aufwand und Erfolg in einem rechtsstaatlichen Verhältnis stehen müssen (RiStBV Nr. 5a).

Sehr empfehlenswert sind auch die realitätsnahen Schilderungen von *Richard* ***Thiess*** (a.a.O.), dem Leiter einer Mordkommission in München.

22.16 Überbringen einer Todesnachricht

Neben der Bearbeitung einer Leichensache sieht sich der Kriminalist oft der Notwendigkeit ausgesetzt, Menschen die Nachricht vom Tod eines Angehörigen zu überbringen. Dies ist eine ebenso unangenehme wie zugleich notwendige Aufgabe. Im allgemeinen polizeilichen Alltag sind die häufigsten Todesnachrichten nach **Verkehrsunfällen** zu überbringen.

Beim Kriminalisten ist es der **Unglücksfall**, der **Freitod** oder das **Verbrechen**. Hier sind nicht nur menschliches Verständnis, Zuwendung und ärztliche Betreuung erforderlich, sondern daneben können **auch kriminalistische Ermittlungen** vonnöten sein, da nicht ausgeschlossen ist, dass der Angehörige in irgendeiner Form an dem Todesfall beteiligt ist. Dies bedarf eines besonderen Einfühlungs- und Durchsetzungsvermögens. Deshalb: gehen Sie **niemals allein** zu den Angehörigen, denn Sie wissen nicht, was auf Sie zukommt. Darüber hinaus muss einer von Ihnen bereits **Erfahrung** mit dem Überbringen von Todesnachrichten haben.

Zu diesem Zweck geben die Empfehlungen der Kirchlichen Polizeiseelsorge im Regierungsbezirk Tübingen: „Sie haben eine Todesnachricht zu überbringen ...“, hilfreiche Hinweise. Sie bilden die Grundlage für die nachfolgenden Ausführungen und sind um kriminalistische Aspekte erweitert.

Die **Bundeswehr** verfährt ähnlich und macht auch ähnliche Erfahrungen, wenn ein Soldat in Afghanistan gefallen ist (*Seliger*, Die Nachricht, in: FASZ vom 10.10.2010, S. 4).

22.16.1 Allgemeines

Wenn Sie eine Todesnachricht zu überbringen haben, nehmen Sie sich fünf bis zehn Minuten Zeit, versuchen Sie, sich zu entspannen und: seien Sie ehrlich zu sich selbst!

Was werden Sie antreffen? Entsetzte Hinterbliebene? Kinder darunter? Oder Eltern vielleicht, die durchdrehen bei der Nachricht? Sich schreiend am Boden wälzen, mit den Fäusten auf Sie losgehen oder Ihnen stumm und hilflos schluchzend um den Hals fallen?

Oder wird alles ganz anders sein: Völlige Gefasstheit, Gleichgültigkeit oder gar Erleichterung, vielleicht sogar Genugtuung über den Tod und Hass auf den Verstorbenen?

Sie kennen die Geschichte des Toten und seiner Hinterbliebenen nicht, wissen nicht, ob die Ehe gut war, wissen nichts von Liebe und Glück, nichts von Schuld und Schulden. Sie wissen nur eins, ein Angehöriger ist gestorben. Verunglückt, Opfer eines Verbrechens geworden oder hat den Freitod gewählt.

Wie steht es mit Ihnen selbst? Werden Sie unsicher, wenn Sie Ihre Gefühle nicht verbergen können? Wenn Ihnen die Worte ausgehen und Sie einem aufgewühlten wildfremden Menschen nur noch stumm die Hand drücken können?

Denken Sie hin und wieder über den Tod nach, der Ihnen in Ihrem Beruf so häufig begegnet? Oder versuchen Sie, einen Bogen um den Tod zu schlagen? Doch so etwas lässt sich eigentlich nicht immer durchhalten. So etwas macht einen bei solcher Aufgabe doch nur verkrampft-korrekt oder völlig hilflos. Egal wie die Angehörigen reagieren werden, sie erwarten von Ihnen fast immer möglichst viel **Einfühlungsvermögen**. Wenn Sie verkrampft sind, geht das nicht. Sie sollten bereit sein, offenen Herzens und mit verletzbarer Seele für die Angehörigen in dieser Situation da zu sein, so wie diese es für ihre körperliche Unversehrtheit und den Aufruhr ihrer Seele brauchen. Das können Sie nur, wenn Sie selbst keine unüberwindbare Angst, aber auch keine Hornhaut auf der Seele haben.

Routine für solche Aufgaben sollte es nicht geben. Ihre Unsicherheit kann auch wertvoll sein: Ihre Unsicherheit lässt Sie im positiven Fall alle Sinne öffnen für die Signale, die Ihr Gegenüber aussendet – das ist wichtig. Ihre Unsicherheit macht Sie menschlich – und selbst wenn Ihnen einmal die Augen feucht werden sollten oder plötzlich ein hemmungslos weinender Mensch in Ihren Armen liegt und Sie ihm nur noch hilflos das Haar streichen können. Sie brauchen sich dessen nicht zu schämen, auch nicht vor Ihrem Kollegen. Es kommt in diesem Moment nur darauf an, dass Ihr Gegenüber Ihr Verständnis spürt. Seien Sie also ganz da für den Hinterbliebenen und ertragen Sie seine Nähe – umso eher wird er dann auch für Ihre Nachfragen und nötigen Ermittlungen da sein, Verständnis haben und sich dabei etwas stabilisieren.

22.16.2 Grundsätze

Die folgenden Ratschläge sind keine Gebrauchsanweisungen für den Umgang mit Hinterbliebenen. Die Ratschläge sind nur ein paar Hilfshinweise, sozusagen Ihr Notfallkoffer. Ob Sie ihn richtig anwenden, hängt unmittelbar mit Ihrer Persönlichkeit und Ihrer Geistesgegenwart zusammen.

22.16.3 Vorbereitungen

1. Auch wenn es zunächst viel einfacher erscheint: Geben Sie solche Nachrichten nie telefonisch durch. Sie lösen im Erleben des anderen eine Extremsi-

tuation aus. Das Telefongespräch mag er noch überstehen, aber wenn er danach zusammenklappt und ohne Hilfe ist, dann haben Sie die Folgen Ihres Anrufs zu verantworten.

2. Wenn ein Kriminalist noch nie eine Todesnachricht überbracht hat, sollte er keinesfalls allein eine solche Aufgabe übernehmen. Aber der junge und unerfahrene Kollege sollte mitgenommen werden, damit er eine solche Situation kennen lernt, bevor er sie selbst verantwortlich bewältigen muss.
3. Sie müssen vorher sachkundig sein: Ist der Tote einwandfrei identifiziert? Wie war das Tatgeschehen (ohne dass Sie es dann ausführlich in seiner Schrecklichkeit erzählen sollen)? Wo befindet sich der Tote? Ist die Leiche beschlagnahmt? Wer wird weitere Auskunft geben können (Arzt, Krankenhaus, Bestatter)? Man erwartet von Ihnen, dass Sie nach dem ersten Schock ein kompetenter Gesprächspartner sind.
4. Sie müssen mindesten 30 Minuten Aufenthaltszeit in der Wohnung einkalkulieren – es kann aber auch deutlich länger dauern.
5. Gehen Sie möglichst nicht allein. Wenn Sie jemanden mitnehmen, der kein Kollege ist (z. B. einen Arzt, Vertreter der Religionsgemeinschaft des Verstorbenen, Bekannte, Verwandten, Kollegen), sollten Sie ihn kennen und vorher Ihre Funktionsaufteilung besprechen (Sie übernehmen die Nachricht, Ihr Partner die Nachbetreuung).
6. Nehmen Sie unbedingt ein Funkgerät oder ein Mobiltelefon mit, aber lassen Sie es zunächst ausgeschaltet. Falls ein Telefon nicht vorhanden ist, können Sie mit dem Funkgerät Hilfe herbeirufen.

   Vielleicht informieren Sie aber schon vorher vorsichtshalber die Rettungsleitstelle, damit notfalls schnell ärztliche Hilfe geschickt werden kann.
7. Wird man Ihre Sprache sprechen oder werden Sie einen Dolmetscher gebrauchen?

22.16.4 Verhalten vor Ort

1. Manche Menschen lächeln unbewusst – aus Unsicherheit oder um Aggressionen ihres Gegenübers abzuwehren. Das wird Ihnen nicht unterlaufen, wenn Sie sich das bewusst machen. Hier wäre Lächeln völlig fehl am Platze.
2. Sind Sie auch wirklich an der **richtigen Adresse**? Gibt es im Haus mehrere Bewohner mit demselben Namen? Fragen Sie vorsichtshalber nach: „Sind Sie die Frau von ... der Vater von ...?“ Doch zunächst: Stellen Sie sich kurz vor, nennen Sie Ihre Dienststelle und fragen Sie, ob Sie eintreten dürfen.
3. Die **Todesnachricht sollte erst nach Betreten der Wohnung** übermittelt werden, sonst könnte hinter der verschlossenen Tür möglicherweise ein medizinischer Notfall eintreten. Wenn man Sie nicht einlassen will, ist der Satz: „Ich muss Ihnen eine schlimme Nachricht bringen ...“ meist der richtige Türöffner. Er eignet sich auch als Überleitung zur eigentlichen Nachricht. Und wenn Sie dann noch stehen sollten: „Können wir uns hinsetzen?“ Denn es

wird besser sein, wenn es der Hinterbliebene sitzend erfährt, für den Fall, dass er ohnmächtig wird.

4. Anwesende Unbeteiligte und **Kinder** sollten anfangs möglichst nicht zugegen sein (Nebenzimmer).
5. Inzwischen ist der / die Hinterbliebene auf das Schlimmste gefasst: Sagen Sie jetzt Ihre **Nachricht ohne Umschweife** und ohne falsche Hoffnungen zu lassen: „Wir haben Ihren Mann tot aufgefunden ... er ist Opfer ...“
6. Jetzt lassen Sie dem **Hinterbliebenen Zeit für seine Reaktion**. Alles ist möglich. Seien Sie offen und verständnisvoll; Mitleids- und Beileidsfloskeln werden in der Regel nicht erwartet, sondern nur Ihr Verständnis und Ihre momentane Anteilnahme als Zeuge dieses schrecklichen Augenblicks.
   - Bei stark emotionaler Reaktion – Zeit lassen.
   - Fällt man Ihnen um den Hals, geht man Sie tätlich an – in den Arm nehmen.
   - Bleibt die Emotion aus, wirkt der Hinterbliebene starr und verschlossen, so kann sich ein Kollaps anbahnen.
   - Er kann Sie auch möglichst schnell aus der Wohnung haben wollen – Suizidgefahr. -Lassen Sie sich **nicht aus der Wohnung weisen**. Zur Gefahrenabwehr haben Sie das Recht auch gegen den Willen des Wohnungsinhabers dort zu bleiben, denn Ihre **kriminalistische Erfahrung** sagt Ihnen, dass sich dieser Mensch jetzt in **Lebensgefahr** befindet. Er braucht Ihre Hilfe. Erklären Sie das dem Betroffenen.
   - Suizidgefahr besteht auch, wenn der Hinterbliebene irgendwelche Schuldgefühle äußert.
   - Bei körperlichem Zusammenbruch oder Hysterieanfällen – Arzt rufen.
   - Ist der Angehörige offensichtlich erleichtert über den Tod, nicht moralisch verurteilen, sondern auch in diesem Fall behutsam verstehend nachfragen.
   - Wenn der **erste Schock vorüber** ist, fragen Sie nach dem Verstorbenen, interessieren Sie sich dafür, was er für ein Mensch war, was er seinen Hinterbliebenen bedeutet hat. Sie bekunden damit mehr Anteilnahme als durch ein „Herzliches Beileid“. **Achtung**: Diese Fragen dürfen hier keinen Verhörcharakter haben und sollen zu nichts weiter dienen, als dem Angehörigen zu zeigen, dass jemand bemüht ist, auf seine schreckliche Lage einzugehen. **Anknüpfungsbeispiele** könnten sein: „Das muss ein fürchterlicher Verlust für Sie sein ... Sie haben ihn / sie sehr geliebt ... Er / Sie hat Ihnen viel bedeutet ... Sie hatten ein gutes Verhältnis zueinander ... Erzählen Sie doch etwas über ihn / sie ...“ Leiten Sie dann über auf anstehende Probleme, die jetzt auf den Hinterbliebenen zukommen können, bringen Sie aber keine Lösungen, das ist

nicht Ihre Aufgabe. „Wie wird es weitergehen? Haben Sie jemanden, der Ihnen zur Seite steht?“ Lassen Sie dem Hinterbliebenen Zeit, seine Antworten zu finden! „Kann ich etwas für Sie tun? Soll ich jemanden von Ihren Verwandten oder Freunden anrufen? Oder haben Sie in der Nachbarschaft jemanden, der nach Ihnen schauen soll?“

- Sind **unaufschiebbare Ermittlungshandlungen**, z. B. Durchsuchung oder Beschlagnahme erforderlich, so leiten Sie jetzt dazu über. Für Vernehmungen sollten Sie einen späteren Zeitpunkt vereinbaren. Wird das Ermittlungsverfahren dadurch nicht erschwert, so bieten Sie dem Hinterbliebenen an, dass er eine Person seines Vertrauens zur Vernehmung mitbringen kann (Kapitel 11.6).

7. Sie sollten nicht gehen, ohne **eine zuverlässige Person** in der Wohnung zu hinterlassen: einen Arzt, einen Vertreter der Religionsgemeinschaft des Verstorbenen, einen emotional nicht so stark betroffenen Verwandten oder Freund oder einen Nachbarn. Soweit möglich: Fragen Sie den Hinterbliebenen, wen Sie herbeirufen sollen. (Ungeübte Hilfspersonen müssen diskret auf mögliche Krisen hingewiesen werden.)
8. Hinterlassen Sie Ihre Visitenkarte und eine Kontaktadresse, über die der Hinterbliebene weitere Einzelheiten erfragen kann.

22.16.5 Nachbereitungen

Verdrängen Sie Ihr Erlebnis nicht! Gehen Sie noch einmal alles in Gedanken durch:

1. Ist der / die Hinterbliebene auch wirklich **unter helfender Kontrolle**?
2. Wie fühlen Sie sich? Erleichtert, verunsichert, gekränkt, aufgewühlt, verärgert oder ...?
3. Sprechen Sie mit Ihrem Kollegen darüber und fragen ihn, wie er die Situation erlebt hat.
4. Fertigen Sie über die Situation eine Niederschrift für den Tatortbefundbericht (Kapitel 7.4.3; 7.4.4 und 7.6.4).
5. Schildern Sie den Fall und Ihre Gefühle in der **nächsten Frühbesprechung**, damit alle Kollegen daraus lernen können.

23 Vermisste / Unbekannte hilflose Personen

23.1 Literatur

Ebert, Alte Menschen in der Polizeipraxis, in: Die Polizei 2008, S. 265
Jamin, Vermisst – und manchmal Mord, Hilden 2007

Vorschriften und Rechtsprechung

Polizeidienstvorschrift Nr. 389, Vermisste, pp, 2004 [Bei der Anwendung ist stets zu überprüfen, ob die Vorschrift noch den aktuellen Gesetzen und der Rechtsprechung entspricht (Art. 20 III GG)]

23.2 Allgemeines

Vermisste haben ihren gewohnten Lebenskreis verlassen und sind unbekannten Aufenthalts. Dies allein macht sie aber noch nicht zu Vermissten im polizeilichen Sinne, da die im Grundgesetz garantierte Freizügigkeit den Aufenthalt an jedem beliebigen Ort erlaubt. Es muss entweder der **Verdacht einer Gefahr** oder der **Verdacht einer Straftat** hinzukommen.
Der Gefahrenzustand kann sich aus gesetzlicher Vorschrift oder aus tatsächlicher, aber konkreter Situation ergeben. Unter die gesetzliche Vorschrift des Gefahrenzustandes fallen Minderjährige und Betreute.

Minderjährige sind noch nicht 18 Jahre alt (§ 2 BGB) und unterliegen dem Aufenthaltsbestimmungsrecht (§ 1631 BGB) der Personensorge, in der Regel der Eltern. Sobald sich Minderjährige diesem Aufenthaltsbestimmungsrecht entziehen, besteht latent Gefahr für ihre geistige und körperliche Entwicklung, so dass sie als vermisst gelten. Dies gilt auch, wenn sie Opfer der Straftat „Entziehung Minderjähriger“ (§ 235 StGB) geworden sind, auch wenn ihr Aufenthalt im Ausland bekannt ist.
Bei normal entwickelten Minderjährigen dürfte sich die Gefahr mit der Annäherung an die Volljährigkeitsgrenze mindern, sodass im Zuge der Verhältnismäßigkeit die Maßnahmen gemildert werden oder ganz entfallen.
Werden **Kinder** als vermisst gemeldet, so ist immer von einer dringenden Gefahr auszugehen. Alle notwendigen Maßnahmen sind sofort einzuleiten.

Betreute können auch volljährige Personen sein, die aufgrund einer psychischen Krankheit oder einer körperlichen, geistigen oder seelischen Behinderung ihre Angelegenheiten ganz oder teilweise nicht besorgen können. Das Vormundschaftsgericht bestellt einen Betreuer (§ 1896 BGB). Dieser hat die Angelegenheiten des Betreuten so zu besorgen, wie es dessen Wohl entspricht (§ 1901 BGB). Der Betreuungsbereich ist in jedem Einzelfall vom Gericht ausdrücklich benannt und kann in der richterlichen Anordnung nachgelesen werden (§ 1896 ff. BGB).

Andere Personen gelten nur dann als vermisst, wenn konkrete Hinweise vorliegen, dass Gefahr für deren Leib oder Leben oder ernsthafte Freitodabsicht besteht, ein gefährdender Gesundheitszustand vorliegt oder sie Opfer einer solchen Straftat werden, bei der sie als unbekannte Tote oder als unbekannte hilflose Personen aufgefunden werden.

Dies festzustellen ist eine äußerst schwierige Aufgabe, da der Kriminalist auf die Angaben von Angehörigen oder Sorgeberechtigten angewiesen ist. Bei der Erstattung der Vermisstenanzeige ist oft nicht zu erkennen, welche Motive der Anzeigende hat. Ist es die tatsächliche Sorge um den Vermissten oder persönlichkeitshemmende Reglementierung von Jugendlichen oder ein von Rachegedanken geplagter verlassener Lebensgefährte, der das neue Glück durch Polizeimaßnahmen stören will? Oder ist der angeblich Vermisste Opfer eines Tötungsdeliktes geworden? Hier ist das gleiche **Fingerspitzengefühl** erforderlich wie bei der Anzeigenerstattung (Kapitel 6) und der Tatortbefundaufnahme (Kapitel 7).

Jeder angezeigte Vermisstenfall ist aktenkundig zu machen, auch wenn sich herausstellt, dass es sich, im Sinne der Vorschriften der Polizei (siehe oben), um keinen derartigen Fall handelt, und die Polizei deshalb Suchmaßnahmen ablehnt. Dies gilt insbesondere, wenn sich Jugendliche, die fast die Volljährigkeit erreicht haben, freiwillig bei ihrem Lebenspartner aufhalten und die Eltern dies unterbinden wollen. Ebenso gilt dies für Personen, die in der Absicht der Trennung die Ehegemeinschaft verlassen haben.

Auch wenn sich über **99,5 %** (NRW) der Vermisstenfälle durch **unversehrte Rückkehr** erledigen, muss die Polizei jede Anzeige ernst nehmen und im Verhältnis auf die hier bedrohten Rechtsgüter „Leben und Gesundheit" angemessene Maßnahmen ergreifen. Dies gilt insbesondere, wenn Kinder oder alte Personen als vermisst gemeldet werden.

Die durchschnittliche Vermisstenzahl liegen in Deutschland pro Jahr bei rund **50.000 Personen**. Dabei ist die Anzahl in den Bundesländern sehr unterschiedlich. Um einen Vergleich anstellen zu können, werden die nachfolgenden Vermisstenzahlen in **Häufigkeitszahlen** (Kapitel 15.5.2 d), umgerechnet. Das ist die Anzahl der Vermissten, bezogen auf 100000 Einwohner. Danach gibt es in den Bundesländern eine Spanne zwischen 382 und 1243 Fälle pro Jahr. Der Durchschnitt liegt bei rund 600 Fällen. Bayern und Saarland haben die wenigsten Vermissten, Berlin bildet die Spitze.

Die **Geschlechtsverteilung** der Vermissten beträgt 48 % männlich und 52 % weiblich. In den Altersstufen gibt es aber deutlichere Unterschiede. Bei Personen bis 13 Jahre haben die männlichen einen Anteil von 45 % und die weiblichen von 55 %. Vermisste von 14 bis 17 Jahre sind zu 32 % männlich und 58 %

weiblich. Ab dem 18. Lebensjahr schlägt das Verhältnis um, dann sind es 73 % männliche und 27 % weibliche Vermisste.

Die **Rückkehrquote** innerhalb von 14 Tage ist nach Altersstufen und Geschlecht gering unterschiedlich und beträgt zwischen 80 % und 90 %.

Die Zahlen sind **keine Hilfen für Prognosen** in aktuellen Fällen. Das Problem ist die richtige Bewertung eines Vermisstenfalls. Deshalb sollten mit dieser Aufgabe lebens- und berufserfahrene Kriminalisten beauftragt werden.

23.3 Polizeiliche Maßnahmen

Im Einzelnen können folgende Maßnahmen geboten sein:

a) Aufnahme einer vorläufigen Vermisstenanzeige (Kapitel 6) mit Vordruck KP 16 oder mit einem örtlichen Formular.

b) Nachfrage in Krankenhäusern und bei ärztlichen Hilfsdiensten, ob der Vermisste dort aufgenommen oder behandelt wurde.

c) Nachfrage bei benachbarten Polizeibehörden, ob der Vermisste an einem Verkehrsunfall beteiligt war.

d) Ermittlungen im persönlichen Bereich. Das macht es notwendig,zunächst einen genauen Ablaufkalender über die Tätigkeiten des Vermissten in den letzten Tagen und Stunden anzulegen, um so Hinweise auf seinen jetzigen Aufenthaltsort zu erlangen. Auf der Rechtsgrundlage zur Gefahrenabwehr wird zu diesem Zweck auch das Zimmer des Vermissten durchsucht. Daran schließt sich die Durchsuchung der Wohnung mit Balkon, Keller, Dachboden, Garagen etc. an (Kapitel 18.4). Hier darf sich der Kriminalist nicht auf die Angaben von Sorgeberechtigten verlassen, sie hätten schon alles durchsucht. Da sie unter dem Eindruck des Vermisstenfalles stehen, neigen sie zu Fehlreaktionen und Fehlinterpretationen. So muss z. B. bei vermissten Kleinkindern auch dort nachgeschaut werden, wo die Eltern den Aufenthalt für unmöglich halten. Auf diese Weise sind schon Kinder in Waschmaschinen oder ähnlichen Gegenständen gefunden worden.

e) Als Nächstes sind Befragungen im Verwandten- und Bekanntenkreis durchzuführen. Auch hier darf sich der Kriminalist nicht darauf verlassen, dass dies die Angehörigen schon gemacht haben. Gerade im Bereich der Verwandtschaft bestehen oft unterschwellige Abneigungen, die zu falschen Schlussfolgerungen führen, z. B. „Dahin würde der Vermisste nie gehen“. Bei diesen Ermittlungen ist darauf zu achten, dass es nicht zu einer Ansehensschädigung der Betroffenen kommt.

f) Danach sind Ermittlungen an dem Ort aufzunehmen, wo der Vermisste zuletzt gesehen wurde.

g) Jetzt muss nach dem Vermissten mit eigenen Kräften, in der Öffentlichkeit und mit Hilfe von INPOL gefahndet werden (Kapitel 9).

h) Liegt eine konkrete Gefährdung vor, so ist dem Landeskriminalamt der Vermisstenfall sofort mit dem Vordruck KP 16 zu melden. In anderen Fällen ist die Meldung innerhalb von zwei Monaten zu erstatten.

23.4 Zuständige Polizeibehörde

Zur **Anzeigenaufnahme** und zu den Sofortmaßnahmen ist **jede Polizeibehörde** verpflichtet. Für die Bearbeitung ist die Behörde zuständig, bei der der Wohnsitz des Vermissten begründet ist oder der letzte Aufenthalt bekannt war. Ist der Vermisste Mitglied einer Schiffsbesatzung, so ist die Polizeibehörde mit dem Vorgang befasst, in der der Heimathafen des Schiffes begründet ist.

Die zuständige Polizeibehörde hat den Verbleib der Person festzustellen, Ursachen für das Verschwinden zu ermitteln und festzustellen, ob die Person Opfer einer Straftat geworden ist.

23.5 Maßnahmen bei Erledigung

Die Vermisstensache erledigt sich durch Rückkehr, Ermittlung des Aufenthaltes, Ingewahrsamnahme, Auffinden als hilflose Person oder im schlimmsten Fall – bei Auffinden der Leiche.

In einem solchen Fall sind alle Fahndungsmaßnahmen zu löschen. Der gesetzliche Vertreter ist zu benachrichtigen. War ein Minderjähriger vermisst, so ist dann das Jugendamt zu unterrichten, wenn eine Gefährdung oder Schädigung der leiblichen, geistigen oder seelischen Entwicklung zu befürchten ist.

Der Vermisste ist zu befragen, warum er sich entfernte, wo er sich aufgehalten hat und ob er Opfer einer Straftat geworden ist. Sobald sich der **Verdacht einer Straftat** ergibt, sind die Vorschriften über die Vernehmung und die Belehrung zu beachten (Kapitel 11.7).

23.6 Unbekannte hilflose Personen

Zu dieser Gruppe gehören Personen, deren geistige oder körperliche Verfassung eine sofortige Identifizierung ausschließt. Es ist sofort die erforderliche Fürsorge und ärztliche Versorgung zu veranlassen. Nun muss die Frage geprüft werden, ob die Person Opfer einer Straftat geworden ist und somit Spuren zu sichern sind (Kapitel 7).

Durch **erkennungsdienstliche Behandlung**, Nachricht an das Landes- und Bundeskriminalamt und Vergleich mit den Vermisstenfällen ist die Identifizierung einzuleiten. Für die Spurensicherung ist vorsorglich die **richterliche oder staatsanwaltliche Zustimmung** einzuholen, damit es bei einem späteren Strafverfahren nicht zu Beweisverboten kommt § 81c III StPO (Ergänzungspfleger nach § 1909 BGB, Kapitel 3.3 und 11.16.3). Die Zuständigkeit und Maßnahmen nach Erledigung sind die gleichen wie bei Vermissten.

24 Kriminalistische Deliktsanalyse (KDA)

24.1 Literatur

Langmann, [Hurrelmann] Amok im Kopf. Warum Schüler töten, Weinheim und Basel 2009

Vorschriften und Rechtsprechung

Kriminalistische Fallanalyse, Kapitel 5

Operative Fallanalyse, Kapitel 16.8

24.2 Allgemeines

Um **Deliktsbereiche** in ihren Erscheinungsformen, im Entstehungsprozess und in den Bekämpfungsmöglichkeiten systematisch zu untersuchen, wird die Deliktsanalyse angewendet. Es geht um das Erkennen von **Brennpunkten der Kriminalität,** die mit konkreten kriminalistischen Maßnahmen bekämpft werden sollen (Kapitel 5.4).

Polizeilich wird dieser Tatsache besondere Aufmerksamkeit gewidmet, wenn die Deliktszahlen in der **Polizeilichen Kriminalstatistik** (Kapitel 15.5) ansteigen. Ebenso interessant ist jedoch die Reduzierung oder das völlige Ausbleiben von Delikten, doch dann gibt es viel weniger systematische Untersuchungen.

In der Regel sind solche Delikte von Interesse, die im lokalen oder regionalen Bereich ansteigen und in den Medien behandelt werden, z. B. Wohnungseinbruch, Diebstahl von Fahrrädern oder Diebstahl aus Kraftfahrzeugen an Ausflugsorten. Hier sollen **kriminaltaktische Maßnahmen** durch die örtliche Dienststelle getroffen werden, z. B. Verstärkung der Streifentätigkeit, Observationen oder Beratung zur Prävention.

Anders ist das bei schwerwiegenden Straftaten, die in der Bevölkerung große Anteilnahme und Beunruhigung hervorrufen, z. B. sexueller Missbrauch und Tötung von Kindern, Vernachlässigung und Misshandlung von Kindern durch die eigenen Eltern oder Überfälle mit Panzerfäusten auf Geldtransporte. Jetzt sind auch kriminalstrategische Maßnahmen vonnöten, z. B. Hinweise auf Verhaltensregeln durch die Schulen, regelmäßige ärztliche Untersuchungspflicht von Vorschulkindern, Überwachungsmaßnahmen bei Geldtransporten oder Überprüfung der dort Beschäftigten.

Damit die Analyse des Phänomens möglichst mit objektiven Kriterien erfolgt und so rational nachvollziehbare und erfolgreiche Maßnahmen ergriffen werden können, bedient man sich der „Kriminalistischen Deliktsanalyse". Diese wurde 1979 vom Leiter des Fachbereichs Kriminologie, *Joachim* ***Jäger***, mit den Absolventen der Polizeiführungsakademie (jetzt DHPol) in Münster-Hiltrup entworfen und von der Arbeitsgemeinschaft der Kriminalistik- Dozenten in NRW weiterentwickelt.

Im Laufe der Jahre hat sich jedoch herausgestellt, dass die Erklärungsansätze der Kriminologie für **Deliktsschwankungen** wenig aussagekräftig sind (Kapitel 1.2.11.4). Es sind vielmehr die Erkenntnisse der Kriminalistik, insbesondere die Tatortarbeit und die Vernehmung.

24.3 Kriminalistische Deliktsanalyse (KDA)

Um die Erscheinungsformen verschiedener Delikte vergleichen zu können und gleiche Maßstäbe bei der Bekämpfung dieser Kriminalität anzuwenden, sind gleichförmige Untersuchungen sinnvoll. Das könnte nach folgendem Muster erfolgen:

1 Erscheinungsform / Phänomenologie

1.1 Allgemeine Angaben

Kriminalpolitische Bedeutung (Kapitel 5, Zu 1.2). Bedeutung in der Bevölkerung. Häufigkeit der Polizeilichen Kriminalstatistik. Anteil an der Gesamtkriminalität.

1.2 Tatzeit

Historischer Rückblick. Entwicklung des Deliktes. Häufigkeitsverteilung nach Jahreszeit, Monat, Woche, Tag, Stunde.

1.3 Tatort

Regionale und lokale Häufigkeit. Besonderheit der Tatorte. Beziehung zwischen Wohnort der Täter und den Tatorten. Bedeutung der einzelnen kriminalistischen Tatorte.

1.4 Tatopfer

Bei natürlichen Personen: Geschlecht, Alter, Aussehen, Charaktereigenschaften, Familienstand, Bildung, Beruf, Einkommen, Schädigung durch die Tat, Vermögensschaden durch Versicherungen abgedeckt.

Bei juristischen Personen: Rechtsform, Verantwortliche, Branche, Sitz, Verband, Beschäftigtenzahl, Zusammensetzung der Belegschaft, Geschäftsbeziehungen, präventiver Grundschutz wie: Bewachungspersonal, Ausweissysteme, Sicherheitsüberprüfung, Widerstandszeitwert.

1.5 Tatobjekt

Bezeichnung, Beschreibung, Lage, Wert, Sicherung, Einsehbarkeit durch Nachbarn.

1.6 Tatmittel

Bezeichnung, Beschreibung, üblicher Verwendungszweck, legale / illegale Beschaffungs- oder Herstellungsmöglichkeit, Aufbewahrungsort, Trageweise, Handhabung, Wirkung.

1.7 Tathergang

Vorbereitung, Tatausführung, Verhalten nach der Tat.

1.8 Täter

Geschlecht, Alter, Aussehen, Charaktereigenschaften, geistige und körperliche Fähigkeiten, handwerkliches Geschick. Schulbildung, Ausbildung / Studium, Beruf, Einkommen, Schulden, Wohnverhältnisse, soziales Umfeld. Es kommt hin und wieder vor, dass Täter bei der Tatausübung Handlungen oder Gespräche führen, die für die Tatausübung nicht erforderlich sind. Daraus können Schlüsse auf ihre Herkunft oder auf ihr Motiv gezogen werden.

2 Entstehungsprozess / Ätiologie

Über die Ursachen von Straftaten gibt es nur allgemeine Hinweise und keine gesicherten Erkenntnisse. Alle bisherigen Erklärungsansätze wurden im Laufe der Zeit aufgegeben und nach neuen gesucht. Das gilt ganz besonders, wenn das Verhalten von einzelnen Menschen erklärt werden soll. Die Kriminologie (Kapitel 1.2.11.4) kann zwar Erscheinungen aus dem Alltagsleben beschreiben, z. B. warum nicht gesicherte Wertgegenstände leichter gestohlen werden als gesicherte, doch warum der eine Mensch zum Dieb wird und ein anderer nicht, ist nicht bekannt. Sogar beim Phänomen „Amoklauf an Schulen", das von Wissenschaftlern umfassend untersucht wurde, kennt man die wirkliche Ursache im Einzelfall nicht. Auf die Frage, „Warum finden Schulamokläufe statt?", müssen die Wissenschaftler eingestehen: „So sehr wir uns eine einfache Antwort wünschen, es gibt sie nicht". Ebenso bleibt die wichtige Frage offen: „Warum gerade dieser Junge und nicht sein Bruder?" (*Langmann, a.a.O.*, S. 248 und 21). Insofern müssen hier viele Fragen offenbleiben.

2.1 Person

Individuelle geistige, seelische und körperliche Grundausstattung. Ausformung von Lebenstechniken, Leistungsverhalten und Gewissensbildung. Allgemeine und persönliche Werteordnung.

2.2 Sozialkontrolle

Definition und Verbindlichkeit der Norm in der Gesellschaft. Informelle Sozialkontrolle im Umfeld. Formelle Sozialkontrolle durch Anzeigeverhalten und Reaktionen der Strafverfolgungsbehörden.

2.3 Tatgelegenheit

Räumliche und zeitliche Gelegenheit. Anreize zur Tat durch Werbung, zur Schau stellen, fehlender Kontrolle oder Sicherung. Täter-Opfer-Beziehung. Die Reduzierung von Tatgelegenheiten erfolgt aus den Erkenntnissen der Tatortaufnahme und der Vernehmung.

3 Verbrechensbekämpfung / Repression

3.1 Vorbeugen / Prävention

Primärprävention durch Sozial-, Wirtschaft- und Kulturpolitik mit dem Ziel, das Rechtsbewusstsein zu stärken. Familie, Kindergarten, Schule, Ausbildung, Freizeit, Fernsehen.

Sekundärprävention durch Kriminalpolitik. Strafnormen. Abschreckung. Beratung durch die Polizei: Änderung von Tatgelegenheitsstrukturen, Opferberatung, technische Sicherung. Kriminalpolizeiliches Vorbeugungsprogramm.

Tertiärprävention durch Kriminalpolitik zur Vermeidung von Rückfällen. Diversion, Strafvollzug, Entlassungshilfe.

3.2 Ahnden / Sanktion

Organisation und Zuständigkeit der Strafverfolgungsbehörden. Einrichtung von Ermittlungs- oder Sonderkommissionen.

Feststellung des Tatverdächtigen und Beweisführung gegenüber diesem mit Hilfe der kriminalistischen Fallanalyse (Kapitel 5) bei:

- Anzeigenaufnahme,
- Tatortbefundaufnahme,
- Beweissicherung,
- Spurensuche und Spurensicherung, Sachverständige,
- Vernehmung von Zeugen, Verdächtigen und Beschuldigten,
- Anträge auf Untersuchungshaft,
- Durchsuchung und Beschlagnahme,
- Fahndung, Festnahme, Sicherheitsleistung,
- Erkennungsdienstliche Behandlung,
- Merkblatt für Kriminalakten,
- Kriminalpolizeilicher Meldedienst,
- Polizeiliche Kriminalstatistik,
- Aktenführung und -aufbau,
- Zusammenarbeit mit
  - Staatsanwaltschaft,
  - Landeskriminalamt,
  - Bundeskriminalamt,
  - IKPO,
  - EUROPOL,
  - Gewerbeaufsicht,
  - Gesundheitsamt und
  - Jugendamt.

25 Führung (Kapitel 1.3.6)

25.1 Literatur

Altmann / Berndt, Grundlagen kooperativer Führung, Band 1 und 2, Essen 1994

von Altenbockum, Courage. Was hat der Fall Brunner mit dem Fall Sarrazin gemeinsam? Bei beiden geht es um Zivilcourage, in: FAZ vom 15.10.2009, S. 1

Arendt, Über das Böse. Eine Vorlesung zu Fragen der Ethik, München 2003

Artkämper, Qualitätsstandards des strafrechtlichen Ermittlungsverfahrens, in: Kriminalistik 2002, S. 146

Baring, Neue Männer und neue Frauen, FAZ vom 19.11.2005

Becker, Zum generischen Maskulinum: Bedeutung und Gebrauch der nicht-motivierten Personenbezeichnung im Deutschen, in: Zeitschrift: Linguistische Berichte, Heft 213, Hamburg 2008, [Gebrauch der weiblichen Form bei Berufs- und Personenbezeichnungen]

Beese, Studienbuch Ethik. Problemfelder der Polizei aus ethischer Perspektive, Hilden 2000

Behrendt, [Vormals Landeskriminaldirektor in NRW], Interview, Arbeitsqualität bedingt in komplexen Organisationen auch Spezialisierung / Streife NRW 7–8 / 2005, S. 4

Behrendt, [Vormals Landeskriminaldirektor in NRW], Qualitätsoffensive in der Kriminalitätsbekämpfung. Steuern der Kriminalitätsbekämpfung über „Handwerk“, in: Kriminalistik 2006, S. 452 [Berichtigung S. 497]

Behrens, [Vormals Innenminister in NRW], Qualitätssicherung in der polizeilichen Kriminalitätsbearbeitung ist Chefsache, in: Streife / NRW 10 / 2001, S. 16

Bieri, Das Handwerk der Freiheit, Frankfurt / M 2006

Bischoff, [Wirtschaftswissenschaftlerin an der Universität Hamburg] Warum viele Frauen die Karriere abbrechen. Hamburger Universität für Wirtschaft und Politik, 24.8.2005, Veröffentlichung der 20-jährigen Studie

Bolz, [Sozialwissenschaftler an der Freien Universität in Berlin] Die Umerziehung der Männer. Wenn Jäger zu Langzeitarbeitslosen werden. Das Lebensproblem berufstätiger Mütter soll durch einen „neuen Mann“ gelöst werden, FASZ vom 8.4.2007, S. 13

Bolz, [Sozialwissenschaftler an der Freien Universität in Berlin] Diskurs über die Ungleichheit [von Menschen allgemein und von Frauen und Männern], München 2009

Brinck, Die Freiheit, sich gegen den Ruhm zu entscheiden. Warum es in Naturwissenschaft und Technik so wenige Frauen gibt, in: FASZ vom 8.6.2008, S. 13

Bueb, Lob der Disziplin, Berlin 2006

Hildegard von Bingen, Frau und Mann, in: Welt und Mensch, 12. Jh.

de Beauvoir, Das andere Geschlecht, 1949

Brinkmann / Stapf, Innere Kündigung. Wenn der Job zur Fassade wird, München 2005

Büchler, u. a. Effektivität und Effizienz kriminalpolizeilicher Organisationsformen auf Zeit, BKA-Forschungsreihe, Band 31, Wiesbaden 1994

Commer, Die Unersetzlichen – Handbuch für Gehaltsempfänger, Hamburg 1972

Depenheuer, Der Westen mit seinen Werten ist ein Auslaufmodell, in: FASZ vom 4.5.2008, S. 6

Dörmann / Remmers, Sicherheitsgefühl und Kriminalitätsbewertung, BKA – Polizei + Forschung, Band 1, Neuwied 2002

Erdsiek-Rave, [SPD; Präsidentin der Kultusministerkonferenz] Die Schule verweiblicht, Der Spiegel vom 29.5.2006, S. 36

Fidlschuster, Kauft Hotels, in: FAZ vom 13.4.2006

Fischer, Die andere Bildung. Was man von den Naturwissenschaften wissen sollte, Berlin 2005

Franke, Berufsethik für die Polizei, Münster 1991

Fulbrook, Ein ganz normales Leben. Alltag und Gesellschaft in der DDR. [Geschlechterrollen] Darmstadt 2008

Glück, Sprachfreies Denken gibt es nicht. FAZ vom 25.4.2008, S. 39

Groß / Geerds, Handbuch der Kriminalistik, Band II, Berlin 1978

Henzler, Das Auge des Bauern macht die Kühe fett, München 2005. (Autor ist Strategie- und Organisationswissenschaftler. War acht Jahre Europa-Chef der Beraterfirma McKinsey. Sitzt im Aufsichtsrat des FC Bayern und berät die bayerische Staatsregierung.)

Hiort, Intersexualität. Universität Lübeck, Klinische Forschergruppe 111, Lübeck 2005 [Auf 100.000 Geburten kommen 20 Menschen, deren Körpermerkmale sich nicht eindeutig einem Geschlecht zuordnen lassen.]

Huber, [Wolfgang, ehemaliger EKD-Ratspräsident] Der Prediger, in: FASZ vom 4.4.2010, S. 38

Hufnagel,	Fortbildung von Führungskräften im öffentlichen Dienst, Dissertation, Münster 1994
Hüther,	Männer. Das schwache Geschlecht und sein Gehirn, Göttingen 2009
Isensee,	Grundrechtseifer und Amtsvergessenheit. Amt ist Dienst, nicht Selbstverwirklichung. Universität Bonn, in: FAZ vom 8.6.2004, S. 11
Jäger,	Gewalt und Polizei [Dissertation] Pfaffenweiler 1988
Jonas,	Prinzip Verantwortung, 1979
Kant,	Über den Gemeingebrauch von Theorie und Praxis
Klemperer,	LTI [Lingua Tertii Imperii] Die Sprache des Dritten Reiches, Notizbuch eines Philosophen. [„Vor der Gewalt kommt das Wort"]. Berlin 1996
Kmoth,	Körperrhetorik, Frankfurt / M 2005
Korte,	[Neurobiologe] Was soll nur aus unserm Gehirn werden?, in: FAZ vom 30.4.2010, S. 35
Köster,	Brillante Bilanzen. Fünf Unternehmerinnen und ihre Lebensgeschichte, Weinheim 2005
Krohn,	Harry, hol schon mal den Wagen, in FASZ, Beruf und Chance, vom 22.5.2011, Seite C 1
Küng,	Der Anfang aller Dinge [Ethische Werte, Maßstäbe und Normen], München 2005
Kury / Lichtblau / Neumaier,	Was messen wir, wenn wir Kriminalitätsfurcht messen?, in: Kriminalistik 2004, S. 457
Ladewig,	Sucht und Suchtkrankheiten, [Ursachen, Symptome und Therapien], München 1996
Lanier,	Eine grausame Welt, [Der Glaube an die Weisheit der Massen], Der Spiegel vom 13.11.2006, S. 182
Lembke,	Bis dass der Job euch scheidet [Ehepaare, die im selben Unternehmen arbeiten], FAZ vom 28.4.2007
Liessmann,	Theorie der Unbildung. Die Irrtümer der Wissensgesellschaft, Wien 2006
Ley / Müller-Tucholski,	Bemerkungen zur Kundensemantik. Oder zum Verständnis von Polizei zum Bürger oder Kunden?, in: Kriminalistik 2007, S. 691
Limbach,	Der Wissenschaftler als Bürger und Beamter. Das Verhältnis von Wissenschaft und Politik. Göttingen 2010
Luhmann,	[Niklas] Über die ethische Reflexion der Moral. Rede anlässlich der Verleihung des Hegel-Preises 1989, Frankfurt/M 1990
Maslow,	Motivation und Persönlichkeit, Hamburg 1981

Matussek,	Macht und Gewissen – Über die schwere Kunst, die Wahrheit zu sagen, in: DER SPIEGEL; 12 / 2008, S. 154
Matzler / Bailom,	Was Topmanager anders machen, Linz 2006. Kurzfassung: Die Fähigkeit, Glück zu haben. Führungskräfte brauchen emotionale Intelligenz, in: FAZ v. 23.3.2007
Maunz / Dürig,	Kommentar zum Grundgesetz, München 2008
Michelfelder,	Der Amoklauf von Winnenden und die polizeiliche Lagebewältigung, in: Kriminalistik 2010, S. 139
Miller,	Grundsätze sozialer Gerechtigkeit, Frankfurt / M 2008
Meckel,	Das Glück der Unerreichbarkeit. Wege aus der Kommunikationsfalle. Hamburg 2007
Mentzel, u. a.,	Eigensicherung und Recht, BKA, Polizei+Forschung, Band 19, Neuwied 2003
Meixner,	Karrierefibel, Auf zum Olymp, Gernsbach 1984
Morrell / Capparell,	Shackletons Führungskunst, Frankfurt / M 2002
Neven-du Mont / Schütz,	Kleinstadtmörder, Spur 1081, Hintergründe zum Fall Lebach, Hamburg 1971, [Erste Ermittlungskommission unter der Leitung des BKA]
Ohlemacher,	Gewalt gegen Polizeibeamtinnen und Polizeibeamte, Hannover 2002, Kurzfassung in: Deutsche Polizei Heft 8, 2002, Nr. 8, S. 6
Peter / Hull,	Das Peterprinzip oder die Hierarchie der Unfähigen, Hamburg 1972
Pinkert,	Das Geschlechterparadox. Über begabte Mädchen, schwierige Jungs und den wahren Unterschied zwischen Männern und Frauen. [Forschungsarbeit der kanadischen Wissenschaftlerin und Entwicklungspsychologin über die Irrtümer der Frauenbewegung] München 2008
Prentner,	Bewusstseinsverändernde Pflanzen von A-Z [Rauschmittel], Wien 2005
Reuter,	Das Beurteilungswesen in der Polizei NRW zwischen theoretischem Anspruch und empirischer Wirklichkeit, Die Polizei 2007, S. 6
Rölle / Flade,	Theorien und Modell zur Erklärung von Unsicherheitsgefühlen im öffentlichen Raum, in: Kriminalistik 2004, S. 774
Rödder,	[Andreas, Professor für Neuste Geschichte, Universität Mainz], Zahl und Sinn. Statistiken, Rankings und Evaluationen, in: FAZ vom 5.7.2010, S. 7
Roßbach,	Zwischen Schreibtisch und Leben, in: FAZ vom 4.11. 2006

Schaap, Dienst- und Fachaufsicht in der Kripo. Einige unvollständige [aber zutreffende] Anmerkungen eines Kommissariatsleiters, in: Kriminalistik 2005, S. 717

Schießl, Downshifting, einen Gang runterschalten, aus dem Hamsterrad aussteigen, in: Der Spiegel vom 2.4.2007, S. 100

Schirrmacher, Die Welt ist eine Google, FASZ vom 20.12.2009, S. 23

Schwan, Allein ist nicht genug, Freiburg 2007

Schwanitz, Bildung. Alles was man wissen muss, München 2002

Schröder, [Richard] Und es existiert doch. Das Gewissen, in: FASZ vom 27.9.2009, S. 11

Sessar, u. a., Polizeibeamte als Opfer vorsätzlicher Tötung, BKA-Forschungsreihe, Band 12, Wiesbaden 1980

Soiné, Kriminalistische Erfahrung als Rechtserkenntnisquelle. Erfahrungssätze als erkenntnistheoretische Grundlagen der juristischen Entscheidungen, in: Kriminalistik 2010, S. 275

Spaemann, Das Gewissen hat seine Gründe, in: FAZ vom 7.1.2009, S. 32

Strauss-Kahn, Stärker als die Vernunft. Lösung der Finanzkrise. Reformunwillige Politiker und gierige Banker, in: Der Spiegel vom 14.9.2009, S. 118

Stimpel, Frauen, eure Chancen standen nie so gut wie jetzt [Warum so wenige Managerinnen an die Spitze wollen], in: FASZ vom 21.3.2010, S. 35

Thielmann, Ist das kooperative Führungssystem (KFS) der Polizei in den Curricula der polizeilichen Hochschulen verankert?, in: Die Polizei 2010, S. 98

Thielmann / Weibler, Das Kooperative Führungssystem (KFS) der Polizei – Entstehung, Wirkungen und Entwicklungsbedarf, in: *Gourmelon / Mroß*, Führung im öffentlichen Sektor, Baden-Baden 2010, S. 69

Völger / Welck, Hg., Rausch und Realität. Drogen im Kulturvergleich. Drei Bände. (Unter der Schirmherrschaft von: Bundesminister des Innern und Bundesminister für Jugend, Familie und Gesundheit). Hamburg 1982

Walter, Mobbing: Kleinkrieg am Arbeitsplatz. Konflikte erkennen, offenlegen und lösen, Frankfurt/M 1993

Weber / Berresheim, Polizeiliche Vernehmungen, in: Kriminalistik 2001, S. 785; Weber, Annette, Vortrag „Strukturierte Vernehmung" in Neuss am 20.8.2009

Wehner, Friederike Wieking, Kämpferin für den sozialen Gedanken in der Polizei (Aufbau der weiblichen Kriminalpolizei – WKP), in: Kriminalistik 1973, S. 212

Weibler, Kooperatives Führungssystem (KFS) der Polizei – Eine Anmerkung zum Stand der Dinge, in: Die Polizei 2010, S. 102

Weihmann, Schusswaffengebrauch durch Polizeibeamte, in: Kriminalistik 1995, S. 667, und 1996, S. 352 (Ermittlungsverfahren gegen den Schützen?)

Weihmann, Zehn Jahre Polizeiliche Kriminalstatistik, in: Kriminalistik 2005 a, S. 14

Weihmann, Polizeidienstvorschrift Nr. 100 im Licht der Kriminalistik, in: Kriminalistik 2005 b, S. 764

Weihmann, Frauen und Männer – Auch in der Polizei. Zehn Jahre „Gender Mainstreaming", in: FHöV / NRW-Aktuell, 2009, Februar-Heft, S. 19

Weihmann, Bundes-Kriminal-Polizei-Amt. Zusammenlegung von Bundeskriminalamt und Bundespolizei? [Die Praxis der zweifelhaften Begründungen für Neuorganisationen], in: Kriminalistik 2011, S. 32

Wickert, Der Ehrliche ist der Dumme. Über den Verlust der Werte, Hamburg 1994

Wichmann, Führungsfunktionen auf Zeit – Ende einer unendlichen Geschichte? Zeitschrift für Beamtenrecht 2008, S. 289

Wildemann, [Lehrstuhlinhaber für Betriebswirtschaftslehre, Unternehmensführung, pp., an der Technischen Universität München], Das Mittelmanagement ist dran, FAZ vom 5.11.2007, S. 24

Zaleznik, Führen ist besser als managen, Freiburg i. Br. 1990

Vorschriften und Rechtsprechung

BGHZ 27, 284 [287], Kultur der Streitgespräche

BeamtStG, § 35, Weisungsgebundenheit der Beamten

BVerwG, Urteil vom 21.6.2005, 2 WD 12 / 04, NVwZ 2005, S. 913, Befehl und rechtliche Grenzen des Gehorsams

Hess. VGH, Urteil vom 7.9.1977, I OE 17 / 75, S. 19, Polizeibeamte sind verpflichtet, Gefahren für Leib und Leben auf sich zu nehmen

BVerfG, NVwZ 2008, S. 873, „§ 25b Landesbeamtengesetz NRW, Übertragung von Führungsämtern auf Zeit, ist mit dem Grundgesetz unvereinbar und nichtig", [Die institutionelle Garantie des Berufsbeamtentums und dessen Unabhängigkeit von der politischen Führung des Staates]

25.2 Allgemeines

Die Polizei zu führen bedeutet, auf allen Führungsebenen Menschen zu leiten und gleichzeitig in der Öffentlichkeit zu stehen und von dort bewertet zu werden (Kapitel 20). Das gilt für alle Staaten der Welt. Polizeitätigkeit ist immer ein Eingriff in das Verhalten der Bürger. Dabei kann sich die Polizei in einer Spannweite von Wohltat bis zur Unterdrückung darstellen. In der Antike war die „polizeiliche Tätigkeit" die **gute Staatsverwaltung** des öffentlichen Lebens (griechisch politeia). Max Weber (1864–1920) bezeichnete die Polizei sogar als „Stellvertreter Gottes auf Erden" (Soziologie der Herrschaft, S. 716). Sie kann aber auch zur Diktatur, dem **Polizeistaat** werden, der ausschließlich dem Machterhalt der Diktatoren dient. Auch wir haben diesbezüglich schreckliche Erfahrungen mit der NS-Zeit und der DDR hinter uns (Kapitel 1.4.3.3 und 1.4.3.5). Dabei muss daran erinnert werden, dass diese Diktaturen nicht per Gesetz oder Staatsstreich eingerichtet wurden, sondern sich schleichend durch die Machtkonzentration auf jeweils eine Person etablierte, Heinrich Himmler und Erich Mielke. In beiden Fällen hat die Polizei zur Stabilisierung der Diktatur beigetragen. Deshalb ist es so wichtig, dass die Führungskräfte in loyaler Unabhängigkeit die Polizei nach den Werten des Grundgesetzes führt (Kapitel 25.6.2).

Die Polizei hat eine Vielzahl von Aufgaben zur Gefahrenabwehr und Kriminalitätsbekämpfung zu bewältigen. Zur wirkungsvollen Wahrnehmung dieser Aufgaben sind allgemeine und spezielle Dienststellen eingerichtet. Das sind insbesondere die Schutzpolizei mit Streifendienst, Einsatzhundertschaft und Reiterstaffel, Spezialeinheiten für Technik, für Verhandlungen mit Gewaltverbrechern, zur Observation und zur Befreiung von Geiseln oder zur Festnahme von Gewalttätern. Es sind die Hubschrauberstaffel, die Verkehrspolizei, die Autobahnpolizei, Bereitschaftspolizei sowie die Wasserschutzpolizei und schließlich, in Deutschland seit 1811, die Kriminalpolizei (Kapitel 1.4 und 2.3). Die Zusammenarbeit zwischen der Kriminal- und Schutzpolizei war auf der Arbeitsebene immer bestens (Ausführlich dazu mit vielen Quellen: www.weihmann-schuch.de – Aufsätze).

In den nachfolgenden Ausführungen wird der tradierte Begriff **Kriminalpolizei** verwendet. Dieser Begriff wird wörtlich im Grundgesetz (Art. 73 und 87) genannt.

Anlass der grundgesetzlichen Regelung war die Pflicht der BRD, nach der Nazi-Diktatur die Polizei zu dezentralisieren (Kapitel 1.4.3.3 und 1.4.3.4). Dadurch wurde aber die notwendige polizeiliche Zusammenarbeit von Bund und Ländern bei der Strafverfolgung unmöglich. Der Parlamentarische Rat hat im Einvernehmen mit den Siegermächten dafür eine Lösung gefunden und diese in das Grundgesetz eingearbeitet. Danach darf sich die „Zusammenarbeit nicht auf das gesamte Polizeiwesen erstrecken, sondern nur auf die **Kriminalpolizei**" (*Maunz / Dürig*, a.a.O., Art. 73, Rn. 157; Kapitel 14.3.4).

Neben dem Begriff „Kriminalpolizei" hat der Parlamentarische Rat auch deren Aufgabe beschrieben, nämlich: „Verhütung, Aufdeckung und Verfolgung wichtiger Straftaten" (*Maunz / Dürig*, a.a.O., Art. 87, Rn. 139). Diese Festlegung bedeutet nicht nur spezielle Dienststellen in der Kriminalpolizei einzurichten und organisatorisch selbstständig zu halten, sondern die speziell ausgebildeten Kriminalbeamten auch dauerhaft dort zu verwenden. Diese Regelung erfolgte, damit das Unterlaufen des Militärverbotes in der Weimarer Republik nicht auf die Polizei übertragen werden konnte. Dieses verfassungsrechtliche Gebot ist aber auch notwendig, um gute Arbeit leisten zu können. So stellt das Bundesverfassungsgericht fest, dass die „kriminalistische Erfahrung" den Verdachtsgrad bestimmt (NJW 1984, S. 1451). Da das Ermittlungsverfahren der Klärung eines Verdachts dient und dabei die Beweisregeln eingehalten werden müssen, sind hierzu erfahrene Kriminalbeamte erforderlich. Diese kriminalistische Erfahrung ist auch als **Rechtserkenntnisquelle** von Bedeutung (*Soiné*, a.a.O.).

Die in neuerer Zeit verwendete Bezeichnung „Ermittlungsdienst" wird der Tätigkeit der Kriminalpolizei ausdrücklich nicht gerecht. Die Ermittlungshandlungen als quasi Aufgabenzuweisung im engere Sinne, bilden nur einen Teil der vom Parlamentarischen Rat ausdrücklich zugewiesenen Aufgaben ab.

Darüber hinaus führt die Begriffswahl „Ermittlungsdienst" auch zu einer Unschärfe in der Frage der funktionalen Zuständigkeit einer Organisation, weil es „Ermittlungsdienste" und „Ermittler" neben der Kriminalpolizei auch in anderen staatlichen Einrichtungen, z. B. in der Steuerfahndung, der Zollfahndung, den Ordnungsämtern und Nachrichtendiensten, dem Verfassungsschutz sowie dem Militärischer Abschirmdienst gibt. Hinzu kommen die im privaten Bereich tätigen „Ermittler", z. B. diejenigen in der TV-Gebühreneinzugszentrale und den Inkassofirmen. Nimmt man die Recherche zur Erfüllung von Aufgaben der öffentlichen Berichterstattung hinzu, sind sogar Journalisten in diesem Sinne „Ermittler".

Die Bezeichnungen „Fahnder" oder „Zivilfahnder" beschreiben ebenso nicht eindeutig und unverwechselbar die Tätigkeit von Kriminalisten und gehören zu den effektheischenden Begriffen der Unterhaltungsindustrie. Die Neigung, immerneue Begriffe in der Kriminalistik zu erfinden, führt zu Problemen in der Beweisführung (Näheres in Kapitel 1.2.7).

Traditionelle Begriffe sind auch „Kommissar" und „Kommissariat". Diese werden seit dem 16. Jh. gebraucht und meinen den „vom Staat Beauftragten" und das „Dienstzimmer, später die Dienststelle eines Kommissars". Seit über 100 Jahren haben sich diese Bezeichnungen von der allgemeinen Bedeutung auf die spezielle Verbindung mit der polizeilichen Strafverfolgung gewandelt. Deshalb wird die „Kriminalpolizei“ oder die „Kripo“ nicht nur in der Literatur und in den Medien so genannt. Sie ist auch sprachlich und inhaltlich in der Bevölkerung als Qualitätsstandard fest verankert, und der „Kommissar“ gilt als deren Verkörperung.

Kriminalkommissariate gehören zu den Organisationsteilen, die ihre Aufgabe nicht spektakulär ausüben, sondern überwiegend im Stillen arbeiten. In diesen Dienststellen geht es um Problembewältigung und nicht um Ereignisbewältigung. Weil wirkliche kriminalistische Arbeit nicht in der Öffentlichkeit dargestellt wird, haben sogar einige Polizeibeamte nur geringe Vorstellung von der Kriminalistik (*Weihmann*, a.a.O., 2005b, S. 764).

Die Arbeitsweise der Kriminalpolizei und die der Justizbehörden wird durch eine überwiegend **andere Art der Folgen ihrer Tätigkeiten** bestimmt. Staatsanwälte (Kapitel 19) und Richter wenden Recht in dem Wissen an, dass ihre Entscheidungen angefochten und der Rechtsweg beschritten werden kann, sodass der Bürger nicht sofort die Auswirkungen tragen muss. Fehlentscheidungen sind deshalb überwiegend theoretischer Natur und können geändert werden. In der kriminalpolizeilichen Arbeit wirkt sich die Anwendung des Rechts fast immer und sofort „körperlich“ auf die Grundrechte des Bürgers aus und ist in den Folgen oft unwiderrufbar. Fehlentscheidungen sind hier praktischer Natur und können dann nur noch entschädigt werden. Dabei kann der Kriminalist im Regelfall vorher keinen Rat einholen oder im Gesetzestext oder gar im Kommentar nachlesen, z. B. bei Festnahmen oder Blutproben, bei der Zwangsanwendung, bis hin zum Schusswaffengebrauch (*Weihmann,* a.a.O., 1995).

Der Kriminalist wünscht sich für sein Handeln **klare Gesetzeslagen**, die jedoch nicht immer gegeben sind. Deshalb gibt es auch so viele höchstrichterliche Entscheidungen, die bereits in der polizeilichen Ausbildung vermittelt werden und sehr hilfreich sind. In schwierigen Rechtslagen wird der Kriminalist hin und wieder in der medialen Öffentlichkeit wegen seines Handelns angegriffen. Das muss ihn unsicher machen, obwohl er selbst und die Öffentlichkeit wissen, dass falsches Handeln immer rechtlich überprüft wird und danach sachgerecht über sein Verhalten geurteilt werden könnte. Doch darauf wird kaum gewartet. Insofern steht der Kriminalist unmittelbar nach einem öffentlichen interessanten Ereignis oft allein dar. Hier sind Vorgesetzte gefordert und **weniger** die Betreuungsgruppen.

Die Befürchtung einer Fehlentscheidung ist jedoch überwiegend unbegründet. Die polizeiliche Ausbildung ist fundiert und stellt auch Kenntnisse der höchstrichterlichen Entscheidung sicher. Das sorgt für Orientierung und den Erhalt der Handlungssicherheit bei Polizeibeamten. So berücksichtigt der **Bundesgerichtshof** in der Betrachtung des Einzelfalls die konkrete Situation, in der Sofortmaßnahmen getroffen werden müssen. Weil man im Ablauf des täglichen Lebens nicht alle Bedingungen sofort erkennen kann, räumt er deshalb den handelnden Beamten einen **großen Beurteilungsspielraum** ein:

> **BGHSt 21**, 334 [363]), „Wenn [...] die Vornahme einer Amtshandlung von dem Vorhandensein bestimmter sachlicher Voraussetzungen abhängt, weist das Gesetz dem Beamten auch die Prüfung zu, ob diese Voraussetzungen im Einzelfall gegeben sind, und stellt damit die Vornahme der Amtshandlung letztlich in sein Ermessen. Rechtmäßig ist in solchen Fällen die Amtsausübung dann, wenn der Beamte das ihm eingeräumte Ermessen pflichtgemäß ausgeübt und sein amtliches Handeln nach dem Ergebnis dieser Prüfung einrichtet. Ob dieses Ergebnis richtig oder falsch ist, ist für die Frage der Rechtmäßigkeit ohne Bedeutung, wenn der Beamte auf Grund sorgfältiger Prüfung in der Annahme gehandelt hat, zu der Amtshandlung berechtigt und verpflichtet zu sein. Die Frage nach deren Erforderlichkeit ist nicht auf Grund der nachträglich ermittelten Sachlage zu beurteilen. Es kommt vielmehr darauf an, ob der Beamte im Bewusstsein seiner Verantwortung und unter bestmöglicher pflichtgemäßer Abwägung aller ihm erkennbarer Umstände die Handlung für nötig und sachlich gerechtfertigt halten durfte. Nur ein schuldhafter Irrtum über die Erforderlichkeit der Amtsausübung, Willkür oder Amtsmissbrauch machen die Handlung rechtswidrig."

Diese Rechtslage schützt den Beamten in seiner **Entschlusskraft** bei der Amtsausübung, die sonst für die öffentlichen Belange in unheilvoller Weise gelähmt würde (BGHSt 4, 161 [164]).

Damit macht der BGH deutlich, dass Beamte auch bei Sofortentscheidungen **grundsätzlich korrekt** handeln. Wie in jedem Beruf, kann es in seltenen Einzelfällen zu Fehlentscheidungen kommen. Das rechtfertigt jedoch kein allgemeines Misstrauen.

25.3 Organisation und Aufgabenverteilung

Die Organisation und die Aufgabenverteilung in der Kriminalpolizei sind nicht einheitlich (Kapitel 2). Unterschiede gibt es nicht nur in den Bundesländern und im Bund, sondern sie sind auch von der **Größe der Behörde** abhängig. So werden die Aufgaben in großen Behörden in Fachdienststellen mit hoher Spezialisierung und in kleinen Behörden in Regionaldienststellen mit der Zusammenfassung von mehreren Deliktsbereichen wahrgenommen.

Die Bearbeitung von schwerwiegenden oder öffentlichkeitswirksamen Straftaten, z. B. Mord, Raub, Terrorismus, Staatsschutzdelikte u. a.m., erfolgt immer durch spezielle Dienststellen oder durch Ermittlungskommissionen (Kapitel 25.10).

Darüber hinaus gibt es **Spezialdienststellen** für Erkennungsdienst (Kapitel 4.1.4.2), Fahndung (Kapitel 9), Observation (Kapitel 10) und Prävention (Kapitel 21). Hier werden Querschnittsaufgaben wahrgenommen. Hinzu kommen „Dienststellen für ständige Sonderaufgaben", wie Kriminaldauerdienst, Bereitschaftsdienst, Kommissionsarbeit, Arbeitsgruppen u. a.m. Diese Organisationseinheiten werden von den Beamten der „festen Dienststellen" zusätzlich zeitlich begrenzt besetzt und die dort anfallenden Arbeiten zusätzlich zur Hauptaufgabe wahrgenommen. Besonderes Personal für diese Aufgaben steht nicht zur Verfügung.

Die **Aufgabenwahrnehmung** zur Kriminalitätsbekämpfung erfolgt durch den Sachbearbeiter weitgehend selbstständig nach den Regeln der „Intellektuellen Redlichkeit" (Kapitel 1.3.7). Die Führungskräfte, insbesondere die Kommissariatsleiter (*Schaap*, a.a.O.), organisieren und kontrollieren den Arbeitsablauf und die Ergebnisse, aber sie sind ebenso Berater und Führer (Kapitel 25.6) der Mitarbeiter.

Die **Arbeitsmenge** wird mit statistischen Durchschnittszahlen gemessen, was den tatsächlichen Arbeitsanfall nur unvollständig anzeigt, weil jeder Ermittlungsvorgang einen individuellen Aufwand erfordert. Die anfallenden Tätigkeiten können nur temporär erledigt werden, weil auf Einflüsse von außen, z. B. Verschiebung von Vernehmungs- oder Ortsbesichtigungsterminen, Rücksicht genommen werden muss, und sie werden auch durch Sonderdienste beeinträchtigt. Demzufolge ist ein kontinuierliches Befassen mit ein und demselben Vorgang oft nicht möglich. Die „Hauptarbeit" bleibt darüber hinaus bei der Berufung zu Sonderaufgaben erhalten und wird nur zeitlich verschoben. Nur ganz dringliche Vorgänge (z. B. Haft- oder Terminsachen) werden bei Abwesenheit des Sachbearbeiters anderen Mitarbeitern zugewiesen. Insofern ist die Arbeit langfristig nur schwer planbar. Sie kann deshalb auch nur **vom Sachbearbeiter selbst** organisiert werden. Insbesondere neue Mitarbeiter beklagen diesen Arbeitsrhythmus und stehen dadurch unter Stress, ein Wort, das sich in unserer Gesellschaft inflationär verbreitet hat.

Für **Stress** in der kriminalistischen Arbeit gibt es verschiedene Hauptursachen, die fremd verursacht oder selbst verschuldet sein können:

- Durch die **Übernahme von neuen Aufgaben**. Hier stehen jedoch die Vorgesetzten mit einer Einweisung und der Betreuung zur Verfügung, sodass der Stressfaktor gering ist.
- Durch **fehlendes Wissen und Können**. Ohne gründliche Aus- und Fortbildung (Kapitel 1.3.1), mit einer eigenen und sicheren Urteilskraft, (*Kant*, a.a.O.), die auf richtige Begriffe beruht und Anwendungsgeschick vermittelt, darf niemand in der Kriminalpolizei verwendet werden. Das haben Vorgesetzte sicherzustellen. Aber auch die Mitarbeiter selbst sind in der

Pflicht. Nur wer sich ständig fortbildet und Fachzeitschriften liest, kann sich auf dem Laufenden halten, denn wissen ist besser als glauben.

- Durch **terminnahe Arbeitserledigung**. Wer die Arbeit bis zum letzten Moment aufschiebt, darf sich nicht wundern, dass dann auch noch etwas Unvorhersehbares hinzukommt. Solche nachlässigen Mitarbeiter müssen angehalten werden, ihre Arbeit unverzüglich zu erledigen und nicht so lange aufzuschieben, bis es nicht mehr geht. Dieser Stress ist vermeidbar (*Henzler*, a.a.O., S. 4).
- Durch **mengenmäßige Überforderung**. Dem Sachbearbeiter darf die Mehrarbeit nicht nach dem Prinzip: „Immer das beste Pferd aus dem Stall holen", zugeteilt werden, weil das für den Chef bequemer ist. Nicht der Arbeitswillige allein ist zu belasten, sondern alle gleichmäßig und insbesondere die wenigen, die sich als Unwillige oder als Minimalisten zeigen. Da der Umgang mit diesen Personen besondere Führungsarbeit erfordert, ist das auch nicht bei allen Chefs beliebt.
- Durch **unvorhersehbare Ereignisse** mit sofortiger Entscheidungserwartung. Das ist in Kriminalkommissariaten oft der Fall, sodass nicht nur der dienstliche Ablauf durcheinander kommt, sondern auch das Privatleben, wenn z. B. kurz vor Büroschluss eine schwerwiegende Straftat anfällt. In solchen Fällen ist es selbstverständlich, dass alle Mitarbeiter zur Verfügung stehen und auf ihren Feierabend verzichten. Dann muss der Ehepartner wieder einmal den geplanten Einkaufsbummel, den Theaterbesuch oder die Geburtstagsfeier allein wahrnehmen. Darüber hinaus wird zeitlich danach die laufende Arbeit auch noch gestört, wenn die durch das Ereignis angefallene Mehrarbeit durch Freizeit ausgeglichen werden muss.

Besonders misslich ist es, wenn sich **Vorgesetzte unter Stress** setzen lassen und die damit verbundene Hektik über die Dienststelle ausbreiten.

In der **Aufbauorganisation** besteht auch eine **Hierarchie**. Sie ist mehrstufig und die Anzahl wird von der Größe der Behörde bestimmt. Diese Aufteilung hat erheblichen Einfluss auf die Effektivität der Arbeit, die zum überwiegenden Teil eigenverantwortlich wahrgenommen wird.

In der traditionellen Organisation der Kriminalpolizei trägt, von „unten" angefangen, der **Kommissariatsleiter** (*Schaap*, a.a.O.) die Hauptverantwortung (Kapitel 25.5.2). Er hat vor Ort die taktische Kriminalitätsbekämpfung zu organisieren, für die gerichtsfeste Beweisführung (Kapitel 3) zu sorgen und seine Mitarbeiter zu leiten und zu beraten. Das setzt erhebliches Fachwissen und Berufserfahrung (Kapitel 1.3.1) voraus. In der nächsten Führungsebene werden mehrere Kriminalkommissariate zu einer **Kriminalgruppe** (oder anderen Organisationsbezeichnung) zusammengefasst. Auch hier sind erhebliches Fachwissen und Berufserfahrung notwendig, weil deren Leiter wissen muss, welche Auswirkungen seine Entscheidungen auf die Kriminaltaktik haben, und wie er bei der Kontrolle der Vorgänge Mängel, insbesondere Beweisverbote erkennt. Darüber hinaus sind auch Kenntnisse über höchstrichterliche Entscheidungen, die die Kriminalistik betreffen, erforderlich.

Mehrere Kriminalgruppen werden vom **Leiter der Kriminalpolizei** geführt. Hier sind nicht nur erhebliches Fachwissen, Berufserfahrung und höchstrichterliches Entscheidungswissen erforderlich, weil auch er wissen muss, welche Auswirkungen seine Entscheidungen auf die Kriminaltaktik haben, sondern auch strategisches Denken und beamtenrechtliche Kenntnisse.

Die Polizeibehörde wird in der Regel von einem „Politischen Beamten" (§ 30 BeamtStG) geleitet. Er bestimmt u. a. die Strategie der Verbrechensbekämpfung und trägt dafür die **politische Verantwortung, nicht die taktische**. Den Behörden vorgesetzt sind die Aufsichtsbehörden und das Innenministerium. In der Ablauforganisation ist es üblich, für besondere Anlässe Kommissionen (Kapitel 25.10) einzusetzen.

25.4 Zusammenarbeit mit anderen Einrichtungen

Die Zusammenarbeit erstreckt sich auf polizeiinterne und polizeifremde Einrichtungen. Insbesondere mit dem Streifendienst (Kapitel 1.3.2) und den anderen Dienststellen der Schutzpolizei (Kapitel 7.4), Wasserschutzpolizei (Kapitel 2.2.3) und Autobahnpolizei (Kapitel 2.3.3), mit den Spezialdienststellen der Kriminalpolizei (Kapitel 25.3), mit dem Landes- und Bundeskriminalamt (Kapitel 7.5.1 und 16), den Ordnungsbehörden für Gesundheit, Jugend und Ausländer, der Staatsanwaltschaft (Kapitel 19), in ländlichen Bereichen mit den Gerichten (Kapitel 11.17 und 18), mit der Bundespolizei (Kapitel 2.6 und 7.5.2), der Steuerfahndung (Kapitel 2.3 und 2.7), dem Zoll (Kapitel 2.3 und 2.8), dem Staatsschutz und Verfassungsschutz (Kapitel 2.4), dem Bundesamt für Güterverkehr (Kapitel 2.10), den Bergämtern (Kapitel 7.5.3), der Bundesstelle für Flugunfalluntersuchung (Kapitel 7.5.7) und den Rechtsmedizinern (Kapitel 22.13).

Diese Zusammenarbeit erfolgt im Regelfall auf der Ebene der **Sachbearbeitung** oder durch den **Kommissariatsleiter**. Das heißt, hier müssen nicht nur umfangreiches und vielschichtiges kriminalistisches Wissen und Können vorhanden sein, sondern auch gründliches rechtliches Wissen und eine Persönlichkeitsstruktur, die eine effektive Zusammenarbeit fördert. Der Gesetzgeber hat zu Recht die gute Arbeit der Polizei im Zusammenspiel mit der Staatsanwaltschaft bei der Strafverfolgung durch die Änderung der Bezeichnung und Einführung des Begriffs „Ermittlungsperson" (§ 152 GVG) honoriert und festgestellt, ... „dass die Polizei aus einer lediglich untergeordneten Hilfsfunktion herausgewachsen ist" (Bundestagsdrucksache 15 / 3482, S. 25, und Kapitel 19.3).

25.5 Berufsprofil

25.5.1 Bandbreite

Das Berufsprofil der Polizei ist so breit angelegt, dass es den Alleskönner nicht geben kann. In vergleichbar anspruchsvollen Berufen ist das ebenso, z. B. bei Ingenieuren, Juristen oder Ärzten.

In der Kriminalpolizei gibt es ein breites Grundwissen, insbesondere über „Kriminalistisches Denken" (Kapitel 1.3.7), „Beweislehre" (Kapitel 3), „Kriminalistische Fallanalyse" (Kapitel 5), „Deliktsanalyse" (Kapitel 24) „Anzeigen- und Tatortbefundaufnahme" (Kapitel 6 und 7) und „Vernehmung" (Kapitel 11), aber auch umfassende Kenntnisse über die Rechtsgrundlagen und höchstrichterliche Entscheidungen, denn kriminalistische Maßnahmen haben immer gleichzeitig eine taktische und eine (strafprozess-) rechtliche Seite. Das Grundwissen allein ist schon so komplex, dass es nur mit einem umfangreichen Studium erworben werden kann. Talent und Kriminaldienstkunde reichen für diese Aufgabe nicht aus. Auch hier gilt: wissen ist besser als glauben. Deshalb ist das **Anforderungsprofil** (Kapitel 1.3.1) für den Kriminalisten auch sehr umfassend.

Bei der großen Bandbreite der Kriminalität, den dazu notwendigen Bearbeitungsschemata und der notwendigen Berufserfahrung ist eine **Spezialisierung** unerlässlich. Doch gerade in diesem Bereich gibt es sehr häufige Wechsel in der Sachbearbeitung und in der Führung. Wobei dieser Austausch von Personal nicht unter Fachleuten mit dem gleichen Spezialwissen und Können erfolgt, sondern innerhalb von gut 90 % der gesamten Polizei. Diese obligatorische fachübergreifende **Rotation** in der Sachbearbeitung und in Leitungsfunktionen führt zwangläufig zur Qualitätsminderung (Kapitel 25.6.2). Die Rotation wird mit einer angeblich notwendigen **Verwendungsbreite** gerechtfertigt oder mit der Verlegung von attraktiven Planstellen gefördert. Vergleichbar bedeutet es, dass Hausärzte und Fachärzte sowie alle Chefärzte regelmäßig ausgetauscht würden, nur weil alle Mediziner sind.

Auch wenn eine gerechte Bezahlung der Arbeit notwendig ist, so ist der immaterielle Wert der Berufsausübung von viel größerer Bedeutung, nämlich die Berufszufriedenheit. Um diese zu erreichen, ist es erforderlich, dass sich der Sachbearbeiter mit seiner Aufgabe identifiziert. Nur wer Freude an der Arbeit hat, erbringt gute Ergebnisse und das auch noch ohne strenge Dienstaufsicht (*Henzler*, a.a.O., S. 143). Hier ist besonders die soziale Kompetenz aller Vorgesetzten (Kapitel 25.6) gefordert. Ohne Berufszufriedenheit gibt es keine optimalen Führungssysteme, weder aus der Sicht der Mitarbeiter noch aus der Sicht der Vorgesetzten. Beide müssen sich wohlfühlen. Aus der neueren Hirnforschung wissen wir, dass sich die Nervenzellenverknüpfung neuronaler Netzwerke und synaptischer Verschaltmuster in unserem Gehirn ständig verändert, auch noch im hohen Alter. Ganz besonders nachhaltig erfolgt das, wenn wir etwas mit großer Begeisterung erleben, machen, denken oder auch lernen (*Hüther,* a.a.O., S. 64). Berufszufriedenheit fördert diese Begeisterung. Besonders leicht ist das Lernen, wenn wir schon viel wissen und das Neue lediglich in das vorhandene Netzwerk unseres Gehirns „eingearbeitet" werden muss (*Korte,* a.a.O.).

Hier soll kurz auf die **Mittlere Führungsebene** eingegangen werden, auf die Vorgesetzten der Kommissariatsleiter. Es kann zu großen Problemen für die gesamte Behörde kommen, wenn diese nicht an dem Gesamtführungsprozess beteiligt sind und den Eindruck haben, lediglich die „Weisungen von oben" durchsetzen zu müssen. Sie stehen zwischen der Routinearbeit der Kommissariate und den Innovationen aus der Behördenleitung. Wenn sie an der Ideenfindung nicht beteiligt gewesen sind, fehlt ihnen oft die Einsicht, die Neuigkeiten umzusetzen. Möglicherweise sind in Unkenntnis auch Ziele vorgegeben worden, die tatsächlich nicht erreicht werden können, was auf der Ausführungsebene sofort erkannt wird. Ein allgemein bekanntes Beispiel dafür zeigte sich 2007 bei der Herstellung des derzeit größten Passagierflugzeugs, dem Airbus – A 380, der durch solche Führungsfehler erst mit einem Jahr Verzögerung ausgeliefert werden konnte. Ein weiterer negativer Einfluss kann entstehen, wenn die mittlere Führungsebene ihr Arbeitsaufkommen nur noch durch **Überstunden** bewältigen kann und damit keine Zeit mehr für eigene Innovationen hat. Bei solch einer Situation ist es wahrscheinlich, dass die Anweisungen „von oben" gar nicht oder nur unzulänglich „von unten" umgesetzt werden (*Wildemann*, a.a.O). Ein solches Problem kann auch nicht dadurch gelöst werden, der Führungskraft „völlig freie Hand" in der Ausführung einzuräumen, wenn die „von oben" gemachten Vorgaben aber nur ganz bestimmte Entscheidungen oder Handlungen zulassen.

25.5.2 Verantwortung

Es gibt kein Volk, dass ohne Ethos lebt, das heißt: ohne ganz bestimmte Werte und Maßstäbe (*Küng*, a.a.O., S. 212). Dazu gehört auch die Verantwortung. Die geistigen Wurzeln der Verantwortung liegen in der Zeit der Aufklärung und werden besonders durch *Jean-Jacques* ***Rousseau*** (1712–1778) beschrieben. Er unterstellte, dass der Mensch durch die Einflüsse der Gesellschaft und Zivilisation verdorben werde. Deshalb forderte er einen **Erziehungsstil**, der den Menschen eine allgemeine **Bildung**, eine vernunftsbegleitende **Willensfreiheit** und individuelle **Vollkommenheit** vermittle (*Franke*, a.a.O., S. 18 ff.).

Spätestens seit *Max* ***Webers*** berühmtem Vortrag „Politik als Beruf" (1919) wird von der Alternative „Gesinnungen folgen oder Verantwortung übernehmen" gesprochen und die Verantwortung in den Vordergrund gestellt. So wie es in unserem Grundgesetz in der Präambel steht. Der Polizeibeamte ist heute ausdrücklich verpflichtet, Verantwortung zu übernehmen und zwar ganz persönlich (§ 36 BeamtStG; *Beese*, a.a.O., S. 21 und 33 ff.). Deshalb gibt es auch keine **Kollektiventscheidung** und auch kein verbindliches **Arbeitsgruppenergebnis**. Immer muss einer die persönliche Verantwortung übernehmen. Deshalb sind die Berufsbeamten auch von der politischen Führung bei der Bewertung der Rechtmäßigkeit ihres Handelns unabhängig (Kapitel 25.6.2).

Verantwortung heißt, eine Antwort geben bzw. schuldig sein, sich zu rechtfertigen oder für etwas einzustehen. Das gilt aber immer nur für den einzelnen Menschen, und niemals für eine Gruppe als Ganzes. Deshalb kennt unser Strafrecht auch nur die persönliche Schuld, die jeden trifft, der rechtswidriges Verhalten bewusst tut oder wenn er es hätte besser wissen können (BGHSt 2, 194). So ist das auch im gesamten gesellschaftlichen Leben. Deshalb ist jeder Mensch für sein Tun, für sein Unterlassen und für das Ergebnis seiner Handlungen die Antwort schuldig. So auch der Polizeibeamte. Er muss dafür einstehen und Rechenschaft ablegen und trägt die „Persönliche Verantwortung" (§ 36 BeamtStG; Kapitel 1.3.4). Dabei steht jedem ein Ermessensspielraum zu, den er nicht willkürlich überschreiten darf (BGHSt 21, 334 [363], Text in Kapitel 25.2; Kapitel 3.6.1 a).

Verantwortung heißt auch, zu den **Werten unserer Gesellschaft** zu stehen, sie zu verteidigen und **Vorbild** zu sein. Ebenso gehört dazu, die Erscheinungsformen der Verachtung und Verwahrlosung in unserer Gesellschaft beim Namen zu nennen und diesen entgegen zu wirken. Das gilt ebenso für die pauschalen Diffamierungen von Politikern, von Polizisten und von Soldaten (*von Altenbockum,* a.a.O.). Und auch für die sofortige Richtigstellung, wenn Kollegen über Personen oder Sachverhalte die Unwahrheit sagen oder oberflächliche Behauptungen aufstellen.

Um die Verantwortung nachvollziehen zu können, müssen Entscheidungen immer auf Fakten und Belegen beruhen (*Biere*, a.a.O., S. 332 ff). Dabei gelten die Regeln der Beweislehre: Die **subjektive** Überzeugung von der Richtigkeit einer Entscheidung muss auf einer **objektiven** und tragfähigen Tatsachengrundlage beruhen (BGHZ 53, 245 [256]). Das heißt, man muss überzeugt sein und seine Überzeugung mit Tatsachen belegen können (Kapitel 3.2). Die Verinnerlichung der Verantwortung ist die moralische Grundlage echter Führung (*Zaleznik*, a.a.O., S. 329).

Es kann aber auch vorkommen, dass Vorgesetzte „aus dem Stand heraus" entscheiden, oder, wie umgangssprachlich gesagt wird, „aus dem Bauch heraus", sozusagen, „ohne nachzudenken". Dabei besteht immer die Gefahr, dass ein Sachverhalt „nicht zu Ende gedacht" wird, und deshalb die Folgen nicht erkannt werden. Das wäre verantwortungslos. Bestätigt sich dieser Eindruck, so ist sofort nachzufragen, warum so entschieden wurde.

Gleichwohl gibt es die Fähigkeit, auch aus dem Bauch heraus richtig zu entscheiden, denn besonders gute Führungskräfte verfügen über eine **Emotionale Intelligenz**, die **Intuition**. Das ist eine hochkomplexe und hochentwickelte Form des Schlussfolgerns, die in Bruchteilen von Sekunden erfolgt (*Matzler / Bailom*, a.a.O). Diese intuitiven Entscheidungen sind deshalb „gut durchdacht", weil sie auf langer Erfahrung und sehr umfangreichem Fach- und Allgemeinwissen beruhen. Als Außenstehender kann man diese Fähigkeit beim Blitzschach bewundern. Gleichwohl muss auch jede so getroffene Entscheidung immer gegenüber den Betroffenen erkennbar und verstehbar sein.

Verantwortung heißt auch, der Vorgesetzte muss **eindeutig Stellung beziehen** (*Lanier*, a.a.O.). So erhalten die Mitarbeiter Handlungssicherheit und erkennen ihren Handlungsspielraum.

Eine versteckte, und deshalb böswillige Art der **Verweigerung von Verantwortung** liegt vor, wenn Vorgesetzte ihre Nachgeordneten, auch gleichrangige Führungskräfte, in einer Streitfrage beauftragen, sich zu einigen, (z. B.: wer kann das einzige zur Verfügung stehende Dienst-Kfz benutzen?). Im besten Fall kann das Ergebnis ein **Kompromiss** sein und ist deshalb im Führungsverhalten nur Mittelmaß (Kapitel 25.10). Hier ist nach Prüfung der Argumente eine Entscheidung erforderlich. Menschen brauchen und wollen Orientierung und klare Regeln.

Der Kompromiss ist jedoch nicht mit der **Alternative** zu verwechseln. Dabei hat ein Nachgeordneter die Auswahl unter mehreren Möglichkeiten, z. B. „Sie können am Mittwoch oder am Donnerstag zum Schießtraining gehen".

25.6 Management und Führung

25.6.1 Management

Die Begriffe „Manager" und „Management" wurden Ende des 19. Jh. aus dem Amerikanischen in unseren Sprachgebrauch übernommen. Es hat **drei Bedeutungen**:

- Leitung und Führung eines Unternehmens,
- die Gesamtheit der Führungskräfte in einem Großunternehmen und
- die Betreuung von Künstlern oder Sportlern.

Das Verb „managen" bedeutet „geschickt bewerkstelligen oder zustande bringen". Die Prinzipien des Managements sind in Amerika **längst wieder aufgegeben** worden, weil sie der Hauptgrund für den dortigen Rückgang des wirtschaftlichen Wettbewerbs sind (*Zaleznik*, a.a.O., S. 19). Darüber hinaus fehlte es den Managern an dem Willen zu einer „Wirtschaftlichkeit mit menschlichem Antlitz" (*Morrell* und *Capparell*, a.a.O. S. 24).

Mit den Funktionen und Tätigkeiten des Managements kann der verwaltende Teil der Polizei zu brauchbaren Arbeitsergebnissen kommen. Für den exekutiven Teil der **Polizei** ist das jedoch problematisch, denn dieser erstellt, verteilt oder bearbeitet **keine Produkte** im herkömmlichen Management-Sinne (*Zaleznik*, a.a.O., S. 9 ff.; Kapitel 1.2.7), sondern gewährleistet für die Menschen Sicherheit und Ordnung, bekämpft Kriminalität und verbreitet das Gefühl der „Inneren Sicherheit". Ebenso sind die Menschen, die mit der Polizei zusammenkommen **keine Kunden**, sondern Hilfesuchende, Störer, Zeugen, Verdächtige, Beschuldigte, Verurteilte o.a.m. (*Ley / Müller-Tucholski,* a.a.O.).

Zur Erreichung des gesetzlichen Auftrags wird unmittelbar in die **Grundrechte der Menschen** eingegriffen, und die Beamten haben bei der Ausübung des Berufes Gefahren für die eigene Gesundheit und sogar für das eigene Leben hinzunehmen (Hess. VGH, a.a.O.). Das sind Umstände, die dem Management fremd sind. Darüber hinaus stellt sich die Frage, wie sollte ein „Kriminalistisches Produkt" geprüft und bewertet werden?, z. B. die „Aufklärung eines Falles" oder das „Sicherheitsgefühl". Die Polizeiliche Kriminalstatistik und soziologische Befragungen sind dazu ungeeignet (Kapitel 15.5, *Kury* u. a., a.a.O., *Dörmann / Remmers* und *Rölle / Flade*, a.a.O., *Weihmann,* 2005 a, a.a.O.).

Normlisten für die Überprüfung der Arbeit von Kriminalisten gibt es nur für formalisierte Tätigkeiten (**Anzahl** der Spurensuche, der erkennungsdienstlichen Behandlungen, der Vordrucke für den Kriminalpolizeilichen Meldedienst, der Merkblätter u. a.m.), jedoch nicht für die Bewertung von Beweisen (Kapitel 5.3) oder das Gefühl der Sicherheit (Kapitel 15.5.3). Die Überprüfung der Arbeit (Kapitel 25.6.10) kann auch nicht anhand von Polizeidienstvorschriften vorgenommen werden, sondern nur mit kriminalistischem Denken (*Weihmann,* 2005 b, a.a.O.; Kapitel 1.3.3). Deshalb besteht zwischen Management und Führung ein grundlegender Unterschied. Insbesondere wegen des völlig anderen Verständnisses von persönlicher Verantwortung (Kapitel 25.5.2), von persönlicher Teilnahme an Entscheidungen über unmittelbare Grundrechtseingriffe, von persönlicher Teilnahme an gefährlichen Situationen sowie bei der Erteilung von Befehlen (§ 36 BeamtStG; BVerwG, a.a.O).

Die wesentlichen Merkmale von Management sind die **kollektive** Verantwortung der Gruppe und der **Glaube** an die Perfektion von Strukturen (*Zaleznik*, a.a.O. S. 33 ff.). Weisungen werden kritiklos umgesetzt. Kommunikation erfolgt nur indirekt mit Signalen, ohne klare Formulierung. Genormte Arbeitsverrichtungen (Produktzahlen oder hohe Umsätze) werden gefordert. Rücklagen sind verpönt, weil sie die Boni schmälern. Das Verhältnis zu Mitarbeitern ist ausschließlich erfolgsorientiert und wird mit **Prämien** belohnt. Die Autorität wird durch die Hierarchie bestimmt. Konflikte werden nicht gelöst, sondern man trennt sich von Störenfrieden „einvernehmlich" unter Zahlung von Abfindungen. Alles dient der Gewinnmaximierung und befriedigt den **Egoismus** der Manager.

Dieser weitverbreitete Egoismus hat 2008 die weltweite Finanzkrise ausgelöst, bei der viele Banken und Konzerne Milliarden Euro verspekulierten. Die Rettung der Banken erfolgte dann durch Steuergelder. Die Ursache der Finanzkrise waren das raffgierige und selbstherrliche Verhalten vieler Manager, die sich auf Gewinnmaximierung und Bonuszahlungen konzentriert hatten (Kapitel 25.6.1). In ihren Verträgen ließen sie sich absichern, dass die Boni in Millionen Euro auch dann gezahlt werden mussten, wenn sie selbst die Bank oder den Konzern in den Konkurs getrieben hatten. Die dafür Verantwortlichen schämen sich jedoch nicht, sondern beschimpfen ihre Kritiker als Neider (FASZ vom 13.9.2009, S. 47–54; Der Spiegel vom 14.9.2009, S. 118). Dieser Egoismus zerstört schleichend aber nachhaltig das soziale Zusammenleben und verhindert verantwortungsvolles Handeln. (*Negt*, Der Spiegel vom 9.8.2010, S. 98)

25.6.2 **Führung** (Kapitel 1.3.6)

Führen ist die **persönliche Verantwortung** (§ 36 BeamtStG; Kapitel 25.5.2) der Führungskräfte und *„kein Glaube an die Weisheit der Massen“* oder die Meinung von Arbeitsgruppen (*Lanier,* a.a.O.; Kapitel 25.10). Führen hat nicht nur ökonomische, sondern auch **ethische und moralische Ziele** (*Luhmann*, a.a.O.). Das sind verbindlich akzeptierte Normen des Handelns und der Werturteile, der Tugenden und Ideale der Gesellschaft. Führen heißt auch, die **Mitarbeiter erfolgreich machen**, sie mit ihren Leistungen in den Vordergrund zu bringen und ihnen Anerkennung zu zollen. Führen heißt ebenso, geführt zu werden, denn Vorgesetzte sind gleichzeitig auch Nachgeordnete.

Über die allgemeinen Umgangsformen, Weisungen und Regeln hinaus ist Führen immer mit spezifischen Eigenheiten verbunden, was insbesondere **Fachwissen** voraussetzt. Diese Eigenheiten müssen Vorgesetzte kennen und beherrschen. Es ist ein Unterschied, ob eine Dienstgruppe, ein Spezialeinsatzkommando, eine Stabsdienststelle oder ein Kriminalkommissariat geführt wird. Für alle Bereiche in der Polizei gilt der Grundsatz: Je mehr Kreativität die Mitarbeiter entwickeln müssen und je mehr Selbstständigkeit sie bei der Arbeitsausführung haben, desto mehr Fachwissen muss deren Vorgesetzter haben. Nur so kann er erkennen, ob die Toleranzgrenzen, die in der Gesetzgebung, Rechtsprechung und in dienstlichen Vorschriften enthalten sind, auch eingehalten bzw. genutzt werden. Denn nur so ist ein **verantwortungsvolles und selbstständiges** Arbeiten möglich. Das Abarbeiten von Checklisten hat nichts mit Führung zu tun. Es sind nur Hilfsmittel, die Führung unterstützen.

Natürlich kann man sich als Vorgesetzter fehlendes Fachwissen durch die **fachliche Beratung** der Kommissariatsleiter oder Mitarbeiter in gewissem Maße aneignen. Geht es aber um Entscheidungen, die zwar alle betreffen, aber nur einen oder wenige bevorteilen, so wird das schwierig. Nach welchen Kriterien soll dann die einzige Angestelltenstelle, die einzige Beförderungsmöglichkeit oder das einzige zur Verfügung stehende Dienst-Kfz gerecht zugewiesen werden? Wie soll dann die sachliche Notwendigkeit für die richtige Entscheidung gefunden werden? Wie will man nach der Entscheidung auf mögliche Kritik reagieren? So wie richtigerweise Spezialdienststellen, z. B. SEK oder Reiterstaffel, von im Fach erfahrenen Spezialisten geführt werden, so muss es auch bei Kriminalkommissariaten sein.

Wie sollen ohne entsprechende Kenntnisse die Dienststellen nach außen fachlich vertreten werden, z. B. bei der Staatsanwaltschaft oder bei Gutachtern? Wie sollen sich Verhandlungen mit der Staatsanwaltschaft gestalten, wenn es um Zweckmäßigkeitsentscheidungen geht, insbesondere um geplante Verfahrensabsprachen (Kapitel 19.4.6) oder um die „richtige" Stärke einer Ermittlungskommission (Kapitel 25.10)? Welche Erkenntnisse will man von einer Fachtagung, z. B. beim Bundeskriminalamt, an die eigenen Vorgesetzten, Gleichgestellten und Nachgeordneten weitergeben? Hat man auf der Tagung wirklich alles **richtig** verstanden?

Führungskräfte in der Polizei sind nicht beliebig austauschbar (Kapitel 25.2; *Liessmann*, a.a.O.). Führen kann nur der, der die Arbeitsgebiete beherrscht. Wie sollten sonst sachgerechte Anweisungen gegeben oder Kontrollen durchgeführt werden können (Kapitel 25.6.10). Führungskräfte haben die „persönliche Verantwortung" für ihr Tun und Lassen zu übernehmen, die ihnen das Beamtenrecht abverlangt (§ 36 BeamtStG; Kapitel 25.5.2). Deshalb müssen sie wissen, was sie tun. Führungskompetenz geht nicht ohne Fachkompetenz. Letztere ist zwingende Voraussetzung, um führen zu können.

Gut geführte Konzerne der Privatwirtschaft gehen nach dem Grundsatz vor: „Unsere Stärke begründet sich neben der **Kreativität** vor allem in einem ausgeprägten **Spezialistentum**. Wir beschränken uns in allem was wir tun, ganz ausdrücklich auf das, **was wir am besten können**. Denn da sind wir ziemlich unschlagbar" (*Müller* in: FAZ vom 15.9.2007).

Besonderes Merkmal der Führung ist die persönliche Verantwortung (§ 36 BeamtStG) der Vorgesetzten für die Arbeit und für die Mitarbeiter (*Zaleznik*, a.a.O., S. 285 ff.; *Henzler*, a.a.O.; *Jonas*, a.a.O.). Vorgesetzte erkennen und nutzen die Fähigkeiten der Mitarbeiter als Menschen und sehen die soziale Bedeutung der Arbeit für diese. Führung verbreitet Arbeitsfreude, hat Visionen, Ideen und Einfallsreichtum. Das Verhältnis zwischen Vorgesetzten und Mitarbeitern ist von Achtung und Anerkennung geprägt. Kommunikation erfolgt durch Sprechen und Zuhören. Die Autorität wird vom persönlichen Können, Wissen, guten Umgangsformen und von der Persönlichkeit bestimmt (Kapitel 25.7).

Die **Führungskräfte** in der Polizei haben **als Berufsbeamte** auch eine besondere Stellung. Neben der Loyalität gegenüber dem Dienstherrn, ist es ihre Aufgabe, Verfassung und Gesetz im Interesse des Bürgers und des Gemeinwohls zu behaupten und damit eine stabile und gesetzestreue Verwaltung zu garantieren. Deshalb sind sie auf Lebenszeit angestellt. Das führt zur Unabhängigkeit gegenüber der politischen Führung. Somit ist das „Berufsbeamtentum ein Element des Rechtsstaates" (BVerfG in: NVwZ 2008, S. 873, Absatz 70 und 71).

Diese Unabhängigkeit von der Politik stellt eine **Wächterfunktion** der Berufsbeamten dar. An der Schnittstelle zwischen Politik und Berufsbeamten ist diese Wächterfunktion von besonderer Bedeutung. Das dort hin und wieder gehörte Sprichwort „Wess' Brot ich ess', dess' Lied ich sing'", zeigt, dass diese Aufgabe nicht von allen wahrgenommen wird. Einen besonderen Status haben die **politischen Beamten**. Sie nehmen sogenannte „Transformationsämter" wahr, indem sie in „fortwährender Übereinstimmung mit den grundsätzlichen politischen Ansichten und Zielen der Regierung stehen müssen" (BVerfG, NVwZ 2008, 873 [875], Abs. 76). Insofern dürften sie im vorgenannten Sinne der Politik zuzurechnen sein.

Führen setzt auch **Vertrauen zu den Mitarbeitern** voraus. Vertrauen gibt diesen die Sicherheit für menschliches Verständnis und führt zu Loyalität. Vertrauen entsteht durch Kompetenz, Verlässlichkeit, Überzeugungskraft, sozialer Verantwortung und Gerechtigkeit. Dabei darf jedoch Gerechtigkeit nicht als Gleichmacherei verstanden werden. Da die Leistungen der Menschen verschieden sind, entfaltet sich somit auch Ungleichheit (*Huber*, a.a.O.). Den Vorgesetzten, die ihr Fachgebiet vollständig beherrschen, denen kann man vertrauen, denn sie kennen die Einzelheiten, die Zusammenhänge und können die wirklichen Leistungen richtig beurteilen und **gegenüber jedermann anwenden**. Im sehr öffentlichkeitswirksamen Fußball der Ersten Bundesliga zeigte sich das sehr deutlich (*Heß*, in: FAZ vom 30.4.2010, S. 34).

Wissen ist das Beherrschen von Kenntnissen und die Fähigkeit, diese Inhalte anderen zu vermitteln. Es erhebt den Anspruch auf Exaktheit. Der Wissende kennt die Grenzen seines Wissens, der Informierte nicht. Wissen unterscheidet sich deshalb von **Informationen** (*Korte*, a.a.O.). Letztere sind Datenmengen, die von Datenspeichern abgerufen werden können. Sie sind nicht Bestandteil der Persönlichkeit. Information hat nur den Anspruch auf soziale Verwertbarkeit, nicht auf die Möglichkeit der Bewertung. Die nicht mehr wegzudenkende und in breiten Bereichen nützliche Informationstechnik bietet uns auf allen Gebieten Informationen an, die wir unseren Entscheidungen zugrunde legen. Weil das nicht mehr zu überblicken ist, wissen wir nicht mehr, warum wir etwas tun (*Schirrmacher*, a.a.O.).

Führen heißt auch, selbst etwas vorzuführen, das Arbeitsgebiet selbst zu beherrschen, es auch organisieren zu können und über eine eigene und sichere Urteilskraft zu verfügen (Kapitel 1.3.1; *Kant*, a.a.O.). Wie soll das erfolgen, wenn dem Vorgesetzten die Einzelheiten der Arbeitsabläufe nicht bekannt sind?

Treten **Konflikte** auf, so werden diese angesprochen und gelöst. Sollen die Wertvorstellungen bei den Menschen geändert werden, so geschieht das durch wertschätzenden Umgang und durch vorbildliches Verhalten. Kommen Befehle oder Anweisungen von oben, so werden diese nach der Sinnhaftigkeit vom Dienststellenleiter geprüft. Erforderlichenfalls wird merkbar interveniert.

Hierbei steht jedoch nicht nur die Rolle als „Sozialingenieur" im Vordergrund, die die zwischenmenschlichen Beziehungen zur Vermeidung von Unzufriedenheit fördern will. Der Vorgesetzte hat auch das Ziel im Auge, wie seine Dienststelle das „Gesamtunternehmen", erfolgreich machen kann und setzt deshalb die Mitarbeiter nach **Eignung, Befähigung** und nach ihrem **Leistungswillen** richtig ein, damit die übertragenen Aufgaben wirksam erledigt werden.

Deshalb ist es auch wichtig, dass die unmittelbaren Vorgesetzten entscheiden, welche Arbeiten die Mitarbeiter auszuführen haben. **Ein grober Verstoß** gegen die Prinzipien des Führens liegt vor, wenn dies dem Kommissariatsleiter von seinen Vorgesetzten vorgeschrieben wird (Kapitel 25.3). Damit wird dem Kommissariatsleiter die Verantwortung für die Dienststelle genommen und seine Autorität untergraben (Kapitel 25.7). Wem die Verantwortung für die Aufgabe übertragen wurde, der hat die Verantwortung auch für das zugewiesene Personal.

Ebenso wichtig ist es, dass der Kommissariatsleiter rechtzeitig informiert wird, wenn die **Behörde** Beförderungen oder andere beamtenrechtliche Entscheidungen gegenüber den Mitarbeitern plant. Das gilt ebenso für Höhergruppierungen oder arbeitsrechtliche Entscheidungen gegenüber Angestellten oder Arbeitern. Es darf nicht sein, dass die Behördenleitung mit Mitarbeitern verhandelt, ohne deren Vorgesetzte über den Inhalt und das Ziel zu informieren (Kapitel 25.3).

Führungskräfte, die wiederholten **Neuorganisationen** und häufigen fachübergreifenden Wechseln ausgesetzt sind, können weder mittel- noch langfristig planen und schon gar nicht Eingefahrenes ändern (*Weihmann*, a.a.O., 2011, S. 32). Sie haben auch keine Zeit, sich so einzuleben, dass sie sich mit der Dienststelle identifizieren. Das wäre so, als würde man Hausärzte und Fachärzte regelmäßig untereinander austauschen, nur weil alle Mediziner sind. Wird das gemacht, übernehmen die „Grauen Eminenzen" die heimliche aber wirksame Führung (Kapitel 25.6.9.1).

Da Führung immer mit dem Verhalten von Personen gekoppelt ist, werden in der „Westlichen Welt" folgende Führungsstile unterschieden:

- Der **Kooperativen Führungsstil** ist die Überwindung des Egoismus und die Hinwendung zu einer autonomen Moral. Er hat die stärkste Ausprägung im Hinblick auf die Menschenwürde (ausführlich in Kapitel 25.6.3).
- Der **Patriarchalische**, bei dem sich die Legitimation aus dem Alter und der Erfahrung ableitet.
- Der **Charismatische**, dem die durch besondere (göttliche) Gnade erhaltene Ausstrahlungskraft zugrunde liegt.
- Der **Autoritäre,** der als Alleinherrscher mit unbegrenzter Machtfülle ausgestattet ist und ein absolutes Befehls- und Gehorsamsverhältnis begründet.
- Der **Bürokratische**, der kritiklos Befehle, Gesetze, Richtlinien und Vorschriften umsetzt (Kapitel 25.6.10).
- Das **Laisser-faire**. Hier mischt sich niemand ein, sodass jeder machen kann, was er will. In der Auswirkung ist das kein Führungsstil.

25.6.2.1 Führung zur Strafverfolgung

Die Führung zur Strafverfolgung unterscheidet sich in der **Alltagsarbeit** und in „Lagen mit besonderer Aufbauorganisation" (BAO) nur durch die Anzahl der Organisationseinheiten und die Stärke des Personals (siehe Mordkommission, Kapitel 22.15). Die Hauptaufgabe des Leiters (Polizeiführer) in solchen BAO-Lagen ist die Organisation und die **Kontrolle** (Kapitel 25.6.10) der Einhaltung der Gesetze und der dazu ergangenen Rechtsprechung, damit es nicht zu **Beweisverwertungsverboten** kommt (Kapitel 3.3). Dazu ist das **intensive Studium** der kriminalistischen Literatur, der periodischen Veröffentlichungen des Bundeskriminalamtes sowie der Veröffentlichungen zur Gesetzgebung und Rechtsprechung unabdingbar (Kapitel 1.1 und 1.3.1).

25.6.2.2 Führung zur Gefahrenabwehr

Ganz anders ist das Führen in Gefahrenlagen, z. B. bei Vermissten, unbekannten hilflosen Personen, Freiheitsberaubung, Entführung, Erpressung, Geiselnahme, Amoklauf oder bei Anschlägen. Hier liegt eine zweigeteilte Rechtslage vor, bei der gleichzeitig Gefahrenabwehr und Strafverfolgung angewendet werden müssen (Kapitel 11.14.3). Es geht um das Retten von Leben und Gesundheit **und** um die Aufklärung der Straftaten. Das heißt umgangssprachlich **Gemenge-Lage**. Kollidieren die beiden Rechtsgebiete, so hat die Gefahrenabwehr Vorrang. Deshalb hat der **Staatsanwalt** in diesem Bereich auch **kein Weisungsrecht** gegenüber der Polizei, auch dann nicht, wenn dadurch das spätere Strafverfahren betroffen ist (RiStBV, Anlage A; *Meyer-Goßner*, StPO, § 161, Rn. 13; BGHSt 31, 304 [308]). Jedoch ist es wichtig, alle Maßnahmen genau zu dokumentieren, damit diese im späteren Strafverfahren verwendet werden können.

Da die Gefahrenabwehr eine helfende und schützende Handlung zum Wohle des Bürgers ist, werden an die Voraussetzungen für die Eingriffsbefugnisse **keine hohen Anforderungen** gestellt. Es ist sogar so, je hochwertiger das gefährdete Gut ist (z. B. Gesundheit und / oder Leben), desto geringer sind die Anforderungen für das Vorliegen der Voraussetzungen (BVerwGE 39, 190 [193]). Das reicht bis zum rechtfertigenden Notstand (§ 34 StGB). Selbst Irrtümer seitens der Polizei machen die Handlungen nicht rechtswidrig. Hier sind Gesetzgebung und Rechtsprechung sehr großzügig. Das ist auch sinnvoll, denn das Handeln der Polizei liegt im Interesse des Bürgers. Gleichwohl ist in solchen Lagen auch der **strafprozessrechtliche Teil** wichtig. Der „Einsatz" ist erst dann zu Ende, wenn beide Teile korrekt abgeschlossen und auch für das Strafverfahren **alle** Beweismittel gesichert und **alle** Berichte geschrieben sind.

Bei dieser **Gemenge-Lage** kann es geschehen, dass mit der Anwendung von Gefahrenabwehrrecht strafprozessrechtliche Beweise gewonnen werden, z. B. wird ein Entführungstäter von der Polizei getäuscht und gibt deshalb Auskunft über das Versteck des Opfers, an dem sich auch Beweismittel befinden, z. B. die DNA des Täters. Diese Aussage darf aber nicht im Strafverfahren verwendet werden, weil die Täuschung in einer Beschuldigtenvernehmung verboten ist (§ 136a StPO). Bei einer späteren Vernehmung dieses Täters muss er deshalb darüber „qualifiziert belehrt" werden (Kapitel 3.3). Schweigt er jetzt, so darf die Tatsache, dass der Täter den Aufenthaltsort des Opfers genannt hat, nicht im Strafverfahren verwertet werden. Bei dem Beweismittel „DNA des Täters" ist das anders. Dies darf sehr wohl in das Strafverfahren eingeführt werden, denn die **Fernwirkung von Verwertungsverboten** entfällt, wenn ein „selbstständiger Erkenntnisvorgang" entsteht (BGHSt 27, 355; Kapitel 3.3 und 11.14). Ein solcher „selbstständiger Erkenntnisvorgang" ist die DNA-Spur. Sie beweist, dass Täter und Opfer körperlichen Kontakt hatten, und ist ein Indiz für die Täterschaft (Kapitel 4.1.3).

Bei **Einsätzen mit schwerwiegenden Folgen** (Festnahme von Gewalttätern, Entführung, Geiselnahme, Amoklauf) haben sich in der Vergangenheit immer wieder Probleme im Führungsbereich gezeigt. Das gilt ganz besonders, wenn sich die Medien des Falles annehmen. Das ist unverständlich, weil die Einsatzkräfte, der Polizeiführer, deren Vorgesetzte und die Politiker bemüht sind, das Richtige zu tun. Für alle steht das Retten von Leben und Gesundheit im Vordergrund. Doch auch hier gilt die Volksweisheit „Viele Köche verderben den Brei". Ein schwerer Verstoß gegen die Loyalität liegt vor, wenn der Stabschef öffentlich kundtut, dass der Polizeiführer seinem Ratschlag nicht gefolgt sei („Fall Daschner", a.a.O.).

Alle Fälle der Vergangenheit haben auch gezeigt, dass sich Einsätze mit schwerwiegenden Folgen nicht mit Polizeidienstvorschriften lösen lassen, denn diese regeln organisatorische Notwendigkeiten. Ist es zu schweren oder tödlichen Verletzungen gekommen, dann wird ein solches Ergebnis oft mit den Inhalten der Polizeidienstvorschriften abgeglichen und daraus eine Rechtfertigung oder ein Fehlverhalten abgeleitet. Dabei beschreiben die Kritiker nicht die tatsächliche und rechtliche Situation, so, wie sie der Polizeiführer aufgrund seiner Berufs- und Lebenserfahrung wahrnehmen musste, sondern machen ihre eigenen Erwartungen zum Maßstab (Kapitel 20.2). Auch politische Weisungen sind hier nicht hilfreich. Helfen kann nur eine eigene und sichere **Urteilskraft** aufgrund von exzellentem Wissen und Können über Recht und Taktik, sowie Kreativität und Bildung, das die **Entschlusskraft** (siehe unten) unterstützt, sowie das Glück des Tüchtigen (Kapitel 25.6.10).

Der **Polizeiführer** ist bei der Gefahrenabwehr und bei der Strafverfolgung an Art. 20 III GG gebunden. Gesetze und Rechtsprechung sind für ihn verbindlich. Die Mitarbeiter seines **Führungsstabes** organisieren den Einsatz und geben dem **Polizeiführer** Entscheidungshilfen, über deren Zweckmäßigkeit **er allein** entscheidet. Dabei gibt es keine Kollektiventscheidungen und keine Kollektivverantwortung (*Lanier*, a.a.O., Kapitel 25.10)!

Als Berufsbeamter ist der Polizeiführer gegenüber seinem Dienstherrn zur **Loyalität** verpflichtet und hat die **strategischen** Weisungen zu befolgen (§ 35 BeamtStG). Als Garant für den Rechtsstaat ist er aber unabhängig von der politischen Führung (BVerfG, NVwZ 2008, 873, Abs. 70 und 71; § 36 II BeamtStG; Kapitel 25.6.2). Er trägt die persönliche Verantwortung für sein taktisches Handeln und für sein Unterlassen. Weisungen darf er nur befolgen, wenn er persönlich überzeugt ist, dass sie in diesem Moment der Lage rechtmäßig und taktisch sinnvoll sind (§ 36 I und II BeamtStG). Auch dafür übernimmt er die persönliche Verantwortung. Das wird am Deutlichsten, wenn er sich später vor Gericht rechtfertigen muss, **ganz allein**.

Erfreulich klar hat sich der ehemalige Ministerpräsident des Landes Baden-Württemberg *Stefan Mappus* vor dem Untersuchungsausschuss des Landtags dazu geäußert: „Die Politik hat sich nicht in die operative Arbeit der Polizei einzumischen. [...] Die Entscheidung über Zeit, Taktik und Einsatzmittel oblag [...] ausschließlich der Polizei“ (FAZ vom 23.12.2010, S. 4).

Der Polizeiführer entscheidet nach **pflichtgemäßem Ermessen** über die notwendigen Maßnahmen, aufgrund der **nur ihm und nur für den aktuellen Augenblick** der Entscheidung bekannten Lage (BGHSt 21, 334 [363]).

Die in der Theorie gelehrte Unterscheidung zwischen Notzugriff, Zugriff bei günstiger Gelegenheit und geplanter Zugriff stellt sich in der Realität des Einzelfalls als problematisch dar, weil es in solchen Fällen keinen statischen Zustand gibt, der nur bestimmte Lösungen zuließe. Im Regelfall liegen zwischen dem Erkennen der Lage und der dafür notwendigen Maßnahme nur ganz geringe Zeiträume, in denen „blitzschnell" gehandelt werden muss, z. B. beim gezielten Todesschuss.

Welche Situation im Augenblick der Entscheidung vorliegt, kann deshalb **nur der Polizeiführer** selbst entscheiden. Und nur das ist maßgebend (BGHSt 21, 334 [363]; Text in Kapitel 25.2). Ob die Entscheidungen, aus der späteren Betrachtung gesehen, richtig waren, ist für die Rechtmäßigkeit unerheblich. Nur wenn der Ermessensspielraum willkürlich oder schuldhaft überschritten wurde, das heißt, der Polizeiführer weiß, dass es falsch ist, und will Unrecht begehen, dann handelt er rechtswidrig, (BGHSt 2, 194 [197]). Alles andere ist aus seiner Sicht eine zulässige „günstige Gelegenheit", ob geplant oder aus der Not. Befindet sich der Polizeiführer nicht am Tatort, so gibt er die **Bewertungs- und Entscheidungsbefugnis** an den dort Verantwortlichen weiter.

Das „Entscheiden vor Ort" gebietet auch der Grundsatz der **Verhältnismäßigkeit** von Zweck und Mitteln (BVerfGE 7, 209; 12, 125; BGHSt 17, 38) und „schützt den Polizeiführer in seiner **Entschlusskraft** bei der Amtsausübung, die sonst für die öffentlichen Belange in unheilvoller Weise gelähmt würde" (BGHSt 4, 161 [164]). In dieser Kompetenz muss der Polizeiführer respektiert und gestärkt werden. Das gilt ganz besonders, wenn die Lage tragisch endet. Der hin und wieder gehörte Einwand, das führe zu Leichtsinn, muss zurückgewiesen werden. Das hieße doch, die Geeignetheit des Polizeiführers pauschal infrage zu stellen, wofür es keinerlei Anlass gibt. Weil aber jeder Polizeiführer eine individuelle Persönlichkeit ist und jeder Täter, jedes Opfer und jede Situation anders sind, hat das zur Folge, dass sich kein Fall wiederholt und es deshalb auch **keine Patent- oder Checklisten-Lösung** gibt.

Deshalb ist es sehr wichtig, die Literatur über die historischen Fälle genau zu studieren, um die kriminelle Kreativität und den Einfallsreichtum von gewissenlosen Straftätern zu kennen, falls sie in Teilen nachgeahmt werden. So auch die Gewalttaten der RAF mit ihren Anschlägen, aber auch Geiselnahmen, Entführungen und Schulamokläufe. Doch genaue Tatkopien gibt es nicht. Die Täter haben stets geänderte Varianten gewählt. Das ergeben auch die Erkenntnisse nach dem **Amoklauf in Winnenden** am 11.3.2009 (*Michelfelder*, in Kapitel 1.1.1, a.a.O., S. 139, 3. Spalte, und S. 140, 1. Spalte).

Insbesondere **Anschläge gegen die Gesamtbevölkerung** werden immer einfacher. Mit zunehmender Ausprägung der Wohlstandsgesellschaft und der Höhe technischer Entwicklungen sind solche Gesellschaften viel leichter verwundbar. Der RAF-Terrorismus (1968-1991) hat das schmerzlich gezeigt (*Peters, a.a.O.,* RAF / Anschläge, Kapitel 1.1).

Weitere Literatur über Kapitaldelikte in Kapitel 1.1: *Amelung* (Entführung), *Funke* (Erpressung), *Langmann* (Amoklauf), *Lochte* (Entführung) *Lugmeier* (Raub und Flucht), *Neven du Mont / Schütz* (Mord und Erpressung), *Reemtsma* (Entführung), *Schümer* (Entführung), *Weihmann*, 2005d (Entführung / Folter?), *Wellershoff* (Mord / Fahndung).

Nach **Abschluss des Einsatzes** sind vorschnelle öffentliche Stellungnahmen oder Rechtfertigungen durch Politik und Vorgesetzte unangebracht. So kann unabsichtlich Täterwissen in die Öffentlichkeit gelangen, was bei der späteren Vernehmung und bei der Beweisführung von Nachteil ist (Kapitel 11.17).

Die Untersuchungen erfolgen nach Einsatzende durch die **Staatsanwaltschaft** in Rahmen des Strafverfahrens gegen den „Einsatz-Veranlasser". Im Rahmen dieses Strafverfahrens prüft er auch, ob der **Polizeiführer** Gesetze und Rechtsprechung (Art 20 III GG) fehlerfrei angewendet und den Ermessenspielraum (BGHSt 21, 334 [363]) richtig genutzt hat. Dabei besteht grundsätzlich kein Anlass, deshalb den Polizeiführer zum Beschuldigten zu machen, weil der „starke Tatverdacht" im Regelfall gar nicht vorliegt (BGH in NStZ-RR 2002, S. 67; BGHSt 34, 140; 37, 48). Wird das doch gemacht, vielleicht sogar aus angeblich „fürsorglichen Gründen" so stellt sich die Frage, ob dadurch der Verbrechens-Straftatbestand der **Verfolgung Unschuldiger**, § 344 StGB, erfüllt sein könnte. Im Sinne dieser Vorschrift ist auch „Unschuldiger", dem ein Rechtfertigungsgrund zur Seite steht (*Fischer*, Kommentar zum StGB, § 344, Rn. 4). Diese Strafvorschrift gilt auch für Polizeibeamte (BGHSt 1, 255). Der Grundsatz der **Unschuldsvermutung** gilt auch für den Polizeiführer (Art. 6 II EMRK).

Die **Aufsichtsbehörden** der Polizei prüfen, ob der **Führungsstab** die Organisation des Einsatzes vertretbar gestaltet und die erforderlichen Spezialisten und Ressourcen rechtzeitig zur Verfügung gestellt hat. Wurde der Polizeiführer richtig und rechtzeitig informiert? Wurden seine Weisungen richtig und unverzüglich ausgeführt? Hierbei ist auch zu prüfen, ob die Regelwerke der Polizeidienstvorschriften für diesen Einsatz förderlich oder hinderlich waren und ob Änderungen notwendig sind. Das gilt ganz besonders für solche, die die Ermessensentscheidung beeinflussen.

Bis zum Ergebnis der Untersuchungen hat der Dienstvorgesetzte den Polizeiführer und seine Familie vor pauschalen öffentlichen Angriffen zu schützen. Der „Fall Daschner" (2002 und 2004) hat gezeigt, wie wichtig das ist (ausführlich mit vielen Quellen: www.weihmann-schuch.de – Aufsätze). Gleiches gilt für jeden Polizeibeamten nach Schusswaffengebrauch. (Ausführlich unter www.weihmann-schuch.de – Aufsätze).

25.6.3 Kooperativer Führungsstil

Beim „Kooperativen Führungsstil“ handelt es sich eigentlich um ein Führungs**system**. Da es aber um die Darstellungsweise von Menschen und um die Eigenart ihres sprachlichen Ausdrucks geht, wird der Begriff Führungsstil gewählt.

Die **Grundlagen** für die kooperative Führung in der Polizei wurden im Wesentlichen von *Robert* ***Altmann*** (1929–2007; Leitender Polizeidirektor) Ende der 1970er Jahre entwickelt (*Altmann / Berndt*, 1. Auflage 1976 a.a.O.). Seine Vorlesungen an der damaligen Polizeiführungsakademie (heute: Deutsche Hochschule der Polizei in Münster-Hiltrup) waren ein Erlebnis und bedeuteten inhaltlich eine Revolution, denn neben exzellentem Fachwissen sind auch die Grundsätze von Ethik und Moral anzuwenden.

Die Autoren entwickelten sechs Elemente des Kooperativen Führungssystems:

- Delegation von genau beschriebenen Aufgaben und Kompetenzen sowie der sich daraus ergebenden Verantwortung.
- Beteiligung von Mitarbeitern an der Festlegung von Zielen und an der Art der Durchführung auf der entsprechenden Führungsebene.
- Transparenz aller Führungsmaßnahmen durch ständige Kommunikation mit der Möglichkeit der Rückkopplung.
- Vertikale und horizontale Repräsentation des eigenen Dienstbereiches.
- Zielorientierte Kontrolle.
- Feststellung der Leistung anderer, objektivierte Leistungsbewertung und Förderung (*Thielmann / Weibler*, a.a.O., S. 77).

Altmann zeigte, dass die wesentliche Voraussetzung für gutes Führen die Überwindung des eigenen Egoismus ist. Wer über Menschen Macht ausübt, muss über Demut verfügen. Noch heute sind das die größten Hürden. *Altmann* war deshalb so überzeugend, weil er die gelehrten Prinzipien selbst befolgte und danach lebte. Er war eine Autorität (Kapitel 25.7) und Vorbild. Auch heute gebühren ihm dafür Respekt und Anerkennung. Für die Entwicklung des „Kooperativen Führungssystems“ verlieh ihm Bundespräsident *Richard* ***von Weizäcker*** am 29.1.1990 den Verdienstorden der Bundesrepublik Deutschland, das „Verdienstkreuz am Bande“.

Dieses Führungssystem ist inzwischen für die gesamte Polizei in Deutschland die **verbindliche Führungskonzeption** (PDV 100, Ausgabe 1999, Ergänzung 9 / 2008, Ziffer 1.5.3.1). *Thielmann* (a.a.O.) und *Weibler* (a.a.O.) haben die Curricula für die Ausbildung der Polizeien in den Bundesländern und im Bund nach der Verankerung dieses Führungssystems untersucht. Obwohl sie die Prinzipien dieses Führungskonzeptes in sehr unterschiedlicher Ausprägung in allen Curricula identifizieren konnten, sind jedoch keine Aussagen zu qualitativen und quantitativen Inhalten möglich.

Der **kooperative Führungsstil** hat die stärkste Ausprägung auf die Menschenwürde und ist deshalb allen anderen vorzuziehen.

Kooperation ist die **Überwindung des Egoismus** und die **Hinwendung zu einer autonomen Moral** (*Küng*, a.a.O., S. 211 ff.). Nur wer den angeborenen Egoismus überwinden kann, erreicht bei den Mitarbeitern sowohl starken Leistungswillen und zugleich hohe Berufszufriedenheit (Kapitel 25.5.).

Egoistische Menschen nehmen nur sich selbst wahr und wichtig. Sie werten auch sachliche Kritik als Angriff auf ihre Person, sind beleidigt und dauerhaft nachtragend. Sie sind umgeben von kritiklosen Ja-Sagern, was Kreativität und Innovation verhindert. Wer nicht zur Kooperation veranlagt ist, kann das zwar ansatzweise erlernen, vergisst es aber sofort wieder, wenn Stresssituationen entstehen, und fällt dann sofort in die Veranlagung zurück. Doch gerade dann ist die Kooperation am nötigsten. Wer die erforderlichen Anlagen nicht hat, fühlt sich auch überfordert und rechtfertigt seine Fehlschläge mit der Behauptung, von ihm werde viel mehr verlangt als von anderen.

Wer bei der Arbeit seine Anlagen nutzen kann, wirkt überzeugender und glaubwürdiger, ist erfolgreicher und identifiziert sich schneller mit der Aufgabe. Das führt zu mehr Berufszufriedenheit bei Vorgesetzten und Mitarbeitern (*Sonja Bischoff*, a.a.O.; *Norbert Bolz*, a.a.O; *Magdalena Köster*, a.a.O.; *Susan Pinkert*, a.a.O.).

Kooperation ist die Grundlage für ethische Werte, Maßstäbe und Normen. Es macht die Menschen fähig, zum Mitempfinden mit anderen in ihren Befürchtungen, Erwartungen und Hoffnungen und verlangt die Übernahme der persönlichen Verantwortung durch den Führer (§ 36 BeamtStG; Kapitel 25.5.2).

Die wesentlichen Merkmale des **kooperativen Führungsstils** sind:

- Die Gesamtverantwortung bleibt beim Vorgesetzten (*Lanier*, a.a.O.).
- Vorgesetzte sind Vorbilder.
- Vorgesetzte gestehen eigene Fehler ein, korrigieren diese und entschuldigen sich.
- Übertragung von genau beschriebenen Aufgaben, Durchführungsbefugnissen und Verantwortung auf die Mitarbeiter.
- Beteiligung der Mitarbeiter an der Festlegung der Prioritäten bei der Bewältigung der täglichen Arbeit.
- Transparenz von Führungsaufgaben durch Kommunikation, Information und Rückkoppelung.
- Kontrolle der Arbeitsergebnisse.
- Anerkennung der Leistung.

Zu einem erfolgreichen kooperativen Führungsstil gehören auch Kameradschaft, Loyalität, Entschlossenheit und vor allem Optimismus (*Morrell / Capparell*, a.a.O., S. 18).

Auch im **Wirtschaftsleben** hat sich der kooperative Führungsstil inzwischen durchgesetzt. Er wird dort **Partizipativer Führungsstil** genannt und bedeutet soviel wie „Fairer Führungsstil“ (*Lebrenz*, FAZ vom 31.12.2007, S. 22). Damit sollen die Mitarbeiter gerecht behandelt werden, das heißt, sie werden an den Entscheidungen beteiligt und die Gründe für Entscheidungen werden erläutert.

25.6.4 Führungsgrundsätze

Führung ist nicht teilbar. Insofern trägt der Vorgesetzte allein die Verantwortung (§ 36 BeamtStG; Kapitel 25.5.2). Das heißt nicht, einsame Entscheidungen zu treffen, sondern sich auch beraten zu lassen. Aber die richtige Lösung wird nicht durch Abstimmungsmehrheiten (Kapitel 25.10) gefunden, sondern entsteht im Abgleich mit Wissen, Können und Erfahrung sowie im Einklang mit dem Gewissen (*Martin Luther*). Insofern steht der Vorgesetzte allein für den **Erfolg, aber auch für den Misserfolg** ein.

Führungsverhalten wird entscheidend davon geprägt, ob die Person **lösungs**orientiert oder **verständnis**orientiert veranlagt ist. Das ist für den Polizeiberuf besonders wichtig, weil hier überwiegend Sofort-Entscheidungen in Konfliktlagen getroffen werden müssen. Lösungsorientierte gehen Sachverhalte, Lagen oder Zustände zielgerichtet auf Veränderung an. Verständnisorientierte diskutieren und um die Lösung wird sich schon jemand kümmern.

Einen ähnlichen Unterschied gibt es beim Arbeiten mit **Führungsstäben**. Lösungsorientierte finden es hilfreich, wenn sie alterativ beraten werden, um dann selbst eine fundierte Entscheidung zu treffen, die sie allein verantworten. Verständnisorientierte fühlen sich durch alternative Beratung verunsichert bis bedrängt. Sie suchen lieber Zustimmung zu ihren Ideen und fühlen sich dann wohler. Das muss bei der Personalauswahl geprüft und berücksichtigt werden. Wird es nicht beachtet und liegt die erforderliche Veranlagung nicht vor, so **scheitern Vorgesetzte**.

Jeder Versuch, Menschen im **Führungsverhalten exakt zu typisieren**, muss scheitern, so auch hier. Insofern erhebt dieses Buch keinen Anspruch auf Vollständigkeit. Gleichwohl sollen die häufigsten und deutlich erkennbaren Erscheinungsformen angesprochen werden. So ist bei der scheinbar günstigeren Veranlagung „Lösungsorientiert“ auch zu bedenken, dass diese Personen nur dann erfolgreich sein können, wenn ihre Entscheidungsfreude **fachlich fundiert** ist. Alles anderen wäre falsch verstandene „Schneidigkeit“ (Kapitel 1.3.7).

Wer aber bei der Arbeit seine **Anlagen nutzen** kann, wirkt überzeugender und glaubwürdiger, ist erfolgreicher und identifiziert sich schneller mit der Aufgabe. Das führt zu mehr Berufszufriedenheit.

Kriminalkommissariate sind nicht nur Leistungsgemeinschaften, sondern auch Gefahrengemeinschaften (*Sessar ua.*; *Jäger*, *Ohlemacher; Hess. VGH*, a.a.O.). Deshalb ist es von großer Wichtigkeit, dass Vorgesetzte bei gefährlichen Einsätzen persönlich „vor Ort" sind. Darüber hinaus drohen im kriminalistischen Alltag die Gefahren jedem Einzelnen, wie die seriösen Untersuchungen zeigen (*Sessar* u. a.; *Mentzel* u. a., a.a.O.). Es besteht immer ein Spannungsfeld zwischen erforderlicher Wachsamkeit, gesundem Misstrauen **und** überzogenen Maßnahmen. Das Ermittlungsziel soll erreicht werden, die Eingriffe in die Rechte der Bürger aber verhältnismäßig sein. Im Nachhinein ist man immer schlauer. Darum ist Berufserfahrung unersetzlich.

Nach der Ermordung von drei Polizeibeamten in Afghanistan (Kapitel 18.2) hat der Bundesinnenminister bei der Trauerfeier am 19.8.2007 nochmals an die **Besonderheit des Polizeiberufes** erinnert: „Menschen können nur dann in Frieden und Freiheit leben, wenn es eine Ordnung gibt, die ihnen Schutz bietet, die Sicherheit gewährt. ... Die Polizeibeamten tragen ein hohes Risiko, damit wir alle ein geringeres Risiko tragen" (FAZ vom 20.8.2007). Insgesamt gehören Polizeibeamte zu den Berufen, die sich für die Gemeinschaft einsetzen und dabei persönliche **Zivilcourage** zeigen (*von Altenbockum*, a.a.O.). Erstmals wurden Polizeibeamte für ihre Auslandstätigkeiten bei internationalen Friedensmissionen vom Bundesinnenminister in einer Feierstunde geehrt, obwohl diese Tätigkeit vor mehr als zwanzig Jahren begann (FAZ vom 24.12.2008).

Das „Ministerium für Inneres und Kommunales" (MIK) in Nordrhein-Westfalen lässt in der traditionellen Aus- und Fortbildungsstätte „Selm-Bork" einen „Wächter" für Polizisten aufstellen, der an die im Dienst verletzten und getöteten Polizeibeamten erinnern soll. Es handelt sich hierbei eine übergroße Statue aus Stahl, die von fünf gravierten Findlingen umgeben ist. Das Kunstwerk wurde von dem ehemaligen Polizeibeamten *Karl-Heinz Herzfeld* erstellt, der unter dem Künstlernamen „Anatol" bekannt geworden ist (Streife – Sonderdruck 2010).

25.6.5 Führungsverhalten

Neben umfangreichem kriminalistischem Fachwissen (Kapitel 25.3) basiert das Verhalten der Führungskräfte auf solider **Allgemeinbildung** (*Fischer*, *Liessmann* und *Schwanitz*, a.a.O.) und auf **Organisationstalent**, sowie der Fähigkeit, Probleme zu erkennen und zu lösen. Ferner muss die „Gesellschaftliche Identität" der Führungskräfte erkennbar sei. Das ist die äußerliche Repräsentation und Kommunikation. Beruf, Erscheinungsbild und Äußerungen müssen zusammenpassen. Das wird von den Mitarbeitern deutlich wahrgenommen. Sie erwarten insbesondere:

- Eindeutiges **Bekennen zum Beruf** und zu den Werten des Grundgesetzes.
- **Umgangsformen**: Selbstverständlich gelten auch im Dienst die Regeln der Höflichkeit, Freundlichkeit und Hilfsbereitschaft, die ganz besonders von Nachgeordneten wahrgenommen werden, z. B. mit dem Namen ansprechen, aufstehen, entgegengehen, zur Tür bringen, Tür aufhalten, vorstellen und bekannt machen u. a.m. Ganz besonders wird die Pünktlichkeit von Vorgesetzten beobachtet und bewertet.

  Von großer Wichtigkeit sind ebenso **Wahrheitsliebe, Aufrichtigkeit** und **Zuverlässigkeit** (Kapitel 25.7). Ebenso wichtig ist die **Rückmeldung**. Geht eine schriftliche Information oder Anfrage ein, so sollte sofort die Antwort erfolgen. Verzögert sich die Bearbeitung, so sollte auch das sofort mitgeteilt werden. Als positiv wird immer empfunden, wenn man sich für eine Information bedankt oder das gewünschte Verhalten bestätigt.

  Eine besonders unangenehme Verhaltensform ist das inzwischen von vielen als selbstverständlich empfundene „ungestörte“ und lautstarke Telefonieren mit dem Handy (Kapitel 25.9).
- **Telefonat**: Wird der Nachgeordnete vom Vorgesetzten angerufen, so sollte dieser zuerst fragen, ob das Gespräch den derzeitigen Arbeitsablauf stört oder nicht, z. B. Vernehmung, Anzeigenaufnahme o.a.m..
- **Häufiges Loben** „aus dem Stand heraus“, allerdings mit einfachen und ehrlichen Hinweisen. z. B. „Der Bericht gefällt mir“, „Das ging schneller, als ich dachte“, und durch Dank für scheinbare Selbstverständlichkeiten „Vielen Dank für die Unterstützung“, u. a.m.
- **Unverhoffte Besucher** sind stets und sofort anzusprechen. Dazu muss das eigene Gespräch unterbrochen werden. Jetzt kann mit dem Besucher die Dringlichkeit abgewogen und gewichtet werden.
- **Kleidung**: Für bestimmte dienstliche Aufgaben ist spezielle Kleidung erforderlich, auch im zivilen Bereich, z. B. für Observanten. Darüber hinaus gilt der Grundsatz, dass die Ausübung eines öffentlichen Amtes nicht der Selbstverwirklichung dient, sondern Dienst am Bürger ist (*Isensee*, a.a.O.). Mit Kleidung wird die **Achtung des anderen** zum Ausdruck gebracht. So bringen wir mit dem festlichen Anzug als Teilnehmer an einer Hochzeit oder Beerdigung unsere Wertschätzung gegenüber dem Brautpaar oder dem Verstorbenen zum Ausdruck. Insofern ist stets zu prüfen, ob die Kleidung dem Anlass gerecht wird. Die einfachste Regel, die richtige Kleidung zu tragen, kann mit der Antwort der Frage erreicht werden: „Welche Kleidung würde ich in dieser Situation von meinem Vorgesetzten erwarten?“ Schließ-

lich repräsentiert der Vorgesetzte in erster Linie seine Dienststelle und damit die Mitarbeiter.

2008 sind Diskussionen aufgekommen, ob bestimmte Kleidungsstücke religiöse Bekundungen darstellen. Das wäre für Beamte dann unangemessen, wenn sie damit gegen das neutrale Verhalten gegenüber Religionen verstoßen (§ 33 BeamtStG). Anlass der Diskussionen war das Tragen eines **Kopftuches**. Das Bundesverwaltungsgericht (NJW 2009, S. 1289, Absatz 13) unterscheidet zwischen der **erlaubten** *„Darstellung christlicher und abendländischer Bildungs- und Kulturwerte oder Tradition“* und der **nicht erlaubten** *„Vermittlung von Glaubensinhalten“*. In einem solchen Fall ist ein ausführliches Gespräch zu führen, um die Gründe zu erfahren. Darüber ist der Behördenleiter schriftlich zu unterrichten, der entscheidet.

- **Schreibtisch**: Mit der Position des Schreibtisches gibt es viele Möglichkeiten, dem Besucher fühlen zu lassen, für wie wichtig man sich selbst nimmt und was ich von meinen Mitarbeitern halte. Extrem negative Gefühle werden bei Besuchern geweckt, wenn, von der Eingangstür aus gesehen, der Schreibtisch in der hintersten Ecke steht und für den Besucher so ein „endlos langer Weg“ entsteht. Das **Unwohlgefühl** kann noch dadurch verstärkt werden, wenn der Besucher mit dem Blick, und nicht von der Person, abgeholt und zum Sitzplatz geführt wird.

  Der Schreibtisch selbst ist Arbeitsmittel und kein Konferenztisch. Jedes Gespräch an diesem Platz wirkt stark autoritär.

Die einfachste Regel für ein korrektes Führungsverhalten ist die Vorstellung: Wie möchte ich behandelt werden?

25.6.6 Zeiteinteilung

Bei der Übernahme von Führungsaufgaben stellt die Mehrzahl dieser Kollegen fest, dass die gesetzliche Arbeitszeit nicht mehr ausreicht. Sie glauben, ihre Arbeit habe sich endlos vermehrt. Doch das täuscht, denn nicht die Arbeit, sondern die Verantwortung hat sich vermehrt (Kapitel 25.5.2; 25.6.2). Das ist auch so gewollt und bedeutet, nicht alle Tätigkeiten müssen selbst erledigt werden.

Überforderte Führungskräfte suchen ihre Erfüllung sehr oft in der Übernahme von Arbeiten, die den Sachbearbeitern zugeteilt sind, damit sie so ihre „Erfolgserlebnisse“ haben. So findet man sie z. B. beim Schreiben von Personal- oder Beförderungslisten, obwohl ihnen bekannt ist, dass es hierfür Personaldienststellen gibt. Mit der Begründung der Geheimhaltung flüchten sie sich in diese Beschäftigung.

In Führungsfunktionen kommt es auf **ökonomische Zeiteinteilung** für die neuen Aufgaben an, insbesondere für die Teilnahme an Besprechungen, Tagungen, Reisen, Gesprächen mit den Mitarbeitern und für die Kontrolle der Arbeit. Dabei geht es immer um die Frage: Was ist wirklich wichtig? Und nur diese Felder werden intensiv bearbeitet. Führungskräfte, die regelmäßig mehr als sechs Stunden pro Woche über die Arbeitszeit hinaus im Dienst beschäftigt oder die ständig über Mobiltelefon (Kapitel 25.9) – auch im Urlaub – zu erreichen sind, stellen ein Problem für die Mitarbeiter dar. Die häufigsten Gründe für dieses Verhalten ist die

Überforderung:

- Weil diese Führungskräfte das **Peterprinzip** (*Peter / Hull*, a.a.O.; *Henzler*, a.a.O., S. 56) eingeholt hat, praktizieren sie Unentbehrlichkeit und wollen damit suggerieren, dass nur sie alles wissen und können.
- Weil die Behörde eine **falsche Organisation** hat, insbesondere, wenn gleichartige Aufgabenfelder in Dienststellen verschiedener Hierarchien angesiedelt sind.
- Weil sie immer einen bestimmten Mitarbeiter einsetzen, den sie als „das beste Pferd aus dem Stall" holen und dann schamlos ausnutzen. Für eine gerechte Belohnung dieses Mitarbeiters fehlt ihnen jedoch die Kompetenz (z. B. Beförderung).

Dabei sollte man sich auch nicht an anderen Vorgesetzten messen lassen, die „ebenfalls immer anwesend oder erreichbar" sind. Für diese gilt Gleiches wie zuvor. In gut geführten Unternehmen begründet ein Anruf während des Urlaubs einen zusätzlichen freien Tag für den Gestörten.

Auch in Führungsfunktionen muss Zeit für ein **Privatleben**, für regelmäßige Teilnahme an kulturellen Ereignissen und für ein Hobby sein, damit sich der eigene „Horizont" nicht verengt und das Leben nach dem Beruf nicht ohne Inhalt ist. In der Privatwirtschaft (*Roßbach*, a.a.O.) wird intensiv darauf geachtet, dass die Mitarbeiter auch ihre privaten Interessen leben können und ausgeglichener sind (Work-Life-Balance). Solche Mitarbeiter sind besser und loyaler. Unter dem Begriff „Diversity Management" wird die Unterschiedlichkeit der Mitarbeiter im Alter, im Geschlecht, im Familienstand und in der Herkunft berücksichtigt, was ebenso zu besseren Leistungen führt (*Roßbach*, a.a.O.).

Ebenso unverständlich ist es, wenn Vorgesetzte durchgängig keine Zeit für eine nebenamtliche **Lehrtätigkeit** beim Berufsnachwuchs haben. Diese wichtige Pflicht ist in allen anderen Berufen selbstverständlich und eine Investition in die Zukunft. Woher soll denn sonst die berufsorientierte Ausbildung kommen? Darüber hinaus ist die Lehrtätigkeit auch für die Stammbehörde von Vorteil. Diese Lehrkräfte verfügen in der großen Mehrzahl über umfangreiches und aktuelles theoretisches Wissen. In der Privatwirtschaft wird das anerkannt. Dort gilt eine Honorarprofessur bei Führungskräften als Qualitätsmerkmal für das Unternehmen. Im Studienbereich für Kommunalbeamte sind auch Ministerialbeamte im Nebenamt tätig und haben somit persönlichen Einblick in den Studienverlauf.

Zum heutigen Problem der **Wissensfülle** nimmt die ehemalige Präsidentin des Bundesverfassungsgericht *Jutta Limbach* in ihrer Göttinger Rede Stellung: „Sowohl Abgeordnete, die Minister und ihre Bürokratien sind in einem zuvor nicht gekannten Maße auf das Mit- und Vorausdenken professioneller und das heißt zuvörderst auf **professionelle Eliten** angewiesen. Dabei können sie nicht einmal sicher davon ausgehen, dass sie das von den Experten Vorgetragene gänzlich zu durchschauen vermögen" (*Limbach*, a.a.O., S. 16). Darüber hinaus entscheiden Politiker oft in Kompromissen, um **Wert- und Interessenkonflikte** zu umgehen (*Weihmann*, 2011, a.a.O.). Externe Gutachter können da nur wenig helfen, weil sie die internen Abläufe nicht vollständig erkennen können und deshalb die Folgen ihrer Vorschläge nicht durchschauen. Sie haben nichts zu entscheiden und nach dem Honorar übernehmen sie keinerlei Verantwortung. Bei berufsangehörigen und wissenschaftlich arbeitenden Lehrkräfte ist das anders. Sie müssen sich jedoch unabhängig verhalten. Sonst werden sie als **Claqueure** wahrgenommen.

Besondere „Zeitkiller" sind das Lesen aller Eingänge und die Teilnahme an Besprechungen (Kapitel 25.6.7 und 25.9). Zeit muss jedoch immer zur Verfügung stehen, wenn wichtige Angelegenheiten mit den **Mitarbeitern** zu besprechen sind, und dabei bestimmt der Mitarbeiter die Dringlichkeit (Kapitel 25.8). Das gilt auch für den privaten Bereich der Mitarbeiter, z. B. bei Geburtstagen, Hochzeiten, Jubiläen, Geburten, schweren Krankheiten, in Todesfällen und ganz besonders bei persönlichen Problemen im Dienst.

Ebenso wichtig ist es, wenn es um grundsätzliche Änderungen innerhalb der Organisation geht, insbesondere wenn die eigene Dienststelle betroffen ist.

25.6.7 Organisation der eigenen Tätigkeit

Für die alltägliche Arbeit sollte ein gewisses Schema vorhanden sein, damit die Mitarbeiter den Chef abschätzen können und wissen, wann er zur Verfügung steht.

In der Regel werden in Kriminalkommissariaten allmorgendlich sogenannte **Früh-** oder **Morgenbesprechungen** abgehalten. Hier werden alle Neueingänge seit dem letzten Arbeitstag vorgetragen, und darüber hinaus findet ein reger Austausch von Informationen statt. Diese Frühbesprechung ist eine sehr wichtige **Informationsquelle** und bietet gleichzeitig Gelegenheit, sich persönlich mit den Mitarbeitern auszutauschen und eigene ethische und moralische Werte zu vermitteln, sodass die Teilnahme Pflicht ist. Dadurch wird auch das Fundament dafür gelegt, die Qualität der Arbeit, auch bei Abwesenheit des Chefs, gleichbleibend gut zu erhalten. Tritt in Abwesenheit Unvorhersehbares ein, so wissen die Mitarbeiter genau, wie jetzt entschieden würde, und können sich daran orientieren. Hierin zeigt sich die besondere Fähigkeit des Führens von Menschen.

Danach sollten die **Eingänge** bearbeitet werden. Dazu ist es erforderlich, diese gründlich zu lesen, denn wissen ist besser als glauben. Hier kann es sehr hilfreich sein, das **Lesegut** zunächst zu **sortieren**, z. B. nach dem Absender, nach periodischen oder individuellen Eingängen oder nach der Bedeutung des Inhaltes. Das ermöglicht einen schnellen Überblick und fördert das Erkennen von wirklich wichtigen Angelegenheiten. Mit solch einer Einteilung kann das Lesegut auch in Intervallen auf den ganzen Tag oder sogar auf „später" verteilt werden, ohne Wichtiges zu versäumen.

Ein besonderes Problem sind die elektronischen Medien, insbesondere die E-Mails. Da jeder Arbeitsplatz mit dieser Technik ausgestattet ist, erreichen auch die störenden und unerwünschten Nachrichten die Vorgesetzten direkt, aber auch alle Mitarbeiter. Es ist nicht außergewöhnlich, dass täglich mehr als eine Stunde allein mit dem Sichten solcher Eingänge vergeht (*Meckel*, a.a.O.). Hier ist man schnell an den Literatur-Nobelpreisträger *Heinrich Böll* erinnert, der damals die Probleme mit den riesigen Mengen von ungebetenen Postwurfsendungen beschreibt, und wünschte sich den von ihm dargestellten Helfer in „Der Wegwerfer". In großen Privatfirmen wird das Problem auch heute noch ähnlich gelöst, wie es *Heinrich Böll* bereits 1957 beschrieben hat: Die gesamte Eingangspost wird mithilfe elektronischer Suchprogramme oder von einem Mitarbeiter nach den Nutzlosigkeiten durchforstet. Nur die mit sachlichem Bezug oder bekanntem Absender versehenen Nachrichten werden den Vorgesetzten vorgelegt. Das ist eine wesentliche Erleichterung und schafft Freiraum für Führungsaufgaben.

Ein zweiter Nachteil des direkten Zugangs auf alle Schreibtische für jeden ist, dass auch Informationen ankommen, die „noch nicht zu Ende gedacht" sind oder Flüchtigkeitsfehler enthalten, weil niemand „querliest", oder Anlagen in der Eile vergessen wurden. Hier wünschte man sich mehr Sorgfalt und Disziplin. Der Neurobiologe *Martin* ***Korte*** (a.a.O.) erklärt sehr verständlich, warum es beim intensiven Umgang mit dem Internet zu erhöhten Fehlerquoten kommen muss. Die Flut von Informationen, „Multitasking" genannt, überfordert den „Arbeitsspeicher" in unserem Gehirn, sodass wir weniger effektiv denken.

In der **täglichen Arbeit** ist für Vorgesetzte die persönliche Teilnahme an Ermittlungshandlungen die Ausnahme. Bei größeren Aktionen, in bedeutenden Fällen oder bei plötzlicher Personalnot ist es aber selbstverständlich, dass Vorgesetzte ihrer Unterstützungsfunktion auch durch eigene Ermittlungs- oder Bürotätigkeiten nachkommen.

Am Ende des Arbeitstages sollte grundsätzlich auch eine halbe Stunde Zeit sein, in Ruhe den Tagesverlauf zu überdenken und Bilanz zu ziehen. Habe ich mich richtig verhalten? Sind die gesteckten Ziele erreicht worden? Womit fange ich morgen an?

25.6.8 Kommunikation

Je mehr Führungsebenen vorhanden sind, desto weniger Informationen kommen „unten" an. Das bedeutet aber auf keinen Fall, dass höhere Vorgesetzte ihre nachgeordneten Führungskräfte übergehen und unmittelbar mit den Mitarbeitern verhandeln. **Das untergräbt die Autorität** der Führungskräfte (Kapitel 25.7) und entbindet sie von der Kontrolle und von der Verantwortung zu diesem Thema.

Ein anderer störender Effekt ist die bekannte „Stille Post", sodass die Information entstellt oder gar verfälscht wird. Ganz abzulehnen ist eine Methode, bei der Vorgesetzte behaupten, „von oben" sei das so gewollt und deshalb könne man nichts ändern. In solchen Fällen sollte man die nächste Gelegenheit nutzen, den obersten Chef auf dieses Thema anzusprechen. Wird dann der eigene Vorgesetzte der Lüge entlarvt, so hat er seine **Glaubwürdigkeit** für immer verspielt.

Bei Neuorganisationen in großem Stil muss immer nach dem wirklichen Grund gefragt werden. Ebenso ist ein Vergleich mit der Vergangenheit sinnvoll, um festzustellen, ob es schon ähnliche Situationen gab und ob die gleichen Gründe behauptet wurden (*Weihmann*, a.a.O., 2011). Fühlen sich die Mitarbeiter hintergangen, so ist das ein schwerer **Vertrauensverlust** mit hoher Unzufriedenheit.

Sollen ganz konkrete und wichtige Informationen an Mitarbeiter weitergegeben werden, so ist die Schriftform erforderlich oder die persönliche Bekanntgabe in einer **Dienstbesprechung** (Kapitel 25.9). Nur so lassen sich Missverständnisse vermeiden. Das darf aber nicht dazu führen, die Mitarbeiter mit schriftlichen Informationen „zu erschlagen", insbesondere in elektronischen Medien. Dann werden diese Hinweise nicht mehr zur Kenntnis und nicht mehr ernst genommen. Neben diesem Effekt gibt es ein weiteres denkbares Phänomen. Umgangssprachlich wird es in der Polizei **Mmf** genannt, **Melden macht frei.** Damit wird Verantwortungslosigkeit praktiziert: Doch, jemanden informiert zu haben, entbindet nicht von der Wahrnehmung persönlicher Verantwortung. So ist im Zusammenhang mit dem **E-Mail-Versand** die Beteiligung von Empfängern in „**CC**" (nachrichtlich) keine Weitergabe der Verantwortung, das geschieht mit eindeutigen Befehlen (Kapitel 25.5.2).

Geht es um (An-) Weisungen oder um **Befehle** von besonderer Tragweite, die sofort auszuführen sind, so muss sichergestellt sein, dass Vorgesetzter und Nachgeordneter inhaltlich dasselbe meinen. Völlig fehl am Platze ist hier die

Frage: „Haben Sie das verstanden“? Die Antwort darauf bedeutet lediglich, ob eine akustische Verständigung erfolgte oder nicht und sagt nichts über das inhaltliche Verstehen aus. In solchen Fällen hat der Nachgeordnete die Anweisung mit eigenen Worten zu wiederholen. Philosophisch gilt eine Nachricht als „verstanden“, wenn wir den Inhalt rekonstruieren können.

Bei der **Erteilung von Befehlen** ist auch auf die rechtlichen **Grenzen des Gehorsams** zu achten, die das Bundesverwaltungsgericht durch die **Gewissensfreiheit** der Menschen nach Art 4 GG gezogen hat (BVerwG, a.a.O., Ziffer 4.1.3 bis 4.1.3.1.4). Glaubt ein Nachgeordneter hierin eingeschränkt zu sein, so hat er das vertrauensvolle Gespräch zum Vorgesetzten zu suchen und den vermeintlichen Verstoß gegen seine Gewissensfreiheit zu präzisieren und mit objektiven Tatsachen nachvollziehbar darzulegen. Die Behauptung, „Mein Gewissen verbietet mir das“, reicht nicht aus, denn sonst würde die Gleichheit vor dem Gesetz gefährdet oder gar unterlaufen (*Schröder*, a.a.O.).

Gewissensgründe können spontan, aber auch nach reiflicher Überlegung geltend gemacht werden (*Spaemann*, a.a.O.). Spontan vorgebrachte Gewissensgründe dürfen erwartet werden, wenn offenkundig verwerfliche Handlungen oder Duldungen verlangt werden, die keiner weiteren Überlegung oder Folgeabwägung bedürfen, z. B. Folter. Ist es aber eine Entscheidung, die abgewägt werden muss, dann kann die Gewissensentscheidung auch nach längerer Überlegung geltend gemacht werden, z. B. das Für und Wider für das Wohl der Allgemeinheit oder für den Berufsstand. Bei allen Diskussionen gilt aber der Grundsatz, dass nur die **Überzeugungskraft der Argumente** (*Kant*, a.a.O.) zählt. Vorgesetzte und Mitarbeiter haben ihre Auffassung nachvollziehbar zu erklären.

Sind Anweisungen mit einer Zeitvorgabe verbunden, so sind diese nicht mit der Ausführungstätigkeit des Nachgeordneten zu verbinden, z. B. „Schreiben Sie sofort den Bericht“, sondern mit dem Zeitpunkt des Bedarfs: „Ich brauche den Bericht sofort, weil ..., oder bis Mittwoch, um 12.00 Uhr.“ Solche Anweisungen sind für den Mitarbeiter nachvollziehbar und bieten ihm oft Spielraum für die eigene Arbeitsplanung.

25.6.9 Beurteilung und Auswahl der Mitarbeiter und der Vorgesetzten

25.6.9.1 Beurteilung der Mitarbeiter

Die Beurteilung von Mitarbeitern gehört zu den **hergebrachten Grundsätzen des Berufsbeamtentums** und dient der **Förderung der Mitarbeiter** (Art. 33 GG). Da diese Beurteilungen sehr oft Gegenstand von gerichtlichen Streitverfahren sind, werden formale Methoden gesucht, um nicht angreifbar zu sein. Darüber hinaus „verbrauchen“ sich Beurteilungsmethoden in der formalen Anwendung in einem Zeitraum von rund zehn Jahren, das heißt, die Bewertungen der übergroßen Mehrzahl der Mitarbeiter konzentrieren sich nach und nach auf einen einzigen Wert, im Regelfall den positivsten. Auch deshalb werden immer wieder neue Methoden ausprobiert.

Leider wird oft vergessen, dass die Beurteilung nicht nur die Messlatte für die nächste, und auf die Lebensarbeitszeit des Betroffenen bezogen, seltene Beförderung ist, sondern viel stärker das **Selbstwertgefühl der Mitarbeiter** beeinflusst. Die Einwirkung ist umso stärker, wenn Quoten festgelegt sind (*Reuter*, a.a.O., S. 11). Weil die Quoten nicht „nach unten“ ausgeschöpft werden, wird der „Durchschnitt“ als eine schlechte Bewertung empfunden.

Da das „Kooperative Führungssystem“ für die Polizei die verbindliche Führungskonzeption darstellt, gelten somit auch die theoretischen Grundlagen und die darin verwirklichten **ethischen Normen** (Kapitel 25.6.3; *Küng*, a.a.O., S. 211 ff.). Die in solch einem System sich entwickelnde **autonome Moral** ist **unvereinbar mit** der Anerkennung von Quoten und einer „durchschnittlichen Leistung“ von Menschen. Durchschnitt ist eine wichtige naturwissenschaftliche Größe. Bei der Bewertung von Menschen und deren Eigenschaften gilt **Durchschnitt** im allgemeinen Verständnis jedoch als abwertend, was sich besonders ausgeprägt im Sport darstellt. Menschen können zwar in ihrem Erscheinungsbild quantitativ unterteilt werden, jedoch nicht in ihrem Verhalten, weil sie Individuen sind.

Es darf auch nicht vergessen werden, dass die Leistung von Kriminalisten nicht mit Produktivität in Stückzahlen oder anderen physikalischen Maßeinheiten gleichzusetzen ist, sondern neben dem tatsächlichen Arbeitsergebnis auch **Befähigung** und **Eignung** gemessen werden. Dabei geht es neben dem Wissen, um das „handwerkliche Rüstzeug“ (Kapitel 1.3.1 und 5.4), auch um Persönlichkeit und charakterliche Eigenschaften, die der subjektiven Bewertung unterliegen und am wenigsten durch Prüfungen oder Zeugnisse nachgewiesen werden können (*Maunz / Dürig*, a.a.O.).

Die letzteren Eigenschaften müssen zwar bei der Zuweisung von bestimmten Aufgaben berücksichtigt werden, dürfen aber kein Kriterium für die Leistungsbewertung sein. Ist jemanden mit einer bestimmten Befähigung für eine Tätigkeit ausgesucht worden, so muss sein Arbeitsergebnis an dieser Befähigung gemessen werden. Dabei stellen sich die Fragen: Was durfte von ihm erwartet werden? Ist dieses Ziel erreicht worden?

Durchschnittsbewertungen sind im Management selbstverständlich. Sie widersprechen aber dem ethischen Menschenbild und sind auch nicht für die Leistungseinschätzung erforderlich. Bei Leistungsnachweisen in der Fachhochschullehre kommt es oft vor, dass die Ergebnisse von Klausuren, Seminaren oder Projekten in der Mehrzahl schlecht oder gut sind. Trotzdem gibt es auch dann noch besonders gute und besonders schlechte Leistungen. So ist das auch im täglichen Dienst und die Vorgesetzten kennen solche Mitarbeiter auch ganz genau.

Die Befürworter der Messbarkeit von Durchschnittsleistungen verweisen auf die „Gaußsche Normalverteilung“ und verkennen dabei, dass dies eine statistische Verteilung von **Zufallsvariablen** ist und gleichzeitig der Streuung der Grundgesamtheit unterliegt. Die „Menge der Beamten“ ist aber keine Zufallsvariable, sondern das Ergebnis von **Auswahl, Studium und Ausbildung**. Auch die **Altersstruktur** ist in den Behörden nicht gleich, was unterschiedliche Berufserfahrung und Lebensleistung zur Folge hat.

Anders ist das beim **Führungspersonal der Behörden**. Dies sind nur wenige Personen, die aus völlig unterschiedlicher Sozialisation kommen und auch eine unterschiedliche Eignung und Befähigung haben. Sie sind nicht gleich in ihren Veranlagungen, Leistungen, Einstellungen und in der Anwendung moralischer und ethischer Normen, sodass bereits die „Definierer“ der Normen **unterschiedliche Maßstäbe** haben. Allein deshalb muss die Verwirklichung einer „gerechten“ Beurteilung auf Landesebene Illusion bleiben.

Gerade in der Polizei werden solche Unterschiede besonders intensiv als ungerecht empfunden. Hier kommt es häufig vor, dass sich Beamte aus verschiedenen, auch geografisch weit entfernten, Behörden seit Jahren sehr gut kennen und ihre Leistungen zutreffend einschätzen. Gleichwohl erhalten sie Beurteilungen, die sie als ungerecht empfinden, weil die Behörden verschieden verfahren. Das kann auch nicht durch sogenannte „Maßstabsbesprechungen“ ausgeglichen werden. Welcher Maßstab soll dort angelegt werden? Eine rechtsverbindliche „Arbeitsplatzbeschreibung“, wie im Tarifrecht, gibt es nicht. Ebenso fehlt die konstante Vergleichsgröße „Durchschnitt“.

Im Managementsystem kann das Ungerechtigkeitsgefühl durch die **Verschleierung** der wahren Höhe der Vergütungen gedämpft werden. In einem System mit öffentlich bekanntem Einkommen und mit Dienstgraden ist das nicht möglich.

Wer sich in einer Gruppe im rechnerischen Durchschnitt wiederfindet, fühlt sich abgewertet und unterbewertet und stellt zukünftig seine Leistung darauf ein. Dieser Mitarbeiter fühlt sich ungerecht behandelt und vollzieht die „innere Kündigung“ (*Brinkmann / Stapf*, a.a.O.). Die Leistungen lassen nach und das Betriebsklima verschlechtert sich. Dieses Phänomen ist umso stärker ausgeprägt, je größer eine Behörde ist (*Henzler*, a.a.O., S. 185). Das kann nicht das Ziel der Führung sein.

Vorteilhafter sind solche Skalen, die ganz wenige Unterscheidungen haben und auf Quoten verzichten. Die meisten Mitarbeiter sind dann in der obersten Stufe und erleben so ein positives Selbstwertgefühl, was auch auf den privaten Bereich ausstrahlt. Die wirklich herausragenden und die schlechten Mitarbeiter können aber trotzdem eindeutig beurteilt werden. Aus rechtlichen Gründen muss in der obersten Stufe aber eine deutlich erkennbare Differenzierung sein, z. B. „im unteren, mittleren oder oberen Bereich". Natürlich kann man das als „Seelenkosmetik" bezeichnen. Aber die Führung von Menschen erfolgt überwiegend auf der emotionalen Ebene.

Die Frage, die sich jedoch für den unmittelbaren Vorgesetzten in der täglichen Praxis stellt, ist: „Darf ich meinem Mitarbeiter meine Einschätzung seiner Leistung sagen?", und noch viel dringender ist die Befürchtung: „Kann der Mitarbeiter in einem **Rechtsstreit** sein Votum geltend machen?" Hier ist daran zu erinnern, dass die juristisch wirksame Beurteilung nur der Behördenleiter erstellen kann. Das ist auch sinnvoll, weil nur an der Spitze einer Behörde ein Vergleich aller Mitarbeiter möglich ist. Das muss allgemein bekannt sein. Deshalb ist es keine beamtenrechtliche, **sondern eine taktische Frage**, ob dem Mitarbeiter die eigene Einschätzung gesagt werden soll. Geschieht das offen und ehrlich, so bestehen keine Bedenken. Das ist auch deshalb erforderlich, weil der Mitarbeiter die Möglichkeit haben muss, seine Leistungen zu verbessern, und das kann er nur, wenn ihm sein Leistungsstand offenbart wird. Soll aber das wahre Votum verschleiert werden, nach dem Motto, „ich sehe Sie als den Besten, aber der Behördenleiter folgt mir nicht", so ist das abzulehnen.

In **Gedankenspielen** hat sich immer wieder gezeigt, dass Vorgesetzte im konkreten Fall ihre Mitarbeiter zutreffend und differenziert beurteilen können. Wenn ihnen **hypothetisch** ermöglicht wird, alle Mitarbeiter zu befördern, jedoch nacheinander und mit einem kleinen Zeitabstand dann finden sie treffsicher die richtige Reihenfolge. Solche hypothetischen Leistungsvergleiche dürfen aber auf gar keinen Fall allgemein bekannt werden. Das führt zu großer Unzufriedenheit, weil die Selbsteinschätzung und die Fremdeinschätzung der Leistung fast immer auseinander liegen (Kapitel 25.6.9.2). Transparenz in diesem Bereich hilft niemandem (*Henzler*, a.a.O., S. 104).

Da es in der Realität nie vorkommt, alle Mitarbeiter einer Dienststelle gleichzeitig befördern zu können, sondern die Konkurrenten stets aus verschiedenen Dienststellen kommen, werden „überhöhte" Beurteilungen aus der Befürchtung heraus gefertigt, in der anderen Dienststelle werden die Mitarbeiter ungerechtfertigt bevorzugt. Diese Differenzen müssen in der Behördenleitung ausgeglichen werden.

Ganz besonders **problematisch** sind Beurteilungseinschätzungen von Vorgesetzten, die wegen der eigenen Verwendungsbreite ständig fachübergreifend die Dienststelle wechseln müssen oder die nicht über die fachliche Qualifikation verfügen. Ihnen sind aus der eigenen Anschauung und Erfahrung die tatsächliche Befähigung und Eignung sowie die Leistungsbereitschaft der Mitarbeiter und deren private Situation fremd, sodass Gespräche oft formalistischen Charakter annehmen, ohne dem Menschen gerecht zu werden. Solche Vorgesetzte stellen dann eigene Wertekriterien in den Vordergrund, z. B. die Häufigkeit des Wechsels des Aufgabengebietes.

In solchen Situationen drängen sich hin und wieder sogenannte **Graue Eminenzen** in die Vertraulichkeit des Vorgesetzten. Das sind Nachgeordnete, die aufgrund ihres fortgeschrittenen Lebens- und Dienstalters und der langen Zugehörigkeit zur Dienststelle ihre Erfahrungen über ihre Kollegen heimlich anbieten. Das muss auf jeden Fall unterbunden werden. Solche „Informationsstränge“ sind unkontrollierbar und können zur Denunzierung von Mitarbeitern missbraucht werden. Natürlich ist es wichtig, Lebens- und Berufsältere um Rat zu fragen, oder Informationen über dramatische Lebenskrisen zu erhalten, aber nicht zu den Leistungen von Mitarbeitern.

Hin und wieder erreichen Vorgesetzte in solchen Situationen auch **anonyme Schreiben**, in denen innerdienstliches Fehlverhalten von Kollegen geschildert wird. Oft gehen diese Schreiben einher mit geplanten Beförderungen oder Stellenbesetzungen.

Während „anonymen Strafanzeigen“ und erheblichen Gefahren nachgegangen werden muss (Kapitel 3.6.1 und 6.10), ist das bei innerdienstlichen Schreiben anders. Die Verfasser solcher Schreiben sind zu **feige**, wirkliches Fehlverhalten von Kollegen offen anzusprechen und somit für Korrekturen zu sorgen. Sie wollen nur ein schlechtes Klima erzeugen und andere herabwürdigen. Um solche Unsitten schnellstens zu beenden, gehören solche Schreiben in den Reißwolf. Das ist in der Früh- / Morgenbesprechung (Kapitel 25.6.7) zu thematisieren.

25.6.9.2 Selbstbeurteilung

Mitarbeiter können sich untereinander im Regelfall richtig einschätzen. Bei der Bewertung der eigenen Leistung gelingt das überwiegend nicht. Gleichwohl glauben sie, das zu können. Die **Ursache dieses Irrtums** beruht darauf, dass Arbeiten, die der eigenen Veranlagung, Fähigkeit und Fertigkeit entgegenkommen, als nicht schwierig empfunden werden, weil es ja so einfach geht. Dagegen stehen die Arbeiten im Rampenlicht, die mühevoll sind, weil diese so schwer fallen. Das Selbstwertgefühl täuscht dann vor: Ich bin so gut, dass ich sogar schwierige Dinge bewältigen kann. Damit erhalten die tatsächlich nur schwer zu erbringenden Leistungen einen falschen Stellenwert. Diese Fehleinschätzung verstärkt sich, wenn Vorgesetzte auch nur oberflächliche Kenntnisse haben (Kapitel 25.6.9). Das hat negative Folgen für die Berufsausübung und Berufszufriedenheit.

An einer typisch polizeilichen Tätigkeit kann man das feststellen: **Schreiben des Tatortbefundberichts**. Ein Umfang von fünf Seiten ist für jemanden, der das „Zehn-Finger-Blind-System" beherrscht, eine leichte Arbeit. Mit dem „Zwei-Finger-Suchsystem" wird es jedoch zur Qual. Gleichwohl glauben die „Langsamschreiber", ihre Arbeit sei besonders schwer und zeitaufwendig und halten das für eine gute Leistung, „auch das kann ich". Doch was haben sie bewertet? Nicht die Qualität der Arbeit, sondern den langen Zeitaufwand, der jedoch ihrer Unzulänglichkeit anzulasten ist. Gleiches gilt für die Tatort-Befundaufnahme und die Spurensicherung in einfach gelagerten Fällen und bei der Notsicherung von wichtigen Spuren.

Kommt es bei der Beurteilung zu erheblich unterschiedlicher Auffassung zwischen dem Beurteiler und dem Beurteilten, so kann eine „Selbstbeurteilung" sehr hilfreich sein. In der Privatwirtschaft ist das weit verbreitet. Der Betroffene erstellt über sich selbst eine vollständige Beurteilung nach Vordruck. Danach wird in einem ausführlichen Gespräch dieser Entwurf unter dem Gesichtspunkt „So bin ich" oder „So möchte ich gern sein" besprochen. Folgt der Vorgesetzte den Vorstellungen des Betroffenen nicht, so wird manchmal der „Schwarze Peter" zurückgegeben: Von mir wird mehr verlangt, als von anderen (Kapitel 25.13).

25.6.9.3 Beurteilung der Vorgesetzten durch die Mitarbeiter (Vordruck im Anhang)

Eine besondere Art der Beurteilung ist in den meisten Behörden fremd, die Beurteilung der Vorgesetzten durch die Mitarbeiter. Die Behörden, die das praktizieren, haben gute Erfahrungen gemacht. Die Mehrzahl der Mitarbeiter geht sehr verantwortlich mit diesem Instrument um und bewertet das Verhalten und die Leistung von Vorgesetzten zutreffend. In einem Pilotprojekt in Nordrhein-Westfalen im Jahr 1992 wurden Vorgesetzte durch 1 499 Mitarbeiter beurteilt (Erlass IM NRW, Der Staatssekretär, 26.2.1993, S. 4). Dabei sollte das Verhalten der Vorgesetzten anhand eines Katalogs (Siehe Anhang in diesem Kapitel) von 41 Führungsaufgaben bewertet und gleichzeitig angegeben werden, welche Bedeutung die einzelne Führungsaufgabe für den Mitarbeiter hat.

Bei Auswertung der Befragung zeigte sich, an der Spitze stand der Wunsch, gut informiert zu sein. Insgesamt hatten Selbstverwirklichungsideale und Autonomie am Arbeitsplatz einen hohen Stellenwert. Auch Freude an der Arbeit stand im Vordergrund. Die Befragung zeigt ebenso, dass hier die größten Defizite im Führungsverhalten vorliegen. Solche Befragungen sind in der Lehre und in der Fortbildung sehr verbreitet und eine große Hilfe für die Lehrenden und für die Lernenden.

Sollte ein Mitarbeiter mit seinem Vorgesetzten unzufrieden sein, so empfiehlt es sich, zunächst eine Nacht darüber zu schlafen und am nächsten Tag den „Beurteilungsvordruck für Vorgesetzte“ (siehe Anhang) sorgfältig auszufüllen, um so die gesamte Handlungsbreite des Vorgesetzten zu erfassen. Dadurch werden Emotionen gemildert und es entsteht ein Bild sachlicher Bewertung, das Stärken und Schwächen aufzeigt. Mit diesem Ergebnis sollte dann das Personalgespräch (Kapitel 25.8) geführt werden.

25.6.10 Kontrollen

Kontrolle und Controlling unterscheiden sich grundlegend.

Beim **Controlling** wird die **Effizienz** (Wirtschaftlichkeit) der Arbeit geprüft und zwar am fertigen Produkt (Kapitel 25.6.1). Controlling setzt aber Monitoring (Dauerbeobachtung), Management-Wissen über die Funktionsweise des Arbeitsgebietes und fundierte Erfahrung voraus (*Fidlschuster,* a.a.O.).

Kontrolle prüft die Effektivität (Wirksamkeit) der Arbeit während des Arbeitsablaufs. Anstelle des Begriffs „Kontrolle“ hat sich in den letzten Jahren in der Polizei auch der Begriff „Qualitätsmanagement“ verbreitet, der dem Polizeiberuf nicht gerecht wird. Der aus der Betriebswirtschaft stammende Begriff meint die Kollektivverantwortung und verstellt den Blick auf die **persönliche Verantwortung** (§ 36 BeamtStG; Kapitel 25.5.2) jedes einzelnen Beamten und somit auch der Vorgesetzten für die **kriminalistische Korrektheit** der Arbeit (Kapitel 1.2.7; 25.6.1). Es geht um die juristische Genauigkeit im Strafverfahren (Kapitel 1.2.11). Das Bundesverfassungsgericht erinnert daran, dass das **Berufsbeamtentum** für die **Rechtsstaatlichkeit** verantwortlich ist (Kapitel 25.6.2).

Bei der Strafverfolgung sind der Arbeitsablauf die Sofortmaßnahmen (Kapitel 7.4) und die Ermittlungen (Kapitel 3.6 und 5.3). Durch die Prinzipien der Legalität (§§ 152 und 163 StPO), der Objektivität (§ 160 II StPO und 43 JGG) und bei der Diversion (§§ 45 und 47 JGG) sind der Polizei die Ziele und Aufträge gesetzlich vorgegeben. Diese können nicht durch Wirtschaftlichkeit begrenzt oder gar ausgehebelt werden. Damit würde das Rechtsstaatsprinzip unterlaufen (Art. 20 III GG). Weil dies zu den Grundwerten unserer Gesellschaft gehört, ist die Einhaltung dieser Prinzipien durch strafrechtliche Sanktionen abgesichert, z. B. Strafvereitelung (§ 258a StGB) oder Verfolgung Unschuldiger (§ 344 StGB), das sogar einen Verbrechenstatbestand darstellt.

Insofern ist in der Kriminalpolizei **auch ein gutes Arbeitsergebnis** vorhanden, wenn z. B. Schuldausschließungs- oder Rechtfertigungsgründe ermittelt werden konnten und deshalb ein Kriminalfall nicht zur Verurteilung gekommen ist. Gleiches kann gelten, weil der einzige Zeuge von seinem Zeugnisverweigerungsrecht Gebrauch macht und es deshalb nicht zur Anklage kommen kann. Umgekehrt ist es schlechte kriminalistische Arbeit, obwohl der Fall statistisch als aufgeklärt gemeldet wird, wenn es nicht zur Verurteilung kommt, weil Beweisverwertungsverbote (Kapitel 3.3) vorliegen, die bereits im Ermittlungsverfahren entstanden sind oder weil einfach unzureichend ermittelt wurde.

Gleichwohl sind die Ermittlungen so zu führen, dass **unnötige Kosten** vermieden werden. Kann z. B. der Urkundsbeweis durch Schwarz-Weiß-Kopien erbracht werden, so sind farbige entbehrlich. Insofern gilt auch bei der Aufklärungsarbeit das **Kostenbewusstsein** (Nr. 5a RiStBV), ein Grundsatz, der in allen Bereichen der öffentlichen Ausgaben einzuhalten ist.

In Kriminalkommissariaten kommt es nicht auf die statistische Aufklärung des Falles an, sondern auf die solide kriminalistische Arbeit, auf **Qualitätsstandards** (*Artkämper*, a.a.O., *Behrendt*, a.a.O.). Wie wenig Aussagekraft zu diesem Thema die Aufklärungsquoten haben, zeigt die Polizeiliche Kriminalstatistik (Kapitel 15.5; *Weihmann,* a.a.O., 2005 a).

Um die regelgerechte kriminalistische Arbeit richtig bewerten zu können und den Bearbeiter gerecht zu beurteilen, muss der Vorgesetzte über ein breiteres und tieferes kriminalistisches Wissen verfügen als die Mitarbeiter. So ist es in allen anderen Berufen auch. *Richard Wagner* lässt in den „Meistersingern von Nürnberg" Hans Sachs singen: „Verachtet mir die Meister nicht". Sie sind seit Jahrhunderten der Inbegriff von Gründlichkeit und Kompetenz *(Henzler*, a.a.O., S. 227). Und das gilt auch für Kommissariatsleiter und deren Vorgesetzte.

Vorgesetzte, die nicht über die notwendigen Fachkenntnisse verfügen, verlegen ihre Kontrolltätigkeit häufig auf „Stückzahlen", so z. B. Anzahl der Vorgänge, Anzahl der Tätigkeiten, Anzahl von Arbeits- oder Überstunden u.v.a.m. Sie entwickeln sich zu Meistern statistischer Zahlen, ohne den wirklichen Sinn solcher Zahlenreihen darzulegen (Kapitel 15.5). „Zahlen sind kein Ersatz für Urteilskraft, Erfahrung und praktische Vernunft" (*Rödder*, a.a.O.). Auch die Benutzung von Checklisten ist dabei nicht hilfreich. Diese Kontrollen sagen nämlich nichts über die Qualität der Arbeit aus. Der Vorteil für unkundige Vorgesetzte besteht jedoch darin, dass die Messwerte unstreitig sind und Stückzahlen fast immer richtig ermittelt werden können. Deshalb ist man unangreifbar und muss keine Diskussionen befürchten und keine Begründungen abgeben. Dies wird auch als „Bürokratischer Führungsstiel" bezeichnet (Kapitel 25.6.3).

Kontrolle bedeutet nicht kleinkrämerhaftes Schnüffeln, sondern die sachliche Überprüfung, ob die Grundsätze der **Intellektuellen Redlichkeit** eingehalten wurden (Kapitel 1.3.7). Dabei ist zu bedenken, dass gute Mitarbeiter Kontrollen nicht nur über sich ergehen lassen, sondern sie sogar fordern. Hierbei wird nämlich offenkundig, wie gut sie wirklich sind. Nur schlechte Mitarbeiter beklagen und kritisieren Kontrollen. Das ist auch verständlich, denn dabei fällt ihre Unzuverlässigkeit auf. Es muss schon zu denken geben, dass von den erwachsenen Tatverdächtigen, die die Polizei statistisch erfasst, weniger als die Hälfte verurteilt werden (*Weihmann,* a.a.O., 2005 a). Die Ursache dafür muss „am Ermittlungsvorgang“ überprüft werden.

Erfahrenen Vorgesetzten ist die **Leistungsstärke** ihrer Mitarbeiter bekannt. Sie kennen ihre „Pappenheimer“ (geachtete ritterliche Kämpfer), auf die sie sich stets verlassen können. Sie kennen aber auch die wenigen Drückeberger und Schlauschwätzer und richten darauf ihr Kontrollverfahren ein.

Bei der Prüfung der kriminalistischen Arbeit ist ebenso zu bedenken, dass Erfolge aus 90 % solider Arbeit und nur aus 10 % Zufalls-Glück (wie beim Lotto) bestehen. Die anstrengende Arbeit in den Ermittlungen und die damit verbundenen Erfolge verbreiten jedoch ein anderes Glücks-Erlebnis, was dauerhaft bleibt, weil man etwas geleistet hat, worauf man stolz sein kann. Insofern ist dem Volksmund zuzustimmen, wenn er sagt: „Das Glück ist der Begleiter der Tüchtigen“. Die hin und wieder von Unkundigen leichtfertig verbreitete Behauptung, die Sachbearbeiter würden nur 5 % der Straftaten aufklären, weil in den übrigen Fällen der Täter „mitgeliefert“ wird, verkennt, dass mit der Namhaftmachung des Tatverdächtigen noch kein Gericht von der Tatbestandsmäßigkeit des Handelns, von der Rechtswidrigkeit der Tat und von der Schuld des Verdächtigen überzeugt ist.

Es gibt Behörden, die haben die **Unterschrift** (Zeichnungsbefugnis) für die Abverfügung des Vorgangs an die Staatsanwaltschaft oder an andere Behörden auf die Sachbearbeiter delegiert. Das ist bei kompetenten Sachbearbeitern auch sehr sinnvoll und stärkt deren Selbstwertgefühl. Doch die Unterschriftskompetenz ist **keine Freistellung von Kontrollen** durch die Vorgesetzten. Ihre Kompetenz wird dadurch in keiner Weise berührt.

Fraglich ist, wie sollten Kontrollen vonstattengehen? Das ist sehr unterschiedlich und richtet sich nach dem **Leistungsvermögen des Mitarbeiters** und nach der **Wichtigkeit des Vorgangs**. Je schlechter die übliche Arbeit des Mitarbeiters oder je wichtiger der Vorgang, um so intensiver wird kontrolliert. Hierzu sieht die Geschäftsordnung der Behörden auch formalisierte Verfahren vor. Bereits beim Eingang des Vorgangs kann der Vorgesetzte durch **Sicht- und Arbeitsvermerke** kenntlich machen, ob er den Vorgang selbst unterschreiben will oder ob dieser ihm vor Abgang zur Kenntnis vorzulegen ist. Darüber hinaus kann der Vorgesetzte bei besonders nachlässig arbeitenden Mitarbeitern anordnen, ihm alle Vorgänge vor Abgang vorzulegen. Dies sollte aktenkundig gemacht und die Behördenleitung darüber informiert werden. Gute Sachbearbeiter können selbst zutreffend einschätzen, welche Vorgänge ihre Vorgesetzten kennen müssen, um richtig informiert zu sein.

Bei der eigentlichen Kontrolle kommt es nicht darauf an, selten auftretende **Schreibfehler** zu bemängeln, da es häufig vorkommt, dass das Schriftgut zu unüblicher Tages- oder zur Nachtzeit oder unter Zeitdruck gefertigt wurde – weil z. B. eine Vorführung zum Erlass eines Haftbefehls ansteht (Kapitel 18.3). Solche Schreibfehler können handschriftlich vom Vorgesetzten korrigiert werden. Kommt es aber zur Häufung und zu inhaltlichen Fehlern, so ist eine persönliche Rücksprache erforderlich. Hierbei ist es nicht tunlich, in dem Gespräch die Unzulänglichkeiten gleich als Fehler zu bezeichnen, sondern zu fragen: „Warum haben Sie das so und nicht anders gemacht?" Denn gerade hier gilt der Grundsatz **Wer fragt, der führt**. Mit dieser Methode ist zunächst der Mitarbeiter in der Begründung. Erst wenn für eine bestimmte Handlungsweise keine plausible Antwort gegeben wird, erfolgt die Beratung und gegebenenfalls eine Weisung durch den Vorgesetzten.

Neben individuellen Mängeln in Vorgängen kommt es auch vor, dass die **Gründlichkeit** im Allgemeinen zu wünschen übrig lässt. Zum Beispiel fällt auf, dass von einem Mitarbeiter über einen längeren Zeitraum überdurchschnittlich wenige Tatortspuren (Kapitel 4.2) gesichert werden oder er von der Möglichkeit der vorläufigen Festnahme (Kapitel 18.3) von Tatverdächtigen, die auf frischer Tat betroffen werden, gar keinen Gebrauch macht oder bei ihm überdurchschnittlich viele Beschuldigte die Aussage in der Vernehmung (Kapitel 11.7) verweigern. Hier hilft nur ein ausführliches und gut vorbereitetes Personalgespräch (Kapitel 25.8).

Wie wichtig Kontrollen der Ermittlungsvorgänge sind, zeigt die hohe Anzahl „handwerklicher Fehler" allein bei Vernehmungen in der Massenkriminalität und bei Straßenverkehrsunfällen (*Weber / Berresheim*, a.a.O., S. 787, Spalte 3). Hier sind die Vorgesetzten in der Pflicht. Die Revisionsgerichte sehen es als einen „groben Verstoß der [Dienst-] Vorgesetzten" an, wenn richtungsweisende Gerichtsentscheidungen nicht an die Nachgeordneten weitergegeben werden und die Einhaltung nicht kontrolliert wird, z. B. der Richtervorbehalt bei Eingriffsmaßnahmen (NJW 2009, S. 3591 [3592]).

25.7 Autorität

Unter Autorität vermerkt der DUDEN eine einflussreiche, maßgebende Persönlichkeit von hohem Ansehen. So werden Personen bezeichnet, die Würde, Macht und Einfluss in Wissenschaft, Kultur und Wirtschaft haben und bereit sind, Verantwortung (Kapitel 25.5.2) zu übernehmen. Sie sind intelligent, haben positive Anlagen und verfügen über die Kulturleistungen Disziplin, Respekt, Achtung und Mitgefühl gegenüber anderen, die ihnen schon als Kind vermittelt wurden und deshalb Teil ihrer Persönlichkeit geworden sind. Im Umgang mit anderen halten sie sich an das **Fairnessgebot**. Versprechen halten sie. Notwendige Veränderungen begründen sie mit nachvollziehbaren und sachbezogenen Argumenten.

Auf der menschlichen Bedürfnispyramide haben sie die Stufen der „physiologischen", „sozialen" und „egoistischen" Bedürfnisse überwunden und streben nach Selbstverwirklichung (*Maslow*, a.a.O.). Zur Autorität wird ihre Macht, weil sie von ethischen Werten getragen ist und der Fürsorge gegenüber Schwächeren dient. Deshalb haben Autoritäten auch Anspruch auf Respekt und Achtung.

Die Nationalsozialisten unter Adolf Hitler haben die Macht autoritär zur Durchsetzung des absoluten Gehorsams missbraucht und die „Arische Volksgemeinschaft" als oberstes Staatsziel menschenverachtend gegen die Würde des Menschen durchgesetzt (*Klemperer*, 1996 a.a.O., S. 17; Kapitel 1.4.3.3).

Als Reaktion darauf hat sich in den letzten gut 30 Jahren in allen Lebensbereichen „antiautoritäres" Denken verbreitet. Von einflussreichen Meinungsführern wurden Politiker, Polizei und Soldaten unverhohlen pauschal diffamiert, was zur Verachtung und Verwahrlosung in Teilen unserer Gesellschaft führte (*von Altenbeckum*, a.a.O.). Gefördert werden Egoismus, Selbstverwirklichung und Selbstdarstellung von Einzelpersonen. Eine allgegenwärtige Spaß- und Wellnessgesellschaft tritt in den Vordergrund, auf Vorbilder wird verzichtet und Tugenden belächelt. Rücksichtslosigkeit gegenüber anderen wird bei vielen als Durchsetzungsfähigkeit geschätzt; Respektlosigkeit und fehlende Achtung vor dem anderen Geschlecht als Gleichstellung gelobt. Persönliche Verantwortung wird abgelehnt (Kapitel 25.5.2).

Dieser weitverbreitete Egoismus hat 2008 die weltweite Finanzkrise ausgelöst, bei der viele Banken und Konzerne Milliarden Euro verspekulierten. Die Rettung der Banken erfolgte dann durch Steuergelder. Die Ursache der Finanzkrise war das raffgierige Verhalten vieler Manager, die sich auf Gewinnmaximierung und Bonuszahlungen konzentriert hatten (Kapitel 25.6.1). In ihren Verträgen ließen sie sich absichern, dass die Boni in Millionen Euro auch dann gezahlt werden mussten, wenn sie selbst den Konkurs verursacht hatten. Die dafür Verantwortlichen schämen sich jedoch nicht, sondern beschimpfen ihre Kritiker als Neider (FASZ vom 13.9.2009, S. 47–54). Dieser Egoismus zerstört schleichend aber nachhaltig das soziale Zusammenleben und verhindert verantwortungsvolles Handeln.

Im täglichen Umgang zeigt sich häufig schon bei der Begrüßung der **Egoismus**. Selbst Erwachsene und Gebildete begrüßen sich durch die rückbezügliche Formel „Hallo". Das ist ursprünglich ein Ruf an den Fährmann zum Überholen. Es wird heute benutzt, um sich nicht mehr einen „Guten Tag" zu wünschen, sondern soll die anderen darauf aufmerksam machen, was hier wirklich das Wichtigste ist, **Ich**.

Nach weitverbreiteter Auffassung sind **Werte** heute relativ und werden individuell gewichtet, überwiegend gering geschätzt. Sie haben keinen Anspruch mehr auf allgemeine Anerkennung. Der Philosoph *Hans Jonas* (a.a.O.) sieht die Ursache darin, dass die Werte nicht mehr von „Oben", von den gebildeten und wissenden Persönlichkeiten der Politik, wie z. B. Altbundeskanzler ***Helmut Schmidt*** oder Altbundespräsident ***Richard von Weizäcker***, vorgelebt und verbreitet werden, sondern sich von „unten" als die neuesten Trends der Beliebigkeit darstellen. *Jonas* (a.a.O.) macht deutlich, dass mit dem Verbreiten von Werten immer die **Verantwortung für die Inhalte** einhergeht (Kapitel 25.5.2). Das setzt jedoch die Anerkennung von Ethik und Moral voraus.

Selbst die Werte der **Wahrheit** und der **Zuverlässigkeit** werden heute infrage gesellt. Sogar öffentliche Versprechen der tragenden politischen Parteien in Wahlveranstaltungen haben nach der Wahl keinen Bestand mehr, wenn es der **Machterhaltung** dient. Das **Gewissen** (Kapitel 25.6.8) wird dann der Macht geopfert (*Matussek*, a.a.O.). Bei vielen verschwindet auf dem „Weg nach oben" erst die Urteilskraft und dann der Charakter (Albrecht, FASZ vom 29.5.2011, S. 73).

Dabei geht es nicht um die Frage, ob immer die „Reine Wahrheit" gesagt werden muss, z. B. beim Arztgespräch über eine sehr schwere Krankheit. Doch neben den halbwahren Nettigkeiten bei einer Konversation ist hier an *Kant* zu erinnern, der feststellt: „Die Wahrheit zu sagen ist eine Pflicht, aber nur gegen denjenigen, welcher ein Recht auf die Wahrheit hat". So kann z. B. ein Geiselnehmer sich nicht auf die Wahrheit der polizeilichen Versprechen verlassen oder gar berufen.

Der Grundsatz von *Kant* bedeutet aber nicht, dass beliebig ausgesucht werden kann, wem die Wahrheit zu sagen ist, sondern das wird von den **ethischen und moralischen Grundsätzen** des Gegenübers bestimmt. Wer selbst nach ethischen und moralischen Normen lebt, der hat einen **Anspruch auf Wahrheit**.

Gleiches gilt für die **Zuverlässigkeit**. Auch hier ist das Maß der Dinge der Gegenüberstehende mit seinen Werten und Tugenden.

Der allseits bekannte Journalist und langjährige TV-Tagesschausprecher *Ulrich Wickert* (a.a.O.) stellt den Werteverlust in seinem Essay ausführlich dar und bringt es auf den Punkt: „Der Ehrliche ist der Dumme – Über den Verlust der Werte". Der Staatsrechtler *Otto Depenheuer* (a.a.O.) hält sogar den Westen mit seinen Werten für ein Auslaufmodell. Das sind düstere Aussichten, denen die Verantwortlichen entgegenwirken müssen.

Egoismus führt auch zur Widersprüchlichkeit zwischen der eigenen Lern- und Leistungsbereitschaft und den Erwartungen gegenüber anderen. Solche Personen halten die Mittelmäßigkeit ihres eigenen Wissens und Könnens für selbstverständlich, würden es aber ablehnen, sich von einem mittelmäßigen Arzt behandeln oder ihr Auto in einer mittelmäßigen Werkstatt reparieren zu lassen.

In einer Gesellschaft, in der an Einzelpersonen in der **Unterhaltungsbranche** und im **Sport** das Zweihundertfache und mehr an Geld bezahlt wird, was ein

Nobelpreisträger erhält, haben sich die Werte und die Tugenden bedenklich verschoben.

Leider ist bisher vergessen worden, dass **wirkliche Autoritäten** über eine gute Allgemeinbildung und umfangreiches Fachwissen verfügen, hohe ethische und moralische Ansprüche an sich selbst stellen, die Tugenden pflegen und sehr diszipliniert sind. Man kann sie auch an den höflichen Umgangsformen erkennen, die sie auch gegenüber den Personen beibehalten, die in der Hierarchie ganz unten stehen (*Arendt*, a.a.O.). Insofern sollte der Begriff Autorität wieder den alten Stellenwert erreichen.

Autorität ist nicht von Natur aus gegeben, sondern muss mühsam erarbeitet werden. Sie wird auch nicht von Natur aus genommen, sondern der Mensch selbst oder seine Vorgesetzten tragen dazu bei. Autorität begründet sich niemals durch Amtsübernahme, sondern allein durch die Persönlichkeit des Menschen. Sie wird geprägt vom Charakter, von der Bildung und vom Fachwissen und zeigt sich in den guten Umgangformen, der Bereitschaft, Verantwortung zu übernehmen und insbesondere in der **Überzeugungskraft der Argumente** (*Kant*, a.a.O.).

Autorität wird durch Vorgesetzte beschädigt, indem sie die nachgeordnete Führungskraft bewusst übergeht, sie offenkundig missachtet oder herabwürdigt oder sie dauerhaft mit untergeordneten Arbeiten beschäftigt. Diese Signale werden von den Nachgeordneten sofort wahrgenommen und von einigen schamlos ausgenutzt. Besonders offenkundige Beispiele dafür gab es im Profi-Fußball, wenn der Vorstand dem Trainer „nicht mehr den Rücken stärkt".

Autorität geht aber auch sehr oft durch Selbstbeschädigung verloren. Hier sind es am häufigsten die Persönlichkeitsmängel, wie schlechte Umgangsformen, schlechtes Vorbild, herabwürdigende Reden über andere Vorgesetzte, fehlende Kameradschaft und fehlende Loyalität. Besonders schädigend ist die Verweigerung der Übernahme von Verantwortung. Bei unliebsamen Themen verstecken diese sich dann hinter der „Weisung von oben". Solche Führungskräfte werden von niemandem geachtet und richten erheblichen Schaden an.

25.8 Gespräche mit Mitarbeitern

Gespräche mit Mitarbeitern sind eine der wichtigsten Führungsaufgaben. Deshalb haben diese den höchsten Stellenwert. Das gilt ganz besonders, wenn der Wunsch von den Mitarbeitern kommt. In solchen Fällen ist es wichtig, dass sich der Vorgesetzte Zeit nimmt und aktiv zuhört (Kapitel 11.10.2). Wichtigste Voraussetzung ist das **gegenseitige Vertrauen**, korrekt miteinander umzugehen. Nur dann kann eine gerechte Lösung gefunden und akzeptiert werden.

Dabei gilt es, die **Kultur der Streitgespräche** besonders zu beachten, die der Bundesgerichtshof einfordert (BGHZ 27, 284 [287]): In der Auseinandersetzung mit den Menschen, wie sie im Gespräch stattfindet, kommt immer die besondere

Persönlichkeit des Sprechers zum Ausdruck, der ein Recht darauf hat, das Gespräch frei, unbefangen und ohne das Gefühl des Misstrauens und des Argwohns führen zu dürfen. Die Eigentümlichkeit einer gesprächsweisen Auseinandersetzung besteht gerade darin, dass die einzelnen Gesprächsphasen das Ziel des Gesprächs erst vorbereiten sollen.

Gerade das wertvolle Streitgespräch ist oft dadurch gekennzeichnet, dass der eigene Standpunkt des Sprechers auch einmal zu scharf herausgestellt und betont wird und erst nach und nach ein Verständnis der gegenseitigen Standpunkte gewonnen oder gar eine Einigung erzielt wird.

Dabei liegt es in der Natur der Sache, dass Äußerungen gemacht werden, die nur in einer bestimmten Gesprächssituation Bedeutung haben, aber vergänglich und flüchtig gemeint sind und durch spätere Äußerungen überholt und getilgt sein sollen. Ohne Unbefangenheit, die auch einmal ein gewisses Sichgehenlassen erklären kann, und ohne eine der besonderen Lage der Auseinandersetzung angepasste Improvisation wird ein sinnvolles Gespräch durchweg gar nicht möglich sein. [...]

Eine entscheidende Verkümmerung des Menschen in der Entfaltung seiner Persönlichkeit würde es aber bedeuten, wenn der Teilnehmer eines Gesprächs befürchten müsste, ohne sein Wissen auf jede Wendung eines Gesprächs, ja auf den Klang seiner Stimme mit allen Besonderheiten und Unvollkommenheiten festgelegt zu werden. Mit dieser Befürchtung wäre untrennbar das Gefühl ständigen Argwohns und Misstrauens verbunden. Damit wäre der Raum für die zur menschlichen Natur gehörende vertrauensvolle Auseinandersetzung mit den Mitmenschen verbaut".

Hüten wir uns vor Vorgesetzten, die in salopper und launiger Form rezitieren: „Der Mensch steht im Mittelpunkt – und deshalb steht er im Weg." Einige von ihnen meinen das auch so. Vorgesetzte sollten immer in einfachen, verständlichen und kurzen Sätzen sprechen. Als Vorbilder können hier Personen des öffentlichen Lebens genannt werden, z. B. der Literaturkritiker *Marcel* ***Reich-Ranicki***, der Philosoph *Hans* ***Küng*** oder der Physiker *Carl Friedrich* ***von Weizäcker***. Sie praktizieren die Erkenntnis: „Wer von den Menschen verstanden werden will, muss verständlich sprechen."

Vorgesetzte müssen immer bemüht sein, die Gesprächspartner von **Betroffenen** zu **Beteiligten** zu machen. Es soll nicht „über" sie gesprochen werden, sondern „mit" ihnen.

Zu bedenken ist auch, dass eine nachlässige, schlagwortartige, abwertende, gestelzte oder verfremdete Alltagssprache in Stresssituationen beibehalten wird. Ein Bemühen, jetzt richtig zu sprechen, gelingt nicht. So kann die unzureichende Sprache auch bei Tätigkeiten gegenüber dem Bürger „durchschlagen".

Deshalb ist es wichtig, immer, auch im Familien-, Freundes- und Kollegenkreis, korrekt und verständlich zu sprechen. Die Sprache formt und zeigt den Charakter. Der Philosoph und Philologe *Victor* ***Klemperer*** (1996, a.a.O., S. 19) stellt dazu fest: „Im Stil seiner Sprache legt der Mensch sein Wesen hüllenlos offen". Auch wenn er lügt. Diese Erkenntnis aus der Aussageanalyse der Vernehmung gilt auch für Gespräche untereinander (Kapitel 11.13.7). Vorgesetzte und Lehrende sollten **Fehlverhalten** in diesem Bereich **sofort korrigieren**. Abschreckendes Beispiel für Sprache als Wegbereiter von Gewalt ist die Nazi-Diktatur (Kapitel 1.4.3.3). Korrekte Sprache verhindert Übergriffe, denn, vor der Gewalt kommt das Wort.

Fremdwörter sind zu vermeiden (Kapitel 26.4.2), auch weil wir in deutscher Sprache denken (*Glück*, a.a.O.) und auch die Gerichtssprache Deutsch ist (§ 184 GVG und § 259 StPO; Kapitel 11.12). Der Bürger hat das Recht auf eine ihm verständliche und eindeutige Sprache. Der Bundesverband der Verbraucherzentralen sieht eine große Gefahr in der schleichenden Einführung von Mischwörtern, die auch „Denglisch" genannt werden, und eine Mischung aus Deutsch und Englisch sind. Gerade in der Werbung werden hier bewusst Wörter gebraucht, die mehr verschleiern als aufklären. Darüber hinaus sprechen nur die Hälfte der Deutschen Englisch, sodass diese Menschen ohnehin nichts verstehen (FAZ vom 12.12. 2008, S. 9). Der Präsident des Bundesgerichtshofes *Klaus* ***Tolksdorf*** kritisiert und ermahnt zugleich: „Der Rechtsstandort [Deutschland] und seine Juristen können nur verlieren, wenn sie ihre Muttersprache aufgeben" (FAZ vom 6.2.2010, S. 4).

Gewarnt sei auch vor bombastischen Wortschöpfungen. Sie sollen mehr verschleiern als klarstellen. Das gilt insbesondere im **Management** und bei **Neuorganisationen,** damit niemand merkt, dass es wieder die Erfindung desselben Rades ist (*Weihmann*, a.a.O., 2011). So auch in der Finanzkrise 2008. Die Änderung von traditionsreichen Firmennamen in englische Kunstnamen verschleierte die Firmenstrukturen. Das war die Voraussetzung, die Firmen in den Konkurs zu steuern (z. B. Karstadt / Arcandor).

Unsere **Sprache ist ein Kulturgut** und so bedeutungsreich und genau, wie kaum eine andere und schon gar nicht wie Fremdwörter. Gerade Kriminalisten müssen sich einer Präzision befleißigen, die Missverständnisse ausschließt. Dazu gehören ganz besonders die Beachtung der Eigentümlichkeit von Sprache und Redewendungen. Die Philologen nennen es **Idiomatische Prägnanz**. Gerade die Kriminalistik verlangt juristische Genauigkeit in Wort, Schrift, Begriffen und Methoden, weil alles als Beweismittel in einem Strafverfahren verwendet werden soll und durch die spätere Eidesleistung des Kriminalisten an Bedeutung zunimmt.

Im **Umgang mit Ausländern** ist das anders, hier sollten Grundkenntnisse in deren Sprache und über deren Kultur vorhanden sein, zumindest Englisch gesprochen werden.

Für anlassunabhängige **Mitarbeitergespräche** gibt es keine Formalitäten. Sie sollten dort geführt werden, wo das Bedürfnis augenblicklich entsteht. Das gilt jedoch nicht für vertrauliche Inhalte, bei denen aber schnell eine „störungsfreie Ecke" gefunden werden kann. Beurteilungsgespräche werden immer vorbereitet und geplant durchgeführt (Kapitel 25.6.9).

Geplante Gespräche sollten stets in einem störungsfreien Raum geführt werden. Dann darf kein Telefon, auch kein Handy, eingeschaltet sein. Das Gespräch findet am Konferenztisch statt und je nach dem zeitlichen Aufwand werden Getränke angeboten. Die Sitzposition und die Sitzmöbel sollen sich nicht unterscheiden, sodass sie nicht als Machtsymbole wirken. Werden Aufzeichnungen gemacht, so wird das vorher vereinbart und so geschrieben, dass der andere mitlesen kann.

Veranlasst der Vorgesetzte ein Gespräch, so hat er bei der Terminierung dem Mitarbeiter das **Thema zu nennen**. Das gebietet die Höflichkeit und hat auch den Vorteil, dass sich der Mitarbeiter darauf vorbereiten oder einstellen kann.

In der **Gesprächseröffnung** gibt der Vorgesetzte den Themenumfang bekannt: „Ich habe Sie hierher gebeten, weil ... ." Eine schlimme Machtdemonstration und zugleich der stärkste Gesprächskiller ist die Eröffnungsfrage: „Wissen Sie, warum Sie hier sind?" Diese Frage zielt nicht auf das Handeln oder Verhalten des Mitarbeiters ab, sondern auf das Motiv des Vorgesetzten, was der Mitarbeiter nicht kennen kann. Deshalb ist das keine Führungsfrage, sondern hier soll lediglich das „schlechte Gewissen" geschürt werden.

In solchen Gesprächen müssen Mitarbeiter Gelegenheit haben, ausführlich sprechen zu können, sodass der Vorgesetzte dann aktiv zuhört (Kapitel 11.10.2).

Am **Gesprächsschluss** sollte der Vorgesetzte den gesamten Inhalt noch einmal zusammenfassen und als Letztes den Mitarbeiter fragen, ob das Thema abschließend besprochen wurde. Ist das zu diesem Zeitpunkt noch nicht möglich, so wird sofort das weitere Verfahren festgelegt.

Handelt es sich um ein Gespräch, in dem die Arbeitsleistung und / oder das Verhalten des Mitarbeiters kritisiert werden soll, so ist eine gründliche Vorbereitung dringend erforderlich. Jeder Kritikpunkt muss mit Beweisen belegt werden. Allgemeine Behauptungen, wie: „Sie arbeiten zu langsam" oder „Sie sind lässig" oder „Sie sind aufreizend gekleidet", führen nur zum Streit darüber, was damit gemeint sei. Vielmehr ist das Gespräch mit dem bisher vorbildlichen Verhalten oder den bisherigen guten Arbeitsergebnissen zu eröffnen und danach konkret das zu sagen, was gemeint ist: „Für die Vernehmung haben Sie drei

Wochen gebraucht, oder Sie grüßen gar nicht, oder Sie tragen kurze Hosen und brustfreie Hemden. Warum machen Sie das?" Es gelten hier die gleichen Regeln, wie bei der Beweisfindung: Die eigene subjektive Überzeugung muss mit objektiven Tatsachen belegt werden (Kapitel 3.6.5). Auf dieser Ebene ist ein Gespräch über die **Pflichten eines Berufsbeamten** sinnvoll (*Isensee*, a.a.O.).

Werden **Weisungen** erteilt, so muss sich der Vorgesetzte vorher darüber im Klaren sein, was zu tun ist, wenn sich der Mitarbeiter nicht daran hält. Insofern kann es zweckmäßig sein, vor dem Gespräch mit dem eigenen Vorgesetzten das Vorgehen abzusprechen.

In seltenen Einzelfällen gibt es Mitarbeiter, die ihre ganze Energie darin setzten, sich **vor der Arbeit zu drücken** und sich für die Gründe der mangelhaften Arbeit ständig neue „Geschichten" einfallen lassen. Solche Mitarbeiter müssen unbedingt in unmittelbarer Nähe des Vorgesetzten ihr Dienstzimmer haben, damit ihr Verhalten und die Art ihrer Arbeit offenkundig werden.

Völlig ungeeignet ist es, Konfliktlösungen durch „Retourkutschen" erreichen zu wollen. Nach dem Motto, wenn der Mitarbeiter sich nicht an die Regeln hält, dann wird er mit unangenehmen Tätigkeiten oder Dienstzeiten „bestraft". Das löst das Problem nicht, sondern fordert den so reglementierten Mitarbeiter ebenso zu Retourkutschen heraus. Er wird dann jede Gelegenheit nutzen, um Schwächen des Vorgesetzten bloßzulegen. So wird er bei noch so kleiner Mehrdeutigkeit einer Weisung die schlechteste Möglichkeit aussuchen und sich dann auf die ausdrückliche Weisung des Vorgesetzten berufen.

25.9 Dienstbesprechungen

Dienstbesprechungen sind notwendige und nützliche Einrichtungen. Sie geben Gelegenheit, periodisch oder aus besonderem Anlass mit den Mitarbeitern zu sprechen und diese zu informieren. Die Mitarbeiter haben dabei auch Gelegenheit, ihre höheren Vorgesetzten persönlich und deren Ansichten kennen zu lernen.

Nehmen an der Dienstbesprechung mehrere **Hierarchieebenen** teil, so darf niemals eine „Zwischenhierarchie" fehlen. Zumindest müssen deren Vertreter anwesend sein. Alle Vereinbarungen würden sonst die Autorität der Fehlenden untergraben (Kapitel 25.7). Dienstbesprechungen können aber auch endlos sein und niemand weiß am Schluss, worum es eigentlich ging. Das ist reine **Zeit- und Ressourcenvergeudung**. Deshalb müssen Dienstbesprechungen straff geführt werden, das heißt, der Leiter sollte in der Hierarchie deutlich herausragen. Wortmeldungen müssen themenbezogen oder der Reihe nach notiert und erteilt werden. Darüber hinaus gibt es immer wieder Personen, die nichts zur Lösung des besprochenen Problems beitragen, sondern sich selbst gerne sprechen hören. Ganz nach dem Motto: „Es ist zwar alles gesagt, aber noch nicht von

jedem." Hier muss der Vorgesetzte eingreifen, zunächst in einem persönlichen Gespräch außerhalb der Dienstbesprechung. Wenn das nicht fruchtet, auch während des Vortrags.
Anders ist es, wenn Probleme oder Konflikte zwischen den Mitarbeitern einer Gruppe oder einer Dienststelle entstanden sind. Diese können nur in ausführlichen Gesprächen gelöst werden, in denen jeder zu Wort kommen muss.

In den letzten Jahren hat sich eine **Unsitte** verbreitet, die „Handymanie" (*Meckel*, a.a.O und Kapitel 25.6.6). Offenkundig gibt es Menschen, die sich für so wichtig halten, dass sie ständig, an jedem Ort und zu jeder Zeit, über alles informiert werden müssen, sich alle Entscheidungen vorbehalten und ihren Mitarbeitern gar nichts zutrauen. Sie verwechseln Information mit Wissen (Kapitel 25.6.2). Das Verhalten ist nicht nur störend, sondern auch gar nicht notwendig. In Dienstbesprechungen ist jeder Teilnehmer bei wirklich wichtigen Angelegenheiten über die Geschäftsstelle des Besprechungsortes zu erreichen. Deshalb sind Handys abzuschalten. So muss auch niemand den Raum verlassen und bekommt dann das Wichtigste nicht mit. Der Leiter der Besprechung sollte bereits in der Einladung die zentrale Erreichbarkeit mitteilen und bei Besprechungsbeginn zum Abschalten der Handys auffordern.
Eine weitere Erkenntnis sollte auch den Gebrauch von Telefonaten (insbesondere während der Autofahrt) auf wirklich wichtige Kurzinformationen reduzieren. Erst der persönliche Kontakt von Menschen fördert die Behalteleistung der Informationen (*Korte*, a.a.O.).

25.10 Kommissionen und Arbeitsgruppen (Kapitel 2.5 und 22.15)

Das Arbeiten in Kommissionen ist **gute kriminalpolizeiliche Tradition** (*Büchler*, u. a., a.a.O., S. 15), die älteste ist die Mordkommission (Kapitel 22.15). Je nach Arbeitsaufwand können solche Einheiten aus wenigen Mitarbeitern bestehen oder eine Stärke von Kriminalabteilungen haben und auch so geführt werden. Solch eine große Kommission mit mehr als 500 Beamten, die erstmals unter der Leitung des **Bundeskriminalamtes** arbeitete, wurde 1969 anlässlich der Ermordung von fünf Bundeswehrsoldaten in der Stadt Lebach (Saarland) eingerichtet (*Neven-du Mont / Schütz*, a.a.O.). Sie war schon so strukturiert, wie es heute unter der Abkürzung „BAO" (Besondere Aufbauorganisation) üblich ist.
Kommissionen werden von „Vorgesetzten auf Zeit" geleitet. Das können Personen sein, die bereits im Hauptamt eine Führungsfunktion wahrnehmen oder solche, die ansonsten Sachbearbeiter sind (*Wichmann*, a.a.O.; Kapitel 25.12).

Bei den Sachbearbeitern ist bei der **Auswahl besondere Sorgfalt** geboten, denn der Andrang ist groß, weil Unerfahrene glauben, Führen sei angenehmer als Arbeiten. Doch hier kommt es darauf an, jemanden zu beauftragen, der von seiner Persönlichkeit her als Führungsperson akzeptiert wird, die Grundsätze des „Kooperativen Führungsstils“ verinnerlicht und die nötige Entschlusskraft hat (Kapitel 25.6.2.2). Sonst geht viel Energie im Kampf um den „wahren Führer“ verloren. Sichere Hinweise für das Fehlen der Qualifikation sind **egoistisches Verhalten**, wie das Produzieren von Statussymbolen oder „Insignien der Macht“, z. B. ein besonderes Fahrzeug zur persönlichen Verfügung, bevorzugter Rückgriff auf Ressourcen, Freistellung von anderen Aufgaben, besonderes Mobiliar, besondere Türschilder u. a.m.

Andererseits gibt es auch Sachbearbeiter, die die neue Führungsrolle so verstehen, als müssten sie der beste und erste Sachbearbeiter sein. Sie arbeiten pausenlos auf dieser Ebene, vernachlässigen aber ihre neue Aufgabe, sodass sich hinter ihrem Rücken ebenfalls **Machtkämpfe** entwickeln.

Gleichwohl bietet die Übertragung von **temporären Führungsaufgaben** auch die Gelegenheit, festzustellen, über welche Qualitäten neue Kräfte verfügen und ob sie demnächst für dauerhafte Führungsaufgaben in Betracht kommen. Formalisierte Personal-Auswahlverfahren können das nur bedingt ermitteln.

Arbeitsgruppen haben in der Meinung vieler Mitarbeiter einen minder guten Ruf. Nicht grundlos gibt es die Volksweisheit: „Wenn du nicht mehr weiterweißt, gründe einen Arbeitskreis.“ Die negative Einschätzung liegt jedoch in erster Linie an der oft unglücklichen Organisation in solchen Gremien. Dabei darf allerdings nicht übersehen werden, dass in hierarchisch gleich besetzten Arbeitsgruppen der am stärksten Besessene die „Wahrheit“ bestimmt. Wenn dieser über ein kollektives Gruppenergebnis für die Öffentlichkeit unsichtbar bleibt, kann er als Person nicht überprüft werden. Dann wird nicht klar, ob das Ergebnis von der Gruppe erarbeitet oder von dem Dominanten bestimmt wurde. Daher gilt der Grundsatz: „Die Wahrheit gibt es nur mit der Verantwortlichkeit.“ (*Lanier,* a.a.O.). Man muss wissen, wer was gesagt hat, das heißt, der Verantwortliche muss offenkundig erkennbar sein. Bedauerlicherweise ist das bei **Polizeidienstvorschriften** nicht erkennbar. Die Namen der Autoren werden leider nicht genannt. Die „Richtigkeit der Aussagen“ wird aus der Zustimmung aller Bundesländer und des Bundes abgeleitet (*Weihmann*, a.a.O., 2005b). Doch solch ein Kompromiss zeigt im Ergebnis nicht die wissenschaftliche Richtigkeit. In einer hierarchischen Verwaltung führt der Kompromiss zum Mittelmaß oder zum kleinsten gemeinsamen Nenner (*Henzler,* a.a.O, S. 99). Bei der Lösung von komplexen Problemen sind Arbeitsgruppen grundsätzlich hilfreich. Doch durch die Gruppendynamik wird häufig keine optimale Lösung erreicht, sondern es kommt überwiegend zu Kompromissen.

Der **Kompromiss** ist in der Politik, wegen der Gleichrangigkeit der Kontrahenten, zwingend notwendig. Dabei geht es aber nicht um wissenschaftliche Richtigkeit, sonder um Mehrheiten im demokratischen Sinne. In einer hierarchischen Verwaltung führt der Kompromiss zum Mittelmaß oder zum kleinsten gemeinsamen Nenner (*Henzler*, a.a.O., S. 99). Deshalb können die Ergebnisse einer Arbeitsgruppe niemals die Entscheidung und Verantwortung der Führungskräfte ersetzen, sondern sie sind lediglich für diese ein **Entscheidungsvorschlag**.

Arbeitsgruppen sind auch sehr anfällig für die Produktion von Randproblemen oder Nebensächlichkeiten. Deshalb müssen **strenge Regeln** eingehalten werden, um brauchbare Lösungen erreichen zu können (*Henzler*, a.a.O., S. 33). Das sind zumindest:

- Der Leiter einer Arbeitsgruppe muss möglichst hoch in der Hierarchie angesiedelt sein. Dadurch ist gewährleistet, dass nicht aus Unkenntnis Probleme diskutiert werden, die bereits an anderer Stelle gelöst wurden.

  Darüber hinaus nimmt mit der Höhe der Verantwortungsebene auch die Abstraktionsfähigkeit zu, sodass in der Umsetzung genügend Spielraum für Nachgeordnete bleibt. Die Regelung von Nebensächlichkeiten wird so vermieden.

  Schließlich nimmt die Breite des Fachwissens mit der Höhe der Hierarchieebene zu, sodass die Zusammenhänge dienstlicher, rechtlicher und gesetzlicher Notwendigkeiten von vornherein bedacht werden können.

  Auch ist hier mehr historisches Wissen vorhanden, damit nicht jedes Mal das „Rad neu erfunden" werden muss.
- Als erste Arbeit in der Gruppe ist die Auswertung seriöser Forschungsergebnisse, wissenschaftlicher Literatur und höchstrichterlicher Entscheidungen erforderlich, die auch im Abschlussbericht zitiert werden müssen (Kapitel 26.2.3.9).
- Schließlich ist es sehr wichtig, die Dauer der Tätigkeit zeitlich zu begrenzen. Das muss bereits bei der Einrichtung mit genauem Datum festgelegt werden.
- Zum Abschluss formuliert allein der Vorsitzende eine schriftliche Zusammenfassung des Ergebnisses und legt das dem Auftraggeber vor. Dabei gibt es keine Mehrheitsentscheidungen und kein Minderheitenvotum. Gute Vorsitzende schreiben auch Alternativen auf und nennen die Gründe für deren Ablehnung.

25.11 Alkoholabhängigkeit

Es geht hier nicht um die Verteufelung des Alkohols. Und die Kassandrarufe „Wehret den Anfängen" gelten hier auch nicht, sondern verstellen den Blick auf die Realität. Es ist zwar richtig, dass alle Abhängigen „klein" angefangen haben, doch die millionenfachen Genießer zeigen das wahre Bild. Hier hilft nur ein **Zauberwort: Selbstdisziplin**. Berauschende Mittel hat es zu allen Zeiten und in allen Kulturen gegeben und wird es auch weiterhin geben. Entscheidend ist der richtige Umgang damit. (*Ladewig; Prentner, Völger / Welck*, a.a.O.).

Ebenso selbstverständlich ist es, dass sich Alkoholgenuss und gefahrenträchtige Handlungen ausschließen. So das Führen von Fahrzeugen, die Bedienung von Maschinen, der Umgang mit Schusswaffen, die Leitung von und die Teilnahme an Einsätzen, u.v.a.m.

Etwa **5 % der Bevölkerung sind alkoholabhängig**. Das betrifft auch Vorgesetzte und Mitarbeiter. Sucht ist eine **anerkannte Krankheit**, die der ärztlichen Behandlung bedarf. „Eine Alkoholabhängigkeit [...] kann vorliegen, wenn der [„Täter"] den Alkohol aufgrund einer unwiderstehlichen oder ihn weitgehend beherrschenden Hanges trinkt, der seine Fähigkeit, der Versuchung zum übermäßigen Alkoholkonsum zu widerstehen, auch nur einschränkt" (BGH in NStZ 2008, S. 330).

Der „Zweite Deutsche Suchtkongress" 2009 in Köln unterscheidet die Abhängigen in zwei Typen: den **Partytrinker**, der sich in feierliche Stimmung trinkt, und den **Negativtrinker**, der einer depressiven Gefühlslage oder dem Stress entfliehen will (FAZ vom 23.9.2009, S. N 1).

In der überwiegenden Anzahl der Fälle ist sowohl den Mitarbeitern als auch den Vorgesetzten die Suchtkrankheit von Angehörigen der Behörde bekannt. Das gilt insbesondere für Alkoholabhängigkeit. Durch sein eigenes Verhalten macht der Abhängige diese Tatsache offenkundig, sodass auch kein schützenswertes Geheimnis im strafrechtlichen (§ 203 StGB) oder datenschutzrechtlichen Sinne vorliegt (BGHSt 6, 292; 48, 28 [30]; 48, 126 ff.). Eine Geheimhaltung ist hier völlig unangebracht. Sie soll vielmehr die Untätigkeit der Behörde verheimlichen.

Eine beliebte Methode, der Sache „Herr zu werden", ist, neu in die Behörde versetzten Führungskräften das Problem lösen zu lassen, weil „man es dem altgedienten Kollegen nicht antun will". Aber das gelingt nicht, weil den Neuen das Hintergrundwissen fehlt. Als Alternative wird eine Hausverfügung mit generellem Alkoholverbot herauszugeben, die das Problem auch nicht löst, es zeigt nur die Hilflosigkeit der Verantwortlichen.

Die Suchtberatungsstellen und erfahrene Vorgesetzte wissen, welches **Unheil** Alkoholabhängigkeit in den Familien hervorruft und wie die Arbeitsleistung darunter leidet. Schließlich müssen die Kollegen den Arbeitsanteil auffangen. Hinzu kommt, dass das Problem sich unmerklich steigert und schließlich nicht mehr unter Kontrolle zu bringen ist. Viele scheuen sich, auch deshalb tätig zu werden, weil sie den Unterschied zwischen geselligem Alkoholgenuss und Abhängigkeit nicht wahrhaben wollen. Beim Abhängigen fängt es mit dem berühmten Portionsfläschchen Magenbitter nach jedem Mittagessen an und steigert sich bis zur zwanghaft auf der Toilette versteckten Literflasche für den regelmäßigen

Tagesbedarf. Alkohol ist für den Abhängigen kein Genuss mehr, sondern Zwang. Jede Verniedlichung und jede kollegiale Vertuschung löst das Problem nicht, sondern vergrößert es. **Der Abhängige ist krank**, er bedarf der Behandlung, der menschlichen Zuwendung und der Fürsorge.

Deshalb kann **nur konsequentes Vorgehen** hilfreich sein:

- Beim kleinsten Verdacht auf Sucht ist sofort ein **intensives Personalgespräch** mit dem Abhängigen zu führen (Kapitel 25.8). Hier hat der Vorgesetzte menschliches Verständnis und Hinwendung zu zeigen, muss das Problem aber konkret ansprechen und nicht verniedlichen. Der wirklich Abhängige wird stets lautstark und empört bestreiten, abhängig zu sein. Davon darf man sich nicht beeindrucken lassen, sondern das ist ein sicheres Zeichen für die Richtigkeit des Verdachts.
- Unmittelbar nach dem Gespräch sind alle übergeordneten Vorgesetzten, die **Behördenleitung**, die Verwaltung und der Behördenarzt **schriftlich und mündlich zu unterrichten**.
- Die Behördenleitung muss den Betroffenen schriftlich abmahnen und darin mitteilen, dass der Wiederholungsfall eine Dienstpflichtverletzung darstellt.
- Die unmittelbaren Kollegen und Vorgesetzten sind in das Programm zur Entwöhnung mit einzubeziehen. Das gilt auch für Ehe- oder Lebenspartner. Der Hinweis auf den Datenschutz ist völlig verfehlt und soll nur die Untätigkeit rechtfertigen (siehe oben).
- Der Arbeitsplatz muss in die Nähe des Vorgesetzten verlegt und der Arbeitsablauf so gestaltet werden, dass Versuchungssituationen vermieden werden. Es ist zu prüfen, ob Außenermittlungen zu untersagen sind.
- Durch den Vorgesetzten sind unverhoffte Kontrollen durchzuführen, um Alkohol aufzuspüren oder Atemalkoholgeruch festzustellen. Soll ein Atemalkoholtest durchgeführt werden, so muss das die Behördenleitung vorher schriftlich anordnen. Eine Verweigerung des Tests stellt dann eine Dienstpflichtverletzung dar.
- Mit der Familie und der Behördenleitung ist eine Entziehungskur anzustreben. Es ist ein weitverbreiteter Irrtum, Suchtabhängigkeit könne mit Selbsttherapie beseitigt werden. Die Entziehungskur muss aber stets mit einer Aussicht auf Belohnung verbunden werden. Es soll nicht nur mit dem Dienstrecht gedroht, sondern auch ein Vorteil angeboten werden. Der Abhängige muss wissen, welche Vorteile er nach einer erfolgreichen Entziehungskur hat. In vielen Fällen entwickeln sich geheilte Mitarbeiter zu den Besten und Fleißigsten.
- Nach der Entziehungskur ist ständiger Kontakt zu halten und nach dem Befinden zu fragen. Auch die erfolgreiche Entziehungskur ist kein Geheimnis,

sondern eine besondere Leistung, die Hinwendung und Anerkennung verdient.

Das Glück eines Gesundeten und das seiner Familie entschädigt den Vorgesetzten für die vielen Mühen, die auf dem Weg dorthin notwendig waren.

25.12 Vertretung

Führungskräfte in den Verwaltungen werden von anderen in dienstlichen Angelegenheiten vertreten. Hier wird zwischen **zwei Formen** unterschieden.

Behördenleiter sind Dienstvorgesetzte. Sie treffen beamtenrechtliche Entscheidungen über die persönlichen Angelegenheiten der Mitarbeiter (§ 2 BeamtStG; § 2 IV LBG / NRW und andere Landesbeamtengesetze). Behördenleiter haben einen „Allgemeinen Vertreter“, der auch „Ständiger Vertreter“ genannt wird. Diese **Ständigen Vertreter** nehmen ein herausgehobenes „Erstes Amt“ in der Behörde wahr, z. B. Leiter der Verwaltung, und vertreten den Behördenleiter. Für bestimmte Bereiche gilt das auch bei dessen Anwesenheit.

Die zweite Form ist die Vertretung im Falle von Abwesenheit oder Verhinderung. Sinn und Zweck dieser Regelung ist die Aufrechterhaltung der Funktionsfähigkeit der Behörden mit allen Arbeitsgebieten. Diese Vertretertätigkeit ist eine der schwierigsten Aufgaben in der Behörde, weil der Vertreter in Ausübung dieses Amtes, zumindest gedanklich, gleichzeitig Vorgesetzter, Mitarbeiter und Nachgeordneter ist. Es ist eine Führungsaufgabe auf Zeit (Kapitel 25.10). Trotzdem gibt es keine einheitliche Regelung für die Vertretung. Es ist Aufgabe der Behördenleiter, die Behörde stets funktionsfähig zu halten. Deshalb haben sie für den eigenen Bereich Grundsätze aufgestellt. Diese reichen von mündlichen Absprachen bis zu umfassenden Dienstanweisungen.

So ist es ebenfalls innerhalb der Kriminalpolizei geregelt, auch für die **Kriminalkommissariate.** Damit die Stellvertretung reibungslos erfolgt, ist im Regelfall im Voraus ein Vertreter benannt, der dieses Amt wahrnimmt. Das gilt insbesondere für geplante Abwesenheiten, z. B. bei Fortbildung, Dienstbesprechungen, Gesundheitsmaßnahmen oder Urlaube. Die Vertreter sind häufig die dienstältesten Mitarbeiter der Dienststelle.

Wer das dann wird, bestimmt eher selten der Kommissariatsleiter, sondern dessen Vorgesetzte. Das geht hinauf bis in die herausragenden Funktionen der Kriminalpolizei, z. B. Kriminalgruppenleiter oder Leiter der Kriminalpolizei. Doch die „Auswahl von oben“ stellt sich oft als problematisch dar, weil die Besonderheiten der Persönlichkeiten, des Wissens und der Fähigkeiten nicht bekannt sind und deshalb gegeneinander stehen können. Dann sind Leiter und Vertreter für eine gute Zusammenarbeit nicht veranlagt. In der **Privatwirtschaft** ist das einfacher. Der Chef wählt selbst seinen Vertreter aus. „Kluge Chefs suchen jemanden, der ihre **eigenen Schwächen besonders gut ausgleichen** kann.

Solch eine Person kann man jedoch im eigentlichen Sinne nicht suchen, sondern findet sie im Regelfall während der täglichen Arbeit, oft in Sonderkommissionen oder bei einer BAO-Lage (Kapitel 22.15; 25.6.2.1; 25.10). Werden die Fähigkeiten des Vertreters vom Chef anerkannt, dann wird es eine dauerhafte und erfolgreiche Beziehung. Der ideale Vertreter ist loyal, talentiert und bescheiden" (*Krohn*, a.a.O.).

Es stellt sich die Frage, wie geht man als Kommissariatsleiter mit „seinem" Stellvertreter um? Solange ein offenes und kommunikatives Verhältnis in der Dienststelle besteht, ist das kein Problem (Kapitel 25.6.7; 25.6.8; 25.8). Jeder weiß, was zu tun ist und jeder kennt die Leistungsfähigkeit und Belastung des anderen (Formular: Beurteilung des Vorgesetzten durch die Mitarbeiter im Anhang). Darüber hinaus muss der Stellvertreter über Organisationsabsprachen in der Behörde informiert sein. Auf jeden Fall ist zu vermeiden, dass mit dem Stellvertreter ein „heimliches" Vertrauensverhältnis aufgebaut wird, das über das Vertrauen zu allen anderen Mitarbeitern hinausgeht.

Es kann auch der Fall eintreten, dass der ausgewählte Vertreter nicht zur Verfügung steht, sodass dann ein anderer bestimmt werden muss. Das kann auch eine Person aus einer anderen Dienststelle sein.

Auf keinen Fall darf der Kommissariatsleiter die Lösung der „unangenehmen Fälle in seiner Dienststelle" in die Vertretungszeit abschieben. Damit zeigt er seine Ungeeignetheit für dieses Amt. Ebenso unfair gehen die Mitarbeiter mit dem Stellvertreter um, wenn sie dessen Funktionszeit nutzen, um die eigenen „Aktenleichen" loszuwerden. Hier sind die Vorgesetzten der Kommissariatsleiter in der Pflicht.

Der Vertreter hat alle Befugnisse wie der Kommissariatsleiter. Er muss sein Amt aber „im Sinne" des Kommissariatsleiters führen und darf keine dauerhaften Veränderungen einführen. Dabei hat er alle notwendigen Entscheidungen sofort zu treffen und den Kommissariatsleiter nach Rückkehr ausführlich zu unterrichten (Kapitel 25.6.6). Telefonische Rückfragen während der Abwesenheit sind zu vermeiden. Jeder ist ersetzbar, das zeigt sich in der Praxis bei plötzlich auftretenden schweren Krankheiten oder Unfällen schonungslos.

25.13 Frauen und Männer

Seit 1919 gibt es in Deutschland die „Weibliche Kriminalpolizei" (WKP), als erste in Berlin (*Groß / Geerds*, a.a.O., S. 534). Sie wurde in ganz Deutschland eingeführt und beibehalten (*Wehner*, 1973, a.a.O.). Die WKP wurde in „Frauen-Kommissariaten" zusammengefasst und von einer Frau geführt. In den 1970er Jahren wechselten die Frauen der Kriminalpolizei auf eigenen Wunsch in die „Männer-Kommissariate". Wenige Frauen, insbesondere ältere, blieben bis zu ihrer Pensionierung im „Frauenkommissariat".

1903 wurde die erste Frau in die Schutzpolizei in Stuttgart eingestellt (Die Polizei 1925, S. 286) und 1923 die „Weibliche Schutzpolizei" in Köln eingerichtet (*Erkens,* in: Die Polizei 1925, S. 341). Die „Weibliche Schutzpolizei" wurde wieder aufgelöst. Über die Gründe geben die zugänglichen Quellen keine Auskunft.

Von 1978 bis 1990 wurde die „Weibliche Schutzpolizei" in allen Bundesländern und im Bund eingeführt und als einen großen politischen Fortschritt bezeichnet. Die Probleme der gleichen Verwendung in einem Beruf, der sich auch körperlichen Auseinandersetzungen stellen muss und der den notwendigen Schutz von Schwangeren zu gewährleisten hat, sind noch nicht zufriedenstellend gelöst. Ausführlich dazu unter www.weihmann-schuch.de – Aufsätze – Frauen und Männer.

In den letzten Jahrzehnten ist das Thema „Gleichberechtigung für Frauen" stark in die Öffentlichkeit gerückt und dort unter dem Namen „Gender- Mainstreaming" verbreitet worden. Das eigentliche Thema wurde 1985 als politische Strategie auf der dritten Weltfrauenkonferenz der Vereinten Nationen in Nairobi vorgestellt und auf der vierten Konferenz in Peking weiter entwickelt. Es geht im Wesentlichen um die Beseitigung der ungerechten Behandlung von Frauen, insbesondere in der sogenannten Zweiten und Dritten Welt.

Die Politik in Europa und in Deutschland hat sich des Themas angenommen. Doch die **Verträge der Europäische Union** verwenden den Begriff „Gender Mainstreaming", gar nicht. Sie gebrauchen immer die Formulierung „Gleichheit von Frauen und Männern". Die Bundes- und Landes-Regierungen in Deutschland benutzen zwar den Begriff „Gender Mainstreaming". Sie verwenden jedoch unterschiedliche Definitionen, die alle sehr allgemein und unverbindlich gehalten sind. So wird nicht erkennbar, was im Einzelnen damit gemeint ist. Je nach der Zielsetzung von Interessierten und Meinungsführern lässt sich eine andere Interpretation finden.

Nach unserem Menschenrechtsverständnis haben Frauen und Männer die gleichen intellektuellen Fähigkeiten sowie die gleichen Rechte und gleichen Pflichten (**Gleichheit**). Diese gilt es, zu respektieren und zu achten. Allein die Tatsache, einem Geschlecht anzugehören, privilegiert oder diskriminiert keine Person. Gleichwohl sind Frauen und Männer „Ihrer Natur nach" verschieden (**Verschiedenheit**), nicht nur körperlich (BVerfGE 92, 91 [110]; NJW 2009, S. 661 m.w.H.).

Ein Ergebnis der extremen Frauenbewegung ist die Feminisierung der deutschen Sprache durch den öffentlichen Dienst. Das hat u. a. Wortungetüme, wie „PolizeibeamteInnen", hervorgebracht. Inzwischen gibt es Gesetze, Verordnungen und Erlasse, die wegen der Doppelschreibung nur noch schwer zu lesen sind, z. B. „Polizeibeamtinnen und Polizeibeamte" u. a.m., was letztlich dazu führt, die „Doppelwörter" zu überlesen. Ganz besonders störend sind diese „Doppelwörter" bei Vorträgen, weil dadurch der Sprechrhythmus verloren geht. Schriftsteller, seriöse Medien und andere Intellektuelle sind diesem Trend nicht gefolgt. Die Wissenschaft selbst hat nach Einführung von „Studentinnen und Studenten" sehr schnell für den bislang neutralen Begriff „Studenten" den neuen neutralen Begriff „Studierende" gefunden. In der Privatwirtschaft wird das Geschlecht an den Begriff angehängt, z. B. „Geschäftsführer (m / w)".

Der Sprachwissenschaftler *Thomas* ***Becker*** (a.a.O.) von der Universität Bamberg nimmt sich der Feminisierung unserer Sprache an und stellt klar, dass vermeintlich maskuline Personenbezeichnungen tatsächlich „semantisch nicht geschlechtsspezifisch" sind. Das wurde von Feministinnen bewusst übergangen. Deshalb wird unbeeindruckt von dieser Tatsache, weiter geändert, was zum **Widerspruch** führt. Mit der Zunahme der Feminisierung der Sprache vermehren sich tatsächlich die maskulinen Begriffe. So war z. B. der Begriff „Kollegen" oder „Beamte" stets geschlechtsneutral und ist erst durch die Einführung von „Kolleginnen" und „Beamtinnen" zu einer maskulinen Beschreibung geworden. Inzwischen gibt es zaghafte Ansätze einer Umkehr. In Gesetzen und Erlassen des Landes Nordrhein-Westfalen wird wieder die geschlechtsneutrale Personenbezeichnung gebraucht.

Eine bedauerliche Zuspitzung gibt es leider immer noch in der Frage, ob Frauen und Männer führen können. Dabei wird pauschal deren Fähigkeit oder Unfähigkeit behauptet. Dies ist auch in den parteipolitischen Auseinandersetzungen um Frauenförderung zu erkennen. Politiker glauben, um führen zu können, seien ausschließlich gute Studienergebnisse und exzellentes Wissen erforderlich (NRW-Landtagsdrucksache 13 / 3225, S. 2). Doch die Praxis zeigt sich anders. Zwar ist exzellentes Fachwissen zwingende Voraussetzung für gutes Führen, jedoch müssen das dauerhafte Wollen und das Können des Führens hinzukommen. Insbesondere muss die Fähigkeit vorhanden sein, den eigenen Egoismus zu überwinden (Kapitel 25.6.2). Nicht jeder Mann und nicht jede Frau will oder kann führen. Diese für beide Geschlechter geltende Tatsache zeigt sich in Nordrhein-Westfalen auch für die Frauen, durch die Verweiblichung des Lehrpersonals an Grundschulen (*Ute Erdsiek-Rave*, a.a.O.). Eine Reihe von Führungspositionen sind sogar nicht besetzt.

Die Annahme, dass **Quoten** eine gerechtete Verteilung der Führungspositionen auf Frauen und Männer zur Folge habe, trifft auch nicht zu, sondern behindert eher das Leistungsprinzip. Es gibt nicht wenige Fälle, in denen wirklich Gute eine Quotenstelle ablehnen, weil sie das für abwertend und diskriminierend halten (Kapitel 25.6.9.1). In der Tourismus- und der Unterhaltungsindustrie sowie im Hotel- und Gaststättengewerbe stellen sich Frauen und Männer den Herausforderungen und der Konkurrenz, ohne ihr Geschlecht herauszustellen. Die oder der Bessere setzt sich durch. Ebenso sind Statistiken über die Anzahl der männlichen und weiblichen Führungskräfte kein Beweis für die Diskriminierung der Frauen. Das Bundesarbeitsgericht (8 AZR 1012/08) hat am 22.7.2009 entschieden, dass dies nicht ausreiche, sondern konkrete Hinweise darzulegen sind (FAZ vom 23.7. 2010, S. 13)

Eine weitere Benachteiligung von Frauen soll die **schlechtere Bezahlung** für gleichwertige Arbeit und die **Unterbesetzung** in gut bezahlten Berufen sein. Hier sind leider keine zuverlässigen statistischen Zahlen bekannt. Doch spätestens nach Verabschiedung des Gleichbehandlungsgesetzes müsste das Problem behoben sein (BGBl. 2006, S. 1897). Als weitere Benachteiligung wird beklagt, dass sich zu wenige Frauen in **Spitzenfunktionen** befinden. Die Wirtschaftswissenschaftlerin *Sonja* ***Bischoff*** (a.a.O.) von der Universität Hamburg belegt in ihrer zwanzig Jahre dauernden Studie: „Viele Frauen brechen ihre Karriere selbst ab, bevor sie ganz oben ankommen. Sie wollen sich der Forderung nach unbegrenztem Einsatz und Mobilität nicht fraglos unterwerfen." Die Journalistin (TAZ und Der Spiegel) *Michaela* ***Schießl*** (a.a.O.) nennt das: „Downshifting, einen Gang runterschalten, aus dem Hamsterrad aussteigen". Die Frauenrechtlerin und Psychologin *Susan* ***Pinkert*** muss nach über zwanzig Jahren einräumen, dass nur wenige Frauen den Chefsessel anstreben. „[Ich hatte] die Vorstellung, wenn alle gesellschaftlichen Barrieren eingerissen sind, dann sind Frauen und Männer gleich. Aber ich musste lernen, dass das falsch ist. Frauen machen lieber, wozu sie Lust haben, insbesondere alles mit weniger Stress. Das ist eine Folge der Emanzipation, die so niemand erwartet hat" (FASZ vom 10.1.2010, S. 27). Die Headhunterin *Christine Stimpel* (a.a.O.) bestätigt das: „Viele Frauen suchen eine ausbalancierte Lebensweise, in der sie eher Freiheit und Flexibilität finden. Deshalb meiden sie die Kommandobrücke, denn Chef sein ist kein Halbtagsjob".

Gleichheit und Verschiedenheiten der Geschlechter sollten besser eingesetzt und Vorteil bringend genutzt werden. So bei der konkreten Auswahl von Führungskräften und bei der konkreten Zuweisung von Aufgaben. Es kann nicht jeder alles (Kapitel 25.6.9.3 und Anhang, Beurteilung der Vorgesetzten). Dabei ist zu berücksichtigen, dass das Geschlecht bei der Wahrnehmung von bestimmten Aufgaben von großer Wichtigkeit sein kann, bei anderen aber völlig unbedeutend (BVerfGE 92, 91 [110]). Auch hier ist nach der Veranlagung zu differenzieren.

Gerade bei Führungsaufgaben kommt es darauf an, neben vielen anderen Fähigkeiten, ob die Personen lösungsorientiert oder verständnisorientiert veranlagt sind und über Entschlusskraft verfügen (Kapitel 25.6.2.2). **Lösungsorientierte** analysieren und gehen dann die Sachverhalte zielgerichtet auf Veränderungen an (Kapitel 25.6.2). **Verständnisorientierte** diskutieren, die Lösung bleibt aber offen; „Es wird sich schon jemand darum kümmern".

Wird die Veranlagung bei der **Personalauswahl** nicht beachtet und liegt die erforderliche nicht vor, so **scheitern** Männer und Frauen in ihren Führungsaufgaben. Das gilt ganz besonders für den „Kooperativen Führungsstil" (Kapitel 25.6.3; PDV 100, Ausgabe 1999, Ergänzung 9 / 2008, Ziffer 1.5.3.1.) Diesen Führungsstil kann man zwar intellektuell erlernen, doch in **Stresssituationen** verfallen die Personen in ihre Veranlagung zurück, obwohl er dann am Dringendsten gebraucht wird. Denn die Verwirklichung der Kooperation setzt die Überwindung des eigenen Egoismus voraus, der an die Veranlagung gekoppelt ist (Kapitel 25.6.3). Nach dem Scheitern setzt sich bei einigen ihr Egoismus erneut durch und sie schieben dann die Schuld auf andere: „Von mir wird mehr verlangt, als vom anderen Geschlecht“ (Kapitel 25.6.9.2).

Natürlich gibt es Frauen und Männer, die alles allein machen müssen und deshalb überlastet sind. Doch die Gründe liegen sehr oft nicht im Geschlecht, sondern, weil diese Menschen den anderen nicht zur Mitarbeit anhalten oder weil es ihnen sowieso niemand Recht machen kann. Doch auch diese Menschen sind eine Randgruppe. Die große Mehrheit geht sehr kooperativ miteinander um.

Im täglichen Umgang zwischen Frauen und Männern muss es zur Selbstverständlichkeit werden, sich **gegenseitig** mit **Respekt, Achtung, Toleranz, Höflichkeit** und **Hilfsbereitschaft** zu begegnen.

Die Gleichstellung der Geschlechter und die Akzeptanz der Verschiedenheit bleiben wichtige gesellschaftliche Aufgaben und fordern von jedem persönlichen Einsatz. Dabei geht es auch um die korrekte Darstellung in den Medien, die bisher sehr zu wünschen übrig lässt.

Die angebliche Gleichstellung von Frauen und Männern in der DDR gehört auch zu den vielen Beschönigungen über die DDR-Diktatur. Die Historikerin *Mary* ***Fulbrook*** (a.a.O., S. 160 ff.) hat die Geschlechterrollen in der DDR untersucht und kommt zu ganz anderen Ergebnissen. Sie stellt auch fest, dass bei Berufstätigkeit und Kindererziehung sowohl die Frauen als auch die Männer die Doppelbelastung tragen müssen (Ausführlich dazu, mit vielen Quellen: www.weihmannschuch.de – Aufsätze).

Anhang

Beurteilung von Vorgesetzten (Kapitel 25.6.9.3)

Erlass IM / NRW vom 26.2.1993, StS [Staatssekretär], 2305.

Verhalten des/der Vorgesetzten		Bewertung				
		trifft gar nicht zu				trifft voll zu
	Mein/e Vorgesetzte/r ...	1	2	3	4	5
1	trifft klare Zuständigkeitsregelungen					
	hält Delegationsregeln ein					
	setzt für mich nachvollziehbare Prioritäten					
	koordiniert gut					
	verteilt die Arbeit gerecht					
	plant mit mir gemeinsam wichtige Vorhaben					
	gibt eindeutige Ziele vor					
2	unterrichtet mich über die für meinen Arbeitsbereich wichtigen Vorgänge					
	unterrichtet mich auch über ander Vorgänge, die mich interessieren					
	unterrichtet mich in Gesprächen					
	unterrichtet mich schriftlich					
	hält regelmäßig Besprechungen mit mehreren Teilnehmern					
3	lässt mir Spielraum, selbstständig tätig zu werden					
	überträgt Verantwortung auf mich, ohne mich zu überfordern					
	lässt mich in dem von mir gesteckten Rahmen selbst Prioritäten setzen					
	traut mir viel zu					
4	kümmert sich um die Einarbeitung der Mitarbeiter/innen					

	Verhalten des/der Vorgesetzten	Bewertung trifft gar nicht zu				trifft voll zu
	Mein/e Vorgesetzte/r ...	1	2	3	4	5
	erteilt nur Weisungen, wenn es geboten ist					
	lässt mir Freiräume					
	gibt mir Hilfestellungen bei Problemen					
	begleitet meine Arbeit					
5	lobt mich für gute Leistung					
	kritisiert mich					
	kritisiert mich in konstruktiver Form					
	stellt meine Arbeit gegenüber Vorgesetzten und Dritten dar					
	stellt sich vor mich, wenn ich von anderen unangemessen kritisiert werde					
	kritisiert nicht in Anwesenheit Dritter					
	verträgt Kritik					
	wahrt die richtige Distanz					
	nimmt sich Zeit für mich					
	nimmt Anteil an Freuden, Sorgen und Nöten					
	akzeptiert mich so, wie ich bin					
	setzt sich für mich ein					
	lässt mich nicht allein, wenn es gilt, Konflikte zu bereinigen					
	ist ehrlich					
6	ist bereit, meine berufliche Fortbildung zu unterstützen					
	ist an meinem beruflichen Fortkommen interessiert					
	legt mir keine Steine in den Weg					
	ist bereit, persönlichkeitsbildende Maßnahmen zu unterstützen					

26 Studium und Leistungsnachweise

26.1 Literatur

Böpple / Knüfer,	Generation XTC, Berlin 1996
Dittmann,	[Professor für Rechtsmedizin] Wann ist ein Gutachten begründet? in: BKA, Hg., Polizei + Forschung, Band 38, Köln 2009, S. 115
Glück,	Sprachfreies Denken gibt es nicht, in: FAZ vom 25.4.2008, S. 39
Luhmann,	[Niklas] Kommunikation mit Zettelkästen. Ein Erfahrungsbericht, in: Kieserling (Hg.) Universität als Milieu, Bielefeld 1993
Möllers,	[Martin H. W., Professor der Politikwissenschaften und Jurist], Wissenschaftliche Abschlussarbeiten für Bachelor, Master oder Diplom an Hochschulen der Polizei. Frankfurt / M 2007.
Ryngevic,	Kriminalistische Untersuchung der Textsprache [Neue Unterhaltungsformen: Chat, E-Mail und SMS = Aufgeschriebenes Sprechen], in: Kriminalistik 2007, S. 755
Weihmann / Schuch,	Prüfungswissen – Kriminalistik und Kriminaltechnik, Hilden 2011 (mit vielen Beispielen und Lösungsvorschlägen)

26.2 Studium (Kapitel 1.3.1 b)

Durch das Studium sollen die Studenten, im Sinne des Philosophen *Immanuel Kant,* **Eine eigene und sichere Urteilskraft erlangen**, die auf richtige Begriffe beruht und Anwendungsgeschick vermittelt. In der wissenschaftlichen Ausbildung sind Seminar-, Haus- und Abschlussarbeiten üblich. Daran soll die Methodik der wissenschaftlichen Arbeit erlernt werden. Gleichzeitig wird damit nachgewiesen, dass der Autor die Inhalte von Studium und Praxis beherrscht.

Die Anforderungen an die Qualität der Arbeiten sind sehr unterschiedlich. Es kommt u. a. darauf an, ob diese Leistungen an Universitäten, an internen Hochschulen, an Fachhochschulen oder an Akademien erbracht werden sollen. Die Standards richten sich u. a. nach dem Bildungsträger und / oder nach den ausbildungsspezifischen Vorgaben.

Einen vollständigen Überblick über wissenschaftliche Abschlussarbeiten gibt *Martin H. W.* ***Möllers*** (a.a.O.). Die Frage, wann ein Gutachten wissenschaftlich begründet ist, wird von *Volker* ***Dittmann*** (a.a.O.) ausführlich dargestellt.

Im Bachelor-Studiengang werden in den Grundmodulen die Themen „Methodik des wissenschaftlichen Arbeitens“ und „Wissenschaftliches Lernen“ vermittelt, sodass die Studenten von Anfang an über das nötige Rüstzeug verfügen.

Die systematische Untersuchung von Kriminalfällen **(Fallbearbeitung)** wird anhand der „Kriminalistischen Fallanalyse" durchgeführt (Kapitel 5). Sollen in den Arbeiten **Erscheinungsformen** der Kriminalität untersucht werden, so erfolgt das mit der Methode der „Kriminalistischen Deliktsanalyse" (Kapitel 24).

26.2.1 Wissenschaftliche Standards

Zu den wissenschaftlichen Standards zählen zumindest (*Möllers*, a.a.O., S. 17 ff.):

- Die methodische und systematische Suche nach neuen Erkenntnissen muss erkennbar sein.
- Die Entwicklung einer Hypothese, die nur solange Bestand hat, bis sie widerlegt wird.
- Die öffentliche und wahrheitsgetreue Darstellung der Ergebnisse.
- Die Ergebnisse müssen durch unabhängige andere Personen wiederholt werden können.
- Die Eigen- und die Fremdleistungen müssen für jeden Leser zweifelsfrei erkennbar sein.
- Die Quellen und Hilfsmittel sind korrekt zitiert.
- Alle Quellen, Hilfsmittel und Literaturangaben sind darüber hinaus in Verzeichnissen zusammengefasst.
- Die Arbeiten sind themenbezogen und logisch aufgebaut und entsprechend gegliedert.
- In den Arbeiten ist die Verwendung der richtigen Fachterminologie, insbesondere aus Kriminalistik, Kriminaltechnik und Kriminologie zwingend. Hierbei kommt es nicht nur auf die Richtigkeit der Begriffe, sondern ebenso darauf an, dass die Terminologie überhaupt verwendet wird.

26.2.2 Wissenschaftliche Grenzen

Auch die Wissenschaft hat Grenzen (*Dittmann*, a.a.O., S. 118 ff.):

- Wissenschaftliche Erkenntnis bleibt immer unvollständig, weil sie mit jeder Lösung selbst immer neue Fragen aufwirft.
- Wissenschaftliche Erkenntnis ist instabil, weil sich die Ausgangsbedingungen ändern. „Die Wissenschaft von heute ist der Irrtum von morgen".
- Wissenschaftliche Erkenntnis ist begrenzt. Sie kann nur in ihrem eigenen Aufgaben- und Zuständigkeitsbereich forschen.
- Wissenschaftliche Erkenntnis ist nicht die absolute Wahrheit, denn sie vermittelt immer nur einen provisorischen Begriff von der Realität.

26.2.3 Allgemeine Arbeitsbewältigung

Viele beginnen das Studium, ohne eine Vorstellung vom wissenschaftlichen Lernen zu haben. Einige glauben, es sei ähnlich wie in der Schule und stellen nach kurzer Zeit erschreckend fest, dass sie den Anschluss verpasst haben. Der entscheidende Unterschied zum schulischen Lernen ist die erforderliche Eigeninitiative der Studenten mit dem Selbststudium, das ist schon immer das Wichtigste gewesen. Die Lehrenden sind Moderatoren, die die Studenten durch das Studium führen und ihnen die Zusammenhänge erläutern. Darum gilt der Grundsatz: Fangen Sie sofort an! Glauben Sie nicht, alles zu wissen, weil Sie das früher schon einmal gehört haben. Es ist jetzt ganz anders. Fragen Sie Ihre Lehrenden, wo Sie die Themen des Studiums in zitierfähiger Literatur nachlesen können. Ihre Zukunft steht unter dem Motto: **Lesen!!, Lesen!!, Lesen!!** (*Möllers*, a.a.O., Vorwort). Nur was Sie sich selbst erarbeiten, behalten Sie auf Dauer.

Lassen Sie sich keine Zettel in die Hand drücken, die bedeutungsvoll „Handouts" genannt werden. Die große Mehrzahl enthält keine Angaben über den Autor und trägt kein Datum. Fragen Sie solcher Verteiler, wer für den Inhalt die Verantwortung übernimmt.

26.2.3.1 Zeitmanagement

Als besonderes Problem zeigt sich bei vielen Studenten, die Zeit richtig einteilen zu können. Insbesondere, weil parallel zum Studienverlauf Leistungsnachweise erbracht werden müssen.

Der häufigste Fehler besteht darin, dass nicht sofort mit der Arbeit angefangen wird. Dabei gilt die Erfahrung: „Terminnahe" Bearbeitung führt zu Stress. Fängt man erst spät an, kommt fasst immer etwas Unvorhersehbares dazwischen.

Der häufigste Grund für den Stress ist nicht das tatsächlich Unvorhergesehene, sondern die fehlende Aufstellung des Zeitplans über die Themen der Studientätigkeiten und die Leistungsnachweise, und zwar bis zum Ende. Es ist vergleichbar mit der Bearbeitung von Klausuren, wenn keine Zeiteinteilung für die einzelnen Gliederungspunkte vorgenommen wird (*Weihmann,* a.a.O., S. 11).

26.2.3.2 Anfangshemmungen

Es gilt, die Anfangshemmungen zu überwinden. Als Rechtfertigung redet man sich selbst vor: „Es ist ja noch soviel Zeit." Jede Gelegenheit zur Ablenkung ist dann willkommen, um darin ein Alibi und eine Rechtfertigung für das Nichtstun zu haben. Fangen Sie einfach an! Die Struktur kommt beim Lesen, Arbeiten und beim Schreiben.

Eine regelrechte **Zeitverschwendung** entsteht, wenn zu viel auf einmal angegangen wird, ohne die Einzelthemen gründlich genug zu gliedern und zu erarbeiten. Dann entsteht oft **Aktionismus**! Es muss ganz klar sein, wofür, womit und mit welchem Ziel gearbeitet wird.

26.2.3.3 Entspannung

Zu einer disziplinierten Arbeitshaltung gehört auch Entspannung. Niemand kann ununterbrochen an einem Thema arbeiten. Legen Sie **ganz bewusst Pausen** ein, denn diese schaffen tatsächliche Entspannung. Das können feste Termine oder Zeitspannen sein, die zu sportlicher Betätigung, Theaterbesuchen, Treffen mit Freunden oder richtigem Faulenzen dienen, aber auch zu kleinen Spaziergängen. Nehmen sie aber **immer Papier und Bleistift** (schreibt bei jedem Wetter) mit, denn ganz unverhofft können gute Einfälle kommen, die man sich sofort notieren sollte. Natürlich gibt es elektronische Geräte, mit denen man auch Texte notieren kann, insbesondere solche, die mit dem Mobiltelefon kombiniert sind. Das sind die sogenannten „Anwendungsprogramme" (Apps), insbesondere „Dragon Dictation". Doch diese Programme haben zwei Nachteile. Zunächst wird man verführt, sich auch mit den anderen Funktionen der Geräte zu beschäftigen, sodass man den Gedankenfaden verliert, und darüber hinaus sind die Daten nicht sicher (*Oberhuber*, Die diebischen Apps, FASZ vom 17.4.2011, S. 41). Was Sie machen, machen Sie richtig, auch die Entspannung, dann entsteht auch kein schlechtes Gewissen und man fühlt sich nicht als Drückeberger.

26.2.3.4 Ordnung am Arbeitsplatz

Sie sollten sich für Ihr Studium einen festen Arbeitsplatz einrichten, auch wenn er ganz klein ist. Für die verschiedenen Arbeiten sollten thematisch gegliederte Mappen oder Ablagen vorhanden sein, sodass von vornherein eine **systematische Ordnung** entsteht. So stört z. B. das Seminar auch nicht den täglichen Ablauf des Studiums und man findet auf Anhieb alles wieder.

26.2.3.5 Konzentrationsschwierigkeiten

Viele Klagen über Konzentrationsschwierigkeiten. Dazu müssen zunächst die Störfaktoren beseitigt werden. Man kann nicht gleichzeitig geistig arbeiten und Radio hören, oder gar den Fernseher laufen lassen. Selbst Lichtbilder von Personen oder Urlaubsorten können uns von Gedankengängen abbringen. Angehörige müssen lernen, dass Störungen bei geistiger Arbeit die gleiche Wirkung haben, als würde jemand eine frisch gestrichene Wand anfassen. Alles muss erneut von vorn beginnen. Mit dem Festlegen von Tageszielen kann man am besten Konzentrationsschwierigkeiten vermeiden. So werden Arbeit und Erholung strickt getrennt. Man weiß, wann heute Schluss ist.

Studenten mit Kleinkindern haben besondere Probleme. Als Erstes muss man den Bedürfnissen des Kleinkindes gerecht werden. Studieren und Kind gehen nicht gleichzeitig. Das „Kind auf dem Schoss und das Buch in der Hand" ist ein lebensfremdes Wunschdenken. Insofern ist zunächst ein Zeitrahmen festzulegen, wann und durch wen das Kind richtig versorgt und betreut wird. Dann muss eine Möglichkeit geschaffen werden, wann und wo gearbeitet wird. Dazu sind genaue Zeitpläne erforderlich. Danach muss ein störungsfreier Arbeitsplatz gefunden werden. Das kann im eigenen Arbeitszimmer sein, bei den Eltern oder Schwiegereltern oder an der Fachhochschule. Wichtig ist, dass beides strickt voneinander getrennt wird. Etwas mehr Toleranz und Verständnis in der Familie entsteht, wenn sich alle vergegenwärtigt, dass das erfolgreiche Studium allen zugutekommt und sich auch positiv auf die Altersversorgung auswirkt.

26.2.3.6 Schreibblockaden

Jedem erfahrenen Autor ist geläufig, dass plötzlich Schreibblockaden auftreten. Nichts geht mehr. Hier helfen nur Pausen und eine Beschäftigung mit ganz anderen Themen. Völlig unverhofft kommt dann der Einfall, nach dem man immer schon gesucht hatte. Unser Gehirn braucht solche Phasen, um „innerliche Ordnung" zu schaffen.

26.2.3.7 Motivation

Die Motivation zur Arbeit kommt überwiegend aus dem Erfolgserlebnis. Man hat das erhebende Gefühl, etwas geschafft zu haben. Das stellt die Belohnung dar. Dabei gilt auch die Volksweisheit: „Das Glück ist mit den Tüchtigen." Es meint, nach selbstständiger und anstrengender Arbeit stellt sich das Glücksgefühl von selbst ein und bleibt dauerhaft, weil man etwas geleistet hat, worauf man stolz sein kann. Anders ist das beim sogenannten „Lotto-Glück", einem Zufallsglück, das genauso schnell verfliegt wie es gekommen ist.

26.2.3.8 Einzelarbeit

Eine ständige Diskussion wird über die Frage geführt, lerne und arbeite ich allein oder besser in der Gruppe? Dabei gibt es glühende Verfechter für die eine oder die andere Methode. Doch auf die Frage gibt es keine allgemeingültige Antwort, weil es immer auf den Lerntyp ankommt. Grob kann man Lerntypen nach ihren Methoden unterscheiden: So gibt es den Lese-, den Schreib- und den Diskussions-Typ.

Wenn es um das Lesen und Begreifen von Texten, um das Lernen von Fachtermini und Checklisten oder um das Erstellen der Seminar-, Haus- oder Abschlussarbeit geht, lernen die meisten Menschen besser allein. Will man zu zweit oder in Gruppen lernen, so ist die dringende Voraussetzung, dass alle die gleichen Lerntypen sind. Ansonsten wird die Zeit nutzlos „verquatscht", weil sich immer die Diskussions-Typen durchsetzen.

26.2.3.9 Gruppenarbeit

Gruppenarbeit ist eine Zusammenkunft von Menschen, die ein gemeinsames Thema schulförmig erlernen wollen oder wenn bei dem Thema mehrere Lösungen möglich sind, z. B. in den Meinungswissenschaften Psychologie, Soziologie und Kriminologie (Kapitel 1.2.11.4). Ansonsten erfolgt das Lernen mit Methoden, die den Veranlagungen der Lernenden gerecht werden. Lernende lassen sich grob in die Lerntypen „Sprechende", „Lesende" und „Schreibende" unterteilen. Dabei kann jeder mit seiner eigenen Veranlagung einen optimalen Lernerfolg erreichen. Da Arbeitsgruppen im Regelfall mit verschiedenen Lerntypen besetzt sind, kommt es zu gegenseitigen Störungen. Im Regelfall setzen sich die „Sprechenden" durch. Dem wissenschaftlichen Lernen ist „Gruppenarbeit" fremd. Trotzdem kann, losgelöst vom Lerntypus, das auch hier sinnvoll sein, wenn die Voraussetzungen und Ziele stimmen.

Voraussetzungen

- Die Teilnehmer müssen den gleichen Wissensstand haben.
- Sie müssen das gleiche Ziel verfolgen.

Ziele

- Wenn ein gemeinsames Thema in Diskussionen erweitert oder eingegrenzt werden soll (z. B. Seminar).
- Bei arbeitsteiliger Erschließung von vielen Quellen, deren Inhalte anschließend diskutiert und ausgetauscht werden.

Ansonsten sind Arbeitsgruppen im wissenschaftlichen Lernen mehr hinderlich als förderlich.

26.3 Leistungsnachweise

Themen aus der Kriminalistik können der Übersicht **Meilensteine für die Kriminalistik** entnommen werden (Kapitel 1.2.7).

26.3.1 Klausur

Eine begrenzte Aufgabe oder ein Fall aus dem jeweiligen Modul ist schriftlich unter Aufsicht zu bearbeiten (180 Minuten). Hierbei geht es um das Bearbeitungsschema, die „Kriminalistische Fallanalyse" (Kapitel 5) oder die „Kriminalistische Deliktsanalyse" (Kapitel 24), und um den Abgleich von Hypothesen (Kapitel 3.6.4) mit den Fakten des Sacherhaltes. Das setzt kriminalistisches Fachwissen voraus. Zur Bearbeitung siehe *Weihmann*, Musterklausuren, a.a.O.

26.3.2 Fachgespräch

Es wird festgestellt, ob der Studierende in der Lage ist, anhand eines Themas aus dem Modul fachliche und fächerübergreifende Zusammenhänge darzustellen und die erworbenen Kenntnisse und Fähigkeiten auf das Berufsfeld zu beziehen. Das Fachgespräch kann einzeln oder in Gruppen bis zu vier Personen erfolgen.

Beim Fachgespräch handelt es sich um eine verbale Kommunikation, bei der Zettel mit Sachverhalten nur stören. Allein das Lesen, Verstehen und eventuelle Rückfragen zum Sachverhalt verbrauchen schon ein Drittel der gesamten Prüfungszeit. Schriftliche Sacherhalte entsprechen auch nicht den tatsächlichen Lebenssituationen. Kaum ein Bürger wird einem Polizeibeamten sein Anliegen schriftlich überreichen. Die Praxis des täglichen Lebens zeigt sich ganz anders: Ein Bürger (der Prüfer) trägt sein Anliegen der Polizei (dem Kandidaten) vor. Darauf antwortet dieser mit der Lösung, was einen Dialog auslöst. Das hat auch den Vorteil, dass Prüfer und Kandidat schon nach ganz kurzer Zeit ins Gespräch kommen.

26.3.3 Hausarbeit

Hausarbeiten werden mit verschiedenen Einzelthemen an jeden Studenten vergeben. Es soll erkennbar werden, dass ein bestimmtes Thema mit wissenschaftlichen Methoden umfassend bearbeitet werden kann. Innerhalb eines Zeitrahmens ist das Ergebnis der schriftlichen Arbeit vorzulegen, die bewertet wird.

26.3.4 Referat mit mündlicher Prüfung

Das Referat besteht aus einer schriftlichen Ausarbeitung und einem mündlichen Vortrag (20 bis 30 Minuten).

26.3.5 Seminar

26.3.5.1 Ziel

In Seminaren sollen an einem Zentralthema wissenschaftliche Kenntnisse und Methoden erlernt und angewendet werden. Wichtigster Teil ist die Ermittlung der Primärliteratur für das eigene Teilthema durch Bibliotheks- und Internetrecherche. Ferner das Herbeischaffen der Unterlagen und deren Auswertung. Hierbei geht es insbesondere darum, die darin vertretenen Meinungen darzustellen und daraus eine eigene Meinung zu begründen. Dies stellt die eigentliche wissenschaftliche Arbeit dar.

Das Ergebnis der wissenschaftlichen Arbeit soll formal korrekt als selbstständige schriftliche Arbeit bis zum Abgabetermin vorgelegt werden. Darüber hinaus trägt der Student das eigene Teilthema mündlich im Kreis der Seminarteilnehmer vor und erläutert die Ergebnisse und seinen Standpunkt in der Diskussion. Hierbei wird offenbar, ob die schriftliche Arbeit tatsächlich vom Verfasser bearbeitet wurde. Während des Vortrags durch die übrigen Seminarteilnehmer beteiligt sich der Student aktiv an den dazu geführten Diskussionen.

26.3.5.2 Organisation

Seminare werden durch die Fachhochschule mit Seminarleiter, Gesamtthema, Zeitdauer und Abgabetermin ausgeschrieben. Im Regelfall können sich bis zu zwölf Studenten zu einem Gesamtthema bewerben. Das Gesamtthema und die dazu einschlägige Literatur werden vom Seminarleiter vorgestellt und erläutert. Ferner wird das Gesamtthema untergliedert, sodass jeder Student ein Teilthema selbstständig bearbeiten muss.

In den ersten Wochen des Seminars betreut der Seminarleiter die Studenten, damit diese die theoretischen Grundlagen der wissenschaftlichen Arbeit praktisch richtig anzuwenden lernen. Etwa zur Hälfte der Seminardauer legen alle Studenten eine detaillierte Gliederung und die ausgewertete Literatur vor und erläutern, wo sie ihre Schwerpunkte setzen und wie sich ihre Arbeit von den Themen der anderen Seminarteilnehmer abgrenzt. Hierbei besteht auch Gelegenheit, in Diskussionen die eigene Arbeit einzuschränken, zu erweitern oder neue Ansätze zu erhalten.

Danach erfolgt die Fertigung der schriftlichen Arbeit bis zum festgesetzten Abgabetermin. Wird dieser schuldhaft nicht eingehalten, so gilt das Seminar als nicht bestanden.

Ein Beispiel für eine Seminararbeit ist der Aufsatz über den „Schusswaffengebrauch in der Polizei“ (*Weihmann*, a.a.O.). Daran sind die Gliederung, die Zitierweise und der Umfang erkennbar. Ebenso könnten die darin enthaltenen einzelnen Abschnitte als Themen für Hausarbeiten genommen werden. Darüber hinaus ist es sinnvoll, die in den Bibliotheken vorhandenen Arbeiten der Vorgänger zu studieren oder bei den älteren Semestern nachzufragen.

Nach der Abgabe wird die eigene Arbeit vor allen anderen Seminarteilnehmern im Vortrag vorgestellt und der Inhalt in der Diskussion verteidigt. Hierbei sind auch die übrigen Seminarteilnehmer gefordert, weil deren Teilnahme an dieser Diskussion ein Teil ihrer eigenen Seminarnote ist.

Die Gesamtleistung des Seminars besteht aus der „aktiven Teilnahme (Mitarbeit)“, der „Präsentation (Vortrag und Diskussion)“ sowie aus der „Schriftlichen Seminararbeit“. Dabei werden die drei Bereiche häufig zu gleichen Anteilen bewertet.

26.3.5.3 Erstellen der Seminararbeit

26.3.5.3.1 Literaturrecherche

Wichtigster Teil des Seminars ist die Ermittlung der Primärliteratur für das eigene Teilthema durch Bibliotheks- und Internetrecherche. Ferner das Herbeischaffen der Unterlagen und deren Auswertung. Diese gilt es abzuwägen und sich daraus eine begründete, nachvollziehbare und eigene Meinung zu bilden. Dies stellt die eigentliche wissenschaftliche Arbeit dar.

Bei der Suche ist zu bedenken, dass Internet-Suchmaschinen keine wissenschaftliche Recherche ermöglichen. Veröffentlichungen im Internet können durch die Autoren jederzeit verändert oder gelöscht werden, sodass sie für Zitate ungeeignet sind. Ebenso ungeeignet ist das Jedermann-Lexikon „Wikipedia". Völlig unwissenschaftlich und ungeeignet sind sogenannte „Handouts"; beschriebene Blätter ohne Datum und ohne Namen des Verfassers. Niemand trägt für solche Blätter die inhaltliche Verantwortung (Kapitel 25.5.2).

Ebenso **ungeeignet** sind **Kriminalfilme**, weil sie mit der Alltagsrealität nichts gemein haben. Sie benutzen nicht einmal die korrekte kriminalistische Terminologie (Kapitel 1.2.7). Die besonderen Schwierigkeiten entstehen dadurch, dass wenige Wahrheiten, Halbwahrheiten und Erdachtes (Fiktionen) so vermischt sind, dass ein Berufsanfänger die Grenzen nicht erkennen kann. Ziel des Kriminalfilms ist einzig und allein, Spannung zu erzeugen und den Zuschauer zu unterhalten. Diese Anforderungen werden oft erfüllt (Kapitel 1.6).

Gibt es noch unveröffentlichte Manuskripte, so können diese in besonderen Fällen als Anlage beigefügt und dann daraus zitiert werden.

Eine Internetrecherche kann allerdings beim Finden von gedruckten und veröffentlichten Quellen behilflich sein, die dann auch zitiert werden dürfen. Die Datenbanken der Universitäten sind als Quellen hervorragend geeignet. Viele können auch Online genutzt werden.

Bei Beginn des Studiengangs reicht es im Regelfall aus, wenn die Studenten die hauseigene Bibliothek der Fachhochschule benutzen. Dabei werden Sie beim Studium der vorgefundenen Literatur auf weitere Quellen stoßen, die weiteres Hintergrundwissen vermitteln. Der betreuende Seminarleiter und alle Lehrenden werden die richtigen Hinweise geben.

Beim Lesen der Quellen ist es sinnvoll, einen **Zettelkasten** anzulegen (*Luhmann*, a.a.O., Seite 53 ff.). Wichtige Stichwörter sollten mit der genauen Fundstelle notiert und alphabetisch abgelegt werden, damit man beim späteren Schreiben diese schneller findet. Sehr geeignet für das Anlegen von Stichwörtern sind auch Computerprogramme, die sowohl alphabetische, numerische als auch freie Recherchen ermöglichen.

26.3.5.3.2 Literaturverzeichnis

Sind mehrere Quellen ausgewertet worden, so ist es sinnvoll, ein Literaturverzeichnis anzulegen. Darin sind alle benutzten Quellen in der alphabetischen Reihenfolge der Nachnamen der Autoren aufgeführt und enthalten den Titel, die Auflage, den Ort des Drucks und das Erscheinungsjahr, z. B. *Weihmann, Robert*, Musterklausuren Kriminalistik, 4. Auflage, Hilden 2006. Die Angabe des Verlages ist in wissenschaftlichen Arbeiten nicht üblich. Zur besseren Übersicht können die Namen auch in Kursivschrift gefasst sein. Es gibt auch Zitierweisen, die auf den Vornamen der Autoren verzichten.

26.3.5.3.3 Zitierweise

Das Zitieren hat zwei Ziele. Es soll erstens die eigene Meinung des Autors von denen anderer eindeutig unterscheiden und zweitens dem Leser die Möglichkeit eröffnen, die Zitate im Original nachlesen zu können. Der Text des Zitates wird in „Anführungszeichen" gesetzt. Die angegebene Quelle kann in Klammern gesetzt werden oder als Fußnote. Klammerhinweise sind in juristischen Lehrbüchern und Kommentaren sehr verbreitet. Sie hemmen allerdings den Lesefluss, sodass Fußnoten zu empfehlen sind.

26.3.5.3.4 Fußnote

Die Fußnote soll einen Hinweis geben, ohne den laufenden Text in seinem Lesefluss zu unterbrechen. Deshalb werden die Textstellen mit fortlaufenden, hochgestellten Zahlen gekennzeichnet und der zu den Zahlen gehörige Text in die „Fußzeile" am unteren Rand der Seite geschrieben. Schreibcomputer verfügen über solche Programme. Diese haben den Vorteil, dass auch nachträglich, an beliebiger Stelle, eingefügte Fußnoten in der richtigen Reihenfolge nummeriert werden.

Soll eine Quelle genannt werden, so gibt es zwei Möglichkeiten der Schreibweise. Ist ein Literaturverzeichnis vorhanden, so kann dies in die Zitierweise eingefügt werden, um so nicht den gesamten Text mehrmals schreiben zu müssen: z. B. *Weihmann, a.a.O.,* S. 3. Der Hinweis „a.a.O." heißt: „am angegebenen Ort" und verweist auf das Literaturverzeichnis der Arbeit.

Gibt es über die Autoren mehrere Literaturhinweise, so werden sie durch Angabe des Erscheinungsjahres erweitert. Sind auch die gleich, so werden dieselben Erscheinungsjahre mit den fortlaufenden Buchstaben a, b usw. versehen, z. B. *Weihmann,* a.a.O., 2008a, Kapitel 25. Ist kein Literaturverzeichnis angeführt, so ist vollständig zu zitieren und gegebenenfalls die Seitenzahl anzugeben.

26.3.5.3.5 Abkürzungen

Alle Berufe benutzen Abkürzungen. Das ist auch sehr sinnvoll, weil damit Informationen viel schneller gegeben werden können. Zu bedenken ist jedoch, dass nur die Angehörigen der Berufsgruppe die richtige Bedeutung der Abkürzungen kennen.

In wissenschaftlichen Texten sind Abkürzungen zu vermeiden. Das gilt ganz besonders für polizeiinterne Abkürzungen. Das ist deshalb besonders wichtig, weil diese internen Abkürzungen außerhalb der Polizei im Regelfall unbekannt sind. Darüber hinaus gibt es Abkürzungen, die in anderen Lebensbereichen auch vorkommen, dort aber eine ganz andere Bedeutung haben. z. B. „KD“, das in der Polizei „Kriminaldirektor“ bedeutet, in der Kommunalverwaltung aber „Kreisdirektor“. Oder „PD“, das in der Polizei „Polizeidirektor“ bedeutet und in der Wissenschaft „Privatdozent“. Insofern sind allenfalls allgemein übliche Abkürzungen zu benutzen, die dem DUDEN entnommen werden können.

Es gibt aber auch polizeiinterne Abkürzungen, die das Lesen erleichtern, z. B. „PDV 100“. Ist das Schreiben ausschließlich für den innerdienstlichen Gebrauch bestimmt, so bestehen keine Bedenken, solche Abkürzungen zu benutzen. Lesen das auch externe Personen oder wird das in wissenschaftlichen Arbeiten verwendet, so wird die Bezeichnung beim ersten Mal in Langschrift und in Klammern die Abkürzung geschrieben: „Polizeidienstvorschrift Nr. 100, Führung und Einsatz der Polizei, Ausgabe 1999“ (PDV 100). Bei Wiederholungen wird dann nur noch die Abkürzung geschrieben. Gleiches geschieht mit Gesetzesabkürzungen. Ist es sinnvoll, mit vielen Abkürzungen zu schreiben, so empfiehlt es sich, ein Abkürzungsverzeichnis anzulegen.

26.3.5.3.6 Gliederung

Gliederungen werden numerisch durchgeführt. Unzulässig sind grafische Zeichen. Sie ordnen nicht den Text, sondern sie versehen ihn mit störendem und ablenkendem Beiwerk. Solche Markierungen lassen sich auch nicht an anderen Stellen zitieren.

Die fertige Seminar-, Haus- oder Abschlussarbeit beginnt mit dem Vorblatt. Es enthält alle Formalitäten der Fachhochschule, das Thema der Arbeit, den Seminarleiter oder Betreuer der Arbeiten, Angaben zum Studenten und die ehrenwörtliche Erklärung, dass die Arbeit selbstständig verfasst und keine andern, als die angegebenen Hilfsmittel verwendet wurden. Auf der zweiten Seite befindet sich die gegliederte Inhaltsangabe. Auf der nächsten Seite beginnt die Arbeit. Als Letztes ist das Literaturverzeichnis und gegebenenfalls ein Abkürzungsverzeichnis anzufügen.

Inhaltlich gliedert sich die Arbeit in eine kurze Einleitung, mit der das Thema vorgestellt wird und wie es zu anderen Themen abgegrenzt oder was nicht behandelt werden soll. Im Hauptteil werden fremde und eigene Meinungen gegenübergestellt und ein vertretbares Ergebnis erarbeitet. Zum Schluss werden in einer kurzen Zusammenfassung das Problem und die Lösung dargestellt. Diese Zusammenfassung soll auch anderen Interessierten bei der Quellensuche einen schnellen Überblick über den Inhalt verschaffen.

Ein **Beispiel für Seminararbeiten** ist in: *Weihmann / Schuch*, Prüfungswissen Kriminalistik – Kriminaltechnik, Hilden 2011, Kapitel 6, abgedruckt. Thema: „Beweisführung in Strafverfahren“, Teilthema: „Beweisformen“. Daran sind die Gliederung, die Zitierweise und der Umfang erkennbar. Darüber hinaus ist es sinnvoll, die in den Bibliotheken vorhandenen Arbeiten der Vorgänger zu studieren oder bei den älteren Semestern nachzufragen.

Der Aufsatz im Kapitel 7, Thema: „Schusswaffengebrauch durch Polizeibeamte" und zur Fürsorgepflicht der Vorgesetzten, zeigt Steigerungen an die Anforderung über Bachelor-Abschlussarbeit bis Masterarbeit.

26.3.6 Leistungen in der Praxis

Es sind die in den Modulbeschreibungen für die Praktika definierten Leistungen zu erbringen.

26.3.7 Projekt

Mehrere Studenten (im Regelfall bis zwölf Personen) fertigen eine schriftliche Ausarbeitung, bei der die Einzelleistungen erkennbar sein müssen. In der gemeinsamen Präsentation erfolgt ein Kolloquium. Im wissenschaftlichen Anspruch entsprechen Projekte den Seminararbeiten (Kapitel 26.3.5.3).

26.3.8 Abschluss-Arbeiten

Die Abschlussarbeit beim wissenschaftlichen Studium wird je nach Studiengang verschieden bezeichnet: Bachelor-Abschlussarbeit oder Thesis, Master-Abschlussarbeit und Diplomarbeit.

In den Arbeiten sollen die herrschenden wissenschaftlichen Erkenntnisse überprüft, gegebenenfalls widerlegt oder ergänzt werden. Besonders erstrebenswert ist die Schaffung neuer Erkenntnisse. In der Methodik entsprechen Abschlussarbeiten den Seminararbeiten (Kapitel 26.3.5.3).

26.3.8.1 Bachelor oder Thesis

Die Studenten bearbeiten ein polizeiwissenschaftliches und alltagsrelevantes Thema nach wissenschaftlichen Regeln. Unter „polizeiwissenschaftlich" wird hier „Polizeiwissenschaft im weiteren Sinne" verstanden, wie es der Gesetzgeber ausdrücklich im Gesetz für die Deutsche Hochschule der Polizei festgelegt hat (NRW-Landtagsdrucksache 13 / 6258, S. 23-43 [29]). Dazu gehören auch die selbstständigen Wissenschaften der Kriminalistik mit Kriminaltechnik und den Teildisziplinen sowie die Kriminologie.

Der Aufsatz im Kapitel 7, Thema: „Rechtliche, ethische und psychologische Überlegungen zum Schusswaffengebrauch durch Polizeibeamte und zur Fürsorgepflicht der Vorgesetzten", zeigt die Anforderung von Bachelor bis Master.

26.3.8.2 Master

Sie ist im wissenschaftlichen Anspruch und Komplex umfassender als die Bachelor-Arbeit.

26.3.8.3 Diplom
Sie ist im wissenschaftlichen Anspruch und Komplex umfassender als die Bachelor-Arbeit.

26.3.9 Kolloquium
In einem etwa 20 Minuten dauernden Kolloquium (wissenschaftliches Gespräch; „kleine“ Prüfung) stellt der Student seine Abschlussarbeit der Prüfungskommission vor und verteidigt den Inhalt.

26.3.10 Mündliche Schwerpunktprüfung
In einem vom Studenten selbst gewählten Schwerpunktbereich, der nicht mit der Bachelor-Arbeit identisch sein darf, soll der Student zeigen, dass er sich mit übergreifenden Problemstellungen auf der Grundlage wissenschaftlicher Erkenntnisse und Methoden auseinander setzen kann.

26.4 Bewertungskriterien

26.4.1 Gewichtung
Für Seminar-, Haus- und Bachelor-Arbeiten gelten Bewertungskriterien, die die formale Korrektheit und die materiellen Inhalte umfassen. Hierzu zählen z. B. ein sorgfältiges Quellenstudium zur Fundierung der Arbeit sowie die Konzentration auf Kerninhalte. Soweit empirische Untersuchungen vorgenommen worden sind, müssen die Erhebungs- und Auswertungsschritte nachvollziehbar sein. Die Gewichtung der Inhalte hängt von der Aufgabenstellung und den vom Autor gewählten Untersuchungsmethoden ab.

Bei Seminaren wird hinsichtlich der Gesamtnote oft eine Drittelung vorgenommen zwischen schriftlicher Arbeit, mündlichem Vortrag im Plenum und der Qualität der Diskussionsführung. Bei Hausarbeiten wird oft für die Einhaltung der Formalien ein Drittel angerechnet und den Rest gibt es für die Qualität des Inhalts. Die Bewertungsregeln für die Abschlussarbeit sind in den jeweiligen Studienordnungen des Bundes und der Bundesländer niedergelegt.

26.4.2 Bewertung der Formalien
Die Bewertung von Leistungen sollen erkennen lassen, dass die Kandidaten
- wissenschaftlich arbeiten können,
- zur kritischen Einordnung der wissenschaftlichen Erkenntnisse und
- zu verantwortlichem Handeln befähigt sind (OVG Münster, NJW 2011, S. 1094).

Mit dem Studienabschluss soll ein
- breites Grundlagenwissen vorhanden sein,
- grundlegende Methoden und Theorien und
- die für deren Anwendung relevanten Fähigkeiten beherrscht werden.

Bei den Leistungsnachweisen werden folgende Bereiche bewertet:
- Einhaltung der vorgegebenen Bearbeitungszeit,
- Richtigkeit der sachlichen Aussage,
- Praktische Anwendbarkeit,
- Art und Folgerichtigkeit der Begründung,
- Gliederung der Darstellung,
- Ausdrucksweise.

Der Text soll in verständlicher Sprache und kurzen Sätzen gefasst sein. Die Autoren können das leicht überprüfen, wenn sie einem Angehörigen den Text zum Lesen geben und anschließend durch Kontrollfragen prüfen, ob dieser den Inhalt verstanden hat. Vermeiden Sie Textsprachen, wie sie heutzutage als neue Unterhaltungsformen und als „aufgeschriebenes Sprechen" im Chat, bei E-Mails oder SMS gebräuchlich sind (*Ryngevic*, a.a.O.).

Fremdwörter sind nur zu gebrauchen, wenn es unabdingbar notwendig ist. Die deutsche Sprache ist ein hohes Kulturgut und so bedeutungsreich und genau, wie keine andere. Deshalb lassen sich auch kleinste Unterschiede in Bewertungen ausdrücken. Dabei darf nicht vergessen werden, dass wir in deutscher Sprache denken (*Glück,* a.a.O.) und auch die Gerichtssprache deutsch ist (§ 184 GVG und § 259 StPO). Gerade Kriminalisten müssen sich einer Genauigkeit befleißigen, die Missverständnisse ausschließt. Dazu gehört ganz besonders die Beachtung der Eigentümlichkeit von Sprache und Redewendungen. Die Philologen nennen es **Idiomatische Prägnanz**. Diesen Besonderheiten tragen Simultandolmetscher bei der Europäischen Union Rechnung, sie übersetzen nur in die eigene Muttersprache (3Sat, Nano, 3.3.2009).

Fremdwörter sind sehr häufig nicht wörtlich ins Deutsche zu übersetzen und können dann missverständlich sein oder müssen ausführlich erklärt werden. Besonders problematisch ist „Denglisch", eingedeutschtes Englisch, weil es weder die fremde noch die eigene Sprache korrekt wiedergibt. Die „Geburt" und der Niedergang des von den Medien verbreitete Wort **Public Viewing** macht das deutlich. Bei der Fußballweltmeisterschaft 2006 haben viele Menschen gemeinsam auf öffentlichen Plätzen die Fußballspiele auf Großleinwänden angeschaut. Das wurde von den TV–Reportern „Public Viewing" genannt und als „modernes" Wort überall verbreitet, auch in seriösen Nachrichtenmedien. Tatsächlich versteht man jedoch im Englischen darunter **Öffentliche Leichenschau**, sodass man einen neuen Begriff suchte. Inzwischen ist daraus **Rudelgucken** entstanden, das 2011 in den DUDEN aufgenommen wurde (WDR–Print, Juni 2011, S. 15). Dieses Beispiel zeigt auch, wie wenig Menschen in Deutschland die englische Sprache wirklich beherrschen.

Der äußere Eindruck der Arbeit wird zunächst bewertet. Ist die Gestaltung ansprechend, die Titelseite geometrisch geordnet, sind die Ränder, die Absätze und die Fußnoten optisch eindeutig zu erkennen? Das Schriftbild muss sauber, mit einem ansprechenden Standard-Schriftbild geschrieben sein und dem anspruchsvollen Berufsbild entsprechen. Sind die Seiten durchnummeriert? Wurde richtig zitiert? Ist überhaupt und richtig die Fachterminologie verwendet worden?

26.4.3 Bewertung des Inhaltes

Hier kommt es im Wesentlichen auf die Richtigkeit der sachlichen Aussage an, auf die praktische Anwendbarkeit, die Art und Folgerichtigkeit der Begründung und auf die Ausdrucksweise. Das sind die gleichen Kriterien wie bei Klausuren oder Fachgesprächen.

27 Abbildungen

27.1 Quellennachweis der Abbildungen

1 = Polizeipräsidium Recklinghausen

2 = BKA-Schriftenreihe, Band 50, Kriminaltechnik, Wiesbaden 1980

3 = *Jochen Tack*, Essen

4 = Autoren

5 = Verlag

6 = Archiv für Kriminologie, Band 22, 1922, S. 168

		Quelle
Abb. 1	Scheren und Kneifen, Kapitel 4.2.3.2.2	4
Abb. 2	Riss / Passstück, Kapitel 4.2.3.2.2	4
Abb. 3	Bruch / Passstück, Kapitel 4.2.3.2.2	4
Abb. 4	Eindruck und Riefen, Kapitel 4.2.3.2.2 und 4.5.7	4
Abb. 5	Bohren, Kapitel 4.2.3.2.2	1, 4
Abb. 6	Kreissäge / Sägeblatt für Holz, Kapitel 4.2.3.2.2	1
Abb. 7	Schutzanzug für Spurensicherer, Kapitel 4.3.5	1
Abb. 8	Dienst-Kfz mit vollständigem Spurensicherungsgerät, Kapitel 4.3.5	1
Abb. 9	Fotokoffer und Spurensicherungskoffer, Kapitel 4.3.5	1
Abb. 10a	Gipskoffer und Mikrofaserspurenkoffer, Kapitel 4.3.5	1
Abb. 10b	Streiflicht, Kapitel 4.3.5.1.2	1
Abb. 10c	Querschnittswandler für Streiflicht, Kapitel 4.3.5.1.2	1
Abb. 11	Montagebild / Phantombild, Kapitel 4.3.5.1.7	4
Abb. 12	Marabu-Pinsel und Zephyr-Pinsel für Rußpulver, Kapitel 4.3.5.2.1	1
Abb. 13	Magnet-Pinsel für Eisenpulver (Magna Brush), Kapitel 4.3.5.2.3	1
Abb. 14a-h	Sicherung von Schuhabdrücken mit Gips, Kapitel 4.3.5.4.1	1
Abb. 15a	Klebefolie bei Materialspuren, Kapitel 4.3.5.5	1
Abb. 15b	Klebefolie bei Formspuren, Kapitel 4.3.5.5	1
Abb. 15c	Klebefolie bei Formspuren, Kapitel 4.3.5.5	1

		Quelle
Abb. 16	Spurensicherungskarte DIN A 6, Kapitel 4.3.5.5	1
Abb. 17	Kreuzprojektion, Kapitel 4.3.6.5 und 7.4.2	6
Abb. 18	Personenidentifizierung anhand von Papillarleisten, Kapitel 4.4.1.1	2
Abb. 19	Grundsatz der Einmaligkeit - Anatomische Merkmale, Kapitel 4.4.1.14.4.1.1	2
Abb. 20	Anatomische Merkmale, Kapitel 4.4.1.1	2
Abb. 21	Daktyloskopische Grundmuster, Kapitel 4.4.1.1	2
Abb. 22	AFIS Elektronische Vermessung der Minuzien, Kapitel 4.4.1.1	2
Abb. 23a	Schuh-Ein-Abdruck, Kapitel 4.5.1	1
Abb. 23b	Schuhsohle / Messlinie, Kapitel 4.5.1	1
Abb. 24	Gangbild, Kapitel 4.5.1 und 4.15.2.5	2
Abb. 25	Handschuh, Kapitel 4.5.2	2
Abb. 26	Reifen, Kapitel 4.5.3	1
Abb. 27	Schloss, Kapitel 4.5.5	4
Abb. 28	Schlüssel, Kapitel 4.5.5	5
Abb. 29	Buntbart-Schloss, Kapitel 4.5.5	5
Abb. 30	Chubb-Schloss, Kapitel 4.5.5	5
Abb. 31	Sicherheitsschloss, Kapitel 4.5.5.1	4
Abb. 32	Kfz-Schlüssel, Kapitel 4.5.5.3	4
Abb. 33	Schlüssel mit Transponder, Kapitel 4.5.5.1	4
Abb. 34	Prägezeichen, Kapitel 4.5.6	1
Abb. 35	Bissspuren (Durchbiss mit Riefen) , Kapitel 4.5.7	1
Abb. 36	Blutspuren: Tropfen, Schleuder- und Wischspuren, Kapitel 4.6.1.2	1
Abb. 37	Knoten und Verbindungen, Kapitel 4.6.1.14	2
Abb. 38	Schlafmohn, Kapitel 4.7.1.1	4
Abb. 39	Kokain, Kapitel 4.7.1.2	4
Abb. 40	Cannabis, Kapitel 4.7.1.3	4
Abb. 41	Haschisch, Kapitel 4.7.1.3	4

		Quelle
Abb. 42	Ecstasy / XTC Auswahl, Kapitel 4.7.1.4	2
Abb. 43a	Reichweite von Geschossen, Kapitel 4.10 und 4.10.3.3	4
Abb. 43b	Jagdwaffen / Laufkombinationen, Kapitel 4.10.1	4
Abb. 44	Pistole, Kapitel 4.10.2	4
Abb. 45	Revolver, Kapitel 4.10.2	4
Abb. 46	Gezogener Lauf / Kaliber, Kapitel 4.10.3.2	4
Abb. 47	Deformations-Geschosse, Kapitel 4.10.3.3	4
Abb. 48a	Geschoss aus gezogenem Lauf, Kapitel 4.10.3.3	4
Abb. 48b	Spurenvergleich zwischen Tatgeschoss und Vergleichsgeschoss, Kapitel 4.10.3.3	1
Abb. 49	Spurenbild an der Hülse, Kapitel 4.10.3.4	2
Abb. 50	Schrotpatrone, Kapitel 4.10.3.4	4
Abb. 51	Seitliche Abweichung beim Schrotschuss, Kapitel 4.10.3.4	4
Abb. 52	Verletzungs- und Schmauchspuren an der Schusshand, Kapitel 4.10.3.5	4
Abb. 53	Opfer / Trefferfeld, Kapitel 4.10.3.6 und 22,10.13	2
Abb. 54	Kontaktschuss / Kopfschuss, Kapitel 4.10.3.6 und 22,10.13	2
Abb. 55a	Geruchsübertragung auf Metallröhrchen, Kapitel 4.16.3	3
Abb. 55b	Geruchsspurenuntersuchung, Kapitel 4.16.3	3
Abb. 56	Symmetrisches und asymmetrisches Erhängen, Kapitel 22.10.1	4
Abb. 57	Kammblutung bei Doppelschlinge, Kapitel 22.10.1	4
Abb. 58	Chemisches Ersticken, Kapitel 22.10.3	4
Abb. 59	Mechanisches Ersticken, Kapitel 22.10.3	4
Abb. 60	Schnittwunde, Kapitel 22.10.5	4
Abb. 61	Bluterguss, Platzwunde, Kapitel 22.10.7	4
Abb. 62	Schlag oder Sturz „Hutkrempenregel", Kapitel 22.10.7	4
Abb. 63	Zeugnisverweigerungsrecht, Kapitel 11.7.1	4

27.2 Abbildungen

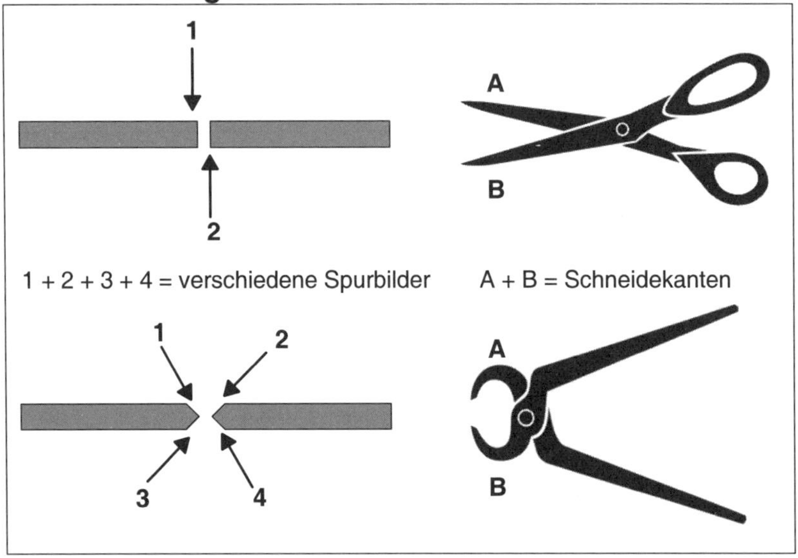

Abb. 1: Scheren und Kneifen

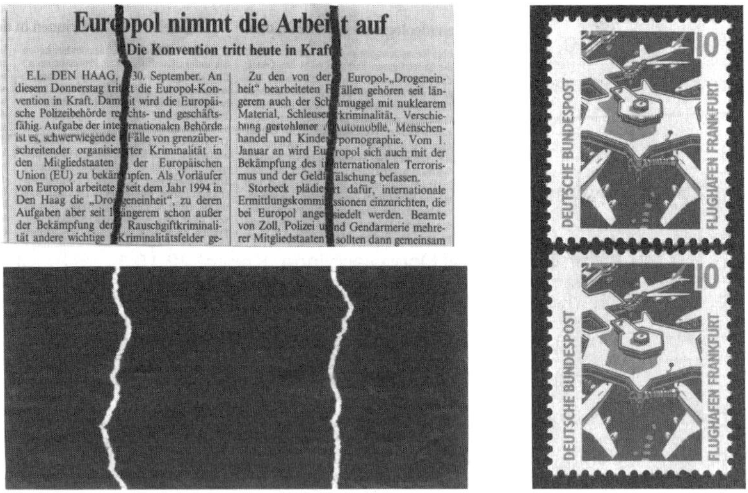

Abb. 2: Riss / Passstück

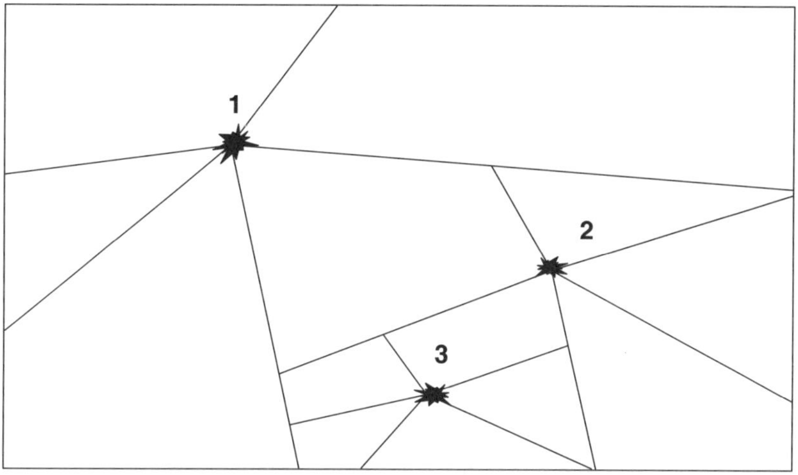

Abb. 3: Bruch / Passstück

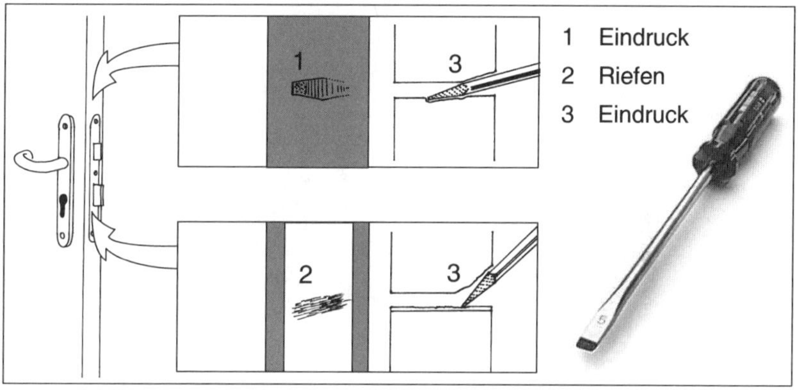

Abb. 4: Eindruck und Riefen

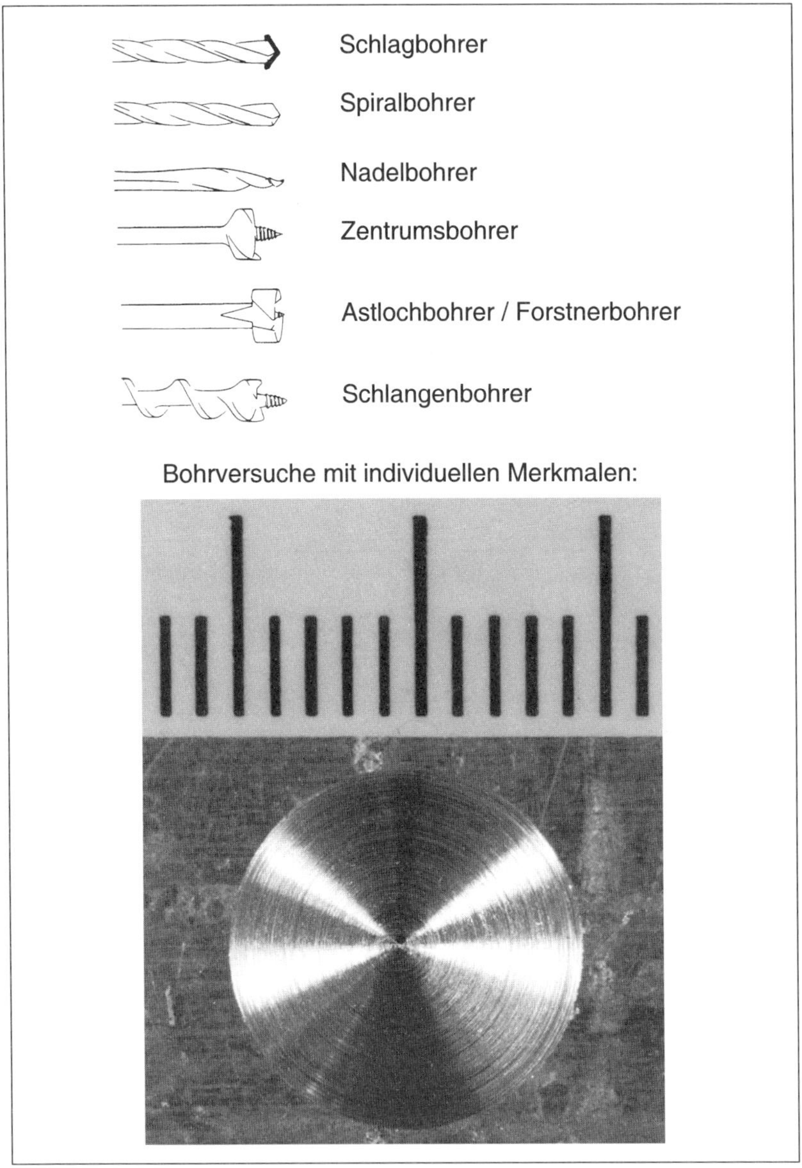
Schlagbohrer
Spiralbohrer
Nadelbohrer
Zentrumsbohrer
Astlochbohrer / Forstnerbohrer
Schlangenbohrer
Bohrversuche mit individuellen Merkmalen:

Abb. 5: Bohren

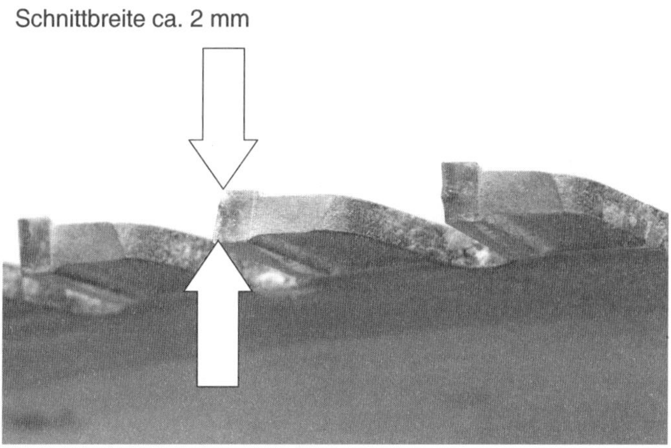

Abb. 6: Kreissäge / Sägeblatt für Holz

Abb. 7: Schutzanzug für Spurensicherer

Abb. 8: Dienst-Kfz mit vollständigem Spurensicherungsgerät für bedeutende Tatorte

Abb. 9: Fotokoffer und Spurensicherungskoffer

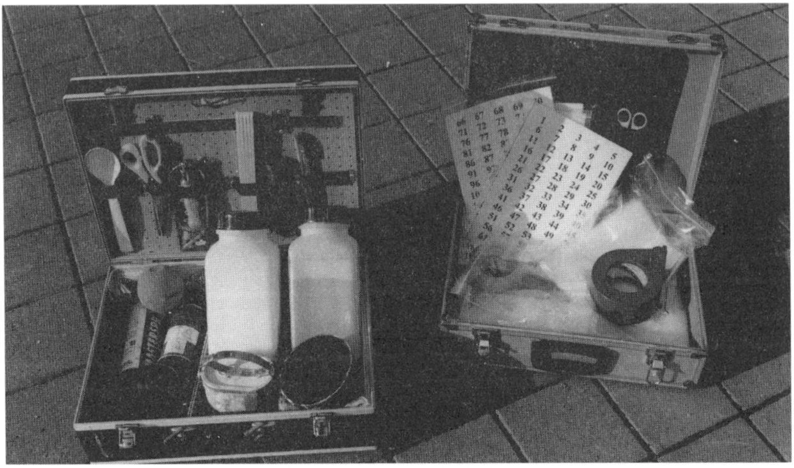

Abb. 10a: Gipskoffer und Mikrofaserspurenkoffer

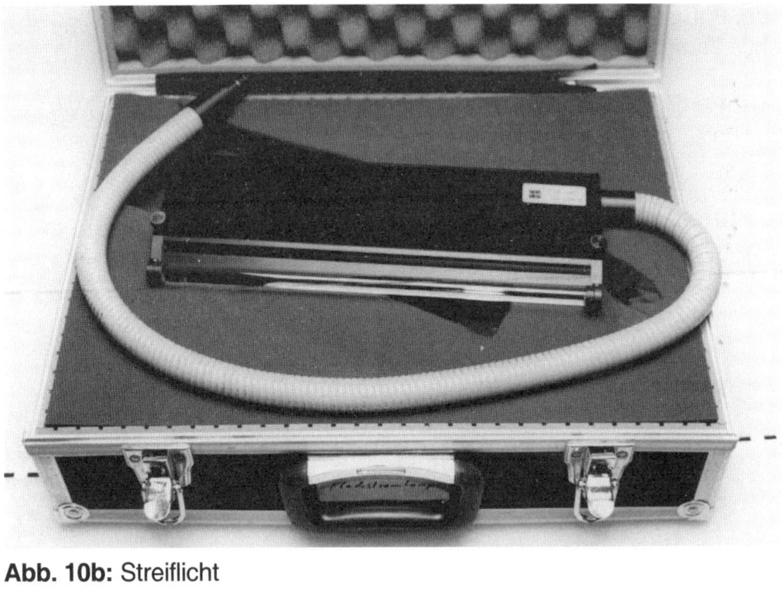

Abb. 10b: Streiflicht

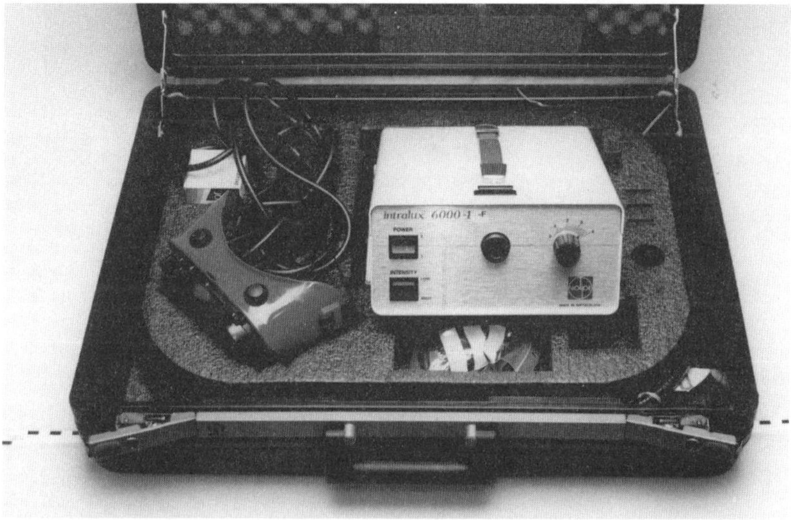

Abb. 10c: Querschnittswandler für Streiflicht

Abb. 11: Montagebild / Phantombild

Abb. 12: Marabu-Pinsel und Zephyr-Pinsel für Rußpulver

Abb. 13: Magnet-Pinsel für Eisenpulver (Magna Brush)

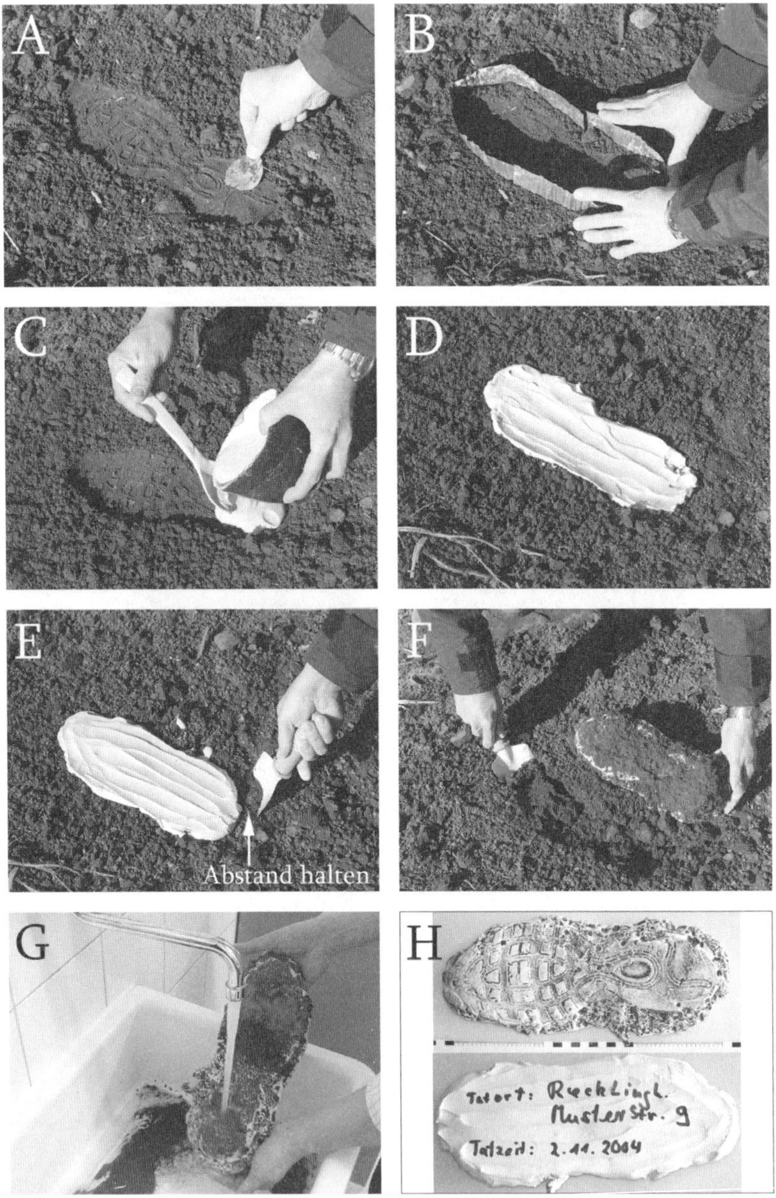

Abb. 14: Sicherung von Schuhabdrücken mit Gips

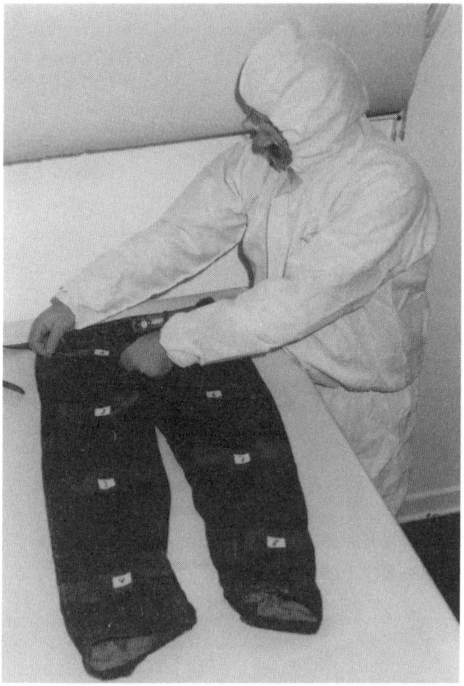

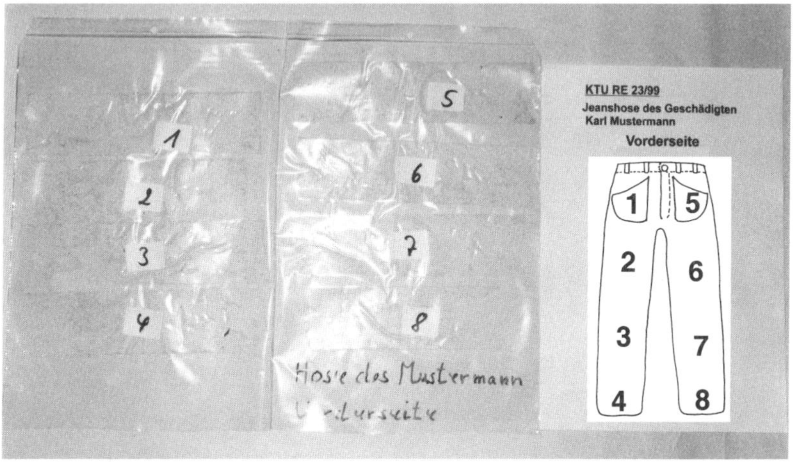

Abb. 15a: Klebefolie bei Materialspuren

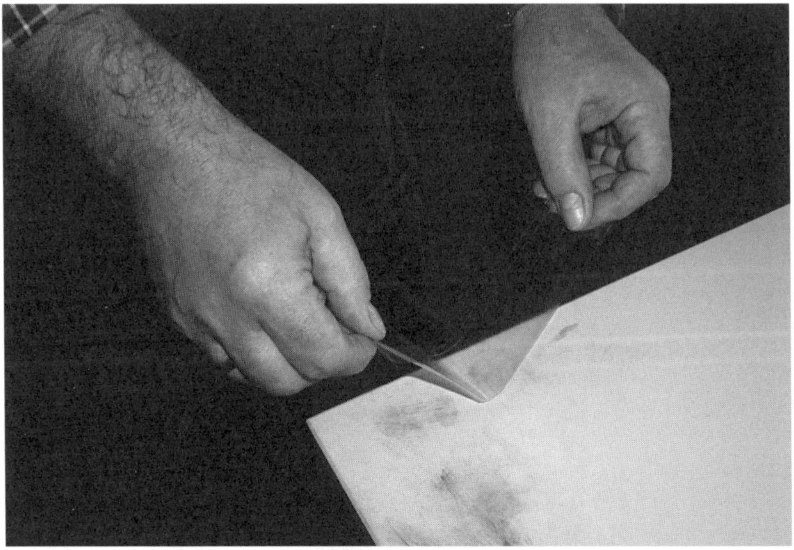

Abb. 15b: Klebefolie bei Formspuren

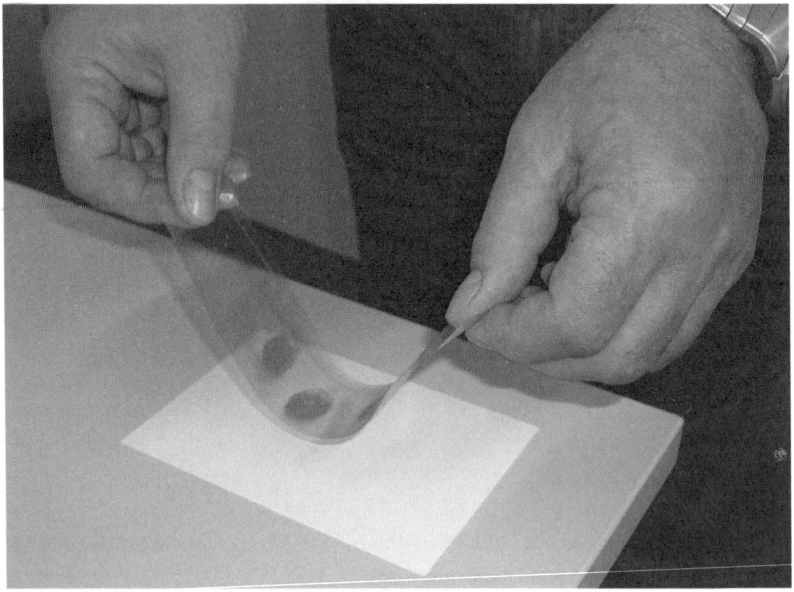

Abb. 15c: Klebefolie bei Formspuren

Vorderseite

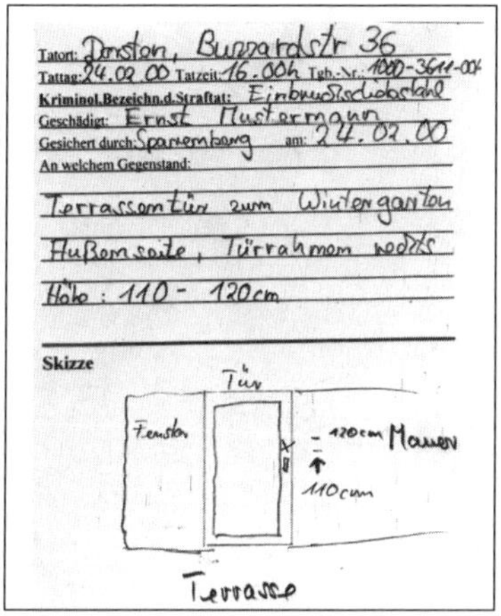

Tatort: Dorsten, Bussardstr 36
Tattag: 24.02.00 Tatzeit: 16.00h Tgb.-Nr.: 1000-3611-00

Kriminol.Bezeichn.d.Straftat: Einbruchsdiebstahl
Geschädigt: Ernst Mustermann
Gesichert durch: Sparrenberg am: 24.02.00
An welchem Gegenstand:
Terrassentür zum Wintergarten
Außenseite, Türrahmen rechts
Höhe: 110 - 120cm

Skizze

Rückseite

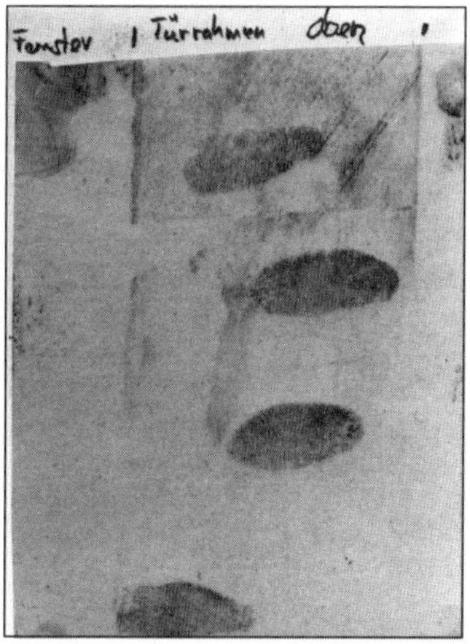

Abb. 16: Spurensicherungskarte DIN A 6

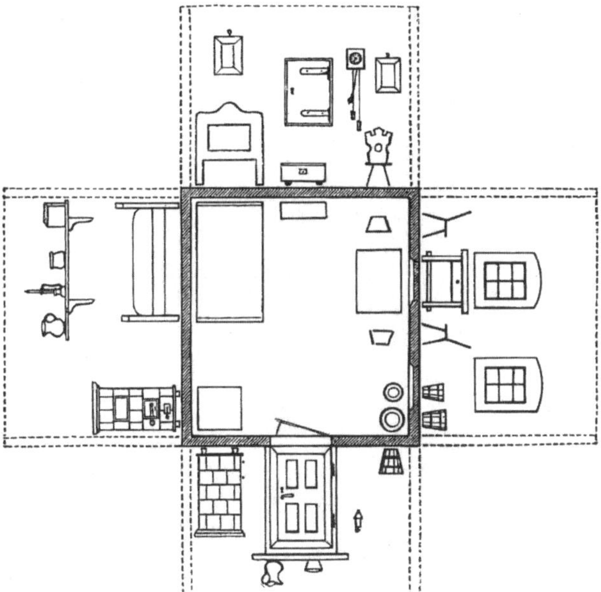

Abb. 17: Kreuzprojektion

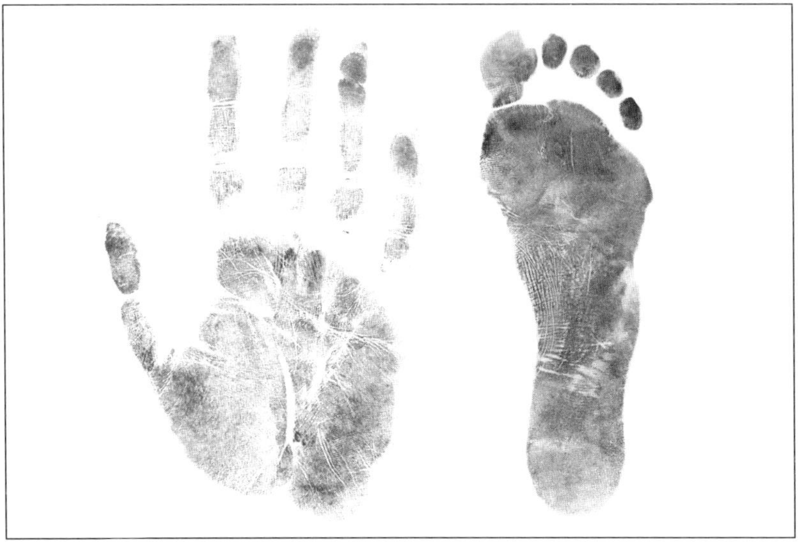

Abb. 18: Personenidentifizierung anhand von Papillarleisten

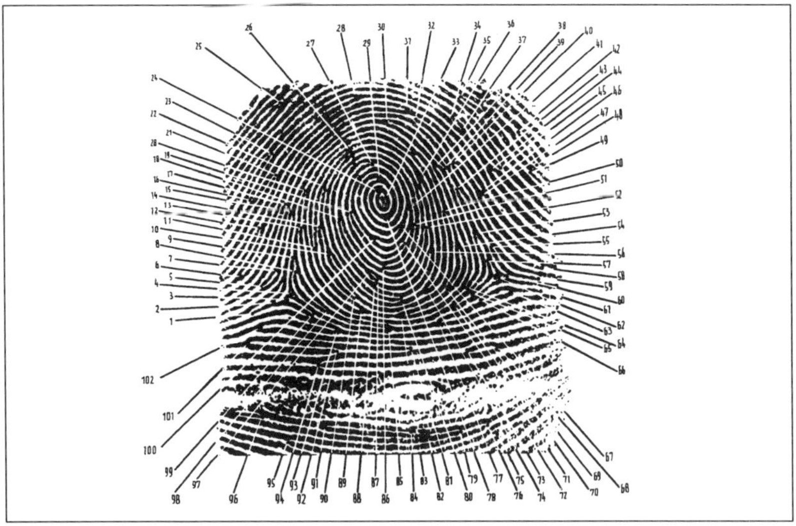

Abb. 19: Grundsatz der Einmaligkeit – Anatomische Merkmale = Minuzien

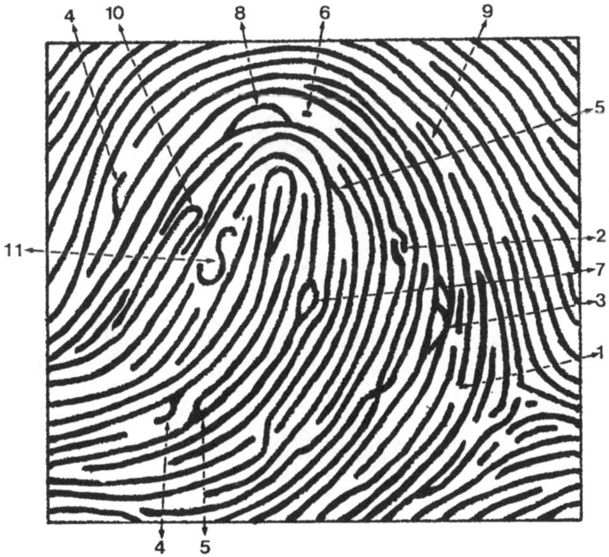

Bezeichnung der einzelnen Merkmale

1 = Beginn und Ende
2 = Ausweichende Endstücke
3 = Linienverästelung
4 = Haken
5 = Gabelung
6 = Punkt
7 = Auge
8 = Insel
9 = Eingelagerte Linie
10 = Eingelagerte Schleife
11 = Sonderheiten

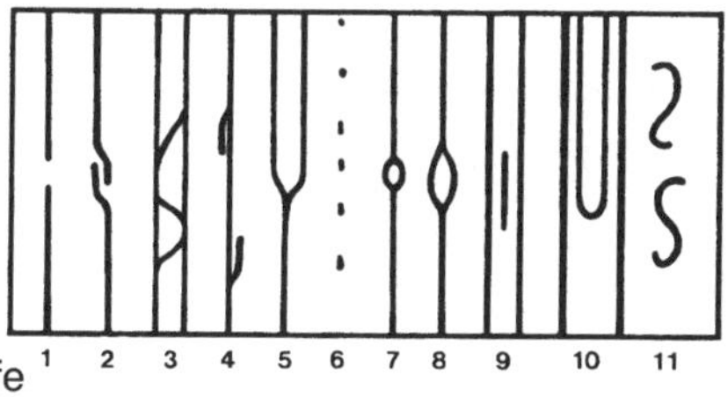

Abb. 20: Anatomische Merkmale: Die Ziffern zeigen im oberen Teil die Lage der Merkmale an einer Fingerbeere; im unteren Teil sind dieselben Merkmale schematisch dargestellt

		Häufigkeit in der Bevölkerung	
Bogen	U	2%	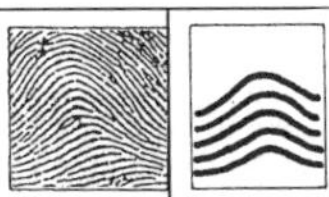
	T	3%	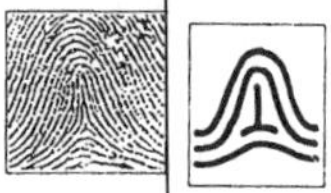
Wirbel	O	37%	
Schleifen	E	28%	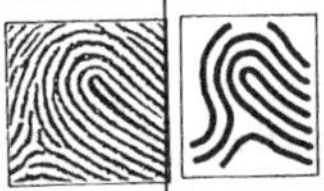
	J	30%	

Abb. 21: Daktyloskopische Grundmuster

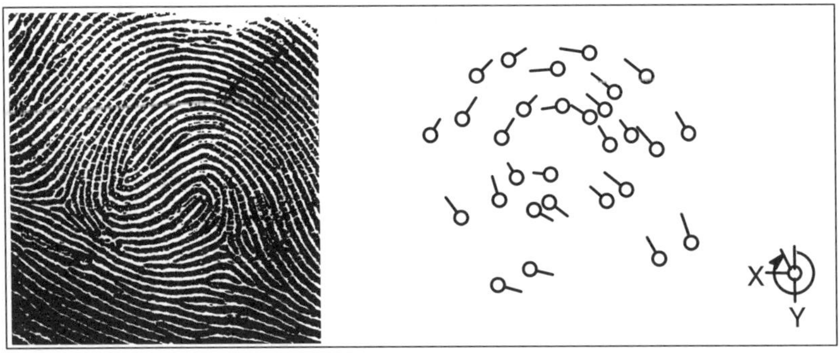

Abb. 22: AFIS Elektronische Vermessung der Minuzien nach Winkeln (xy-Koordinaten): Durch Übereinanderlegen werden die Lage und die Winkel X und Y der Minuzien erkennbar

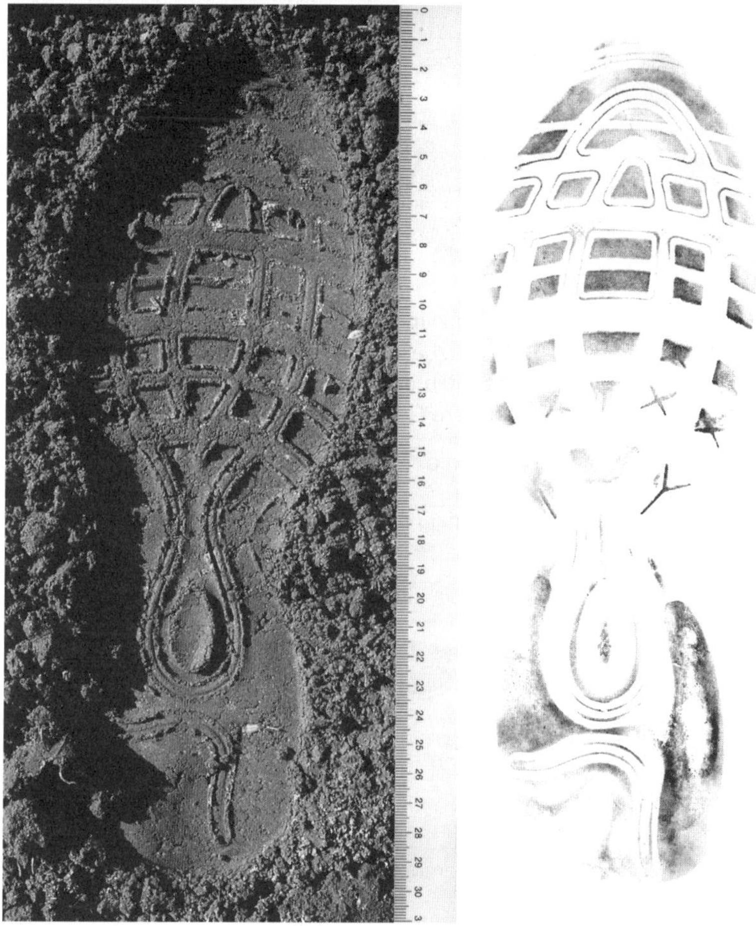

Abb. 23a: Schuh-Ein-Abdruck

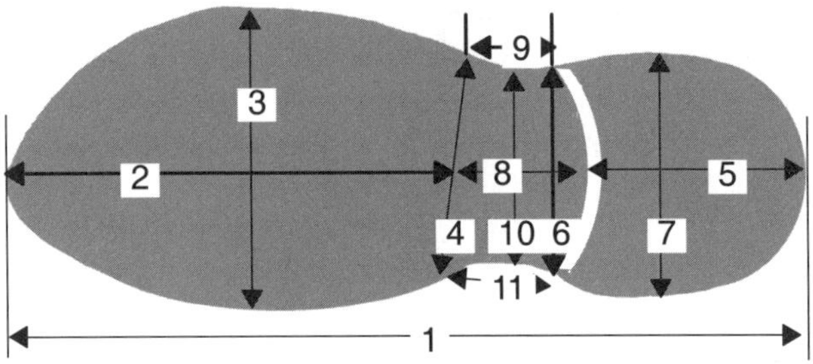

1 Schuhlänge
2 Sohlenlänge
3 Sohlenbreite
4 Sohlenbasis
5 Absatzlänge
6 Absatzbasis
7 Absatzbreite
8 mittlere Gelenkpartie
9 äußere Gelenkpartie
10 innere Gelenkpartie
11 Gelenkbreite

Abb. 23b: Schuhsohle / Messlinie

Parallele Fußstellung

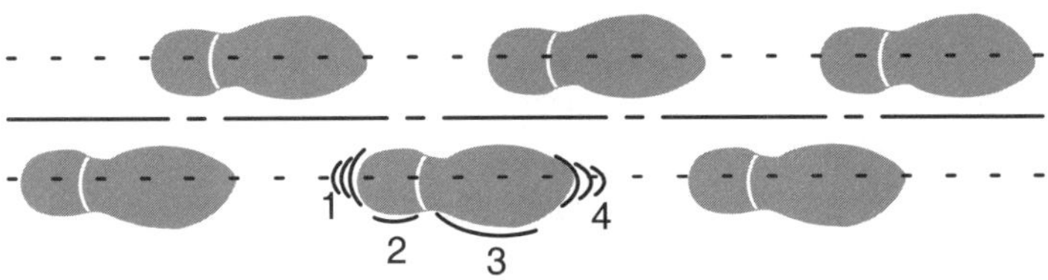

1 Schleifspur Absatz
2 + 3 Aufwurf
4 Schleifspur Spitze

Divergierende Fußstellung

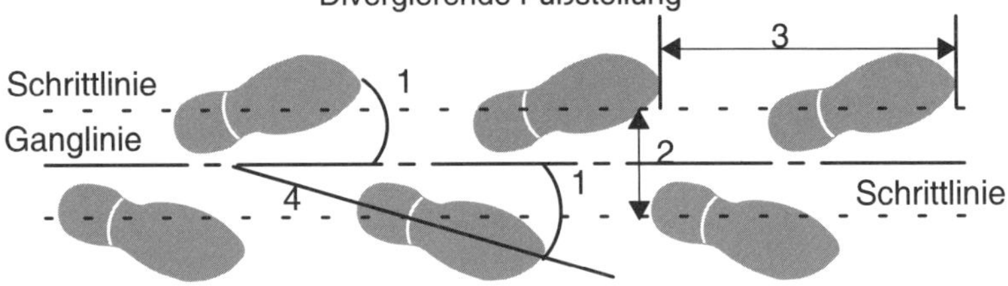

1 Fußwinkel
2 Schrittbreite
3 Schrittlänge
4 Sohlenachse

Abb. 24: Gangbild

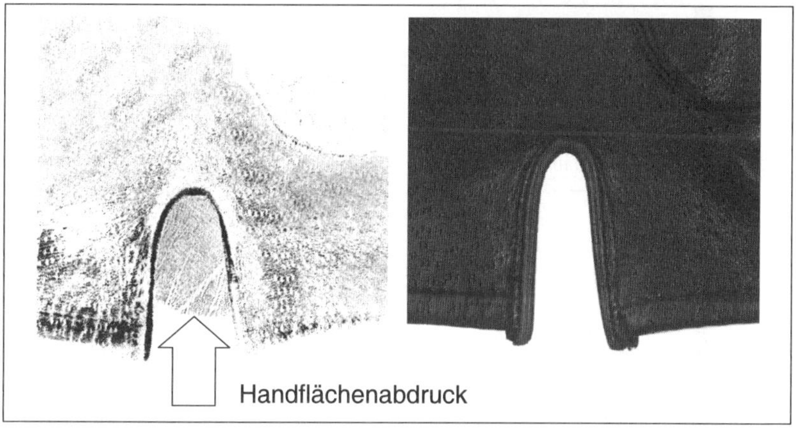

Abb. 25: Handschuh

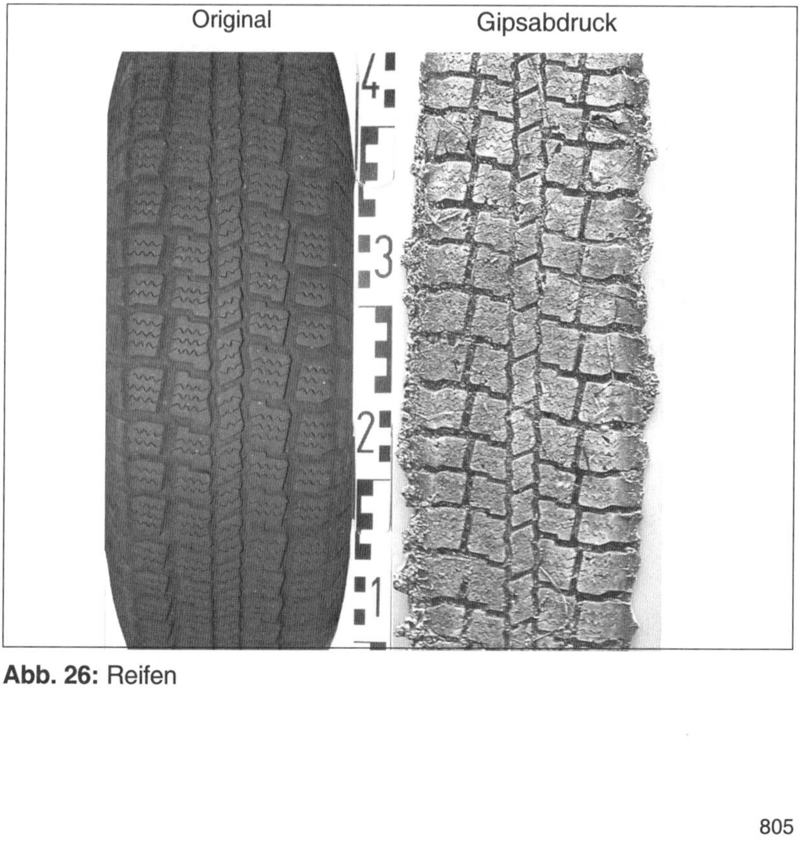

Abb. 26: Reifen

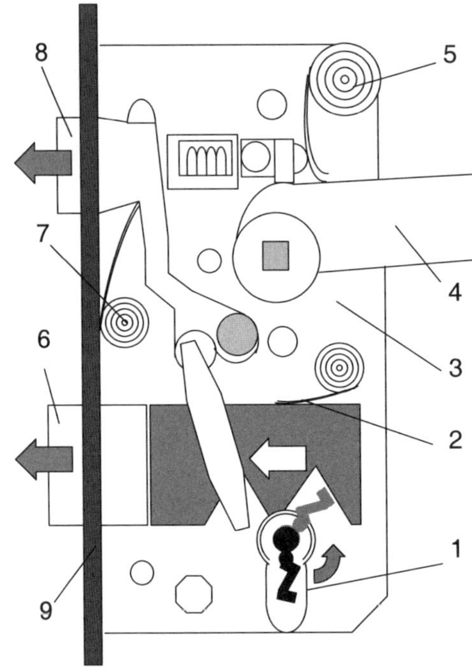

1 Schlüsselloch
2 Zuhaltung mit Feder
3 Schlossboden
4 Klinke
5 Nussfeder
6 Riegel
7 Fallenfeder
8 Falle
9 Stulp

Abb. 27: Schloss

Sicherheits-Schloss

Doppelbart-Schloss

Chubb-Schloss

Buntbart-Schloss

Abb. 28: Schlüssel

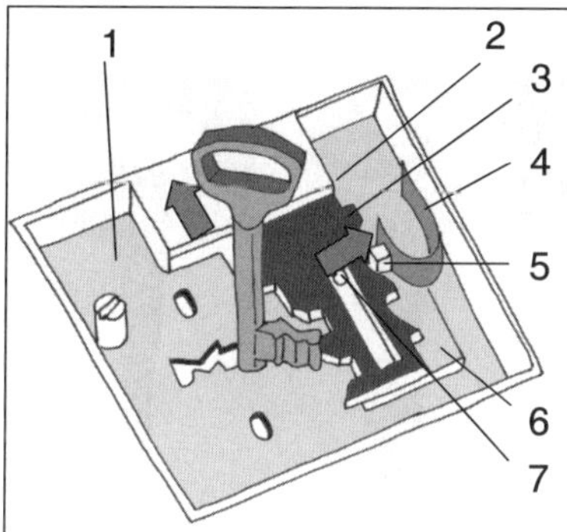

1 Schlossboden
2 Riegel
3 Riegelschaft
4 Zuhaltungsfeder
5 Rastenhaken
6 Zuhaltung

Abb. 29: Buntbart-Schloss

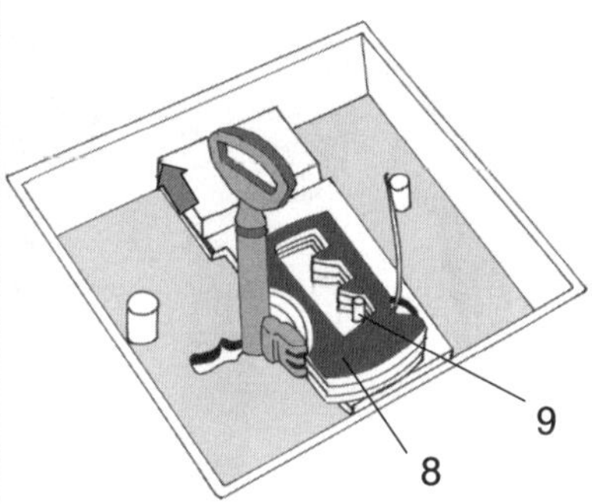

7 Riegelführungsstift
8 Zuhaltung*
9 Sperrstift

* Beim Buntbartschloss nur eine, beim Chubschloss mehrere

Abb. 30: Chubb-Schloss

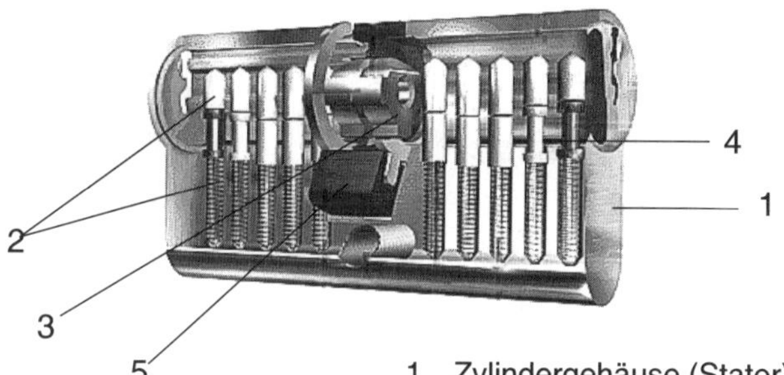

1 Zylindergehäuse (Stator)
2 Zuhaltungsstift
3 Zylinderkern (Rotor)
4 Trennlinie zwischen Rotor und Stator
5 Schliesshebel

Abb. 31: Sicherheitsschloss

Abb. 32: Kfz-Schlüssel

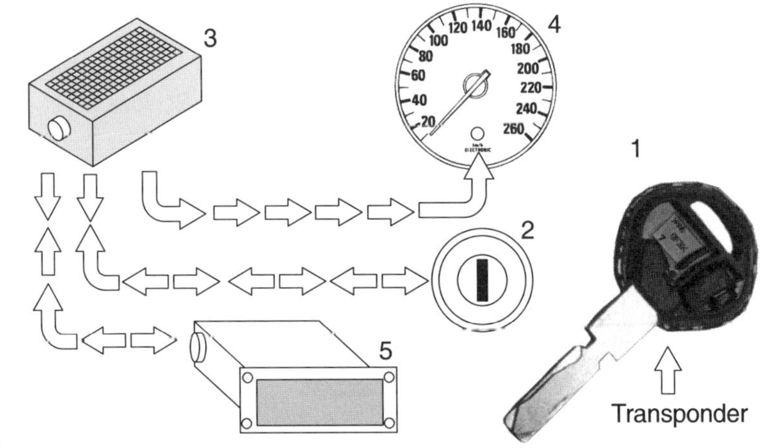

1 Schlüssel mit Transponder
2 Zündschloss mit Lesespule
3 Steuergerät für Wegfahrsicherung
4 Kontrollleuchte
5 Motorsteuergerät

Abb. 33: Schlüssel mit Transponder

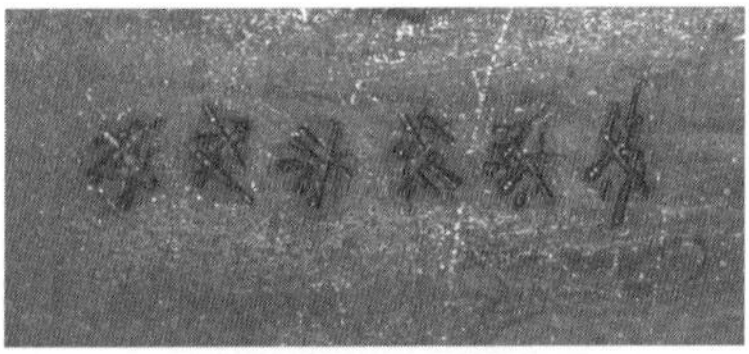

Durch Hammerschläge
unkenntlich gemacht.

Alte Nummer entfernt.
Neue Nummer eingeschlagen.

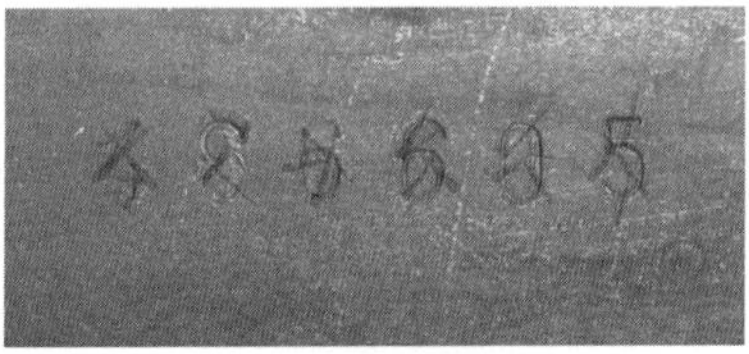

Origninal-Nummer
486605

Original-Nummer
110566

Abb. 34: Prägezeichen

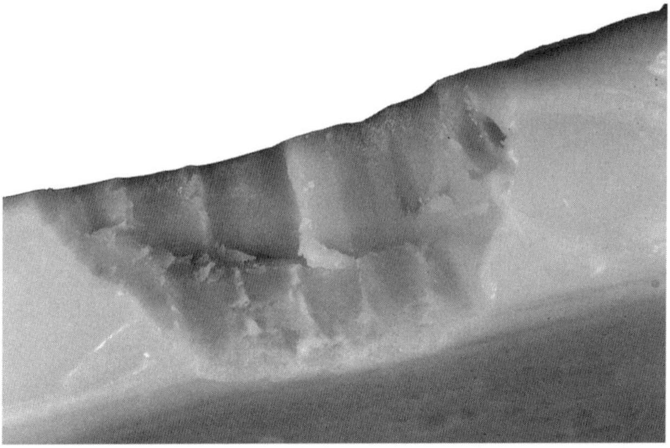

Abb. 35: Bissspuren (Durchbiss mit Riefen)

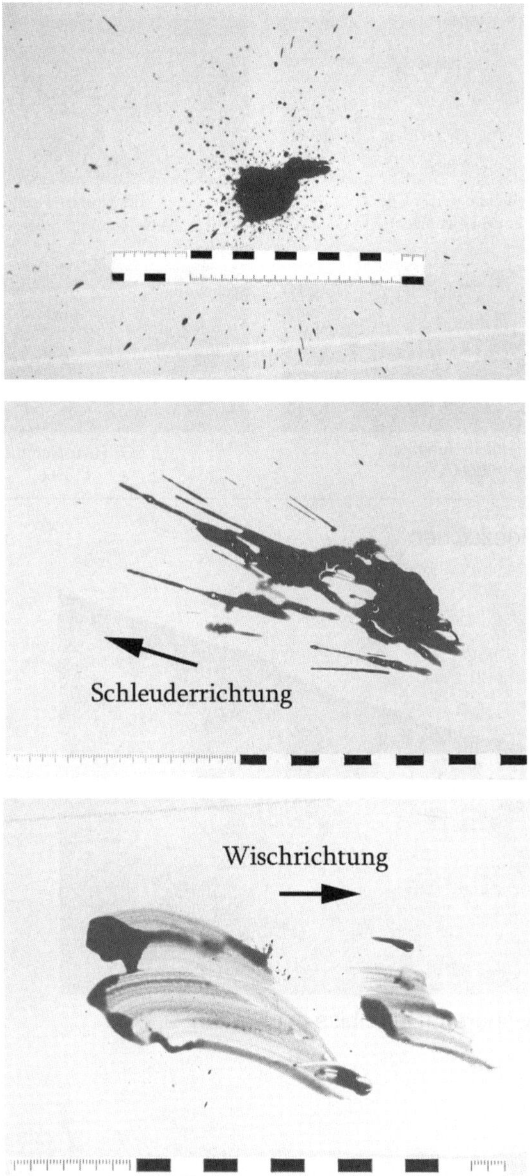

Abb. 36: Blutspuren: Tropfen, Schleuder- und Wischspuren

Rundtörn		Slipstek (geschlossen)	
Halber Schlag		Rundtörn mit zwei falschen halben Schlägen	
Webleinenstek		Rundtörn mit zwei halben Schlägen	
Achtknoten		Rundtörn mit zwei verkehrten halben Schlägen	
Zimmermanns-stek		Kaufmannskno-ten mit laufender Schlinge	
Slipstek (offen)		Laufender Palstek	
Kaufmanns-knoten		Doppelter laufender Palstek	
Altweiberknoten		Stehender Teil durch den Fischermanns-Augenknoten	
Kreuzknoten		Stehender Teil durch Laufna-senknoten	
Schotstek		Henkerknoten	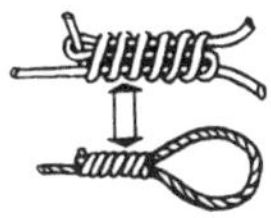
Swinemünder Lotsenstek		Rundtörn	
Fleischerknoten		Fischermanns-Augenknoten (nicht zusam-menziehbar)	

Abb. 37: Knoten und Verbindungen

Dachdecker-knoten		Sack-Knoten	
Zimmermanns-Waldknoten		Harnischschlinge	
Zimmermanns-schleife		Bauholzschlinge	
Bergsteiger-knoten		Strangulierknoten	
Kreuzknoten (mit Schlinge)		Laufnasenknoten mit doppeltem Tampen und Ver-stärkungsauge	
Kaufmannskno-ten (geschlos-sen)		Laufnasenknoten mit doppeltem Tampen und Ver-stärkungsauge mit einfachem Slipknoten	
Palstek		Webleinenstek	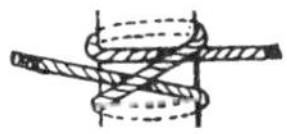
Doppelter Palstek		Fischerbändsel	
Swinemünder Lotsenstek		Überwurfknoten zum Zusammen-ziehen	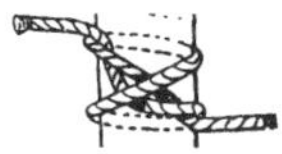
Marlspikerknoten mit Stopper		Abgeänderter Webleinenstek zum Überwerfen	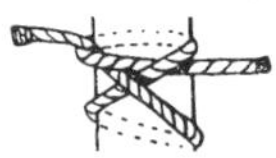
Schlinge in der Bucht		Halber Schlag mit doppelten Parten	

Abb. 37: Knoten und Verbindungen

Abb. 38: Schlafmohn

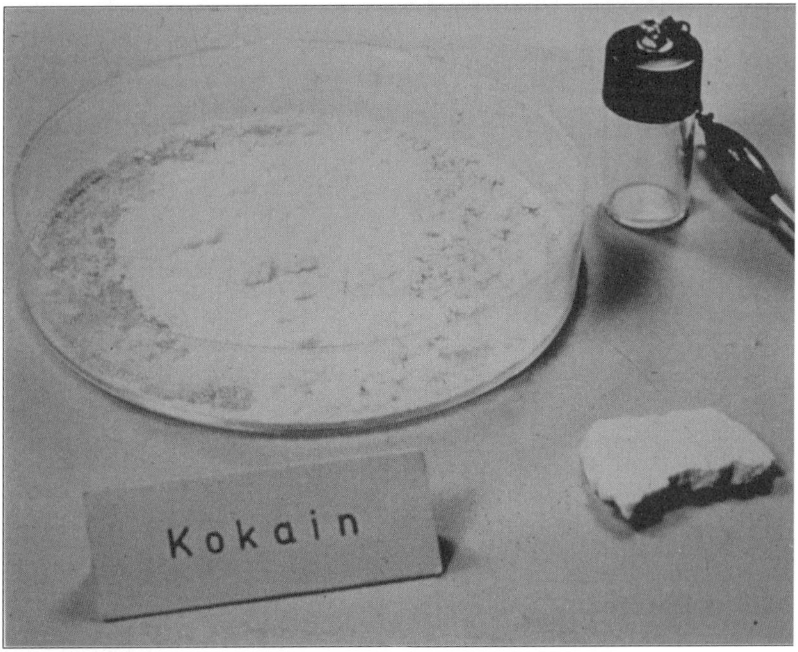

Abb. 39: Kokain

Abb. 40: Canabis

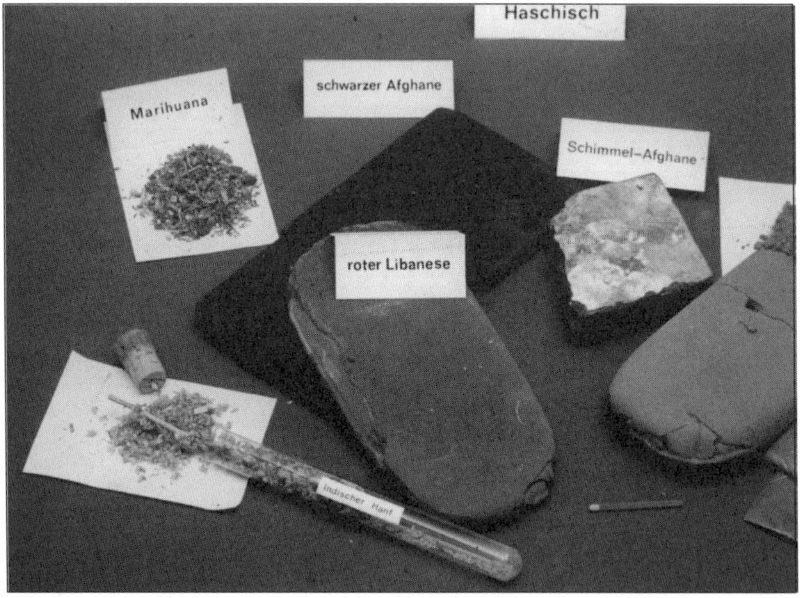

Abb. 41: Haschisch

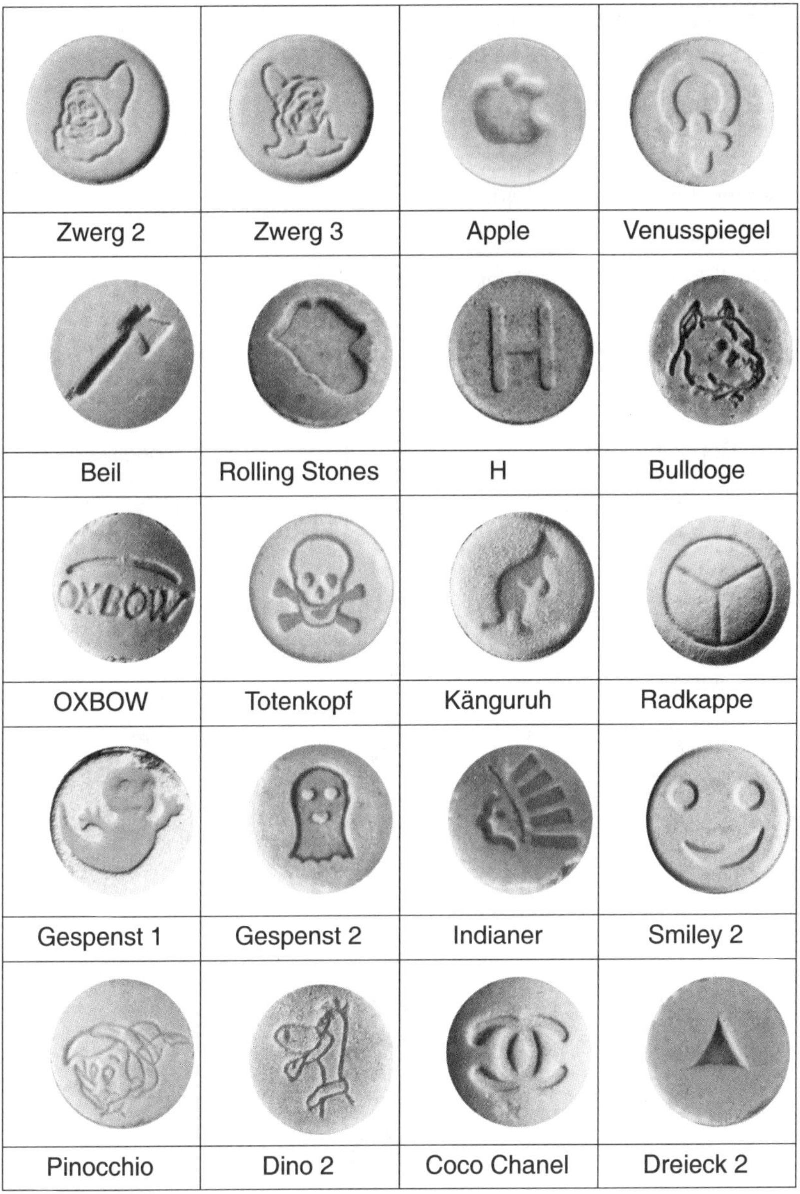

Abb. 42: Ecstasy / XTC Auswahl

Infanterie-Gewehr	7.000 m
Jagd-Gewehr	5.000 m
Pistole	1.500 m
KK-Gewehr	1.300 m
Flinte	1.200 m
Schrot, 4 mm	400 m
Schrot, 2 mm	200 m

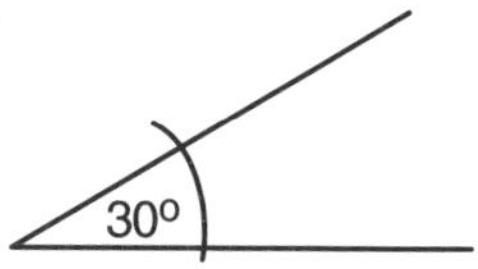

Abschusswinkel 30°

Abb. 43a: Reichweite von Geschossen

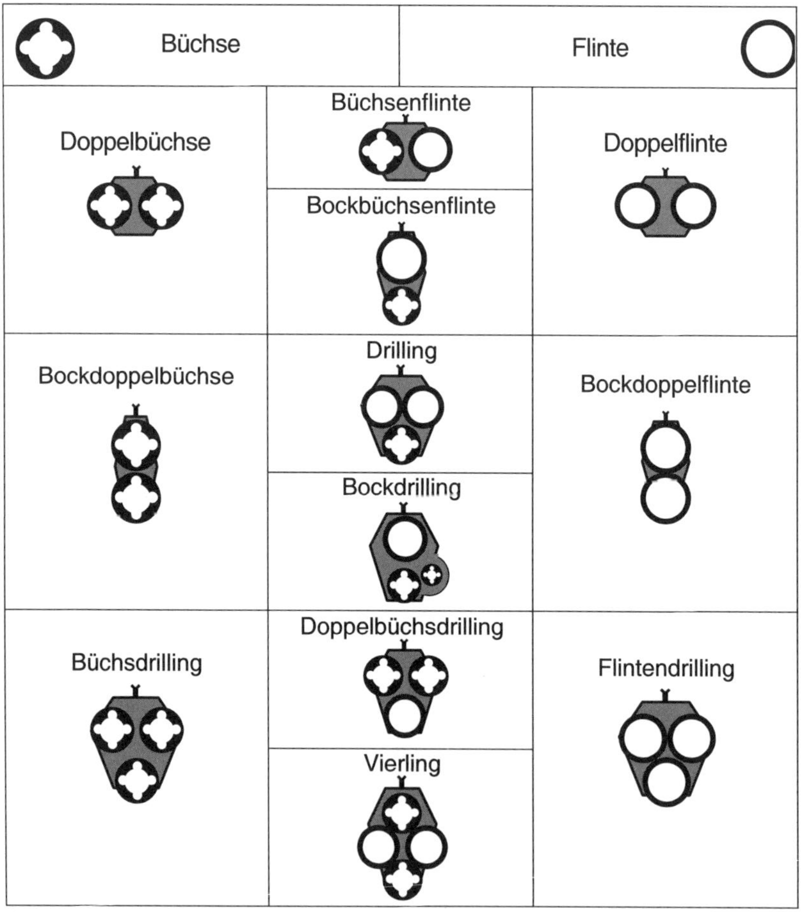

Abb. 43b: Jagdwaffen / Laufkombinationen

Abb. 44: Pistole

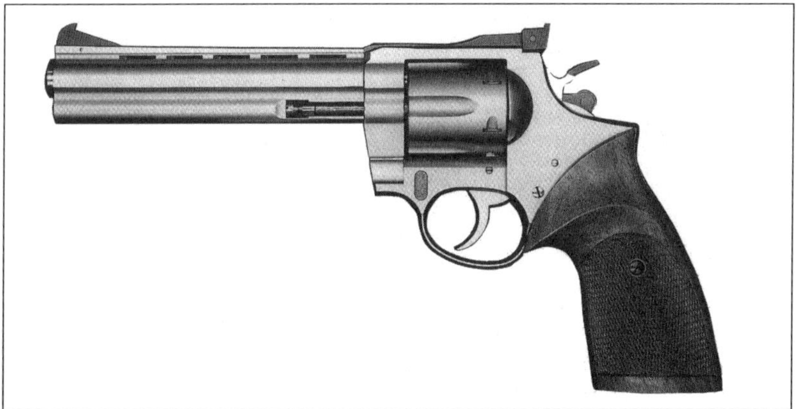

Abb. 45: Revolver

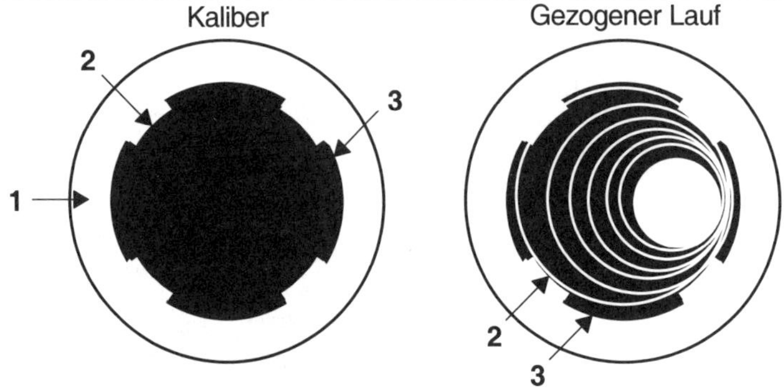

1 = Laufwandung   2 = Feld   3 = Zug

Abb. 46: Gezogener Lauf / Kaliber

Deformationsgeschosse

1. Die Wirkung eines Geschosses hängt vom Zielpunkt ab.
2. Bei exakt gleichen Zielpunkten haben Deformationsgeschosse in biologischen Zielen die größte Wirkung.
3. In harten Zielen ist die Wirkung unterschiedlich

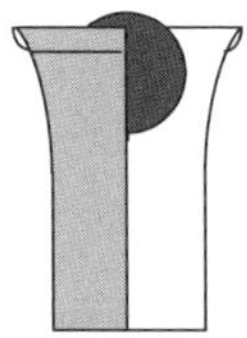

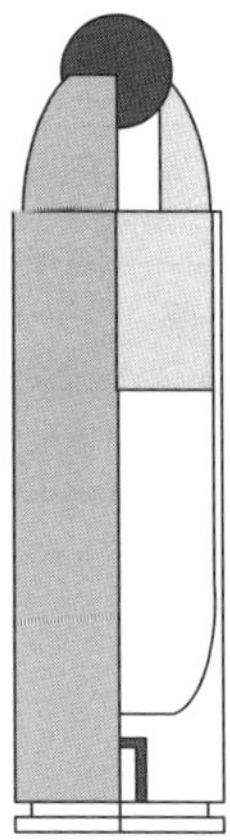

Wirksamkeit = Beschaffenheit des Geschosses
= bestimmbar

Wirkung = hängt vom Zielpunkt ab
= nur bedingt bestimmbar.

Abb. 47: Deformationsgeschosse

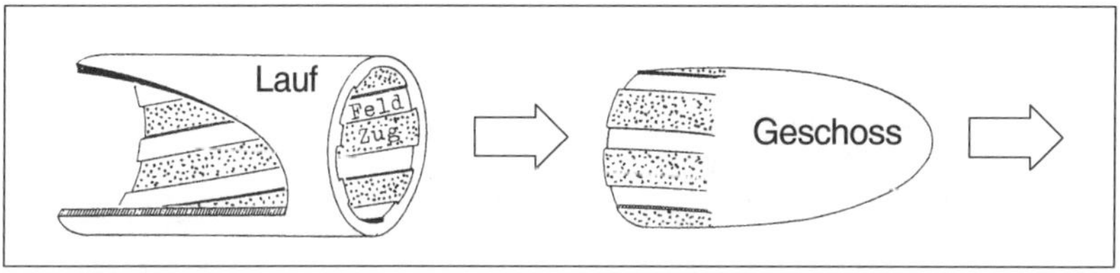

Abb. 48a: Geschoss aus gezogenem Lauf

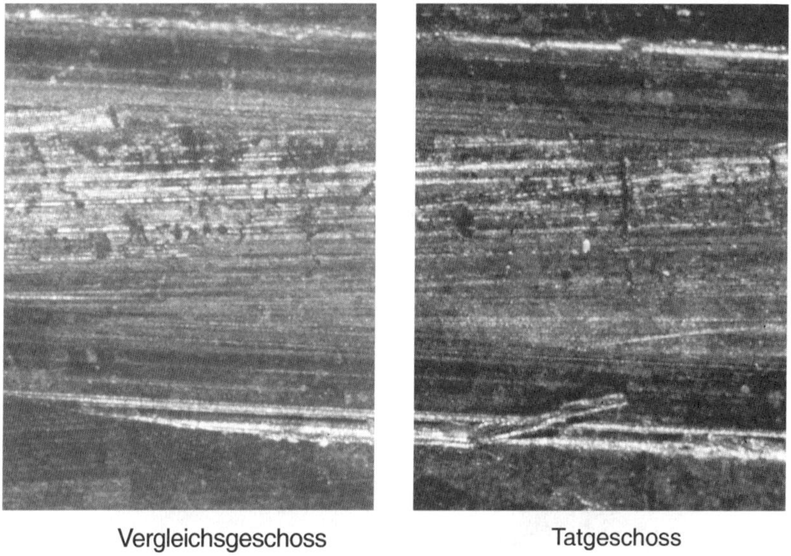

Abb. 48b: Spurenvergleich zwischen Tatgeschoss und Vergleichsgeschoss

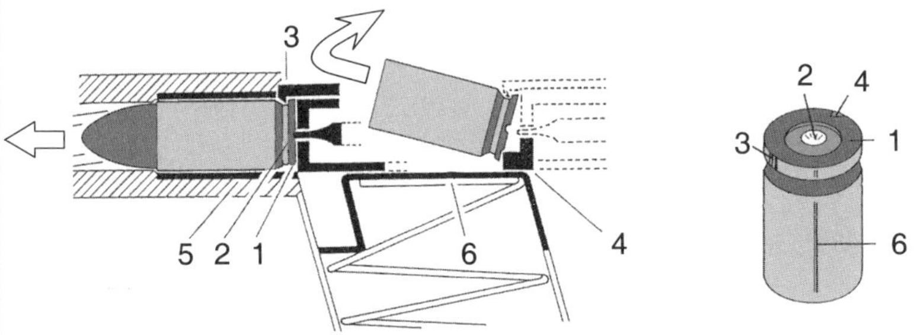

1 Stossboden
2 Schlagbolzen
3 Auszieher
4 Auswerfer
5 Patronenlager
6 Magazinlippen

Abb. 49: Spurenbild an der Hülse

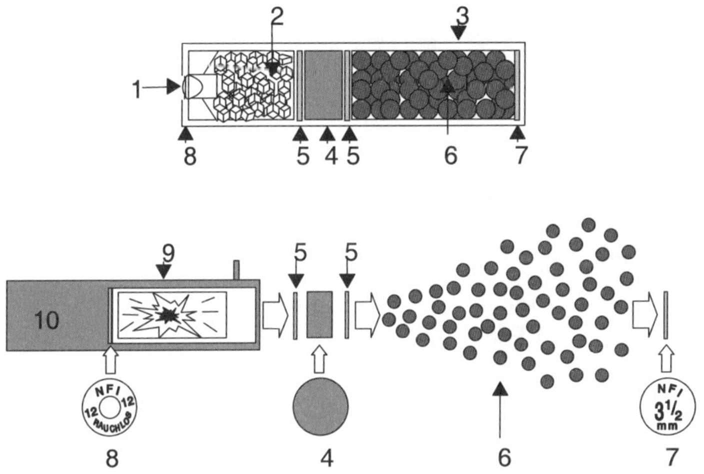

1 Zünder
2 Pulver
3 Papphülse
4 Filzpfropfen
5 Kartonscheibchen
6 Schrotladung
7 Abschlussdeckel
8 Bodenbeschriftung
9 Patronenlager
10 Laufmündung

Abb. 50: Schrotpatrone

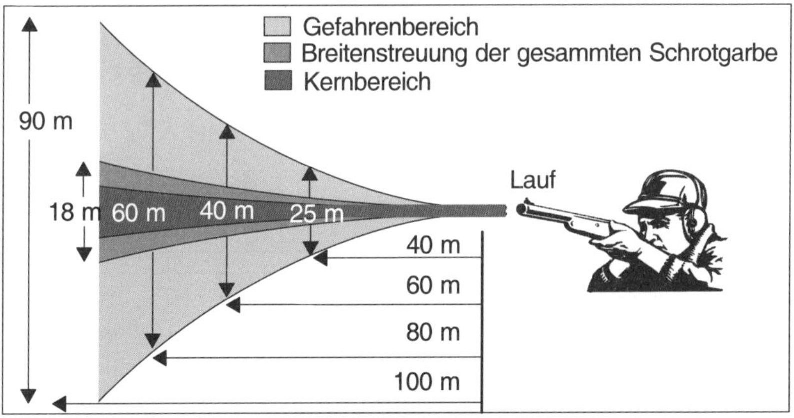

Abb. 51: Seitliche Abweichung beim Schrotschuss

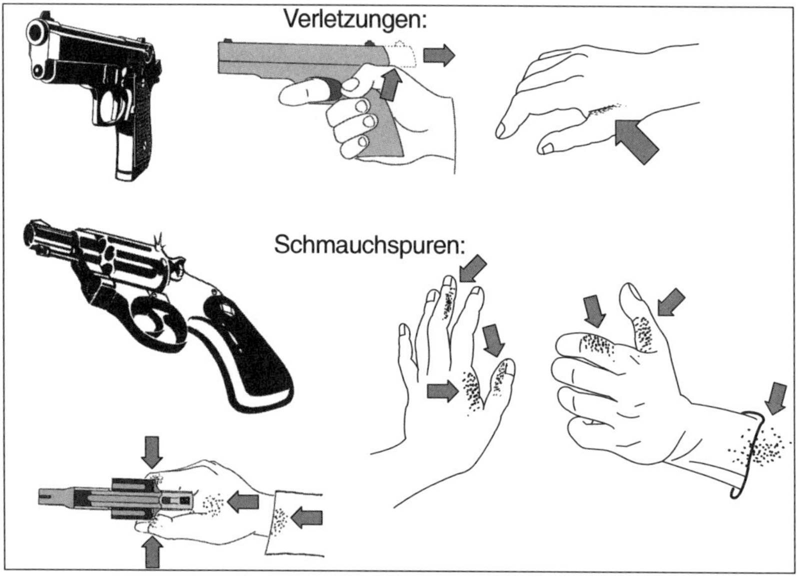

Abb. 52: Verletzungs- und Schmauchspuren an der Schusshand

Niederschlagshof

Größe und Materialdichte werden durch Schussentfernung und Lauflänge bestimmt

1 Konstusionsring (Quetschung)
2 Abstreifung
3 Schmutz
4 Pulver–Reste
5 Schmauch

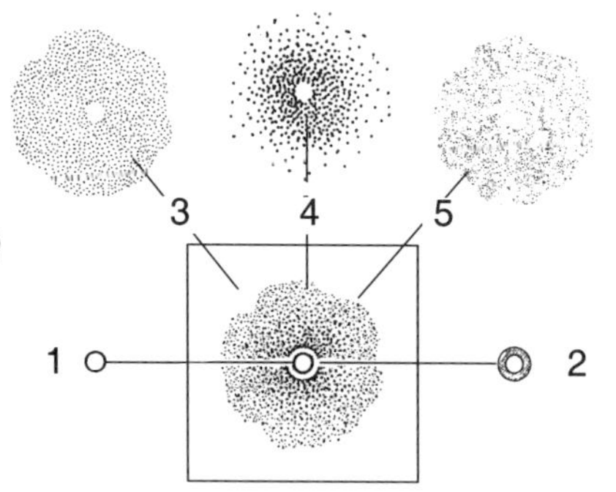

Abb. 53: Opfer / Trefferfeld

1 Schädelknochen
2 Schmauchhöhle
3 Haut
4 Nach dem Schuss durch Unterdruck angesaugte Spuren

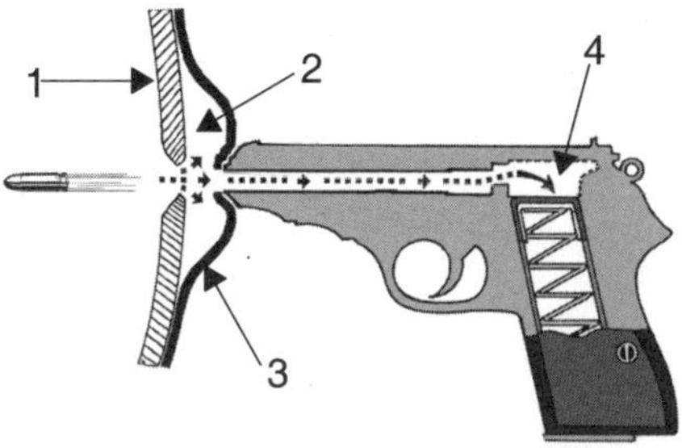

Abb. 54: Kontaktschuss / Kopfschuss

Abb. 55a: Geruchsübertragung auf Metallröhrchen

Abb 55b: Geruchsspurenuntersuchung

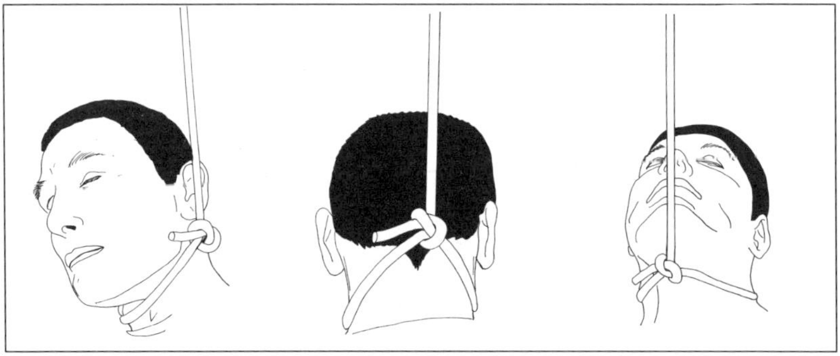

Abb. 56: Symmetrisches und asymmetrisches Erhängen

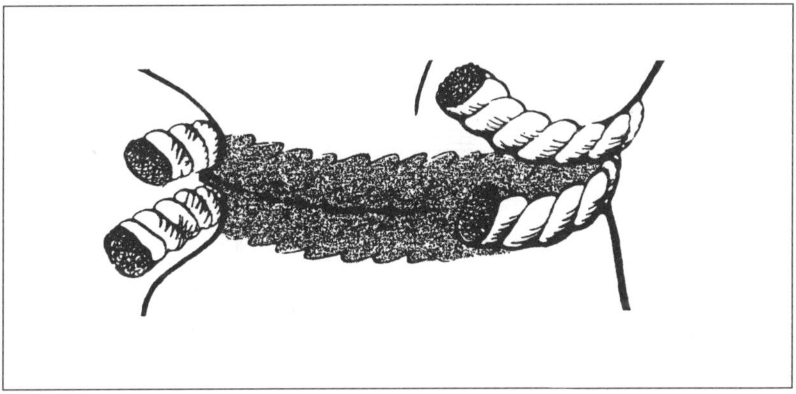

Abb. 57: Kammblutung bei Doppelschlinge

1 Sauerstoffmangel in der Atemluft
2 Verschluss der Atemwege durch Krankheit
3 Behinderung der Sauerstofaufnahme durch kranke Lunge
4 Behinderung der Sauerstofaufnahme durch krankes Herz
5 Behinderung der Sauerstofaufnahme durch krankes Blut
6 Behinderung der Sauerstofaufnahme durch kranke Körperzellen

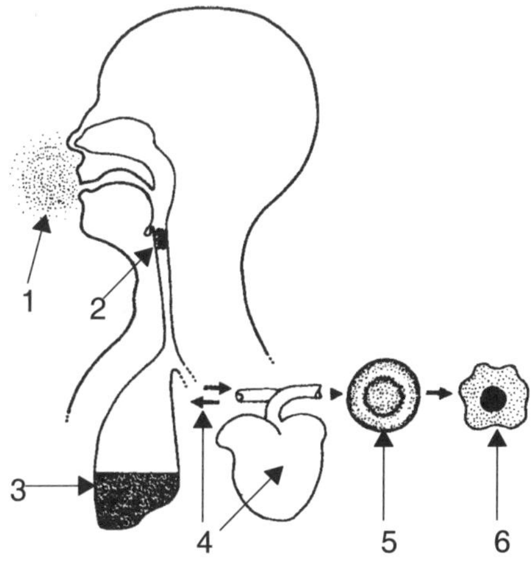

Abb. 58: Chemisches Ersticken

1 Druckstauung oder Perthes
2 Einamtmen von fester Masse
3 Knebelung
4 Bolustod
5 Erwürgen
6 Erhängen, Erdrosseln
7 Mechanischer Verschluss von Mund und Nase
8 Sauerstoffverbrauch durch Plastiktüte
9 Ertrinken

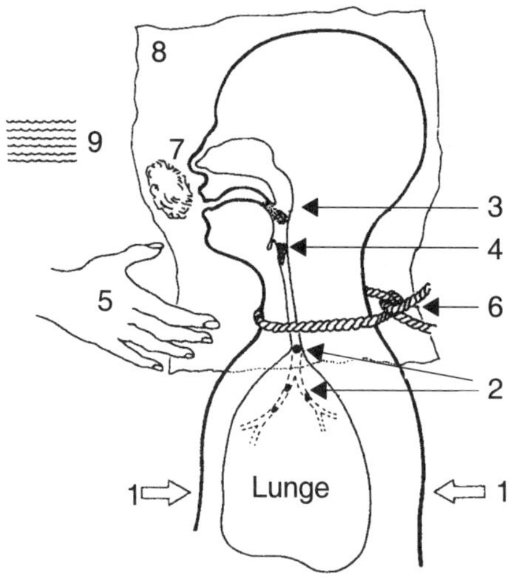

Abb. 59: Mechanisches Ersticken

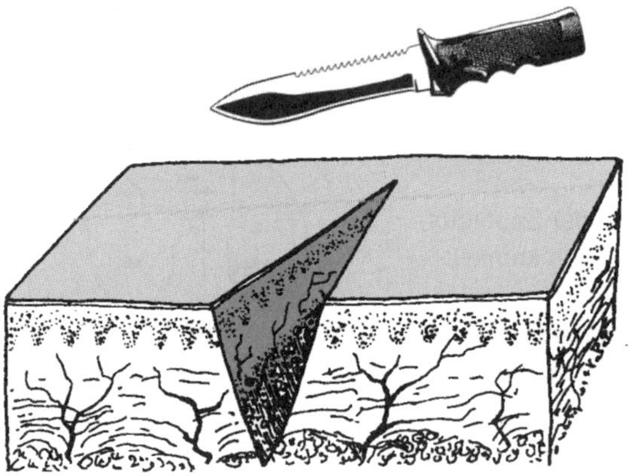

Abb. 60: Schnittwunde

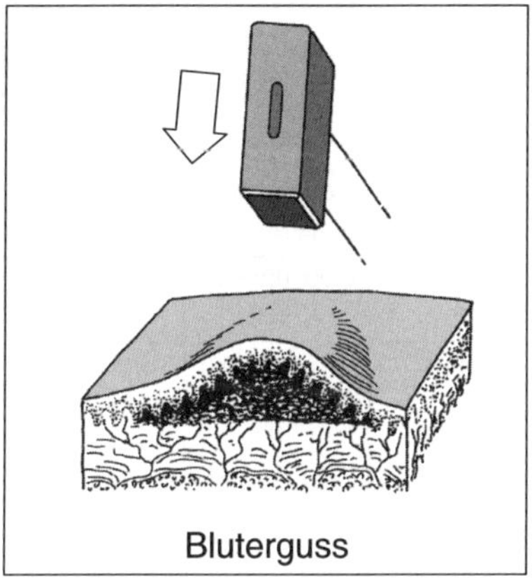

Abb. 61: Bluterguss, Platzwunde

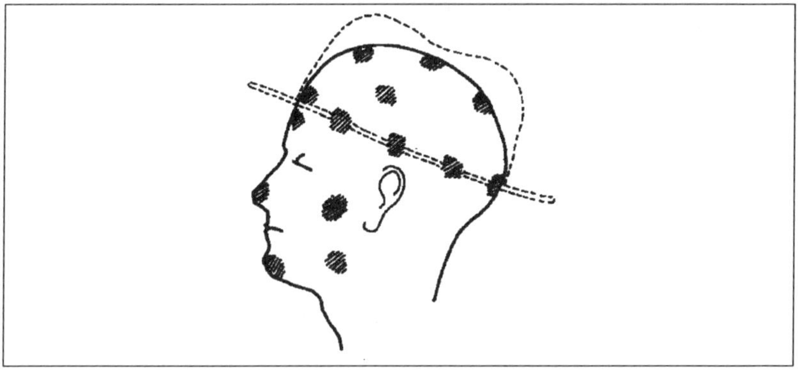

Abb. 62: Schlag oder Sturz „Hutkrempenregel“

Seitenlinie		**In gerader Linie**		**Seitenlinie**	
verschwägert ↓	verwandt ↓	verwandt ↓	verschwägert ↓	verschwägert ↓	angeheiratet ↓
Ehegatte ⑤	Geschwister ⑤	Urgroßeltern ❸	Urgroßeltern ❸	Geschwister ⑤	Ehegatte *
Ehegatte ④	Geschwister ④	Großeltern ❷	Großeltern ❷	Geschwister ④	Ehegatte *
Ehegatte Onkel/Tante ③	Geschwister Tante/Onkel ❸	Eltern ❶	Eltern ❶	Geschwister Tante/Onkel ③	Ehegatte * Onkel/Tante
Kinder Cousine/Cousin ④				Kinder Cousine/Cousin ④	
Ehegatte Schwager/in ❷	Geschwister ❷	**Beschuldigter**	Ehegatte	Geschwister Schwager/in ❷	Ehegatte * Schwipp-Schwager/in
Kinder Nichte/Neffe ❸		Kinder ❶	Ehegatte ❶	Kinder Nichte/Neffe ③	
④		Enkelkinder ❷		④	

❶ Zeugnisverweigerungsrecht. ①**Kein** Zeugnisverweigerungsrecht.
* Keine Schwägerschaft im strafprozessrechtlichen Sinne.

Zeugnisverweigerungsrechte zum Beschuldigten nach § 52 StPO:

1. **Verlobte**, beiderseitiges und ernst gemeintes Versprechen zur Eheschließung, §§ 1297–1302 BGB
1 a. Auch bei Lebenspartnern. Das Versprechen, eine Lebenspartnerschaft zu begründen. BGBl. 2004, Seite 3396, Klammern 23 und 29
2. **Ehegatten**, auch wenn die Ehe nicht mehr besteht
2 a. **Lebenspartner,** auch wenn die Partnerschaft nicht mehr besteht
3. In **gerader Linie** verwandt oder verschwägert ist oder war
4. In der **Seitenlinie** bis zum ❸. Grad **verwandt** ist oder war
5. In der **Seitenlinie** bis zum ❷. Grad **verschwägert** ist oder war

verwandt = Abstammung und Blutsbande, § 1589 BGB
= Adoption, §§ 1741 + 1754, 1767 + 1770 BGB
verschwägert = Eheschließung, § 1590 BGB

Abb 63: Zeugnisverweigerungsrecht nach § 52 StPO

Stichwortverzeichnis

A

B

C

D

F

G

N

O

P

S

Sch

St

T

U

V

W